Thomas Beck

Blender 2.7

Das umfassende Handbuch

Galileo Press

Liebe Leserin, lieber Leser,

wenn Sie sich schon immer in die dreidimensionalen Welten der Computeranimation vorwagen wollten, sich aber vielleicht aufgrund des unbekannten Terrains noch nicht getraut haben, dann habe ich gute Nachrichten für Sie: Mit der Open-Source-Software Blender können Sie dies auf eindrucksvolle Weise tun! Denn dank seiner unglaublichen Funktionsvielfalt muss Blender schon lange nicht mehr den Vergleich mit etablierter 3D-Software scheuen.

Der einzige Preis für den üppigen Funktionsumfang ist die entsprechende Komplexität, die das Programm mit sich bringt. Daher ist es sehr beruhigend, ein Buch in den Händen zu halten, das alle Funktionen ganz genau erläutert. Unser Autor Thomas Beck ist zertifizierter Blender-Experte und begleitet Sie beim kompletten 3D-Workflow: vom Modelling über Texturing und Shading, die Beleuchtung, Rigging und Animation bis hin zu Simulation. Auch Haar- und Partikeleffekte, Motion Tracking, Rendering, Videoschnitt und die Postproduktion werden detailliert erklärt. In den vielen Workshops lernen Sie dabei die vielfältigen Möglichkeiten direkt in der Praxis kennen. Haben Sie schon einmal einen Affen frisiert? Vermutlich nicht. In einem Workshop aber, den ich Ihnen empfehlen möchte, können Sie genau das tun! Blenders »Suzanne« steht Ihnen auf Seite 559 bereitwillig als Model zur Verfügung.

Besonders ans Herz legen möchte ich Ihnen auch die DVD zum Buch: Hier finden Sie neben der Installationsdatei von Blender 2.71 auch alle Workshop-Dateien und zusätzliche Add-ons zur Erweiterung der Software, die Sie intelligent bei Ihrer Arbeit unterstützen. Und als weiteres Highlight liegen dort knapp 2 Stunden Video-Lektionen zu Compositing, Rendering und Charakter-Design für Sie bereit.

Dieses Buch wurde mit größter Sorgfalt geschrieben und hergestellt. Ich freue mich stets über Lob, aber auch konstruktive Kritik, die hilft, dieses Buch noch weiter zu optimieren. Und nun wünsche ich Ihnen viel Spaß bei Ihrer Entdeckungsreise in Blender!

Ihre Ariane Börder
Lektorat Galileo Design
ariane.boerder@galileo-press.de
Galileo Press • Rheinwerkallee 4 • 53227 Bonn

Auf einen Blick

Inhalt

1 Einleitung

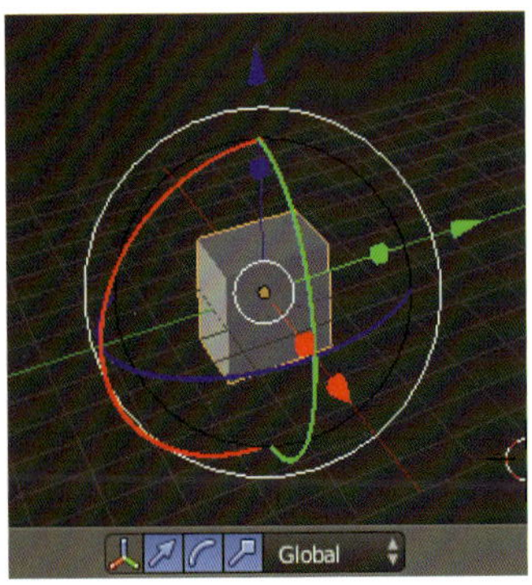

2 Die Arbeitsoberfläche

RGB
HSV
Hex
R: 0.800
G: 0.187
B: 0.000

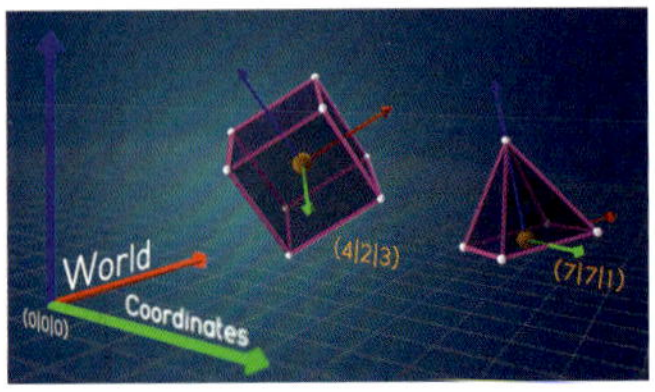

3 Arbeiten mit Objekten

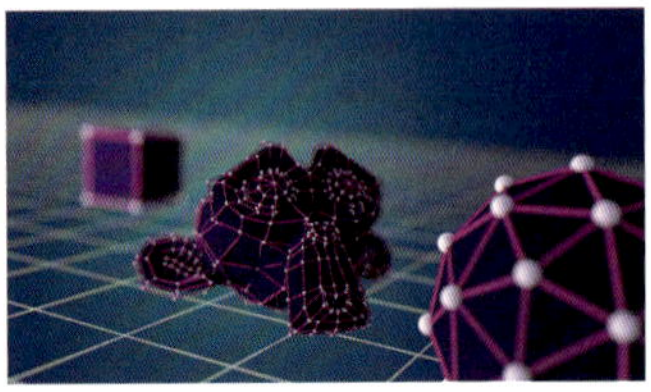

4 Modelling und Objekttypen

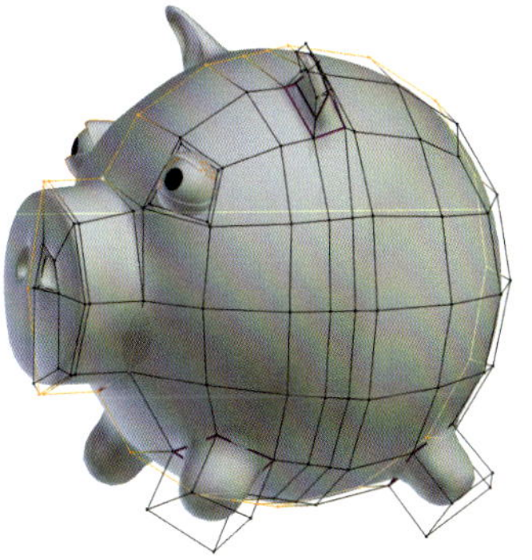

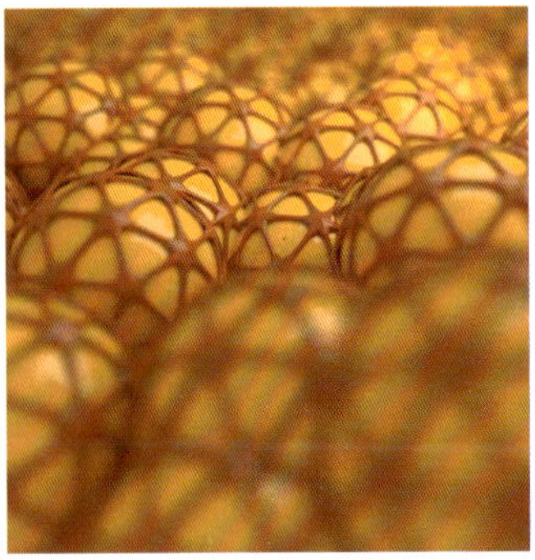

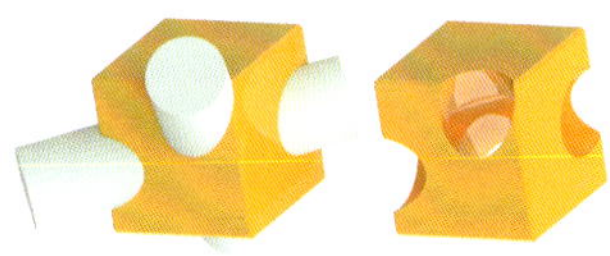

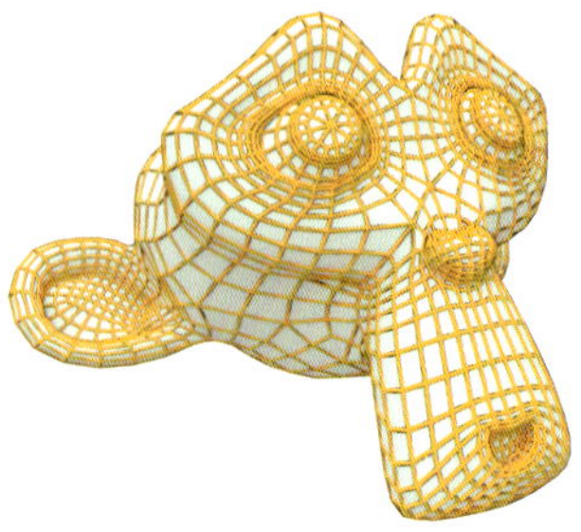

6 Rendering – ein Bild entsteht

7 Lichtdesign

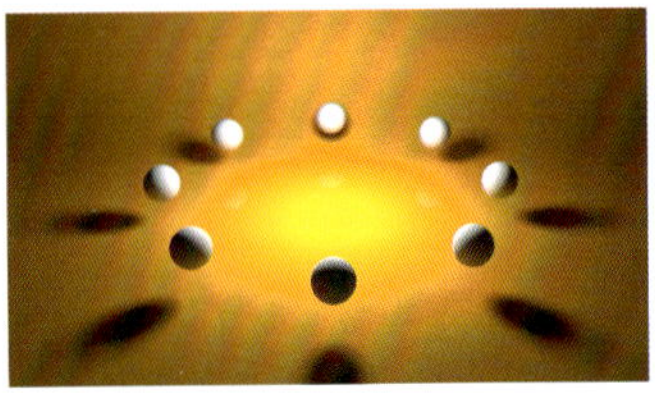

8 Shading

9 Animation

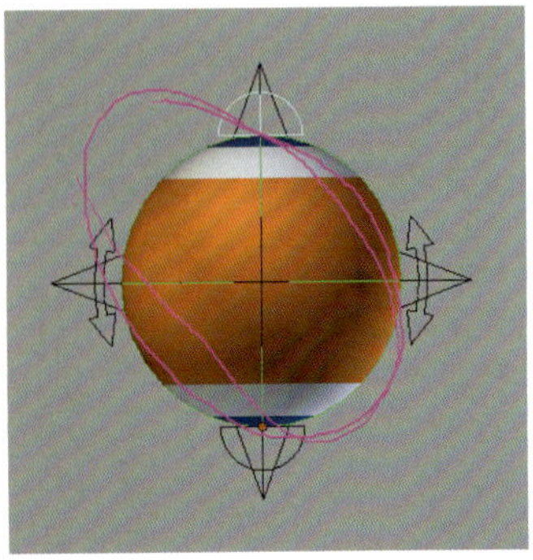

10 Vertex Weights, Skinning und Rigging

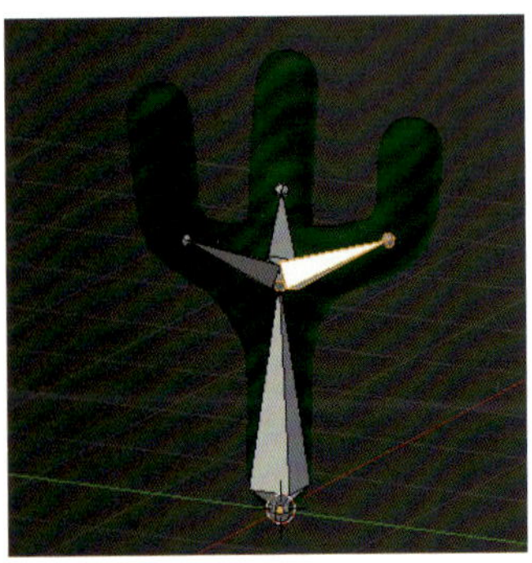

11 Partikelsysteme

12 Simulation

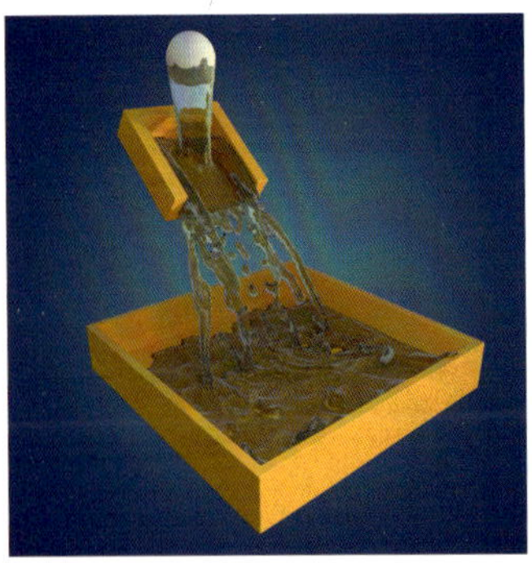

13 Postproduktion und Compositing

14 Tracking

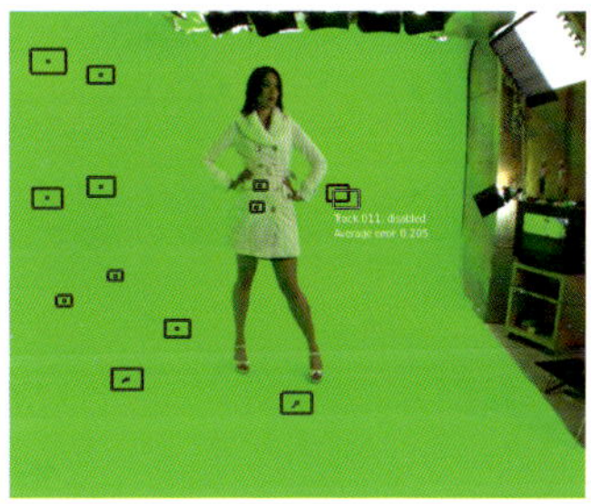

15 Der Video Sequence Editor

16 Blender erweitern

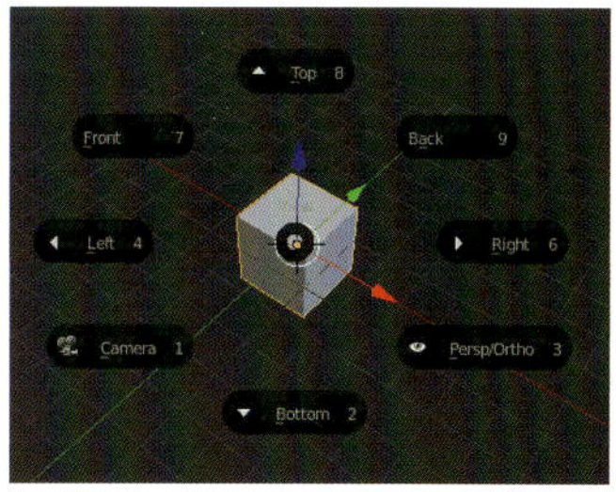
Top 8
Front 7
Back 9
Left 4
Right 6
Camera 1
Persp/Ortho 3
Bottom 2

17 Anhang

Workshops

Kapitel 1
Einleitung

Dieses Kapitel stellt Ihnen die freie 3D-Software Blender vor. Sie werden erfahren, welche turbulente Vergangenheit Blender durchgemacht hat, wie Sie Blender installieren und welche Phasen ein 3D-Projekt üblicherweise durchläuft. Auch wenn sicherlich gerade in den ersten Kapiteln vieles für Sie neu sein wird, bin ich mir sicher, dass Sie Blender schon nach kurzer Zeit lieben werden und bei keinem zukünftigen Projekt mehr auf die Software verzichten möchten.

Sehr geehrte Leserin, sehr geehrter Leser. Als meine Lektorin im Januar 2013 an mich herantrat, um mich mit der Erstellung dieses Buches zu beauftragen, wurde ein lang gehegter Traum für mich wahr – endlich hatte ich die Möglichkeit, meine Erfahrung aus den vielen kommerziellen Blender-Aufträgen der letzten Jahre als Designer, Blender-Entwickler und Trainer an Sie, werte Leser, weiterzugeben. Heute, mehr als 1,5 Jahre später, halten Sie meinen Traum und einen großen Teil meiner Erfahrung in Ihren Händen.

Blender hat es mir nicht immer leicht gemacht, Sie mit hochwertiger Dokumentation zu versorgen. Das Programm entwickelt sich permanent in rasanter Geschwindigkeit weiter und macht es dem dokumentationswilligen Autor somit alles andere als einfach, aktuell zu bleiben. Doch während ich als Autor darüber stöhne, macht genau diese schnelle Weiterentwicklung auch die Stärke von Blender aus: Viele neue Algorithmen und Tools werden bereits kurz nach der Präsentation auf internationalen Veranstaltungen wie der SIGGRAPH in Blender integriert, und Sie als Nutzer helfen durch Ihr Feedback, diese Funktionen genau so zu gestalten, wie Sie sie benötigen.

Bei all der Schnelllebigkeit von Blender müssen Sie jedoch nicht befürchten, dass dieses Buch in kürzester Zeit veraltet: Ich bin durch meine Tätigkeit als Blender-Entwickler über viele der aktuellen und zukünftigen Entwicklungen bestens informiert und zeige Ihnen im letzten Abschnitt viele Features, die erst lange Zeit, nachdem dieses Buch erschienen ist, in Blender zu finden sein werden.

SIGGRAPH
Die SIGGRAPH (Special Interest Group on Graphics and Interactive Techniques) ist eine seit 1974 jährlich in den USA stattfindende Konferenz aller wichtigen Computergrafik-Forscher. Egal, ob Mitarbeiter von Disney und Pixar, Industrial Light & Magic, LucasArts oder universitäre Forscherteams – Hunderte spannende Neuentwicklungen werden dort jedes Jahr im Bereich Computergrafik vorgestellt und diskutiert.

1.1 Der Autor

▲ **Abbildung 1.1**
Thomas Beck, zertifizierter Blender-Trainer und Unternehmer

Wenn Sie sich fragen, wer Sie auf Ihrer Reise durch die Welt von Blender begleiten wird, so erlauben Sie mir, mich kurz vorzustellen: Ich heiße Thomas Beck, bin 33 Jahre alt, leidenschaftlicher Mountainbiker, Designer und Softwareentwickler. Mein erster Berührungspunkt mit der digitalen 3D-Welt war das Spiel »Carrier Command«, das 1988 auf dem Amiga 500 mit dreidimensionalen einfarbigen Polygonen eine Welt erschuf, die mich restlos in ihren Bann zog – allerdings erst, nachdem mein Vater meinen Bitten nachkam und eine Speichererweiterung um 512 KB auf damals gigantische 1 MB kaufte. Jaja, das waren Zeiten. Mich faszinierten einerseits schon immer die dreidimensionalen Welten, die Spiele wie »Final Fantasy« erzeugen konnten (und noch können), während ich gleichzeitig die Künstler und ihre Kreativität bewunderte, die hinter der Erschaffung solcher Welten stehen. Mit der Zeit war mir der reine »Konsum« von Inhalten allerdings zu wenig – ich wollte selbst aktiv werden. Eine Ausbildung als Softwareentwickler und ein Studium der Medieninformatik in München gipfelte viele Jahre später in der Gründung meines Unternehmens mit Namen Plasmasolutions. Heute bin ich der absolute Exot unter Informatikern (die Designer belächeln) und Designern (die Informatiker für dick, pickelig und unkreativ halten).

Alle digitalen Inhalte entstehen bei Plasmasolutions mithilfe von Open-Source-Software: Die PCs laufen mit Ubuntu Linux, die Grafikbearbeitung wird über GIMP abgewickelt, Vektorgrafiken mit Inkscape erzeugt und alle 3D-Inhalte und Motion Graphics mit Blender erstellt. Ich stehe meinen Kunden mit Plasmasolutions im VFX-, Vorvisualisierungs-, Animations- und Werbebereich zur Seite und entwickle mit meinem Team für kleine und mittelständige Unternehmen maßgeschneiderte Softwarelösungen, unter anderem für mobile Plattformen wie iOS oder Android. Ein weiterer Teil unserer täglichen Arbeit liegt in dem Vermitteln von Wissen: Einerseits helfen wir Unternehmen als Berater, wenn sie ihre 3D-Pipeline von kostenpflichtiger Software auf Open Source umstellen möchten, und andererseits führen wir Blender-Kurse an Universitäten, Bildungseinrichtungen und bei Kunden vor Ort durch.

Blender fiel mir schon vor über 15 Jahren in die Hände – damals wie heute interessierte ich mich unter anderem für alles, was mit 3D zu tun hatte. Mein erster Eindruck war, gelinde ausgedrückt, ernüchternd!

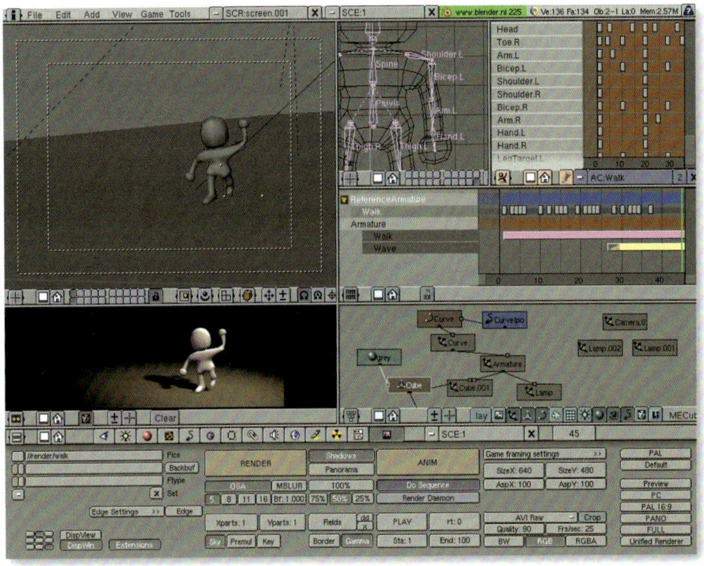

◂ **Abbildung 1.2**
Blender 2.25 – eine riesige Anzahl an Schaltflächen und eine wirklich kaum intuitiv zu bedienende Oberfläche schreckten mich zunächst ab.

So viele Knöpfe, Begriffe und undurchschaubare Beschreibungen boten mir zu wenig Hilfe, um mich in der Software wohlzufühlen. Ein paar Jahre später nahm ich einen erneuten Anlauf – allerdings mithilfe des offiziellen Blender-Handbuches. In den folgenden Jahren verschlang ich jedes Buch, jedes Video und alles, was ich über 3D und Blender finden konnte – mein Wissensdurst war erwacht. Neben der Arbeit mit Blender programmierte ich nach und nach selbst kleine Verbesserungen für die Software und wurde 2013 in den Kreis der Entwickler aufgenommen. Nach über 12 Jahren voller interessanter Kundenprojekte und meiner Entwicklertätigkeit für Blender sehe ich Blenders Bedienphilosophie und Workflow heute nicht nur als nützlich, sondern als perfekt für diese Art Software an – sie ist mit ein Grund, warum das Arbeiten mit Blender extrem schnell von der Hand geht und sich fantastisch anfühlt.

1.2 Die Geschichte von Blender

Blender hat – wie viele andere Softwaretools – eine bewegte Vergangenheit. Während bei vielen Mitbewerbern die größte Bewegung allerdings darin bestand, die vorhandenen Werkzeuge zu verfeinern und neue hinzuzufügen, ist Blenders Vergangenheit doch ein wenig turbulenter.

▴ **Abbildung 1.3**
Das aktuelle Blender-Logo

Blenders Geschichte begann im Jahr 1980, als Ton Roosendaal mit einem Freund das Animationsstudio NeoGeo gründete. Um den hohen und teilweise speziellen Anforderungen der Kunden gerecht zu werden, entwickelte Ton eine exakt auf die Bedürfnisse dieses Studios und seiner Mitarbeiter zugeschnittene Software, mit der alle Animationen und Renderings zu dieser Zeit erstellt wurden. 1995, nach 15 Jahren durchgehender Entwicklung, hatten sich so viele verschiedene Bedienphilosophien und Hacks eingeschlichen, dass entschieden wurde, sie komplett neu zu schreiben – dies war die Geburtsstunde von Blender.

Drei weitere Jahre später (1998) war Ton überzeugt, dass Blender (jetzt deutlich gereift) auf den wachsenden Markt der 3D-Nutzer losgelassen werden konnte. Klar war dabei jedoch auch, dass NeoGeo diese Aufgabe nicht zusätzlich zu den vorhandenen Aktivitäten stemmen konnte. Das veranlasste Ton, eine neue Firma namens NaN (Not a Number) zu gründen, die sich ausschließlich um den Vertrieb und die Weiterentwicklung von Blender kümmern sollte.

▲ **Abbildung 1.4**
Der Schimpansenkopf mit Namen Suzanne – auch heute noch ein beliebtes 3D-Modell, um beispielsweise Beleuchtungs-Setups zu prüfen

NaN stellte Blender zum kostenlosen Download zur Verfügung, bot allerdings darüber hinaus Support und erweiterte Funktionalitäten durch den optionalen Kauf eines Publisher-Keys an. Doch während sich Blender rasend schnell bei 3D-begeisterten Anwendern verbreitete, wurde die Publisher-Key-Option vergleichsweise selten in Anspruch genommen. Dies war zu diesem Zeitpunkt jedoch unproblematisch, denn es standen Geldgeber bereit, die in den Jahren 2000–2002 die Weiterentwicklung von Blender zu einem Tool für Offline- und Online-3D-Inhalte unterstützten. Im Januar 2002 zogen sie allerdings die Notbremse: Sie stoppten alle Investitionen und froren die Weiterentwicklung ein.

Als Anfang Februar 2002 klar wurde, dass NaN die Tore im März für immer schließen würde, fügten die Entwickler in ihrem letzten Release (v2.25) noch eine letzte persönliche Note ein: Sie lieferten ein 3D-Modell eines Schimpansenkopfes mit Namen Suzanne mit. Noch heute ist dieses Modell in Blender vorhanden und wird gerne (auch in diesem Buch) dazu genutzt, um Materialien und Beleuchtungs-Setups zu testen und zu präsentieren.

Open Source
Als *Open Source* bzw. *quelloffen* wird eine Software bezeichnet, deren Quelltext (also die Anweisungen, aus denen die Software besteht) frei zugänglich ist und deren Lizenzierung von der Open-Source-Initiative anerkannt wird. Vereinfacht gesagt können Sie solche Software selbst verändern, kopieren, verbreiten und nutzen, ohne dass Lizenzgebühren fällig werden.

Im Mai 2002 gründete Ton, der an das immense Potenzial von Blender glaubte und von Nutzern aus der ganzen Welt mit unzähligen Anfragen über die Zukunft von Blender bestärkt wurde, eine Organisation, deren einziger Zweck darin bestand, die Weiterentwicklung von Blender zu fördern: Die *Blender Foundation*.

Dieser Organisation und der daraus resultierenden überwältigenden Zahl an Geldspenden ist es zu verdanken, dass der Sourcecode (die Programmzeilen, aus denen Blender besteht) kaum 2 Monate später für 100.000 € von den Gläubigern »freigekauft« und der Allgemeinheit unter einer *Open-Source-Lizenz* (GPL) zur Verfügung gestellt werden konnte.

Am 13.10.2002 wurde der Sourcecode von Blender freigegeben, und alle Interessierten wurden dazu eingeladen, Blender weiterzuentwickeln – und tatsächlich entwickelte sich Blender in den folgenden Jahren rasant weiter. Die Modellierungstools und Texturierungstools wurden erweitert, Physik- und Partikelsimulationen entwickelt und an dem generellen Look and Feel gearbeitet. Doch genau wie schon 1995 hatte Blender nach 7 Jahren permanenter Entwicklung durch unterschiedlichste Entwickler die ein oder andere Unzulänglichkeit, der man im September 2009 abermals durch eine Neuentwicklung der Basis begegnen wollte.

1.2.1 Alles neu – Blender 2.5+

Zu diesem Zeitpunkt veröffentlichte man eine letzte Version (2.49a) und zog sich für 1,5 Jahre zurück. Alle Umbauarbeiten wurden in der Versionsreihe 2.5x durchgeführt und mündeten schlussendlich in der ersten »offiziellen« Version 2.57 am 13. April 2011.

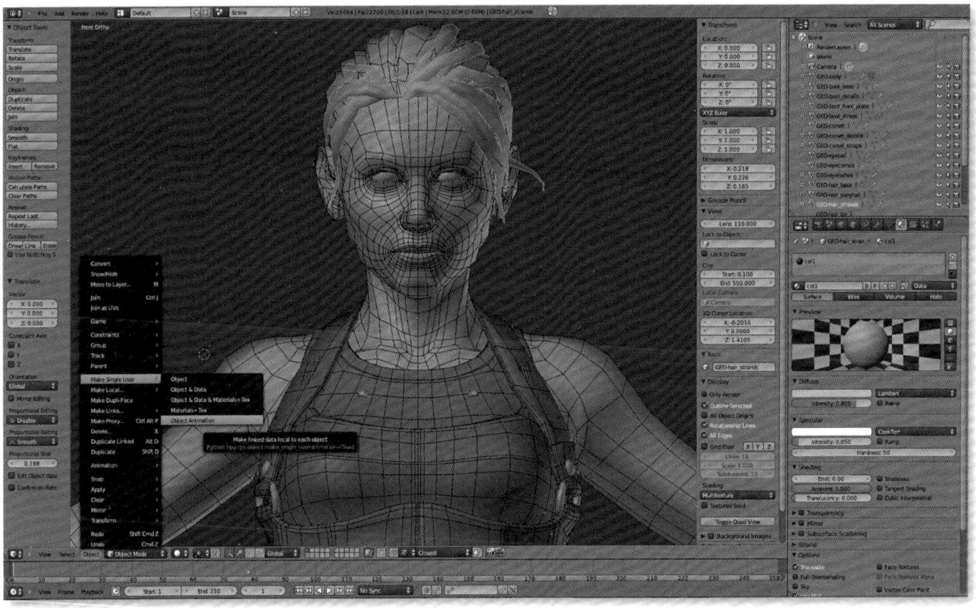

▲ Abbildung 1.5
Die erste »offizielle« Version von Blender – Blender 2.57

Diese Neuentwicklung brachte Blender unzählige neue und verbesserte Funktionen (über 500), von denen Sie auch heute noch profitieren:

- **Vereinfachung**: Alle Eigenschaften sind sinnvoll gruppiert.
- **Vereinheitlichung**: Alle Dialoge und Fenster verhalten sich konsistent.
- **Individualisierung**: Alle Steuerelemente können angepasst werden (Größe, Beschriftung, Anordnung etc.).

- **Alles ist animierbar**: Alle Einstellungen in Blender sind animierbar.
- **Zugänglichkeit**: Ein zentrales Suchmenü erleichtert das Auffinden von Funktionen.

Alle bisherigen Blender-Versionen zum Download
Alle bisher veröffentlichten Blender-Versionen finden Sie unter *http://download.blender.org/release*. Sie können dort sogar Blender 1.0 herunterladen.

Da bei dieser Neuentwicklung frühere Verfahrensanweisungen ihre Gültigkeit verloren haben, hier noch ein Tipp: Wenn Sie Tutorials anschauen oder DVDs erwerben, achten Sie daher immer darauf, dass eine Version >= 2.5 verwendet wird. Ältere Tutorials werden Ihnen höchstwahrscheinlich mehr Kopfzerbrechen bereiten als helfen. Die im Verlag Galileo Press veröffentlichten DVDs wurden alle mit Blender 2.6 und höher erstellt, hier können Sie bedenkenlos zugreifen.

1.3 Blender Foundation Open Movies

Heutzutage arbeiten zehn Entwickler in Teil- und Vollzeit an der Weiterentwicklung von Blender, komplett getragen durch Spenden aus der Community und durch Einnahmen aus von der Foundation initiierten Projekten.

▲ **Abbildung 1.6**
Beeindruckende Open Movies der Blender Foundation. Oben (von links nach rechts): Elephants Dream (2006), Big Buck Bunny (2008). Unten (von links nach rechts): Sintel (2010) und Tears of Steel (2012)

Eines dieser durch die Foundation gestarteten Projekte sind die sogenannten Open Movies. Ihr Sinn besteht darin, Blender an die Bedürfnisse von 3D-Künstlern anzupassen, Bugs zu entdecken, sie auszumerzen und – last but not least – zu zeigen, zu welchen Leistungen ein kleines Team aus Künstlern und Entwicklern mit Blender imstande ist. Das Projekt fand bis heute (2014) bereits sechsmal statt und bedient sich einer zur Zeit des ersten Projekts eher ungewöhnlichen Idee (auch wenn diese durch Kickstarter und Indiegogo heutzutage mehr und mehr an Normalität gewinnt): Die Produktion wird durch den Verkauf des Films vorfinanziert.

◂ **Abbildung 1.7**
Cosmos Laundromat (2014)

Die Community bezahlt also für einen Film, den sie erst in einem Dreivierteljahr in ihren Händen hält. Nach Abschluss der Produktion erhält jeder Käufer nicht nur den kompletten Film in den verschiedensten Formaten, auch alle Produktionsdateien werden veröffentlicht und auf den Datenteil der DVD gebrannt. Jeder ist somit in der Lage, die Tricks der Profis nachzuvollziehen und Teile des Films zu ändern – was Dank der Creative-Commons-Lizenz problemlos möglich und sogar gewünscht ist. In diesem Sinne werden kurze Zeit nach Abschluss der Arbeiten alle Daten im Internet veröffentlicht, um alle Blender-Nutzer weiterzubilden.

Doch nicht nur die Nutzer werden weitergebildet, auch Blender profitiert enorm von diesen Projekten. In welcher Form, sehen Sie in dieser Übersicht:

- Projekt Orange – Elephants Dream: Neuentwicklung des Animationssystems, Entwicklung eines knotenbasierten Bildnachbearbeitungssystems
- Projekt Peach – Bick Buck Bunny: Verfeinerung der Haarsimulation, volumetrischer Lichteffekte und Compositing
- Projekt Durian – Sintel: Verbessertes Sculpting (Modellierungstechnik), Entwicklung von Rauch- und Feuersimulationen, Blender 2.5 auf Herz und Nieren getestet und marktreif gemacht
- Projekt Mango – Tears of Steel: Entwicklung von Werkzeugen zur Objekt- und Bewegungsverfolgung, fotorealistisches Rendern, Color Grading und Maskentools

- Caminandes 2: Blenders Cycles Renderer für die Verwendung von Haaren fit gemacht, Stabilität erhöht
- Project Cosmos Laundromat: Asset Management (Verwaltung von Bibliothekselementen), beschleunigte Cycles, Physiksysteme vereinheitlicht, UI-Beschränkungen abgebaut

Abbildung 1.8 ▸
Caminandes 2 (2013). Aus diesem Movie stammt auch unser Coverbild. Der Film liegt auch der Buch-DVD bei.

Die konstante Weiterentwicklung und die enormen Entwicklungsschübe brachten und bringen innerhalb kürzester Zeit starke Fortschritte in allen Bereichen von Blender. Sie treffen daher den Nerv der Community, finden viele kommerzielle Förderer und große positive Resonanz im professionellen 3D-Umfeld.

1.4 Sprache

Sie werden sich eventuell wundern, warum die meisten Bezeichnungen in diesem Buch in englischer Sprache angegeben werden, obwohl Blender doch einerseits die Möglichkeit bietet, die Programmoberfläche auf Deutsch umzustellen, und Sie andererseits noch dazu ein deutsches Buch in Händen halten. Dies hat hauptsächlich zwei Gründe:

1. Viele Texte der englischen Blender-Version sind in der deutschen Übersetzung bislang nicht oder fehlerhaft übersetzt. Das bedeutet, dass Sie damit leben müssen, für »Cube« zwar in der deutschen Oberfläche »Würfel« zu sehen, jedoch darüber zu rätseln, was »Oberflächen-Zerstreuung« jetzt genau bedeuten soll (Diffuse).
2. Alle Tutorials im Netz, alle Hilfen für neue Blender-Nutzer, viele Beschreibungen der Algorithmen und im Grunde genommen die ganze 3D-Industrie spricht Englisch. Egal, ob Sie aus Deutschland, Italien, Frankreich oder den USA sind, wenn Sie mit jemandem über den »Diffuse-Factor« bei Oberflächen re-

den, weiß er ganz genau, was gemeint ist. Versuchen Sie einmal, ihm den »Zerstreuungsfaktor« zu erklären.

Während der erste Punkt noch lösbar wäre – da die Software Open Source ist, hindert Sie niemand daran, alle Texte zu komplettieren oder besser zu übersetzen –, wiegt für mich der zweite Punkt deutlich schwerer. In einer weltweiten Gemeinschaft sollten wir unsere Errungenschaften, unser Wissen und unsere Erfahrung in einer gemeinsamen Sprache teilen, um uns alle weiterzuentwickeln. Und da Esperanto wohl noch ein Weilchen benötigen wird, bis es Englisch als Weltsprache ablöst, halte ich mich in diesem Buch an Englisch. Ich werde es jedoch auch nicht versäumen, Ihnen wenigstens einmal die passenden deutschen Übersetzungen zu liefern, wenn es sie gibt und sie sinnvoll sind.

1.5 Blender installieren

Im Schnitt wird eine neue Blender-Version alle 3,5 Monate veröffentlicht. Es kann daher gut sein, dass – wenn Sie dieses Buch in der Hand halten – bereits eine neuere Blender-Version verfügbar ist. Nutzen Sie trotzdem für dieses Buch die mitgelieferte Blender-Version 2.71 – der Umstieg auf eine neuere Version wird Ihnen anschließend leicht fallen. Sie finden diese Blender-Version auch auf der beiliegenden Buch-DVD. Blender ist für alle großen Plattformen verfügbar, egal, ob Sie unter Linux, Mac oder Windows arbeiten.

Die im Buch verwendete Version Blender 2.71 finden Sie auf der Buch-DVD im Ordner BLENDER_2.71.

1.5.1 Voraussetzungen

Bevor Sie mit Blender loslegen können, sollten Sie kurz überprüfen, ob Sie alle notwendigen Voraussetzungen geschaffen haben, um optimal mit Blender arbeiten zu können.

Release-Note
Alle Änderungen einer Version finden Sie in den jeweiligen Release Notes, die gleichzeitig mit der Version veröffentlicht werden. Die Release Notes für Blender 2.71 finden Sie unter *http://wiki.blender.org/index.php/Dev:Ref/Release_Notes/2.71*.

Hardware | Blender ist grundsätzlich sehr genügsam, wenn es um Hardware geht – selbst mein 10 Jahre alter Laptop startet Blender. Ob die Nutzung von Blender mit solchen alten Kisten allerdings Spaß macht, sei dahingestellt. Um auf der sicheren Seite zu sein, nutzen Sie, wenn möglich, diese Hardware:

- 64 Bit Quadcore CPU (i7 beispielsweise)
- 8 GB RAM
- Full-HD-Monitor mit 24 Bit Farbtiefe
- OpenGL-kompatible Grafikkarte >= 1 GB RAM von NVIDIA (CUDA-fähig)
- 3-Tasten-Maus (mit Mausrad)

Um noch mehr Spaß zu haben, sollten Sie über kurz oder lang über folgende Anschaffungen nachdenken:

- ein Grafiktablett (beispielsweise von Wacom)
- ein zweiter Full-HD-Monitor
- eine zweite, dritte oder vierte NVIDIA-Grafikkarte (die nicht im SLI-Verbund in Ihrem Rechner sitzt)

Warum die Grafikkarte von NVIDIA sein sollte und was CUDA bedeutet, erfahren Sie in Kapitel 6, »Rendering – ein Bild entsteht«, ab Seite 270.

1.5.2 Installation

Alle Installationsdateien finden Sie auf der mitgelieferten DVD im Ordner BLENDER_2.71, unterteilt nach 32- und 64-Bit-Systemen.

Linux | Unter Linux genügt es, alle Blender-Dateien aus dem jeweiligen Zip-Archiv in einen Ordner zu entpacken und durch einen Doppelklick auf BLENDER zu starten. Möchten Sie Blender aus einem Terminal starten (um mehr Informationen über Blenders aktuellen Status zu erhalten), wechseln Sie innerhalb des Terminals mit den folgenden Befehlen in den angelegten Ordner, und starten Sie Blender (wie unter Linux üblich):

```
cd /Pfad/Zu/Ihrem/Entpackten/Blenderverzeichnis
./blender
```

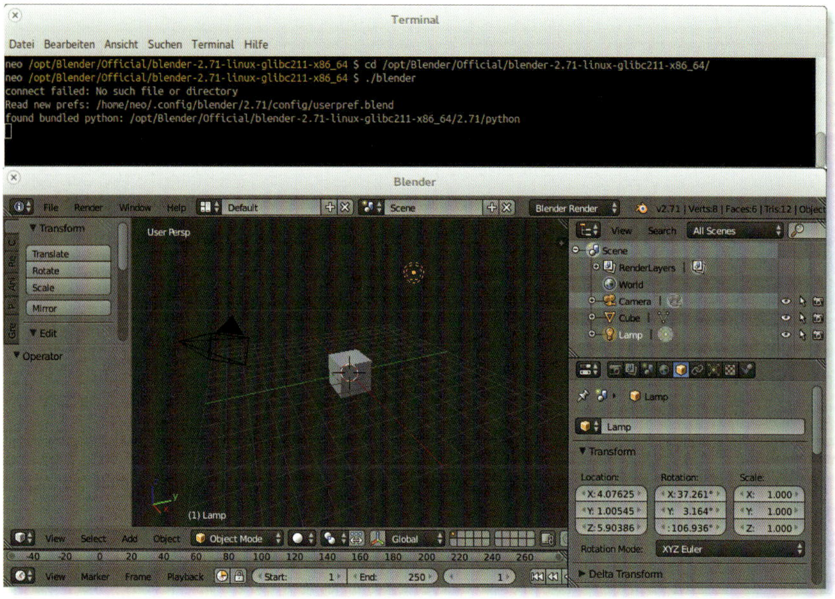

Abbildung 1.9 ▸ Blender aus einem Terminal heraus starten

Mac | Die Installation unter Mac-OSX-Systemen (10.6 und höher) geht genau wie unter Linux vonstatten. Sie entpacken die Zip-Datei in einen Ordner auf Ihrer Festplatte (oder einem mobilen Datenträger) und führen Blender über einen Doppelklick auf die Blender-Datei aus (»blender.app«). Auch das Starten von der Konsole funktioniert ähnlich. Wechseln Sie in ein Terminal, und starten Sie Blender mit:

```
cd /Pfad/Zu/Ihrem/Entpackten/Blenderverzeichnis/
   blender.app/Contents/MacOS
./blender
```

Windows | Auf Windows Vista, 7 oder 8 fühlt sich Blender zu Hause – auf allen anderen Versionen kann Blender zwar laufen, wird dort aber nicht mehr aktiv gepflegt.

Unter Windows haben Sie zwei Installationsmöglichkeiten. Entweder Sie nutzen den bereits beschriebenen Weg über das Entpacken von Blender aus dem mitgelieferten Zip-Archiv und das anschließende Ausführen über einen Doppelklick, oder Sie installieren Blender über ein »richtiges« Windows-Setup. Das Setup leitet Sie dialogbasiert durch die Installation und richtet Blender im Startmenü Ihrer Windows-Version ein.

Möchten Sie unter Windows mehr Informationen zu Blenders Status erhalten, finden Sie bei gestartetem Blender eine Option zum Ein- und Ausblenden des Terminals unter WINDOWS • TOGGLE SYSTEM CONSOLE.

Fehler beim Starten?
Sollte Blender den Start mit einem Fehler verweigern, installieren Sie zusätzlich die 32- oder 64-Bit-Version der Visual C++-Laufzeitumgebung von Microsoft (»vcredist*.exe«), die ich ebenfalls in den Windows-Ordner der DVD eingefügt habe.

1.6 Lehransatz des Buchs

Zu Beginn dieses Buches muss ich leider direkt eine Rüge an meine Tutorial-Kollegen loswerden: Viel zu oft werden Tutorials nur darauf ausgelegt, Ihnen zu erklären, welche Knöpfe und Einstellungen Sie drücken bzw. vornehmen müssen, um exakt die Tutorial-Szene zu reproduzieren. Meiner Meinung nach geht der Mehrwert solcher Tutorials gegen null. Sicherlich lernt man gerade als Anfänger beim Zuschauen eine Menge, der tiefere Sinn der getätigten Einstellungen oder die zugrunde liegenden Konzepte bleiben dabei jedoch völlig im Dunkeln.

Mein Ansatz in diesem Buch ist daher ein anderer: Sie werden hier selten Anweisungen der Art »drücken Sie diesen Knopf«,

»stellen Sie hier einen Wert von 20 ein« oder »neigen Sie die Sicht um 20°« lesen, ohne vorher eine detaillierte Einführung in die Techniken und zugrunde liegenden Konzepte erlangt zu haben. Ich bin mir bewusst, dass dieses Vorgehen etwas beschwerlicher ist, als einfach »stur« einem Tutorial zu folgen und vorgegebene Werte einzugeben. Ich bin jedoch gleichzeitig der Überzeugung, dass Sie sich nur auf diese Art in Blender weiterentwickeln und kreativ eigenständige Lösungen finden können.

Zusätzlich zu diesen Hintergrundinformationen werde ich aber natürlich auch Tutorials und Beispiele mit Ihnen durchsprechen – die Praxis wird in diesem Buch nie zu kurz kommen.

1.7 Arbeitsschritte in Blender

Demo-Datei
Als Demo-Datei nutze ich hier die Datei »01_Well.blend«, die Sie auch auf der mitgelieferten DVD unter BEISPIELMATERIAL • KAPITEL_01 finden. Sie wurde von faouzig1990 auf *http://www.blendswap.com* unter der CC-0-Lizenz veröffentlicht und von mir überarbeitet.

Wenn Sie sich im 3D-Umfeld umsehen, werden Ihnen immer wieder (unabhängig von der eingesetzten Software) verschiedene Begriffe begegnen, die Sie unbedingt kennen sollten. Um Sie auf die folgenden Kapitel dieses Buches einzustimmen, werde ich Ihnen daher einige dieser Begriffe schon jetzt erklären und Ihnen gleichzeitig anhand eines Beispiels zeigen, welche Phasen ein typisches 3D-Projekt durchläuft.

Gehen wir zu Beginn dieses Beispiels einmal davon aus, dass Ihre Wahl bereits auf ein überdurchschnittlich gutes Open-Source-3D-Programm gefallen ist und Sie als erstes 3D-Modell den auf Abbildung 1.10 gezeigten Brunnen erstellen möchten.

1.7.1 Referenzen sammeln

▲ **Abbildung 1.10**
Das 3D-Modell eines Brunnens

Ihr erster Schritt wird sein, sich viele Bilder von überdachten Brunnen zu besorgen. Bestenfalls kennen Sie einen realen Ort, den Sie dazu besuchen können, um eigene Aufnahmen der Mauer, des Daches und der Balken anzufertigen. Achten Sie besonders darauf, wie die Oberflächen durch die Witterung bearbeitet wurde, ob und wie sich die Umgebung in blankgeputzten Steinen spiegelt, welche Unregelmäßigkeiten auf der Oberfläche der Werkstoffe zu finden sind und welche Farbe bzw. welche Struktur sie besitzen.

Anschließend schauen Sie sich an, wie jedes reale Objekt geformt ist und welche Teile des Brunnens in Ihrem virtuellen Modell benötigt werden.

◂ **Abbildung 1.11**
Das Ausgangsbild von Horst Siegl (www.altmuehlaue.de) hilft Ihnen, eine Vorstellung des späteren Modells zu entwickeln.

1.7.2 Modellierung – Sie sind der Bildhauer

Nachdem Sie ein genaues Bild Ihres Brunnens im Kopf (oder bestenfalls bereits als digitale Zeichnung) haben, übertragen Sie die Form in ein 3D-Modell, bestehend aus miteinander verbundenen Punkten (Vertices), Kanten (Edges) und Flächen (Faces). Prägen Sie sich bei dieser Gelegenheit gleich eine der Grundprinzipien der 3D-Modellierung ein. Sie wird Ihnen sehr viel Zeit sparen: »If it looks correct, it is correct«. Frei übersetzt heißt es so viel wie: »Wenn es für den Betrachter so ausschaut, als wäre es korrekt, dann ist es korrekt«.

Dieses Prinzip beschreibt, dass Sie das Objekt nicht mit allen realen Details ausstatten müssen, um ein glaubhaftes Modell zu erstellen. Wem nützt das Innere des Brunnens, wenn die Kamera nie in den Brunnen hineinsehen wird?! Machen Sie sich also nicht unnötig Arbeit – verwenden Sie so wenige Details wie möglich, aber gleichzeitig so viele Details wie nötig, um Ihr Modell zu erstellen.

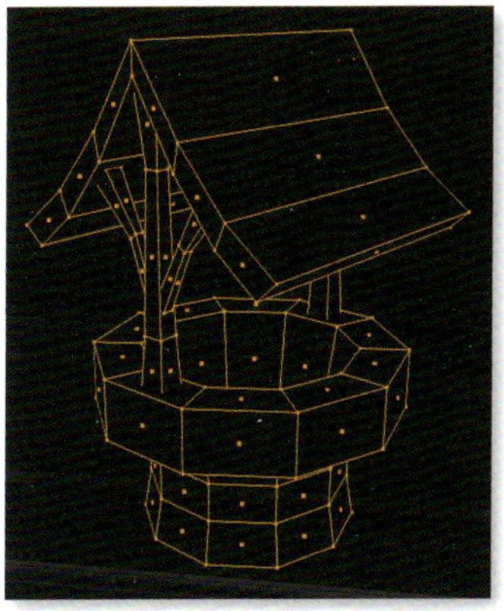

▴ **Abbildung 1.12**
Die Form des Brunnens wird in ein erstes 3D-Modell, bestehend aus Punkten (Vertices), Kanten (Edges) und Flächen (Faces), übertragen.

1.7.3 UV-Unwrapping und UV-Mapping

Haben Sie die Modellierungsarbeiten an Ihrem Objekt abgeschlossen, ist es an der Zeit, Ihr Objekt »abzuwickeln«. Beim Abwickeln »schneiden« Sie Ihr Objekt so an den Seiten auf, dass Sie die Oberfläche des Objekts flach auf dem Boden in der 2D-Ebene ausbreiten können. Ergebnis dieser Bemühungen ist die *UV-Map*.

▲ **Abbildung 1.13**
Eine UV-Map entsteht: Das Objekt wird so an den Seiten aufgeschnitten, dass die Oberfläche des Objekts flach auf dem Boden in der 2D-Ebene ausgebreitet werden kann.

Die UV-Map gibt wie eine Karte an, auf welchem Planquadrant welche Textur (Bild) aufgebracht wird. Sie wird erst nach dem Abschluss der Modellierungsphase erstellt, weil sich bei jeder Änderung Ihres Modells auch die UV-Map ändert.

1.7.4 Lighting – die Beleuchtung festlegen

▲ **Abbildung 1.14**
Die Beleuchtung der Szene wird festgelegt.

Noch bevor Sie die Oberflächenbeschaffenheit des virtuellen Objekts definieren, legen Sie eine Beleuchtung der Szene fest. Diese kann ruhig rudimentär sein, sie sollte allerdings eine gute Basis für die weiteren Schritte darstellen. Durch die Beleuchtung wird sich Ihre Wahrnehmung der Oberfläche grundlegend ändern. Auch die Wahl der Farbe ist stark von der Beleuchtung abhängig. Sie werden somit während der Oberflächen- und Materialdefinition oftmals das Licht-Setup anpassen und umgekehrt – die grobe Beleuchtung sollte allerdings schon jetzt feststehen.

1.7.5 Shading und Texturierung – die Oberflächen definieren

In der Shading- und Texturierungsphase legen Sie fest, wie die Oberfläche Ihres Modells beschaffen ist. Ist die Oberfläche rau, ist sie braun, grün oder gelblich? Hat sie Risse, oder glänzt sie in der Sonne? Können Sie eventuell Fotografien nutzen, um die reale Oberfläche noch besser auf dem virtuellen Objekt abzubilden? Die aus allen diesen Fragen entstehenden Oberflächentapeten (die Texturen) geben dem Objekt unter Zuhilfenahme der UV-Maps sein finales Aussehen.

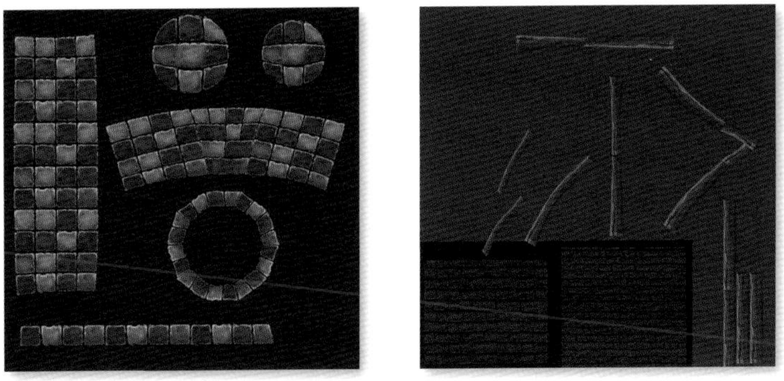

◂ **Abbildung 1.15**
In der Shading- und Texturierungsphase wird die Oberflächenbeschaffenheit des Modells festgelegt.

1.7.6 Skinning und Rigging – die Animation vorbereiten

Falls Sie Ihr Objekt animieren möchten, erzeugen Sie in dieser Phase ein Knochenskelett für Ihr Objekt (den sogenannten *Rig*). Mithilfe der Knochen dieses Skeletts können Sie Ihr Objekt nach allen Regeln der Kunst verformen und bewegen. Bevor Ihr Objekt jedoch auf die einzelnen Knochen reagiert, müssen Sie Ihrem 3D-Programm mitteilen, welche Teile des Objekts welchen Knochen zugeordnet sind – erst dann folgen diese Teile der Bewegung der Knochen. Diese Phase wird *Skinning* genannt.
Bei unserem Brunnen könnte eine Kette mit einem Eimer verbunden und an einem Balken aufgerollt worden sein. Um diesen einfach in den Brunnen ablassen zu können, würden Sie die Kette »riggen« und »skinnen«.

1.7.7 Animation – Klappe und Action

Die Animationsphase belohnt Sie für all Ihre Mühen in den vorangegangenen Phasen. Sie nutzen den Rig des virtuellen Objekts, um zu verschiedenen Zeitpunkten sogenannte *Keyframes* zu setzen. Diese geben neben der Rotation und Skalierung eines Objekts unter anderem an, wo sich ein Objekt (oder die Knochen eines Objekts) zu einem definierten Zeitpunkt befindet.

Die Animation haucht dabei Ihren virtuellen Objekten Leben ein. Stellen Sie sich beispielsweise eine durchrutschende Kette vor, die immer, wenn der Eimer fast oben ist, den Halt verliert und den Eimer wieder nach unten rauschen lässt.

1.7.8 Rendering

In dieser meist äußerst zeitintensiven Phase wandelt Ihr Rechner die Szene ausgehend von einer virtuellen Kamera inklusive aller

▲ **Abbildung 1.16**
Das Rendering ist die wohl zeitintensivste Phase.

Lampen, Objekte und Oberflächendefinitionen in ein zweidimensionales Bild um – er rendert das Bild.

Dabei berechnet er, wie sich die Lichtstrahlen der in der Szene vorhandenen Lampen beim Auftreffen auf unterschiedlichen Oberflächen verhalten (werden sie beispielsweise gebrochen, reflektiert oder absorbiert) und findet heraus, wo Spiegelungen, Transparenzen, Schatten und volumetrische Gebilde wie Rauch oder Feuer vorhanden sind. Der Prozess resultiert in einem Bild, das Sie in beliebigen Dateiformaten abspeichern können.

Rendern Sie eine Animation (und damit eine Folge von Einzelbildern), so wird der Rendering-Prozess für jedes Bild der Animation durchgeführt – die Formel *Zeit je Bild multipliziert mit der Bildanzahl der Animation* ergibt in diesem Fall die gesamte (meist lange) Rendering-Dauer.

1.7.9 Post-Processing – das Feintuning

In der Post-Processing-Phase wird das Ergebnis des Rendering-Prozesses mithilfe verschiedener Bildbearbeitungsverfahren verändert. Ob Sie dabei an Farbanpassungen, Unschärfe oder viele andere Effekte denken, ist gleichgültig – annähernd alles ist in dieser Phase möglich.

Abbildung 1.17 ▶
Der Feinschliff erfolgt in der Post-Processing-Phase.

Post-Processing ist auf 2D-Daten angewiesen
Post-Processing wirkt auf 2D-Daten: Denken Sie immer daran dass dieser Phase nur 2D-Daten (Pixel) zur Verfügung stehen. Benötigen Sie eine plastischere Darstellung, andere Objekte oder komplett andere Lichtverhältnisse, müssen Sie wohl oder übel noch einmal den Rendering-Prozess durchlaufen.

In unserem Beispiel könnten Sie durch vorausschauende Planung bei der Erstellung der Szene darüber hinaus ermöglichen, dass die Farbe des Brunnens nach dem Rendering geändert oder Schatten verstärkt werden können.

1.7.10 Motion Tracking – 3D und Realität verschmelzen

Dieser Schritt ist im Bereich der VFX (virtuellen Effekte) angesiedelt. Dabei wird ein reales Video mithilfe von verschiedenen Algorithmen so aufbereitet, dass Sie eine dreidimensionale Darstellung des Drehortes erhalten. Anschließend können Sie Ihre digitalen Objekte in den digitalen Drehort einfügen und zum Abschluss mit dem realen Video kombinieren.

Ergebnis dieser Aktion kann beispielsweise sein, dass ein Schauspieler mit Ihrem digitalen Brunnen auf einer real gefilmten Wiese steht und diesen bedient.

1.7.11 Video Editing – Filme schneiden

In dieser letzten Phase bereiten Sie Ihre Animationen, Bilder und realen Clips auf eine Veröffentlichung in unterschiedlichen Formaten vor. Mit dem in Blender integrierten VIDEO EDITOR können Sie dabei Ihre Clips schneiden, zusammenfügen, vertonen und sie in Full HD, 4K oder anderen Auflösungen exportieren und der Weltöffentlichkeit präsentieren.

1.8 Danke

Ein Buchprojekt dieser Größe kann natürlich nicht ohne die Familie, die vielen Freunde und Helfer bei Galileo Press entstehen. Daher möchte ich die nächsten Zeilen nutzen, um mich bei meinen treuen Weggefährten zu bedanken.

Ich kann dir, Katrin, nicht genug für das Verständnis in den unzähligen tausend Stunden danken, in denen ich mit meinen Gedanken in den Kapiteln dieses Buches gefangen war und nicht für Unternehmungen, Gespräche oder gemeinsame Zeit zur Verfügung stand. Du hast mir klaglos und immer wieder die Zeit gegeben, die ich zum Abschluss eines solchen Mammutprojekts neben meiner eigenen Firma und meiner Anstellung benötigte – danke, das werde ich dir nie vergessen! Wenn ich dich nicht schon geheiratet hätte, würde ich es glatt noch einmal tun – der nächste Skiurlaub geht auf mich.

Auch meinen Eltern, die mich Zeit meines Lebens unterstützt haben, die für mich gekämpft haben, wenn es nötig war, und mich haben laufen lassen, wenn es für mich das Beste war, möchte ich tausendfach danken. Ihr wart und seid mir mit eurer Liebe, eurer Aufrichtigkeit und eurer weltoffenen Art immer ein Vorbild und habt mich in meiner Entwicklung gefördert, ohne verbissen zu werden. Ohne euch wäre ich heute sicher nicht da, wo ich bin.

Danke auch an meine Schokoschwester Patricia und meinen allerbesten Bruder Daniel, die mich mit lustigen Abenden, Pfannen voller Crevetten, Unternehmungen und »Bischooofs« für ein paar Stunden haben vergessen lassen, welches Mammutprojekt auf seine Fertigstellung pocht. Ich freue mich auf alle kommenden Unternehmungen mit euch und hoffe, euch bald als entspannte Saarlouiser umarmen zu können.

Maria, Inge, Inki, Eva und Thomas – ihr habt einen riesigen Platz in meinem Herzen. Eure Butterkuchen, Privatkonzerte, Wärme, die gute Laune und die fantastischen (Silvester-)Abende haben nicht unerheblich zu dem guten Gelingen dieses Buches beigetragen.

Viele Grüße sende ich darüber hinaus an meine liebe Schwieger-Familie in Thüringen und Bayern – freue mich schon auf weitere Lagerfeuer, Kochkurse und Gitarrensessions.

Dir, Roland, danke ich natürlich auch, für Unmengen an Schreibblockaden lösender Pizza und lustigen Kigebutas – du bist ein echter Pfundskerl! Danke auch an Michael, meinen stets schnitzelbereiten Freund der ersten Stunde, für die vielen tollen Gespräche, ich wünsche dir riesigen Erfolg mit deiner Testfabrik.

Meinen stark vernachlässigten Freunden Melanie, Amelie, Nicolas und Michael, die mir zeigen, wie hip und schön eine kleine Familie sein kann, danke ich sehr, dass sie trotz meiner Funkstille immer wieder anrufen. Und last but absolutely not least geht natürlich auch ein Dank an Fedi, meinen bajuwarischen Sonnenschein, der genauso optimistisch ist wie ich. Mach dich auf meinen Besuch gefasst.

Ich bin sehr glücklich, so eine großartige Familie und tolle Freunde zu haben und mit euch allen noch unzählige schöne Momente zu erleben – ihr seid die Besten!

Ein großes Dankeschön möchte ich natürlich auch den Mitarbeitern bei Galileo Press aussprechen, die mit vielen hilfreichen Tipps, konstruktiver Kritik und Vorlagen dafür sorgen, dass Sie heute ein qualitativ hochwertiges Buch in den Händen halten können. Insbesondere danke ich: Ariane Börder, die mir jederzeit mit Rat und Tat zur Seite stand, Ruth Lahres, die mich erst auf die Idee brachte, dieses Buch zu schreiben, und Eva Schmücker, die das tolle Cover gestaltete.

Das Cover des Buches

Das Cover dieses Buches wurde dem Blender-Film »Caminandes 2 – Gran Dillama« entnommen. Er steht unter der Creative-Commons-Lizenz und kann im Blender Shop inklusive aller Projektdateien gekauft werden. Danke an Pablo Vazques, Hjalti Hjalmarsson, Andy und Francesco stellvertretend für das ganze Caminandes-Team – ihr inspiriert mich.

1.9 Auf ins nächste Kapitel

Im nächsten Kapitel starten Sie Blender zum ersten Mal, sehen sich an, welche Bedienphilosophie hinter dem Programm steht und machen sich mit der Benutzerschnittstelle bekannt. Dabei werden Sie unter anderem erfahren, warum Blender sich bewusst nicht immer an User-Interface-Standards hält und warum dieser vordergründige Nachteil sogar von Vorteil ist.

Kapitel 2
Die Arbeitsoberfläche

In diesem Kapitel werden Sie sehen, warum wir Blender-Entwickler es für nötig halten, manche Windows-, Mac- oder Linux-Bedienphilosophien und Standardbedienelemente zu ignorieren. Sie werden die Ideen hinter dem Bedienkonzept von Blender kennenlernen und erfahren, wie flexibel und intuitiv solch ein Interface sein kann.

2.1 Blenders Bedienkonzept

Natürlich verstehe ich, dass Sie jetzt nichts lieber tun würden, als sich direkt auf Blender zu stürzen – es gibt sicherlich Spannenderes, als etwas über die Arbeitsoberfläche und die Konzepte hinter Blender zu lesen. Trotzdem empfehle ich Ihnen wärmstens, zunächst dieses und das nächste Kapitel zu lesen – nur so werden Sie das volle Potenzial von Blender entfesseln und frustrierende Momente in den nächsten Kapiteln vermeiden können. Und wer bisher immer noch gedacht hat: »So schlimm kann es schon nicht sein – ich erkunde Blender alleine!«, dem möchte ich noch folgenden Denkanstoß mit auf den Weg geben: Blender nutzt zum Selektieren von Objekten die rechte und nicht die linke Maustaste! Eventuell haben Sie jetzt doch Lust, sich von mir wenigstens ein kleines Stück durch die Welt von Blender führen zu lassen!

Blenders Bedienkonzept lässt sich an wenigen Grundsätzen festmachen: Blender verhält sich weder überlappend noch blockierend oder modal. Was diese Schlagwörter genau bedeuten, erfahren Sie jetzt.

2.1.1 Blender ist nicht überlappend

Blenders User Interface (UI) zeigt Ihnen alle relevanten Optionen, Eigenschaften und Werkzeuge auf einen Blick. Sie müssen Fenster weder verschieben noch überlappende Fenster anordnen, da es in Blender (bis auf wenige Ausnahmen) keine Überlappungen gibt.

Abbildung 2.1 ▶
Alle relevanten Optionen, Eigenschaften und Werkzeuge auf einen Blick

Ein gutes Beispiel für die konsequente Umsetzung dieses Prinzips können Sie beim Speichern einer Datei unter einem neuen Namen sehen: Während in allen Programmen, die mir bekannt sind, ein eigener Fensterdialog dafür angezeigt wird und mich kurzzeitig am Arbeiten hindert, wird in Blender ein Bereich der Oberfläche zu einem SPEICHERN-UNTER-Bereich. Obwohl dieser Bereich gerade angezeigt wird, können Sie entscheiden, ob Sie sofort speichern oder noch ein wenig weiterarbeiten möchten – Blender wird Ihnen nur in Ausnahmefällen vorschreiben, wann Sie etwas zu tun haben, oder Sie blockieren.

2.1.2 Blender ist weder blockierend noch modal

Wenn Sie in Blender mit Werkzeugen arbeiten und Einstellungen vornehmen, werden Sie feststellen, dass Aktionen immer sofort ausgeführt werden. Sie werden vor der Ausführung keine Dialoge sehen, die Sie um die Eingabe weiterer Informationen bitten. Das bedeutet auch, dass die eben besprochenen Dialogfenster in Blender überhaupt nicht auftauchen. Erst nach der Ausführung ändern Sie die Einstellungen für die vorangegangene Aktion und sehen das geänderte Ergebnis sofort. Dieses Vorgehen unterscheidet Blender fundamental von anderen 3D-Softwarepaketen und wirkt ungewohnt, macht aber dank intelligent vorbesetzter Standardeinstellungen das Arbeiten mit Blender sehr effektiv und flexibel.

Alle Aktionen beziehen sich dabei immer auf das gerade gewählte Element und den Bereich, in dem sich die Maus aktuell befindet –

weitere Informationen dazu erhalten Sie in Abschnitt 2.3, »Die Elemente der Benutzeroberfläche«.

2.1.3 Rechts- und Linksklick?

Wenn Sie sich als alter Blender-Hase mit anderen Blender-Nutzern in einer Runde zusammensetzen und Ihnen der Gesprächsstoff auszugehen droht, werfen Sie doch einmal folgende Frage in den Raum: »Sollte in Blender per Links- oder Rechtsklick selektiert werden?«. Sie würden sich wundern, welche Glaubenskämpfe diese Frage auslöst.

Für Sie als neuen Blender-Nutzer ist es einfach: Merken Sie sich, dass in Blender mit der rechten Maustaste ein Element in der 3D-Ansicht ausgewählt und mit der linken Maustaste Aktionen auf bereits selektierten Elementen durchgeführt werden.

Selektionsart ändern

Nutzen Sie die Standardselektionsmethode mit der rechten Maustaste, und stellen Sie die Selektion in den Optionen (siehe Seite 68) unter INPUT • SELECT WITH nicht auf Linksklick um. Sie ersparen sich viel Umdenken in allen Tutorials und werden die Vorteile nach wenigen Wochen zu schätzen wissen.

2.1.4 Blender ist Ihr Kreativwerkzeug

Bei der Entwicklung von Blender wurde größtes Augenmerk darauf gelegt, eine Software für Sie als Künstler zu schaffen. Natürlich wurde versucht, auf eine einfache Erweiterbarkeit und robuste Codebasis zu achten, die Hauptaufgabe von Blender ist es jedoch, Ihren kreativen Prozess zu fördern und zu unterstützen. Alle Tools und Funktionen wurden für die Bedürfnisse von Animations- und Designstudios kleinerer und mittlerer Größe geschrieben – viele Tools wurden während der Entstehung von Filmen und anderer 3D-Produktionen entwickelt. Blender setzt daher von jeher voll auf den Einsatz von Tastenkombinationen für einen schnellen, produktionsorientierten Workflow, bietet Ihnen aber gleichzeitig auch viele Schaltflächen, die Ihnen in den ersten Wochen zur Seite stehen, die Sie aber auch beliebig ausblenden können.

Blender ist dabei immer *Ihr* Tool – wenn Sie Features vermissen, die Sie gerne in Blender sehen möchten, beschreiben Sie sie, und reichen Sie das Dokument ein – in Kapitel 17.3, »Wie kann ich helfen« erfahren Sie, wie Sie mit dem Blender-Entwicklerteam Kontakt aufnehmen können.

Abkürzungen in Tutorials

Wenn Sie sich im Internet Anleitungen zu Blender ansehen, werden Sie feststellen, dass fast immer folgende Abkürzungen genutzt werden, um die Maustasten zu beschreiben: LMB (linke Maustaste), RMB (rechte Maustaste), MW (Mausrad) und MMB (mittlere Maustaste).

2.2 Fensterbereiche, Editoren und Screens

Wie erwähnt, zeigt Blender nach Möglichkeit keine modalen Dialoge an. Um dies zu erreichen, unterteilt Blender die Elemente der Arbeitsoberfläche hierarchisch in die folgenden Kategorien.

2.2.1 Fensterbereiche

Fensterbereiche individuell anpassen

Wie Sie die Fensterbereiche für Ihre Zwecke anpassen, erfahren Sie in Abschnitt 2.4.1, »Fensterbereiche anpassen«.

Ein Fensterbereich ist ein für eine spezielle Aufgabe gestalteter Bereich innerhalb des Applikationsfensters (Blender höchstselbst), den Sie jederzeit in seiner Größe ändern und beliebig oft unterteilen können. Blenders Applikationsfenster besteht also grundsätzlich aus vielen nicht überlappenden Fensterbereichen, in die beliebige *Editoren* eingefügt werden können.

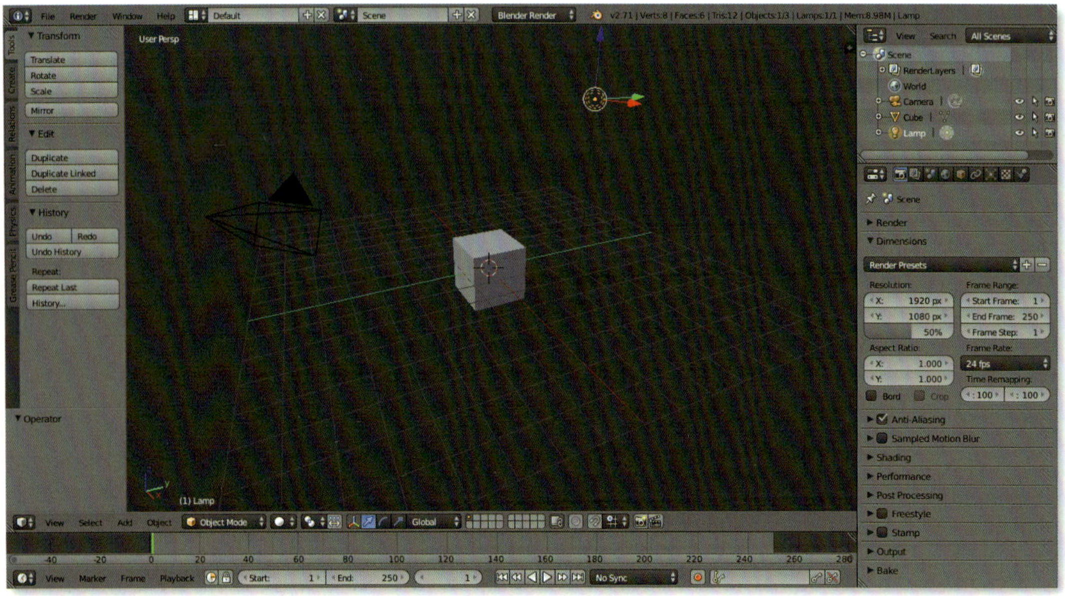

▲ **Abbildung 2.2**
Das Applikationsfenster besteht in Blender aus vielen nicht überlappenden Fensterbereichen, die Sie individuell konfigurieren können.

2.2.2 Editoren

Ein Editor ist ein Bereich von Blender, mit dem Sie einen speziellen Schritt im 3D-Workflow (Modellierungsarbeiten, Texturierung etc.) erledigen können. Er stellt Ihnen alle Werkzeuge zur Verfügung, um diese Aufgabe bestmöglich zu absolvieren. Ein Editor befindet sich immer innerhalb eines Fensterbereichs – er füllt diesen komplett aus.

Beispielhaft möchte ich hier den 3D-View-Editor erwähnen, der Ihnen eine Ansicht Ihrer 3D-Szene zur Verfügung stellt, oder den Video Sequence Editor, der Werkzeuge zum Bearbeiten Ihrer Videos bereithält. Jeder Editor erlaubt eine weitere Unterteilung in **Regionen**, um Menüs, Schaltflächen, Toolbars oder ähnliche Elemente darstellen zu können. Welcher Editor gerade in einem Fensterbereich dargestellt wird, erkennen Sie an den jeweiligen Icons ❶.

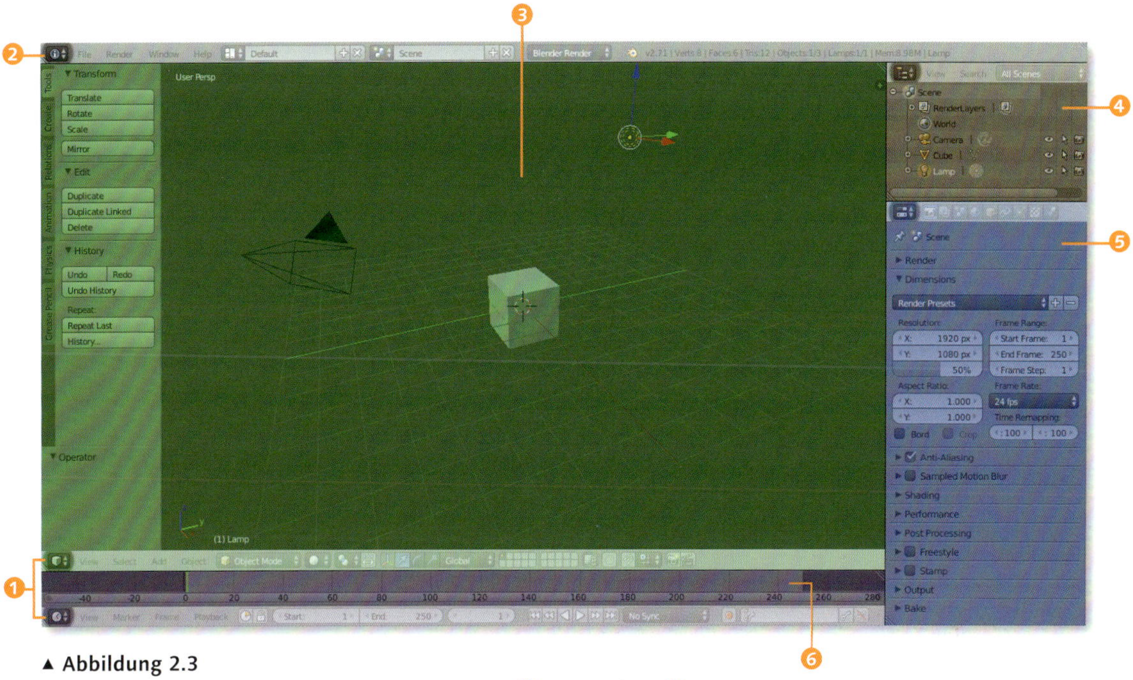

▲ **Abbildung 2.3**
Auf dem Screenshot sehen Sie den 3D-VIEW-Editor (3), INFO-Editor (2), TIMELINE-Editor (6), PROPERTIES-Editor (5) und den OUTLINER (4).

Abbildung 2.3 zeigt Ihnen farbig, wo sich in der Standardszene von Blender die Editoren (siehe auch Abschnitt 2.4.2, »Editoren kennenlernen und anpassen«), die Kopfzeilen (hell hervorgehoben) und exemplarisch eine Region befinden.

2.2.3 Screen Layouts

Mit einem *Screen Layout* (auch *Layout*) speichert Blender Informationen über die Art, Größe und Anordnung von Editoren und Fensterbereichen der aktuellen Ansicht. Sie können gespeichert, benannt, gelöscht und geladen werden und werden dann benötigt, wenn Sie von einer Phase des 3D-Designs in eine andere wechseln und sich alle für diese Phase relevanten Tools, Editoren und Fensterbereiche mit einem Klick anzeigen lassen möchten.

Öffnen Sie Blender zum ersten Mal, befinden Sie sich im DEFAULT-Layout. Standardmäßig enthält Blender jedoch noch viele weitere Layouts – unter anderem zur Modellierung, Texturierung, Animation und für viele weitere Aufgaben im 3D-Bereich. Sie stellen eine gute Basis für Ihre eigenen Anpassungen dar. Wie Sie zwischen den voreingestellten Screen Layouts wählen und eigene Screen Layouts erstellen können, erfahren Sie in in Abschnitt 2.4.3, »Voreingestellte und individuelle Screen Layouts verwenden«.

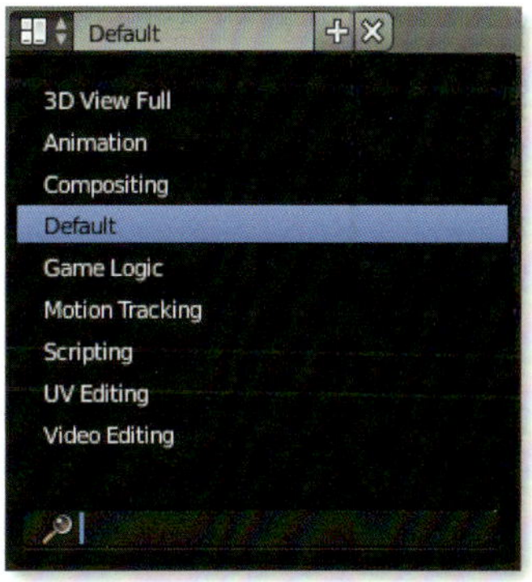

▲ **Abbildung 2.4**
Sie können das Layout des eingestellten Arbeitsbereichs jederzeit anpassen.

2.3 Die Elemente der Benutzeroberfläche

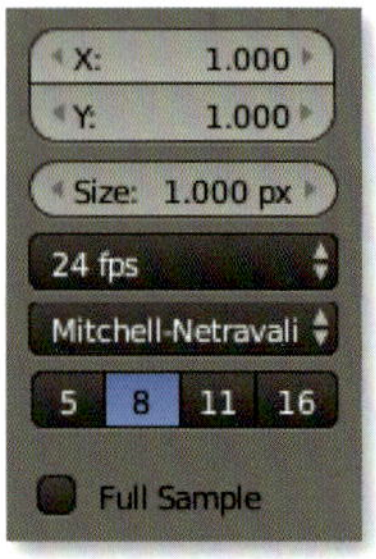

▲ **Abbildung 2.5**
Auf den ersten Blick gewöhnungsbedürftig, aber überall gleich: das Aussehen der Bedienelemente in Blender (hier ein Auzug aus dem PROPERTIES-Editor)

Wenn Sie sich in Blender umsehen, werden Sie schnell bemerken, dass alle Bedienelemente anders als die Standardbedienelemente des Betriebssystems aussehen. Warum wir uns als Entwickler für diesen Weg entschieden haben und welche Vorteile sich daraus ergeben, möchte ich Ihnen hier kurz skizzieren:

- Blender sollte unter allen Betriebssystemen gleich aussehen. Schauen Sie sich Tutorials oder Handbücher über Blender an, werden Sie keine Probleme haben, die abgebildeten Funktionen zu finden – egal, ob Sie unter Windows, Linux oder am Mac arbeiten. Selbst eine Umsetzung auf Tablets, Handys und weitere mobile Endgeräte sieht immer identisch aus.
- Die Benutzeroberfläche wird skalierbar. Wenn Sie sich mit der Maus über Bedienelementen befinden, können Sie durch einfaches Drücken von [+] oder [-] auf dem Zahlenblock alle Elemente in definierten Schritten vergrößern oder verkleinern. Ein genaueres Skalieren ist über die Kombination aus gehaltener Taste [Strg] + Mausrad-Taste (+ Mausbewegung) möglich. Beide Möglichkeiten helfen Ihnen dabei, alle wichtigen Einstellungen immer im Blick zu behalten, egal, welche Auflösung gerade eingestellt wurde oder welche Größe Ihr Blender-Fenster gerade hat.
- Der Fokus folgt Ihrer Maus. In Blender müssen Sie nie klicken, um einen Editor oder ein Bedienelement zu fokussieren. Möchten Sie z. B. einen Zahlenwert von einem Feld zum nächsten kopieren, reicht es, die Maus über dem Eingabefeld zu platzieren, [Strg] + [C] zu drücken und anschließend über dem Zielfeld [Strg] + [V] zu drücken. Sie müssen nicht in das Eingabefeld klicken! *Dies bedingt jedoch auch, dass Sie Ihre Maus stets über dem Editor/Element platzieren müssen, auf den/das die Aktion wirken soll!*
- Allen Bedienelementen gemeinsam ist die Signalisierung des aktuellen Zustands. Ausgegraute Elemente teilen Ihnen mit, dass sie für Änderungen gesperrt sind. Können Sie das Element ändern, Werte festlegen, Häkchen setzen oder Ähnliches, wird das Bedienelement wieder »normal« gezeichnet.

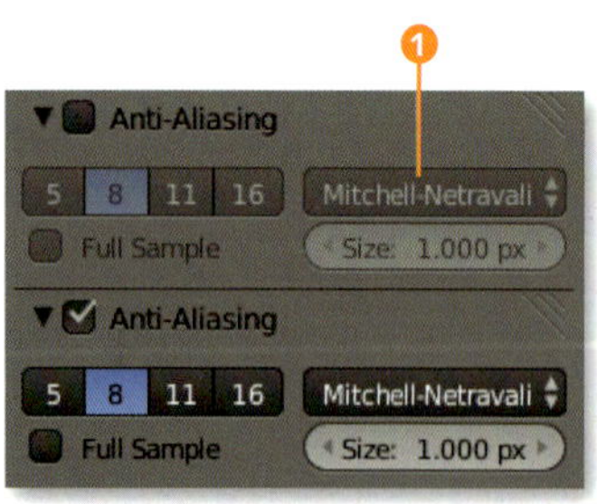

▲ **Abbildung 2.6**
Ausgegraute Bedienelemente 1 zeigen Ihnen an, dass sie für eine Änderung gesperrt sind.

In den folgenden Abschnitten möchte ich Ihnen die einzelnen Bedienelemente genauer vorstellen.

2.3.1 Menüeinträge und Kontextmenüs

Über Menüeinträge und Kontextmenüs können in Blender Programmfunktionen aufgerufen werden. Die Menüeinträge ähneln dabei stilistisch denen, die Sie bereits von Ihrem Betriebssystem her kennen. Wählen Sie einen Menüpunkt mit der linken Maustaste aus, wird die damit verknüpfte Aktion ausgeführt. Menüpunkte, die per Tastenkombination aktiviert werden können, erkennen Sie an der rechts ausgerichteten Tastenkombination ❷.

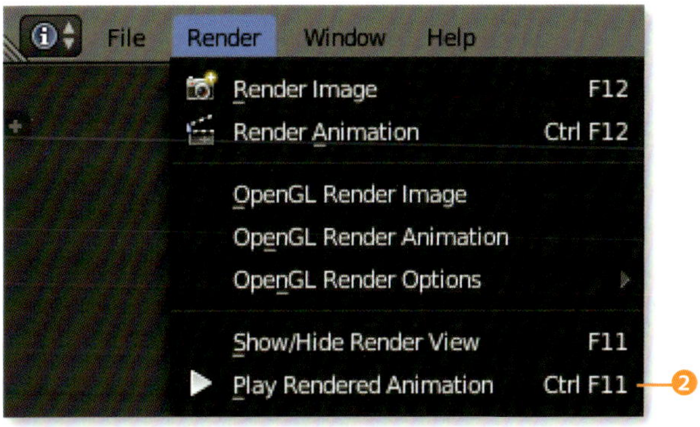

◂ **Abbildung 2.7**
Ist hinter einem Menüpunkt eine Tastenkombination angegeben, können Sie die betreffende Funktion mit dem aufgeführten Shortcut aufrufen. Alle unterstrichenen Menüeinträge können Sie auch durch Eingabe des entsprechenden Buchstabens wählen – hier R für RENDER IMAGE.

Möchten Sie oft verwendete Menübefehle und Aktionen an eigene Tastenkombinationen binden, ist auch dies problemlos möglich. Wählen Sie den Menüpunkt mit einem Rechtsklick an, und ändern Sie ihn per CHANGE SHORTCUT.

Sind Menüeinträge oder Menüzeilen nicht vollständig zu sehen, können Sie durch Halten der Mausrad-Taste über der Menüzeile und gleichzeitiges Bewegen der Maus die Zeile verschieben.

Neben dem leichten Ändern von Shortcuts bietet das Kontextmenüsystem in Blender noch einen weiteren Leckerbissen: den Aufruf von Befehlen per Positionsangabe. Wenn Sie ein Kontextmenü aufrufen und den dritten Eintrag wählen möchten, können Sie auf Ihrer Tastatur auf 3 drücken, um den Befehl auszuführen – was hier sehr trivial klingt, wird Sie sehr schnell durch Menüs wandern und Befehle ausführen lassen, ohne die Maus zu benutzen.

2.3.2 Panels

Panels dienen der Gruppierung von Bedienelementen. Sie können durch Linksklick auf das dem Namen vorangestellte Dreieck ❸ ein- und ausgeklappt und völlig frei angeordnet werden. Um die Anordnung zu ändern, nutzen Sie den Anfasser am oberen Rand des Panels ❹ und ziehen es mit gedrückter linker Maustaste an die gewünschte Position.

Um zwischen einer horizontalen und einer vertikalen Ausrichtung der Panels innerhalb des PROPERTIES-Editors umzuschalten, nutzen Sie die rechte Maustaste, während Sie sich innerhalb eines Panels befinden.

▴ **Abbildung 2.8**
Panels können ein- und aufgeklappt und frei angeordnet werden.

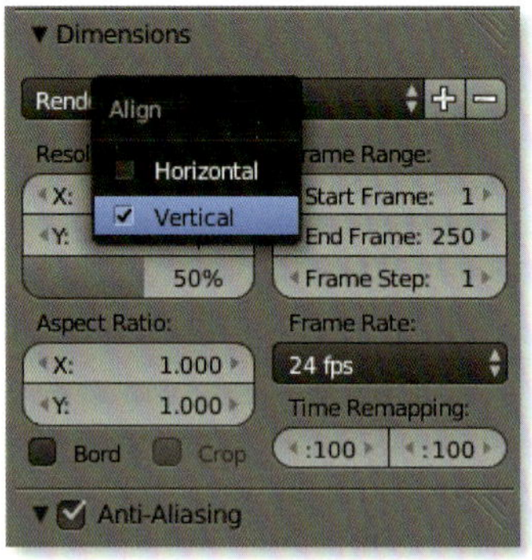

Abbildung 2.9 ▶
Häufig können Sie zwischen einer horizontalen oder vertikalen Ausrichtung der Panels wählen.

Neue Anfasser-Funktion

Ab Blender 2.72 wird der bei ④ (in Abbildung 2.8) gezeigte Anfasser die Gestalt in ▦ ändern.

Wählen Sie HORIZONTAL, um eine Ausrichtung von links nach rechts zu erreichen, und VERTICAL, um eine Ausrichtung von oben nach unten festzulegen.

Möchten Sie Panels vergrößern oder verkleinern, bewegen Sie die Maus über die entsprechenden Panels, und halten Sie die [Strg]- und die Mausrad-Taste gedrückt, während Sie die Maus nach oben oder unten bewegen.

Um ein Panel schneller als über einen Mausklick auf- und wieder zusammenzuklappen, bewegen Sie Ihre Maus über ein Panel und drücken die Taste [A].

2.3.3 Tooltips

Annähernd alle Blender-Bedienelemente besitzen die Möglichkeit, Ihnen bei einem kurzen Verweilen des Mauszeigers eine Sofort-Hilfe anzuzeigen: Halten Sie dazu Ihren Mauszeiger ca. eine Sekunde über das jeweilige Bedienelement.

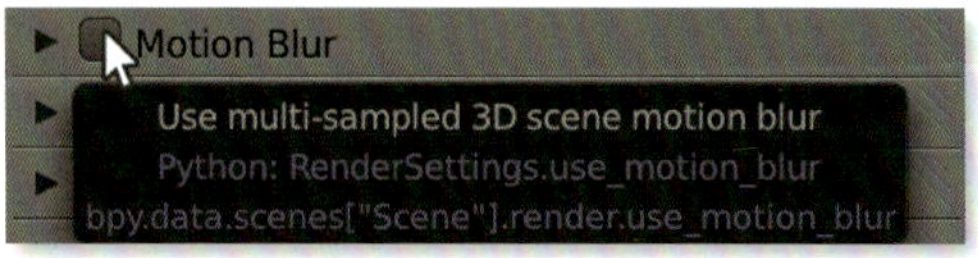

Abbildung 2.10 ▶
Sofort-Hilfe in Form von Tooltips

Meist genügt bereits dieser kurze Hilfetext, um eine ungefähre Vorstellung davon zu bekommen, welche Funktion sich hinter einem Element verbirgt. Falls nicht, finden Sie die Erklärung sicherlich in diesem Buch.

2.3.4 Schaltflächen

Das neben einer Checkbox wohl einfachste Bedienelement ist in Blender der Aktionsknopf (die Schaltfläche). Wenn Sie ihn mit der linken Maustaste anklicken, wird die ihm zugeordnete Aktion direkt ausgeführt. Sollte die Aktion etwas länger dauern, signalisiert Blender dies über einen Fortschrittsbalken im Statusbereich (rechts neben der Menüzeile).

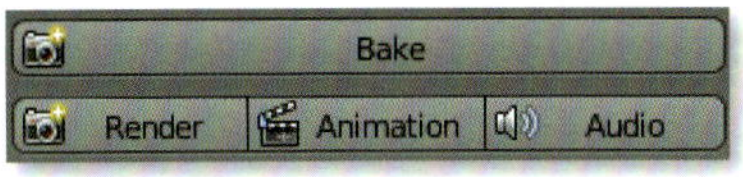

▲ **Abbildung 2.11**
Schaltflächen sind auch in Blender gewohnt einfach zu bedienen.

▲ **Abbildung 2.12**
Fortschrittsbalken zeigen Ihnen den Fortschritt einer Aktion an.

2.3.5 Checkboxen

Checkboxen kennen zwei Zustände: abgewählt und angewählt. Klicken Sie auf eine Checkbox oder den ihr zugeordneten Text, setzen Sie ein Häkchen, und aktivieren Sie damit die jeweilige Funktion. Ein erneuter Klick wählt die Funktion wieder ab.

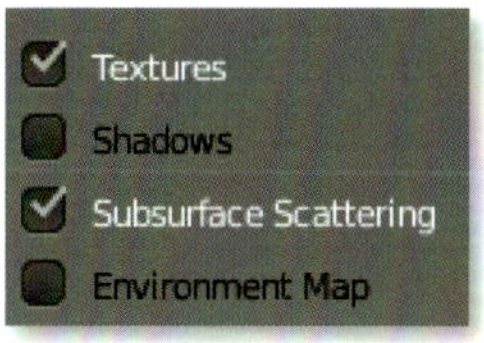

▲ **Abbildung 2.13**
Mit Häkchen aktivieren Sie verschiedene Funktionen.

2.3.6 Eingabefelder

Diese Felder ermöglichen es Ihnen, beliebige Werte innerhalb definierter Grenzen einzugeben oder zu ändern. Dabei gibt es verschiedene Möglichkeiten der Eingabe, die erneut zeigen, warum es eine gute Idee war, eigene Bedienelemente zu nutzen:

- Sie klicken in die Mitte des Feldes und geben den Wert direkt über die Tastatur ein **1**.
- Sie klicken auf die am rechten und linken Rand des Feldes gezeichneten Dreiecke und erhöhen den angezeigten Wert um einen festgelegten Schritt **2**.
- Sie halten die linke Maustaste über dem Feld gedrückt und ziehen die Maus nach rechts oder links.
- Sie halten [Alt] gedrückt und bewegen das Mausrad nach oben oder unten. Jede Mausradbewegung bewirkt einen virtuellen Klick auf die eben erwähnten Dreiecke und damit eine Änderung des Wertes.
- Möchten Sie mehrere Felder, die sich untereinander befinden (wie X und Y im Beispiel), gleichzeitig ändern, so bewegen Sie Ihre Maus in das erste Feld, klicken und halten Sie die linke Maustaste gedrückt und bewegen Sie die Maus nach unten. Beide Felder werden markiert. Lassen Sie die Maustaste jetzt los, um beiden Feldern einen Wert mit der Tastatur einzugeben, oder ziehen Sie die Maus nach links oder rechts, um beide gleichzeitig dynamisch zu ändern.

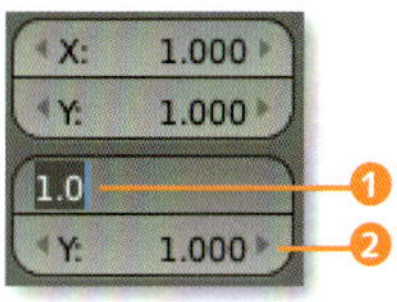

▲ **Abbildung 2.14**
Zur Werteingabe können Sie die Tastatur, die Maus oder die Dreieckschaltflächen nutzen.

Werteingabe in kleinen Schritten
Wenn Sie die linke Maustaste über dem Feld und gleichzeitig [⇧] gedrückt halten, verlangsamt sich die Wertänderung, wenn Sie die Maus dabei nach links oder rechts ziehen.

Ein weiterer Vorteil der eigenen Bedienelemente zeigt sich dann, wenn Werte berechnet werden müssen. In Blender ist es möglich,

Der Python-Interpreter rechnet für Sie

Die Auswertung der mathematischen Ausdrücke übernimmt der Python-Interpreter (Python ist eine Programmiersprache). Für eine Übersicht aller unterstützten Funktionen sehen Sie am besten unter *http://docs.python.org/3/library/math.html* nach. Denken Sie sich einfach das vorangestellte »math.« weg, anstelle von »math.floor(2)« schreiben Sie einfach »floor(2)«.

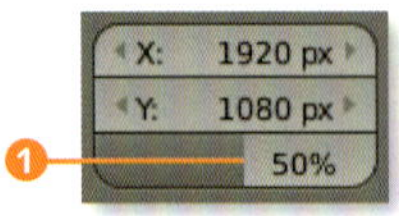

▲ **Abbildung 2.15**
Schieberegler ❶ für eine schnelle Dateneingabe

Berechnungen direkt in die Felder einzugeben und das Programm die Rechenarbeit übernehmen zu lassen. Dabei können sowohl einfache Berechnungen wie »2 + 2« eingegeben werden als auch komplexere Ausdrücke, wie z. B. »sin(50) * pi + cos(90)«.

2.3.7 Schieberegler

Ein Schieberegler ❶ übernimmt in Blender sehr ähnliche Aufgaben wie ein Eingabefeld, denn auch hier können Werte eingegeben und geändert werden. Der Unterschied ist jedoch, dass durch ein gleichzeitiges Halten der linken Maustaste und Verschieben der Maus ein Wert sehr schnell angepasst werden kann.

Da eine Wertauswahl über einen Schieberegler eine eher ungenaue Wahl des Wertes zur Folge hat, wird dieses UI-Element oftmals dann verwendet, wenn prozentuale Einstellungen vorgenommen werden sollen, ohne überaus exakt sein zu müssen.

Auch bei einem Schieberegler gilt, dass durch [⇧] + linke Maustaste oder einen Klick in die Mitte des Reglers ein genaueres Einstellen des Wertes möglich ist.

2.3.8 Listen

Listen dienen dazu, mehrere Einträge übersichtlich untereinander darzustellen. Sie enthalten im Hauptbereich die durch einen Linksklick auswählbaren Elemente ❷ und am rechten Rand mehrere Steuerelemente, die unterschiedliche Aktionen auf die Elemente der Liste ausführen können (z. B. Hinzufügen, Löschen, Kopieren oder Verschieben von Listenelementen) ❸. Über ein dunkel gefärbtes Dreieck ❹ stehen Ihnen je nach Listenkontext mehrere Spezialaktionen zur Verfügung – diese werden Sie in den jeweiligen Kapiteln kennenlernen.

Listengröße anpassen

Möchten Sie die Größe der Liste ohne den Anfasser ändern, bewegen Sie Ihre Maus über die Liste, halten [⇧] gedrückt und drehen das Mausrad. Sollte sich die Größe nur einmal ändern, obwohl Sie das Mausrad weiterhin drehen, bewegen Sie gleichzeitig die Maus ein wenig weiter.

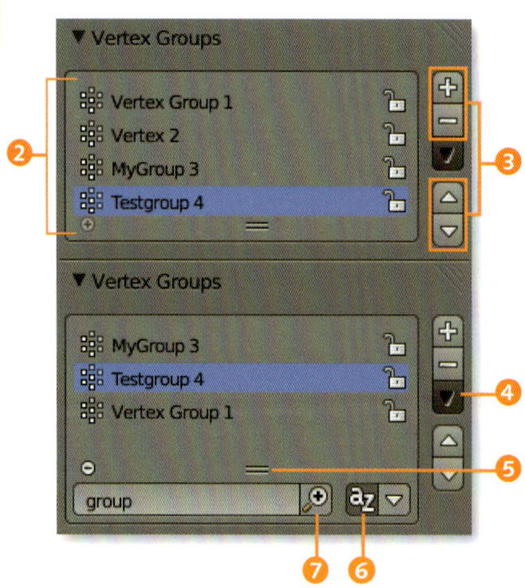

Abbildung 2.16 ▶
Listen wie diese stehen Ihnen an verschiedenen Stellen in Blender zur Verfügung.

Durch einen Doppelklick oder durch [Strg] und Ziehen mit der linken Maustaste auf ein Listenelement können Sie das gewählte Element umbenennen – geben Sie einfach den Namen ein, und bestätigen Sie Ihre Eingabe mit [↵].

Am unteren Teil der Liste finden Sie einen Anfasser 5, mit dem Sie die Größe der Liste anpassen können. Das Plussymbol blendet eine weitere Zeile ein, mit deren Hilfe Sie die Einträge der Liste sortieren lassen können. Über das erschienene Eingabefeld zeigen Sie alle Einträge mit dem dort eingegebenen Namen an, das am Ende des Eingabefeldes stehende Lupensymbol 7 filtert alle Einträge heraus, die nicht den eingegebenen Namen enthalten, und A–Z 6 sortiert die Einträge alphabetisch. Das Dreieck in dieser Zeile dreht die Reihenfolge der Ergebnisse um.

2.3.9 Dropdown-Listen

Ähnlich wie die gewöhnlichen Listen enthalten Dropdown-Listen mehrere Einträge, die Sie durch einen Klick mit der linken Maustaste auf den jeweiligen Eintrag auswählen können. Die Einträge dieser Listenart sind jedoch nicht sortierbar und können nicht umbenannt werden – sie werden von Blender automatisch erzeugt und sind deshalb nicht änderbar. Möchten Sie eine Dropdown-Liste in Aktion sehen, klicken Sie z. B. auf Blender Render am oberen Rand (in der Menüzeile) der Applikation.

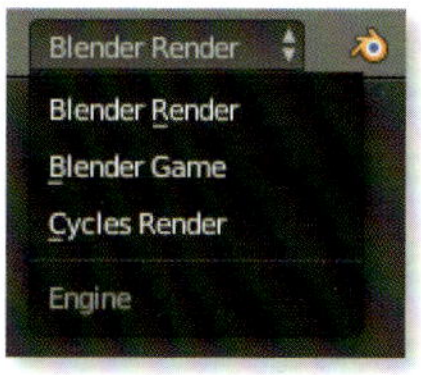

▲ **Abbildung 2.17**
Eine Dropdown-Liste in Blender

Um Voreinstellungen, wie etwa die Screen Layouts (siehe Seite 60), abzuspeichern und auszuwählen, gibt es in Blender allerdings ein von den Dropdown-Listen abgeleitetes UI-Element: die Preset-Listen.

2.3.10 Preset-Listen

Dieser Listentyp fasst ein oder mehrere Eingabefelder, Checkboxen, Fensterlayouts (oder ganz allgemein Einstellungen) zu einer Voreinstellung zusammen. Durch einen Klick mit der linken Maustaste auf die Voreinstellung 8 können Sie eine bereits vorhandene Voreinstellung wählen, durch Linksklick auf + eine neue Voreinstellung erstellen und sie durch Linksklick auf – wieder entfernen.

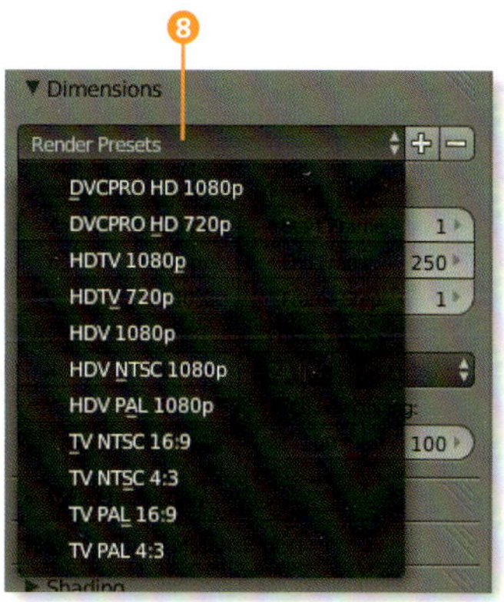

▲ **Abbildung 2.18**
Sie können sowohl bereits vorhandene Voreinstellungen wählen als auch eigene erstellen.

Beim Hinzufügen von Voreinstellungen begrüßt Sie die erste Ausnahme von der Nicht-Modalität von Blender: Ein Popup-Dialog fragt nach dem Namen der Voreinstellung. Durch Klick auf OK speichern Sie Ihre Eingaben, durch Drücken von [Esc] oder einen Linksklick außerhalb des Popups brechen Sie die Aktion ab. Möchten Sie eine Preset-Liste ausprobieren, klicken Sie auf die Render Presets im rechten Bereich der Standardszene.

2.3.11 Radiobuttons

▲ **Abbildung 2.19**
Unspektakuläre, aber komfortbale Wahl von Einstellungen über sogenannte Radiobuttons

Ähnlich wie Checkboxen dienen diese Auswahlfelder dazu, eine beliebige Einstellung auszuwählen. Im Gegensatz zu den Erstgenannten geben sie sich jedoch nicht mit einem simplen An oder Aus zufrieden, sondern bieten Ihnen an, eine Auswahl aus verschiedenen Möglichkeiten vorzunehmen. Dabei kann jedoch immer nur eine Auswahl getroffen werden – die vorher aktive Auswahl wird bei Wahl einer neuen zurückgesetzt. Das Anti-Aliasing stellt ein typisches Beispiel für dieses UI-Element dar.

2.3.12 Farbauswahl

Spezielle Radiobuttons
Selten begegnen Ihnen in Blender Radiobuttons, die nicht nur eine Auswahl, sondern sogar eine Mehrfachauswahl mit [⇧] zulassen. Besonders im Kapitel »Postproduktion & Compositing« im Abschnitt 13.3, »NPR mit Freestyle«, werden Sie diese finden.

Die Farbauswahlbox, die Sie etwas später in diesem Buch bei den Materialeinstellungen kennenlernen werden, hat zwei verschiedene Zustände. In ihrer minimierten Form zeigt sie die aktuell gesetzte Farbe an, in ihrer aufgeklappten Form bietet sie Ihnen verschiedene Möglichkeiten, eine Farbe zu setzen. Über ❶ legen Sie fest, auf welche Art Sie die Farbe angeben möchten. RGB und HSV zeigen Ihnen einfach einen unterschiedlichen Blick auf das Farbspektrum, während HEX Ihnen ermöglicht, die hexadezimalen Werte des Farbtons direkt einzugeben. Um eine Farbe festzulegen, klicken Sie mit der linken Maustaste in das Farbrad ❷, verändern die Helligkeit über den rechten Rand ❸ oder wählen eine Farbe durch einen Klick auf die Pipette ❹. Um die Helligkeit ohne Mausklick zu verändern, können Sie das Mausrad nutzen, rollen Sie es nach vorne, um die Helligkeit anzuheben, rollen Sie es nach hinten, um die Farbe abzudunkeln.

Abbildung 2.20 ▶
Sie können zwischen dem RGB-, dem HSV-Farbraum wählen oder die Zahlen über das Hexadezimalsystem einstellen.

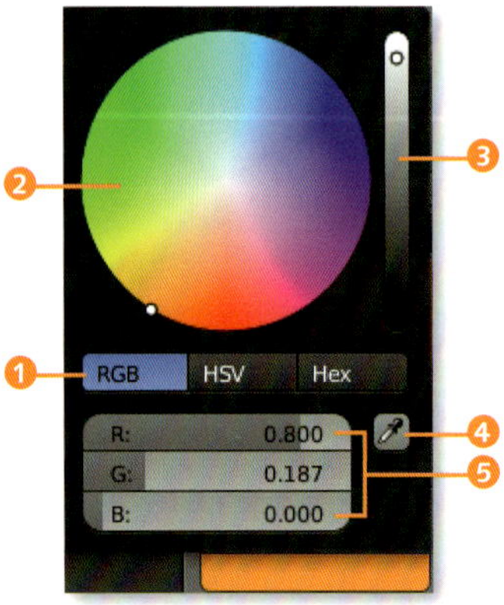

Farbeingabe ändern
Gefällt Ihnen die kreisförmige RGB-Farbauswahl nicht, sehen Sie sich im Einstellungsfenster unter PREFERENCES • SYSTEM • COLOR PICKER TYPE die drei Möglichkeiten an, eventuell ist hier etwas für Sie dabei.

Bewegen Sie anschließend den Mauszeiger aus dem Farbauswahlfenster heraus, um es zu schließen, oder brechen Sie die Auswahl mit [Esc] ab. Möchten Sie die einzelnen Farbwerte lieber per Schieberegler festlegen, nutzen Sie ❺. Ein Wert von 0 gibt keine

Farbe, ein Wert von 1 eine Vollfarbe an. R, G und B stehen dabei für die Grundfarben Rot, Grün und Blau.

2.4 Die Arbeitsoberfläche anpassen

In Abschnitt 2.2, »Fensterbereiche, Editoren und Screens«, habe ich bereits angedeutet, wie vielseitig Blenders Aufteilung der Programmoberfläche ist. Sie können die Grenzen jedes Editors dynamisch ändern, jeden Editor in beliebige andere Editoren verwandeln und mehr als nur ein Blender-Fenster öffnen – das mag zunächst sehr verwirrend sein, die Vorteile werden Ihnen jedoch schon bald klar werden.

2.4.1 Fensterbereiche anpassen

Nachdem Sie inzwischen bereits erfahren haben, dass sich Editoren in Fensterbereichen heimisch fühlen, möchte ich Ihnen in den folgenden Abschnitten zeigen, wie Sie vorhandene Fensterbereiche in der Größe ändern, unterteilen und zusammenführen können. Öffnen Sie dazu Blender, und probieren Sie die erklärten Features selbst aus.

Die Fensterbereiche der Standardszene | Kurz nach dem Start von Blender werden Sie durch einen Splash Screen begrüßt. Mit seiner Hilfe gelangen Sie auf die offizielle Website der Blender Foundation und können früher genutzte Dateien öffnen. Im Moment ist dieser für Sie noch nicht sonderlich hilfreich – klicken Sie daher mit der Maus einmal an eine beliebige Position innerhalb von Blender, um ihn zu schließen.

◂ **Abbildung 2.21**
Der Splash Screen begrüßt Sie nach jedem Start aufs Neue.

Auch die obere Menüzeile ist ein Editor

Wahrscheinlich überrascht es Sie, dass selbst die Menüzeile am oberen Rand des Applikationsfensters ein Editor ist. Auch diese Zeile können Sie in der Größe ändern oder sogar komplett ausblenden – das Konzept von Fensterbereichen und Editoren hält Blender hier sehr konsequent durch ...

Anschließend sehen Sie die Standardszene, deren größter Fensterbereich mit dem wohl am häufigsten genutzten Editor ausgefüllt ist: dem 3D-View-Editor. Er ermöglicht Ihnen einen Blick in die Szene und zeigt Ihnen unter anderem alle in ihr vorhandenen Objekte, Lichter und Animationen an.

Direkt darunter finden Sie einen weiteren Fensterbereich, der mit einem als Timeline bezeichneten Editor besetzt ist – er wird durch einen weiteren Fensterbereich am rechten Rand des Fensters gestoppt. Dieser Fensterbereich wurde in der Standardszene noch einmal horizontal unterteilt und bietet oben einem Editor mit Namen Outliner und unten einem Editor mit Namen Properties ein Zuhause. Abbildung 2.22 zeigt Ihnen diese Fensterbereiche farbig markiert.

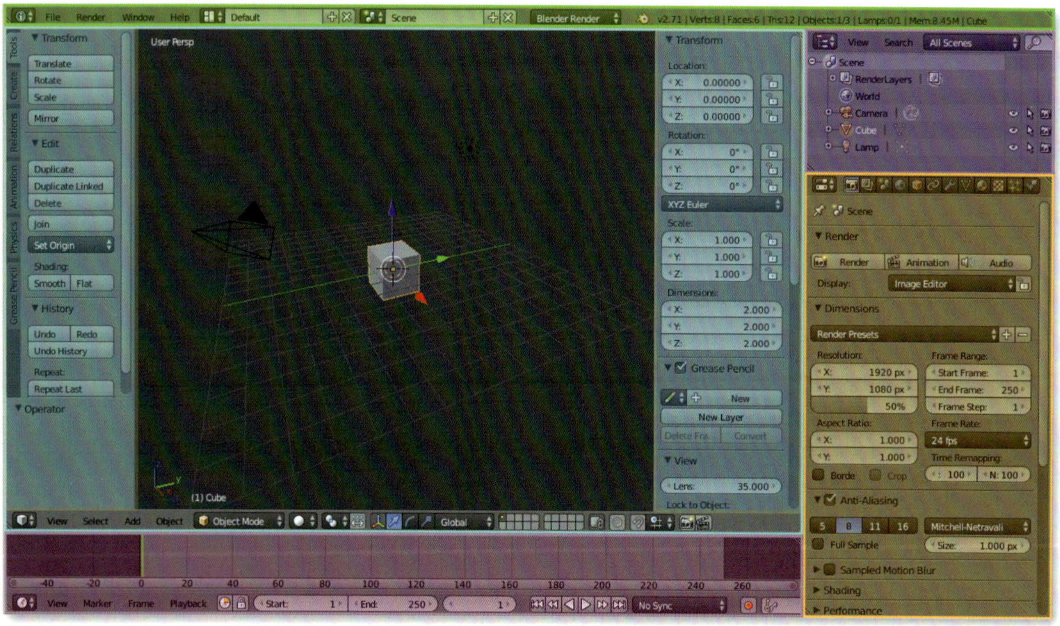

▲ **Abbildung 2.22**
Hier sehen Sie die Anordnung der Fensterbereiche in der Standardeinstellung (z. B. nach dem ersten Start von Blender).

Links und rechts innerhalb des 3D-View-Editors sehen Sie zwei vertikale Regionen – auf diese beiden hilfreichen Bereiche komme ich jetzt zu sprechen.

Toolbars | Mit Toolbars (siehe Abbildung 2.23) bietet Ihnen Blender am linken Rand von Editoren einen durch seitliche Tabs unterteilten Aktionsbereich an. Sie öffnet sich immer in dem aktiven Editor – der, in dem sich aktuell der Mauszeiger befindet. Toolbars stellen Ihnen viele wichtige Werkzeuge zur Verfügung, die Sie im Kontext des aktuellen Editors oft brauchen werden. Mit Ihrer fortschreitenden Erfahrung in Blender werden Sie die Toolbar wohl nach und nach immer weniger benötigen – alle Tools liegen nicht nur auf Schaltflächen der Toolbar, sondern sind viel schneller per Tastenkombination anwähl- und ausführbar.

Schnell zwischen Tabs und Toolbar wechseln

Um schnell zwischen den Tabs der Toolbar zu wechseln, können Sie die Tastenkombination [Strg] + Mausrad nutzen, so wird bei jedem Mausrad-Schritt der nächste bzw. vorangegangene Tab aktiviert. Möchten Sie einen bestimmten Bereich der Toolbar (z. B. den TRANSFORM-Bereich) weiterhin sehen – auch wenn Sie schon längst den Tab gewechselt haben –, klicken Sie mit [⇧] + linker Maustaste oder mit der rechten Maustaste auf den Kopf des Bereichs. Eine Stecknadel zeigt Ihnen daraufhin an, dass dieser Bereich festgepinnt ist.

▲ **Abbildung 2.23**
Toolbars stellen viele wichtige Werkzeuge zur Verfügung.

Um das TOOL-Panel auszuklappen, bewegen Sie Ihren Mauszeiger in den jeweiligen Editor und nutzen entweder [T] oder klicken auf das kleine Pluszeichen, das erscheint, wenn Sie die Toolbar eingeklappt haben. Möchten Sie die Größe der Toolbar anpassen, bewegen Sie die Maus auf die Trennlinie zwischen Toolbar und Editor und ziehen sie mit der linken Maustaste auf die gewünschte Größe. Um die Toolbox wieder zu verstecken, ziehen Sie entweder die Trennlinie der Toolbox an den Fensterrand oder drücken einfach erneut auf [T].

Eigenschaften-Panel | Neben der Toolbar gibt es in vielen Editoren noch einen weiteren Bereich, den Sie sicherlich sehr häufig öffnen werden: das Eigenschaften-Panel (Properties-Panel). Sie öffnen und schließen diesen Bereich durch einen Druck auf [N]. Das Eigenschaften-Panel stellt üblicherweise Informationen zu dem gerade ausgewählten Element innerhalb des aktiven Editors bereit und bietet Ihnen andererseits oftmals die Möglichkeit, spezielle Einstellungen für den aktiven Editor vorzunehmen. Was genau in den Properties angezeigt wird, erfahren Sie in den entsprechenden Abschnitten zu den Editoren.

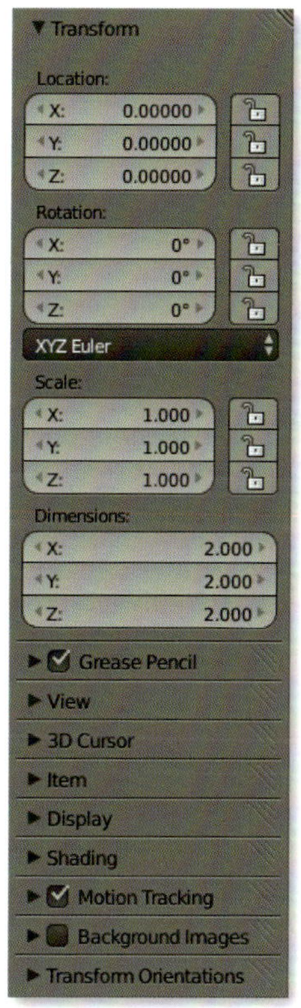

▲ **Abbildung 2.24**
Ein Eigenschaften-Panel

Fensterbereiche in der Größe ändern | Möchten Sie dem 3D-VIEW-Editor im Zentrum oder dem PROPERTIES-Editor ganz rechts mehr Raum geben, können Sie den entsprechenden Fensterbereich ganz einfach vergrößern: Bewegen Sie die Maus dazu auf die Trennlinie zwischen zwei Fensterbereichen, halten Sie die linke Maustaste gedrückt, und verschieben Sie die Linie auf die gewünschte Größe. Der Mauszeiger wird sich in einen Doppelpfeil (siehe Abbildung 2.25) ändern, sobald Sie sich über einer Trennlinie befinden.

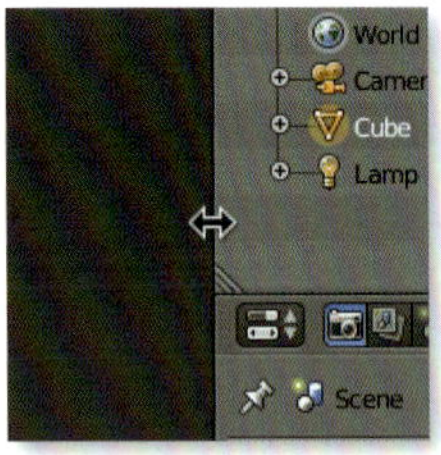

▲ **Abbildung 2.25**
Erscheint ein Doppelpfeil, können Sie die Größe des Fensterbereichs anpassen.

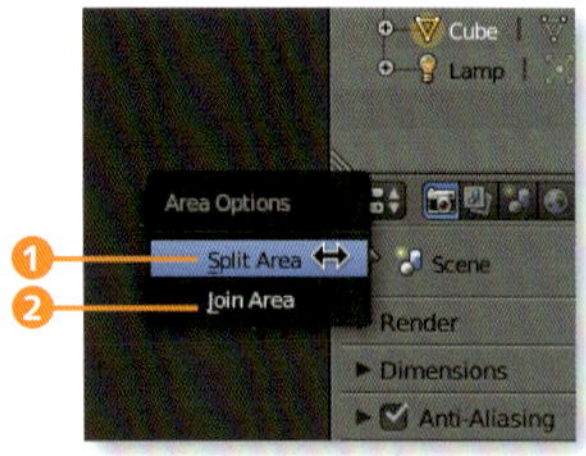

▲ **Abbildung 2.26**
Fensterbereiche können geteilt werden.

Alle in den betroffenen Fensterbereichen liegenden Editoren werden sich bei einer Größenänderung automatisch der neuen Größe des Fensterbereichs anpassen.

Fensterbereiche teilen | Betrachten Sie folgenden Fall: Sie möchten in Ihrem 3D-View-Editor einen Blick auf die Front und gleichzeitig einen Blick auf die Seite eines Objekts werfen.

In einem solchen Fall wäre es nützlich, wenn Sie Ihre 3D-Ansicht teilen könnten – und dies ermöglicht Ihnen Blender sehr einfach durch das Fensterbereichskonzept auf zwei unterschiedliche Arten:

1. Bewegen Sie die Maus auf den durch drei parallele Striche markierten Anfasser in der Ecke des Fensterbereichs (der Mauszeiger ändert sich in ein Kreuz), drücken und halten Sie die linke Maustaste, und ziehen Sie die Maus nach unten. Sie werden sehen, dass unmittelbar nach Ihrer Mausbewegung ein neuer Bereich eröffnet wird, der den gleichen Editor wie der ursprüngliche Bereich enthält.
2. Bewegen Sie die Maus auf die Trennlinie, und klicken Sie mit der rechten Maustaste. Wählen Sie Split Area ❶, und bewegen Sie die daraufhin erscheinende Trennlinie an die Stelle, an der Sie den Fensterbereich teilen möchten. Um die Teilung zu bestätigen, nutzen Sie einen Linksklick oder ↵, zum Abbrechen einen Rechtsklick oder einen Druck auf Esc.

Die oben beschriebenen Möglichkeiten sind dabei nicht auf einen Fensterbereich mit dem 3D-View-Editor beschränkt. Tatsächlich können Sie diese Aktion in jedem Fensterbereich ausführen (und das mit beliebig vielen Unterteilungen) – völlig egal, welcher Editor in diesem Bereich dargestellt wird.

Fensterbereiche zusammenführen | So wie Blender die Möglichkeit bietet, beliebig viele Unterteilungen eines Fensterbereichs vorzunehmen, können Sie zwei Fensterbereiche auch wieder zu einem zusammenführen.

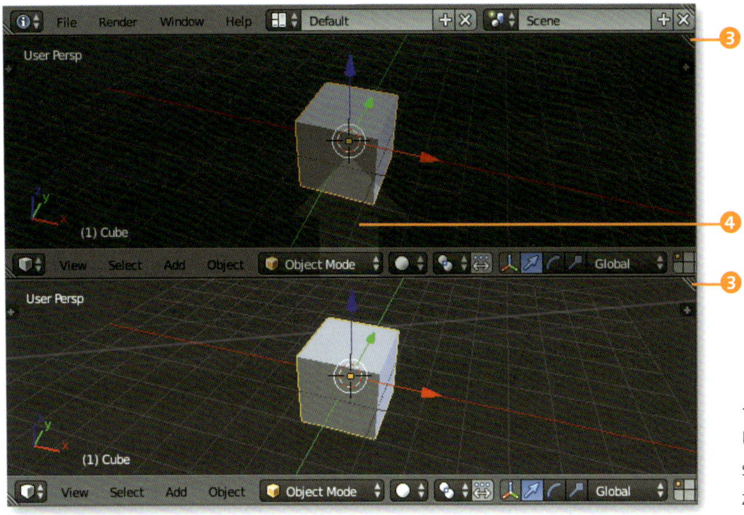

◂ **Abbildung 2.27**
Unterteilte Fensterbereiche lassen sich in Blender auch wieder zusammenführen.

Wie bei einer Trennung von Fensterbereichen gibt es auch hier wieder zwei verschiedene Wege:

1. Nutzen Sie wieder die durch drei parallele Striche markierten Anfasser ❸, bewegen Sie jedoch dieses Mal Ihre Maus mit gehaltener linker Maustaste in Richtung des zu ersetzenden Bereichs. Eine Abdunklung des zu ersetzenden Bereichs und ein gleichzeitig erscheinender Pfeil ❹ bestätigen Ihnen, dass Sie drauf und dran sind, diesen Bereich zu ersetzen. Wenn Sie den Pfeil sehen, können Sie den zu ersetzenden Bereich immer noch ändern, indem Sie Ihre Maus bei weiterhin gedrückter linke Maustaste in den ursprünglichen Bereich ziehen. Der Pfeil erscheint dann in diesem. Wenn Sie die Maus loslassen, wird der mit dem Pfeil gekennzeichnete Bereich ersetzt.
2. Bewegen Sie die Maus auf die Trennlinie zweier Fensterbereiche, und führen Sie einen Rechtsklick aus. Wählen Sie jetzt aber Join Area ❷. Auch hier zeigt der Pfeil den zusammenzuführenden Bereich an.

Bestätigen Sie die beschriebenen Aktionen mit der linken Maustaste, oder brechen Sie mit [Esc] ab.

Fensterbereiche maximieren/zurücksetzen | Während Sie mit Blender arbeiten, wird es häufig vorkommen, dass Sie einen Fensterbereich inklusive des darin enthaltenen Editors maximieren möchten, um in diesem ungestört von anderen Bereichen arbeiten oder sich Details besonders groß ansehen zu können. Blender bietet Ihnen daher die Möglichkeit, beliebige Fensterbereiche temporär zu maximieren.

Dabei kommt Ihnen sicherlich die Frage in den Sinn, wie Blender entscheidet, welcher Fensterbereich maximiert werden soll. Hier kommt der automatisch wechselnde Fokus wieder ins Spiel. Blender ermittelt automatisch, wo sich Ihre Maus befindet. Der Fensterbereich, in dem die Maus aktuell ist, wird maximiert oder in der Größe wiederhergestellt.

Ausführen können Sie die Maximierung über [Strg] + [↑] oder [⇧] + Leertaste. Ein erneuter Druck auf diese Tasten stellt den vorherigen Zustand wieder her. Probieren Sie dieses Feature aus, nachdem Sie Ihre Maus in verschiedene Fensterbereiche bewegt haben – so wird die Auswirkung des automatischen Fokus klarer.

Fensterbereiche loslösen | Falls Sie zwei Monitore nutzen oder einen Fensterbereich aus dem aktuellen Fensterbereich herauslösen möchten, gibt es auch dazu eine Möglichkeit in Blender: Setzen Sie den Mauszeiger auf den durch drei parallele Striche markierten Anfasser in der Ecke des Fensterbereichs, und bewegen Sie die Maus bei gehaltener [⇧]- und linker Maustaste ein paar Pixel weiter – ein neues Fenster mit dem Inhalt des aktuell gewählten Editors erscheint. Um es wieder zu entfernen, schließen Sie es wie jedes »normale« Fenster auch durch einen Klick auf das X.

▲ **Abbildung 2.28**
17 Editortypen stehen Ihnen in Blender zur Verfügung.

2.4.2 Editoren kennenlernen und anpassen

Editoren sind das Herzstück jeder Interaktion mit Blender. Gäbe es keine Editoren, könnten Sie in Blender keinerlei Aktionen ausführen – ihnen kommt also eine nicht unerhebliche Bedeutung zu. Dies bemerkt man bereits beim bloßen Betrachten der Anzahl der verschiedenen Editortypen: Ganze 17 Editoren warten darauf, von Ihnen entdeckt zu werden.

Um einen Editor zu wählen, klicken Sie auf das Symbol des bisher im Fensterbereich vorhandenen Editors (siehe Abbildung 2.28) und wählen per Linksklick den neuen Editor aus.

Die 17 Editortypen | In der Einleitung haben Sie bereits gesehen, welche vielseitigen Arbeitsschritte bei der Erstellung und Animation eines 3D-Objekts notwendig werden können. Für jeden dieser Schritte enthält Blender hoch entwickelte und spezialisierte Editoren, die Ihnen die besten Möglichkeiten für genau diese Aufgabe liefern.

Die folgende stichwortartige Auflistung der Editoren ist nur dazu gedacht, Ihnen einen allgemeinen Überblick über die vorhandenen Editoren zu geben. Die genauen Aufgaben und eine ausführliche Erklärung zu jedem einzelnen Editor finden Sie in den entsprechenden Abschnitten. Umsteiger von anderen 3D-Programmen werden hier einen ersten Eindruck davon erhalten, wo die von anderen Programmen gewohnten Tools in Blender versteckt sind:

- 3D-View (⇧ + F5): In diesem Editor können Sie Ihr 3D-Modell erstellen, ändern und begutachten. Ihnen stehen hier unterschiedliche Anzeigemodi und Tools zur Verfügung, mit denen Sie die komplette Szene überblicken und ändern können.
- Timeline: Die Timeline stellt Ihnen Methoden und Werkzeuge zur Verfügung, um ganz ohne Zeitmaschine in der Animationszeit zu springen. Hier können Sie Start-, End- und aktuellen Frame setzen, eine Animation starten, stoppen, temporär anhalten und verschiedene Animationsparameter setzen.
- Graph Editor (⇧ + F6): In diesem Editor finden Sie alle Animationen Ihrer Objekte als Animationskurven. Er dient hauptsächlich als Editor, um Ihre Animationen zu tunen.
- Dope Sheet (⇧ + F12): Auch der Editor Dope Sheet dient dazu, Ihre Animation zu bearbeiten. Im Gegensatz zum Graph Editor werden Sie hier allerdings vorwiegend das Timing Ihrer Animationen ändern.
- NLA Editor: Im NLA Editor können Sie fertiggestellte Animationen kopieren, arrangieren und in ihrer gesamten Länge verändern. Er ist wie ein Tool zur Videobearbeitung aufgebaut und ermöglicht es Ihnen, einen Überblick über das zeitliche Zusammenspiel Ihrer Animationen zu erhalten.
- UV/Image Editor (⇧ + F10): Diesen Editor werden Sie immer dann nutzen, wenn Sie Ihre Objekte texturieren oder Masken erstellen möchten. Sie können hier neue Bilder generieren, selbst zeichnen (inklusive Tablet-Support) oder vorhandene laden und auf Ihre Objekte auftragen.
- Video Sequence Editor (⇧ + F8): Im VSE werden Ihre Urlaubsvideos, erstellten Animationen und alle sonstigen Bildsequenzen geschnitten, neu arrangiert und mit Effekten ausgestattet.
- Movie Clip Editor: Dieser Editor kam erst in der jüngeren Geschichte von Blender hinzu. Er dient dem »Tracken« eines Videos – das ist eine Technik, um Videos mit 3D-Elementen anzureichern.
- Text Editor (⇧ + F11): Der Text Editor dient dem Verfassen von – Sie hätten es wohl kaum erraten – Texten. Mit ihm können Sie sowohl kleine Programme in der Programmiersprache Python als auch kurze Anmerkungen zur aktuell geöffneten Datei verfassen.

Warum es in diesem Buch kein Kapitel zu den Editoren gibt

Wundern Sie sich nicht, wenn es in diesem Buch kein explizites Kapitel »Editoren in Blender« gibt – da jeder Editor mit einem Arbeitsschritt korreliert, ist z. B. das Kapitel 13, »Postproduktion & Compositing«, auch gleichzeitig das Kapitel über den Node Editor.

Tastenkürzel

Falls ich Sie schon jetzt mit der permanenten Suche nach Tastenkombinationen infiziert habe, können Sie sich freuen: Fast alle Editoren besitzen Kürzel, mit denen Sie den Editor, in dem sich Ihre Maus befindet, sofort zu einem neuen Editor machen können. Die vorhandenen Tastenkombinationen finden Sie in Klammern hinter dem entsprechenden Editor.

Tracking

Das Tracking (engl. to track = nachverfolgen) verfolgt einen oder mehrere Pixel über eine Bildsequenz hinweg. Haben Sie mehrere solcher »Tracks« erstellt, können Sie ein 2D-Video in eine 3D-Szene überführen und damit computergenerierte Inhalte in diese einfügen. Mehr zu diesem Thema erfahren Sie in Abschnitt 14.3, »Tracking in Blender«.

- NODE EDITOR ([⇧] + [F3]): Der NODE EDITOR dient dem Nachbearbeiten Ihrer Renderings und der Definition komplexer Materialien und Texturen. Es gibt wohl kaum ein fortgeschrittenes Projekt, in dem nicht mindestens einer dieser drei Punkte – meist jedoch alle drei – genutzt werden.
- LOGIC EDITOR ([⇧] + [F2]): Im LOGIC EDITOR verwaltet Blender Logikbausteine der integrierten Game Engine zum Entwerfen von Spielen. Mit diesem Editor werden Sie in diesem Buch jedoch nichts zu tun haben – die Spieleentwicklung ist einfach zu umfangreich, als dass ich sie als kleinen Teil dieses Buches meinen Ansprüchen entsprechend behandeln könnte.
- PROPERTIES ([⇧] + [F7]): Der PROPERTIES-Editor ist wohl der präsenteste Editor in Blender. Er stellt alle Einstellungen zu 3D-Körpern, Oberflächen, Materialien, Physiksimulationen, Kraftfeldern (kurzum alle Einstellungen) dar.
- OUTLINER ([⇧] + [F9]): Im OUTLINER können Sie unter anderem alle Elemente Ihrer Szene durchsuchen und übersichtlich darstellen. Gerade in komplexen Projekten mit vielen Objekten werden Sie ihn schätzen lernen.
- USER PREFERENCES [Strg] + [Alt] + [U]: Im Gegensatz zu den PROPERTIES, die sich auf den erstellten Inhalt in Blender beziehen, stellt Ihnen dieser Editor Einstellungen zur Verfügung, die sich auf das Programm selbst beziehen. Einstellungen zu Farbthemen, Speichernutzung, Übersetzungen und allen anderen programmspezifischen Themen finden Sie hier auf verschiedene Register verteilt.
- INFO: Im INFO-Editor finden Sie neben der Hauptmenüzeile alle Informationen, die Blender während seiner Laufzeit ausgibt. Dies können Warnungen, Informationen oder Fehler sein.
- FILE BROWSER: Mit diesem Browser können Sie die Festplatte nach Ihren Blender-Dateien, Bildern und Videos durchsuchen, diese laden oder speichern. Normalerweise müssen Sie diesen Editor nicht von Hand aufrufen, er wird automatisch eingeblendet, wenn er benötigt wird.
- PYTHON CONSOLE ([⇧] + [F4]): Die PYTHON CONSOLE dient der Auswertung einzelner Python-Anweisungen. Da Blender komplett über die Programmiersprache Python gesteuert werden kann, ist dieser Editor gerade für Entwickler eine sehr große Hilfe, um Fehler zu suchen oder Objekte zu inspizieren.

Interessante Anwendungsfälle ergeben sich dann, wenn Sie mehrere gleiche Editoren in verschiedenen Fensterbereichen wählen. Sie möchten zwei unterschiedliche Ansichten der gleichen Szene oder drei verschiedene Animationskurven gleichzeitig bearbeiten? Mit dieser flexiblen Art der Fensterbereichsgestaltung ist das kein Problem.

Editoren tauschen | Neben dem Festlegen eines neuen Editors kennt Blender auch den Editortausch: Nehmen Sie an, Sie haben sich Ihre Fensterbereiche so erstellt, dass Sie eine sehr große 3D-Ansicht und mehrere kleinere andere Editoren um die 3D-Ansicht platziert haben. Für die 3D-Arbeit ist das unproblematisch, möchten Sie allerdings in den kleinen Editoren arbeiten, reicht der Platz kaum für ein sinnvolles Arbeiten aus.

In Blender können Sie für diese Probleme auf eine praktische Aktion zurückgreifen: Sie tauschen die Inhalte von zwei Fensterbereichen. So bleiben Ihnen alle offenen Fensterbereiche und Editoren erhalten, und Sie müssen nichts an der Größe der Fensterbereiche ändern.

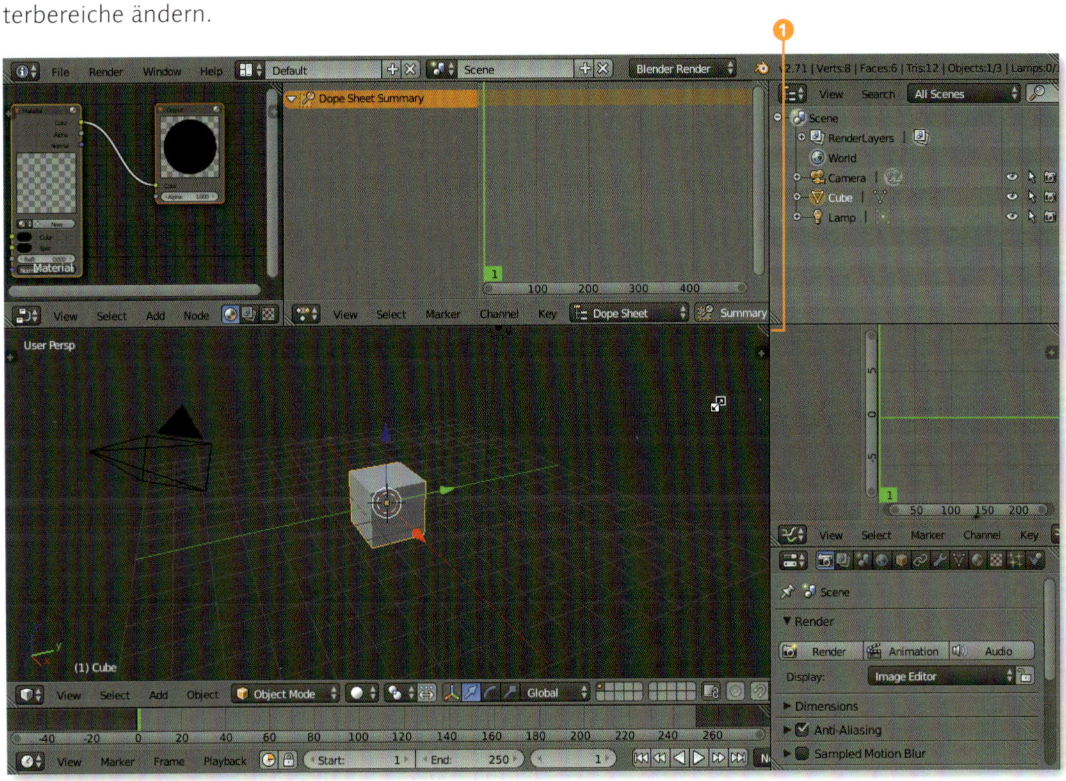

▲ Abbildung 2.29
Editortausch in Blender über den Anfasser 1 mit gedrückter Strg-Taste

Um einen Editor zu tauschen, bewegen Sie Ihren Mauszeiger über den Anfasser in der Ecke des Fensterbereichs und ziehen ihn bei gleichzeitig gehaltener Strg- und linker Maustaste in den Bereich, mit dem Sie tauschen möchten. Die Änderung des Mauszeigers bestätigt Ihnen, dass Sie jetzt eine Tausch-Aktion durchführen. Lassen Sie die linke Maustaste los, um die Editoren zu tauschen.

Um die Aktion abzubrechen, drücken Sie Esc, während Sie den geänderten Mauszeiger sehen.

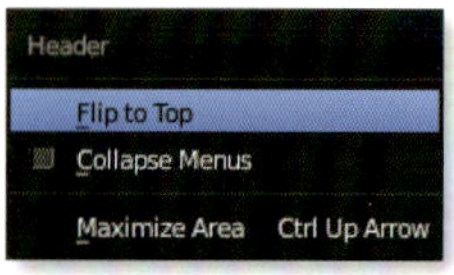

▲ **Abbildung 2.30**
Sie haben die Wahl zwischen Flip to Top, Collapse Menus oder Maximize Area.

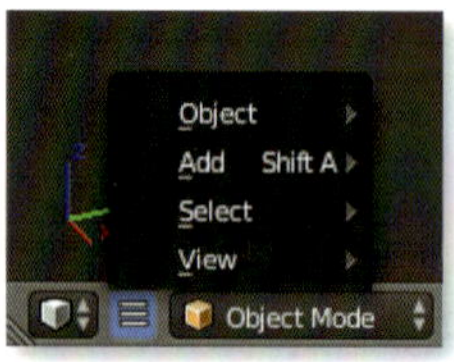

▲ **Abbildung 2.31**
Haben Sie Collapse Menus gewählt, werden die Menüeintrage platzsparend zusammengestellt.

Weitere hilfreiche Editor-Features | Neben den beschriebenen »großen« Editor-Features hält Blender noch zwei weitere sehr nützliche bereit, auf die Sie über einen Rechtsklick auf eine Editor-Kopfzeile zugreifen können. Bewegen Sie Ihre Maus z. B. auf die Kopfzeile des 3D-View-Editors (über den Eintrag File) und klicken mit der rechten Maustaste, erwarten Sie im Header-Menü die folgenden Punkte:

- Flip to Top/Bottom: Diese Auswahl verschiebt die Menüzeile an den oberen oder unteren Bereich des Editors. Gerade bei selbst gestalteten Screen Layouts ist diese Option hilfreich, um die Mausbewegungen zu minimieren.
- Collapse Menus: Dieser Punkt fasst die Menüeinträge zu einem kleinen Menüsymbol zusammen, um Platz zu sparen. Ein Klick auf dieses neu erschienene Symbol gibt Ihnen Zugriff auf alle Einträge der Menüzeile.
- Maximize Area: Wie bereits etwas weiter oben beschrieben, können Sie Fensterbereiche maximieren – dieser Menüpunkt hilft Ihnen, wenn Sie die Tastenkombination dafür vergessen haben.

2.4.3 Voreingestellte und individuelle Screen Layouts verwenden

Wenn Sie sich die Mühe gemacht haben, Ihre Fenster und Bedienelemente genauso anzuordnen, wie Sie sie benötigen, möchten Sie verständlicherweise nicht, dass nach einem Neustart wieder alle Fensteranordnungen auf Standardwerte zurückgesetzt werden. Aus diesem Grund gibt es in Blender die *Screen Layouts* – vordefinierte Layouts, die Sie selbst festlegen und in der geöffneten Blender-Datei abspeichern können.

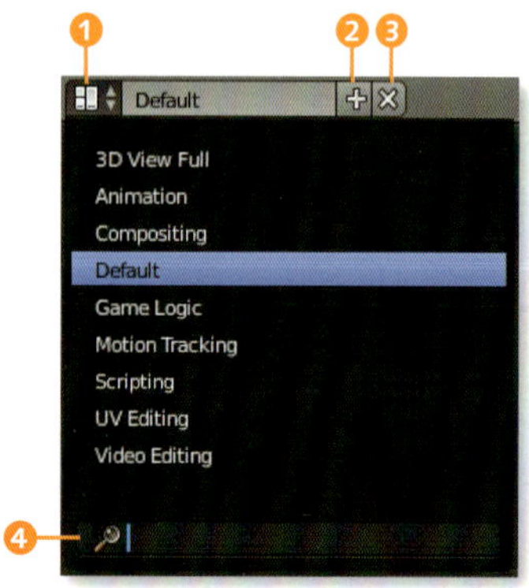

▲ **Abbildung 2.32**
Verschiedene Screen Layouts sind einstellbar.

Ein Screen Layout wählen | Um ein Screen Layout auszuwählen, klicken Sie auf das Screen-Layout-Symbol ganz links ❶. Wählen Sie in der darauf erscheinenden Liste ein Layout direkt per Linksklick aus, oder geben Sie direkt, nachdem die Liste erschienen ist, den Layout-Namen ❹ ein. Die Liste wird automatisch durchsucht und bietet Ihnen die passenden Auswahlmöglichkeiten an. Möchten Sie lieber per Tastatur arbeiten, können Sie auch mit den Pfeiltasten durch die Einträge navigieren.

Ein Screen Layout anlegen | Um Ihr eigenes Screen Layout anzulegen, starten Sie am besten von einem Screen Layout, das Ihrer Vorstellung am nächsten kommt. Wählen Sie dazu das Screen Layout aus, und klicken Sie das Pluszeichen ❷ neben dem Namen des Screen Layouts an. Das neue Layout übernimmt den Namen des bisherigen Layouts und fügt eine laufende Nummer an. Um den Namen anzupassen, klicken Sie ihn einfach an und ändern ihn nach Ihren Wünschen und mit einer Bestätigung durch [↵] ab. Wenn Sie die Datei das nächste Mal speichern, wird Ihr Screen Layout abgespeichert.

Ein Screen Layout löschen | Um ein Screen Layout zu löschen, wählen Sie das zu löschende Layout zuerst aus und klicken danach auf das X ❸. Das Layout wird ohne Rückfrage gelöscht, vergewissern Sie sich also, dass Sie das richtige ausgewählt haben.

2.5 Die Szene erkunden – der 3D-View-Editor

Bei allen dreidimensionalen Objekten haben Sie heutzutage immer das gleiche Problem: Ein dreidimensionales Objekt soll in einem Programm entworfen werden, das nur eine zweidimensionale Betrachtungsebene besitzt (Ihren Monitor). Um dieses Problem zu umgehen, ermöglicht Ihnen Blender, Ihre 3D-Ansicht in alle Richtungen zu drehen, zu zoomen und zu verschieben. Blender zeigt Ihnen dabei zu jeder Zeit an, wie Ihre Ansicht im Raum orientiert ist. Am unteren linken Rand des 3D-View-Editors finden Sie dazu ein dreiachsiges Koordinatensystem (siehe Abbildung 2.33).

Sehen Sie es sich während der folgenden Beschreibungen immer mal wieder an, um ein Gefühl für den 3D-Raum zu entwickeln.

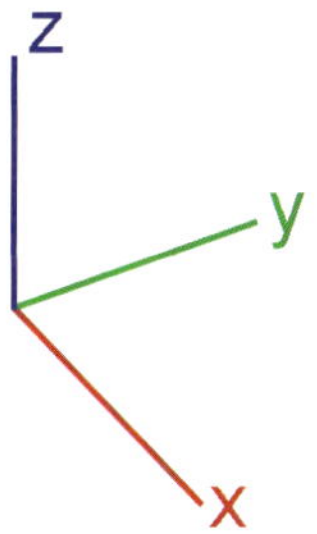

▲ **Abbildung 2.33**
Ein dreiachsiges Koordinatensystem

Die Ausstattung der Standardszene
Die Standardszene enthält bereits einen Würfel, eine virtuelle Kamera und ein Licht. Haben Sie Blender bereits gestartet und schon etwas damit herumgespielt, können Sie Ihre bisherigen Änderungen leicht verwerfen, indem Sie [Strg] + [N] drücken.

2.5.1 Zoom

Um die Ansicht zu vergrößern oder zu verkleinern, haben Sie in Blender drei verschiedene Möglichkeiten: ausschließlich über die Tastatur, ausschließlich über die Maus oder über eine Kombination aus beiden Eingabegeräten.

Tastatur und Maus
Blender basiert hauptsächlich auf dem Konzept »eine Hand auf der Tastatur, die andere auf der Computermaus«. Gewöhnen Sie sich frühzeitig daran, Sie werden schon nach kurzer Zeit sehen, wie schnell Sie auf diese Weise werden.

▲ **Abbildung 2.34**
Hier wurde ein 3D-Modell herangezoomt.

Das Mausrad kann mehr, als nur zu rollen

Sie werden sich vielleicht fragen: »Die Mausrad-Taste gedrückt halten? Bisher habe ich immer nur mit dem Mausrad gerollt?!« Viele Computeranwender würden während der normalen Arbeit mit der Maus nie vermuten, dass man neben dem Links- und Rechtsklick auch mit dem Mausrad einen Klick durchführen kann – probieren Sie es einfach aus: Legen Sie den Finger auf das Mausrad, und drücken Sie es nach unten. Die meisten Mäuse geben ein deutliches Klickgeräusch von sich, wenn sie einen Mausradklick durchführen. Falls Ihre Maus zerbricht, haben Sie zu fest gedrückt.

Per Tastatur | Um mit der Tastatur in die Szene hineinzuzoomen, benutzen Sie die [+]-Taste auf dem Ziffernblock, um aus der Szene herauszuzoomen, nutzen Sie die [-]-Taste. Die Tastatur ermöglicht ausschließlich einen rastenden Zoom – die Vergrößerung oder Verkleinerung erfolgt also immer in fest definierten Schritten.

Rufen Sie sich noch mal in Erinnerung, dass Blender alle Aktionen immer auf das Fenster bezieht, über dem sich gerade der Mauszeiger befindet. Bewegen Sie also die Maus in die 3D-Ansicht, bevor Sie die folgenden Aktionen ausführen.

Per Maus | Um mit Ihrer Maus zu zoomen, verwenden Sie einfach das Mausrad. Drehen Sie es nach vorne, um in die Szene hineinzuzoomen, bewegen Sie es nach hinten, um Ihre Szene zu verkleinern. Der Zoom über das Mausrad ist – wie bereits der Zoom über die Tastatur – rastend.

Per Kombination aus Maus und Tastatur | Für einen nicht rastenden Zoom nutzen Sie eine Kombination aus Tastatur und Maus: Halten Sie [Strg] und die Mausrad-Taste gedrückt, und bewegen Sie die Maus nach oben oder unten. Eine Bewegung nach oben vergrößert die Szene, eine Bewegung nach unten verkleinert sie.

2.5.2 Rotation

Mit dem bislang verwendeten Zoom können Sie den Würfel zwar bereits von Nahem und aus der Ferne betrachten, um sich die Seiten dieses Objekts anzuschauen, müssen Sie die Ansicht jedoch drehen können. Auch in diesem Fall bietet Ihnen Blender mehrere Möglichkeiten an: Entweder Sie nutzen die Maus oder den Ziffernblock.

Abbildung 2.35 ▶
Um die Seiten eines Objekts zu betrachten, muss die 3D-Ansicht in Blender gedreht werden.

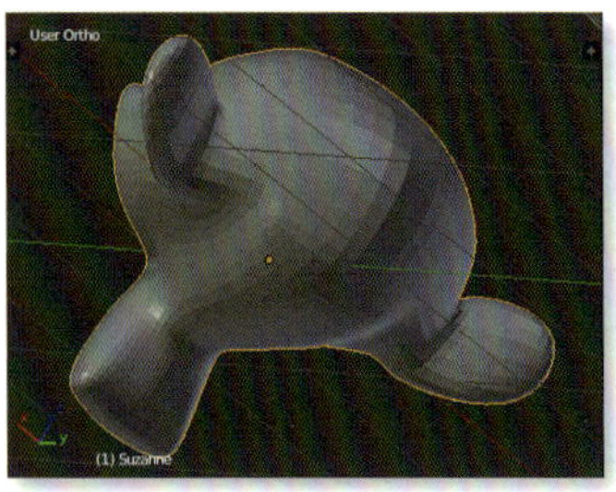

Per Maus | Um die Szene mit der Maus zu rotieren, halten Sie die Mausrad-Taste gedrückt und bewegen die Maus in verschiedene Richtungen. Eine Mausbewegung nach vorne rotiert die Szene nach oben, eine Bewegung nach hinten bewirkt eine Rotation nach unten. Über eine Bewegung nach links drehen Sie die Szene im Uhrzeigersinn, analog dazu drehen Sie gegen den Uhrzeigersinn mit einer Bewegung nach rechts.

Per Ziffernblock | Die Rotation über den Ziffernblock ist besonders dann bequem, wenn Sie eine Aufsicht, Seiten- oder Frontansicht der Szene benötigen. Auch für Rotationen in 15°-Schritten finden sich hier entsprechende Tasten:

- [0]: Betrachtet die Szene aus Kamerasicht. Welche Aufgabe eine virtuelle Kamera übernimmt und wie Sie eine Kamera bewegen, erfahren Sie weiter unten in diesem Kapitel.
- [1]: Betrachtet die Szene aus der Frontperspektive.
- [3]: Betrachtet die Szene von der rechten Seite aus.
- [7]: Betrachtet die Szene aus der Vogelperspektive.
- [5]: Wechselt zwischen orthografischem und perspektivischem Ansichtsmodus.
  Die perspektivische Ansicht zeigt Ihnen die 3D-Szene so, wie sie auch in der Realität vorkommen würde – weiter entfernte Objekte werden kleiner, die einzelnen Winkel der Objekte werden je nach Ansicht verzerrt dargestellt. Die orthografische Ansicht bietet Ihnen einen technischen Ausblick auf die Szene – parallele Flächen bleiben parallel, entfernte und nahe Objekte werden gleich groß gezeichnet. Dieser Modus eignet sich besonders zum einfachen Vergleichen von Positionen und zum Abschätzen von Objektproportionen. Abbildung 2.36 zeigt Ihnen beide Ansichten.
- [2], [4], [6], [8]: Rotiert die Ansicht um 15° in Richtung der Pfeile des Ziffernblocks.
- [.]: Zoomt die aktuelle Ansicht auf das aktive Objekt.

Übersicht Rotation per Ziffernblock
Auf der DVD zum Buch finden Sie unter BEISPIELMATERIAL • ZUSATZMATERIAL die Bilddatei »Rotation_per_Ziffernblock.svg«, die die Rotations-Optionen über den Ziffernblock weiter veranschaulicht.

Smooth View
Wenn Sie genau hinschauen, werden Sie erkennen, dass Blender beim Druck auf [0], [1], [3] oder [7] auf dem Ziffernblock eine Bewegung von Ihrer aktuellen Ansicht in die gewünschte Ansicht vornimmt – allerdings relativ schnell. Möchten Sie die Zeit einstellen, mit der dieser Ansichtswechsel durchgeführt wird, können Sie dies über das Hauptmenü FILE in den USER PREFERENCES mit der INTERFACE-Kategorie unter SMOOTH VIEW als 1/1000 Sekunde festlegen. Stellen Sie hier einmal 1000 (= 1 Sekunde) ein, und wechseln Sie die Ansicht mit dem Ziffernblock. Der Effekt ist jetzt deutlich besser zu erkennen.

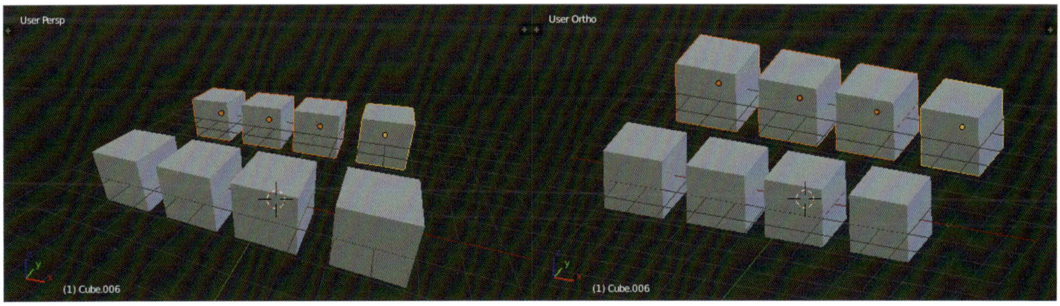

▲ **Abbildung 2.36**
Die perspektivische und die orthografische Ansicht

Möchten Sie Ihr Objekt von der entgegengesetzten Seite betrachten, halten Sie [⇧], bevor Sie auf eine der Tasten des Ziffernblocks drücken. [⇧] + [1] würde also z. B. die Szene von hinten betrachten, während [⇧] + [7] von unten auf die Szene blickt. Um Ihnen die Zuordnung der aktuellen Ansicht zu erleichtern, gibt Blender in der linken oberen Ecke die aktuelle Ansicht textuell aus – dort erscheint z. B. CAMERA PERSPECTIVE, FRONT ORTHO oder TOP ORTHO.

Während Sie Modelle entwickeln, werden Sie sich Ihr Modell immer wieder aus der Front-, Seiten- und Vogelperspektive ansehen wollen. Um sich schnell einen Überblick über alle diese Ansichten zu verschaffen, nutzen Sie die Tastenkombination [Strg] + [Alt] + [Q], die Sie in die QUAD VIEW katapultiert. Ihre Ansicht wird sich anschließend, wie in Abbildung 2.37 gezeigt, ändern. Drücken Sie die Tastenkombination erneut, um die vorherige Ansicht wiederherzustellen.

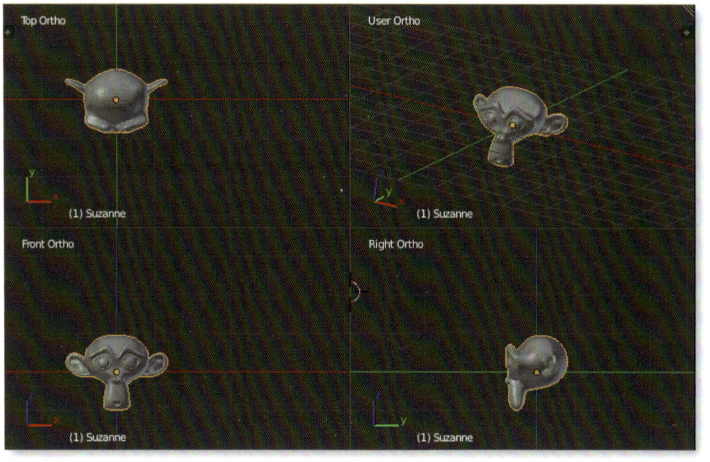

Abbildung 2.37 ▸
Die QUAD VIEW

Continous Grab

Haben Sie eine Ansicht nah herangezoomt und möchten in dieser Zoomstufe eine Translation durchführen, ist das relativ mühselig: Sobald sich Ihr Mauszeiger am Ende des Fensters befindet, müssen Sie das Verschieben abbrechen, die Maus nach links bewegen und ein weiteres Verschieben initiieren. Um dieses Problem zu umgehen, hält Blender eine hilfreiche Einstellung im USER-PREFERENCES-Editor für Sie bereit: INPUT • CONTINOUS GRAB. Aktivieren Sie diese Option, wird Ihr Mauszeiger, wenn Sie ihn während der Translation nach rechts aus dem Blender-Fenster herausbewegen, wieder links erscheinen (alle anderen Richtungen verhalten sich analog). Probieren Sie diesen Effekt direkt aus – er ist anfangs vielleicht ein wenig ungewohnt, aber sehr hilfreich!

2.5.3 Translation

Um die Ansicht zu verschieben, nutzen Sie die Tastenkombination [⇧] + Mausrad-Taste und bewegen gleichzeitig die Maus. Die Richtung, in die Sie Ihre Maus bewegen, gibt die Richtung an, in die Sie Ihre Szene verschieben. Nutzen Sie [Alt] + [F], um die Ansicht an die Stelle zu bewegen, an der sich gerade Ihre Maus befindet.

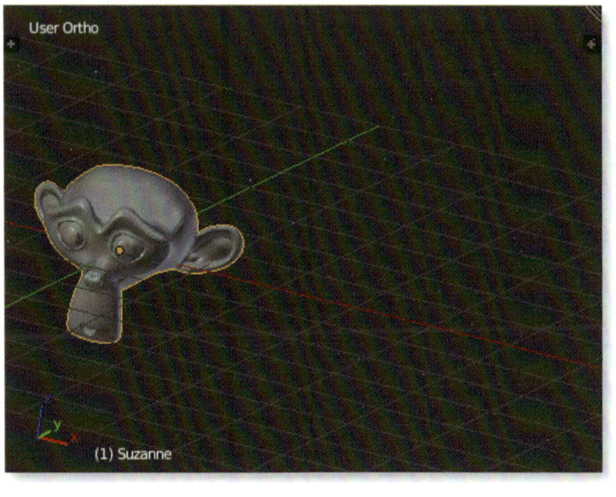

Abbildung 2.38 ▸
Die Ansicht springt zu Ihrem Mauszeiger, wenn Sie [Alt] + [F] drücken.

2.5.4 Shooter-Liebhaber aufgepasst – der Walk Mode

Alle bislang vorgestellten Navigationsarten laufen nacheinander ab: Wenn Sie die Ansicht zu einem Objekt bewegen möchten, müssen Sie eine Translation, einen Zoom und eventuell eine Rotation ausführen. Um Ihnen die Navigation zu einer gewünschten Sicht auf die Szene zu erleichtern, gibt es in Blender allerdings noch eine weitere »interaktive« Möglichkeit, die Sie an alte Shooter-Tage erinnern wird: der *Walk Mode*.

Um ihn zu aktivieren, drücken Sie [⇧] + [F]. Ein Fadenkreuz in der Mitte des Bildschirms zeigt Ihnen daraufhin an, dass der Walk Mode aktiviert ist. Bewegen Sie jetzt die Maus, um sich umzusehen, und bewegen Sie sich mithilfe von [W], [A], [S] und [D] nach vorne, links, rechts und nach hinten. Ein gleichzeitiger Druck auf [⇧] erhöht ([Alt] verringert) Ihre Geschwindigkeit temporär, das Rollen des Mausrades erhöht oder verringert die Geschwindigkeit permanent. Zeigen Sie mit Ihrem Fadenkreuz auf ein Objekt und bewegen die Mausrad-Taste, werden Sie in die Nähe dieses Objekts teleportiert.

Echtes Shooter-Feeling kommt dann auf, wenn Ihre Szene einen Boden besitzt und Sie einmalig [⇆] drücken – denn ab diesem Moment wirkt die Schwerkraft, die Sie auf den Boden absinken lassen wird. Dort können Sie per [V] springen und nach Belieben umherwandern.

Um den durch den Walk Mode verursachten Ansichtswechsel zu bestätigen, drücken Sie die linke Maustaste oder [↵] – wie gewohnt brechen [Esc] oder die rechte Maustaste die Aktion ab.

Fly Mode

Neben dem Walk Mode kann Blender auch einen *Fly Mode* aktivieren, wenn Sie [⇧] + [F] drücken. Dieser Modus funktioniert ähnlich wie der Walk Mode, nutzt allerdings die Maus und das Mausrad zum Festlegen der Bewegungsrichtung und Geschwindigkeit. Aktivieren können Sie ihn einmalig über die Leertaste und die Eingabe von »Fly Navigation« oder permanent in den USER PREFERENCES in der INPUT-Kategorie unter VIEW NAVIGATION.

2.6 Organisation von Daten mit Szenen

In Blender können Sie nicht nur eine, sondern beliebig viele Szenen (mit beliebig vielen Objekten) pro Datei erstellen und speichern. Szenen dienen meist der Organisation von Projekten. So wäre es z. B. vorstellbar, eine Szene ausschließlich mit urbaner Vegetation zu erstellen, eine mit Gebäuden, eine weitere mit Straßen und eine vierte, die alle diese Szenen zu einer lebendigen Stadt kombiniert. Szenen finden Sie in der Standardeinstellung in Blender am oberen Rand des Applikationsfensters (im INFO-Editor).

Möchten Sie den Wechsel zwischen Szenen ausprobieren, laden Sie die Datei »02_SceneTest.blend«. Dort gibt es vier verschiedene Szenen, die unabhängig voneinander sind. Probieren Sie dort unter anderem das Löschen und Umbenennen von Szenen aus.

Die Datei »02_SceneTest.blend« finden Sie auf der Buch-DVD unter BEISPIELMATERIAL • KAPITEL_02.

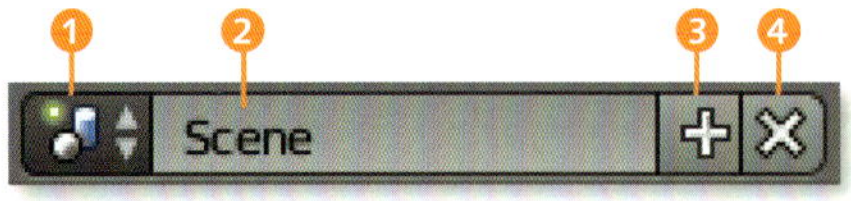

▲ **Abbildung 2.39**
Szenen können Sie hier anlegen und verwalten.

Ähnlich wie bei den Screen Layouts können Sie mit einem Klick auf das Szenensymbol 1 eine vorhandene Szene auswählen, mit einem Klick auf den Namen 2 die Szene benennen, das X-Icon löscht die aktuelle Szene 4, und das Plus-Icon 3 erzeugt eine neue Szene.

Bei der Erzeugung einer neuen Szene fragt Sie Blender, auf welche Art Sie eine neue Szene laden möchten. Sinn werden diese Fragen erst im Laufe des Buches ergeben, machen Sie sich daher jetzt noch keine Gedanken darüber:

- NEW: Legt eine komplett neue Szene ohne jeglichen Inhalt und mit Standardeinstellungen an.
- COPY SETTINGS: Legt eine komplett neue Szene ohne Objekte, aber mit identischen Einstellungen wie in der gerade gewählten Szene an.
- LINK OBJECTS: Legt eine Kopie der aktuellen Szene inklusive vorhandener Objekte an und verlinkt diese. Transformieren Sie ein Objekt oder ändern Sie dessen Gestalt, werden beide Szenen die Transformation und Gestalt übernehmen.
- LINK OBJECT DATA: Legt ebenfalls eine Kopie der aktuellen Szene inklusive vorhandener Objekte an und verlinkt diese. In diesem Fall können Sie die verlinkten Objekte allerdings transformieren, ohne dass sich die Transformation der Originalobjekte ändert. Eine Änderung der Objektformen wirkt sich immer noch auf beide Szenen aus. Im nächsten Kapitel erfahren Sie, warum das so ist.
- FULL COPY: Kopiert die aktuelle Szene vollständig, ohne die Daten zu verlinken. Alle neu erzeugten Objekte sind eigenständig und können frei in der neuen Szene geändert und transformiert werden.

2.7 Dateien laden und speichern

Wenn in Blender verschiedene Dateien (Blender-Dateien, Bild- und Filmdateien oder Ähnliches) geladen und gespeichert werden sollen, wird Ihnen immer der FILE-BROWSER-Editor zu Hilfe eilen. Er liefert Ihnen Dateiinformationen wie die Größe der Datei 15, den aktuellen Pfad 8, die ausgewählte Datei 16 und verschiedene

Schaltflächen, mit denen Sie die Dateiansicht umsortieren oder nach speziellen Dateitypen filtern können.

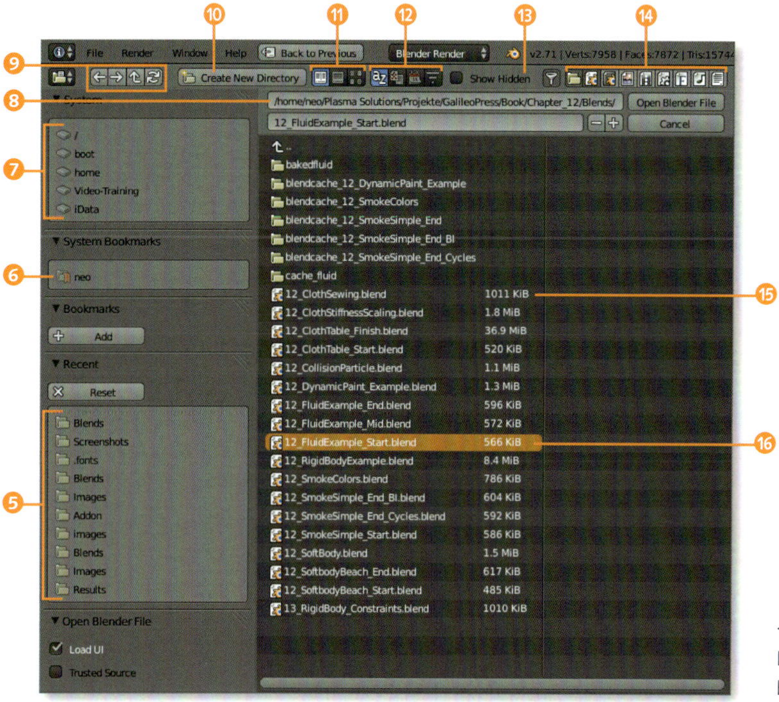

◂ **Abbildung 2.40**
Der File-Browser-Editor in Blender

Normalerweise ist Blender clever genug, Ihnen nur die Dateitypen anzuzeigen, die für die ausgewählte Aktion infrage kommen – Sie sollten in der Regel also nichts an den Filtereinstellungen ändern müssen. Falls doch, hilft Ihnen ein kurzes Verweilen mit der Maus über den Schaltflächen, die Bedeutung derselben zu ergründen. Eine kurze Übersicht über alle weiteren Kontrollelemente möchte ich Ihnen jedoch nicht vorenthalten:

- Die Pfeilschaltflächen ⑨ navigieren in Verzeichnisbäumen.
- Create New Directory ⑩ erstellt ein neues Verzeichnis in dem aktuellen Verzeichnis.
- Die direkt angrenzenden Display-Mode-Schaltflächen ⑪ wechseln zwischen einer verkürzten Dateiansicht, einer Listenansicht und einer Voransicht, die besonders bei Bildern und Clips sinnvoll ist.
- Rechts daneben finden Sie die Schaltflächen zum Sortieren der Dateiliste (unter anderem alphabetisch und nach Namen) ⑫.
- Durch die Checkbox Show Hidden ⑬ blenden Sie versteckte Dateien ein.
- Ganz rechts können Sie nach unterschiedlichen Dateitypen filtern (unter anderem Clips, Bilder, Blender-Dateien etc.) ⑭.

Features des File-Browser-Editors

Der File Browser hält so manches nützliche Feature bereit. Falls Sie z. B. die aktuelle Blender-Datei bereits gespeichert haben und sie nicht überschreiben möchten, können Sie über [Strg] + [⇧] + [S] den File-Browser-Editor öffnen und mit [+] (Ziffernblock) eine Zahl an den Dateinamen anhängen. Enthält der Dateiname bereits eine Zahl, wird sie durch [+] (Ziffernblock) um eins erhöht.

Zur einfacheren Navigation in oft genutzten Verzeichnissen stehen neben den Pfeiltasten am linken Rand verschiedene Listen bereit, mit denen Sie schnell im Dateisystem navigieren ❼, Ihre System-Lesezeichen aufrufen ❻ und zu programminternen Lesezeichen und bereits besuchten Verzeichnissen ❺ wechseln können.

Im linken unteren Bereich finden Sie Einstellungen zu der gerade angeforderten Aktion, während oben rechts die obligatorischen Schaltflächen für das Ausführen bzw. Abbrechen der Aktion angeordnet sind. Natürlich sind ein Laden per [↵] und ein Abbruch per [Esc] ebenfalls möglich.

Das Speichern und Laden von Blender-Dateien wird entweder, wie Sie es von anderen Anwendungen her gewohnt sind, über das FILE-Menü oder per [Strg] + [S] (Speichern) und [Strg] + [O] (Öffnen) erledigt. Mit [Strg] + [⇧] + [S] können Sie eine Blender-Datei unter neuem Namen abspeichern, und mit [Strg] + [⇧] + [O] öffnen Sie eine der zuletzt genutzten Dateien. Alle Blender-Dateien besitzen als Dateiendung ».blend«.

2.8 Das Einstellungsfenster – im Land der unbegrenzten Möglichkeiten

Alle Einstellungen von Blender werden im sogenannten USER-PREFERENCES-Editor angezeigt und geändert. Diesen können Sie wie üblich über die Editor-Combobox auswählen, im Hauptmenü FILE • USER PREFERENCES wählen oder einfach die Tastenkombination [Strg] + [Alt] + [U] drücken. Bei letztgenannter Kombination erscheint ein Fenster mit unterschiedlichen Kategorien am oberen Rand – das Herz des Einstellungssystems von Blender.

Abbildung 2.41 ▼
In den USER PREFERENCES finden Sie weit über 300 Einstellungen.

Bei weit über 300 Einstellungen werden Sie mir sicherlich zustimmen, wenn ich Ihnen eröffne, dass ich nicht jede einzelne Einstellung beschreiben kann – trotzdem möchte ich Ihnen eine kleine Übersicht über die dort vorhandenen Bereiche geben. Wundern Sie sich dabei nicht, wenn Sie einige der im Folgenden erwähnten programmspezifischen Begriffe noch nicht kennen – wichtige Einstellungen und Fachbegriffe werde ich in den entsprechenden Kapiteln natürlich gesondert erläutern:

- INTERFACE: Hier finden Sie Einstellungen, die die Darstellung und Nutzung der 3D-Ansicht und des Interfaces beeinflussen. So können Sie hier z. B. anpassen, welche Informationen angezeigt werden, wenn Sie mit der Maus kurz über einem UI-Element verweilen, oder ob der Splash Screen von Blender angezeigt wird.
- EDITING: In dieser Kategorie finden Sie Einstellungen, die beim Editieren von Blender-Daten nützlich sein können. So wird hier z. B. festgelegt, welche Daten beim Duplizieren eines Objekts mit kopiert werden.
- INPUT: Hier verstecken sich Einstellungen, die Eingabegeräte wie Tastatur und Maus umkonfigurieren können. Unter anderem finden Sie hier die viel diskutierte Option SELECT WITH, die festlegt, mit welcher Maustaste Blender Objekte und Elemente selektiert.
- ADDONS: Diese Kategorie öffnet Ihnen eine komplett neue Welt, denn hier finden Sie hilfreiche Erweiterungen für Blender oder installieren eigene Erweiterungen. Mithilfe von Add-ons können Sie standardmäßig nicht unterstützte Dateiformate öffnen, komplexe Objekte automatisch erstellen lassen und viele weitere Ideen umsetzen – Blender schränkt Add-ons nicht ein.
- THEMES: Mit dieser Kategorie legen Sie fest, wie Blender aussieht. Alle Farben, Schattierungen, Rundungen und Alpha-Werte des UIs können hier pro Editortyp festgelegt werden. Unter PRESETS stehen Ihnen bereits viele Themen zur Auswahl zur Verfügung – in diesem Buch nutze ich das Standard-Theme.
- FILE: Auf diesem Register können Sie Standardpfade für Blender festlegen. So können Sie z. B. vorgeben, in welchem Ordner Blender nach Schriftdateien suchen soll, welches das temporäre Verzeichnis ist, oder ein externes Bildbearbeitungstool angeben.
- SYSTEM: Hier legen Sie Einstellungen fest, die sich auf das zugrunde liegende Betriebssystem beziehen – etwa welcher Soundtreiber genutzt wird oder wie viel Arbeitsspeicher Blender zur Verfügung steht.

Haben Sie alle Einstellungen vorgenommen, können Sie diese speichern. Dabei überschreiben Sie mit der in der Fußzeile des USER-PREFERENCES-Editors vorhandenen Schaltfläche SAVE USER SETTINGS die Einstellungen der Standardszene mit den gerade vorgenommenen Einstellungen. Dieser Weg kommt dem üblichen Verständnis vom »Einstellungen speichern« am nächsten.

Daneben gibt es allerdings noch einen zweiten Weg, um Einstellungen abzuspeichern. Er steht Ihnen unter FILE • SAVE STARTUP FILE zur Verfügung. Dieser Befehl speichert alle Einstellungen inklusive aller geöffneten Fenster (ja, auch das Einstellungsfenster, wenn Sie es nicht vorher schließen) und aller in der Datei erstellten Objekte als neue Standardszene ab. Diese Option bietet sich dann an, wenn Sie beim Start von Blender immer eine angepasste Standardszene zur Verfügung haben möchten. Über FILE • LOAD FACTORY SETTINGS stellen Sie die ursprüngliche Standardszene wieder her.

2.9 Blender beenden – ex und hopp?

Üblicherweise finden Sie in einem Handbuch nicht unbedingt einen Abschnitt darüber, wie Sie die Software beenden ... Blender spielt hier allerdings wieder seinen Sonderstatus aus: Um Blender zu beenden, klicken Sie auf das X des Fensters oder drücken Strg + Q – soweit nichts Besonderes.

Je nachdem, mit welchem Betriebssystem Sie arbeiten, ist Blenders Verhalten beim Beenden jedoch unterschiedlich. Während Ihnen unter Windows die Frage gestellt wird, ob Sie Blender wirklich beenden möchten, wird das Programm unter Linux einfach geschlossen.

Was sich hier so grausam anhört und zu oftmals frustrierten Reaktionen bei neuen Nutzern führt, ist tatsächlich überhaupt kein Problem. Blender speichert die aktuell geöffnete Datei automatisch beim Beenden in einen temporären Ordner (USER PREFERENCES • FILE) unter dem Namen »quit.blend« ab. Öffnen Sie daher Blender bei einem versehentlichen Schließen einfach erneut, und klicken Sie auf FILE • RECOVER LAST SESSION – Ihre Datei wird erneut geladen und kann anschließend unter dem gewünschten Namen gespeichert werden, wie im letzten Abschnitt beschrieben.

Neben der automatischen Speicherung beim Beenden legt Blender standardmäßig im Abstand von 2 Minuten eine Sicherungskopie Ihrer aktuell bearbeiteten Datei an. Auch diese können Sie jederzeit durch die Auswahl von FILE • RECOVER AUTO SAVE erneut wiederherstellen.

Intervall von Sicherungskopien
Sowohl die Anzahl der Sicherungskopien als auch den Zeitraum zwischen zwei Sicherungen können Sie in den USER PREFERENCES ändern – Sie finden beide in der Kategorie FILE auf der rechten Seite.

Also, es besteht kein Grund zur Sorge, wenn Blender sich einmal verabschiedet oder Sie es versehentlich schließen.

2.10 Operatoren durchsuchen

Die Benutzeroberfläche von Blender hält einen weiteren Leckerbissen für Sie bereit, der Sie dabei unterstützen wird, sich die gerade am Anfang schwer zu behaltenden Tastenkombinationen einzuprägen: die mit der Leertaste aufrufbare Operator-Suche.

Annähernd alle Aktionen, die Sie in Blender durchführen, sind als sogenannter *Operator* implementiert – also als kleines Tool, das Sie unabhängig von anderen Einstellungen aufrufen und anpassen können. Über die Leertaste öffnen Sie eine Liste all dieser Operatoren inklusive ihrer Tastenkombinationen. Würde Ihnen z. B. nicht mehr einfallen, wie Sie eine Blender-Datei abspeichern können, müssten Sie nur die Leertaste drücken und anschließend »Save« eingeben. Blender zeigt Ihnen schon während der Eingabe alle passenden Operatoren mit Tastenkürzeln an. Klicken Sie einen Eintrag an, wird der entsprechende Operator sofort ausgeführt.

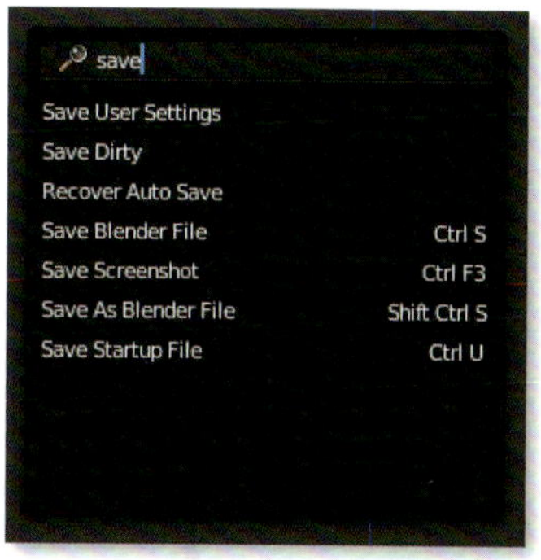

▲ **Abbildung 2.42**
Die Operator-Suche hilft Ihnen z. B. dabei, Tastenkürzel zu finden.

2.11 Auf ins nächste Kapitel

Nachdem Sie nun Ihre ersten Schritte in Blenders Standardszene gemacht haben, möchte ich Sie im nächsten Kapitel dazu einladen, die verschiedenen Arbeitsmodi in Blender zu entdecken. Dabei werden Sie lernen, wie einfach Sie Objekte verschieben, skalieren und rotieren können und welche Zusammenhänge zwischen den angezeigten Objekten und Blenders interner Darstellung dieser Daten besteht. Ich werde alle Vorteile dieses Systems beleuchten und Sie natürlich vor Fallstricken warnen.

Dieses Thema mag sich in der Zusammenfassung eventuell trocken anhören, es wird durch viele Übungen und Praxisbeispiele jedoch weit weniger theoretisch, als Sie womöglich befürchten, und Ihnen ein grundlegendes Verständnis von Blender verschaffen.

Kapitel 3
Arbeiten mit Objekten

Nachdem Sie im letzten Kapitel den Würfel der Standardszene in all seiner Schönheit betrachten durften, wird es nun Zeit, unseren Blick auf die einzelnen Objekte und deren Aufgaben in Blender zu lenken. Sie werden lernen, was in Blender unter einem Objekt verstanden wird, wie Sie es auswählen, bewegen und wie es intern gespeichert wird. Am Ende des Kapitels werde ich Ihnen verraten, wie Sie Bibliotheken erstellen können, um in späteren Projekten mit Ihren bereits vorhandenen Dateien und Objekten effektiver ans Ziel zu gelangen.

3.1 Objekte

Im vorangegangenen Kapitel habe ich einen Begriff bereits mehrfach verwendet, ohne ihn im Detail zu erklären: Die Rede ist vom *Objekt*. In Blender ist alles, was Sie in der 3D-Ansicht sehen und auswählen können, ein Objekt. Ein Objekt besitzt viele unterschiedliche Eigenschaften, wie z. B. einen Namen, eine Größe, ein bestimmtes Aussehen oder eine Rotation, und befindet sich an einer bestimmten Position im dreidimensionalen Raum. Die Standardszene zeigt Ihnen bereits ein Kamera- ①, ein Würfel- ② und ein Lichtobjekt ③.

Grundlagen-Kenntnisse

Mir ist absolut bewusst, dass Sie jetzt eigentlich nichts lieber möchten, als sofort mit der Erkundung von Blender loszulegen, aber die folgenden Grundlagen werden Ihnen unzählige ärgerliche Erlebnisse ersparen – ohne dieses Wissen wird Ihre Arbeit im schlimmsten Fall aus für Sie unerfindlichen Gründen im Nirwana verschwinden. Nehmen Sie sich die Zeit, um die Grundkonzepte zu verstehen – auf dem Weg zum Blender-Profi ist dieses Wissen Gold wert!

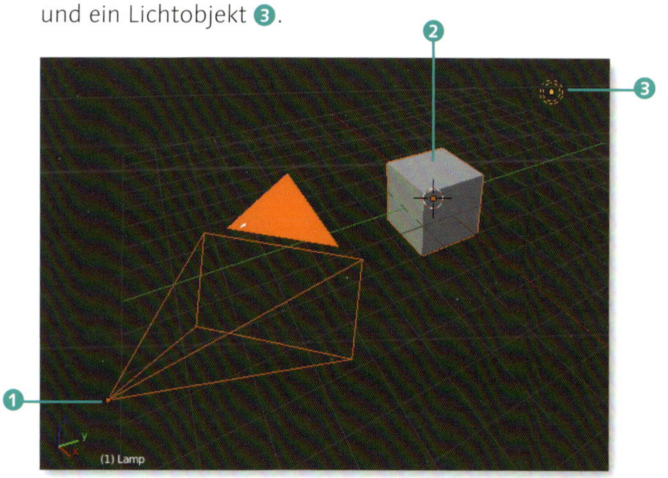

◂ Abbildung 3.1
In der Standardszene sehen Sie ein Kamera- ①, ein Würfel- ② und Lichtobjekt ③.

In den folgenden Abschnitten sehen wir uns unter anderem an, aus welchen Bestandteilen ein typisches Objekt besteht, wie es im 3D-Raum lokalisiert werden kann, wie Sie Objekte in Ihre Szene einfügen oder löschen können und welche Möglichkeiten Sie in Blender haben, Objekte auszuwählen.

Die Datei »03_Object-Expedition.blend« finden Sie auf der Buch-DVD unter Beispielmaterial • Kapitel_03.

Um die folgenden Erklärungen besser nachvollziehen zu können, empfehle ich Ihnen, Blender jetzt zu öffnen und die Datei »03_ObjectExpedition.blend« zu laden. Sie finden diese Datei auf der Buch-DVD unter Beispielmaterial • Kapitel_03.

3.1.1 Aufbau von Polygonobjekten

Möchten Sie herausfinden, wie ein typisches Objekt in Blender (und in allen anderen 3D-Tools) aufgebaut ist, werden Sie immer wieder auf den Begriff des Drahtgittermodells (das sogenannte *Polygon-Mesh*) stoßen. Sehen wir uns daher zuerst einmal an, aus welchen Bestandteilen ein Mesh besteht.

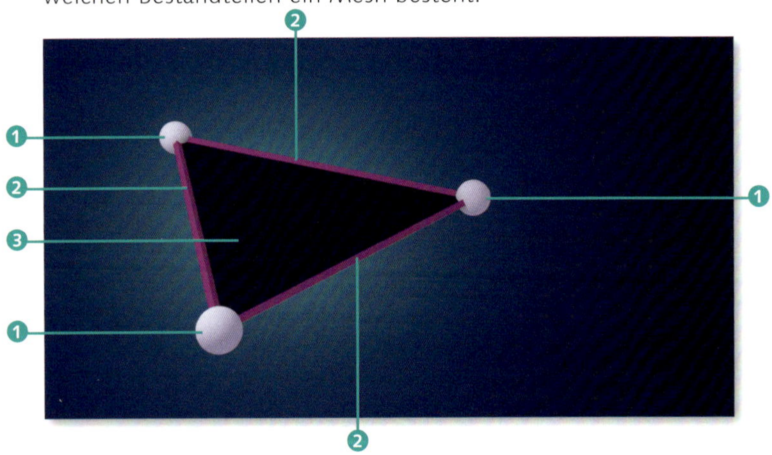

Abbildung 3.2 ▸
Ein Dreieck besteht aus drei Punkten ❶, drei Kanten ❷ und einer Fläche ❸.

Es ist zwar bei solch beeindruckenden Animationsfilmen, wie sie unter anderem bei Disney/Pixar entstehen, schwer vorstellbar, aber alle Meshes in diesen Filmen – und seien sie noch so detailliert – bestehen aus Dreiecken. Ein Dreieck besteht immer aus drei Punkten, drei Kanten und einer Fläche (zwischen den Kanten). Diese wenigen Zutaten sind tatsächlich die einzigen, die Sie für Ihre Modelle benötigen. Punkte (Vertex, Plural Vertices) als Eckpunkte Ihres Modells ❶, Kanten (Edge, Plural Edges) als Verbindung zwischen zwei einzelnen Punkten ❷ und Flächen (Face, Plural Faces), die von drei oder mehr Kanten begrenzt werden ❸. Würden Sie keine Fläche zwischen den Punkten definieren, würde Blender beim späteren Berechnen eines Bildes nichts anzeigen – es sind ausschließlich die Flächen, die Ihr Modell sichtbar machen.

Neben Dreiecken kann Blender auch bei Vier- und Vielecken (sogenannten *N-Gons*) Flächen erzeugen – versuchen Sie allerdings immer, Ihre Objekte so oft wie möglich aus Vierecken aufzubauen. Diese können durch eine zusätzliche Kante pro Viereck bei Bedarf schnell in Dreiecke umgewandelt werden und verursachen weit weniger Probleme als N-Gons mit erweiterten Blender-Features.

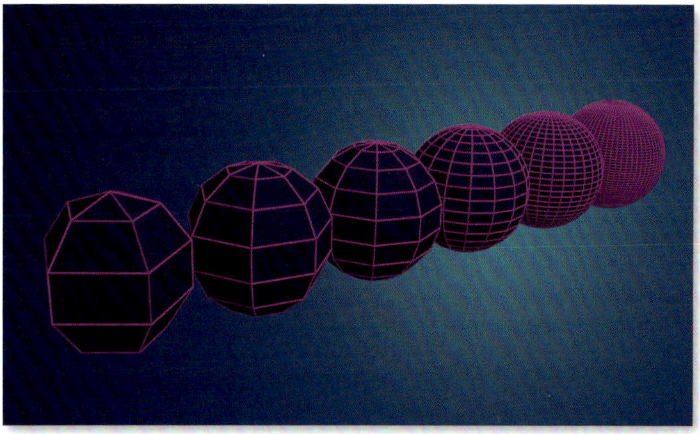

◂ **Abbildung 3.3**
Je mehr Vierecke verwendet werden, desto runder wird die Kugel definiert.

Sehen Sie sich als Letztes die Kugeln aus Abbildung 3.3 an. Erkennen Sie, wie eine höhere Anzahl an Vierecken (und damit auch Dreiecken) die Kugel immer runder werden lässt? Je mehr Dreiecke ein Modell enthält, desto genauer können gerundete Formen definiert werden. Gleichzeitig wird mit zunehmender Polygonanzahl allerdings der Rechenaufwand der Modelle immer größer und die Anzeige damit langsamer.

3.1.2 Koordinatensysteme und die Lokalisierung von Objekten

Nachdem Sie jetzt wissen, wie Objekte aufgebaut sind, müssen wir uns damit beschäftigen, wie ein Objekt inklusive aller Vertices in einem 3D-Raum lokalisiert werden kann. Dabei begegnen Ihnen mindestens zwei Koordinatensysteme: die lokalen und die Weltkoordinaten. Sie beantworten folgende Fragen:

- An welchen Koordinaten liegen die Vertices eines Objekts (lokale Koordinaten)?
- An welchen Koordinaten liegt ein Objekt in der Szene (globale Koordinaten)?

In den nächsten Abschnitten gehen wir den unterschiedlichen Koordinatensystemen in Blender und anderen 3D-Tools auf den Grund.

Vertex, Edge, Face & Co.
Da die Begriffe *Vertex*, *Edge* und *Face* absolut gängig im 3D-Bereich sind, werde ich sie in diesem Buch fast ausschließlich benutzen. Selbst wenn Sie sich mit deutschen 3D-Künstlern unterhalten, werden Sie nur selten »Punkt«, »Kante« oder »Fläche« hören – nehmen Sie die englischen Synonyme also am besten direkt in Ihren 3D-Wortschatz auf.

Die Weltkoordinaten und der Objektursprung | Wenn Sie die Position von Objekten in einem dreidimensionalen Raum bestimmen möchten, benötigen Sie zwingend zwei Angaben:

1. Wo liegt der *Nullpunkt*, auf den sich die Koordinaten des Objekts beziehen?
2. Was bezeichnen wir als *Objektposition*?

Außerdem sind noch die folgenden beiden Fragen relevant:

3. Wie berechnen wir einen Punkt, indem wir das geometrische Mittel aller Punkte auf der Objektoberfläche ermitteln?
4. Wie definieren wir einen künstlichen Punkt, der auch außerhalb des Objekts liegen kann, und legen einfach fest, dass dieser Punkt unseren Objektmittelpunkt darstellt?

Die erste Frage macht klar, dass wir einen Nullpunkt benötigen, auf den sich alle Objekte der Szene beziehen. Dieser globale Nullpunkt existiert im Schnittpunkt der drei Achsen der 3D-Ansicht und wird als *Weltkoordinaten-Ursprung* bezeichnet. Den gesamten 3D-Raum bezeichnen wir als *Weltkoordinaten-System*. In der Frontansicht [1] (Nummernblock) des Weltkoordinaten-Systems läuft die x-Achse (rot) von links nach rechts, die z-Achse (blau) von unten nach oben und die y-Achse (grün) in den Bildschirm hinein.

Signalisiert werden diese Achsen in Blender durch ein kleines Icon in der linken unteren Ecke der 3D-Ansicht ❶ und durch Linien auf dem Bodengitter in der jeweiligen Achsenfarbe ❷ und ❸. Sobald Sie die Ansicht verändern, drehen sich beide Indikatoren mit und zeigen Ihnen dadurch jederzeit, wie Sie im Raum orientiert sind.

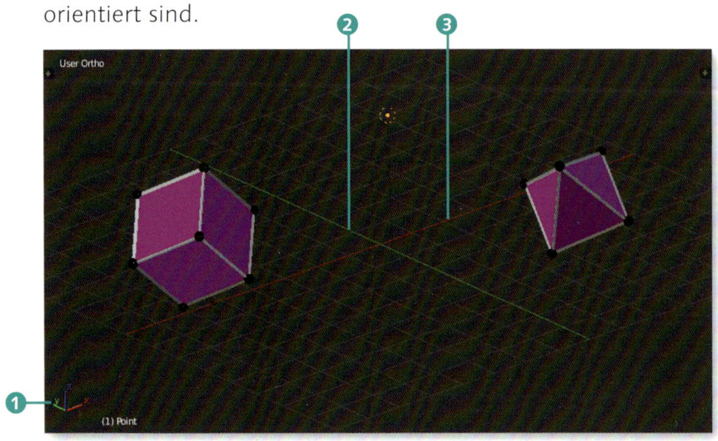

Abbildung 3.4 ▸
Die Achsen in Blender in der 3D-Ansicht

Möchten Sie sich die Position des Objekts in Weltkoordinaten ansehen, können Sie das sehr einfach tun: Drücken Sie [N], während sich Ihre Maus über dem 3D-View-Editor befindet, und scrollen

Sie auf dem erscheinenden Panel ganz nach oben. Unter dem Punkt TRANSFORM finden Sie alle Informationen über Ihr Objekt. Den Objektursprung bestimmen Sie selbst, wann immer es nötig sein sollte – standardmäßig befindet er sich in der Mitte des Objekts und wird durch einen kleinen orangefarbenen Punkt markiert, wenn ein Objekt ausgewählt ist.

Sehen Sie sich jetzt die Objektursprünge in der Datei »03_ObjectExpedition.blend« durch eine Drehung der Ansicht (zur Navigation siehe Abschnitt 2.5, »Die Szene erkunden – der 3D-View Editor«) von verschiedenen Seiten an. Wählen Sie anschließend ein beliebiges Objekt mit der rechten Maustaste aus, und blenden Sie die Toolbar mit T ein. Durch einen Klick auf SET ORIGIN im TOOLS-Tab oder über die Tastenkombination Strg + Alt + ⇧ + C können Sie jetzt den Ursprung des Objekts neu setzen:

- GEOMETRY TO ORIGIN: Diese Option verschiebt alle Vertices des Objekts so, dass sie um den Objektursprung liegen. Das Aussehen des Objekts ändert sich dadurch nicht.
- ORIGIN TO GEOMETRY: Bei dieser Option berechnet Blender den Mittelpunkt des Objekts anhand der vorhandenen Vertices und setzt den Objektursprung neu.
- ORIGIN TO 3D CURSOR: Diese Option setzt den Ursprung des Objekts auf den 3D-Cursor (mehr darüber erfahren Sie im nächsten Abschnitt).
- ORIGIN TO CENTER OF MASS: Mit dieser Option berechnet Blender erst den Schwerpunkt des Objekts anhand seiner Vertices und setzt anschließend den Ursprung auf den berechneten Punkt.

Die Datei »03_Object-Expedition.blend« finden Sie auf der Buch-DVD unter BEISPIELMATERIAL • KAPITEL_03.

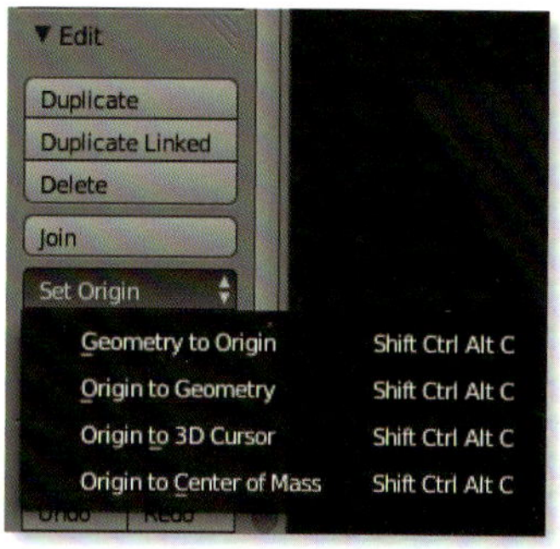

▲ **Abbildung 3.5**
Setzen Sie den Objektursprung neu.

Testen Sie diese Optionen ein wenig aus. Wenn Sie sich sicher fühlen, sehen wir uns an, welche Aufgabe der 3D-Cursor besitzt.

Der 3D-Cursor | In der 3D-Ansicht sind Sie bei Ihren bisherigen Erkundungen sicherlich schon auf das relativ kleine rot-weiße Fadenkreuz aufmerksam geworden.

Es wird 3D-Cursor genannt und befindet sich standardmäßig im Ursprung des Weltkoordinaten-Systems. Der 3D-Cursor erfüllt in Blender viele Aufgaben, zwei wichtige sind:

- Wenn Sie ein neues Objekt in eine Szene einfügen, wird das Objekt an der Position des 3D-Cursors platziert. Sie können auf diese Art bereits vor dem Einfügen eines neuen Objekts die Position festlegen.
- Objekte können um den 3D-Cursor rotiert und skaliert werden. Eine Tür an einem Scharnier zu öffnen wird damit zum Kinderspiel.

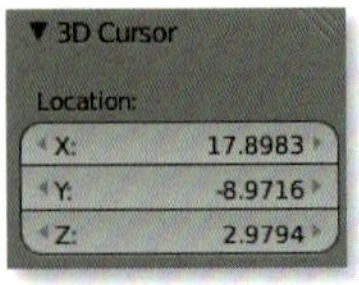

▲ **Abbildung 3.6**
Die x-, y- und z-Koordinaten des Cursors

Um eine neue Position für den 3D-Cursor festzulegen, genügt es, einmal mit der linken Maustaste in die 3D-Ansicht zu klicken. Möchten Sie den Cursor pixelgenau positionieren, klappen Sie mit [N] die PROPERTIES der 3D-Ansicht aus, und suchen Sie den Bereich 3D CURSOR. Dort finden Sie die x-, y- und z-Koordinaten des Cursors. Mit [⇧] + [C] setzen Sie den Cursor schnell auf den Weltkoordinaten-Ursprung.

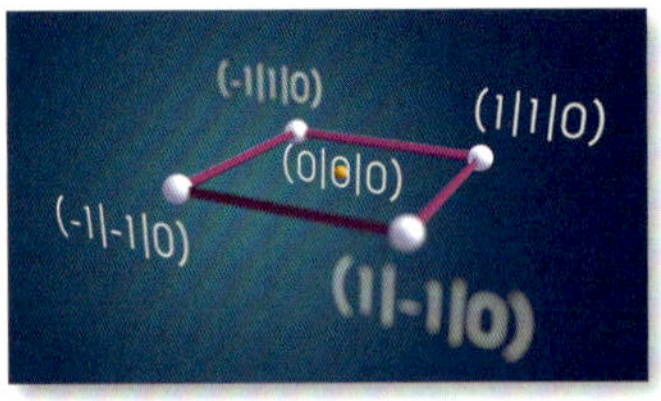

▲ **Abbildung 3.7**
Ein Objekt aus mehreren Vertices

Lokale Koordinaten | Betrachten Sie jetzt ein einzelnes Objekt, das aus mehreren Vertices besteht, wie z. B. das in Abbildung 3.7 dargestellte Rechteck.

Da wir bisher immer von globalen Koordinaten gesprochen haben, wäre es nur sinnvoll, anzunehmen, dass die Positionen der einzelnen Vertices bezüglich des Nullpunktes dieses Koordinatensystem angegeben werden – sie würden sich also verändern, sobald Sie das Objekt bewegen, rotieren oder skalieren. Wenn wir darüber nachdenken, scheint dieses Verhalten allerdings wenig logisch: Der Aufbau des Objekts bleibt gleich, auch die Lage der Punkte bleibt (wenn Sie das Objekt isoliert betrachten) gleich – warum sollten sich also die Vertex-Koordinaten eines Objekts ändern?

Um dieses Problem zu lösen, gibt es das lokale Koordinatensystem. Mit seiner Hilfe können sich Vertices immer auf den (orangefarben dargestellten) Objektmittelpunkt beziehen – sie kümmern sich nicht um ihre Lage, bezogen auf das globale Koordinatensystem. Abbildung 3.8 zeigt Ihnen anschaulich, dass sich die Koordinaten der Punkte nicht verändern, wenn Sie das Objekt drehen, skalieren oder bewegen.

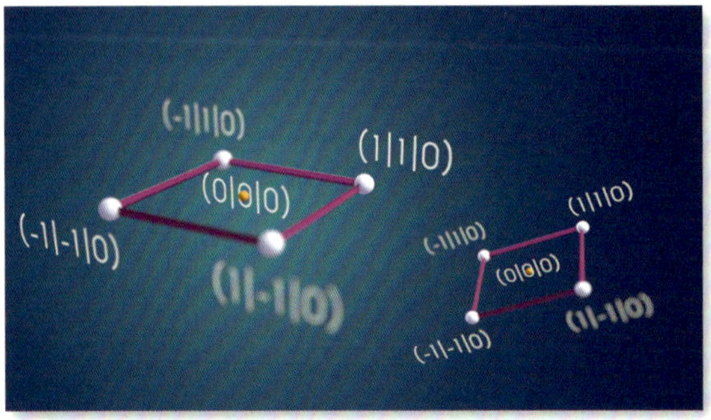

▲ **Abbildung 3.8**
Die Koordinaten der Punkte ändern sich nicht, wenn das Objekt gedreht wird.

Nur die Lage des (orangefarbenen) Objektmittelpunktes und die Ausrichtung der lokalen Koordinatenachsen verändern sich. In

Abbildung 3.9 können Sie auch die unterschiedliche Lage der lokalen Koordinatenachsen und der Objektmittelpunkte im globalen Koordinatensystem verfolgen.

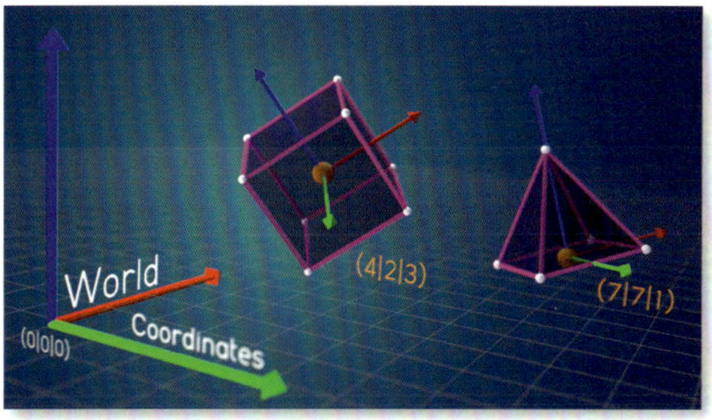

▲ **Abbildung 3.9**
Nur der Objektmittelpunkt und die Ausrichtung der Koordinatenachsen verändern sich.

Ansichtskoordinaten | Bezieht man Sie (als Betrachter der 3D-Szene) in die Überlegungen mit ein, entsteht ein weiterer Koordinatenraum: der der Ansichtskoordinaten (*View Coordinates*), die Sie in Abbildung 3.10 sehen.

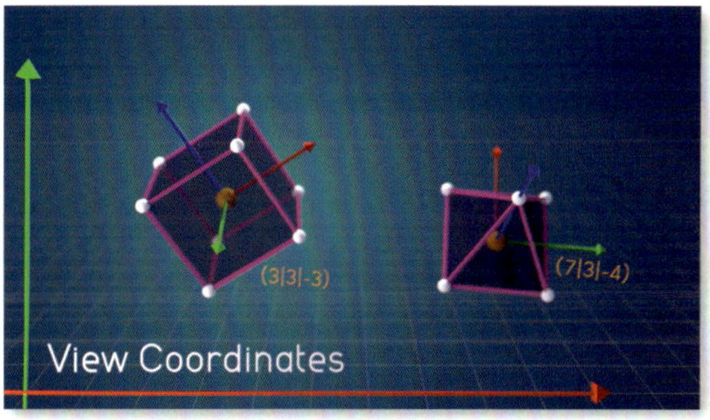

◂ **Abbildung 3.10**
Die Ansichtskoordinaten (View Coordinates)

Wenn Sie sich frei in der Szene bewegen, bezieht sich dieser Koordinatenraum auf den kompletten 3D-View-Editor. Wenn Sie Ihre Szene durch eine virtuelle Kamera betrachten und diesen Ausschnitt von Ihrem Computer berechnen lassen, bezieht er sich auf den durch die Kamera sichtbaren Bereich.

In diesem Koordinatenraum zeigt die z-Achse direkt auf Sie, die x-Achse beginnt links und zeigt immer nach rechts und die y-Achse von unten nach oben. Befinden Sie sich in der Frontansicht, liegen die Achsen der Weltkoordinaten und Ansichtskoordinaten deckungsgleich übereinander.

Sinnvoll sind Ansichtskoordinaten besonders dann, wenn Sie Objekte modellieren möchten, die parallel zu Flächen eines bestehenden Objekts sind. So können Sie z. B. ein Dachfenster direkt in der Dachschräge modellieren und müssen es nicht mehr im Nachhinein durch Rotation an die Schräglage des Daches anpassen.

Align View
Wenn Sie die Ansicht auf eine gewählte Fläche ausrichten möchten, wählen Sie erst das Face aus und nutzen anschließend das Tastenkürzel ⇧ + 7 (Ziffernblock) – Sie sehen das Face anschließend in der Top-View. Wie Sie ein Face selektieren, erfahren Sie in Abschnitt 3.2.2.

Normalenkoordinaten | Weil Sie gerade anfangen, sich in den Koordinatensystemen wohlzufühlen, zeige ich Ihnen noch ein weiteres wichtiges System – das der Normalenkoordinaten. Sie beschreiben, wie ein Face oder Edge ausgerichtet ist. Die Ausrichtung von Flächen spielt für eine Vielzahl von Anwendungsbereichen eine Rolle – nehmen Sie nur einmal an, dass Sie ein Buch auf den Tisch legen möchten. In der Realität ist das hoffentlich kein Problem, in einem 3D-Programm müssen Sie jedoch darauf achten, dass sich die Flächen nicht überlappen oder durchdringen. Am einfachsten sorgen Sie über die sogenannte Flächennormale (*Face Normal*) der Tischplatte und des Buchcovers dafür, dass beide parallel sind. Flächennormalen stehen immer senkrecht auf den jeweiligen Faces und definieren, welche Seite von Blender als äußere Seite betrachtet wird.

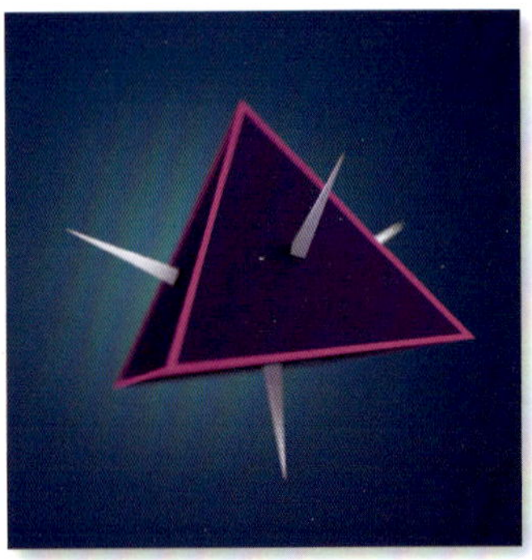

▲ **Abbildung 3.11**
Die Flächenormalen eines Objekts – symbolisch dargestellt als weiße Pyramiden

Abbildung 3.11 zeigt Ihnen die Flächennormalen als weiße Pyramiden an. Sind mehrere Flächen ausgewählt, wird die resultierende Normale aus den Flächennormalen der einzelnen Flächen gemittelt. Betrachten Sie Edge-Normalen, werden Sie feststellen, dass die Normale immer entlang der Kante läuft. Sinnvoll ist diese z. B. dann, wenn Sie ein Objekt entlang einer Kante abknicken möchten.

Selbst bei Vertices gibt es Normalen: Auch wenn die Punkte selbst keine Ausrichtung besitzen, kann Blender die zugehörige Vertex-Normale aus den Normalen der angrenzenden Flächen mitteln.

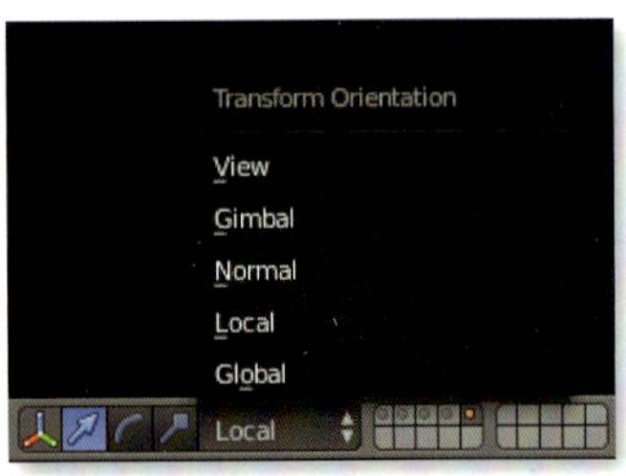

▲ **Abbildung 3.12**
In der TRANSFORM-ORIENTATION-Liste bestimmen Sie, in welchem Koordinatensystem die Objekttransformationen stattfinden.

Koordinatenräume auswählen | Wie Sie in Kürze lernen werden, gibt es in der 3D-Welt eigentlich nur drei Grundoperationen (Transformationen), die Sie mit allen Objekten durchführen können: Verschieben, Drehen und Skalieren. Jede dieser Transformationen kann in allen besprochenen Koordinatensystemen stattfinden – die Frage ist nur, wie Sie Blender mitteilen, in welchem Koordinatensystem Sie operieren möchten.

Die Antwort finden Sie im unteren Bereich des 3D-VIEW- Editors mit der TRANSFORM-ORIENTATION-Liste (Alt + Leertaste). In Ihrer Standardszene wird automatisch GLOBAL gewählt sein. Abbildung 3.12 zeigt Ihnen, welche übrigen Optionen die Liste bereithält. Alle auf diese Auswahl folgenden Objekttransformationen finden ab diesem Zeitpunkt in dem gewählten Koordinatensystem statt.

3.1.3 Die Qual der (Aus-)Wahl

Obwohl die Überschrift es vermuten lässt, sind die Möglichkeiten zur Auswahl von Objekten in Blender beileibe keine Qual – sie sind tatsächlich sehr vielfältig. Je nachdem, wie die auszuwählenden Objekte platziert sind und wie viele Objekte ausgewählt werden sollen, stellt Ihnen Blender viele sinnvolle Methoden zur Objektauswahl zur Verfügung. Beginnen möchte ich mit der einfachsten Auswahl – der Selektion aller Objekte der Szene.

Alles (de-)selektieren | Sowohl die Auswahl als auch die Abwahl aller sichtbaren Objekte der Szene ist in Blender sehr einfach: Bewegen Sie Ihre Maus in einen 3D-View-Editor, und drücken Sie auf [A]. Ein einmaliger Druck wählt alle Objekte aus, ein weiterer Druck auf [A] wählt alle Objekte wieder ab. Sollten bereits Objekte vor dem ersten Drücken von [A] selektiert sein, werden diese bei einem erneuten Druck von [A] abgewählt. Alle ausgewählten Objekte werden orange umrandet.

Nach dieser doch recht groben Auswahl möchten Sie sicherlich genauer bestimmen können, was Sie auswählen und welche Objekte deselektiert bleiben – das erledigen Sie mithilfe der Punkt-Selektion.

3D Transform Manipulator
Eine einfache und anschauliche Methode, um Transformationen in verschiedenen Koordinatenräumen zu visualisieren, bietet Ihnen Blender über die Nutzung des 3D Transform Manipulators. Diesen lernen Sie in Abschnitt 3.1.9 kennen.

Punkt-Selektion | Wenn Sie bereits eine Zeit lang unter Windows, Mac, Linux oder sonstigen Betriebssystemen arbeiten, wird Sie die folgende Tatsache hoffentlich nicht allzu sehr schockieren: Entgegen aller Konventionen nutzt Blender zum Selektieren und Deselektieren einzelner Objekte die rechte Maustaste.

Bewegen Sie Ihre Maus über ein Objekt, und klicken Sie mit der rechten Maustaste: Sie werden sehen, dass nur das Objekt unter Ihrem Mauszeiger orangefarben umrandet wird. Wählen Sie als Nächstes das Kameraobjekt auf der linken Seite der Standardszene aus – auch dieses wird die Auswahl durch eine orangefarbene Umrandung bestätigen. Der Würfel wird dabei abgewählt.

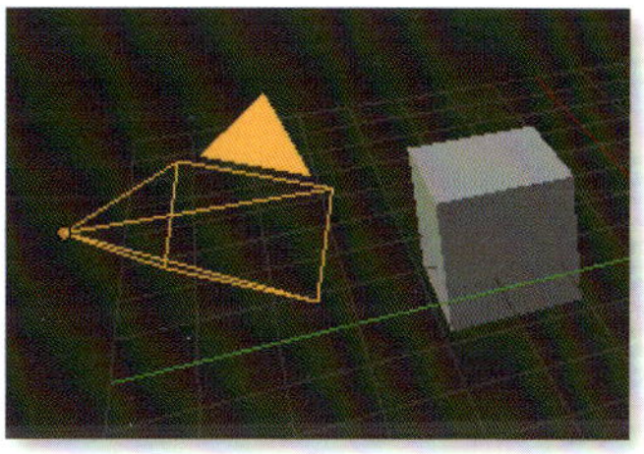

▲ **Abbildung 3.13**
Beim Selektieren führt kein Weg an der rechten Maustaste vorbei.

Um ein Objekt abzuwählen, klicken Sie es erneut mit der rechten Maustaste an, um mehrere Objekte gleichzeitig auswählen, halten Sie [⇧] gedrückt, während Sie weitere Objekte mit der rechten Maustaste anklicken.

Aktiv oder selektiert | Aus Ihrer bisherigen Erfahrung mit anderen Programmen kennen Sie wahrscheinlich zwei verschiedene Auswahlzustände: Entweder etwas ist selektiert oder eben nicht. In Blender gibt es jedoch noch einen weiteren Zustand, den Sie kennen sollten: den Zustand *aktiv*. Wählen Sie mehrere Objekte aus, sind alle diese Objekte gleichzeitig im Zustand *selektiert* (si-

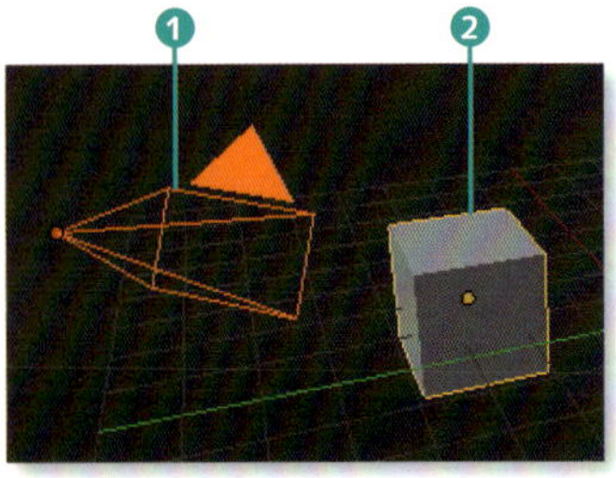

▲ **Abbildung 3.14**
Selektierte Objekte sind dunkelorange, aktive Objekte hellorange umrandet.

Die Datei »03_ActiveOrSelected.blend« finden Sie auf der Buch-DVD unter BEISPIELMATERIAL • KAPITEL_03.

gnalisiert durch eine orangefarbene Objektumrandung ❶), das zuletzt ausgewählte Objekt ist allerdings zusätzlich im Zustand *aktiv* und wird durch eine hellere Umrandung ❷ gekennzeichnet. Abbildung 3.14 zeigt Ihnen beide Zustände.

Ausprobieren können Sie dies, indem Sie zuerst die Datei »03_ActiveOrSelected.blend« laden und dort mit gehaltener [⇧]-Taste den Würfel auswählen. Sie werden sehen, dass sowohl die Pyramide als auch der Würfel trotz gleichzeitiger Selektion eine unterschiedliche Färbung aufweisen – der Würfel besitzt einen deutlich helleren Ton als die Pyramide. Wählen Sie jetzt mit weiterhin gehaltener [⇧]-Taste die rechte Kugel aus, ist diese das aktive Objekt, und die beiden anderen sind nur selektiert.

Die Unterscheidung zwischen dem aktiven und dem selektierten Zustand ergibt dann einen Sinn, wenn Sie wissen, dass sich Aktionen in Blender entweder auf die aktuelle Selektion oder das aktive Objekt auswirken. So beziehen sich z. B. Verschiebungen von Objekten immer auf Objektgruppen (und damit alle selektierten Objekte), während sich eine Materialzuweisung immer auf das aktive Objekt bezieht. Das heißt, es ist völlig egal, ob Sie mehrere Objekte selektiert haben, wenn Sie ein Material auswählen – nur das aktive Objekt bekommt einen neuen Anstrich.

Box-Selektion | Obwohl die Punkt-Selektion ihren Dienst bei wenigen Objekten tadellos verrichtet, wäre es doch etwas mühsam, viele Objekte (10, 100 oder gar 1000) gleichzeitig auf diese Art auszuwählen. Für diesen Fall bietet Blender Ihnen drei weitere Auswahlmethoden an: die Box-, Lasso- und Ring-Selektion. Während jede dieser Selektionsarten eine eigene Taste zum Auslösen des Vorgangs besitzt, haben doch alle diese Arten gemeinsam, dass sie per Druck auf [Esc] abgebrochen werden können. In den folgenden Beschreibungen werde ich dies nicht mehr explizit erwähnen.

Die Box-Selektion wird mit [B] initiiert. Ziehen Sie anschließend mit gedrückter linker Maustaste einen Rahmen um die auszuwählenden Objekte. Dabei müssen die Objekte nicht vollständig in dem aufgezogenen Rahmen liegen – es genügt, wenn der Rahmen sie berührt.

Sind bereits selektierte Objekte vorhanden, während Sie eine erneute Box-Selektion anderer Objekte vornehmen, werden diese zur ersten Auswahl hinzuaddiert.

Um bereits ausgewählte Objekte mithilfe der Box-Selektion abzuwählen, starten Sie wieder mit einem Druck auf [B], ziehen aber diesmal nicht mit der linken Maustaste, sondern mit der Mausrad-Taste eine Box auf.

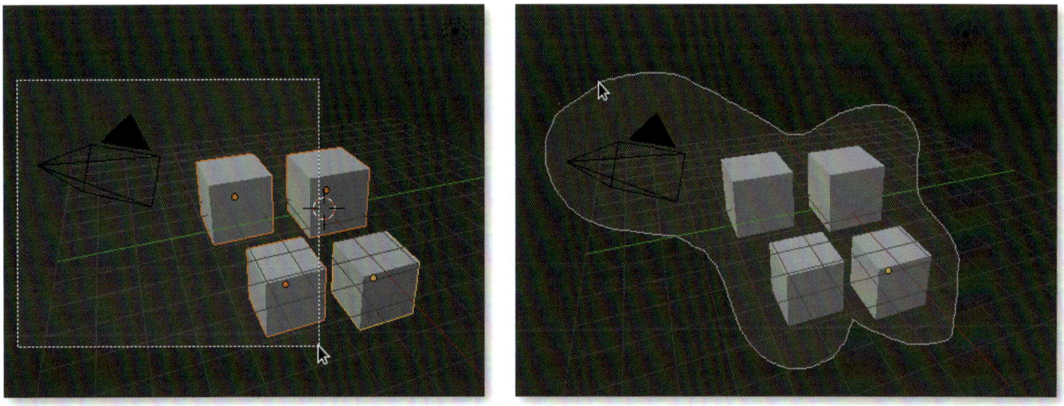

▲ **Abbildung 3.15**
Links sehen Sie die Selektion über einen Auswahlrahmen und rechts die Selektion mithilfe des Lassos.

Lasso-Selektion | Die Lasso-Selektion kann in Gegensatz zur Box-Selektion auch Bereiche auswählen, die sich nicht von einem rechteckigen Rahmen umschließen lassen. Sie können mit dem Lasso beliebige Bereiche aufziehen – alles, was innerhalb der Lasso-Selektion liegt, wird nach Abschluss der Aktion gewählt.

Um eine Lasso-Selektion vorzunehmen, bewegen Sie Ihre Maus an die Stelle, an der Sie mit der Selektion beginnen möchten. Halten Sie danach [Strg] und die linke Maustaste gedrückt, und umfahren Sie die auszuwählenden Objekte. Lassen Sie die linke Maustaste los, um die Selektion abzuschließen. Die [Strg]-Taste muss bei dieser Selektion nur zu Beginn gedrückt sein – gerade so lange, bis Sie Ihre Maus bewegt haben. Die Auswahl prüft dabei im Gegensatz zur Box-Selektion nicht, welche Objekte von der Auswahl berührt wurden. Sie entscheidet anhand des Objektzentrums, ob ein Objekt zu der Auswahl gehört oder nicht.

Analog zur Box-Selektion haben Sie auch hier wieder die Möglichkeit, Objekte abzuwählen. Halten Sie dazu zusätzlich zur [Strg]-Taste auch die [⇧]-Taste gedrückt, und ziehen Sie die Maus wie vorher um die abzuwählenden Objekte.

Selektieren üben
Üben können Sie die Box-, Lasso- und Ring-Selektionen mit der Datei »03_BoxLassoRingSelection.blend«, die Sie auf der DVD unter BEISPIELMATERIAL • KAPITEL_03 finden. Wählen Sie dabei als Test mit [A] alle Objekte aus, und versuchen Sie, sie über die hier gezeigten Methoden abzuwählen.

Ring-Selektion | Die Ring-Selektion wählt alle Objekte aus, die in einem kreisförmigen Radius um den Mauszeiger liegen.

Starten Sie die Ring-Selektion mit [C], wird um den Mauszeiger ein kreisförmiger Bereich gezeichnet. Alle Objektzentren, die innerhalb dieser Markierung liegen, werden bei einem Linksklick selektiert und analog zu den beiden vorangegangenen Selektionsarten bei einem Mittelklick abgewählt. Um den Radius der Ring-Selektion zu vergrößern, verwenden Sie das Mausrad. Rollen Sie das Rad nach vorne, um den Radius zu verkleinern, rollen Sie

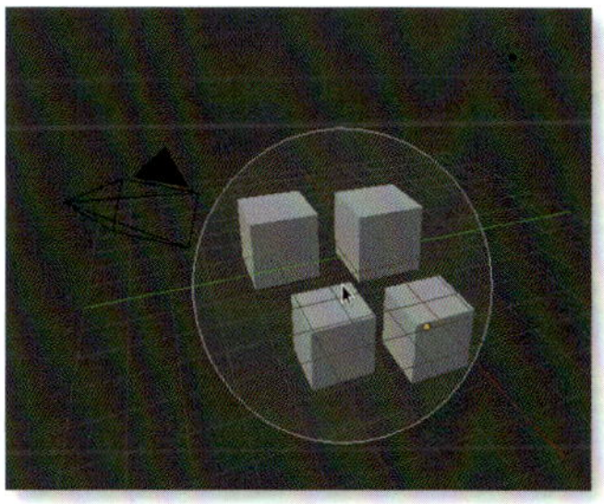

▲ **Abbildung 3.16**
Die Ring-Selektion nehmen Sie mithilfe des Mausrades vor.

es nach hinten, um ihn zu vergrößern. Schließen Sie die Aktion mit [↵] ab.

Möchten Sie Objekte mithilfe der Ring-Selektion abwählen, initiieren Sie die Auswahl mit [C] und wählen die Objekte per Mausrad-Taste ab. Halten Sie die Mausrad-Taste fest, während Sie die Maus bewegen, wählen Sie alle gestreiften Objekte ab.

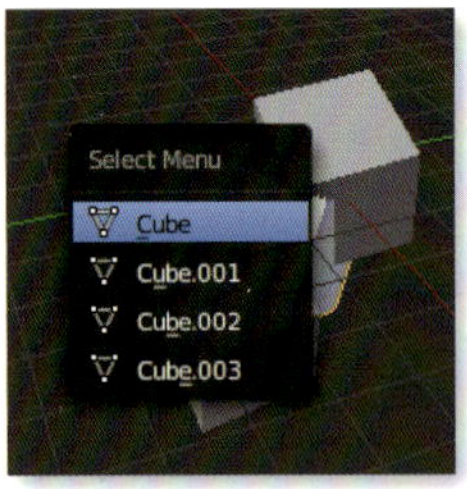

▲ **Abbildung 3.17**
Alle überlappenden Objekte in Reichweite werden präsentiert.

Überlappende Objekte | Befinden sich zwei oder mehrere Objekte dicht beieinander, können Sie entweder mehrfach mit der rechte Maustaste auf die überlappenden Objekte klicken, bis das gewünschte Objekt ausgewählt ist, oder Sie halten [Alt] gedrückt, während Sie mit der rechten Maustaste klicken.

Abbildung 3.17 zeigt Ihnen das kleine Popup, das Ihnen daraufhin alle überlappenden Objekte in Reichweite des Mauszeigers in einer Liste präsentiert. Ein Linksklick auf den Namen des gewünschten Objekts wählt es anschließend aus, ein Druck auf [Esc] bricht die Aktion ab.

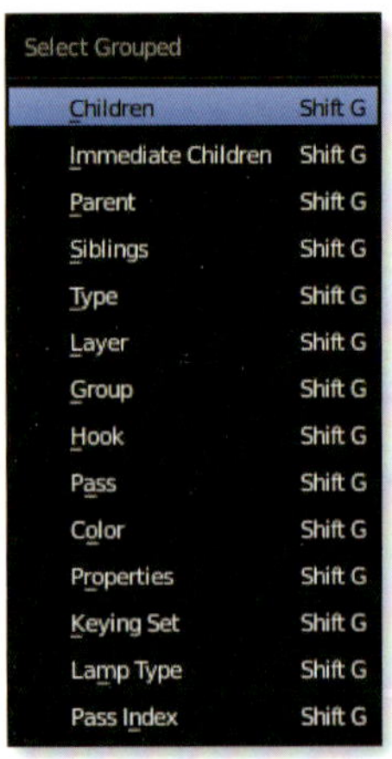

▲ **Abbildung 3.18**
Der SELECT-SIMILIAR-Operator ermöglicht die Auswahl sich ähnelnder Objekte.

Select Similar | Eine weitere praktische Möglichkeit, Objekte auszuwählen, bietet der SELECT-SIMILAR-Operator beim Klick mit [⇧] + [G]. Das daraufhin erscheinende Popup ermöglicht es Ihnen, Objekte zu selektieren, die sich ähneln. Die Ähnlichkeit wird anhand spezieller Bedingungen ermittelt, die Ihnen in einer Liste präsentiert werden. Bei einem bestätigenden Linksklick auf einen Eintrag der Liste wird das aktive Objekt mit allen anderen in der Szene vorhandenen und sichtbaren Objekten verglichen.

Beispielhaft möchte ich hier den Eintrag TYPE erwähnen, der alle Objekte wählt, die mit dem Typ des aktiven Objekts übereinstimmen. Ist ein Mesh aktiv, werden alle Mesh-Objekte gewählt, ist eine Lampe aktiv, alle in der Szene vorhandenen Lampen.

Selektion per Namensmuster | Besonders in professionellen Projekten wird auf eine konsistente Benennung der einzelnen Objekte Wert gelegt. Die Selektion per Namensmuster kann Ihnen daher in diesem Fall sehr helfen: Sie geben ein Namensmuster an, nach dem gesucht wird, und Blender selektiert alle gefundenen Objekte mit übereinstimmenden Namen.

Aufrufen können Sie diese Funktion nur über das Menü der 3D VIEW: Wählen Sie SELECT • SELECT PATTERN, und geben Sie im daraufhin erscheinenden Suchfenster beliebige Namensmuster ein. Gäbe es z. B. Objekt_1, Objekt_2 und Objekt3 in Ihrer Szene, würde das Muster »Objekt_*« zwar die ersten beiden, nicht aber das dritte Objekt selektieren.

Die Selektion umkehren | Last but not least können Sie Ihre aktuelle Selektion umkehren, indem Sie die Tastenkombination [Strg] + [I] nutzen. Dabei werden sofort alle selektierten Objekte abgewählt und gleichzeitig alle abgewählten Objekte selektiert.

Nach so vielen Auswahlmöglichkeiten fragen Sie sich wahrscheinlich, was Sie mit Ihrer Auswahl denn nun anstellen können – und das völlig zu Recht! Bevor Sie jedoch erfahren, wie Sie Ihre Objekte transformieren können, möchte ich Ihnen noch die Möglichkeit zeigen, vorhandene Objekte zu löschen und neue hinzuzufügen.

3.1.4 Hinzufügen und Löschen von Objekten

Um Objekte zu Ihrer Szene hinzuzufügen, nutzen Sie die Menüzeile der 3D-Ansicht (Eintrag ADD) oder bewegen den Mauszeiger in die 3D-Ansicht und drücken [⇧] + [A].

Ein Menü erscheint (Abbildung 3.19), über das Sie zwischen allen unterschiedlichen Objekttypen in Blender wählen können. Möchten Sie eine permanente Übersicht über alle Objekttypen auf den Bildschirm zaubern, sollten Sie den CREATE-Tab der Toolbar [T] nutzen.

Eine genaue Beschreibung aller Objekttypen finden Sie in Kapitel 4, »Modelling und Objekttypen«, auf Seite 117. Fügen Sie trotzdem bereits jetzt ein paar Objekte aus der MESH-Kategorie in Ihre Szene ein. Setzen Sie dabei den 3D-Cursor auf unterschiedliche Positionen, und sehen Sie, wie die 3D-Cursor-Position die Initialposition der erzeugten Objekte beeinflusst.

Ein Objekt zu löschen ist ebenso einfach wie das Einfügen: Wählen Sie zuerst das Objekt mit der rechten Maustaste aus. Drücken Sie dann auf [X] oder [Entf], und bestätigen Sie die folgende Nachfrage mit einem Linksklick oder [↵].

Anschließend verschwindet das Objekt im Datennirwana. Um das Löschen abzubrechen, bewegen Sie Ihre Maus aus der Meldung oder drücken auf [Esc]. Haben Sie ein Objekt versehentlich gelöscht, können Sie die Aktion per [Strg] + [Z] natürlich auch wieder rückgängig machen.

▲ **Abbildung 3.19**
Das Menü mit allen Objekttypen, die in Blender erstellt werden können

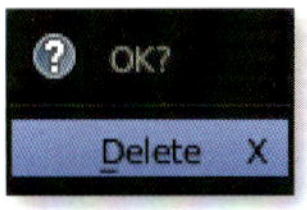

▲ **Abbildung 3.20**
Das Löschen muss noch bestätigt werden.

3.1.5 Duplizieren von Objekten

In Ihrem 3D-Alltag werden Sie nicht nur die Möglichkeit benötigen, neue Objekte einzufügen, sondern auch bestehende Objekte zu vervielfältigen. Blender bietet Ihnen verschiedene Wege zur Bewältigung dieser Aufgabe an.

Kopieren und Einfügen | Wie in allen anderen Anwendungen können über die Tastenkombination [Strg] + [C] alle selektierten Objekte in die Zwischenablage kopiert und über ein anschließendes [Strg] + [V] wieder eingefügt werden. Die Objekte erscheinen dabei exakt am gleichen Ort, an dem sie kopiert wurden.

Dieser Weg ist der wohl am einfachsten zu merkende, Blender hält jedoch zwei weitere Möglichkeiten bereit, die diese Variante deutlich übertreffen.

Duplizieren | Stellen Sie sich den Dupliziervorgang in Blender wie den Vorgang des letzten Abschnitts in einem Rutsch vor. Das Objekt wird kopiert und sofort wieder eingefügt. Der große Vorteil der hier vorgestellten Variante ist jedoch, dass die Objekte nach dem Einfügen an der Maus »hängen« und von Ihnen sofort verschoben werden können.

Alles, was Sie in Blender zum Duplizieren von Objekten tun müssen, ist, diese zu selektieren und [⇧] + [D] zu drücken. Möchten Sie die am Mauszeiger hängenden Objekte an der neuen Position verankern, drücken Sie die linke Maustaste. Mit der rechten Maustaste oder [Esc] brechen Sie das Verschieben ab. Beachten Sie, dass nur das Verschieben abgebrochen wird – die Objekte befinden sich anschließend deckungsgleich auf den Originalobjekten.

Duplicate Data
Welche Daten verlinkt/geklont und welche dupliziert werden, legen Sie in den USER PREFERENCES in der EDITING-Kategorie im Bereich DUPLICATE DATA fest. Lesen Sie sich dieses Kapitel aber am besten zuerst komplett durch, um alle diese Optionen nachvollziehen zu können.

Verlinktes Duplizieren | Mit dieser Variante werde ich etwas auf Blenders Interna vorgreifen. Sie ermöglicht Ihnen genau wie die letzte Variante das einfache Kopieren selektierter Objekte, nutzt dazu jedoch die Tastenkombination [Alt] + [D]. Was jedoch »unter der Haube« geschieht, ist ein wenig anders: Sie legen ein neues Objekt an und verlinken den Mesh-Datenblock (die Mesh-Struktur) mit diesem neuen Objekt. Was es mit Verlinkungen in Blender auf sich hat und was Datenblöcke sind, erfahren Sie ein wenig später in diesem Kapitel.

Als Nutzer bedeuten diese Ausführungen für Sie, dass bei einer Änderung des Originalobjekts alle Klone gleichzeitig ebenfalls geändert werden. Die Klone sind keine eigenständigen Kopien, sondern eng verbunden mit dem Original.

3.1.6 Organisation von Objekten

Blender bietet Ihnen neben der Interaktionsmöglichkeit mit Objekten auch Features zum Organisieren Ihrer Objekte. Zwei von ihnen möchte ich Ihnen jetzt vorstellen.

Scene Layer – mit Ebenen arbeiten | Ähnlich wie in GIMP oder Photoshop können Sie Ihre Objekte in Blender auf bis zu 20 unterschiedlichen Ebenen (*Scene Layern*) verankern und diese ganz nach Bedarf ein- oder ausblenden. Da sowohl das Umschalten von Ebenen als auch das Zuweisen von Objekten zu Ebenen besonders bei komplexeren Projekten sehr häufig vorkommen, liegen alle diese Funktionen auf einfach zu erreichenden Tastenkombinationen:

- Die Nummerntasten der Tastatur 1, 2, 3 bis 0 machen die erste, zweite, dritte bis zehnte Ebene sichtbar. Halten Sie Alt, während Sie die Nummerntasten drücken, lassen Sie die Ebenen 11–20 anzeigen. Halten Sie ⇧ zusätzlich, werden gleichzeitig mehrere Ebenen aktiviert.
- Markieren Sie ein Objekt und drücken Sie M, können Sie das Objekt entweder über einen Klick auf eine der durch kleine Rechtecke symbolisierten Ebenen oder das Drücken der entsprechenden Nummerntaste verschieben. ⇧ setzt das Objekt gleichzeitig auf mehreren Ebenen ab. Die Objekte werden unmittelbar nach der Auswahl auf den Layer verschoben – bewegen Sie die Maus aus dem Dialogfenster, um es zu schließen.

Aufpassen, wo sich der Mauszeiger befindet!
Beachten Sie, dass sich der Mauszeiger bei allen beschriebenen Aktionen im 3D-View-Editor befinden muss.

Am unteren Rand der 3D-Ansicht finden Sie eine Übersicht, auf welcher Ebene Sie sich befinden (dunkel gefärbt ❶), welche Ebenen Objekte enthalten (grauer Punkt ❷) und welche Ebene das aktive Objekt enthält (gelber Punkt ❸). In Abbildung 3.21 sehen Sie eine Ebenenauswahl mit zwei sichtbaren Ebenen, auf denen sich Objekte befinden. Das aktive Objekt liegt auf Ebene 3, die momentan nicht angezeigt wird.

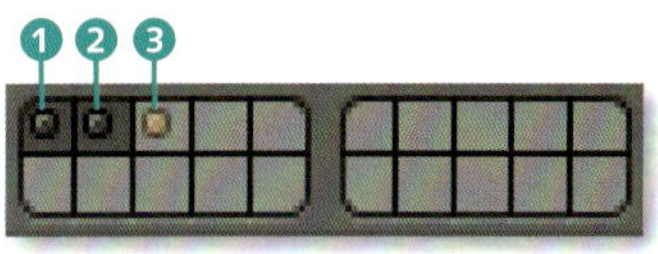

▲ **Abbildung 3.21**
Mit der Übersicht können Sie immer sehen, auf welcher Ebene Sie sich gerade befinden.

Um die Funktionen zu testen, öffnen Sie die Datei »03_SceneLayers.blend«, die Sie auf der DVD unter Beispielmaterial • Kapitel_03 finden. Dort sehen Sie auf den ersten vier Ebenen unterschiedliche Objekte – das Objekt von Layer 3 ist gleichzeitig auch auf Layer 4 verfügbar.

Objektgruppen | Das Ein- und Ausblenden von Objekten ist sehr hilfreich, um bei komplexeren Szenen die Übersicht zu behalten. Was können Sie jedoch tun, wenn Sie Objekte logisch gruppieren möchten, ohne auf Layer auszuweichen? In diesem Fall kommt das Gruppensystem ins Spiel. Blender erlaubt es Ihnen mit diesem System, Objekte in beliebig vielen Gruppen zusammenzufassen. Dabei ist es problemlos möglich, ein Objekt mehreren Gruppen hinzuzufügen.

Um Objekte zu einer Gruppe zusammenzufassen, wählen Sie alle gewünschten Objekte aus und drücken anschließend Strg + G. Die Umrandung aller ausgewählten Objekte wird sich, wie in Abbildung 3.22 dargestellt, grün färben und Ihnen dadurch die Zugehörigkeit zu einer Gruppe anzeigen. Ein Druck auf F6 fördert ein Popup zutage, mit dem Sie die Gruppe benennen können.

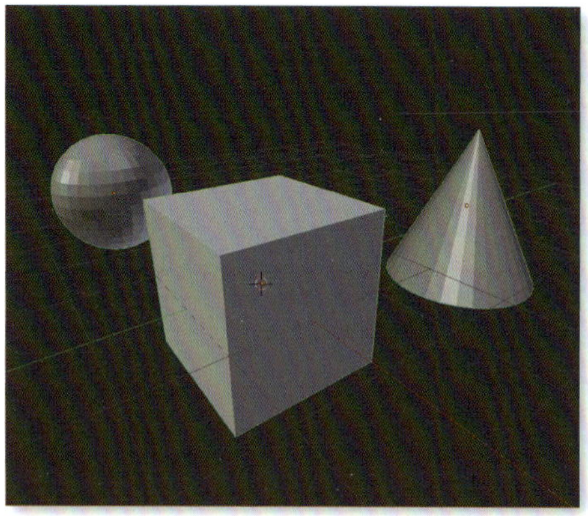

Abbildung 3.22 ▸
Objekte können auch gruppiert werden, was durch eine grüne Umrandung dargestellt wird.

Die Datei »03_Groups.blend« enthält bereits zwei Gruppen – probieren Sie dort einmal aus, die Würfel bestehenden Gruppen hinzuzufügen und Objekte aus vorhandenen Gruppen zu entfernen. Sie finden die Datei auf der DVD unter BEISPIELMATERIAL • KAPITEL_03.

Möchten Sie einer vorhandenen Gruppe neue Objekte hinzufügen, wählen Sie zuerst alle neuen Objekte und zuletzt ein Objekt aus der vorhandenen Gruppe. Drücken Sie anschließend [Strg] + [⇧] + [G], und wählen Sie die entsprechende Gruppe aus. Falls Sie Objekte aus einer Gruppe entfernen möchten, wählen Sie alle zu entfernenden Objekte aus und drücken [Alt] + [⇧] + [G]. Bestätigen Sie die Nachfrage, werden diese Objekte kein Teil der Gruppe mehr sein.

Blender gewährt Ihnen eine Übersicht über alle Gruppen, in denen sich das gewählte Objekt befindet, auf dem OBJECT-Tab, den Sie in Abschnitt, »Das Groups-Panel«, auf Seite 102 kennenlernen werden.

3.1.7 G, R und S – Transformationen ganz einfach

Blender wurde von Anfang an immer auf die Anforderungen eines 3D-Produktionsstudios ausgerichtet. So verwundert es nicht, dass Funktionen, die oft gebraucht werden, sehr schnell und einfach zu erreichen sind: Translation, Rotation und Skalierung sind jeweils nur einen Tastendruck entfernt. Abbildung 3.23 zeigt Ihnen auf einen Blick, welche Tasten für welche Aktion erforderlich sind.

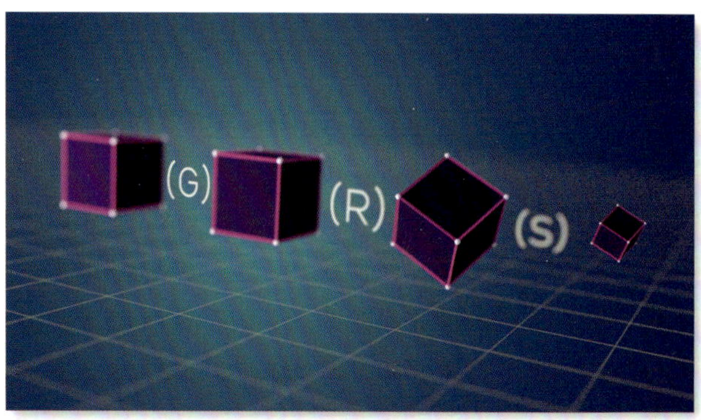

Abbildung 3.23 ▸
[G] für Translation, [R] für Rotation und [S] für Skalierung

Um Ihnen eine Rückmeldung zu der gerade durchgeführten Aktion zu geben, wandelt Blender die Menüzeile der 3D-Ansicht in eine Statusleiste um, sobald Sie eine Aktion starten – die dort üblicherweise vorhandenen Icons, Menüs und Ebenen werden ausgeblendet. In der Statusleiste können Sie je nach gewählter Aktion z. B. sehen, um welche Strecke Ihr Objekt verschoben ist, um wie viel Grad Sie das Objekt drehen oder mit welchen Tasten Sie das gewählte Tool beeinflussen können. Laden Sie zum Ausprobieren der folgenden Aktionen wieder die Standardszene Strg + N, und wählen Sie den Würfel aus.

Ähnliche Objekte selektieren
Erinnern Sie sich noch an den SELECT-SIMILAR-Operator (siehe Seite 84)? Dieser besitzt unter anderem die Fähigkeit, alle Objekte einer Gruppe zu selektieren. Wählen Sie dazu ein Objekt der zu suchenden Gruppe aus, und wählen Sie ⇧ + G, 7 oder klicken Sie im erscheinenden Popup auf GROUP.

Translation per Tastatur | Um zu sehen, wie diese Translationsart funktioniert, sollten Sie die Maus in die 3D VIEW bewegen und das Objekt mit der rechten Maustaste auswählen. Starten Sie anschließend das Verschieben durch einen Druck auf G. G steht dabei für das englische »grab« und sagt Blender, dass Sie das Objekt greifen möchten. Der Würfel wird weiß umrandet, und die Statuszeile ändert sich, wie Abbildung 3.24 zeigt.

▲ **Abbildung 3.24**
Während einer Translation ändern sich die Angaben in der Statusleiste.

DX, DY UND DZ geben an, wie viele Blender-Einheiten sich der Würfel in x-, y-, und z-Richtung bewegen soll. Geben Sie Folgendes ein: G, 1, ⇆, 2, ⇆, 3. Sie werden sehen, dass sich der Würfel eine Blender-Einheit in x-, zwei in y-, und drei in z-Richtung verschoben hat. Bestätigen Sie das Verschieben mit ↵, oder brechen Sie es mit Esc ab.

Objekte mit den Pfeiltasten verschieben
Neben der Eingabe von Werten zur Steuerung des Verschiebens haben Sie gleichzeitig die Möglichkeit, das Objekt mithilfe der Pfeiltasten auf der Tastatur zu verschieben.

Translation per Maus | Genau wie die Translation über die Tastatur können Sie auch eine Translation mit der Maus durchführen. Bewegen Sie dazu Ihre Maus über das entsprechende Objekt, klicken und halten Sie die rechte Maustaste gedrückt, und bewegen Sie die Maus gleichzeitig. Das Verschieben bestätigen Sie wieder mit ↵ oder linkem Mausklick, mit der Esc-Taste brechen Sie die Aktion ab.

Translation per Tastatur und Maus | Natürlich können Sie diese beiden Methoden auch kombinieren: Bewegen Sie dazu, nachdem Sie ein Objekt gewählt und G gedrückt haben, die Maus – Ihr Objekt wird jeder Bewegung brav folgen. Klicken Sie mit der linken Maustaste, um die Aktion zu bestätigen, mit der rechten Maustaste oder Esc brechen Sie sie ab.

Punktuelles Verschieben
Möchten Sie Ihr Objekt nur um wenige Punkte verschieben, halten Sie ⇧ gedrückt, während Sie die Maus bewegen. Möchten Sie das Verschieben am 3D-Gitter ausrichten, halten Sie Strg während Ihrer Mausbewegung gedrückt. Wenn Sie bestimmen möchten, an welchen Punkten Blender Ihr Objekt andockt, gedulden Sie sich noch ein wenig. Im nächsten Kapitel stelle ich Ihnen das TRANSFORM-SNAPPING-Tool vor – dort werden alle Ihre Fragen zu diesem Thema beantwortet.

Objekt in 5°-Schritten rotieren lassen

Möchten Sie Ihr Objekt in 5°-Schritten rotieren, halten Sie während der TRACKBALL-ROTATION [Strg] gedrückt und bewegen die Maus. Auch dieses Feature geht direkt auf das TRANSFORM-SNAPPING-Tool zurück. Gedulden Sie sich noch ein klein wenig. Das Halten von [⇧] ermöglicht kleinste Winkeländerungen.

Rotation und Trackball-Rotation | Um ein Objekt zu rotieren, wählen Sie das Objekt aus und drücken einmal auf [R]. R steht dabei für »rotate« und weist Blender an, alle ausgewählten Objekte zu rotieren.

Möchten Sie eine genaue Rotation durchführen, ohne die Maus zu bewegen, geben Sie nach dem Druck auf [R] den Zahlenwert auf der Tastatur ein – er wird Ihnen in der Statusleiste angezeigt. Wie bereits bei der Translation können Sie mit [⇆] zwischen den drei Achsen hin und her wechseln und die Rotation pro Achse auf diese Weise genau festlegen.

Neben der »normalen« Rotation gibt es noch einen weiteren Rotationsmodus: die TRACKBALL-ROTATION. Wählen Sie ein Objekt, und drücken Sie [R], [R] – in diesem Modus können Sie das Objekt frei um alle Achsen rotieren.

Skalierung und Spiegelung | Um ein Objekt zu skalieren, wählen Sie das Objekt aus und drücken einmal auf [S]. S steht dabei für »scale« und weist Blender an, das Objekt zu skalieren. Alle bereits bei der Translation und Rotation beschriebenen Funktionen stehen Ihnen auch hier zur Verfügung.

Ein Sonderfall ist jedoch die Skalierung von Objekten: Wenn Sie ein Objekt um –1 an einer beliebigen Achse skalieren, spiegeln Sie es an dieser Achse. Falls Sie lieber eine eigens für diesen Zweck angelegte Tastenkombination nutzen möchten, nutzen Sie [Strg] + [M] und wählen die Achse durch einen Druck auf [X], [Y] oder [Z] aus.

Erweiterter Modus

Blender bietet Ihnen neben dem Standardeingabe-Modus einen erweiterten Eingabe-Modus an. Mit diesem können Sie Ihre Transformation anhand eines Rechenausdrucks berechnen lassen. Sie aktivieren den Modus, über die [*]-Taste auf dem Ziffernblock, nachdem Sie mit [G], [S] oder [R] in einen Transformationsmodus gewechselt sind. Anschließend können Rechenausdrücke wie »sin(20)+3*5« eingegeben und mit [↵] berechnet werden.

Transformationen zurücksetzen oder übernehmen | Wenn Sie Ihr Objekt transformieren, ändern Sie die Lage, Skalierung und Rotation des Objekts in den Weltkoordinaten. Standardmäßig sitzt ein Objekt auf (0, 0, 0), besitzt eine Skalierung von (1, 1, 1) und ist um 0° in jeder Achse gedreht. Möchten Sie die Translation, Rotation und Skalierung auf diese Standardwerte zurücksetzen, nutzen Sie [Alt] + [G], [Alt] + [R] oder [Alt] + [S].

Möchten Sie die aktuellen Transformationen als neuen Standard übernehmen (sodass die Tastenkombination [Alt] + [G] z. B. das Objekt wieder auf die aktuelle Position zurücksetzt), nutzen Sie [Strg] + [A]. Betrachten Sie die Änderung der Objektdaten im TRANSFORM-Panel der PROPERTIES [N], um zu sehen, wie sich die entsprechenden Optionen auf die Translation, Rotation und Skalierung auswirken. Die folgenden Optionen stehen Ihnen zur Verfügung:

- LOCATION/ROTATION/SCALE: Hier übernehmen Sie entweder die aktuelle Lage, Rotation oder Skalierung als neuen Standard.

- Location & Scale: Hier übernehmen Sie die aktuelle Lage und Skalierung des Objekts.
- Visual Transform: Alle eventuell vorhandenen Objekt-Constraints werden angewandt und anschließend als Standard übernommen.
- Make Duplicates Real: Alle Duplikate werden »real« gemacht. Sie können nach Anwendung dieser Operation editiert werden.

Was Objekt-Constraints und Duplikate in Blender sind und wie Sie diese korrekt einsetzen, lernen Sie etwas später in diesem Buch. Möchten Sie sehen, wie sich die obigen Optionen auf die Objekte auswirken, so schauen Sie sich das Transform-Panel der Properties [N] an, und wählen Sie bei einem transformierten Objekt die jeweils zu testende Option an.

3.1.8 Einschränkung der Bewegungsfreiheit

Alle bereits behandelten Transformationen sind bislang immer davon ausgegangen, dass Sie es als Modeller zulassen möchten, Ihr Objekt auf allen Achsen zu transformieren. Oftmals wird es in Ihrem Alltag jedoch so sein, dass Sie Transformationen bestimmter Achsen temporär oder permanent beschränken möchten – auch für diesen Fall hält Blender sehr gute Lösungen bereit.

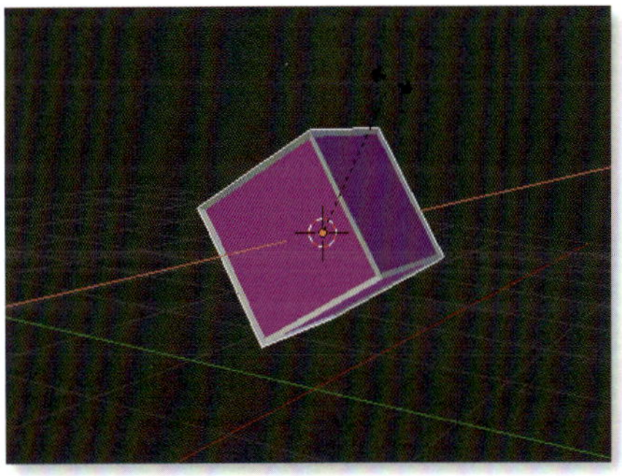

◂ **Abbildung 3.25**
Aktionen können auch auf nur einer bestimmten Achse ausgeführt werden (hier Rotation auf der x-Achse, orangefarbene Linie).

Achsen temporär sperren | Um Blender anzuweisen, eine Aktion ausschließlich auf einer bestimmten Achse auszuführen, können Sie, nachdem Sie eine Transformation mit [G], [R] oder [S] gestartet haben, die bevorzugte Achse durch einen Druck auf [X], [Y] oder [Z] auswählen. Die Achsenbeschränkung zeigt Blender durch eine verlängerte Achse an. In Abbildung 3.25 sehen Sie eine Beschränkung auf die x-Achse.

Auf diese Art können Sie sehr einfach eine Rotation von 45° um die x-Achse durch die Tastenkombination [R], [X] und [45] durchführen. Genauso einfach beschränken Sie die Transformation

Eine Aktion nur auf bestimmten Achsen ausführen
Besonders zügig schränken Sie Achsen mit der Mausrad-Taste ein. Beginnen Sie eine Transformation, und halten Sie anschließend die Mausrad-Taste gedrückt. Je nachdem, in welche Achsenrichtung Sie jetzt die Maus bewegen, wird die Transformation auf diese Achse beschränkt. Lassen Sie die Mausrad-Taste los, ist die Beschränkung aktiv.

auf eine Achse, wenn Sie ein Objekt per G und Mausbewegung verschieben – auch hier genügt ein Druck auf X, Y oder Z.

Drücken Sie eine der Tasten X, Y oder Z nicht nur ein-, sondern zweimal während einer Transformation, beschränken Sie die Transformation nicht auf die Weltkoordinaten, sondern auf die Lokalkoordinaten. Besonders deutlich wird diese Änderung, wenn Sie einen Würfel ein wenig um die y-Achse drehen und anschließend eine Translation mit G, X, X initiieren. Hier erkennen Sie deutlich, dass lokale und Weltkoordinaten nicht immer deckungsgleich sind.

Um eine Aktion auf allen Achsen zu erlauben, nutzen Sie, nachdem Sie die Aktion mit G, R oder S initiiert haben, ⇧ + X. ⇧ + Y oder ⇧ + Z sperren die y- bzw. z-Achse.

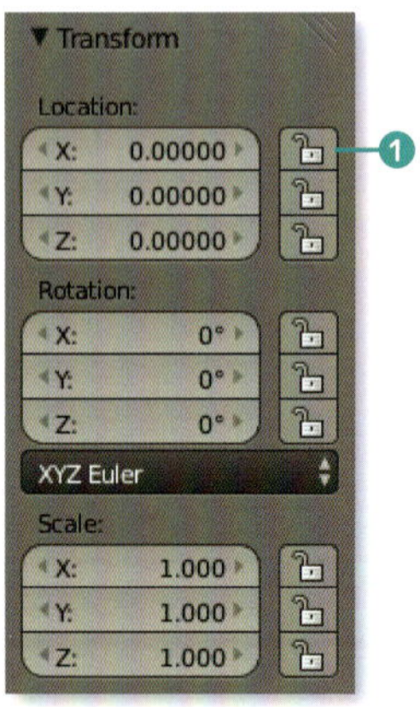

▲ **Abbildung 3.26**
Über das Schlosssymbol 1 können Sie Achsen sperren.

Achsen permanent sperren | Alle Beschränkungen des letzten Abschnitts wirken nur so lange, bis die Aktion abgeschlossen ist. Wie können Sie aber z. B. erreichen, dass ein 3D-Ball sich nur in einer 2D-Ebene bewegen kann – dass für ihn die dritte Dimension also permanent gesperrt ist?

Diese Aufgabe erledigen Sie in den 3D View Properties, die Sie mit N öffnen. Scrollen Sie anschließend zum Transform-Panel, falls Sie es nicht bereits sehen. Dort finden Sie insgesamt neun Schlösser – für jede Transformationsart eine Dreiergruppe. Möchten Sie eine der Achsen permanent sperren, klicken Sie das entsprechende Schloss an. Ein erneuter Klick öffnet das Schloss und gibt die Achse wieder frei. Probieren Sie es aus: Sperren Sie die Translation auf der x- und y-Achse, und versuchen Sie, das Objekt auf diesen Achsen zu bewegen. Genauso können Sie auch die Rotation oder Skalierung auf von Ihnen gewünschten Achsen sperren.

3.1.9 Der 3D Transform Manipulator

Neben den über die Tasten G, R und S aktivierbaren Transformationen stellt Ihnen Blender noch eine grafische Möglichkeit bereit, um diese Standardoperationen auszuführen. Die Rede ist von dem in Abbildung 3.27 dargestellten 3D Transform Manipulator, den Sie per Strg + Leertaste ein- oder ausschalten können.

In der Standardansicht zeichnet der Operator pfeilförmige (rote, grüne und blaue) Anfasser in die Nähe des Objektursprungs, mit denen Sie das Objekt interaktiv verschieben können. Bewegen Sie dazu die Maus über einen Pfeil, und halten Sie die linke Maustaste gedrückt. Verschieben Sie jetzt die Maus, bewegt sich das Objekt mit. Das Halten von ⇧, kurz bevor Sie mit dem Verschieben beginnen, sperrt die gewählte Achse.

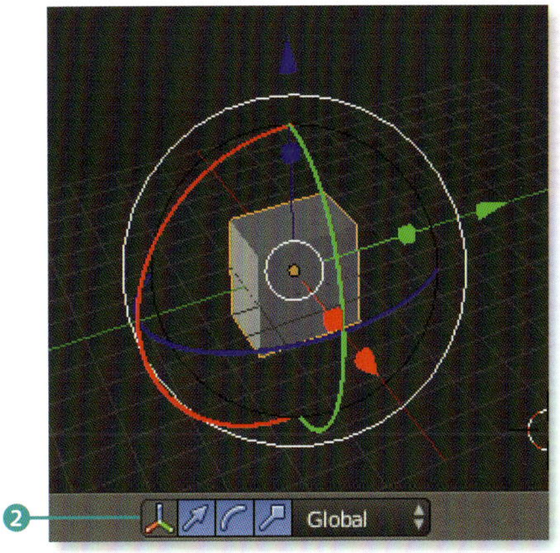

◂ **Abbildung 3.27**
Der 3D Transform Manipulator

Um andere Anfasser einzublenden, klicken Sie das entsprechende Anfassersymbol in der Menüzeile der 3D View an. Abbildung 3.27 zeigt Ihnen diese Symbole ② am unteren Rand an. Halten Sie [⇧], während Sie ein Symbol anklicken, wird der neue Anfasser zusätzlich zu den bereits gewählten Anfassern aktiviert. Ein Klick auf das Achsensymbol schaltet den 3D Transform Manipulator aus oder ein.

3.1.10 Der Pivot-Punkt

Der Pivot-Punkt ist der Punkt im 3D-Raum, um den alle Rotationen, Skalierungen und Spiegelungen ablaufen. Welchen Pivot-Punkt Sie nutzen möchten, stellen Sie in der Menüzeile am unteren Rand des 3D-View-Editors ein.

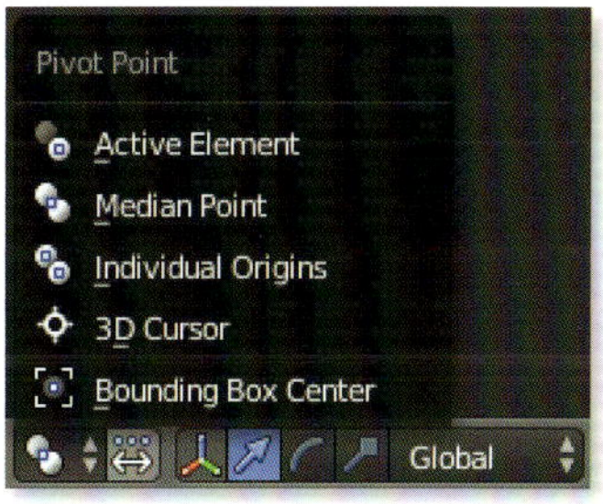

▴ **Abbildung 3.28**
Fünf verschiedene Einstellungsmöglichkeiten stehen Ihnen zur Verfügung, um auf die Rotation Einfluss zu nehmen.

Fünf verschiedene Einstellungen erwarten Sie hier, die ich Ihnen anhand von Rotationen erklären werde:

- Active Element: Alle gewählten Objekte werden um den Ursprung des aktiven Objekts rotiert.
- Median Point: Alle gewählten Objekte werden um den gemittelten Ursprung aus allen selektierten Objektursprüngen rotiert.
- Individual Origins: Alle gewählten Objekte rotieren um ihren eigenen Ursprung.
- 3D Cursor: Alle gewählten Objekte rotieren um den 3D-Cursor.
- Bounding Box Center: Alle gewählten Objekte rotieren um die sogenannte *Bounding-Box* – eine berechnete Box, die alle gewählten Objekte umschließt.

Probieren Sie die unterschiedlichen Modi während Ihrer täglichen Modelling-Arbeit für unterschiedliche Aufgaben aus – Sie werden sehen, dass sich die Anwendungsfälle jedes Pivot-Modus ganz von selbst ergeben.

3.1.11 Die Local View

In einem Projekt mit vielen Objekten versperren Ihnen höchstwahrscheinlich nach kurzer Zeit manche Objekte die Sicht auf andere (eventuell wichtigere) Objekte, selbst wenn Sie Layer zur besseren Übersicht einsetzen. Hier bietet sich die LOCAL VIEW an. Sie beschränkt die Sicht auf dieses Objekt und blendet gleichzeitig alle anderen Objekte aus. Um sie zu aktivieren, markieren Sie das für Sie wichtige Objekt und drücken [/] auf dem Ziffernblock. Blender wird sofort alle anderen Objekte ausblenden und Ihnen freie Sicht auf das gewählte Objekt gewähren.

Wenn Sie sich in diesem Modus drehen, bewegen Sie sich kreisförmig um Ihr Objekt herum. Haben Sie die Sicht verschoben und finden Ihr Objekt nicht mehr, können Sie durch einen Druck auf [Pos1] die Sicht auf Ihr Objekt wieder zentrieren.

Bevor Sie gleich sehen, wie Sie sich den Aufbau von Objekten in Blender ansehen und die Komponenten von Objekten ändern können, möchte ich Ihnen noch ein wenig mehr über Objekte an sich erzählen und Ihnen die verschiedenen Arbeitsmodi von Blender vorstellen.

3.2 Der Arbeitsmodus – Object Mode, Edit Mode & Co.

In den vorangegangenen Abschnitten haben wir bereits ergründet, wie 3D-Programme Ihre Objekte sehen. Was ich Ihnen bislang allerdings noch nicht verraten habe, ist, wie Sie Blender dazu bringen können, Ihnen den Aufbau Ihres Modells anzuzeigen, dessen Daten zu ändern und neue Vertices, Edges oder Faces hinzuzufügen.

Blender verfolgt bei der Bearbeitung und Anzeige von Daten im 3D-VIEW-Editor eine Modus-Strategie: Je nach Anwendungsfall wechseln Sie in einen speziellen Modus, sehen sich dort alle zugehörigen Daten an und führen alle gewünschten Aufgaben aus. Sind alle Arbeiten erledigt, wechseln Sie in den Basis-Modus zurück. Die Modi, die die Anzeige und Bearbeitung von Objekten ermöglichen, tragen den Namen OBJECT MODE und EDIT MODE. Möchten Sie schnell zwischen EDIT und OBJECT MODE wechseln, drücken Sie [⇆]. Bei jedem Drücken auf [⇆] wechselt der Modus in den jeweils anderen – der Edit-Modus wird zum Objekt-Modus und umgekehrt.

3.2.1 Object Mode

Der OBJECT MODE dient dem Ansehen, Verschieben, Skalieren und Rotieren kompletter Objekte inklusive all ihrer Vertices, Edges und

Faces. Aktionen im Objekt-Modus beziehen sich immer auf alle ausgewählten Objekte. Sie fragen sich, was diesen Modus von Ihren bisherigen Ausflügen in Blenders 3D-Ansicht unterscheidet? Nichts – denn Sie befinden sich beim Starten von Blender mit der Standardszene automatisch in diesem Modus. All Ihre bisherigen Transformationen liefen im OBJECT MODE ab.

3.2.2 Edit Mode

Der EDIT MODE dient der Änderung, Erweiterung und ganz allgemein der Bearbeitung der Daten eines Objekts (z. B. von Vertices, Edges, Faces oder dem Text eines Textobjekts). Mit seiner Hilfe legen Sie fest, wie das Objekt aufgebaut ist. Der EDIT MODE gilt immer nur für das aktuell gewählte Objekt, Sie können also nicht die Daten mehrerer Objekte gleichzeitig ändern.

Befinden Sie sich im EDIT MODE, zeichnet Blender Ihr Objekt anders als im OBJECT MODE: An den Ecken des Objekts tauchen kleine orangefarbene Vertices auf, die Sie ab jetzt auswählen können. Gleichzeitig erscheinen neben der TRANSFORM-ORIENTATION-Liste drei Symbole, die den Mesh-Selektionsmodus innerhalb des EDIT MODE festlegen.

Transformationen im Edit Mode
Alle bisherigen Methoden zum Selektieren und Transformieren von Objekten funktionieren auch im EDIT MODE. Im nächsten Kapitel werde ich ausführlich auf diese und viele weitere Operationen eingehen.

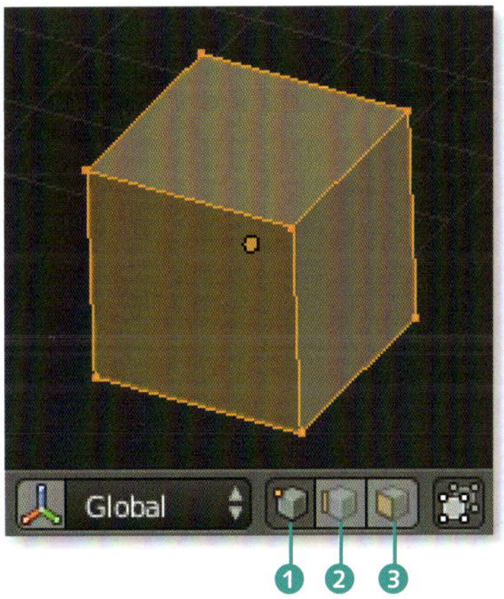

◂ **Abbildung 3.29**
Ein Würfel im EDIT MODE

Mit dieser Auswahl legen Sie fest, welche Komponenten eines Meshes Sie auswählen können. Die erfolgreiche Umschaltung des Mesh-Selektionsmodus können Sie dabei leicht erkennen: Im VERTEX SELECT MODE ❶ werden alle Punkte an die Objektkanten gezeichnet, im EDGE SELECT MODE ❷ werden ausschließlich die Kanten zwischen zwei Punkten gezeichnet, und im FACE SELECT MODE ❸ werden auf allen Faces kleine Quadrate gezeichnet. Abbildung 3.29 zeigt Ihnen einen Würfel im EDIT MODE und die Symbole des Mesh-Selektionsmodus.

3.2.3 Modus-Übersicht

▲ **Abbildung 3.30**
Verschiedene Arbeitsmodi in Blender

Neben den beiden Modi zum Bearbeiten von Objekten und Objektdaten gibt es noch einige weitere Modi in Blender. Zwischen verschiedenen Arbeitsmodi schalten Sie dabei durch einen Klick auf die Modus-Combobox in der Menüzeile des 3D-View-Editors um (Abbildung 3.30) oder durch unterschiedliche Tastenkombinationen, die ich Ihnen zusammen mit einer kleinen Erklärung in der folgenden Übersicht zeigen werde.

Jeder Arbeitsmodus stellt genau die spezialisierten Werkzeuge und Funktionen zur Verfügung, die Sie in den jeweiligen Phasen des 3D-Workflows benötigen. Lassen Sie sich bei der folgenden Auflistung nicht von den Ihnen eventuell unbekannten Begriffen irritieren – ich werde Ihnen jeden einzelnen Begriff und Modus noch einmal genau dann erklären, wenn Sie ihn benötigen:

- Object Mode: Ermöglicht Ihnen, Ihr Objekt im Ganzen zu verändern (z. B. zu verschieben, zu rotieren oder zu skalieren). Alle Änderungen finden im globalen Koordinatensystem statt.
- Edit Mode: Dient dem Ändern der Objektgeometrie. Alle Änderungen finden im lokalen Koordinatensystem statt.
- Sculpt Mode: Dieser Modus dient dem Modellieren organischer Objekte mittels einer Technik, die am ehesten mit der Modellierung von Ton oder Knetgummi zu vergleichen ist.
- Vertex Paint Mode: Dient dem Bemalen von Objekten. Dabei werden auf die einzelnen Vertices des Objekts Farben appliziert, die dann von Vertex zu Vertex überblendet werden.
- Weight Paint Mode: Mit diesem Modus legen Sie die Gewichtung der gewählten Vertices fest. Die Gewichtung von Vertices dient in Blender ganz unterschiedlichen Zwecken, stellen Sie sich diese momentan einfach als einen Zahlenwert pro Vertex vor, der besonders in den Physiksystemen von Blender sehr wichtig ist.
- Texture Paint Mode: Mithilfe dieses Modus können Sie Texturen (Bilddaten) auf Objekte übertragen. Sie können sogar, ähnlich wie bei einem Overhead-Projektor, unterschiedliche Texturlagen auf ein Objekt projizieren und diese mit unterschiedlichen Pinseln auf dem Objekt verewigen.
- Particle Edit Mode: In diesem Modus frisieren Sie die Haare eines Objekts. Wie das funktioniert, lernen Sie in Abschnitt 11.2.17, »Partikel frisieren«.

Nachdem Sie jetzt wenigstens die grundlegenden Funktionen der einzelnen Modi kennengelernt haben, sehen wir uns im nächsten Abschnitt an, wie Blender mit Einheiten umgeht.

Koordinatensystem in Object und Edit Mode

Wenn Sie sich beim Betrachten dieser beiden Modi an die lokalen und globalen Koordinatensysteme erinnert fühlen, liegen Sie genau richtig: Im Object Mode agieren Sie im globalen Koordinatensystem, während Sie im Edit Mode im lokalen Koordinatensystem arbeiten.

3.3 Klein oder groß – (k)eine Frage der Einheit

Vielleicht ist Ihnen bei meinen bisherigen Ausführungen in diesem Buch aufgefallen, dass ich nie von Metern oder Zentimetern gesprochen habe – meist habe ich die Einheit 1 BU (Blender Unit = Blender-Einheit) genutzt oder überhaupt keine Einheit angegeben. Dies hat einen Grund: Blender schreibt Ihnen nicht vor, wie groß Sie Ihr Modell bauen sollten. Wenn für Sie ein Kästchen des 3D-View-Gitters 1 m bedeutet, ist das in Ordnung. Erstellen Sie später jedoch ein Modell, bei dem Sie sich entscheiden, ein Kästchen 1 cm groß sein zu lassen, ist das genauso gut – Blender lässt Sie hier selbst entscheiden.

Eine Einschränkung gibt es aber doch in dieser einheitenlosen Welt: Viele Physiksysteme und Simulationen in Blender gehen von einem Größenverhältnis von 1 m = 1 BU aus. Ihre Modelle sollten also spätestens dann, wenn Sie mit Simulationen arbeiten, auf diese Größe gebracht werden. Um es Ihnen zu erleichtern, in Einheiten zu denken, ermöglicht Ihnen Blender, auf das metrische oder das imperiale System zu wechseln. Bei Aktivierung einer dieser Optionen werden Ihnen viele Werte direkt im metrischen oder angloamerikanischen Zahlensystem angezeigt. Sie verschieben Ihren Würfel dann also nicht mehr eine Blender-Einheit nach links, sondern 1 m oder 1 ft (Fuß).

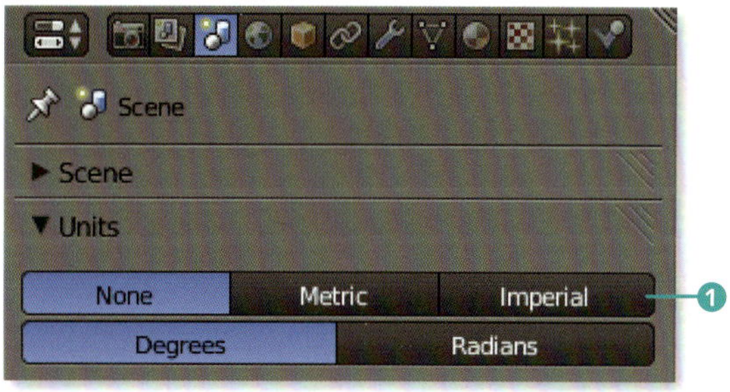

◂ **Abbildung 3.31**
Sie können zwischen dem metrischen und dem imperialen System wechseln ❶.

Einstellen können Sie die jeweilige Einheit im Properties-Editor im Scene-Tab. Die entsprechenden Optionen finden Sie hier im Units-Panel. In diesem Buch werde ich keine der hier gezeigten Einstellungen verwenden – mir ist es lieber, ich bestimme selbst, welche Größe meine Modelle haben. Ob Sie sie aktivieren, hängt ganz von Ihrer Vorliebe ab: Fühlen Sie sich wohler, wenn Sie Zentimeter, Meter oder Kilometer hinter Ihren Einheiten sehen, aktivieren Sie sie. Achten Sie dann allerdings auf die Umrechnung der in diesem Buch verwendeten Einheiten: 1 BU = 1 m.

3.4 Familienbande – Parent-Child-Verbindungen

Eltern-Kind-Beziehungen? Ja, Sie haben immer noch das richtige Buch in der Hand, und ich kann Ihnen versichern: Siegmund Freud und Erich Fromm wären stolz auf Blender – endlich werden Beziehungen zwischen Eltern und Kindern sichtbar!

Beziehungen finden in Blender immer zwischen einem Elternobjekt (**Parent**) und einem oder mehreren Kindobjekten (**Childs**) statt. Jedes Kind kann genau einen oder keinen Parent haben. Die Kinder übernehmen die Transformation des Parents als Offset in ihre bestehende Transformation. Bewegen Sie also den Parent um drei Blender-Einheiten in x-Richtung, und das Kind ist bereits auf der x-Achse auf Position 4, wird sich das Kind anschließend auf x-Position 7 befinden.

3.4.1 Beziehungen herstellen

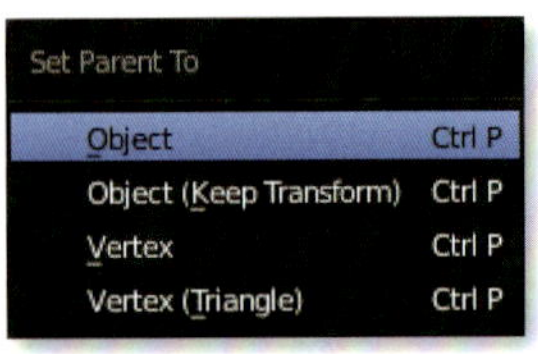

▲ **Abbildung 3.32**
In diesem Popup stellen Sie die Eltern-Kind-Beziehung ein.

Um das sogenannte *Parenting*, also eine Eltern-Kind- Beziehung, zu erzeugen, wählen Sie zuerst ein (oder mehrere) Objekte aus und abschließend das Objekt, das zum Parent werden soll. Drücken Sie daraufhin [Strg] + [P], begrüßt Sie das in Abbildung 3.32 dargestellte Popup mit diesen Möglichkeiten:

- Object: Die gewählten Objekte werden zu Kindern des aktiven (zuletzt gewählten) Objekts und übernehmen seine Transformation. Wurde der Parent also vor der Initialisierung der Beziehung transformiert, überträgt er diese Transformation auf die Kinder.
- Object (Keep Transform): Diese Option ist der vorangegangenen sehr ähnlich, sie übernimmt jedoch keine eventuell bereits bestehenden Transformationen des Parents.
- Vertex: Mit dieser Auswahl machen Sie nicht den Ursprung des aktiven Objekts zum Parent, sondern das Vertex des aktiven Objekts, das den Kindursprüngen am nächsten ist. Verändern Sie die Position des Parent-Vertex, werden alle an ihn gebundenen Kinder transformiert.
- Vertex (Triangle): Ähnlich wie die vorangegangene Option verankert diese Option alle Kinder an den den Kindursprüngen am nächsten stehenden Vertices des Parents. Anschließend können Sie mit drei Vertices die Kinder beeinflussen (und damit im Gegensatz zur letzten Option Rotationen verursachen).

Veränderungen im Weltkoordinaten-System
Tatsächlich ändert sich für die Kindobjekte beim Parenting das Weltkoordinaten-System: Anstatt das bisherige Weltkoordinaten-System zu nutzen, wird das lokale Koordinatensystem des Parents zum neuen Weltkoordinaten-System des Childs.

Blender wird durch eine gestrichelte Linie ❷ anzeigen, dass eine Parent-Child-Beziehung zwischen Objekten besteht. Gleichzeitig wird das Child im Outliner unterhalb des Parents positioniert ❶.

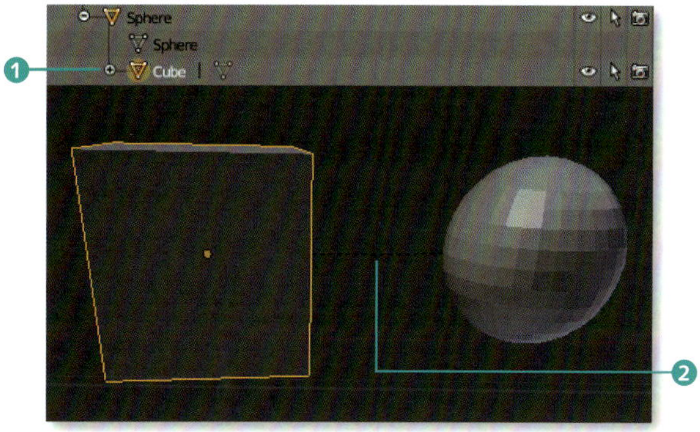

◂ **Abbildung 3.33**
Die Parent-Child-Beziehung wird in Blender durch entsprechende Verzweigungen dargestellt.

Andere Formen des Parentings

Neben dem »normalen« Parenting gibt es noch eine weitere Art: MAKE PARENT WITHOUT INVERSE (Strg + ⇧ + P). Sie transformiert das Kind auf exakt die Werte, die der Parent besitzt, und stellt anschließend die Eltern-Kind-Beziehung zwischen beiden her.

Um ein Kind auf den Ursprung des Parents zu setzen, nutzen Sie die Tastenkombination Alt + O bei selektierten Kindern – gerade bei Pfadanimationen ist diese Tastenkombination Gold wert, da sie die Kinder auf den Startpunkt des Pfades setzt.

3.4.2 Beziehungen lösen

Um eine Beziehung zwischen zwei miteinander verbundenen Objekten zu lösen, wählen Sie das Kind aus und drücken Alt + P. Wählen Sie im daraufhin erscheinenden Popup eine der drei angebotenen Optionen:

- CLEAR PARENT: Wählen Sie diesen Punkt, um alle Kinder vom Elternelement zu trennen. Dieser Punkt stellt die ursprünglichen Transformationen (vor dem Eingehen einer Beziehung) wiederher.
- CLEAR AND KEEP TRANSFORMATION: Auch dieser Punkt beendet die Beziehung – er behält jedoch die durch das Elternelement durchgeführten Transformationen bei.
- CLEAR PARENT INVERSE: Mit dieser Option wird das Kind exakt so positioniert, rotiert und skaliert, als ob das Elternelement der neue Ursprung der Weltkoordinaten wäre. Falls sich also z. B. ein Kindelement an Position (2, 0, 0) und das Elternelement auf (4, 0, 0) befindet, würde – nachdem diese Option gewählt wurde – sich das Kind auf (6, 0, 0) befinden. Die aktuelle Position des Elternelements würde für das Kind wie (0, 0, 0) aussehen.

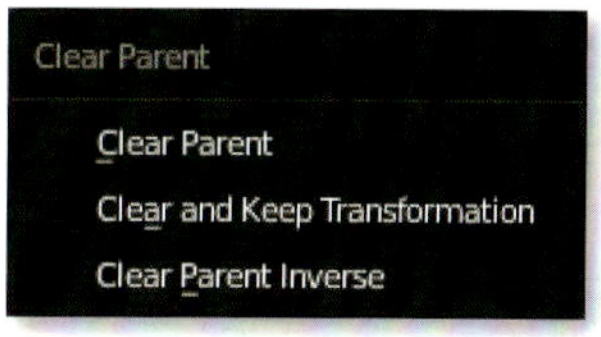

▴ **Abbildung 3.34**
Beziehungen zwischen einzelnen Objekten können auch wieder gelöst werden.

Parent-Child-Bäume

Natürlich hindert Sie nichts daran, ein Kind zu einem Parent eines anderen Objekts zu machen. Wählen Sie einfach das andere Objekt zuerst, anschließend das Kind, und drücken Sie Strg + P. Sie können so komplette Parent-Child-Bäume erzeugen, bei denen Sie ein Parent-Element z. B. bewegen, und alle Kinder folgen aufs Wort. Wäre es doch nur immer so einfach!

Die Datei »03_Parent-Childs.blend« finden Sie auf der Buch-DVD unter BEISPIELMATERIAL • KAPITEL_03.

Wenn Sie sich ansehen möchten, wie sich Parent-Child-Objekte bei Transformationen verhalten, können Sie die Datei »03_Parent-Childs.blend« öffnen. Transformieren Sie anschließend den Parent (Ball) und die Childs.

3.5 Der Properties-Editor

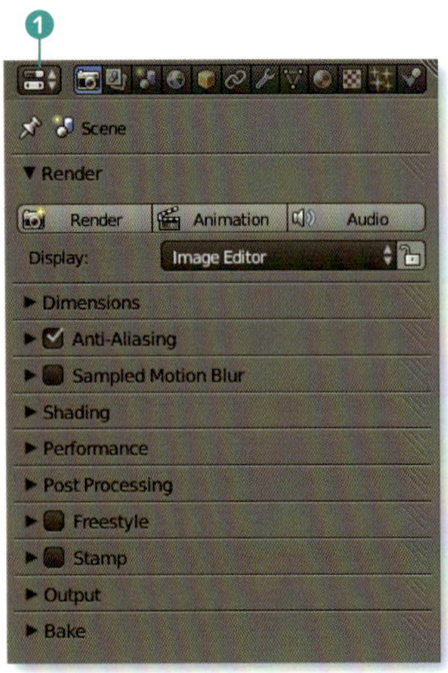

▲ **Abbildung 3.35**
Der PROPERTIES-Editor kann über die Editor-Combobox ❶ aufgerufen werden.

Der PROPERTIES-Editor (Abbildung 3.35) ist Ihre Schaltzentrale für alle szenen- und objektspezifischen Einstellungen. Er befindet sich in der Standardszene im unteren rechten Fensterbereich und kann wie üblich über die Editor-Combobox ❶ ausgewählt werden. Der Editor zeigt Ihnen in der Kopfzeile mehrere Symbole an, die Sie nach und nach in diesem Buch ausführlich kennenlernen werden.

3.5.1 Der Object-Tab

Bis jetzt haben Sie immer, wenn Sie an Informationen über das aktuell gewählte Objekt gelangen wollten, das PROPERTIES-Panel [N] des 3D-VIEW-Editors geöffnet. Die dort dargestellten Informationen stellen jedoch nur einen kleinen Ausschnitt aus den vielfältigen Eigenschaften eines Blender-Objekts dar.

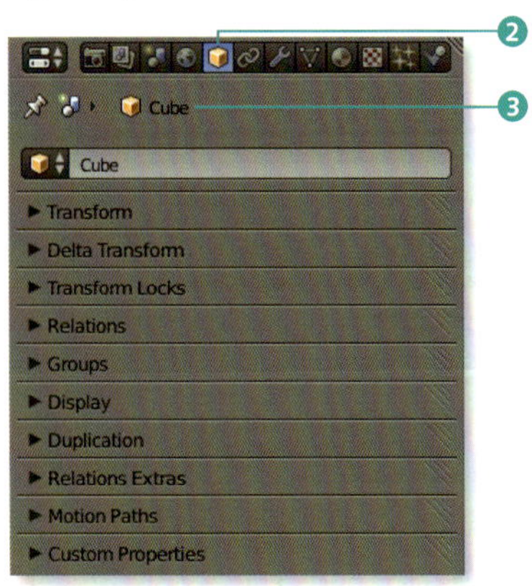

▲ **Abbildung 3.36**
Der OBJECT-Tab des PROPERTIES-Editors

Möchten Sie die volle Kontrolle über das Objekt, sollten Sie daher – wie in Abbildung 3.36 gezeigt – durch einen Linksklick auf das Symbol eines orangefarbenen Würfels ❷ zum OBJECT-Tab des PROPERTIES-Editors wechseln. Hier erwarten Sie zahlreiche Panels, deren Features Sie teilweise durch Tastenkombinationen, die PROPERTIES oder Kontrollelemente der 3D-Ansicht bereits genutzt haben.

Noch vor dem ersten Panel sehen Sie in der obersten Zeile das mittlerweile bekannte Objektsymbol ❸ und ein editierbares Feld, das bestimmt, wie Ihr Objekt-Datenblock intern benannt ist (und Ihnen in der 3D-Ansicht angezeigt wird). Um den Namen zu ändern, klicken Sie in die Zeile, geben dem Objekt einen neuen Namen und bestätigen mit [↵].

Etwas später in diesem Kapitel werden Sie erfahren, was es mit Datenblöcken in Blender auf sich hat.

Fehlende Panels

Falls Sie manche Panels in den folgenden Erklärungen vermissen, wundern Sie sich nicht – sie werden in den Kapiteln behandelt, auf die sich ihr Inhalt bezieht.

Das Transform-Panel | Sowohl das Transform- als auch das nachfolgende Delta-Transform-Panel wirken auf die Transformation des aktiven Objekts. Das Transform-Panel übernimmt dabei die Aufgabe, die tatsächliche Transformation zu visualisieren. Über x-, y- und z-Werte können Sie dort Position (Location), Rotation (Rotation) und Skalierung (Scale) des Objekts erkennen. Über auswählbare Rotationsmodi hilft Ihnen Blender bei der Lösung vertrackter Rotationsprobleme während der Animationsphase.

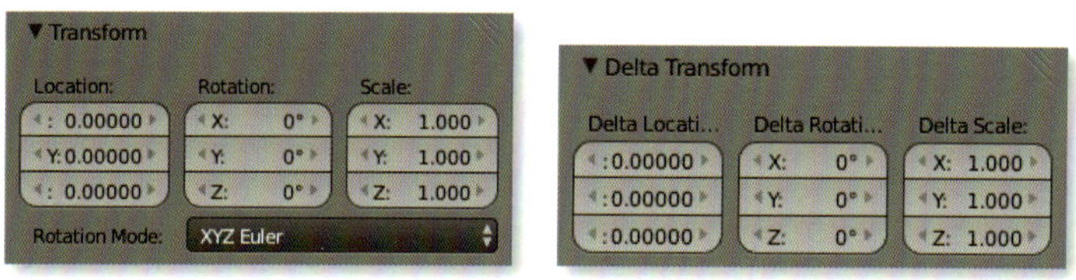

▲ **Abbildung 3.37**
Das Transform- und das Delta-Transform-Panel wirken sich auf die Transformation des aktiven Objekts aus.

Das Delta-Transform-Panel | In diesem Panel finden Sie exakt die Eigenschaften (mit vorangestelltem »Delta«), die Sie bereits im letzten Panel sehen konnten. Der Sinn dieses Panels liegt darin, Objekten, basierend auf den Basis-Transformationen des letzten Panels, umfassendere Transformationen zu ermöglichen. Das Objekt führt also zuerst die Transformation des Transform-Panels und anschließend zusätzlich die Transformationen des Delta-Transform-Panels aus. Gerade bei Animationen ist dieses Feature sehr wichtig, da Sie auf diese Weise Animationen unabhängig von der aktuellen Transformation des Objekts vornehmen können.

Das Transform-Locks-Panel | Dieses Panel haben Sie in abgewandelter Form bereits genutzt, um die Achsen permanent zu sperren. Es bietet Ihnen exakt die gleichen Features wie die Schlösser neben den Transformationseigenschaften des Properties-Panels [N] im 3D-View-Editor.

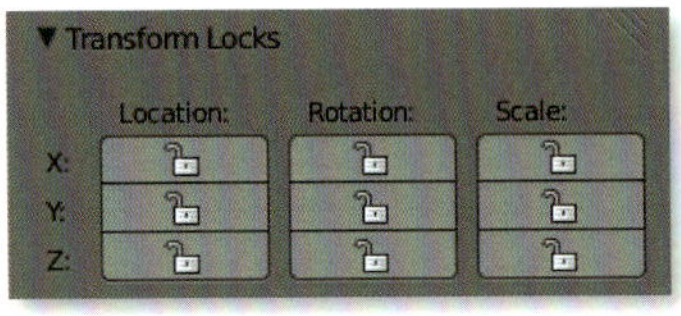

▲ **Abbildung 3.38**
In Transform Locks können Sie Achsen sperren.

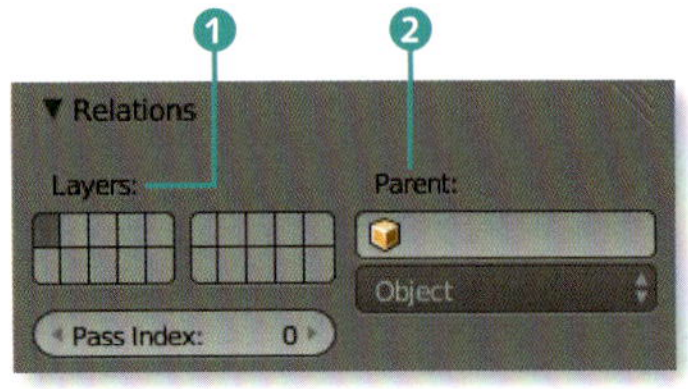

▲ **Abbildung 3.39**
Im Relations-Panel können Ebenen ein- und ausgeblendet und ein Parent für ein Objekt festgelegt werden.

Mit einer Pipette Objekte auswählen

Alle Auswahlfelder, bei denen Sie ein Objekt eingeben können (wie z. B. das Parent-Feld), erlauben Ihnen nicht nur, ein Objekt per Liste auszuwählen, sondern Sie können das Objekt auch per Tastenkombination in der 3D-Ansicht auswählen. Bewegen Sie Ihre Maus über das Feld, und drücken Sie [E] – eine Pipette erscheint. Klicken Sie anschließend auf das gewünschte Objekt, trägt Blender das Objekt wie von Zauberhand in die Box ein.

Das Relations-Panel | Auch dieses Panel kennen Sie teilweise bereits aus der 3D-Ansicht. Einerseits können Sie durch die mit Layers ❶ überschriebenen Kontrollelemente die gewünschten Ebenen ein- oder ausblenden und andererseits über die Parent-Box ❷ einen Parent für das aktuelle Objekt festlegen. Wie in der 3D-Ansicht aktivieren Sie Ebenen durch einen Linksklick auf die Layer-Kästchen, bei gleichzeitigem Halten von [⇧] werden mehrere Ebenen gleichzeitig aktiviert oder deaktiviert.

Der Pass Index wird Ihnen in auf Seite 365 und 643 noch begegnen – er erzeugt eine Schwarz-Weiß-Maske für das aktive Objekt.

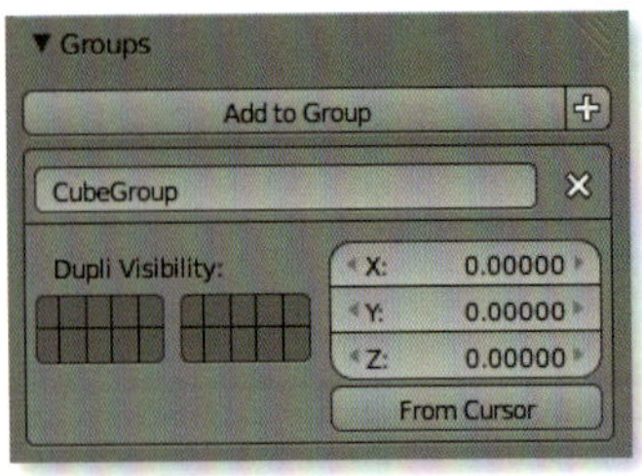

▲ **Abbildung 3.40**
Im Panel Groups sehen Sie, in welchen Gruppen sich ein Objekt befindet.

Das Groups-Panel | Weiter vorne in diesem Kapitel haben Sie bereits verschiedene Objekte über Tastenkombinationen in Gruppen verpackt oder aus ihnen entfernt. In diesem Panel sehen Sie übersichtlich, in welchen Gruppen sich ein Objekt befindet, können es durch einen Klick auf das X neben dem Gruppennamen aus Gruppen entfernen oder die Gruppe umbenennen. Alle weiteren Einstellungen (und das Duplication-Panel) werden Sie in Abschnitt 4.6.11, »Das Duplication-Feature«, kennenlernen.

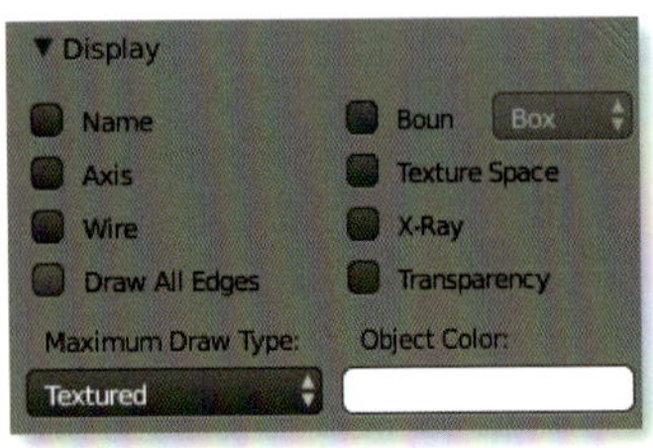

▲ **Abbildung 3.41**
Im Display-Panel passen Sie die Darstellung des aktiven Objekts im 3D-View-Editor an.

Das Display-Panel | Das Display-Panel passt die Darstellung des aktiven Objekts im 3D-View-Editor komplett an Ihre Bedürfnisse an:

- Name: Blendet den Namen des Objekts ein.
- Axis: Blendet das lokale Koordinatensystem des Objekts ein.
- Wire: Zeichnet ein Drahtgittermodell über das Objekt, das Ihnen zeigt, wie das Polygonobjekt aufgebaut ist.
- Draw All Edges: Wenn Sie mit der letzten Option ein Polygonnetz über ein Objekt legen lassen, werden nur die Polygone angezeigt, die die Form des Objekts definieren. Mit dieser Option zeichnen Sie immer alle Polygone des Objekts, auch wenn sie für die Form nicht von Bedeutung sind.

- Bounds: Als Sie den Pivot-Punkt kennengelernt haben, habe ich Ihnen unter anderem die Bounding-Box vorgestellt. Mit dieser Checkbox können Sie die berechnete Box um das Objekt erscheinen lassen. Neben der Visualisierung einer Bounding-Box stehen Ihnen auch andere Bounding-Box-Typen zur Verfügung. So berechnet Cylinder z. B. einen Bounding-Zylinder.
- Texture Space: Diese Option lernen Sie bei der Texturierung von Objekten schätzen. Sie zeigt Ihnen die Texturkoordinaten grafisch an.
- X-Ray: Diese Option macht das Objekt auch dann sichtbar, wenn es hinter anderen Objekten versteckt ist.
- Transparency: Besteht Ihr Objekt aus einem transparenten Material, können Sie hier bereits in der 3D-Ansicht eine rudimentäre Vorschau der Transparenz aktivieren. Je nachdem, wie durchsichtig Ihr Objekt ist, wird auch das in der 3D-Ansicht dargestellte Objekt gezeichnet.
- Maximum Draw Type: Diese Combobox gibt an, in welcher Shading-Stufe Blender die Oberfläche Ihres aktuellen Objekts maximal darstellt.
- Object Color: Haben Sie die Option Object Color in Ihren Materialeigenschaften aktiviert, gibt diese Farbauswahl an, wie transparent und mit welcher Farbe Ihr Objekt gezeichnet und gerendert wird.

Die letzten beiden Optionen werden Sie erst in Abschnitt 8.3.2, »Objektabhängiges Shading«, kennenlernen, ignorieren Sie sie für den Moment einfach.

3.6 Blenders DNA

Nachdem Sie jetzt so viel über Objekte in Blender erfahren haben, möchte ich Ihnen etwas genauer zeigen, wie Blender die von Ihnen erzeugten Daten verwaltet. Sie ahnen es wahrscheinlich bereits, es könnte etwas trocken werden. Trotzdem hoffe ich, dass Sie den Rest des Kapitels bei mir bleiben und versuchen, die Zusammenhänge zu verstehen – mit ihrer Hilfe werden Sie viele erweiterte Features von Blender entschlüsseln können.

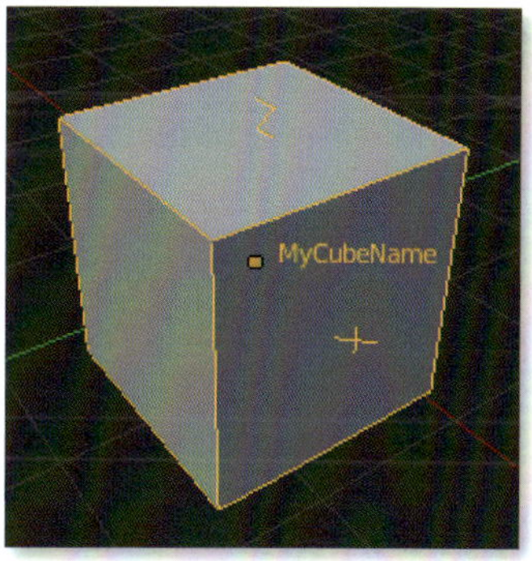

▲ **Abbildung 3.42**
Hier ist ein Würfel zu sehen, dessen Darstellung mithilfe von Name, Axis und Wire so angepasst wurde, dass er seinen Namen preisgibt sowie die lokalen Achsen und seine Edges anzeigt.

3.6.1 Was ist ein Datenblock?

Eine Blender-Datei ist wie eine große Datenbank aufgebaut, die alle möglichen Arten von Daten speichern und lesen kann. Sie besteht aus vielen unterschiedlichen Datenblöcken, die untereinander durch Verbindungsglieder (sogenannte *Links*) verknüpft sind. Datenblöcke können z. B. Szenen, Materialien, Objekte, Texturen, Bilder, Texte und vieles mehr sein – kurzum alles, was in Blender speicherbar und direkt oder indirekt editierbar ist. Abbildung 3.43 zeigt Ihnen einen kleinen Ausschnitt aus dem Datenblock-System. Sie sehen darin unter anderem, dass Blender die Objektdaten von den eigentlichen Objekten getrennt hält. Dieses System bietet Ihnen viele Vorteile, die wir uns im folgenden Abschnitt etwas genauer ansehen werden.

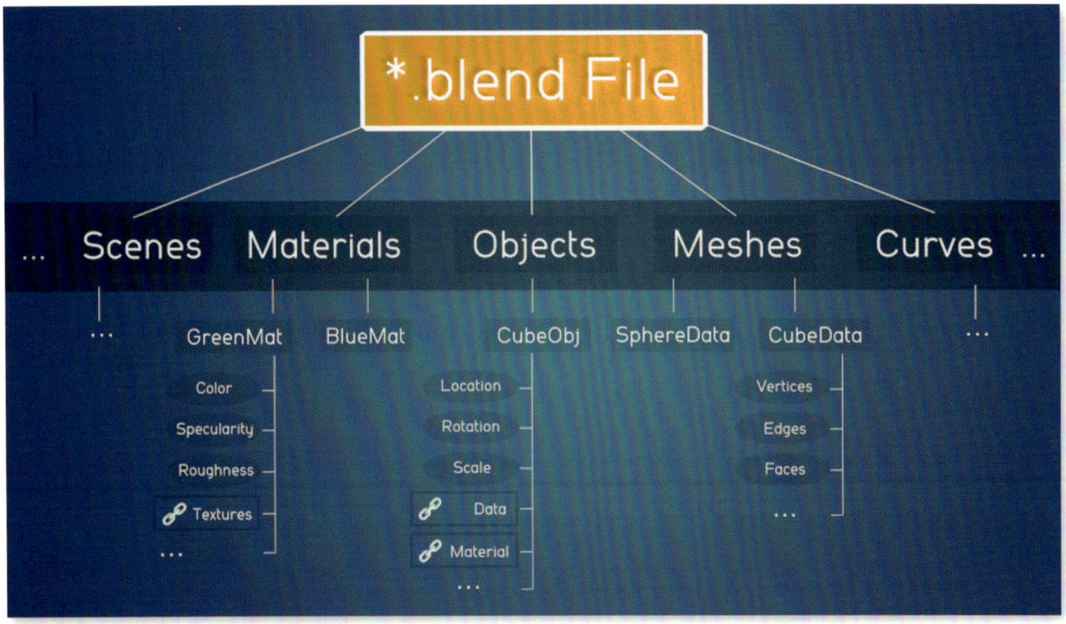

▲ **Abbildung 3.43**
Objektdaten, wie etwa Materials oder Curves, werden vom eigentlichen Objekt getrennt gehalten.

3.6.2 Datenblöcke, Links und Nutzer

Um zu ergründen, wie Datenblöcke, Links und Nutzer zusammenhängen, möchte ich mit Ihnen ein vereinfachtes Beispiel betrachten – das Anlegen eines Objekts und das Zuweisen eines Materials.

Wenn Sie ein 3D-Objekt (also z. B. einen Würfel) anlegen, erzeugt Blender zwei Datenblöcke: einen Objekt-Datenblock und einen Mesh-Datenblock. Das Objekt ist zum Zeitpunkt der Erstellung noch nicht mit einem Material versehen.

Um dem nackten Objekt nun die Scham zu nehmen, legen Sie ein neues Material an (einen Material-Datenblock). Lassen Sie uns annehmen, er wäre blau. Wenn Sie diese beiden Datenblöcke verlinken, würde das Objekt zu einem Nutzer (User) des Materials – es würde die Farbe wechseln und wäre jetzt blau. Hätten Sie einige weitere Objekte in Ihrer Szene und alle wären gerne so trendy, dann müssten Sie all diese Objekte mit diesem Material verlinken, und die Nutzerzahl des Material-Datenblocks würde entsprechend steigen. Ein Nutzer ist also definiert als ein einzelner Link auf einen Datenblock. Besitzen zehn Objekte gleichzeitig einen Link auf den identischen Datenblock, hat dieser Datenblock zehn Nutzer.

Das Verlinken von Datenblöcken macht Sie sehr flexibel: Wäre die Trendfarbe des Sommers in unserem Fall nicht mehr Blau, sondern Violett, müssten Sie nur in dem Material-Datenblock die Farbe ändern – alle mit diesem Datenblock verlinkten Objekte würden sofort die violette Farbe übernehmen.

Abbildung 3.44 macht das Verlinken von Datenblöcken sichtbar. Sie sehen dort, dass das CubeObj sowohl die Mesh-Daten als auch das Material »nur« nutzt und nicht selbst enthält. Würden Sie das BlueMat in der Farbe ändern, würden sich alle Nutzer automatisch aktualisieren und in der Farbe anpassen (so z. B. auch das SphereObj). Blenders internes Linksystem arbeitet vollautomatisch – da alle Zugriffe über Links erfolgen, besitzen alle Objekte immer aktuelle Daten.

Temporäres Material
Jedes Blender-Objekt wird bei der Erstellung bereits mit einem temporären Material verlinkt. Würden Sie allerdings nachschauen, ob dieses Objekt bereits ein Material besitzt, würden Sie keines finden – es ist zwar intern vorhanden und wird beim Rendern auch genutzt, wird Ihnen aber nicht im User Interface angezeigt. Nehmen wir in unserem Fall aber trotzdem an, es hätte kein Material.

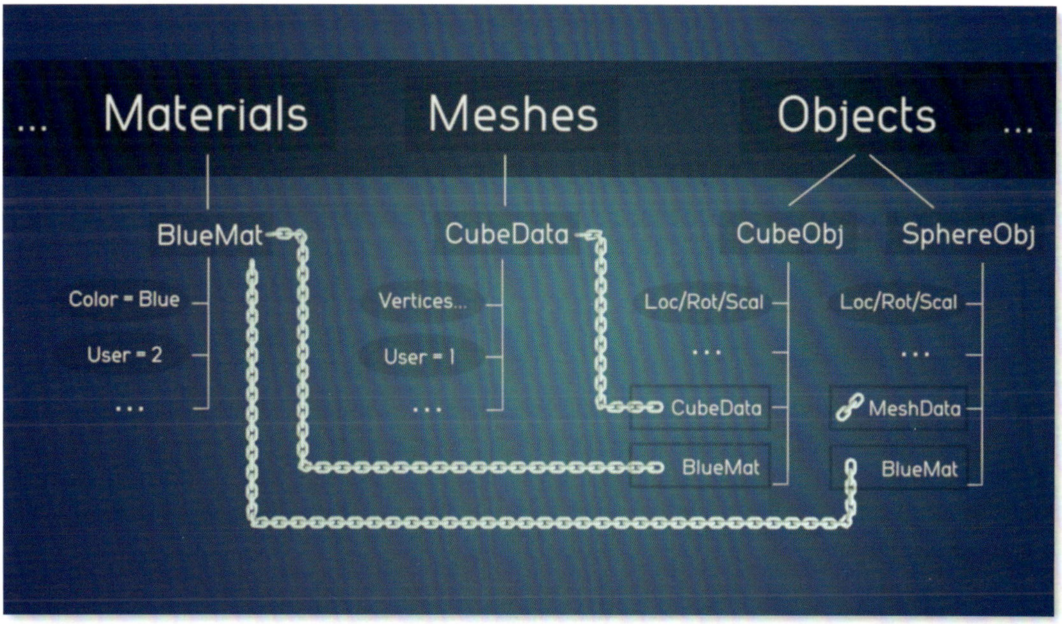

▲ **Abbildung 3.44**
Die Verlinkung von Datenblöcken in Blender

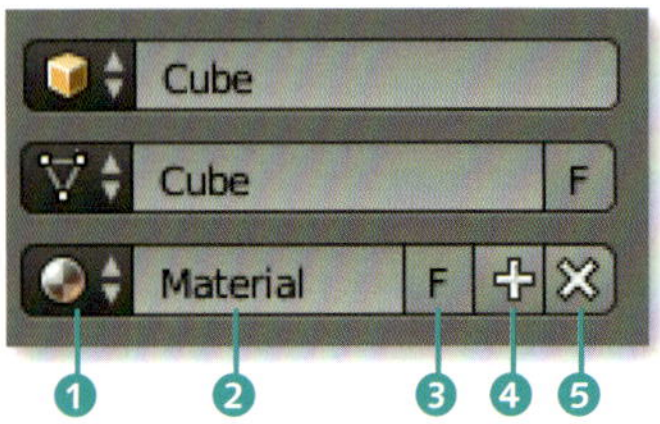

▲ **Abbildung 3.45**
Beispiele für Datenblöcke:
Objekt-, Material- und Mesh-Liste

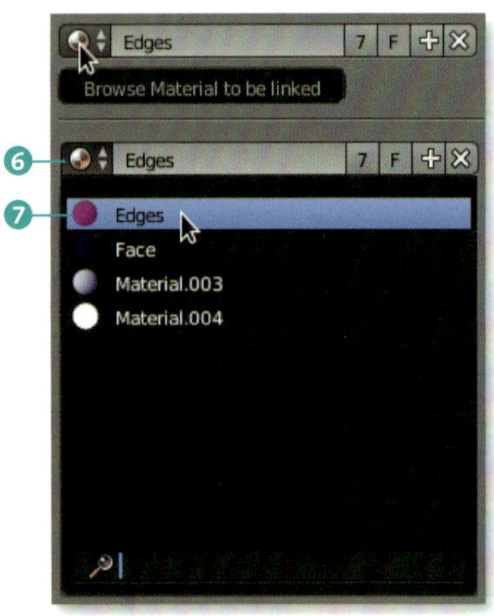

▲ **Abbildung 3.46**
Das Verlinken von Datenblöcken

3.6.3 Anlegen von Datenblöcken

Datenblöcke werden von Blender meistens implizit erzeugt, d. h., Sie müssen sich nicht extra darum kümmern. Wenn Sie z. B. ein neues 3D-Objekt hinzufügen, legt Blender zu dieser Zeit bereits im Hintergrund den Mesh-Datenblock des Objekts an, danach einen Objekt-Datenblock (mit dem Sie als »Objekt« in der Oberfläche interagieren) und verlinkt den Objekt-Datenblock mit dem Mesh-Datenblock. Immer, wenn Sie es in diesem Buch mit Datenblöcken zu tun bekommen, werde ich Sie gesondert darauf hinweisen und Ihnen eventuelle Spezialoptionen erklären.

Blender präsentiert Ihnen Datenblöcke immer auf die gleiche Weise: Erst begrüßt Sie das spezifische Icon des Datenblocks und anschließend eine editierbare Dropdown-Liste.

Abbildung 3.45 zeigt einige Beispiele für Datenblöcke: die Objektliste, die Materialliste, die Mesh-Liste und die Texturliste. Mit ❶ können Sie neue Links setzen, mit ❷ Datenblöcke benennen, mit ❹ neue Datenblöcke aus einem vorhandenen erzeugen, mit ❺ den aktuellen Datenblock löschen und mit ❸ einen Fake-User anlegen. Alle diese Funktionen werden wir uns in den nächsten Abschnitten ansehen.

3.6.4 Verlinken von Datenblöcken

Wenn bereits Datenblöcke in Ihrer Datei vorhanden sind, können Sie sie sehr einfach zuweisen. Betrachten wir diesen Vorgang wieder am Beispiel eines Material-Datenblocks in Abbildung 3.46: Klicken Sie auf das Symbol am Anfang der Liste ❻, und wählen Sie den Material-Datenblock, den Sie dem Objekt zuweisen möchten. In dem Moment, in dem Sie den Block auswählen ❼, wird ein Link von dem Objekt auf den Material-Datenblock gesetzt. Ab diesem Moment besitzt der Material-Datenblock einen Nutzer, und das Objekt ändert sein Material.

3.6.5 Umbenennen von Datenblöcken

Um einen Datenblock umzubenennen, gibt es zwei verschiedene Möglichkeiten:

1. Wählen Sie ihn in der entsprechenden Datenblock-Liste aus, und editieren Sie ihn dann durch einen Klick auf seinen bisherigen Namen. Geben Sie dort einen beliebigen Namen an, und bestätigen Sie die Angabe durch [↵]. [Esc] bricht den Vorgang ab.
2. Nutzen Sie den Outliner, um den gewünschten Block zu selektieren, klicken Sie dann doppelt oder mit gehaltener [Strg]-

Taste auf den Datenblock, und benennen Sie ihn um. Abbildung 3.47 zeigt Ihnen den Outliner während dieses Prozesses.

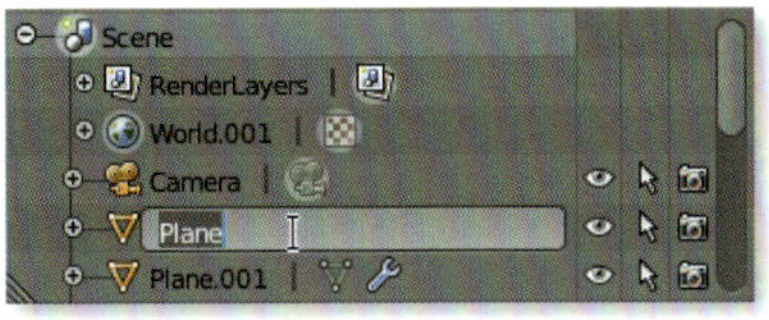

◂ **Abbildung 3.47**
Ein Datenblock wird umbenannt.

Eine ausführliche Anleitung zur Arbeit mit dem Outliner finden Sie weiter hinten in diesem Kapitel.

3.6.6 Datenblock-Nutzer

Da die Nutzeranzahl eines Datenblocks ein sehr wichtiges Element in Blender ist, gibt es verschiedene Möglichkeiten, diese Anzahl zu überprüfen und zu ändern. Die nächsten Abschnitte geben Ihnen einen kleinen Überblick über die in diesem Kontext möglichen Aktionen.

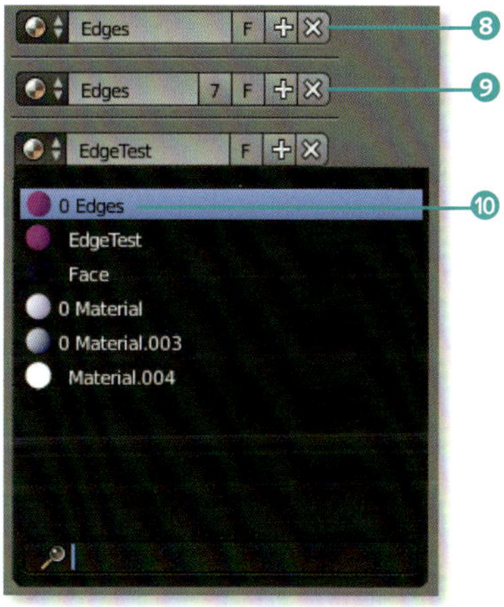

▴ **Abbildung 3.48**
Die Nutzer- und Linkanzahl kann jederzeit überprüft werden.

Nutzeranzahl/Linkanzahl überprüfen | Um die Anzahl der Nutzer und damit der Links auf einen Datenblock zu erkennen, gibt es mehrere Hinweise in Blenders Interface, je nachdem, ob kein Nutzer, einer oder mehrere Nutzer vorhanden sind:

- Dass nur ein Nutzer existiert, sehen Sie sehr schnell: Ihr Datenblock ist ausgewählt, und neben seinem Namen steht keine Zahl ❽.
- Auch mehrere Nutzer erkennen Sie schnell: Ihr Datenblock ist ausgewählt, und neben seinem Namen steht eine Zahl größer als 1. Die Zahl gibt an, wie viele Nutzer der Datenblock besitzt. ❾ zeigt Ihnen ein Material mit sieben Nutzern.
- Um zu erkennen, dass ein Datenblock keine Nutzer hat, müssen Sie auf die Dropdown-Liste des jeweiligen Datenblock-Typs zurückgreifen. Öffnen Sie die Liste durch einen Klick auf das Listensymbol, und halten Sie Ausschau nach Namen, die eine vorangestellte 0 besitzen ❿. Diese 0 bedeutet, dass dieses Element von niemandem mehr genutzt wird (es sind keine Links mehr vorhanden) und dadurch auch nicht mehr abgespeichert wird!

Ein Problem bergen alle diese Methoden jedoch: Um zu erkennen, welche Datenblöcke vorhanden sind, müssen Sie immer wissen, wozu Ihr gesuchter Datenblock gehört (Materialien, Meshes etc.). Praktischer wäre es, wenn Sie eine Möglichkeit hätten, um nach Datenblöcken zu suchen. Weiter hinten in diesem Kapitel stelle ich Ihnen einen speziellen Editor vor, der genau das leistet.

Nutzeranzahl auf 1 reduzieren | Erinnern Sie sich noch an das *verlinkte Duplizieren* von Objekten (Seite 86)? Dort habe ich erwähnt, dass diese Duplikationsart zwar das Objekt dupliziert, die zugrunde liegende Mesh-Struktur jedoch nur verlinkt.

Die Datei »03_Dolly.blend« finden Sie auf der Buch-DVD unter BEISPIELMATERIAL • KAPITEL_03.

Stellen Sie sich vor, Sie hätten nach jahrelanger Arbeit in Ihrem Blender-Labor 17 kubische Klonschafe wie in Abbildung 3.49 erstellt. Ihr Ergebnis finden Sie in der Datei »03_Dolly.blend«. Da Ihnen ein Schaf besonders ans Herz gewachsen ist, möchten Sie es von der Herde visuell trennen und hübscher gestalten. Ändern Sie daher jetzt einen Klon im EDIT MODE – die rechte Maustaste selektiert ein Vertex, und G verschiebt es. Sie werden sehen, dass sich alle Klone ändern.

Abbildung 3.49 ▸
Eine Herde kubischer Klonschafe: Eines soll ganz anders aussehen.

Dass sich alle Klone gleichzeitig ändern, liegt an dem zugrunde liegenden Mesh-Datenblock. Alle Klonobjekte sind mit dem gleichen Mesh-Datenblock verlinkt. Um jetzt ein Schaf unabhängig von den anderen zu machen, hält Blender zwei Möglichkeiten für Sie bereit:

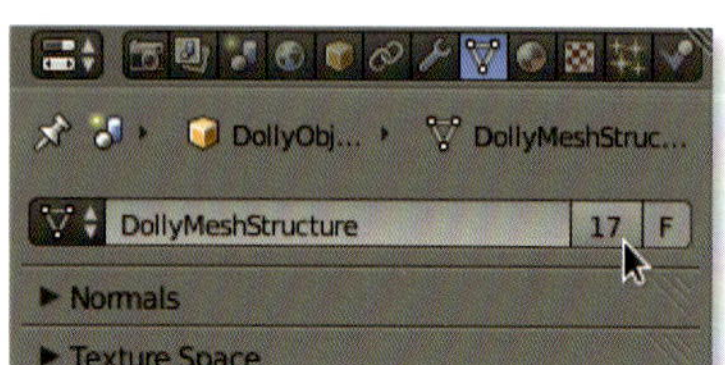

Abbildung 3.50 ▸
Sie finden 17 Klonschafe vor.

1. Wählen Sie das Objekt aus, und wechseln Sie auf den OBJECT-DATA-Tab des PROPERTIES-Editors. Klicken Sie anschließend auf dem Mesh-Datenblock auf die eben beschriebene Nutzeranzahl, wie in Abbildung 3.50 dargestellt.
2. Bewegen Sie Ihren Mauszeiger in die 3D-Ansicht, und drücken Sie U. Über das in Abbildung 3.51 dargestellte Popup können Sie auswählen, welche verlinkten Datenblöcke Sie kopieren möchten – in unserem Beispiel würden wir die Option OBJECT & DATA wählen.

Egal, welchen Weg Sie nutzen, im Ergebnis wird der Datenblock dupliziert, umbenannt und ist ab diesem Zeitpunkt vom ursprünglichen Datenblock unabhängig.

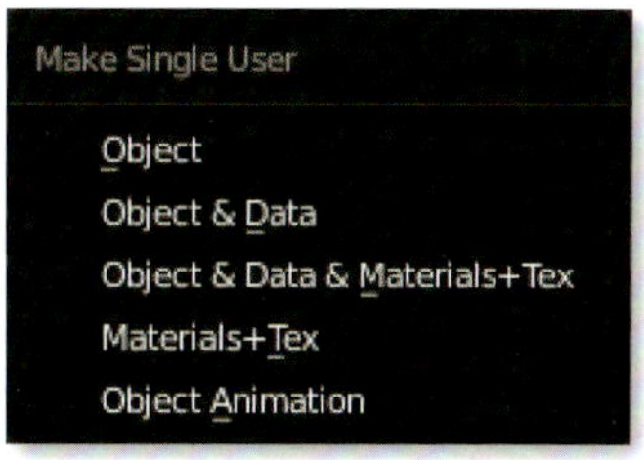

▲ **Abbildung 3.51**
Welche verlinkten Datenblöcke sollen kopiert werden? In unserem Beispiel OBJECT & DATA.

Datenblöcke ohne Nutzer | Stellen Sie sich vor, Sie möchten eine Bibliothek aus Materialien erstellen, die keinen direkten Nutzer haben (also keine 3D-Objekte, die auf diese Materialien linken). Sie definieren die Materialien, justieren Hunderte von Reglern, um die perfekten Materialien zu erzeugen, und sind zuversichtlich, auf diese Art die passende Material-Bibliothek für alle Anwendungsfälle erstellt zu haben. Nach 20 angelegten Materialien und einem halben Tag Arbeit speichern Sie die Datei und legen sich erschöpft, aber zufrieden ins Bett – denn diese Arbeit wird Ihnen in Zukunft viele Arbeitsstunden einsparen.

Am nächsten Tag öffnen Sie die Datei, um ein paar neue Materialien zu erstellen, und sind entsetzt: Alle vorher erstellten Materialien sind nicht mehr vorhanden und Sie einem Herzinfarkt ein Stückchen näher. Doch die Frage ist: warum?

Um diese Frage zu beantworten, reicht folgende Erklärung eigentlich aus: Neben dem bereits bekannten Fakt, dass die Anzahl der Nutzer durch die Anzahl der Verlinkungen definiert wird, entscheidet die Anzahl der Nutzer auch, ob ein Datenblock beim nächsten Speichern der Datei mit gesichert wird oder eben nicht! Gibt es keine Links zu einem Datenblock und hat der Datenblock also auch keine Nutzer mehr, wird er beim Speichern einfach übersprungen.

Und genau das ist auch in dem oben beschriebenen Fall passiert: Da das Datenbanksystem von Blender erkannt hat, dass die Materialien von niemandem direkt genutzt werden, speichert es keinen der Material-Datenblöcke. Dies ist sinnvoll und durchaus gut gemeint, führt jedoch in diesem Fall zu einem Problem. Doch seien Sie beruhigt – eine Lösung ist in Sicht.

Fake-Nutzer | Sind Sie auf verschiedenen Shopping-Plattformen im Internet unterwegs, kennen Sie sicherlich das Konzept der Fake-Nutzer: Nutzer, die eigentlich gar nicht existieren und aus unterschiedlichsten Gründen (von Marketingabteilungen oder dem Betreiber der Plattform) zur besseren Selbstdarstellung angelegt wurden.

Ähnliches können Sie auch in Blender: Wenn Sie auf das F ❶ neben dem Datenblock-Namen klicken, wie Sie es in Abbildung 3.52 sehen, legt Blender einen virtuellen Nutzer (Fake-User) für diesen Datenblock an. Da dieser Datenblock ab diesem Zeitpunkt einen (virtuellen) Nutzer hat, wird ihn Blender ab sofort auch speichern.

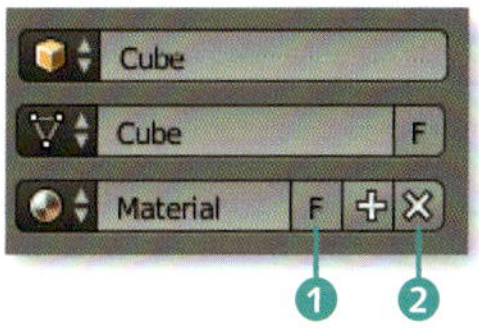

▲ **Abbildung 3.52**
Fake-Nutzer für Datenblöcke lassen sich über ❶ erstellen.

Definieren Sie also stets einen Fake-Nutzer für Datenblöcke (Materialien oder Ähnliches), wenn Ihre Datenblöcke zwar keine Nutzer haben, Sie sie aber trotzdem behalten möchten. Gerade bei der Erstellung von Bibliotheken sollten Sie von dieser Möglichkeit Gebrauch machen.

Mehrfache Verlinkung lösen

Hätten Sie dieses Material bereits mehreren 3D-Objekten zugewiesen (verlinkt), wäre die Sache ein wenig komplexer: Entweder Sie würden zu jedem Objekt wechseln und dort den Link per Klick auf X entfernen, oder Sie würden einmalig mit gehaltener ⇧-Taste auf das X neben dem Datenblock-Namen klicken. ⇧ + linke Maustaste bewirkt, dass sofort alle Links auf diesen Datenblock entfernt werden.

3.6.7 Löschen von Datenblöcken

Nachdem Sie im vorangegangenen Abschnitt bereits gesehen haben, wie Sie Datenblöcke durch explizit definierte Fake-Nutzer erhalten können, ist es für Sie natürlich auch nicht mehr schwierig, einen Datenblock zu löschen: Bringen Sie die Anzahl seiner Nutzer auf null, und beim nächsten Speichern wird dieser Datenblock nicht mehr gespeichert.

Um beim Beispiel des Material-Datenblocks zu bleiben: Entfernen Sie den Link zwischen dem Material und dem 3D-Objekt durch einen Klick auf X (❷ in Abbildung 3.52), das Material hat unmittelbar danach keinen Nutzer mehr.

3.6.8 Die Übersicht behalten – der Outliner

Datenblöcke sind in Blender ein solch zentraler Punkt, dass Blender ein Tool bereitstellt, um unter anderem diese Daten genauer zu untersuchen: den OUTLINER. In der Standardszene ist er bereits im oberen rechten Fensterbereich zu sehen, falls nicht, können Sie ihn durch Klick auf die Editor-Combobox öffnen. Es empfiehlt sich, für ihn einen eigenen Fensterbereich anzulegen, um ihn ständig griffbereit zu haben. Vergrößern Sie den in der Standardszene vorhandenen Fensterbereich ein wenig, um mehr Inhalte darstellen zu können.

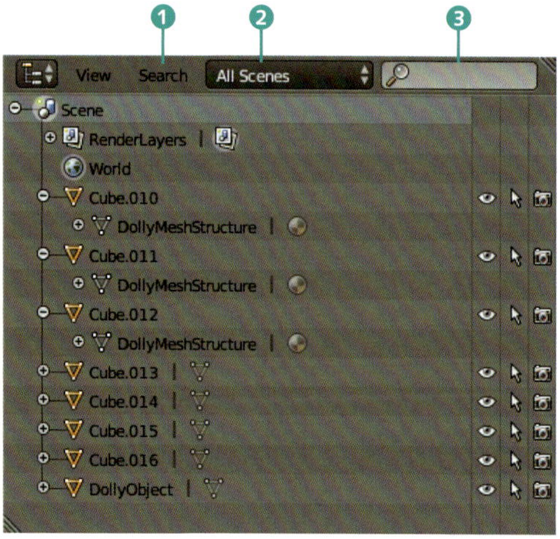

Abbildung 3.53 ▸
Der Outliner liefert Ihnen alle Informationen über Ihre Szene auf einen Blick.

Im oberen Teil des Outliners erwartet Sie bei einem Klick auf ❷ die in Abbildung 3.54 dargestellte Liste, die Ihnen verschiedene Anzeige-Modi zur Verfügung stellt. Wenn Sie hier einen Modus festlegen, beschränken Sie den Outliner auf diesen Bereich – es wird ausschließlich in diesem Bereich gesucht, und nur aus diesem Bereich werden Ergebnisse angezeigt.

Direkt neben der Modus-Wahl finden Sie ein kleines Suchfeld ❸, mit dessen Hilfe Sie nach beliebigen Datenblöcken und den Inhalten von Datenblöcken suchen können. Tippen Sie dort z. B. »Camera« ein, werden alle Einträge außer der in der Standardszene vorhandenen Kamera ausgeblendet. Momentan arbeiten Sie dabei im Modus All Scenes. Welche Auswahlmöglichkeiten es gibt und was diese bedeuten, können Sie dieser Übersicht entnehmen:

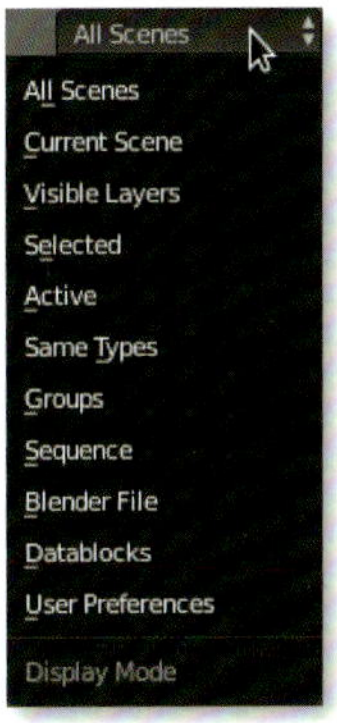

▲ **Abbildung 3.54**
Sie können zwischen verschiedenen Anzeige-Modi wählen.

- All Scenes: Eine Blender-Datei kann aus verschiedenen Szenen bestehen, jede mit ihren eigenen Daten. Diese Einstellung zeigt Daten aus allen Szenen der gerade geöffneten Datei an.
- Current Scene: Anders als die letzte Einstellung zeigt diese nur die Daten der gerade aktiven Szene an.
- Visible Layers: Hier beschränken Sie die Suche auf alle sichtbaren Scene Layer.
- Selected: Alle ausgewählten Objekte werden angezeigt.
- Active: Nur das aktive Objekt wird angezeigt.
- Same Types: Alle Objekte mit gleichem Typ wie das aktive Objekt werden angezeigt.
- Groups: Alle Objektgruppen in dieser Blender-Datei werden angezeigt.
- Sequence: Alle Sequenzen (Audio- und Videodateien) aus Blenders internem Video-Editor werden inklusive aller Effekte dargestellt.
- Blender File: Alle in einer Blender-Datei vorhandenen Datenblöcke werden in Kategorien aufgeschlüsselt angezeigt. Dabei werden nur die Namen der Datenblöcke präsentiert, die einzelnen Daten eines Datenblocks werden nicht angezeigt. Dieser Modus eignet sich prima zum (Um-)Benennen von Datenblöcken – klicken Sie einfach doppelt auf einen Namen.
- Datablocks: Das Herz von Blender – hier finden Sie nicht nur alle Datenblöcke, sondern auch alle in einem Block enthaltenen Daten. Diese Daten werden Sie sicherlich zu Beginn verwirren – momentan reicht es jedoch, dass Sie wissen, wo sie zu finden sind, wenn Sie sie später einmal benötigen.
- User Preferences: Alle Benutzereinstellungen werden angezeigt und so dargestellt, dass sie durchsucht werden können.

Neben den verschiedenen Modi gibt es noch einige weitere Optionen, die ich Ihnen nicht vorenthalten möchte:

- Um die Suchergebnisse auf Ihre Groß-/Kleinschreibung reagieren zu lassen, können Sie die Option SEARCH • CASE SENSITIVE MATCHES ONLY im OUTLINER-Menü 1 aktivieren.
- Um nicht nur nach Teilen Ihres Suchwortes, sondern immer nach dem kompletten Wort zu suchen, aktivieren Sie SEARCH • COMPLETE MATCHES ONLY. Auch diese Option befindet sich im OUTLINER-Menü.
- Möchten Sie in einem gewählten Modus eine ganze Hierarchieebene aufklappen, können Sie Ihren Mauszeiger über dem OUTLINER platzieren und [+] (Ziffernblock) drücken – [-] klappt eine Hierarchieebene zu.
- Und zu guter Letzt noch eine wirklich hilfreiche Option: Um das gerade ausgewählte Objekt zu wählen, drücken Sie [.], wenn sich Ihre Maus im OUTLINER befindet.

Wie Sie sehen, wäre es fast schon unfair, den OUTLINER auf die Aufgabe der Darstellung von Datenblöcken zu reduzieren – nutzen Sie ihn als Organisationshilfe für Ihre Projekte, als Hilfe zum Umbenennen oder leichten Auffinden von Objekten. Wann immer er besonders nützlich ist oder Spezialaufgaben übernehmen kann, werde ich Sie noch einmal gesondert auf ihn hinweisen.

3.7 Bibliotheken

Da Sie jetzt über die Interna von Blender Bescheid wissen, werden wir uns in den nächsten Abschnitten ansehen, wie Sie dieses Wissen einsetzen können, um Bibliotheksdateien zu erstellen und die darin gespeicherten Daten anderen Blender-Projekten zur Verfügung zu stellen.

3.7.1 Bibliotheken erstellen

Als ich Ihnen geschildert habe, wie Blender die Daten in Blender-Dateien aufbewahrt, habe ich – nicht ganz ohne Hintergedanken – erwähnt, dass das System einer Datenbank gleicht. Jetzt kommt uns dieser Umstand zugute, denn alles, was Sie tun müssen, um eine Bibliotheksdatei zu erstellen, ist, Ihr Projekt als Blender-Datei zu speichern. Tatsächlich können Sie jede Blender-Datei, die Sie je erstellt haben oder noch erstellen werden, als Bibliotheksdatei nutzen.

3.7.2 Bibliotheken nutzen

Blender hält die in Abbildung 3.55 dargestellten Einträge in seinem FILE-Menü am oberen linken Fensterrand zur Nutzung von Bibliotheken bereit: LINK und APPEND. Beide Befehle ermöglichen es Ihnen, Objekte, Materialien etc. aus einer Blender-Bibliothek in die aktuell geöffnete Datei zu übernehmen. Trotzdem unterscheiden sie sich fundamental voneinander.

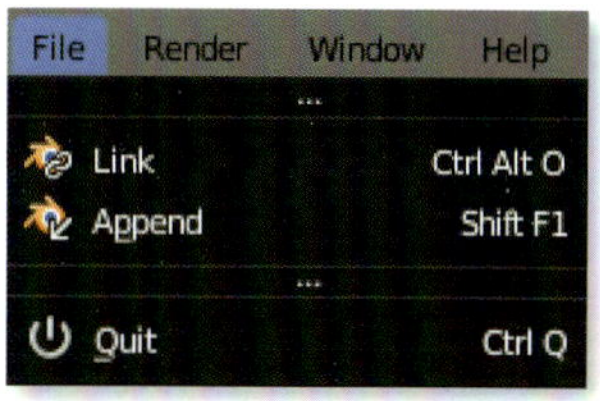

▲ **Abbildung 3.55**
Mit LINK und APPEND können Objekte, Materialien und vieles mehr aus einer Blender-Bibliothek in die aktuell geöffnete Datei übernommen werden.

Append | Der APPEND-Befehl (⇧ + F1) hängt die ausgewählten Daten an die aktuell geladene Blender-Datei an. Er löst nach dem Import jede Verknüpfung zu der Bibliotheksdatei und erzeugt damit Kopien aller importierten Datenblöcke.

Der Vorteil dieses Verfahrens liegt auf der Hand: Da der geladene Datenblock (z. B. ein Objekt) ab dem Importzeitpunkt in Ihrer Blender-Datei zur Verfügung steht, können Sie ihn nach Belieben ändern und mit der Blender-Datei abspeichern. Alle Änderungen an seinen Daten bleiben erhalten.

Link | Der LINK-Befehl (Strg + Alt + O) arbeitet entgegengesetzt: Er verlinkt die geladenen Datenblöcke und erzeugt so ausschließlich Referenzen auf Bibliotheksdaten. Das heißt einerseits, dass Sie keine Änderungen an dem Datenblock außerhalb der Bibliothek vornehmen können, und andererseits, dass sich jede Änderung in der Bibliothek auf alle verlinkten Dateien auswirkt.

Falls es sich bei dem importierten Datenblock um ein Objekt handelt, werden Sie sich wohl erst einmal wundern: Das Objekt erscheint nämlich nach dem Import über den LINK-Befehl genau an der Position, an der es in der Bibliotheksdatei gespeichert wurde, und widersteht jeglichen Versuchen, es zu transformieren oder zu ändern.

Blender unterbindet alle diese Versuche, da keine Ihrer Änderungen gespeichert würde. Um Blender trotzdem zu überreden, wenigstens die gängigsten Transformationen zuzulassen und diese zu speichern, müssen Sie das importierte Objekt markieren und es durch die Tastenkombination Strg + Alt + P in ein sogenanntes *Proxy-Objekt* umwandeln. Mithilfe dieses Objekts können Sie anschließend alle Transformationen vornehmen und sicher sein, dass die Änderungen erhalten bleiben. Änderungen an der Objektstruktur oder anderen Eigenschaften werden allerdings weiterhin nicht möglich sein.

Daten auswählen | Gleichgültig, ob Sie LINK oder APPEND wählen, werden Sie immer denselben Editor zu Gesicht bekommen: den bereits bekannten FILE-BROWSER-Editor. Grundsätzlich bedienen Sie ihn exakt so, wie im letzten Kapitel erläutert, die einzige Besonderheit ist, dass Sie mit dieser Variante innerhalb von Blender-Dateien navigieren können.

Schritt für Schritt: Objekte in die Standardszene importieren

Die Datei »03_Library.blend« finden Sie auf der Buch-DVD unter Beispielmaterial • Kapitel_03.

Lassen Sie uns gemeinsam mithilfe der Standardszene und der Bibliotheksdatei »03_Library.blend« nachvollziehen, wie Sie Objekte in die Standardszene importieren:

1 Objekte aus Standardszene entfernen

Löschen Sie zuerst alle Objekte der Standardszene, indem Sie mit [A] alles markieren und anschließend [X] drücken. Bestätigen Sie die Nachfrage mit der linken Maustaste.

2 Datei öffnen

Wählen Sie jetzt Link aus dem Hauptmenü, oder nutzen Sie [Strg] + [Alt] + [O]. Navigieren Sie mithilfe der System-Liste an den Ort, an dem die Dateien der Buch-DVD untergebracht sind. Klicken Sie mit der linken Maustaste auf die Datei »03_Library.blend«. Blender öffnet die Datei unmittelbar und zeigt Ihnen ihren Inhalt in verschiedenen Ordnern an. Hier finden Sie unter anderem Objekte, Mesh-Daten, Materialien, Texturen und sogar ganze Szenen – also alle Daten, die in einer Blender-Datei gespeichert werden können.

3 Objekte auswählen und verlinken

Klicken Sie den Ordner Object an, und wählen Sie dort das ImportMe1-Objekt. Da Sie noch ein weiteres Objekt importieren möchten (ImportMe2), wählen Sie dieses bei gehaltener [⇧]-Taste mit einem Linksklick zusätzlich aus.

Bestätigen Sie Ihre Auswahl durch einen Klick auf die oben rechts vorhandene Schaltfläche Link/Append from Library. Zwei Objekte erscheinen in Ihrer Szene, die bei einer Auswahl magentafarben umrandet werden. Mit dieser Farbe signalisiert Blender, dass diese Objekte gelinkt wurden und nicht verändert werden können. Gleichzeitig zeigt Ihnen der Outliner durch ein spezielles Symbol an, dass sich gelinkte Objekte in Ihrer Szene befinden.

4 Objekte in einen Proxy umwandeln

Probieren Sie jetzt, die Objekte zu transformieren oder in den Edit-Modus zu wechseln. Kein Objekt wird das zulassen. Markieren Sie daher nacheinander beide Objekte, und wandeln Sie sie per `Strg` + `Alt` + `P` in einen Proxy um – die Transformationen sind jetzt freigegeben.

Sicherlich haben Sie bemerkt, dass eines der beiden Objekte nach der Umwandlung in einen Proxy völlig anders aussieht. Das liegt daran, dass Proxys alle Modifier verwerfen. Was Modifier sind und wie Sie sie nutzen, werden Sie in Kapitel 5, »Modifier«, ab Seite 201 lernen. Merken Sie sich aber bereits, dass Proxys nicht mit Modifiern zusammenarbeiten.

Experimentieren

Sie können gerne noch ein wenig mit den anderen Blender-Dateien in diesem Kapitel experimentieren. Importieren Sie z. B. die Gruppen der Datei »03_Groups.blend«, indem Sie den Ordner GROUPS innerhalb der Bibliotheksdatei auswählen und die dort vorhandenen Gruppen anklicken.

3.8 Auf ins nächste Kapitel

Mit all den Informationen und Möglichkeiten aus diesem Kapitel ausgestattet, kann ich Sie nun guten Gewissens auf den Rest von Blender loslassen. Jetzt wird alles ein Kinderspiel, Sie werden sehen.

Im nächsten Kapitel wird sich alles um die verschiedenen Objekttypen in Blender und die Tools zum Modellieren unterschiedlichster Objekte drehen. Sie werden neue Objekte einfügen, lernen, welche Tools Blender Ihnen bereitstellt, um Modellierungsaufgaben effizient zu erledigen, und kleinere Modelle selbst erstellen. Worauf warten Sie noch? Legen Sie los!

Kapitel 4
Modelling und Objekttypen

Mit dem Abschluss des letzten Kapitels haben Sie alle theoretischen Grundlagen für Ihre Karriere in der Blender-Welt erlangt! In diesem Kapitel werde ich Sie mit allen Mesh-Objekten und allen beim Modelling nützlichen Standardobjekten vertraut machen, Ihnen zeigen, wie man sie nach Ihren Wünschen anpasst, und vor allem werden Sie viel experimentieren.

4.1 Was ist Modelling?

In diesem Kapitel werden Sie erfahren, was der Begriff »Modelling« überhaupt umfasst, und werden unterschiedliche Modellierungstechniken kennenlernen. Sie werden herausfinden, wann welche Modellierungstechnik angebracht ist, und ganz nebenbei mit vielen hilfreichen Werkzeugen des Modelling-Prozesses bekannt werden.

▲ **Abbildung 4.1**
Ob Sie Wohnungen, Charakter oder Fantasiewelten erstellen wollen – mit Blenders Modellierungstools sind Ihnen keine Grenzen gesetzt.

Gleich zu Beginn möchte ich sie ermutigen, alle beschriebenen Funktionen und Tastenkombinationen direkt auszuprobieren. Jede Funktion beschreibe ich extra so ausführlich wie möglich, damit Sie sie einfach ausprobieren können. Ihr Verständnis vom Einsatz der Tools und wann welches Tool benötigt wird, wird so völlig automatisch wachsen und Sie zu einem tollen Nachwuchs-Modeller machen. Auf geht's.

Modellierung oder Modelling beschreibt im 3D-Bereich den Prozess der Erstellung einer dreidimensionalen Oberfläche eines Objekts mithilfe einer spezialisierten Computer-Software. Da die Modelling-Phase meist sehr aufwendig ist – und Änderungen in späteren Phasen viel Zeit und somit Geld kosten – versucht man vorher (in der Planungsphase), eine möglichst genaue Konzeption der Modelle durchzuführen. Nicht selten werden Details zuerst auf Papier oder digital konzeptioniert, bevor mit dem Modelling begonnen wird. Aus meiner eigenen Erfahrung kann ich bestätigen, dass ich meinen Kunden meist auf sogenannten Moodboards und Storyboards (Kärtchen, die die Stimmung und die Geschichte eines Films wiedergeben) die komplette Animation und das Konzept vorführe, bevor ich das erste Modell erstelle. Kümmern Sie sich daher frühzeitig um Vorlagen jedweder Art, egal, ob Zeichnungen, Bilder, Farben oder Stoffe – alles kann Ihrem späteren Modell nutzen und Ihre Vorstellung von dem zu erstellenden Objekt (der Szene/der Animation) festigen.

Da Blender alle Bereiche des digitalen Designs und Renderings abdeckt, bietet die Software Ihnen auch für das Modelling eine Vielzahl speziell entwickelter Funktionen und Tools, die das Erstellen von Modellen so einfach wie möglich machen.

Das Modelling kann hierbei auf viele verschiedene Arten geschehen: Körper können beispielsweise per 3D-Scanner eingelesen, als Objekt in Blender importiert und dort nachbearbeitet oder von Hand modelliert werden. In diesem Kapitel werden wir uns auf die Modellierung per Hand beschränken – falls in naher Zukunft ein 3D-Scanner (Stichwort »Kinect«) in jedem Haushalt verfügbar sein wird, werde ich dieses Kapitel sicherlich erweitern.

4.2 Arten des Mesh-Modellings

In Ihren Ausflügen in die 3D-Welt werden Sie die unterschiedlichsten Modelling-Arten kennenlernen. All diese unterschiedlichen Arten haben ihre eigenen Vor- und Nachteile, aber eines haben Sie alle gemeinsam: Sie alle möchten Ihnen dabei helfen, am Ende ein perfektes Modell zu erhalten.

4.2.1 Poly-by-Poly-Modelling

Künstler, die diese Art der Modellierung bevorzugen, möchten Kontrolle über jeden einzelnen Vertex eines Objekts. Kein Vertex (Punkt eines Modells) darf an der falschen Stelle sein, es darf nur genau so viele Vertices geben, wie benötigt werden, und die Anzahl der Polygone muss immer im Rahmen bleiben. Meist beginnen diese Künstler mit wenigen oder sogar einem einzigen Vertex und bauen die Objektkontur Punkt für Punkt auf. Sie setzen jeden Vertex direkt an die gewünschte Position, achten auf den Edge-Verlauf in ihrem Mesh – sie fangen klein an und erstellen nach und nach ein komplettes Mesh.

◂ **Abbildung 4.2**
Mit Poly By Poly modellieren Sie ein Modell Punkt für Punkt, Kante für Kante und Fläche für Fläche.

Neben sehr guten Modelling-Kenntnissen besitzen sie meist fundiertes Wissen im Bereich der Texturierung und erreichen dadurch eine perfekte Integration ihrer Modelle und Szenen in Spiele (die generell eine geringe Anzahl an Vertices bevorzugen) und andere Drittsoftware. *Poly-by-Poly-Modelling* muss dabei keineswegs immer auf eine möglichst geringe Anzahl an Vertices hinauslaufen – es ist nur meist so, dass diese Künstler besonders darauf achten. Blender bietet viele mächtige Werkzeuge für das Poly-by-Poly-Modelling – viele werden Sie in den späteren Abschnitten kennenlernen.

Extrusion
Unter dem Begriff *Extrusion* versteht man in der Geometrie die Dimensionserhöhung eines Elements durch eine Parallelverschiebung im Raum. So können Sie durch eine Extrusion beispielsweise ein (zweidimensionales) Rechteck zu einem (3D-) Quader werden lassen. Sie »ziehen« dabei die Fläche in die Höhe und lassen die Seitenteile automatisch erstellen.

4.2.2 Box-Modelling

Einem Künstler beim *Box-Modelling* zuzusehen hat tatsächlich etwas Magisches. Er beginnt meist mit einer simplen Box und schafft es durch clevere Unterteilungen und Extrusionen, Modelle im Groben schnell zu erstellen und kontinuierlich zu verfeinern. Diese Art der Modellierung ermöglicht es, schnell einen Gesamteindruck von Proportionen und dem generellen Aussehen des Modells zu erlangen, die nachfolgende Verfeinerungsphase detailliert das Mesh dann genauso wie das Mesh der Poly-by-Poly-Modeller.

Abbildung 4.3 ▸
Beginnend mit einer Box wird beim Box-Modelling das Objekt immer weiter unterteilt, die Form angepasst und detailliert.

Auch für das Box-Modelling bietet Blender mannigfaltige Werkzeuge an. Besonders die Abschnitte über Extrusion und Knife-Tools werden Sie hier interessieren.

4.2.3 Sculpting

Beim *Sculpting* (auch Sculpt-Modelling oder 3D-Sculpting) arbeiten Künstler eher traditionell – so wie Sie es vielleicht aus Ihrem Kunststudium gewohnt sind. Der Vorgang erinnert ein wenig an die Modellierung mit Knetmasse: Immer neue Schichten werden aufgetragen, Dellen und Erhebungen eingearbeitet, die Form aus einem »Knetklumpen« generiert. Am Ende dieses Prozesses steht meist ein Objekt, das enorm viele Vertices besitzt (ein sogenanntes *High-Poly-Mesh*). Es steht damit im totalen Gegensatz zum meist als *Low-Poly-Mesh* vorliegenden Objekt des Poly-by-Poly-Modellings.

Abbildung 4.4 ▸
Eine von Andri Viyono gesculptete Hulk-Büste. Sculpting ist mit dem Arbeiten mit Ton, Knetgummi oder mit der klassischen Bildhauerei vergleichbar.

Durch die extreme Anzahl an Vertices im Endprodukt des Sculptings und die dadurch verbundene sehr hohe Rechenleistung beim Verformen und Animieren ist es fast nie möglich, die mit dieser Technik erstellten Modelle in Spiele oder andere 3D-Software zu exportieren.

Tatsächlich schließt sich aus diesem Grund an das Sculpting eine *Retopology* genannte Phase an. In dieser Phase wird das High-Poly-Mesh in ein Low-Poly-Mesh überführt und die Details des High-Poly-Meshes über spezielle Techniken (unter anderem Normalen-Baking) auf das Low-Poly-Mesh übertragen. Sie wären erstaunt, wie detailreich und nahezu identisch ein Low-Poly-Objekt nach einem Retopology-Vorgang und dem anschließenden Übertragen der Details aussieht.

Da Sculpting völlig neue Tools und Aufgaben mit sich bringt, gibt es in Blender dafür einen eigenen Modus, den SCULPT MODE. In ihm finden Sie unzählige Funktionen, Tools und Einstellungen, um die Sculpt-Arbeit mit Ihrem Modell so einfach und vielseitig wie möglich zu gestalten. In diesem Kapitel finden Sie in Abschnitt 4.7, »Digital Sculpting – werden Sie zum Bildhauer«, dazu reichlich Lesestoff.

4.2.4 Welche Modelling-Art ist die »richtige«?

Ich gebe es zu, die Frage ist provokant gestellt – denn die Antwort kann hier nur lauten: keine! So wie Bilder mit Wasserfarben nicht per se besser sind als Acryl- oder Öl-Bilder, so ist auch Poly by Poly nicht besser als Box-Modelling oder Sculpting. Es ist viel eher ein Abwägen, welche Technik Ihnen als Künstler mehr liegt – alle Gruppen von Modellern erstellen mit den unterschiedlichen Arten des Modellings ganz großartige Modelle und Szenen. Es ist daher tatsächlich Ihre persönliche Entscheidung, welche Modellierungstechnik Sie für ein spezifisches Modell nutzen möchten und ob Sie sogar mehrere gleichzeitig einsetzen – großartige Ergebnisse und ebenso große Fehler können Sie in allen Arten erstellen.

Öffnen Sie jetzt Blender, falls Sie das bisher noch nicht getan haben – Ihre Entdeckungsreise durch die Welt des Modellings startet genau jetzt!

4.3 Meshes

Unter die Kategorie der Meshes fallen alle Objekte, die nach dem Hinzufügen zu Ihrer Szene Vertices, Edges und Faces besitzen. Sie können ihr Aussehen also direkt durch das Verändern dieser

Komponenten im Edit Mode bestimmen. Um ein Mesh-Objekt, wie beispielsweise eine Giraffe, zu erzeugen (egal, wie groß die spätere Komplexität des Meshes sein wird), starten Sie meist mit den sogenannten *Mesh-Primitives*.

4.3.1 Schön primitiv – die Mesh-Primitives

Als Mesh-Primitives werden die mit Blender gelieferten Standardkörper bezeichnet, die durch ihren einfachen Aufbau bestens als Startpunkt zum Modellieren von komplexen Objekten genutzt werden können.

Möchten Sie ein Mesh-Primitive in Ihre Szene einfügen, so können Sie dies auf zwei verschiedene Arten erledigen: Über das Add-Menü des 3D-View-Editors oder über das Tastenkürzel ⇧ + A, wenn sich Ihre Maus innerhalb desselben Editors befindet. Der Eintrag Mesh enthält alle Mesh-Primitives, die übrigen Einträge lernen Sie im Laufe dieses Kapitel kennen.

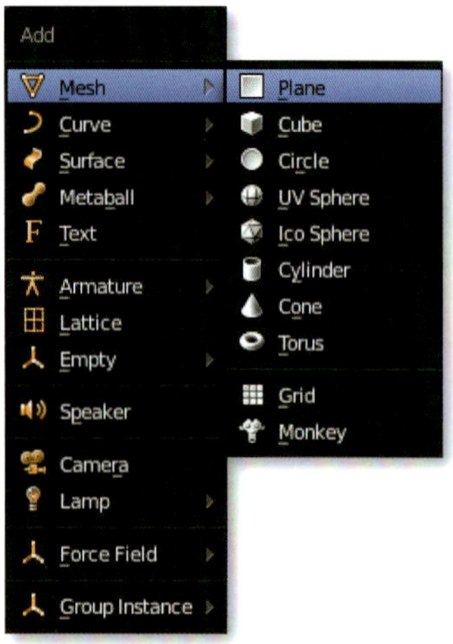

▲ **Abbildung 4.5**
Im 3D-View-Editor unter Add • Mesh finden Sie unter anderem die verschiedenen Mesh-Primitives, die Blender mitliefert.

Erinnern Sie sich noch daran, dass Blender Ihnen so wenig blockierende Dialoge wie möglich anzeigen möchte (non-modales Verhalten)? Beim Hinzufügen von Objekten wird dies besonders deutlich: Eigentlich würde man erwarten, dass man erst in einem Dialog definiert, wie ein Objekt aussehen soll, und es anschließend durch einen Klick auf Erstellen hinzufügt – dies ist in Blender genau umgekehrt. Erst fügen Sie das gewünschte Objekt hinzu, dann konfigurieren Sie es.

Lassen Sie uns dieses Verhalten kurz testen:

1. Laden Sie eine Standardszene über Strg + N.
2. Wählen Sie anschließend den Würfel aus, und löschen Sie ihn per Klick auf X.
3. Fügen Sie anschließend mit ⇧ + A über Mesh • Plane oder über das Add-Menü des 3D-View-Editors ein Viereck hinzu.

Sie sehen, dass Blender Ihnen weder eine Frage über die Position stellt, an der das Viereck hinzugefügt werden soll (per Default dort, wo sich der 3D-Cursor gerade befindet), noch wie es rotiert sein soll. All das können Sie allerdings im Nachhinein einstellen: Im Operator-Panel der Toolbar (T) am unteren linken Rand oder in dem bei einem Druck auf F6 erscheinenden Popup.

Die in diesem Popup oder dem Operator-Panel angebotenen Operationen beziehen sich immer auf die zuletzt ausgeführte Operation (Objekt hinzufügen, Objekt skalieren usw.). In Abbildung 4.6 und Abbildung 4.7 sehen Sie die Optionen, die Blender Ihnen bei einer Verschiebung des Objekts anbietet.

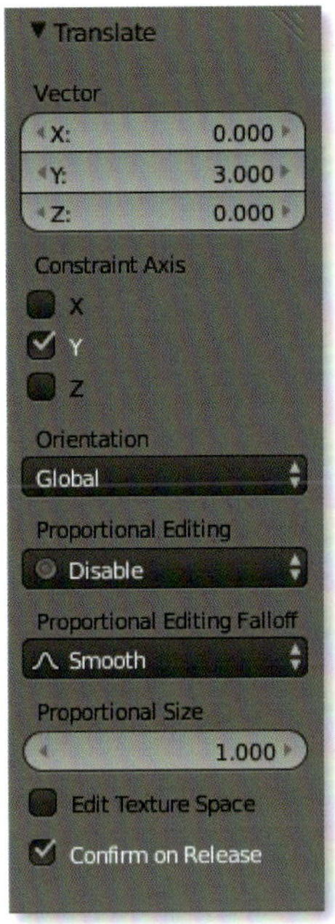

◂ **Abbildung 4.6**
In der unteren Hälfte der Toolbar erscheinen (je nach ausgeführter Operation) Optionen, die Sie die Operation im Nachhinein konfigurieren lassen. In diesem Fall konfigurieren Sie eine Bewegungsoperation.

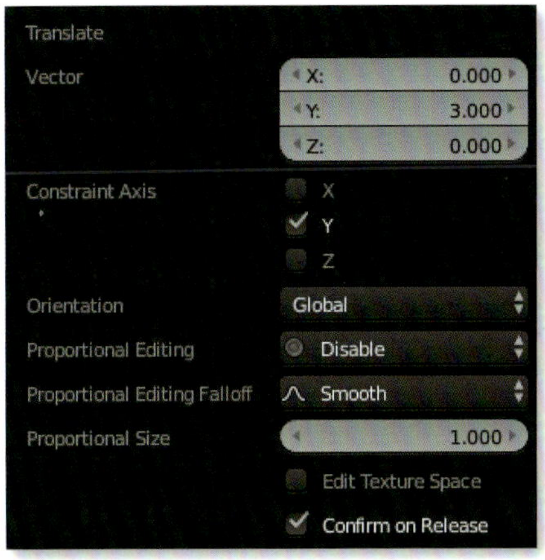

◂ **Abbildung 4.7**
Das Popup Translate z. B. enthält die gleichen Optionen wie der Bereich der Toolbar. Haben Sie die Toolbar versteckt, ist der Weg über F6 meist schneller.

Die nachfolgende Aufzählung gibt Ihnen einen kleinen Überblick über die Standardobjekte in Blender. Bei all diesen Objekten erscheinen nach Abschluss ihrer jeweiligen Erstellung mindestens die folgenden Einstellungen nach Druck auf F6:

- Radius: Wie groß ist das Objekt? Ein Wert von 1 entspricht der Standardgröße.
- Location: Wo ist das Objekt positioniert? Ändern Sie x, y und z, um das Objekt zu verschieben.
- Rotation: Wie ist das Objekt rotiert? Auch hier bewirkt eine Änderung von x, y und z eine Rotation um eben jene Achse.
- Align to view: Align to view richtet das Objekt zur aktuellen Ansicht aus. Die lokale z-Achse des Objekts zeigt bei Aktivierung dieser Option genau auf Sie.

Neben diesen drei Optionen bieten Ihnen manche Objekte noch ein paar Optionen mehr. Welche Optionen genau, werde ich Ihnen bei nachfolgenden Objektbeschreibungen mitteilen. Eine gerenderte Darstellung (inklusive Edges) der Objekte sehen Sie in Abbildung 4.8. Blender bietet Ihnen die folgenden Primitives im Mesh-Bereich an:

- Plane: Ein einfaches Viereck ohne Tiefe, bestehend aus vier Vertices und einer Face. Es bietet Ihnen keinerlei weitere Optionen per F6 oder der Toolbox.
- Cube: Der bereits aus der Standardszene bekannte Würfel – bestehend aus acht Vertices, zwölf Edges und sechs Faces. Ge-

Persistenz im Operator-Panel
Da Ihnen Blender immer nur die Optionen der zuletzt durchgeführten Operation im Operator-Panel anzeigt, müssen Sie genau überlegen, ob Ihre Operation abgeschlossen ist und Sie zum nächsten Schritt gehen oder lieber noch ein wenig mit den Einstellungen spielen – gehen Sie weiter zum nächsten Schritt, sind die vorherigen Einstellungen nicht mehr sichtbar.

Tasten nicht vergessen
Denken Sie daran, dass Sie jegliche Befehle in einem Menü auch durch die Eingabe von Tasten auswählen können. So wählen Sie durch ⇧ + A, 1, 1 den Befehl Add • Mesh • Plane.

nau wie bereits die Plane bietet auch der Cube keine weiteren Optionen in der Toolbox.

- CIRCLE: Ein Kreis mit variabler Anzahl an Vertices. Über den Paramerter FILL TYPE legen Sie fest wie, wie der Kreis gefüllt wird. Dabei legt NOTHING fest, dass keine Füllung erfolgt, TRIANGLE FAN, dass die Füllung durch viele Dreiecke erfolgt, und NGON, dass ein Polygon über alle Vertices gespannt wird.

▲ **Abbildung 4.8**
Von links nach rechts:
PLANE, CUBE, CIRCLE

- UV-SPHERE: Eine Kugel mit variabler Auflösung. Die Auflösung der Kugel (d. h., wie rund die Kugel ist) wird über die Einstellung SEGMENTS und RINGS festgelegt. Über SIZE können Sie die Größe der Kugel definieren.
- ICO SPHERE: Auch bei diesem Standardtyp handelt es sich um eine Kugel. Sie wird jedoch nicht durch Segmente und Ringe definiert, sondern durch eine einstellbare Anzahl an Dreiecken, die über den Parameter SUBDIVISIONS festgelegt werden.
- CYLINDER: Der Zylinder stellt ein kreisrundes nach oben und unten extrudiertes Objekt dar. Über VERTICES kann die Anzahl der Punkte eingestellt werden, über RADIUS der Radius des zu extrudierenden Kreises und über DEPTH die Höhe der Extrusion. Über den CAP FILL TYPE kann wie bereits beim Circle eingestellt werden, ob die Frontflächen geschlossen werden sollen.

▼ **Abbildung 4.9**
Von links nach rechts:
UV-SPHERE, ICO SPEHRE, CYLINDER

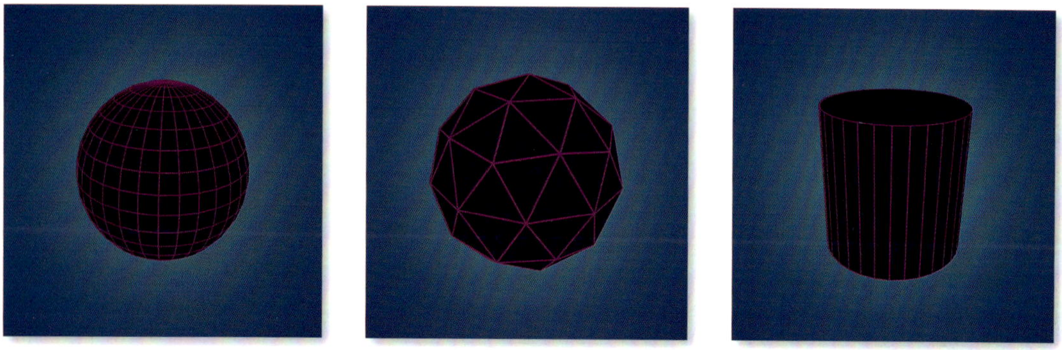

- Cone: Ein Konus stellt einen Zylinder dar, dessen Frontflächen unterschiedliche Radien besitzen und über Radius 1 und Radius 2 definiert sind. Stellen Sie einen der Radien auf »0.001«, so verbinden sich die Punkte dieses Kreises zu einem gemeinsamen Punkt – Sie erhalten eine Spitze.
- Torus: Kennen Sie die leckeren von Zucker umhüllten Kringel, die jeden Zahnarzt erschaudern lassen? Genau diese Körper können Sie mithilfe dieses Mesh-Typs erscheinen lassen. Über den Innen- und Außenradius (Major und Minor Radius) und die Anzahl der Segmente lassen sich diese kleinen Sünden jederzeit vollumfänglich anpassen. Ihrer nächsten Donut-Schlacht steht somit nichts mehr im Wege.
- Grid: Dieses Objekt ist der Plane sehr ähnlich, Sie können bei einem Grid jedoch angeben, wie viele Vertices die Fläche haben soll. Die Anzahl der Punkte kann über die Parameter X Subdivisions und Y Subdivisions festgelegt werden. Sie geben mit diesen Parametern an, wie viele Unterteilungen in Richtung der x- respektive der y-Achse auftreten. Alle erzeugten Punkte liegen geometrisch auf einer Ebene.
- Monkey: Wenn Ihnen die Geschichte von Blender aus Kapitel 1 noch präsent ist, erinnern Sie sich an Suzanne – den Affenkopf, den die Blender-Entwickler kurz vor der Schließung von NaN in Blender einbauten. Sie finden Ihn hier.

Suzanne
Suzanne entwickelte sich im Laufe der Zeit zu einem ähnlich bekannten (Test-)Objekt in der Blender-Welt wie der bekannte Utah Teapot in der restlichen 3D-Welt und musste jede Menge Haarsimulationstests, Weichkörpersimulationen, stark überbelichtete oder viel zu dunkle Beleuchtungssetups und ähnlich grausame Tests über sich ergehen lassen.

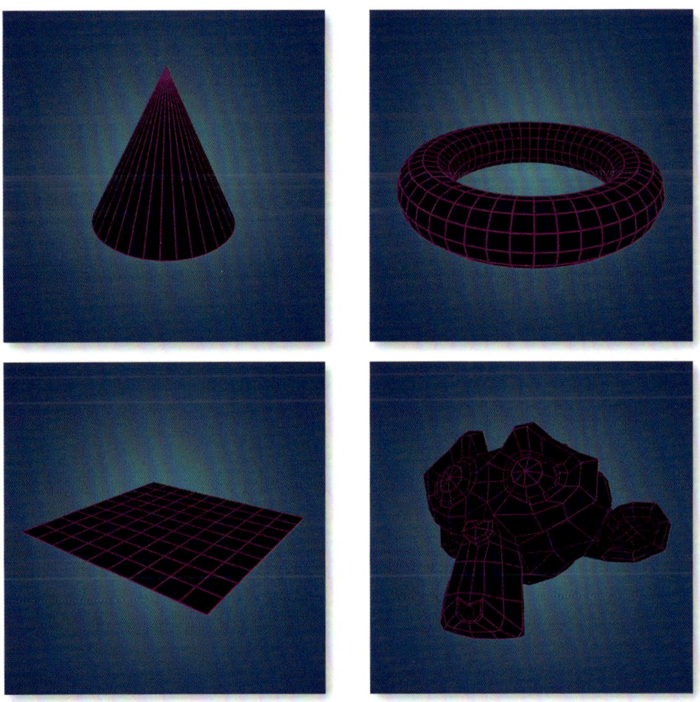

◂ **Abbildung 4.10**
Von links oben nach rechts unten: Cone, Torus, Grid und Monkey

Utah Teapot

Der Utah Teapot gehört zu den ältesten und bekanntesten 3D-Modellen der Computergrafik. Es handelt sich um eine einfache Teekanne, bei der der Innenraum nicht einsehbar ist. Martin Newell entwickelte sie 1975 im Rahmen seiner computergrafischen Forschungsarbeit an der Universität von Utah auf Basis der Melitta-Teekanne seiner Frau.

Fügen Sie die beschriebenen Meshes nacheinander in Ihre Szene ein, und sehen Sie sich die Option des jeweiligen Meshes mit [F6] in Ruhe an. Wechseln Sie anschließend in den EDIT MODE, und schauen Sie nach, wie Blender die Standardobjekte aufbaut – nutzen Sie die Gelegenheit, und spielen Sie ein wenig mit den Objekten und ihren Bestandteilen.

Testen Sie gleichzeitig, was passiert, wenn Sie nach einer Transformation [F6] drücken. Sehen Sie sich an, welche Einstellungen Sie dort verändern können und wie sich die Veränderung auf Ihr Objekt auswirkt.

4.4 History – Geschichte ist Zukunft

Bevor wir uns gleich auf all die Werkzeuge stürzen, die Ihnen zum Bearbeiten von Meshes zur Verfügung stehen, möchte ich Ihnen noch einen Tipp mit auf den Weg geben, der Ihnen bei dem Einsatz von allen möglichen Tools in Blender gute Dienste erweisen wird:

Nutzen Sie Blenders UNDO HISTORY und die REPEAT HISTORY. Immer wenn Sie ein Tool einsetzen, egal, ob Sie ein Objekt nur transformieren oder besondere Werkzeuge im Edit-Modus einsetzen, speichert Blender diese Aktionen in einer Liste ab. Das ermöglicht es Ihnen, jede dieser Einträge einerseits zu wiederholen oder andererseits ungeschehen zu machen.

4.4.1 Undo History

Die »normale« Rückgängig-Aktion über [Strg] + [Z] kennen Sie ja bereits – sie unterscheidet sich nicht von ähnlichen Funktionen anderer Programme.

Nicht alltäglich ist allerdings die UNDO HISTORY, die Ihnen erlaubt, alle Aktionen bis zu einem gewissen Punkt wieder rückgängig zu machen. Sie rufen sie auf, indem Sie im 3D-VIEW-Editor [Strg] + [Alt] + [Z] betätigen, woraufhin Blender Ihnen eine Liste mit Ihren letzten Aktionen präsentiert. Der oberste mit einem Auge gekennzeichnete Listeneintrag markiert das vorläufige Ende Ihrer Aktionen. Ein Mausklick auf eine der angezeigten Aktionen setzt das Objekt wieder auf diesen Zeitpunkt zurück.

Möchten Sie dieses Feature ausprobieren, so transformieren Sie Ihr Objekt um ein paar Einträge in der Liste zu erzeugen. Rufen Sie anschließend die UNDO HISTORY auf.

▲ **Abbildung 4.11**
Die UNDO HISTORY ermöglicht es, Aktionen bis zu einem gewissen Punkt rückgängig zu machen.

▲ **Abbildung 4.12**
Aktionen können über die REPEAT HISTORY wiederholt werden.

4.4.2 Repeat History

Da in der Aktionsliste alle Aktionen der letzten Zeit gespeichert werden, können Sie sie nicht nur dazu nutzen, Ihre letzten Schritte rückgängig zu machen, sondern auch um jede dieser Aktionen von Blender wiederholen zu lassen. Alles, was Sie dazu tun müssen, ist, mindestens eine Aktion (beispielsweise eine Translation) durchzuführen und [F3] zu betätigen. Klicken Sie anschließend auf eine Aktion, um sie erneut durchzuführen.

4.5 Referenzbilder und Videos einfügen – Background Images

Am unteren Ende der Properties im 3D-VIEW-Editor [N] finden Sie das Panel BACKGROUND IMAGES. Mit diesem haben Sie die Möglichkeit, Bilder und Videos in Ihre 3D-Ansicht (sichtbar während des Modelling-Prozesses) einzufügen. Gerade wenn Sie einen Charakter modellieren möchten, den Sie bereits im Vorfeld gezeichnet und als digitales Bild vorliegen haben, werden Sie diese Option als sehr hilfreich ansehen. Sie können dabei sowohl die Skalierung und Größe als auch die Transparenz einstellen – für jedes Bild (Video) und jede Ansicht getrennt voneinander.

Repeat auf aktivem Objekt
Repeat funktioniert nicht nur auf dem Objekt, das die Operation durchgeführt hat, sondern auf dem gerade aktiven. Auf diese Weise können Sie mehrere Bearbeitungsschritte eines Objekts sehr einfach auf andere Objekte übertragen.

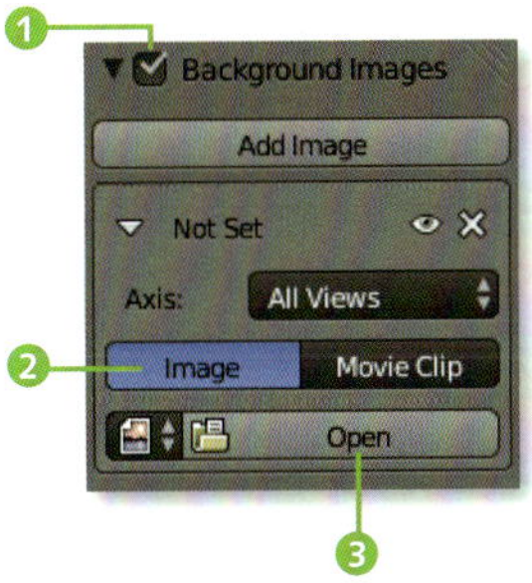

◄ **Abbildung 4.13**
Mit BACKGROUND IMAGES können Bilder und Videos in die 3D-Ansicht eingebunden werden.

Orthogonale Ansicht

Beachten Sie, dass Sie sich (außer in der Kamera-Ansicht) immer in der orthogonalen [5] (Ziffernblock) Ansicht befinden müssen, bevor die gewählten Hintergründe auf der jeweiligen Achse angezeigt werden.

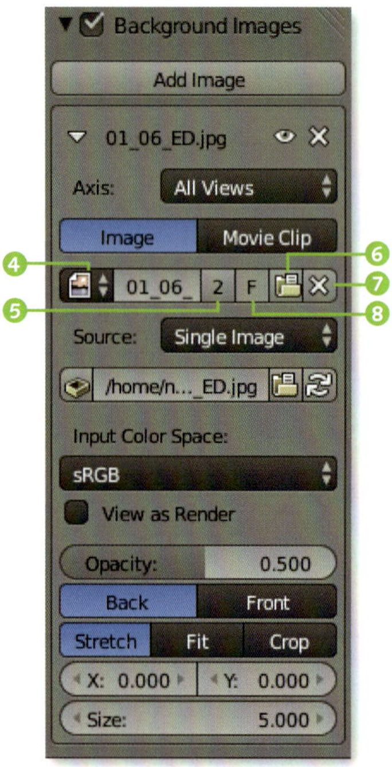

▲ **Abbildung 4.14**
Die erweiterten Optionen des Background-Images-Panels

Mehrere Bilder/Videos einfügen

Blender hindert Sie nicht daran, mehrere Bilder und Videos in Ihre 3D-Ansicht einzufügen. Klicken Sie dazu einfach mehrfach auf Add Image, und fügen Sie so viele Bilder oder Videos, wie benötigt, ein. Stellen Sie dann die Opacity und Positionsregler so ein, dass Sie eine optimale Sicht auf Ihre Bilder haben.

Um ein Bild oder Video hinzuzufügen, aktivieren Sie zuerst die Anzeige von Hintergrundbildern durch einen Klick auf die Checkbox im Kopf des Panels ❶. Fügen Sie danach die erste Bildebene durch einen Klick auf Add Image hinzu. Bildebenen können Sie sich wie die Folien eines Overhead-Projektors vorstellen. Je durchscheinender die oben liegenden Folien sind, desto mehr sehen Sie von den unteren.

Anschließend müssen Sie Blender mitteilen, ob Sie ein Bild, oder einen Movie-Clip (siehe Kapitel 14, »Tracking«) laden möchten ❷. Schlussendlich wählen Sie mit dem File Browser durch einen Klick auf Open ❸ ein Bild und über die Axis-Combobox die Ansicht aus, in der das Bild oder Video angezeigt wird.
Haben Sie Ihre Auswahl getroffen, begrüßen Sie eine Vielzahl an Optionen:

- Axis: Mit dieser Auswahl geben Sie an, in welcher Ansicht (Front-, Top-, Side-View usw.) Sie ihr geladenes Bild/Ihre Bildsequenz anzeigen möchten.
- Image-Datablock: Diese Zeile ist für Sie nichts Neues – im letzten Kapitel haben Sie bereits alles Wissenswerte über allgemeine Datenblöcke, die Verlinkung von Datenblöcken und eine Datenblockzeile wie diese erfahren. Durch einen Klick in dieses Feld können Sie einen Bild-Datenblock auswählen ❹, einen einzelnen Nutzer aus dem mehrfach genutzten Datenblock machen ❺, Fake-User einrichten ❽, ein neues Bild laden ❻ und den aktuellen Link zum Datenblock löschen ❼.
- Source: Unter Source geben Sie an, ob Sie ein einzelnes Bild (Single Image), eine Bildsequenz (Image Sequence), ein Video (Movie) oder ein von Blender generiertes Bild (Generated) laden möchten. In der darunterliegenden Source-Zeile legen Sie fest, wo die tatsächliche Bilddatei liegt, öffnen eine neue oder laden Sie erneut.
- Input Color Space: Hier definieren Sie, in welchem Farbraum die Datei gespeichert wurde. sRGB sollte in den allermeisten Fällen bereits korrekt sein.
- View As Render: Wenn Sie Ihr Rendering in einem anderen Farbraum als sRGB durchführen, so können Sie diesen Farbraum mit dieser Checkbox für Ihr Hintergrundbild übernehmen.
- Opacity: Mit dieser Checkbox bestimmen Sie, wie deckend Ihr Bild gezeichnet wird. Je geringer dieser Wert, desto größer die Transparenz.
- Back/Front: Hier können Sie festlegen, ob Sie den Hintergrund durch das Modell verdecken lassen möchten oder ob Sie ihn über das Objekt zeichnen lassen möchten.

- Stretch/Fit/Crop: Diese Option ermöglicht Ihnen, das Höhen- und Breitenverhältnis Ihres Bildes in der Kamerasicht [0] (Ziffernblock) zu definieren. Sie können es gezerrt (Stretch), eingepasst (Fit) oder beschnitten (Crop) darstellen lassen.
- X/Y/Size: Durch X und Y können Sie Ihr Bild verschieben und mit Size die Größe ändern.

Neben den hier beschriebenen allgemeingültigen Optionen gibt es noch einige weitere, je nachdem, welche Auswahl Sie unter Source treffen. Dabei werden Bildfolgen und Videos intern von Blender sehr ähnlich behandelt, denn beide Datentypen bestehen aus einer Folge von Bildern. Dies zeigt sich auch bei den in beiden Fällen identischen Anzeigen:

- Frames/Match Movie Length: Hier legen Sie fest, wie viele Bilder Ihr Video oder Ihre Bildsequenz enthält. Nutzen Sie Match Movie Length, um sie automatisch ermitteln zu lassen. Die Klammer vor den Frames gibt an, in welchem Frame sich das Video gerade befindet.
- Start: Hier geben Sie den ersten Frame der Sequenz an. Würde dieser Wert auf 7 stehen, so würde die Sequenz erst bei Frame Nr. 7 abgespielt werden. Hier sollte im Normalfall eine 1 stehen.
- Offset: Hier können Sie einen Frame-Offset definieren. Mit seiner Hilfe können Sie ein Video zu einer beliebigen Position spulen.
- Auto Refresh: Durch Aktivierung dieser Checkbox stellen Sie sicher, dass Ihre Hintergrund-Sequenz bei jedem Frame-Wechsel aktualisiert wird.
- Cyclic: Spielt die Sequenz von Neuem ab, sobald das Ende der Sequenz erreicht wurde. In Kombination mit Offset können Sie auf diese Weise Sequenzteile wiederholen.

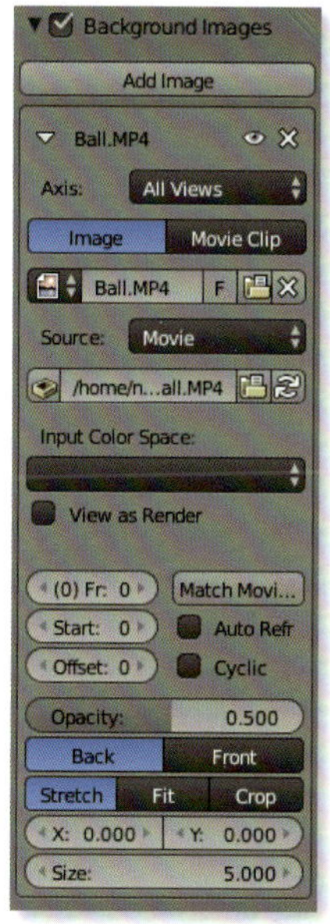

▲ **Abbildung 4.15**
Je nachdem, was bei Source gewählt wurde, stehen weitere Einstellungsoptionen zur Verfügung – hier die Movie-Optionen.

Source • Generated besitzt drei zusätzliche Optionen. Dieser Bildtyp wird von Blender selbst erzeugt, es muss also keine Bilddatei auf der Festplatte liegen:

- X/Y: Diese beiden Werte geben an, wie breit und hoch das generierte Bild sein soll.
- Blank/UV-Grid/Color Grid: Hier definieren Sie, ob Sie ein einfarbiges Bild oder eines von zwei typischen Testmustern für die in einem späteren Kapitel behandelten UV-Maps erzeugen möchten.
- Float Buffer: Erhöht die Genauigkeit der Farbberechnung – nur sinnvoll, wenn Sie im linearen Farbraum arbeiten.

▲ **Abbildung 4.16**
Einstellungsmöglichkeiten, wenn unter Source die Option Generated ausgewählt ist

4.6 Modelling-Tools

Bevor wir uns jetzt ansehen, welche Tools Blender Ihnen zum Bearbeiten der Mesh-Objekte an die Hand gibt, sollten Sie sich noch einmal kurz in Erinnerung rufen, wie Sie Objekte auswählen, transformieren und wie Sie zwischen verschiedenen Modi (Object, Edit) wechseln. Erinnern Sie sich darüber hinaus daran, wie Sie zwischen den verschiedenen Selektionsmodi im EDIT MODE wechseln und wie Sie Objekte löschen.

4.6.1 Der Mesh Selection Mode

Im letzten Kapitel haben Sie bereits gesehen, wie Sie mit [Tab] in den EDIT MODE eines Objekts wechseln. Dort haben Sie auch erfahren, dass Sie mittels des Mesh-Selektionsmodus festlegen können, welche Mesh-Komponenten (Vertices, Edges und Faces) Sie mit einem Rechtsklick auswählen möchten. Standardmäßig ist im EDIT MODE immer die Vertex-Selection aktiv. Sie können in diesem Modus sehen, welche Vertices Ihr Objekt besitzt, Vertices verändern, hinzufügen oder löschen. Analog dazu erlangen Sie im Edge- oder Face-Selection-Modus Zugriff auf die Edges und Faces Ihres Objekts.

Tipp
Denken Sie immer daran, dass Sie die Einstellungen jedes Operators nach dessen Ausführung einfach in dem TOOL-Panel ganz unten finden oder per [F6] auf den Bildschirm bringen können. Die meisten fehlerhaften Aktionen lassen sich (unmittelbar nach Ausführung der Aktionen) durch diese Einstellungen problemlos korrigieren.

Welcher Mesh-Selektionsmodus gerade aktiv ist, sehen Sie an drei Symbolen, die Sie unterhalb der 3D-Ansicht neben der TRANSFORM-ORIENTATION-Combobox finden (siehe Abbildung 4.17).

Ist das erste Symbol aktiv, so befinden Sie sich im Vertex-Selection-Modus ①, das zweite Symbol signalisiert den Edge-Selection-Modus ② und das dritte gibt – wie sollte es anders sein – den Face-Selection-Modus ③ an.

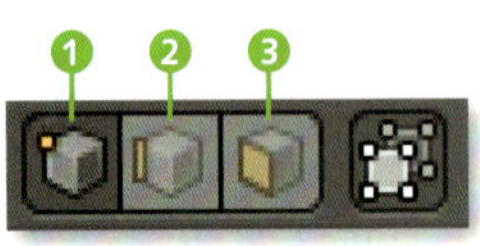

▲ **Abbildung 4.17**
Die verschiedenen Mesh-Selektionsmodi

Klicken Sie mit der linken Maustaste auf die Symbole, um den Selektionsmodus umzuschalten, und halten Sie dabei [⇧] gedrückt, so aktivieren Sie gleichzeitig mehrere Selektionsmodi. Das Tastenkürzel [Strg] + [Tab] schaltet den Mesh-Selektionsmodus im EDIT MODE um, ohne die Symbole zu nutzen. Auch hier können Sie durch das Halten von [⇧] in Kombination mit der linken Maustaste eine Mehrfachauswahl durchführen.

4.6.2 Vertices, Edges und Faces auswählen

Die Auswahl von Komponenten eines Meshes wird für Sie kein Problem darstellen: Genauso wie Sie Objekte mit einem Rechtsklick, der Box- und der Lasso-Auswahl selektieren können, so wählen Sie auch die Komponenten des Objekts im EDIT MODE. Wenn Sie nicht mehr genau wissen, wie Sie ein Objekt auswählen können, nehmen Sie sich jetzt das letzte Kapitel wieder vor – alle Tools zur Objektauswahl sind 1:1 auf die Komponentenauswahl übertragbar. Sogar die komplette Auswahl aller Komponenten eines Meshes ist identisch mit der Auswahl aller Objekte: Ein Druck auf [A] genügt dazu.

Eine erfolgreiche Auswahl eines Vertices, einer Edge oder Face wird wie bereits bei den Objekten durch eine orangenfarbene Markierung signalisiert, das aktive Element wird weiß gezeichnet.

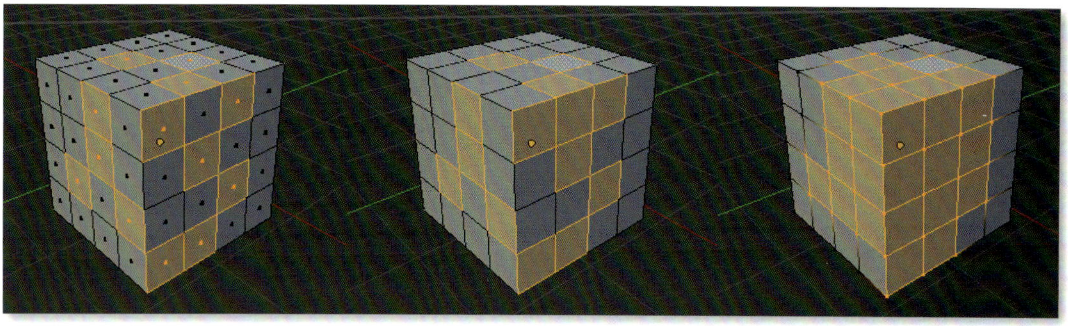

▲ **Abbildung 4.18**
Beispiel der verschiedenen Mesh-Selektionsmodi von links nach rechts: FACE SELECT, EDGE SELECT und VERTEX SELECT

Versuchen Sie jetzt, Vertices, Edges und Faces mit den Ihnen bereits bekannten Methoden auszuwählen. Wechseln Sie dabei bewusst die verschiedenen Mesh-Selektionsmodi, um die Unterschiede zwischen den einzelnen Modi zu erkennen. Wählen Sie beispielsweise eine Face im Face-Selection-Modus aus, und wechseln Sie dann in den Vertex-Selection-Modus. Machen Sie sich klar, warum drei oder mehr Vertices ausgewählt sein müssen, wenn Sie eine Face auswählen. Abbildung 4.18 zeigt Ihnen einen mehrfach unterteilten Würfel im EDIT MODE, bei dem ich vom Face- über den Edge- im Vertex-Selection-Modus lande. Achten Sie darauf, wie sich die Selektion am Schluss ändert – dadurch dass die selektierten Edges alle Vertices beinhalten, die zum Auswählen einer Face nötig sind, werden diese beim Wechsel des Selektionsmodus ausgewählt. An diesem Beispiel können Sie erkennen, dass es nicht egal ist, welche Mesh-Komponenten Sie auswählen.

Tastenkürzel im Object Mode
Tastenkombinationen des OBJECT MODE: Rechtsklick zum Auswählen, [G], [R], [S] zum Transformieren, [⇆] zum Wechseln des Modus, [Strg] + [⇆] zum Wechseln des Mesh-Selektionsmodus im EDIT MODE und [X] zum Löschen von Objekten.

Zusätzlich zu den im obigen Abschnitt genannten Selektionsmethoden gibt es noch einige weitere, die nur im EDIT MODE zu finden sind. Um die nächsten Abschnitte auszuprobieren, fügen Sie am besten über [⇧] + [A] und dann [1], gefolgt von der [4] eine UV-Sphere in Ihre Szene ein und wechseln in den EDIT MODE.

Verdeckte Mesh-Komponenten auswählen | Am rechten Rand der Mesh-Selection-Icons befindet sich ein weiteres Symbol: LIMIT SELECTION TO VISIBLE ❹. Dieses Feature ermöglicht es bei dessen Deaktivierung, Vertices, Edges und Faces durch das Mesh hindurch

▼ **Abbildung 4.19**
Am rechten Rand der Mesh-Selection-Icons befindet sich die Option LIMIT SELECTION TO VISIBLE ❹.

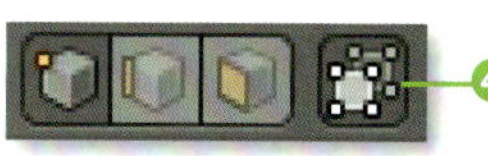

zu betrachten und zu selektieren. Bei Aktivierung können nur Mesh-Komponenten ausgewählt werden, die sich nicht verdecken. Möchten Sie ein komplexes Mesh ändern und nicht Gefahr laufen, versehentlich Teile auszuwählen, aktivieren Sie daher diese Option.

▲ **Abbildung 4.20**
Die Auswahl kann in Blender einfach erweitert werden.

Auswahl erweitern/verringern | Haben Sie eine Mesh-Komponente gewählt und möchten Sie darauf aufbauend die umliegenden Komponenten auswählen, bietet Ihnen Blender auch für diese Aufgabe ein Tool an: Nutzen Sie [Strg] + [+] (Ziffernblock) zum schrittweisen Erweitern Ihrer Auswahl und [Strg] + [-] (Ziffernblock) zum Verringern der Auswahl.

Probieren Sie diese Funktion am besten wieder an der bereits vorhandenen UV-Sphere aus, indem Sie einen Pol der Kugel auswählen und mehrfach [Strg] + [+] (Ziffernblock) betätigen. Wählen Sie auf diese Art die halbe Kugel aus, und verringern Sie anschließend die Auswahl wieder mit [Strg] + [-] (Ziffernblock).

Verbundene Komponenten auswählen – Select Linked | Ein Mesh-Objekt muss nicht zwangsläufig aus Vertices bestehen, die alle miteinander verbunden sind. Sehen Sie sich beispielsweise Suzanne an, so werden Sie sehen, dass ihre Augen nicht mit dem restlichen Kopf verbunden sind.

Dabei, solche Mesh-Inseln zu selektieren, hilft ein weiteres Tool: SELECT LINKED ([L] oder [Strg] + [L]). Die Benutzung ist sehr einfach. Bewegen Sie Ihre Maus im EDIT MODE über eine Mesh-Insel (beispielsweise Suzannes Auge), und drücken Sie [L]. Sofort werden alle mit dieser Insel verbundenen Komponenten angewählt. Möchten Sie lieber einen Vertex aus der Mesh-Insel anklicken und alle Komponenten wählen, die mit diesem verbunden sind, so wählen Sie den Vertex und benutzen [Strg] + [L]. Das Resultat ist identisch. In Abbildung 4.21 konnte ich auf diese Weise Suzannes Auge sehr einfach von ihrem Kopf trennen – so furchtbar es sich auch anhört.

Abbildung 4.21 ▶
Auch Mesh-Inseln können in Blender ausgewählt werden.

Vertex-, Edge- und Face-Loops auswählen | Verlaufen Ihre Vertices, Edges oder Faces in einem Ring um Ihr Modell, spricht man von einem Vertex-, Edge-, oder Face-Loop (siehe Abbildung 4.22). Sie können solch einen Ring durch Klick auf die entsprechende Kante und gleichzeitiges Halten der Alt-Taste wählen. Halten Sie zusätzlich ⇧ gedrückt, wird Ihre neue Auswahl die vorherige nicht ersetzen, sondern ergänzen.

Probieren Sie diese Auswahlmethode an der UV-Sphere aus. Wechseln Sie in den Edit Mode, und klicken Sie mit gedrückter Alt-Taste auf eine Edge. Sehen Sie, dass zwar eine horizontale Edge wunderbar gewählt wird, aber eine vertikale an den Polen stoppt? Die Unterbrechung geschieht, da von dem Pol-Vertex aus viele verschiedene Wege wegführen. Hier kann kein Ring mehr erkannt werden. Wiederholen Sie diesen Test in den unterschiedlichen Modi: Vertex-, Edge- und Face-Selection.

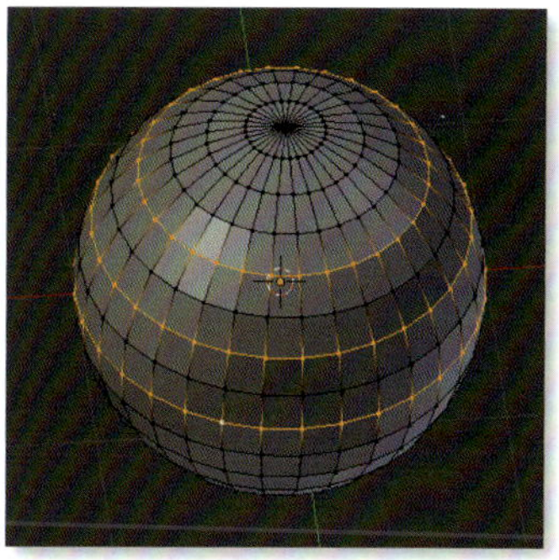

▲ **Abbildung 4.22**
Auch Vertex-, Edge- oder Face-Loops können ausgewählt werden (hier Vertex-Loop).

Weitere Auswahlmöglichkeiten
Wenn Sie sich im Vertex-Selection-Modus befinden und trotzdem einen Face-Loop auswählen möchten, so halten Sie zusätzlich zur Alt-Taste noch Strg gedrückt, und klicken Sie eine Edge an. Sie wählen damit den korrespondierenden Face-Loop aus.

Einen Edge-Ring auswählen | Möchten Sie zwar einen Ring aus Edges, aber nicht die Flächen dieses Ringes auswählen, so bietet Blender auch hier eine Möglichkeit: Begeben Sie sich in den Edge-Selection-Modus, und klicken Sie mit Alt + Strg auf eine Kante. Das Ergebnis ist ein Ring aus Kanten ohne die davon eingeschlossenen Flächen.

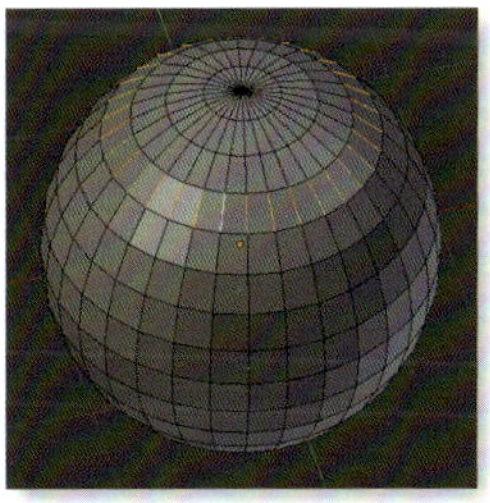

◀ **Abbildung 4.23**
Ein Ring aus Edges

Weitere Selektionsmöglichkeiten | Blender bietet zwar nicht unzählig viele, aber doch eine sehr große Zahl an sehr hilfreichen Selektionsmöglichkeiten. So gerne ich Ihnen alle diese Selektionsarten zeigen und jede einzelne Funktion erläutern würde, so würde deren Erklärung dieses Kapitel doch bei Weitem sprengen. Ich kann Ihnen daher an dieser Stelle nur empfehlen, sich das Select-Menü (siehe Abbildung 4.24) genauer anzusehen.

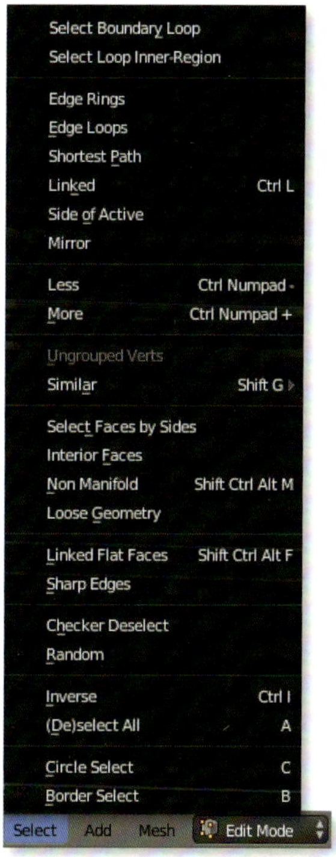

▲ **Abbildung 4.24**
Das Select-Menü

4.6.3 Vertices, Edges und Faces transformieren

In den nächsten Abschnitten sehen wir uns an, wie Sie die gerade getätigte Auswahl transformieren und damit Teile Ihres Meshes ändern können. Vieles wird Ihnen besonders am Anfang bekannt vorkommen, denn Blender nutzt sehr viele Tastenkombinationen über verschiedene Modi hinweg.

Alte Bekannte – G, S und R | Hier lernen Sie erst einmal nichts Neues: [G], [S] und [R] wirken genau wie im OBJECT MODE, es besteht nur ein Unterschied: Die Transformation bezieht sich auf die gewählten Vertices – Sie ändern somit Teile eines Meshes. Nutzen Sie [S], so beachten Sie, dass Sie einen einzelnen Vertex nicht skalieren können – dazu müssen mindestens zwei ausgewählt sein. Wie schon im OBJECT MODE können Sie Transformationen besonders genau durchführen, wenn Sie [⇧] halten, während Sie eine Komponente transformieren. Auch die Tastatureingabe steht Ihnen natürlich zur Verfügung.

Möchten Sie einen Vertex oder eine Edge entlang einer Edge verschieben, so können Sie diesen Modus bei einem doppelten Druck auf [G] aktivieren. Bewegen Sie daraufhin die Maus so, wird sich die gewählte Edge entlang der dem Mauszeiger am nächsten liegenden Edge bewegen. Mit der linken Maustaste oder [↵] bestätigen Sie die Aktion, mit [Esc] oder der rechten Maustaste brechen Sie diese ab.

Alle bereits bekannten Features, wie beispielsweise das Beschränken der Transformation auf bestimmte Achsen, gelten im EDIT MODE genauso wie im OBJECT MODE. Spielen Sie ein wenig mit den drei Shortcuts und ihren Features im EDIT MODE, und lesen Sie weiter, sobald Sie sich sicher genug fühlen.

Tipp
Achten Sie bei allen folgenden Tools immer auf die Statuszeile der 3D-Ansicht, sie enthält hilfreiche Tastenkombinationen und Werte, die sich immer auf das aktuell gewählte Tool beziehen.

Proportional Editing | Hinter dem Tool PROPORTIONAL EDITING – so unscheinbar es im User Interface auch dargestellt ist – verbirgt sich ein wirklich großer Helfer. Mit ihm ist es möglich, bei der Transformation eines Vertex gleichzeitig die umliegenden Vertices zu beeinflussen.

Aktiviert wird dieses Werkzeug durch einen Klick auf das korrespondierende Icon im unteren Bereich der 3D-Ansicht ❶ oder durch eines der nachfolgenden Tastenkürzel, Sie werden jedoch nicht unmittelbar nach Aktivierung des Tools eine Veränderung feststellen können.

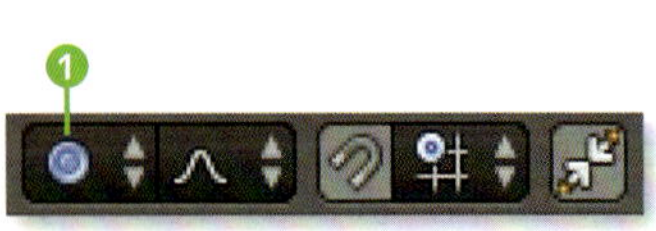

▲ **Abbildung 4.25**
Das PROPORTIONAL-EDITING-Tool

Beginnen Sie allerdings anschließend eine Transformation ([G], [R], [S]), erhält der Mauszeiger eine kreisförmige Umrandung. Durch Rollen des mittleren Mausrades (oder [Bild↑], [Bild↓]) können Sie die Stärke des Einflusses auf die umliegenden Vertices steuern. Rollen Sie das Mausrad nach oben, verringern Sie den Einflussbereich, rollen Sie das Rad nach unten, erhöhen Sie den Einflussbereich.

Durch eine Umschaltung des Toolmodus können Sie die Einflussart definieren:

- ENABLE/DISABLE: Tastenkürzel [O]. Alle Vertices innerhalb eines kugelförmigen Volumens um die markierten Vertices werden von der Transformation beeinflusst/verschont.
- PROJECTED (2D): Tastenkürzel [Alt] + [O]. Alle Vertices innerhalb des Volumens eines unendlich langen Zylinders werden von der Transformation beeinflusst.
- CONNECTED: Nur miteinander verbundene Vertices werden beeinflusst.

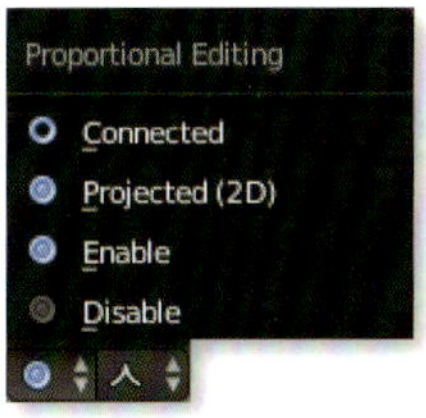

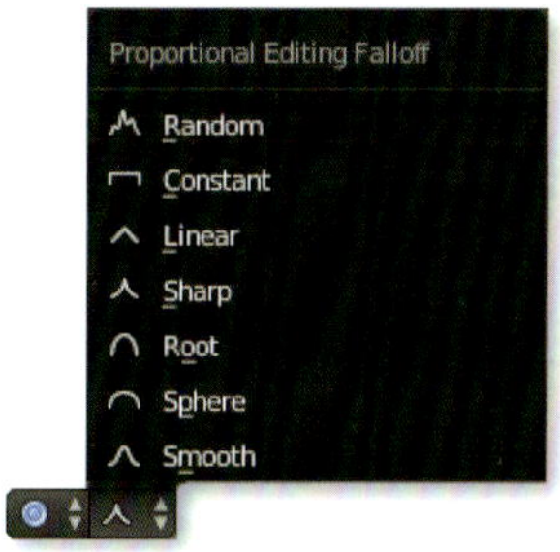

◀ Abbildung 4.26
Die PROPORTIONAL EDITING-Typen (links) und die verschiedenen Falloff-Typen des Tools PROPORTIONAL EDITING (rechts)

Mit dem in Abbildung 4.26 gezeigten frei wählbaren FALLOFF ([⇧] + [O]) können Sie definieren, wie stark die Beeinflussung von Vertices an den Grenzen des Einflussbereichs ausfällt. Betrachten Sie Abbildung 4.27 und Abbildung 4.28, um einen Eindruck von den verschiedenen Falloff-Typen zu gewinnen. Der Einfluss wird dabei von CONSTANT zu SHARP, SMOOTH, LINEAR, ROOT und SPHERE immer sanfter. Der einzige Sonderling ist hierbei RANDOM: Wie der Name schon verrät, wählt diese Option zufällige Einflussstärken für die Umgebung der gewählten Vertices.

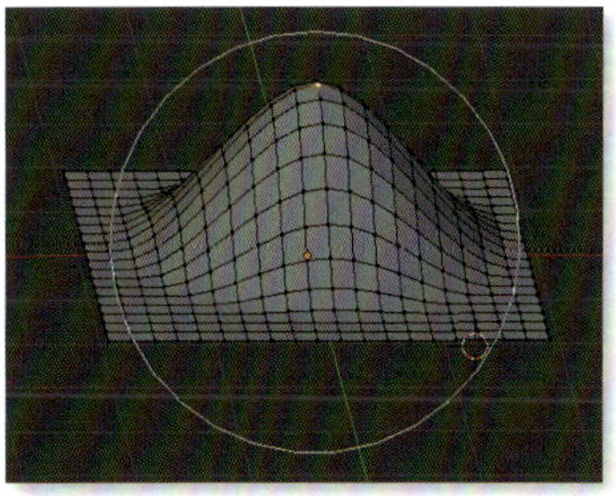

▲ Abbildung 4.27
Falloff-Typ SMOOTH

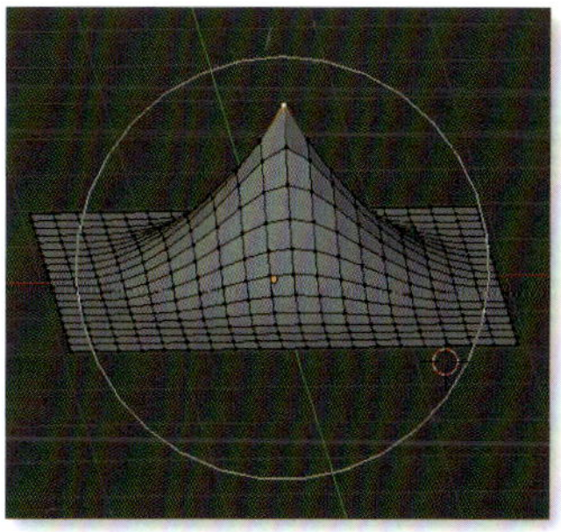

▲ Abbildung 4.28
Falloff-Typ SHARP

Die Datei »04_ProportionalEditing.blend« finden Sie auf der Buch-DVD unter BEISPIELMATERIAL • KAPITEL_04.

Die beiden Abbildungen zeigen Ihnen die Auswirkungen der FALLOFF-Typen SMOOTH und SHARP – probieren Sie alle übrigen Typen selbst aus. Laden Sie dazu die Datei »04_ProportionalEditing.blend« über FILE • OPEN oder Strg + O, und wechseln Sie in den EDIT MODE. Aktivieren Sie das Tool PROPORTIONAL EDITING mit O. Wählen Sie einen Vertex aus, und drücken Sie die Taste G. Verändern Sie die Position Ihrer Maus, und rollen Sie dabei mit Ihrem Mausrad nach oben und unten. Erkennen Sie, wie sich der Einflussbereich Ihrer Transformation ändert? Probieren Sie zum Abschluss noch die verschiedenen Falloff-Optionen aus.

Transform Snapping – andocken leicht gemacht | Direkt neben dem PROPORTIONAL EDITING gibt es noch ein weiteres sehr nützliches Tool: das TRANSFORM SNAPPING. Mit ihm ist es möglich, gewählte Komponenten (und Objekte) an anderen Komponenten (und Objekten) anzudocken, während Sie sie bewegen, rotieren oder skalieren. Aktivieren können Sie dieses Tool entweder durch Klick auf das Magnet-Icon ❶ neben dem PROPORTIONAL-EDITING-Tool oder durch ⇧ + ↹ im EDIT MODE. Gerade wenn Sie präzise arbeiten möchten, wird Ihnen dieses Tool eine große Hilfe sein.

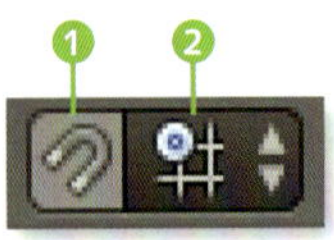

▲ **Abbildung 4.29**
Das Tool TRANSFORM SNAPPING

Direkt neben dem Magnetsymbol befindet sich noch ein weiteres Symbol: SNAP ELEMENT ❷ (änderbar durch ⇧ + Strg + ↹). Es legt fest, woran angedockt wird:

- INCREMENT: Dockt das Objekt an Punkten eines Gitters an. Die Punkte des Gitters haben den gleichen Abstand voneinander.
- VERTEX/EDGE/FACE: Dockt die gewählte Mesh-Komponente an die Zielkomponente an. Sie können sowohl an eine Mesh-Komponente des aktuell gewählten Objekts als auch an Komponenten aller anderen (sichtbaren) Objekte in der Szene andocken.
- VOLUME: Bringt die gewählte Komponente innerhalb des unter dem Maus-Cursor liegenden Objekts unter.

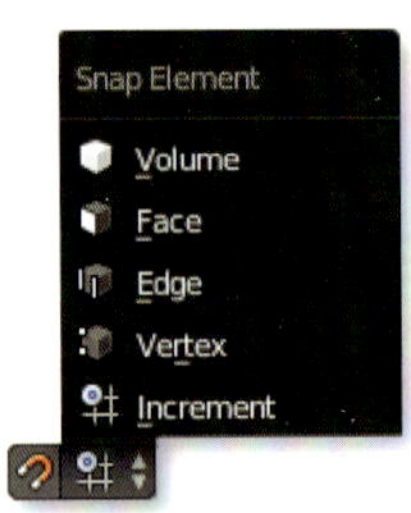

▲ **Abbildung 4.30**
Woran angedockt werden soll, legen Sie unter SNAP ELEMENT fest.

Wählen Sie VERTEX, EDGE, FACE oder VOLUME als SNAP ELEMENT, so erscheint eine weitere Box, die mit SNAP TARGET überschrieben ist. Sie ist gerade dann sinnvoll, wenn mehrere Komponenten ausgewählt sind, und gibt an, welcher Teil Ihrer Auswahl angedockt wird:

- ACTIVE: Die aktive Auswahl wird angedockt (auch bei Mesh-Komponenten wird zwischen aktiven und ausgewählten Komponenten unterschieden).
- MEDIAN: Berechnet die mittlere Position der gewählten Komponenten und dockt mit diesem berechneten Mittelpunkt an.

- Center: Das Zentrum aller ausgewählten Komponenten wird angedockt.
- Closest: Der Punkt, der dem Snap Element am nächsten ist, wird angedockt.

Abbildung 4.31 zeigt Ihnen verschiedene Snap Targets.

▼ **Abbildung 4.31**
Verschiedene Snap Targets: von links nach rechts Active, Median und Closest

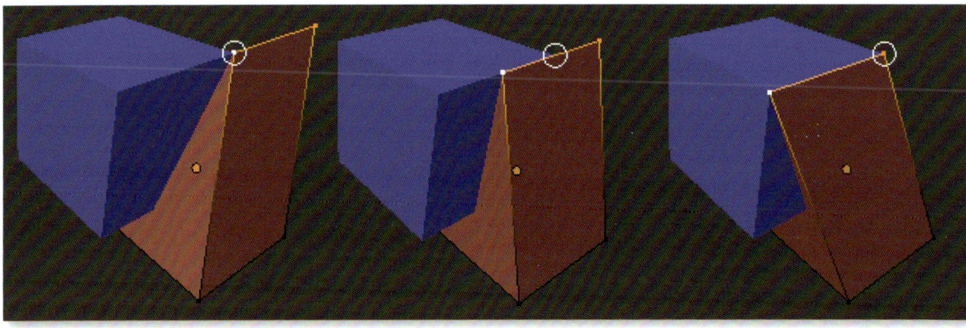

Neben diesen Optionen gibt es noch vier weitere Schaltflächen, die sich je nach gewähltem Modus, Snap Element und Snap Target zeigen und das Andockverhalten genauer spezifizieren:

- Passt die Rotation der gewählten Komponente an das Ziel an.
- Projiziert einzelne Teile der Auswahl auf das Ziel, nicht die Auswahl als Ganzes.
- Ermöglicht es, die Auswahl auch an das eigene Mesh zu docken.
- Betrachtet das Objekt im Ganzen, wenn die Option Volume gewählt wurde und nach dem Objektmittelpunkt gesucht wird.

Wenn Sie Snapping nur kurz aktivieren möchten (um beispielsweise einen speziellen Vertex einzurasten), hilft es, Strg zu halten, während Sie den Vertex verschieben. Ist Snapping aktiviert und Sie halten Strg während einer Transformation, deaktivieren Sie es temporär – Sie schalten den Snap-Modus also temporär durch Halten der Strg-Taste um.

Snapping-Meister
Wenn Sie Snapping im Schlaf beherrschen, können Sie sich ein weiteres Feature ansehen: Während Sie Komponenten »snappen«, ist mit A möglich, Snapping-Ziele zu gewichten. Halten Sie dazu einfach Ihre Maus über einen Vertex, und drücken Sie A, während das Snapping aktiv ist. Auf diese Weise können Sie mehrere Komponenten als Snapping-Ziele definieren.

In Reih und Glied – Komponenten per Snap-Operator anordnen | Neben dem Tool Transform Snapping besitzt in Blender noch ein Operator eine ganz ähnliche Funktion: der Snap-Operator. Mit seiner Hilfe können Sie den Cursor, das selektierte Objekt oder Komponenten eines Objekts per ⇧ + S an definierten Punkten absetzen. Er wirkt auf alle gewählten Komponenten eines Meshes von 3D-Objekte, je nachdem, in welchem Modus Sie sich befinden. Ihre Auswahlmöglichkeiten sind folgende:

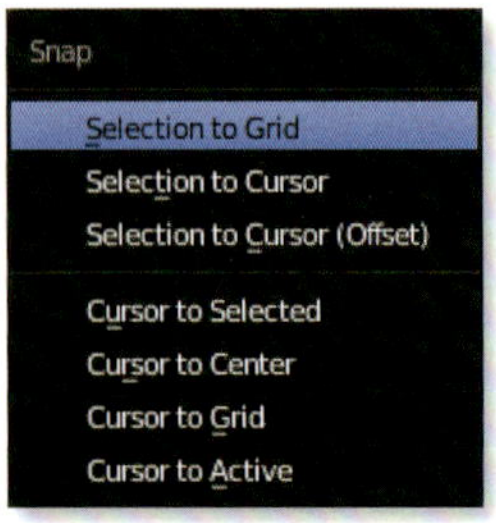

▲ **Abbildung 4.32**
Der SNAP-Operator

- SELECTION TO GRID: Verschiebt die Auswahl auf den nächsten Punkt des 3D-Grids.
- SELECTION TO CURSOR: Verschiebt die Auswahl auf die aktuelle Position des 3D-Cursors. Achtung: Sind mehrere Vertices gewählt, liegen Sie danach übereinander auf einer Position.
- SELECTION TO CURSOR (OFFSET): Verschiebt die Auswahl auf die aktuelle Position des 3D-Cursors, allerdings ohne alle Vertices an einem Punkt zu vereinen. Berechnet den Mittelpunkt aller gewählten Vertices und setzt diesen Mittelpunkt auf den 3D-Cursor.
- CURSOR TO SELECTED: Setzt den 3D-Cursor auf die selektierte Auswahl – sind mehrere Komponenten oder Objekte gewählt, wird der Cursor in die Mitte der Auswahl gesetzt.
- CURSOR TO CENTER: Setzt den 3D-Cursor auf das Zentrum der Szene zurück (0, 0, 0).
- CURSOR TO GRID: Setzt den 3D-Cursor auf den nächsten Punkt des 3D-Grids.
- CURSOR TO ACTIVE: Setzt den 3D-Cursor auf die aktive Auswahl.

So weit, so gut. Sie kennen jetzt viele Auswahlmöglichkeiten und wissen, wie Sie mit bereits vorhandenen Vertices umgehen. Was tun Sie jedoch, wenn gehäuft Vertices, Edges oder Flächen an Stellen sitzen, die dort nicht hingehören? Hier muss es möglich sein, Mesh-Komponenten zu löschen. Oder was passiert, wenn Ihr Objekt mehr Vertices benötigt, als in einem Primitiv verfügbar sind? Diese Fragen werden in den nächsten Abschnitten geklärt.

4.6.4 Vertices, Edges und Faces erzeugen

Bevor Sie Ihrem Mesh Komponenten hinzufügen können, müssen Sie in dem entsprechenden Modus sein – wählen Sie also das Mesh aus, wechseln Sie in den EDIT MODE [⇆], und stellen Sie den Selektionsmodus auf VERTEX, EDGE oder FACE.

Ein neues Standard-Mesh einfügen | Die einfachste Möglichkeit, neue Komponenten in Ihr Mesh-Objekt einzufügen, stellt Ihnen Blender über das ADD-Menü bereit. Wie schon im OBJECT MODE rufen Sie auch im EDIT MODE per [⇧] + [A] ein Menü auf, mit dem Sie jedes der verfügbaren Standard-Meshes in Ihr aktuelles Mesh-Objekt einfügen können. Sie sehen: Ein Mesh-Objekt besteht nicht nur aus miteinander verbundenen Vertices – oft macht es Sinn, bewusst sogenannte Vertex-Inseln zu erschaffen, um reale Objekte bestmöglich abzubilden.

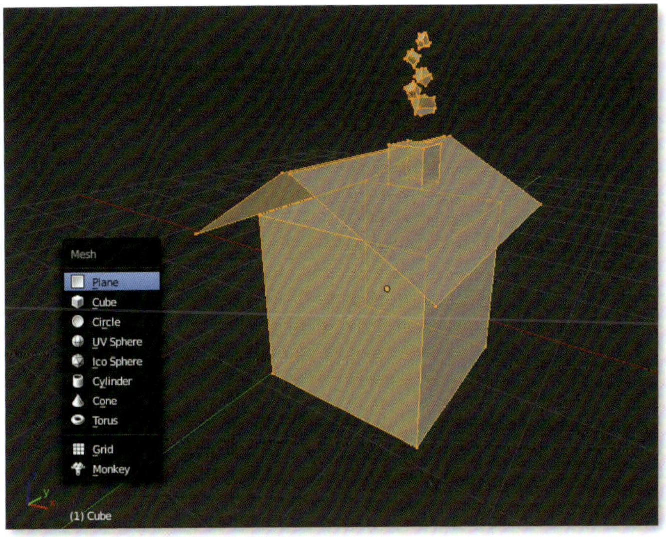

◂ **Abbildung 4.33**
Aus mehreren Standard-Meshes erstellen Sie komplexere Gebilde – hier ein Haus. Würden Sie den EDIT MODE verlassen, so würden alle diese Objekte zusammen ein Mesh-Objekt ergeben.

Ein Mesh-Objekt ist ein Container für beliebig viele separate oder verbundene Mesh-Datenblöcke (Meshes). Über das bereits besprochene Tool SELECT LINKED wählen Sie einzelne Vertex-Inseln aus. In Abbildung 4.33 sehen Sie, wie sieben Würfel und zwei Flächen im EDIT MODE so kombiniert werden, dass sie ein einfaches Haus formen.

Erzeugung per Mausklick (Klick-Extrusion) | Um einen Vertex, eine Edge oder eine Face hinzuzufügen, wechseln Sie im EDIT MODE in den entsprechenden Selektionsmodus, wählen eine dieser Komponenten aus und klicken mit gedrückter linker Maustaste und [Strg] an die Stelle, an der der neue Vertex bzw. die neue Edge oder Face erscheinen soll. Blender wird einen neuen Punkt, eine neue Kante oder eine neue Fläche aus der bereits vorhandenen extrudieren und die bei der Extrusion markierte Komponente mit der erzeugten Komponente verbinden. Abbildung 4.34 zeigt Ihnen, wie durch mehrfaches Extrudieren von zwei Vertices per [Strg] + linker Maustaste ein neues Mesh erzeugt wird.

Ansicht beachten
Achten Sie darauf, dass diese Operation von der gewählten Ansicht abhängt. Eine neu erzeugte Komponente wird an unterschiedlichen Positionen platziert, je nachdem, ob Sie die Erzeugung in der Frontalansicht oder einer anderen Ansicht durchführen.

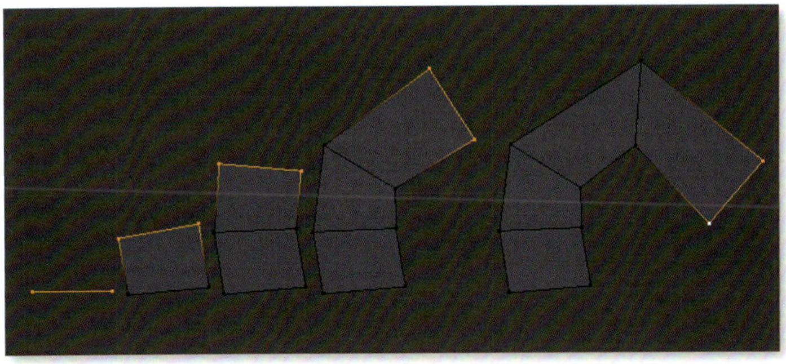

◂ **Abbildung 4.34**
Ein neues Mesh wird erzeugt: mehrfaches Extrudieren von zwei Vertices mit [Strg] + linker Maustaste.

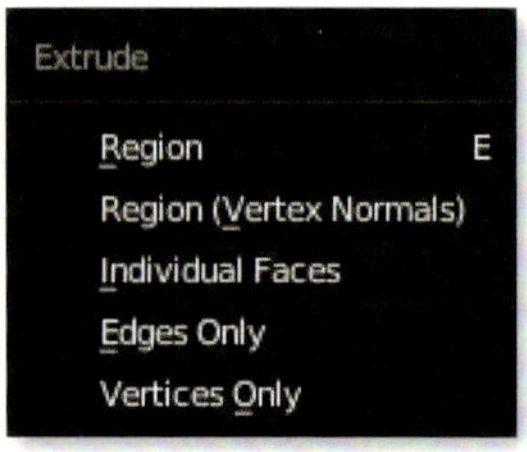

▲ **Abbildung 4.35**
Je nach Selektionsmodus stehen die abgebildeten- Extrusions-Optionen zur Verfügung.

Extrudierung | Neben dem etwas ungenauen Platzieren von Komponenten per linke Maustaste können Sie in Blender noch auf eine andere Art Vertices, Edges und Faces erzeugen: durch eine Extrusion über die Taste [E]. Dabei wird die gewählte Komponente entlang der jeweiligen Normalen aufgezogen. Möchten Sie nicht entlang der Normalen extrudieren, so drücken Sie die Mausrad-Taste, gefolgt von der gewünschten Achse [X], [Y] oder [Z]. Geben Sie keine Achse an, so können Sie frei extrudieren.

Während [E] immer die gesamte Region extrudiert, gibt es mit [Alt] + [E] je nach gewähltem Selektionsmodus und gewählten Komponenten noch einige weitere Funktionen, die ich Ihnen nicht vorenthalten möchte:

- REGION: Diese Funktion aktivieren Sie mit [E], hier werden alle Komponenten entlang ihrer Normalen extrudiert.
- REGION (VERTEX NORMALS): Die Option VERTEX NORMALS extrudiert die Komponenten entlang der jeweiligen Vertex-Normalen.
- INDIVIDUAL FACES: Hier werden alle gewählten Faces individuell extrudiert. Das Ergebnis ist keine Fläche, sondern wird alle gewählten Faces separat extrudieren.
- EDGES ONLY: Hier extrudieren Sie ausschließlich die Edges der gewählten Komponenten.
- VERTICES ONLY: Hier extrudieren Sie ausschließlich die Vertices der gewählten Komponenten.

Extrusion abbrechen

Bitte beachten Sie Folgendes: Wenn Sie eine Extrusion mit [E] oder [Alt] + [E] und anschließender Auswahl gestartet haben, können Sie diese wie gewohnt mit [Esc] abbrechen. Tatsächlich brechen Sie jedoch (wie bei [⇧] + [D]) nur die anschließende Verschiebung ab. Die Extrusion fand zu diesem Zeitpunkt bereits statt, und Flächen liegen jetzt übereinander. In Renderings äußert sich dieses Problem meist durch flackernde (schwarze) Flächen, da Blender nicht entscheiden kann, welche Face vorne und welche hinten liegt. Löschen Sie die doppelte Face, oder machen Sie die Extrusion rückgängig, so wird dieses Problem schnell Geschichte sein.

Abbildung 4.36 zeigt Ihnen eine Extrusion von jeder zweiten Fläche einer UV-Sphere. Die Selektion jeder zweiten Fläche war in diesem Fall sehr einfach: Wählen Sie alle Faces an, und führen Sie den Eintrag CHECKER DESELECT des SELECT-Menüs aus. Einen Morgenstern, Kugelfisch oder Ähnliches zu modellieren ist durch Extrusionen und Skalierungen auf diese Weise schnell erledigt.

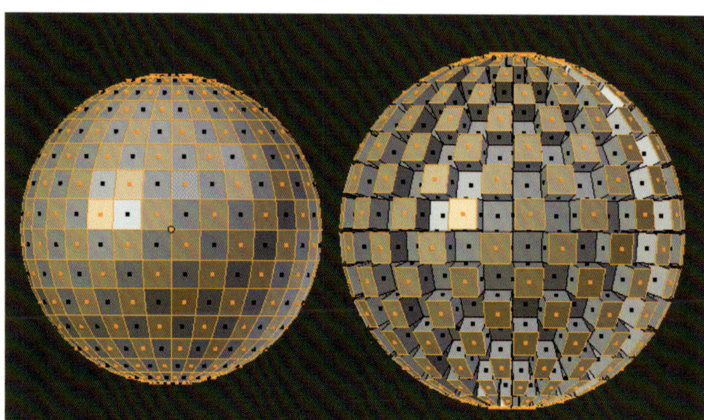

Abbildung 4.36 ▸
Hier wird jede zweite Fläche einer UV-Sphere extrudiert.

Spin-Tool | Der Spin-Operator erzeugt aus einem Linienzug durch Rotation um eine frei wählbare Achse rotationssymmetrische Objekte wie Vasen, Gläser oder Kerzenständer.

Der Operator nutzt als Drehzentrum den 3D-Cursor und dreht das Objekt im Urzeigersinn in der aktuellen Ansicht. Um den Operator aufzurufen, klappen Sie die TOOLBAR aus ([T]), und wechseln Sie dort auf das TOOLS-Tab. Befinden Sie sich im EDIT MODE, so erscheint in der ADD-Kategorie die SPIN-Schaltfläche. Ein Klick auf sie oder [Alt] + [R] im EDIT MODE führt den Operator aus, [F6] liefert Ihnen anschließend alle nötigen Einstellungen.

◀ **Abbildung 4.37**
Das SPIN-Tool macht aus einer Kontur durch eine radiale Extrusion einen rotationssymmetrischen Körper (beispielsweise eine Vase).

Schritt für Schritt
Auf der Drehbank

Laden Sie die Datei »04_Spin.blend«, um den nachfolgenden Anweisungen leichter zu folgen. Führen Sie dann folgende Schritte aus.

Die Datei »04_Spin.blend« finden Sie auf der Buch-DVD unter BEISPIELMATERIAL • KAPITEL_04.

1 Halben Tannenbaum oder Becher an der z-Achse zeichnen

Wechseln Sie in die Seitenansicht mit [3] auf dem Ziffernblock. Nehmen Sie die z-Achse (blau) als Drehachse, und zeichnen Sie durch Extrusion von einzelnen Vertices die Hälfte des Profils eines Tannenbaumes oder eines Bechers (er muss nicht hübsch sein).

2 Plane hinzufügen

Fügen Sie dazu eine Plane in der Seitenansicht ein (richten Sie sie mit [F6] und ALIGN TO VIEW aus), und löschen Sie drei der vier Vertices. Führen Sie dann mit der linken Maustaste Klicks mit gehaltener [Strg]-Taste auf den Punkten Ihres Profils aus, bis Sie mit dem Ergebnis zufrieden sind.

3 Cursor positionieren

Wählen Sie den Vertex, der der Drehachse am nächsten liegt, und setzen Sie den 3D-Cursor mit [⇧] + [S] (CURSOR TO SELECTED) auf diesen Punkt.

4 Spin-Operator ausführen

Wählen Sie jetzt alle Vertices mit [A] aus, und wechseln Sie in die Top-Ansicht per [7] auf dem Ziffernblock. Führen Sie nun den SPIN-Operator aus (per TOOLBAR), oder nutzen Sie [Alt] + [R].

5 Winkel, Segmente, Drehzentrum und Drehachse einstellen

Drücken Sie [F6], können Sie hier neben dem Winkel (ANGLE) und der Anzahl der Segmente (STEPS) auch das Drehzentrum (CENTER) und die Drehachse (AXIS) einstellen. Wählen Sie 360° bei fünf Schritten, so erhalten Sie ein ähnliches Ergebnis wie das von Scene Layer 3 der geladenen Datei.

Falls Sie nur den Einsatz des Operators üben möchten, befindet sich in der geladenen Datei auf Ebene zwei bereits ein Profil. Fahren Sie dann mit Schritt 3 fort.

Abbildung 4.38 ▸ Ein Beispiel für den erfolgreichen Einsatz des SPIN-Operators

Übereinanderliegende Vertices
Wenn Sie 360°-Drehungen durchführen, liegen die Vertices, die Sie ursprünglich erstellt haben und die Vertices des letzten Segments übereinander. Entfernen Sie diese, indem Sie alle auswählen und [W] (REMOVE DOUBLES) ausführen.

Vertices verbinden und Faces erzeugen | Wenn Sie Vertices, Edges oder Faces Ihres Objekts löschen, kann (und wird) es vorkommen, dass Ihr 3D-Modell Löcher enthält. Sie werden unverbundene Vertices im 3D-Raum sehen, die keine Faces oder Edges besitzen. Da allerdings nur Polygone mit Faces zum Rendern beitragen, sollten Sie dieses Problem lösen:

- Um Edges zu erzeugen, wählen Sie genau zwei Vertices und drücken [F].
- Um Faces zu erzeugen, wählen Sie mindestens drei Vertices oder mindestens zwei Edges und drücken [F].

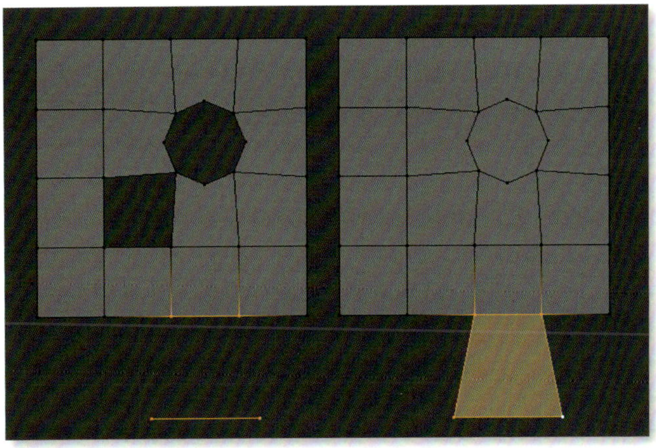

◂ **Abbildung 4.39**
Vertices werden miteinander verbunden.

Der linke Teil von Abbildung 4.39 zeigt Ihnen, welche Vertices gewählt wurden, bevor [F] gedrückt wurde. Der erzeugte Kreis am rechten oberen Polygonrand wird Ihnen wahrscheinlich seltsam vorkommen – er besteht nicht aus Drei- oder Vierecken, sondern aus einer Fläche, die von acht Vertices begrenzt wird. Dies ist möglich, da Blender seit Version 2.63 NGons unterstützt.

NGons sind Polygone, die nicht von drei oder vier, sondern von beliebig vielen Vertices definiert werden. Da NGons jedoch problematisch bei vielen unterschiedlichen Operationen (Abrundungen, Schnitten usw.) sind und auch beim Austausch mit anderen Programmen vermieden werden sollten, rate ich Ihnen trotzdem, darauf zu achten, wenn möglich Dreiecke oder Vierecke zu erzeugen.

4.6.5 Vertices, Edges und Faces unterteilen

Neben dem Erzeugen von Mesh-Komponenten bietet Blender auch die Möglichkeit, Komponenten zu unterteilen – aus einer Edge werden so schnell zwei Edges, aus einer Face sogar vier. Vertices sind die kleinsten Teile der 3D-Welt – sie können nicht mehr weiter geteilt werden.

Viele der folgenden Tools lassen sich am besten an einzelnen Flächen einer UV-Sphere ausprobieren, fügen Sie also am besten bereits jetzt Ihrer Standardszene eine Kugel hinzu, und wechseln Sie in den Edit Mode. Ein besonders einfacher Operator ganz zu Beginn: Haben Sie versehentlich ein NGon erzeugt, so können Sie mithilfe von [J] und zwei ausgewählten Vertices jederzeit zusätzliche Edges innerhalb des NGons erzeugen.

Das Subdivide-Tool | Mit dem Subdivide-Operator stellt Ihnen Blender ein weiteres sehr nützliches Werkzeug zur Verfügung, das Sie wohl in jedem Projekt nutzen werden. Es ermöglicht Ihnen,

Komponenten Ihres Meshes zu unterteilen. So können Sie aus einer Edge beispielsweise durch eine einfache Unterteilung zwei Edges machen oder aus einer Face durch eine Unterteilung vier.

Begeben Sie sich in den EDIT-Modus, wählen Sie die zu unterteilenden Komponenten aus, und drücken Sie W. Im nun erscheinenden SPECIALS-Menü wählen Sie den Punkt SUBDIVIDE aus. Die gewählten Komponenten werden nun sofort unterteilt.

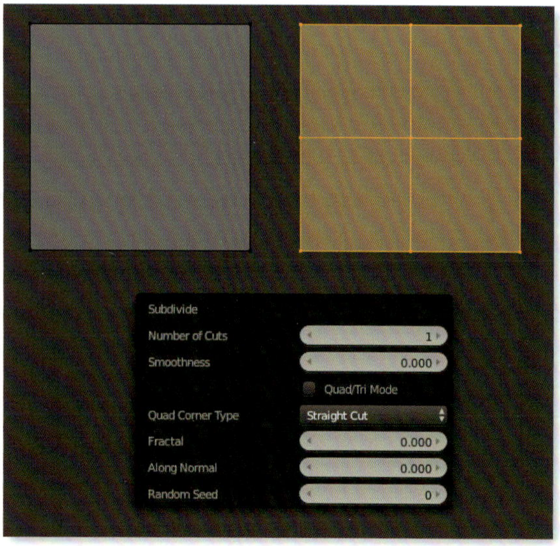

Abbildung 4.40 ▶
Mit SUBDIVIDE werden gewählte Komponenten sofort unterteilt. Die Unterteilung kann mit F6 genauer angepasst werden.

Mit F6 stehen anschließend einige Optionen bereit, die Sie zur weiteren Anpassung der Unterteilungen verwenden können:

- NUMBER OF CUTS: Anzahl der Unterteilungen
- SMOOTHNESS: Ein Wert von 0 bedeutet »deaktiviert«, ein Wert von 1 versucht, die Flächen nach der Unterteilung an die Form einer Kugel anzunähern.
- QUAD/TRI MODE: Falls aktiviert, werden nur Polygone erzeugt, die aus drei oder vier Vertices bestehen. Eine Fläche zu erzeugen, die mehr als vier Vertices besitzt, ist dann unmöglich.
- QUAD CORNER TYPE: Hier legen Sie fest, auf welche Art die Unterteilungen zustande kommen. Sehen Sie sich die Beispiele und die Unterteilungsregeln an, um die einzelnen Optionen zu verstehen.
- FRACTAL: Bei einem Wert > 0 werden die resultierenden Vertices zufällig verschoben.
- ALONG NORMAL: Haben Sie den FRACTAL-Wert > 0 gewählt, können Sie mit diesem Wert steuern, ob die Vertices entlang ihrer Normalen oder komplett zufällig verschoben werden.
- RANDOM SEED: Ändern Sie diesen Wert, um die fraktale Verschiebung mit neuen Werten berechnen zu lassen.

Spielen Sie auch mit dieser Funktion ein wenig – je mehr Optionen Sie ausprobieren, desto schneller gewöhnen Sie sich an Blenders Workflow.

Das Loop-Subdivide-Tool | Mithilfe des Tools Loop Subdivide (oder auch Loop Cut) können Sie Ihr Mesh im Edit Mode ringförmig unterteilen. Angenehm ist bei diesem Tool, dass die Unterteilungen bereits bei Aktivierung des Tools angezeigt und interaktiv geändert werden können.

Ein Loop Subdivide läuft folgendermaßen ab: Aktivieren Sie das Werkzeug, indem Sie im Edit Mode die Tastenkombination [Strg] + [R] nutzen. Bewegen Sie Ihre Maus anschließend an die Edge Ihres Objekts, die rechtwinklig auf dem gewünschten Ring steht. Ein pinker Ring wird Ihnen anzeigen, dass hier ein Schnitt möglich ist. Drehen Sie das Mausrad oder die [Bild ↑]-, [Bild ↓]-Taste, um mehrere Schnitte gleichzeitig durchzuführen, und bestätigen Sie die Schnitte mit der linken Maustaste oder [↵]. Möchten Sie nur einen Ring erzeugen, so können Sie sich jetzt die Position des Ringes durch Bewegen Ihrer Maus aussuchen. Bestätigen Sie die Position erneut mit der linken Maustaste oder [↵]. Drücken Sie [Esc] oder die rechte Maustaste, falls Sie den Ring genau in die Mitte setzen möchten. Ist die Aktion erfolgreich abgeschlossen, werden alle neu erzeugten Vertices gewählt.

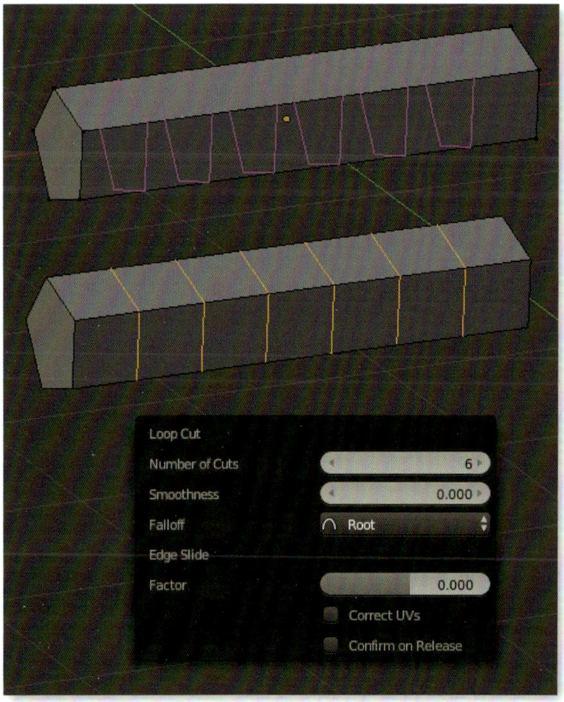

◂ **Abbildung 4.41**
Der Loop Cut erlaubt es, das Mesh ringförmig zu unterteilen.

Wie bei allen Werkzeugen haben Sie auch bei diesem Tool wieder die Möglichkeit, durch Druck auf [F6] im Nachhinein genauere Anpassungen durchzuführen:

- Number of Cuts: Anzahl der Unterteilungen
- Smoothness: Ein Wert von 0 bedeutet »deaktiviert«, ein Wert von 1 versucht, die Flächen nach der Unterteilung an eine Kugel anzunähern.
- Falloff: In Verbindung mit Smoothness gibt dieser Wert an, wie zwischen den entstehenden Ringen interpoliert wird.
- Factor: Über Factor passen Sie an, wie nahe sich die entstehende(n) Edge(s) an bereits vorhandenen Edges befinden soll(en).
- Correct UVs: Passt die UVs nach der Aktion an (siehe dazu auch Kapitel 8, »Shading«, ab Seite 393).

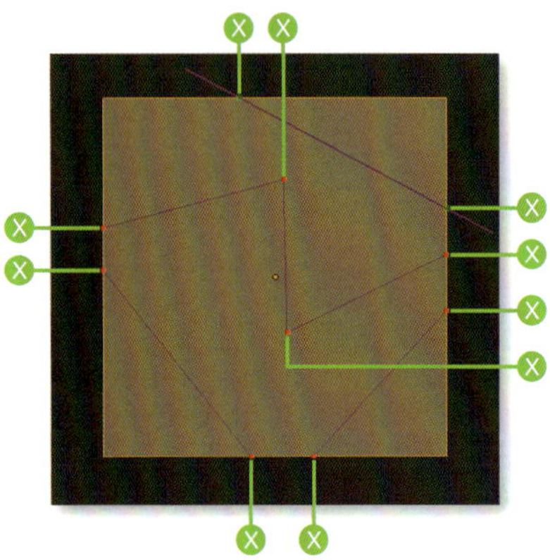

▲ **Abbildung 4.42**
Das Knife-Tool ist aktiviert, die Schnittpunkte (mit ⊗ markiert) lassen sich gut erkennen.

Das Knife-Tool | Ein weiteres mächtiges Werkzeug hält Blender in Gestalt des Knife-Tools ([K]) bereit. Mit ihm können Schnitte an beliebigen Positionen eines Meshes durchgeführt werden – auch durch den Körper hindurch. Wählen Sie Edges vorab aus, so schneidet das Knife-Tool Ihr Mesh nur auf diesen ausgewählten Edges. Wählen Sie nichts aus, so werden alle Edges als mögliche Schnittkandidaten betrachtet.

Drücken Sie einmal [K], um den Knife-Modus zu aktivieren. Bewegen Sie Ihre Maus dann an die Stellen, an denen Sie das Mesh schneiden möchten, und bestätigen Sie jede Position mit der linken Maustaste. Schließen Sie die Aktion mit [↵] oder der Leertaste ab, um die Schnitte tatsächlich durchzuführen. Wie gewohnt bricht [Esc] oder die rechte Maustaste die Aktion ab.

Während Sie sich im Knife-Modus [K] befinden, stehen Ihnen die folgenden Optionen zur Verfügung:

- Midpoint Snap: Halten Sie [Strg], um Edges immer in ihren Mittelpunkten zu schneiden.
- Ignore Snap: Mit dem Halten von [⇧] verhindern Sie das automatische Einrasten an Edges.
- Angle Constrain: Möchten Sie den Winkel der Schnitte auf Vielfache von 45° beschränken, so drücken Sie [C]. Um die Beschränkung wieder aufzuheben, reicht ein erneuter Druck auf [C].
- Cut through: Durch das Betätigen von [Z] ermöglichen Sie dem Knife-Tool, durch das gesamte Objekt hindurch zu schneiden – nicht nur durch seine Vorderseiten.
- New Cut: Durch das Betätigen von [E] wird der aktuelle Schnitt beendet und ein neuer Schnitt gestartet. Sie können durch diese Option verhindern, dass alle Schnitte miteinander verbunden sind.

All diese Optionen inklusive ihres aktuellen Status werden Ihnen in der Statusleiste präsentiert. Abbildung 4.42 zeigt Ihnen eine Fläche mit aktiviertem KNIFE-Tool und die Punkte, an denen geklickt wurde, um die neuen Kanten zu erzeugen.

Das Bisect-Tool | Ähnlich wie das KNIFE-Tool schneidet das BISECT-Tool durch Objekte, dabei allerdings immer in gerader Linie. Der große Vorteil dieses Tools ist, dass Sie mit F6 die Schnittebene nach der Aktion anpassen und den für Sie uninteressanten Teil des Objekts automatisch entfernen lassen können. Schnittbilder von Objekten anzufertigen oder Objekte mit schroffen Kanten zu erstellen wird auf diese Weise sehr einfach.

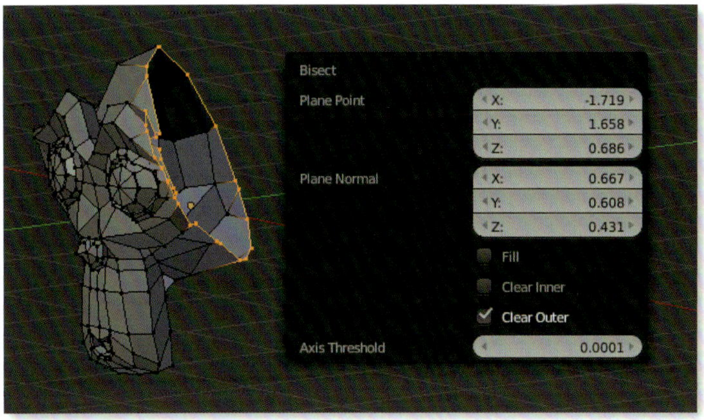

◂ **Abbildung 4.43**
Beim BISECT-Tool lassen sich die Schnittebenen nach dem Schnitt weiter anpassen.

Um den BISECT-Operator zu aktivieren, müssen Sie alle Vertices im EDIT MODE markieren, die das Tool berücksichtigen soll. Klappen Sie anschließend die TOOLBAR aus, und suchen Sie die BISECT-Schaltfläche auf dem TOOLS-Tab. Ziehen Sie anschließend bei gedrückter linker Maustaste eine gedachte Linie an der Stelle, an der Sie das Objekt zerschneiden möchten. Lassen Sie die linke Maustaste los, um den Schnitt auszuführen.

Das Inset-Tool | Über das INSET-Tool können Sie einen Ring aus Faces um die aktuell gewählten Faces erzeugen und gleichzeitig den genierten Ring verschieben. Wechseln Sie dazu in den Face-Selection-Modus, und wählen Sie eine beliebige Anzahl Faces aus. Drücken Sie anschließend I, lässt Blender Sie nun interaktiv durch eine Bewegung Ihrer Maus wählen, wie breit der Ring werden soll. Bestätigen Sie die Aktion wie gewohnt per ↵ oder linker Maustaste, oder brechen Sie sie per Esc oder rechter Maustaste ab. Auch dieses Tool gibt Ihnen mit diversen Statusleisten-Hinweisen einige Tipps, um noch mehr herauszuholen.

Tools ausprobieren
Falls Sie das Bevel-Tool oder das Inset-Tool ausprobieren möchten, können Sie die Dateien »04_Bevel.blend« und »04_Inset.blend« nutzen. Dort habe ich bereits eine Edge für das Bevel-Tool bzw. eine Face für das Inset-Tool für Sie markiert – Strg + B oder I, und es geht los.

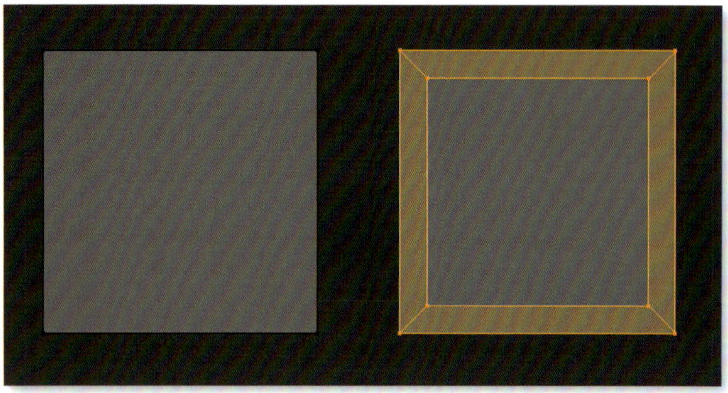

▲ **Abbildung 4.44**
Das Inset-Tool ermöglicht es, einen Ring aus Faces um die aktuell gewählten Faces zu erzeugen und diesen generierten Ring zu verschieben.

▲ **Abbildung 4.45**
Das Bevel-Tool in Aktion

Abrunden leicht gemacht – das Bevel-Tool | Mit dem Bevel-Tool (Strg + B) können Sie die Vertices und Edges Ihrer Objekte im Edit Mode abrunden. Wählen Sie die gewünschten Komponenten dazu vor der Aktivierung des Tools aus. Da Kanten im realen Leben nie perfekt scharf sind, werden Sie fast immer ein realistischeres Bild erzeugen, wenn Sie Ihre Kanten mit diesem Tool abrunden.

Möchten Sie die Anzahl der Rundungen definieren, so benutzen Sie während der Aktion Ihr Mausrad, bewegen Sie die Maus, um die Stärke der Abrundung festzulegen.

Um Vertices abzurunden, müssen Sie die alternative Tastenkombination Strg + ⇧ + B verwenden oder nach dem Abrunden per F6 die Option Vertex Only anwählen. Die weiteren unter F6 sichtbaren Werte stellen exakt die Werte dar, die Sie vorher mit dem Mausrad und dem Bewegen der Maus festgelegt haben. Wie immer können Sie diese Werte auch im Nachhinein verändern.

4.6.6 Vertices, Edges und Faces dezimieren

Möchten Sie Vertices aus einem Mesh entfernen, sie miteinander verschmelzen oder auf eine andere Art dezimieren, so bietet Ihnen Blender auch für diese Anwendungsfälle die richtigen Tools an.

Vertices, Edges und Faces löschen | Das mit Abstand einfachste Tool zum Entfernen von Komponenten eines Meshes hält Blender bei einem Druck auf X oder Entf bereit. Markieren Sie einfach die zu entfernende Komponente, und betätigen Sie eine dieser Tasten, um das Delete-Menü zu öffnen.

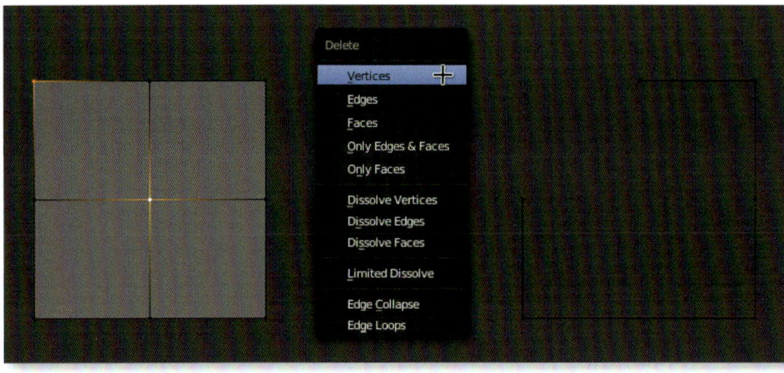

◂ **Abbildung 4.46**
Das DELETE-Menü

- VERTICES/EDGES/FACES: Wählen Sie einen dieser drei Punkte, um ausgewählte Vertices, Edges oder Faces zu löschen. Achtung: Wenn Sie Vertices löschen, die zu einer Edge oder Face gehörten, so werden die betroffenen Komponenten gleichzeitig gelöscht.
- ONLY EDGES & FACES: Hier werden nur die gewählten Edges und Faces gelöscht. Die Vertices bleiben bestehen. Schalten Sie in den Vertex-Selection-Modus, um sie zu finden.
- ONLY FACES: Ausschließlich die Faces werden gelöscht – alle Vertices und Edges bleiben bestehen.
- DISSOLVE VERTICES/EDGES/FACES: Hier werden Vertices, Edges oder Faces miteinander verschmolzen.
- LIMITED DISSOLVE: Haben Sie viele ebene Flächen und möchten Sie sie zu einer Fläche zusammenfassen, ist dieses Tool Ihr Mittel der Wahl. Über einen Winkel kann festgelegt werden, welche Flächen in die Betrachtung mit einfließen.
- EDGE COLLAPSE: Über diesen Punkt vereinigen Sie zwei Edges zu einer Edge.
- EDGE LOOPS: Hiermit löschen Sie einen Ring aus Vertices, Edges oder Faces.

Beachten Sie, dass alle Einträge ab DISSOLVE VERTICES unter Umständen NGons erzeugen.

Remove doubles – kuschelnde Vertices entfernen | Oft ergibt es sich bei Modellierungen, dass zwei oder mehrere Vertices übereinander- oder sehr nah beieinanderliegen, die eigentlich identisch sein sollten. Sie haben beispielsweise einen Würfel aus sechs einzelnen Flächen mithilfe des Snap-Tools erstellen wollen und dies auch problemlos geschafft – allerdings liegen an den Eckpunkten des Würfels jeweils drei Vertices übereinander. Hilfreich wäre in diesem Fall, wenn die markierten Vertices zu einem Vertex zusammengefasst werden könnten. REMOVE DOUBLES (W) macht genau das. Sie markieren alle Vertices, die Sie überprüfen lassen möchten, per Lasso-, Circle-, oder Box-Selektion und rufen REMOVE DOUBLES auf. Über F6 und die damit zugängliche MERGE DISTANCE definieren Sie, wie groß der Abstand zwischen zwei Vertices sein darf, bevor sie als deckungsgleich angesehen werden. Im Kopf der 3D-Ansicht werden Sie darüber informiert, wie viele Vertices als Resultat von dem Tool entfernt wurden.

Möchten Sie Vertices zusammenführen, die weit voneinander entfernt liegen, so lesen Sie weiter – in diesem Fall ist das MERGE-Tool Ihr größter Helfer.

Aus X mach 1 – das Merge-Tool | Das MERGE-Tool (Alt + M) ermöglicht es Ihnen, gewählte Mesh-Komponenten in einem Punkt zu vereinen. Dabei werden die betroffenen Faces neu erstellt, Sie erhalten keine Löcher in Ihrem Mesh. Folgende Optionen bietet das Tool:

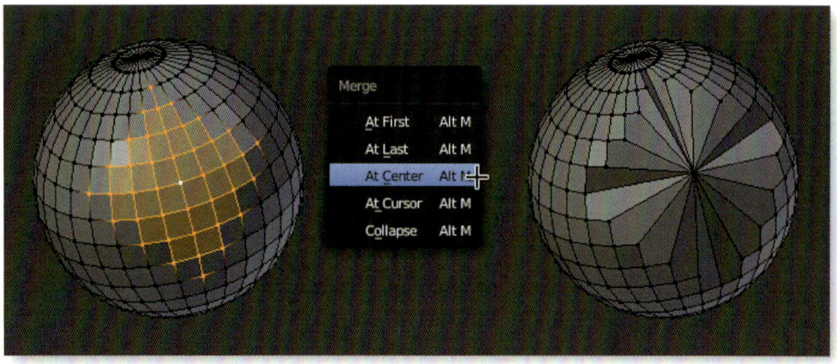

Abbildung 4.47 ▸
Das MERGE-Tool: Mesh-Komponenten in einem Punkt zusammenführen, ohne dass Löcher entstehen

- AT FIRST: Die Vertices werden am zuerst gewählten Vertex zusammengeführt.
- AT LAST: Die Vertices werden am zuletzt gewählten Vertex zusammengeführt.
- AT CENTER: Die Vertices werden im Zentrum aller gewählten Vertices zusammengeführt.
- AT CURSOR: Die Vertices werden an der Position des 3D-Cursors zusammengeführt.
- COLLAPSE: Üblicherweise ist diese Option mit den oberen identisch. Haben Sie allerdings mehrere »Inseln« aus miteinander verbundenen Vertices gewählt, führt diese Option die Vertices der jeweiligen Inseln zusammen, sie vereinigt nicht alle ausgewählten Vertices in einem Vertex.

Sie kennen jetzt Tools, um Mesh-Komponenten auszuwählen, zu erzeugen, zu löschen und zu transformieren. Als Nächstes sehen wir uns Tools an, die Ihnen dabei helfen, die zu »perfekte« Oberfläche von computergenerierten Körpern realistischer wirken zu lassen.

4.6.7 Vertices, Edges und Faces verformen

In diesem Abschnitt möchte ich Ihnen noch kurz zwei Tools vorstellen, die die Lage vorhandener Komponenten ändern. Sie alle haben Ihre ganz eigenen Anwendungsfälle und sparen Ihnen viel Zeit, wenn Sie sie kennen.

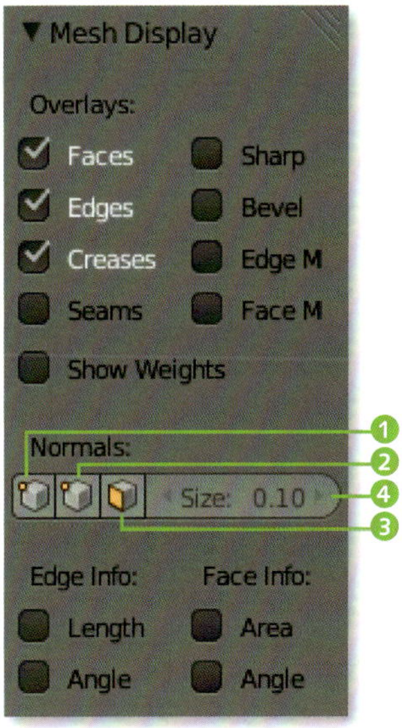

▲ **Abbildung 4.48**
Das Mesh-Display-Panel

Shrink/Fatten | Mit Shrink/Fatten können Sie Vertices, Edges und Faces entlang ihrer Normalen skalieren. Um zu sehen, in welche Richtung die Normalen der Mesh-Komponenten zeigen, sollten Sie mithilfe von [N] im Edit Mode das Properties-Panel anzeigen. Dort finden Sie unter Mesh Display den Abschnitt Normals. Aktivieren Sie die Anzeige der Vertex- ①, Edge- ② oder Face-Normalen ③ durch einen Klick, so werden Ihnen kleine blaue Striche anzeigen, in welche Richtung die Normalen zeigen. Die Länge der Striche hat nichts mit der tatsächlichen Normalen zu tun und kann über Size ④ nach Belieben angepasst werden.

Probieren Sie diese Funktion gleich einmal mit einer Ico Sphere aus:

1. Fügen Sie im Object Mode eine Ico Sphere durch [⇧] + [A], gefolgt von [1] und dann [5], ein, und wechseln Sie in den Edit Mode.
2. Wählen Sie hier eine Face aus (entweder durch die Auswahl von drei Vertices oder durch Aktivierung des Face-Selection-Modus über [Strg] + [⇆]), und drehen Sie die Ansicht so, dass Sie seitlich auf die Face schauen. Skalieren Sie die ausgewählte Face einmal mit [S] und einmal mit [Alt] + [S]. Sehen Sie den Unterschied? Bei [Alt] + [S] bewegt sich die Face gleichzeitig entlang ihrer Normalen, während sie sich vergrößert.

Shrink/Fatten eignet sich damit beispielsweise hervorragend, um Ihren Objekten eine zweite Haut zu verpassen.

Smooth Vertex

Über den Eintrag Smooth Vertex im Vertices-Menü ([Strg] + [V]) verringern Sie den Winkel von aneinandergrenzenden ausgewählten Flächen – das Mesh »entspannt« sich. Wie häufig der Algorithmus angewendet wird, kann über [F6] und den Wert bei Number of times to smooth the mesh definiert werden. Gerade wenn Sie die Oberfläche Ihres Meshes ein wenig zu stark verformt haben, ist dieses Tool Gold wert.

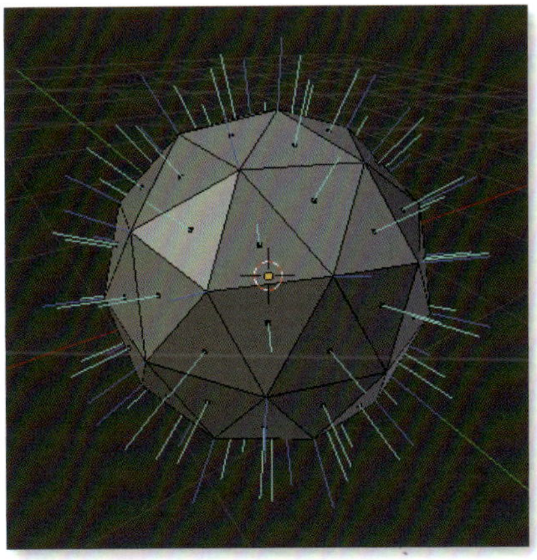

◄ **Abbildung 4.49**
Mit dem Mesh-Display-Panel können Sie sich die Face-Normalen anzeigen lassen. Auf diese Weise wird eine Extrusion entlang der Normalen anschaulich.

4.6.8 Vertices ausblenden

Bei komplexen Meshes kommt es immer mal wieder vor, dass Sie einen bestimmten Vertex vor lauter anderen Vertices nicht mehr sehen – da hilft es, dass in Blender die Möglichkeit besteht, beliebige Mesh-Komponenten temporär auszublenden. Markieren Sie sie dazu, und drücken Sie [H]. Die Komponenten verschwinden daraufhin aus der 3D-Ansicht und geben den Blick auf die gewünschten Bestandteile Ihres Meshes frei. Sie können so viele Komponenten wie gewünscht ausblenden, beachten Sie dabei jedoch, dass die Vertices nur im EDIT MODE ausgeblendet sind. Im späteren Rendering und im OBJECT MODE sind sie weiterhin vorhanden. Möchten Sie die ausgeblendeten Komponenten wieder einblenden, betätigen Sie [Alt] + [H] – alle versteckten Komponenten werden anschließend wieder sichtbar und automatisch selektiert sein.

4.6.9 Teile eines Meshes herauslösen – Separate

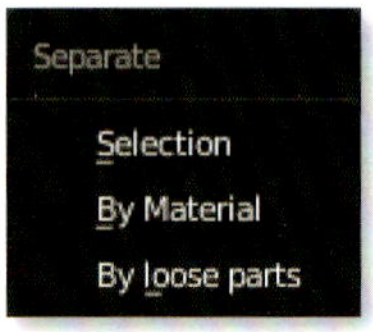

▲ **Abbildung 4.50**
Das SEPARATE-Auswahlmenü

Sie werden sehen: Beim Modellieren wird es ständig vorkommen, dass Sie Teile Ihres Modells zu einem eigenständigen Objekt mit eigenständigem Mesh-Datenblock machen möchten. Wählen Sie dazu alle betreffenden Vertices aus, und drücken Sie [P]. Das in Abbildung 4.50 gezeigte Menü lässt Ihnen daraufhin die Wahl zwischen diesen Punkten:

- SELECTION: Die aktuell ausgewählten Vertices werden zu einem neuen Objekt.
- BY MATERIAL: Alle Vertices, die das gleiche Material besitzen, werden zu einem neuen Objekt.
- BY LOOSE PARTS: Alle Vertices, die nicht miteinander durch Edges verbunden sind, werden zu einem neuen Objekt.

Je nach Objekt machen alle obigen Optionen Sinn. Gerade bei dem in Kapitel 5, »Modifier«, erläuterten ARRAY-MODIFIER werden Sie beispielsweise die Option BY LOOSE PARTS sehr häufig nutzen.

4.6.10 Mehrere Meshes zusammenfassen – Join

Für Meshes und Kurven

Die Tastenkombination [Strg] + [J] können Sie nicht nur für Meshes, sondern auch für die etwas später erläuterten Kurven nutzen.

JOIN nutzen Sie, wenn Sie den (im Vergleich zum letzten Abschnitt) umgekehrten Weg gehen möchten – Sie fassen zwei eigenständige Objekte und Mesh-Datenblöcke zu einem gemeinsamen zusammen. Wählen Sie dazu mehrere Meshes aus, und »joinen« Sie sie anschließend per [Strg] + [J] – das aktive Objekt nimmt dabei die selektierten Objekte auf. Eventuell vorhandene Materialien bleiben bei einem JOIN erhalten – gibt es identisch genannte Materialien, so werden die betreffenden Materialien umbenannt.

4.6.11 Das Duplication-Feature

Zum Abschluss dieses Themenkomplexes möchte ich Ihnen noch ein etwas exotischeres, aber dennoch sehr hilfreiches Modelling-Feature vorstellen: DUPLICATION. Blender erlaubt Ihnen unter anderem, an Vertices und Faces eines Meshes andere Objekte erscheinen zu lassen. So könnten Sie beispielsweise sehr einfach Perlen an eine Vase heften oder Säulen kreisförmig an einem Circle erscheinen lassen. Auch die Bilder zur Vertex-Visualisierung des letzten Kapitels sind mit dieser Technik entstanden.

◀ **Abbildung 4.51**
Über das DUPLICATION-Feature duplizieren Sie Meshes beispielsweise an Vertices – so wird hier an jedem Vertex ein Ring erzeugt.

Der Effekt basiert dabei darauf, dass Sie ein Objekt bestimmen, das angibt, wo geklont wird (der Master), und ein Objekt/eine Gruppe, die geklont wird. Welches Objekt geklont werden soll, legen Sie über eine Parent-Child-Beziehung fest – das geklonte Objekt wird zum Child des klonenden Objekts. Der Master wird im späteren Bild übrigens nicht zu sehen sein – ihn gibt es nur, um die Klone zu positionieren.

Das DUPLICATION-Feature finden Sie auf dem OBJECT-Tab (der kleine orangefarbene Würfel) des PROPERTIES-Editors im DUPLICATION-Panel (siehe Abbildung 4.52). Neben dem standardmäßig aktiven Modus NONE (keine Duplizierung) gibt es noch die folgenden Modi:

- FRAMES: Falls Ihr Master-Objekt animiert ist, wird an jedem xten Frame der Animation ein Klon des Masters platziert.
- VERTS/FACES: An jedem Vertex/jeder Face des Masters wird ein Klonobjekt platziert. Ist Ihr Klon zu groß oder zu klein, sollten Sie ihn im EDIT-Modus per [S] skalieren.
- GROUP: Diese Option ist besonders bei Emptys sinnvoll (diese werden noch später in diesem Kapitel Thema sein) – sie erzeugt einen Klon einer Gruppe genau dort, wo sich die einzelnen Objekte der Gruppe aktuell befinden.

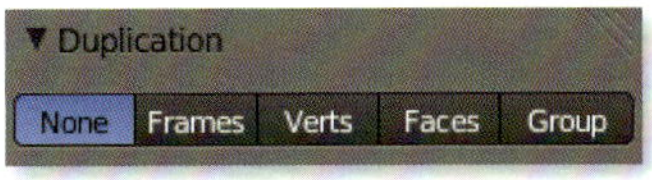

▲ **Abbildung 4.52**
Das DUPLICATION-Panel

Alle Klone der beschriebenen Optionen hängen von dem Klonobjekt ab – ändern Sie das Aussehen des Klons, werden alle erzeugten Klone mit geändert. Um diese Klone zu »echten« Mesh-Objekten umzuwandeln, müssen Sie sie per MAKE DUPLICATES REAL mit der Tastenkombination [Strg] + [⇧] + [A] in eigenständige Mesh- und Objekt-Datenblöcke umwandeln. Ab diesem Zeitpunkt können Sie sie unabhängig von dem CLONE-Objekt bearbeiten.

Die Datei »04_Duplication.blend« finden Sie auf der Buch-DVD unter BEISPIELMATERIAL • KAPITEL_04.

Um die vorangegangenen DUPLICATION-Modi auszuprobieren, habe ich eine Demo-Datei für Sie vorbereitet. Sie enthält bereits eine Gruppe aus klonbaren Objekten, ein Klonobjekt für Vertices und Faces und einen animierten Master – alle Optionen sollten also ohne Probleme funktionieren. Parenten Sie nach dem Öffnen der Datei »04_Duplication.blend« das CLONE-Objekt per [Strg] + [P], gefolgt von [1] zuerst an den Master, und wechseln Sie anschließend nacheinander durch die Modi im DUPLICATION-Panel des Masters. Im GROUP-Modus müssen Sie die Gruppe durch einen Klick in die Auswahlbox festlegen, bevor Sie die Klone sehen.

Schritt für Schritt
Einen Low-Poly-Baum erzeugen

Die Datei »04_LowPolyTree_Start.blend« finden Sie auf der Buch-DVD unter BEISPIELMATERIAL • KAPITEL_04.

Lassen Sie uns zum Abschluss des Mesh-Modellings noch eine kleine Modelling-Übung durchführen – wir erstellen gemeinsam einen Low-Poly-Baum.

1 Datei laden

Laden Sie die Datei »04_LowPolyTree_Start.blend«.

2 Boden einfügen und skalieren

Fügen Sie dort eine Plane mithilfe von [⇧] + [A], gefolgt von [1], [1] als Boden ein, und skalieren Sie sie mit [S], [5] um fünf Einheiten größer. Sie können sich dabei an Abbildung 4.53 orientieren.

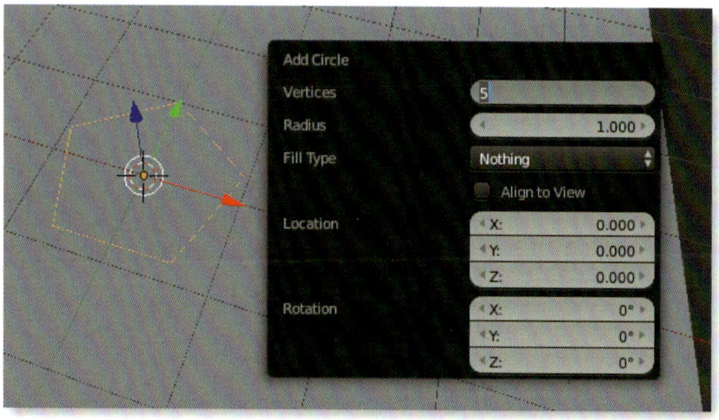

Abbildung 4.53 ▶
Der Stamm wird aus einem Circle erzeugt – dieser besitzt fünf Vertices.

3 Circle mit fünf Vertices einfügen

Fügen Sie jetzt über ⇧ + A, gefolgt von 1, 3 einen Circle mit fünf Vertices ein – F6 hilft Ihnen dabei.

4 Circle extrudieren

Wechseln Sie anschließend per ⇆ in den Edit Mode, und extrudieren Sie ihn mit E, Z, 3 um drei Einheiten in Richtung der z-Achse.

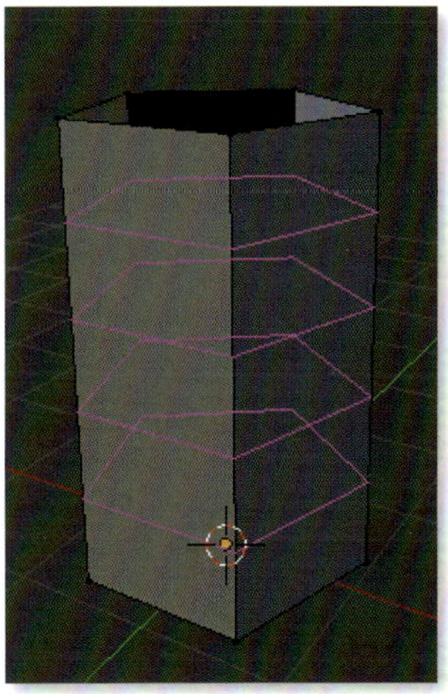

▲ **Abbildung 4.54**
Der extrudierte Circle (der spätere Stamm), wird durch einen Loop Cut unterteilt.

5 Loop Cut durchführen

Führen Sie jetzt einen Loop Cut mit Strg + R durch. Schneiden Sie den Stamm in fünf gleich große Stücke, und verjüngen Sie sie nach oben. Wählen Sie dazu den obersten Ring an (Alt+Klick mit der rechten Maustaste auf eine Edge), aktivieren Sie mit O das Tool Proportional Editing, und erhöhen Sie den Einfluss des Tools beim Skalieren des Ringes mit dem Mausrad. Schalten Sie das Tool anschließend durch einen erneuten Druck auf O wieder ab.

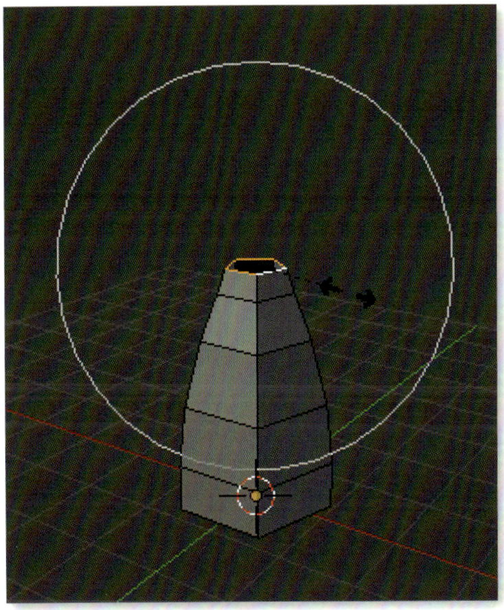

◂ **Abbildung 4.55**
Der Stamm wird mit dem Tool Proportional Editing nach oben hin verjüngt.

6 Offenen Ring extrudieren

Extrudieren Sie den letzten Ring am offenen Ende des Stammes noch einmal per E, brechen Sie aber die Verschiebung direkt durch einen Druck auf Esc ab.

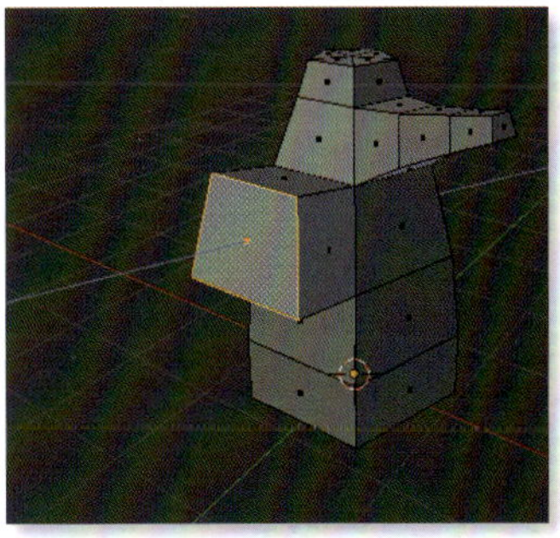

▲ **Abbildung 4.56**
Weitere Äste werden extrudiert.

7 Extrudierte Vertices zusammenführen

Führen Sie die extrudierten Vertices jetzt im Zentrum durch Alt + M (At Center) zusammen. Die obere Öffnung ist jetzt geschlossen.

8 Äste durch Extrusion erzeugen

Lassen Sie uns jetzt ein paar Äste durch Extrusion erzeugen. Wählen Sie FACE SELECT durch [Strg] + [Tab] aus, und selektieren Sie eine seitliche Face im oberen Drittel des Baumes.

9 Äste extrudieren und verjüngen

Extrudieren Sie diese Face mehrmals, und verjüngen Sie sie nach jeder Extrusion mit [S]. Wiederholen Sie die Schritte 8 und 9, bis Sie mehrere Äste erstellt haben.

10 Die Äste verfeinern

Das Zwischenergebnis »04_LowPolyTree_Mid.blend« dieses Workshops finden auf der Buch-DVD unter BEISPIELMATERIAL • KAPITEL_04.

Skalieren Sie jetzt die einzelnen Ringe hin zur Spitze kleiner, und nutzen Sie das Tool PROPORTIONAL EDITING über [O], um Ihre Äste weniger regelmäßig aussehen zu lassen. Regeln Sie dabei den Einfluss des Tools durch Ihr Mausrad. Die Datei »04_LowPolyTree_Mid.blend« enthält das bisherige Ergebnis.

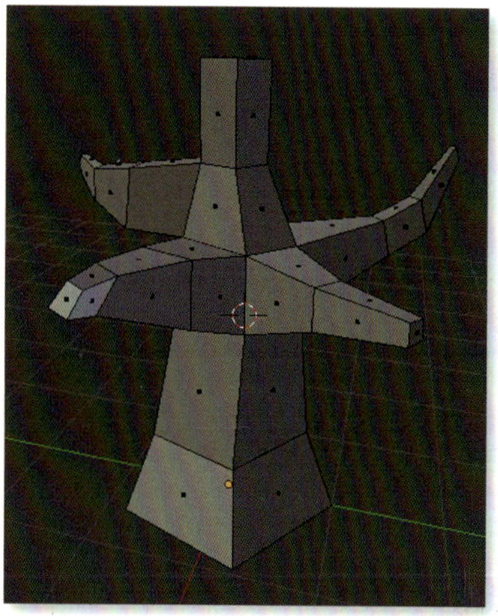

Abbildung 4.57 ▸
Das Zwischenergebnis

11 Ico Spheres für die Baumkrone hinzufügen

Fügen Sie im EDIT MODE mehrere Ico Spheres hinzu, und verringern Sie die Subdivisions per [F6] auf den Wert 1. Nachdem Sie diesen Wert verändert haben, werden alle zukünftig erzeugten Ico Spheres mit diesem Subdivision-Wert erzeugt. Setzen Sie eine etwas größer skalierte Ico Sphere auf die Spitze des Baumes und viele kleinere auf die Äste. Schalten Sie dazu den PROPORTIONAL-EDITING-Modus wieder durch einen Druck auf [O] aus.

12 Einzelne Ico Spheres auswählen

Möchten Sie einzelne Ico Spheres auswählen, dann nutzen Sie das Tool SELECT LINKED. Ein einfacher Druck auf [L] genügt, wenn sich Ihr Mauszeiger über der Ico Sphere befindet.

13 Baumkrone verfeinern

Zum Abschluss unterteilen Sie ihre oberste Ico Sphere noch einmal durch [W] (SUBDIVIDE) und setzen per [F6] den FRACTAL-Wert auf > 1. Dadurch geben wir der Baumkrone noch ein paar Unregelmäßigkeiten.

◄ **Abbildung 4.58**
Das fertige Ergebnis

Das Ergebnis Ihrer Bemühungen sollte ein wenig wie in der Datei »04_LowPolyTree_End.blend« aussehen. Um die Szene etwas aufzupeppen, habe ich den Blättern und dem Stamm zwei Farben und dem Baum einen Boden verpasst – wie das geht, lernen Sie in Kapitel 8, »Shading«.

Mein Ziel war es, Ihnen mit dieser Übung zu zeigen, wie die einzelnen Tools in Blender ineinandergreifen, um Ihre Modelling-Arbeit zu erleichtern. Viele Tools, die für sich betrachtet unverständlich oder sogar unsinnig erscheinen, werden während des Modelling-Prozesses oft zu unersetzlichen Helfern. In den nächsten Abschnitten werden Sie etwas näher an die traditionelle Kunst rücken und sich in Ihr digitales Atelier mit jeder Menge digitalem Ton zurückziehen.

Die Datei »04_LowPolyTree_End.blend« finden Sie auf der Buch-DVD unter BEISPIELMATERIAL • KAPITEL_04.

4.7 Digital Sculpting – werden Sie zum Bildhauer

In diesem Abschnitt beschäftigen wir uns mit sehr besonderen Tools in Blender. Mit den Sculpting-Werkzeugen können Sie ähnlich wie beim Erstellen von Plastiken mit Ton oder Knete durch Auftragen oder Abtragen von Material Ihr Objekt interaktiv verändern. Sculpting ist in der digitalen Welt eine relativ junge Mo-

Sculpting live
Abbildung 4.59 zeigt Ihnen ein besonders gelungenes Sculpting-Beispiel von Andri Viyono. Unter *http://goo.gl/pqlcSO* können Sie ihm beim Sculpten zusehen – Sie werden sicherlich viel lernen.

dellierungstechnik, die es ermöglicht, gerade organische Objekte in einem sehr hohen Detailgrad zu erstellen.

Abbildung 4.59 ▸
Beim Sculpting wird ähnlich wie beim Erstellen von Plastiken mit Ton oder Knete durch Auftragen oder Abtragen von Material ein Objekt interaktiv verändert. Hier sehen Sie ein eindrucksvolles Beispiel von Andri Viyono.

Die hohe Geschwindigkeit und das vielen Künstlern entgegenkommende bildliche Gestalten (im Gegensatz zu dem Vertex-Schubsen) sind weitere positive Nebeneffekte des Modus.

4.7.1 Sculpt-Modi

High-Poly-Meshes
Beim Sculpting entstehen größtenteils sehr hoch aufgelöste (High-Poly-)Meshes – diese können nicht ohne Weiteres im Animationsprozess oder in Spielen verwendet werden. Sie erfordern somit meist einen weiteren Schritt, in dem das High-Poly-Mesh wieder zu einem Low- oder Mid-Poly-Mesh umgewandelt wird (*Retopologizing*).

Beim Sculpting kennt Blender zwei verschiedene Modi: DYNAMIC TOPOLOGY und ORIGINAL. Im ORIGINAL-Modus verwendet Blender die Vertices des aktuell ausgewählten Objekts und verändert ihre Lage so, wie es die Benutzung unterschiedlicher Pinselspitzen vorgibt – Blender legt in diesem Modus keine neuen Vertices an. Benutzen Sie beispielsweise einen Sculpt-Pinsel, der Material aufträgt, so werden sich die vom Pinsel betroffenen Vertices etwas nach außen wölben, ganz so, als hätten Sie eine neue Tonschicht aufgetragen. Dabei werden nur diejenigen Vertices bewegt, die sowieso bereits in Ihrem Objekt enthalten sind. Unschön an diesem Verhalten ist einerseits, dass Sie dadurch die grundlegende Form Ihres Objektes doch wieder zuerst per Mesh-Modelling erzeugen müssen und dass Sie andererseits eine große Anzahl an Vertices im gesamten Mesh benötigen, um kleine Details sculpten und darstellen zu können.

Da eine erhöhte Vertex-Anzahl gleichzeitig auch viel Rechenzeit, eine niedrigere Bildwiederholrate der Anwendung und damit ein langsameres Sculpting bedeutet, ist ein manuelles Unterteilen des Meshes durch SUBDIVIDE (W) nicht wirklich wünschenswert. Daher gibt es einen Modifier, der dieses Leid ein wenig lindert: Der im nächsten Kapitel beschriebene MULTIRESOLUTION MODIFIER ermöglicht es, zwischen verschiedenen Auflösungsstufen eines Meshes zu wechseln. Grobe Details können somit in einer niedrigen Detailstufe erzeugt werden, während feine Details in einer höheren und langsameren Detailstufe erzeugt werden.

Neben dem Original-Modus gibt es zusätzlich den Dynamic-Topology-Modus. Wie Sie sich aufgrund der umfangreichen Erläuterung der Probleme des Original-Modus sicherlich bereits denken können, stellt dieser Modus das Gegenteil des vorher beschriebenen Modus dar: Er unterteilt Meshes dynamisch und fügt bei Bedarf neue Vertices hinzu. Dabei unterteilt er das Mesh nicht etwa komplett (wie der Multiresolution Modifier), sondern fügt genau an den Stellen Vertices ein, an denen diese benötigt werden. Der Multiresolution Modifier kann nicht zusammen mit dem Dynamic-Topology-Modus genutzt werden.

▼ **Abbildung 4.60**
Der Sculpt Mode ist ein eigenständiger Modus innerhalb des 3D-View-Editors.

Sculpting im Original-Modus | Um die folgenden Erklärungen nachzuvollziehen, sollten Sie den Würfel der Standardszene im Edit Mode dreimal unterteilen. Nutzen Sie dazu Subdivide ([W]), und stellen Sie per [F6] den Wert bei Number of Cuts auf »3«.

Da Sculpting in Blender ein komplett eigenständiger Modus innerhalb des 3D-View-Editors ist, wechseln Sie in diesen über die Modus-Auswahlbox (siehe Abbildung 4.60). Sobald Sie den Sculpt Mode aktivieren, wird sich Ihr Mauszeiger in einen Kreis verwandeln – er gibt den Wirkungsbereich des aktuell gewählten Sculpt-Werkzeugs (den sogenannten Brush) an. Zoomen Sie an den Würfel ein wenig heran, um den aktuellen Pinsel auszuprobieren.

Ziehen Sie eine Linie von links nach rechts über den Würfel bei gedrückter linker Maustaste. Wiederholen Sie diese Aktion, bis Sie eine Änderung der Vertices feststellen. Drücken Sie [F], und bewegen Sie die Maus, um die Größe des Pinsels zu ändern. Ein Linksklick bestätigt die Größe. Ähnlich ändern Sie auch die Stärke des Pinsels – mit [⇧] + [F]. Mit [Strg] + [F] legen Sie die Rotation des Pinsels fest (hat keine Auswirkung auf den aktuellen Pinsel). Diese und viele weitere Werte mehr finden Sie innerhalb der Toolbar ([T]) auf dem Tools-Tab (siehe Abbildung 4.61).

Unterteilen Sie zum Abschluss dieses Abschnitts jetzt Ihr Objekt im Edit Mode weiter, wechseln Sie in den Sculpt Mode, zeichnen Sie mit Ihrem Pinsel über das Objekt. Wiederholen Sie diese beiden Schritte mehrmals. Sehen Sie, dass sich die Genauigkeit des Pinselstriches mit jeder weiteren Unterteilung immer mehr erhöht und die Geschwindigkeit der Anzeige sinkt?

▲ **Abbildung 4.61**
Die Brush-Einstellungen im Tools-Tab

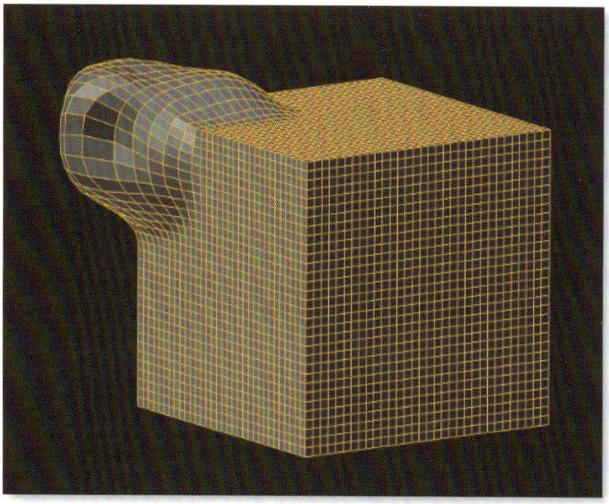

Abbildung 4.62 ▸
Ein Würfel, der im SCULPT MODE bearbeitet wurde

Modifier

Da Sie erst im nächsten Kapitel die Arbeitsweise von Modifiern und insbesondere den MULTIRESOLUTION MODIFIER kennenlernen werden, werde ich ihn hier nicht weiter beschreiben. Setzten Sie ihn aber auf jeden Fall ein, wenn Sie im ORIGINAL MODE sculpten. Das manuelle Unterteilen von Meshes per SUBDIVIDE-Tool ist nicht sinnvoll und hier nur zu Demo-Zwecken genutzt worden.

Sie können jetzt sicher leicht nachvollziehen, warum Sculpting immer in verschiedenen Phasen abläuft. Zunächst werden alle groben Details erstellt und erst, nachdem keine mehr fehlen, das Objekt weiter unterteilt. Jetzt werden die feineren Details erzeugt und das Objekt nach Abschluss wiederum unterteilt. Diese Prozedur wiederholt sich, bis die feinsten Details gesculpted wurden.

Dieses Vorgehen hat zwei Nachteile: Erstens wird die 3D-Ansicht durch die fortschreitende Unterteilung des kompletten Objekts immer langsamer, und zweitens kann aus einem stark unterteilten Objekt nicht mehr in eine gröbere Auflösung gewechselt werden. Letzteres kann (wie bereits eben erwähnt) durch den MULTIRESOLUTION MODIFIER behoben werden, Ersteres durch einen vor Kurzem in Blender eingeführten Modus: DYNAMIC TOPOLOGY.

Sculpting im Dynamic-Topology-Modus | Der DYNAMIC-TOPOLOGY-Modus bringt besonders leidgeplagten Sculptern seit Blender 2.66 endlich Linderung: Er erzeugt genau dort zusätzliche Geometrie, wo sie beim Sculpten benötigt wird – der Rest des Meshes bleibt unangetastet.

Um ihn auszuprobieren, fügen Sie wieder einen Würfel in Ihre Szene ein – unterteilen Sie ihn diesmal aber nicht. Wir lassen DYNAMIC TOPOLOGY unsere Geometrie on the fly erzeugen. Um den Modus zu aktivieren, drücken Sie im SCULPT MODE bei gewähltem Objekt einmal [Strg] + [D], oder bewegen Sie den Mauszeiger in der TOOLBAR ([T]) auf das TOOLS-Tab und klicken Sie im DYNTOPO-Panel auf ENABLE DYNTOPO.

Verringern Sie in diesem Panel den Wert DETAIL SIZE auf »15«, und zeichnen Sie auf dem Würfel. Schalten Sie anschließend im PROPERTIES-Editor auf dem OBJECT-Tab (orangefarbener Würfel) im DISPLAY-Panel die Optionen WIRE und DRAW ALL EDGES ein. So können Sie beobachten, wie Blender neue Vertices genau an der Stelle erzeugt, an der Sie zeichnen.

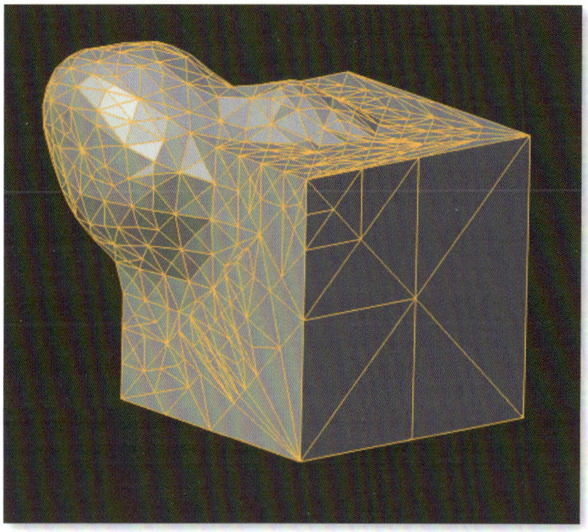

◂ **Abbildung 4.63**
Sculpting im DYNAMIC-TOPOLOGY-Modus

Im nächsten Abschnitt möchte ich Ihnen zeigen, welche Einstellungen Sie neben den obigen drei bekannten Pinseleinstellungen (Radius, Stärke und Rotation) in der Toolbar verändern können, um Ihre Werkzeuge komplett an Ihre Bedürfnisse anzupassen.

4.7.2 Die Sculpting-Werkzeugkiste

Alle Werkzeuge der Sculpting-Modi finden Sie – egal, ob Sie den Normalen- oder den DYNAMIC-TOPOLOGY-Modus nutzen – in der TOOLBAR ([T]). Sie enthält jedoch im Gegensatz zu ihren Pendants in den anderen Modi tatsächlich viele Einstellungen, die Sie nicht in Menüs oder an anderen Stellen in Blender finden können. Das TOOLS-Tab enthält dabei alle Werkzeuge, mit denen Sie das Mesh bearbeiten können, während Sie im darunterliegenden OPTIONS-Tab spezielle Anzeigeoptionen und Optionen, die das Sculpting-System selbst betreffen, finden.

Pinseltypen – das Brush-Panel, Part 1 | Im Kopf des BRUSH-Panels zeigt Ihnen Blender mithilfe eines Vorschaubildes den aktuell gewählten Pinsel an und ermöglicht es Ihnen, mit der darunter befindlichen Datenblock-Zeile den Pinsel zu benennen, zu löschen oder einen neuen anzulegen. Ein Fake-Nutzer ist automatisch aktiv, um den Pinsel auch beim Beenden von Blender zu speichern. Bevor Sie die verschiedenen Pinsel ausprobieren, sollten Sie die Größe und Stärke des Pinsels über [F] bzw. [⇧] + [F] erhöhen.

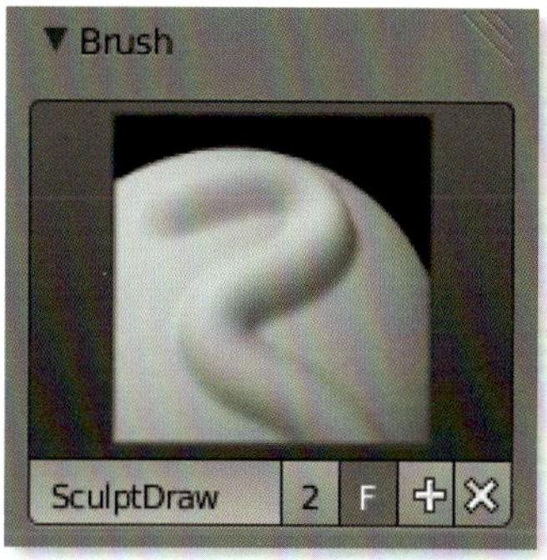

▴ **Abbildung 4.64**
Der Kopf des BRUSH-Panels zeigt Ihnen ein Vorschaubild des aktuell gewählten Pinsels.

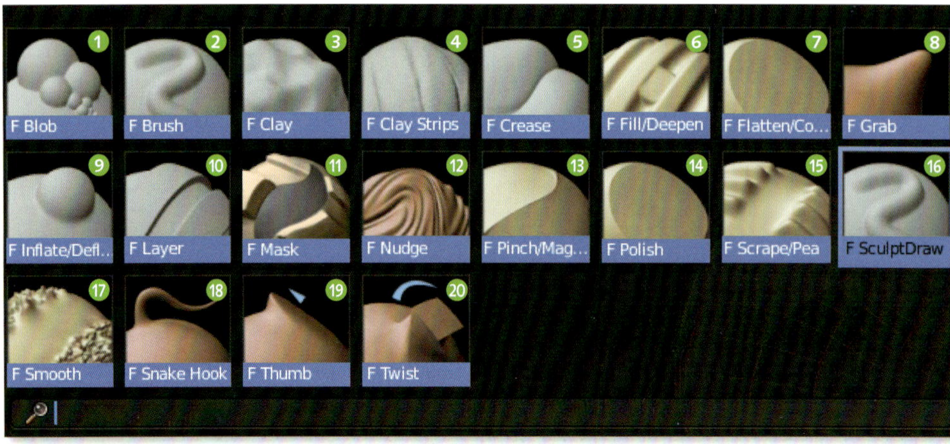

▲ **Abbildung 4.65**
Durch einen Klick auf das Vorschaubild im Kopf des Panels werden die zur Verfügung stehenden Pinselarten angezeigt.

❶ Blob bringt die Vertices unter dem Cursor in eine kugelförmige (tropfenförmige) Form.

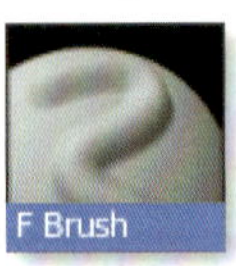

❷ Der Brush-Pinsel (X) bewegt die Vertices nach innen oder außen – er basiert auf dem Mittelwert der in dem Pinselradius liegenden Vertex-Normalen.

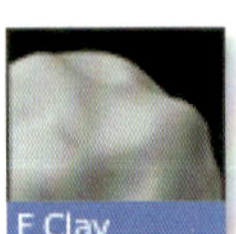

❸ Clay (C) ähnelt dem Brush-Pinsel (operiert also auf den Normalen), gibt Ihnen aber darüber hinaus die Möglichkeit, einzustellen, auf welcher Ansichtsebene (wird später erklärt) der Brush wirken soll.

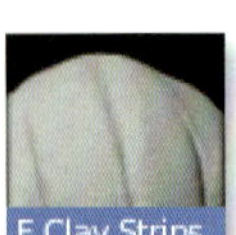

❹ Clay Strips legt Tonstreifen über das Mesh. Stellen Sie sich diesen Pinsel wirklich wie beim Arbeiten mit Ton in der Realität vor. Er verdickt das Mesh streifenförmig.

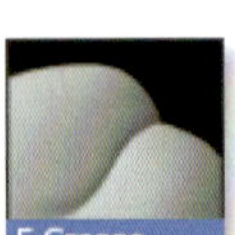

❺ Crease erzeugt scharfe Kerben oder Grate – die Vertices werden dabei aufeinander zubewegt.

❻ Fill/Deepen: Der Fill-Pinsel wirkt wie der nachfolgende Flatten-Pinsel (d. h., er gleicht das Level der Vertices an), holt jedoch nur Vertices unterhalb der Pinselfläche nach oben. Die Umkehrung (Strg) dieses Pinsels dient dem Vertiefen der Vertices – er drückt die Vertices nach unten.

❼ Flatten/Contrast: Der Flatten-Pinsel flacht die Vertices zwischen zwei unterschiedlich hohen Ebenen ab. Er ermittelt dazu eine Ebene, die auf der durchschnittlichen Höhe der Vertices im Bereich des Pinsels angesiedelt wird, und zieht die Vertices dann in Richtung dieser Ebene. Die Umkehrung des Flatten-Pinsels (halten Sie Strg) ist der Contrast-Pinsel – er verstärkt den Kontrast zwischen beiden Ebenen.

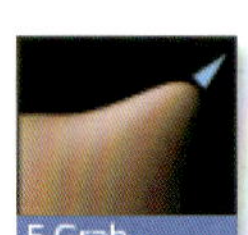

❽ Grab (G) wird genutzt, um Vertices zu verschieben. Im Unterschied zu den anderen Brushes verändert Grab keine Vertices, sondern verschiebt die gewählten Vertices. Er verhält sich ähnlich wie Vertices im Edit Mode mit aktiviertem Proportional Editing.

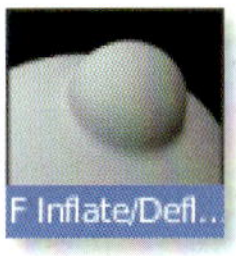

9 Inflate/Deflate (I): Ähnelt dem Brush, jedoch mit dem Unterschied, dass Vertices im Inflate-Modus in die Richtung ihrer jeweils eigenen Normalen verschoben werden.

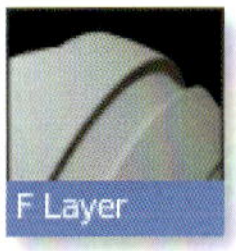

10 Layer (L) gleicht dem Brush-Pinsel. Er unterscheidet sich allerdings dadurch, dass die Höhe der Schicht während des Auftrags auf einen fixen Wert gesetzt wird. Dadurch entsteht der Eindruck, dass eine durchgängige Schicht aufgetragen wird. Da die Schichtdicke pro Pinselstrich feststeht, können während eines Pinselzuges nicht mehrere Schichten übereinandergelegt werden. Lassen Sie die Maustaste jedoch zwischen zwei Pinselstrichen los, so wird die Schichtdicke zurückgesetzt, und Sie können eine weitere Schicht auftragen.

11 Mit dem Mask-Pinsel können Sie Teile Ihres Meshes von der Bearbeitung durch andere Pinsel ausschließen und den Einfluss verringern. Weitere Informationen zu Masken finden Sie am Ende des Sculpting-Themas in diesem Kapitel.

12 Der Nudge-Pinsel bewegt Vertices in Richtung der Pinselbewegung.

13 Pinch/Magnify (P): Pinch zieht Vertices zum Mittelpunkt des Pinsels hin zusammen. Die umgekehrte Einstellung ist Magnify (Strg), bei der Vertices vom Mittelpunkt des Pinsels an die Seite bewegt werden.

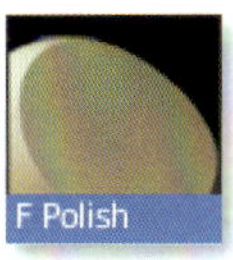

14 Mit dem Polish-Pinsel polieren Sie Ihr Objekt. Er glättet die Oberfläche und macht sie dadurch einheitlicher.

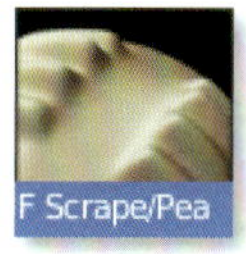

15 Scrape/Peak: Der Scrape-Pinsel arbeitet genau wie der Flatten-Pinsel, zieht aber lediglich Vertices oberhalb der ermittelten Ebene abwärts. Die Umkehrung dieses Pinsels ist der Peak-Pinsel. Er erzeugt spitze Formen durch das Nachobenbewegen von Vertices oberhalb der ermittelten Ebene.

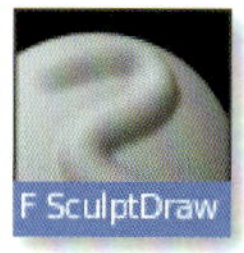

16 Sclupt Draw: Dieser Pinsel ist identisch mit dem Brush-Pinsel 2.

17 Smooth (S): Wie der Name vermuten lässt, werden Unregelmäßigkeiten im Einflussbereich des Pinsels auf dem Mesh durch Angleichung der Vertices beseitigt. Dieser Pinsel glättet daher Ihr Mesh. Da dieser Pinsel oft nur kurzzeitig benötigt wird, können Sie ihn während des Sculpting-Prozesses durch Halten von ⇧ einschalten. Lassen Sie ⇧ los, ist wieder der aktuell gewählte Pinsel aktiv.

18 Snake Hook (K) zieht Vertices entlang der Pinselbewegungen und erzeugt dadurch langgezogene Formen, die wie der Körper einer Schlange (Snake) aussehen. Dieser Pinsel sollte mit Vorsicht (geringer Stärke) genossen werden, er verzerrt Ihr Mesh sehr schnell.

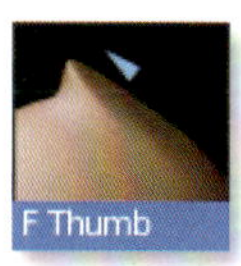

19 Der Thumb-Pinsel ähnelt dem Nudge-Pinsel mit dem Unterschied, dass er Ihr Mesh in Richtung des Pinselstriches glättet.

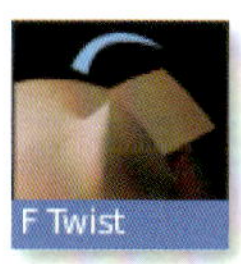

20 Twist rotiert Vertices im Radius des Pinsels kreisförmig. Halten Sie die linke Maustaste gedrückt, und bewegen Sie die Maus kreisförmig im oder gegen den Uhrzeigersinn, um den Effekt zu sehen.

Möchten Sie Ihren eigenen Pinsel erstellen, so sollten Sie einen Pinsel als Vorlage wählen, der Ihrem neuen Pinsel am nächsten kommt, und diesen anschließend durch einen Klick auf die Nutzeranzahl zu einem eigenständigen Brush-Datenblock machen. Da Sie Datenblöcke in andere Dateien importieren können, steht einer Pinselbibliothek damit nichts mehr im Weg.

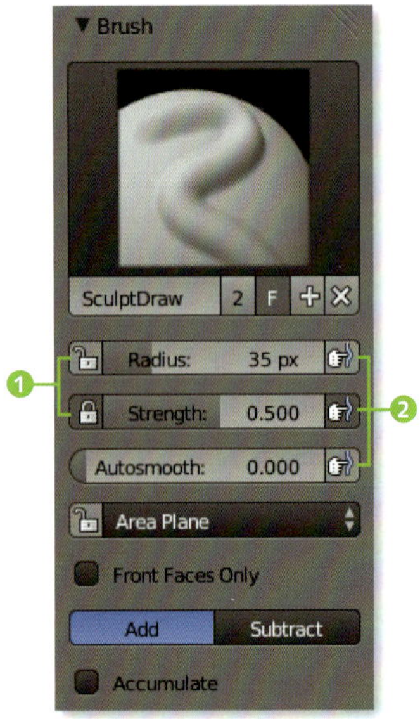

▲ **Abbildung 4.66**
Das Brush-Panel bietet eine Fülle an Einstellungsmöglichkeiten.

Pinseleinstellungen – das Brush-Panel, Part 2 | Neben der Pinselauswahl machen die Anpassungsmöglichkeiten im Tool-Tab einen Großteil des Brush-Panels aus. Die ersten beiden Optionen kennen Sie bereits, weitere wichtige Optionen sind:

- Radius: Die Größe des gewählten Pinsels in Pixeln. [F] beschleunigt die Radius-Auswahl.
- Strength: Hier legen Sie fest, wie stark der Pinsel auf das Objekt drückt. [⇧] + [F] ist für diese Option zuständig.
- Autosmooth: Hier legen Sie die Stärke der Oberflächen-Glättung fest. Sie wird bei jedem Pinselstrich automatisch durchgeführt und ist besonders dann sichtbar, wenn Sie durch einen bestehenden Pinselzug zeichnen.
- Sculpt Plane: Mit diesen Optionen können Sie die Wirkung des Pinsels auf bestimmte Achsen oder Ansichten beschränken:
  - Area Plane: Hier projiziert Blender eine eventuell vorhandene Pinsel-Textur senkrecht auf die Fläche, auf der Sie gerade zeichnen – egal, aus welcher Richtung Sie auf die Fläche schauen.
  - View Plane: Mit dieser Option wirkt der Pinsel besonders stark auf die Oberflächen der aktuell betrachteten Ansicht – zu den Seiten hin flacht seine Wirkung ab.
  - X, Y, Z Plane: Der Pinsel wirkt ausschließlich auf der x-, y-, oder z-Ebene. Besonders um Flächen zu glätten ist diese Option sinnvoll.
- Front Faces Only: Aktivieren Sie diese Option, um festzulegen, dass Sie nur die Ihnen zugewandten Seiten sculpten können, von Ihnen abgewandte Seiten bleiben unberührt.
- Add/Subtract: Hiermit kehren Sie den Pinsel um. Während der Blob-Pinsel im Modus Add beispielsweise einen Tropfen auf dem Mesh formt, dellt er das Mesh in der Einstellung Subtract tropfenförmig nach innen ein. Während Sie sculpten, können Sie [Strg] halten, um den jeweils anderen Modus temporär einzuschalten.
- Accumulate: Schalten Sie diese Option ein, so wird jeder Pinselstrich übereinandergelegt, egal, ob Sie zwischen dem Strich die linke Maustaste loslassen oder mehrmals übereinanderwischen, ohne die Maustaste loszulassen.

Grafiktablett-Besitzer aufgepasst
Sind Sie glücklicher Besitzer eines Zeichentabletts von Wacom oder ähnlichen Herstellern, können Sie über einen Klick auf den Finger ❷ die Drucksensitivität aktivieren. Je stärker Sie auf das Tablett drücken, desto stärker ändern sich die aktivierten Einstellungen.

Die Größe eines Pinsels hängt normalerweise von der Zoomstufe ab. Zoomen Sie näher an Ihr Objekt, so werden Sie mehr Details zeichnen können (Ihr Pinsel wirkt kleiner), zoomen Sie weiter weg, so wirkt Ihr Pinsel größer. Möchten Sie die Größe in jeder Zoomstufe beibehalten, nutzen Sie das Schloss-Icon ① direkt neben der RADIUS-Option. Gleiches gilt für die Stärke des Pinselstriches.

Das Texture-Panel | Auf dem TEXTURE Panel auf dem TOOL Tab können Sie Ihrem Pinsel mittels Bild- oder Videodaten eine Struktur verpassen. Dieses Feature ist extrem nützlich beim Sculpten von wiederkehrenden Details (beispielsweise Federn), benötigt aber entweder ein stark unterteiltes Mesh oder den aktivierten DYNAMIC-TOPOLOGY-Modus mit einer geringen DETAIL SIZE.

Texturen (Grafiken) und Materialien sind in diesem Buch das Kapitel 8 »Shading«, gewidmet. Momentan reicht es, wenn Sie wissen, dass Blender Texturen entweder generiert oder von der Festplatte als Bilddatei bzw. als Video lädt. Die Farbwerte einer Textur geben an, wie stark der Pinsel an den einzelnen Pixeln wirkt. Ein schwarzes Pixel hat keinen Einfluss, ein weißes den stärksten und alle dazwischenliegenden Töne einen abgeschwächten Einfluss.

Um eine vorhandene Textur auszuwählen, klicken Sie auf das gekachelte Symbol ③ innerhalb des Panels. Um eine neue Textur zu erstellen, klicken Sie auf die NEW-Schaltfläche ④. Unmittelbar nachdem Sie eine Textur ausgewählt haben, wird sie für den aktuellen Pinsel genutzt. Alle TEXTURE-Einstellungen (also beispielsweise wie die generierten Texturen von Blender erstellt werden) finden Sie auf dem TEXTURE-Tab (das Schachbrettmuster) des PROPERTIES-Editors – gedulden Sie sich bis zu Kapitel 8, »Shading« – dort erfahren Sie nicht nur, wie Sie dieses Tab benutzen, sondern auch alle unbekannten Fachbegriffe der folgenden Auflistung.

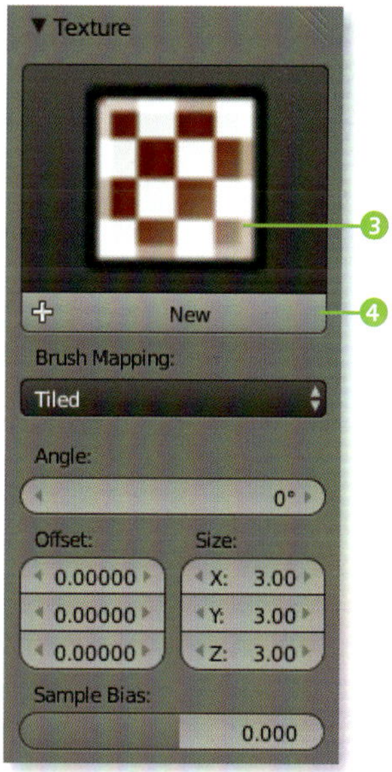

▲ **Abbildung 4.67**
Das TEXTURE-Panel

- BRUSH MAPPING: Legt die Art und Weise fest, wie eine Textur auf den Pinselstrich gemappt wird:
  - VIEW PLANE/AREA PLANE: Analog zu den Pinseleinstellungen: Gibt an, auf welcher Ebene die Textur wirkt.
  - TILED: Die TILED-Option kachelt eine Textur über den Schirm, so dass die Pinselbewegungen wirken, als ob sie sich von der Textur getrennt bewegen würden. Die TILED-Funktion ist am nützlichsten mit Bildern, die gekachelt werden können (sogenannten nahtlosen Texturen), weniger mit von Blender erzeugten prozeduralen Texturen.

- 3D: In diesem Modus schöpfen Sie die Vorteile prozeduraler Texturen voll aus. Statt der Pinselposition werden die Vertex-Koordinaten der unter der Textur befindlichen Vertices genutzt, um den zu zeichnenden Bereich der Textur festzulegen.
- RANDOM: Wählt bei jedem Pinselzug zufällig eine Texturkoordinate aus. Durch diese zufällige Auswahl vermeiden Sie erkennbare Muster.
- STENCIL: Blendet die Textur über Ihr Objekt, wenn Sie Ihre Maus über Ihr Objekt bewegen. Sie können die Textur auf diese Weise exakt über dem zu sculptenden Bereichen platzieren und anschließend durch Klick auf die linke Maustaste sculpten. Um die Textur zu verschieben, nutzen Sie die rechte Maustaste, über [Strg] + rechte Maustaste rotieren Sie die Textur, während sie [⇧] + rechte Maustaste skaliert. Drücken Sie [X] oder [Y], während Sie die Textur skalieren, so beschränken Sie die Skalierung auf die x- bzw. y-Achse. Über RESET TRANSFORM können Sie die ursprüngliche Größe und Position der Textur wiederherstellen.

- ANGLE: Hier legen Sie den Rotationswinkel des Texturenpinsels fest ([Strg] + [F]). Sie können den Winkel während des Sculptens verändern:
  - USER: Direkte Eingabe der Gradzahl; keine Änderung während des Sculpt-Prozesses
  - RAKE: Der Winkel ändert sich zusammen mit der Richtung des Pinselstriches. Dieser Modus ist nicht für 3D-Texturen geeignet.
  - RANDOM: Der Winkel wird zufällig geändert. Dieser Modus ist in Verbindung mit einem Airbrush-Pinsel sinnvoll, um Ihre Textur weniger gleichförmig wirken zu lassen.
- OFFSET/SIZE: Diese beiden Optionen lassen Sie die Größe und eine Verschiebung der Textur festlegen.
- SAMPLE BIAS: Falls die Grauwerte Ihrer Textur etwas zu hell oder zu dunkel sind, können Sie die Helligkeit der kompletten Textur durch diesen Slider anpassen.

Möchten Sie die Textur wieder von dem Pinsel entfernen, genügt es, das X in der Datenblock-Zeile der Textur anzuklicken. Der Platzhalter für leere Texturen erscheint, und die Textur wird nicht mehr genutzt.

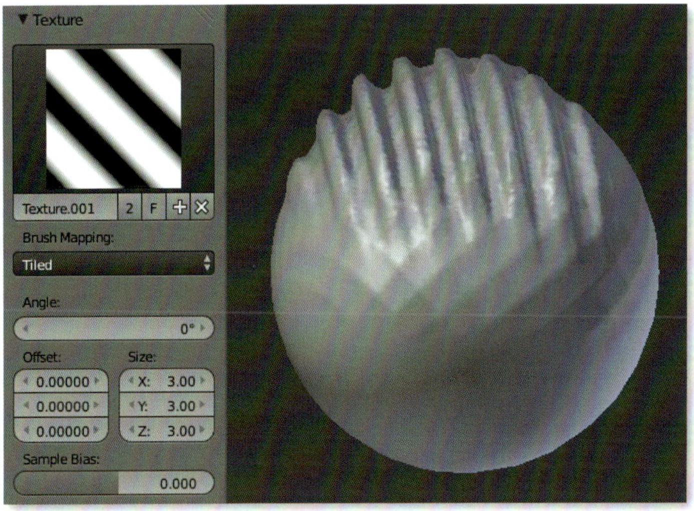

▲ **Abbildung 4.68**
Beispiel für eine Pinseltextur

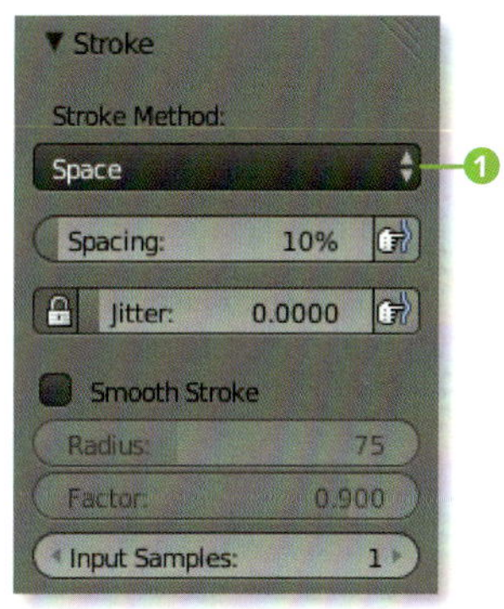

▲ **Abbildung 4.69**
Das Stroke-Panel

Das Stroke-Panel | Auf dem Stroke-Panel, das sich ebenfalls auf dem Tool-Tab befindet, ändern Sie die Art und Weise, wie Pinselzüge auf Ihr Modell aufgetragen werden. Zu Beginn des Panels finden Sie die Combobox Stroke Method ① (während des Sculptings zugänglich durch [A]), die je nach Eintrag weitere Optionen anzeigt. Folgende Stricharten können Sie hier wählen:

- Dots: Viele kleine Punkte werden eng aneinandergesetzt und ergeben somit eine Linie.
- Drag Dot: Erzeugt einen einzelnen Punkt in Pinselform auf dem Mesh. Halten Sie die linke Maustaste gedrückt, so können Sie den Punkt auf dem Mesh verschieben. Lassen Sie linke Maustaste los, wird der Sculpting-Vorgang durchgeführt.
- Space: Erzeugt einen Pinselstrich als eine Abfolge von Tupfern, deren Abstände durch die Spacing-Einstellung vorgegeben werden. Ein Spacing von 100 % steht dabei für einen Pinseldurchmesser-Abstand zwischen zwei Tupfern.
- Airbrush: Der Pinsel trägt so lange Material auf, bis die linke Maustaste losgelassen wird. Die Geschwindigkeit des Auftrags wird durch den Parameter Rate bestimmt. Diese Option ist nicht für den Grab-Pinsel verfügbar.
- Anchored: Sculptet kreisförmig um den Punkt, an dem Sie Ihren Zug beginnen. Durch Klicken und Ziehen mit der linken Maustaste wird der Pinseldurchmesser verändert. Mit dem Parameter Edge to Edge wird, wie bereits zuvor, ein Kreis aufgezogen. Er wird jedoch nicht aus der Mitte, sondern zwischen Start- und Endpunkt der Mausbewegung erstellt.

Wie bereits erwähnt, sind einige weitere Parameter verfügbar, wenn Sie unter Stroke Method die Stricharten Dots, Space und Airbrush wählen:

- Jitter: Zitternde Pinselführung während des Malens. Je höher dieser Wert ausfällt, desto weiter liegen die gesculpteten Punkte von der aktuellen Pinselposition entfernt.
- Smooth stroke: Der Pinsel folgt der Maus verlangsamt und bewegt sich auf einem weicheren Pfad.
- Über Radius kann der minimale Abstand zwischen zwei Punkten eines Pinselstriches angeben werden. Bevor dieser Abstand nicht erreicht ist, wird der Pinselstrich nicht weitergeführt.
- Mit Factor definieren Sie den Grad der Weichzeichnung.

Das Curve-Panel | Das Curve-Panel des Brush-Tabs ermöglicht es Ihnen, über eine Kurve die Form Ihrer Pinselspitze zu definieren. Die Kurve bestimmt dabei nur eine Hälfte der Pinselspitze. Um den kompletten Pinsel zu erhalten, müssten Sie die Kurve gedanklich an der vertikalen Achse links spiegeln. Die linke Seite stellt daher die Intensität in der Mitte des Pinsels dar, während die rechte Seite die Intensität am Rand des Pinsels angibt. Da die Darstellung und Bearbeitung von Kurven in Blender standardisiert ist, möchte ich diesen Abschnitt nutzen, um Ihnen eine kleine Einführung in dieses Thema zu geben. Probieren Sie alle nachfolgenden Einstellungen an dem gewählten Pinsel aus, so lernen Sie die Bearbeitung von Pinseln und die gängigen Bearbeitungsmöglichkeiten von Kurven gleichermaßen kennen.

Alle Kurven in Blender sind so aufgebaut, dass im oberen Bereich mehrere Bedienfelder zum Bearbeiten der Kurve untergebracht werden (je nach Anwendungszweck unterschiedlich), in der Mitte die aktuelle Kurve zu sehen ist und im unteren Bereich die Koordinaten des aktuellen Punktes inklusive optionaler Einstellungen eingegeben werden.

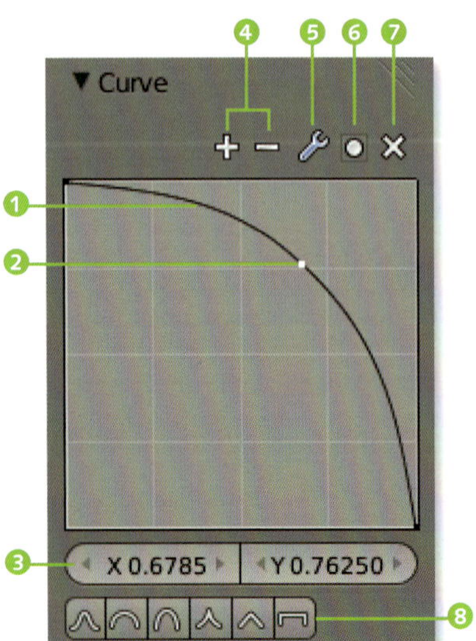

▲ **Abbildung 4.70**
Das Curve-Panel des Brush-Tabs

Unter ❶ finden Sie die Kurve höchstselbst. Dort können Sie durch Halten der linken Maustaste, während Sie sich über einem Kontrollpunkt ❷ befinden, und das Bewegen der Maus den jeweiligen Kontrollpunkt verschieben, durch Klick in den Raum zwischen zwei Kontrollpunkten einen neuen Kontrollpunkt anlegen und durch das gleichzeitige Halten von [⇧] während des Verschiebens die Translation verlangsamen. Unter ❸ sehen Sie die jeweilige Koordinate des Kontrollpunktes und können sie selbstverständlich dort direkt ändern.

Unter ❹ finden Sie Schaltflächen zum Zoomen in die und aus der Kurve, eine Schaltfläche zum Löschen von Kontrollpunkten ❼ und einen Schraubenschlüssel ❺, mit dem die aktuelle Ansicht eingepasst und die Kontrollpunkt-Anfasser (siehe Kurven etwas später in diesem Kapitel) angepasst werden können. Zu guter Letzt sehen Sie noch ein weiteres, punktförmiges Symbol 6. Mit diesem können Sie einstellen, bis zu welchen Werten die Kontrollpunkte maximal und minimal verschoben werden können. Speziell auf dem Curve-Panel finden Sie unter 8 schlussendlich ein paar Voreinstellungen für Pinselformen. Die Kurve wird bei einem Klick auf diese Schaltflächen sofort angepasst und auf den Pinsel übertragen.

Probieren Sie verschiedene Pinselformen aus, und sculpten Sie ein wenig mit diesen. Laden Sie dazu die Datei »04_DynTopo-Curve.blend«. Sie enthält einen ausreichend unterteilten Würfel für Ihre Versuche.

Die Datei »04_DynTopo-Curve.blend« finden Sie auf der Buch-DVD unter Beispielmaterial • Kapitel_04.

Dyntopo-Panel | Als letztes wichtiges Panel möchte ich Ihnen das Dyntopo-Panel etwas näherbringen. Es enthält – wer hätte es vermutet – alle Einstellungen des Dynamic-Topology-Modus:

- Enable/Disable Dyntopo: Hier aktivieren oder deaktivieren Sie den Dynamic-Topology-Modus – schneller geht es mit [Strg] + [D].
- Detail Size: Je kleiner dieser Wert wird, desto kleiner werden die erzeugten Flächen im Mesh (desto genauer wird Ihr Pinselzug also auf dem Mesh abgebildet). Nutzen Sie die Tastenkombination [⇧] + [D], um den Wert während des Sculptens zu ändern.
- Detail Refine Method: Je nach gewählter Methode führt Blender unterschiedliche Operationen auf Edges während des Zeichnens aus. Subdivide Edges unterteilt Edges, wenn sie eine Maximalgröße überschreiten, Collapse Edges entfernt zu kleine Edges. Subdivide Collapse vereint beide Optionen.
- Detail Type Method: Im Modus Relative erzeugt der Dyntopo-Algorithmus kleinere Flächen, wenn Sie an das Modell heranzoomen, als wenn Sie es von Weitem bearbeiten. Im Modus Constant bleibt die Auflösung der erzeugten Geometrie von der Zoomstufe unabhängig. Die Pipette ermöglicht Ihnen in diesem Fall, den Detailgrad an einer Position des Meshes zu übernehmen.
- Smooth Shading: Aktivieren Sie diese Option, um das Shading zwischen Flächen-Normalen zu interpolieren – das Mesh wirkt dadurch weichgezeichnet, behält aber seine Geometrie bei.
- Collapse Short Edge: Mit dieser Option versucht Blender, während jedes Pinselzugs Edges zu entfernen, die kürzer als ein im Programm hinterlegter Minimalwert sind. Das Mesh wirkt dadurch aufgeräumter, sehr kleine Details können allerdings verloren gehen.

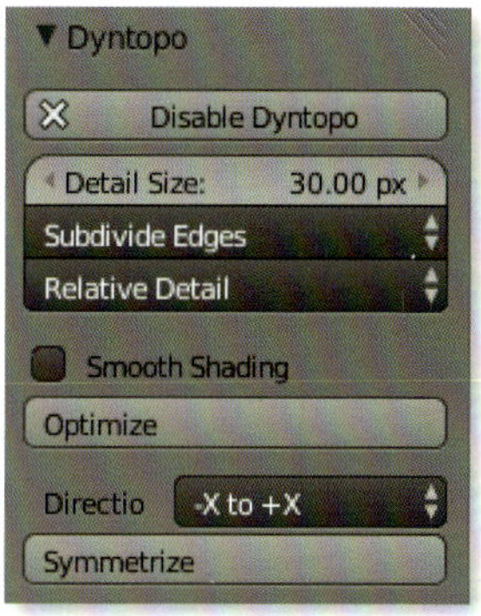

▲ **Abbildung 4.71**
Das Dyntopo-Panel

- OPTIMIZE: Ein Klick auf OPTIMIZE kann nach einer längeren Sculpting-Session bei großen Meshes zu einem deutlich beschleunigten Sculpting führen. Dabei werden interne Datenstrukturen neu berechnet.
- SYMMETRIZE: Ein Klick auf diese Schaltfläche spiegelt das Mesh an auswählbaren Achsen.
- DIRECTION: Hier legen Sie fest, an welcher Achse gespiegelt werden soll.

4.7.3 Mesh-Teile ausblenden

Genau wie Sie im EDIT oder OBJECT MODE Teile eines Meshes bzw. ganze Objekte per Druck auf [H] temporär ausblenden können, können Sie auch im SCULPT MODE alle hinderlichen Mesh-Teile ausblenden. Betätigen Sie dazu einmal [H], und ziehen Sie mit der Maus bei gehaltener linker Maustaste eine Box um die auszublendenden Teile des Meshes. Möchten Sie die Teile zu einem späteren Zeitpunkt wieder einblenden, hilft Ihnen [Alt] + [H] weiter.

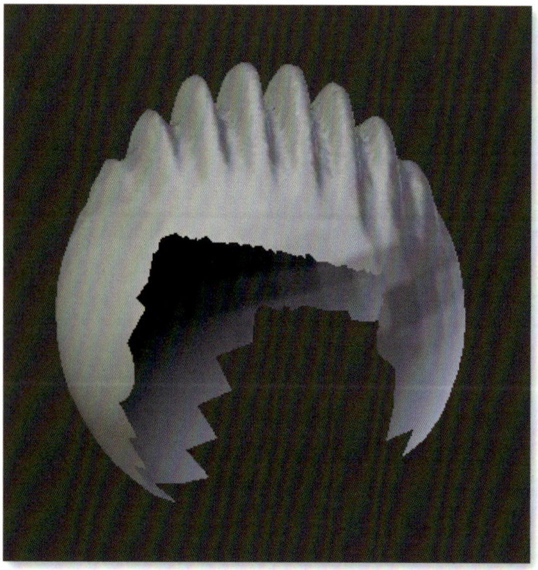

Abbildung 4.72 ▸
Auch im SCULPT MODE können Mesh-Teile ausgeblendet werden.

4.7.4 Mesh-Teile maskieren

Als ich Ihnen ein wenig früher eine Übersicht über alle vorhandenen Pinsel gab, habe ich Ihnen versprochen, den MASK-Pinsel etwas detaillierter auszuführen. Diesem Versprechen möchte ich jetzt nachkommen. Der MASK-Pinsel ermöglicht es Ihnen, Teile Ihres Meshes von der Bearbeitung durch andere Pinsel auszuschließen. Die Bereiche, an denen Masken wirken, erscheinen als abgedunkelte Flächen auf Ihrem Mesh. Je dunkler ein Bereich, desto weniger Einfluss wird jeglicher Versuch haben, in diesem Bereich zu sculpten.

Schritt für Schritt
Mit dem Mask-Pinsel arbeiten

Um den Mask-Pinsel kennenzulernen und gleich live auszuprobieren, nutzen Sie am besten die Datei »04_MaskBrush.blend«. Dort finden Sie eine unterteilte Kugel, die Sie nach Herzenslust mit dem Mask-Pinsel bearbeiten können. Folgen Sie dazu diesen Schritten:

Die Datei »04_MaskBrush.blend« finden Sie auf der Buch-DVD unter Beispielmaterial • Kapitel_04.

1 Maskierungen mit dem Mask-Pinsel auftragen

Wählen Sie den Mask-Pinsel durch [M]. Zeichnen Sie anschließend auf verschiedenen Stellen Ihrer Kugel mit der linken Maustaste eine Maske. Sie werden sehen, dass die Maske je nach Stärke des Pinsels dunkler oder heller wird.

2 Maske weicher machen

Um die Maske ein wenig weicher zu machen, zeichnen Sie mit gehaltener [⇧]-Taste über bereits maskierte Gebiete. Zeichnen Sie manche Stellen mit einer geringen Stärke, und lassen Sie Teile des Meshes komplett unberührt.

3 Blob-Pinsel aktivieren

Wählen Sie den Blob-Pinsel, und zeichnen Sie mehrfach über das gesamte Mesh. Sie werden sehen, dass die dunklen Flächen kaum bzw. überhaupt nicht auf Ihre Sculpting-Versuche reagieren.

4 Maske umkehren

Invertieren Sie jetzt die Maske mit [Strg] + [I], und zeichnen Sie erneut über das Mesh – diesmal mit gehaltener [Strg]-Taste. Sehen Sie, wie jetzt ausschließlich die vormals von der Maske bedeckten Teile bearbeitet werden können?

5 Neue Maske erzeugen

Löschen Sie nun die komplette Maske durch [Alt] + [M], und erzeugen Sie eine neue Maske per Box-Select – betätigen Sie dazu [B], und ziehen Sie einen viereckigen Maskenbereich bei gehaltener linker Maustaste auf. Um etwas größere »Kuhflecken« auf der Maske zu erzeugen, können Sie das Lasso-Tool verwenden. Halten Sie dazu [Strg] + [⇧] gedrückt, und umkreisen Sie die Flächen mit der linken Maustaste, die Sie gerne maskieren möchten.

Die Datei »04_MaskBrush_End.blend« finden Sie auf der Buch-DVD unter BEISPIELMATERIAL • KAPITEL_04.

Einen mit »Kuhflecken« übersäten Masken-Ball und damit das Ergebnis dieser kleinen Übung finden Sie in der Datei »04_MaskBrush_End.blend«.

▲ **Abbildung 4.73**
Das Ergebnis des kleinen Workshops: Ein mit »Kuhflecken« übersäter Masken-Ball.

4.7.5 Matcaps

Nachdem Sie jetzt einige Skulpturen erschaffen haben und bis zu dem ersten gerenderten Bild noch etwas Zeit vergehen wird, möchte ich Ihnen jetzt bereits eine Möglichkeit zeigen, Ihre Modelle zu präsentieren. Wir bedienen uns dabei einer besonderen Art der Mesh-Anzeige: den sogenannten MATCAPS. Diese speziellen Oberflächen werden inklusive Glanzeffekten in Echtzeit von der Grafikkarte berechnet und können einerseits bei der Erstellung von Modellen als auch bei ihrer Präsentation von großem Nutzen sein.

Sie finden die MATCAP-Option in den PROPERTIES des 3D-VIEW-Editors (N) im SHADING-Panel. Bevor Sie diese aktivieren, empfiehlt es sich, Ihre Mesh-Oberfläche im SCULPT MODE durch die Option SMOOTH SHADING im DYNTOPO-Panel der TOOLBAR zu glätten.

Die Datei »04_MatCaps.blend« finden Sie auf der Buch-DVD unter BEISPIELMATERIAL • KAPITEL_04.

In der Datei »04_MatCaps.blend« finden Sie ein Übungsmodell, das diese Option noch nicht gesetzt hat. Aktivieren Sie daher zuerst mit ENABLE DYNTOPO das DYNTOPO-Feature und dann die Oberflächenglättung SMOOTH SHADING ①. Schalten Sie dann die MATCAP-Option ② im SHADING-Panel ein, und klicken Sie auf die unterhalb dieser Option erscheinende Vorschau ③.

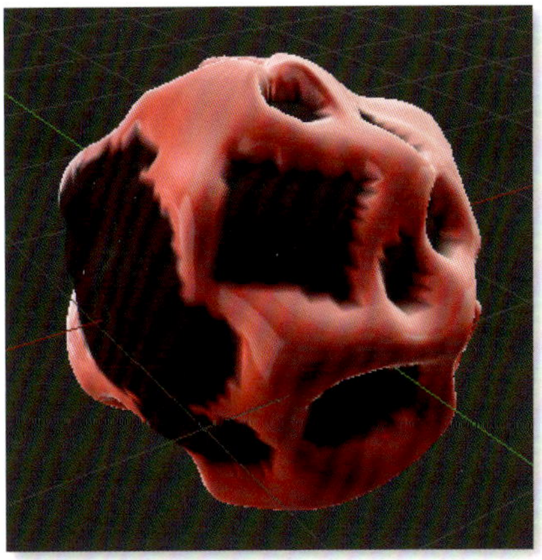

▲ **Abbildung 4.74**
Ein Beispiel für die MATCAP-Option

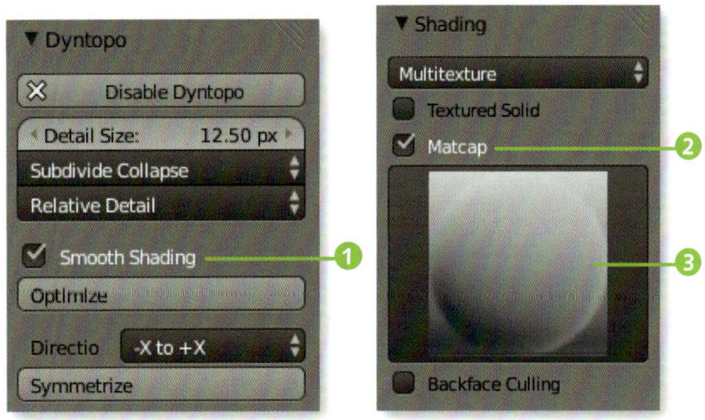

▲ **Abbildung 4.75**
Aktivieren Sie Smooth Shading ① und die MATCAP-Option im SHADING-Panel des 3D-VIEW-Editors

Wählen Sie anschließend ein für Sie ansprechendes Vorschau-Material aus: Die oberen anderthalb MATCAP-Reihen bieten Ihnen dabei eine Auswahl an Materialien für eine Präsentation (beispielsweise bei Kundenbesuchen), während Ihnen die unteren anderthalb Reihen helfen, Details und unschöne Stellen Ihres Modells während des Sculpting-Prozesses besser sichtbar zu machen. Matcaps können auch während des Sculptens genutzt werden – probieren Sie das aus.

4.7.6 Für Wissbegierige

Falls Sie nach all diesen vorgestellten Optionen und Möglichkeiten immer noch nicht genug vom Digital Sculpting haben, möchte ich Ihnen hier noch ein paar Themen nennen, die Sie sich selbstständig ansehen können:

- Erkunden Sie das SYMMETRY/LOCK-Panel. Hier können Sie einstellen, dass alles, was auf einer Seite des Meshes gesculptet wird, an einer beliebigen Achse gespiegelt und somit auf die andere Seite übertragen wird. Darüber hinaus können Sie über die LOCK-Optionen festlegen, dass auf den angegebenen Achsen keine Veränderung durch Sculpting-Operationen vorgenommen werden kann.
- Sehen Sie nach, was sich im OPTIONS-Tab versteckt. Sie können dort unter anderem eine eigene Icon-Datei laden, die statt Ihres Cursors beim Sculpting verwendet wird.

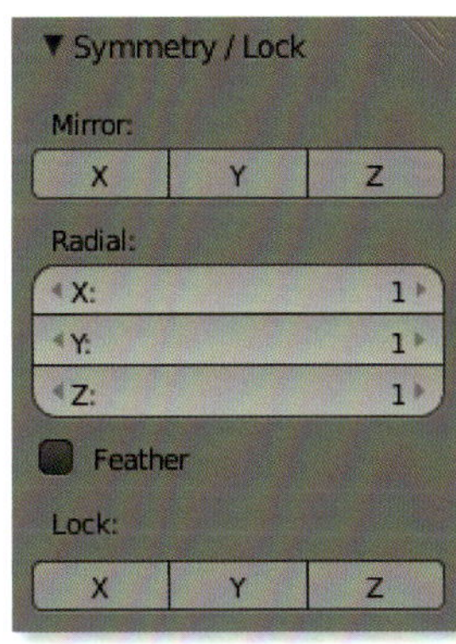

▲ **Abbildung 4.76**
Das SYMMETRY/LOCK-Panel

Mit diesen Tipps zum Stöbern möchte ich den Abschnitt über die verschiedenen Modelling-Arten abschließen. Ich hoffe, ich konnte Ihnen zeigen, dass es bei der Modellierung von Objekten keinen richtigen oder und falschen Weg gibt – jedes Tool hat seine eigenen Vor- und Nachteile und dient unterschiedlichen Anforderungen. Setzen Sie die unterschiedlichen Werkzeuge sinnvoll ein, und experimentieren Sie mit ihnen. Sie werden schnell lernen, in welchen Situationen welches Werkzeug am besten »passt« und Ihren Workflow am besten unterstützt.

4.8 Schöne Kurven – Bézier und NURBS

NURBS-Kurven

Eine spezielle Kurvenart – die NURBS – werden in diesem Buch kaum behandelt. Während viele CAD-Programme ausschließlich auf NURBS aufbauen, ist in Blender dieser Typ kaum gepflegt und weiterentwickelt worden. Wenn glatte Kurvenverläufe auf Oberflächen verbunden mit detaillierten Schnitten gefordert sind, denken Industriedesigner direkt an boolesche Operationen in Verbindung mit NURBS. Sie sind optimal für diese Zwecke nutzbar – nur leider nicht in Blender!

Kurven (*Curves*) und Oberflächen (*Surfaces*) gehören genau wie die angesprochenen Meshes zu den Standardobjekten von Blender. Sie werden jedoch nicht durch Vertices, Edges und Faces, sondern durch eine mathematische Funktion bestimmt. Sie benötigen dadurch deutlich weniger Speicher als Meshes und sind auflösungsunabhängig – ihr Verlauf wird über Kontrollpunkte definiert.

Genau wie Mesh-Objekte nicht notwendigerweise aus einem einzigen verbundenen Mesh bestehen, muss auch eine Kurve nicht aus einem einzelnen Linienzug (einem sogenannten *Spline*) bestehen – Sie können beliebig viele Splines zu einem Curve- oder Surface-Objekt hinzufügen. Transformationen von Kurven führt Blender über die gleichen Tastenkombinationen wie bei Mesh-Objekten aus. Neben der Auflösungsunabhängigkeit bringen Kurven eine weitere hilfreiche Funktion mit: Entlang von Splines können andere Kurven gezogen und somit extrudiert und abgeschrägt werden. Auf diese Weise können Sie sehr einfach Objekte wie Rohre, Taue und Ähnliches erstellen.

In Ihrem Blender-Alltag werden Sie wahrscheinlich deutlich seltener mit Curve- oder Surface-Objekten zu tun haben als mit Mesh-Objekten – trotzdem wird Ihnen das Wissen über Kurven auf Ihrer weiteren Reise mit Blender helfen: Alle Animationen werden in Blender mithilfe der sogenannten IPO-Kurven gesteuert. Sie verhalten sich absolut identisch zu den hier behandelten Kurven im zweidimensionalen Raum.

4.8.1 Kurven und Oberflächen hinzufügen

Wie in Blender üblich, finden Sie alle Kurven und Oberflächen im ADD-Menü [⇧] + [A]. Dort erwarten Sie die beiden Einträge CURVE und SURFACE, die eine Kurve bzw. eine NURBS-Oberfläche einfügen. Das gewählte Objekt erscheint wie gewohnt an Ihrem 3D-Cursor.

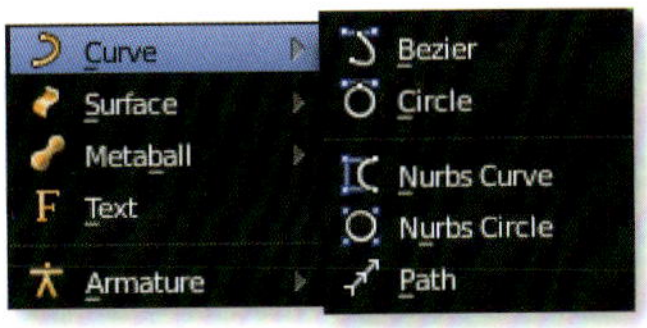

▲ **Abbildung 4.77**
Über CURVE werden Kurven eingefügt.

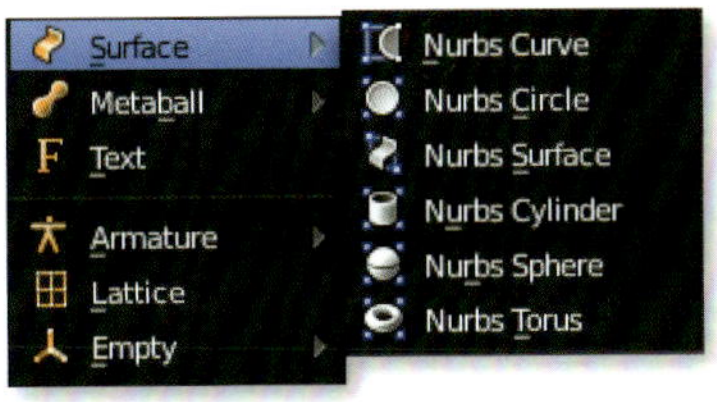

▲ **Abbildung 4.78**
Über SURFACE werden NURBS-Oberflächen eingefügt.

Um den nachfolgenden Panels und Erklärungen besser folgen zu können, löschen Sie alle Elemente der Szene, und fügen Sie eine Bézier-Kurve mit [⇧] + [A], gefolgt von [2], [1] ein.

4.8.2 Kontrollpunkte und Anfasser

Wenn Sie eine Kurve in der 3D-Ansicht einfügen, liegt sie zuerst einmal als mehr oder weniger gekrümmtes Objekt in der Ebene. Um die Kurve zu transformieren, können Sie die altbekannten Tastenkombinationen [G], [R], [S] oder den 3D-TRANSFORM-Manipulator nutzen. Um die Kurve zu ändern (d. h., auf die Daten der Kurve zuzugreifen), nutzen Sie wie bereits bei den Mesh-Objekten den EDIT MODE. Anders als bei den vorangegangenen Objekten sehen Sie hier jedoch keine Vertices, sondern Kontrollpunkte (Control Points) und Anfasser (Handles).

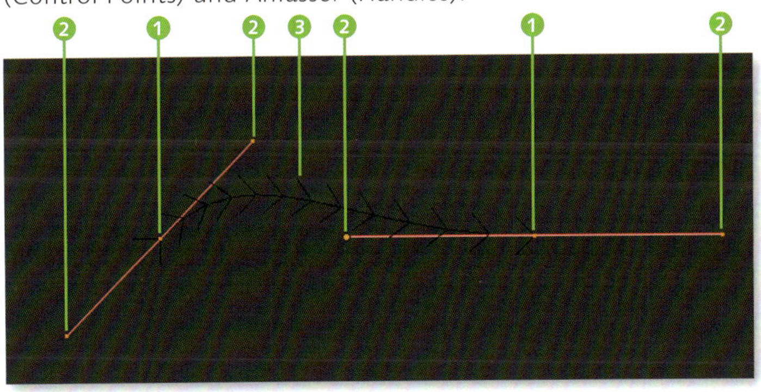

▲ **Abbildung 4.79**
Kein Tausendfüßler, sondern eine Bézier-Kurve mit eingeblendeten Kontrollpunkten und Anfassern

Kontrollpunkte transformieren | Momentan besteht die von Ihnen hinzugefügte Kurve aus zwei Kontrollpunkten ❶, die von jeweils zwei Anfassern begrenzt werden ❷. Die Kontrollpunkte der Kurve bestimmen, durch welche Punkte die Kurve verläuft, während die Anfasser bestimmen, wie stark die Krümmung der Kurve

Kontrollpunkte und Anfasser verschieben

Möchten Sie nicht immer [G] drücken, wenn Sie einen Anfasser oder Kontrollpunkt verschieben, dann erinnern Sie sich an die Bewegung von Objekten: Wählen Sie den Kontrollpunkt nicht per einfachem Rechtsklick, sondern durch Drücken und Halten der rechten Maustaste. Bewegen Sie die Maus mit weiterhin gehaltener Maustaste, so »klebt« der Punkt an der Maus. Ein Linksklick bestätigt die Verschiebung, ein Rechtsklick bricht die Aktion ab.

vor und nach dem Kontrollpunkt ist. Die »Rippen« der Kurve ❸ zeigen Ihnen an, in welcher Richtung die Kurve verläuft.

Sehen Sie sich dieses Verhalten von Kontrollpunkt und Anfassern einmal an: Wechseln Sie mit [7] (Ziffernblock) in die Aufsicht, und schalten Sie die orthogonale Ansicht mit [5] (Ziffernblock) an. Wechseln Sie in den EDIT MODE, und verschieben Sie einen Kontrollpunkt mit [G]. Natürlich können Sie auch gleichzeitig mehrere Kontrollpunkte auswählen und diese gleichzeitig transformieren.

Markieren Sie jetzt einen oder mehrere Anfasser, und bewegen, skalieren oder rotieren Sie diese wieder über die bekannten Tastenkombinationen. Sehen Sie, wie sich die Krümmung der Kurve mit Änderung der Anfasser ändert? Sie merken an diesem Punkt sicherlich bereits, wie sehr die Blender-Entwickler darauf bedacht sind, einmal gelernte Tastenkombinationen in allen Bereichen von Blender zu verwenden. Dies äußert sich auch im Snapping von Kontrollpunkten, das Sie mit [⇧] + [S] initiieren. Das SNAPPING-Tool bietet Ihnen bei Kurven exakt die gleichen Auswahlmöglichkeiten und Funktionen wie das SNAPPING-Tool bei Mesh-Objekten.

Kontrollpunkte hinzufügen und löschen | Um Kontrollpunkte hinzuzufügen, haben Sie wie bereits bei den Meshes mehrere Möglichkeiten: Wählen Sie einen Kontrollpunkt, und extrudieren Sie den Punkt mit [E], oder wählen Sie einen Kontrollpunkt, und klicken Sie mit der linken Maustaste und [Strg] an die gewünschte nächste Position – also auch nichts Neues, wenn Sie bereits die Tastenkombinationen der Mesh-Objekte intus haben. Möchten Sie zwischen ausgewählten Kontrollpunkten einige zusätzliche Kontrollpunkte einfügen, so nutzen Sie das SUBDIVIDE-Tool – auch dieses ist Ihnen bereits bekannt: [W].

Es wird Sie jetzt sicherlich auch nicht mehr wundern, dass Sie Kontrollpunkte Ihrer Kurve genau wie die Komponenten eines Meshes löschen können – durch einen Druck auf [Entf] oder [X]:

- SELECT: Alle gewählten Kontrollpunkte werden gelöscht.
- SEGMENT: Vergleichbar mit ONLY EDGES bei Meshes – nur die Verbindungen zwischen den gewählten Kontrollpunkten werden gelöscht. Die Kontrollpunkte bleiben bestehen.

Kontrollpunkte verbinden | Um zwei unverbundene Kontrollpunkte einer Kurve zu verbinden, wählen Sie beide Kontrollpunkte und drücken [F]. Auch hier hält sich Blender wieder an eine bekannte Tastenkombination: die zum Generieren von Edges und Faces bei einem Mesh. Möchten Sie Start- und Endpunkt der Kurve verbinden, so nutzen Sie die Tastenkombination [Alt] + [C] im EDIT MODE. Mindestens ein Kontrollpunkt muss dazu angewählt sein. Falls Sie zwei separate Kurvenobjekte verbinden möchten, steht Ihnen – wie schon bei den Mesh-Objekten – [Strg] + [J] zur Verfügung. Soll ein Spline in einem neuen Objekt untergebracht werden, hilft Ihnen [P].

Anfasserlänge und Winkel ändern | Wenn Sie Anfasser ändern (skalieren oder bewegen), so werden Sie sehen, dass die Kurve zwar immer noch durch die Kontrollpunkte läuft, aber der Winkel geändert wird, in dem der jeweilige Kontrollpunkt passiert wird. Um die Länge oder den Winkel des Anfassers zu verändern, wählen Sie den linken oder rechten Anfasser aus und bewegen ihn per [G] – um Anfasser zu skalieren, nutzen Sie [S], sobald mindestens zwei ausgewählt sind.

Anfassertypen | Haben Sie eben versucht, mehrere Kontrollpunkte einzufügen und mit diesen einen Kurvenverlauf im rechten Winkel zu erzeugen? Falls ja, werden Sie schuldlos gescheitert sein – alle Kanten wurden immer abgerundet. Dieses Phänomen ist der Tatsache geschuldet, dass Sie bisher immer mit dem Anfasser-Typ ALIGNED gearbeitet haben. Anfassertypen für markierte Kontrollpunkte ändern Sie über einen Druck auf [V]. Dabei wirken sich die unterschiedlichen Typen wie folgt aus:

- AUTOMATIC: Bei diesem Anfassertyp bestimmt Blender sowohl die Länge als auch die Ausrichtung der Anfasser automatisch. Kurven werden durch ihn immer wunderbar rund. Dieser Anfassertyp wird automatisch zu einem ALIGNED-Anfasser, sobald Sie ihn bewegen.
- VECTOR: Dieser Typ betrachtet den vorigen und nächsten Anfasser und richtet sich entsprechend aus. Dadurch können Sie Kurven erstellen, die spitze Winkel besitzen. Werden diese Anfasser bewegt, wandelt Blender sie automatisch in den FREE-Typ um.
- ALIGNED: Diese Anfasser liegen immer in einer geraden Linie – sie ermöglichen durchgängige Kurven ohne spitze Winkel.
- FREE: Beide Anfasser (linker und rechter Anfasser um einen Kontrollpunkt) sind völlig unabhängig voneinander.
- TOGGLE FREE/ALIGN: Hier kann zwischen Free und Align gewechselt werden. Da beide Punkte oft genutzt werden, kann die Tastenkombination [V], [5] sehr hilfreich sein.

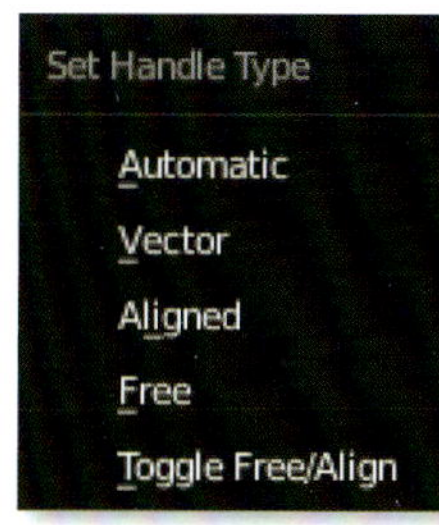

▲ **Abbildung 4.80**
Mit dem Popup SET HANDLE TYPE legen Sie den Anfassertyp fest.

Kurven in der Animation
Kurven werden in Blender nicht nur zum Modellieren eingesetzt, sondern sind auch in der Animation gern gesehene Helfer. Alle dem Themenkomplex »Animation« zugehörigen Panels werden erst in Kapitel 9, »Animation«, besprochen, wundern Sie sich also bitte nicht, falls die nächsten Abschnitte nicht alle sichtbaren Panels besprechen.

4.8.3 Kurven anpassen

Alle Anpassungen an Kurven nehmen Sie auf dem OBJECT DATA-Tab des PROPERTIES-Editors vor. Die Schaltfläche wird durch eine

Kurve symbolisiert, sobald Sie ein Kurvenobjekt auswählen, und enthält die in Abbildung 4.81 gezeigten Panels.

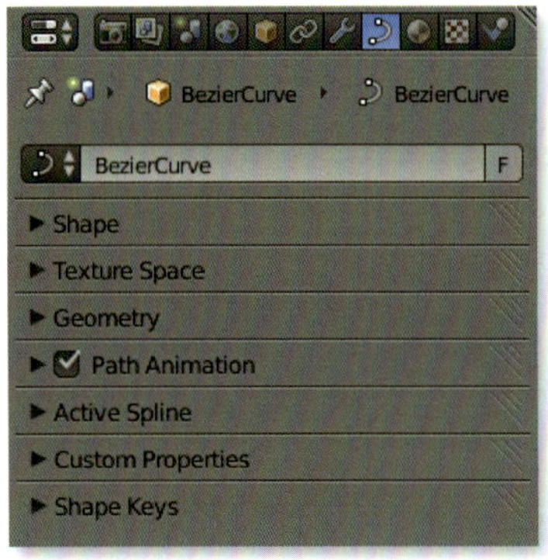

Abbildung 4.81 ▸
Das Object-Data-Tab des Properties-Editors

Zu Beginn des Panels erwartet Sie wieder die altbekannte Datenblock-Zeile, mit der Sie das Kurvenobjekt benennen und einen Fake-User anlegen können.

Die Datei »04_CurveShape.blend« finden Sie auf der Buch-DVD unter Beispielmaterial • Kapitel_04.

Die Kurve in Form bringen – das Shape-Panel | Mit dem Shape-Panel legen Sie die Darstellung Ihrer Kurve fest. Um die Optionen auszuprobieren, können Sie die Datei »04_CurveShape.blend« nutzen. Sie enthält drei Kurven, die zwar auf den nächsten Abschnitt vorgreifen, Sie aber jetzt schon ein wenig mit diesen Einstellungen spielen lassen:

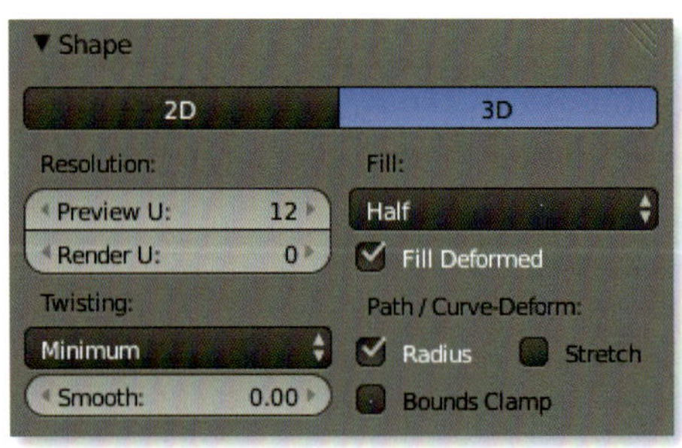

Abbildung 4.82 ▸
Einstellungsmöglichkeiten des Shape-Panels

- 2D/3D: Standardmäßig sind neu erstellte Kurven dreidimensional (Einstellung 3D). Alle Kontrollpunkte können Sie bei dieser Einstellung frei im Raum platzieren. Im 2D-Modus können Sie Ihre Kontrollpunkte nur auf der x- und y-Achse platzieren.
- Resolution: Hier legen Sie fest, wie hoch Ihre Kurve während des Renderings (Render U) und in der 3D-Ansicht (Preview U) aufgelöst wird. Sie legen hiermit fest, wie viele Kontrollpunkte zwischen jedem Kontrollpunktpaar erzeugt werden. Eine Render-U-Auflösung von 0 bewirkt, dass die Preview-U-Auflösung zum Zeitpunkt des Renderings genutzt wird.

- TWISTING: Wenn Ihre Kurve im 3D-Modus ist (d. h., beliebig im Raum platziert werden kann), besitzt sie Kontrollpunkte, die nicht in der lokalen x- und y-Achse liegen. Diese geben der Kurve an jedem Kontrollpunkt eine Drehung, welche wiederum die Kurven-Normalen beeinflusst. Über die TWISTING-Combobox können Sie einstellen, wie die Drehung der Kurve berechnet wird:
  - MINIMUM: Diese Einstellung versucht, die Drehung möglichst sanft zwischen zwei Kontrollpunkten zu interpolieren.
  - TANGENT: Diese Einstellung führt zu scharfen Drehrichtungswechseln.
  - Z-UP: Die Wirkung dieser Einstellung befindet sich zwischen MINIMUM und TANGENT.
- SMOOTH: Hier legen Sie fest, wie stark die Drehungen geglättet werden. Erhöhen Sie den Wert, so werden die Drehungen weniger abrupt durchgeführt, was sich in stärker abgerundeten Kurven widerspiegelt.
- FILL: Diese Optionen bestimmen, wie die Kurve gefüllt wird, wenn sie extrudiert oder abgerundet wird (Beispiele in der Datei »04_CurveFill.blend«). FRONT füllt die Stirnseite der Kurve, BACK füllt die Rückseite der Kurve, BOTH füllt beide Seiten, und NONE füllt keine der Seiten.
- FILL DEFORMED: Füllt die Kurve erst, nachdem Shape Keys (siehe Abschnitt 9.27, »Shape-Key-Animationen«) und Modifier (siehe nächstes Kapitel) angewendet wurden.
- PATH/CURVE-DEFORM: Diese Optionen sind erst dann nützlich, wenn die Kurve als Pfad oder zusammen mit dem DEFORM MODIFIER (siehe nächstes Kapitel) genutzt wird. Die Optionen RADIUS, STRETCH und BOUNDS CLAMP bestimmen, wie sich die an die Kurve gebundenen Objekte auf Ihrem Weg entlang der Kurve verhalten. Weitere Tipps dazu finden Sie in Kapitel 9, »Animation«.

Die Datei »04_CurveFill.blend« finden Sie auf der Buch-DVD unter BEISPIELMATERIAL • KAPITEL_04.

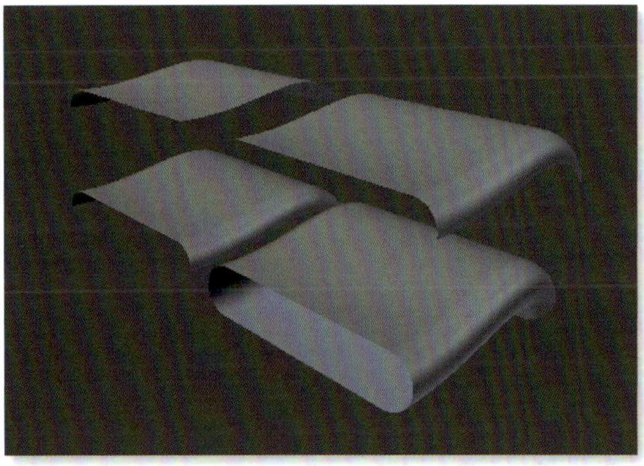

◂ **Abbildung 4.83**
Eine Kurve in unterschiedlichen FILL-Modi – je nach gewähltem Modus werden andere Seiten gefüllt.

Um die Drehung einer Kurve in einem Kontrollpunkt zu ändern, wählen Sie den Kontrollpunkt und drücken [Strg] + [T]. Bewegen Sie Ihre Maus, ändern Sie die Drehung in diesem Punkt – die linke Maustaste bestätigt die neue Drehung.

Das Geometry-Panel | Mit dem GEOMETRY-Panel im OBJECT-DATA-Tab des PROPERTIES-Editors können Sie die Geometrie Ihrer Kurven anpassen – sie erhält jetzt endlich Tiefe. Nutzen Sie auch hier wieder die Demo-Datei »04_CurveFill.blend«, und spielen Sie mit allen vorgestellten Werten:

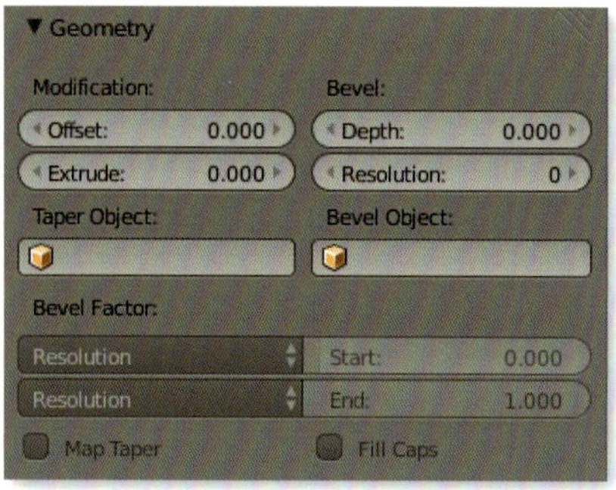

Abbildung 4.84 ▸
Das GEOMETRY-Panel

- MODIFICATION: Hier ändern Sie das Aussehen der Kurve. Die Option OFFSET macht m. E. erst bei Text-Objekten wirklich Sinn. Er verschiebt bei diesen alle generierten Profile aus dem Zentrum nach außen. Mit dem bei EXTRUDE eingestellten Wert können Sie angeben, wie stark die Kurve auf beiden Seiten extrudiert wird.
- BEVEL: Hier legen Sie Parameter für die Abschrägung der Kurve fest. Der Wert bei DEPTH stellt die Stärke der Kantenrundung ein. Mit dem eingestellten Wert bei RESOLUTION legen Sie fest, wie häufig eine Kante gerundet wird.

Abbildung 4.85 ▸
Eine zu Beginn zweidimensionale Kurve wird durch Extrusionen schnell dreidimensional. DEPTH gibt der Kurve zusätzliche Tiefe.

- TAPER OBJECT: Mit diesem Objekt können Sie die Dicke, den Offset- und die Extrude-Werte einer Kurve durch eine sogenannte Taper-Kurve festlegen. Je weiter die Kontrollpunkte dieser Taper-Kurve von ihrem Objektmittelpunkt entfernt sind, desto größer werden die Änderungen. Sehen Sie sich hier insbesondere das Taper-Objekt der Demo-Datei an.

Neben diesen »gewöhnlichen« Optionen gibt es in diesem Panel noch weitere, die immer dann interessant werden, wenn Sie eine Kurve entlang einer weiteren Kurve extrudieren möchten:

- Bevel Object: Hier können Sie ein Curve-Objekt angeben, das entlang der Kurve »gezogen« wird. Skalieren Sie das Curve-Objekt, um die Dicke der Extrusion festzulegen.
- Bevel Factor: Über den Start/End-Faktor können Sie den Startpunkt bzw. Endpunkt der Extrusion dynamisch festlegen. Animieren Sie diesen Wert, so können Sie die Kurve entstehen oder verschwinden lassen.

Mapping Type
Über die beiden Auswahlboxen vor den Bevel-Factor-Optionen legen Sie fest, wie die beiden Faktoren auf die komplette Kurve gemappt werden. Bei der Animation von Bevel-Kurven erhalten Sie durch die Änderung dieser Einstellungen eine gleichmäßigere Animation.

Radien der Kontrollpunkte ändern | Jeder Kontrollpunkt besitzt neben einem linken und rechten Anfasser auch einen Radius. Dieser Radius ist besonders dann interessant, wenn eine Extrusion entlang einer Kurve stattfindet. Über den Radius wird in diesem Fall nämlich bestimmt, wie weit die Extrusion an dem Kontrollpunkt von der Kurve entfernt ist. Den Radius eines Kontrollpunktes können Sie sowohl in den Properties des 3D-View-Editors (N) im Transform-Panel als auch durch Druck auf Alt + S mithilfe Ihrer Maus ändern. Wählen Sie dazu vorab einen Kontrollpunkt aus. Haben Sie bereits eine Extrusion durchgeführt (wie in unserem Beispiel das »BevelledCurve«-Objekt), so können Sie die Verformung live betrachten.

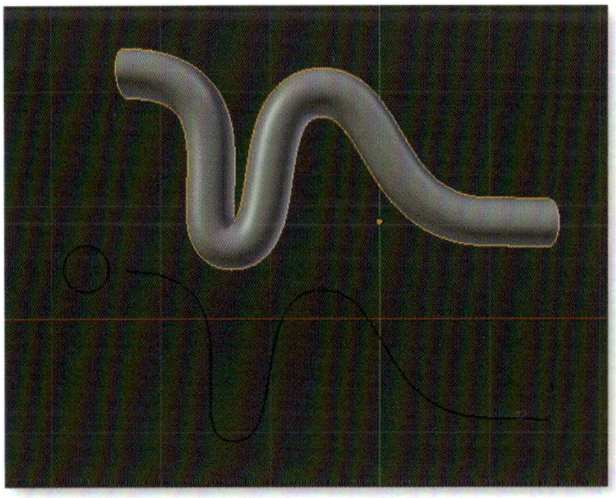

▲ **Abbildung 4.86**
Die Kurve wird durch ein Bevel-Objekt (den Ring) zu einem Rohr, das wie die Kurve geformt ist.

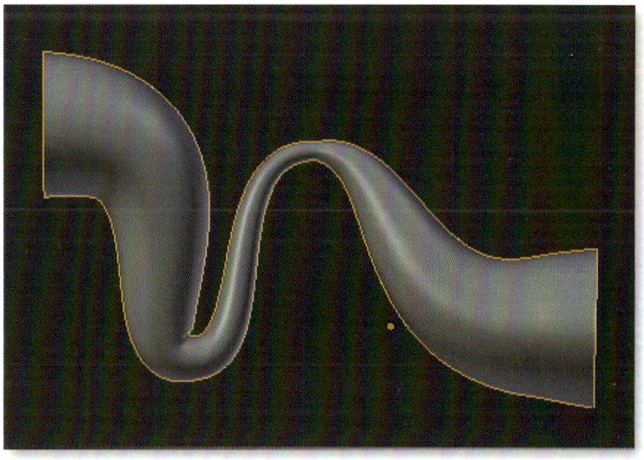

▲ **Abbildung 4.87**
Durch unterschiedliche Radien an den Kontrollpunkten erreichen Sie Verdickungen und Verjüngungen.

Wie zwischen unterschiedlichen Spline-Radien interpoliert wird, können Sie neben vielen anderen Optionen unter dem Active-Spline-Panel einstellen.

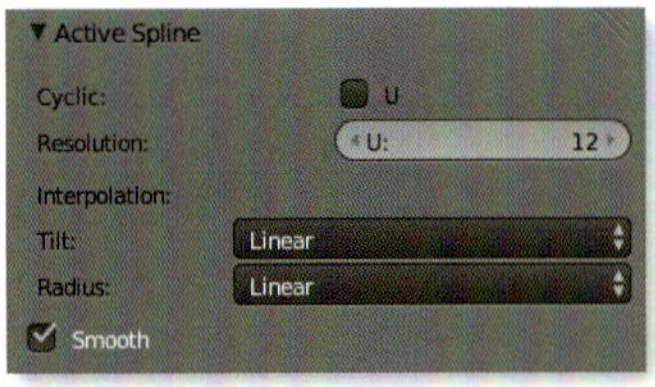

▲ **Abbildung 4.88**
Das Active-Spline-Panel

Einzelne Kurven in Form bringen – das Active-Spline-Panel | Das Active-Spline-Panel im Object-Data-Tab des Properties-Editors verwirrt auf den ersten Blick: Viele dieser Einstellungen befinden sich (zumindest mit ähnlicher Bezeichnung) bereits auf anderen Panels. Bei genauerer Betrachtung stellen Sie jedoch schnell fest, dass die hier angegebenen Optionen nicht auf das komplette Curve-Objekt, sondern auf das aktive Spline innerhalb eines Curve-Objekts wirken.

Um diese Optionen auszuprobieren, schalten Sie daher am besten in den Edit Mode und fügen in diesem ein weiteres Spline (beispielsweise einen Kreis) hinzu, so dass zwei Splines in einem Curve-Objekt vorhanden sind. Extrudieren Sie danach die Splines ein wenig (ein Wert von »1« auf dem Geometry-Panel sollte genügen), oder laden Sie die Datei »04_ActiveSpline.blend«.

Die Datei »04_ActiveSpline.blend« finden Sie auf der Buch-DVD unter Beispielmaterial • Kapitel_04.

Wenn Sie einen Kontrollpunkt aus einem Ihrer beiden Splines wählen, werden Sie feststellen, dass Blender das deselektierte Spline etwas weniger prominent als das aktive zeichnet. Auch hier wird also unterschieden zwischen aktivem und selektiertem bzw. deselektiertem Spline.

Probieren Sie anschließend die nachfolgenden Optionen bei einem beliebigen Kontrollpunkt im Edit Mode aus:

- Cyclic: Genau wie `Alt` + `C` – schließt die Kurve.
- Resolution: Die Auflösung jedes Segments – ein größerer Wert bedeutet weichere Kurven.
- Tilt: Hier legen Sie die Interpolation zwischen Drehungen jedes Segments fest.
- Radius: Hier können Sie einstellen, wie zwischen den Radien der Segmente interpoliert wird. Möchten Sie diese Einstellungen ausprobieren, so extrudieren Sie ein Objekt entlang eines Pfades und skalieren die Radien der Kontrollpunkte unterschiedlich mit `Alt` + `S`.
- Smooth: Bei Aktivierung werden die Normalen der Kurve geglättet – die Extrusion entlang einer Kurve erscheint glatter – keine einzelne Face ist sichtbar.

Als letzte besondere Eigenschaft von Kurven möchte ich an einem Beispiel zeigen, was passiert, wenn Sie zwei oder mehr geschlossene zweidimensionale Kurven in einem Objekt kombinieren. Entgegen dem Verhalten von dreidimensionalen Kurven interagieren diese nämlich miteinander.

4.8.4 Kurven kombinieren

Starten Sie mit der Standardszene, löschen Sie alle Objekte, und folgen Sie anschließend diesen Schritten:

1. Fügen Sie mit ⇧ + A einen Kreis hinzu, gefolgt von 2, 2, und wechseln Sie anschließend in den Edit Mode.
2. Verschieben Sie alle Kontrollpunkte des Kreises mithilfe von G ein wenig entlang der x-Achse.
3. Fügen Sie im Edit Mode einen weiteren Kreis mithilfe von ⇧ + A, gefolgt von 2, 2, so hinzu, dass sich die beiden Kreise überlappen. Wechseln Sie jetzt im Shape-Panel des Object Data-Tabs im Properties-Editor den Modus der Kurve von 3D zu 2D.
4. Erhöhen Sie die Vorschau-Auflösung direkt unter dem 2D-Modus auf 64, um eventuelle Darstellungsfehler zu beheben.
5. Um einen Kreis (eine Spline-Insel) auszuwählen, bewegen Sie Ihre Maus über einen Kontrollpunkt und nutzen anschließend das Select-Linked-Auswahltool mit L.

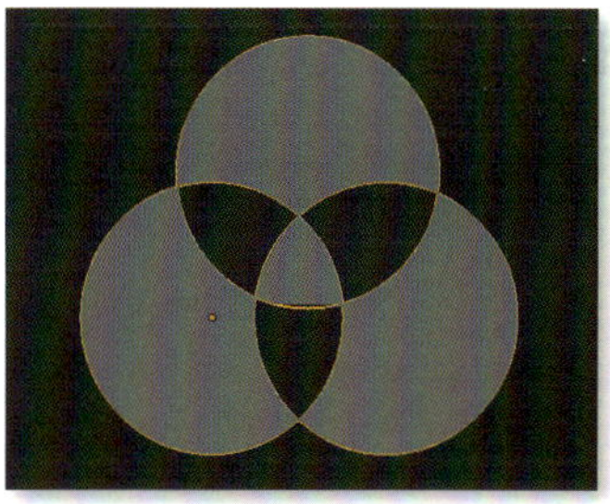

▲ **Abbildung 4.89**
An Stellen, an denen sich geschlossene Kurven überlappen, wird die Schnittmenge der 2D-Kurven ausgeschnitten.

Das Ergebnis ist überraschend: An Stellen, an denen sich geschlossene Kurven überlappen, wird die Schnittmenge der Kurven ausgeschnitten. Alle geschlossenen 2D-Kurven besitzen dieses Verhalten. Die Datei »04_CurveCombination.blend« und Abbildung 4.89 zeigen Ihnen ein mögliches Ergebnis dieser Übung inklusive einer dritten Kurve.

Die Datei »04_CurveCombination.blend« finden Sie auf der Buch-DVD unter Beispielmaterial • Kapitel_04.

4.8.5 Probieren geht über studieren

Probieren Sie die einzelnen Kurven-Optionen jetzt aus (falls noch nicht geschehen). Erhöhen Sie den Extrude-Wert einer Kurve, schrägen Sie sie ab über den Bevel-Depth-Faktor, und stellen Sie die Rundung über die Bevel-Resolution ein. Spielen Sie mit den Kontrollpunkten, verändern sie die 2D/3D-Option und die Drehung der Kontrollpunkte durch Strg + T. Stellen Sie danach unterschiedliche Anfassertypen ein, und betrachten Sie die Änderungen, die diese verursachen. Fügen Sie neue Kontrollpunkte ein, und verkleinern oder vergrößern Sie den Radius der Kontrollpunkte durch Alt + S.

Bei Ihren Tests werden Sie sehen, dass das Curve-Objekt in Blender durch diese Einstellungsmöglichkeiten gerade beim schnellen Modellieren einfacher Körper durchaus seine Vorzüge hat – Sie können die Form per Kurve vorgeben und jederzeit im Nachhinein ändern.

4.8.6 Für Ihre weiteren Streifzüge

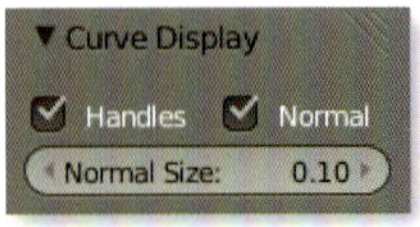

▲ **Abbildung 4.90**
Das Curve-Display-Panel

Natürlich enthalten genauso wie die Mesh-Menüs auch die Curve-Menüs noch weitere Einstellungen. Die Erklärung all dieser Optionen würde dieses Kapitel sprengen, trotzdem möchte ich Ihnen ein paar Ideen für kurvige Streifzüge mit auf den Weg geben:

- Strg + M: Spiegelt die gewählten Kontrollpunkte.
- Das Proportional-Editing- und das Snap-Tool sind (wie bei Mesh-Objekten) verfügbar (gleiche Tastenkombinationen).
- Sehen Sie sich das Curve-Display-Panel in den Properties (N) des 3D-View-Editors an, schalten Sie die Anzeige der Handles und der Normalen an/aus.
- Spielen Sie mit Start/End des Bevel Factor (Properties-Editor • Object Data • Geometry-Panel).
- Sehen Sie sich NURBS-Oberflächen und das Skinning mit NURBS an. Unter *http://wiki.blender.org/index.php/Doc:2.6/Tutorials/Modeling/Surfaces/Skinning* finden Sie einiges dazu. Auch wenn diese Objektarten in Blender bislang wenig Liebe erfahren haben, sind sie einen Blick wert – speziell dann, wenn Sie sich einer Form über ein Profil annähern möchten.

Gerade in Kombination mit den Modifiern, über die Sie im nächsten Kapitel lesen, und den später beschriebenen Funktionen beim Animieren von Objekten werden die Kurven einen festen Platz in Ihrem Blender-Herz einnehmen – und besonders deshalb, weil Ihnen diese Kurven in anderer Form in Kapitel 9, »Animation«, noch einigen Spaß bereiten werden. Kommen wir jetzt zu einem engen Verwandten der Kurven: dem Text-Objekt.

4.9 Text-Objekte

Nach diesem üppigen Kapitel über Kurven ist es jetzt an der Zeit, Ihnen das Text-Objekt vorzustellen. Der Name sagt eigentlich schon alles – mit diesem Objekt bringen Sie Text in Ihre Szene.

Abbildung 4.91 ▶
Text-Objekte aus Blender

Texte sind genau wie Kurven nach der Erstellung erst einmal zweidimensional und lassen sich nicht durch [E] in die Tiefe extrudieren, sie bieten allerdings über verschiedene Einstellungen auf dem Object-Data-Tab des Properties-Editors die Möglichkeit, eine dreidimensionale Form anzunehmen. Text-Objekte erstellen aus einer gewählten Schriftart und dem eingegebenen Text erst zur Render-Zeit ein Mesh (völlig automatisch). Dies impliziert, dass Sie bei einem Text-Objekt keine Vertices zu Gesicht bekommen werden. Auch wenn Sie ähnliche Kontrollpunkte wie bei Kurven erwarten, werden Sie enttäuscht – hier gibt es nur den Text an sich.

Text-Objekte sind den eben besprochenen Kurven sehr ähnlich, sie generieren die Konturen der einzelnen Zeichen nämlich auf genau die gleiche Art. Diese Ähnlichkeit werden Sie auch dann leidvoll bemerken, wenn bei extremen Einstellungen plötzlich Teile Ihres Textes verschwinden oder flackern – dieses Verhalten ist Ihnen sicher bei übereinanderliegenden Kurven bereits begegnet.

4.9.1 Texte der Szene hinzufügen

Wie bereits aus den vorherigen Kapiteln gewohnt, fügen Sie auch diesen Objekttyp wieder durch das Add-Menü ([⇧] + [A]), gefolgt von [5], hinzu. Sie erhalten einen Standardtext in der Standardschriftart mit dem kreativen Inhalt »Text«.

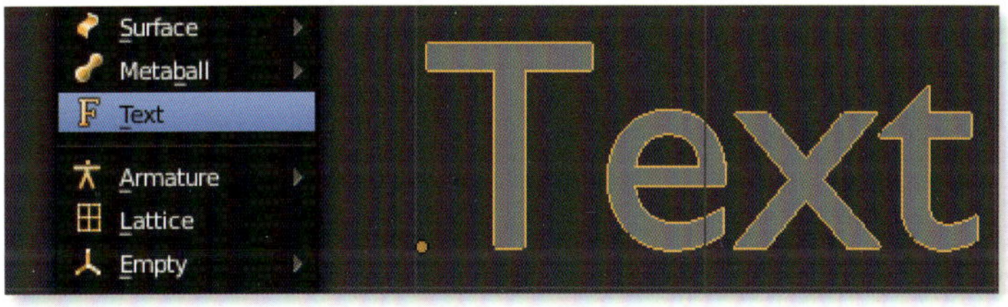

▲ **Abbildung 4.92**
Ein Text-Objekt wird hinzugefügt.

4.9.2 Text eingeben und ändern

Erinnern wir uns kurz: Um die Daten eines Meshes oder einer Kurve zu ändern (Vertices, Edges, Faces, Kontrollpunkte), wechseln Sie per [⇆] in den Edit Mode. Haben Sie eine Vermutung, wie Sie die Daten eines Text-Objekts ändern können? Richtig, genauso. Befinden Sie sich im Edit Mode, zeigt Ihnen ein Cursor an, wo Sie sich gerade befinden. Um Text einzugeben, tippen Sie genau wie in einem Textverarbeitungsprogramm einfach drauflos.

▲ **Abbildung 4.93**
Der Cursor zeigt an, wo im Text Sie sich gerade befinden.

Sonderzeichen

Möchten Sie Sonderzeichen eingeben und per Maus auswählen, so finden Sie diese bei gewähltem Text-Objekt im Text-Menü der 3D-Ansicht, wenn Sie sich im Edit Mode befinden. Wählen Sie dort Special Characters, und Sie erhalten eine Liste aller verfügbaren Spezialzeichen.

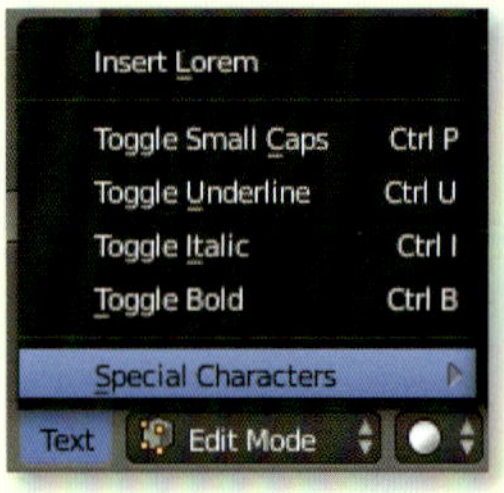

▲ **Abbildung 4.94**
Das Menü Special Characters

4.9.3 Text auswählen und löschen

Um bestehenden Text auszuwählen, wechseln Sie zuerst in den Edit Mode. Ihre Cursor-Tasten in Verbindung mit der ⇧-Taste ermöglichen Ihnen in gewohnter Weise, Text zu selektieren und mit Entf zu löschen. Möchten Sie Zeichen vor dem aktuellen Text-Cursor löschen, so verwenden Sie ←, mit Strg + ← löschen Sie komplette Worte. Natürlich funktionieren auch gewohnte Tastenkombinationen wie das Ausschneiden und Einfügen von Text (Strg + X, Strg + V) oder Strg + ← und Strg + →, um zum vorigen oder nächsten Wort zu springen.

4.9.4 Die Schaltzentrale – das Object-Data-Tab

Dreh- und Angelpunkt des Text-Objekts sind die verschiedenen Einstellungen auf dem Object-Data-Tab des Properties-Editors, das bei Font-Objekten mit einem F-Symbol ❶ gekennzeichnet ist. Hier finden Sie Einstellungen zur Geometrie des Text-Objekts, können Schriftarten ändern und den Zeilen- oder Zeichenabstand bestimmen.

Schriften ändern – das Font-Panel | Die verwendete Schriftart bestimmt im 3D-Bereich ähnlich wie die Schriftart in Ihrem Texteditor ganz wesentlich das Aussehen Ihrer gesamten visuellen Komposition. Gerade in einem dreidimensionalen Kontext, in dem Ihr Text von allen Seiten betrachtet werden kann, kommt der Schriftart eine sehr große Bedeutung zu.

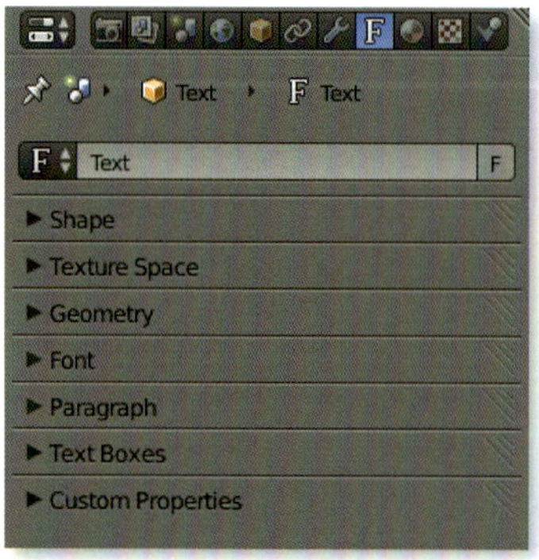

▲ **Abbildung 4.95**
Das Object-Data-Tab für Text ist der Dreh- und Angelpunkt zum Einstellen von Font-Objekten.

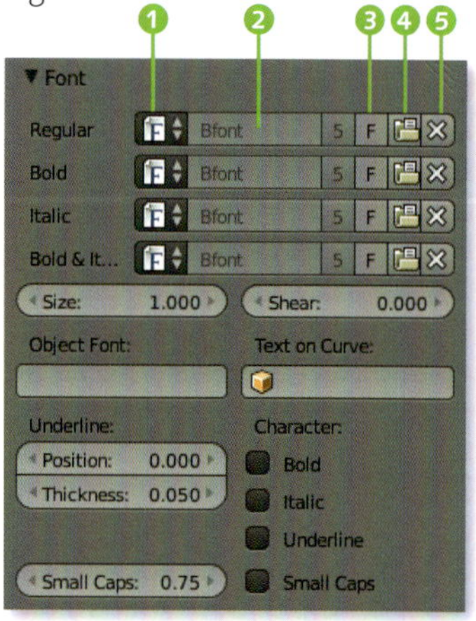

▲ **Abbildung 4.96**
Im Font-Panel können Sie das Schriftbild (Schriftart, Schriftschnitt etc.) Ihres Text-Objekts einstellen.

Blender besitzt bereits eine eingebaute Schriftart, den sogenannten BFONT. Dieser wenig ausdrucksstarke Font schützt Blender zwar vor patentrechtlichen Grabenkämpfen, ist aber ansonsten eher schlecht als recht – Designwettbewerbe gewinnen Sie damit eher nicht. Um die Schriftart Ihres Text-Objekts zu ändern, nutzen Sie das FONT-Panel. Hier haben Sie die Möglichkeit, für jeden Schriftschnitt (normal, fett, kursiv, unterstrichen) eine eigene Schriftart zu laden. Klicken Sie dazu einfach auf Blenders Laden-Symbol ❹, und wählen Sie einen Font im daraufhin erscheinenden Fenster.

Wie Sie sich sicherlich anhand der Darstellung der Schriftschnitte im User Interface schon denken können, werden auch Fonts in Blender mithilfe von Datenblöcken verwaltet. Sobald Sie einen Font laden, wird daher ein neuer Font-Datenblock angelegt, den Sie per Klick auf ❶ wählen, per ❷ umbenennen, per ❺ löschen und per ❸ auch dann aufbewahren können, wenn er keinen Nutzer besitzt.

Neben der Möglichkeit zum Auswählen von Schriftarten erwarten Sie im FONT-Panel darüber hinaus die folgenden Einstellungen:

- SIZE: Hier legen Sie die Größe der Schriftart fest.
- SHEAR: Mit positiven Werten neigen Sie die Buchstaben Ihres Textes nach rechts, mit negativen nach links. Ein Wert von 0 ergibt geraden Text.
- OBJECT FONT: Mit dieser Option können Sie Ihre eigene Schriftart aus Mesh-Objekten kreieren. Setzen Sie dazu auf dem OBJECT-Tab den DUPLICATION-Wert des Text-Objekts auf VERTS. Legen Sie anschließend Mesh-Objekte an, die Sie mit einem gemeinsamen Suffix und dem dargestellten Buchstaben ausstatten. Nennen Sie das Objekt für den Buchstaben »A«, beispielsweise »MyText_A«. Analog dazu »MyText_a«, »MyText_B« usw. Tragen Sie, nachdem Sie für jeden Buchstaben ein Mesh erstellt und benannt haben das Suffix in dem hier angezeigten Feld ein – also »MyText_«. Blender ersetzt daraufhin jeden Buchstaben Ihres Textes mit Ihren Mesh-Buchstaben.
- TEXT ON CURVE: Geben Sie hier den Namen eines Curve-Objekts ein, so wird Blender Ihren Text entlang der Kurve zeichnen. Im nächsten Kapitel lernen Sie allerdings mit dem CURVE MODIFIER einen viel flexibleren Weg zur Verformung von Text kennen – diese Box gehört meines Erachtens ins digitale Nirwana.
- UNDERLINE: Hier finden Sie Einstellungen zu unterstrichenen Buchstaben: POSITION gibt die Position der Linie an. Positive Werte verschieben hier den Strich nach oben, negative nach unten. THICKNESS gibt die Höhe des Striches an.

Textattribute nachträglich vergeben

Möchten Sie einen bereits vorhandenen Text mit Textattributen wie fett oder kursiv ausstatten, so sehen Sie in der TOOLBAR (T) im EDIT MODE nach. Die dort enthaltenen Funktionen wirken auf aktuell markierte Zeichen und können Text somit nachträglich auszeichnen. Möchten Sie eine komplette Textdatei als Text-Objekt importieren, so nutzen Sie im EDIT-Menü den Punkt PASTE FILE. Auch für den Import von Texten aus der Zwischenablage finden Sie hier Hilfe.

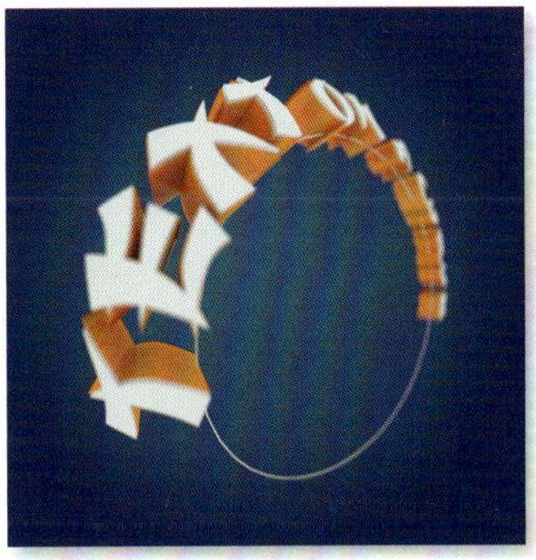

▲ **Abbildung 4.97**
TEXT ON CURVE

- CHARACTER: Hier können Sie vor Eingabe eines Buchstabens festlegen, ob er fett (BOLD), kursiv (ITALIC), unterstrichen (UNDERLINE) oder mit Kapitälchen (SMALL CAPS) gezeichnet wird. Beachten Sie, dass diese Einstellung nur für neu eingegebene Zeichen gilt.

Kostenlose Schriftarten

Viele kostenlose Schriftarten können zwar wunderbar für 2D-Texte genutzt werden, enthalten jedoch oftmals keine Sonderzeichen und/oder besitzen einen für 3D-Geometrien ungünstigen Aufbau. Gerade wenn Sie – wie im nächsten Abschnitt gezeigt – die Geometrie der Texte anpassen, werden die Fehler offensichtlich. Verzweifeln Sie also nicht, wenn die Texte einfach nicht so aussehen, wie Sie möchten – oftmals bringt eine andere Schriftart die Lösung.

Text in Form bringen – das Text-Boxes-Panel | Möchten Sie, dass Blender Ihren Text automatisch nach einer bestimmten Breite umbricht, so ist das TEXT-BOXES-Panel im OBJECT-DATA-Tab des PROPERTIES-Editors genau das, was Sie suchen. Es bietet nur zwei Einstellungen: DIMENSIONS ❶ und OFFSET ❸. Wechseln Sie in den EDIT MODE, geben Sie einen aus mehreren Worten bestehenden Text ein, und verändern Sie den WIDTH- und den HEIGHT-Wert von den beiden genannten Einstellungen, um die Auswirkungen dieser Einstellungen zu sehen.

Die beiden Werte legen den Raum fest, den Ihr Text maximal einnehmen darf. Ist der Text in der horizontalen Achse länger als der ihm zugedachte Raum, wird er in die nächste Zeile umbrochen. Ist er zu lang für den ihm in vertikaler Richtung zugeteilten Platz, so wird er in die nächste Textbox verschoben. OFFSET verschiebt die Textbox in horizontaler und vertikaler Richtung.

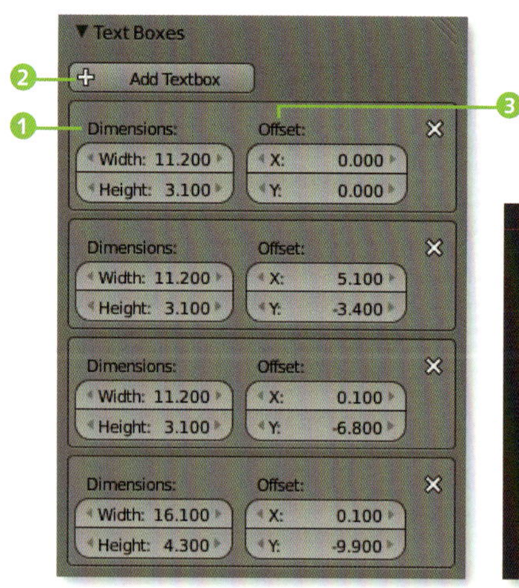

▲ **Abbildung 4.98**
Das TEXT-BOXES-Panel

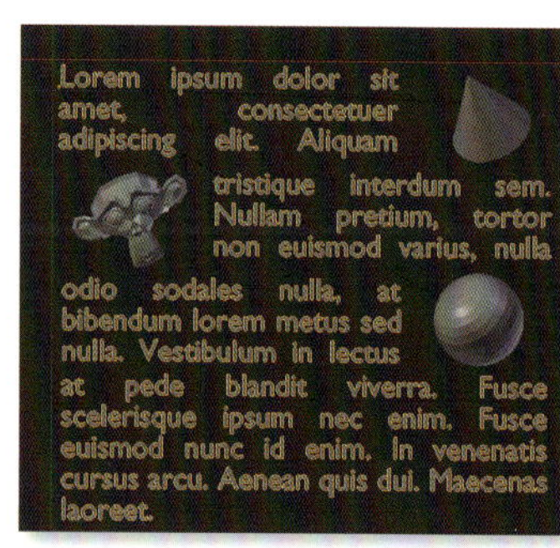

▲ **Abbildung 4.99**
Ein Beispiel für die Anordnung verschiedener Textboxen

Die Datei »04_TextBoxes.blend« finden Sie auf der Buch-DVD unter BEISPIELMATERIAL • KAPITEL_04.

Mit ADD TEXTBOX ❷ fügen Sie Ihrem Text eine weitere Textbox hinzu. Sie nimmt all die Texte auf, die nicht mehr in die vorangegangene Textbox passen. Auf diese Art können Sie Ihren Text auf rudimentäre Art beispielsweise um Bilder herum »setzen«. Möchten Sie eine Textbox auswählen, klicken Sie mit der rechten Maustaste auf die Box. Sehen Sie sich die Datei »04_TextBoxes.blend« an, um ein wenig mit Textboxen zu spielen. Abbildung 4.99 zeigt Ihnen, wie die Textboxen in diesem Beispiel angeordnet wurden.

Text ausrichten – das Paragraph-Panel | Mit dem PARAGRAPH-Panel aus dem OBJECT-DATA-Tab des PROPERTIES-Editors bringen Sie ihren Text auf Kurs – allerdings nur, wenn Sie vorher die Dimensionen des Textes über das TEXT-BOXES-Panel gesetzt haben. Sie finden hier alle Optionen, um Text auszurichten.

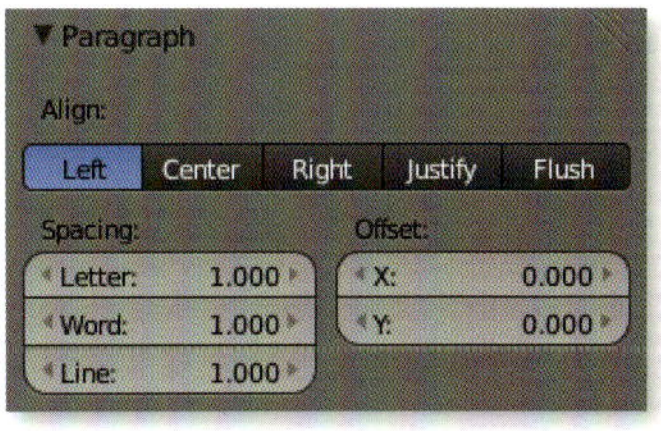

▲ **Abbildung 4.100**
Das PARAGRAPH-Panel

- ALIGN: Hier legen Sie die Textausrichtung fest: linksbündig (LEFT), zentriert (CENTER), rechtsbündig (RIGHT), im Blocksatz (JUSTIFY) oder Blocksatz mit gleichem Buchstabenabstand (FLUSH).
- SPACING: Über diese Einstellungen legen Sie den Abstand zwischen Buchstaben (CHARACTER), Wörtern (WORD) und Zeilen (LINE) fest.
- OFFSET: Über diese beiden Werte können Sie den Text vertikal und horizontal verschieben.

Auch diese Optionen können Sie in der geladenen Demo-Datei nachvollziehen. Verändern Sie die Parameter, und sehen Sie sich an, wie sich der Text verschiebt.

Geometrie anpassen – das Geometry-Panel | Mit dem GEOMETRY-Panel aus dem OBJECT-DATA-Tab des PROPERTIES-Editors erhält unser Text nun endlich Tiefe:

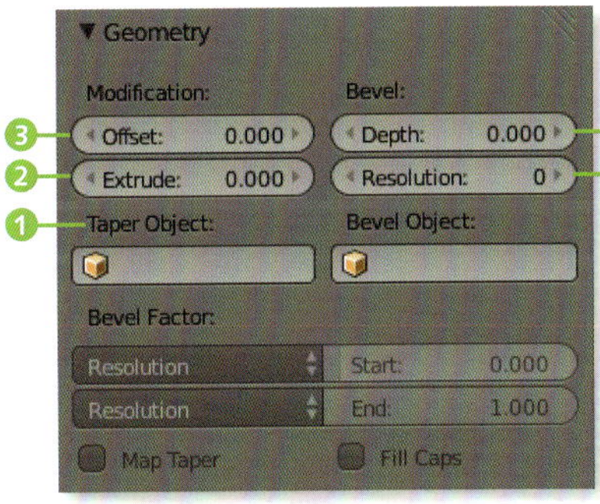

◄ **Abbildung 4.101**
Das GEOMETRY-Panel sorgt für Tiefe.

- MODIFICATION: Mit den hier gebotenen Einstellungen können Sie den Künstler in Ihnen erfreuen: Mit OFFSET ❸ legen Sie fest, wie breit jeder einzelne Buchstabe ist. Ein Wert von 0 nutzt die Standardbreite der Schriftart, andere Werte verbreitern oder schmälern die Buchstaben. Genau wie bei den CURVE-Objekten können sich hierbei Überschneidungen von Kurven ergeben, in deren Folge Faces verschwinden oder flackern. Nutzen Sie daher hier keine extremen Werte. Bei EXTRUDE ❷ können Sie angeben, wie weit der Text extrudiert wird (also wie »tief« er wird).

- Bevel: Hier legen Sie die Rundung aller Buchstaben fest. Der Wert bei Depth 4 stellt die Breite der Rundungskante jedes Buchstabens ein, und mit dem Wert bei Resolution 5 legen Sie fest, wie häufig eine Kante gerundet wird.
- Taper Object 1: Mit diesem Objekt können Sie die Dicke, den Offset- und den Extrude-Wert jedes Buchstabens durch eine Kurve festlegen. Je höher die Kontrollpunkte der hier angegebenen Kurve über dem Objektmittelpunkt liegen, desto tiefer und dicker wird jeder Buchstabe, je weiter die Kontrollpunkte unter dem Objektmittelpunkt liegen, desto schmaler und dünner wird jeder Buchstabe. Legen Sie die Kontrollpunkte der Kurve auf unterschiedliche Höhen, so verläuft die Änderung der Dicke entlang eines Buchstabens dynamisch.

Die Datei »04_TextTaper.blend« finden Sie auf der Buch-DVD unter Beispielmaterial • Kapitel_04.

Alle weiteren Optionen wurden bereits in Abschnitt 4.8 über Kurven (Seite 174) eingehend erläutert – wenn Sie es genau wissen möchten, schauen Sie einfach dort nach, die Optionen sind identisch. Die Datei »04_TextTaper.blend« zeigt Ihnen das Tapering von Texten.

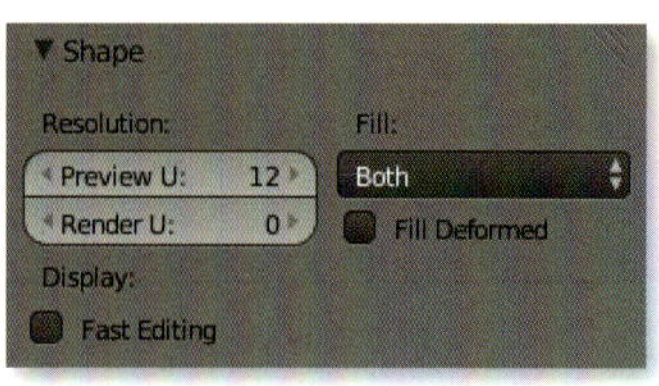

▲ **Abbildung 4.102**
Das Shape-Panel

Gut in Form – das Shape-Panel | Mit dem Shape-Panel aus dem Object-Data-Tab des Properties-Editors legen Sie die Darstellung Ihres Textes fest:

- Resolution: Hier legen Sie fest, wie hoch Ihr Text während des Renderings (Render U) und in der 3D-Ansicht (Preview U) aufgelöst wird.
- Fill: Diese Optionen bestimmen, wie der Text gefüllt wird, wenn er extrudiert oder bevelt wird: Front füllt die Stirnseite des Textes, Back füllt die Rückseite des Textes, Both füllt beide Seiten, und None füllt keine der Seiten.
- Fill Deformed: Füllt den Text, nachdem Shape Keys (siehe Abschnitt 9.2.7) und Modifier (dazu mehr in Kapitel 5, »Modifier«) angewendet wurden.
- Fast Editing: Über diese Checkbox legen Sie fest, ob der Text im Edit Mode gefüllt (etwas langsamer) oder nicht gefüllt (schneller bei vielen und langen Texten) dargestellt wird.

Bei Bedarf können Sie alle obigen Optionen in der zuletzt geladenen Demo-Datei ausprobieren.

Umwandlung Text zu Mesh – gewusst wie | Möchten Sie mit Text-Objekten erweiterte Aufgaben lösen (wie beispielsweise das Herausschneiden von Teilen eines Buchstabens), so stoßen Sie recht schnell an Grenzen. Da das Text-Objekt keine Vertices besitzt, können Sie auch nicht auf die zugrunde liegende Struktur zurückgreifen und sie ändern. Aus diesem Grund gibt es in Blender eine Möglichkeit, Text-Objekte in Mesh- und Kurven-Objekte umzuwandeln. Dabei geht allerdings die Freiheit verloren, den Text im Nachhinein noch zu ändern – überlegen Sie also genau, ob Sie vorher nicht noch etwas ändern müssen.

Möchten Sie den Text umwandeln, genügt ein [Alt] + [C] im OBJECT MODE bei einem aktiven Text-Objekt – die Tastenkombination funktioniert übrigens auch bei Kurven im OBJECT MODE. Wählen Sie im daraufhin erscheinenden Popup die Option MESH FROM CURVE/META/SURF/TEXT, und wechseln Sie danach in den EDIT-Modus. Sie werden sehen, dass Ihr Text zu einem Mesh geworden ist. Leider besitzt Ihr Mesh nach der Umwandlung viele übereinanderliegende Vertices. Nutzen Sie Ihre Mesh-Tool-Kenntnisse, und entfernen Sie alle doppelten Komponenten, indem Sie alle Vertices auswählen ([A]) und über [W] • REMOVE DOUBLES wieder Ordnung schaffen.

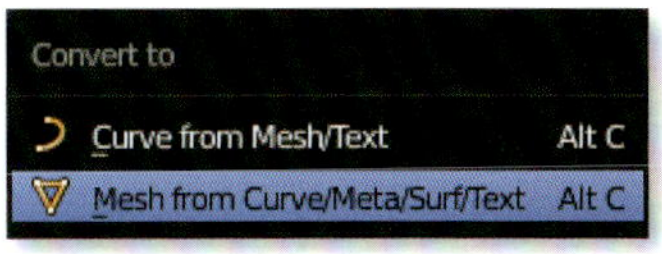

▲ **Abbildung 4.103**
Ein Text-Objekt oder Kurven-Objekt soll in ein Mesh-Objekt umgewandelt werden.

Möchten Sie die Faces in NGons wandeln, so nutzen Sie anschließen noch mit [X] die LIMITED-DISSOLVE-Funktion. Ihr Text ist jetzt zur Weiterverarbeitung bereit.

Mit diesen Tipps möchte ich die Abschnitte über Texte jetzt abschließen. Ich hoffe, Ihr Interesse an diesem vielseitigen Objekttyp geweckt zu haben, und freue mich schon jetzt auf mehr typografische Kunst in den gängigen Blender-Foren und Netzwerken!

4.10 Metaballs

Als Nächstes möchte ich Ihnen einen ganz speziellen Objekttyp vorstellen: die Metaballs. Sie verhalten sich ähnlich wie Quecksilber und verbinden sich mit ihresgleichen, wann immer sie in deren Nähe kommen. Typischerweise werden Meta-Objekte für Spezialeffekte oder zum Erstellen einer organischen Basisform verwendet.

◀ **Abbildung 4.104**
Metaballs verbinden sich mit ihresgleichen, ähnlich wie Quecksilber.

Über Alt + C können Sie im OBJECT MODE in ein Mesh-Objekt umgewandelt werden.

Um Metaballs im 3D-VIEW-Editor zu transformieren, nutzen Sie die üblichen Verdächtigen G, R, und S.

4.10.1 Metaballs hinzufügen

Wie bei allen anderen Typen werden wir auch bei Metaballs im ADD-Menü fündig – ⇧ + A, gefolgt von 4, fügt direkt einen neuen Metaball ein. Je nachdem, welchen Metaball Sie hier auswählen, wird sich die Form des Metaballs ändern (die Namensgebung ist etwas seltsam, wenn man bedenkt, dass ein Meta-*Ball* auch ein viereckiges Objekt sein kann, aber sei's drum).

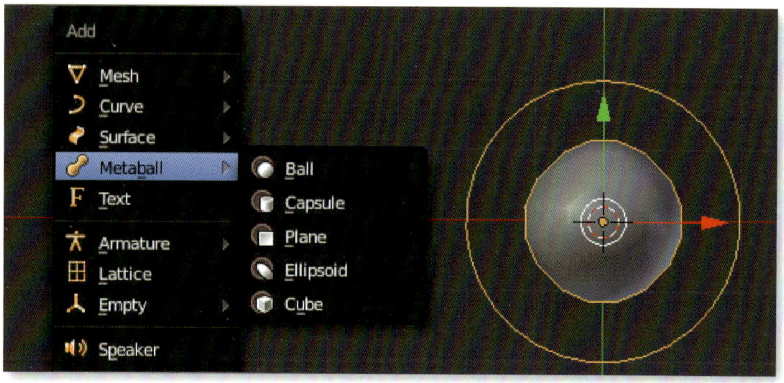

▲ **Abbildung 4.105**
Ein Metaball-Objekt wird hinzugefügt.

Nachdem Sie Ihrer Szene einen Metaball hinzugefügt haben, sehen Sie erst einmal den Metaball selbst und einen Ring um den Ball. Dieser Ring dient der Selektion einzelner Metaballs in einem Verbund aus vielen – ein Klick auf den Körper des Metaballs wählt das komplette Gebilde an. Ein Metaball unterscheidet sich auf den ersten Blick nicht großartig von einer Mesh-Kugel. Sobald Sie jedoch in den EDIT MODE wechseln, erkennen Sie den Unterschied: Es gibt keine Vertices. Genau genommen sind Metaballs sogar enger mit Kurven als mit Meshes verwandt.

4.10.2 Metaballs miteinander interagieren lassen

Um die Magie der Metaballs zu spüren, müssen Sie mindestens zwei Metaballs in Ihre Szene einfügen. Beide sollten mit dem gleichen Namen beginnen: »Mball« und »Mball.001« wären beispielsweise prima.

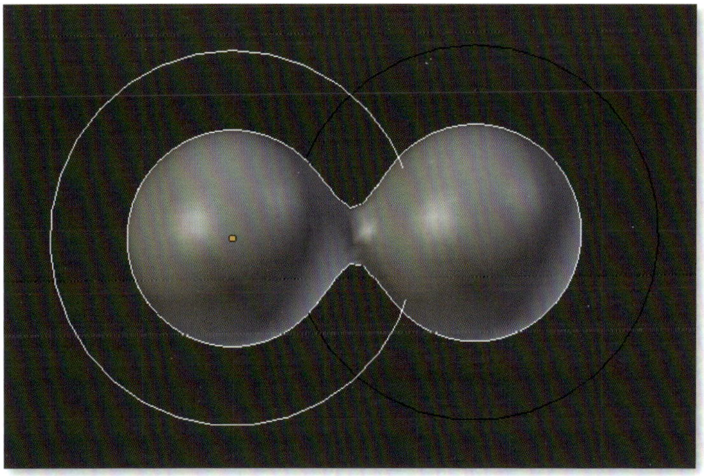

▲ **Abbildung 4.106**
Zwei Metaballs »reagieren« miteinander.

Diese Namensgebung erzeugen Sie einfach, indem Sie einen Metaball einfügen und ihn über [⇧] + [D] duplizieren. Sobald Sie den am Mauszeiger klebenden Metaball bewegen, werden Sie beobachten können, wie beide miteinander interagieren. Diese Interaktion wird durch die unmittelbare Nähe zu seinem Nachbarn und die ähnliche Benennung ermöglicht. Würden Sie den zuerst eingefügten Basis-Metaball im Edit Mode umbenennen und einen neuen Metaball mit anderem Namen einfügen, so würde er nicht mehr mit dem ersten interagieren.

Probieren Sie dieses Verhalten gleich aus: Duplizieren Sie den zweiten Ball erneut, und benennen Sie ihn anschließend im Edit Mode auf dem Object Tab des Properties-Editors (in der obersten Datenblockzeile) oder dem Properties-Panel ([N]) im Item-Panel um. Betätigen Sie [⇆], um ihn zu aktualisieren – er sollte jetzt nicht mehr mit den beiden Vorgängern interagieren.

4.10.3 Einstellungen des Metaball-Verbunds – das Object-Data-Tab

Metaballs haben (verglichen mit den bereits besprochenen Typen) nur relativ wenige Einstellungen. Unterschieden werden muss zwischen Einstellungen, die auf den gesamten Verbund aus gleichlautenden Metaballs wirken (Object Mode), und denen, die auf den jeweiligen Metaball wirken (Edit Mode).

4.10.4 Metaballs im Object Mode

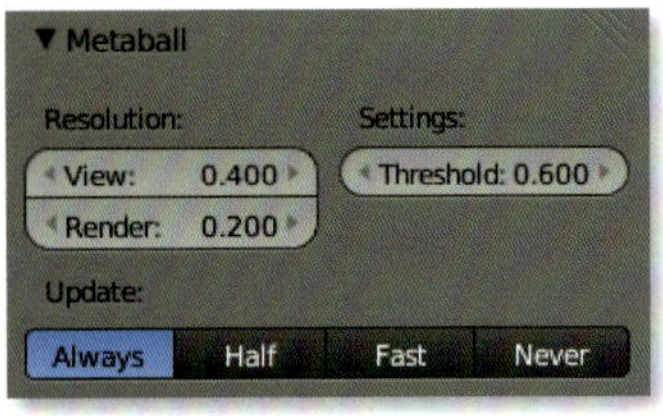

▲ **Abbildung 4.107**
Übersichtlich: das METABALL-Panel im OBJECT MODE

Im OBJECT MODE erwarten Sie die folgenden Einstellungen:

- RESOLUTION: Ähnlich zur Einstellung der Auflösung bei Kurven geben Sie hier die Auflösung des Metaballs an. Im Gegensatz zur Kurven-Auflösung definieren Sie hier jedoch die Gittergröße – je kleiner der Wert, desto höher ist der Metaball aufgelöst. Unter VIEW wird die Auflösung in der 3D-Ansicht angegeben. RENDER zeigt die Auflösung während des Rendering-Prozesses.
- SETTINGS: Hier stellen Sie ein, wie stark die Beeinflussung der individuellen Metaballs untereinander ist.
- UPDATE: Hier können Sie festlegen, wie oft die Metaballs bei einer Änderung der Position, Größe und anderen Operationen aktualisiert werden. Da die Berechnung einer großen Anzahl an Metaballs von mehreren Sekunden bis hin zu Minuten dauern kann, sind hier verschiedene Optionen möglich: ALWAYS aktualisiert die Metaballs bei jeder Transformation permanent, HALF stellt die Metaballs während Transformationen nur mit halber Auflösung dar, FAST stellt den Metaball während Transformationen ohne Netz (d.h. nur den äußeren Ring) dar, und NEVER stellt den Metaball nie dar (nur die Ringe sind zu sehen).

Die Datei »04_Metaballs.blend« finden Sie auf der Buch-DVD unter BEISPIELMATERIAL • KAPITEL_04.

Probieren Sie die obigen Optionen in der Datei »04_Metaballs.blend« aus. Dort habe ich farbig markiert, welche Objekte miteinander interagieren. Verschieben Sie die Meta-Objekte, und ändern Sie die UPDATE-Einstellungen. Wechseln Sie anschließend in den EDIT MODE. Dort erwarten Sie die nächsten Optionen.

4.10.5 Metaballs im Edit Mode

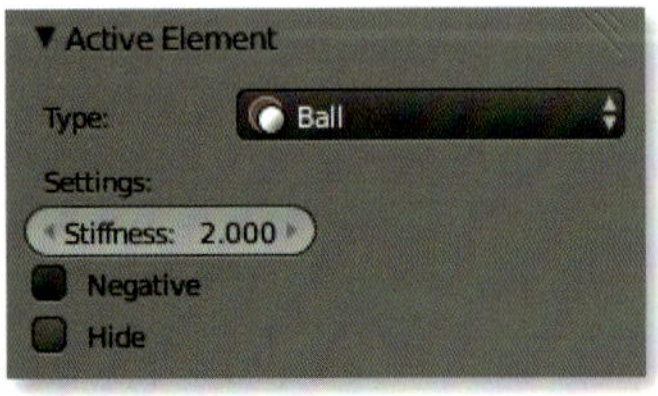

▲ **Abbildung 4.108**
Das ACTIVE-ELEMENT-Panel

Während alle vorangegangenen Einstellungen auf einen Metaball-Verbund wirken, sind die nächsten Einstellungen nur im EDIT MODE sichtbar. Auch sie befinden sich auf dem OBJECT-DATA-Tab im PROPERTIES-Editor, allerdings auf dem ACTIVE-ELEMENT-Panel:

- TYPE: Hier können Sie die Form des gewählten Metaballs ändern. Mit BALL, CAPSULE, PLANE, ELLIPSOID, CUBE machen Sie Ihren Metaball zu einem Ball, einer Kapsel, einer Fläche, einem elliptischen Körper oder einem Würfel.
- SETTINGS: Hier stellen Sie grundlegende Einstellungen zu dem Metaball ein. STIFFNESS definiert, wie viel des äußeren Ringes von dem Metaball gefüllt wird. NEGATIVE verändert grundlegend das Verhalten der Metaballs: Statt dass sich die Metaballs addieren, ziehen Sie bei Setzen dieser Option den gewählten Metaball von den umliegenden ab. HIDE versteckt den Metaball.

Diese Einstellungen beschließen bereits unseren Abstecher zu den Metaballs. Probieren Sie doch einmal, eine abstrahierte Figur inklusive Augenhöhlen aus Metaballs zu erstellen. Wenn Sie bereit sind, lesen Sie weiter, denn unsere Reise zu den »seltsamen« Objekten geht weiter – als Nächstes stelle ich Ihnen das Lattice-Objekt vor.

4.11 Lattices

Lattices haben einen weiteren Sonderstatus unter allen Objekten inne (wir bewegen uns von den »normalen« Objekten immer mehr zu den »spacigen« Vertretern ihrer Art). Sie ermöglichen es, durch Kontrollpunkte das von ihnen umschlossene Objekt zu verformen. Natürlich wissen Sie als alter Blender-Hase schon längst, wie Sie Lattices einfügen – über das ADD-Menü –, und dabei möchte ich es vorerst auch belassen. Da Lattices streng genommen ohne einen Modifier nicht sinnvoll sind, werden sie in Kapitel 5, »Modifier«, detailliert inklusive Anwendungsbeispielen beschrieben. Nur einen Tipp habe ich für Sie, falls Sie sehr ungeduldig sind: Wenn Sie Ihr Objekt per Parent-Child-Beziehung an ein Lattice binden, können Sie erste Tests damit durchführen. Lassen Sie sich für alles Weitere auf das nächste Kapitel vertrösten – die dort beschriebenen Möglichkeiten sind um ein Vielfaches besser als »simples« Parenting.

4.12 Nur heiße Luft? Das Empty

Abschließen möchte ich dieses Kapitel mit einem sehr einfachen, aber dennoch sehr wichtigen Objekt: dem Empty. Das Empty hat viele Gemeinsamkeiten mit, aber auch viele Unterschiede zu einem Mesh-Objekt. Der größte ist wohl, dass ein Empty keine Vertices, Edges, keine Kontrollpunkte oder ganz allgemein keine konstruktiven Daten und somit auch keinen EDIT MODE besitzt. Da durch diese fehlenden Daten auch keine Flächen aufgebaut werden können, wird es nicht gerendert und taucht nur in der 3D-Voransicht auf.

4.12.1 Die Sinnfrage

Tja, da stehen wir nun mit einem Objekt ohne Daten – und das, obwohl wir das OBJECT-DATA-Tab im PROPERTIES-Editor bereits so lieb gewonnen haben. Aber keine Angst, das OBJECT-DATA-Tab hält auch in diesem Fall ein paar Einstellungen für Sie bereit. Aber eine Frage drängt sich natürlich auf: Wozu kann man dieses Empty nutzen?

Häufig wird ein Empty dann genutzt, wenn viele Objekte über eine Parent-Child-Verbindung gleichzeitig animiert werden sollen. Parent wäre in diesem Fall das Empty, die Children wären die übrigen Objekte. Wird der Parent nun bewegt, gedreht, skaliert und animiert, so folgen alle Children aufs Wort. Oftmals werden Emptys auch in Kombination mit Modifiern eingesetzt (siehe nächstes Kapitel). Bei vielen dieser speziellen Funktionen werden Sie ganz gezielt eingesetzt, um das Ergebnis auf die gewünschte Art zu beeinflussen. Auch Haken (sogenannte Hooks), die kurz im nächsten, aber insbesondere in Kapitel 9, »Animation«, eine Rolle spielen, nutzen immer wieder gerne Emptys, um Teile des Meshes an sich zu binden.

Merken Sie sich einfach, dass immer, wenn es darum geht, Objektmittelpunkte anzugeben, Emptys den Platz von Meshes einnehmen können. Sie helfen damit immer dann aus, wenn Sie Kontrollobjekte benötigen, die im späteren Bild nicht zu sehen sein sollen.

4.12.2 Einstellungen – das Object-Data-Tab des Emptys

Trotz der zugegebenermaßen sehr dürftigen Ausbeute an Daten eines Emptys besitzt ein Empty doch ein paar Einstellungen im Object-Data-Tab, die ich Ihnen natürlich nicht vorenthalten möchte. Unter Display wählen Sie aus, wie das Empty dargestellt wird. Hier haben Sie folgende Möglichkeiten:

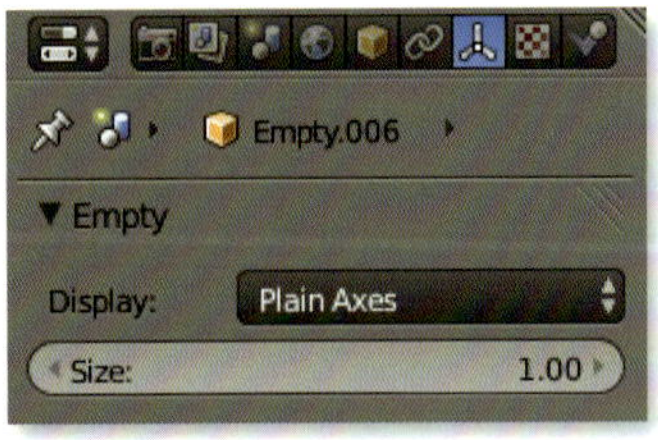

▲ **Abbildung 4.109**
Auf dem Object-Data-Tab finden Sie alle Einstellungen eines Emptys.

- Plain Axes: Drei Achsen, die sich mittig in einem Punkt treffen
- Arrows: Ein Pfeil mit Pfeilspitzen in positiver x-, y- und z-Achse
- Single Arrow: Pfeil mit Pfeilspitze in positiver z-Achse
- Circle: Ein 2D-Kreis in der x- und z-Ebene
- Cube: Ein 3D-Würfel
- Sphere: Eine Kugel, die durch drei Ringe definiert wird
- Cone: Ein Konus, der in die positive y-Achse zeigt
- Image: Hier wird Ihr Empty als Bild dargestellt – diese Option kann dazu genutzt werden, Referenzbilder Ihrer Modelle als Hintergrundbilder zu setzen. Die Einstellungen dieser Optionen sind mit denen der Hintergrundbilder identisch.

Dann wäre da noch die die Einstellung Size: Diese Einstellung definiert, wie groß das Empty erscheint. Diese Einstellung ändert nicht die Skalierung des Emptys, sondern ändert einfach seine Darstellung.

Die Datei »04_Emptys.blend« zeigt Ihnen einen typischen Anwendungsfall von Emptys. Dort wurde verschiedene Objekte per Parent-Child-Beziehung an ein Empty gebunden – transformieren Sie das Empty, werden sich alle mit ihm verbundenen Objekte gleichzeitig transformieren. Abbildung 4.110 zeigt Ihnen die verschiedenen Darstellungsarten von Emptys.

Die Datei »04_Emptys.blend« finden Sie auf der Buch-DVD unter BEISPIELMATERIAL • KAPITEL_04.

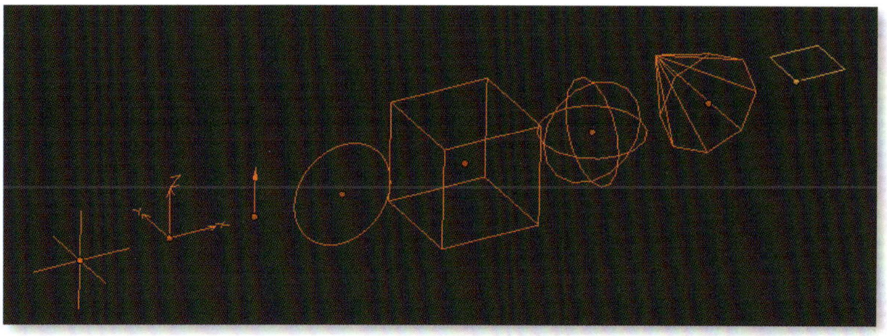

◀ **Abbildung 4.110**
Verschiedene Darstellungsarten von Emptys

Im nächsten Abschnitt sehen wir uns zum Abschluss noch an, wie Sie in Blender Entfernungen messen können.

4.13 Messen

Blender bietet Ihnen mehrere Möglichkeiten, Entfernungen und Winkel zwischen Vertices oder Objekten zu messen und anzuzeigen. Einige Einstellungen finden Sie in den PROPERTIES ([N]) des 3D-VIEW-Editors und andere durch den Einsatz eines speziellen Tools: des Lineals.

Längen und Winkel von Mesh-Komponenten | Das DISPLAY-Panel des OBJECT-DATA-Tabs haben Sie bereits auf Seite 102 inspiziert. Es ermöglicht, die Anzeige von Objekten im OBJECT MODE zu beeinflussen. Die PROPERTIES des 3D-VIEW-Editors ([N]) ermöglichen Ihnen mit dem MESH-DISPLAY-Bereich Ähnliches für den EDIT MODE. Sie finden dort unter anderem Optionen, um die Anzeige der gewählten Komponenten aus- und anzuschalten ❶, die Vertex- und Face-Normalen einzublenden ❷ und die Größe der Normalen-Anzeige festzulegen ❸.

Am unteren Ende des Panels finden Sie die für die Entfernungs- und Winkelmessung relevanten Checkboxen. EDGE INFO ❹ ist für die Anzeige von Kanten-Informationen zuständig, während FACE INFO ❺ die Flächen-Informationen übernimmt:

- EDGE LENGTH: Zeigt die Länge der Kante an.
- EDGE ANGLE: Zeigt den Winkel von zusammengehörigen Kanten an.
- FACE AREA: Zeigt die Flächenmaße der Faces an.
- FACE ANGLE: Zeigt die Winkel zwischen angrenzenden Flächen an.

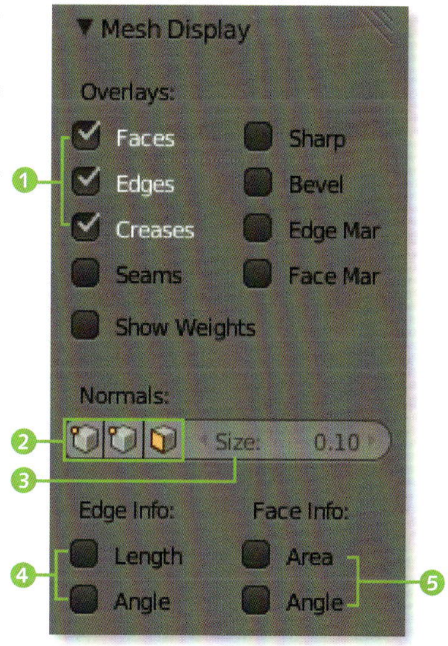

▲ **Abbildung 4.111**
Das MESH-DISPLAY-Panel

Um die Optionen in Aktion zu sehen, müssen Sie entweder gerade dabei sein, eine Transformation durchzuführen, oder die für Sie interessanten Komponenten ausgewählt haben. Blender zeigt Ihnen anschließend direkt auf dem Objekt die angeklickten Informationen an. Abbildung 4.112 zeigt Ihnen ein Beispiel.

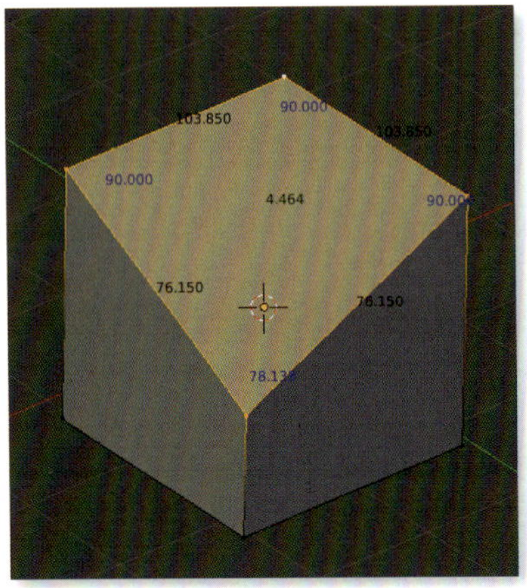

Abbildung 4.112 ▸
Auf dem Objekt werden die ausgewählten Informationen angezeigt.

Längen zwischen Objekten | Mit dem Lineal (Ruler) bietet Ihnen Blender eine zweite Möglichkeit, um Längen zu messen. Das Lineal kann allerdings nicht nur dazu genutzt werden, Entfernungen zwischen Mesh-Komponenten, sondern auch zwischen Objekten zu messen. Sie finden es auf dem Grease-Pencil-Panel der Toolbar (T). Klicken Sie auf die Schaltfläche Ruler/Protractor, sind Sie im Messmodus. Dort legen Sie mit der linken Maustaste und Strg einen neuen Messpunkt an und verschieben ihn anschließend per Drag & Drop mit der linken Maustaste. Halten Sie Strg während des Verschiebens gedrückt, rastet der Punkt auf Vertices ein, ziehen Sie die in der Mitte befindliche Längenanzeige auf eine Kante, so können Sie gleichzeitig noch einen Winkel messen.

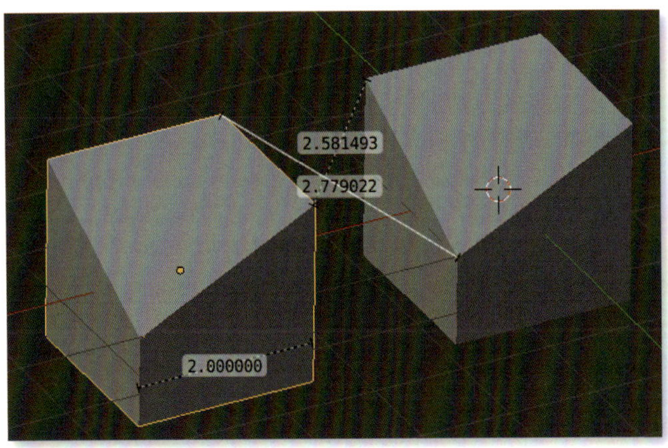

Abbildung 4.113 ▸
Das Lineal hilft Ihnen beim Messen von Entfernungen.

Um gemessene Werte zu kopieren, genügt es, wenn Sie Ihre Maus über den gemessenen Wert bewegen und [Strg] + [C] betätigen – [↵] oder [Esc] beendet den Modus. Abbildung 4.113 zeigt Ihnen das Lineal in Aktion.

4.14 Zum Stöbern

Viele Anregungen und Hinweise habe ich Ihnen zwar bereits in den einzelnen Abschnitten gegeben, ein paar weiterführende Anregungen habe ich trotzdem noch für Sie:

- SPECIAL-Menüs: Sehen Sie sich die SPECIAL MENÜS ([W]) aller Objekte im EDIT MODE an. Sie enthalten viele nützliche Tools, die Sie während Ihrer täglichen Modelling-Arbeit häufig benötigen.
- KOMPONENTEN-Menüs: [Strg] + [V], [Strg] + [E] und [Strg] + [F] rufen spezielle Menüs für die gewählten Vertices, Edges oder Faces auf – auch diese Menüs sollten Sie sich ansehen.
- TOPOLOGIE: Die Topologie eines Meshes ist besonders dann wichtig, wenn Sie es später animieren möchten. Im Netz finden Sie Hunderte Topologie-Seiten, die Ihnen dabei helfen, topologisch einwandfreie Modelle zu erstellen. *http://goo.gl/eef5Xi* liefert Ihnen einige sehr gute englische Tutorials zu diesem Thema.
- Üben: Jetzt gibt es nur noch eins für Sie zu tun: üben, üben, üben … Modelling lernen Sie nur, wenn Sie alles in Ihrer Umgebung und in Ihrer Fantasie modellieren. Sie werden sich wundern, wie schwer manches zu modellieren ist, das einfach aussieht, und wie einfach es wird, wenn Sie sich weiterentwickeln.

Mit diesen Anregungen möchte ich das Kapitel über Meshes, Modelling und andere Objekte in Blender abschließen.

4.15 Auf ins nächste Kapitel

Während in diesem Kapitel viele Ihrer Aktionen destruktiv waren (Sie konnten Ihre Aktionen nicht rückgängig machen, ohne auch die nachfolgenden Bearbeitungsschritte zu verlieren), lernen Sie im nächsten Kapitel ein Feature kennen, das Ihnen das temporäre Zurücknehmen von Aktionen und das interaktive Verändern von Objekteigenschaften und Oberflächen ermöglicht: die Modifier. Diese werden Ihre in diesem Kapitel erlangten Modelling-Techniken ergänzen und Ihnen ermöglichen, viele bislang nur mit großem Aufwand zu modellierende Objekte ohne Probleme zu erstellen.

Kapitel 5
Modifier

Nachdem Sie im letzten Kapitel bereits viele verschiedene Techniken und Tools kennengelernt haben, um ein Objekt zu modellieren, möchte ich Ihnen in diesem Kapitel eine mächtige Gruppe von Modellierungswerkzeugen vorstellen, die einen besonderen Platz in Blender und wohl auch bald in Ihrem Workflow einnehmen werden – die Modifier.

5.1 Was sind Modifier?

Modifier gehören zur Gruppe der nicht destruktiv arbeitenden Werkzeuge. Sie ermöglichen es, Änderungen an Objekten vorzunehmen, die in Echtzeit berechnet werden und somit die ursprüngliche Form des Objekts nicht zerstören – sie verhalten sich *non-destruktiv*. Modifier können sowohl die Darstellung des Objekts zum Zeitpunkt des Renderns als auch zum Zeitpunkt des Editierens beeinflussen.

◂ Abbildung 5.1
Das hier zu sehende Modell wurde mit vier einfachen Modifiern aus einem Cube erstellt – kein einziges Mal musste ich dafür in den Edit Mode wechseln.

Modifier sind vielseitig einsetzbar und miteinander kombinierbar – ein Objekt kann (und wird im Allgemeinen) mehrere Modifier gleichzeitig besitzen, die jederzeit temporär aus-, eingeschaltet oder gelöscht werden können.

Viele der in diesem Kapitel vorgestellten Modifier werden Sie erst mit wachsenden Modelling-Aufgaben und Erfahrung in Blender einsetzen. Wenn Sie manche Zusammenhänge (noch) nicht verstehen oder Fachbegriffe nicht kennen, machen Sie sich bitte keine Gedanken darüber, und überlesen Sie die entsprechenden Modifier. Lesen Sie allerdings in jedem Fall die Beschreibungen der vorgestellten Modifier – Sie können nur entscheiden, welche Modifier für Sie Sinn machen, wenn Sie wissen, welche Modifier Blender für Sie bereithält.

5.2 Alle sind gleich, manche sind gleicher

Alle in diesem Kapitel vorgestellten Modifier wirken auf das Objekt, auf das Sie appliziert werden. Modifier gibt es zwar für alle Objekttypen, nicht alle Modifier stehen jedoch für jeden Objekttyp zur Verfügung:

- Mesh-Objekte können mit allen vorhandenen Modifiern uneingeschränkt genutzt werden.
- Curve-, Surface-, Text- und Lattice-Objekte besitzen einen deutlich eingeschränkten Kreis an zulässigen Modifiern.
- Für Metaball-, Armature-, Speaker- und Camera-Objekte, Lampen, Emptys und Kraftfelder (FORCE FIELDS) gibt es überhaupt keine Modifier.

Umwandlung von Objekten
Sollten Sie einen Objekttyp nutzen, der nur wenige Modifier unterstützt, so können Sie das gewählte Objekt durch [Alt] + [C] in ein Mesh-Objekt umwandeln (Achtung: diese Operation ist destruktiv) und anschließend alle verfügbaren Modifier nutzen.

Überlegen Sie sich also am besten bereits zu Beginn Ihres Projekts, welche Modifier Sie gerne benutzen möchten, um das gewünschte Modell mit möglichst wenig Aufwand zu erstellen – wählen Sie erst dann Ihre Standardobjekte.

Neben Modifiern für die unterschiedlichen Objektarten finden Modifier auch in einigen weiteren Blender-Bereichen Anwendung. Zu gegebener Zeit werde ich Sie auf diese gesondert hinweisen.

5.3 Der Modifier-Stack

Da Sie nicht nur einen, sondern beliebig viele Modifier zu einem Objekt hinzufügen können, stellt sich automatisch die Frage, in welcher Reihenfolge Blender die aktiven Modifier auswertet. Hier kommt der sogenannte Modifier-Stack (Modifier-Stapel) ins Spiel. Nutzen Sie nur einen einzigen Modifier, so ist die Sachlage klar: Der Modifier bekommt die Originaldaten des Objekts (beispielsweise die Mesh-Daten), ändert diese und gibt das Ergebnis wieder an das Anzeige-Modul zurück. Blender zeigt daraufhin das geänderte Objekt an. Bei mehreren Modifiern entscheidet die Lage der Modifier auf dem Stack darüber, welche Daten ein Modifier verändert.

Modifier werden immer von oben nach unten ausgewertet. Dies bedeutet, dass alle Modifier bis auf den zuoberst stehenden ihre Daten von dem entsprechenden Vorgänger erhalten. In Abbildung 5.2 würde der WAVE-Modifier seine Daten direkt von dem Originalobjekt erhalten, diese veränderten Daten an den ARRAY-Modifier weitergeben und dieser die durch ihn veränderten Daten an den CURVE-Modifier durchreichen. Was sich hier eventuell seltsam anhört, besitzt handfeste Vorteile: Viele Modifier können auf ein Objekt gleichzeitig wirken, der Reihe nach ausgewertet und umsortiert werden und tragen visuell leicht nachvollziehbar zum Endprodukt bei.

▲ **Abbildung 5.2**
Der Modifier-Stack definiert, in welcher Reihenfolge Modifier ausgewertet werden.

5.3.1 Hinzufügen von Modifiern

Alle Modifier, die auf Objekte angewendet werden können, finden Sie im MODIFIERS-Tab des PROPERTIES-Editors. Wählen Sie zuerst ein Objekt, und wechseln Sie anschließend auf dieses Tab, um sich von der riesigen Auswahl – bestehend aus einer einzigen Schaltfläche mit Namen ADD MODIFIER – überwältigen zu lassen. Der Schein trügt jedoch, denn hinter dieser Schaltfläche verstecken sich tatsächlich 46 verschiedene Modifier, die ich Ihnen in diesem Kapitel zum überwiegenden Teil vorstellen werde. Wählen Sie in der erschienenen Auswahl einen Modifier, wird dieser dem objektspezifischen Modifier-Stack (hinter allen eventuell vorhandenen Modifiern) hinzugefügt.

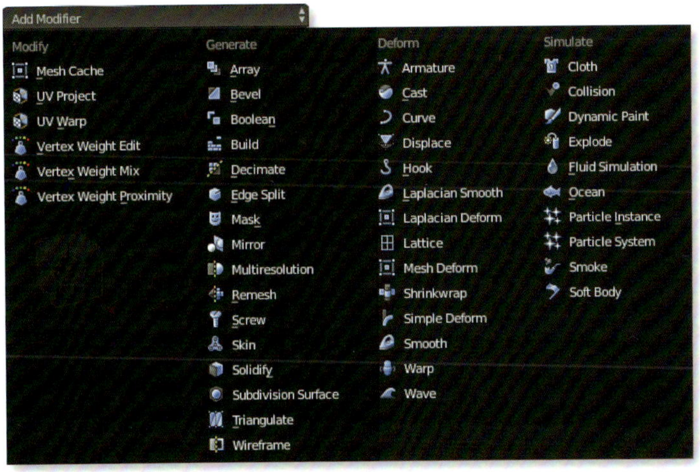

◂ **Abbildung 5.3**
Insgesamt 46 verschiedene Modifier stehen für Sie bereit.

5.3.2 Die Reihenfolge von Modifiern ändern

Um die (Auswertungs-)Reihenfolge von Modifiern zu ändern, genügt ein Klick auf einen der beiden Pfeile rechts neben dem jeweiligen Modifier. Mit einem Klick auf ❶ wird der Modifier nach oben geschoben, ein Klick auf ❷ verschiebt ihn nach unten. Ändern Sie jetzt die Reihenfolge eines Modifiers auf dem Stack:

▲ **Abbildung 5.4**
Der Kopf jedes Modifiers lässt Sie unter anderem die Reihenfolge auf dem Stack festlegen.

1. Laden Sie eine neue Szene, und wählen Sie Ihren Standardwürfel aus.
2. Fügen Sie durch Klick auf Add Modifier einen Bevel-Modifier hinzu.
3. Fügen Sie anschließend einen Subdivision-Surface-Modifier hinzu.
4. Ändern Sie jetzt die Reihenfolge der Modifier durch Klick auf die Pfeile.

Wie Sie sehen, ändert sich die Form des Würfels grundlegend. Warum Sie sich in dieser Form ändert und was die einzelnen Modifier machen, werden Sie in den nächsten Abschnitten erfahren – momentan genügt es schon, wenn Sie sehen, dass sich die Abarbeitung der Modifier und damit die Darstellung des Objekts durch die unterschiedliche Reihenfolge ändert.

5.3.3 Entfernen von Modifiern

Genauso leicht, wie Sie Modifier Ihrem Objekt hinzufügen und kopieren, können Sie sie auch wieder entfernen: Klicken Sie auf das ganz rechts angezeigte X ❸, und der Modifier wird aus dem Stapel entfernt. Eventuell vorhandene weitere Modifier rücken anschließend automatisch auf.

5.3.4 Gemeinsame Funktionen von Modifiern

So unterschiedlich die einzelnen Modifier auch sein mögen, allen sind (bis auf wenige Ausnahmen) die Kopfzeile und die damit einhergehenden Funktionalitäten gemein:

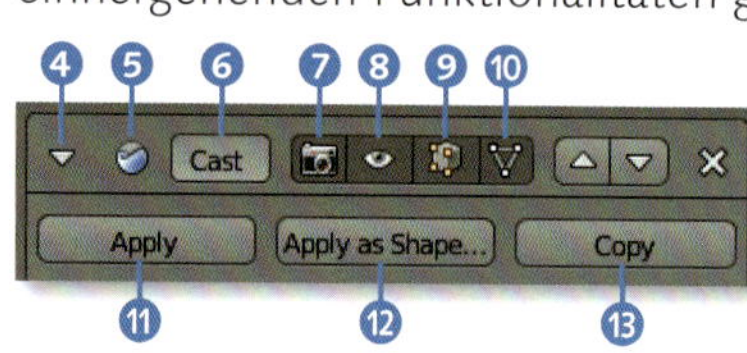

Abbildung 5.5 ►
Die Kopfzeile des Cast-Modifiers

❹ Ermöglicht es Ihnen, die Einstellungen des Modifiers ein- bzw. auszuklappen.

❺ Zeigt Ihnen durch ein kleines Symbol an, wofür der Modifier gedacht ist.

6 Teilt Ihnen den Namen des Modifiers mit – diesen können Sie durch Klick natürlich ändern.
7 Erlaubt es Ihnen, den Modifier während des Renderns aus- bzw. einzuschalten (das Rendern geschieht dann so, als wäre dieser Modifier nicht vorhanden).
8 Erlaubt Ihnen, den Modifier in der 3D-Ansicht temporär ein- bzw. auszuschalten.
9 Wirkt nur im EDIT MODE – zeigt das Resultat des Modifiers auch im EDIT MODE und nicht nur im OBJEKT MODE an.
10 Wirkt nur im EDIT MODE – ermöglicht es, die durch den Modifier erzeugten oder veränderten Vertices im EDIT MODE zu beeinflussen. Diese Funktionalität ist nur bei wenigen Modifiern verfügbar.

Alle weiteren Funktionen dieser Kopfzeile (das Verschieben und Entfernen von Modifiern) sind Ihnen bereits bekannt.

Unterhalb der Kopfzeile befinden sich zwei (in manchen Modifiern drei) weitere Schaltflächen: Gefällt Ihnen das Resultat, so können Sie den Modifier durch Klick auf APPLY 11 permanent (destruktiv) anwenden und den Modifier somit entfernen. Möchten Sie den Modifier inklusive aller Einstellungen kopieren und auf dem Stack erneut einfügen, hilft Ihnen ein Klick auf COPY 13. Bei manchen Modifiern gibt es darüber hinaus noch eine weitere Schaltfläche: APPLY AS SHAPE KEY 12. Sie überträgt die durch den Modifier hervorgerufene Änderung des Objekts als neuen SHAPE KEY auf das Objekt und löscht anschließend den Modifier. Weitere Infos zu Shape Keys finden Sie in Abschnitt 9.2.7.

5.4 Klonschaf Dolly lässt grüßen – die generativen Modifier (Generate)

Lassen Sie uns jetzt mit der Kategorie der generativen Modifier beginnen. Probieren Sie alle Modifier dieser Kategorie auf Ihrem Standardwürfel aus, und spielen Sie mit den beschriebenen Einstellungen – gerade bei Modifiern passt der Spruch »Probieren geht über studieren« sehr gut. Falls Sie die Modifier im Einsatz sehen möchten, schauen Sie sich die Dateien zu diesem Kapitel auf der Buch-DVD an – die meisten der unten beschriebenen Modifier erwarten Sie dort. Darüber hinaus begrüßt Sie bei den einzelnen Modifiern – wenn möglich – ein Rendering, das Ihnen die Auswirkungen des jeweiligen Modifiers zeigt. Alle Modifier der GENERATE-Kategorie ändern das Aussehen der Objekte, d. h., sie generieren entweder Vertices oder verändern vorhandene Vertices.

5.4.1 Der Array-Modifier

Um den Array-Modifier auszuprobieren, können Sie die Datei »05_Generate_Array.blend« nutzen. Diese Datei finden Sie auf der Buch-DVD unter Beispielmaterial • Kapitel_05.

Der Array-Modifier ist immer dann sinnvoll, wenn Sie Objekte erschaffen möchten, die aus vielen gleichen Bauteilen aufgebaut werden. Er klont das Objekt und ist somit prädestiniert für Ketten, Mauern oder Dachschindeln. Ob die Klone hinter-, neben- oder übereinander erzeugt werden, kann über Optionen festgelegt werden. Zusätzlich kann der Abstand zwischen den Klonen und die Art der Verteilung (entlang einer Geraden, entlang einer Kurve) gewählt werden.

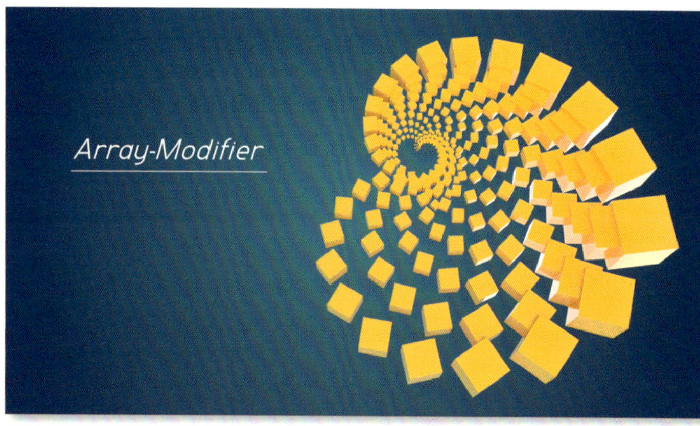

▲ **Abbildung 5.6**
Der Array-Modifier in Aktion

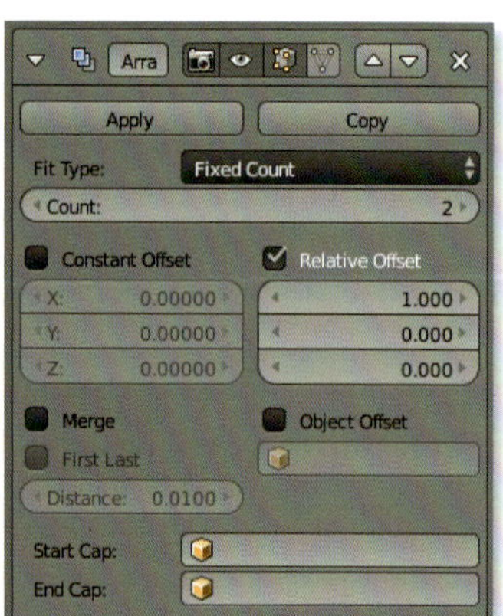

▲ **Abbildung 5.7**
Die Einstellungen des Array-Modifiers

Wie bei Modifiern üblich, sehen Sie jede Änderung sofort in der 3D-Ansicht und können auf diese Weise einfach mit diesen Einstellungen experimentieren:

- Fit Type: Dieser Parameter lässt Sie entscheiden, wie die Klone angeordnet werden, die der Modifier erzeugt.
  - Fixed Count: Hier legen Sie fest, dass Sie die unter Count eingestellte Anzahl an Objektkopien erzeugen möchten. Ein Fixed Count von 3 bedeutet, dass das Objekt exakt dreimal vorhanden ist (inklusive des Originals).
  - Fit Length: Mit dieser Einstellung fügt Blender exakt so viele Objekte ein, dass die unter Length eingegebene Länge durch alle entstehenden Objekte (inklusive eventuell eingestellter Leerräume) erreicht wird.
  - Fit Curve: Über diese Einstellung legen Sie fest, dass die Länge der unter Curve angegebenen Kurve die Anzahl der Klone bestimmt. Klicken Sie dazu einfach in die Auswahlbox, und wählen Sie die gewünschte Kurve oder den gewünschten Pfad.

- Constant Offset: Setzen Sie ein Häkchen in diese Box, um den Abstand zwischen den geklonten Objekten zu definieren. Die darunter stehenden Werte geben den Abstand in x-, y- und z-Richtung an. X = 1 bedeutet einen Abstand von 1 Blender-Einheit in x-Richtung.
- Relative Offset: Setzen Sie ein Häkchen in diese Box, um den relativen Abstand bezogen auf die Objektgröße anzugeben. Eine 1 bedeutet hierbei einfacher Objektabstand, eine 2 doppelter Objektabstand. Konstanter und relativer Offset können gleichzeitig aktiv sein und somit kombiniert werden.
- Merge: Aktivieren Sie diese Option, so werden die Vertices benachbarter Klone verschmolzen. Sie können auf diese Art ein geschlossenes Objekt erzeugen.
- First Last: Aktivieren Sie diese Aktion, so verschmilzt Blender die Vertices des ersten Klons mit den Vertices des letzten Klons.
- Distance: Mit diesem Wert legen Sie fest, wie weit Vertices zweier Klone auseinanderliegen dürfen, bevor Sie miteinander verschmolzen werden.
- Object Offset: Über die Aktivierung dieser Checkbox können Sie ein Objekt festlegen, dessen Abstand, Rotation und Skalierung auf die einzelnen Klone übertragen wird. Dabei wird die Änderung immer von einem Klon auf seinen Nachfolger übertragen. Sollten also vier Klone vorhanden und der Offset über ein Objekt festgelegt sein, das gegen das Originalobjekt 20° in x-Richtung gedreht wurde, so wird der erste Klon 20° (bezogen auf das Originalobjekt), der zweite 40°, der dritte 60° und der vierte 80° gedreht sein. Üblicherweise wird die Drehung über ein Empty realisiert. Da sowohl das Originalobjekt, als auch das Offset animiert werden können, können Sie auf diese Weise viele futuristische Animationseffekte realisieren. Auch dieser Offset kann mit den beiden vorangegangenen Offset-Arten kombiniert werden.
- Name: Durch einen Klick in dieses Feld unter Objekt Offset können Sie ein beliebiges Objekt für den Objekt Offset festlegen. Wählen Sie dazu das Objekt in der erscheinenden Liste aus.
- Start Cap/End Cap: Durch diese beiden Optionen können Sie Objekte definieren, die am Start bzw. Ende der Klonkette eingefügt werden. Sie bietet sich immer dann an, wenn Start und Ende einer geklonten Reihe ein zu den geklonten Elementen unterschiedliches Aussehen haben sollen.

▲ **Abbildung 5.8**
Eine mit dem Array-Modifier erstellte Kette, deren Halterung über das Start-Cap-Feature angefügt wurde

Über die zuletzt beschriebene Option können Sie beispielsweise an einer Kette aus geklonten Kettengliedern am Anfang bzw. am Ende Halterungen anbringen.

5.4.2 Der Bevel-Modifier

Der Bevel-Modifier ermöglicht es Ihnen, die Kanten Ihrer Objekte interaktiv abzuschrägen. Sie können dabei frei wählen, ob Sie die Vertices Ihres Objekts, nur vereinzelte Kanten oder alle Kanten abschrägen möchten. Da Sie auch die Anzahl der Abschrägungen pro Kante einstellen können, ist es mit diesem Modifier einfach möglich, Kanten abzurunden.

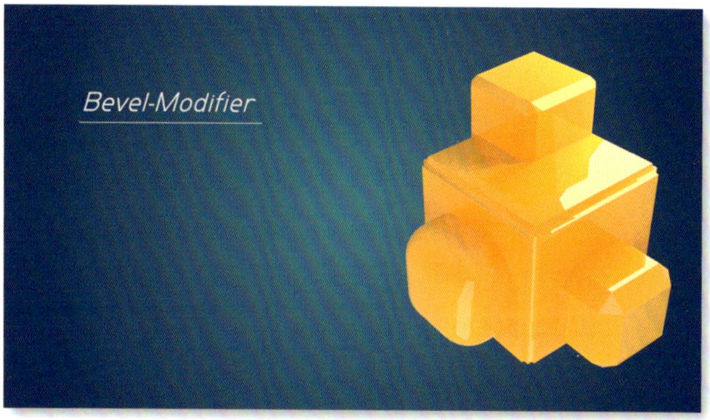

Abbildung 5.9 ▸
Der Bevel-Modifier in Aktion

Auch bei den Optionen des Bevel-Modifiers (Properties-Editor • Modifiers) gilt: Alles ist interaktiv – probieren Sie die nachfolgenden Optionen am besten direkt an einem Modell aus, indem Sie das Objekt auswählen und den Modifier aktivieren:

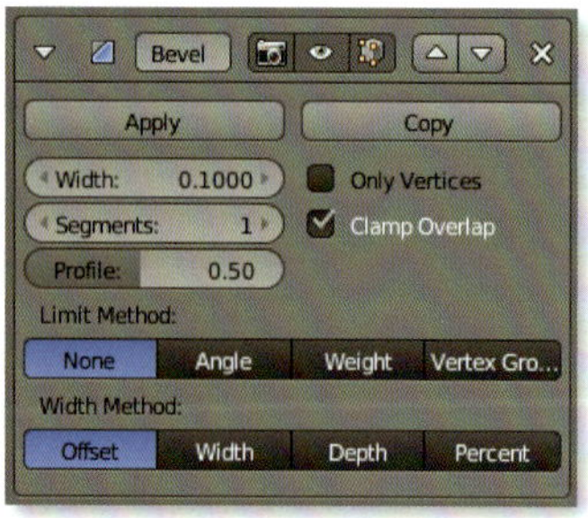

▴ Abbildung 5.10
Die Einstellungen des Bevel-Modifiers

- Width: Hier legen Sie fest, welche Breite die Abschrägung haben soll. Ein Wert von 1 steht hierbei für eine Blender-Einheit, ein Wert von 0,5 für eine halbe Blender-Einheit.
- Segments: Gibt an, wie viele Abschrägungen entlang einer Kante durchgeführt werden sollen.
- Profile: Haben Sie mehr als ein Segment gewählt, können Sie mit diesem Wert die Wölbung der Kante angeben. Kleine Werte wölben die Kante nach innen, große nach außen.
- Only Vertices: Mit dieser Option legen Sie fest, dass keine Edges, sondern Vertices abgeschrägt werden sollen. Alle übrigen Einstellungen wirken dann auf Vertices.
- Clamp Overlap: Diese Option verhindert, dass sich zwei abgerundete Kanten überschneiden, wenn Sie zu hohe Werte bei Width einstellen. Sie können nach Aktivierung dieser Option zwar Width immer noch ändern, werden aber bei zu hohen Werten keine Änderung mehr in der 3D-Ansicht bemerken.
- Limit Method: Hier können Sie die Abschrägungen beschränken. Zur Auswahl stehen:
  - None: Keine Beschränkung
  - Angle: Alle Kanten, die miteinander einen größeren Winkel als den unter Angle angegebenen Winkel bilden, werden

abgeschrägt (diese Einstellung ist nur dann sinnvoll, wenn Sie nicht ONLY VERTICES gewählt haben.

- WEIGHT: Nur Kanten, die einen von 0 unterschiedlichen Wert bei BEVEL WEIGHT besitzen, werden abgeschrägt. 0 bedeutet, dass keine Abschrägung stattfindet, 1, dass die Kante voll abgeschrägt wird.
- VERTEX GROUP: Mithilfe dieser Listbox können Sie eine Vertex-Gruppe festlegen, die die Abschrägung bestimmt. Alle Vertices dieser Vertex-Gruppe mit einer Gewichtung von 1 erhalten eine Abschrägung, alle Vertices, die eine Gewichtung kleiner als 1 besitzen, werden prozentual abgeschrägt. 0 bedeutet erneut keine Abschrägung.

- WIDTH METHOD: Diese Option definiert, wie der ganz zu Beginn erwähnte WIDTH-Wert interpretiert wird. Er kann als OFFSET, Breite (WIDTH), Tiefe (DEPTH) oder als prozentuale Abschrägung (PERCENT) definiert werden.

Die Option BEVEL WEIGHT finden Sie im TRANSFORM-Panel der PROPERTIES (N) im EDIT MODE. Wählen Sie dort eine Kante aus (markieren Sie z. B. zwei Vertices). Sie finden BEVEL WEIGHT direkt unter CREASE. CREASE wird Ihnen im Verlauf dieses Kapitel begegnen, wenn es um den SUBDIVISION-SURFACE-Modifier geht.

5.4.3 Der Boolean-Modifier

Mit dem BOOLEAN-Modifier führen Sie boolesche Operationen mit zwei oder mehreren MESH-Objekten aus. Er ermöglicht es, Objekte voneinander abzuziehen (DIFFERENCE), Objekte zu verbinden (UNION) oder die Überschneidungen von Objekten als Resultat zu erhalten (INTERSECT).

Die Carve-Bibliothek

Der BOOLEAN-Modifier greift auf eine Open-Source-Bibliothek namens »Carve« (*http://carve-csg.com*) zurück, um seine Operationen auszuführen. Diese ist äußerst empfindlich im Bezug auf fehlerhafte Geometrien Ihrer Objekte. Achten Sie im Speziellen darauf, dass die Normalen Ihrer Objekte nach außen zeigen und Sie nur geschlossene Objekte miteinander kombinieren. »Geschlossen« bedeutet: Würden Sie das Innere Ihrer Objekte mit Wasser füllen, dürfte das Wasser an keiner Stelle austreten.

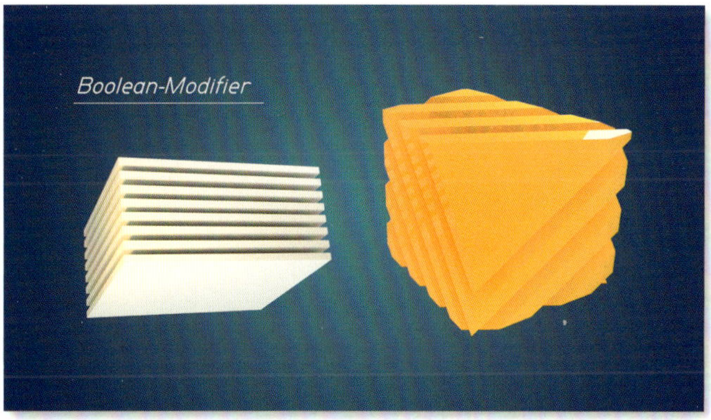

▲ **Abbildung 5.11**
Der BOOLEAN-Modifier in Aktion

Um diesen Modifier auszuprobieren, müssen Sie zwei Mesh-Objekte in Ihrer Szene erstellt haben. Verschieben Sie die beiden Objekte so zueinander, dass sie sich überlappen, verschieben Sie ein Objekt auf einen nicht sichtbaren Layer, und geben Sie dem anderen den Boolean-Modifier.

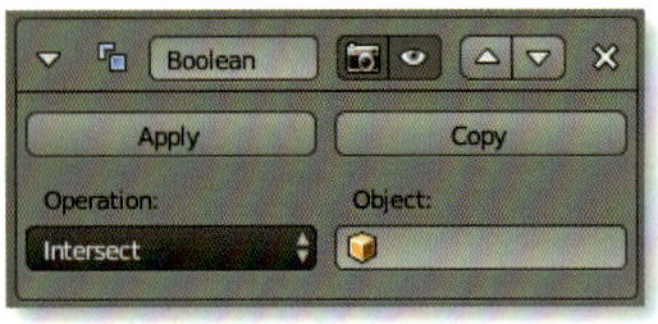

▲ **Abbildung 5.12**
Die Einstellungen des Boolean-Modifiers

Das Verhalten des Modifiers passen Sie im Properties-Editor im Tab Modifiers mit diesen Optionen an:

- Object: Unter Objekt tragen Sie das Mesh-Objekt ein, das mit dem gerade selektierten Objekt interagieren soll. Klicken Sie dazu einfach in das Feld, und wählen Sie das Mesh aus.
- Operation: Hier legen Sie fest, wie das mit dem Modifier bedachte Objekt und das unter Object eingetragene Objekt interagieren. Mit Intersect werden nur die Überlappungen beider Körper dargestellt, mit Union werden beide Objekte miteinander verbunden, und mit Difference wird das unter Object eingetragene Objekt von dem Modifier-Objekt abgezogen. Es entsteht ein Loch, das genauso geformt ist wie das Object.

Der Boolean-Modifier bietet mit diesen drei Modi das Potenzial für sehr viele interessante Effekte und beschleunigt die Modellierung von Objekten mit Löchern (beispielsweise Architektur-Objekte) deutlich.

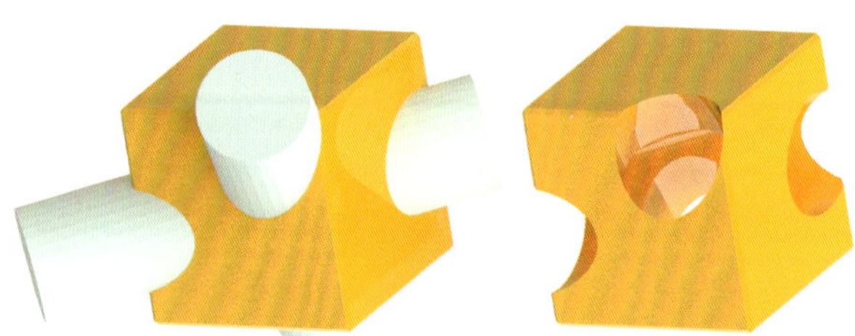

▲ **Abbildung 5.13**
Mit dem Boolean-Modifier schneiden Sie schnell Löcher in Objekte.

5.4.4 Der Build-Modifier

Mithilfe des Build-Modifiers können Sie sich Ihr Mesh »Face für Face« aufbauen lassen. Da dieser Modifier die Faces Ihres Objekts nach und nach erscheinen lässt, ist es sinnvoll, das Mesh relativ fein zu unterteilen. Je mehr Faces Sie erstellen, desto »weicher« geht der Aufbau vonstatten. Die Zeitspanne sowie der Ablauf des Mesh-Aufbaus sind durch Parameter änderbar. Ansehen können Sie sich den Aufbau, indem Sie die Animation per Alt + A starten, Esc bricht sie ab.

Um den Build-Modifier auszuprobieren, können Sie die Datei »05_Generate_Build.blend« nutzen. Diese Datei finden Sie auf der Buch-DVD unter Beispielmaterial • Kapitel_05. Drücken Sie Alt + A, um zu sehen, wie das Objekt »Face für Face« aufgebaut wird.

◂ **Abbildung 5.14**
Der Build-Modifier in Aktion

▴ **Abbildung 5.15**
Die Einstellungen des Build-Modifiers

Der Build-Modifier besitzt folgende Optionen:

- Start: Mit dieser Eigenschaft legen Sie den Frame fest, an dem Blender mit dem Aufbau Ihres Objekts beginnt.
- Length: Bestimmt die Länge der Animation in Frames. Beachten Sie hierbei, dass die Länge der Animation von der gewählten Bildwiederholrate abhängt. Erzeugen Sie einen Film in Full HD mit 50 Bildern die Sekunde, so werden Sie bei einer Length von 100 Frames einen 2-sekündigen Aufbau des Objekts miterleben – bei einer Bildwiederholrate von 25 fps würde Ihr Objekt ganze 4 Sekunden zum Aufbau benötigen.
- Randomize: Mit dieser Option weisen Sie Blender an, den Aufbau des Objekts mit zufällig gewählten Faces durchzuführen.
- Seed: Mit diesem Wert wird der Zufallszahlengenerator initialisiert. Möchten Sie also bei einem erneuten Abspielen der Animation einen anderen Aufbau provozieren, so ändern Sie diesen Wert.

Die Sortierung von Faces/Edges/Vertices ändern | Um die Reihenfolge festzulegen, mit der der Build-Modifier die einzelnen Komponenten aufbaut, können Sie die Funktion Sort Mesh Elements aus der Operator-Suche benutzen. Wechseln Sie dazu in den Edit Mode, wählen Sie alle Komponenten aus ([A]), und drücken Sie die Leertaste. Geben Sie dort Sort Mesh Elements ein, und bestätigen Sie Ihre Auswahl. Wählen Sie im darauffolgenden Popup beispielsweise From Cursor, um alle markierten Faces ausgehend von der aktuellen Cursor-Position zu sortieren.

Welche Optionen Sie hier auswählen können, sehen sie in Abbildung 5.16:

- View Z Axis: Über diesen Punkt veranlassen Sie, dass zu sortierende Elemente von unten nach oben sortiert werden. Diese Auswahl bezieht sich auf Ihre aktuelle Ansicht, sie wird also unterschiedliche Ergebnisse liefern, wenn Sie sie aus verschiedenen Perspektiven aufrufen.

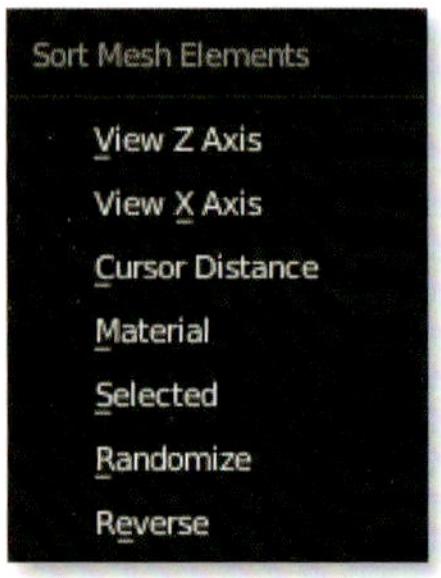

▲ **Abbildung 5.16**
Mit dem Popup SORT MESH ELEMENTS sortieren Sie die Komponenten Ihres Meshes.

- VIEW X AXIS: Auch dieser Menüpunkt bezieht sich auf die aktuelle Ansicht. Sie sortiert die Elemente von links nach rechts.
- CURSOR DISTANCE: Dieser Punkt sortiert die Elemente bezüglich ihrer Entfernung zum 3D-Cursor. Begonnen wird mit dem dem 3D-Cursor am nächsten liegenden Element, mit dem am weitesten entfernt liegenden wird geendet.
- MATERIAL: Hier wird nach Materialzugehörigkeit sortiert. Diese Option macht nur dann Sinn, wenn Ihr Objekt mehrere Materialien enthält. Ist dies der Fall, so sortiert sie die Elemente nach aufsteigendem Materialindex.
- SELECTED: Die gerade selektierten Elemente werden an den Anfang gesetzt, die bisherige Reihenfolge der anderen Elemente wird um die Anzahl der selektierten Elemente nach hinten geschoben.
- RANDOMIZE: Bewirkt eine zufällige Sortierung der Elemente.
- REVERSE: Dreht die bisherige Sortierung um.

5.4.5 Der Decimate-Modifier

Um den DECIMATE-Modifier auszuprobieren, können Sie die Datei »05_Generate_Decimate.blend« nutzen. Diese Datei finden Sie auf der Buch-DVD unter BEISPIELMATERIAL • KAPITEL_05.

Dieser Modifier macht besonders dann Sinn, wenn Modelling-Techniken eingesetzt wurden, die eine größere Menge an unnötiger Geometrie hinterlassen und nicht bei Modellen, bei denen (wie beispielsweise bei der Spieleentwicklung üblich) behutsam und bedächtig Vertex für Vertex platziert wurde. Er reduziert die Anzahl der Vertices, Faces und Edges interaktiv und versucht dabei (soweit möglich) die Form des ursprünglichen Objekts zu erhalten.

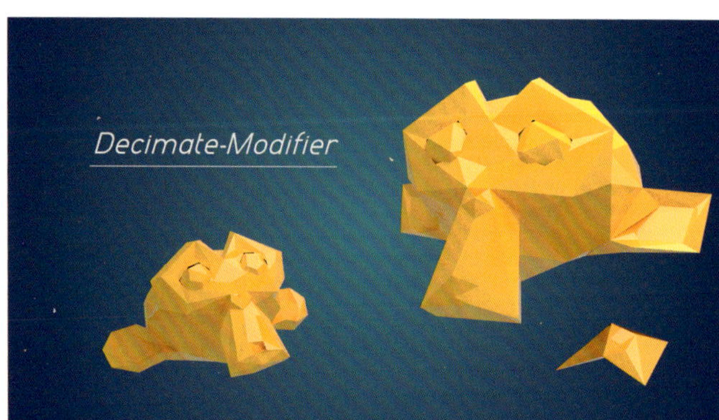

▲ **Abbildung 5.17**
Der DECIMATE-Modifier in Aktion

Der DECIMATE-Modifier kann in drei verschiedenen Modi genutzt werden. Jeder Modus hat verschiedene Anwendungsfälle, die ich Ihnen im Folgenden vorstellen werde.

Der Decimate-Modifier im Collapse-Modus | Im COLLAPSE-Modus finden Sie die folgenden Optionen:

- RATIO: Beschreibt das Verhältnis von entfernten zu behaltenen Faces: 0 entspricht 0 % – alle Faces werden entfernt, 1.0 entspricht 100 % – das Mesh besitzt alle ursprünglichen Faces. Verringern Sie den Wert, so werden Sie feststellen, dass das Mesh immer mehr vereinfacht wird, bis kaum noch Ähnlichkeit mit dem Original besteht.
- VERTEX GROUP NAME: Nur diejenigen Vertices, die in der in diesem Feld angegebenen Vertex-Gruppe enthalten sind, werden von dem Modifier beachtet. Mit INVERT kann die Zugehörigkeit zu der Gruppe umgedreht werden – beim Setzen dieser Checkbox werden also alle Vertices, die nicht zu der Vertex-Gruppe gehören, vom Modifier beachtet. Abschnitt 10.2, »Vertex Weights«, wird Ihnen Vertex-Gruppen ausführlich vorstellen.
- TRIANGULATE: Setzen Sie diese Checkbox ein, um alle Faces in Dreiecke zu konvertieren.

▲ **Abbildung 5.18**
Der DECIMATE-Modifier im COLLAPSE-Modus

Unter den Optionen befindet sich ein weiteres Feld: FACE COUNT. Hier sehen Sie auf einen Blick, wie viele Faces Ihr Objekt nach der Bearbeitung mit dem Modifier hat. Sie können so relativ einfach Vorher-Nachher-Vergleiche durchführen.

Der Decimate-Modifier im Un-Subdivide-Modus | Dieser Modus ist immer dann sinnvoll, wenn viele Vertices zwischen anderen Vertices entfernt werden sollen. Der Name rührt daher, dass auch ein Subdivision-Modifier vorhanden ist, der (stark vereinfacht) zwischen zwei Vertices ein zusätzliches einfügt. Für den umgekehrten Weg ist dieser Modus zuständig.

In diesem Modus gibt es nur den Parameter ITERATIONS. Dieser gibt an, mit wie vielen Wiederholungen der Modifier versuchen soll, überflüssige Vertices zu entfernen. Je höher dieser Wert, desto mehr Vertices werden entfernt.

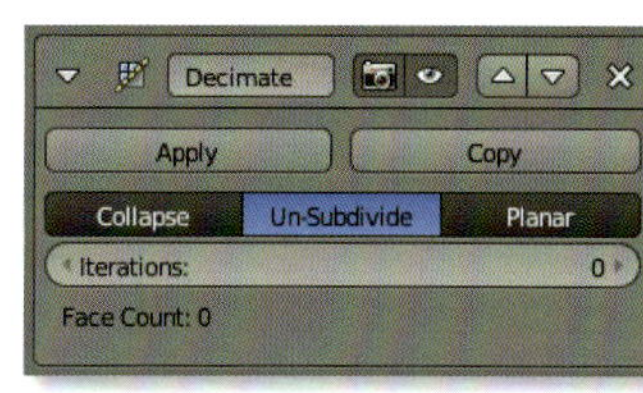

▲ **Abbildung 5.19**
Der DECIMATE-Modifier im UN-SUBDIVIDE-Modus

Der Decimate-Modifier im Planar-Modus | Dieser Modus ist immer dann sinnvoll, wenn Sie ein Objekt erhalten möchten, das im Ergebnis viele Flächen in einer Ebene enthält. Der Modifier entfernt in diesem Modus Flächen, die in einem angegebenen Winkel zueinander stehen. Er besitzt mehrere eigene Parameter:

- ANGLE LIMIT: Gibt den Winkel an, ab dem zwei Flächen zu einer zusammengefasst werden.
- ALL BOUNDARIES: Mit dieser Checkbox lassen Sie es zu, dass der Modifier Löcher im Mesh bei der Flächen-Optimierung entfernt.

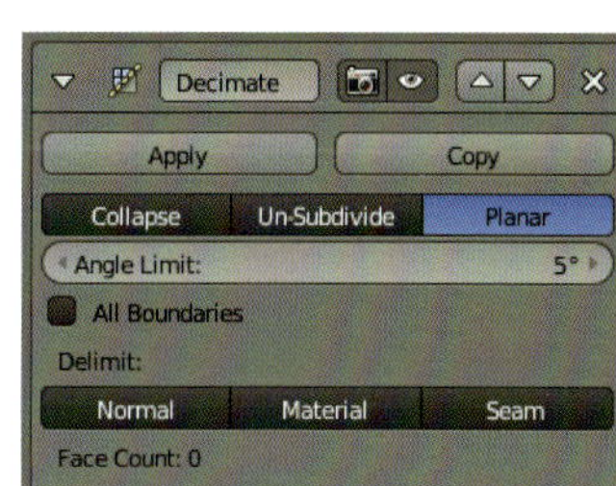

▲ **Abbildung 5.20**
Der DECIMATE-Modifier im PLANAR-Modus

Darüber hinaus finden Sie im PLANAR-Modus die Option DELIMIT. Hier legen Sie fest, welche Grenzen Blender beim Entfernen von Geometrie beachtet:

- NORMAL: Wenn unterschiedlich ausgerichtete Face-Normalen aufeinandertreffen, werden keine Faces entfernt.
- MATERIAL: An den Materialgrenzen werden keine Faces entfernt.
- SEAM: An Schnittkanten werden keine Faces entfernt.

5.4.6 Der Edge-Split-Modifier

Um den EDGE-SPLIT-Modifier auszuprobieren, können Sie die Datei »05_Generate_EdgeSplit.blend« nutzen. Diese Datei finden Sie auf der Buch-DVD unter BEISPIELMATERIAL • KAPITEL_05.

Der EDGE-SPLIT-Modifier trennt Kanten innerhalb eines Meshes voneinander. Dabei entstehen Vertices, die auf gleichen Punkten liegen – Sie erhalten also Kanten, die zwar exakt aufeinanderliegen, aber nicht mehr verbunden sind.

▲ **Abbildung 5.21**
Der EDGE-SPLIT-Modifier in Aktion

Edge-Split- und Subdivision-Surface-Modifier
Achten Sie besonders dann auf diesen Modifier, wenn Sie zusätzlich einen SUBDIVISION-SURFACE-Modifier einsetzen. Da der letztgenannte auf die Flächen, Kanten und Normalen achtet, sollten Sie genau aufpassen, ob Sie ihn vor oder nach dem EDGE-SPLIT-Modifier einfügen. Die Resultate sind völlig unterschiedlich. Probieren Sie es doch einfach mit dem Standardwürfel aus.

Welche Kanten aufzutrennen sind, kann durch zwei verschiedene Modi festgelegt werden. Während der Modus EDGE ANGLE auf den Winkel zwischen zwei Kanten schaut, entscheidet SHARP EDGES anhand einer manuellen Markierung, ob die Kante aufgetrennt wird oder eben nicht.

Wenn eine Kante aufgetrennt wird, beeinflusst dieser Prozess die Darstellung der Mesh-Oberfläche in der 3D-Ansicht – die Kante erscheint scharf und wird nicht weichgezeichnet. Gerade, wenn Sie Ihr komplettes Mesh mit der Schaltfläche SET SMOOTH in der TOOLBAR (T) geglättet haben, ist der EDGE-SPLIT-Modifier eine große Hilfe, um definierte Kanten herauszuarbeiten. Da beide Modi – sowohl die Trennung anhand eines Winkels als auch die manuelle Trennung von Kanten – zur gleichen Zeit sinnvoll sind, können beide Modi gleichzeitig aktiviert werden.

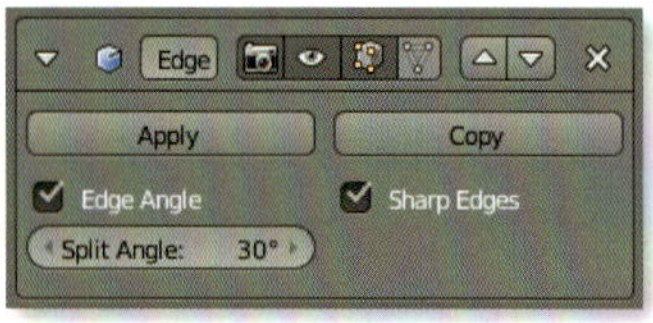

▲ **Abbildung 5.22**
Die Einstellungen des EDGE-SPLIT-Modifiers

Der EDGE-SPLIT-Modifier bietet Ihnen folgende Optionen an:

- EDGE ANGLE: Falls diese Checkbox aktiviert ist, wird anhand des unter SPLIT ANGLE angegebenen Winkels zwischen zwei Kanten entschieden, ob die Kante aufgetrennt wird oder nicht. Geben Sie einen Winkel von 90° an, so wird Blender die beiden Kanten erst dann auftrennen, wenn ihr gemeinsamer Winkel größer als 90° ist.
- SPLIT ANGLE: Hier geben Sie den Winkel an, mit dem beide Kanten verglichen werden. Möglich sind Werte zwischen 0° (alle Kanten werden aufgetrennt) bis 180° (keine Kanten werden aufgetrennt).
- SHARP EDGES: Falls diese Checkbox aktiviert wird, werden nur die Kanten aufgetrennt, die als SHARP markiert wurden. Die Markierung dieser Kanten erfolgt bei ausgewählten Edges, indem Sie im EDGE-SPECIALS-Menü (Strg + E) des EDIT MODES den Punkt MARK SHARP wählen. Im selben Menü befindet sich auch der Punkt CLEAR SHARP, der die Markierung wieder aufhebt.

Edge Split und Strg + E

Der EDGE-SPLIT-Modifier führt dieselbe Aktion durch wie die, die Sie durch Auswahl des Eintrags EDGE SPLIT im EDGES-Menü (Strg + E) treffen. Der große Vorteil des Modifiers ist jedoch, dass Sie, wenn Sie mit den eingegebenen Werten spielen, die Auswirkungen direkt sehen und bei Bedarf rückgängig machen können. Probieren Sie die Option trotzdem einmal aus, und bewegen Sie die Kante. Sie werden sehen, dass die beiden an die Kante angrenzenden Flächen nicht mehr verbunden sind – genau dies tut der Modifier für jede Kante, die die Bedingungen erfüllt.

5.4.7 Der Mask-Modifier

Der MASK-Modifier ist immer dann nützlich, wenn Teile eines Meshes versteckt werden sollen. Er besitzt nur wenige Optionen, diese sind jedoch im Zusammenspiel mit anderen Modifiern (DYNAMIC-PAINT-Modifier beispielsweise) absolut ausreichend.

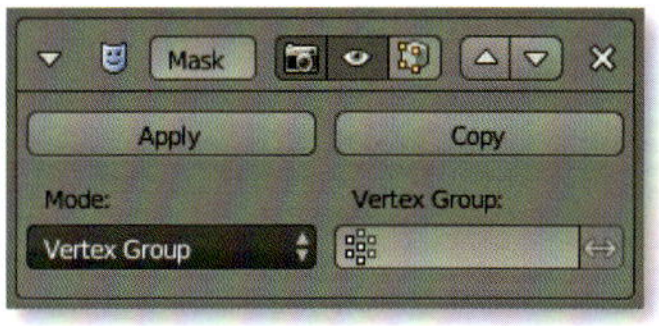

▲ **Abbildung 5.23**
Die Einstellungen des MASK-Modifiers

▲ **Abbildung 5.24**
Der MASK-Modifier in Aktion

Um den MASK-Modifier auszuprobieren, können Sie die Datei »05_Generate_Mask.blend« nutzen. Diese Datei finden Sie auf der Buch-DVD unter BEISPIELMATERIAL • KAPITEL_05.

Mit MODE legen Sie fest, in welchem Modus der Modifier sich befindet. Zur Auswahl stehen:

- VERTEX GROUP: Wird der Modus VERTEX GROUP gewählt, so bestimmen Sie mit dieser Listbox, welche Vertex-Gruppe die sichtbaren Bereiche enthält: Alle Vertices, die in der Vertex-Gruppe enthalten sind und eine Gewichtung > 0 besitzen, werden angezeigt, alle Vertices außerhalb der Gruppe oder mit einer Gewichtung von 0 werden ausgeblendet. Der Doppelpfeil am Ende der Box invertiert den MASK-Modifier – bisher versteckte Bereiche werden sichtbar, vorher sichtbare Bereich werden versteckt.

- ARMATURE: Wird der Modus ARMATURE gewählt, so kann hier eine Armature angegeben werden. Durch die Auswahl von Bones dieser Armature bestimmen Sie, welcher Teil des Meshes angezeigt wird. Diese Funktion mag etwas seltsam anmuten, sie ist jedoch äußerst sinnvoll, wenn Sie Meshes animieren – auf diese Weise sehen Sie genau, welche Teile Ihres Meshes von welchen Knochen beeinflusst werden.

5.4.8 Der Mirror-Modifier

Um den MIRROR-Modifier auszuprobieren, können Sie die Datei »05_Generate_Mirror.blend« nutzen. Diese Datei finden Sie auf der Buch-DVD unter BEISPIELMATERIAL • KAPITEL_05.

Der MIRROR-Modifier spiegelt das Mesh (inklusive der UV-Maps) an frei wählbaren Achsen. Er erzeugt spiegelsymmetrische Meshes und ist gerade bei der Modellierung von Körpern mit ähnlichen oder sogar gleichen Hälften (und Vierteln) eine große Hilfe.

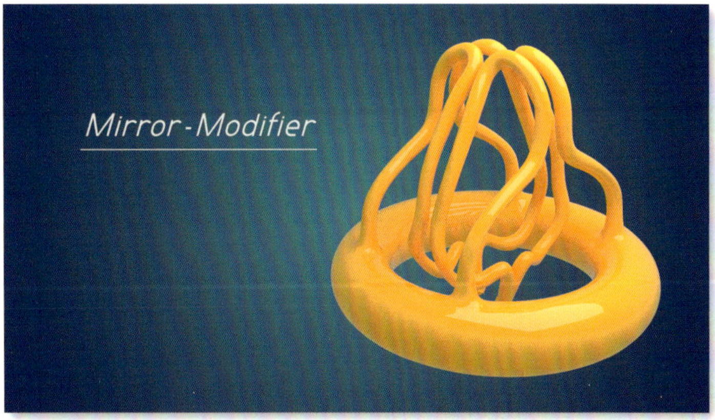

▲ **Abbildung 5.25**
Der MIRROR-Modifier in Aktion

Nutzung des Mirror-Modifiers ohne Mirror Object
Wenn keine Angabe unter MIRROR OBJECT gemacht wurde, wird das Objekt an dem Objektmittelpunkt gespiegelt. Verschieben Sie also die Vertices des Objekts aus dem Objektmittelpunkt, oder entfernen Sie eine Hälfte der Vertices, um eine gleichzeitige Bearbeitung beider Seiten sicherzustellen.

Der MIRROR-Modifier bietet eine ganze Reihe von Optionen:

- ÜBER die unter AXIS anwählbaren Checkboxen legen Sie fest, an welchen Achsen Sie Ihr Objekt spiegeln möchten. Alle diese Checkboxen können gleichzeitig gewählt und Ihr Objekt somit in allen Achsen gleichzeitig gespiegelt werden. Auswählbar sind X, Y, Z für eine Spiegelung an der x-, y- oder z-Achse.

- Unter Options finden Sie folgende Optionen:
  - Merge: Diese Option verschmilzt Vertices, die nahe genug an der Spiegelachse liegen. »Nahe genug« bezieht sich hierbei auf die Option Merge Limit.
  - Clipping: Mit Clipping erreichen Sie, dass Vertices, die sich an der Spiegelachse berühren, auf dieser Achse festgehalten werden – sie können die Achse nicht mehr übertreten.
  - Vertex Groups: Mit dieser Option stellen Sie sicher, dass, wenn ihr Originalobjekt Vertex-Gruppen besitzt, diese auch auf die gespiegelte Hälfte übertragen werden.
- Textures: Ähnlich wie bereits die Option zum Übertragen von Vertex-Gruppen spiegelt diese Option die UV-Koordinaten Ihrer Texturen. Sie können keine, nur die U-Koordinate, nur die V-Koordinate oder beide gleichzeitig spiegeln lassen. UV-Maps lernen Sie in Kapitel 8, »Shading«, kennen.
- Merge Limit bestimmt, wie viel Abstand (in Blender-Einheiten) zwischen zwei gespiegelten Vertices liegen darf, bevor sie zu einem Vertex zusammengefasst werden.
- Mirror Object: Möchten Sie eine Spiegelung an dem Zentrum eines anderen Objekts bewirken, so wählen Sie in diesem Feld ein Objekt (beispielsweise ein Emtpy) durch Klick aus.

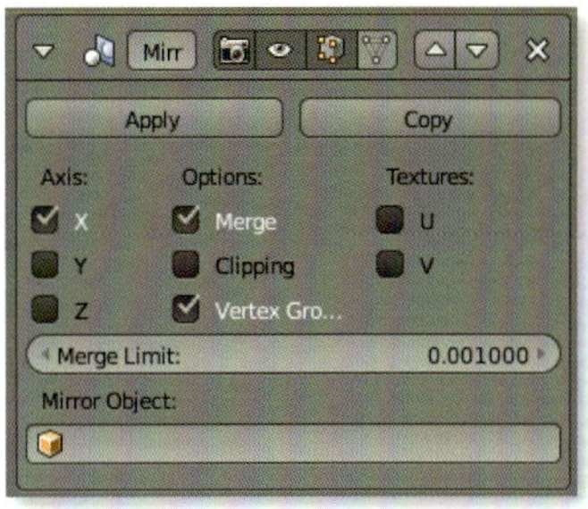

▲ **Abbildung 5.26**
Die Einstellungen des Mirror-Modifiers

In der Demo-Datei finden Sie ein Empty im Zentrum des Torus. Eine Verschiebung dieses Emptys wird Ihnen die durch den Mirror-Modifier entstandenen Objektteile schnell zeigen.

5.4.9 Der Remesh-Modifier

Der Remesh-Modifier erzeugt eine geschlossene, regelmäßige Geometrie basierend auf dem Originalobjekt. Er löst dabei die Mesh-Oberfläche komplett aus und baut sie aus Vierecken wieder neu auf. Gerade bei »kaputten« Geometrien, wie beispielsweise beim Konvertieren von Texten zu Mesh-Objekten, kann dieser Modifier Großes leisten.

Um den Remesh-Modifier auszuprobieren, können Sie die Datei »05_Generate_Remesh.blend« nutzen. Diese Datei finden Sie auf der Buch-DVD unter Beispielmaterial • Kapitel_05.

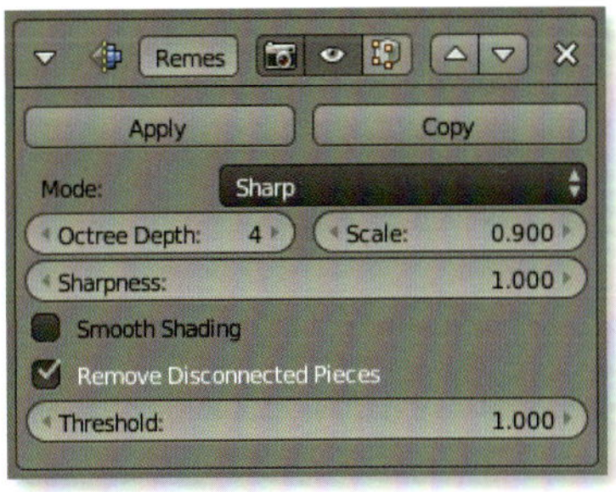

◄ **Abbildung 5.27**
Die Einstellungen des Remesh-Modifiers

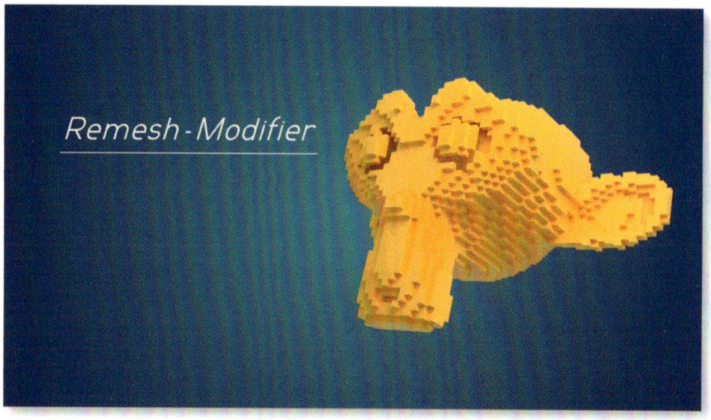

Abbildung 5.28 ▸
Der REMESH-Modifier in Aktion

Das Remeshing können Sie mit folgenden Optionen beeinflussen:

- MODE: Hier legen Sie fest, auf welche Art die Annäherung an das Originalobjekt stattfindet:
  - SHARP: Die Annäherung an das Originalobjekt geschieht so exakt wie möglich. Auch scharfe Kanten werden genauso im erzeugten Objekt vorhanden sein, wie sie es auch im Originalobjekt sind.
  - SMOOTH: Diese Einstellung nähert sich dem Objekt genau wie die erstgenannte Option, sie rundet jedoch im Gegensatz zu SHARP die Kanten des Objekts ab.
  - BLOCKS: Das resultierende Objekt wird aus vielen kleinen Blöcken hergestellt, die in ihrer Gesamtheit die Form des Originalobjekts annehmen. Mit dieser Einstellung ist es relativ einfach, ein an das Spiel »Minecraft« erinnerndes Objekt zu erschaffen.
- OCTREE DEPTH: Dieser Wert legt die Auflösung des resultierenden Objekts fest. Geben Sie hier kleine Werte ein, werden wenige (und damit gleichzeitig große) Flächen generiert, große Werte generieren viele (und somit kleinere) Flächen.
- SCALE: Dieser Wert ist in Verbindung mit OCTREE DEPTH für die Auflösung des generierten Objekts zuständig. Kleine Werte verringern die Auflösung, große Werte erhöhen sie.
- SHARPNESS: Hier können Sie festlegen, wie stark der Modifier versucht, scharfe Kanten abzubilden. Kleine Werte bewirken geglättete Kanten, große Werte bewirken scharfe Kanten.
- SMOOTH SHADING: Hier legen Sie fest, wie die Oberfläche des Objekts nach der Ausführung des Modifiers schattiert werden soll. Setzen Sie diese Checkbox, um die Übergänge zwischen den einzelnen Flächen weich zu zeichnen.
- REMOVE DISCONNECTED PIECES: Mit dieser Option entfernt der Modifier alle kleinen Teile eines Meshes, die nicht miteinander verbunden sind. Ab wann ein Teil als »verbunden« gilt, legt die nächste Option fest.

- THRESHOLD: Dieser Prozentwert gibt an, ab welcher Vertex-Anzahl eine Vertex-Insel berücksichtigt wird. Eine 1 bedeutet: Nur wenn genauso viele Vertices in der Vertex-Insel vorhanden sind wie in dem größten zusammenhängenden Verbund aus Vertices, wird diese Insel berücksichtigt. 0.5 würde alle Inseln mit einer mindestens 50%igen Anzahl an Vertices berücksichtigen.

◂ **Abbildung 5.29**
Der REMESH-Modifier analysiert die Form des Ausgangsobjekts (rechts) und baut es in einstellbaren Detailstufen erneut auf (links).

5.4.10 Der Screw-Modifier

Mithilfe des SCREW-Modifiers können aus einem Profilobjekt und einem Drehmittelpunkt rotationssymmetrische Objekte erzeugt werden. Das klingt erst einmal reichlich technisch, ist aber ganz einfach: Schraubenprofile, Gläser und generell alles, was auf einer Drehbank erzeugt werden kann, sind 1A-Kandidaten für diesen Modifier.

Um den SCREW-Modifier auszuprobieren, können Sie die Datei »05_Generate_Screw.blend« nutzen. Diese Datei finden Sie auf der Buch-DVD unter BEISPIELMATERIAL • KAPITEL_05.

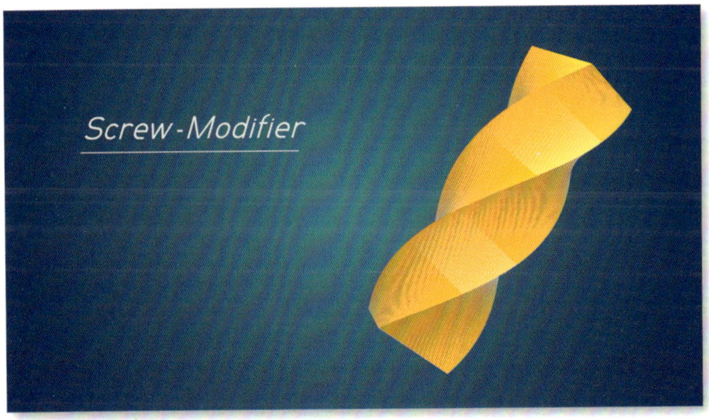

▴ **Abbildung 5.30**
Der SCREW-Modifier in Aktion

Über die folgenden Optionen können Sie den Modifier beeinflussen:

- AXIS: Mit dieser Combobox bestimmen Sie die Achse, um die die Drehung ausgeführt wird. Hier kann im Gegensatz zum MIRROR-Modifier immer nur eine Achse (x, y oder z) ausgewählt werden.

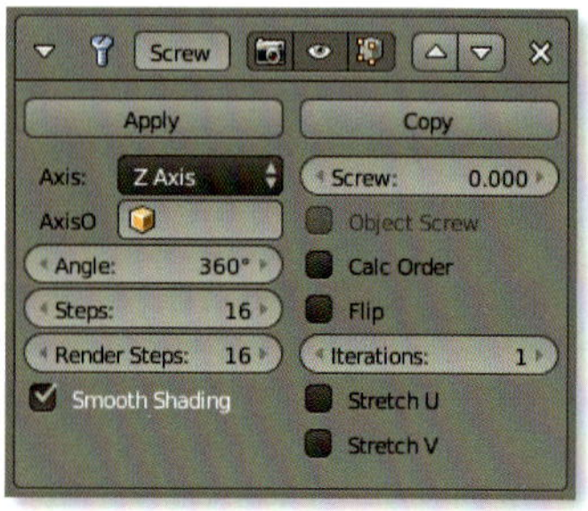

▲ **Abbildung 5.31**
Die Einstellungen des SCREW-Modifiers

- SCREW: Mit SCREW bestimmen Sie, wie hoch eine Rotation ausfallen soll. Der Wert wird in Blender-Einheiten angegeben. Eine 1 bedeutet, dass die Drehung eine Blender-Einheit über dem Beginn der Drehung endet.
- AXIS OBJECT: Mithilfe des hier eingegebenen Objekts bestimmen Sie, um welchen Punkt die Drehung durchgeführt wird. Ist hier kein Objekt angegeben, so wird die Drehung um den Objektmittelpunkt ausgeführt. Beachten Sie, dass Sie, wenn Sie das AXIS OBJEKT drehen, gleichzeitig auch die Achse ändern, um die gedreht wird – die Form der Spirale verändert sich dadurch.
- OBJECT SCREW: Ist diese Checkbox aktiviert, gibt das AXIS OBJECT nicht nur den Mittelpunkt der Drehung vor, sondern dient gleichzeitig noch als Endpunkt der Drehung. Achten Sie darauf, dass die Länge zwischen dem Mittelpunkt des Objekts und des AXIS OBJECTS der Drehung die Länge vorgibt.
- ANGLE: Hier bestimmen Sie, welcher Winkel bis zum SCREW erreicht werden soll. Sie geben hiermit also implizit die Anzahl der Drehungen bis zum Ende an. Würden Sie 720° eingeben, so würden genau zwei volle Drehungen durchgeführt.
- STEPS: Dies ist ein kosmetischer Wert für die 3D-Ansicht – Sie geben hiermit an, wie genau die Drehung dargestellt wird. Je weniger Schritte Sie hier angeben, desto weniger »rund« wird Ihre Drehung.
- RENDER STEPS: Im Gegensatz zum obigen STEPS-Wert gibt dieser Wert an, wie viele Schritte während des Renderns dargestellt werden. In der 3D-Ansicht werden Sie keine Änderung bemerken, wenn Sie diesen Wert ändern – nur das Endresultat unterscheidet sich.
- CALC ORDER: Die Reihenfolge von Kanten wird berechnet, um Probleme mit Face-Normalen zu vermeiden. Das ist nur erforderlich für Meshes, nicht bei Kurven.
- FLIP: Invertiert die Flächen-Normalen des Objekts.
- ITERATIONS: Ähnlich wie beim ARRAY-Modifier können Sie hier angeben, wie oft das Screw-Objekt hintereinander erzeugt wird.
- SMOOTH SHADING: Hier legen Sie fest, wie die Oberfläche des Objekts nach der Ausführung des Modifiers schattiert werden soll. Setzen Sie diese Checkbox, um die Übergänge zwischen den einzelnen Flächen weich zu zeichnen.

Steps und Render Steps

Wenn Sie sich fragen, warum Sie sowohl STEPS als auch RENDER STEPS einstellen können und wieso man diese Parameter nicht zusammengefasst hat, dann stellen Sie sich einmal eine sehr aufwendige Szene mit vielen Objekten vor. Je mehr Geometrie in dieser Szene vorhanden ist, desto langsamer wird die Anzeige dieser Szene (und gleichzeitig das Rendering). Dadurch, dass diese beiden Werte unabhängig voneinander verstellt werden können, haben Sie die Möglichkeit, eine Rohansicht der Szene zu betrachten, die flüssig dargestellt wird, während der Rendering-Prozess eine Feinauflösung nutzt.

5.4.11 Der Skin-Modifier

Mithilfe des SKIN-Modifiers erzeugen Sie einerseits eine Ummantelung von Kanten eines Objekts und können andererseits direkt das zugehörige Skelett (die Armature) erzeugen, um Ihr Modell in Pose zu setzen.

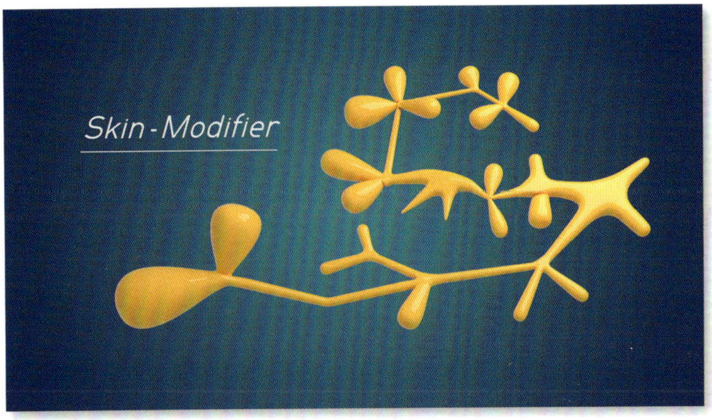

▲ **Abbildung 5.32**
Der Skin-Modifier in Aktion

Um den Skin-Modifier auszuprobieren, können Sie die Datei »05_Generate_Skin.blend« nutzen. Diese Datei finden Sie auf der Buch-DVD unter Beispielmaterial • Kapitel_05.

Der Skin-Modifier wird oftmals dazu eingesetzt, die Grundform eines Modells zu erstellen und diese Grundform anschließend mit den bereits kennengelernten Sculpt-Werkzeugen zu bearbeiten.

Um den Skin-Modifier auszuprobieren, sollten Sie folgendermaßen vorgehen: Fügen Sie eine Plane ein, und löschen Sie im Edit Mode alle Vertices bis auf einen. Fügen Sie dann einen Skin-Modifier hinzu. Halten Sie jetzt die Strg-Taste und klicken Sie mit der linken Maustaste umher, werden Sie sehen, dass sich um die einzelnen Kanten eine Haut bildet – sie wird durch den Skin-Modifier erzeugt. Wenn Sie einen Vertex wählen, der zwischen zwei anderen liegt, und von diesem einen weiteren Punkt setzen, können Sie eine Verästelung erzeugen.

Die Optionen dieses Modifiers sind zweigeteilt. Im Object Mode erwarten Sie diese Optionen:

▲ **Abbildung 5.33**
Die Einstellungen des Skin-Modifiers

- Create Armature: Mit dieser Schaltfläche erzeugen Sie eine Armature für Ihr Objekt. Die generierte Armature kann genutzt werden, um Ihr Objekt für das Sculpting in eine optimale Position zu bringen.
- Branch Smoothing: Mit diesem Wert bestimmen Sie, wie scharfkantig die Haut bei einer Verästelung wird. Eine 0 erzeugt scharfe Kanten, eine 1 einen weicheren Übergang.
- Smooth Shading: Hier legen Sie fest, wie die Oberfläche des Objekts nach der Ausführung des Modifiers schattiert werden soll. Setzen Sie diese Checkbox, um die Übergänge zwischen den einzelnen Flächen weich zu zeichnen.
- Symmetry Axes: Durch das Setzen dieser Checkbox verhindern Sie, dass auf einer der drei Achsen Flächen durch den Modi-

fier gebildet werden, die asymmetrisch sind. Eine gleichzeitige Anwahl mehrerer Achsen ist möglich. Durch Wahl von X, Y, Z wird auf der x-, y- oder z-Achse verhindert, dass asymmetrische Flächen entstehen.

Den Radius von Vertices festlegen

Haben Sie einen Vertex gewählt, so können Sie über Strg + A den SKIN-Modifier-Radius des Vertex skalieren. Über Strg + A, X oder Y können Sie die Achse beschränken, auf der die Skalierung durchgeführt wird. Dieser Shortcut erspart Ihnen die Eingabe der Radien über das PROPERTIES-Panel (N) wie unter EQUALIZE RADII beschrieben.

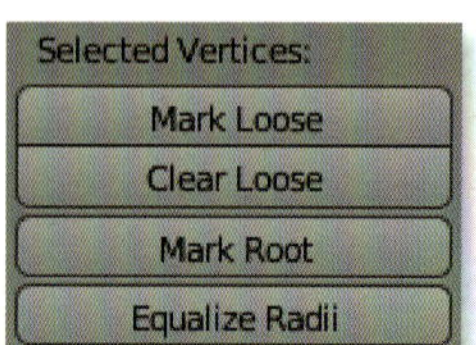

▲ **Abbildung 5.34**
Die Schaltflächen des Panels im EDIT MODE

Um zu definieren, wie der SKIN-Modifier die Haut an einzelnen Vertices über das Mesh legt, sollten Sie in den EDIT MODE wechseln. Selektieren Sie anschließend mindestens einen Vertex, so stehen Ihnen unter SELECTED VERTICES die folgenden Schaltflächen zur Verfügung:

- MARK LOOSE: Durch Klick auf diese Schaltfläche legen Sie fest, dass diese Vertices die Erstellung der Haut nicht beeinflussen.
- CLEAR LOOSE: Hiermit nehmen Sie die durch MARK LOOSE festgelegte Einstellung wieder zurück.
- MARK ROOT: Hier können Sie festlegen, welcher Vertex die Wurzel des Modifiers darstellt. Gerade beim Erzeugen von Armatures ist diese Einstellung wichtig – sie definiert, an welchem Knochen (Bone) das gesamte Skelett verankert wird.
- EQUALIZE RADII: Durch einen Klick auf diese Schaltfläche können Sie die Radien mehrerer Vertices angleichen. Um einen Blick auf die aktuellen Radien zu werfen, blenden Sie die PROPERTIES über N ein, und sehen Sie sich die Werte für RADIUS X und RADIUS Y im TRANSFORM-Panel an. Beachten Sie, dass Sie dazu im EDIT MODE sein müssen und ein Vertex ausgewählt ist. Haben Sie mehrere Vertices gewählt, so erscheint ein Mittelwert aus allen ausgewählten Radien unter der Bezeichnung MEAN RADIUS X|Y.

5.4.12 Der Solidify-Modifier

Um den SOLIDIFY-Modifier auszuprobieren, können Sie die Datei »05_Generate_Solidify.blend« nutzen. Diese Datei finden Sie auf der Buch-DVD unter BEISPIELMATERIAL • KAPITEL_05.

Der SOLIDIFY-Modifier kommt immer dann zum Zug, wenn Sie Ihrem Objekt eine bestimmte Wandstärke (Dicke) geben möchten. Gerade wenn Sie Ihr Objekt später ausdrucken möchten, ist dieser Modifier unabdingbar.

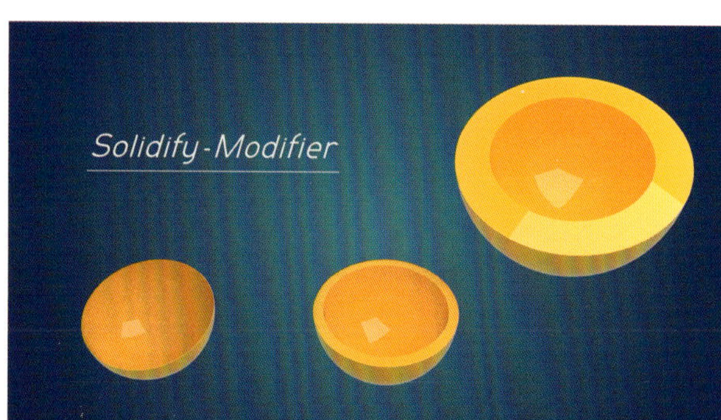

Abbildung 5.35 ▶
Der SOLIDIFY-Modifier in Aktion

Dafür, dass der SOLIDIFY-Modifier nur die Wandstärke des Objekts festlegt, besitzt er doch relativ viele Optionen:

- THICKNESS: Hiermit bestimmen Sie die Wandstärke des Materialauftrags. Wie bereits bei den meisten früheren Optionen gilt auch hier, dass die Wandstärke in Blender-Einheiten angegeben wird.
- OFFSET: Dieser Wert gibt an, auf welcher Seite das Material aufgetragen wird: -1 bedeutet, dass das Material von innen, 1 dass es von außen aufgebracht wird. Ein Wert von 0 gibt an, dass die Hälfte des Materials von innen, die andere Hälfte von außen aufgebracht wird.
- VERTEX GROUP: Geben Sie hier eine Vertex-Gruppe an, so beschränkt sich die Verdickung des Objekts ausschließlich auf Vertices mit einer Gewichtung > 0 innerhalb dieser Vertex-Gruppe. Die Gewichtung eines Vertex von 0.5 bedeutet hierbei, dass er halb so dick bewandet wird wie ein Vertex, der eine Gewichtung von 1 und damit die volle Wandstärke besitzt. Der Invert-Pfeil 1 am Ende der Box kehrt die Gewichtung der Vertices in der gewählten Vertex-Gruppe um.
- FACTOR: Diese Option ist gleichfalls nur in Verbindung mit Vertex-Gruppen sinnvoll. Sie definieren hiermit, wie groß der Materialauftrag auf Vertices ist, die nicht zur Vertex-Gruppe gehören oder kleiner als 1 sind.
- CREASE: In Verbindung mit dem SUBDIVISION-SURFACE-Modifier können Sie hier innen, außen oder auf dem erzeugten Rand scharfe Kanten definieren.
- FLIP NORMALS: Mit dieser Einstellung drehen Sie die Richtung der erzeugten Normalen um. Sie beheben damit Darstellungsfehler und beeinflussen die Wirkung der auf den Stack nachfolgenden Modifier.
- EVEN THICKNESS: Über diese Option erhalten Sie ein Objekt gleicher Wandstärke, auch über scharfe Kanten hinweg.
- HIGH QUALITY NORMALS: Aktivieren Sie diese Option, werden in allen Vertices und Flächen die Normalen mit einem aufwendigeren Algorithmus berechnet. Dies verbessert die Ebenmäßigkeit des Materialauftrags (das Objekt wird gleichmäßig dicker), erhöht jedoch auch gleichzeitig die Berechnungszeit.
- FILL RIM: Aktivieren Sie diese Option, um Verbindungsflächen zwischen dem generierten Materialauftrag und den Originalflächen zu erstellen.
- MATERIAL INDEX OFFSET: Mit diesen Wertfeldern legen Sie fest, welches Material für den Materialauftrag und welches für die entstehenden Flächen zwischen Materialauftrag und Originalfläche genommen wird (RIM). Eine 0 bedeutet, dass das erste Material auf dem Objekt genommen wird, 1 das zweite usw.

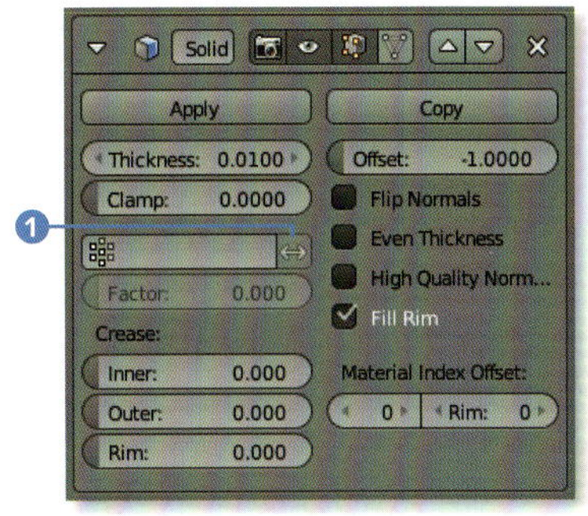

▲ **Abbildung 5.36**
Die Einstellungen des SOLIDIFY-Modifiers

3D-Drucker
Die nächste Generation der Drucker steht kurz vor dem Durchbruch in den Massenmarkt. 3D-Drucker erobern nach und nach die eigenen vier Wände, sie bauen Objekte Schicht für Schicht aus Kunststoff oder fotosensitiver Flüssigkeit auf – auch hier bei Plasmasolutions steht bereits eines dieser Wundergeräte herum und druckt allerlei im Kundenauftrag. Freuen Sie sich auf die Zukunft – und darauf Ihre eigenen 3D-Objekte in Wirklichkeit vor sich zu sehen und anfassen zu können

5.4.13 Der Subdivision-Surface-Modifier

Um den Subdivision-Surface-Modifier auszuprobieren, können Sie die Datei »05_Generate_SubdivisionSurface.blend« nutzen. Diese Datei finden Sie auf der Buch-DVD unter Beispielmaterial • Kapitel_05.

Kommen wir jetzt zu einem echten Star unter den Modifiern. Wenn ich an die Projekte zurückdenke, die ich für meine Kunden im Laufe der letzten 10 Jahren erstellt habe, so fällt mir kein einziges ein, in dem nicht mindestens einen Subdivision-Surface-Modifier (kurz Subsurf-Modifier) verwendet wurde.

▲ **Abbildung 5.37**
Der Subdivision-Surface-Modifier in Aktion

Subsurf per Tastenkombination

Der Subsurf-Modifier wird so häufig gebraucht, dass Blender ihm eine eigene Tastenkombination spendiert. Markieren Sie ein Mesh, und drücken Sie [Strg] + [1] für Level 1, [Strg] + [2] für Level 2 usw. Je nachdem, welche Zahl gedrückt wird, wird die Einstellung Subdivisions View auf 1, 2, ... 5 gesetzt. Die Einstellung Subdivisions Render bleibt davon unberührt. Für eine genauere Erklärung dieser beiden Optionen sehen Sie bitte bei den Optionen des Modifiers nach.

Doch was tut dieser Modifier jetzt genau? Lassen Sie mich hier aus dem Artikel der deutschen Wikipedia zitieren:

> *»Eine Subdivision Surface (deutsch: Unterteilungsfläche) ist in der Computergrafik eine glatte (in der ersten oder mehrfachen Ableitung stetige) Fläche, die aus einem Ausgangsgitter (auch Kontroll-Polygonnetz genannt) erzeugt wurde. Eine Subdivision Surface ist ursprünglich als der Grenzwert (Limes) eines unendlichen, rekursiven Verfeinerungsschemas definiert.«*

So, alles klar? Sollten Sie kein absoluter Mathematik-Liebhaber sein, sind Sie spätestens bei dem zweiten Satz ausgestiegen.

Dabei ist es gar nicht so kompliziert: Stellen Sie sich einfach vor, dass der Subsurf-Modifier versucht, durch Annäherung an die bestehenden Flächen im Originalobjekt ein neues, abgerundetes und damit organisches Objekt entstehen zu lassen. Betrachten Sie die Plane und den Würfel aus Abbildung 5.37, die in unterschiedlichen Subsurf-Levels dargestellt werden. Probieren Sie ihn anschließend auf dem oft kopierten, doch nie erreichten Affenkopf Suzanne aus. Folgende Optionen erwarten Sie bei diesem Modifier:

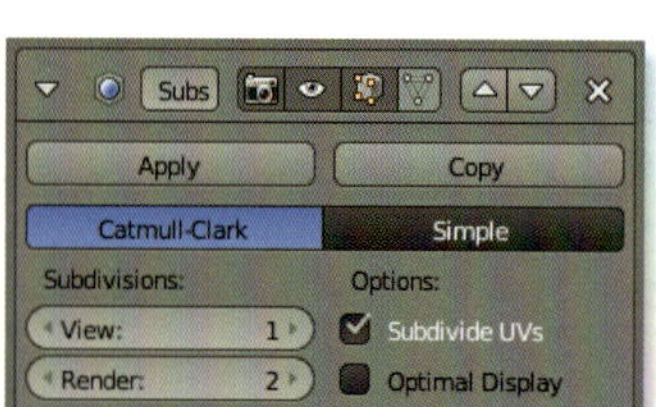

▲ **Abbildung 5.38**
Die Einstellungen des Subdivision-Surface-Modifiers

- Catmull-Clark/Simple: Diese Option bestimmt, wie die Unterteilung des Objekts vonstatten geht. Wählen Sie Catmull-Clark, so wird eine Näherung an die Form des Objekts durchgeführt. Bei Simple werden nur die Flächen des Objekts unterteilt, die Form des Objekts ändert sich nicht.

- SUBDIVISIONS: Hier definieren Sie, wie stark das Objekt (und damit die Flächen) unterteilt werden. Geben Sie eine 1 an, so wird jede Fläche einmal unterteilt, bei einer 2 zweimal usw. Wie bereits beim SCREW-Modifier können Sie auch bei diesem Modifier wieder zwischen den Unterteilungen in der 3D-Ansicht (VIEW) und der Unterteilung während des Renderns (RENDER) unterscheiden.
- SUBDIVIDE UVS: Diese Option ermöglicht es, bei einem Objekt mit bereits bestehender UV-Map die Map genauso zu unterteilen wie auch das Objekt unterteilt wird. Wird diese Checkbox nicht aktiviert, verhält sich das unterteilte Objekt so, als hätte es immer noch die ursprüngliche (nicht unterteilte) UV-Map.
- OPTIMAL DISPLAY: Mit dem Setzen dieser Option verhindern Sie, dass Kanten gezeichnet werden, die sich innerhalb des unterteilten Objekts befinden. Die Darstellung des Objekts wird dadurch etwas regelmäßiger, diese wirkt sich jedoch nicht auf das spätere Rendering aus.

Simple Subdivision
Die SIMPLE-Einstellung verhält sich exakt so, wie die destruktive Variante der Unterteilung Ihres Meshes im EDIT MODE mit [W] • SUBDIVIDE. Sie unterteilen damit das Vertex-Netz ihres Objekts weiter und erschaffen somit immer mehr Vertices. Der große Vorteil des Modifiers ist natürlich auch hier wieder, dass Sie die Unterteilungsanzahl zu einem späteren Zeitpunkt korrigieren können, falls Sie merken sollten, dass Sie eine höhere oder geringere Unterteilung benötigen. Ein Nachteil ist der erhöhte Rechenaufwand, da das Objekt immer wieder neu berechnet werden muss.

5.4.14 Der Multiresolution-Modifier

Mithilfe des MULTIRESOLUTION-Modifiers können Sie Ihr Mesh genau wie mit einem SUBDIVISION-SURFACE-Modifier unterteilen. Wie bei diesem wird auch hier die Häufigkeit der Unterteilung in Schritten (hier Stufen) angegeben. Stufe 0 ist Ihr Originalobjekt, jede höhere Stufe unterteilt die Flächen Ihres Objekts einmal mehr und rundet sie ab. Der Unterschied ist allerdings, dass Sie Ihr Objekt mit diesem Modifier in jeder Stufe weiterbearbeiten und zwischen den Stufen wechseln können – insbesondere im SCULPT MODE.

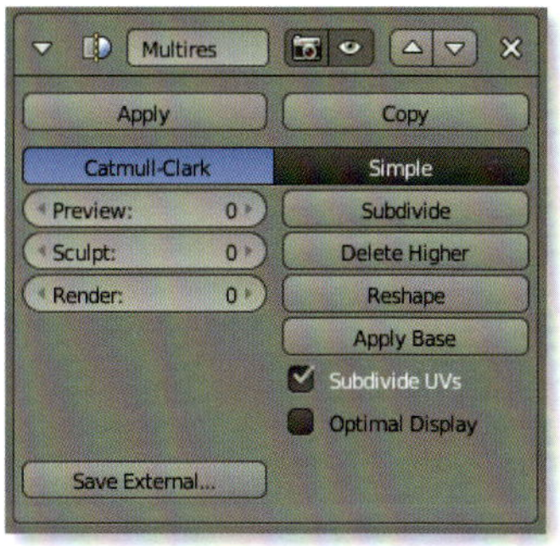

▲ **Abbildung 5.39**
Die Einstellungen des MULITRESOLUTION-Modifiers

Um die Unterteilungen für jeden Modus festzulegen, finden Sie die folgenden Optionen:

- CATMULL-CLARK/SIMPLE: Diese Option bestimmt, wie die Unterteilung des Objekts vonstatten geht. Wählen Sie CATMULL-CLARK, so wird eine Näherung an die Form des Objekts durchgeführt. Bei SIMPLE werden nur die Flächen unterteilt, die Form des Objekts bleibt bestehen.
- PREVIEW: Mit diesem Wert geben Sie an, wie viele Unterteilungen Ihr Mesh in der 3D-Ansicht besitzt.
- SCULPT: Mit diesem Wert geben Sie an, wie viele Unterteilungen Ihr Mesh im Sculpt-Modus besitzt.
- RENDER: Mit diesem Wert geben Sie an, wie viele Unterteilungen Ihr Mesh während des Renderings besitzt.
- SUBDIVIDE: Durch diese Schaltfläche unterteilen Sie das Mesh um eine Stufe mehr.

Um den MULTIRESOLUTION-Modifier auszuprobieren, können Sie die Datei »05_Generate_Multires.blend« nutzen. Diese Datei finden Sie auf der Buch-DVD unter BEISPIELMATERIAL • KAPITEL_05.

- DELETE HIGHER: Durch diese Schaltfläche löschen Sie alle Unterteilungen, die höher als die aktuelle Unterteilungsstufe sind.
- RESHAPE: Durch diese Schaltfläche können Sie die Vertex-Koordinaten eines anderen Meshes auf dieses Mesh übertragen. Um diese Funktion zu nutzen, wählen Sie erst ein anderes Mesh, dann das Original-Mesh mit ⇧, und klicken Sie die Schaltfläche an. Ihr Mesh wird die Form des zuerst angeklickten Meshes annehmen. Beachten Sie, dass Sie Formen nur dann per RESHAPE übertragen können, wenn beide Objekte dieselbe Anzahl an Vertices besitzen.
- APPLY BASE: Mit dieser Schalfläche übertragen Sie die Form des unterteilten (und eventuell per Sculpting veränderten) Meshes auf das Originalobjekt.
- SUBDIVIDE UVS: Mit einem Häkchen in dieser Checkbox unterteilt Blender nicht nur Ihre Mesh-Struktur, sondern gleichzeitig auch die im Kapitel 8, »Shading«, erläuterten UV-Maps.
- OPTIMAL DISPLAY: Mit dem Setzen dieser Option verhindern Sie, dass Kanten gezeichnet werden, die sich innerhalb des unterteilten Objekts befinden. Die Darstellung des Objekts wird dadurch etwas regelmäßiger, sie wirkt sich jedoch nicht auf das spätere Rendering aus.
- SAVE EXTERNAL: Hier können Sie die Verformungen Ihres Objekts in eine externe Datei mit der Endung ».btx« abspeichern. Dateien mit der Endung ».btx« sind Blender-spezifische Dateien, Sie können nicht in anderen Programmen verarbeitet oder geöffnet werden.

Eine Game-Engine ist das Herz eines jeden Spiels

In ihr finden alle Logikabläufe, die Grafikausgabe und Steuerungseingaben sowie die Netzwerkkommunikation zwischen Spielern statt. Meist bieten Game-Engines von Haus aus Möglichkeiten, um 3D-Objekte zu importieren, die in Standardformaten vorliegen – beispielsweise Waveform-OBJ- oder STL-Dateien. Dabei spielt die Reihenfolge, mit der die einzelnen Dreiecke exportiert und importiert werden, eine große Rolle und kann zu unterschiedlichen Ergebnissen führen – dies macht den Modifier sehr sinnvoll.

5.4.15 Der Triangulate-Modifier

Der TRIANGULATE-Modifier verwandelt alle Polygone Ihres Meshes in Dreiecke, und dies immer auf die gleiche Art. Haben Sie diesen Modifier hinzugefügt, können Sie sicher sein, dass bei einem späteren Export nicht plötzlich Dreiecke anders dargestellt werden, als sie in Blender angezeigt werden. Der Modifier ist gerade bei Spieleentwicklern sehr beliebt, denn hier finden viele Import- und Exportprozesse statt, die eine konsistente Triangulation der Objekte voraussetzen. So ist eine immer gleiche Triangulation beim Erzeugen von Licht-, Schatten- und Bump-Maps von Dreiecken ebenso unabdingbar wie beim Export von Objekten aus Blender in Game-Engines.

Der TRIANGULATE-Modifier besitzt nur eine einzige Option, BEAUTY SUBDIVIDE. Ist sie gesetzt, so unterteilt Blender alle Polygone des Objekts immer entlang der kürzesten Diagonale zwischen vier Vertices. Doch auch wenn der Modifier nicht viele

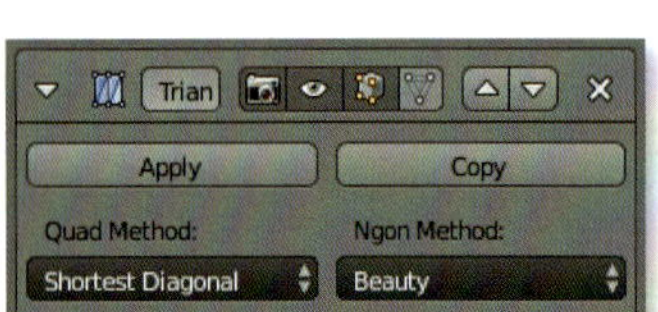

▲ **Abbildung 5.40**
Die Einstellungen des TRIANGULATE-Modifiers

Optionen besitzt, so gibt es doch einige Situationen, bei denen Sie von diesem Modifier ganz besonders profitieren:

- Wenn Sie eine Schatten-, Licht-, Bump- oder Normal-Map erzeugen oder generell baken.
- Bevor Sie Ihr Objekt in Game-Engines, 3D-Drucker oder sonstige Programme exportieren, die auf die gleiche Darstellung der Objekte angewiesen sind.

Maps und baken
Wenn Sie Ihre Szene in Game-Engines übernehmen möchten, werden Sie oft das Problem haben, dass Sie die gewünschte Grafikqualität nicht in Echtzeit darstellen können. Mit dem Baking-Feature »backen« Sie beispielsweise die Lichter, Schatten, Farben usw. in Ihre Szene und nutzen die daraus resultierenden »Maps«, um eine höhere Grafikqualität zu simulieren.

5.4.16 Der Wireframe-Modifier

Der Wireframe-Modifier belegt in meinem Herzen einen besonderen Platz, denn ihn habe ich selbst entwickelt. In meinem Studio benötigten wir Anfang 2014 für einen großen Kunden die Möglichkeit, Drahtgittermodelle mit unterschiedlicher Gitterstärke aus bestehenden Objekten zu erzeugen und zu rendern. Nachdem Blender bis zur Version 2.69 nichts in dieser Richtung im Angebot hatte, entschloss ich mich, ihn selbst zu entwickeln – und schon ab Version 2.70 war er im offiziellen Release verfügbar. Wenn Sie heutzutage Ihr Objekt in ein Drahtgittermodell umwandeln möchten, müssen Sie also nichts weiter tun, als diesen Modifier zu aktivieren.

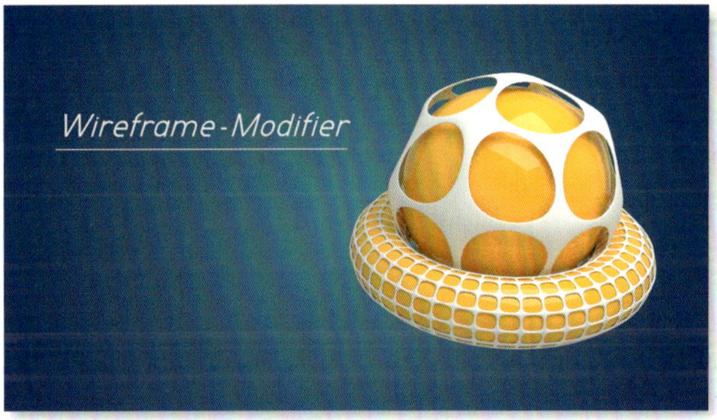

▲ Abbildung 5.41
Der Wireframe-Modifier in Aktion

Um den Wireframe-Modifier auszuprobieren, können Sie die Datei »05_Generate_Wireframe.blend« nutzen. Diese Datei finden Sie auf der Buch-DVD unter Beispielmaterial • Kapitel_05.

Im Großen und Ganzen besitzt dieser Modifier die gleichen Optionen wie der Solidify-Modifier, alle zusätzlichen sehen Sie hier:

- Crease Edges: Mit dieser Checkbox können Sie die Wirkung des Subsurf-Modifiers an den Kanten etwas genauer steuern. In dem oben gezeigten Beispiel werden auf diese Art gerundete Kanten um die Kugel erzeugt – die auf dem Ring erzeugten Kanten besitzen einen deutlich geringeren Crease-Wert. Suzannes Kanten in Abbildung 5.43 nutzen die Crease Edges Option nicht.
- Crease Weight: Mit dieser Option steuern Sie bei aktivierter Crease-Edges-Option, wie stark die Kanten gerundet werden.

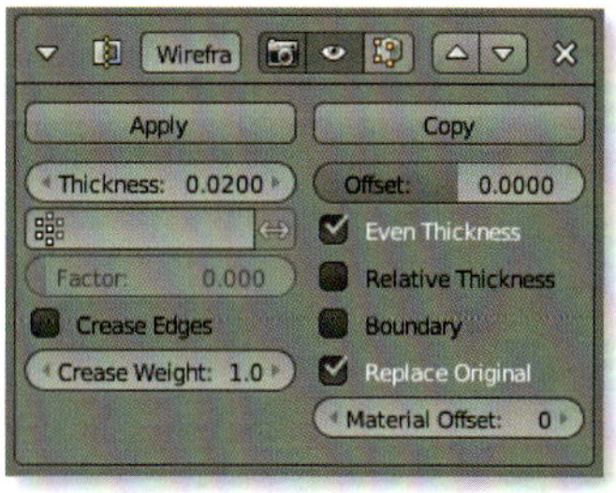

▲ Abbildung 5.42
Die Einstellungen des Wireframe-Modifiers

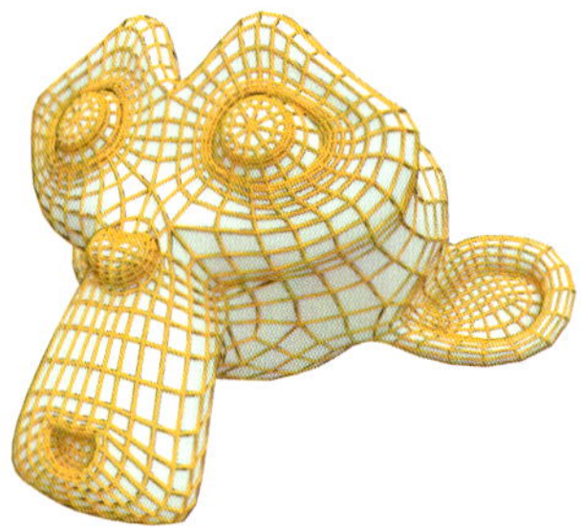

▲ **Abbildung 5.43**
Der WIREFRAME-Modifier erzeugt ein neues Modell aus den Kanten des Originals, deren Dicke und viele weitere Optionen frei einstellbar sind.

- RELATIVE THICKNESS: Je länger die vom Drahtgitter umschlossene Edge ist, desto dicker wird das Drahtgitter an dieser Stelle.
- BOUNDARY: Falls Sie diese Option zuschalten, werden an Grenzen von Mesh-Inseln zusätzliche Kanten erzeugt.
- REPLACE ORIGINAL: Ein Häkchen in dieser Checkbox ersetzt das Originalobjekt völlig durch das generierte Drahtgittermodell. Deaktivieren Sie diese Option, wird das Drahtgittermodell über das Originalobjekt gelegt. OFFSET steuert dabei, wie stark sich das Gitter von dem Objekt abhebt.
- MATERIAL OFFSET: Analog zum SOLIDIFY-Modifier bestimmen Sie hier, welches Material das Drahtgittermodell bekommt. Besonders wenn Sie REPLACE ORIGINAL deaktivieren, macht diese Option Sinn.

Dieser Modifier stellt bislang den letzten generativen Modifier dar. Allein mit den bisher vorgestellten Modifiern können Sie schon extrem viele Ideen umsetzen – gerade in der Kombination miteinander entfalten sie ihre Stärken.

Im nächsten Abschnitt wird es versch(r)oben – die Deformations-Modifier helfen uns, Ihre liebevoll und akkurat designten Objekte nach allen Regeln der Kunst zu deformieren, zu biegen und sogar zu zerstören.

5.5 Versch(r)oben – die Deformations-Modifier (Deform)

Die Kategorie der Deformations-Modifier ist teilweise noch interessanter als die der gerade kennengelernten Modifier, denn hier passiert ständig etwas: Objekte werden verbogen, gedehnt, geglättet oder ändern ihre Form komplett. Das alles passiert in Echtzeit und ist jederzeit rückgängig zu machen – probieren Sie also auch hier alle Modifier nach Herzenslust aus! Bevor wir mit unserem Rundgang beginnen, möchte ich Ihnen noch einen Tipp mit auf den Weg geben: Alle Deformations-Modifier ändern die Position von Vertices – es ist also sinnvoll, ein Objekt zum Testen der Modifier zur Verfügung zu haben, welches eine größere Anzahl an Vertices besitzt. Dies können natürlich auch die Standardobjekte sein (wie beispielsweise ein Würfel oder eine Kugel), Sie sollten diese jedoch ein paar Mal über [W] • SUBDIVIDE unterteilen oder einen SUBDIVISION-SURFACE-Modifier vor dem Deformations-Modifier einsetzen. Lassen Sie uns jetzt mit unserem Rundgang durch die Welt der reversiblen Verformungen beginnen.

5.5.1 Der Armature-Modifier

Mithilfe des Armature-Modifiers binden Sie ein Skelett (die Armature) an Ihr Mesh-Objekt. Durch diese Bindung ermöglichen Sie, Ihr Objekt zu animieren, Posen einzunehmen und diese jederzeit einfach rückgängig zu machen. Da Sie diesem Modifier Vertex-Gruppen mitteilen können, auf die er wirkt, und Sie mehrere dieser Modifier zu einem Objekt hinzuzufügen können, wird es möglich, unterschiedliche Teile Ihres Mesh-Objekts von unterschiedlichen Armatures animieren zu lassen.

Um den Armature-Modifier auszuprobieren, können Sie die Datei »05_Deform_Armature.blend« nutzen. Diese Datei finden Sie auf der Buch-DVD unter Beispielmaterial • Kapitel_05.

Folgende Optionen stellt Ihnen der Armature-Modifier bereit:

- Object: Geben Sie hier den Namen der Armature an. Durch Klick in dieses Feld erscheint eine Liste, in der Sie sie einfach auswählen können.
- Preserve Volume: Wenn Sie Ihr Mesh-Objekt um Gelenke (Kniebeuge, Armbeuge) verformen, kann es passieren, dass es um das Gelenk sehr stark gestaucht wird (sehr dünn wird). Mit dieser Option erhalten Sie weitgehend die Dicke an diesen Stellen.
- Vertex Group: Mit der Angabe einer Vertex-Gruppe legen Sie fest, auf welchen Teil Ihres Mesh-Objekts dieser Modifier wirkt. Alle Vertices mit einer Gewichtung von 0 sind von der Wirkung dieses Modifiers ausgenommen, Werte > 0 erhöhen die Wirkung (1 = volle Wirkung). Um mehrere Armature-Modifier auf demselben Objekt zu nutzen, müssen Sie die nachfolgende Option auf dem zweiten Modifier aktivieren.
- Invert: Diese Option ist nur in Verbindung mit einer Vertex-Gruppe sinnvoll: Sie kehrt die Gewichtung der Vertices in der gewählten Vertex-Gruppe um.
- Bind To: Hier legen Sie fest, wie die Armature an das Mesh-Objekt gebunden wird. Ist Vertex Groups aktiviert, werden die Vertex-Gruppen zur Deformation des Meshes genutzt. Dabei gilt, dass ein Knochen der Armature dann das Objekt verformt, wenn die Vertex-Gruppe den gleichen Namen wie der Knochen trägt. Ist Bone Envelopes aktiviert, wird Ihr Mesh-Objekt über Bone-Envelopes verformt. Bone-Envelopes sind definierte Bereiche um einen Knochen. Sie werden genutzt, die Vertices in direkter Nachbarschaft um die Knochen zu beeinflussen (und zu deformieren).
- Multi Modifier: Hiermit legen Sie fest, dass der Modifier dieselben Mesh-Daten wie der vorherige Modifier nutzt. Mit dieser Option können Sie gleichzeitig mehrere Armature-Modifier verwenden, ohne dass Sie Gefahr laufen, dass der zweite Modifier das Resultat des ersten Modifiers verändert. Bei Aktivierung dieser Checkbox arbeitet der Modifier immer auf den Originaldaten. Der Einfluss der Armature-Modifier wird anhand der Gewichtung der Vertex-Gruppen festgelegt.

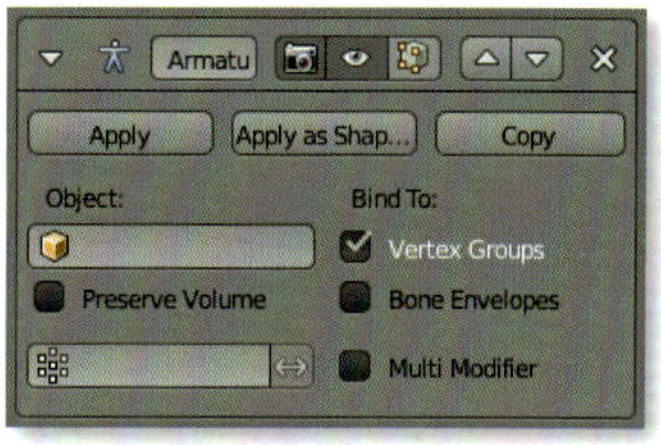

▲ **Abbildung 5.44**
Die Einstellungen des Armature-Modifiers

Die meisten der oben genannten Fachbegriffe werden Sie in Abschnitt 10.3, »Rigging und Skinning«, kennenlernen.

5.5.2 Der Cast-Modifier

Der CAST-Modifier dient dem vollständigen oder teilweisen Anpassen Ihres Objekts an eine von drei Grundformen: Würfel, Zylinder oder Kugel. An einen seiner ersten Einsätze bei Plasmasolutions kann ich mich noch lebhaft erinnern: In einem animierten Kurzfilm für einen großen deutschen Gartengerätehersteller sollten allerlei Gartengeräte in eine viel zu enge Regenrinne fallen und nach unten auf den Rasen rutschen. Das Rohr sollte sich bei jedem Gartengerät wie in einem Comic stark ausbeulen und anschließend – nachdem alle durch das Rohr nach unten gelangt sind – wieder völlig unversehrt und unverbeult sein. Die temporäre Verformung des Rohrs wurde komplett mithilfe dieses Modifiers erledigt.

Um den CAST-Modifier auszuprobieren, können Sie die Datei »05_Deform_Cast.blend« nutzen. Diese Datei finden Sie auf der Buch-DVD unter BEISPIELMATERIAL • KAPITEL_05.

▲ **Abbildung 5.46**
Der CAST-Modifier in Aktion

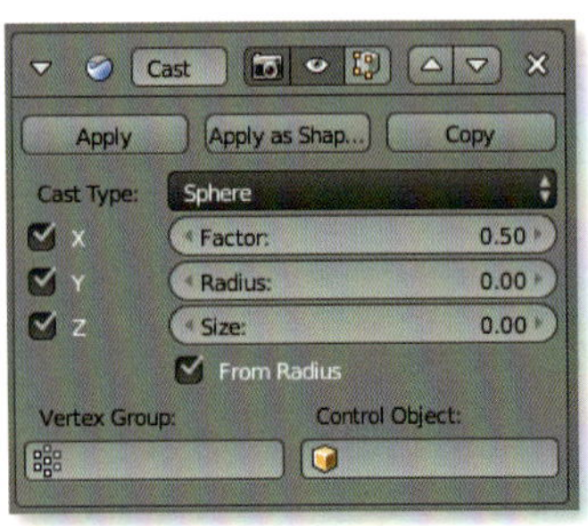

▲ **Abbildung 5.45**
Die Einstellungen des CAST-Modifiers

Möchten Sie ähnliche Verformungen erreichen, stehen Ihnen diese Optionen zur Verfügung:

- CAST TYPE: Mit dieser Combobox geben Sie vor, in welche Gestalt Ihr Objekt transformiert werden soll. Zur Auswahl stehen drei Optionen: SPHERE, wenn die spätere Form eine Kugel sein soll; CYLINDER, wenn die spätere Form ein Zylinder sein soll und noch CUBOID, wenn die spätere Form ein Würfel sein soll.
- AXIS: Entscheidet darüber, auf welcher Achse die Verformung stattfinden soll. Eine gleichzeitige Auswahl verschiedener Achsen ist selbstverständlich möglich. Zur Wahl stehen mit X, Y und Z die üblichen Verdächtigen.
- FACTOR: Wie stark das Objekt in die gewählte Form gepresst wird, legen Sie hierüber fest. Ein Wert von 0 bedeutet »über-

haupt keine Änderung«, eine 1 bedeutet »exakt die Form«. Werte kleiner 0 und größer 1 sind möglich, sie führen allerdings zu Verzerrungen (die unter Umständen sogar gewünscht sind – beispielsweise für Motion Graphics).

- RADIUS: Hier können Sie bestimmen, ab welchem Abstand zum Objektmittelpunkt die Vertices verformt werden. Die Einheit ist wie üblich: 1 = eine Blender-Einheit (BE). 0 steht für unendlich.
- SIZE: Die Größe des Körpers, in den das Objekt projiziert wird. 0 steht hierbei für »automatisch«, alle anderen Werte werden in BEs angegeben.
- FROM RADIUS: Das setzen dieser Checkbox bewirkt, dass der Radius-Wert gleichzeitig die Größe der Projektion bestimmt. Ist sie nicht gesetzt, so wird der SIZE-Wert als Größe genutzt.
- VERTEX GROUP: Wie üblich – alle in dieser Gruppe enthaltenen Vertices werden verformt, alle nicht enthaltenen oder mit einer Gewichtung von 0 versehenen werden nicht verformt.
- CONTROL OBJECT: Wird hier ein Objekt angegeben (meist ein Empty), so wird nicht mehr der Objektmittelpunkt als Zentrum der Verformung genutzt, sondern das Zentrum des hier angegebenen Objekts.
- USE TRANSFORM: Wird diese Checkbox gesetzt, wird nicht nur das Zentrum des Control-Objekts beachtet, sondern gleichzeitig auch seine Rotation und Skalierung. Die Checkbox erscheint, wenn ein Controll-Objekt gewählt wurde.

5.5.3 Der Curve-Modifier

Der CURVE-Modifier ermöglicht es, über einen Pfad vorzugeben, wie eine Verformung eines Objekts durchgeführt wird. Wird das Mesh-Objekt animiert, folgt es dem Pfad und verformt sich entsprechend.

Um den CURVE-Modifier auszuprobieren, können Sie die Datei »05_Deform_Curve.blend« nutzen. Diese Datei finden Sie auf der Buch-DVD unter BEISPIELMATERIAL • KAPITEL_05.

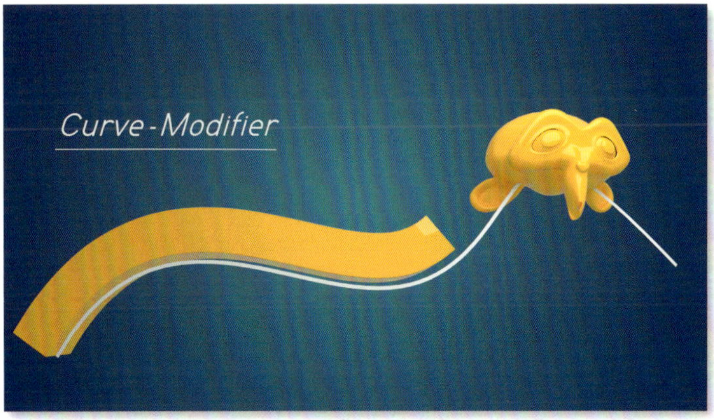

◂ **Abbildung 5.47**
Der CURVE-Modifier in Aktion

Um die Verformung sanft durchführen zu können, benötigt das Mesh-Objekt eine relativ hohe Auflösung, unterteilen Sie Ihr Objekt also vorab beispielsweise über einen Subsurf-Modifier. Gerade dann, wenn Sie den Modifier noch nicht genau kennen, sollten Sie beide Objekte (Kurve und Mesh) über [Alt] + [G] in die Nullposition bringen (die Objektzentren liegen übereinander). Dies erspart ihnen gerade zu Beginn viel Kopfzerbrechen über unerklärliche Verformungen, denn ausschlaggebend für die Verformung der Objekte sind die Objektmittelpunkte.

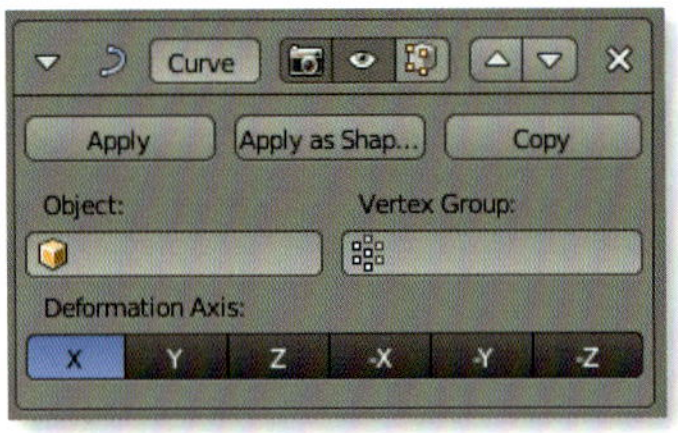

▲ **Abbildung 5.48**
Die Einstellungen des Curve-Modifiers

Folgende Optionen lassen Sie die Verformung beeinflussen:

- Object: Hier geben Sie die Kurve an, durch die das Mesh-Objekt verformt wird. Klicken Sie in das Feld, werden Ihnen ausschließlich die Namen der in allen Szenen vorhandenen Kurven angezeigt.
- Vertex Group: Durch die Angabe einer Vertex-Gruppe bestimmen Sie, wie stark der Einfluss der Kurve auf die in der Vertex-Gruppe enthaltenen Vertices ist. Eine Gewichtung der Vertices von 1 bedeutet, dass die Vertices der Kurve zu 100 % folgen, eine Gewichtung von 0 bedeutet, dass die Kurve keinen Einfluss auf die gewählten Vertices hat.
- Deformation Axis: Durch die Angabe einer Achse in diesem Bereich legen Sie fest, entlang welcher lokalen Achse die Kurve das Objekt verformen soll. Alle Achsen inklusive ihrer gespiegelten Varianten stehen Ihnen zur Verfügung (X, -X, Y, -Y, Z oder -Z).

Bewegen Sie das Mesh-Objekt auf der gewählten Achse, so werden Sie feststellen, dass die Kurve nicht nur definiert, wie sich das Objekt verformt, während es sich auf der Kurve befindet, sondern auch, wie das Objekt vor dem Beginn und nach dem Ende der Kurve ausgerichtet ist. Achten Sie darauf, wenn Sie Kurven definieren, um ungewollte Überraschungen zu vermeiden.

5.5.4 Der Displace-Modifier

Mit dem Displace-Modifier können Sie anhand einer Textur alle oder bestimmte Vertices eines Objekts aus ihrem Ursprung bewegen. Der Modifier verformt somit die Oberfläche eines Objekts (im Beispiel einer Plane).

Um den Displace-Modifier auszuprobieren, können Sie die Datei »05_Deform_Displace.blend« nutzen. Diese Datei finden Sie auf der Buch-DVD unter Beispielmaterial • Kapitel_05.

◂ **Abbildung 5.49**
Der Displace-Modifier in Aktion

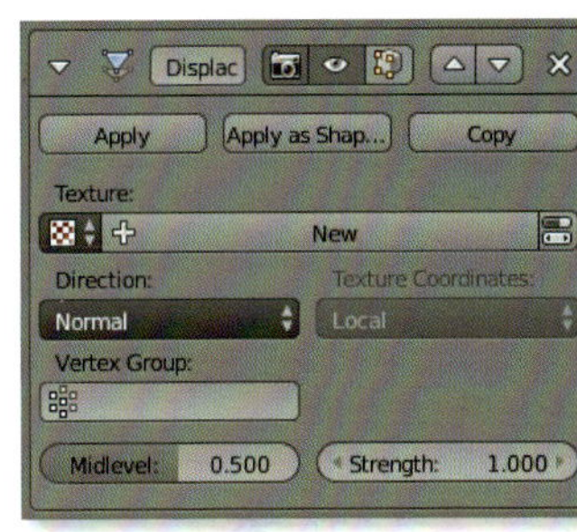

▴ **Abbildung 5.50**
Die Einstellungen des Displace-Modifiers

Der Modifier besitzt die folgenden Einstellungen:

- Texture: Hier legen Sie die Textur fest, mit der das Objekt verformt wird. Um eine neue Textur zu erstellen, klicken Sie auf New. Um zur erstellten Textur zu wechseln, nutzen Sie die Schaltfläche neben New oder wechseln zum Textur-Reiter.
- Direction: Mit dieser Combobox geben Sie an, wie Ihre Textur auf das Objekt wirken soll:
  - X, Y, Z: Die Intensitätswerte der Textur wirken in Richtung der x-, y-, oder z-Achse.
  - RGB to XYZ: Hier werden die drei Farbkanäle der Textur dazu genutzt, das Objekt in x-, y- und z-Richtung zu verformen (Rot-Kanal = x-Richtung, Grün-Kanal = y-Richtung und Blau-Kanal = z-Richtung). Natürlich macht diese Einstellung nur dann Sinn, wenn Sie auch eine Farbtextur ausgewählt haben.
  - Normal: Mit dieser Auswahl legen Sie fest, dass die Intensitätswerte der Textur in Richtung der Flächennormalen des Objekts wirken.
- Vertex Group: Wie bereits bei den übrigen Modifiern beschränken Sie hiermit die Wirkung des Modifiers auf die ausgewählte Vertex-Gruppe. Eine 1 bedeutet »volle Wirkung«, eine 0 ist gleichzusetzen mit »keine Wirkung«.
- Texture Coordinates: Hier können Sie festlegen, welches Koordinatensystem für die Verformung genutzt werden soll:
  - Local: Das lokale Textur-Koordinatensystem des Objekts wird genutzt.
  - Global: Das globale (Welt-)Koordinatensystem wird genutzt.

  - OBJECT: Ein Objekt bestimmt die Koordinaten. Wählen Sie diese Option aus, so erscheint ein weiteres Auswahlfeld mit Namen OBJECT, mit dessen Hilfe Sie ein Objekt (meist ein Empty) festlegen können, das als Koordinatensystem dient. Die Projektionsachse dieses Objekts ist die z-Achse, rotieren Sie das Objekt also so, dass die z-Achse in Richtung des zu verformenden Objekts zeigt.
  - UV: Hier können Sie die Verformung mithilfe von UV-Koordinaten durchführen lassen. Wählen Sie diese Option, so erscheint ein weiteres Feld namens UV-MAP. Hier können Sie eine UV-Map wählen, falls mehrere UV-Maps auf Ihrem Objekt vorhanden sind. Falls hier keine Map festgelegt wird, wird automatisch die erste Map genutzt.
- MIDLEVEL: Dieser Wert gibt an, welcher Intensitätswert der Textur als »kein Displacement« interpretiert wird. Werte, die kleiner als dieser Wert sind, werden als negatives Displacement berechnet, alle Werte über diesem als positives.
- STRENGTH: Dieser Wert gibt an, wie stark die Verformung durch die Textur ist. Er kann sowohl negativ (Verformung entgegen der gewählten DIRECTION) als auch positiv sein (Verformung entlang der eingestellten DIRECTION). In Kombination mit der vorherigen Option ergibt sich also diese Formel für das Displacement: Displacement = (Texturwert – Midlevel) × Strength.

5.5.5 Der Hook-Modifier

Um den HOOK-Modifier auszuprobieren, können Sie die Datei »05_Deform_Hook.blend« nutzen. Diese Datei finden Sie auf der Buch-DVD unter BEISPIELMATERIAL • KAPITEL_05.

Der HOOK-Modifier erinnert nicht nur an Captain Hook, er macht seinem Namen auch alle Ehre: Alles, was dieser Modifier einmal am Haken (Hook) hat, verformt er gnadenlos, bis Sie ihn ausschalten. Damit er seine Arbeit verrichten kann, benötigt er zwei Dinge: das Objekt, das den Hook darstellt (meist ein Empty), und eine Vertex-Gruppe innerhalb des Originalobjekts, auf das die Verformung wirkt.

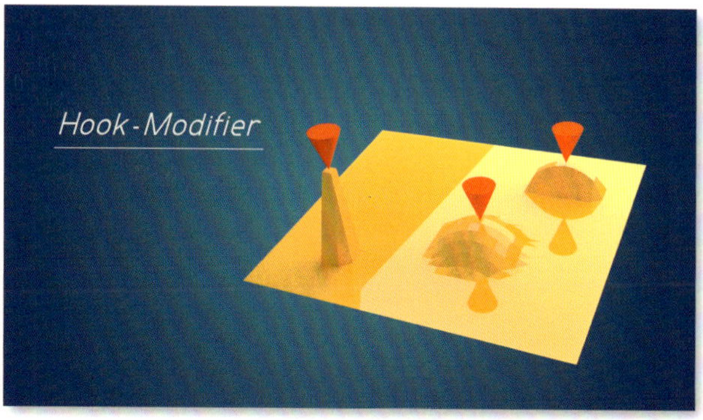

Abbildung 5.51 ▸
Der HOOK-Modifier in Aktion

Die Optionen des Hook-Modifiers bestehen aus zwei Bereichen: Optionen, die im Edit Mode verfügbar sind, und Optionen, die im Object Mode verfügbar sind.

Die nachfolgend gezeigten Optionen sind in beiden genannten Modi verfügbar:

- Object: Das Objekt, das den Hook darstellt. In den meisten Fällen werden Sie hier ein Empty benutzen.
- Vertex Group: Durch die Angabe bestimmen Sie, wie stark der Einfluss des Hooks auf die in der Vertex-Gruppe enthaltenen Vertices ist. Eine Gewichtung der Vertices von 1 bedeutet, dass die Vertices dem Hook zu 100 % folgen, eine Gewichtung von 0 heißt, dass der Hook keinen Einfluss auf die Vertices hat.
- Falloff: Dieser Wert bestimmt in Blender-Einheiten, ab welcher Distanz der Einfluss des Hooks aufhört. Die Abnahme des Einflusses ist über eine sanfte Verlaufsfunktion geregelt, er nimmt also nicht abrupt ab.
- Force: Hier bestimmen Sie, mit welcher Kraft der Hook an den Vertices zieht.

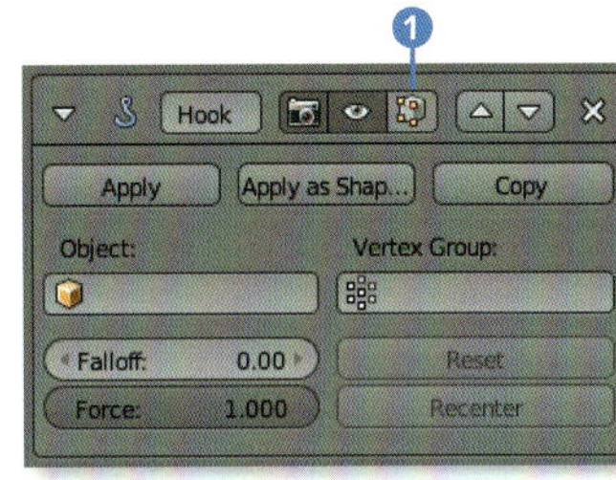

▲ **Abbildung 5.52**
Die Einstellungen des Hook-Modifiers

Neben diesen Optionen gibt es Schaltflächen, die nur im Edit Mode (↹) verfügbar und sinnvoll sind:

- Reset: Setzt die Verformung durch den Haken auf 0 (keine Verformung) zurück.
- Recenter: Hiermit setzen Sie das Zentrum des Hooks auf den Punkt, an dem sich gerade der 3D-Cursor befindet.
- Select: Wählt die Vertices aus, die aktuell durch den Haken beeinflusst werden können.
- Assign: Alle gewählten Vertices werden dem unter Object gewählten Hook zugeordnet.

Object vs. Edit Mode

Beachten Sie, dass Sie nur dann eine Verformung feststellen werden, wenn Sie sich im Objekt Mode befinden. Innerhalb des Edit Modes ändert sich Ihr Objekt nur dann, wenn Sie die Anzeige der Verformung durch einen Klick auf das Vertex-Icon 1 auf dem Hook-Modifier aktivieren.

Da der Hook-Modifier genau wie der Subdivision-Surface-Modifier ein häufig genutzter Modifier ist, besitzt auch dieser seine eigene Tastenkombination. Wenn Sie sich im Edit-Modus einer Kurve oder eines Meshes befinden und die Vertices gewählt haben, die Sie durch einen Hook bewegen möchten, können Sie durch Druck auf [Strg] + [H] das in Abbildung 5.53 dargestellte Popup aufrufen. Mithilfe dieses Popups können Sie durch Klick auf Hook to new Object automatisch ein Empty in die Szene einfügen, das den Haken darstellt. Gleichzeitig wird auf dem gewählten Objekt ein Hook-Modifier aktiviert. Neben diesem Menüeintrag gibt es noch zwei weitere: Hook to Selected Object und Hook to Selected Object Bone. Mit dem ersten definieren Sie ein Objekt als Hook, das Sie im Voraus gewählt haben, mit dem zweiten weisen Sie einen Knochen als Hook-Objekt zu.

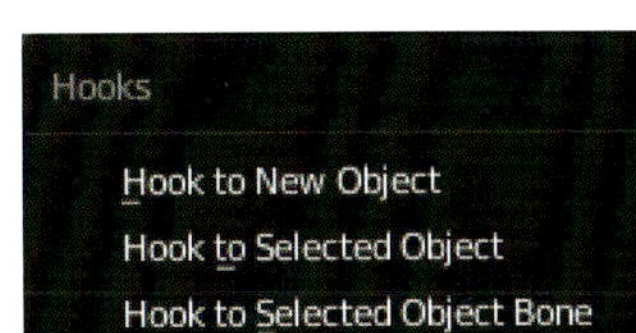

▲ **Abbildung 5.53**
Einen Hook per Tastenkombination einfügen

Um Hook to Selected Object erfolgreich ausführen zu können, ist es wichtig, folgendermaßen vorzugehen: Sie befinden sich im Edit Mode. Wählen Sie jetzt zuerst das Objekt, das den Hook darstellen soll (beispielsweise ein Empty), und nachfolgend das Objekt, auf das der Hook wirken soll. Wechseln Sie jetzt in den Object Mode durch Druck auf [⇆], wählen Sie die Vertices, die durch den Hook verformt werden sollen, und drücken Sie [Strg] + [H]. Wählen Sie jetzt Hook to Selected Object. Um Hook to Selected Bone Object erfolgreich auszuführen, gehen Sie analog vor, nur dass das zuerst ausgewählte Objekt ein Bone-Objekt sein muss.

5.5.6 Der Laplacian-Smooth-Modifier

Um den Laplacian-Smooth-Modifier auszuprobieren, können Sie die Datei »05_Deform_Laplacian-Smooth.blend« nutzen. Diese Datei finden Sie auf der Buch-DVD unter Beispielmaterial • Kapitel_05.

Der Laplacian-Smooth-Modifier ist immer dann sinnvoll, wenn Sie Objekte von Unregelmäßigkeiten befreien möchten. So hilft er Ihnen beispielsweise, wenn Sie die mit einem 3D-Scanner eingelesenen Objekte bereinigen möchten. Doch nicht nur bei einer Entfernung von Unregelmäßigkeiten, sondern auch bei einer Akzentuierung von Formen ist er sehr hilfreich. In dem hier gezeigten Beispiel macht er den Kopf der bemitleidenswerten Suzanne noch unansehnlicher.

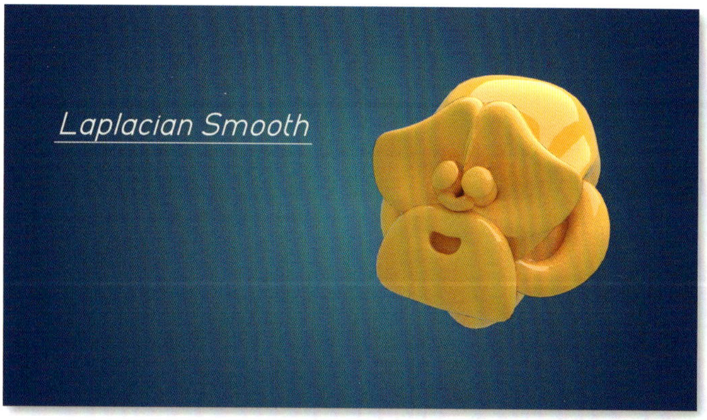

▲ **Abbildung 5.54**
Der Laplacian-Smooth-Modifier in Aktion

Der Modifier besitzt die folgenden Optionen:

- Repeat: Dieser Wert bestimmt, wie oft der Laplacian-Smooth-Algorithmus angewandt wird. Je höher dieser Wert, desto stärker wird das Objekt verformt.
- Axis: Auf welcher Achse die Verformung stattfinden soll, bestimmt diese Option. Eine gleichzeitige Auswahl verschiedener Achsen ist selbstverständlich möglich. Zur Wahl stehen die x-, y- und z-Achse.

- LAMBDA: Mit den folgenden beiden Werten bestimmen Sie, wie der Modifier arbeitet. Um zu verstehen, welchen Wert Sie unter LAMBDA einstellen sollten, werfen Sie einen Blick auf die Tipps dieser Sektion. Bei FACTOR wird die Stärke der Glättung/Akzentuierung (außer an Kanten) angegeben und bei BORDER die Stärke der Glättung/Akzentuierung von offenen Kanten.
- PRESERVE VOLUME: Nach der Ausführung des Modifiers könnte Ihr Objekt eventuell kleiner als vor der Laplacian-Operation sein – durch eine Aktivierung dieser Checkbox behalten Sie die Größe des ursprünglichen Objekts auch nach der Operation bei.
- NORMALIZED: Diese Checkbox stabilisiert die Form. Falls sie nicht aktiviert ist, können – je nach den übrigen Einstellungen – aus dem Objekt »Stachel« herausstechen.
- VERTEX GROUP: Diese Box wirkt genauso wie bereits die der vorangegangenen Modifier – die Gewichtung der in der Vertex-Gruppe vorhandenen Vertices bestimmt die Stärke und die Verformung an sich.

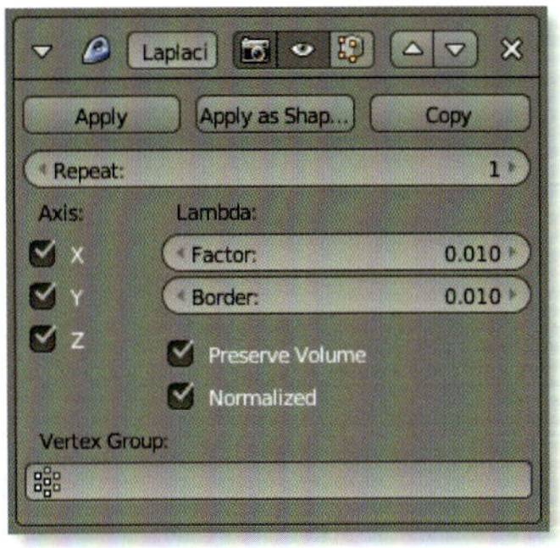

▲ **Abbildung 5.55**
Die Einstellungen des LAPLACIAN-SMOOTH-Modifiers

Da der LAMBDA-FACTOR wesentlich bestimmt, wie der Modifier mit Ihrem Objekt arbeitet, möchte ich Ihnen hier die wesentlichen Wertebereiche vorstellen:

- –1000.0 bis 0.0: Mit Werten in diesem Wertebereich kann die Figur des Objekts verstärkt werden, während gleichzeitig die Geometrie erhalten bleibt.
- 0.0: Deaktiviert den Modifier.
- 0.0 bis 5.0: Mit Werten in diesem Bereich können Sie Unregelmäßigkeiten Ihres Modells entfernen, während gleichzeitig die Geometrie Ihres Objekts unverändert bleibt.
- 5.0 bis 1000.0: Mit Werten aus diesem Bereich erhält Ihr Objekt geglättete Formen – feine Details gehen dabei allerdings eventuell verloren.

Neben dem LAMBDA-FACTOR, der für alle Bereiche außer an offenen Kanten des Objekts gilt, haben auch die Wertebereiche von BORDER unterschiedliche Auswirkungen:

- –1000.0 bis 0.0: Hier verstärken Sie die Kanten – diese werden also weiter geöffnet und eventuell verzerrt.
- 0.0: Hier deaktivieren Sie den Modifier für Kanten.
- 0.0 bis 10.0: Mit Werten aus diesem Wertebereich glätten Sie die Kanten.
- 10.0 bis 1000.0: Mit diesen Werten werden die Kanten (kreisförmig) immer näher aneinandergebracht.

5.5.7 Der Laplacian-Deform-Modifier

Um den Laplacian-Deform-Modifier auszuprobieren, können Sie die Datei »05_Deform_Laplacian-Deform.blend« nutzen. Diese Datei finden Sie auf der Buch-DVD unter Beispielmaterial • Kapitel_05.

Dieser Modifier erlaubt Ihnen, ein Mesh mithilfe von Hooks zu posieren und dabei die geometrischen Details des Meshes nicht zu verändern. Dieser Modifier ist ein schneller Weg, um Posen zu testen und Verformungen durchzuführen. Das Pferd der Demo-Datei wurde komplett mittels sechs Emptys in Pose gesetzt – kein einziger Knochen wurde dazu eingesetzt. Der Modifier versucht dabei, anhand von Kontroll-Vertices (die Sie auf die gewünschten Positionen setzen) den Rest des Meshes zu verformen, ohne die Form zu zerstören.

▲ **Abbildung 5.56**
Der Laplacian-Deform-Modifier in Aktion

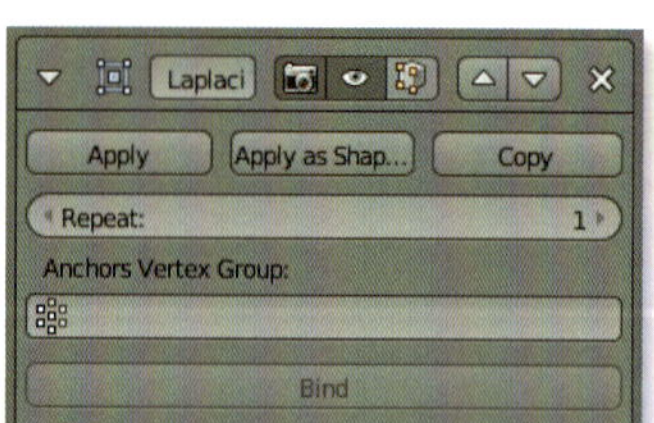

▲ **Abbildung 5.57**
Die Einstellungen des Laplacian-Deform-Modifiers

Bevor Sie diesen Modifier einsetzen können, sollten Sie an den Stellen Hooks anbringen, die Sie später verformen möchten. Der Modifier wertet diese Stellen aus und interpoliert die Verformung zwischen diesen Kontrollstellen. Wechseln Sie bei dem Pferd in den Edit Mode, um die Kontroll-Vertices zu sehen. Folgende Optionen stehen für diesen Modifier zur Verfügung:

- Repeat: Dieser Wert gibt an, wie oft der Algorithmus das Mesh durchläuft. Je höher dieser Wert, desto weniger destruktive Verformungen treten auf.
- Anchors Vertex Group: Hier geben Sie die Vertex-Gruppe mit Kontroll-Vertices an. Alle Vertices, die einen Teil des Meshes innerhalb dieser Gruppe kontrollieren, sollten einen Hook besitzen, mit dem Sie die Position dieser Vertices ändern und das Mesh somit verformen können.
- Bind/Unbind: Über Bind wird die Kontroll-Vertex-Gruppe ausgewertet und das Mesh für die Verformung durch die Gruppe vorbereitet. Im Anschluss können Sie über die Hooks das Mesh verformen. Unbind löst das Mesh wieder von der Kontrollgruppe.

Sehen Sie sich insbesondere bei diesem Modifier die Demo-Datei an. Ein Blick in den Edit Mode lässt die obige Erläuterung sicherlich klarer werden.

5.5.8 Der Lattice-Modifier

Jetzt kommen wir zu einem Modifier, den ich bereits am Ende des letzten Kapitels erwähnt habe. Ein Lattice ist im Grunde genommen ein (nicht renderbarer) Container, mit dessen Hilfe Objekte verformt werden können. Eine Verformung des Lattice bewirkt eine gleichzeitige Verformung der mit diesem Container verbundenen Objekte. Die Verbindung zwischen Originalobjekt und Lattice wird dabei über den Lattice-Modifier definiert. In dem hier abgebildeten Beispiel muss Suzanne leider wieder ihren Kopf hinhalten. Probieren Sie, Suzanne in der Demo-Datei entlang der z-Achse zu bewegen – Sie werden sehen, wie sie sich für Sie verbiegt.

Um den Lattice-Modifier auszuprobieren, können Sie die Datei »05_Deform_Lattice.blend« nutzen. Diese Datei finden Sie auf der Buch-DVD unter Beispielmaterial • Kapitel_05.

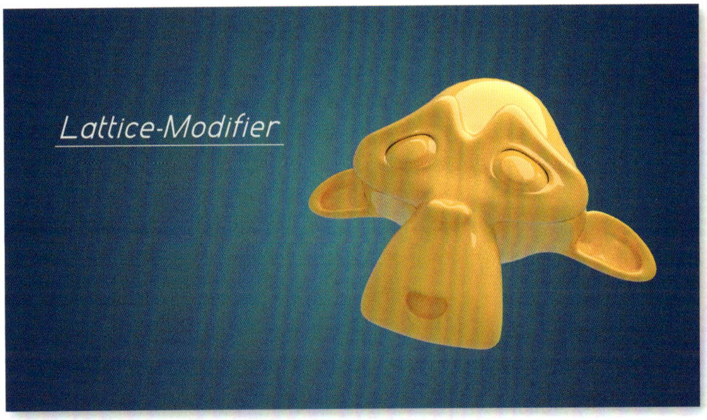

◂ **Abbildung 5.58**
Der Lattice-Modifier in Aktion

Optionen des Lattice-Objekts | Wie hoch das Lattice aufgelöst ist (d. h., wie viele Kontrollpunkte in dem Lattice vorhanden sind) und einige weitere Optionen können Sie auf dem in Abbildung 5.59 zu sehenden Object-Data-Tab des Properties-Editors einstellen.

Mit dem Wert U legen Sie fest, wie viele Kontrollpunkte auf der x-Achse, mit V wie viele auf der y-Achse und mit W wie viele Kontrollpunkte auf der z-Achse verfügbar sind.

Wie zwischen den einzelnen Kontrollpunkten interpoliert wird, kann über die hinter U, V, W stehende Combobox mit ihren Einträgen BSpline, Cardinal und Linear festgelegt werden, während eine Beschränkung auf bestimmte Vertices genau wie bei den bestehenden Modifiern über einen Eintrag in dem Feld für Vertex-Gruppen möglich ist.

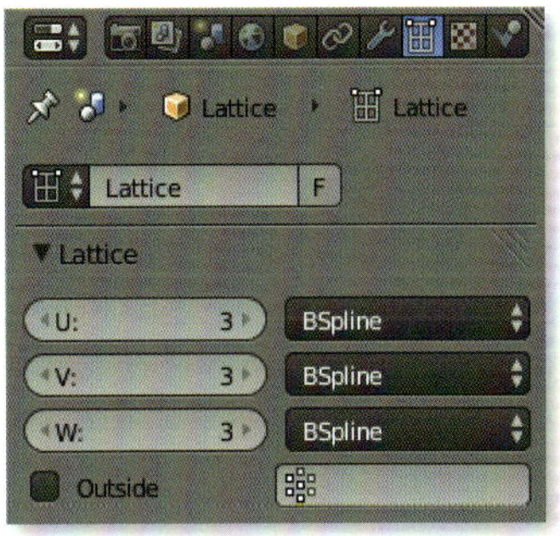

▴ **Abbildung 5.59**
Auf dem Object-Data-Tab passen Sie das Lattice-Objekt an.

Die Option Outside beschränkt die Wirkung des Lattices ausschließlich auf die Kontrollpunkte, die am äußeren Rand des Lattices liegen. Die Kontrollpunkte innerhalb des Lattices werden beim Setzen dieser Option weder beachtet noch gezeichnet.

Lattice-Modifer einfügen
Um einem Objekt einen Lattice-Modifier zuzufügen, ohne das Add-Modifier-Menü zu nutzen, fügen Sie ein Lattice-Objekt und ein zu verformendes Objekt ein und wählen dann erst das Objekt, dann das Lattice. Anschließend machen Sie das Lattice zum Parent des Objekts mit [Strg] + [P] • Lattice Deform. Es wird automatisch ein Lattice-Modifier auf dem Objekt erstellt

Wie kann ich den Modifier einsetzen? | Um den Modifier zu nutzen, gehen Sie folgendermaßen vor: Fügen Sie Ihrer Szene ein Objekt hinzu, auf das das Lattice angewendet werden soll. Wenn Sie bereits ein Objekt erstellt haben, nehmen Sie dieses. Fügen Sie anschließend ein Lattice über das Add-Menü ein. Skalieren Sie das Lattice so groß, dass es das Objekt umschließt (die *Bounding Box*, Sie erinnern sich?). Fügen Sie anschließend Ihrem Objekt den Lattice-Modifier hinzu, und tragen Sie unter Object Ihr Lattice ein. Die Verformung sollten Sie sofort sehen, sobald Sie im Edit Mode des Lattices einzelne Vertices verändern.

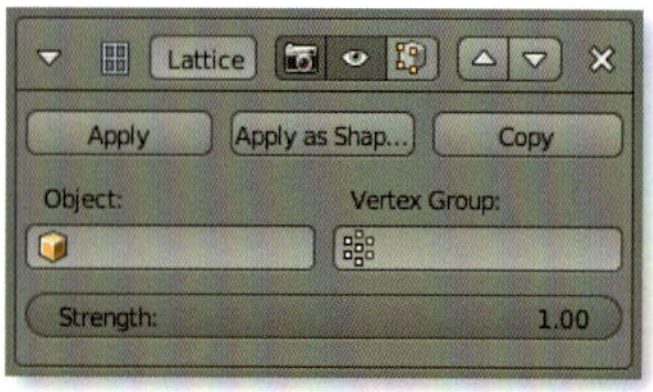

▲ **Abbildung 5.60**
Die Einstellungen des Lattice-Modifiers

Optionen des Lattice-Modifiers | Da viele Einstellungen des Lattices im Properties-Editor im Object-Data-Reiter untergebracht sind, kommt der Lattice-Modifier mit relativ wenigen Optionen aus:

- Object: Durch Klick in dieses Feld können Sie das Lattice auswählen, das zur Verformung des Originalobjekts herangezogen wird.
- Vertex group: Wie immer – hier definieren Sie, welche Vertices von dem Lattice verformt werden (Gewichtung größer als 1) und welche nicht (außerhalb der Gruppe oder Gewichtung 0)
- Strength: Hier geben Sie die Stärke der Verformung an. Die Stärke der Verformung bewegt sich zwischen 0 und 1, kann jedoch auch durch Klick in das Feld manuell auf extreme Werte erhöht werden.

5.5.9 Der Mesh-Deform-Modifier

Um den Mesh-Deform-Modifier auszuprobieren, können Sie die Datei »05_Deform_MeshDeform.blend« nutzen. Diese Datei finden Sie auf der Buch-DVD unter Beispielmaterial • Kapitel_05.

Der Mesh-Deform-Modifier ermöglicht es, das Originalobjekt durch ein zweites Mesh (den *Cage* = Käfig) zu verformen. Er wirkt ähnlich wie ein Lattice, außer dass die Form des Cages beliebig gewählt werden kann. Alle Vertices des Originalobjekts, die innerhalb des Cages liegen, werden durch ihn verformt. Achten Sie darauf, wenn Sie das Cage-Objekt modellieren.

Der Abstand der Vertices des Cage-Objekts zu den Vertices des Originalobjekts beeinflusst die Stärke der Verformung: Ein größerer Abstand führt zu einer sanften Verformung, ein geringerer Abstand bindet die Vertices des Originalobjekts stärker an sich. Häufig wird eine Armature dazu benutzt, den Cage zu deformieren (der wiederum das zu animierende Mesh verformt) – Sie sparen sich dadurch die mitunter komplexe Zuweisung von Vertex-Gruppen.

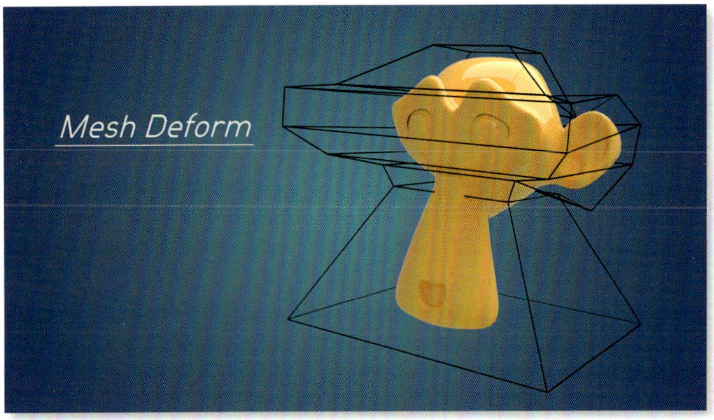

▲ **Abbildung 5.61**
Der Mesh-Deform-Modifier in Aktion

Die Optionen des Mesh-Deform-Modifiers sind verhältnismäßig einfach zu verstehen:

- Object: Hier geben Sie das Cage-Objekt an.
- Vertex Group: Wie bereits in früheren Modifiern beschränkt dieses Auswahlfeld die Deformation auf Vertices in der ausgewählten Vertex-Gruppe mit einer Gewichtung größer 0. Der Invert-Doppelpfeil am Ende der Box kehrt die Gewichtung der Vertices in der gewählten Vertex-Gruppe um.
- Bind/Unbind: Um die Verbindung zwischen Originalobjekt und Cage-Mesh herzustellen. müssen Sie auf Bind klicken. Unbind löst die Verbindung wieder.
- Precision: Hier können Sie festlegen, wie genau das Cage-Objekt an das Originalobjekt gebunden wird. Je höher dieser Wert eingestellt ist, desto genauer wird versucht, die Vertices des Originalobjekts an die Vertices des Cage-Objekts zu heften. Binden Sie mit einer hohen Genauigkeit, so wird viel Speicher benötigt und die Berechnungsdauer der Bindung steigt an. Funktioniert die Verformung über den Cage nicht wie gewünscht, erhöhen Sie die Genauigkeit Stufe um Stufe. Bringen Sie Ihr Cage-Objekt vorher allerdings wieder in den Originalzustand.
- Dynamic: Aktivieren Sie diese Option, können Sie das Originalobjekt innerhalb des Cages durch andere Modifier oder Shape-Keys verformen, auch wenn Sie bereits eine Bindung durchgeführt haben. Solange die Ziel-Vertices innerhalb des Cage-Meshes bleiben, werden sie weiterhin verformt.

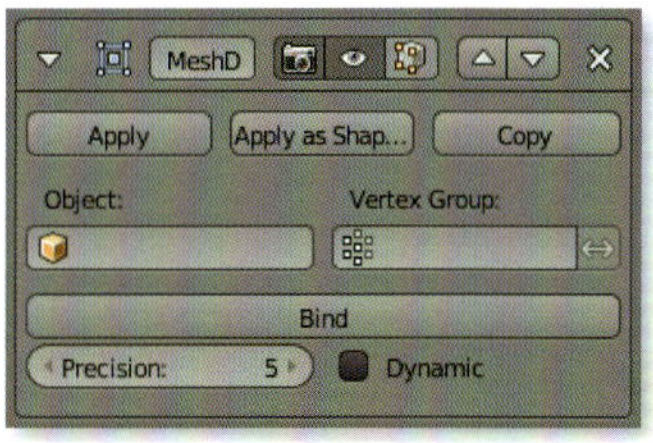

▲ **Abbildung 5.62**
Die Einstellungen des Mesh-Deform-Modifiers

Da dieser Modifier die Vertices des Originalobjekts über die Vertices des Cage-Objekts verformt, sollten Sie nach der Bindung in den EDIT MODE wechseln, um ihn auszuprobieren. Wählen Sie dazu das Cage-Mesh, und drücken Sie [Tab]. Verändern Sie anschließend die Position der Vertices, um die Verformungen am Originalobjekt zu sehen.

5.5.10 Der Shrinkwrap-Modifier

Um den SHRINKWRAP-Modifier auszuprobieren, können Sie die Datei »05_Deform_Shrinkwrap.blend« nutzen. Diese Datei finden Sie auf der Buch-DVD unter BEISPIELMATERIAL • KAPITEL_05.

Der SHRINKWRAP-Modifier passt die Oberfläche eines Objekts an die Oberfläche eines anderen Objekts an (er führt ein Mapping der Vertices durch). Er wäre beispielsweise dann sinnvoll, wenn Sie einem frierenden Modell ein Shirt verpassen möchten. In dem hier gezeigten Beispiel wurden die beiden »Augen« mithilfe des SHRINKWRAP-Modifiers auf die Oberfläche der Kugel projiziert.

▲ **Abbildung 5.63**
Der SHRINKWRAP-Modifier in Aktion

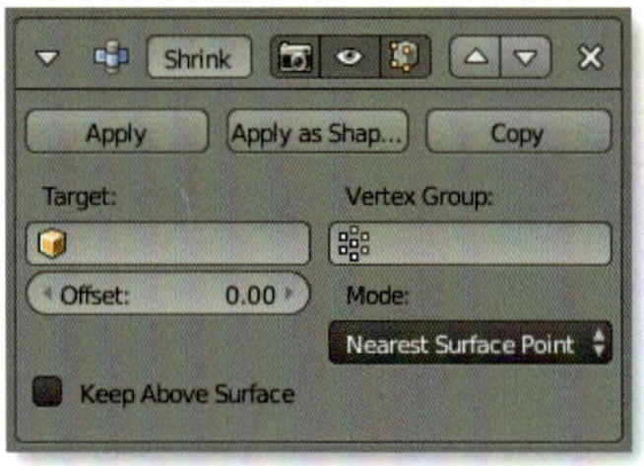

▲ **Abbildung 5.64**
Die Einstellungen des SHRINKWRAP-Modifiers im Modus NEAREST SURFACE POINT

Da die Funktion des Modifiers darauf beruht, vorhandene Vertices des Quellobjekts auf Vertices des Zielobjekts zu legen, sollten Sie darauf achten, die Objekte genügend oft zu unterteilen. Dies kann entweder vor dem Hinzufügen des Modifiers durch einen SUBDIVISION-SURFACE-Modifier geschehen oder durch eine eigens dafür vorgesehene Option des SHRINKWRAP-Modifiers.

Der Modifier bietet Ihnen drei unterschiedliche Modi an (NEAREST VERTEX, PROJECT und NEAREST SURFACE POINT), die sich in ihren Ergebnissen und ihren Anwendungsszenarien deutlich voneinander unterscheiden. Allen Modi gemeinsam sind die folgenden Optionen:

- TARGET: Diese Auswahlbox gibt das Mesh an, auf dessen Oberfläche das Quellobjekt abgelegt wird.

- Vertex Group: Wie bereits in früheren Modifiern beschränkt dieses Auswahlfeld die Deformation auf Vertices in der ausgewählten Vertex-Gruppe mit einer Gewichtung größer 0.
- Offset: Dieser Wert gibt den Abstand des deformierten Meshes zum Target-Mesh an. Der Offset wird in Blender-Einheiten angegeben.

Die einzelnen Modi des Modifiers möchte ich Ihnen inklusive der einzelnen Optionen in den nachfolgenden drei Abschnitten näherbringen.

Modus Nearest Vertex | Im Modus Nearest Vertex mappt der Modifier jeden Vertex des Objekts auf denjenigen Vertex des Zielobjekts, der ihm gerade am nächsten ist. Gerade beim Erzeugen eines Low-Poly-Objekts aus einem High-Poly-Modell ist dieser Modus Gold wert! In diesem Modus gibt es keine weiteren Optionen.

Modus Project | Der Project-Modus ist immer dann sinnvoll, wenn Sie Ihr Quellobjekt auf ein Mesh-Objekt aus Richtung der x-, y- oder z-Achse aus projizieren möchten. Er besitzt zusätzlich zu den bereits bekannten die folgenden Optionen:

- Limit: Mit Limit beschränken Sie den Einfluss der Projektion. Eine 0 bedeutet hierbei »keine Einschränkung«.
- Axis: Unter Axis können Sie festlegen, ob Sie die Projektion auf bestimmte Achsen beschränken möchten. Die simultane Auswahl verschiedener Achsen ist möglich. Wenn keine Auswahl getroffen wird, wird angenommen, dass alle Achsen berücksichtigt werden sollen. Ansonsten steht X, Y, Z für eine Beschränkung auf die x-, y- oder z-Achse.
- Direction: Mithilfe dieser Option geben Sie an, ob die Vertices entlang der gewählten Achse in positiver Richtung oder in negativer Richtung gemappt werden.
- Cull Faces: Mit Off werden alle Vertices gemappt, egal, ob die Flächennormalen des Quellobjekts in Richtung des Zielobjekts zeigen oder nicht. Mit Front findet keine Projektion der Vertices des Quellobjekts statt, wenn sich die Vertices vor den Faces des Zielobjekts befinden. Und mit Back findet keine Projektion der Vertices des Quellobjekts statt, wenn sich die Vertices hinter den Faces des Zielobjekts befinden.
- Auxiliary Target: Hier kann ein weiteres Mesh angegeben werden, auf das die Vertices des Quellobjekts zusätzlich gemappt werden.

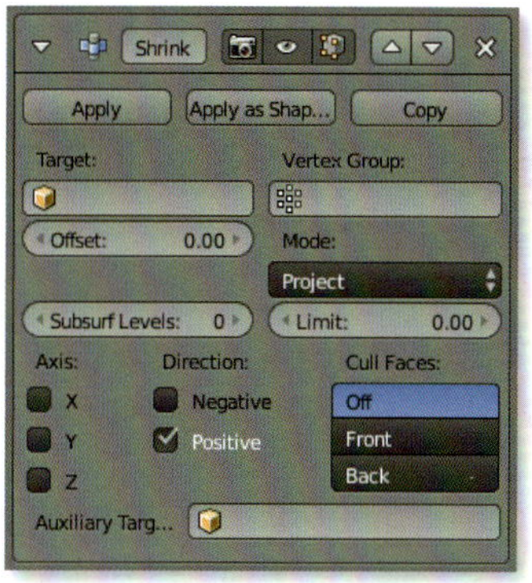

▲ **Abbildung 5.65**
Die Einstellungen des Shrinkwrap-Modifiers im Modus Project

Modus Nearest Surface Point | Dieser Modus ist dem Modus Nearest Vertex sehr ähnlich. Entgegen dem Bestreben, jeden Vertex auf sein Gegenstück zu mappen, werden hier die Flächen der beiden Objekte gemappt. Beim Auftragen von Kleidung erweist sich dieser Modus als sehr hilfreich. Der Modus besitzt nur die Option KEEP ABOVE SURFACE, die die gemappten Flächen über den Flächen des Zielobjekts hält.

5.5.11 Der Simple-Deform-Modifier

Um den SIMPLE-DEFORM-Modifier auszuprobieren, können Sie die Datei »05_Deform_Simple-Deform.blend« nutzen. Diese Datei finden Sie auf der Buch-DVD unter BEISPIELMATERIAL • KAPITEL_05.

Der SIMPLE-DEFORM-Modifier dient dazu, einfache Verformungen auf einem Objekt durchzuführen. Objekte können mit ihm gedreht, gebogen, abgeschrägt oder gedehnt werden. Abbildung 5.66 besitzt nur zwei dieser Modifier – trotzdem hätten Sie wohl nicht vermutet, dass das Objekt einfach ein mehrmals unterteilter Würfel ist.

▲ **Abbildung 5.66**
Der SIMPLE-DEFORM-Modifier in Aktion

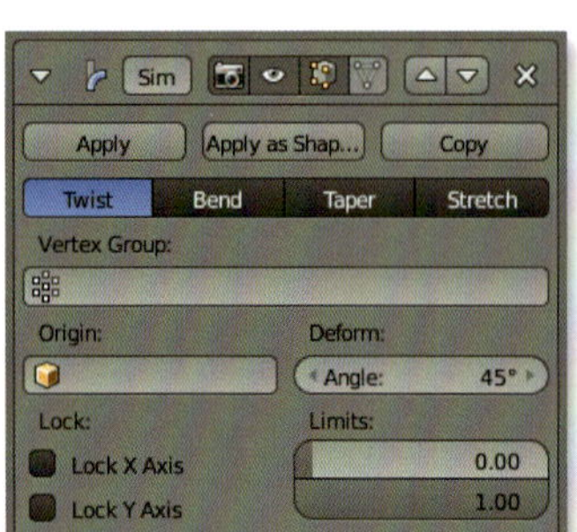

▲ **Abbildung 5.67**
Die Einstellungen des SIMPLE-DEFORM-Modifiers

Die folgenden Optionen erwarten Sie:

- MODE: Mit einem Klick auf diese Option legen Sie fest, was Sie mit Ihrem Objekt tun möchten: TWIST dreht, BEND biegt, STRETCH dehnt und TAPER schrägt Ihr Objekt an.
- VERTEX GROUP: Wie immer beschränkt dieses Auswahlfeld die Deformation auf Vertices in der ausgewählten Vertex-Gruppe mit einer Gewichtung > 0.
- ORIGIN: Auf welchen Punkt soll sich die Operation beziehen? Standardmäßig ist hier nichts ausgewählt, was dem Objektmittelpunkt entspricht.
- DEFORM: Hier geben Sie ein, wie stark das Objekt verformt werden soll. TWIST und BEND nutzen hier als Eingabe einen Winkel (um den gedreht/gebogen werden soll), während TAPER und STRETCH die Stärke in Blender-Einheiten (BE) erwarten.

- Limits: Durch diese beiden Felder können Sie die Verformung auf einen Teil des Objekts beschränken.
- Lock X/Y Axis: Durch das Aktivieren dieser Checkbox verhindern Sie die Verformung entlang der x- bzw. y-Achse (nicht verfügbar im Modus Bend).

5.5.12 Der Smooth-Modifier

Der Smooth-Modifier verringert den Winkel zwischen aneinander angrenzenden Flächen und glättet Objekte somit. Auch hier gibt Suzanne wieder ein tolles Versuchsäffchen ab: Sie erkennen sofort, dass viele Details Ihres hübschen Gesichts durch den Modifier entfernt wurden.

Um den Smooth-Modifier auszuprobieren, können Sie die Datei »05_Deform_Smooth.blend« nutzen. Diese Datei finden Sie auf der Buch-DVD unter Beispielmaterial • Kapitel_05.

▲ **Abbildung 5.68**
Der Smooth-Modifier in Aktion

Um ihr wenigstens den letzten Rest Würde zurückzugeben, passen Sie die Wirkung des Modifiers doch ein wenig über diese Optionen an:

- Axis: Durch Auswahl der Achsen kann die Wirkung des Modifiers auf beliebige Achsen beschränkt werden. Die gleichzeitige Auswahl mehrerer Achsen ist möglich.
- Factor: Hier können Sie die Stärke der Glättung einstellen.
- Repeat: Dieser Wert bestimmt, wie oft der Smooth-Algorithmus angewandt wird. Je höher dieser Wert, desto mehr wird das Objekt geglättet.
- Vertex Group: Wie bei den vorangegangenen Modifiern beschränkt dieses Auswahlfeld die Glättung auf Vertices in der ausgewählten Vertex-Gruppe mit einer Gewichtung > 0.

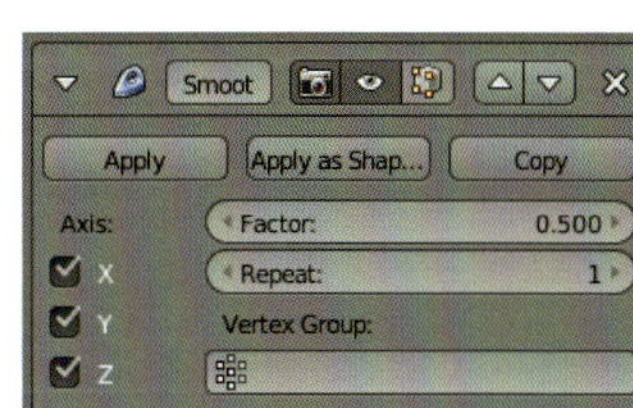

▲ **Abbildung 5.69**
Die Einstellungen des Smooth-Modifiers

5.5.13 Der Warp-Modifier

Der WARP-Modifier verhält sich ähnlich wie eine Mischung aus HOOK- und DISPLACE-Modifier in Kombination mit dem PROPORTIONAL-EDITING-Tool. Am einfachsten erkunden Sie diesen Modifier mithilfe einer Plane und zwei Emptys: Ein Empty im Zentrum der Plane und eines über ihr (oder Sie öffnen einfach die Demo-Datei). Dort finden Sie einen SUBSURFACE- und einen WARP-Modifier mit aktiviertem DISPLACEMENT, zwei Emptys und einem sanften Falloff. Abbildung 5.70 wurde auf diese Weise erstellt – ich finde es immer wieder beeindruckend, wie durch zwei Modifier eine Plane auf diese Weise modelliert werden kann.

Um den WARP-Modifier auszuprobieren, können Sie die Datei »05_Deform_Warp.blend« nutzen. Diese Datei finden Sie auf der Buch-DVD unter BEISPIELMATERIAL • KAPITEL_05.

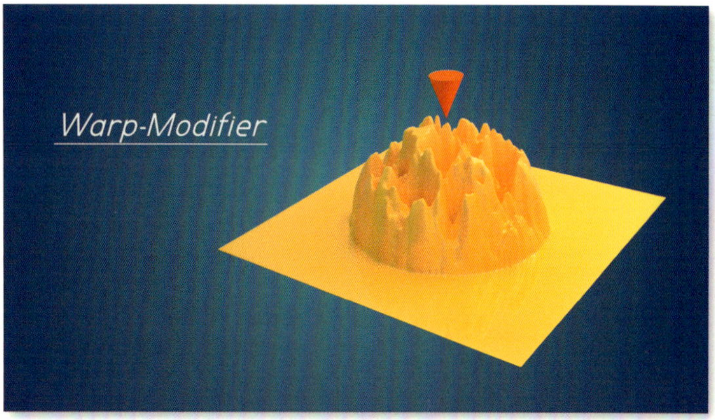

▲ **Abbildung 5.70**
Der WARP-Modifier in Aktion

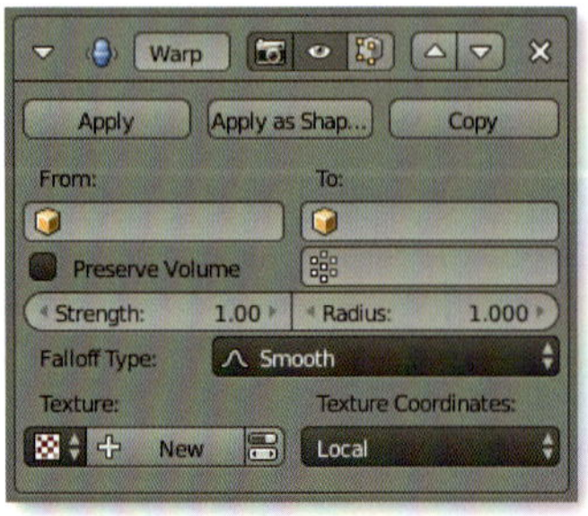

▲ **Abbildung 5.71**
Die Einstellungen des WARP-Modifiers

Die folgenden Optionen lassen Sie den Modifier anpassen:

- FROM: Hier geben Sie an, wo die Transformation beginnt. Geben Sie hier ein Objekt ein, so wird der Objektmittelpunkt als Startpunkt genommen.
- TO: Auch hier geben Sie wieder ein beliebiges Objekt an und definieren somit den Objektmittelpunkt, an dem die Transformation endet.
- PRESERVE VOLUME: Aktivieren Sie diese Checkbox, um das Volumen des Körpers beizubehalten, während er (beispielsweise durch Rotation der Objekte bei FROM und TO) verformt wird.
- VERTEX GROUP: Wie bei den vorangegangenen Modifiern beschränkt dieses Auswahlfeld die Welle auf Vertices in der ausgewählten Vertex-Gruppe mit einer Gewichtung > 0.
- STRENGTH: Hier können Sie festlegen, wie stark der Effekt wirkt. Eine 1 bedeutet, dass die Transformation an dem To-Objekt endet, –1, dass die Transformation gespiegelt wird. Werte grö-

ßer als 1 oder kleiner –1 sind möglich, sie werden jedoch am To-Objekt beschnitten.

- Radius: Hier legen Sie fest, wie groß der Radius der Transformation ist.
- Falloff Type: Hier definieren Sie, wie zwischen dem maximalen Warp-Punkt und dem Ende des Warp-Bereichs interpoliert wird. Sehen Sie sich die Optionen des Proportional-Editing-Tools an, um zu erfahren, wie sich die Optionen auswirken.
- Texture: Geben Sie hier eine Textur an, durch die die Stärke des Warps an unterschiedlichen Stellen definiert wird. Der Effekt ist identisch mit dem des Displace-Modifiers.

Haben Sie in der vorigen Einstellung eine Textur angegeben, so können Sie mit Texture Coordinates festlegen, welches Koordinatensystem für die Verformung durch die Textur genutzt werden soll:

- Local: Das lokale Textur-Koordinatensystem des Objekts wird genutzt.
- Global: Das globale (Welt-)Koordinatensystem wird genutzt.
- Object: Wählen Sie diese Option aus, so erscheint ein weiteres Auswahlfeld mit Namen Object, mit dessen Hilfe Sie ein Objekt (meist ein Empty) festlegen können, das als Koordinatensystem dient. Die Projektionsachse dieses Objekts ist die z-Achse, rotieren Sie das Objekt also so, dass die z-Achse in Richtung des zu verformenden Objekts zeigt.
- UV: Hier können Sie die Verformung mithilfe von UV-Koordinaten durchführen lassen. Wählen Sie diese Option, so erscheint ein weiteres Feld namens UV-Map. Hier können Sie eine UV-Map wählen, falls mehrere UV-Maps auf Ihrem Objekt vorhanden sind. Falls hier keine Map festgelegt wird, wird automatisch die erste Map genutzt.

5.5.14 Der Wave-Modifier

Der Wave-Modifier bringt Ihr Objekt in Bewegung: Er generiert Wellen beliebiger Dauer, Höhe und Ausprägung, die über Ihr Objekt laufen. Der Beginn der Welle wird durch den Objektmittelpunkt festgelegt, kann aber auch durch ein weiteres Objekt definiert werden. Um ihn in Aktion zu erleben, sollten Sie die Demo-Datei laden und mit [Alt] + [A] die Animation starten. Ein Druck auf [Esc] beendet sie.

Um den Wave-Modifier auszuprobieren, können Sie die Datei »05_Deform_Wave.blend« nutzen. Diese Datei finden Sie auf der Buch-DVD unter Beispielmaterial • Kapitel_05.

▲ **Abbildung 5.72**
Der WAVE-Modifier in Aktion

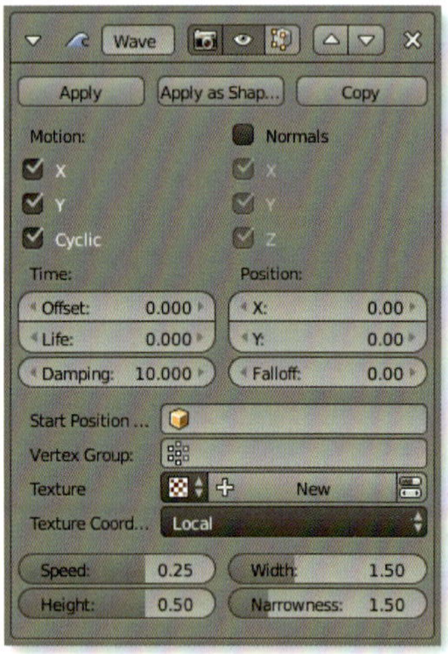

▲ **Abbildung 5.73**
Die Einstellungen des WAVE-Modifiers

Da Sie den Wellen-Effekt sehr genau anpassen können, besitzt dieser Modifier viele Einstellungen:

- MOTION: Hier können Sie bestimmen, ob die Wellenbewegung entlang der x- oder y-Achse ausgeführt und ob sie nur einmalig oder zyklisch durchgeführt wird. Mit X, Y bewegt sich die Welle entlang der x- oder y-Achse, wenn die jeweilige Checkbox aktiviert ist. Setzen Sie bei CYCLIC ein Häkchen, so wird die Welle zyklisch wiederholt.
- NORMALS: Durch das Setzen dieser Checkbox aktivieren Sie die Verformung entlang der Flächennormalen des Objekts. X, Y und Z stehen Ihnen hier zur Verfügung.
- TIME: Hier beeinflussen Sie die zeitliche Komponente der Welle:
  - OFFSET: Hier geben Sie an, wie viele Frames die Welle vor Frame 0 beginnen (bei Werten kleiner 0) bzw. wie viele Frames die Welle warten soll, bis sie beginnt (bei Werten größer 0).
  - LIFE: Hier definieren Sie, wann keine Wellenbewegung mehr zu sehen ist. Geben Sie hier einen Wert von 50 ein, können Sie ab Frame 50 keine Welle mehr erkennen. Ein Wert von 0 bedeutet, dass die Welle unendlich lange besteht.
  - DAMPING: Hier können Sie festlegen dass die Welle, nachdem ihre Lebensdauer beendet ist, noch ein paar Frames gedämpft weiter schwingt. Die Intensität der Welle nimmt über die Anzahl der hier eingegebenen Frames immer weiter ab.
- POSITION: Mit den Einstellungen dieser Kategorie legen Sie den Startpunkt der Welle fest. Geben Sie bei X und Y einen Wert in Blender-Einheiten ein, um festzulegen, wo die Welle auf der x- oder y-Achse beginnt. Geben Sie bei FALLOFF einen Wert ungleich 0 ein, um festzulegen, wie breit die Welle sein soll. Der eingegebene Wert wird in Blender-Einheiten interpretiert.

- START POSITION OBJECT: Hier kann der Objektmittelpunkt eines anderen Objekts als Startpunkt der Welle angegeben werden.
- VERTEX GROUP: Wie bei den vorangegangenen Modifiern beschränkt dieses Auswahlfeld die Welle auf Vertices in der ausgewählten Vertex-Gruppe mit einer Gewichtung größer als 0.
- TEXTURE: Mithilfe dieser Einstellung können Sie eine Textur auswählen oder erzeugen, die als Wellentextur dient. Um eine bestehende Textur auszuwählen, klicken Sie auf das Textursymbol. Um eine neue Textur zu erzeugen, klicken Sie auf NEW. Ein Klick auf das zuletzt stehende Symbol führt Sie direkt zur gewählten Textur und ihren Einstellungen. Um die Textur wieder zu entfernen, klicken Sie auf das X, das neben der Textur erscheint.
- TEXTURE COORDINATES: Haben Sie in der vorigen Einstellung eine Textur angegeben, so können Sie mit dieser Combobox festlegen, welches Koordinatensystem für die Verformung genutzt werden soll. Wenn Sie LOCAL wählen, wird das lokale Textur-Koordinatensystem des Objekts genutzt. Bei GLOBAL wird das globale (Welt-) Koordinatensystem genutzt. Wählen Sie OBJECT, bestimmt ein Objekt die Koordinaten. Es erscheint ein weiteres Auswahlfeld mit Namen OBJECT, mit dessen Hilfe Sie ein Objekt (meist ein Empty) festlegen können, das als Koordinatensystem dient. Die Projektionsachse dieses Objekts ist die z-Achse, rotieren Sie das Objekt also so, dass die z-Achse in Richtung des zu verformenden Objekts zeigt. Schließlich können Sie unter TEXTURE COORDINATES auch noch UV wählen. Hier können Sie die Verformung mithilfe von UV-Koordinaten durchführen lassen.
- SPEED: Bestimmt die Geschwindigkeit eines Wellendurchlaufs. Positive Werte geben hierbei eine Bewegung ausgehend vom Startpunkt der Welle an, negative Werte eine Bewegung hin zum Startpunkt der Welle.
- HEIGHT: Bestimmt die Höhe der Welle in Blender-Einheiten (BE).
- WIDTH: Bestimmt die Breite einer Welle. Große Werte erhöhen die Zeit, die bis zu einer erneuten Welle vergeht. Auch dieser Wert wird in der Einheit BE angegeben.
- NARROWNESS: Über diesen Wert geben Sie die Dauer an, die eine Welle zwischen dem höchsten Ausschlag und der Entspannung benötigt. Ein kleiner Wert erzeugt scharf voneinander abgegrenzte Wellen, ein großer Wert ineinander übergehende Wellen.

Nach so vielen Modifiern und Einstellungen möchte ich jetzt den Abschnitt über die Deformations-Modifier beenden und zu einer weiteren, sehr spannenden Modifier-Kategorie aufbrechen: den Simulations-Modifiern.

5.6 Profi-Simulanten – die Simulations-Modifier (Simulate)

Partikelsystem
Ein Partikelsystem ist ein System, bei dem viele kleine Teilchen aus einem Objekt ausgestoßen werden und sich anschließend durch Wind, die Schwerkraft und viele weitere Einstellungen beeinflussen lassen. Eine genaue Übersicht über diese spannenden Systeme bekommen Sie in Kapitel 11, »Partikelsysteme«.

Wenn Sie aus anderen 3D-Programmen zu Blender wechseln, kennen Sie sicherlich das Problem: Sie haben eine tolle Szene erstellt, die Sie in Schutt und Asche legen möchten. Alles, was Sie jetzt benötigen, sind Rauch-, Wasser- oder verschiedene andere Physiksimulationen, die zwar alle wunderbar funktionieren, aber nur als Plug-in verfügbar und extrem teuer sind. In Blender ist dies anders: Blender bietet von Haus aus bereits Simulations-Modifier, die Feuer-, Rauch-, Wasser-, Kleidungs- und Partikelsimulationen darstellen können – ohne Plug-ins und ohne Kosten.

Da den Simulationen in diesem Buch ein eigenes Kapitel gewidmet ist und die meisten Simulations-Modifier ihre Einstellungen auf das PHYSICS-Tab des PROPERTIES-Editors verlagern, möchte ich in diesem Kapitel nicht zu viel vorwegnehmen. Im Folgenden beschreibe ich hier daher nur die Modifier, deren Einstellungen Sie nicht auf dem PHYSICS sondern auf dem MODIFIERS-Tab finden.

5.6.1 Der Explode-Modifier

Der EXPLODE-Modifier dient in Kombination mit einem Partikelsystem dazu, ein Mesh an den Faces aufzutrennen und sie als eigenständige Teile an die Partikel zu heften. Je nachdem, wie sich die Partikel bewegen, bewegen sich auch die angehefteten Teile – mit den entsprechenden Einstellungen können Sie auf diese Art Ihre Objekte explosionsartig zerlegen. Um den Effekt zu betrachten, müssen Sie die Animation mit [Alt] + [A] abspielen, nachdem Sie den Modifier auf das Objekt appliziert haben – [Esc] beendet sie erneut.

Um den EXPLODE-Modifier auszuprobieren, können Sie die Datei »05_Simulate_Explode.blend« nutzen. Diese Datei finden Sie auf der Buch-DVD unter BEISPIELMATERIAL • KAPITEL_05. Drücken Sie [Alt] + [A], um zu sehen, wie das Objekt explosionsartig zerlegt wird.

▲ **Abbildung 5.74**
Der EXPLODE-Modifier in Aktion

Die folgenden Einstellungen helfen Ihnen beim Zerlegen:

- Vertex Group: Entgegen den bisherigen Vertex-Gruppen wird mit der Angabe dieser Vertex-Gruppe bestimmt, welche Teile nicht von dem Modifier beachtet werden.
- Protect: Hier können Sie angeben, ob die Kanten der Vertex-Gruppe zerstört oder intakt gehalten werden sollen.
- Particle UV: Geben Sie hier eine UV-Map an, um den aktuellen Status des Objekts auf der UV-Map abbilden zu lassen.
- Cut Edges: Setzen Sie diese Checkbox, um Bruchstücke zu erhalten, die unregelmäßig sind.
- Unborn: Deaktivieren Sie diese Checkbox, so würden sie erst dann Bruchstücke sehen, wenn Sie durch das Partikelsystem erzeugt werden. Ohne diese Option wird das Objekt fachmännisch in seine Einzelteile zerlegt.
- Alive: Mit dieser Option werden alle aus dem Objekt gebrochenen Teile sofort unsichtbar. Das Objekt löst sich also nach und nach auf, ohne dass Sie fallende Teile sehen.
- Dead: Diese Option behält alle Teile auch dann noch, wenn die Lebensdauer der Partikel erreicht ist. Deaktivieren Sie diese Option, verschwinden die Teile nach einer gewissen Zeit.
- Size: Die Größe der Partikel wird auf die Teile angewandt. Ist diese Checkbox nicht gesetzt, so werden die Teile genauso groß wie die Flächen des Originalobjekts dargestellt.
- Refresh: Die Refresh-Schaltfläche dient dazu, den Explode-Modifier mit den neuesten Daten aus dem Partikel-System zu versorgen. Als Regel sollten Sie sich merken: Immer wenn Sie Einstellungen des Partikelsystems geändert haben, klicken Sie einmal auf Refresh – so können Sie sicher sein, nicht mit alten Daten zu arbeiten.

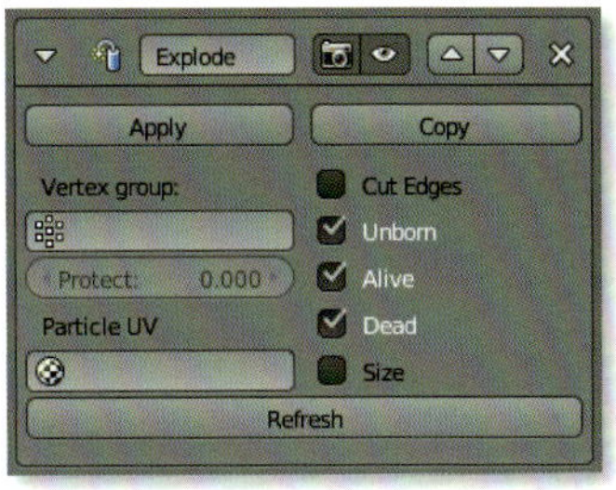

▲ **Abbildung 5.75**
Die Einstellungen des Explode-Modifiers

Kein Explode-Modifier ohne Partikelsystem

Beachten Sie, dass es ein Partikelsystem auf dem Objekt geben muss, das Sie über den Explode-Modifier zerlegen möchten. Das Partikelsystem muss vor dem Explode-Modifier angeordnet werden, da der Modifier die Daten des Partikelsystems nutzt. Alle Einstellungen des Partikelsystems haben natürlich auch auf den Explode-Modifier Auswirkung.

5.6.2 Der Ocean-Modifier

Der Ocean-Modifier ermöglicht Ihnen zweierlei: Einerseits können Sie eine Ozeanoberfläche inklusive Windrichtung und Wellengang simulieren oder andererseits Ihr bestehendes Objekt durch einen Ozean verformen zu lassen. Da der Modifier Ihr Objekt nicht nur statisch verformt, sondern eine Ozean-Animation erstellt, können

Um den Ocean-Modifier auszuprobieren, können Sie die Datei »05_Simulate_Ocean.blend« nutzen. Diese Datei finden Sie auf der Buch-DVD unter Beispielmaterial • Kapitel_05.

Sie die Auswirkung des Modifiers mit Alt + A betrachten – Esc beendet sie.

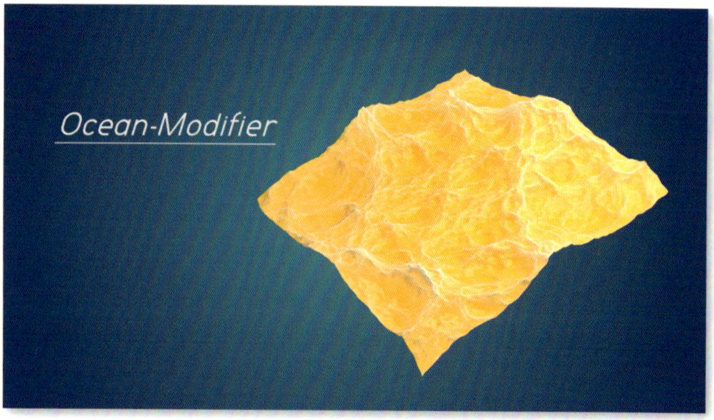

▲ **Abbildung 5.76**
Der OCEAN-Modifier in Aktion

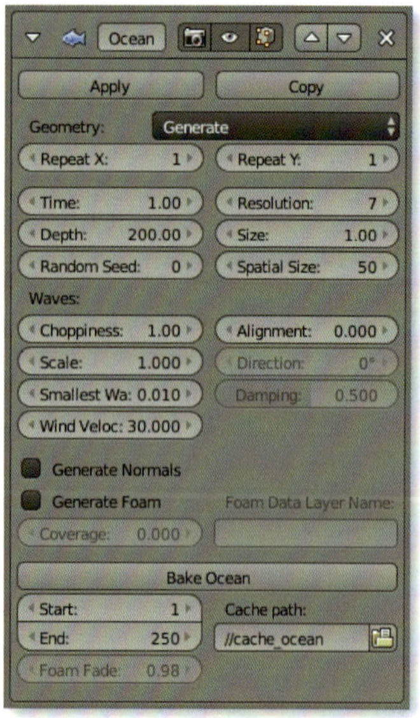

▲ **Abbildung 5.77**
Die Einstellungen des OCEAN-Modifiers

Welchen dieser beiden Modi Sie nutzen, ist für die Einstellungen gleichgültig – es erwarten Sie immer die folgenden Optionen:

- GEOMETRY: Hier wird definiert, wie der Modifier wirkt. GENERATE generiert eine neue Fläche, die den Ozean darstellt, während DISPLACE die Oberfläche des gewählten Objekts durch den Modifier verformt.
- REPEAT X, REPEAT Y: Diese Werte geben an, wie oft der generierte Ozean in x- oder y-Richtung aneinandergereiht wird. Die UVs für diese aneinandergereihten Meshes gehen über die übliche Beschränkung auf Werte zwischen 0 und 1 hinaus.
- TIME: Dieser Wert gibt den Zeitpunkt an, an dem der Ozean betrachtet wird. Wenn Sie einen animierten Ozean erstellen möchten, so animieren Sie diesen Wert mit I. Die Geschwindigkeit, mit der sich dieser Wert ändert, definiert die Geschwindigkeit, mit der der Ozean animiert wird.
- RESOLUTION: Dieser Parameter gibt die Auflösung des Gitternetzes der Ozeanoberfläche an. Das Netz bestimmt, wie detailliert der Ozean und alle damit zusammenhängenden Erscheinungen wie Wellen und Schaum dargestellt werden. Der Wert wird in Zweierpotenzen in x- und y-Richtung angegeben. Ein Wert von 10 bedeutet somit, dass das Gitter 2 hoch 5 Zellen breit und 2 hoch 5 Zellen lang ist. Je höher die Auflösung des Gitters ist, desto aufwendiger wird die Berechnung.
- DEPTH: Hier können Sie festlegen wie tief der Ozean unterhalb des simulierten Bereichs ist.

- SIZE: Dieser Wert gibt an, wie breit der Ozean ist. Der Wert wird in Quadratmetern angegeben – geben Sie hier 10 ein, wäre Ihr kompletter Ozean also 10 m breit und 10 m lang. Sie können den Ozean natürlich trotzdem im OBJECT MODE skalieren, um ihn an Ihre Szene anzupassen. Diese Option beeinflusst nicht die Höhe der Wellen.
- CHOPPINESS: Hier legen Sie fest, wie unruhig die Wellenberge sind. Stellen Sie einen Wert von 0 ein, um nur eine vertikale Bewegung zu erzeugen, bei Werten > 0 werden sie auch horizontal verzerrt.
- SCALE: Im Gegensatz zu SIZE legen Sie hier die Höhe aller Wellen fest.
- ALIGNMENT: Hier legen Sie fest, wie der Wind bläst. Bei einem Wert von 0 kommt der Wind (und damit die Wellen) aus zufälliger Richtung, bei höheren Werten bläst er aus einer definierten Richtung. Die Wellenberge erscheinen dadurch einheitlicher.
- DIRECTION: Wenn Sie über ALIGNMENT festgelegt haben »wie« der Wind bläst, können Sie hier die tatsächliche Richtung des Windes in Grad angeben.
- DAMPING: Auch diese Einstellung ist nur dann sinnvoll, wenn Sie ALIGNMENT nutzen. Sie definiert, wie stark reflektierte Wellen gedämpft werden. Bei einem Wert von 0 werden die Wellen voneinander in jede Richtung reflektiert, bei einem Wert von 1.0 werden diese reflektierten Wellen komplett gedämpft.
- SMALLEST WAVE: Hier legen Sie fest, wie groß die kleinste Welle des Ozeans ist. Diese Einstellung beeinflusst in hohem Maße die Details Ihres Ozeans.
- WIND VELOCITY: Dieser Wert beeinflusst die Windgeschwindigkeit (Einheit: m/s).
- GENERATE NORMALS: Setzen Sie diese Checkbox, wird neben der Verformung durch den Modifier auch noch die dazugehörige Normal-Map Sequenzen erzeugt. Diese sind bei der späteren Texturierung des Ozeans als Normal- oder Bump-Map hilfreich.
- GENERATE FOAM: Hier können Sie die Erzeugung von Schaum simulieren. Auch diese Einstellung generiert Bildsequenzen, die Sie später wunderbar zur Texturierung verwenden können.
- COVERAGE: Dieser Wert bestimmt, wie viel Schaum die Wellen bedeckt. Negative Werte reduzieren die Menge an Schaum (und lassen nur noch an den Wellenbergen ein wenig Schaum zu), positive Werte fügen mehr Schaum hinzu.
- FOAM DATA LAYER NAME: Hier können Sie einen Namen für den Schaum-Vertex-Layer vergeben. In diesem wird die Verteilung des Schaums gespeichert. Brauchen Sie Zugriff auf den Schaum im Rendering-Prozess, so geben Sie hier einen Layer an.

▲ **Abbildung 5.78**
Auch ausgerichtete Wellenberge sind einfach mit dem OCEAN-Modifier möglich.

- Bake Ocean: Durch Klick auf diese Schaltfläche können Sie die Ozean-Simulation backen lassen. Dabei werden die Schaumdaten und Normal-Map-Sequenzen berechnet und in die angegebenen Verzeichnisse geschrieben.
- Start/End: Bezeichnet den Frame, ab dem die Berechnung startet bzw. endet.
- Cache Path: Tragen Sie hier den Pfad ein, in den die zu berechnenden Daten geschrieben werden.

5.6.3 Der Particle-Instance-Modifier

Um den Particle-Instance-Modifier auszuprobieren, können Sie die Datei »05_Simulate_Particle-Instance.blend« nutzen. Diese Datei finden Sie auf der Buch-DVD unter Beispielmaterial • Kapitel_05.

Partikel sind kleinste Teilchen, die über viele unterschiedliche Parameter und physikalische Gesetzmäßigkeiten wie die Schwerkraft oder Wind manipuliert werden können. Sie werden oftmals für Effekte eingesetzt, bei der eine große Anzahl Objekte benötigt werden und es nicht so sehr darauf ankommt, die physikalischen Gegebenheiten vollständig korrekt abzubilden. In Kapitel 11, »Partikelsysteme«, werden Sie alles Wissenswerte über Partikel erfahren – wundern Sie sich daher nicht, wenn Sie die folgenden Erklärungen (noch) nicht verstehen.

▲ **Abbildung 5.79**
Der Particle-Instance-Modifier in Aktion

Der Particle-Instance-Modifier erzeugt Objektkopien an jedem Partikel eines Partikelsystems. Er funktioniert also wie der Render-Typ Object bei Partikeln, besitzt aber drei Besonderheiten:

1. Die Anzeige von Objekten kann während der Lebenszeit der Partikel ausgeschaltet werden (also nur Anzeige von Unborn/Dead).
2. Die Objekte können bei Hair- oder Keyed-Partikeln entlang des Pfades gestreckt werden.
3. Das Objekt kann nicht sein eigenes Partikelsystem verwenden.

Falls das Partikelsystem nicht vom Typ Hair ist, bewegen sich diese Objektinstanzen exakt wie die Partikel des zugrunde liegenden Partikelsystems und besitzen gleichzeitig das Aussehen des Objekts, das den Modifier trägt. Sie sind beim späteren Rendern wesentlich effektiver und schneller als viele Kopien von Objekten, da Blender für diese Partikelinstanzen nur ein einzelnes Objekt im Speicher anlegt. Alle Einstellungen des Partikelsystems wirken auch auf die Objektinstanzen des Particle-Instance-Modifiers – er stellt genau genommen einen Link auf dieses Partikelsystem dar.

Die Instanzen können über diese Optionen beeinflusst werden:

- Particle System: Tragen Sie hier das Partikelsystem ein, das Sie als Vorlage für die Instanzen nehmen möchten.
- Create From: Hier können Sie festlegen, welche Partikel durch Instanzen ersetzt werden. Aktivieren Sie Normal, so werden alle Partikel, die keine Kind-Partikel sind, durch Ihr Objekt ersetzt. Children sollten Sie aktivieren, wenn Ihr Partikelsystem Kind-Partikel aufweist. Ist die Option nicht aktiv, so werden Kind-Partikel ignoriert. Wird Size aktiviert, werden die Objektinstanzen an die Größe der Partikel angepasst. Ist diese Option nicht gesetzt, so sind die Instanzen so groß wie das Originalobjekt.
- Show Particles When: Hier können Sie einstellen, zu welcher Zeit Partikel (bzw. die Instanzen der Partikel) gezeigt werden. Mit Unborn werden auch Partikelinstanzen, die noch nicht geboren wurden, bereits als Instanz angezeigt. Bei Alive werden alle Partikelinstanzen, die momentan am Leben sind, gezeigt. Wenn Sie Dead wählen, werden alle Partikelinstanzen, die bereits tot sind, gezeigt.
- Die Option Create Along Paths ist besonders bei Partikeln sinnvoll, die einen vorbestimmten Weg zurücklegen. Die Option versucht, die Objektinstanzen entlang des von den Partikeln beschriebenen Pfades anzuordnen.
- X, Y, Z: Hier legen Sie fest, wie die Partikelinstanzen ausgerichtet sein sollen. Entweder entlang der x-, y- oder z-Achse.
- Keep Shape: Ist diese Checkbox aktiv, so werden die Partikelinstanzen bei Ihrem Weg auf dem Pfad nicht verformt, sondern einfach aneinandergereiht.
- Position: Hier können Sie angeben, wie weit der Partikelpfad mit den Instanzen gefüllt werden soll. 0 bedeutet hierbei 0 %, und 1 bedeutet 100 %.
- Random: Mit diesem Wert legen Sie fest, ob die Position entlang des Pfades komplett zufällig gewählt werden soll (bei einem Wert von 1) oder der Zufall bei der Positionierung keine Rolle spielt (bei einem Wert von 0).

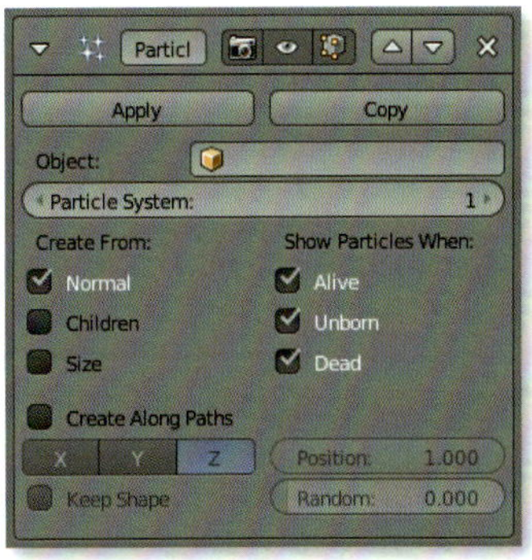

▲ **Abbildung 5.80**
Die Einstellungen des Particle-Instance-Modifiers

5.7 Change is good – die verändernden Modifier (Modify)

Bevor wir dieses Kapitel abschließen, möchte ich Ihnen noch gerne eine weitere Modifier-Gruppe vorstellen: die der »verändernden« Modifier. Obwohl sie in Blenders Modifier-Auswahl an erster Stelle stehen, werden selbst viele gestandene Blender-Nutzer mit diesen Modifiern eher selten zu tun haben. Das liegt hauptsächlich an zwei Dingen: Sie fallen ein wenig aus dem Modelling-Prozess heraus (sie ändern nur Attribute des Objekts), und es gibt nur wenige Tutorials über sie.

Da fast alle diese Modifier erst Sinn machen, nachdem Sie einen Großteil des Buches hinter sich gebracht haben, sollten Sie diese Modifier jetzt nur überfliegen oder sogar überspringen und den letzten Abschnitt »Auf ins nächste Kapitel« lesen. Sie sind zwar sehr nützlich, aber nur mit dem entsprechenden Hintergrundwissen zu verstehen.

Die in der Kategorie MODIFY enthaltenen Modifier verändern Attribute Ihres Objekts. Sie werden genutzt, um Vertex-Gruppen dynamisch zu ändern oder UV-Maps anzupassen. Sie ändern keine Vertices (d. h. die Gestalt) Ihres Objekts – zu diesem Zweck gibt es die Gruppe der DEFORM-Modifier.

Wie jede Regel besitzt jedoch auch diese eine Ausnahme: Der MESH-CACHE-Modifier verformt die Vertices des Originalobjekts, wird jedoch in naher Zukunft noch viele andere Möglichkeiten erhalten (z. B. Änderung von UVs), so dass er in dieser Kategorie trotzdem seine Heimat gefunden hat.

5.7.1 Der Mesh-Cache-Modifier

Wie bereits in der Einleitung angekündigt, kann dieser Modifier die Vertices Ihres Objekts ändern. Er erledigt dies über ein definiertes Austauschformat: MDD und PC2. Beides sind Formate von unterschiedlichen Softwareherstellern, die Vertex-Positionen an unterschiedlichen Zeitpunkten einer Animation speichern können. Wenn Sie jetzt noch wissen, dass beispielsweise Kleidungssimulationen solche Dateien erzeugen können, so ist klar, wo die Stärke dieses Modifiers liegt: in der schnellen Wiedergabe vorberechneter Simulationen und Animationen.

Reihenfolge beachten
Beide Dateiformate, MDD und PC2, hängen von der Reihenfolge der Vertices im Mesh ab. Achten Sie also darauf, dass keine Vertices hinzugefügt oder entfernt werden, wenn Sie diesen Modifier verwenden.

Die Optionen dieses Modifiers sind relativ komplex und erschließen sich Ihnen wohl erst dann komplett, wenn Sie tatsächlich mit ihm arbeiten. Gerade in Bezug auf die Wiedergabe der in der Cache-Datei abgespeicherten Animation bleiben keine Wünsche offen. Die Optionen sind im Einzelnen:

- Format: Hier geben Sie das Dateiformat an, in dem die Cache-Daten vorliegen (aktuell werden Lightwaves MDD und PC2 unterstützt).
- File Path: Geben Sie hier an, wo die Cache-Datei liegt.
- Influence: Durch Ändern dieses Wertes können Sie anpassen, wie stark der Cache auf das Objekt wirkt.
- Deform Mode: Hier geben Sie an, wie mit den Daten aus der Cache-Datei verfahren werden soll. Standardmäßig ist Overwrite ausgewählt – dieser Modus ersetzt die Vertex-Positionen des Originalobjekts durch die in der Cache-Datei. Möchten Sie allerdings andersartige Deformationen verwenden, wie beispielsweise Shape-Keys, und mit den Daten aus der Cache-Datei mischen, so können Sie die Option Deform wählen.
- Interpolation: Hier geben Sie an, wie zwischen den Positionen der Vertices im Cache überblendet wird, wenn sich die Anzahl der Frames im Cache und in der Projektdatei voneinander unterscheiden. None nimmt keine Interpolation vor, während Linear die fehlenden Vertex-Positionen zwischen zwei Frames berechnet.
- Time Mapping: Hier finden Sie Optionen, die die Wiedergabe des Caches betreffen. Schalten Sie um auf Custom, um die Werte zu sehen und zu animieren. Frame erlaubt Ihnen, die einzelnen Frames des Caches zu kontrollieren, unabhängig davon, welche Zeitinformationen in der Cache-Datei zu finden sind. Mit Time können Sie die Animation über die Angabe eines Zeitwertes steuern. Die Eingabe muss in Sekunden erfolgen. Bei der Wahl von Factor nutzen Sie einen Wertebereich von 0 bis 1, um die komplette Animation abzubilden.
- Scene: Hiermit bilden Sie Start- und Endpunkt der Cache-Datei auf den Start- und Endpunkt der aktuellen Blender-Datei ab. Bei Frame Start geben Sie an, ab welchem Frame der Cache abgespielt werden soll. Mit Frame Scale legen Sie fest, wie stark die Zeit skaliert wird. Stellen Sie hier einen Wert von 2 ein, so wird die Animation doppelt so schnell wie normal abgespielt, bei einem Wert von 0.5 wird sie nur halb so schnell abgespielt.
- Custom: Wählen Sie diese Option, legen Sie über Evaluation Frame, Time und Factor fest, welcher Frame gerade aus dem Cache angezeigt wird, zu welcher Zeit der Frame gerade betrachtet wird oder welche Position (die Animation wird zwischen 0 und 1 abgespielt) im Cache gerade angezeigt wird. Dieser Wert wird normalerweise animiert.
- Axis Mapping: Hier können Sie festlegen, in welche Richtung die Achsen der importierten Daten zeigen. Je nachdem, wie das Programm, das die Cache-Dateien erstellt hat, die Daten in

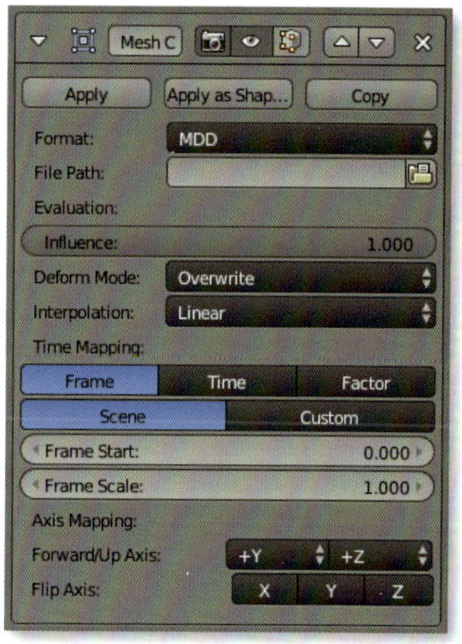

▲ **Abbildung 5.81**
Die Einstellungen des Mesh-Cache-Modifiers

die Datei geschrieben hat, ist es eventuell nötig, diese Achsen anzupassen. Mit FORWARD/UP AXIS geben Sie an, welche Achse nach vorne und nach oben zeigt. In seltenen Fällen ist es nötig, die Richtung der Achsen umzudrehen – dies können Sie mit FLIP AXIS erledigen. Halten Sie [⇧] gedrückt, und klicken Sie die Felder an, die Sie gleichzeitig wählen möchten. Ein Klick mit [⇧] auf ein bereits gewähltes Feld hebt die Auswahl auf.

5.7.2 Der UV-Project-Modifier

Nicht ohne UV-Textur

Um den Modifier in Aktion zu sehen, müssen Sie mindestens eine UV-Textur auf Ihrem Objekt angelegt haben. Dies kann entweder über einen Druck auf [U] und die anschließende Auswahl von UNWRAP im EDIT MODE geschehen, oder Sie legen im OBJECT-DATA-Tab auf dem UV-MAPS-Panel eine neue UV Map an. Aktivieren Sie darüber hinaus das GLSL-Shading in den PROPERTIES ([N]) unter DISPLAY und die Texturansicht mit [Alt] + [Z], so sehen Sie jede Änderung direkt in der 3D-Ansicht.

Mit dem UV-PROJECT-Modifier legen Sie interaktiv Texturen für UV-Maps eines Objekts fest. Die Projektion verläuft immer entlang der negativen z-Achse des Projektors. Falls der Projektor eine Kamera ist, werden Einstellungen wie die der Linse (perspektivisch, orthografisch, Panorama usw.) übernommen. Jede Fläche, die einen geringeren Winkel als 45° zu der z-Achse Ihres Projektors besitzt, wird von ihm beeinflusst.

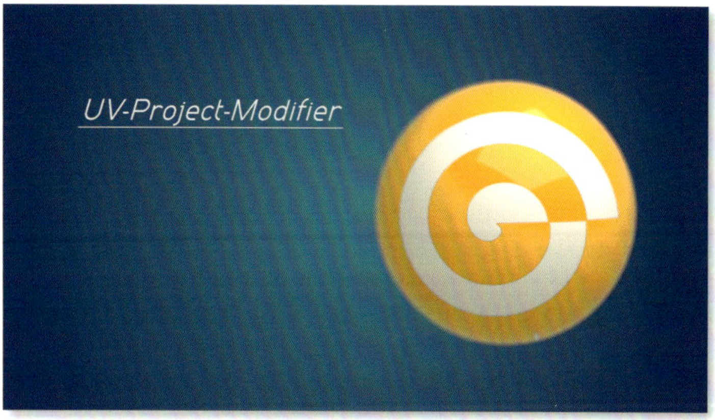

▲ **Abbildung 5.82**
Der UV-PROJECT-Modifier in Aktion

Der Modifier erlaubt es, mit wenigen Handgriffen Verzierungen auf Ihre Objekte aufzubringen, Texturen weniger einheitlich werden zu lassen oder fallenden Münzen so eine Textur zu verpassen, dass Sie am Boden ein Logo anzeigen. Abbildung 5.82 projiziert auf diese Weise beispielsweise das Plasmasolutions-Logo auf den Ball. Der Modifier besitzt eine relativ überschaubare Anzahl an einzelnen Optionen:

- UV MAP: Hier wählen Sie den UV-Layer des Originalobjekts aus, das durch den Modifier verändert werden soll. Wählen Sie hier keinen Layer aus, so wird der aktuelle UV-Render-Layer genutzt.

- Image: Wählen Sie hier das Bild, das der Modifier auf das Objekt projizieren soll. Normalerweise werden Sie kein Bild angeben, sondern eine Bildtextur über das Texture-Tab auf den UV-Layer mappen. Sollten Sie doch ein Bild definiert haben, können Sie über die nachfolgende Option definieren, wie das Bild genutzt wird.
- Override Image: Wählen Sie diese Option, so werden alle Texturen des Meshes durch das oben angegebene Bild ersetzt.
- Projectors: Hier legen Sie die Anzahl an Projektoren für Ihr Objekt fest. Bis zu zehn verschiedene Projektoren können ausgewählt werden. Jede Face wird denjenigen Projektor wählen, der am genauesten auf sie ausgerichtet und am nächsten ist.
- Objects: Durch einen Klick in dieses Feld rufen Sie eine Auswahl auf, mit deren Hilfe Sie den oder die Projektor(en) festlegen können.
- Aspect X/Y: Über diese Werte können Sie das Seitenverhältnis Ihrer Bildtextur festlegen.
- Scale X/Y: Über diese Werte können Sie die Skalierung der Bildtextur festlegen.

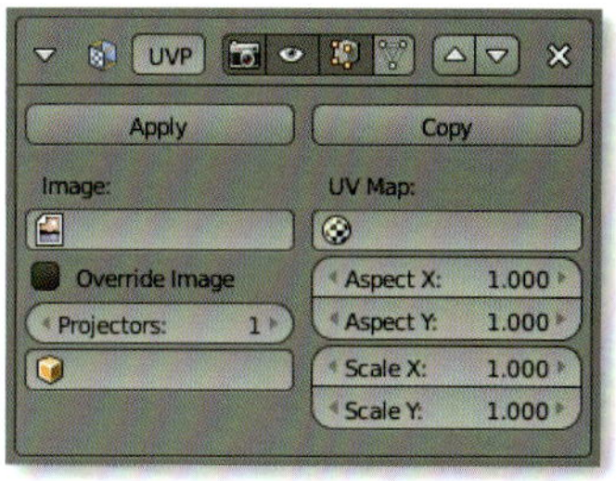

▲ **Abbildung 5.83**
Die Einstellungen des UV-Project-Modifiers

5.7.3 Der UV-Warp-Modifier

Während UV-Maps normalerweise einmal festgelegt werden und danach als »Karte« für die Textur dienen, können Sie mit diesem Modifier UV-Maps dynamisch ändern, also die Koordinaten der Texturen (und damit die Texturen selbst) auf den Faces dynamisch anpassen.

Der UV-Warp-Modifier besitzt die folgenden Eigenschaften:

- UV Center: Hier geben Sie an, wo das Zentrum der UV-Map liegt, wenn Sie die UV-Map mithilfe des Modifiers skalieren oder rotieren. Da sich UV-Maps immer zwischen den Koordinaten (0, 0) (links unten) und (1, 1) (rechts oben) bewegen, würden Sie sich mit (0.5, 0.5) genau in der Mitte befinden.
- UV Axis: Hier geben Sie an, welche Achse auf X bzw. Y gemappt wird, wenn Sie Ihre Mapping-Objekte bewegen.
- From/To: Diese beiden Objekte definieren durch ihre Lage zueinander und ihre Lage im 3D-Raum, wie stark die UV-Map verzerrt und wie die UV-Map auf dem Objekt positioniert wird.
- Vertex Group: Hier können Sie einerseits festlegen, welche Vertices von dem Modifier betroffen sind und über von 1 unterschiedliche Gewichtungen festlegen, dass manche Koordinaten weniger verformt werden als andere.
- UV Map: Wählen Sie hier die UV-Map aus, auf die der Modifier seine Daten schreibt. Wählen Sie hier keinen Layer aus, so wird der aktuelle UV-Render-Layer genutzt.

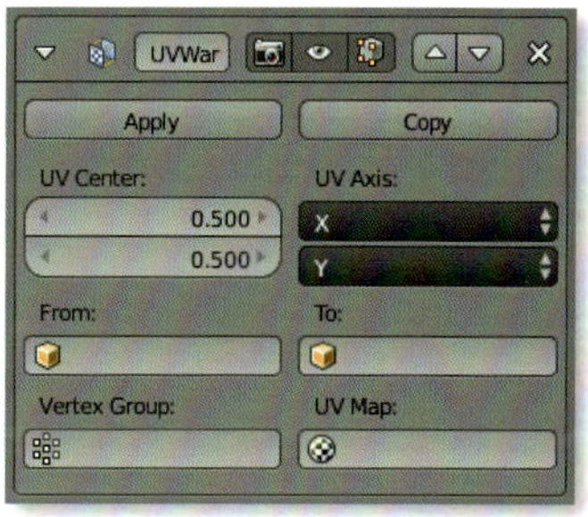

▲ **Abbildung 5.84**
Die Einstellungen des UV-Warp-Modifiers

5.7.4 Allgemeine Einführung in die Vertex-Weight-Modifier

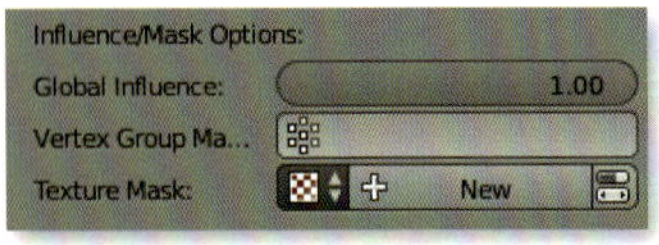

▲ **Abbildung 5.85**
Die allgemeinen Influence-Optionen

In den nächsten Abschnitten lernen Sie jetzt noch drei Modifier kennen, die sich zwar in der jeweiligen Wirkung unterscheiden, aber trotzdem viele Gemeinsamkeiten besitzen, den Vertex-Weight-Edit-Modifier, den Vertex-Weight-Mix-Modifier und den Vertex-Weight-Proximity-Modifier. Sie alle wirken auf die Gewichtungen einer gewählten Vertex-Gruppe und können durch Ihre speziellen Fähigkeiten diese Gewichtung dynamisch ändern. Alle Gewichtungen kleiner als 0 werden auf 0 und Gewichtungen größer als 1 auf 1 begrenzt.

Da sich die Modifier nur in der Art unterscheiden, wie sie die Gewichtung der Vertices ändern, besitzen sie einige identische Eigenschaften. Sie finden sie in den Modifiern unter den Influence/Mask Options:

- Global Influence: Dieser Wert definiert, wie stark der Einfluss des Modifiers auf die Vertex-Gruppe ist – 0 bedeutet, dass er keinen Einfluss besitzt, eine 1, dass er vollen Einfluss besitzt. Wichtig: Selbst wenn Sie den Einfluss auf 0 setzen, wird nicht verhindert, dass Vertices durch den Modifier aus der Gruppe entfernt oder der Gruppe hinzugefügt werden – dieser Wert gilt nur für in der Gruppe enthaltene Vertices.
- Vertex Group Mask: Hier können Sie eine Vertex-Maske angeben (dargestellt durch eine Vertex-Gruppe). Alle Vertices dieser Gruppe mit einem Gewicht von 0 werden nicht beachtet, alle Gewichtungen von Vertices mit einem Gewicht > 0 werden mit dem Global-Influence-Wert multipliziert.
- Texture Mask: Hier können Sie eine zusätzliche Textur angeben, deren Werte eines Kanals wie in der vorigen Option mit dem Global-Influence-Wert pro Vertex multipliziert werden. Mit einer Auswahl aus der Liste Use Channel legen Sie den Kanal der Textur fest, der zur Multiplikation herangezogen wird. Red, Green und Blue wählt den Rot-, Grün- oder Blau-Kanal, Intensity den Helligkeitskanal, Alpha den Transparenzkanal und Hue, Saturation und Value den Farbton, die Sättigung oder die Leuchtkraft. Mit Texture Coordinates können Sie festlegen, welches Koordinatensystem für die Multiplikation genutzt wird. Die Optionen sind identisch mit denen des Displace-Modifiers.

Vertex-Voransicht

Um die Änderung der Gewichtung von Vertices live zu verfolgen, bietet es sich an, in den Vertex-Paint-Modus zu wechseln. Färbt sich Ihr Objekt nun blau oder rot, sind alle Voraussetzungen erfüllt, um die Änderungen live zu betrachten. Nutzen Sie die mitgelieferten Dateien, um einen Eindruck von der Wirkung der Modifier zu erhalten.

Neben diesen Gemeinsamkeiten besitzen sie aber natürlich auch einige Unterschiede. Diese werden in den drei folgenden Abschnitten näher beleuchtet.

5.7.5 Der Vertex-Weight-Edit-Modifier

Mithilfe dieses Modifiers bilden Sie die Gewichtungen innerhalb einer angegebenen Vertex-Gruppe auf einen festgelegten Bereich ab. Darüber hinaus ist es möglich, der Vertex-Gruppe dynamisch Vertices hinzuzufügen oder aus ihr zu löschen.

Neben den allgemeingültigen Optionen für alle Vertex-Weight-Modifier besitzt der Vertex-Weight-Edit-Modifier die folgenden Optionen:

- Vertex Group: Hier geben Sie an, welche Vertex-Gruppe von dem Modifier beeinflusst werden soll.
- Default Weight: Hier legen Sie fest, welche Gewichtung all diejenigen Vertices erhalten, die nicht in der vorangegangenen Vertex-Gruppe enthalten sind.
- Group Add: Alle Vertices, deren Gewichtungen über dem in Add Threshold angegebenen Wert liegen, werden der gewählten Vertex-Gruppe hinzugefügt.
- Group Remove: Alle Vertices, deren Gewichtungen unter dem in Remove Threshold angegebenen Wert liegen, werden aus der gewählten Vertex-Gruppe entfernt.
- Falloff Type: Mit dieser Option geben Sie an, wie zwischen der durch den Modifier erzeugten Gewichtung und der Originalgewichtung interpoliert werden soll. Mit Linear wird zwischen den Gewichtungen linear interpoliert. Mit Custom Curve können Sie selbst eine Kurve definieren, die den Verlauf definiert. Sehen Sie sich die Symbole von Sharp, Smooth, Root und Sphere an, so lässt sich leicht erkennen, wie diese Optionen wirken: Sharp z. B. besitzt einen scharfen Verlauf, der hin zu Sphere immer weicher wird. Mit Random legen Sie einen zufälligen Verlauf fest. Und Median Step sorgt dafür, dass alle Gewichtungen kleiner als 0,5 auf 0 gesetzt werden, während alle Gewichtungen größer oder gleich 0,5 auf 1 gesetzt werden.

Um den Vertex-Weight-Edit-Modifier auszuprobieren, können Sie die Datei »05_Modify_05_Modify_VertexWeightEdit.blend« nutzen. Diese Datei finden Sie auf der Buch-DVD unter Beispielmaterial • Kapitel_05.

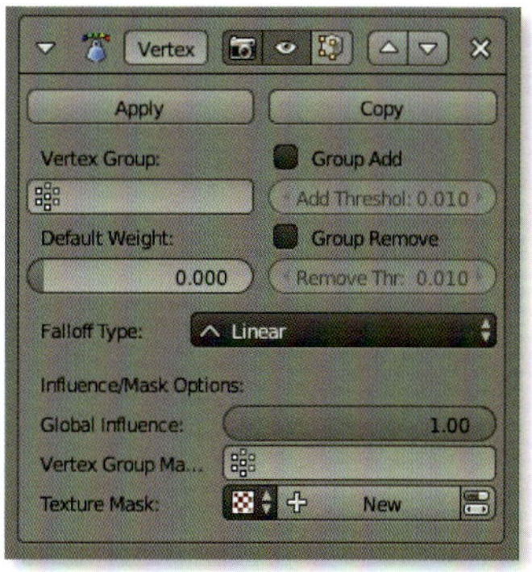

▲ **Abbildung 5.86**
Die Einstellungen des Vertex-Weight-Edit-Modifiers

5.7.6 Der Vertex-Weight-Mix-Modifier

Mithilfe dieses Modifiers können Sie zwei verschiedene Vertex-Gruppen mischen. Die Operation, die zum Mischen verwendet wird, kann ebenso eingestellt werden wie das Mischungsverhältnis. Der Modifier ist zwar in der Lage, Vertices zu einer Vertex-Gruppe hinzuzufügen, er wird jedoch nie Vertices aus einer Vertex-Gruppe entfernen.

Um den Vertex-Weight-Mix-Modifier auszuprobieren, können Sie die Datei »05_Modify_VertexWeight-Mix.blend« nutzen. Diese Datei finden Sie auf der Buch-DVD unter Beispielmaterial • Kapitel_05.

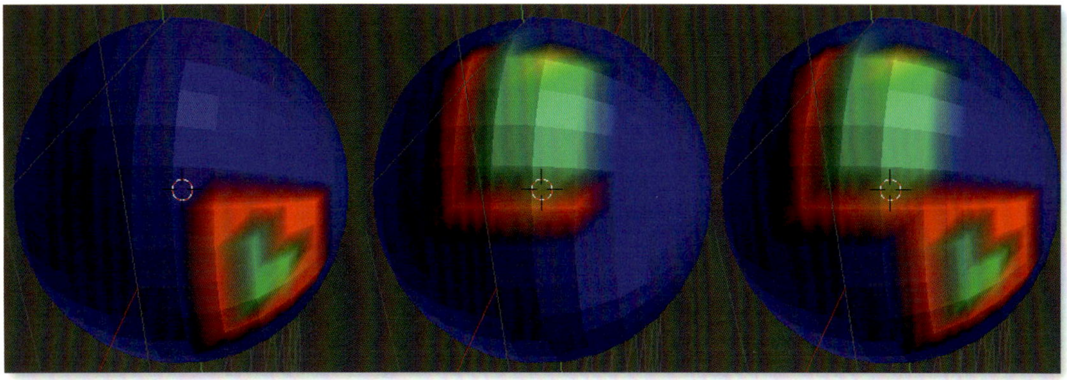

▲ **Abbildung 5.87**
Per Vertex-Weight-Mix-Modifier mischen Sie die linke und die mittlere Vertex-Gruppe. Das Ergebnis sehen Sie auf der rechten Kugel.

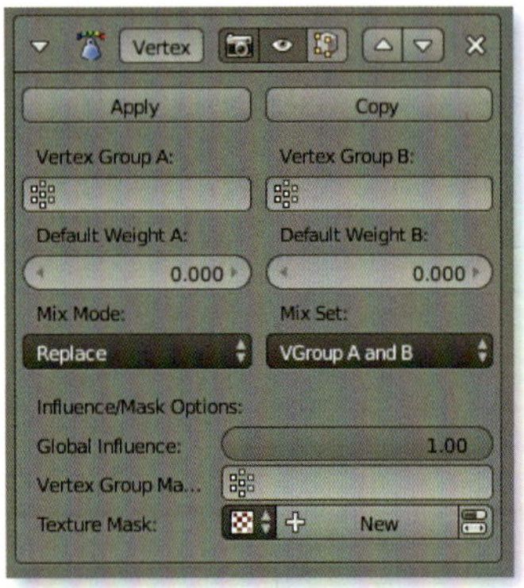

▲ **Abbildung 5.88**
Die Einstellungen des Vertex-Weight-Mix-Modifiers

Neben den allgemeingültigen Optionen für alle Vertex-Weight-Modifier besitzt dieser die folgenden Optionen:

- Vertex Group A/B: Bezeichnet die erste/zweite Vertex-Gruppe, die zum Mischen genutzt wird.
- Default Weight A/B: Hier legen Sie fest, welche Gewichtung all diejenigen Vertices erhalten, die nicht in der Vertex-Gruppe A/B enthalten sind.
- Mix Mode: Hier geben Sie an, auf welche Art die beiden Vertex-Gruppen zusammengemischt werden. Sie haben sieben verschiedene Möglichkeiten:
  - Replace: Die Gewichtungen von A werden durch B ersetzt.
  - Add: Die Gewichtungen von A werden zu B addiert.
  - Subtract: Die Gewichtungen von B werden von A subtrahiert.
  - Multiply: Die Gewichtungen von A werden mit B multipliziert.
  - Divide: Die Gewichtungen von A werden durch B geteilt.
  - Difference: Genau wie Subtract, die berechneten Werte werden allerdings absolut betrachtet.
  - Average: Die Gewichtungen jedes Vertex von (A+B) / 2 werden berechnet.
- Mix Set: Hier bestimmen Sie, auf welche Vertices der Modifier wirkt. All wirkt auf alle Vertices. VGroup A/B wirkt auf Vertices in Vertex-Gruppe A/B. Die Option VGroup A or B wirkt auf Vertices, die entweder in Vertex-Gruppe A oder B enthalten sind, wohingegen VGroup A and B nur auf Vertices wirkt, die gleichzeitig in Vertex-Gruppe A und Vertex-Gruppe B sind.

5.7.7 Der Vertex-Weight-Proximity-Modifier

Der Vertex-Weight-Proximity-Modifier legt die Gewichtung einer Vertex-Gruppe anhand der Entfernung zu einem anderen Objekt fest.

Um den Vertex-Weight-Proximity-Modifier auszuprobieren, können Sie die Datei »05_Modify_Vertex-WeightProximity.blend« nutzen. Diese Datei finden Sie auf der Buch-DVD unter Beispielmaterial • Kapitel_05. Drücken Sie [Alt] + [A], um zu sehen, wie die Vertex-Gruppe die Farbe und damit die Gewichtung ändert.

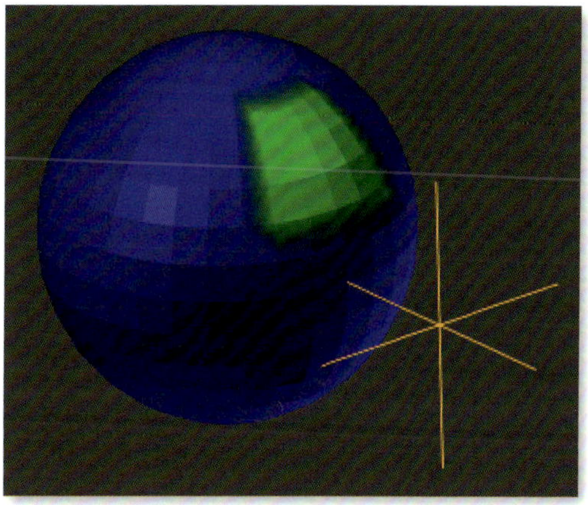

▲ **Abbildung 5.89**
Je näher das Empty dem Objekt kommt, desto stärker wird die Gewichtung der Vertex-Gruppe.

Folgende Einstellungen stehen Ihnen hier zur Seite:

- Vertex Group: Wie bei den vorangegangenen Modifiern beschränkt dieses Auswahlfeld den Einfluss des Modifiers auf Vertices in der hier ausgewählten Vertex-Gruppe mit einer Gewichtung > 0.
- Target Object: Die Entfernung der Vertices zu diesem Objekt gibt die jeweilige Gewichtung vor. Dabei kann zwischen zwei verschiedenen Arten der Entfernungsmessung unterschieden werden. Wählen Sie Object, werden die Objektmittelpunkte zur Distanzmessung genutzt. Alle Gewichtungen von Vertices der ausgewählten Gruppe bekommen den ermittelten Wert. Welche Entfernung 0 und 1 entspricht, kann durch Lowest und Highest festgelegt werden. Durch die Auswahl von Geometry wird jeder Vertex, jede Edge oder jede Face des Target-Objekts betrachtet. Je näher er/sie am Zentrum des Originalobjekts liegt, desto höher fällt die Gewichtung des ihm/ihr am nächsten liegenden Vertices aus.
- Lowest: Hier bestimmen Sie, welche Distanz einer Gewichtung von 0 entspricht.
- Highest: Hier bestimmen Sie, welche Distanz einer Gewichtung von 1 entspricht.
- Falloff Type: Bitte sehen für diese Option bei dem Vertex-Weight-Mix-Modifier nach, die Optionen sind exakt identisch.

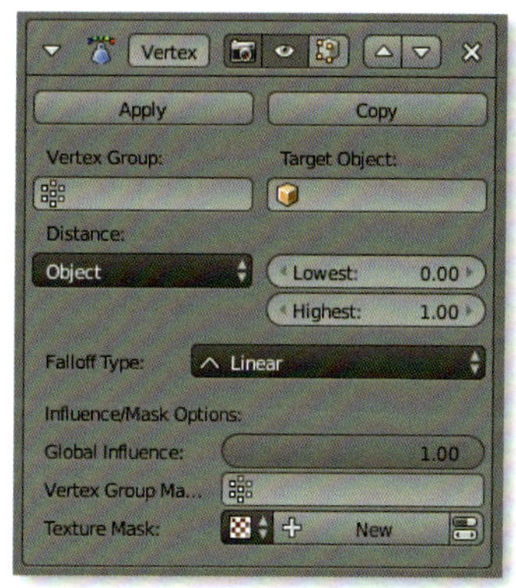

▲ **Abbildung 5.90**
Die Einstellungen des Vertex-Weight-Proximity-Modifiers

5.8 Auf ins nächste Kapitel

Ich hoffe, ich konnte Ihnen mit diesem Kapitel die Welt der Modifier ein wenig näherbringen und Ihnen auch anhand der vielen Abbildungen zeigen, wie schnell mit Modifiern außergewöhnliche Formen erzeugt werden können. Die meisten der Abbildungen wurden mit einfachen Würfeln, Flächen oder mit Suzanne erzeugt. Auch wenn womöglich vieles in diesem Kapitel noch unbekannt für Sie ist, hoffe ich doch, dass Ihnen jetzt klarer ist, in welchen Bereichen Blenders Modifier eingesetzt werden und welche enormen Möglichkeiten die Kombination dieser Modifier bietet.

Im nächsten Kapitel sehen wir uns an, wie Sie Ihre mühsam gestalteten Objekte für die Nachwelt auf »Digitalfilm« festhalten – wir »rendern«. Dabei erfahren Sie, welche Rendering-Verfahren es gibt, wie Sie diese zu Ihrem Vorteil einsetzen und welche Schalter Sie umlegen müssen, um schnelle Renderings bei bestmöglicher Qualität zu erhalten.

Kapitel 6

Rendering – ein Bild entsteht

Bislang haben wir uns angesehen, wie Objekte in Blenders 3D-Ansicht (dem 3D-View-Editor) aussehen, aus welchen Bestandteilen sie aufgebaut sind und wie wir diese einerseits manuell und andererseits durch Modifier verändern können. In diesem Kapitel werde ich Ihnen zeigen, wie Sie aus 3D-Szenen ein zweidimensionales Bild erzeugen und welche Tricks und Kniffe es gibt, um Ihre Wartezeit dabei möglichst gering zu halten. Darüber hinaus erfahren Sie in diesem Kapitel, wie Blender Ihre Szene sieht und welche Verfahren beim Erzeugen eines Bildes in Blender ausgewählt werden können. Dabei kommen sowohl alle internen und externen Möglichkeiten zur Bildberechnung zur Sprache.

6.1 Rendering-Verfahren

Wenn Sie sich für 3D-Animation oder digitales Design interessieren (wovon ich nach fünf Kapiteln sicherlich ausgehen darf), haben Sie sicherlich bereits das ein oder andere Mal den Begriff *Rendern* gehört. Auch bei der Besprechung von 3D-Spielen in Fachmagazinen liest man oftmals, dass die Grafikkarte das Geschehen auf den Bildschirm *rendert* – sehen wir uns daher jetzt zuerst einmal an, was Rendern überhaupt ist.

In Blender können Sie zwischen drei verschiedenen Renderer wählen, dazu in Abschnitt 6.3 mehr.

6.1.1 Das Rendering

Als Rendern (oder auch Rendering) bezeichnet man in der Computergrafik die Erzeugung eines Bildes aus den Rohdaten einer 3D-Szene – also den einzelnen Objekten. Der Rendering-Prozess ist ein äußerst ressourcenfressender Prozess – während er aktiv ist, kann je nach verwendeten Materialien, Modellen und Beleuchtungs-Setups selbst bei kleineren Szenen mit wenigen hunderttausend Polygonen für Stunden nicht an dem gerade beschäftigten Rechner weitergearbeitet werden. In großen Produktionen (Animationsfilmen) mit mehreren Hunderttausenden detaillierten Objekten und unterschiedlichen dynamische Physiksimulationen kann es gut sein, dass ein Bild einer Animation auf einem einzelnen Rechner mehrere Tage rechnet. Aus diesem Grund werden heutzutage oftmals viele Computer zu einem Render-Netzwerk (einer *Render-Farm*) zusammengeschlossen und diese dann gemeinsam mit der Berechnung einer Animation beauftragt. Dies kann auf zwei Arten geschehen: Entweder übernimmt je ein Rechner die Berechnung eines Bildes einer Animation oder viele Rechner teilen sich die Berechnung eines Bildes. Ein übergeordneter Rechner setzt das komplette Bild nach Fertigstellung aller Teile anschließend zusammen.

6.1.2 Der Renderer

Der Programmteil, der die Umwandlung der Szenendaten in ein zweidimensionales Bild übernimmt, wird *Renderer* oder auch *Render-Engine* genannt. Er betrachtet die Szene aus einer virtuellen Kamera, die Sie etwas später in diesem Kapitel kennenlernen werden. Der Renderer muss mithilfe dieser Kamera unter anderem diese Schritte durchführen:

- Ermittlung der von der virtuellen Kamera aus sichtbaren Objekte (die sogenannte Verdeckungsberechnung oder auch Occlusion Culling)
- Berechnung der Oberflächenbeschaffenheit der Objekte, beeinflusst durch deren Materialeigenschaften und Oberflächentexturen (Shading)

Abbildung 6.1 ▼
Verschiedene Render-Passes, unter anderem der Depth-, Color-, Glossy- und Normal-Pass

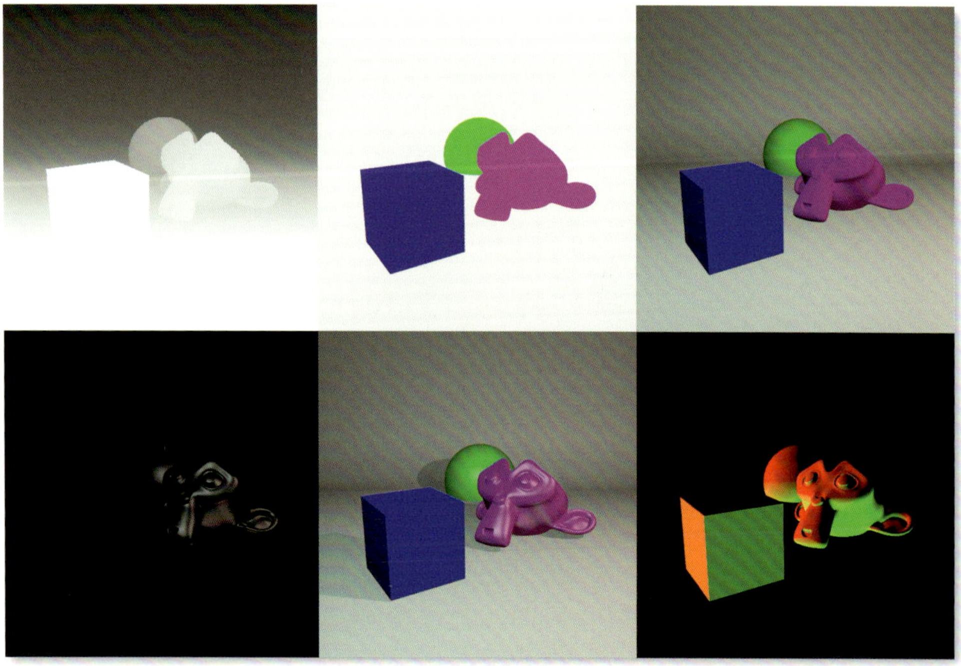

- Berechnung der Licht- und Schattensituation innerhalb der Szene inklusive direktem und indirektem Licht.

Bei der Berechnung von Animationen muss der Renderer noch eine Reihe zusätzlicher Techniken anwenden – so muss er beispielsweise die Geschwindigkeit aller Objekte über die Dauer der Bewegung verfolgen, um Bewegungsunschärfe errechnen zu können. Abbildung 6.1 zeigt Ihnen verschiedene Bilder, die der Renderer bei seinen Durchgängen erzeugt. Im Fachjargon heißt jeder Durchgang *Render-Pass*.

6.1.3 Render-Techniken

Bevor ich Ihnen die Blender-internen Render-Engines vorstelle, möchte ich Ihnen erst zeigen, welche unterschiedlichen Render-Techniken in Blender verwendet werden und welche Effekte sie ermöglichen. Sie werden durch diese (stark vereinfachten) Hintergrundinformationen in der Lage sein, situationsabhängig zu entscheiden, welchen Renderer Sie bei unterschiedlichen Projekten einsetzen sollten und wann welcher Renderer sinnvoll ist.

Scanline-Rendering | Der *Scanline*-Algorithmus teilt das Sichtfeld der virtuellen Kamera (mit der Sie die Szene betrachten) in ein Pixelgitter mit der Auflösung des zu erzeugenden Bildes auf. Anschließend berechnet der Algorithmus Zeile für Zeile die Tiefe aller überlappenden Polygone an jedem Pixel (den sogenannten Z- oder Depth-Pass). Er sieht sich also an, welche Objekte (und Objektteile) sich gegenseitig verdecken.

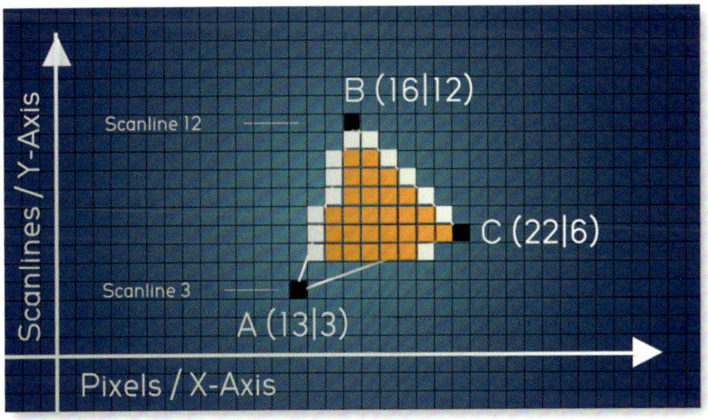

◂ **Abbildung 6.2**
Der Scanline-Algorithmus ermittelt die anzuzeigenden Pixel eines Dreiecks.

Bei dieser Polygon-Betrachtung ist dem Algorithmus zu jeder Zeit bekannt, ob er sich innerhalb oder außerhalb eines Polygons befindet. Befindet er sich außerhalb, so setzt er das Pixel auf die Hintergrundfarbe, befindet er sich innerhalb des Polygons, setzt er das Pixel auf die Polygonfarbe an dieser Stelle. Dabei beachtet er die sogenannte *Shadow-Map* (die definiert wo Schatten und wo Licht ist) und das *Polygon-Shading* (die Oberflächenbeschaffenheit des Polygons).

Abbildung 6.2 zeigt Ihnen, wie die Oberfläche eines einzelnen Polygons mit dem Scanline-Algorithmus ermittelt wird.

Scanline-Renderer berechnen das Bild zwar sehr schnell, ihre Fähigkeiten sind allerdings sehr begrenzt. Erst wenn sie mit erweiterten Render-Techniken wie Raytracing kombiniert oder durch sie ersetzt werden, können sie spezielle Features wie Spiegelungen auf Oberflächen und Brechungen in Glas oder Wasser berechnen.

Raytracing | Raytracing (zu deutsch »Strahlenverfolgung«) ist ein auf der Aussendung von Strahlen basierender Algorithmus, der zur Ermittlung der Sichtbarkeit von dreidimensionalen Objekten von einer bestimmten Position (dem Augpunkt) im Raum aus dient. Mit *rekursivem Raytracing* (auch *Whitted Raytracing*) bezeichnet man mehrere Erweiterungen dieses grundlegenden Verfahrens, die den weiteren Weg von Strahlen nach dem Auftreffen auf Oberflächen berechnen. Es betrachtet dabei unter anderem die natürliche Reflexion (Spiegelungen), die Refraktion (Lichtbrechung beim Übertritt des Lichts in unterschiedliche Medien) und den Schattenwurf von 3D-Objekten.

Um nachzuvollziehen, wie ein Raytracer funktioniert, gehen wir etwas in der Zeit zurück – ins griechische Altertum. Damals waren die Griechen davon überzeugt, dass jedes Auge Strahlen aussendet. Treffen diese Strahlen ein Objekt der Umgebung, so ihre Vorstellung, senden sie Nachrichten an das Auge, um ihm mitzuteilen, was getroffen wurde, wie weit es entfernt ist und welche Farbe es hat. Tatsächlich ist diese Vorstellung gar nicht so weit von dem weg, was ein Raytracer tut. Der Algorithmus teilt – genau wie der Scanline-Renderer – das Sichtfeld der virtuellen Kamera in ein Pixelgitter mit der Auflösung des zu erzeugenden Bildes auf. Anschließend wird ein Strahl (Ray) aus einem vor diesem Pixelgitter liegenden Punkt (dem Augpunkt) auf die Szene gefeuert und beobachtet, ob dieser auf eine Oberfläche trifft. In erster Linie wird damit geprüft, welche Tiefe die Objekte in der Szene besitzen.

Whitted Raytracing ist allerdings noch viel mächtiger: Trifft der Strahl auf ein Objekt, wird zuerst überprüft, ob die Oberfläche so definiert wurde, dass sie das Licht reflektiert, streut oder schluckt. Anschließend wird der Strahl gebrochen oder reflektiert und auf seinem Weg durch die Szene weiterverfolgt. Erreicht ein Strahl nach einer maximalen Anzahl an Reflexionen oder Refraktionen eine Lichtquelle, so »weiß« der Raytracer, dass dieser Strahl nicht

Brechungen beschränken
Um die Refraktionsbetrachtung (also die Lichtbrechung) nicht bis in die Unendlichkeit fortzuführen und entsprechend lange Render-Zeiten zu verhindern, bietet Blender die Möglichkeit, die Anzahl der betrachteten Brechungen zu beschränken. Stellen Sie in Ihrer Szene fest, dass mitten in einem Glas plötzlich schwarze Flächen zu sehen sind, obwohl der Hintergrund durchscheinen sollte, so kontrollieren Sie die maximale Anzahl der Refraktionen – meist wird die Erhöhung dieser Anzahl den Hintergrund zum Vorschein bringen.

zur Schattenberechnung, sondern zur Helligkeitsberechnung herangezogen wird. Abbildung 6.3 stellt den Ablauf exemplarisch dar.

Da eine Szene natürlich nicht nur aus Objekten, sondern auch aus Umgebung (also für den Algorithmus aus leerem Raum) besteht, werden viele dieser Strahlen ins Nichts geschossen. Kann nach einer gewissen Distanz kein Aufprall auf ein Objekt oder eine Lichtquelle festgestellt werden, so wird der Strahl von der Betrachtung ausgeschlossen. Erreicht ein Strahl jedoch keine Lichtquelle, obwohl er vorher ein Objekt getroffen hat, so ist die Lichtquelle durch ein Objekt verdeckt worden – jeder einzelne verdeckte Strahl trägt so Stück für Stück dazu bei, dass ein Schattenpixel entsteht. Je mehr Strahlen pro Pixel ausgesandt, reflektiert und verfolgt werden (in verschiedenen Winkeln zur Oberfläche), desto genauer wird die Berechnung der Pixelfarbe. Pro Pixel wird eine frei wählbare Anzahl an Strahlen betrachtet, um genaue Aussagen über den Helligkeitswert des Pixels treffen zu können. Erst wenn alle Strahlen (sogenannte Raysamples) betrachtet wurden, steht der Helligkeitswert des Pixels fest.

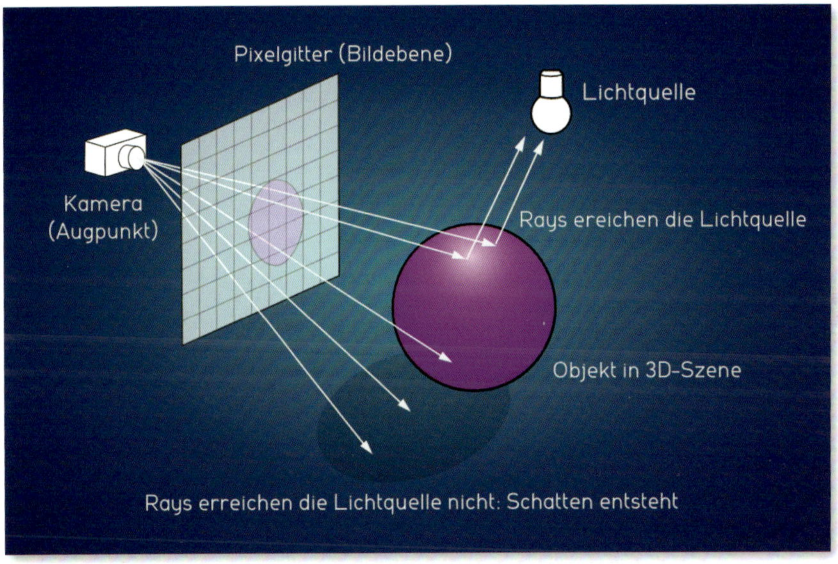

▲ **Abbildung 6.3**
Der Raytracing-Algorithmus wirft Strahlen aus dem Augpunkt in der Szene und verfolgt ihren Verlauf.

Pathtracing | Ganz ähnlich wie der Raytracing-Algorithmus werden auch beim *Pathtracing* Strahlen durch die Szene geschickt. Tatsächlich ist der Pathtracing-Algorithmus nur eine Variante des Raytracings, die es ermöglicht, die globale Beleuchtung einer Szene zu simulieren.

▲ **Abbildung 6.4**
Die Cornell-Box zeigt den typischen Effekt der Global Illumination.

▲ **Abbildung 6.5**
Eine zu geringe Anzahl an Strahlen führt zu dem beim Pathtracing typischen Rauschen in dieser Abbildung.

Importance Sampling
Üblicherweise gehen beim Pathtracing viele Strahlen verloren (sie erreichen keine Lichtquelle). Mit Importance Sampling wird daher zuerst ungefähr festgelegt, in welche Richtung viele Strahlen geschossen werden sollen, um möglichst oft Lichtquellen zu erreichen. Ergebnis sind Bilder, die in gleicher Renderzeit deutlich rauschfreier sind.

Als globale Beleuchtung (*Global Illumination*) versteht man, dass Oberflächen in einer 3D-Szene nicht nur auf direktes Licht aus Lampen reagieren, sondern jede Oberfläche zur Lichtsituation in der Szene beiträgt: Stellen Sie sich einfach einen roten Würfel in einem weißen Raum vor, der von einer Lichtquelle bestrahlt wird. Sehen Sie sich jetzt den Boden des Raums an, so werden Sie an den Kontaktflächen rote Farbe entdecken, die von dem durch die Oberfläche des roten Würfels reflektierten Licht stammen. Die Oberfläche des Würfels hat die Beleuchtung und die Farbe des Bodens also indirekt beeinflusst. Durch Global Illumination wird das Bild um ein Vielfaches realistischer, als es mit reinem Raytracing oder Scanline-Rendering möglich ist. Abbildung 6.4 zeigt Ihnen diesen Effekt anhand einer dafür typischen Testszene: der *Cornell-Box* (»07_CornellBox_Cycles.blend«).

Beim Pathtracing wird jeder Strahl, der in die Szene geschossen wird, beim Auftreffen auf Oberflächen reflektiert, gebrochen oder absorbiert. Bei jeder Kollision mit einer Oberfläche wird (außer im Falle der Absorption) eine einstellbare Anzahl an neuen (in zufällige Richtungen schießenden) Strahlen generiert. Der Anfangsstrahl sucht sich so seinen Weg durch die Szene, wertet aber im Gegensatz zu dem eben beschriebenen Verfahren viel mehr Strahlen aus, die alle zu einer indirekten Beleuchtung der Szene beitragen.

Durch die zufällige Versendung sehr vieler Strahlen wird das für Pathtracing-Algorithmen typische Rauschen (Abbildung 6.5) erzeugt, was einerseits durch eine große Anzahl an Strahlen oder durch erweiterte Techniken wie *Importance Sampling* oder verschiedene Filter verringert werden kann. Mehr Strahlen bedeuten gleichzeitig eine höhere Rechenleistung und mehr Render-Zeit – daher können Sie in Blenders Pathtracer die maximal erlaubte Anzahl an Reflexionen und Refraktionen der jeweiligen Strahlen beschränken (beispielsweise maximal fünf diffuse Reflexionen, maximal zehn spiegelnde Reflexionen usw.). Auf diese Weise können Sie für verrauschte Oberflächen mehr Strahlen aussenden lassen und somit nur die Berechnungszeit für diese problematischen Oberflächen erhöhen.

6.1.4 CPU- und GPU-Rendering

Alle modernen PCs haben mindestens die beiden folgenden Komponenten an Bord: einen Prozessor (*Central Processoring Unit* – CPU), mit dem Befehle des Betriebssystems oder von Anwendungen umgesetzt werden, und einen Grafikprozessor (*Graphics*

Processoring Unit – GPU) auf einer Grafikkarte (dediziert) oder neben dem Prozessor (on board, intern), die die Ausgabe von grafischen Elementen oder die Berechnung von 3D-Grafik bei Spielen übernimmt.

Da eine GPU bestimmte Berechnungen deutlich schneller als eine CPU durchführen kann (in unterschiedlichen Tests zwischen 3- und 15-mal so schnell), wurden nach und nach auch die Hersteller von Rendering-Software auf GPUs aufmerksam und entwickelten verschiedene GPU-Rendering-Lösungen. Daher bieten Ihnen Renderer heutzutage unter anderem die Möglichkeit, die 3D-Szenen auf CPU, GPU oder sogar beiden Prozessortypen gleichzeitig zu berechnen. Rendering auf GPUs ist heutzutage so schnell, dass die Anzahl an testweise durchgeführten Renderings (um beispielsweise die Beleuchtung zu überprüfen) deutlich gesenkt wird: Mit GPUs rendern Sie Ihre Szene (in geringer Auflösung) oft in Echtzeit und können so bereits beim Verschieben der Lampen sehen, ob die Lampe den gewünschten Effekt hat. Das langwierige Warten auf das Beenden des Rendering-Prozesses entfällt.

Leider hat das GPU-Rendering jedoch nicht nur positive Seiten (unter anderem mit Blender):

- Da Grafikkarten daraufhin optimiert sind, Speicher aus dem Grafikkartenspeicher zu lesen, können Sie nicht gleichzeitig auf den Hauptspeicher zugreifen. Eine Szene, die nicht in die aktuellen Grafikkartenspeicher passt (zurzeit gibt es Karten mit bis zu 12 GB RAM ab 2 500 €), kann also einfach nicht berechnet werden. Natürlich haben auch Grafikkartenhersteller dieses Problem erkannt und arbeiten an einer Lösung, um auch den Hauptspeicher für Grafikkarten nutzbar zu machen – bis diese Lösung marktreif ist, werden aber wohl noch einige Jahre vergehen. AMDs *Heterogeneous Uniform Memory Access* (hUMA) wird hier wohl den Anfang machen.
- GPUs sind meist für kleinere Programme mit wenigen 1000 Codezeilen optimiert – ein Renderer ist allerdings oftmals ein komplexer und großer Codeberg, der verschiedene Hersteller (AMD) bereits vor so manche Schwierigkeiten gestellt hat. So läuft beispielsweise momentan Blenders GPU-Renderer mehr schlecht als recht auf AMD-Grafikkarten – und selbst das nur dann, wenn viele Features abgeschaltet werden. Er ist schlicht und einfach zu groß für die Grafikkarte.
- Es ist es nicht trivial, einen Renderer für mehrere Grafikkartenhersteller gleichzeitig zu schreiben. Während Nvidia die Bibliothek CUDA anbietet, um seine eigenen Grafikkarten frei programmierbar zu machen, verlässt sich AMD auf die OpenCL-

▲ Abbildung 6.6
Eine GPU – wie hier von Nvidia – übernimmt immer häufiger Rechenaufgaben, die bislang von CPUs durchgeführt wurden.

GPUs und 3D – gestern und heute
Noch vor wenigen Jahren war die Softwareentwicklung für GPUs sehr starr: Es gab festgelegte Routinen zum Anzeigen oder Berechnen von 2D-/3D-Körpern, eine freie Programmierung dieser Chips war nicht möglich. Heutzutage hat sich die Situation komplett geändert: Mittels unterschiedlicher Softwarebibliotheken von AMD, Nvidia oder Intel kann die GPU mittlerweile Berechnungen durchführen, die vorher der CPU vorbehalten waren – GPUs sind frei programmierbar geworden.

GPGPU
Das Durchführen von grafikfremden Berechnungen auf der GPU wird GPGPU genannt – wenn Sie sich dafür interessieren, hilft Ihnen die Seite *http://gpgpu.org* mit Links, Artikeln und Beispielen weiter.

Bibliothek. OpenCL verspricht, die Ansteuerung von Grafikkarten unterschiedlicher Hersteller zu ermöglichen, trotzdem ist es gerade bei solch komplexen Programmen wie Renderern an der Tagesordnung, das der ein oder andere Hersteller unterschiedliche Ergebnisse bei dem Aufruf der gleichen Funktion liefert.

- Zu guter Letzt ist es nicht einfach, einen Renderer zu schreiben, der mit mehreren Grafikkarten in einem Rechner interagiert. Während es heutzutage bereits Standard ist, dass in einer CPU 4, 6 oder 8 Prozessoren vorhanden sind, werden auch auf einer Grafikkarte in naher Zukunft nicht nur ein, sondern mehrere Prozessoren enthalten sein. Die Skalierbarkeit eines Renderers für solche Szenarien sicherzustellen, ist eine anspruchsvolle Aufgabe, die viel Entwicklungszeit in Anspruch nimmt.

Trotz dieser Nachteile ist GPU-Rendering gerade bei kleinen und mittleren Studios ein großartiges Mittel, um Projekte schnell und ohne Render-Farm umzusetzen. Blender bietet Ihnen bezüglich des zur Verfügung stehenden Renderers die komplette Auswahl zwischen CPU, GPU und einer Kombination aus beidem an. Bevor wir uns jedoch die drei internen Render-Engines etwas näher ansehen, müssen Sie erst erfahren, wie Blender eine Szene »sieht«. Hier kommt die *virtuelle Kamera* ins Spiel.

6.2 Die virtuelle Kamera

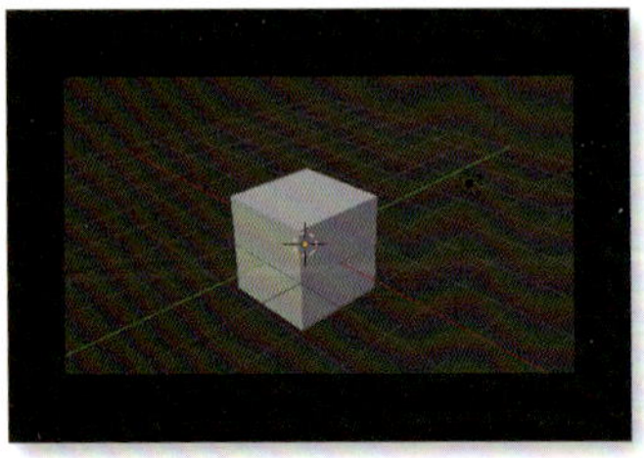

▲ **Abbildung 6.7**
Ein Blick durch die Kamera zeigt Ihnen, wie Blender die Szene »sieht«.

Die virtuelle Kamera dient Blender als Fenster in die 3D-Welt – von ihr aus blicken Sie in die 3D-Szene. Um aus einer beliebigen Ansicht in die Kamera-Ansicht zu wechseln, müssen Sie (gesetzt den Fall, dass sich bereits eine Kamera in der Szene befindet) nichts weiter tun, als [0] (Nummernblock) zu drücken, während Ihre Maus in der 3D-Ansicht ruht. Abbildung 6.7 zeigt Ihnen den Blick durch die Kamera auf die Standardszene. Ein erneuter Druck auf [0] (Ziffernblock) kehrt wieder in die vorherige Ansicht zurück.

Haben Sie gerade versucht, Ihre Ansicht zu rotieren, während Sie sich in der Kamera-Ansicht befinden (durch Halten der Mausrad-Taste bei gleichzeitiger Mausbewegung), so werden Sie gemerkt haben, dass die Kamera-Ansicht automatisch verlassen wird. In den PROPERTIES der 3D-Ansicht ([N]) finden Sie in dem VIEW-Panel eine Option, um dieses Verhalten zu unterbinden. Solange LOCK CAMERA TO VIEW aktiviert ist, können Sie per Mausrad-Taste problemlos die Kamera-Ansicht rotieren.

6.2.1 Kameras hinzufügen und die aktive Kamera festlegen

Wie jedes andere Objekt auch fügen Sie das CAMERA-Objekt über das ADD-Menü oder [⇧] + [A] ein. Sobald Sie dort den Eintrag CAMERA wählen, wird eine neue Kamera am 3D-Cursor in Ihrer Szene erscheinen. War in Ihrer Szene bereits eine Kamera vorhanden, so werden Sie jetzt bemerken, dass Sie immer nur in die vorherige Kamera-Ansicht wechseln können.

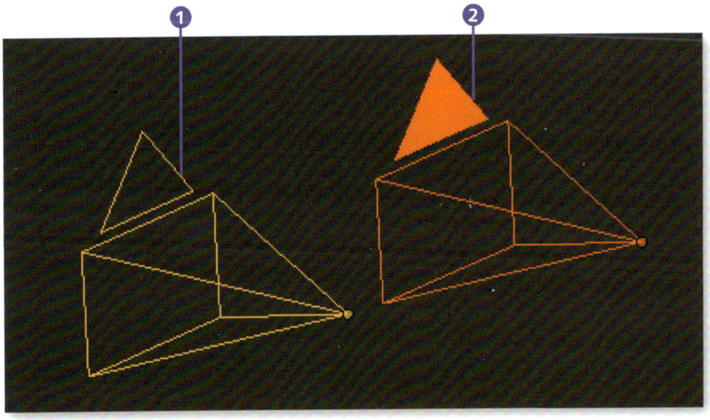

▲ **Abbildung 6.8**
Eine inaktive Blender-Kamera links ①, neben einer aktiven Kamera mit ausgefülltem Dreieck rechts ②.

Da es immer nur eine aktive Kamera geben kann, müssen Sie Blender mitteilen, aus welcher Kamera die Szene betrachtet werden soll. Diese Nachricht senden Sie Blender, indem Sie die neue Kamera selektieren (passiert beim Einfügen automatisch) und anschließend [Strg] und [0] auf dem Ziffernblock betätigen. Die Ansicht wird anschließend sofort auf die neue Kamera wechseln und das Dreieck über der Kamera ausgefüllt erscheinen ②. Die deaktivierte Kamera bleibt mit einem leeren Dreieck zurück ①.

Um das Wechseln zwischen Kameras auszuprobieren, laden Sie die Datei »06_CameraPlayground.blend«. Dort finden Sie zwei Kameras, zwischen denen Sie nach Herzenslust wechseln können. Spannend ist an diesem Feature, dass Sie nicht nur Kamera-Objekte als Kamera festlegen können, sondern auch beliebige andere Objekte. Besonders beim Beleuchten von Szenen ist dieses Feature hilfreich: Sie können sich so in eine Lampe katapultieren, um die genaue Ausrichtung der Lampe auf die Szene aus der Ich-Perspektive festzulegen. Vergessen Sie anschließend nicht, eine richtige Kamera wieder als Szenenkamera zu definieren. Andernfalls wird die Szene aus Sicht der Lampe gerendert.

Die Datei »06_Camera-Playground.blend « finden Sie auf der Buch-DVD unter BEISPIELMATERIAL • KAPITEL_06.

6.2.2 Transformationen

Die Transformation des Kamera-Objekts unterscheidet sich dabei nicht von der anderer Objekte: Wählen Sie die Kamera aus, und transformieren Sie sie per [G], [R] oder [S]. Auch die Beschränkung auf bestimmte Achsen oder der Einsatz des 3D-Manipulator-Widgets ist möglich. Eine Skalierung der Kamera macht übrigens nur dann Sinn, wenn Sie die komplette Szene inklusive aller Objekte skalieren möchten – sie hat keinerlei Auswirkungen auf das gerenderte Ergebnis.

Um die Kamera in der Kamera-Ansicht in den Bildschirm hinein- oder aus dem Bildschirm hinauszubewegen, wählen Sie zuerst die Kamera, wechseln in die Kamera-Ansicht und starten mit [G] eine Translation. Anschließend betätigen Sie (während die Translation aktiv ist) die Mausrad-Taste – dies beschränkt die Achse in lokaler z-Richtung (Blickrichtung). Bewegen Sie jetzt Ihre Maus nach vorn oder zurück, bewegt sich die Kamera auf das betrachtete Objekt oder entfernt sich von ihm.

Bei der Platzierung von Kameras bietet Ihnen Blender noch einen deutlich schnelleren Weg als den gerade beschriebenen: Um eine Kamera zu platzieren, ohne diese gewählt oder per [G] an die richtige Position geschoben zu haben, nutzen Sie [Strg] + [Alt] + [0] (Nummernblock). Die aktuelle Ansicht wird sich sofort zur Kamera-Ansicht ändern und das Kamera-Objekt entsprechend platziert sein. Gerade um eine Kamera grob auszurichten, ist diese Möglichkeit extrem schnell und einfach.

▲ **Abbildung 6.9**
Bei gewählter Kamera finden Sie auf dem Object-Data-Tab alle kameraspezifischen Eigenschaften.

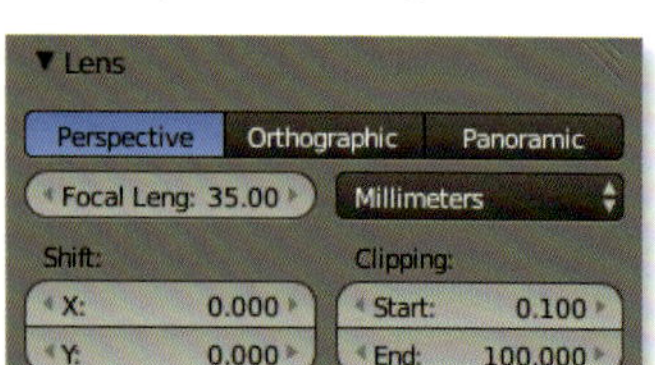

▲ **Abbildung 6.10**
Das Lens-Panel erlaubt Ihnen die Anpassung der virtuellen Kameralinse.

6.2.3 Einstellungen

Wie alle anderen Objekte fasst Blender auch bei Kameras viele Eigenschaften unter dem Object-Data-Tab des Properties-Editors zusammen, das – immer wenn Sie ein Kamera-Objekt im 3D-View-Editor auswählen – das Symbol einer Filmkamera anzeigt. Klicken Sie auf dieses Symbol, erwarten Sie mehrere Panels, die an die Einstellungen einer realen Kamera angelehnt sind. Zu Beginn des Tabs erwartet Sie wie gewohnt der Kamera-Datenblock, mit dessen Hilfe Sie den Namen der Kamera festlegen können. Direkt darunter finden Sie die Einstellungen der virtuellen Linse.

Linsen | Analog zu einer realen Kamera schrauben Sie auch in Blender Linsen in die virtuelle Kamera. Sie benötigen allerdings keine schwere Fototasche, um unterschiedliche Brennweiten mitzunehmen – das Lens-Panel genügt dazu völlig:

- Type: Hier legen Sie den Typ der Kamera fest. Perspective stellt eine übliche perspektivische Kamera ein, Orthographic eine

Kamera, die keine perspektivischen Verzerrungen besitzt, und PANORAMIC ermöglicht es Ihnen, extreme Weitwinkel und 360° Panoramen zu rendern.

- FOCAL LENGTH: Dieser Parameter gibt vor, welche Linse Sie auf die Kamera setzen. Dabei können Sie die Linse entweder nach dem abbildbaren Sichtfeld auswählen (FIELD OF VIEW) oder nach der unter Fotografen üblicherweise genutzten Brennweite (in Millimetern).
- SHIFT: Mit diesen beiden Werten verschieben Sie die Linse in x- oder y-Richtung. Besonders bei Architektur-Renderings, bei der Sie Gebäude aus einem tiefen Winkel rendern möchten, ist diese Option sinnvoll.
- CLIPPING: Mit den beiden Parametern START und END legen Sie die Position der Near und der Far Clipping Plane fest. Die 3D-Ansicht zeigt Ihnen durch das Ausblenden jeglicher Objekte vor der Near Clipping Plane und nach der Far Clipping Plane, wo die Szene beginnt und endet. In dem etwas später folgenden DISPLAY-Panel können Sie sich die beiden Planes als Markierung in der 3D-Ansicht anzeigen lassen.

Clipping-Ebene
Als Clipping-Ebene bezeichnet man die Ebene, die den sichtbaren Bereich der Szene (das sogenannte Sichtvolumen) begrenzt. Die *Near Clipping Plane* begrenzt dabei im Nahbereich und die *Far Clipping Plane* im Fernbereich die Sicht. Alle Objekte, die sich vor der Near und hinter der Far Clipping Plane befinden, können weder von der Kamera noch von dem Renderer erfasst werden.

Um die Linse an die virtuelle Kamera zu schrauben, benötigt Blender Informationen darüber, wie der Kamerasensor beschaffen ist. Das legen Sie in dem nächsten Panel fest.

Kamera | Auf dem CAMERA-Panel wählen Sie die Kamera und implizit die Größe des Kamera-Sensors. Da sich wohl die wenigsten von Ihnen die exakte Sensorgröße der zu imitierenden Kamera merken können, bietet Ihnen Blender per Combobox eine Auswahl an vielen verschiedenen Kameramodellen an. Wählen Sie diejenige, mit der Sie das Bild rendern möchten, oder belassen Sie die Auswahl auf der standardmäßig gewählten Blender-Kamera. Die Sensorgrößenangaben finden Sie direkt darunter – falls Sie ein neues Kameramodell nutzen möchten, speichern Sie sie als neue Voreinstellung über die Plus-Schaltfläche ❶ ab.

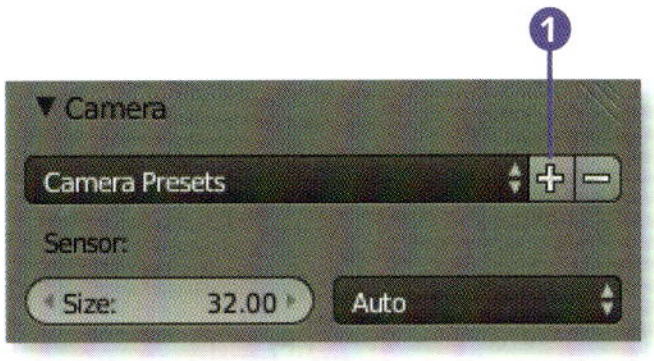

▲ **Abbildung 6.11**
Das CAMERA-Panel lässt Sie zwischen vielen verschiedenen Kameramodellen per Voreinstellungsbox wählen.

Schärfentiefe | Mit dem DEPTH OF FIELD-Panel legen Sie den Schärfentiefe-Bereich der Kamera fest. Schärfentiefe beschreibt die Größe des Bereichs, innerhalb dessen ein Objekt scharf erscheint. Je nach gewähltem Renderer bekommen Sie hier ein wenig unterschiedliche Einstellungen zu Gesicht. Auf die verschiedenen Renderer komme ich noch später in Abschnitt 6.3 zu sprechen. Beiden Renderern gemeinsam sind die beiden nächsten:

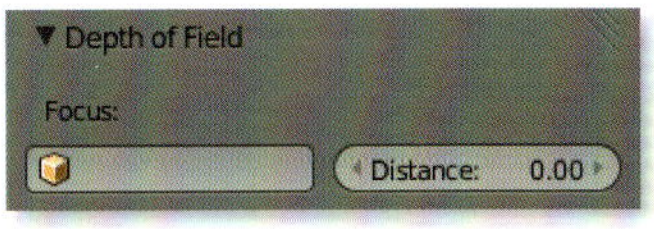

▲ **Abbildung 6.12**
Die DEPTH-OF-FIELD-Einstellung des BI-Renderers

- FOCUS: In dieser Box geben Sie das Objekt an, an dessen Mittelpunkt die Kamera scharf »sieht«. Nehmen Sie hier ein Empty, um den Punkt unabhängig von anderen Objekten in der Szene festzulegen.

- DISTANCE: Haben Sie kein Objekt in der vorangegangenen Box angegeben, so können Sie mit diesem Wert den Abstand (in Blender-Einheiten) festlegen, bei dem die Kamera das Sichtfeld scharf abbildet.

▲ **Abbildung 6.13**
Blenders DEPTH-OF-FIELD-Panels ermöglichen es Ihnen, extreme Tiefenunschärfe darzustellen und so Makro-Aufnahmen zu simulieren.

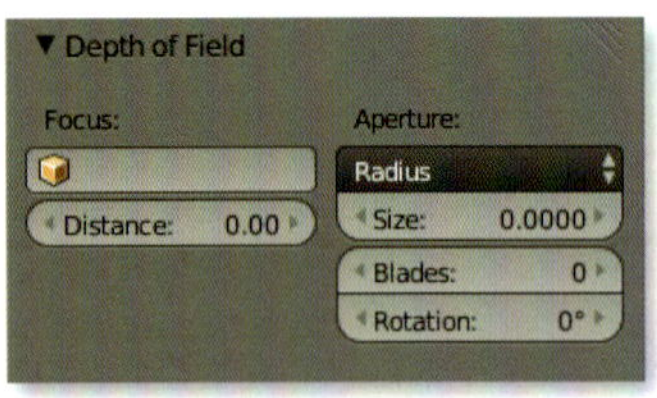

▲ **Abbildung 6.14**
Die DEPTH-OF-FIELD-Einstellung des Cycles-Renderers

Haben Sie Cycles als Rendering Engine ausgewählt (folgt etwas später in diesem Kapitel), erwarten Sie zusätzlich die folgenden (realistischen) Schärfentiefe-Einstellungen unter APERTURE:

- RADIUS: Bei der Auswahl von RADIUS können Sie mithilfe von SIZE direkt den Radius der Blende angeben. Je größer der Blendendurchmesser, desto geringer ist die Schärfentiefe. Bei einem Wert von 0 sind alle Objekte der Szene scharf.
- F/STOP: Bei der Auswahl von F/STOP geben Sie die Schärfentiefe über die sogenannte Blendenzahl an. Sie definiert in der Realität neben der einfallenden Lichtmenge, wie scharf eine Linse vor und nach dem fokussierten Punkt abbildet. Je kleiner die Zahl ist, desto kleiner wird auch der Bereich, in dem scharf abgebildet werden kann. NUMBER erwartet hier die Blendenzahl.
- BLADES: Eine reale (Iris-)Blende besteht aus mehreren Lamellen, die über eine Mechanik gemeinsam nach innen oder außen gedreht werden können. Mit diesem Wert geben Sie an, wie viele Lamellen die virtuelle Blende besitzt. Wenn dieser Wert 3 oder höher ist, wird eine vieleckig geformte Blende anstelle eines Kreises verwendet – dies führt zu polygonalen Unschärfeeffekten.
- ROTATION: Mit diesem Wert drehen Sie die durch die Blades-Einstellung erzeugten Polygone.

▲ **Abbildung 6.15**
Durch unterschiedliche APERTURE-Werte ändern Sie die Wirkung eines Bildes komplett. Während hier ein SIZE-Wert von 0 die Szene unruhig werden lässt, …

▲ **Abbildung 6.16**
… wirkt die gleiche Szene mit einem SIZE-Wert von 0.5 deutlich fokussierter.

Abbildung 6.13 zeigt Ihnen einen mit den hier beschriebenen Panels erstellten Schärfentiefe-Effekt.

Darstellung | Das DISPLAY-Panel lässt viele Einstellungen der vorigen Panels in der 3D-Ansicht sichtbar werden:

- LIMITS: Aktivieren Sie diese Option, zeigt Ihnen die Kamera die NEAR und FAR CLIPPING PLANE und den Punkt an, an dem die maximale Schärfe erreicht wird. Um diese Markierungen zu sehen, müssen Sie sich außerhalb der Kamera-Ansicht befinden.
- MIST: Diese Checkbox zeigt Ihnen an, wo in Ihrer Szene der Nebel beginnt. Wie Sie Nebel in Ihrer Szene erzeugen, lernen Sie in Kapitel 7, »Lichtdesign«.
- SAFE AREAS: Gerade bei digitalen Produktionen für TV-Geräte wurde und wird heute immer noch ein Rand stehen gelassen, in dem keine für den Zuschauer relevanten Informationen liegen sollten – das Videobild wird in diesen Bereichen unter Umständen beschnitten. Mit dieser Checkbox blenden Sie diesen Rand in der Kamera-Ansicht ein.
- SENSOR: Blendet den Sensor in der Kamera-Ansicht ein.
- NAME: Blendet den Kameranamen in der Kamera-Ansicht ein.
- SIZE: Mit diesem Wert verändern Sie die Größe der ausgewählten Kamera. Dies hat keine Auswirkungen auf das Render-Ergebnis und ist rein kosmetischer Natur.
- COMPOSITION GUIDES: In der Kunst haben sich über die Jahre hinweg verschiedene Kompositionen entwickelt. Diese geben an, wie Gestaltungselemente miteinander in Beziehung zu setzen sind, um Spannung, Interesse oder andere Gefühle zu erzeugen. Mithilfe dieser kombinierten Combo- und Checkbox

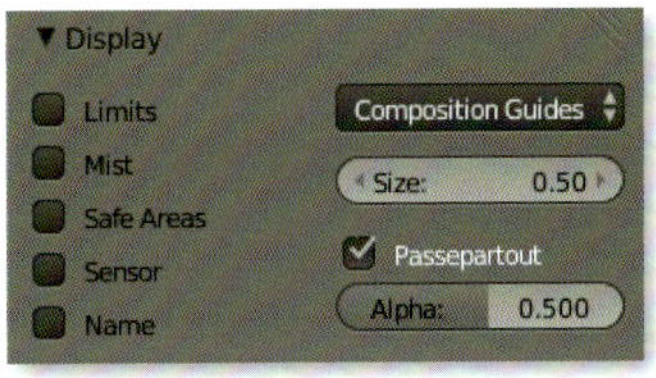

▲ **Abbildung 6.17**
Mit dem DISPLAY-Panel passen Sie die Darstellung der Kamera im 3D-VIEW-Editor an.

▲ **Abbildung 6.18**
Über SAFE AREAS (gestrichelte Linien innerhalb der Kamera-Ansicht) sehen Sie auf einen Blick, welchen Abstand Sie vom Bildrand einhalten sollten.

▲ **Abbildung 6.19**
Durch COMPOSITION GUIDES eingeblendete Hilfslinien unterstützen Sie in der Kamera-Ansicht beim Platzieren Ihrer Objekte.

können Sie Kompositionsgitter in die Kamera-Ansicht einblenden und Ihre Szene bei Bedarf nach diesen aufbauen.

- PASSEPARTOUT: Wenn Sie sich in der Kamera-Ansicht befinden, wird der Ausschnitt außerhalb der Kamera abgedunkelt. Mit dem ALPHA-Wert legen Sie fest, wie stark Sie diesen außenliegenden Bereich abdunkeln.

Nachdem Sie jetzt bestens über die virtuelle Blender-Kamera Bescheid wissen, sehen wir uns in den nächsten Abschnitten Blenders interne Render-Engines an.

6.3 Rendern mit Blender

Blender verfolgt beim Thema Rendering – wie schon bei der Entwicklung – einen sehr offenen Ansatz: Es können jederzeit sogenannte Render-Add-ons installiert werden. Diese Add-ons leiten die Szenedaten automatisch an ein externes Programm (einen externen Renderer) weiter, lassen diesen die Arbeit erledigen und stellen das Ergebnis der Berechnung anschließend wieder in Blender dar. Jedem Add-on steht es dabei frei, eigene Material-, Licht- und Render-Einstellungen in Blender zu registrieren und je nach Bedarf inkompatible Render-Einstellungen auszublenden.

Doch auch wenn Sie keinen externen Renderer nutzen möchten, haben Sie in Blender bereits standardmäßig die Auswahl zwischen drei unterschiedlichen Render-Engines:

- dem OpenGL-Renderer (OGL-Renderer),
- dem Blender-Internal-Renderer (BI-Renderer) und
- dem Cycles-Renderer.

Jede dieser drei Renderer unterscheiden sich nicht nur in der Art, wie sie die Bildsynthese durchführen, sondern gleichzeitig auch in der Zeit, die sie dafür benötigen, und in den Funktionen, die sie unterstützen.

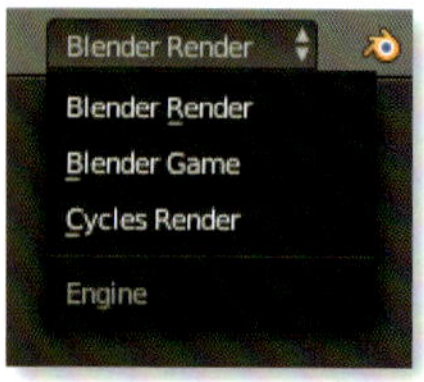

▲ **Abbildung 6.20**
Über die Engine-Box wählen Sie interne und externe Render-Engines aus.

6.3.1 Den Renderer wählen

Möchten Sie einen Renderer auswählen, der mit Blender mitgeliefert wird, so klicken Sie in der Menüzeile auf die Combobox neben dem orangefarbenen Blender-Symbol. Eine Liste mit den Auswahlmöglichkeiten BLENDER RENDER, BLENDER GAME und CYCLES RENDER öffnet sich. Ein einfacher Klick auf eine der drei Auswahlmöglichkeiten wählt die entsprechende Engine (den Renderer) aus und schaltet alle dazugehörigen Einstellungen scharf.

Externe Renderer werden sich in derselben Combobox registrieren und können auf die gleiche Art ausgewählt werden. Nutzen Sie für die nachfolgenden Abschnitte erst einmal den Blender-Internal-Renderer (Auswahl BLENDER RENDER). Die nachfolgenden Abschnitte werden explizit darauf hinweisen, wenn Sie zur Cycles-Render-Engine umsteigen sollen.

6.3.2 Der OpenGL-Renderer

Der OGL-Renderer ist ein sehr einfach gehaltener Renderer. Er rendert die aktuelle 3D-Ansicht aus der Sicht der virtuellen Kamera genauso, wie Sie sie als Voransicht in der 3D-Ansicht sehen. Dabei beachtet er das aktuelle VIEWPORT SHADING, so dass Sie beispielsweise in einem gerenderten Bild ein Drahtgittermodell sehen, wenn Sie Ihre VIEWPORT-SHADING-Einstellung auf WIREFRAME gesetzt haben. Abbildung 6.21 zeigt Ihnen eine Montage aus WIREFRAME- und SHADED-Ansicht – beide sind mit dem OGL-Renderer erstellt worden.

Viewport Shading

Das VIEWPORT SHADING bestimmt, wie Blender die Szene in der 3D-Ansicht darstellt. Je nach eingestellter Detailstufe können Sie dadurch Ihre Szene mehr oder weniger detailliert betrachten. In Kapitel 8, »Shading«, erfahren Sie, was Shading ist und wie Sie das Shading von Blenders 3D-VIEW-Editor ändern.

▲ **Abbildung 6.21**
Die SHADED- und die WIREFRAME-Ansicht der 3D-Ansicht – gerendert mit dem OpenGL-Renderer

Ich kann mir vorstellen, dass Sie sich jetzt bereits fragen, warum irgendjemand diesen Renderer überhaupt benötigen sollte – immerhin erzeugen Sie mit ihm kaum realistische Szenen. Die Antwort wird offensichtlich, wenn Sie die zum Rendern nötige Zeit betrachten. Ein Renderer, der weder hübsche noch besonders realistische Bilder berechnen muss, punktet meist in einer Disziplin:

Geschwindigkeit! Tatsächlich räumt hier der OpenGL-Renderer ab – nur selten wird ein Bild länger als wenige Sekunden bis zur vollständigen Berechnung benötigen. Meist beträgt die Render-Zeit sogar unter 1 Sekunde. Um zu verstehen, warum dieser Fakt sehr wichtig ist, müssen wir uns kurz vor Augen führen, wie typischerweise ein Animator eine Charakter-Animation erstellt (vereinfacht):

- Ein Charakter wird inklusive Haaren und Kleidung an einen Animator übergeben.
- Der Animator animiert den Charakter basierend auf seinem Skript in allen Schlüsselposen – wichtigen Bewegungspunkten, ohne die die Animation nicht funktionieren würde.
- Anschließend werden die Zwischenposen erstellt und verfeinert.
- Schließlich werden die sekundären Animationen erstellt (wie von Haaren, Kleidung, Ketten, ...).
- Die Animation wird wieder und wieder betrachtet, Details verändert, neu animiert, die Animation umgestellt ... kurzum, der Animator ist auf eine flüssige Darstellung der Animation in der Voransicht angewiesen.

Da ein Charakter meist nicht allein auf weiter Flur steht, sondern mit vielen anderen Objekten interagiert, kann nicht immer sichergestellt werden, dass Blender die nötige Anzahl an Bildern pro Sekunde in der Voransicht darstellen kann, um eine Beurteilung der Animation zu ermöglichen. Aus diesem Grund blenden Animatoren Teile der Szene aus oder rendern im schlimmsten Fall die Animation hundertfach, um sich ein Bild des Timings zu machen. Mit realistischen und detailgetreuen Renderern nimmt das Rendern von Voransichten enorm viel Zeit in Anspruch – und genau hier kommt der OpenGL-Renderer ins Spiel. Alles, was der Animator benötigt, ist seine Voransicht der Animation ohne Ruckler – eine Aufgabe, die der OpenGL-Renderer dank seiner kurzen Render-Zeiten bestens erfüllen kann.

▲ **Abbildung 6.22**
Ein mit Blenders OGL-Renderer erzeugtes Bild ist vielleicht nicht hübsch, aber sehr schnell berechnet.

Rendering testen | Wie bereits erwähnt, bietet Ihnen dieser Renderer sehr wenig Einstellungsmöglichkeiten. Einzig, ob der Welt-Hintergrund transparent oder mit der Welt-Hintergrundfarbe gerendert wird und wie stark die Kanten der Polygone geglättet werden, können Sie einstellen.

Testen Sie den Renderer doch einmal aus: Drehen Sie Ihre Ansicht wie gewünscht um das Objekt, und klicken Sie anschließend auf die kleine Kamera im unteren Bereich der 3D-Ansicht , oder nutzen Sie den Eintrag OpenGL Render Image des Render-Menüs im Info-Bereich. Wie Sie sehen, ist das anschließend erzeugte Bild zwar nicht wirklich hübsch – aber es ist sehr schnell errechnet worden. Klicken Sie auf die neben der Kamera befindliche Filmklappe, so wird Blender eine Animation berechnen. Bewegung werden Sie hier allerdings erst dann feststellen können, wenn Sie eine Animation erstellt haben. Wie? Das lernen Sie in Kapitel 9, »Animation«. [Esc] bricht die Berechnung von Bildern oder Animationen ab und blendet nach Abschluss des Renderings das gerenderte Bild wieder aus.

Normalerweise rendert der OGL-Renderer immer die gesamte Voransicht im 3D-View-Editor. Befinden Sie sich allerdings in der Kamera-Ansicht, wird Blender die Szene aus dieser Kamera-Ansicht rendern. Probieren Sie dieses Verhalten doch einmal in der Datei »06_CameraPlayground.blend« aus. Wechseln Sie per [0] (Ziffernblock) in die Kamera-Ansicht, und rendern Sie die Szene per Klick auf das Kamerasymbol. Kehren Sie anschließend wieder in die normale Ansicht zurück (beispielsweise über [0] (Ziffernblock), und rendern Sie die Szene erneut.

Die Datei »06_Camera-Playground.blend« finden Sie auf der Buch-DVD unter Beispielmaterial • Kapitel_06.

Die Einstellungen | Alle Einstellungen des OpenGL-Renderers finden Sie im Render-Menü.

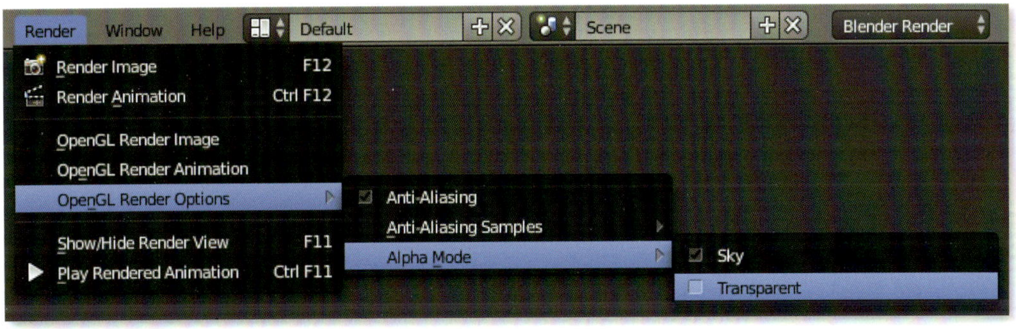

▲ **Abbildung 6.23**
Die Einstellungen des OpenGL-Renderers

Wie bereits erwähnt, hat der OpenGL-Renderer sehr wenige Fähigkeiten. Dies spiegelt sich auch in seinen angebotenen Einstellungen wider, die Sie allesamt im oberen Render-Menü unter dem Punkt OpenGL Render Options im 3D-View-Editor finden:

- Mit Anti-Aliasing können Sie angeben, wie stark die Kantenglättung der errechneten Bilder ist und ob sie überhaupt aktiv sein soll. Deaktivieren Sie die Checkbox, um keine Kantenglättung durchzuführen, wählen Sie eine Sample-Anzahl aus, um die Qualität der Kantenglättung zu bestimmen. Je höher die Anzahl an Samples, desto weicher werden die Kanten – je geringer, desto pixeliger werden Kanten dargestellt.
- Mit Alpha bestimmen Sie, ob die gerenderten Bilder einen transparenten Hintergrund erhalten (Transparent), oder ob die Hintergrundfarbe genutzt werden soll (Sky).

Tatsächlich sind diese beiden Einstellungen schon alles, was Sie an dieser Rendering-Engine ändern können. Die nächsten beiden vorgestellten Renderer haben im Gegensatz dazu gigantisch viele Einstellungen und Möglichkeiten. Während der OGL-Renderer sein Rendering anhand der aktuellen Ansicht durchführt, erzeugen die nächsten beiden Renderer das Render-Ergebnis anhand einer virtuellen Kamera. Die Kamera ist Ihnen zwar bereits in der Standarddatei begegnet, eine kurze Anleitung zu Platzierungsmöglichkeiten und Funktionen erhalten Sie jedoch erst jetzt. Kommen wir nun zu den zwei »richtigen« internen Render-Engines von Blender.

6.3.3 Der BI-Renderer – Geschwindigkeit oder Realismus

Renderer und Prozessorkerne
Blenders Renderer rendert auf beliebig vielen Prozessorkernen. Besitzen Sie also einen Mehrkernprozessor mit 4, 8 oder sogar 16 Kernen, werden alle diese Kerne zur Berechnung des Bildes herangezogen.

In diesem Abschnitt darf ich Ihnen ein Urgestein von Blender vorstellen: den Blender-Internal-Renderer (BI-Renderer). Dieser Scanline-Renderer ist bereits seit Blenders Anfängen vorhanden und wurde über die Jahre hinweg ausführlich in Studio-Produktionen getestet, von Fehlern befreit und mit Features aufgebohrt. Er rendert Bilder zwar sehr schnell, benötigt jedoch ein relativ großes Anwenderwissen, um zu realistischen Bildern zu gelangen.

Raytracing- und Global-Illumination-Unterstützung
Meistens unterstützen Scanline-Renderer keine aufwendigen Technologien wie Raytracing oder Global Illumination – die Blender-interne Implementierung unterstützt jedoch auch diese.

Beim BI-Renderer gilt: Alle erweiterten Features sind zu Beginn abgeschaltet, erst bei Bedarf können sie über verschiedenste Optionen hinzugefügt werden. Die Render-Zeit ist somit grundsätzlich sehr kurz, sie wird aber mit zuschaltbaren, den Realismus erhöhenden Features, wie beispielsweise Raytracing, schnell länger. Gerade für das Erstellen von Motion-Graphics oder das Comic-Rendering bietet der BI-Renderer viele Möglichkeiten und gehört noch lange nicht zum »alten Eisen« – auch wenn mit Blenders neuem Renderer Cycles bereits ein Nachfolger durch die Tür geschritten ist.

6.3.4 Der Cycles-Renderer – wenn es etwas mehr sein darf

Entstehungsgeschichte
Nachdem der BI-Renderer durch die vielen implementierten Features und Sonderfälle immer schwerer zu erweitern wurde, entschloss sich der Blender-Entwickler Brecht van Lommel 2011, einen neuen Renderer zu entwickeln, der auf CPUs und GPUs ausgeführt werden kann und Szenen physikbasiert berechnet. Das Ergebnis finden Sie heute in Blender: den Cycles-Renderer.

Der Cycles-Renderer ist ein Pathtracer, er verhält sich also grundsätzlich so, wie oben bereits beschrieben. Mit seiner Hilfe erhalten Sie automatisch Ergebnisse, die unter anderem globale Beleuchtung, diffuse und spiegelnde Reflexionen und Kaustiken (helle Lichtpunkte, wie sie beispielsweise bei einer Lupe im Zentrum entstehen) widerspiegeln.

Diffuse Reflexion bedeutet, dass nicht nur bei spiegelnden Oberflächen ein Strahl umgelenkt und weiterverfolgt wird, sondern auch bei Objektoberflächen, die nicht spiegeln. Auf diese Art kann ermittelt werden, wie viel Licht von Objektoberflächen so auf andere Objekte reflektiert wird, dass diese dadurch beleuchtet werden (*Indirect Light Sampling*). Als weitere Ergänzung sendet Cycles nicht nur Strahlen aus der Kamera zu Lichtquellen, sondern auch von Lichtquellen zur Kamera. Dieses Verfahren heißt *Direct Light Sampling*. Zusammengefasst ist Cycles also ein Pathtracer aus der Familie der Raytracer mit kombiniertem Direct und Indirect Light Sampling. Beide Ergebnisse (Indirect und Direct) werden anschließend kombiniert und ergeben so mit weniger Strahlen ein rauschärmeres Bild.

Kaustiken mit Cycles

Pathtracer können zwar Kaustiken darstellen, benötigen dazu allerdings extrem viele Samples. Wenn in Ihrer Szene keine Kaustiken benötigt werden, können Sie Blender mitteilen, keine Kaustiken zu berechnen – und sollten dies auch tun. Rauschärmere Bilder und schnellere Render-Zeiten werden Ihr Lohn sein.

Cycles bringt Blender in vielerlei Hinsicht handfeste Vorteile:

- Dank GPU-Unterstützung und einer komplett neuen Codebasis kann Echtzeit-Rendering in der 3D-Ansicht verwirklich werden. Sie müssen mit Cycles den Rendering-Prozess nicht mehr explizit starten, sondern können – noch während Sie die Szene verändern – direkt die Auswirkung in der 3D-Ansicht gerendert betrachten. Zu erwähnen ist hier, dass auch der BI-Renderer inzwischen so stark erweitert wurde, dass auch mit ihm Echtzeit-Rendering in einem gewissen Rahmen (sehr langsam) möglich geworden ist.
- Dank der konsequenten Ausrichtung auf GPUs ist Cycles Rendering-Prozess auf mehreren GPUs gleichzeitig ausführbar. Besitzt Ihr Rechner mehrere Grafikkarten, so erleben Sie einen linearen Geschwindigkeitszuwachs.
- Dank Nutzung von Bibliotheken wie OpenCL ist Cycles (zumindest wenn AMD endlich die Bugs beseitigt) auf Nvidia- und AMD-Grafikkarten gleichermaßen lauffähig. Bis dahin wird Cycles problemlos auf Nvidia mittels CUDA ausgeführt. Blender gelingt damit das seltene Meisterstück, einen Renderer zu schreiben, der für jegliche Grafikkartenhersteller gleich gut geeignet ist.
- Dank der Möglichkeit, auf CPUs auszuweichen, kann bei einer nicht funktionierenden Grafikkarte oder in Render-Farmen mit Hunderten CPUs gerechnet werden. Sie erhalten auf diese Weise die Wahl, auf welche Art das Projekt zu rendern ist.

Während der BI-Renderer standardmäßig sehr wenige Features aktiviert hat und Sie erst nach und nach Features aktivieren, um realistisch zu rendern, verhält sich Cycles genau umgekehrt: Mit Cycles erzeugen Sie in der Standardeinstellung bereits sehr realistische Bilder – zulasten der Render-Zeit. Möchten Sie Ihre Render-Zeiten verringern, lohnt es sich also, die einzelnen Einstellungen und Features genau zu kennen – erst dann können Sie gezielt Funktionen ausschalten und Ihre Wartezeit minimieren.

6.3.5 Cycles oder Blender Internal?

Ich hätte mir viele graue Haare und einsame Stunden vor dem Rechner ersparen können, wenn ich einen der beiden Renderer von diesem Buch ausgeschlossen hätte. Meine Lektorin wäre wohl glücklicher gewesen, denn das Buch wäre deutlich früher erschienen. Ich wäre wohl gesünder gewesen, denn ich würde wieder mehr Zeit auf meinem Mountainbike verbringen. Mein Anspruch an dieses Buch ist jedoch tatsächlich so hoch, dass ich zu keinem Zeitpunkt ernsthaft über diese Möglichkeit nachgedacht habe. Ich möchte Sie bestmöglich auf Ihre weiteren Ausflüge in Blender vorbereiten. Dazu finde ich es unabdingbar, Sie mit beiden Renderern in Berührung zu bringen – auch wenn das für mich bedeutet, dass ich viel mehr erklären und Sie leider auch mehr lernen müssen.

Natürlich sind die meisten Unterschiede in der Handhabung von Blender dort zu finden, wo es um das Festlegen von Features des genutzten Renderers und die Rendering-Einstellungen geht. Aber auch in den Materialdefinitionen, bei der Beleuchtung oder im Compositing gibt es viele kleine und auch große Unterschiede im Handling oder den angebotenen Optionen. Beginnend mit dem nächsten Abschnitt werde ich daher immer gesondert auf die beiden Renderer eingehen. Wenn keine besondere Kennzeichnung vorhanden ist, können Sie davon ausgehen, dass der BI-Renderer gemeint ist. Wenn Einstellungen zwar den Renderer beeinflussen, aber thematisch in ein anderes Kapitel gehören, werde ich die Einstellungen dort besprechen. Es macht meines Erachtens wenig Sinn, Ihren Kopf mit vielen Einstellungen zu belasten, die Sie dann doch erst ein paar Kapitel später benötigen.

Die Datei »06_FirstRendering_BI.blend« finden Sie auf der Buch-DVD unter Beispielmaterial • Kapitel_06.

6.3.6 Ihr erstes Rendering

Jetzt endlich – nach einem Drittel des Buches – dürfen Sie Ihr erstes Bild rendern. Keine Angst, es kann nichts schiefgehen. Laden Sie dazu einfach die Szene »06_FirstRendering_BI.blend«.

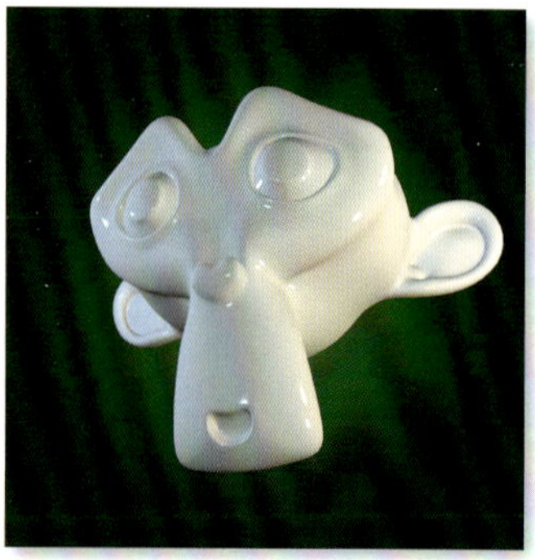

▲ **Abbildung 6.24**
Ihr erstes Blender-Internal-Rendering

Rendern | Betätigen Sie anschließend die magische F12-Taste. Je nachdem, wie schnell Ihr Rechner ist, erscheint in der Menüzeile für kurze Zeit ein Fortschrittsbalken, der über den aktuellen Render-Fortschritt Auskunft gibt. Gleichzeitig wird der größte verfügbare 3D-View-Editor temporär zu einem UV/Image Editor gewandelt (erkennbar an dem geänderten Symbol in der linken unteren Ecke), um das Render-Ergebnis aus Abbildung 6.24 anzuzeigen. Um Ihre vorherige 3D-Ansicht wiederherzustellen, genügt es, im aktuell angezeigten UV/Image Editor die Taste Esc zu drücken. Ihr Bild wird dadurch nicht gelöscht, sondern steht in einem Zwischenpuffer so lange zur Verfügung, bis Sie das vorhandene Bild durch einen erneuten Rendering-Vorgang überschreiben.

Bildpuffer (Slots) | Wie bereits erwähnt, werden Ihre gerenderten Bilder im UV/IMAGE EDITOR angezeigt ❶. Dieser gibt Ihnen vielfältige Möglichkeiten: Einerseits können Sie Ihr Bild hier mithilfe des IMAGE-Menüs oder per F3 abspeichern ❷, und andererseits können Sie Ihr Bild hier in acht voneinander unabhängigen Bild-Puffern (Slots) zwischenspeichern ❸, um beispielsweise einen Vergleich zwischen Rendering-Ergebnissen mit unterschiedlichen Einstellungen durchzuführen.

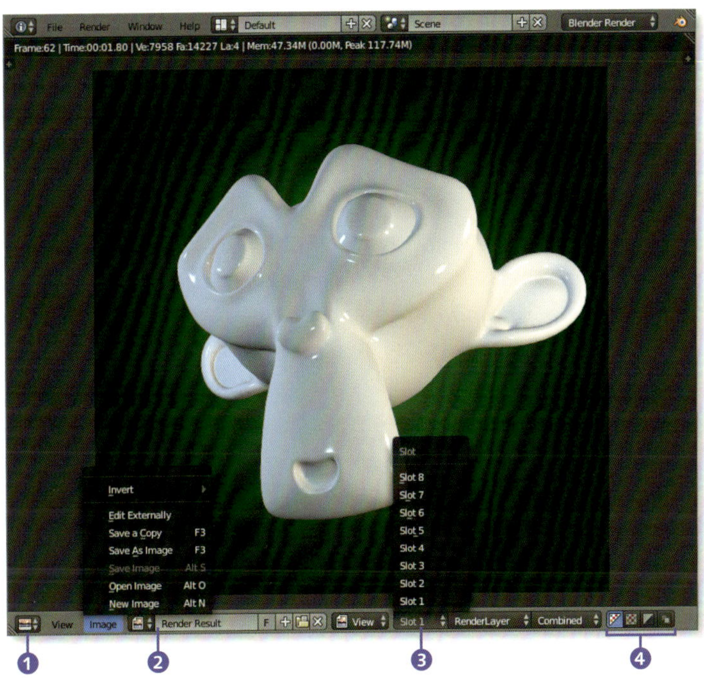

◂ **Abbildung 6.25**
Der UV/IMAGE EDITOR bei geöffnetem SLOT-Popup und IMAGE-Menü

Probieren Sie es gleich einmal mit der Datei des vorigen Beispiels aus:

- Rendern Sie ein Bild mit F12.
- Setzen Sie jetzt den aktuellen Puffer auf Slot 2, und drücken Sie Esc, um in die 3D-Ansicht zurückzukehren.
- Ändern Sie im 3D-VIEW-Editor die Lage eines Objekts oder der Lampe, und rendern Sie erneut mit F12.
- Wechseln Sie zwischen den zwei Slots, indem Sie J über dem Render-Ergebnis drücken, die Slots durch Klick auswählen oder indem Sie eine der Zahlen 1, 2, 3–8 auf Ihrer Tastatur betätigen. Auf diese Weise ist es sehr einfach möglich, Render-Ergebnisse miteinander zu vergleichen.

Zoomstufen

Mit der Pos1-Taste und den Tasten des Ziffernblocks können Sie die Grafik in verschiedenen Zoomstufen darstellen – so stellt 1 (Ziffernblock) das Bild beispielsweise in der Originalgröße dar.

▲ **Abbildung 6.26**
Mit der Histogram-, Waveform-, Vectorscope- und Sample-Line-Ansicht analysieren Sie das gerenderte Ergebnis.

Das Render-Ergebnis anzeigen | Falls Sie sich bereits wieder in der 3D-Ansicht befinden, können Sie das letzte Rendering mit F11 wieder auf den Bildschirm bringen: Drücken Sie anschließend im UV/Image Editor T, so erhalten Sie auf dem Scopes-Tab eine Übersicht über alle Farbinformationen des gerenderten Bildes. Ähnlich wie in GIMP oder Photoshop können Sie die Farben hier nach einzelnen Kanälen filtern (Rot, Grün, Blau, Alpha) oder sich die Helligkeit (Luma) des Bildes ansehen.

Neben den Histogramm-Funktionen können Sie mit dem UV/Image Editor die einzelnen Farbkanäle des Bildes anzeigen: Klicken Sie dazu am unteren Rand auf eines der vier Symbole ❹ (Abbildung 6.25). Diese bedeuten von links nach rechts:

- Color and Alpha: Das gerenderte Bild wird mit Alphakanal (Transparenz) angezeigt.
- Color: Das gerenderte Bild wird ohne Alphakanal angezeigt.
- Alpha: Ausschließlich der Alphakanal wird angezeigt. Da Ihr aktuelles Rendering den Hintergrund nicht als transparent, sondern als grünfarbige Fläche darstellt, werden Sie bei Alpha eine komplett weiße Fläche sehen. Hätten Sie (wie später erklärt wird) den Szenenhintergrund als transparent definiert, so würde Sie ein Graustufenbild bei der Wahl von Alpha erwarten. In solch einem Alpha-Graustufenbild bedeutet weiß = komplett undurchsichtig und schwarz = komplett transparent. Alle Zwischentöne (hellere oder dunklere Grautöne) beschreiben eine teilweise Transparenz.
- Z-Buffer: Ausschließlich der Z-Buffer (d. h. die Tiefeninformation der Szene) wird angezeigt. Der Z-Buffer wird von der Render-Engine gefüllt, wenn sie prüft, welche Objekte sich gegenseitig verdecken. Dabei wird ein Graustufenbild erzeugt, das die Entfernung der Objekte zu den Clipping-Ebenen (zu Clipping siehe Kasten Seite 275) angibt.

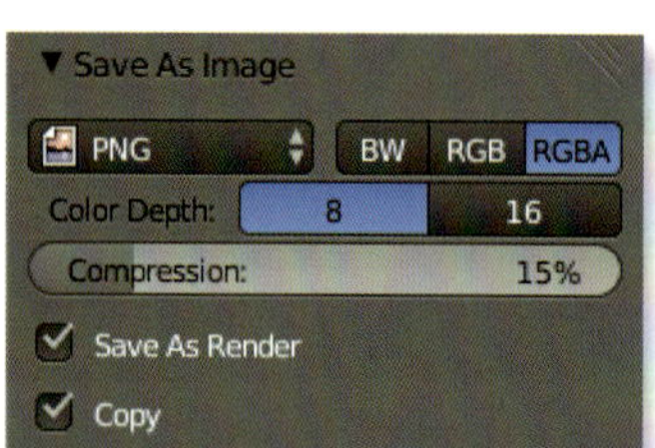

▲ **Abbildung 6.27**
Die Optionen des File Browsers beim Abspeichern des Render-Ergebnisses

Das Render-Ergebnis abspeichern | Bislang haben Sie zwar schon ein Bild gerendert, es aber noch nicht abgespeichert. Bewegen Sie dazu Ihre Maus über das gerenderte Bild, und drücken Sie F3, oder wählen Sie Save As Image aus dem Image-Menü des UV/Image Editors. Es erscheint der bekannte File-Browser-Editor, den Sie bereits beim Abspeichern von Blender-Dateien kennengelernt haben. Beim Abspeichern von Bildern blendet der Editor links unten einen Bereich ein, mit dem Sie Bildoptionen wie das Dateiformat oder die Kompression einstellen können.

Kümmern Sie sich nicht um unbekannte Optionen, Sie werden alle im Laufe dieses Kapitels kennenlernen. Speichern Sie jetzt das aktuelle Bild ab, indem Sie in der Kopfzeile einen Namen vergeben

(z. B. »ErstesRendering.png«) und die Aktion durch SAVE AS IMAGE oder [↵] abschließen. Sie befinden sich anschließend wieder in der Render-Ansicht und können diese jederzeit durch einen Druck auf [Esc] verlassen.

Farbkanal wird nicht beachtet
Der Speichern-Befehl speichert immer das gerade angezeigte Bild des Bild-Puffers. Er beachtet dabei jedoch nicht, welchen Farbkanal Sie gerade im UV/IMAGE EDITOR eingestellt haben.

Alles anders mit Cycles? | Zum Abschluss dieses Themenkomplexes rendern wir dieselbe Szene noch einmal, diesmal aber mit Cycles. Laden Sie dazu die Szene »06_FirstRendering_Cycles.blend«, und achten Sie auf die Render-Engine-Combobox. Diese zeigt jetzt die Auswahl CYCLES RENDER an. Anschließend drücken Sie [F12] und sehen zu, wie Cycles Ihr Bild erzeugt. Alle bereits besprochenen Punkte wie das Abspeichern des Bildes, die Auswahl verschiedener Ausgabeformate oder das Anzeigen von Farbinformationen bleiben gleich. Änderungen ergeben sich allerdings in der Beleuchtung, dem Definieren der Oberflächen, der Texturierung und des Compositings – dies erfahren Sie alles in den entsprechenden Kapiteln.

Position des Mauszeigers
Beachten Sie auch hier wieder, dass Blender automatisch den Fensterbereich fokussiert, der unter Ihrer Maus liegt – bewegen Sie also Ihren Mauszeiger immer auf den Editor, in dem die Aktion stattfinden soll (in diesem Fall also auf den UV/IMAGE EDITOR).

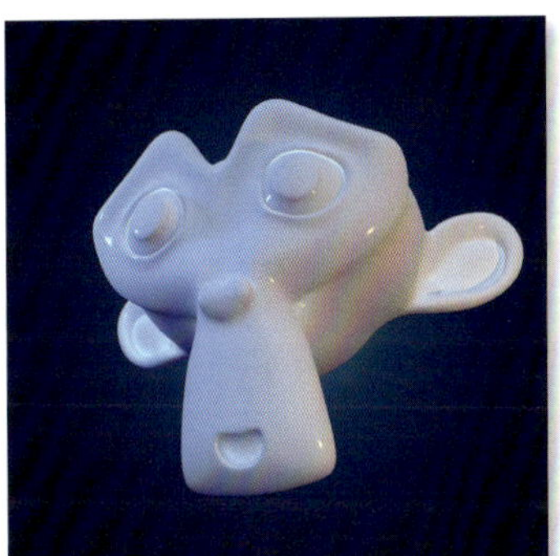

▲ **Abbildung 6.28**
Ihr erstes Rendering mit der Cycles-Engine

Die Datei »06_First-Rendering_Cycles.blend« finden Sie auf der Buch-DVD unter BEISPIELMATERIAL • KAPITEL_06.

Realtime-Rendering | Seitdem Cycles Einzug in Blender gehalten hat, ist es möglich, noch während die Szene erstellt wird, die 3D-Ansicht permanent zu rendern. Schalten Sie dazu das VIEWPORT SHADING mit dem in Abbildung 6.29 gezeigten Popup auf RENDERED.

Da Sie in dieser Ansicht weder sehen, welche Objekte noch welche Vertices gerade markiert sind, sollten Sie diesen Modus bei Bedarf in einer geteilten Ansicht neben der normalen 3D-VIEW-Ansicht nutzen. Darüber hinaus werden es Ihnen Ihre Grafikkarte, CPU und Ihr(e) Partner(in) danken – je kleiner die gerenderte Vorschau, desto weniger muss fortwährend berechnet werden und desto weniger Lärm erzeugen die Grafikkarten und Prozessoren.

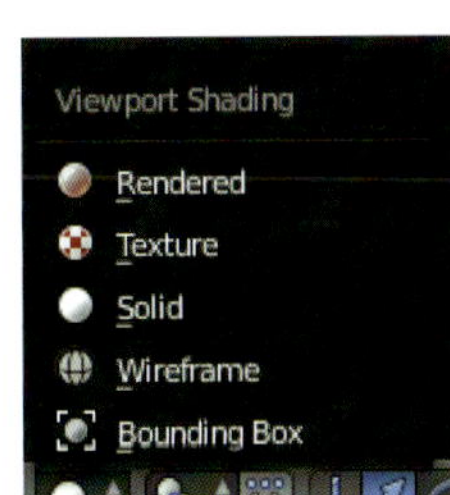

▲ **Abbildung 6.29**
Das VIEWPORT SHADING wird auf RENDERED gesetzt, um eine Echtzeitvorschau zu erhalten.

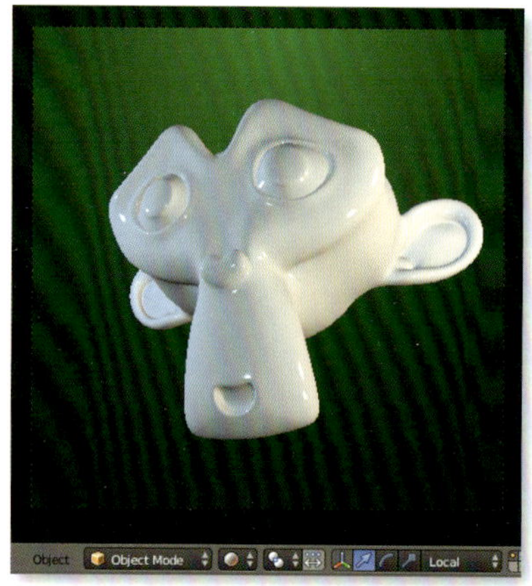

Abbildung 6.30 ▸
In der RENDERED-Ansicht rendert Blender das Bild kontinuierlich – sowohl mit Cycles als auch mit dem Blender-Internal-Renderer.

6.3.7 Sichtbarkeiten festlegen

In Kapitel 4, »Modelling«, haben Sie bereits erfahren, wie Sie mithilfe von [H] Objekte oder Objekt-Komponenten ausblenden und mit [Alt] + [H] wieder einblenden. Rendern Sie eine Szene mit ausgeblendeten Objekten, so werden Sie feststellen, dass diese trotzdem im Rendering auftauchen. Versteckte Komponenten einer Szene sind nur in der Voransicht nicht mehr sichtbar – das finale Rendering wird davon nicht beeinflusst.

Augen auf im Outliner

Achten Sie auch auf die Symbole des OUTLINERS, wenn Sie Objekte verstecken: Sie werden bemerken, dass das Augensymbol hell bzw. durchscheinend dargestellt wird wenn Sie die Sichtbarkeit durch [H] verändern. Im OUTLINER sehen Sie also permanent, welche Teile der Szene versteckt oder vom rendern ausgeschlossen wurden. Und nur der Vollständigkeit halber: Durch das Pfeilsymbol ❷ können Sie unterbinden, dass das Objekt in der 3D-Ansicht ausgewählt werden kann.

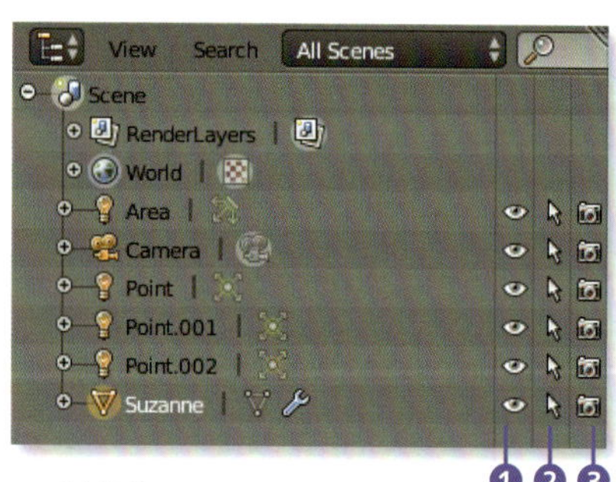

▲ Abbildung 6.31
Der OUTLINER zeigt Ihnen auf einen Blick, welche Objekte sich in Ihrer Szene befinden. Mit ihm ist es ein Leichtes, Objekte aus dem Rendering-Prozess auszuschließen.

Mit Blenders OUTLINER können Sie das ändern: Klicken Sie dazu im OUTLINER auf das Kamerasymbol ❸, das sich in derselben Zeile wie das auszuschließende Objekt befindet. Rendern Sie die Szene anschließend erneut, so wird dieses Objekt nicht mehr gerendert. Auch das Verschieben eines Objekts auf eine in der 3D-Ansicht nicht angezeigte Ebene führt zum Ausschluss aus dem Render-Prozess (ohne es auszublenden). Warum ein Verschieben auf einen nicht sichtbaren Layer zu diesem Verhalten führt und wie Sie dieses Verhalten zu Ihrem Vorteil nutzen können, erfahren Sie in Kapitel 13, »Postproduktion und Compositing«.

Anders als beim finalen Rendern mit F12 reagiert Blender im Viewport-Shading-Modus Rendered nicht auf das Ausblenden von Objekten per Kamerasymbol. Da Sie in diesem speziellen Modus alles rendern, was Sie im Viewport sehen, blenden Sie Objekte hier per Augensymbol aus ❶ – ganz so, wie Sie vorgehen würden, um das Objekt in der normalen 3D-Ansicht auszublenden. Das finale Rendering wird dadurch nicht beeinflusst.

6.3.8 Blenders Render-Einstellungen

Blender platziert alle Einstellungen – völlig egal, ob Sie den BI- oder den Cycles-Renderer wählen – auf dem Render-Tab des Properties-Editors. Hier finden Sie je nach ausgewähltem Renderer verschiedene Panels. Manche sind für beide Renderer gültig, während andere nur bei einem der beiden Renderer Sinn ergeben. Die nachfolgend beschriebenen Einstellungen des Render-Panels beziehen sich jedoch zum größten Teil auf alle drei Renderer.

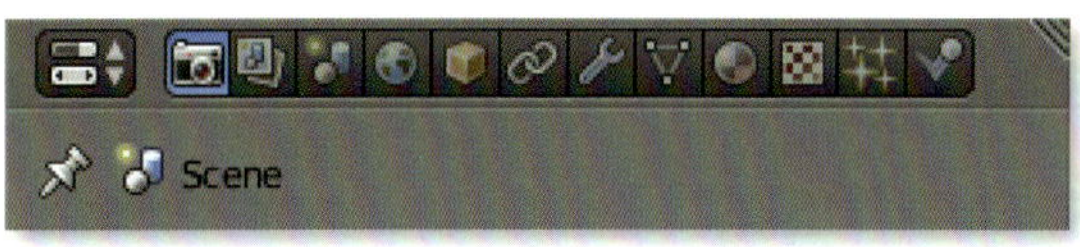

▲ **Abbildung 6.32**
Auf dem Render-Tab finden sich sowohl die Einstellungen für den BI- als auch für den Cycles-Renderer.

Das Render-Panel | Im Render-Panel finden Sie Schaltflächen, um Rendering-Prozesse oder Animationen zu starten und zu bestimmen, wie Ihnen das gerenderte Bild angezeigt wird:

- Render: Hier aktivieren Sie die aktuelle Render-Engine und lassen Ihr Bild berechnen. Gleiches können Sie über einen Druck auf F12 erreichen.
- Animation: Über einen Klick auf diese Schaltfläche können Sie eine Animation erstellen. In welchem Format und in welchem Ordner die Animation abgespeichert wird, erfahren Sie in Kapitel 9, »Animation«.
- Audio: Über diese Schaltfläche erzeugen Sie einen Audio-Track aus allen Sequenzen im Video Sequence Editor (Kapitel 15, »Der Video Sequence Editor«).
- Display: Über die hier auswählbaren Punkte legen Sie fest, wo Sie den Render-Vorgang (inklusive bereits gerenderter Bildbestandteile) verfolgen möchten. Wählen Sie Keep UI, läuft das Rendering im Hintergrund. Sie werden nur durch einen Fort-

▲ **Abbildung 6.33**
Mit dem Render-Panel starten Sie Render-Vorgänge.

schrittsbalken im oberen Bereich der Menüzeile vom aktuellen Status in Kenntnis gesetzt. Bei dieser Einstellung sehen sie nicht die bisher gerenderten Bildteile. Bei NEW WINDOW wird das Rendering in einem neuen Fenster durchgeführt. Bei IMAGE EDITOR wird das Rendering im UV/IMAGE EDITOR durchgeführt. Mit FULL SCREEN wird das Rendering als Vollbild durchgeführt. Wählen Sie LOCK UI, sperrt das hinter der DISPLAY-Box angezeigte Schlosssymbol die Bedienoberflächen, sobald Blender rendert. Aktivieren Sie diese Option, um unbeabsichtigte Änderungen Ihrerseits während des Rendering-Prozesses zu unterbinden.

Im Render-Panel selbst befindet sich keine Schaltfläche zum Abspielen von Animationen. Dazu finden Sie im Render-Menü den Eintrag PLAY RENDERED ANIMATION. Über einen Klick auf diesen Eintrag oder per [Strg] + [F11] spielen Sie die zuletzt gerenderte Animation ab. Blender wird dazu ein Fenster öffnen, in dem Sie die Animation mit der Leertaste starten/stoppen oder bei gehaltener linker Maustaste und Bewegung nach links und rechts einzelne Frames betrachten können.

Neben den oben beschriebenen besitzt Cycles noch drei weitere Einstellungen:

- FEATURE SET: Hier bestimmen Sie unter Cycles, welche Features aktiv sind. Möchten Sie nur getestete Features einsetzen, so nutzen Sie die SUPPORTED-Einstellung. Sind Sie experimentellen Features gegenüber wohlgesonnen, so stellen Sie EXPERIMENTAL ein.
- DEVICE: Unter DEVICE stellen Sie ein, ob Sie das Rendering mithilfe der CPU oder GPU durchführen möchten.
- OPEN SHADING LANGUAGE: Diese Checkbox erscheint nur, wenn Sie die CPU als DEVICE eingestellt haben. Sie aktivieren hiermit die Verarbeitung der OPEN SHADING LANGUAGE, einer Programmiersprache zum Erzeugen von Shadern (Weiteres dazu in Kapitel 8, »Shading«).

Achtung: GPUs bei Device
GPUs können Sie unter DEVICE nur anwählen, wenn Sie in den BLENDER USER PREFERENCES ([Strg] + [Alt] + [U]) in der Kategorie SYSTEM das COMPUTE DEVICE von NONE auf CUDA stellen und direkt darunter Ihre Grafikkarte auswählen. Beachten Sie, dass Sie dafür eine Nvidia-Grafikkarte benötigen.

Das Dimensions-Panel | Auf der linken Seite dieses Panels legen Sie fest, ob Ihr Rendering als Briefmarke oder Poster berechnet wird – Sie bestimmen also die Abmessungen Ihres Bildes:

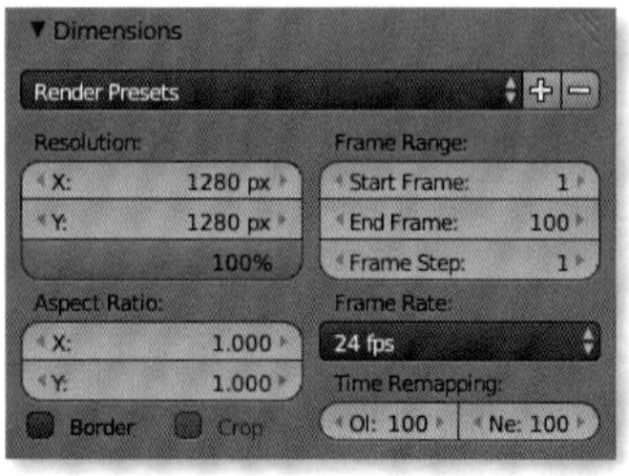

▲ **Abbildung 6.34**
Das DIMENSIONS-Panel legt die Abmessungen Ihres Renderings fest.

- RENDER PRESETS: Hier finden Sie verschiedene Voreinstellungen zu gängigen Render-Größen und Aspect-Ratios. Möchten Sie selbst eine Voreinstellung abspeichern, so stellen Sie alle gewünschten Einstellungen ein und klicken auf das Plussymbol. Nachdem Sie einen Namen festgelegt haben, wird Ihre Voreinstellung ins RENDER-PRESETS-Menü aufgenommen.
- RESOLUTION: Hier legen Sie die Auflösung des Bildes in x- und y-Richtung fest. Mit dem Prozent-(%-)Slider geben Sie an, wie

viel Prozent der eingestellten Auflösung tatsächlich gerendert werden. Haben Sie 100 × 100 Pixel bei 50 % eingestellt, wird das Resultat nur 50 × 50 Pixel groß sein. Gerade wenn kleinere Test-Renderings angefertigt werden sollen, ist die prozentuale Verkleinerung der Auflösung ein schneller Weg, um die Render-Zeiten zu verkürzen.

- ASPECT RATIO X, Y: Über diese beiden Werte können Sie die Pixel des errechneten Bildes zerren. Möchten Sie beispielsweise für einen 16:9-Fernseher ein Bild erstellen, das ursprünglich 500 × 500 Pixel groß war, würden Sie für X:16 und für Y:9 eingeben, um es in Vollbild auf dem Fernseher ohne Ränder darzustellen.

▲ **Abbildung 6.35**
Ein Aspect-Ratio-Verhältnis von 1:1 ergibt ein Bild, wie Sie es in Blenders Kamera-Ansicht sehen.

▲ **Abbildung 6.36**
Ein Aspect-Ratio-Verhältnis von 2:1 verzerrt die Pixel des Render-Ergebnisses.

- BORDER: Ermöglicht es Ihnen, nur Ausschnitte aus Ihrer Szene zu rendern. Um den Ausschnitt festzulegen, wechseln Sie im 3D-VIEW-Editor mit `0` (Ziffernblock) in die Kamera-Ansicht und aktivieren mithilfe von `Strg` + `B` das Auswahltool. Ziehen Sie daraufhin einen Rahmen mit gedrückter linker Maustaste auf – eine rote Umrandung zeigt Ihnen die erfolgreiche Aktivierung dieser Funktion an. Rendern Sie anschließend ein Bild mit `F12`, so werden Sie feststellen, dass nur Inhalte innerhalb des roten Rahmens gerendert wurden. Sie deaktivieren diese Funktion, indem Sie das Häkchen bei BORDER wieder entfernen oder `Strg` + `Alt` + `B` betätigen.
- CROP: Haben Sie die vorherige Funktion aktiviert, werden Sie feststellen, dass zwar nur die Teile der Szene berechnet werden, die innerhalb des Rahmens liegen, das Bild aber immer noch die eingestellte Größe besitzt. Über CROP beschneiden Sie das Resultat auf den BORDER-Rahmen.

Die Einstellungen der rechten Seite des DIMENSIONS-Panels, des OUTPUT- und SAMPLED-MOTION-BLUR-Panels sind ausschließlich für Animationen relevant. Alle diese werden daher ausführlich in Kapitel 9, »Animation«, erläutert. Auch das SHADING-Panel werden Sie erst in Kapitel 8, »Shading«, kennenlernen.

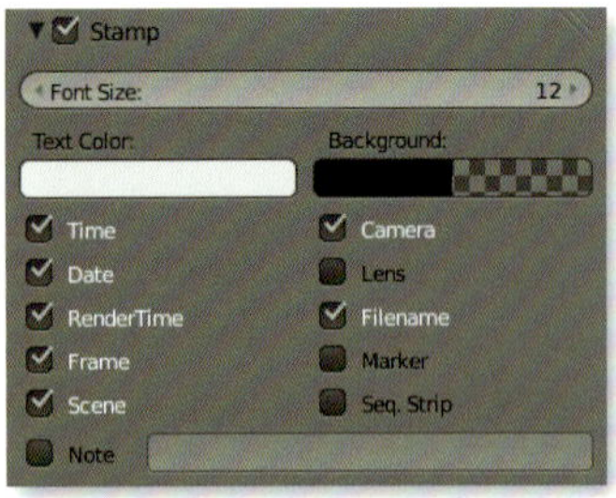

▲ **Abbildung 6.37**
Das STAMP-Panel hilft Ihnen immer dann, wenn Sie zusätzliche Informationen auf Ihr Rendering-Ergebnis stempeln möchten.

Stamp – Informationen stempeln | Mit dem STAMP-(Stempel-) Panel haben Sie die Möglichkeit, zusätzliche Informationen über Ihr Render-Ergebnis zu blenden (und mit dem Bild abzuspeichern). Um die Auswirkungen der Optionen zu betrachten, müssen Sie Ihre Szene erneut rendern.

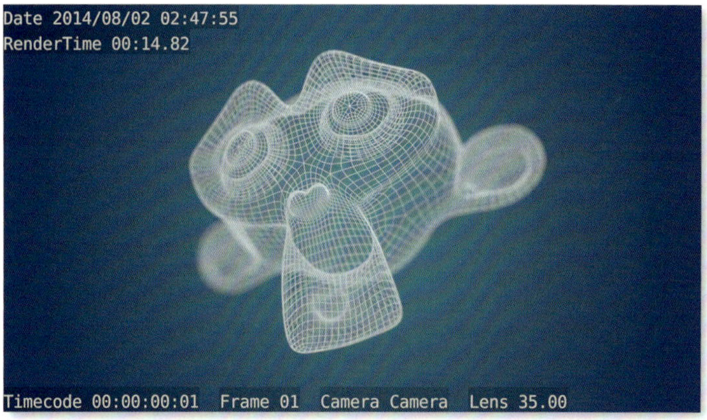

▲ **Abbildung 6.38**
Mit dem STAMP-Panel fügen Sie Ihrem Rendering Informationen über Szene, Render-Zeit usw. hinzu.

Bevor Sie jedoch eine der folgenden Optionen wählen können, müssen Sie die Stempel-Funktion durch die neben der Panel-Überschrift befindliche Checkbox aktivieren. Anschließend stehen Ihnen die folgenden Optionen zur Verfügung:

- FONT SIZE: Die Größe des angezeigten Informations-Textes
- TEXT COLOR: Die Farbe der Informationen
- BACKGROUND COLOR: Die Farbe und Deckungskraft des Texthintergrundes
- TIME: Die aktuelle Animationszeit (berechnet aus den Bildern/s)
- DATE: Das aktuelle Datum
- RENDERTIME: Die benötigte Zeit zum Rendern des Bildes
- FRAME: Die Frame-Nummer
- SCENE: Der Name der aktuellen Szene
- CAMERA: Der Name der aktuellen Kamera
- LENS: Die Linseneinstellung der aktuellen Kamera

- FILENAME: Der Dateiname der geladenen Blender-Datei
- MARKER: Der Name des letzten Markers
- SEQ. STRIP: Der Name des aktuellen Sequenzer-Strips
- NOTE: Ein eigener, frei wählbarer Text

Abbildung 6.38 zeigt Ihnen manche der obigen Optionen in einem Rendering.

Anti-Aliasing – Kantenglättung (BI) | Das ANTI-ALIASING-Panel ist ausschließlich für den BI-Renderer verfügbar und beheimatet Einstellungen, die bestimmen, wie schroff Kanten von Objekten im gerenderten Bild dargestellt werden. All diese Optionen haben nur dann einen Effekt, wenn die Checkbox vor dem Namen des Panels aktiviert wird. Folgende Einstellungen stehen Ihnen in diesem Panel zur Verfügung:

- ANTI-ALIASING SAMPLES: Hier legen Sie fest, wie viele Samples pro Pixel genommen werden. Je höher diese Zahl, desto weniger Treppenstufen werden Sie an Kanten entdecken können.
- PIXEL FILTER TYPE: Hier legen Sie den Filter fest, der zum Samplen benutzt wird. Manche Arten erzeugen etwas weichere Kanten, manche ein wenig schroffere. Sie werden hier höchstwahrscheinlich nie etwas ändern müssen.
- SIZE: Die Größe des angewandten Filters (wie weich die Kanten werden)
- FULL SAMPLE: Beugt Compositing-Problemen in Verbindung mit Transparenzen vor, ist aber äußerst rechenintensiv und nur bei Bedarf einzuschalten (wird in Kapitel 13, »Postproduktion Compositing«, erläutert).

▲ Abbildung 6.39
Die Einstellungen des ANTI-ALIASING-Panels führen zu weicheren Kanten im finalen Rendering (nicht in der Vorschau des VIEWPORT-SHADING-Modus RENDERED).

Probieren Sie die Antialiasing-Einstellungen aus, indem Sie zuerst ein Bild ohne Antialiasing rendern und anschließend die Samples pro Rendering um eine Stufe erhöhen. Höhere Stufen bedeuten natürlich längere Rechenzeiten. Allerdings machen höhere Stufen nicht in jedem Bild Sinn – in der Standardszene werden Sie beispielsweise keinen Unterschied zwischen fünf und acht Samples sehen.

Sampling (Cycles) – Qualität oder Geschwindigkeit | Im SAMPLING-Panel (Cycles Render) legen Sie fest, wie viele Samples Blender pro Pixel und damit pro Ray berechnet. Je weniger Samples Sie Blender berechnen lassen, desto verrauschter wird das Endergebnis. Je mehr Samples Sie berechnen lassen, desto länger wird das Ergebnis auf sich warten lassen.

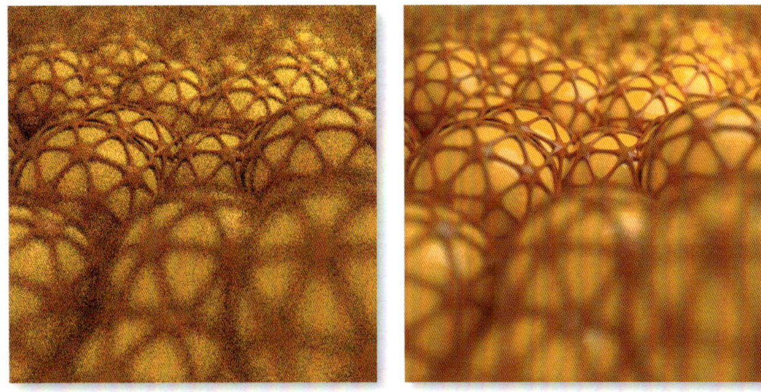

▲ **Abbildung 6.40**
Während die linke Seite dieser Abbildung mit sehr wenigen Samples gerendert wurde und daher stark rauscht, ist das Rauschen in der mit deutlich mehr Samples berechneten rechten Hälfte nicht mehr sichtbar.

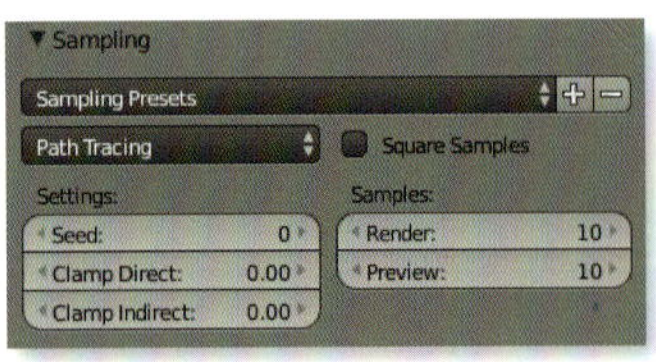

▲ **Abbildung 6.41**
Das Sampling-Panel ist das Herz des Pathtracing-Algorithmus – hier entscheiden Sie über die Dauer und die Qualität des Cycles-Renderings.

Cycles kennt zwei verschiedene Methoden (Integratoren) der Strahlenverfolgung: Den Path-Tracing-Integrator und den Branched-Path-Tracing-Integrator. Der Path-Tracing-Integrator prüft bei einem Sample immer nur einen Strahl – er benötigt dadurch viele Samples (und somit Strahlen), um alle Lichter zu finden. Beim Branched-Path-Tracing-Integrator überprüft Blender bei einem Aufprall die diffusen, spiegelnden, transparenten und alle weiteren Komponenten gleichzeitig. Dies ermöglicht Blender einerseits, mit einem Ray mehrere Lichtquellen zu finden, und lässt Sie darüber hinaus bestimmen, wie viele Samples Sie pro Komponente betrachten möchten.

Folgende Optionen stehen Ihnen bei beiden Varianten zur Verfügung:

- Sampling Presets: Wie bei allen anderen Voreinstellungs-Comboboxen können Sie hier Ihre eigenen Einstellungen abspeichern und laden. Standardmäßig finden Sie hier eine Voreinstellung für schnelle Renderings (Preview) und für qualitativ hochwertige Renderings (Final).
- Method: Hier wählen Sie die Art des Pathtracing-Integrators aus – Branched Path Tracing oder Path Tracing.
- Square Samples: Ist diese Checkbox aktiv, so werden alle Ihre Sample-Einstellungen quadriert. Geben Sie einen Wert von 10 Samples an, werden also 100 Samples geprüft.
- Settings: Hier finden Sie allgemeine Einstellungen des Integrators:
  - Seed: Der von Cycles genutzte Zufallszahlengenerator wird immer mit einem Wert initialisiert – dem Seed. Um möglichst zufällige Werte zu erhalten, kann bei einer Animation der Seed-Wert animiert werden. Animieren Sie ihn nicht, werden Sie bei Animationen ein statisches Rauschen feststellen.

Statisches Rauschen verhindern

Cycles Rauschen ist (dank immer gleichem Seed-Wert) statisch. Durch reale Aufnahmen sind wir jedoch daran gewöhnt, dass sich das Bildrauschen in Filmen permanent ändert. Merken Sie sich bereits jetzt: Um ein für jeden Frame unterschiedliches Rauschen zu erzeugen, können Sie dort einen sogenannten *Driver* nutzen. Klicken Sie in das Seed-Feld, und geben Sie »#frame« ein – ab diesem Zeitpunkt steht immer die aktuelle Frame-Nummer in diesem Feld. Sie entfernen diesen Driver über einen Rechtsklick auf das Seed-Feld und die Wahl von Delete Driver.

- Clamp: Hier können Sie festlegen, wie hell ein Pixel maximal werden kann. Clamp Direct beschränkt die Helligkeit von Pixeln, die direkt von Lichtquellen angestrahlt werden, während Clamp Indirect die Helligkeit der indirekt bestrahlten Pixel beschränkt. Dies wirkt insbesondere dem Problem der Fireflies (siehe Kasten) entgegen.

Die folgenden Einstellungen finden Sie ausschließlich bei dem Path-Tracing-Integrator:

- Render: Hier definieren Sie, wie viele Samples Sie pro Pixel betrachten möchten. Diese Sample-Einstellung gilt ausschließlich für ein finales Rendering (F12).
- Preview: Diese Sample-Einstellung wird beim Betrachten der 3D-Ansicht mit dem Viewport-Shading-Modus Rendered genutzt.

Nutzen Sie den Branched-Path-Tracing-Integrator, können Sie für jede Komponente eines Strahls definieren, wie viele Samples genutzt werden:

- Diffuse: Anzahl der Samples pro diffuser Komponente
- Glossy: Anzahl der Samples pro glänzender Komponente
- Transmission: Anzahl der Samples pro durchsichtiger Komponente
- AO (Ambient-Occlusion): Anzahl der Samples pro Ambient-Occlusion-Komponente
- Mesh Light: Anzahl der Samples pro Mesh-Light-Komponente
- Subsurface: Anzahl der Samples pro Subsurface-Scattering-Komponente
- Volume: Anzahl der Samples pro volumetrischer Komponente (Rauch, Feuer oder Ähnliches)

Im unteren Teil des Panels können Sie über vier weitere Optionen den Rendering-Prozess weiter spezifizieren:

- AA Samples Render/Preview: Legt fest, wie viele Antialiasing-Samples pro Pixel beim Rendern in der 3D-Ansicht/während des finalen Renderings genutzt werden. Die hier eingegebene Anzahl wird mit den gewählten Samples pro Komponente multipliziert und ergibt die Anzahl an Samples pro Pixel.
- Sample All Direct/Indirect Lights: Normalerweise entscheidet Cycles zufällig, welche Lichtquellen zur direkten bzw. indirekten Beleuchtung betrachtet werden. Mit einem Häkchen in diesen beiden Optionen werden immer alle Lichtquellen betrachtet. Das Rendering wird dadurch zwar etwas langsamer, die Anzahl an nötigen Samples für rauschfreie Bilder kann jedoch dadurch bei Szenen mit vielen Lampen verringert werden.

Fireflies

In Cycles-Renderings werden Sie gerade um spiegelnde oder gläserne Oberflächen manchmal sehr helle Pixel finden. Diese Fireflies (Glühwürmchen) genannten Pixel entstehen dadurch, dass einzelne Lichtstrahlen durch eine direkte Reflexion an der Oberfläche eines glatten Objekts auf ein Pixel geworfen werden. Dieser wird dann überproportional hell und kann selbst bei vielen Samples um ihn herum kaum noch dunkler werden.

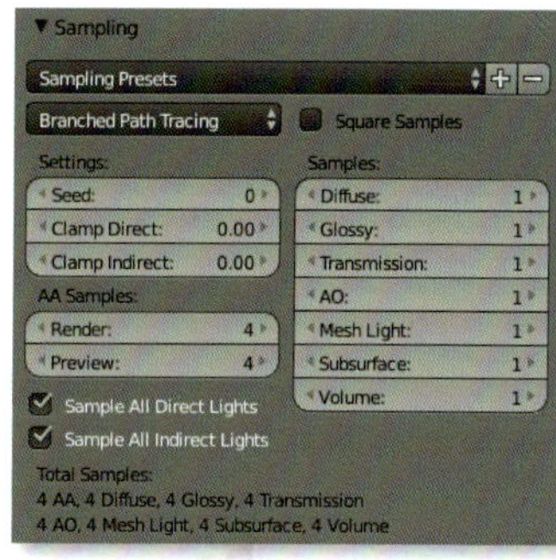

▲ **Abbildung 6.42**
Das Sampling-Panel in der Einstellung Branched Path Tracing

Eine Übersicht über alle Samples pro Komponente und Pixel erscheint im unteren Teil des Sampling-Panels. Ändern Sie die vorgestellten Optionen, wird die Übersicht automatisch neu berechnet und angezeigt.

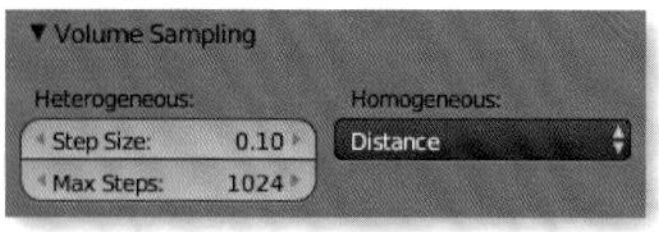

▲ **Abbildung 6.43**
Das Volume-Sampling-Panel dient dazu, die Qualität von volumetrischen Berechnungen zu definieren.

Max Steps

Max Steps ist besonders dann hilfreich, wenn Sie eine sehr kleine Step Size wählen. Nehmen Sie beispielsweise an, dass Sie eine Nebelbank rendern möchten. Normalerweise würde der Algorithmus Schritt für Schritt durch die komplette Nebelbank gehen und das volumetrische Material weiterberechnen – auch wenn die Sicht durch den Nebel schon so sehr eingeschränkt wäre, dass Sie keine weitere Oberflächenänderung durch die Berechnung bemerken könnten. Würden Sie in diesem Fall die Max Steps verringern, so würde er bereits vor Verlassen des volumetrischen Körpers mit der Berechnung aufhören – was in diesem Fall nur Vorteile hätte.

Volume Sampling (Cycles) | In diesem Panel legen Sie fest, welche Genauigkeit der Cycles-Renderer beim Berechnen von volumetrischen Phänomenen wie Rauch, Feuer, Nebel und Ähnlichem besitzt. Es enthält gerade einmal drei verschiedene Einstellungen:

- Step Size: Step Size gibt an, wie groß der Abstand pro Sample durch das volumetrische Gebilde ist. Je größer der Abstand, desto ungenauer wird die Berechnung des Körpers. Je kleiner der Abstand, desto genauer und langsamer wird die Berechnung.
- Max Steps: Mit dieser maximalen Schrittanzahl legen Sie fest, dass die Berechnung des volumetrischen Körpers abgebrochen wird, sobald Sie die hier eingegebene Anzahl an Schritten erreicht wird.
- Homogeneous: Hier legen Sie fest, mit welchen Algorithmen Cycles Rauch berechnet. Falls Sie sehr dichte volumetrische Objekte rendern möchten, die von weiter weg beleuchtet sind, wählen Sie Distance. Falls Sie ein Licht nahe bei oder in einem volumetrischen Körper platziert haben, wird Equi-angular zu rauschärmeren Renderings bei gleicher Zeit führen.

Light Paths (Cycles) | Während Sie über das Sampling-Panel festlegen, wie viele Samples pro Pixel berechnet werden, können Sie über das Light-Paths-Panel definieren, wie viele Ablenkungen eines Strahls maximal betrachtet werden. Benötigt ein Strahl mehr als die hier eingestellte Anzahl an Ablenkungen bis zu einer Lichtquelle, so wird er nicht mehr weiter betrachtet.
Die folgenden Einstellungen stehen Ihnen zur Verfügung:

- Integrator Presets: Wie immer können Sie hier aus verschiedenen Voreinstellungen wählen. Direct Light legt die Einstellungen so fest, dass der Strahl nur bis zur ersten Reflexion betrachtet wird (Bounces auf 1), die beiden anderen Voreinstellungen erhöhen den Realismus sukzessiv.
- Transparency: Hier passen Sie Einstellungen bezüglich transparenter Körper an:
    - Max/Min: Während Max die maximale Anzahl an Ablenkungen innerhalb eines transparenten Materials angibt, definiert Min – wie sollte es anders sein – die minimale Anzahl. Setzen Sie Min < Max, so kann das Bild verrauschter werden, der Rendering-Prozess beschleunigt sich allerdings.

- SHADOWS: Aktivieren Sie diese Checkbox, so werden Schatten von transparenten Körpern farblich korrekt dargestellt – bei einer gläsernen roten Vase also beispielsweise ein rötlicher Schatten. Deaktivieren Sie diese Checkbox, so werden die Schatten ohne Färbung dargestellt.
- NO CAUSTICS: Wenn Sie diese Box aktivieren, wird Cycles keine Kaustiken berechnen. Das Bild wird dadurch schneller berechnet und früher rauschfrei. Deaktivieren Sie diese Box nur dann, wenn Sie Kaustiken benötigen.
- FILTER GLOSSY: Über diesen Wert können Sie die Reflexion an glatten Körpern und um diese herum weichzeichnen. Dadurch wird die Reflexion zwar etwas unschärfer, aber auch deutlich rauschärmer.

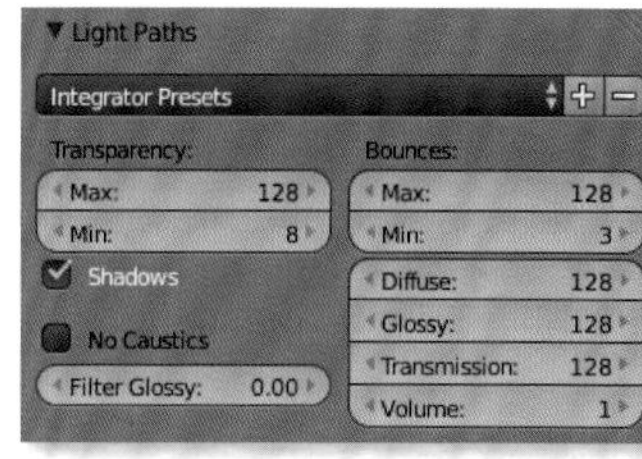

▲ **Abbildung 6.44**
Das LIGHT-PATHS-Panel bestimmt, wie oft der Strahl in einer Szene minimal und maximal abgelenkt wird.

Als letzte Parameter dieses Panels erwarten Sie die Parameter des BOUNCES-Bereichs. Sie definieren, wie viele Reflexionen pro Komponente in die Betrachtung mit aufgenommen werden:

- MAX/MIN: Der hier eingestellte Wert dient als oberste bzw. unterste Reflexionsgrenze aller Ray-Komponenten. Wird ein Strahl öfter abgelenkt als der hier vorgegebene Max-Wert, wird die Betrachtung dieses Strahls vorzeitig beendet – auch wenn die jetzt folgenden Werte größere Betrachtungsgrenzen vorgeben.
- DIFFUSE: Maximale Anzahl an diffusen Reflexionen
- GLOSSY: Maximale Anzahl an glänzenden Reflexionen
- TRANSMISSION: Maximale Anzahl an durchlässigen Reflexionen
- VOLUME: Maximale Anzahl an Strahlablenkungen innerhalb eines volumetrischen Objekts

Beleuchtung
Da der BI-Renderer ohne Tricks wie ambiente Beleuchtung (siehe Seite 315) nur direktes Licht berechnet, ist dieses Verhalten in Cycles einfach zu simulieren: Setzen Sie die MAX BOUNCES auf 0, werden Sie ähnliche Ergebnisse wie mit dem BI-Renderer erzielen (nur die direkte Beleuchtung wird berechnet).

Performance (BI und Cycles) | In diesem Panel befinden Sie sich im Kern der Rendering-Engines. Hier finden Sie alle Einstellungen, die die Geschwindigkeit und den Speicherverbrauch der Render-Engine deutlich beeinflussen. Da diese Einstellungen stark von Ihrem System und den berechneten Szenen abhängen, müssen Sie die für Sie optimalen Einstellungen durch verschiedene Test-Renderings pro Szene ermitteln. Eine Einstellung dieses Panels gibt es in beiden Render-Engines: THREADS. Mit dieser Option legen Sie fest, wie viele Prozessoren Ihres Rechners an der Erstellung eines Bildes mitarbeiten.

- AUTO-DETECT: Mit dieser Einstellung teilen Sie Blender mit, dass so viele Prozessoren wie möglich genutzt werden sollen. Besitzt Ihr Rechner vier Kerne, so werden auch vier Kerne genutzt. Besitzen Sie einen Vierkern-Prozessor, der einen realen Kern auf zwei virtuelle Kerne aufsplitten kann, so würde Blender acht Kerne nutzen.

Threads
Was sind Threads? Stellen Sie sich einen Thread wie einen selbstständigen Arbeiter vor, der von seinem Vorgesetzten (Blender) zu verschiedenen Aufgaben geschickt wird (beispielsweise Rendering) und sich nach Beendigung seiner Arbeit wieder für neue Aufgaben zur Verfügung hält.

Tiles

Tiles werden Sie in Blender an zwei verschiedenen Stellen entdecken können: beim Rendering und beim Compositing. In beiden Fällen dienen sie dazu, eine komplexe Gesamtaufgabe (Rendering oder Bearbeitung eines Bildes) in kleine Teilstücke zu zerlegen, an denen dann viele unabhängige Threads gleichzeitig arbeiten können. Wenn Ihnen beim Rendern von komplexen Szenen kleine Kacheln auffallen, die nach und nach gerendert werden, dann sehen Sie den einzelnen Threads bei der Arbeit zu. Bei der Festlegung der Kachelanzahl bzw. -Größe müssen Sie immer bedenken, dass hier nicht die Maxime »viel hilft viel« gilt. Versuchen Sie durch Probe-Renderings stattdessen die Einstellung zu finden, die Ihrem PC und der Szene am besten dient.

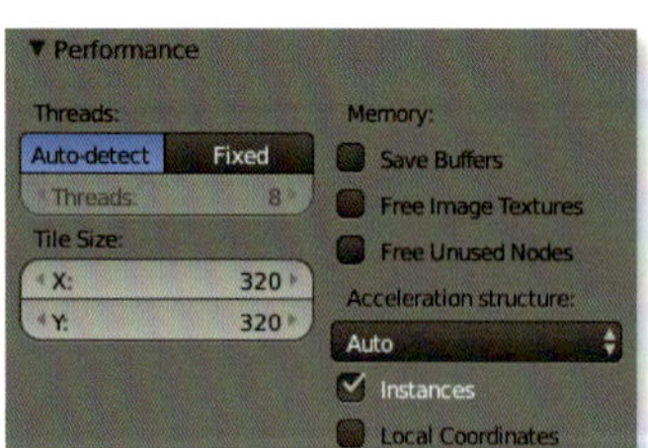

▲ **Abbildung 6.45**
Das Performance-Panel des BI-Renderers

- Fixed: Diese Einstellung erlaubt es Ihnen, mithilfe von Threads die Anzahl der genutzten Kerne festzuzurren. Möchten Sie parallel neben dem Rendern noch weitere Aufgaben mit Ihrem Rechner durchführen, so stellen Sie hier weniger als die in Ihrem Rechner vorhandene CPU-Kern-Anzahl ein.

Performance (BI) | Sehen wir uns jetzt die BI-spezifischen Einstellungen an:

- Tile Size: Hier legen Sie fest, wie groß die einzelnen Kacheln sind, die jeder Thread berechnet. Geben Sie für X und Y jeweils die Anzahl der Pixel in x- bzw. y-Richtung an, die eine Kachel ausmachen.
- Memory: Hier legen Sie Einstellungen zum Speicherverbrauch fest.
- Save Buffers: Aktivieren Sie diese Option, so speichert Blender interne Render-Daten in ein temporäres Verzeichnis ab und benötigt dadurch weniger Speicher bei Animationen. Da jedoch auch das Abspeichern Zeit benötigt, ist diese Option nicht immer sinnvoll. Haben Sie im Anti-Aliasing-Panel (siehe Seite 293) Full-Sample-Antialiasing aktiviert, so wird diese Einstellung automatisch gesetzt.
- Free Image Textures: Mit dieser Einstellung entfernt Blender alle zum Rendern benötigte Bildtexturen (Kapitel 8, »Shading«) vor dem Compositing aus dem Speicher. Dies ist besonders bei aufwendigen Nachbearbeitungen zu empfehlen.
- Free Unused Nodes: Diese Option wirkt genau wie die vorhergehende, allerdings entfernt sie unbenutzte Nodes (Kapitel 13, »Postproduktion und Compositing«) aus dem Speicher.
- Acceleration Structure: Alle Einstellungen dieser Kategorie können zu einer Beschleunigung des Rendering-Prozesses führen. Sie sind jedoch in den meisten Fällen bereits in den Standardeinstellungen optimal und so speziell, dass sie hier nicht weiter erläutert werden.

Performance (Cycles) | Da Cycles ein anderes Feature-Set als der BI-Renderer unterstützt, sind auch die Optionen von Cycles' Performance-Panel ein wenig unterschiedlich:

- Tiles: Genau wie bereits beim BI-Renderer legen Sie hier fest, wie groß die Kacheln sind, die Blender während des finalen Renderings nutzt:
  - Tile Order: Hier können Sie die Reihenfolge festlegen, in der die Kacheln erzeugt werden. Center erzeugt die Kacheln aus der Mitte heraus gleichmäßig zu den Rändern. Die vier anderen Optionen beginnen an einem Rand (oben, unten,

links oder rechts) und arbeiten sich zu dem gegenüberliegenden Rand vor.
  - X, Y: Legt die Größe der Kacheln fest.
- Progressive Refine: Mit dem Setzen dieser Option können Sie Blender beim Rendern des Bildes zuschauen. Die Kachelgröße wird ignoriert, und das Bild wird nach und nach immer weiter verfeinert (die Samples werden erhöht). Diese Option ermöglicht es Ihnen, noch während des Renderns zu kontrollieren, ob das Bild Ihren Ansprüchen genügt und bei ausreichender Rauschfreiheit den Render-Vorgang zu beenden (Esc).

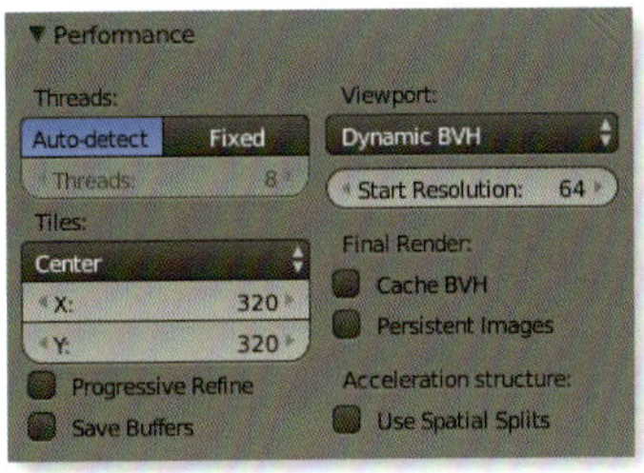

▲ **Abbildung 6.46**
Das Performance-Panel des Cycles-Renderers

▲ **Abbildung 6.47**
Unter Tiles legen Sie die Berechnungsreihenfolge und Größe der zu berechnenden Bildteile fest.

- Save Buffers: Diese Einstellung ist gleichbedeutend mit der des BI-Renderers.
- Viewport: Die nachfolgenden beiden Einstellungen gelten ausschließlich für das Realtime-Rendering in der 3D-Ansicht:
  - BVH Type: Static BVH rendert schneller, aktualisiert den 3D-View-Editor allerdings langsamer, wenn Objekte geändert wurden. Dynamic BVH rendert langsamer, die Änderungen von Vertices oder Transformationen sind allerdings deutlich schneller zu sehen.
  - Start Resolution: Die hier angegebene Auflösung bestimmt, wie grob das Rendering im 3D-Viewport zu Beginn aufgelöst ist. Je kleiner dieser Wert, desto gröber wird das Bild im Rendered Viewport-Shading-Modus zu Beginn dargestellt.
- Final Render: Die nachfolgenden beiden Einstellungen gelten ausschließlich für das finale Rendering, nicht das Echtzeit-Rendering in der 3D-Ansicht. Die Option Cache BVH ist gerade beim mehrmaligen Rendern gleicher Objekte sinnvoll. Sie spei-

chert eine interne Repräsentation der Szene auf der Festplatte und kann immer dann genutzt werden, wenn sich die in der Szene vorhandenen Objekte zwischen zwei Renderings nicht verändert haben. PERSISTENT IMAGES belässt alle zum Rendern nötigen Daten (wie Bilder, Modelle usw.) im Speicher des Rendering-Devices (GPU oder CPU) und beschleunigt daher ein erneutes Rendering der gleichen Szene.

- USE SPATIAL SPLITS: Aktivieren Sie diese Option, wird Blender Ihre Szene vor dem Rendering-Prozess intern neu aufbauen. Dies führt zu schnelleren Renderings, der Aufbau selbst benötigt allerdings auch Zeit. Bei sowieso schnell berechneten Szenen ist diese Option daher nachteilig, große Szenen profitieren davon.

▲ **Abbildung 6.48**
Das FILM-Panel bestimmt unter anderem die Belichtung des virtuellen Films, ob der Hintergrund zu sehen ist und wie stark die Aufnahme weich gezeichnet wird.

Film (Cycles) | Wie im realen Leben legen Sie im FILM-Panel all jene Einstellungen fest, die den »Film« der Kamera betreffen.

▲ **Abbildung 6.49**
Durch einen hohen EXPOSURE-Wert wird dieses Rendering überbelichtet.

- EXPOSURE: Dieser Wert gibt die »Belichtungszeit« des Films an. Je größer dieser Wert, desto heller wird Ihr Bild, je kleiner, desto dunkler.
- TRANSPARENT: Aktivieren Sie diese Checkbox, so wird Blender den Hintergrund Ihrer Szene transparent rendern. Deaktivieren Sie diese Checkbox, so wird der World-Hintergrund genutzt (dazu mehr in Kapitel 7, »Lichtdesign«).
- FILTER TYPE: Mit dieser Combobox legen Sie fest, wie das erzeugte Bild später gefiltert (weich gezeichnet) wird. Box wendet einen unveränderlichen Weichzeichner an, während GAUSSIAN Ihnen einen fein einstellbaren Weichzeichner liefert.
- WIDTH: Haben Sie in der vorigen Einstellung GAUSSIAN gewählt, können Sie mit diesem Wert die Stärke der Weichzeichnung einstellen. Je höher dieser Wert ist, desto verwaschener wird das Bild.

6.4 Zum Stöbern

Falls Sie nach so vielen Einstellungen und Features immer noch nicht genug von Rendering-Engines haben, können Sie sich im nächsten Abschnitt noch ein paar externe Renderer ansehen.

6.4.1 Externe Render-Engines

Unzählige sowohl kostenlose als auch kostenpflichtige Rendering-Engines sind auf dem Markt. Zunächst möchte ich ein paar kostenlose Lösungen präsentieren, die es außerhalb der Blender-Welt gibt:

- *Gelato*: Reiner GPU-Renderer (Basisversion kostenlos, Pro ca. 1200 €) von Nvidia (*http://www.NVIDIA.de/page/gelato.html*)
- *YafaRay*: Open-Source-CPU-Renderer (*http://www.yafaray.org*)
- *LuxRender*: Kombinierter GPU- und CPU-Renderer (*http://www.luxrender.net/en_GB/index*)

Scheuen Sie sich nicht davor, etwas Geld in die Hand zu nehmen, stehen Ihnen unter anderem auch die folgenden international anerkannten Renderer zur Verfügung:

- *Renderman*: Der zum Quasi-Standard auserkorene Renderman-Renderer wurde vor 25 Jahren von Pixar erfunden und steht mittlerweile in einer kostenlosen und kostenpflichtigen Variante bereit (*http://renderman.pixar.com*).
- *Arnold*: Der von SolidAngle entwickelte Renderer genießt industrieweit ein sehr hohes Ansehen. Gravity, Iron Man 3, Pacific Rim sind nur einige der Filme, die dieser Renderer hervorgebracht hat (*https://www.solidangle.com/arnold*). Brecht van Lommel, der Hauptentwickler von Blenders Cycles-Renderer, ist seit Juli 2014 Teil des Entwicklerteams dieses Renderers.
- *Mental Ray*: Ist heutzutage in vielen kommerziellen 3D-Softwareprodukten, wie beispielsweise Maya, 3D Studio Max, Autodesk Softimage, als Add-on verfügbar oder standardmäßig enthalten (*http://de.wikipedia.org/wiki/Mental_Ray*).
- *Octane*: Der komplett auf GPUs setzende Renderer Octane glänzt durch seine vielen Export-Plug-ins (unter anderem für Blender) und seine hohe Geschwindigkeit (*http://render.otoy.com*). Schnelle Grafikkarten sind ein Muss für diesen Renderer.

6.4.2 Farbmanagement

Ein Thema, das dieses Buch nicht behandelt, ist Farbmanagement. Farbmanagement dient dazu, eine Vorlage, die mit einem beliebigen Eingabegerät erfasst wurde, an einem beliebigen Ausgabegerät

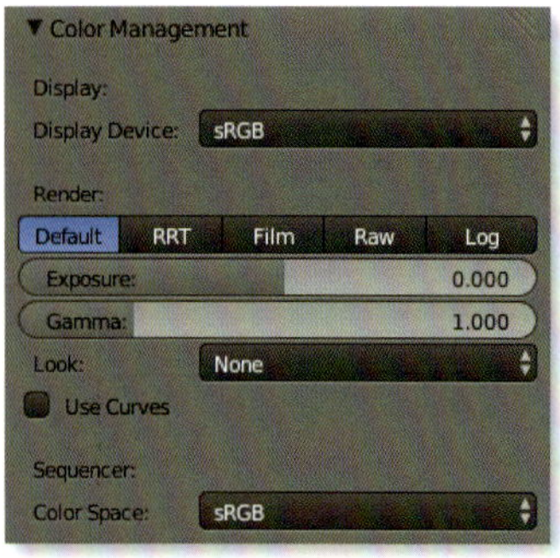

▲ **Abbildung 6.50**
Mit Blenders Color-Management-Funktionen ahmen Sie den typischen Look von Analogfilmen nach und passen Ausgabeprofile an.

möglichst originalgetreu wiederzugeben und damit eine möglichst hohe Farbtreue sicherzustellen. In Blender finden Sie alle Einstellungsmöglichkeiten zum Thema Farbmanagement auf dem Color-Management-Panel des Scene-Tabs des Properties-Editors.

Dort erwartet Sie unter anderem eine Funktion, um den typischen Analogfilm-Look aus der Zeit, bevor digitale Fotokameras in Mode waren, nachzustellen. Von Kodak über Agfa, Fujifilm oder Eastman sind alle damals erhältlichen (Dia-)Filmhersteller vertreten und können über eine simple Combobox ausgewählt werden. Sie passen die Farben, Tiefen und Höhen Ihres Renderings an und geben im dadurch den typischen Look des ausgewählten Analogfilms. Möchten Sie sich weiter über Farbmanagement in Blender informieren, dann nutzen Sie die bereitgestellte Dokumentation unter *http://goo.gl/JavZcu*.

6.5 Auf ins nächste Kapitel

In diesem Kapitel habe ich Ihnen die unterschiedlichen Rendering-Engines mit all ihren Stärken und Schwächen vorstellen dürfen. Sie haben Ihre ersten Gehversuche beim Rendern von BI- und Cycles-Szenen absolviert und erfahren, wie ein Rechner die Szene in ein zweidimensionales Bild umwandelt. Darüber hinaus sind Sie jetzt in der Lage, Probleme im Rendering-Prozess (wie Rauschen oder fehlende Spiegelungen) zu identifizieren und über passende Einstellungen zu beheben.

Im nächsten Kapitel werden Sie weg von diesem theoretischen Wissen hin zu einem sehr wichtigen Handwerkszeug jedes Künstlers geleitet: dem Licht. Sie werden lernen, welche Lichtaufbauten in der Realität üblich sind, wie Sie diese in der digitalen Welt umsetzen können und welche Lampentypen Ihnen dafür zur Verfügung stehen. Abschließend werden Sie sehen, wie Sie diese perfekt auf Ihre Szene abstimmen, um jede gewünschte Lichtsituation zu erzeugen.

Kapitel 7

Lichtdesign

In diesem Kapitel möchte ich Ihr Interesse an Licht im Allgemeinen wecken. Ich möchte Sie ermutigen, die Welt aus den Augen eines Lichtdesigners zu sehen und zu erkennen, wie Sie Licht einsetzen, um in Ihrer Szene die gewünschte Stimmung zu erzeugen. Ganz nebenbei werden Sie alle Lichtarten von Blender kennenlernen und erfahren, wann welche Beleuchtungs-Setups eingesetzt werden.

7.1 Beleuchtung oder Lichtdesign

Alle mir bekannten 3D-Bücher enthalten ein Kapitel zum Thema Beleuchtung. Dieses Buch macht hier natürlich keine Ausnahme, denn ohne Licht wären Ihre 3D-Szene und alle darin enthaltenen Objekte einfach nur schwarz. Dennoch habe ich für dieses Thema einen anderen, weniger abgenutzten und meines Erachtens weitaus treffenderen Begriff gewählt: Lichtdesign.

▲ **Abbildung 7.1**
Lichtdesign ist keine Erfindung der 3D-Industrie – überall gestalten Menschen mit Licht – wie hier in einer Métro-Station in Paris.

Bei Lichtdesign denken Sie wahrscheinlich eher an verschiedene Licht-Installationen an Bauwerken, Museen, Galerien oder öffentlichen Plätzen (wie die Beleuchtung der in Abbildung 7.1 gezeigten Métro-Station). Nur wenige Menschen assoziieren die Beleuchtung eines digitalen Objekts oder einer digitalen Szene mit diesem Thema.

Mit anderen Worten: Beleuchtung führt (noch) ein Schattendasein im Amateur- und semiprofessionellen 3D-Umfeld und wird gerade in der Literatur für Anfänger gerne ausgespart. Im professionellen Umfeld sieht die Sache jedoch völlig anders aus. Raten Sie einmal, wie viele einzelne Lichter in einer durchschnittlichen Szene aus Pixars »Monster University« oder anderen Pixar-Filmen neuerer Zeit verwendet werden. Über 400! Wenn Sie jetzt noch wissen, dass diese Lichter von einer beachtlichen Anzahl an Lichtdesignern (ausgebildet in Theatern, (Kino-)Produktionen oder der Fotografie) platziert werden, so wird Ihnen wohl schnell klar, wie viel Aufwand in professionell arbeitenden 3D-Studios in das Thema Lichtdesign gesteckt wird.

Die realen und digitalen Installationen haben dabei so viel gemein, dass man sie unmöglich trennen kann. Es ist vielmehr so, dass Sie erst die Beleuchtung in der realen Welt verstehen müssen, um Ihre digitalen Szenen mit glaubhaften Licht-Setups ausstatten und beleben zu können.

7.2 Licht? Natürlich!

Licht umgibt uns in unserem täglichen Leben fast permanent auf unterschiedlichste Weise. Ob wir uns draußen bewegen, gerade in einem hell beleuchteten Büro vor einem Computermonitor sitzen oder uns im Kino aufhalten und einen Film anschauen. Immer begegnet uns Licht in unterschiedlichen Intensitäten und aus unterschiedlichen Quellen – sowohl als indirektes, diffuses oder auch als direktes Licht.

Wie Sie im letzten Kapitel bereits bei der Erklärung von globaler Beleuchtung sehen konnten, wird als *indirektes Licht* das Licht bezeichnet, das durch verschiedene Oberflächen reflektiert und auf andere Oberflächen und in den Raum geworfen wird. Ob Licht auf eine rote Wand fällt und auf dem Boden rote Farbsäume hinterlässt oder ob es auf einen Rasen fällt und von dort grün auf eine angrenzende Wand zurückgeworfen wird – all diese Effekte sind eine Kombination aus direktem und indirektem Licht und erhellen unsere Umgebung Tag für Tag.

Legen Sie das Buch vor dem nächsten Abschnitt einmal aus der Hand, und sehen Sie sich Ihre Umgebung genauer an:

- Stellen Sie ein Glas auf den Tisch, beleuchten Sie es, und betrachten Sie die Lichtbrechung (Refraction).
- Sehen Sie sich an, wie auf einer Oberfläche abgelegte Gegenstände einen leicht abgedunkelten Rand bekommen, und sehen Sie sich die Intensität der Schatten um Sie herum an.
- Betrachten Sie beim Spazieren durch einen Wald, wie die Blätter Teile des Sonnenlichts blocken, wie weiter entfernte Gegenden im Nebel verschwinden oder das Licht früh morgens fast greifbar mit Hunderten Strahlen durch die Baumkronen scheint.
- Halten Sie ein weißes Blatt Papier senkrecht auf einen Rasen, und betrachten Sie, wie der Rasen das Papier grün einfärbt oder wie ein indirekt angebrachter Strahler Teile der Umgebung in Licht taucht.
- Gehen Sie in die Obstabteilung eines Supermarkts, und untersuchen Sie die dortige Beleuchtung – durch weiß-bläuliches gepaart mit warmem Licht wird Obst und Gemüse appetitlicher und frischer gemacht, als es (unter Umständen) zu Hause ausschaut.

Tatsächlich ist es unglaublich, wie viele Lichtphänomene uns täglich auf unserem Weg durch die Welt begleiten, die wir vollkommen ausblenden. Wenn Sie lernen, sie zu sehen, besitzen Sie bereits die Hälfte des Handwerkzeugs, um perfekt ausgeleuchtete Szenen zu erschaffen.

▲ **Abbildung 7.2**
Eine frontal angleuchtete Kugel wirkt flach – sie besitzt keine Tiefe.

7.3 Ziele des Lichtdesigns

Warum wird von professionellen Studios so viel Energie und letztendlich auch Geld in die Erzeugung einer perfekten Licht-Situation gesteckt? Dieser Frage möchte ich in diesem Abschnitt nachgehen.

7.3.1 Formen definieren

Das erste Ziel eines Lichtdesigns ist es immer, Formen herauszustellen. Sehen Sie sich dazu eine Kugel an, die aus Ihrer Blickrichtung frontal von einem hellen Licht angestrahlt wird (Abbildung 7.2). Erkennen Sie, wo sich die Kugel krümmt? Für mich sieht sie mehr oder weniger wie ein ausgefüllter Kreis aus.

▲ **Abbildung 7.3**
Eine seitlich beleuchtete Kugel erhält sofort Tiefe und wirkt dreidimensional.

Genau diesem Problem sehen sich auch Modeller, Fotografen oder Filmschaffende gegenüber: Sie haben ein tolles Modell erschaffen/gebucht und möchten es bestmöglich präsentieren.

Um sowohl die Plastizität als auch den Detailreichtum der Szene optimal zu zeigen, muss daher ein passendes Licht-Setup gestaltet werden. Sehen Sie sich an, was eine einfache Änderung der Lichtverhältnisse bewirken kann: Abbildung 7.3 zeigt die gleiche Kugel wie zuvor mit gleichem Material und geänderter Position der Lichtquellen.

7.3.2 Stimmungen erzeugen

Die zweite wichtige Aufgabe eines Lichtdesigners ist es, Stimmungen zu transportieren. Können Sie sich beispielsweise einen wartenden Killer bei schönstem Sonnenschein vorstellen? Die Farbe des einfallenden Lichts in Verbindung mit der Intensität und Art der Schatten steuert dabei sehr stark, wie Sie eine Szene wahrnehmen. Abbildung 7.4 zeigt Ihnen die Bedrohlichkeit und gleichzeitig Schönheit eines aufziehenden Gewitters – auch hier spielt das Licht eine zentrale Rolle, um diese Stimmung zu transportieren.

▲ **Abbildung 7.4**
Ein aufziehendes Gewitter legt in der Natur die Lichtstimmung fest.

7.3.3 Den Blick des Betrachters lenken

Eine weitere, nicht minder wichtige Aufgabe des Lichtdesigns besteht darin, den Blick des Zuschauers auf wesentliche Elemente der Szene zu lenken. Was wäre beispielsweise eine himmlische Szene unter freiem Himmel ohne ein Bündel Lichtstrahlen aus den Wolken, das den Hauptprotagonisten von oben beleuchtet? Oder eine Szene, bei der die Hauptcharaktere im Dunkeln umherstapfen, ohne dass eine Taschenlampe nur Teile der Szene beleuchtet?

▲ **Abbildung 7.5**
Reynante Martinez lenkt den Blick durch klug gesetzte Spots auf die Hauptelemente des Bildes.

Aber auch subtilere Beleuchtungen lenken den Blick des Betrachters: So kann ein kaum wahrnehmbarer Schimmer auf den Haaren der Hauptprotagonistin Ihren Kopf wortwörtlich ins rechte Licht und damit in den Fokus rücken. Sehen Sie sich dazu das mit Blender erstellte Rendering von Reynante Martinez an (Abbildung 7.5) – er arbeitet häufig mit Highlights und lenkt unseren Blick mit Licht.

7.3.4 Der Umgebung Gestalt geben

Last but not least sollten Sie als Lichtdesigner immer im Hinterkopf behalten, dass Ihre Zuschauer nur einen Ausschnitt der von Ihnen erschaffenen Welt sehen werden.

Versuchen Sie daher immer, bereits durch das geschickte Setzen von Lichtquellen einen Eindruck der Szene hinter der Kamera zu vermitteln: Lassen Sie Licht durch eine Öffnung (ein Fenster, eine Tür) scheinen, durch Blätter teilweise geblockt werden, oder animieren Sie es so, als würde es von einer Diskokugel zurückgeworfen. Ihr Betrachter wird bereits beim Anschauen der Szene vermuten, was sich im nicht sichtbaren Bereich (dem sogenannten Offscreen-Bereich) befindet. So können Sie in Abbildung 7.6 beispielsweise ausschließlich anhand der Spiegelung darauf schließen, dass sich die Kugel in der Nähe eines Fensters befunden haben muss.

Ihre Szene wird mit diesen kleinen Kniffen ohne allzu großen Aufwand stimmungsvoller, tiefer und spannender werden.

▲ **Abbildung 7.6**
Der Offscreen-Bereich trägt wesentlich dazu bei, die Spiegelung auf dieser Kugel interessant zu machen.

Augen offen halten

Um sich im Lichtdesign zu verbessern, gibt es Tausende Möglichkeiten. Die wichtigste: Halten Sie die Augen offen, wenn Sie sich umsehen, studieren Sie eine Szene aus Ihrem Lieblingsfilm. Schauen Sie sich Fotografien von »National Geographic«, Studiofotografien von Models oder Essen an. Es gibt so viel zu entdecken in der Natur, dass ich ihnen wärmstens empfehle, dieses Buch aus der Hand zu legen und sich zunächst einmal gemütlich umzusehen – auch in Vorbereitung auf Kapitel 8, »Shading«, ist die Schulung Ihres Auges sehr wichtig.

7.4 Arten von Lichtquellen

Wenn Sie Licht beschreiben, werden Sie wahrscheinlich Aussagen wie »rötliches Licht«, »kaltes Licht«, »Neonlicht« treffen. All diese Begriffe bezeichnen eigentlich das Ergebnis einer Kombination aus verschiedenen Lichtarten, die erst im Zusammenspiel das ergeben, was wir so lapidar als Licht bezeichnen. Lichtdesigner unterscheiden daher sowohl in der Realität als auch in der computergestützten Erzeugung von Licht verschiedene Lichtarten, wovon ich Ihnen die gebräuchlichsten jetzt vorstellen möchte. Ganz nebenbei werden Sie lernen, wie Sie die einzelnen Lichter in Blender in Ihre Szene einbinden und welche Einstellungen sie besitzen.

7.4.1 Blender Internal und Cycles

Wie bereits im letzten Kapitel möchte ich in diesem Kapitel wieder zwischen den beiden internen Render-Engines BI (Blender Internal) und Cycles unterscheiden. Die einzelnen Licht-Einstellungen sind unter beiden Renderern einfach zu unterschiedlich, als dass ich sie gemeinsam abhandeln könnte.

Zum Nachlesen

Weitere Informationen zu den beiden Render-Engines Blender Internal und Cycles finden Sie in Kapitel 6, »Rendering – ein Bild entsteht«.

Zu Beginn Ihrer Erlebnisreise durch das Lichtdesign mit Blender empfehle ich Ihnen, nur mit dem Blender-internen Renderer zu arbeiten, um ein Gefühl für das Lichtdesign zu bekommen. Cycles macht Ihnen das Designerleben zwar einfacher (und viele Renderings hübscher), versteckt aber leider auch viel Wissenswertes in Bezug auf Lichter. Da viele der Licht-Einstellungen in Cycles nicht nötig sind, werden die folgenden Abschnitte ausschließlich Blender-Internal-basiert sein. Alle vorgestellten Lichttypen sind aber natürlich in Cycles ebenso vorhanden und werden inklusive ihrer speziellen Einstellungen am Ende dieses Kapitels noch einmal vorgestellt. Auch das Hinzufügen von Lichtern bleibt unter Cycles gleich.

7.4.2 Lichtquellen in Blender

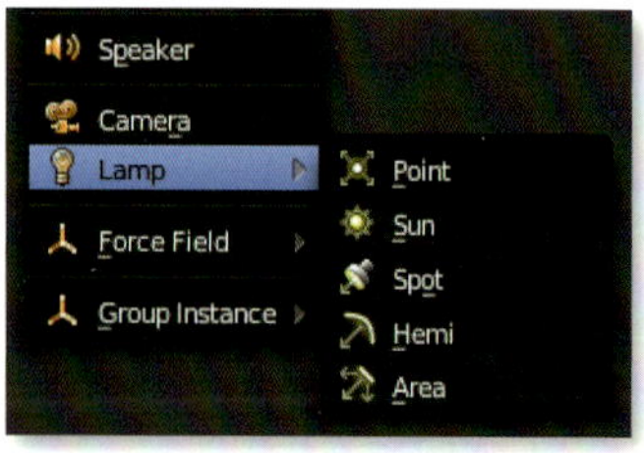

▲ **Abbildung 7.7**
Im Lamp-Menü finden Sie alle Lampentypen.

Alle Lichtquellen finden Sie wie üblich über das in Abbildung 7.7 gezeigte und bereits hinlänglich bekannte Add-Menü. Wählen Sie dort den Menüpunkt Lamp, erwarten Sie viele unterschiedliche Lampentypen – unter anderem der Typ Sun. Wie sich die einzelnen Lampentypen voneinander unterscheiden, lernen Sie in den folgenden Abschnitten. Einmal hinzugefügt, wird Ihnen die Position eines Lichts in der 3D-Ansicht durch einen ausgefüllten Punkt in einem Kreis angezeigt ❶. Die meisten Typen zeigen darüber hinaus gepunktete Drahtgitter, hervorgehobene Bereiche oder weitere

Hilfslinien an, die Ihnen auf einen Blick die Art und die Ausrichtung der Lichtquelle zeigen. Darüber hinaus zeichnet jedes Licht eine dunkelgraue Linie senkrecht auf den Boden ❷, mit deren Hilfe Sie die Position auf der globalen x- und y-Ebene leichter ausfindig machen können.

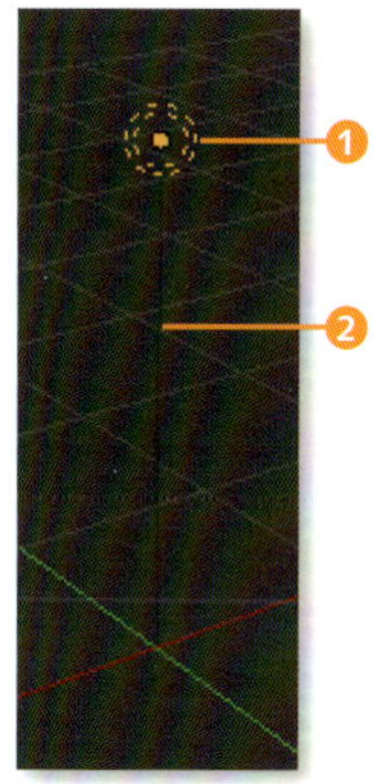

▲ **Abbildung 7.8**
Eine Lichtquelle vom Typ LAMP wird in der 3D-Ansicht als Punktlichtquelle angezeigt.

7.4.3 Allgemeine Optionen von Lichtern

Bevor wir uns die einzelnen Lichttypen ansehen, möchte ich Ihnen zuerst erläutern, welche Optionen Sie bei allen Lichttypen in Blender finden und wie sie sich auf Ihre Szene auswirken. Laden Sie dazu die Datei »07_LampTest_Start.blend«, und fügen Sie über ADD • POINT ein Licht ein. Wechseln Sie anschließend im PROPERTIES-Editor auf das OBJECT-DATA-Tab, das sich je nach gewähltem Licht mit einem anderen Symbol schmückt.

Die Datei »07_LampTest_Start.blend« finden Sie auf der Buch-DVD unter BEISPIELMATERIAL • KAPITEL_07.

Zu Beginn des Panels begrüßt Sie das in Abbildung 7.9 zu sehende Feld mit dem Namen des Lichts. Sie können den Namen und Datablock hier wie gewohnt ändern oder einen Fake-User erzeugen. Direkt darunter finden Sie eine mit PREVIEW bezeichnete Anzeige. Sie gibt einen Vorgeschmack auf die Lampe mit den aktuellen Einstellungen. Welche Einstellungen Ihnen zur Verfügung stehen, sehen Sie auf dem LAMP-Panel aus Abbildung 7.10. Sie zeigt Ihnen die Einstellungen eines Punktlichts:

▲ **Abbildung 7.9**
Alle Lampeneinstellungen finden Sie auf dem OBJECT-DATA-Tab.

- POINT/SUN/SPOT/HEMI/AREA: Hier legen Sie fest, welche Lichtart das gerade gewählte Licht darstellen soll. Von links nach rechts definieren Sie es als Punktlicht, Sonnenlicht, Spot-Licht, Hemi-Licht oder Flächenlicht.
- LIGHT COLOR: Durch die weiße Farbbox legen Sie fest, welche Farbe das Licht aussenden soll. Klicken Sie auf diese Box, um eine Farbe auszuwählen.
- ENERGY: Mit einer Eingabe in diesem Feld definieren Sie, wie stark das gewählte Licht strahlt.
- DISTANCE: Dieses Feld gibt an, in wie vielen Blender-Einheiten die Energie der Lampe nur noch halb so stark ist wie zu Beginn. Objekte, die näher als dieser Wert an der Lampe sind, werden mehr Licht abbekommen, Objekte mit größerer Entfernung werden weniger Licht erhalten. Sonnenlichter und Hemi-Lichter fallen dabei ein wenig aus dem Rahmen: Sie nutzen eine konstante Abnahmefunktion (verlieren also keine Intensität) und haben somit kein DISTANCE-Feld.
- NEGATIVE: Mit einem Häkchen in dieser Box können Sie das Licht als »negatives Licht« definieren. Anstatt der Szene Licht hinzuzufügen, können Sie durch diese Option Licht aus der Szene entfernen.

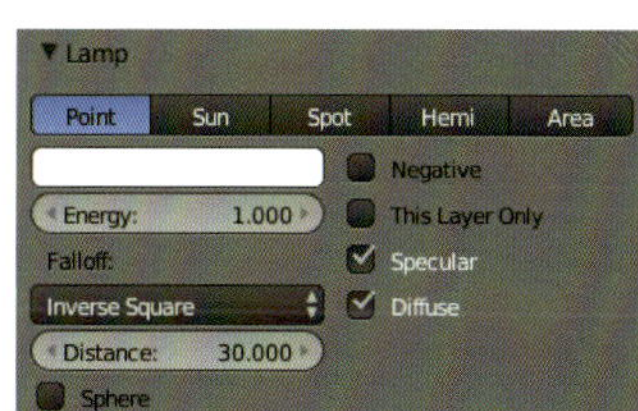

▲ **Abbildung 7.10**
Die Optionen des LAMP-Panels

Achtung: Lampen und Layer
Beachten Sie, dass Lampen standardmäßig nur die gerade sichtbaren Layer beleuchten. Wenn Sie eine Lampe auf einen Layer setzen und diesen Layer anschließend ausblenden, wird diese Lampe keine Objekte beleuchten.

- THIS LAYER ONLY: Hier stellen Sie ein, dass das Licht nur auf Objekte wirkt, die sich auf dem gleichen Layer wie das Licht befinden. Möchten Sie spezielle Teile Ihres Objekts heller anstrahlen, ist diese Option beispielsweise sehr hilfreich.
- SPECULAR: Die Lampe erzeugt Glanzlichter.
- DIFFUSE: Die Lampe erzeugt diffuse Schatten.

Neben diesen Optionen gibt es bei jedem Lichttyp weitere spezielle Optionen, die Sie in den folgenden Abschnitten kennenlernen. Um die Schatten von Lichtquellen zu beeinflussen, stehen Ihnen weitere Optionen zur Verfügung, diese werden etwas später ausführlich erläutert.

7.4.4 Pointlight (Punktlicht)

Punktlichter (omnidirektionale Lichter) sind Lichter, die in alle Richtungen gleichzeitig und in alle Richtungen gleich stark abstrahlen. Alle Lichtstrahlen gehen bei diesem Lichttyp von dem gleichen Punkt aus – sie ähneln Glühlampen ohne Fassung.

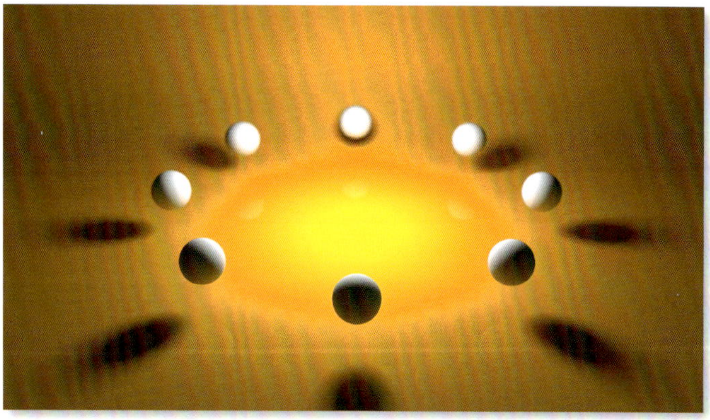

Abbildung 7.11 ▸
Punktlichter strahlen von einem Punkt in alle Richtungen gleich stark.

Punktlichter bieten Ihnen neben den bereits bekannten Optionen folgende Einstellungen:

- FALLOFF: Mit dieser Option bestimmen Sie, wie stark die Lichtintensität mit zunehmender Entfernung zur Lichtquelle abnimmt.
- CONSTANT: Hier findet keine Schwächung der Lichtintensität statt. Egal, wie weit Sie sich entfernen – das Licht wird nie schwächer.
- INVERSE LINEAR: Mit dieser Option nimmt die Stärke der Lichtquelle linear ab. Je weiter Sie sich von der Lichtquelle fortbewegen, desto schwächer wird sie.
- INVERSE SQUARE: Mit zunehmender Entfernung nimmt dieses Licht immer schneller (quadratisch) ab.

- Custom Curve: Möchten Sie einen eigenen Abnahmeverlauf definieren, so können Sie diese Option wählen. Unter dem Panel Falloff Curve können Sie die Kurve definieren.
- Lin/Quad Weighted: Über diese Option können Sie definieren, wie stark sich die Lichtabnahme linear oder quadratisch verhält. Zu diesem Zweck werden bei Auswahl dieser Option zwei Slider eingeblendet: Linear und Quadratic. Die Werte dieser beiden Slider geben an, wie stark beide Faktoren gewichtet werden (1.0 bedeutet maximale, 0.0 eine nicht vorhandene Gewichtung).
- Sphere: Wählen Sie die Sphere-Option, so wird das Licht unmittelbar dann enden, wenn die in Distance angegebene Anzahl an Blender-Einheiten erreicht wurde.

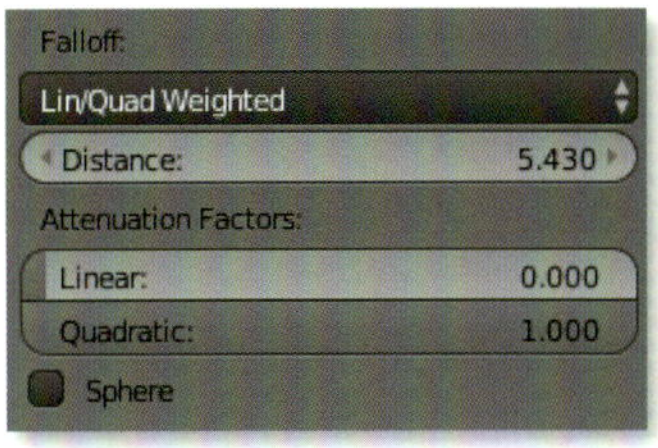

▲ **Abbildung 7.12**
Über Lin/Quad Weighted legen Sie die Abnahme der Lichtintensität über die Regler Linear und Quadratic fest.

Punktlichter bieten sich besonders dann an, wenn Sie Lichtquellen wie Kerzen, Streichhölzer oder Glühbirnen in Ihrer Szene einsetzen. Für Lichter, die die Aufmerksamkeit auf ein Objekt lenken sollen oder auf eine Bühne gerichtet werden, gibt es die sogenannten Spotlights.

7.4.5 Spotlight

Spots ermöglichen es durch Beschränkung des Wirkungsradius, das Licht wie mit einem Lampenschirm zu bündeln und zu fokussieren.

◀ **Abbildung 7.13**
Spotlights setzen Ihre Objekte durch einen fokussierten Lichtkegel in Szene.

Im realen Leben würden Sie diese Bündelung entweder durch einen Schirm oder im professionellen Umfeld durch Klappen am Rand dieser Lichter erreichen (sogenannte *Barn Doors*), in Blender genügen dafür neben den Einstellungen des Punktlichts die Einstellungen, die Sie in Abbildung 7.14 finden:

- Size: Hier definieren Sie den Winkel zur Begrenzung des Lichtkegels. Je kleiner dieser Wert ist, desto fokussierter wird der Lichtpunkt, je größer, desto breiter die ausgeleuchtete Fläche.

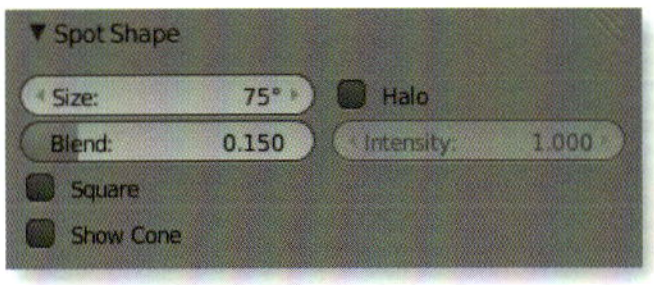

▲ **Abbildung 7.14**
Das Spot-Shape-Panel legt fest, wie der Lichtkegel geformt ist.

▲ **Abbildung 7.15**
Einen volumetrischen Lichtkegel erzeugen Sie ohne lange Render-Zeit mit der HALO-Option.

- BLEND: Dieser Wert gibt an, wie abrupt der Übergang zwischen Lichtkegel und Umgebung ist. Ein Wert von 1 blendet sanft in die Umgebung, 0 lässt eine scharfe Kante entstehen.
- SQUARE: Mit dieser Einstellung machen Sie den Spot quadratisch. Er wirft also keinen kreisförmigen Lichtkegel, sondern einen rechteckigen.
- SHOW CONE: Setzen Sie diese Option, so wird Ihnen im SOLID VIEWPORT der Kegel des Spots angedeutet, und alle in dem Kegel liegenden Objekte werden erhellt. Diese Option beeinflusst nicht das Rendering.
- HALO: Setzen Sie diese Option, so weisen Sie Blender an, den Lichtkegel als volumetrischen Lichtkegel zu rendern.
- INTENSITY: Hier definieren Sie, wie stark der HALO-Effekt wirkt (d. h., wie weiß der Kegel gezeichnet wird).

Sowohl das Punktlicht als auch das Spotlight emittieren Licht von einem Punkt aus. Das bedeutet, dass die Lichtstrahlen dieser Lichtquellen auf entfernte Objekte in verschiedenen Winkeln auftreffen. Die nächsten Lampentypen unterscheiden sich genau in diesem Punkt von den bisher vorgestellten Lichtern.

7.4.6 Sunlight (Sonnenlicht)

Direktionale Lichter senden Licht parallel aus – sie stellen sehr weit entfernte und meist sehr starke Lichtquellen dar. In Blender gibt es zu diesem Zweck den SUN- und den HEMI-Typ.

Abbildung 7.16 ▶
Direktionale Lichter wie die Sonne strahlen ohne Intensitätsverlust »unendlich weit«.

Der SUN-Typ enthält neben den bereits bekannten Lichtoptionen des LAMP-Panels keine neuen Einstellungen. Er bietet jedoch im SKY-&-ATHMOSPHERE-Panel mannigfaltige Einstellungen, um die Beleuchtung zu verschiedenen Tages- und Nachtzeiten zu simulieren. Mithilfe der SUN & SKY PRESETS und einem Häkchen in der

SKY-Checkbox können Sie so beispielsweise die Lichtverhältnisse in der Wüste imitieren. Die Rotation der Sonne um die x-Achse kontrolliert dabei, wie spät es ist: Zeigt sie nach unten, ist Mittag, zeigt sie nach oben, ist Mitternacht. Die Rotation um die z-Achse definiert, wo die Sonne steht – Sie können die Sonne auf diese Art um die Kamera wandern lassen.

▲ **Abbildung 7.17**
Mit dem SKY-&-ATMOSPHERE-Panel verpassen Sie Ihrer Szene im Handumdrehen einen diesigen Sonnenuntergang.

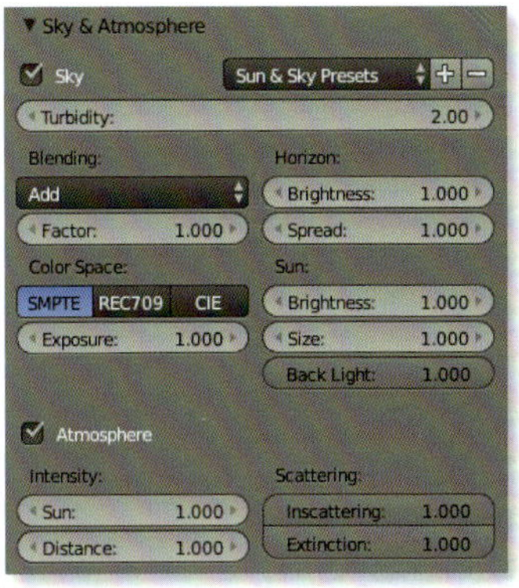

▲ **Abbildung 7.18**
Mit diesem Panel und einer SUN-LAMP legen Sie den Himmel der 3D-Szene fest.

Bei direktionalen Lichtern ist es irrelevant, wo Sie das Licht platzieren. Es wird immer so aussehen, als wäre es sehr weit entfernt, und wird alle Schatten parallel werfen. Was allerdings bei direktionalen Lichtquellen zählt, ist, wie Sie diese rotieren – denn die Rotation bestimmt den Schattenwurf.

7.4.7 Hemilight

Hemi-Lichter stellen einen gleichmäßig geformten Halbkreis aus Licht dar, der eine konstante Licht-Abnahmefunktion besitzt und keine Schatten wirft. Hemilights machen es Ihnen daher einfach, die Szene gleichmäßig aufzuhellen oder mit der gewählten Lichtfarbe zu färben. Da Hemilights genau wie die Sunlights direktionale Lichtquellen sind, gelten auch für sie die gleichen Vorschriften – die Position in der 3D-Szene ist gleichgültig, die Rotation gibt an, in welche Richtung die Lichtquelle Licht aussendet.

7.4.8 Arealight (Flächenlicht)

Flächenlichter simulieren im Gegensatz zu ihren bereits besprochenen Lampen-Kollegen rechteckige Lichtflächen. Während Sie Punktlichter problemlos skalieren können, ohne dass die Größenänderung einen Einfluss auf die Helligkeit in Ihrer Szene hätte, legen Sie über die Maße eines Flächenlichts genau fest, wie groß die lichtaussendende Fläche ist. Zu diesem Zweck gibt es ein eigenes Panel mit Namen AREA SHAPE.

Abbildung 7.19 ▶
Dieser sehr weiche Schattenwurf ist typisch für große Flächenlichter.

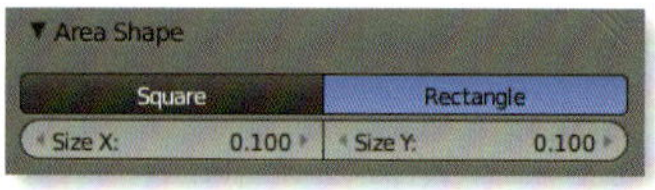

▲ **Abbildung 7.20**
Das AREA-SHAPE-Panel bestimmt die Größe der lichtaussendenden Fläche.

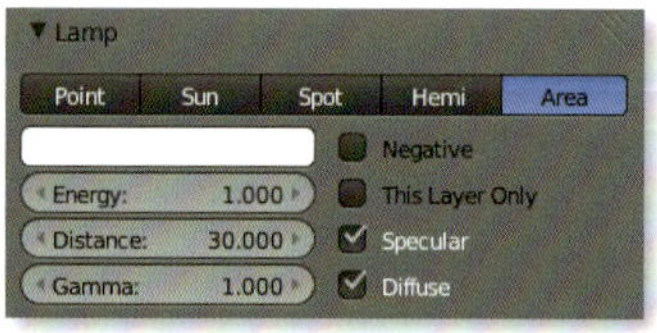

▲ **Abbildung 7.21**
Das Arealight zeigt Ihnen zwei spezielle Einstellungen an: DISTANCE und GAMMA.

- SQUARE/RECTANGLE: Hier legen Sie fest, ob Sie ein rechteckiges Flächenlicht (beide Seiten können unterschiedlich groß sein) oder ein quadratisches Flächenlicht erzeugen möchten.
- SIZE X/SIZE Y: Hier geben Sie an, wie groß beide Seiten sein sollen. Bei einem quadratischen Flächenlicht können Sie hier natürlich nur einen Wert eingeben.

Die bekannten Lichtoptionen werden bei einem Flächenlicht um die zusätzliche Einstellung GAMMA ergänzt.

Da Flächenlichter keine FALLOFF-Option haben (die die Abnahme des Lichts steuert), wird die Abnahme über den DISTANCE- und den GAMMA-Wert eingestellt. Ein höherer GAMMA-Wert erhöht den Kontrast und die Lichtintensität deutlich. Achten Sie zusätzlich darauf, ENERGY bei Flächenlichtern nicht zu hoch einzustellen – hässliche Farbränder und viel zu helle Lichtkegel (sogenannte Lichthöfe) wären die Folge.

7.4.9 Meshlight

Neben den »normalen« Beleuchtungsarten über die vorangegangenen Lichttypen haben Sie in Blender die Möglichkeit, Ihre Szene mit einem oder mehreren Mesh-Objekten zu beleuchten. Dabei übernehmen die Faces der Objekte die Aufgabe von Flächenlichtern – sie beleuchten von sich aus die Szene. Diese Beleuchtungstechnik erfordert besondere Material- und Szenen-Einstellungen, die ich Ihnen in Kapitel 8, »Shading«, erläutern werde.

7.4.10 Ambient Light (Umgebungslicht)

Als ambientes Licht bezeichnet man das Licht, das uns in der Realität permanent umgibt. Es setzt sich aus dem Licht des Himmels, aller Lichtquellen und dem durch unsere Umwelt reflektierten Licht zusammen. In der Computergrafik bedeutet »ambiente Beleuchtung« meist, dass die Szene auf unnatürliche Weise aufgehellt wird (ähnlich wie durch ein Hemilight). Setzen Sie diesen Effekt daher bitte nur äußerst spärlich ein. Da ambientes Licht nicht durch eine Lichtquelle, sondern durch die die Szene umgebende Weltkugel definiert wird, finden Sie die Einstellungen im PROPERTIES-Editor nicht auf einem LAMP-Panel des OBJECT-DATA-Tabs, sondern auf dem WORLD-Tab. Das WORLD-Tab inklusive aller Einstellungen lernen Sie ein wenig später in diesem Kapitel kennen.

In Cycles ist jedes Licht, das von der Umgebung ausgeht, automatisch Umgebungslicht. Sie müssen also nichts weiter einstellen oder ändern, wenn Sie Ihre Szene durch die Umgebung beleuchten lassen möchten. Um das Umgebungslicht auszuschalten, setzen Sie die Farbe des Lichts auf Schwarz.

7.5 Was wäre Licht ohne Schatten?

Im Laufe dieses Kapitels habe ich Ihnen bereits einiges über die verschiedenen Lichttypen und Licht im Allgemeinen erzählt. Wie Ihnen als aufmerksamer Leser sicher nicht entgangen ist, besitzen alle Lampen des BI-Renderers neben den lichtspezifischen Einstellungen allerdings auch eine ganze Reihe anderer Einstellungen, die sich um die Erzeugung von Schatten kümmern.

7.5.1 Allgemeine Optionen

Alle Schatten-Einstellungen finden Sie bei Lichtern im PROPERTIES-Editor unter OBJECT DATA im SHADOW-Panel. Dort begrüßen Sie, wenn Sie einen Schattentyp, wie z. B. RAY SHADOW, aktiviert haben, immer mindestens die folgenden drei Einstellungen:

- SHADOW COLOR: Durch einen Klick auf die schwarze Box legen Sie die Schattenfarbe fest. Normalerweise ändern Sie diese Einstellung nicht, Sie können allerdings bei Bedarf künstlerische Effekte erzeugen, indem Sie den Schatten surreal färben.

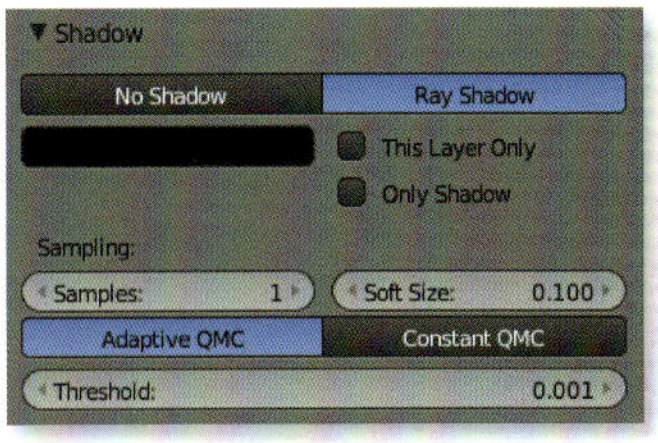

▲ **Abbildung 7.22**
BI-Schatten definieren Sie auf dem SHADOW-Panel.

- This Layer Only: Wie auch später in Abschnitt 7.6.7, über Lichter beschrieben, können Sie in Blender die Wirkung des Schattens mit dieser Checkbox auf den Layer beschränken, auf dem sich die Lampe befindet.
- Only Shadow: Mit dieser Einstellung sendet Ihre Lampe kein Licht, sondern nur noch Schatten aus – die einzige Aufgabe des Lichts besteht ab diesem Zeitpunkt darin, einen Schatten zu werfen.

Die Datei »07_BufferShadow.blend« finden Sie auf der Buch-DVD unter Beispielmaterial • Kapitel_07.

Direkt darüber wählen Sie die Art der Schattenerzeugung aus. Hier legen Sie fest, ob das gewählte Licht keinen Schatten (No Shadow), einen mithilfe der Raytracing-Methode (Ray Shadow) oder (nur möglich bei Spots) einen per Schatten-Puffer (Buffer Shadow) berechneten Schatten wirft. Schatten-Puffer werden zwar schneller berechnet als die mit Raytracing erzeugten Schatten, die Wahl der richtigen Einstellungen ist allerdings deutlich schwieriger und erfordert viel Erfahrung und lohnt sich gerade für Sie als Anfänger nicht wirklich. Die Probleme, die Sie sich gerade als Anfänger mit diesem Schattentyp einhandeln, werden Sie mehr Zeit kosten, als wenn Sie einfach die etwas längere Berechnungszeit durch Raytracing in Kauf nehmen. In diesem Buch werde ich daher die Buffer Shadows aussparen. Wenn Sie experimentierfreudig sind, schauen Sie sich diese aber gerne an – die Datei »07_BufferShadow.blend« gibt Ihnen einen ersten Einblick in dieses Thema.

Buffer Shadows heute

Während die Schattenberechnung per Schatten-Puffer noch im Jahr 2000 State of the Art war, werden sie heutzutage beim Rendern von Szenen immer seltener genutzt und mehr und mehr durch die Raytracing-Algorithmen verdrängt. Ganz anders sieht es in Spielen aus, die ihre Grafik in Echtzeit rendern müssen – dort sind auch die klassischen Buffer Shadows immer noch in Gebrauch.

7.5.2 Raytracing-Shadows (Ray Shadow)

Mit dem Raytracing-Algorithmus berechnete Schatten haben mehrere Vorteile: Sie produzieren realistische Schatten ohne viele Einstellungen und nutzen sehr wenig Speicher. Sie erkaufen sich diese Vorteile jedoch durch einen deutlich erhöhten Rechenaufwand und damit einer höheren Render-Zeit. Alle Lampentypen außer den Hemi-Lampen bieten Ihnen diese Art der Schattenberechnung – mit geringen Unterschieden: Während beispielsweise ein Spot-Licht Strahlen in einem Kegel Richtung Kamera sendet, sendet ein Sun-Licht die Strahlen quasi parallel von einem sehr weit entfernten Punkt aus. Daher sehen die Schatten der einzelnen Lichter auch bei gleichen Einstellungen unterschiedlich aus.

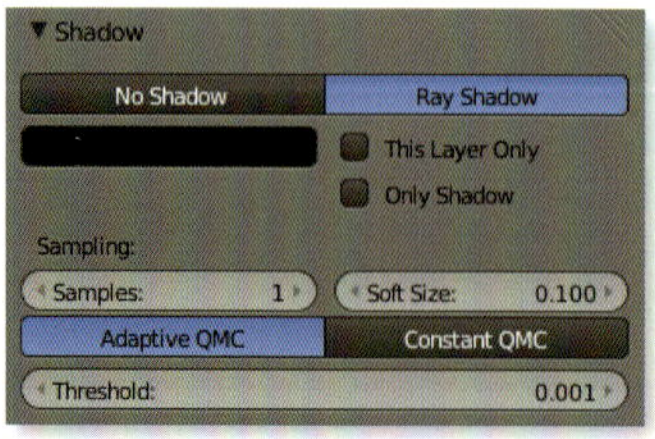

▲ **Abbildung 7.23**
Raytracing-Schatten erhöhen den Realismus und die Rechendauer Ihrer mit dem BI-Renderer gerenderten Bilder.

Auch die Größe der Lichtquelle spielt bei der Betrachtung von Schatten eine wichtige Rolle. Wenn Sie eine stecknadelgroße Lampe in Ihre Szene setzen, wird der von diesem Licht geworfene Schatten deutlich schärfer abgegrenzt sein als bei Licht mit den Ausmaßen eines großen Strahlers. Achten Sie also immer darauf, die Größe der Lichtquelle anzupassen, wenn Ihre Schatten zu scharf abgegrenzt sind.

Wenn Sie sich an die Beschreibung des Raytracing-Algorithmus aus dem letzten Kapitel erinnern, werden Sie sicherlich noch wissen, dass eine große Anzahl an Strahlen ausgesendet wird, um ein Bildpixel zu berechnen. Mit jedem Schatten werfenden Licht in Ihrer Szene wird aus diesem Grund der Berechnungsaufwand des gesamten Bildes größer. Um nicht tagelang untätig vor Ihrem Rechner sitzen zu müssen, bietet Ihnen Blender daher einige Optionen an, mit denen Sie Ihre Raytracing-Schatten »tunen« können:

- SAMPLING: Hier bestimmen Sie, wie die Proben (die Strahlen) für die Schattenberechnung ausgewählt werden. ADAPTIVE QMC wird am schnellsten berechnet, produziert aber rauschendere Ergebnisse, CONSTANT QMC rauscht weniger und produziert daher bessere Schatten, ist aber langsamer. Eine ausführliche Erklärung der Quasi-Monte-Carlo-Methode und der einzelnen Varianten dieser Methode finden Sie in Abschnitt 7.6.5, »Gather«.
- SAMPLES: Mit dieser Einstellung legen Sie fest, wie viele Strahlen beide Sampling-Methoden pro Pixel aussenden, bevor zum nächsten Pixel des Bildes weitergegangen wird. Der hier eingegebene Wert wird quadriert, ein Wert von 3 bedeutet also neun Strahlen. Stellen Sie hier einen Wert von 1 ein, so können Sie keine weichen Schattenränder erzeugen (nur ein Strahl wird pro Pixel betrachtet, dieser ist entweder schattiert oder eben nicht). Werte > 1 in Kombination mit der nächsten Option bringen Ihnen den gewünschten Weichzeichnungseffekt.
- SOFT SIZE: Mit diesem Wert geben Sie die Größe der Lichtquelle an und kontrollieren dadurch indirekt, wie weich der Schattenrand wird. Bei dem Default-Wert von 0.1 werden Sie kaum einen weichen Schatten erkennen können. Geben Sie hier mindestens 0.5 oder 1 für weiche Schattenränder ein.
- THRESHOLD: Mit dieser Einstellung legen Sie einen Grenzwert für das adaptive Sampling fest. Haben Sie ADAPTIVE QMC ausgewählt, so legen Sie hiermit fest, ab welchem Abdunklungsgrad zum nächsten Pixel übergegangen wird, auch wenn noch nicht die unter SAMPLES angegebene Anzahl an Strahlen ausgesandt wurde. Diese Einstellung dient dazu, Bereiche mit ausgeprägten Schattierungen nicht unnötigerweise immer wieder zu betrachten – die Berechnungsdauer verkürzt sich dadurch deutlich.

Die Auswirkungen verschiedener SOFT-SIZE-Einstellungen können Sie sich in Abbildung 7.24 ansehen – dort finden Sie die gleiche

Raytracing und Schatten rendern

Achten Sie darauf, dass im RENDER-Tab des PROPERTIES-Editors auf dem SHADING-Panel sowohl die Option SHADOWS als auch das RAY TRACING aktiviert ist, sonst werden Sie keine Schatten bei Nutzung der Raytracing-Schatten sehen. Standardmäßig sind diese Optionen gesetzt, bei Problemen mit fremden Blender-Dateien lohnt es sich allerdings, einmal dort nachzusehen.

Zum Nachlesen

Weitere Informationen zum Raytracing-Algorithmus finden Sie im Abschnitt »Raytracing« auf Seite 268.

Szene mit der SOFT-SIZE-Einstellung 0 und 2. Wie Sie sehen, wird der Schatten mit zunehmender Lampengröße deutlich weicher.

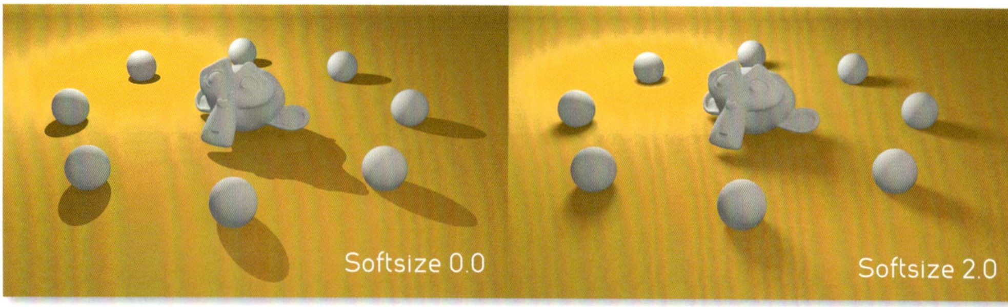

Abbildung 7.24 ▲
Unterschiedlich scharf begrenzte Schatten durch verschiedene SOFT-SIZE-Werte

7.6 Die Welt nach Ihren Wünschen gestalten – das World-Tab

Wenn wir über Lichtdesign mit Blender sprechen, kommen wir nicht an den Einstellungen des WORLD-Tabs im PROPERTIES-Editor vorbei. Mit dem BI-Renderer legen Sie hier den Hintergrund der Szene fest, passen die Raytracing-Algorithmen an und simulieren globale Beleuchtung. Auch wenn Sie den Cycles-Renderer nutzen, legen Sie auf diesem Tab alle Einstellungen der »Welt« fest. Da Cycles allerdings über die vorgestellten Pathtracing-Algorithmen die Darstellung der Szene berechnet, sind viele der nachfolgenden Einstellungen für diesen Renderer weder vorhanden noch nötig – globale Beleuchtung ist beispielsweise automatisch aktiv, und Meshlights leuchten ohne besondere Rendering-Tricks oder Kniffe. Die nachfolgenden Abschnitte behandeln daher ausschließlich die WORLD-Einstellungen des BI-Renderers.

7.6.1 Preview und World-Panel

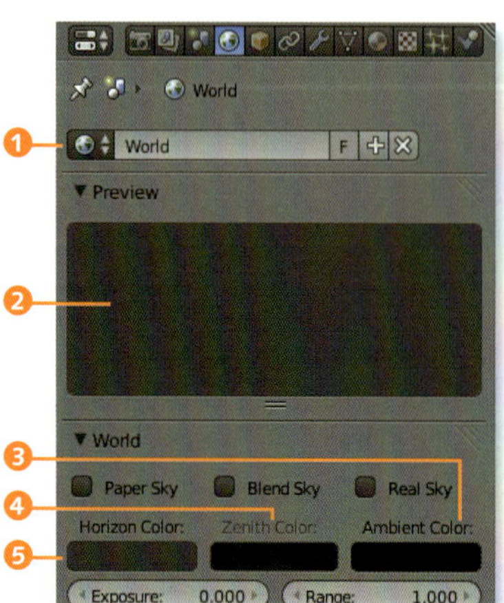

▲ **Abbildung 7.25**
Das WORLD-Panel definiert die Welt um die 3D-Szene.

Am oberen Rand des Panels begrüßt Sie wie gewohnt die Datenblock-Zeile ❶. Hier können Sie wie immer den Namen des aktuellen Datenblocks ändern, löschen oder duplizieren und andere World-Datenblöcke auswählen. Direkt darunter befindet sich ein Vorschaufenster ❷. Dieses Fenster zeigt Ihnen in einer kleinen Voransicht, wie der von Ihnen gestaltete Himmel gerade aussieht. Die Farben des Himmels definieren Sie im WORLD-Panel mit den drei Farbauswahlboxen:

- HORIZON COLOR: Hier legen Sie die Farbe des Horizonts fest ❺.
- ZENITH COLOR: Hier legen Sie die Farbe des Zenits fest ❹.
- AMBIENT COLOR: Hier definieren Sie die Farbe des Umgebungslichts (wird im nächsten Abschnitt erklärt) ❸.

Wie die Farben interpretiert werden, hängt hauptsächlich von der Aktivierung der folgenden Optionen ab:

- PAPER SKY: Mit dieser Auswahl wird der durch die Option BLEND SKY hervorgerufene Farbverlauf auf den durch die Kamera betrachteten Ausschnitt gelegt. Der untere Rand des Bildes stellt somit die HORIZON COLOR und der obere Rand die ZENITH COLOR dar.
- BLEND SKY: Diese Option bewirkt einen Farbverlauf von der HORIZON COLOR zur ZENITH COLOR. Dabei ist der Verlauf nicht linear, sondern der Himmelskugel angepasst.
- REAL SKY: Mit dieser Auswahl legen Sie zwei Farbverläufe fest: Von der ZENITH zur HORIZON COLOR und wieder zur ZENITH COLOR zurück. Die Überblendung wird dynamisch anhand der Kameraausrichtung bestimmt und erhöht gerade bei Animationen somit den Realismus.

Color Picker

Wenn Sie einen Klick auf die rechteckigen Farbkästen ausführen, öffnet sich der Color Picker (die Farbauswahl). Wählen Sie eine Farbe durch Klick auf die entsprechende Position im Farbkreis aus. Erhöhen Sie die Helligkeit, indem Sie den rechten Rand des Color Pickers nutzen. Sehen Sie in Kapitel 2, »Die Arbeitsoberfläche«, nach, wenn Sie weitere Fragen zum Handling der Farbauswahldialoge haben.

Mit EXPOSURE und RANGE können Sie die Helligkeit Ihres Bildes regulieren und somit überbelichtete Bereiche in einen darstellbaren Wertebereich zurückführen. Da Sie mittlerweile jedoch über den NODE EDITOR (mehr dazu in Kapitel 13, »Postproduktion und Compositing«) weitaus bessere Möglichkeiten an die Hand bekommen, können Sie diese beiden Slider momentan getrost ignorieren.

Horizon Color als Standard

Falls keine der Optionen BLEND, REAL oder PAPER SKY ausgewählt ist, bekommt Ihr Hintergrund eine durchgängige Farbe – die HORIZON COLOR.

7.6.2 Ambient Occlusion

AMBIENT OCCLUSION (AO) erzeugt an nahe aneinanderliegenden Flächen eine Abschattung (einen Schatten) und ist grundsätzlich nur ein Trick, um mit dem Rechner generierte Grafiken realistischer wirken zu lassen. AO beruht auf der Beobachtung, dass sich in der Realität Abschattungen gerade dort bilden, wo Objekte dem einfallenden Licht wenig Raum lassen, um zu streuen (beispielsweise an Kanten).

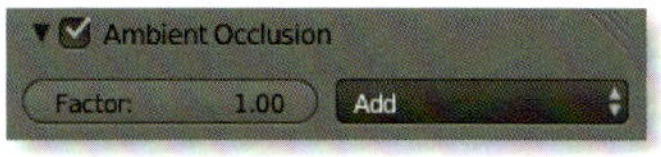

▲ **Abbildung 7.26**
Das AMBIENT-OCCLUSION-Panel

AO-Berechnungen

Blender führt eine AO-Berechnung auf folgende Art aus: Von jedem Punkt der Oberfläche eines Objekts werden Strahlen in den Himmel gesendet und, falls sie ihn erreichen, gezählt. Wenn ein Strahl den Himmel nicht erreicht, dann muss er von einem anderen Objekt geblockt worden sein. Die Strahlen werden auf einer Halbkugel um den betrachteten Punkt in den Himmel geschickt, so dass ein möglichst großer Raum betrachtet werden kann. Falls ein Strahl eine andere Face trifft, dann wird dieser Strahl als Schattenstrahl, andernfalls als Lichtstrahl interpretiert. Das Verhältnis aus Schatten- und Lichtstrahlen bestimmt, wie hell das Pixel ist.

Alle Einstellungen zur Ambient Occlusion finden Sie im Ambient-Occlusion-Panel:

- Factor: Hier geben Sie an, wie stark der Ambient-Occlusion-Effekt ist. Ein Wert von 1 bedeutet maximale Stärke, 0 das komplette Fehlen von AO.
- Blend Type: Mithilfe dieser Combobox geben Sie den Modus an, in dem die AO-Informationen genutzt werden. Möchten Sie Abschattungen an nahe aneinanderliegenden Flächen erzeugen, so nutzen Sie den Modus Multiply. Möchten Sie die AO-Informationen zum Aufhellen des Bildes nutzen, so nutzen Sie den Modus Add.

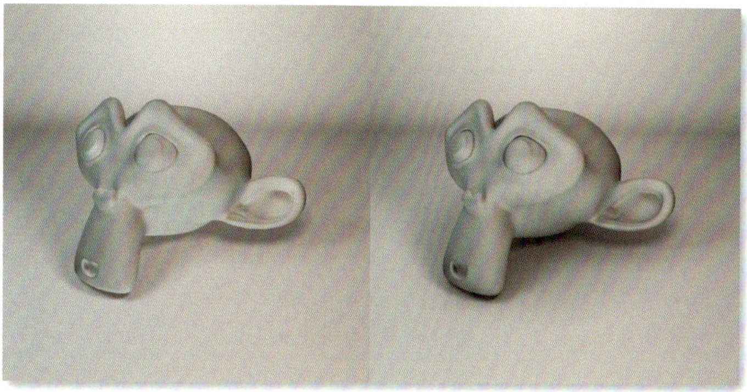

▲ **Abbildung 7.27**
Ein Modell ohne (links) und mit AO (rechts)

Blend Type Add ist kein Beleuchtungsersatz
Beachten Sie, dass der Blend Type Add keine ordentliche Beleuchtung des Bildes ersetzen kann. AO bewirkt im Add-Modus ein flaches Bild ohne Tiefe. Es ist nur ein Trick, der Ihre Szene realitätsnäher machen kann – keine Beleuchtungstechnik. Vermeiden Sie daher, wann immer Sie können, Ihre Szene ausschließlich mit AO zu »beleuchten«.

Abbildung 7.27 zeigt Ihnen ein Modell mit und ohne AO an. Achten Sie besonders auf die Abschattung an den Kanten und unterhalb des Objekts.

7.6.3 Environment-Lighting

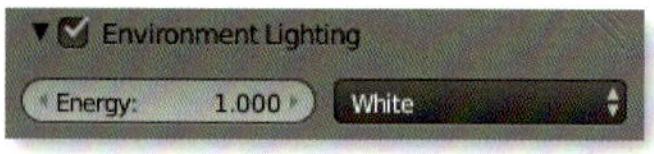

▲ **Abbildung 7.28**
Mit dem BI-Renderer und diesem Panel beleuchten Sie Ihre Szene unter anderem per HDR-Bild.

Das Environment-Lighting-Panel ermöglicht Ihnen nach Aktivierung der Option im Kopf des Panels per Checkbox, Ihre Szenen völlig ohne Lichtquellen zu erhellen. Die Standardeinstellung des Panels bewirkt, dass Ihre Szene flach und ohne echte Tiefe dargestellt wird – analog zur AO im Modus Add.

Interessant wird Environment Lighting allerdings dann, wenn Sie Ihre Szene mithilfe eines Bildes beleuchten möchten. Dabei werden die Helligkeitsinformationen der Pixel Ihres Bildes so in Lichtinformationen umgesetzt, dass Ihre Szene völlig ohne Lampen beleuchtet wird. Folgende Optionen stehen beim Environment-Lighting zur Auswahl:

- Energy: Hier definieren Sie, wie groß die Intensität des Umgebungslichts ist.

- Environment Color: Dieser Punkt lässt Sie auswählen, welches Licht Blender als Umgebungslicht setzt. Initial steht diese Auswahl auf White, nutzt weißes Licht und zieht die oben beschriebenen Folgen nach sich. Die Auswahl Sky Color nutzt die im World-Tab definierten Farben, um die Szene auszuleuchten, und über Sky Texture können Sie – wie oben angedeutet – ein Bild für die Beleuchtung der Szene nutzen.

◂ **Abbildung 7.29**
Die komplette Beleuchtung dieser Szene wird von einem Bild übernommen – eine Lampe ist nicht vorhanden.

Bildbasierte Beleuchtung (IBL) von BI-Szenen

Möchten Sie ein Bild zur Beleuchtung von BI-Szenen nutzen, so müssen Sie einige Einstellungen vorab vornehmen. Dafür benötigen Sie Wissen, das Sie erst nach der Lektüre von Kapitel 8, »Shading«, erlangen werden. Kehren Sie einfach nach der Lektüre des genannten Kapitels hierher zurück und führen Sie dann die folgenden Schritte aus:

- Erzeugen Sie eine neue Textur für World.
- Ändern Sie den Texturtyp in eine Image-Textur, und laden Sie ein Bild (im besten Fall ein HDR-Bild).
- Legen Sie im Texture-Tab die Textur auf den Horizont, indem Sie auf dem Influence-Panel die Checkbox Horizon aktivieren und die Checkbox Blend deaktivieren.
- Ändern Sie unter Mapping die Coordinates zu Equirectangular.
- Wechseln Sie ins World-Tab, und aktivieren Sie dort Environment Lighting. Wählen Sie Sky Texture als Modus aus.
- Aktivieren Sie unter dem Gather-Panel der World den Raytracing-Algorithmus.
- Erhöhen Sie im gleichen Panel die Samples, um ein weniger verrauschtes Bild zu erhalten.

Die Dateien »07_IBL_BI.blend« und »07_IBL_Cycles.blend« enthalten je eine Szene, die ausschließlich mit einem Bild im Hintergrund beleuchtet wurden. Dort können Sie die obigen Schritte nachvollziehen und sowohl mit dem BI-Renderer als auch mit Cycles die Abbildung 7.29 rendern. Gerade im Vergleich der Render-Zeiten dieser beiden Szenen können Sie sehen, wie viel schneller Cycles in dieser für den BI-Renderer schwierigen Lichtsituation ist: Fast 4 Minuten benötigt der BI-Renderer mit einer aktuellen Intel i7-CPU, 25 Sekunden dagegen Cycles auf zwei Nvidia-GPUs.

Die Dateien »07_IBL_BI.blend« und »07_IBL_Cycles.blend« finden Sie auf der Buch-DVD unter Beispielmaterial • Kapitel_07.

IBL

Die Beleuchtung einer Szene über ein Bild wird im Fachjargon *Image-based Lighting (IBL)* genannt. Sie wird meist über High-Dynamic-Range-(HDR-)Bilder durchgeführt. Dieses Bildformat erlaubt es, einen sehr hohen Dynamikumfang (beispielsweise der zum Zeitpunkt des Fotos herrschenden Lichtverhältnisse) abzuspeichern, und gibt Blender damit genügend Helligkeitsinformationen, um die Beleuchtung durchführen zu können.

7.6.4 Indirekte Beleuchtung

Mithilfe des INDIRECT-LIGHTING-Panels simulieren Sie verschiedene Arten der indirekten Beleuchtung und geben dem BI-Renderer auf diese Weise die Möglichkeit, auf selbstleuchtende Objekte zu achten. Darüber hinaus aktivieren Sie auf diesem Panel das sogenannte *Color Bleeding*, d.h., jedem Objekt Ihrer Szene wird es durch die Berechnung von indirektem Licht ermöglicht, andere Objekte durch abprallendes Licht zu färben. Abbildung 7.31 zeigt sehr gut, wie die farbigen Bälle Suzanne von links und rechts mit pinkem und blauem Licht beleuchten.

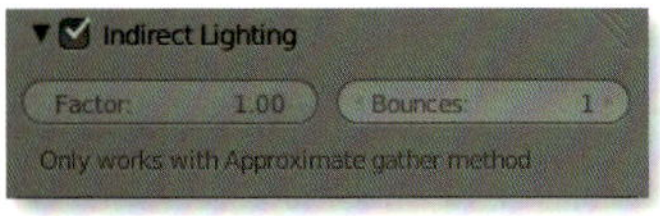

▲ Abbildung 7.30
Das INDIRECT-LIGHTING-Panel steht Ihnen nur bei der APPROXIMATE-Einstellung zur Verfügung.

Abbildung 7.31 ▶
Mit den richtigen Einstellungen kann auch der BI-Renderer Ihre Szene mithilfe von Objekten beleuchten.

Folgende Einstellungen finden Sie im INDIRECT-LIGHTING-Panel:

- FACTOR: Mit diesem Faktor geben Sie an, wie stark sich die Oberflächen der umliegenden Objekte gegenseitig beeinflussen. Je höher dieser Wert liegt, desto mehr Licht (und Farbe) verteilt sich auf den Objekten Ihrer Szene.
- BOUNCES: Mit diesem Wert beschränken Sie die Anzahl an Umlenkungen eines Lichtstrahls, bevor zum nächsten Pixel übergegangen wird. Je kleiner dieser Wert ist, desto weniger indirektes Licht wird in der Szene berechnet und desto kürzer wird die Render-Zeit.

Mesh-Unterteilung bei Indirect Lighting
Da das Indirect Lighting wie schon das AO auf dem Betrachten von Punkten auf Faces beruht, ist es sinnvoll, das Mesh feiner zu unterteilen, falls die Qualität der indirekten Beleuchtung zu wünschen übrig lässt. Nutzen Sie einen SUBDIVISION-SURFACE-Modifier, oder unterteilen Sie es per [W] • SUBDIVIDE.

Möchten Sie die indirekte Beleuchtung mit dem BI-Renderer ausprobieren, so steht Ihnen die Datei »07_IndirectLighting_BI.blend« zur Verfügung.

Die Datei »07_IndirectLighting_BI.blend« finden Sie auf der Buch-DVD unter BEISPIELMATERIAL • KAPITEL_07.

Selbstleuchtende Objekte
Um ein Objekt mit dem BI-Renderer zu einem selbstleuchtenden Objekt zu machen, müssen mehrere Vorbedingungen erfüllt sein:

- Auf dem GATHER-Panel muss als Algorithmus APPROXIMATE gewählt sein.
- Das selbstleuchtende Objekt muss mindestens eine Face besitzen.
- Das selbstleuchtende Objekt muss ein Material mit einem EMIT-Wert > 0 besitzen (das lernen Sie im nächsten Kapitel »Shading«, auf Seite 359).

Aktivieren Sie INDIRECT LIGHTING und erhöhen den FACTOR entsprechend.

7.6.5 Gather

Im GATHER-Panel finden Sie Optionen, um die Qualität und die Algorithmen für die AMBIENT OCCLUSION, das ENVIRONMENT LIGHTING und das INDIRECT LIGHTING zu ändern. Alle diese Methoden können Sie in Blender mittels des Raytracing-Algorithmus oder mittels eines Approximate-Algorithmus berechnen lassen. Der Raytracing-Algorithmus führt zu qualitativ hochwertigen Renderings, während der Approximate-Algorithmus zu schnelleren Renderings bei etwas verminderter Qualität führt – er nähert sich dem »korrekten« Ergebnis nur an. Um eine Berechnungsmethode festzulegen, nutzen Sie die erste Option des GATHER-Panels. Wie Sie sicher schon vermuten, wählen Sie mit RAYTRACE die Berechnung nach der Raytracing- und mit APPROXIMATE die Berechnung nach der Näherungsmethode aus.

Raytracing-Algorithmus | Erinnern Sie sich noch an den Raytracing-Algorithmus aus dem letzten Kapitel? Dort haben Sie gelesen, dass die Raytracing-Methode Strahlen aus der Kamera in Richtung Szene feuert und durch den Strahlenverlauf Rückschlüsse auf die Beleuchtung, Abschattung, Reflexion und Refraktion von Oberflächen zieht. Da der Algorithmus bei geringer Strahlenanzahl viele Punkte der Objektoberfläche nur selten trifft, werden die gerenderten Bilder bei einer geringen SAMPLES-Anzahl (Strahlenanzahl pro Punkt der Oberfläche) stark rauschen. Bei einer Erhöhung des SAMPLES-Wertes wird das Bild nach und nach immer rauschfreier.

Zum Nachlesen
Weitere Informationen zum Raytracing-Algorithmus finden Sie im Abschnitt »Raytracing« auf Seite 268.

◂ **Abbildung 7.32**
Der Raytracing-Algorithmus liefert ausgewogene, glaubhafte Bilder mit realistischen Licht- und Schattenverhältnissen.

Der Vorteil der Raytracing-Methode liegt ganz klar darin, Refraktion, Reflexion und exakte Schatten berechnen zu können – die erhöhte Rechenzeit zahlt sich bei Szenen, die auf realitätsnahe Darstellung Wert legen, aus. Möchten Sie eine HDR-Textur zum Beleuchten der kompletten Szene nutzen, bleibt Ihnen nur die Raytracing-Option im Blender-Internal-Renderer, oder Sie wechseln auf Cycles – der Näherungs-Algorithmus (Approximate) funk-

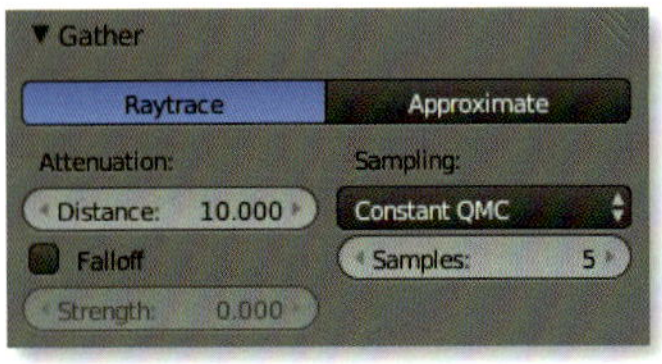

▲ **Abbildung 7.33**
Das GATHER-Panel im Modus RAYTRACE

(Quasi-)Monte-Carlo-Methode
Die Monte-Carlo-Methode versucht aus einer gegebenen Anzahl an Werten (möglichst zufällig) Proben auszuwählen. Dies kann zur Folge haben, dass aus einem Bereich der Wertemenge sehr viele Proben entnommen werden, während aus einem anderen Bereich fast keine Proben in das Ergebnis einfließen. In vielen Berechnungen benötigt man jedoch nicht nur zufällige Werte, sondern gleichzeitig auch Werte, die über das gesamte Spektrum verteilt sind – aus diesem Grund gibt es die Quasi-Monte-Carlo-Methode. Sie wählt auch zufällig Proben aus, achtet jedoch gleichzeitig darauf, möglichst viele Proben aus dem kompletten Spektrum zu wählen.

tioniert in diesem Fall nicht. Haben Sie sich für die Raytracing-Methode entschieden, so können Sie die folgenden Parameter ändern:

- SAMPLES: Hier geben Sie die Anzahl der Strahlen pro Pixel an. Je höher Sie diesen Wert wählen, desto länger wird die Render-Zeit bei umso besserer Qualität, gleichzeitig verringert sich das Rauschen im Bild. Der hier eingegebene Wert wird quadriert, ein Wert von 5 stellt also 25 Strahlen dar. Die Verteilung der Strahlen wird über die Sampling Methode festgelegt – gerade bei wenigen Samples können Sie über unterschiedliche Sampling-Methoden unterschiedliche Abschattungen erzeugen.
- SAMPLING METHOD: Hier legen Sie fest, welche Methode zum Verteilen der Strahlen auf der Halbkugel genutzt wird:
  - CONSTANT QMC: Basiert auf dem Quasi-Monte-Carlo-Algorithmus (QMC) und resultiert in gleichmäßigen und zufällig verteilten Lichtstrahlen. Alles Weitere zu QMC erfahren Sie in der Info-Box.
  - ADAPTIVE QMC: Ein aufgebohrter QMC-Algorithmus entscheidet dynamisch, wann die Anzahl an Samples verringert oder die Berechnung abgebrochen werden kann. Mit THRESHOLD teilen Sie dem Algorithmus mit, ab wann ein Pixel als völlig abgeschattet oder komplett ohne Schatten betrachtet wird und ab wann damit zur Berechnung des nächsten Pixels übergegangen werden kann. ADAPT TO SPEED nutzen Sie in Animationen, um festzulegen, dass bei sich schnell bewegenden Pixeln weniger Samples genutzt werden. Hierzu muss der VECTOR-RENDER PASS aktiviert sein (mehr dazu im Abschnitt 13.2.3).
  - CONSTANT JITTERED: Die früher in Blender genutzte Sampling-Methode. Sie produziert weniger künstliche Muster in den Abschattungen, ist aber etwas langsamer als die beiden vorherigen. Mit dem BIAS-Wert verschmälern Sie die Halbkugel über den hier eingegebenen Winkel. Die Methode erlaubt es Ihnen, zu kontrollieren, wie glatt SMOOTH-Faces bei eingeschalteter AO aussehen.
- DISTANCE: Hier definieren Sie in Blender-Einheiten, in welchem Radius andere Objekte um einen betrachteten Punkt Abschattungen verursachen. Je höher Sie diesen Wert setzen, desto stärker wird der Einfluss von weiter entfernten Objekten auf die Abschattung. Je kleiner dieser Wert, desto weniger Objekte müssen untersucht werden – die Render-Zeit wird kürzer.
- FALLOFF: Aktivieren Sie diese Option, so können Sie die Länge der Abschattungen (oder Beleuchtung bei Indirect Lighting)

festlegen. Diese Option hat nur dann eine Auswirkung, wenn die nächste Einstellung einen Wert > 0 besitzt.

- Strength: Dieser Wert kontrolliert, wie schnell die Abschattungen aufhören. Höhere Werte resultieren in einem kürzeren Schatten, kleinere Werte verlängern die Schattierungen.

Approximate-Algorithmus | Der Näherungsalgorithmus liefert bei gleicher Render-Zeit wie der Raytracing-Algorithmus deutlich homogenere Resultate mit weniger Bildrauschen. Er nähert sich dem Raytrace-Algorithmus allerdings nur an, daher können Artefakte (seltsame Phänomene innerhalb eines Bildes, wie beispielsweise dunkle Flecken) entstehen.

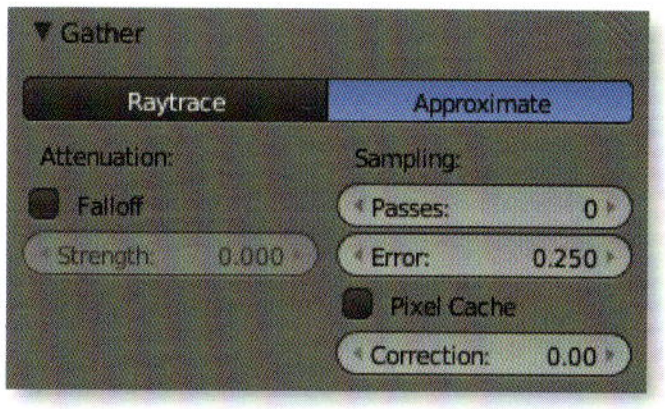

▲ **Abbildung 7.34**
Das Gather-Panel im Modus Approximate

◀ **Abbildung 7.35**
Der Approximate-Algorithmus liefert Ihnen im ungünstigen Fall stark akzentuierte Abschattungen, ist aber sehr schnell.

Die Approximate-Methode tendiert dazu, Abschattungen zu stark zu akzentuieren. Über die folgenden Parameter kann dieses Verhalten gemindert werden:

- Passes: Über diesen Parameter können Sie festlegen, wie oft Blender verschiedene Vorberechnungen durchführt, um einerseits Artefakte zu mindern und andererseits die überstarke Abschattung zu verringern. 0 bedeutet keine Vorberechnungen. Eine hohe Anzahl an Vorberechnungen erhöht die Render-Zeit.
- Error: Dieser Wert stellt einen Abweichungsfaktor dar. Er gibt an, wie weit das Resultat von der berechneten Annäherung (Approximation) abweichen darf. Je geringer die Abweichung, desto mehr Durchgänge werden berechnet und desto besser ist das Endergebnis.
- Pixel Cache: Wenn Sie diese Option anwählen, wird zwischen dem berechneten Pixelwert und den Nachbarpixeln interpoliert. Diese Option macht die Berechnung schneller, und das meist, ohne an Qualität einzubüßen.

- Correction: Mithilfe dieses Faktors geben Sie an, wie viel der für diesen Algorithmus typischen »übertriebenen Abschattung« (fast schwarze Bereiche) korrigiert wird. Er kann Werte zwischen 0 (keine Korrektur) und 1 (maximale Korrektur) annehmen.

Realistische Szenen mit Nebel

Nebel kann Ihre Szene deutlich realistischer machen, da er in vielen realen Bildern vorkommt – gerade in Fotos von Landschaftsaufnahmen werden Sie fast immer Nebel entdecken können: Früh morgens wabert der Nebel über die Felder, weit entfernte Gegenden werden vom Nebel verschluckt.

7.6.6 Nebelkerzen – das Mist-Panel

Über das Mist-Panel können Sie in Ihre Szene Nebel einfügen. Sie können unter anderem den Anfang der Nebelbank, die Intensität und die Höhe des Nebels definieren. In Blenders BI-Renderer wird Nebel dadurch simuliert, dass die Transparenz von Objekten, die im Nebel liegen, erhöht wird – der Hintergrund scheint dadurch immer stärker durch die Objekte. Nach dem Aktivieren des Panels über die im Kopf befindliche Mist-Checkbox können Sie die Nebelbank nach Ihren Wünschen anpassen:

- Minimum: Mit diesem Wert legen Sie die Minimalintensität des Nebels fest. Er wird nie schwächer als dieser Wert.
- Start: Dieser Wert stellt von der Kamera aus gesehen den Startpunkt des Nebels (in Blender-Einheiten) dar.
- Depth: Mit diesem Wert definieren Sie das Ende des sichtbaren Bereichs Ihrer Szene. Alle Objekte hinter Start und Depth werden komplett vom Nebel verschluckt.
- Height: Hier legen Sie fest, wie hoch die Nebelwand ist. Wenn Sie diesen Wert größer als 0 setzen, wird der Nebel ab dem angegebenen Wert langsam ausgeblendet.
- Falloff: Hier können Sie die Abnahmefunktion des Nebels festlegen. Sie geben damit an, wie schnell die Intensität des Nebels abnimmt. Die Optionen sind Ihnen bereits seit der Erklärung von Lichtabnahmefunktionen bei Lampen ein Begriff.

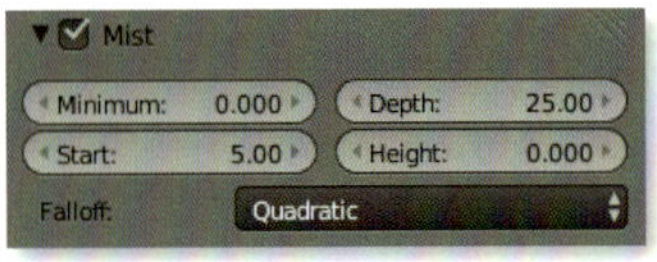

▲ **Abbildung 7.36**
Der Nebelgenerator – das Mist Panel

Nebel im Compositor

Da Blender die Transparenz von Objekten im Nebel erhöht, passiert es häufig, dass der Hintergrund durch die Objekte durchscheint. Dies können Sie umgehen, indem Sie die gewünschten Nebel-Einstellungen vornehmen und anschließend den Nebel deaktivieren. Nutzen Sie dann den Compositor, und aktivieren Sie den Mist-Pass, so können Sie den Nebel per Alpha-Over-Node mit Ihrer Szene verknüpfen (keine Angst, diese Aussage wird klarer, wenn Sie Kapitel 13, »Postproduktion und Compositing«, ab Seite 620 gelesen haben). Dieser Tipp funktioniert, da Blender Nebel auch dann intern berechnet, wenn er in der Oberfläche ausgeschaltet wird.

▲ **Abbildung 7.37**
Das Mist-Panel erzeugt eine undurchdringbare Nebelbank in Sekunden.

Möchten Sie BI-Nebel in Aktion sehen, öffnen Sie die Datei »07_Mist_BI.blend«. Sie enthält die in Abbildung 7.37 gezeigten Kugeln, die nacheinander immer weiter im Nebel verschwinden.

Die Datei »07_Mist_BI.blend« finden Sie auf der Buch-DVD unter Beispielmaterial • Kapitel_07.

7.6.7 Tipps und Tricks mit BI-Lichtquellen

Neben den offensichtlichen Einstellungen im Object-Data-Tab gibt es noch zwei weitere Features, die Sie für komplexere Szenen nutzen sollten. Beide Features werden erst Sinn ergeben, wenn Sie Erfahrung im Anlegen von BI-Materialien haben – also erst, nachdem Sie Kapitel 8, »Shading«, gelesen haben. Überfliegen Sie daher die nächsten beiden Abschnitte erst einmal, um zu wissen, welche Features Ihnen hier zur Verfügung stehen, und kommen Sie später wieder hierher zurück.

Lichtgruppen | Haben Sie im Object-Data-Tab des BI-Renderers im Lamp-Panel nicht die Option this layer Only gesetzt, so beleuchten sie standardmäßig alle Objekte in allen sichtbaren Ebenen. In Blenders Internal-Renderer können Sie die Wirkung von Lichtern, die zu einer Gruppe gehören ([Strg] + [G] zum Gruppieren), allerdings einschränken, beispielsweise auf bestimmte Materialien. Diese Art der Kontrolle kann besonders in Szenen mit komplizierten Beleuchtungseinstellungen dann nützlich sein, wenn Sie überprüfen möchten, wie ein Material auf eine oder mehrere Lichtquellen reagiert. Um diese Einschränkung zu aktivieren, navigieren Sie im Properties-Editor zum Options-Panel des Material-Tabs und wählen eine Lampengruppe im Light-Group-Feld aus. Die Exclusive-Option schaltet die Lichtquelle für alle anderen Materialien und Objekte ab. Sie beleuchtet anschließend ausschließlich Objekte mit dem gewählten Material. Alle Optionen und Features von Materialien lernen Sie in Kapitel 8, »Shading«, kennen.

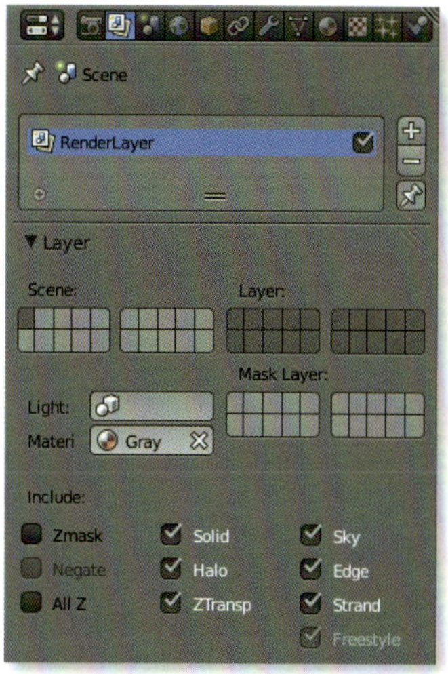

▲ **Abbildung 7.38**
Auf dem Render-Layers-Tab legen Sie ein Material fest, mit dem Sie alle Materialien des Layers überschreiben können (hier Gray).

Materialien überschreiben | Häufig kommt es in Projekten vor, dass Sie bereits Materialien für Objekte festgelegt haben, bevor Sie sich um die Beleuchtung Gedanken machen. Beleuchtungs-Setups sollten Sie allerdings am besten mit Materialien erstellen, bei denen Sie leicht erkennen können, welche Auswirkungen die unterschiedlichen Lichtquellen haben. Um nicht von Hand jedes Material von allen Objekten entfernen zu müssen, bietet Blender einen Weg, alle Objektmaterialien mit einem Material temporär zu überdecken: Legen Sie zuerst ein graues Material an (RGB 0.8, 0.8, 0.8), und wechseln Sie anschließend im Properties-Editor auf das RenderLayer-Tab.

Wählen Sie dort unter MATERIAL Ihr graues Material aus. Leuchten Sie Ihre Szene anschließend in aller Ruhe aus, und löschen Sie nach Beendigung der Arbeiten einfach den Inhalt des MATERIAL-Feldes. Das RENDER-LAYER-Tab werden Sie in Abschnitt 13.2 kennenlernen.

Die Datei »07_Offscreen_Start.blend« finden Sie auf der Buch-DVD unter BEISPIELMATERIAL • KAPITEL_07.

Schritt für Schritt
Den Offscreen-Bereich entdecken

Nachdem Sie jetzt alles über Schatten und Licht im Blender-Internal-Renderer wissen, möchte ich Ihnen anhand eines Beispiels zeigen, wie Sie den Betrachtern Ihrer Bilder den Offscreen-Bereich näherbringen.

Laden Sie dazu die Datei »07_Offscreen_Start.blend«. Die Datei enthält einen von drei Seiten begrenzten Raum. In der linken Wand befindet sich ein Fenster, durch das wir jetzt die Abendsonne scheinen lassen werden.

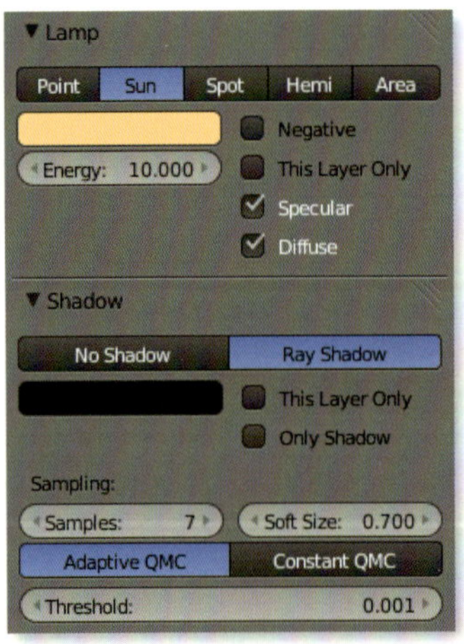

▲ **Abbildung 7.39**
Die Einstellungen der Sonne

1 Sonne hinzufügen und ausrichten

Fügen Sie die SUN über das ADD-Menü ⇧ + A hinzu, und drehen Sie sie so, dass sie von außen sowohl auf den Boden als auch auf die hintere Wand scheint. Die Platzierung ist bei direktionalen Lichtquellen egal – nur auf die Ausrichtung kommt es an.

2 Die Farbe und Energie der Sonne

Passen Sie anschließend die Einstellungen an, wie in Abbildung 7.39 gezeigt. Geben Sie der Sonne eine orangene Färbung, und stellen Sie die Energie auf 10.

3 Die Schatteneinstellungen der Sonne

Aktivieren Sie darüber hinaus die Option RAY SHADOW, und passen Sie die SAMPLES und die SOFT-SIZE-Einstellung an, um die Schatten weniger schroff werden zu lassen.

4 Das Ergebnis rendern

Rendern Sie jetzt das Ergebnis der Übung durch einen Druck auf F12. Abbildung 7.40 zeigt Ihnen das Ergebnis dieser Übung. Ohne dass die Betrachter der Szene es wissen, können sie darauf schließen, dass sich im Offscreen-Bereich ein Fenster befindet. Nutzen Sie diese Technik, um Ihre Szenen interessanter zu machen und die Fantasie der Betrachter anzuregen.

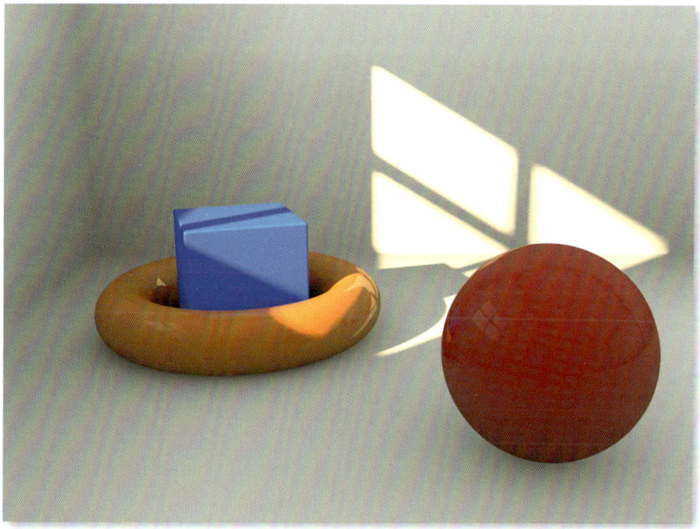

◂ **Abbildung 7.40**
Das Ergebnis der Übung. Durch das einfallende Licht erhält der Betrachter Hinweise auf den Offscreen-Bereich.

7.7 Licht und Schatten in Cycles

Bis hierher haben Sie bereits sehr viel über Licht und Schatten im Blender-Internal-(BI-)Renderer gelernt. Ich hoffe, dass es Sie nicht allzu sehr trifft, wenn ich Ihnen jetzt sagen muss, dass fast alles bisher Gelernte bezüglich Raytraced oder Buffered Shadows mit Cycles seine Gültigkeit verliert und alle Einstellungen dieser Methoden entfallen. Diese Nachricht mag einerseits ärgerlich sein, einen entscheidenden Vorteil hat die Sache allerdings doch: Alles wird einfacher! Endlich können Sie sich auf das Lichtdesign konzentrieren und sind nicht mehr davon abhängig, Hunderte Einstellungen aufeinander abzustimmen und perfekt zu setzen – das übernimmt Cycles in den allermeisten Fällen automatisch für Sie. Um die nachfolgenden Erläuterungen nachzuvollziehen, wechseln Sie jetzt vom BI-Renderer zu Cycles. Klicken Sie dazu, wie im letzten Kapitel gelernt, auf die Render-Engine-Box mit dem Inhalt Blender Render, und wählen Sie anschließend Cycles Render.

▴ **Abbildung 7.41**
Für die nachfolgenden Erklärungen sollten Sie Cycles als Render-Engine gewählt haben.

7.7.1 Die klassischen Lichter

Wie viele Einstellungen tatsächlich weggefallen sind, wird gerade bei den klassischen Lichtern deutlich. Im Lamp-Panel begrüßen Sie nur noch maximal fünf Optionen:

- Size: Mit diesem Parameter legen Sie die Größe der Lichtquelle fest. Wie bereits im BI-Renderer definieren Sie hier auch gleichzeitig die Schärfe des Schattenwurfs. Eine größere Lichtquelle erzeugt weichere Schatten.

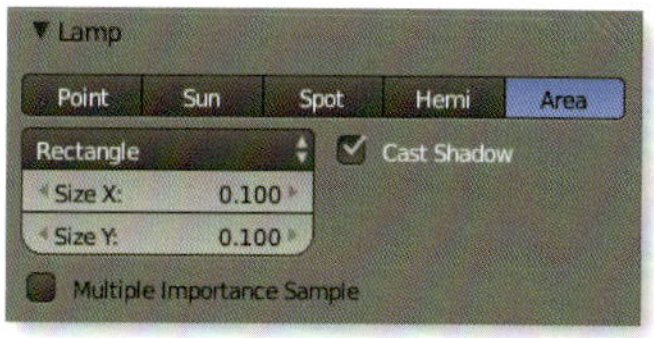

▴ **Abbildung 7.42**
Das deutlich reduzierte Lamp-Panel des Cycles-Renderers

Die Datei »07_Caustics_Cycles.blend« finden Sie auf der Buch-DVD unter Beispielmaterial • Kapitel_07.

- Rectangle/Square: Haben Sie ein Area-Licht ausgewählt, können Sie hier festlegen, ob es ein Quadrat oder ein Rechteck mit verschiedenen Kantenlängen ist.
- Size X/Size Y: Passend zur vorangegangenen Option legen Sie hier die Kantenlängen des Lichts fest.
- Multiple Importance Sample: Aktivieren Sie diese Option, wenn Sie Kaustiken erzeugen möchten (gebündelte Lichtstrahlen, beispielsweise diejenigen Lichteffekte, die hinter einem angestrahlten Glas Wasser auf dem Tisch entstehen). Eine Kaustik-Demo finden Sie in der Datei »07_Caustics_Cycles.blend«.
- Cast Shadow: Aktivieren Sie diese Box, so wirft das Licht einen Schatten. Deaktivieren Sie die Box, um das Licht als Aufheller ohne Schattenwurf zu nutzen.

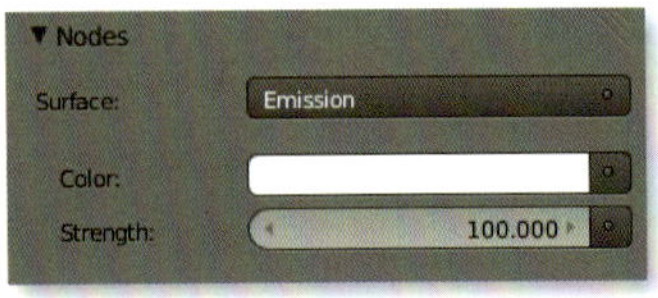

▲ **Abbildung 7.43**
Auch das Nodes-Panel sieht auf den ersten Blick nicht sehr umfangreich aus ...

Die Einstellungen der einzelnen Lichter auf dem Nodes-Panel sehen ähnlich dürftig aus:

- Surface: Diese Einstellung gibt an, um welche Art von Oberfläche es sich handelt. Da wir ein Licht ausgewählt haben, wird diese Einstellung immer auf Emission stehen.
- Color: Durch Klick auf die Farbauswahlbox können Sie die Farbe der Lichtquelle bestimmen. Hinter der Farbwahlbox erkennen Sie eine Schaltfläche mit einem Kreis in der Mitte. Diese hält noch einmal deutlich mehr Möglichkeiten bereit. Unter anderem können Sie hier der Lichtquelle eine Textur geben. Im nächsten Kapitel erfahren Sie dazu mehr.
- Strength: Hier legen Sie die Stärke der Lichtquelle fest.

Auch wenn diese drei Auswahlmöglichkeiten auf den ersten Blick sehr mager aussehen, sind die Möglichkeiten von Cycles Licht-System doch unbegrenzt. Cycles verwendet sowohl bei der Materialiendefinition als auch bei Lichtern ein Node-Konzept, das Ihnen in der Praxis ermöglicht, beliebige Materialien und Lichter zu kombinieren, auszuschließen oder sogar nur für spezielle Strahlen einer Szene sichtbar zu machen. Nodes und den dazugehörigen Editor werden wir uns in Kapitel 8, »Shading«, zu Gemüte führen.

Jetzt fehlen nur noch die Einstellungen des Spotlights:

- Size: Dieser Wert legt den Öffnungswinkel des Spotlights fest.
- Blend: Hier legen Sie fest, wie weich die Kante des Spotlights ist.
- Show Cone: Aktivieren Sie diese Checkbox, um einen hell hervorgehobenen Kegel in der 3D-Ansicht zu erzeugen. Mit diesem Kegel können Sie die Wirkung des Spotlights anschaulicher darstellen.

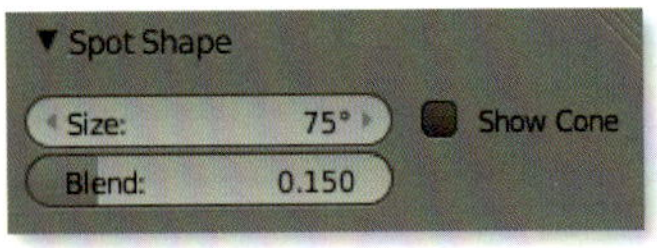

▲ **Abbildung 7.44**
Das Spot-Shape-Panel bestimmt den Lichtkegel des Spotlights.

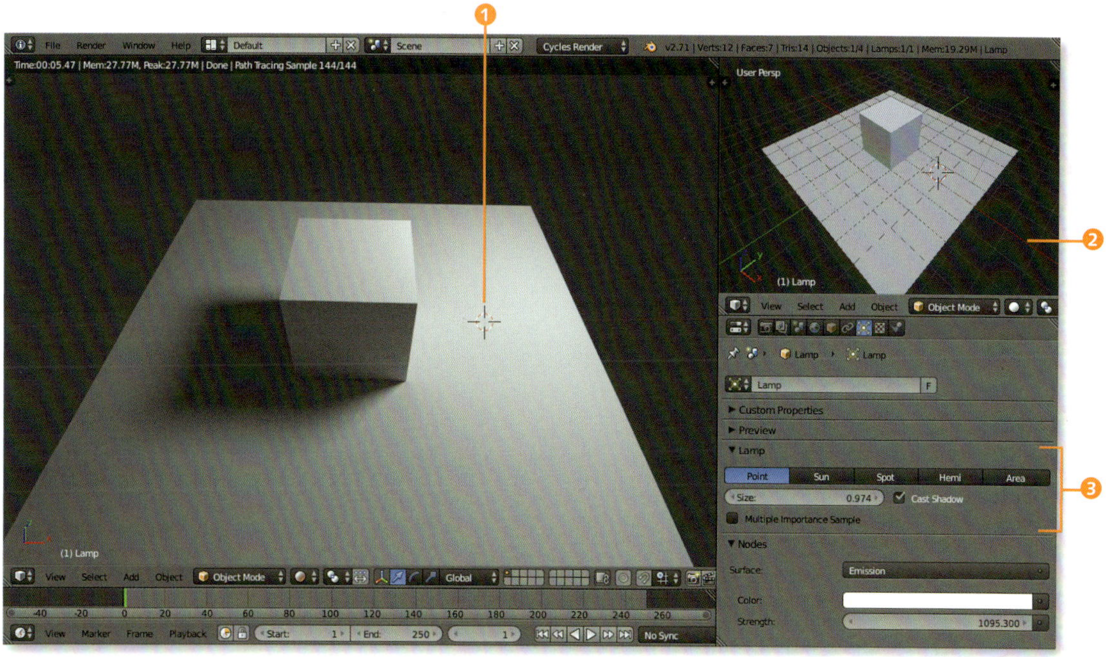

▲ **Abbildung 7.45**
Die optimale Ansicht zum Testen von Beleuchtungen in Cycles: 3D-Ansicht, Rendering und alle Einstellungen auf einen Blick

7.7.2 Meshlights

Erinnern Sie sich noch an die vielen Schritte, die nötig waren, als wir ein Objekt im BI-Renderer zum Leuchten bringen wollten? Das alles ist mit Cycles nicht mehr nötig! Es genügt völlig, das Objekt anzuwählen, ein neues Material anzulegen und der Oberfläche (Surface) des Objekts im Nodes-Panel den Eintrag Emission zuzuweisen – sofort erstrahlt es in neuem Glanz.

Lampen in Cycles
Wenn Sie Lampen mit Cycles testen, empfehle ich Ihnen, wie in Abbildung 7.45 eine 3D-Ansicht im Viewport-Shading-Modus Rendered ❶ zu halten, während Sie mit einer zweiten 3D-Ansicht die Lampen selektieren und verschieben ❷ und in einer dritten die Lampen-Einstellungen ändern ❸. Sie sehen auf diese Art sofort die Auswirkungen Ihrer Einstellungen.

7.7.3 Volumetrische Lichter

Im BI-Renderer konnten Sie über einen Spot mit aktivierter Halo-Option einen sichtbaren Lichtkegel erzeugen (siehe Seite 312). In Cycles ist dieser Effekt nicht nur mit einem Spotlight möglich, sondern mit allen Lichtquellen (einschließlich Meshlights) außer der Sun-Lichtquelle. Um diesen Effekt sichtbar zu machen, müssen Sie Blender mitteilen, dass Ihre Szene mit kleinsten Partikeln durchsetzt ist, die das Licht diffus reflektieren. Das Zauberwort dafür heißt Volumetrics und ist seit Version 2.71 in Blender verfügbar. Mit volumetrischen Effekten können Sie ab dieser Version Feuer, Rauch, Nebel und viele weitere Effekte simulieren, die auf mikroskopisch kleinen Teilchen beruhen.

Abbildung 7.46 ▲
Volumetrische Effekte mit Cycles – hier Suzanne im verrauchten Spotlight

Die Datei »07_VolumetricLights_Cycles_Start.blend« finden Sie auf der Buch-DVD unter BEISPIELMATERIAL • KAPITEL_07.

Schritt für Schritt
Volumetrische Effekte mit Cycles

Auch wenn Sie noch nicht genau wissen, wie Cycles nodebasierter Workflow vonstatten geht, möchte ich Ihnen hier dennoch die nötigen Schritte zum späteren Nachschlagen aufzählen – kehren Sie nach dem nächsten Kapitel wieder an diese Stelle zurück, und spielen Sie mit volumetrischem Licht.

1 Cycles als Engine auswählen

Zu Beginn stellen Sie die Render-Engine auf CYCLES RENDER und löschen den Standardwürfel.

2 Punktlicht platzieren

Platzieren Sie anschließend ein Punktlicht so, dass Sie es aus der Kamera-Ansicht sehen. Bereiten Sie das Licht auf die Benutzung durch Cycles vor, indem Sie bei ausgewähltem Punktlicht auf das OBJECT-DATA-Tab wechseln und auf dem NODE-Panel die Schaltfläche USE NODES anklicken. Sofort wird das Licht einen EMISSION-Shader erhalten und mit 100 Watt in alle Richtungen strahlen.

3 Surface-Einstellungen sichtbar machen

Wechseln Sie jetzt auf das WORLD-Tab, und klicken Sie dort unter SURFACE auf USE NODES, um die Einstellungen des SURFACE-Panels (und vor allem das VOLUME-Panel) sichtbar zu machen.

4 Farbe der Welt auswählen

Klicken Sie jetzt auf die Farbauswahl des Surface-Panels, und wählen Sie eine sehr dunkle Farbe aus. Schwarz wird es Ihnen am einfachsten machen, die volumetrischen Effekte zu sehen.

5 Volume-Einstellungen vornehmen

Klappen Sie nun das Volume-Panel aus, und klicken Sie auf None. Wählen Sie anschließend den Eintrag Volume Scatter, und verringern Sie die Dichte des volumetrischen Materials auf 0.05 – Sie machen es damit dem Licht einfacher, das Material zu durchdringen.

6 Szene rendern

Rendern Sie jetzt die Szene mit F12, so sollten Sie bereits einen hellen Lichtschimmer sehen.

7 Size- und Samples-Wert anpassen

Vergrößern Sie mit Size die Größe des Punktlichts, und erhöhen Sie den Samples-Wert auf dem Sampling-Panel des Render-Tabs, um das Licht besser zu erkennen und die Qualität der Berechnung zu erhöhen.

Nur CPU

Volumetrische Materialien und Lichter sind mit Blender 2.71 nur mit der CPU, nicht mit der GPU möglich. Falls Sie keine Ergebnisse erhalten, sehen Sie bitte nach, ob das Device auf dem Render-Panel des Render-Tabs im Properties-Editor auf CPU gesetzt wurde. Ab Blender 2.72 können diese Materialien auch mit der GPU berechnet werden.

Die Datei »07_VolumetricLights_Cycles.blend« und die daraus gerenderte Abbildung 7.46 geben Ihnen einen Vorgeschmack darauf, was Sie mit diesen einfachen Einstellungen und zwei simplen Spots erreichen können.

Die Datei »07_VolumetricLights_Cycles.blend« finden Sie auf der Buch-DVD unter Beispielmaterial • Kapitel_07.

7.7.4 Environment-Lighting, IBL und Ambient Occlusion

Auch bei Environment-Lighting und Ambient Occlusion zeigt Cycles seine Stärken: Fast alle Einstellungen sind vereinfacht oder komplett automatisiert worden.

Environment-Lighting | Environment-Lighting ist bei Pathtracern immer aktiv, es muss nicht explizit eingeschaltet werden. Sobald die Welt eine Farbe besitzt, die heller als Schwarz ist, trägt diese zur Beleuchtung der Szene bei. Um eine Farbe festzulegen, wechseln Sie auf das World-Tab, klicken dort auf Use Nodes und wählen im Surface-Panel eine Hintergrundfarbe für die Umgebung, indem Sie einen Klick auf die Farbauswahlbox ausführen.

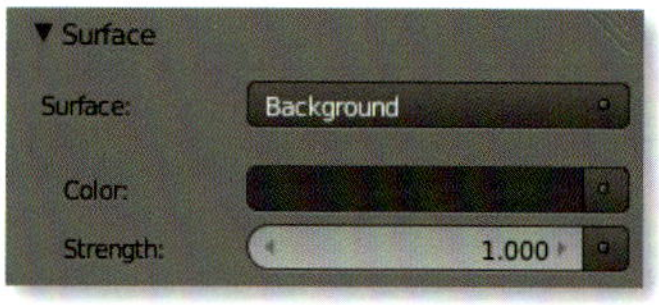

▲ **Abbildung 7.47**
Das Surface-Panel des World-Tabs gibt Ihnen die Kontrolle über die 3D-Welt.

Den Himmel festlegen | Genauso einfach können Sie die Beleuchtung zu verschiedenen Tageszeiten simulieren: Klicken Sie

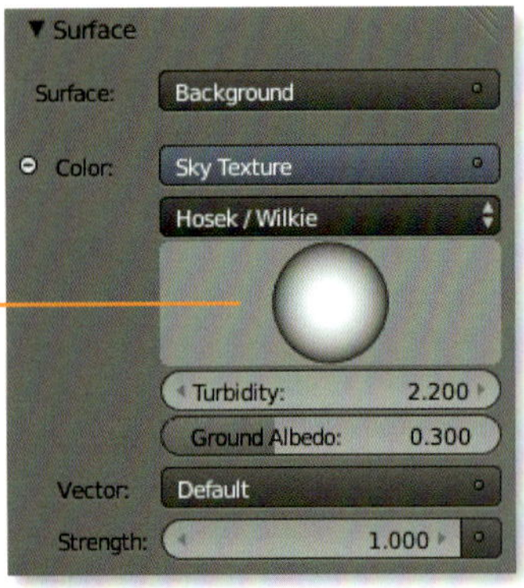

▲ **Abbildung 7.48**
Das Festlegen des Himmels ist mit Cycles ein Kinderspiel.

dazu hinter der Farbauswahlbox des SURFACE-Panels am rechten Rand auf den Kreis ❶, und wählen Sie den Eintrag SKY TEXTURE aus. Ziehen Sie die daraufhin erscheinende Kugel mit der linken Maustaste auf eine andere Position, so wird die Beleuchtung der Szene automatisch angepasst. Stellen Sie sich bei der Kugel vor, dass Sie die Sonne sind und von oben auf die Szene schauen – standardmäßig simuliert Blender also die Beleuchtung zur Mittagszeit.

Image-based Lighting (IBL) | Um Ihre Szene mithilfe eines Bildes zu beleuchten, gehen Sie analog zu der letzten Beschreibung vor: Wählen Sie nur statt der Auswahl SKY TEXTURE hier den Eintrag ENVIRONMENT TEXTURE. Auch diesmal muss ich Sie leider wieder auf Kapitel 8, »Shading«, verweisen – erst dort werden die Grundlagen gelegt, mit denen Sie Cycles-Materialien festlegen können. Sie können allerdings bereits die Datei »07_IBL_Cycles.blend« öffnen und ein erstes Rendering wagen. Das in ihr enthaltene HDR-Bild beleuchtet die Szene komplett ohne Lichter und führt zu dem in Abbildung 7.49 gezeigten Ergebnis.

Die Datei »07_IBL_Cycles.blend« finden Sie auf der Buch-DVD unter BEISPIELMATERIAL • KAPITEL_07.

Abbildung 7.49 ▶
Auch mit Cycles ist die Beleuchtung mithilfe von Bildern möglich – einfacher und deutlich schneller als mit dem BI-Renderer.

Zu guter Letzt finden Sie auch Ambient Occlusion (AO) auf dem WORLD-Panel wieder. Alle Einstellungen sind Ihnen bekannt, allerdings ist nur der ADD-Modus möglich. Blender addiert, wenn Sie AO unter Cycles aktivieren, also immer Licht zu Ihrer Szene hinzu. Das ist insofern logisch, als dass ein Pathtracer automatisch die AO berechnet und Sie daher ohne besondere Einstellungen diesen Effekt genießen dürfen.

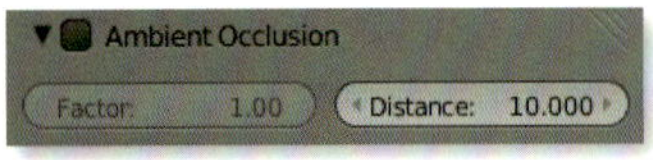

▲ **Abbildung 7.50**
Das AMBIENT-OCCLUSION-Panel des Cycles-Renderers

7.7.5 Mist

Wie bereits die letzten Optionen befindet sich auch die Nebel-Option (MIST PASS) von Cycles im WORLD-Tab. Sie taucht jedoch erst dann auf, wenn Sie die Option MIST unter dem RENDER-LAY-

ERS-Tab im PASSES-Panel setzen. Die MIST-Einstellungen wurden unter Cycles deutlich reduziert, gerade einmal drei Einstellungen sind übrig geblieben:

- START: Dieser Wert legt den Startpunkt des Nebels in Blender-Einheiten fest.
- DEPTH: Dieser Wert legt die Dicke der Nebelbank fest.
- FALLOFF: Hier können Sie wie schon bei den BI-Lichtquellen angeben, mit welcher Funktion die Intensität des Nebels an den Grenzen abnimmt.

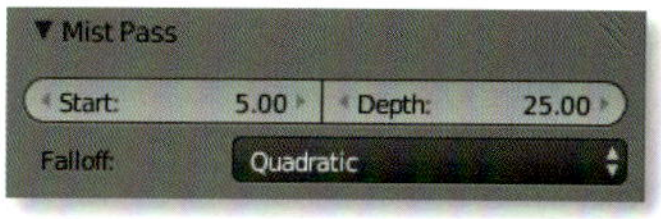

▲ **Abbildung 7.51**
Nebelbänke mit Cycles mit dem MIST PASS

Wie Sie die verschiedenen Passes (wozu auch der MIST PASS gehört) nutzen und wieso Sie in einem Test-Rendering zu diesem Zeitpunkt noch keinen Nebel sehen werden, erfahren Sie in Kapitel 13, »Postproduktion und Compositing«.

7.8 Die Dreipunktbeleuchtung

Da Sie mittlerweile wissen, wie Sie mit Lampen, bildbasierter Beleuchtung (IBL) und Meshlights Ihre Szene in Blender beleuchten, möchte ich Ihnen in diesem Abschnitt noch ein klassisches Beleuchtungs-Setup an die Hand geben, mit dem Ihre Objekte noch besser zur Geltung kommen. Eines der in jüngster Vergangenheit populärsten und auch heute noch sehr attraktiven Beleuchtungs-Setups stammt ursprünglich aus Hollywood. Es ist als Dreipunktbeleuchtung bekannt und ermöglicht es dem Lichtdesigner, ein Objekt mit Licht zu »modellieren«.

Beleuchtung immer mit Sinn und Verstand
Betrachten Sie das Thema Beleuchtung als Ihre Spielwiese, und probieren Sie Neues aus. Achten Sie jedoch immer darauf, dass jedes Licht Ihrer Szene eine Aufgabe besitzt. Keine Lichtquelle steht an einer Position, weil sie gerade nichts Besseres zu tun hat. Setzen Sie Lichter nie »einfach so« – die Bildaussage und Ihre Zuschauer werden es Ihnen danken.

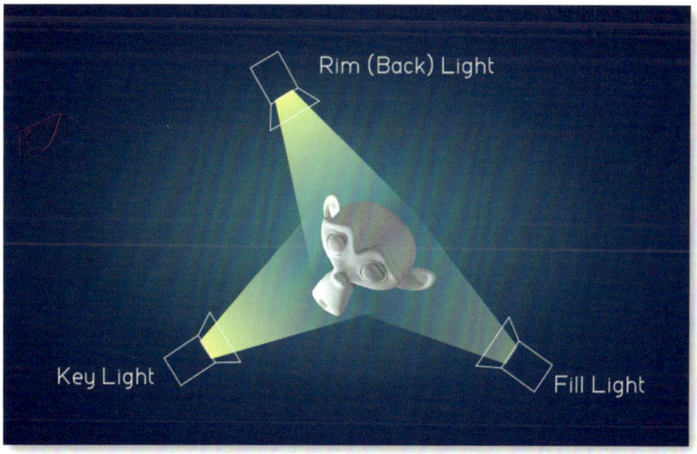

▲ **Abbildung 7.52**
Das typische Setup einer Dreipunktbeleuchtung – auch Filme werden oft auf diese Art und mit ähnlichen Varianten beleuchtet.

▲ **Abbildung 7.53**
Das kombinierte Ergebnis aller drei Lampen führt zur Dreipunktbeleuchtung.

Die Datei »07_3PointLighting_BI.blend« finden Sie auf der Buch-DVD unter BEISPIELMATERIAL • KAPITEL_07.

Wie der Name bereits andeutet, fügen Sie bei dem Dreipunkt-Setup drei unterschiedliche Lampen an festgelegten Positionen in Ihre Szene ein. Abbildung 7.53 zeigt Ihnen die üblichen Positionen in diesem Setup. Jede dieser Lampen hat unterschiedliche Intensitäten und Farben und erfüllt einen speziellen Zweck. Möchten Sie bereits jetzt mit solch einem Setup experimentieren, so laden Sie die Datei »07_3PointLighting_BI.blend«.

7.8.1 Keylight (Schlüssellicht)

Keylight
In Abbildung 7.54 erkennen Sie, dass das Keylight ganz entscheidend die Beleuchtung bestimmt – auch wenn die linke Seite von Suzanne noch zu dunkel ist.

▲ Abbildung 7.54
Das Keylight gibt den (Licht-) Ton an – es ist das Hauptlicht in Folgeseite der Szene.

Das *Keylight* macht den Löwenanteil an der Beleuchtung aus. Es gibt die Beleuchtungsrichtung vor und ist normalerweise deutlich heller als alle anderen Lichtquellen, die auf das Objekt wirken. Da das Keylight die dominierende Farbe und Schattenrichtung der Szene angibt, sollten Sie sich schon bei der Definition dieses Lichts Gedanken darüber machen, welche Stimmung Sie transportieren möchten und bei welcher Tages- oder Nachtzeit Ihre Szene spielt. Achten Sie gleichzeitig auf die folgenden Tipps:

- Platzieren Sie das Keylight nicht zu nahe an Ihrem Objekt – Sie würden sonst die Konturen des Objekts nur noch schwer erkennbar werden lassen und die Form verflachen.
- Setzen Sie, wenn möglich, direktionale Lichter als Keylight ein, und richten Sie diese nicht frontal auf das Objekt. Drehen Sie es mindestens 30° von der Kamera weg, um Ihrem Objekt mehr Tiefe zu verleihen
- Da wir Menschen im Allgemeinen gewohnt sind, von »oben« beleuchtet zu werden (Sonne, Deckenleuchten) sollten Sie Ihr Keylight oberhalb des Objekts platzieren. Dass tief platzierte Lichter ungewöhnlich oder sogar gruselig wirken, können Sie spätestens dann erkennen, wenn Sie mit Ihren Kindern und einer Taschenlampe ausgerüstet eine Nachtwanderung unternehmen. Halten Sie sich die Taschenlampe nach oben strahlend unter das Gesicht und fragen Sie Ihre Kinder mit tiefer Stimme, welche Beleuchtungsrichtung gruseliger ist …

Betrachten Sie das Hauptlicht immer isoliert von allen anderen Lichtern – erst wenn Sie mit der Wirkung dieses Lichts vollkommen zufrieden sind, gehen Sie zur nächsten Lichtquelle – dem Fülllicht.

7.8.2 Fill-Light (Fülllicht)

Das *Fill-Light* simuliert das durch den Raum reflektierte oder von anderen Lichtquellen erzeugte Licht. In der Realität kommt Licht nie von nur einer Seite – es wird immer von unterschiedlichen

Dingen (Wänden, Objekten mit spiegelnden/diffusen Materialien) mehr oder weniger stark reflektiert. Das Fill-Light hellt die durch das Keylight erzeugten Schatten auf und macht dadurch mehr des kompletten Objekts sichtbar.

Die Stärke des Fill-Lights sollte weniger als die Hälfte der Intensität des Keylights und eine zum Keylight komplementäre Farbe besitzen – ein gelbes Keylight wird beispielsweise optimal mit einem blauen Fill-Light ergänzt, um Formen zu definieren. Falls Ihr Fill-Light Schatten erzeugt, achten Sie darauf, sie sehr weich einzustellen – oder schalten Sie Schatten für dieses Licht gleich komplett aus. Positionieren Sie das Fill-Light immer spiegelsymmetrisch zum Keylight. Spiegelebene wäre in diesem Fall die Kamera. Falls Sie mehrere Fill-Lights nutzen, achten Sie darauf, dass diese nicht mit dem Keylight konkurrieren (verringern Sie die Intensität der einzelnen Lampen). Abbildung 7.55 zeigt Ihnen die Bereiche von Suzanne, die durch das Fill-Light aufgehellt werden.

▲ **Abbildung 7.55**
Das Fill-Light füllt die von dem Keylight abgewandten Seiten – es ergänzt das Keylight.

7.8.3 Rimlight (Streiflicht)

Rimlights wurden ursprünglich in der Schwarzweißfotografie und im Schwarzweißfilm verwendet, um in dunkleren Szenen die im Vordergrund befindlichen Personen oder Objekte klar von dem vorhandenen Hintergrund abzugrenzen – sie vermitteln dem Betrachter Tiefe. Meist verursachen Rimlights einen Schimmer auf den Haaren oder um das Objekt – sie arbeiten immer die Silhouette heraus.

Neben dieser Hauptaufgabe haben Rimlights noch eine weitere Aufgabe: Sie lenken die Aufmerksamkeit der Betrachter auf spezielle Teile eines Objekts oder auf ganze Objekte. Bei realen Aufnahmen würden Sie ein Rimlight von der Kamera aus gesehen immer genau hinter einem Objekt platzieren. In der Computergrafik können Sie diesen Weg jedoch nicht gehen: Alle Lichtstrahlen würden geblockt und nichts wäre von Ihrem Licht zu sehen. Platzieren Sie daher alle Rimlights so, dass ein paar Strahlen die Kamera erreichen (neben, über oder unter Ihren Objekten). Am einfachsten erledigen Sie diese Aufgabe, indem Sie das Licht hinter Ihr Objekt verschieben und sich in die Kamera-Ansicht versetzen [0] (Nummernblock). Verschieben Sie anschließend das Objekt so weit, dass Sie es sehen können. Abbildung 7.56 verdeutlicht Ihnen den zwar subtilen, aber dennoch sichtbaren Effekt eines Rimlights.

▲ **Abbildung 7.56**
Das Rimlight gibt dem Objekt Tiefe, es hebt das Objekt vom Hintergrund ab.

Abbildung 7.52 führt die drei Lichter schlussendlich zu einer Lichtkomposition zusammen.

7.8.4 Variationen der Dreipunktbeleuchtung

Licht in Animationen
Vermeiden Sie es in Animationen, alle Lichter mit zu bewegen – Sie erzeugen dadurch künstliche Schattenwürfe und machen die Szene wenig glaubhaft. Versuchen Sie stattdessen, durch geschickte Kamerawechsel nicht allzu lange in einer Perspektive zu verweilen. Auch das Parenting von Streiflichtern kann ein probates Mittel sein, um einen Charakter aus unterschiedlichen Blickwinkeln vom Hintergrund abzuheben.

Sie können die Dreipunktbeleuchtung auch als Ausgangsbasis für Ihre eigenen Ideen und Experimente nutzen:

Verschieben Sie beispielsweise das Rimlight auf die Seite, auf der sich das Keylight befindet, so verstärken Sie den Kontrast der Konturen. Sie lassen die Szene damit wirken, als würde sie durch eine sehr starke und große Lichtquelle (beispielsweise die Sonne) angestrahlt. Falls Sie viele Nahaufnahmen von Gesichtern und insbesondere Augen Ihrer Charaktere rendern möchten, könnten Sie sich auch überlegen, Glanzlichter so zu platzieren, dass sie sich im Auge spiegeln – sie verpassen den Augen auf diese Weise »Leben«. Auch ringförmige Meshlights geben gerade Nahaufnahmen von Augen einen fantastischen Effekt. Setzen Sie dazu die Kamera mittig in das Meshlight (und parenten Sie das Meshlight an die Kamera). Falls Sie etwas voluminöseres Licht benötigen, fügen Sie noch eine vierte Lichtquelle flächig in den Hintergrund, und machen Sie damit aus der Dreipunkt- eine Vierpunktbeleuchtung.

7.8.5 Das Key-to-Fill-Verhältnis

Für weitere Anregungen
Falls Sie noch ein paar Themen vertiefen möchten, sehen Sie sich diese Themen an:

- Ein Meisterwerk zum Thema Lichtdesign im digitalen Umfeld hat Addison-Wesley mit dem Buch »Lighting & Rendering« von Jeremy Birn publiziert. Wenn Sie sich für dieses Thema interessieren, führt kein Weg an diesem Buch vorbei.
- Sehen Sie sich Licht-Setups in einem Fotostudio an, und übertragen Sie diese in die virtuelle Welt. Sie werden überrascht sein, wie gut sich diese Setups auf Blenders BI- und Cycles-Renderer übertragen lassen.

Egal, welche Vorgehensweise und welche Position der Lichtquellen Sie sich ausdenken, sollten Sie immer darauf achten, dass Sie das sogenannte *Key-to-Fill-Verhältnis* in annehmbaren Grenzen halten. Dieses Verhältnis gibt den Unterschied zwischen den Intensitäten des Key- und Fill-Lights an. Ist die Intensität des Fill-Lights nur halb so groß wie die des Keylights, so spricht man von einem Key-to-Fill-Verhältnis von 2:1. Anhand des Key-to-Fill-Verhältnisses können Sie sofort sehen, welche Art von Szene ausgeleuchtet wird. So beleuchtet ein Verhältnis von 2:1 eine Szene mit einem gleichmäßigen Licht ohne starke Kontraste, während ein Verhältnis von 5:1 die Szene merklich aufhellt und gleichzeitig die Kontraste deutlich erhöht.

7.9 Auf ins nächste Kapitel

In diesem Kapitel haben Sie sich all die Tricks und Techniken angeeignet, die für Sie als angehendem Lichtdesign-Profi unabdingbar sind. Sie haben gesehen, welche Unterschiede bei der Beleuchtung von Szenen mit dem BI-Renderer und Cycles bestehen, kennen die einzelnen Lichttypen und wissen, wann Sie welche Lichter einsetzen und welche Vorteile die jeweiligen Lampen besitzen.

Im nächsten Kapitel möchte ich mich mit Ihnen auf eine Reise in die Welt der Oberflächen begeben. Wir werden gemeinsam ergründen, welche Eigenschaften reale Oberflächen haben, und sehen, wie wir diese in die digitale Welt überführen und anpassen. Sie werden lernen, was ein nodebasierter Workflow ist und welche Vorteile mit diesem Workflow bei der Arbeit mit Materialien und Lichtern in Cycles und dem BI-Renderer bestehen. Am Ende des nächsten Kapitels wird Ihr Objekt ganz sicher nicht mehr als graue Maus in einem perfekt ausgeleuchteten Raum sitzen – das kann ich Ihnen versprechen.

Kapitel 8
Shading

Willkommen im Shading-Kapitel. Sahen Ihre Objekte bislang vielleicht trotz schöner Beleuchtung noch etwas grau aus, so wird nach dem Lesen dieses Kapitels mit Sicherheit alles anders sein – denn jetzt definieren Sie die Oberflächen Ihres Objekts. Zur Einstimmung betrachten Sie Abbildung 8.1 – hätten Sie gedacht, dass das von Martin Felke erstellte Bild keine Fotografie, sondern ein Rendering mit Blenders Cycles-Renderer ist?

8.1 Ausblick

In diesem Kapitel möchte ich Ihnen zweierlei bieten: die theoretische Basis für Ihre Experimente mit Materialien vermitteln und Ihre Experimentierfreude wecken. Zu Beginn werden Sie erfahren, was mit dem Begriff »Shading« gemeint ist und wie Sie Materialien in der Natur entdecken können. Anschließend werde ich Ihnen die Einstellungen der Shading-Panels unter Cycles und dem BI-Renderer näherbringen. Dabei werden Sie lernen, welche grundlegenden Unterschiede zwischen beiden Render-Engines bestehen und wie Sie diese zu Ihrem Vorteil nutzen können.

◂ **Abbildung 8.1**
Kein Foto, sondern tatsächlich ein Rendering von Martin Felke in Blender. Alle Materialien des Autos inklusive Reflexionen und Schattierungen sind computergeneriert. Nur der Hintergrund ist fotografiert.

Das Shading von Oberflächen trägt neben der Beleuchtung wesentlich zum Erfolg oder Misserfolg einer Szene bei. Dabei sind die grundlegenden Konzepte des Shadings in allen Anwendungen ähnlich – Sie werden leicht zwischen verschiedenen 3D Softwarepaketen wechseln können, wenn Sie dieses Kapitel gelesen haben.

8.2 Was ist Shading?

▲ **Abbildung 8.2**
Das Shading entscheidet darüber, ob zwischen einzelnen Flächen interpoliert wird (Weichzeichnung) oder ob Sie die Grenzen der Faces erkennen können (oben).

Um dem Geheimnis des Shadings auf den Grund zu gehen, sehen wir uns doch einmal den deutschen Wikipedia-Eintrag zu Shading an: »Shading oder Schattierung ist ein Begriff aus der 3D-Computergrafik, der im weiten Sinn die Simulation der Oberflächeneigenschaften von Objekten bezeichnet. Im Speziellen bezeichnet Shading die Anwendung eines Interpolationsverfahrens, mit dem der Normalenvektor auf beliebigen Punkten eines Polygonnetzes berechnet wird. Interpolative Shading-Techniken können dazu verwendet werden, um Oberflächen ›glatter‹ aussehen zu lassen« ... Oha!

Wenn wir diesen Satz auseinandernehmen, werden Sie feststellen, dass Ihnen die wichtigsten dieser Fachtermini bereits aus dem Modelling- (Kapitel 4, »Modelling und Objekttypen«) und Lighting- (Kapitel 7, »Lichtdesign«) bzw. Rendering-Kapitel (Kapitel 6, »Rendering – ein Bild entsteht«) bekannt sind:

- Sie kennen bereits Polygonnetze und ihre Bestandteile (Faces, Edges und Vertices).
- Sie wissen, dass auf jedem Vertex, jeder Edge und Face eine senkrechte »Normale« steht.
- Sie wissen, dass Blender die Streuung von Licht auf einer Oberfläche berechnen kann.

Doch was genau meint der Verfasser mit »interpolativen Shading-Techniken«? Er bezieht sich hierbei auf die Übergange, die entstehen, wenn zwei oder mehr Faces aufeinandertreffen. Sehen Sie sich zur Verdeutlichung Abbildung 8.2 an. In der oberen Darstellung sehen Sie eine Kante zwischen jeder Face, die sich nicht in einer Ebene mit den umliegenden Faces befindet. Blender zeichnet jede Face für sich und kümmert sich erst einmal nicht um die Übergänge zu benachbarten Faces. Durch verschiedene Techniken sind 3D-Anwendungen in der Lage, den Übergang zwischen Faces zu interpolieren und damit weicher werden zu lassen – das Ergebnis dieser Technik sehen Sie in der unteren Darstellung.

8.3 Shading im 3D-View-Editor

Vielleicht erinnern Sie sich noch, dass ich Ihnen versprochen habe, das Viewport Shading genau zu erläutern? Jetzt ist es so weit: Blender erlaubt Ihnen, über das Viewport Shading, das Sie in der Menüzeile des 3D-View-Editors finden, die Darstellung der Objekte in beliebigen 3D-View-Editoren (Viewports) Ihrer Szene zu beeinflussen.

▲ **Abbildung 8.3**
Mit dem Viewport-Shading-Menü legen Sie fest, wie detailliert Blender die Objekte Ihrer Szene in der 3D-Ansicht darstellt.

8.3.1 Viewport Shading

Das Shading eines Viewports können Sie entweder per Tastaturkürzel oder durch einen Klick in die am unteren Rand der 3D-Ansicht befindliche Combobox vornehmen.

Haben Sie mehrere 3D-View-Editoren geöffnet, können Sie pro Editor das Shading festlegen. Diese Modi stehen Ihnen dabei zur Verfügung:

- Bounding Box: Hier werden nur die Bounding Boxes der Objekte gezeichnet. Sie werden mit diesem Modus also höchstens sehen, wie viel Platz die Objekte beanspruchen.
- Wireframe: In diesem Modus werden nur die Edges der Objekte gezeichnet. Dieser Modus eignet sich besonders, wenn Sie Objekte innerhalb anderer Objekte selektieren oder ansehen möchten.
- Solid: Dies ist der Standard-Modus. Alle Objekte werden mit einfarbigen Oberflächen dargestellt, Lampen haben keinerlei Einfluss auf die 3D-Ansicht.

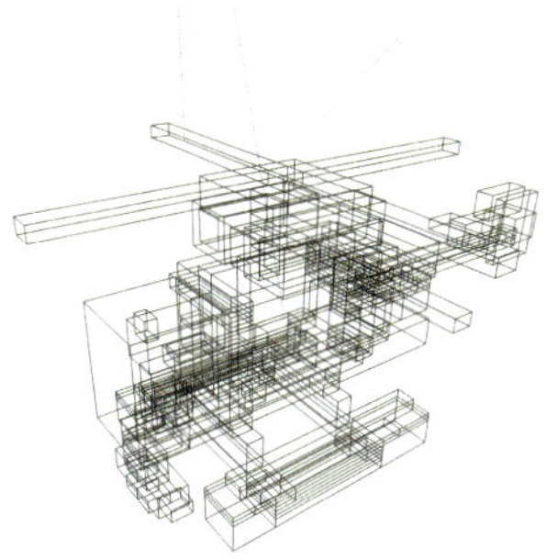

▲ **Abbildung 8.4**
Die Bounding-Box-Ansicht stellt das Modell mithilfe von Boxen dar.

▲ **Abbildung 8.5**
Die Wireframe-Ansicht stellt das Modell als Drahtgitter dar.

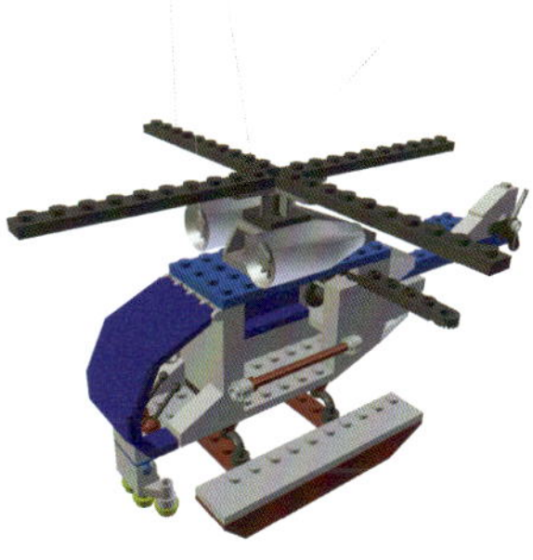

▲ **Abbildung 8.6**
Im Solid-Modus werden alle Objekte mit einfarbigen Flächen dargestellt.

- Texture: In diesem Modus werden sowohl die Oberflächenfarben als auch die Lichter in der Szene beachtet. Haben Sie ein Licht in der Szene platziert, so wird näherungsweise die Wirkung der Lichtquelle auf die Objekte gezeigt. Die Oberflächenfarben werden im BI-Renderer über die Materialfarbe definiert, während sie im Cycles-Renderer durch die VIEWPORT COLOR festgelegt werden. Beachten Sie, dass nur UV-Texturen und keine prozeduralen Texturen angezeigt werden (alles zu Texturen, Viewport Color und Materialfarben folgt gleich).

▲ **Abbildung 8.7**
Der MATERIAL-Modus ähnelt dem SOLID-Modus – er beachtet die Cycles-Oberflächenfarben.

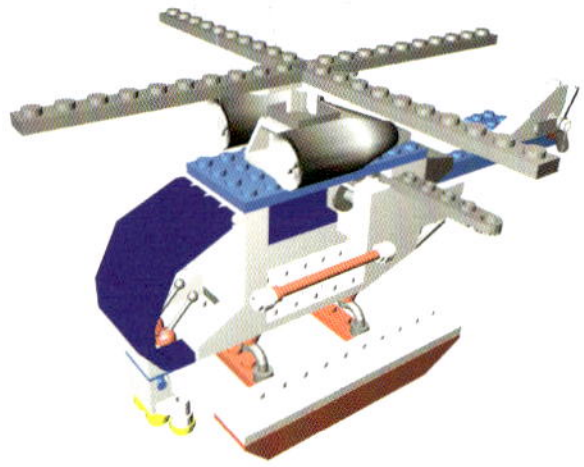

▲ **Abbildung 8.8**
Im TEXTURE-Modus beachtet Blender die Beleuchtung.

▲ **Abbildung 8.9**
Der RENDERED-Modus rendert eine Vorschau Ihrer Szene ohne Kantenglättung.

- MATERIAL: Dieser Modus ist nur bei Cycles verfügbar. Er zeigt Ihnen alle Objekte in der Oberflächenfarbe und nicht in der VIEWPORT COLOR an.
- RENDERED: Mit dieser Option sehen Sie bei beiden Render-Engines eine gerenderte Vorschau der Szene ohne Kantenglättung. Sie können die gesamte Szene in einer gerenderten Vorschau betrachten, wenn Sie die Ansicht drehen oder verschieben.

Besonderheiten des Rendered-Modus
Beachten Sie, dass die Szene nicht durch den Compositor gejagt wird und daher »nur« das Rendering anzeigt wird (mehr dazu in Kapitel 13, »Postproduktion und Compositing«). Merken Sie sich darüber hinaus, dass die View-Einstellungen aller Objekte in diesem Modus genutzt werden – nicht die RENDER-Einstellungen. Haben Sie also einen SUBDIVISION-SURFACE-Modifier so eingestellt, dass das Objekt beim Rendern dreimal unterteilt und im Viewport nur einmal unterteilt wird, würde der RENDERED-Modus das Objekt mit nur einer Unterteilung rendern.

Um die Viewport-Darstellung per Tastenkombination zu wechseln, nutzen Sie die folgenden Kombinationen:

- Mit [Z] wechseln Sie zwischen WIREFRAME- und SOLID-Modus schnell hin und her.
- Mit [Alt] + [Z] wechseln Sie zwischen TEXTURE- und SOLID-Modus schnell hin und her.
- Mit [⇧] + [Z] wechseln Sie zwischen RENDERED- und SOLID-Modus schnell hin und her.

8.3.2 Objektabhängiges Shading

Neben der szenenweiten Shading-Einstellung bietet Ihnen Blender noch eine weitere Option: Sie können pro Objekt festlegen, mit welcher Darstellungsqualität (VIEWPORT-SHADING-Modus) das Objekt maximal dargestellt wird. Auf diese Weise können Sie Objekte, deren einzige Aufgabe die Platzierung anderer Objekte ist, immer als Wireframe anzeigen – egal, welcher Viewport-Shading-Modus gewählt wurde.

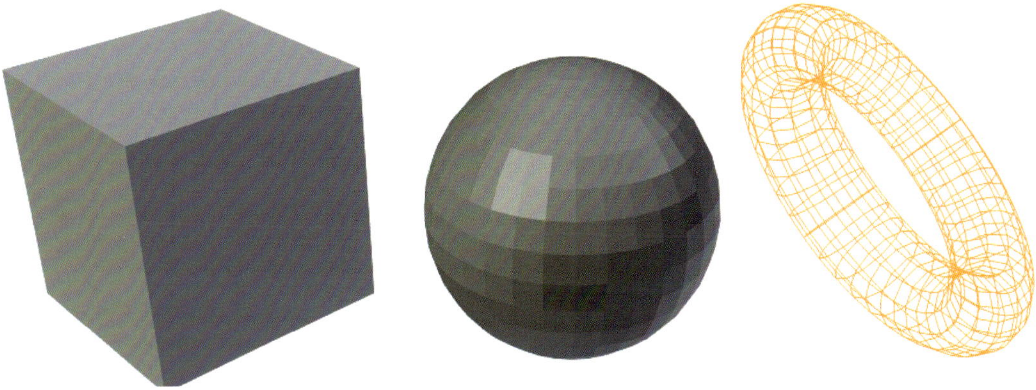

▲ **Abbildung 8.10**
Mittels objektabhängigen Shadings legen Sie das Shading einzeln für jedes Objekt fest.

Um objektabhängiges Shading zu definieren, wechseln Sie im Properties-Editor im Object-Tab auf das Display-Panel und wählen dort einen Shading-Modus unter Maximum Draw Type. Gleichgültig, welche Einstellung Sie jetzt beim Viewport Shading in einem 3D-View-Editor treffen, wird Ihrem Objekt immer maximal das hier eingestellte Shading zuteil. Abbildung 8.10 verdeutlicht diese Funktion: Obwohl das Viewport Shading auf Solid gesetzt ist, wird der Ring maximal im Shading-Modus Wireframe gezeichnet.

Die Datei »GLSL_Machine.blend« finden Sie auf der Buch-DVD unter Beispielmaterial • Kapitel_08.

8.3.3 Interpolation zwischen Faces

Etwas früher in diesem Kapitel haben wir uns bereits angesehen, wie Shading definiert ist. Dabei haben Sie erfahren, dass es Algorithmen gibt, die die Übergänge zwischen einzelnen Faces interpolieren (überblenden). Der Vorteil dieser Lösung liegt auf der Hand: Ohne diese Algorithmen müsste das Mesh immer höher unterteilt werden, bis keine einzelnen Faces mehr zu erkennen sind. Dies würde zu unnötig vielen Vertices führen und Ihnen die Bearbeitung des Meshes erschweren. Übernimmt ein Algorithmus diese Aufgabe, wirkt das Mesh weicher bei gleichbleibender Vertices-Anzahl.

Blender bietet Ihnen zwei interpolative Lösungen an. Eine auf das gesamte Objekt bezogene Interpolation (alle Flächenübergänge des Objekts werden weichgezeichnet) und eine komponentenbezogene (nur gewählte Komponenten eines Meshes werden weichgezeichnet).

GLSL

Blender erlaubt es Ihnen über eine GLSL genannte Einstellung, Objektoberflächen ähnlich wie im finalen Rendering inklusive realistischer Beleuchtung anzuzeigen. Sie finden diese Option im Shading-Panel des 3D-View-Editors. Klicken Sie dort auf Multitexture, und wählen Sie GLSL. Die Datei »GLSL_Machine.blend« lässt Sie die Unterschiede sehen.

Edge Split Modifier

Wenn Sie sich an Kapitel 5, »Modifier«, erinnern, wird Ihnen vielleicht der EDGE-SPLIT-Modifier noch ein Begriff sein. Dieser teilt das Mesh an den Edges auf, die einen einstellbaren Winkel überschreiten.

Wenn Sie Ihr Mesh komplett »smooth« vor sich sehen und einen EDGE-SPLIT-Modifier darauf anwenden, werden die scharfen Kanten dadurch voneinander getrennt und somit »flat shaded«, während die weniger steil zueinander stehenden Flächen sanft interpoliert bleiben. Besonders deutlich wird dieser Modifier an einer »gesmoothten« Suzanne.

Schritt für Schritt Objektbezogene Interpolation

Probieren Sie die objektbezogene Interpolation einmal aus, indem Sie sich an Abbildung 8.2 zurückerinnern – dieses Beispiel werden wir jetzt nachstellen:

1 Zwei UV-Spheres einfügen

Fügen Sie dazu zwei UV-Sphere ein, und wählen Sie eine Kugel aus.

2 Tools-Tab einblenden, Objekt-Modus aktivieren

Blenden Sie dann die TOOLBAR über [T] ein, und stellen Sie sicher, dass Sie sich im Objekt-Modus befinden.

3 Unter Shading »Smooth« aktivieren

Suchen Sie auf dem TOOLS-Panel die beiden mit Shading überschriebenen Schaltflächen SMOOTH und FLAT. Klicken Sie jetzt auf SMOOTH, so werden Sie sehen, wie die vorher klar voneinander abgegrenzten Faces der Kugel plötzlich ineinander übergehen – sie werden interpoliert. Möchten Sie die einzelnen Faces wiedersehen (also die Interpolation beenden), nutzen Sie die Schaltfläche FLAT.

Operator-Suche

Nutzen Sie die Operator-Suche: Drücken Sie einmal auf die Leertaste, erscheint eine Suchbox, mit deren Hilfe Sie nach Funktionen suchen können – suchen Sie doch einmal nach »Smooth« oder »Flat«.

Komponentenbezogene Interpolation | Neben der Interpolation auf kompletten Objekten können Sie Blender auch mitteilen, dass Sie nur zwischen einzelnen Faces interpolieren möchten. Dazu wählen Sie die entsprechenden Faces, Edges oder Vertices im EDIT MODE aus und rufen anschließend das Spezialmenü für Faces mit [Strg] + [F], für Edges mit [Strg] + [E], für Vertices mit [Strg] + [V] oder das SHADING/UV-Tab der TOOLBAR mit [T] auf. In diesem finden Sie die Einträge SMOOTH und SHARP, die genau wie die im vorigen Abschnitt beschriebenen Operationen (allerdings ausschließlich auf die markierten Komponenten) wirken.

Um die Auswirkungen der Operation SHARP auf Vertices und Edges zu sehen, müssen Sie allerdings noch eine weitere Einstellung vornehmen. Wechseln Sie auf das OBJECT-DATA-Tab, und aktivieren Sie im NORMALS-Panel die Option AUTO SMOOTH. Abbildung 8.11 zeigt Ihnen eine Kugel, bei der die mittleren drei Ringe aus Faces mithilfe von komponentenbasierter Interpolation SMOOTH gezeichnet werden. In der Mitte sehen Sie gleichzeitig drei Edges, die SHARP sind.

▲ **Abbildung 8.11**
Komponentenbasierte Interpolation erlaubt es Ihnen, einzelne Komponenten Ihres Objekts unterschiedlich zu shaden.

8.4 Sehen lernen – auf dem Weg zum Materialdesign

Eine der wichtigsten Aufgaben, die Sie auf dem Weg zu einem sehr guten digitalen Material erledigen müssen, ist, sich Ihre Umwelt ganz genau anzusehen – eine Fähigkeit, die nur die wenigsten Menschen entwickeln und fördern. Die meisten Menschen abstrahieren ihre Umgebung permanent. Wir merken uns (wenn überhaupt) meist nur Farben und Formen, um die Eindrücke der komplexen Umwelt um uns herum möglichst schnell verarbeiten zu können. So werden Sie deutlich häufiger auf die Frage »Welches Auto ist gerade vorbeigefahren?« die Antwort »Ein rotes/blaues/grünes« hören als »ein tiefergelegter metallic-blauer Pontiac mit verkratzter Beifahrertür, Chromfelgen und breiten Reifen«. Nur durch diese Fähigkeit können wir in brenzligen Situationen so gut und schnell reagieren – stellen Sie sich vor, Sie würden, wenn ein Auto auf Sie zurast, erst einmal alle Details analysieren und erst dann wegspringen – Abstraktion muss also nichts Schlechtes sein.

Linke und rechte Gehirnhälfte
Wenn ich »Wir Menschen abstrahieren …« sage, spreche ich explizit nicht von Künstlern (Zeichnern, Bildhauern usw.). Diese haben meist schon zu Beginn Ihrer Karriere gelernt, zu »sehen« und können sich selbst kleinste Details erstaunlich gut merken. Sie aktivieren dazu bewusst die rechte Gehirnhälfte, die für künstlerische Tätigkeiten zuständig ist, und fahren die linke (analytische) Gehirnhälfte herunter – das permanente Denken und Abstrahieren der linken Gehirnhälfte würde beim Zeichnen nur stören.

▲ **Abbildung 8.12**
Jedes Material in der Natur hat einzigartige Eigenschaften – entdecken und dokumentieren Sie sie!

Als angehende Materialdesigner müssen wir allerdings so genau wie möglich beobachten, wie sich die Oberflächen unserer Umgebung verhalten – und das immer im Zusammenspiel mit Lichtquellen.

Sehen Sie sich beispielsweise eine Buchseite in grellem Sonnenlicht und bei moderatem Kunstlicht an. Während sie im ersten Fall kaum lesbar ist und weißlich blendet, wird sie im zweiten Fall gut lesbar und gelblich (je nach verwendetem Leuchtmittel) sein. Die Beleuchtung hat also einen nicht unerheblichen Einfluss auf die Oberflächen. Damit erklärt sich auch, warum ich Kapitel 7, »Lichtdesign«, vor dieses gesetzt habe. Ohne eine nahe an der finalen Beleuchtung angelehnte Lichtsituation können Sie nur schlecht abschätzen, ob die Oberflächen Ihren Wünschen entsprechen.

Der Sherlock Holmes in Ihnen
Ihnen ist sicherlich Sherlock Holmes ein Begriff, der große Detektiv, der mit seiner Logik und seiner Beobachtungsgabe selbst komplizierteste Fälle löste. Eine seiner Gaben können auch wir gut gebrauchen: seinen Hang, alles und jeden ganz genau zu beobachten und sich Details einzuprägen – eine wichtige Voraussetzung auf dem Weg zu gutem digitalen Material.

Oberflächen, die Sie vor einer Beleuchtung definieren, werden in Ihrer finalen Beleuchtung völlig anders aussehen und verursachen Ihnen daher einen unnötigen Arbeitsaufwand.

Abbildung 8.13 ▸
Gerade das Fell von Tieren erfordert bei der Definition von Materialien ein gutes Auge und viel Erfahrung.

Wie schon in Kapitel 7 empfehle ich Ihnen also auch hier wieder: Legen Sie das Buch aus der Hand! Streifen Sie durch Ihre Wohnung, Ihr Haus und durch die Natur, und beobachten Sie ganz genau – schreiben Sie sich Ihre Erkenntnisse auf, und sammeln Sie sie in einem Materialbuch! Mit der Zeit werden Sie weniger beobachten müssen und viel mehr »wissen«, wie die Objektoberfläche beschaffen sein muss – doch auch heute recherchiere ich vor jedem Auftrag erst einmal mindestens einen kompletten Tag, in dessen Verlauf ich mir Oberflächeneigenschaften und Referenzmaterialien der für das Projekt geplanten Objekte ansehe.

◂ ▴ **Abbildung 8.14**
Auch metallische Oberflächen und Gebilde aus Glas werden Sie als Materialdesigner fordern.

Achten Sie besonders auf die folgenden Eigenschaften von Objekten:

- Welche Grundfarbe hat die Oberfläche? Besitzt sie Farbverläufe?
- Ist die Oberfläche rau oder glatt? Besitzt sie Kerben oder andere Unregelmäßigkeiten?
- Besteht sie aus vielen Fasern oder Haaren? Wie sind diese geformt und gefärbt? Werden Sie dünner, oder haben sie immer die gleiche Dicke?
- Kommt sie im realen Leben meist sauber oder eher dreckig vor? Wo liegen die Verschmutzungsstellen?
- Reflektiert sie Licht, wenn Licht auf sie fällt? In welcher Farbe? Ist die Farbe oder Stärke der Reflexion blickwinkelabhängig?
- Besteht sie aus mehreren Layern? Liegen verschiedene Oberflächen übereinander (beispielsweise lackierte Farbe mit Glanzeffekten)?
- Befinden sich Glanzpunkte (gebündelte helle Lichtreflexe auf ihr)?
- Ist die Oberfläche transparent/teiltransparent? Wo tritt dieser Effekt besonders stark auf? Sind eventuelle Schnittkanten auch transparent?
- Ist die Oberfläche lichtdurchlässig? Wird das Licht besonders gefärbt wenn es durch die Oberfläche hindurchdringt?
- Ist sie selbstleuchtend (lichtemittierend)?

Wie Sie an dieser Auflistung sehen können, unterscheiden sich Oberflächen durchaus sehr stark voneinander – dabei ist diese Liste bei Weitem nicht komplett und sollte von Ihnen je nach betrachteter Oberfläche ergänzt werden. Achten Sie aber mindestens auf die vorangegangenen Punkte, um Ihre Oberfläche in 3D-Programmen erstellen zu können.

8.5 Blenders Materialiensystem

Bis zu diesem Zeitpunkt haben Sie zwar schon einiges über Shading gelernt, aber noch kein einziges Material angelegt – das werden wir jetzt nachholen. Wählen Sie dazu den Würfel der Standardszene aus – er enthält bereits ein Material –, und begeben Sie sich zu dem durch eine Kugel symbolisierten Material-Tab des Properties-Editors.

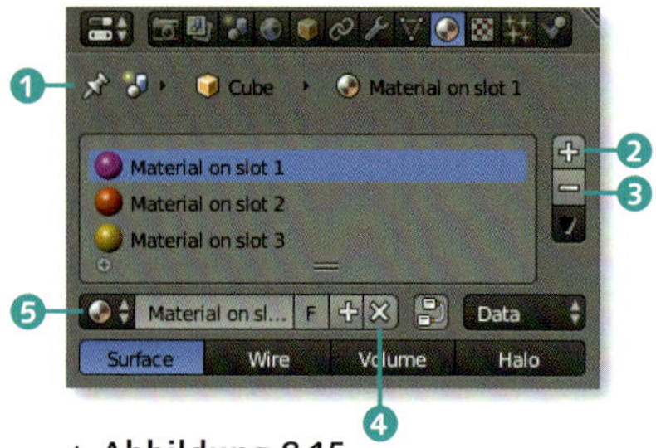

▲ **Abbildung 8.15**
Das Material-Tab ist mit seinem Slot-System sowohl mit Cycles als auch mit dem BI-Renderer die Schaltzentrale für alle Arten von Materialien.

Material hinzufügen
Falls noch kein einziges Material auf dem Objekt angelegt ist, können Sie auch direkt auf New klicken, ohne dass bereits ein Slot vorhanden ist. Slot und Material werden dann gleichzeitig erzeugt.

8.5.1 Ein Material anlegen

Sowohl im Cycles als auch im BI-Renderer legen Sie ein neues Material auf die gleiche Weise an: über die sogenannten *Slots*. Auf dem Material-Tab finden Sie dazu in der oberen Hälfte eine Slot-Liste ❶. Slots können Sie sich wie einzelne Materialaufbewahrungskästen vorstellen, in denen Blender ein Material speichert. Ein Objekt kann beliebig viele Slots (und damit Materialien) enthalten. Alle in Blender vorhandenen Materialien können mit jedem Slot verlinkt werden. Wenn noch kein Material und kein Slot angelegt wurde, ist die Liste leer – Sie können dann durch einen Klick auf die neben der Liste befindliche Plus-Schaltfläche ❷ einen neuen Material-Slot hinzufügen. Anschließend wird durch einen Klick auf New ein neues Material erzeugt.

Zu Testzwecken können Sie jetzt bereits bei aktiviertem BI-Renderer auf das Diffuse-Panel des Material-Tabs wechseln und Ihrem Objekt durch Klick auf die weiße Farbauswahlbox eine neue Farbe zuweisen. Sie sollten die Änderung der Farbe unmittelbar nach Ihrer Auswahl in der 3D-Ansicht sehen, falls mindestens das Solid-Shading aktiv ist.

8.5.2 Ein Material benennen

Nachdem Sie Ihrem Objekt ein Material zugewiesen haben, sollten Sie, das Material benennen. Das Umbenennen eines Materials geschieht, wie in Blender üblich, über einen Klick in das Edit-Feld der Datenblockzeile und die anschließende Eingabe eines Namens oder per Doppelklick auf einen Eintrag der Liste.

Zum Nachlesen
Sind Ihnen die einzelnen Features von Datenblöcken nicht mehr präsent, so sehen Sie bitte in Kapitel 3, »Arbeiten mit Objekten«, unter dem Thema Datenblöcke nach – dort werden alle Funktionen und Möglichkeiten von Datenblöcken ausführlich erklärt.

8.5.3 Material-Datenblöcke

Wie Sie sicherlich bereits aus der Darstellung des Materials schließen konnten, handelt es sich auch bei einem Material um einen Datenblock in Blender – Sie können diesen also auch wie jeden anderen Datenblock verlinken, kopieren und löschen. Erinnern Sie sich noch an meine umfassenden Ausführungen zum Thema Datenblöcke in Blender? Materialien sind einer dieser Bereiche, bei dem uns das Wissen über diese Blender-Interna einen großen Vorteil verschafft – nämlich dann, wenn Sie ein Objekt mit vorhandenem Material duplizieren (⇧ + D). Das Material wird in diesem Fall nämlich nicht dupliziert, sondern nur verlinkt. Ändern Sie also etwas an einem der beiden Materialien, so wird auch das zweite Material geändert.

Genau wie bei anderen Datenblöcken können auch Materialien einen Fake-Nutzer besitzen – Sie können mit diesem Feature ganz einfach Materialien anlegen, die zu keinem Objekt gehören. Sinnvoll wird diese Aktion dann, wenn Sie diese Materialien als Materialbibliothek nutzen – Sie also Materialien aus dieser Datei in anderen Projekten nutzen.

8.5.4 Materialien entfernen

Materialien können Sie auf zweierlei Arten entfernen: Einerseits können Sie sie durch einen Klick auf das X ❹ neben ihrem Namen löschen und andererseits, indem Sie durch einen Klick auf das Minussymbol neben der Liste ❸ den Slot löschen, dem Sie das Material zugewiesen haben. In beiden Fällen wird das Material nicht sofort aus der Datei gelöscht, sondern nur die Verlinkung des Materials mit dem Objekt aufgehoben. Hat ein Material mehrere Nutzer (d. h., es wird von mehreren Objekten genutzt), so entfernen Sie nur das Material des aktuell gewählten Objekts, alle anderen Nutzer bleiben erhalten. Möchten Sie das Material von allen Objekten entfernen (und die Nutzeranzahl auf 0 setzen), so halten Sie [⇧] gedrückt, während Sie mit der linken Maustaste auf das X ❹ klicken. Die Anzahl der Nutzer wird, wie bei Datenblöcken üblich, hinter dem Datenblocknamen angezeigt.

8.5.5 Bestehende Materialien zuweisen

Haben Sie bereits ein Material angelegt und möchten dieses einem bestehenden Slot zuweisen, so markieren Sie den Slot und klicken auf das Materialdatenblock-Symbol ❺. Wählen Sie in der erscheinenden Materialliste das gewünschte Material per linker Maustaste aus, oder tippen Sie den Materialnamen ein, und bestätigen Sie mit [↵] – das Material wird mit Ihrem Objekt nach Ihrer Auswahl sofort verlinkt und erhält einen Nutzer mehr. Auf diese Weise würden Sie auch Materialien wählen, die bereits auf anderen Objekten verwendet werden.

Müssten Sie auf diese Art Hunderten von Objekten ein vorhandenes Material geben, wären Sie wohl ziemlich lange beschäftigt. Aus diesem Grund gibt es in Blender noch eine weitere Möglichkeit: das Make-Links-Menü. Wählen Sie dazu der Reihe nach alle Objekte, die das neue Material bekommen sollen, und zuletzt das Objekt, auf dessen Material Sie verlinken möchten. Rufen Sie das Menü anschließend über [Strg] + [L] auf, und wählen Sie Materials – alle Objekte haben anschließend dasselbe Material.

Testen Sie dieses Feature, indem Sie zwei verschiedene Objekte mit zwei unterschiedlichen Materialien anlegen. Weisen Sie anschließend beiden Objekten dasselbe Material zu, indem Sie

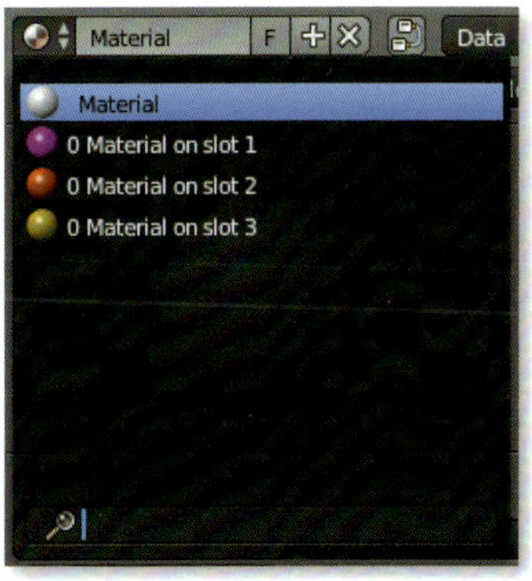

▲ **Abbildung 8.16**
Über die Datenblockliste verlinken Sie Objekte mit vorhandenen Materialien.

Die Datei »08_MaterialLink.blend« finden Sie auf der Buch-DVD unter BEISPIELMATERIAL • KAPITEL_08.

das zweite Objekt anwählen, die Materialauswahl aufrufen und das Material des ersten Objekts anklicken. Ändern Sie nachfolgend die Farbe eines der Objekte – Sie werden sehen, dass sich beide Objektfarben zum gleichen Zeitpunkt ändern. Nutzen Sie die Datei »08_MaterialLink.blend« für Ihre Experimente. Hat ein Material keinen Nutzer, so wird ihm – wie bei Datenblöcken üblich – eine Null vorangestellt. Die mit einer Null markierten Materialien werden bei der nächsten Speicherung nicht mehr mit abgespeichert. Wenn Sie die aktuelle Datei neu laden, werden Sie diese daher nicht mehr auswählen können.

8.5.6 Selektierte Faces mit Materialien belegen

Dreidimensionale Objekte können – genau wie reale Objekte – unterschiedliche Materialien besitzen. Um Teile eines Meshes mit einem Material zu belegen, bietet sich der EDIT MODE an – wechseln Sie durch [Tab] in diesen Modus, und behalten Sie dabei das MATERIAL-Panel im Auge. Es erscheinen drei neue Schaltflächen: ASSIGN, SELECT und DESELECT, die wir jetzt einsetzen.

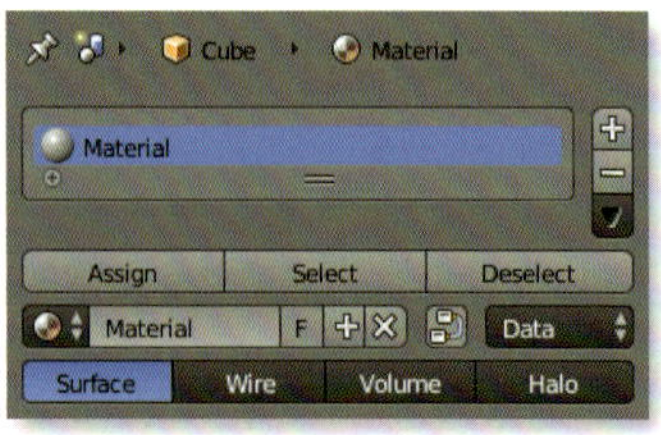

▲ Abbildung 8.17
Im EDIT MODE weisen Sie gewählten Faces unterschiedliche Materialien zu.

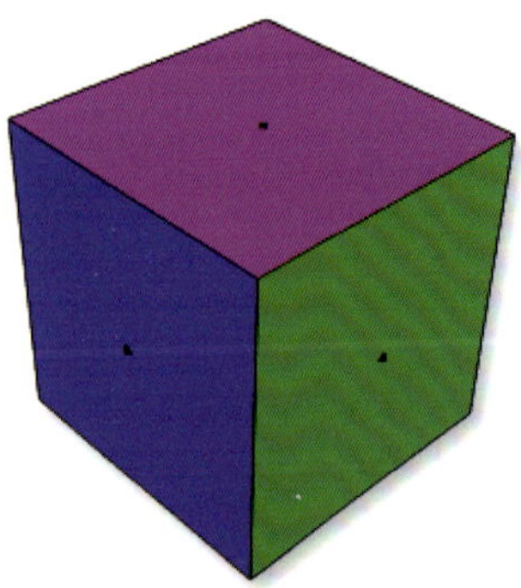

▲ Abbildung 8.18
Das Ergebnis der Übung – drei Faces mit drei verschiedenen Materialien

Schritt für Schritt
Selektierte Faces mit Materialien belegen

1 Drei Material-Slots anlegen

Nutzen Sie die Standardszene mit dem darin enthaltenen Würfel, und wählen Sie den BI-Renderer aus. Legen Sie drei Material-Slots durch die Plus-Schaltflächen inklusive Materialien mit einer blauen, pinken und grünen Farbe an.

2 Face-Select-Modus aktivieren

Aktivieren Sie den EDIT MODE, und wechseln Sie dort in den FACE-SELECT-Modus durch [Strg] + [Tab].

3 Material zuweisen

Anschließend wählen Sie die obere Face und den ersten Slot aus und klicken auf ASSIGN. Deselektieren Sie die erste Face, wählen Sie den zweiten Material-Slot und die linke Face aus, und klicken Sie abermals auf ASSIGN.

4 Schritt 3 wiederholen

Wiederholen Sie den letzten Schritt mit dem letzten Material und der rechten Face. Verlassen Sie den EDIT MODE wieder – die einzelnen Faces sollten die Ihnen zugewiesene Farbe behalten.

Das Ergebnis dieser Übung finden Sie in Datei »08_MultipleMaterials.blend«.

Möchten Sie überprüfen, welche Vertices oder Faces für einen Material-Slot bestimmt sind, so wählen Sie den Slot aus, wechseln in den Edit Mode und klicken einmal auf Select. Die dem Material-Slot zugeordneten Faces werden daraufhin markiert. Deselect führt die entgegengesetzte Aktion aus – alle Faces, die zu dem Material-Slot gehören, werden von einer vorhandenen Auswahl abgewählt.

Die Datei »08_MultipleMaterials.blend« finden Sie auf der Buch-DVD unter Beispielmaterial • Kapitel_08.

Materialzuordnung

Beachten Sie, dass die Zuordnung von Faces zu einem Material nicht anhand des Materials, sondern anhand des Material-Slots geschieht – wenn Sie ein Material durch Klick auf X löschen, geht die Auswahl also nicht verloren. Legen Sie in diesen Slot ein neues Material, so werden exakt die Faces beeinflusst, die auch bei dem vorher gewählten Material in diesem Slot beeinflusst wurden.

8.6 Blender-Internal-Shading

Mit den obigen Informationen über das Anlegen, Umbenennen und Löschen von Materialien gewappnet, können Sie sich jetzt in die Untiefen des Shadings mit dem Blender-Internal-Renderer vorwagen. In den nächsten Abschnitten werden Sie erst alle Einstellungen des Material-Tabs auf dem Properties-Editor kennenlernen, um zu guter Letzt komplexere Materialien mit dem Node Editor zu gestalten.

Ich empfehle Ihnen, die Auswirkungen der Einstellungen in den beschriebenen Panels »live« zu betrachten, während Sie sich in Blender befinden. Probieren Sie die verschiedenen Einstellungen aus, und spielen Sie mit den Parametern – rendern Sie Ihre Ergebnisse in Vorschau-Auflösung (siehe Seite 290), um nicht zu viel Zeit zu verlieren, oder nutzen Sie mit einem schnellen Rechner den Rendered-Modus des Viewport Shadings. Fügen Sie verschiedene Objekte und Lampen ein, und verlinken Sie das erzeugte Material der Objekte – so können Sie leicht sehen, wie dieselbe Oberfläche auf verschiedenen Objekten wirkt.

Die Datei »08_MaterialTest_BI.blend« finden Sie auf der Buch-DVD unter Beispielmaterial • Kapitel_08.

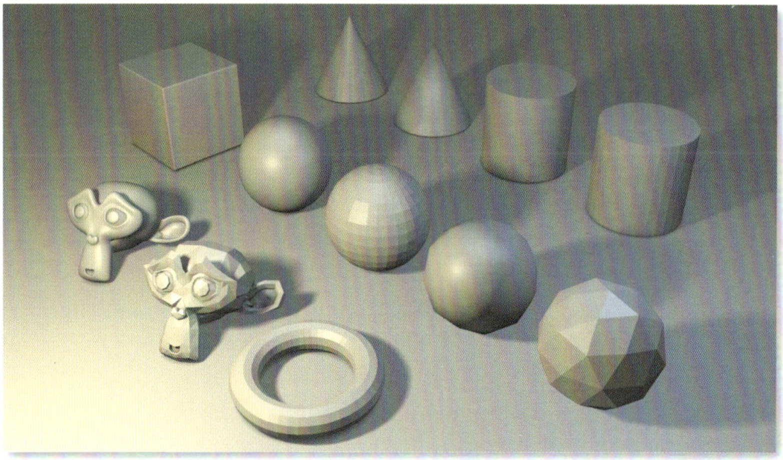

◂ **Abbildung 8.19**
Die Datei »08_MaterialTest_BI.blend« enthält bereits alle Standardobjekte mit verlinkten Materialien – nutzen Sie sie, um Ihre Materialien zu testen.

Noch einfacher wird es, wenn Sie einfach die Datei »08_MaterialTest_BI.blend« im RENDERED-Modus des VIEWPORT SHADINGS (⇧ + Z) als Start Ihrer Reise nutzen – sie enthält bereits viele Standardobjekte mit verlinkten Materialien in einer SMOOTH- und einer SHARP-Variante.

8.6.1 Das Material-Panel

▲ **Abbildung 8.20**
Die Optionen des MATERIAL-Panels

In diesem Panel finden Sie neben den bereits erwähnten Optionen zum Organisieren von Materialien vier verschiedene Optionen. Sie geben an, wie der BI-Renderer die Oberfläche interpretiert:

- SURFACE: Wählen Sie diese Option, um alle Ihre Faces mit den definierten Materialien rendern zu lassen. In den meisten Fällen werden Sie diese Option nutzen.
- WIRE: Mit dieser Option können Sie Blender anweisen, nur die Edges der Objekte zu rendern. Faces und Vertices werden dabei ausgeblendet.
- VOLUME: Volumetrische Materialien werden bei Feuer- und Rauch-Simulationen genutzt. Mehr zu dieser Einstellung erfahren Sie in Abschnitt 12.7, »Rauchzeichen – Rauch- und Feuersimulation«.
- HALO: Das Halo-Material ist ein spezielles Material, das nicht auf Faces, sondern auf Vertices wirkt. Es erzeugt ein Glühen um jeden Vertex und kann durch viele verschiedene Parameter in seinem Aussehen verändert werden. Genauere Informationen zum Halo-Material finden Sie in Kapitel 11, »Partikelsysteme«.

8.6.2 Das Preview-Panel

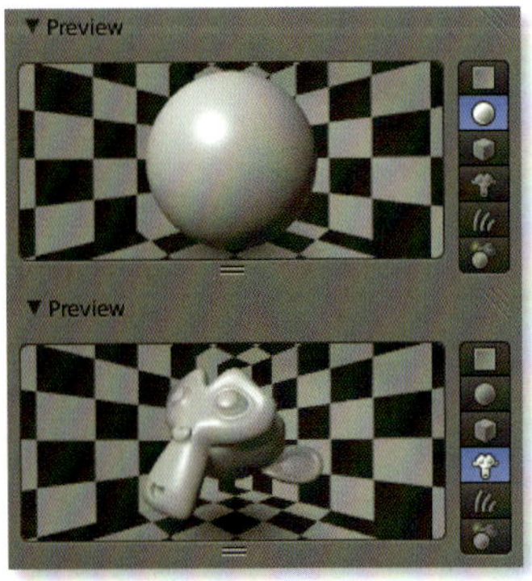

▲ **Abbildung 8.21**
Mit dem PREVIEW-Panel sehen Sie, wie ein Material auf verschiedenen Körpern wirkt.

Das PREVIEW-Panel rendert permanent eine kleine Voransicht des aktuell gewählten Materials mit allen Ihren Einstellungen. Da Materialien auf unterschiedlichen Objekten auch immer unterschiedlich wirken, haben Sie in diesem Panel rechts neben dem Vorschaubereich die Möglichkeit, die Vorschau auf verschiedenen Standardkörpern berechnen zu lassen – dabei stehen Ihnen ein Viereck, eine Kugel, ein Würfel, Suzanne, Haare und eine große Kugel mit aktiviertem Himmel zur Verfügung. Um die Vorschau zu vergrößern, ziehen Sie die beiden horizontalen Striche am unteren Ende des Bereichs mit der linken Maustaste nach unten.

Denken Sie daran, dass Ihnen dieses Panel immer nur eine Vorschau des Materials gibt – wie genau das Material in Ihrer Szene bei den dort herrschenden Lichtverhältnissen wirkt, werden Sie immer durch Test-Renderings oder mithilfe des RENDERED-Modus des VIEWPORT SHADINGS herausfinden müssen.

8.6.3 Das Diffuse-Panel

Im Diffuse-Panel definieren Sie die Grundfarbe des Objekts und die Art, wie Licht von der Oberfläche reflektiert wird:

- Color: Dies ist die Grundfarbe des Objekts. Klicken Sie auf die Farbwahlbox, um sie zu ändern. Anschließend wird die Farbe sowohl in der 3D-Ansicht als auch im späteren Rendering übernommen.
- Intensity: Hier definieren Sie, wie stark eine Oberfläche das einfallende Licht reflektiert. 0 bedeutet keine Reflexion (das komplette Licht wird geschluckt und der Körper somit schwarz), während 1 das gesamte Licht reflektiert.
- Diffuse Shader: Blender bietet Ihnen fünf verschiedene Shader-Typen (von realistischen bis Comic-artigen) an. Mit dieser Combobox wählen Sie einen der vorhandenen Shader aus. Diesem und dem nächsten Feature sind die nächsten zwei Abschnitte gewidmet.
- Ramp: Hier können Sie beliebig viele Farbverläufe für die Materialoberfläche festlegen.

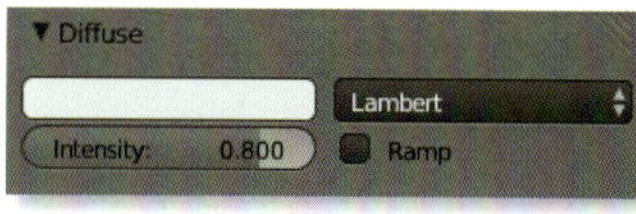

▲ **Abbildung 8.22**
Das Diffuse-Panel

Was sind Shader?
Unter dem Begriff »Shader« versteht man Algorithmen, die die Streuung und Reflexion von Licht auf Oberflächen simulieren. In diesem Kapitel unterscheiden wir zwei Arten von Shadern: Shader, die für die Simulation von Glanzpunkten zuständig sind, und Shader, die die Streuung von Licht auf einer Oberfläche berechnen.

Diffuse Shader Model | Blender bietet Ihnen sowohl beim BI-Renderer als auch unter Cycles unterschiedliche Shader-Typen an. Einen allgemeingültigen Shader für jede Oberfläche gibt es jedoch leider nicht – jeder Shader hat seine eigenen spezifischen Einsatzgebiete. Die folgenden Shader stehen Ihnen im BI-Renderer für die Berechnung der diffusen Reflexionen zur Verfügung:

- Lambert: Blenders Standard-Shader. Er bietet sich immer dann an, wenn die diffuse Reflexion Ihrer Oberflächen über einen einfachen Intensitätswert (Intensity) definiert werden kann.
- Oren Nayar: Dieser Shader ist physikalisch genauer als sein Vorgänger – er beachtet zusätzlich die Rauheit (Roughness) der Oberfläche und berechnet daraus die Lichtverteilung.
- Toon: Mit dem Toon-Shader können Sie Effekte wie den aus Comics bekannten Cel-Shading Look erzielen. Er blendet nicht weich zwischen beleuchteten und schattierten Bereichen über, sondern verursacht klare Abgrenzungen zwischen beiden. Über die Parameter Size und Smooth stellen Sie die Größe des beleuchteten Bereichs und die Härte der Überblendung ein.
- Minnaert: Dieser Shader dunkelt die dem Betrachter zugewandten Teile des Lambert-Shaders vom Zentrum aus ab oder hellt sie auf. Ein Darkness-Wert von 1 verhält sich genau wie ein Lambert-Shader, größere Werte führen zu einer Abdunkelung des Zentrums und kleinere Werte zu einer Aufhellung der Seiten. Durch Werte kleiner 1 werden samtartige Materialien erzeugt.

▲ **Abbildung 8.23**
Der Lambert-Shader

▲ **Abbildung 8.24**
Der Oren-Nayar-Shader

- FRESNEL: Mit einem FRESNEL-Shader wird die Stärke des reflektierten Lichts vom Einfallswinkel des Lichts abhängig gemacht. Je flacher der Winkel zum einfallenden Licht, desto dunkler, je größer der Winkel, desto heller wird die Oberfläche. Über die Parameter FRESNEL kann die Stärke des Effekts und über FACTOR die Stärke der Überblendung zwischen Fresnel-Effekt und normalem Oberflächen-Shader definiert werden.

Fresnel-Effekt

Der Fresnel-Effekt wird Ihnen gerade im Bezug auf Spiegelungen, aber auch bei vielen anderen Reflexionen immer wieder begegnen. Entdeckt wurde er von dem französischen Physiker Augustin-Jean Fresnel (1788–1827), der die damals bereits bekannte Lichtwellentheorie weiterentwickelte. Er sah sich die Übertragung und Ausbreitung von Licht in verschiedenen Medien (Luft/Wasser/Öl ...) und Objekten an. Besonders deutlich wird der Effekt bei Autofensterscheiben und einer Wasseroberfläche. Sehen Sie gerade auf beide Medien, so können Sie problemlos hindurchsehen, wählen Sie allerdings einen flacheren Betrachtungswinkel, so werden die Oberflächen fast zu Spiegeln – Sie sehen nicht mehr hindurch.

▲ **Abbildung 8.25**
Der TOON-Shader

▲ **Abbildung 8.26**
Der MINNAERT-Shader

▲ **Abbildung 8.27**
Der FRESNEL-Shader

Bislang haben Sie nur gelernt, wie Sie mehr oder weniger einfarbige Objektoberflächen erstellen können. Möchten Sie Ihrer Oberfläche einen Farbverlauf geben, so können Sie dazu eine sogenannte *Color-Ramp* nutzen.

Farbverläufe | Aktivieren Sie im DIFFUSE-Panel die RAMP-Option durch Anhaken, so stehen Ihnen die in Abbildung 8.28 gezeigten Einstellungen zur Verfügung.

Color-Ramps (Farbverläufe) blenden immer zwischen den sogenannten *Color-Stops* ❶ über. Befindet sich ein schwarzer Color-Stop auf der linken Seite und ein weißer auf der rechten, so finden Sie in der Mitte des Farbverlaufs die Farbe Grau wieder. Blender ermöglicht es Ihnen bei Farbverläufen nicht nur, so viele Color-Stops, wie Sie möchten, anzulegen, sondern bietet Ihnen gleichzeitig an, die Art der Überblendung zwischen den Color-Stops zu bestimmen. So können Sie hier beispielsweise festlegen, ob Sie abrupt von einer Farbe zur nächsten wechseln oder zart überblenden möchten.

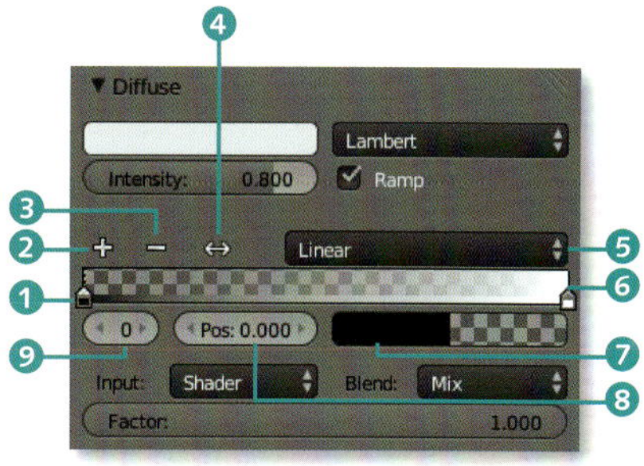

▲ **Abbildung 8.28**
Über das COLOR-RAMP-Panel unterhalb des DIFFUSE-Panels legen Sie Farbverläufe fest.

Die Bedienelemente der Color-Ramp mögen Sie anfangs vielleicht etwas ratlos werden lassen, sind aber eigentlich ganz einfach zu verstehen: Am oberen Rand befinden sich Schaltflächen, um einen Color-Stop hinzuzufügen ❷, zu löschen ❸ oder umzukehren ❹. Mit der Combobox ❺ in dieser Reihe können Sie auswählen, wie zwischen den Color-Stops überblendet wird. Direkt unterhalb der gerade beschriebenen Zeile finden Sie eine Vorschau Ihrer Color-Ramp ❻. Die einzelnen Color-Stops werden mit vertikalen (weiß/schwarzen) Strichen symbolisiert, die Sie mit linker Maustaste wählen und bei gehaltener linker Maustaste verschieben können. Ein gewählter Color-Stop wird mit einer gepunkteten Linie und einem rechteckigen Marker gekennzeichnet.

Unter der Vorschau erwartet Sie neben einem namenlosen Feld mit dem Inhalt »0« ein mit Pos bezeichnetes. Während das erste ❾ angibt, welcher Color-Stop gerade aktiv (ausgewählt) ist, können Sie mit dem zweiten den aktiven Color-Stop genauer als mit Ihrer Maus platzieren ❽. Direkt daran angrenzend sehen Sie ein Farbauswahlfeld, mit dem Sie die Farbe des gewählten Color-Stops festlegen ❼.

Color-Stops schnell einfügen
Um schnell neue Color-Stops einzufügen, klicken Sie einfach mit der linken Maustaste und gedrückter [Strg]-Taste in die COLOR-RAMP-Vorschau.

Im unteren Bereich finden Sie mit der Option INPUT eine Combobox, die festlegt, wie Blender die Daten Ihrer Color-Ramp nutzt – denn bislang ist für Blender nur klar, dass Sie einen Werteverlauf von 0 (linke Seite) bis 1 (rechte Seite) angelegt haben. Mit den nachfolgenden Optionen bestimmen Sie daher, welche Eingangswerte welchen Farbwerten auf Ihrem Farbverlauf entsprechen. Der Fachbegriff für eine solche Operation (beliebige Eingangswerte ausgewählten Ausgangswerten zuordnen) heißt »Mapping«.

Folgende Mapping-Varianten stehen Ihnen unter INPUT zur Verfügung:

- SHADER: Die Farbwerte des gewählten Shaders werden als Eingangswerte für die Color-Ramp genutzt. Bei dieser Einstellung zählt nicht die Stärke der Lichtquelle, sondern nur der Einfallswinkel des Lichts. Oberflächen, die bei Bewegung der Lichtquellen unterschiedliche Farben zeigen, werden so möglich.
- ENERGY: Hier gilt das gleiche Verhalten wie bei SHADER, es werden jedoch gleichzeitig die Lichtstärke, Lichtfarbe und der Ab-

stand zur Lichtquelle berücksichtigt. Dies führt in Kombination mit Ihrer Color-Ramp zu einem Farbwechseleffekt, wenn mehr Licht auf die Oberfläche fällt.

- NORMAL: Hier wird die Oberflächen-Normale (in Relation zur Kamera) genutzt. Verändern Sie den Blickwinkel, wird sich auch die Färbung ändern. Durch diese Option können Sie die Ränder der Oberfläche (von der Kamera aus gesehen) einfärben – ähnlich wie mit dem MINNAERT-Shader.
- RESULT: Während alle vorangegangenen Optionen die Lichtquellen (vor dem finalen Shading der Oberflächen) berücksichtigen, wirkt diese Option, nachdem das Shading berechnet wurde. Mit dieser Option können Sie der Oberfläche durch eine Color-Ramp mit Alphakanal eine letzte Farbanpassung verpassen.

Zu guter Letzt finden Sie direkt neben den beschriebenen INPUT-Werten eine Option namens BLEND. Mit BLEND legen Sie den Überblendungseffekt zwischen dem Farbverlauf und dem Ergebnis des DIFFUSE-Shaders fest, während Sie mit FACTOR die Stärke des Überblendungseffekts einstellen können. Die dort vorhandenen Modi sind exakt die, die Sie bereits von GIMP, Photoshop oder anderen mit Layern arbeitenden Programmen her kennen, die Überblendungen ermöglichen. Eine sehr schöne Übersicht mit Beispielen finden Sie hier:
http://docs.gimp.org/de/gimp-concepts-layer-modes.html

8.6.4 Das Specular-Panel

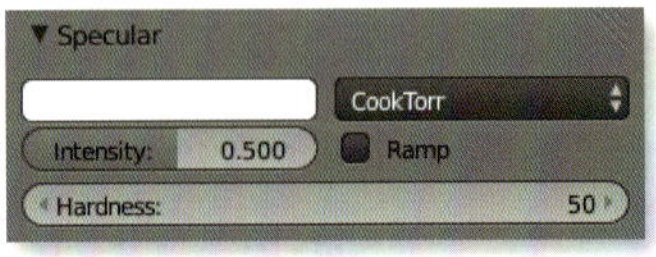

▲ **Abbildung 8.29**
Das SPECULAR-Panel

Im SPECULAR-Panel finden Sie alle Einstellungen zu Highlights (kleinere oder größere Glanzpunkte) auf Ihren Materialien. Hier haben Sie auch die Wahl zwischen verschiedenen Glanzpunkt-Shadern und können genau wie im DIFFUSE-Panel eine Color-Ramp nutzen, um das Highlight mit einem Farbverlauf zu belegen. Je nach Oberfläche werden Sie unterschiedliche Shader wählen wollen, um die Oberflächencharakteristik bestmöglich abbilden zu können:

- COOKTORR: Dieser Shader eignet sich besonders für Plastikoberflächen.
- PHONG: Dieser Shader ist insbesondere für Haut und organische Oberflächen geeignet.
- BLINN: Dieser Shader ist etwas näher an die realen Gegebenheiten angepasst als die beiden Vorgänger. Er wird oft in Verbindung mit dem OREN-NAYAR-DIFFUSE-Shader genutzt und bietet Ihnen die Möglichkeit, den IOR-Wert (wird bei Transparenzen erklärt) zu setzen.

- TOON: Dieser Shader verhält sich ähnlich wie der TOON-Shader aus dem DIFFUSE-Panel. Er verursacht harsche Kanten und lässt alles sehr nach Cartoon aussehen.
- WARDISO: Dieser Shader bietet sich bei metallischen Oberflächen an. Mit kleinen Slope-Werten ist er in der Lage, extrem scharfe Glanzpunkte zu erzeugen.

▲ **Abbildung 8.30**
Ein Material mit großem HARDNESS-Faktor ergibt eine polierte Oberfläche.

Neben den unterschiedlichen Shadern stehen Ihnen beim SPECULAR-Shading noch die folgenden Optionen zur Verfügung:

- COLOR: Die Farbe des Glanzpunktes. Normalerweise sollten Sie sie bei Weiß belassen – um besondere Effekte zu erzielen, können Sie sie aber natürlich auch ändern.
- SPECULAR SHADER: Hier wählen Sie einen der vorigen Shader.
- INTENSITY: Hier setzen Sie die Stärke des erzeugten Glanzpunktes; je höher dieser Wert, desto heller ist der Glanzpunkt.
- HARDNESS/SLOPE: Hier geben Sie an, wie eng der Glanzpunkt begrenzt ist. Eng begrenzte Glanzpunkte finden Sie meist auf sehr glatten Materialien (Billardkugel beispielsweise), einen breit gestreuten Glanzpunkt finden Sie meist auf rauen Oberflächen.
- RAMP: Genau wie beim DIFFUSE-Shader auch können Sie hier einen Farbverlauf definieren – allerdings für die Glanzpunkte.

▲ **Abbildung 8.31**
Ein geringer HARDNESS-Faktor lässt die Oberfläche diffus glänzen.

Abbildung 8.30 und Abbildung 8.31 zeigen Ihnen die Auswirkungen der HARDNESS-Einstellung.

8.6.5 Das Shading-Panel

In diesem Panel können Sie Spezialeinstellungen des SHADING-Algorithmus setzen:

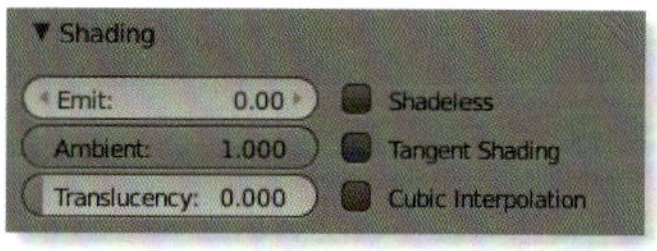

▲ **Abbildung 8.32**
Das SHADING-Panel

- EMIT: Setzen Sie diesen Wert größer als 1, so fängt die Oberfläche an, selbst zu leuchten. Wie Sie im letzten Kapitel gesehen haben, wird nur mit besonderen Einstellungen im WORLD-Tab tatsächlich Licht abgesondert, ohne diese bedeutet der Wert einfach nur, dass die Oberfläche unnatürlich aufgehellt wird.
- AMBIENT: Hier geben Sie pro Objekt an, wie viel des auf dem WORLD-Tab unter ENVIRONMENT LIGHTING festgelegten ambienten Lichts/der ambienten Schatten auf die Objektoberfläche fallen.
- TRANSLUCENCY: Mit diesem Wert können Sie Oberflächen erzeugen, die durchscheinend sind (Reispapier, Lampenschirme). Probieren Sie diese Option am besten mit einer Plane und einer hinter der Plane angebrachten Lichtquelle aus. Abbildung 8.33 stellt über diesen Effekt die Oberfläche der Lampe dar.

Zum Nachlesen
Weitere Informationen zum WORLD-Tab finden Sie in Abschnitt 7.6, »Die Welt nach Ihren Wünschen gestalten – das World-Tab«.

▲ **Abbildung 8.33**
Eine mit einem Translucency-Material gerenderte Lampe wirkt durchscheinend.

- Shadeless: Wenn Sie diese Checkbox aktivieren, schalten Sie das Shading für diese Oberfläche komplett aus. Lichtquellen werden ab diesem Zeitpunkt nicht mehr beachtet, eine Schattierung der Oberfläche findet nicht mehr statt.
- Tangent Shading: Diese Option ist immer dann interessant, wenn Sie anisotropes Shading durchführen möchten. Anisotropes Shading benötigen Sie, wenn Sie gebürstetes Metall darstellen möchten. Sehen Sie dazu unbedingt auch das Mirror-Panel (Abschnitt 8.6.7) und die dort enthaltene Glossy-Eigenschaft an.
- Cubic Interpolation: Mit dieser Checkbox können Sie den Übergang zwischen Schatten und diffusem Licht etwas aufweichen. Wird in der Praxis eher selten gebraucht.

8.6.6 Das Transparency-Panel

Auf diesem Panel können Sie transparente Materialien anlegen. Aktivieren können Sie sie über einen Klick auf die Checkbox der Panelüberschrift – deaktivieren Sie die Funktion, indem Sie erneut auf die Checkbox klicken. Meist werden Sie die Einstellungen dieses Panels nutzen, um Glas, Plexiglas, Eis oder andere transparente Materialien zu erzeugen, allerdings gibt es auch andere Einsatzzwecke und daher auch drei verschiedene Transparenzarten: Mask, Z Transparency und Raytrace.

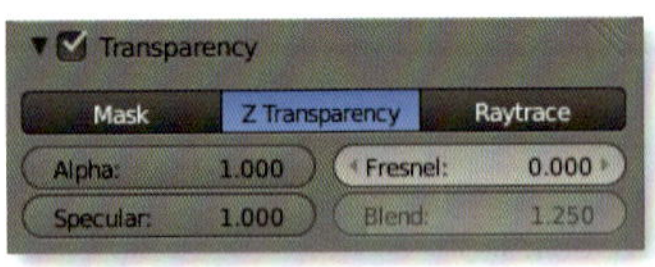

▲ **Abbildung 8.34**
Das Transparency-Panel

Alle diese Optionen haben ihre eigenen Einstellungen, vier Optionen finden Sie jedoch bei allen drei:

- Alpha: Hier geben Sie an, wie opak (lichtundurchlässig) das Objekt ist. Ein Wert von 1 bedeutet komplett sichtbar, 0 komplett durchscheinend.
- Specular: Hier geben Sie an, wie opak die Glanzpunkte des Objekts sind.
- Fresnel: Der Fresnel-Effekt. Blicken Sie senkrecht auf das Objekt, wird es durchscheinend (bei entsprechendem Alphawert), von der Seite betrachtet wird das Objekt opak. Der Wert bestimmt die Stärke des Effekts.
- Blend: Falls Fresnel aktiviert ist, bestimmt Blend wie zwischen dem Fresnel-Effekt und der Oberfläche überblendet wird.

Mask | Die Mask-Option bietet sich immer dann an, wenn Sie ein Objekt nutzen möchten, um die Sicht auf den World-Hintergrund durch alle hinter diesem Objekt liegenden Objekte freizugeben. Sehen Sie sich Abbildung 8.35 an, um einen Eindruck von dem Effekt zu erhalten, die im Vordergrund befindliche Suzanne führt ihn vor.

Neben den allgemeinen Transparenz-Optionen bietet diese Option keine weiteren. Dieser Modus ist besonders in Kapitel 13, »Postproduktion und Compositing«, wichtig – er ermöglicht es beispielsweise, ein Loch in reale Objekte zu schneiden.

◂ **Abbildung 8.35**
Suzanne trägt ein Material mit Mask-Transparenz. Dieses legt den Hintergrund frei – egal, ob Objekte im Weg sind oder nicht.

Z Transparency | Z-Transparency ist die »Quick-and-dirty«-Transparenz-Option von Blender: Sie ist nicht sehr realistisch und besitzt nur wenige Einstellungen, ist aber sehr schnell gerendert. Sie ist daher prima für einfache Transparenzeffekte ohne hohe Ansprüche geeignet. Negativ fällt unter realistischen Gesichtspunkten auf, dass keine Refraktion (Lichtbrechung) berücksichtigt wird – betrachten Sie dazu Abbildung 8.36. Durch das transparente Objekt verdeckte Objekte werden ohne Verzerrungen dargestellt. Auch hier gibt es keine weiteren Optionen.

▴ **Abbildung 8.36**
Suzanne mit Z-Transparency. Keine Refraktion oder Reflexion findet innerhalb des Materials statt.

Raytrace | Hier wird es für alle realistischen Oberflächen interessant. Raytrace-Transparenz bietet Ihnen viele Features, die Ihnen zu einem realistischen Glas-Material verhelfen – sie kosten allerdings auch nicht unerhebliche Rechenzeit. Entscheiden Sie daher von Szene zu Szene, ob Ihr transparentes Objekt wirklich diese Art der Transparenz benötigt.

Abbildung 8.38 gibt Ihnen einen kleinen Vorgeschmack auf das, was Sie mit den nachfolgenden Einstellungen erreichen können:

- IOR: Der *Index of Refraction* (Brechungsindex) gibt an, wie sich das Licht beim Durchgang von einem Material (meist Luft) in ein anderes Material bricht. Für gängige IOR-Werte sehen Sie sich den Info-Kasten an.
- Filter: Mit diesem Wert geben Sie an, wie viel des Originalmaterials durch das transparente Material scheint. Sie können mit dieser Option Ihr transparentes Objekt einfärben.
- Falloff: Über diesen in Kombination mit dem nächsten Parameter legen Sie fest, wie abrupt und an welcher Position das Licht, das sich durch das Objekt bewegt, absorbiert wird.

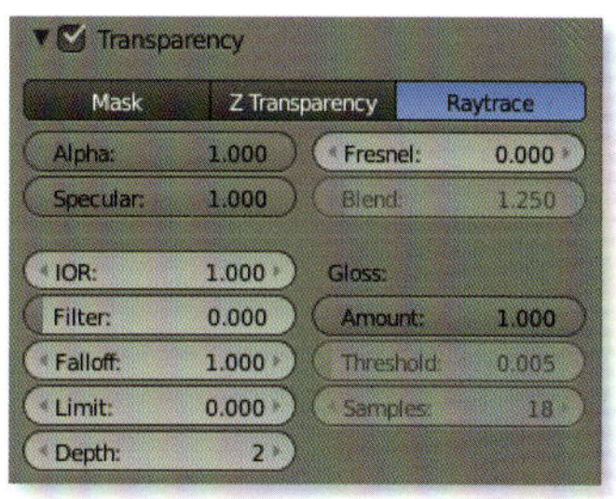

▴ **Abbildung 8.37**
Das Raytrace-Transparency-Panel bietet Ihnen deutlich mehr Einstellungen als die anderen beiden Transparenz-Ableger.

▲ **Abbildung 8.38**
Eine mittels RAYTRACE TRANSPARENCY erstellte gefrostete Glas-Suzanne.

IOR-Werte
Typische IOR-Werte sind:
- Luft 1.000 (keine Refraktion)
- Alkohol 1.329
- Glas 1.517
- Plastik 1.460
- Wasser 1.333
- Diamanten 2.417

Sie finden Hunderte IOR-Werte im Netz, manche Seiten wie *http://filmetrics.de/refractive-index-database* halten ganze IOR-Datenbanken für Sie bereit.

- LIMIT: Mit diesem Wert bestimmen Sie, ab welcher Dicke das Objekt nicht mehr transparent ist. Sparsam eingesetzt, verleiht dieser Parameter Ihren transparenten Objekten Dicke und Tiefe.
- DEPTH: Dieser Wert ist bei transparenten Materialien sehr wichtig. Er gibt die Anzahl an transparenten Oberflächen an, durch die ein Raytracing-Strahl hindurchgeht, bevor die Strahlenverfolgung stoppt. Haben Sie beispielsweise vier Glasscheiben (ohne Dicke) hintereinander platziert und setzen diesen Wert auf 3, so wird die letzte Scheibe schwarz werden. Immer dann, wenn Sie schwarze Flächen hinter transparenten Objekten bemerken, sollten Sie sich diesen Wert etwas genauer ansehen. Wie immer geht bei der Erhöhung dieses Wertes auch die Render-Zeit mit in die Höhe – stellen Sie Ihn also immer nur so hoch, wie es nötig ist.
- GLOSS: Hier legen Sie fest, ob Ihr Objekt eine klare Refraktion (Klarglas) oder eine raue Refraktion (Milchglas) besitzt. Drei Optionen stehen hier zur Verfügung:
  - AMOUNT: Werte kleiner 1 lassen die Refraktion rau werden, ein Wert von 1 ändert die Refraktion nicht. Durch diesen Parameter können Sie Effekte wie gefrostetes Glas oder Eisblöcke erzeugen.
  - THRESHOLD: Über diesen Wert geben Sie an, an welchem Punkt der Raytracer seine Arbeit beendet. Je höher dieser Wert, desto früher stoppt die Berechnung.
  - SAMPLES: Hier bestimmen Sie, wie viele Samples der Raytracer pro Refraktionsstrahl berechnet. Je höher dieser Wert, desto rauschärmer wird die Berechnung und desto länger dauert sie.

8.6.7 Das Mirror-Panel

Auf diesem Panel dreht sich alles um Reflexionen. Sie können spiegelnde und auch stumpf reflektierende oder sogar anisotropisch reflektierende Oberflächen erstellen. Um Reflexionen mit Blender zu testen, sollten Sie Ihre Objekte per SMOOTH-Operator glätten.

Abbildung 8.39 ▶
Mit der MIRROR-Option ausgestattete Materialien spiegeln die Umgebung und andere in der Szene befindliche Objekte.

Die nachfolgenden Optionen stehen Ihnen für reflektierende Materialien zur Verfügung:

- Reflectivity: Mit diesem Wert bestimmen Sie den Reflexionsgrad Ihrer Oberfläche. Eine 1 beschreibt eine perfekte Reflexion (kommt in der Realität nie vor), Werte kleiner 1 verringern den Reflexionsgrad dementsprechend.
- Color: Mit der Farbauswahlbox können Sie Ihre Reflexion einfärben. Auch wenn hier normalerweise keine Änderung vorgenommen werden muss, so gibt es doch Materialien, die ein wenig Ihrer Farbe auf das Spiegelbild übertragen – hier haben Sie die Möglichkeit dazu, solche Materialien zu erstellen.
- Fresnel: Und wieder der Fresnel-Effekt – blicken Sie senkrecht auf das Objekt, spiegelt es kaum (trotz entsprechender Reflectivity), von der Seite betrachtet wird das Objekt zu einem Spiegel. Der Wert bestimmt die Stärke des Effekts.
- Blend: Falls Fresnel aktiviert ist, bestimmt dieser Wert, wie zwischen den durch den Fresnel-Effekt verursachten reflektierenden und nicht reflektierenden Teilen der Oberfläche überblendet wird.
- Depth: Wie bereits bei den Transparenzeffekten definieren Sie hier die Tiefe der Reflexion. Spiegeln sich in Ihrer Szene mehrere Objekte gegenseitig, so können Sie mit diesem Parameter festlegen, bis zu welcher Spiegelungstiefe Sie die Reflexion berechnen lassen möchten. Um den Effekt nachzustellen, können Sie zwei sich gegenüberstehende Spiegel in Ihrer Szene platzieren, die Sie frontal betrachten. Ändern Sie den Depth-Parameter, und rendern Sie sie anschließend – die Änderung werden Sie sofort sehen.
- Max Dist: Mit dieser Einstellung können Sie bestimmen, bis zu welcher Distanz zur virtuellen Kamera Ihre Oberfläche spiegelt. Sie dient dazu, weit entfernte Objekte nicht mehr spiegeln zu lassen, um Render-Zeit zu sparen.
- Fade To: Hier bestimmen Sie, ob Blender die Spiegelung durch die Farbe der Welt oder die Materialfarbe ersetzt, wenn Max Dist erreicht wurde.
- Amount: Der Glanz der Reflexion. Werte kleiner 1 verursachen zunehmend stumpfe und verwaschene Reflexionen.
- Threshold: Mit diesem Wert steuern Sie, wie verrauscht eine Reflexion wird, deren Amount kleiner als 1 ist. Je höher der Wert, desto verrauschter und gleichzeitig schneller wird die Reflexion berechnet.
- Samples: Hier bestimmen Sie, wie viele Samples der Raytracer pro Reflexionsstrahl berechnet. Je höher dieser Wert ist, desto rauschärmer wird die Reflexion. Gleichzeitig erhöht sich jedoch auch die Render-Zeit.

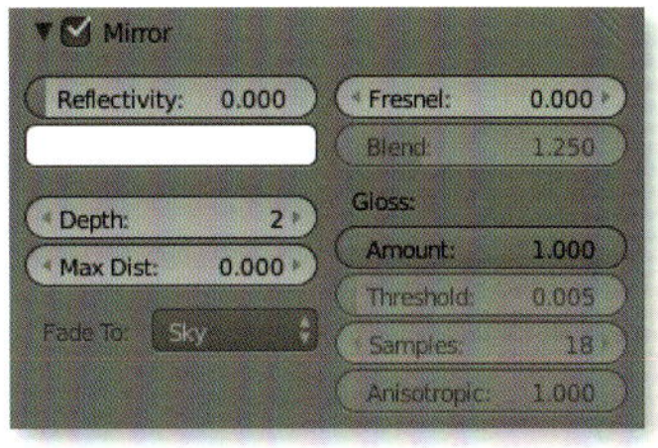

▲ **Abbildung 8.40**
Mit dem Mirror-Panel legen Sie spiegelnde Materialien fest.

Anisotropische Reflexionen
Wenn Sie nicht wissen, was anisotropische Reflexionen sind, sehen Sie sich die Reflexion einer Lampe in gebürsteten Topfböden an oder Suzanne in Abbildung 8.39.

Reflexionen in der Realität
Lassen Sie sich beim Betrachten von Objekten wie Spiegeln in der Realität nicht in die Irre führen – es gibt keine Oberfläche, die perfekt spiegelt. Einen Wert von 1 werden Sie auf diesem Panel daher nie benötigen.

- Anisotropic: Dieser Parameter bestimmt die Form der Reflexion: Sie reicht von 0 (kreisförmig) bis 1.0 (an der Tangente entlanggezogen). Falls die Checkbox Tangent Shading des Shading-Panels aktiv ist, rendert Blender die Glossy-Reflexionen automatisch wie anisotropische Reflexionen.

8.6.8 Das Subsurface-Scattering-(SSS-)Panel

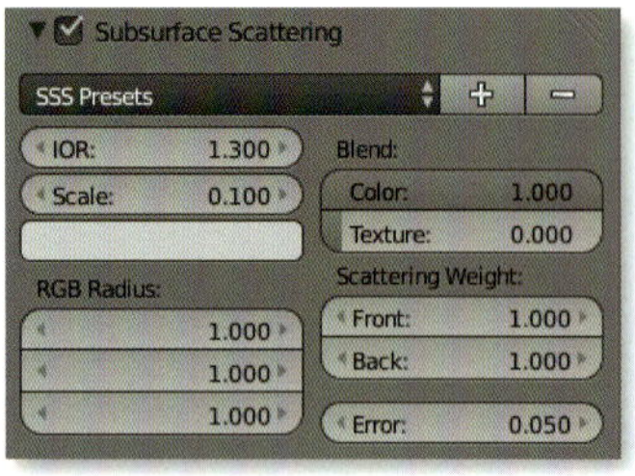

▲ **Abbildung 8.41**
Das SSS-Panel

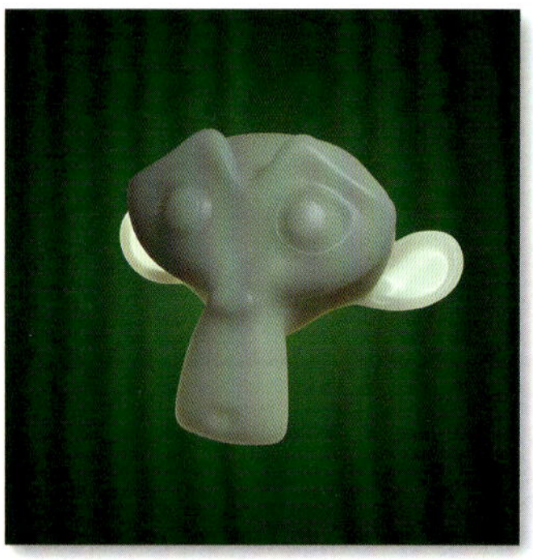

▲ **Abbildung 8.42**
Mithilfe von SSS verpassen Sie Suzanne ein wachsartiges Material, das besonders an dünnen Stellen wie den Ohren zum Vorschein tritt.

Subsurface Scattering (SSS) ist ein oft unterschätztes – weil sehr subtiles – Feature, das Ihren computergenerierten Bildern einen großen Realitätsschub verschaffen kann. Es simuliert die teilweise Durchdringung und Streuung von Licht in Materialien unterhalb der Oberfläche. In der Realität können Sie diesen Effekt natürlich auch beobachten: Halten Sie Ihre Finger vor eine Lampe, und betrachten Sie die Häutchen zwischen den Fingern, oder betrachten Sie, wie Licht durch einen Käselaib dringt oder Milch in einem von hinten beleuchteten Glas aussieht. All diese Effekte können Sie leicht nachstellen – Blender bietet Ihnen dazu eine ganze Reihe von Presets für Milch, Äpfel und viele weitere Materialien an.

Abbildung 8.42 zeigt Ihnen beispielsweise das Milk-Preset auf einer von hinten beleuchteten Suzanne – keine weiteren Materialeinstellungen wurden geändert. Da die Erklärung dieser Werte und die Erklärung der dahinterliegenden Konzepte dieses Kapitel leider sprengen würde, kann ich Ihnen an dieser Stelle nur ans Herz legen, sich die SSS-Dokumentation anzusehen. Sie beschreibt detailliert, wie SSS in Blender funktioniert, und gibt Ihnen das nötige Wissen an die Hand, um eigene Presets zu erstellen: *http://wiki.blender.org/index.php/Doc:2.6/Manual/Materials/Properties/Subsurface_Scattering*

Möchten Sie SSS in Blender ohne Erklärungen nutzen, so genügt es, das entsprechende Preset auszuwählen und mit dem Scale-Wert zu spielen. Beachten Sie, dass Sie SSS nur im finalen Rendering sehen (nach Klick auf [F12]) und nicht im Rendered-Modus des Viewport Shadings.

8.6.9 Eine haarige Angelegenheit – das Strand-Panel

Dieses Panel definiert das Shading der Oberflächen von einer ganz speziellen Art von Meshes – den Haaren. Benötigen werden Sie diese Einstellungen immer dann, wenn Sie über ein Partikelsystem Haare, Gras oder andere längliche Objekte definieren und sie mit dem BI-Renderer rendern möchten. Wie Sie diese Objekte erstellen, welche Einstellungen es gibt und was sie im Einzelnen bedeuten, erfahren Sie in Kapitel 11, »Partikelsysteme«.

8.6.10 Das Options-Panel

Das OPTIONS-Panel enthält viele Optionen, die in verschiedenen Spezialfällen sinnvoll werden. Daher werde ich Ihnen in diesem Panel nur die wichtigsten Optionen beschreiben und Sie erst bei Bedarf in den entsprechenden Kapiteln auf weitere Einstellungen hinweisen. Wichtige Optionen sind:

- TRACEABLE: Diese Checkbox definiert das Objekt für den Renderer als »sichtbar«. Ist sie nicht aktiv, wird weder ein Schatten geworfen noch ein Abbild des Objekts in Spiegelungen oder Transparenzen sichtbar sein.
- LIGHT GROUP: Hier können Sie eine Gruppe aus Lichtern angeben (markieren Sie mehrere Lichter, und drücken Sie [Strg] + [G], um eine Gruppe zu erstellen), die dieses Material beleuchten sollen. Wählen Sie hier eine Gruppe, so erscheinen zwei weitere Optionen:
  - EXCLUSIVE: Die Gruppe beleuchtet ausschließlich dieses Material. Andere Materialien ohne diese Lichtgruppe werden nicht beleuchtet. Dies kann nützlich sein, um beispielsweise ein Highlight im Auge eines Charakters zu generieren.
  - LOCAL: Diese Option ist nur bei Bibliotheken sinnvoll. Wenn sie aktiv ist, sucht Blender in der aktuellen Projektdatei nach einer Lichtgruppe mit dem angegebenen Namen und nutzt diese.
- PASS INDEX: Der PASS INDEX wird Sie besonders im Compositing freuen – mit seiner Hilfe können Sie Objekte freistellen. Mehr erfahren Sie dazu in Kapitel 13, »Postproduktion und Compositing«.

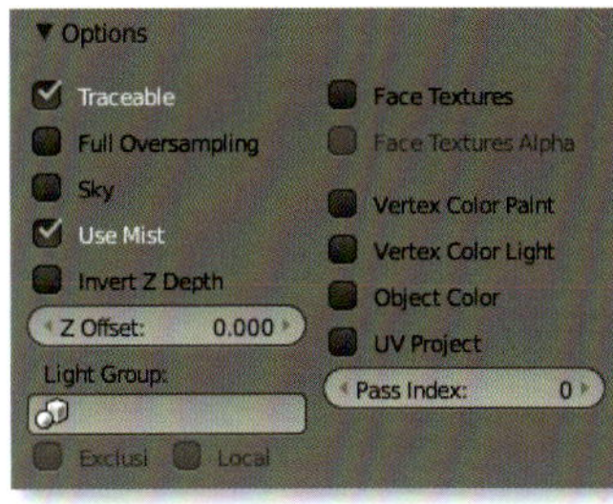

▲ **Abbildung 8.43**
Auf dem OPTIONS-Panel finden Sie mehr oder weniger ausgefallene Shading-Optionen.

8.6.11 Das Shadow-Panel

Zum Abschluss der MATERIAL-Tabs erwartet Sie noch das SHADOW-Panel. Wie der Name bereits andeutet, finden Sie hier alle Einstellungen bezüglich geworfener und empfangener Schatten des Materials. Die wichtigsten Einstellungen sind:

- RECEIVE: Ist diese Checkbox aktiv, kann die Oberfläche Schatten von anderen Objekten empfangen. Ist sie deaktiviert, werden keine Schatten auf dieser Oberfläche dargestellt – auch wenn ein anderes Objekt im Licht steht und eigentlich einen Schatten auf diese Oberfläche werfen müsste.
- RECEIVE TRANSPARENT: Diese Einstellung ist immer dann wichtig, wenn Sie Objekte mit transparenten Oberflächen in Ihrer Szene haben. Kirchenfenster aus farbigem Glas würden ohne diese Checkbox beispielsweise als einfarbiger Schatten dargestellt werden.

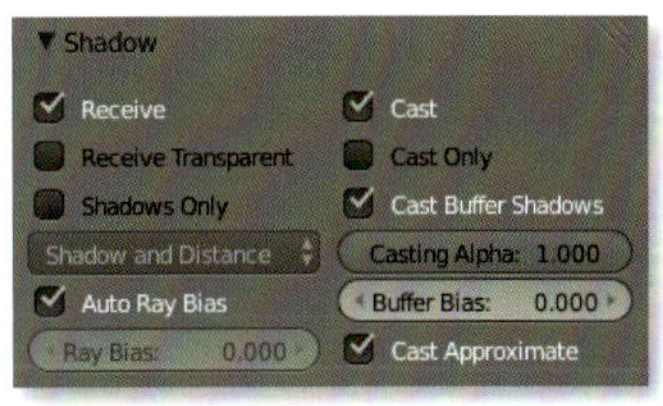

▲ **Abbildung 8.44**
Mit dem SHADOW-Panel passen Sie die Darstellung von Schatten auf dem jeweiligen Material an.

- Cast Only: Mit dieser Checkbox wird das Objekt nicht in Ihren Renderings auftauchen. Er wird trotzdem einen Schatten auf andere Oberflächen dieser Szene werfen.
- Shadows Only: Mit dieser Checkbox wird das Objekt nicht in Ihren Renderings auftauchen, wohl aber der Schatten, der auf dieses Objekt fällt. Diese Option kann beispielsweise dazu genutzt werden, ein Objekt vor einem World-Hintergrund ohne tatsächlichen Boden darzustellen, aber trotzdem den auf den Boden geworfenen Schatten im Rendering zu erhalten.

Dieses Panel beschließt den Abschnitt über die Grundfunktionen des BI-Shaders. Realistische Oberflächen können Sie mit diesen Grundeinstellungen allerding noch nicht wirklich definieren. Um realistische Oberflächen zu erzeugen, benötigen Sie einen weiteren Oberflächen-Baustein: Texturen.

8.7 Texturen

Mit den bisher erläuterten Funktionen des Material-Tabs haben Sie ausschließlich Materialien herstellen können, die über eine Farbe, einen Farbverlauf, Spiegelungen oder Transparenzen verfügen. All Ihren Oberflächen fehlt allerdings die sichtbare Struktur: Ist die Oberfläche rau, besitzt sie Fasern, Rillen oder eventuell Einkerbungen?

▲ **Abbildung 8.45**
Der Unterschied zwischen einer Szene mit und ohne Texturen kann gravierend sein – die gleiche Szene links ohne und rechts mit Texturen.

Müssten Sie diese Oberflächenmerkmale modellieren, würden Sie eine enorm große Menge an Vertices und Zeit benötigen und dadurch gleichzeitig die Render-Zeit deutlich erhöhen. Um dieses Problem aus der Welt zu schaffen und gleichzeitig den Realismus der Modelle zu erhöhen, nutzt die 3D-Grafik die sogenannten *Texturen*. Texturen können Sie sich wie Tapeten auf einer Wand vorstellen. Die Tapete kann dabei entweder durch den Renderer dynamisch erzeugt werden oder jede Grafik- und sogar Videodatei sein, die Blender importieren kann. Die Wände sind in diesem Fall die Faces Ihres Objekts.

Wer bereits einmal mit ein paar freundlichen Helfern tapeziert hat, weiß genau, dass sowohl die Genauigkeit des Zuschnitts als auch die genaue Information darüber, welche Tapete wo aufgebracht werden soll, das Endergebnis nicht unerheblich beeinflusst. Exakt diese Informationen benötigt auch Blender bei Texturen. Dabei haben Sie mehrere Möglichkeiten: Entweder Sie lassen Blender die genauen Koordinaten über verschiedene Algorithmen ermitteln (bei einfachen Körpern eine gute Wahl), oder Sie legen die Koordinaten manuell fest.

◂ **Abbildung 8.46**
Der Prozess des UV-Unwrappings: Die Haut des Würfels wird an Schnittkanten aufgetrennt und flach auf die Ebene gelegt.

Um die Koordinaten von Hand festzulegen, schneiden Sie die Oberfläche Ihres Objekts an definierten Kanten auf und legen sie auf einer Fläche zweidimensional ab, so wie es Abbildung 8.46 zeigt. Sie erzeugen damit die sogenannte *UV-Map*. Auf diese Weise bekommen alle Vertices Ihres Objekts definierte Koordinaten auf der UV-Map – die sogenannten *UV-Koordinaten*. Sie werden in Blender in einem speziellen Editor erzeugt, dargestellt und geändert: dem UV/Image Editor. In den nachfolgenden Abschnitten werden Sie diesen und die verschiedenen Abwicklungstechniken natürlich ausführlich kennenlernen – beginnen möchte ich jedoch mit einer kurzen Übersicht darüber, welche Texturen in Blender genutzt und wie sie erzeugt werden. Dabei kann man Texturen grob

Warum die Bezeichnung UV?
Warum Textur-Koordinaten UV- und nicht XY-Koordinaten heißen, hat keinen besonderen Grund – man wollte einfach die Verwechslungsgefahr mit den x-, y- und z-Koordinaten des 3D-Raums minimieren.

in zwei verschiedene Klassen unterteilen: in die der prozeduralen (berechneten) Texturen und in die der manuell erstellten (fotografierten, gezeichneten usw.) und damit nichtprozeduralen Texturen.

8.7.1 Prozedurale Texturen

Prozedurale Texturen sind Grafiken, die mit einem mathematischen Algorithmus definiert werden. Viele verschiedene Algorithmen sind bereits in Blender vorhanden und können durch unterschiedlichste Parameter in ihrem Aussehen angepasst werden. Der große Vorteil von prozeduralen Texturen ist neben ihrem geringen Speicherverbrauch, dass Sie dreidimensional vorliegen. Das bedeutet, dass Sie eine prozedurale Holztextur auf eine Planke mappen und zerschneiden können und dass die Textur trotzdem auch auf den Schnittkanten vorhanden ist. Ein weiterer Vorteil besteht darin, dass prozedurale Texturen auflösungsunabhängig sind – Sie können also sicher sein, dass die prozeduralen Texturen immer gleich gut aussehen, egal, wie nahe Sie an ein Objekt heranzoomen.

Diese prozeduralen Texturen bietet das Texture-Tab des Properties-Editors in Blender:

- Blend: Eine Verlaufstextur. Ähnlich wie die Ramp-Funktion des Specular- oder Diffuse-Shaders können Sie mit dieser Textur einen Verlauf erzeugen. Dies ist wohl die am häufigsten genutzte prozedurale Textur, da Sie mit dieser zwischen mehreren Texturen überblenden können.
- Clouds: Eine wolkige Textur. Sie ist gerade bei prozeduralen Wolken, Feuer und Rauch geeignet. Darüber hinaus können Sie Ihre Oberfläche mit dieser Textur etwas weniger sauber wirken lassen.
- Distorted Noise: Erzeugt ein gemischtes Muster, am ehesten mit Wellen zu vergleichen.
- Magic: Eine magische Textur in den wildesten Farbkombinationen. Möchten Sie Epilepsie hervorrufen, ist diese Textur ein guter Anfang.

▲ **Abbildung 8.47**
Blend

▲ **Abbildung 8.48**
Clouds

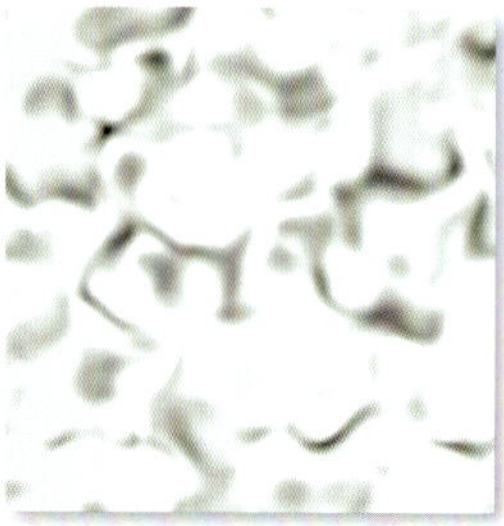

▲ **Abbildung 8.49**
Distorted Noise

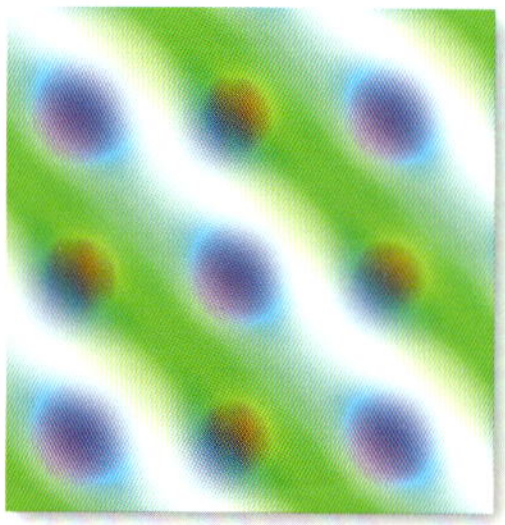

▲ **Abbildung 8.50**
Magic

- Marble: Diese Textur eignet sich besonders für Marmor und marmorähnliche Oberflächen.
- Musgrave: Diese Textur ist besonders für organische Oberflächen sinnvoll. Sie ist sehr vielseitig – es lohnt sich, ein wenig mit den Parametern zu spielen.
- Noise: Die Noise-Textur erzeugt ein schwarz-weißes Rauschen, ähnlich dem Test-Rauschen auf analogen Fernsehgeräten. Nutzen Sie diese Textur in einer Animation, so wird in jedem Bild der Animation eine neue Textur berechnet – die Textur rauscht also wirklich wie ein Fernsehbild.
- Stucci: Ist besonders geeignet für Stein, Asphalt, Orangen und ähnliche Oberflächen. Normalerweise wird sie für Bump-Mapping eingesetzt (Erklärung folgt später auf Seite 372).
- Voronoi: Dieser Texturtyp eignet sich sehr gut für gehämmertes Metall und Zellstrukturen wie Haut- oder Pflanzenzellen.
- Wood: Wie der Name bereits andeutet, eignet sich dieser Shader besonders für holzartige Texturen. Auch die Jahresringe von Holzstämmen lassen sich hiermit nachbilden.

▲ **Abbildung 8.51**
Marble

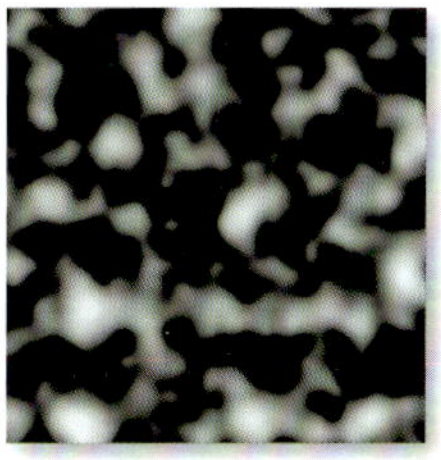

▲ **Abbildung 8.52**
Musgrave

▲ **Abbildung 8.53**
Noise

▲ **Abbildung 8.54**
Stucci

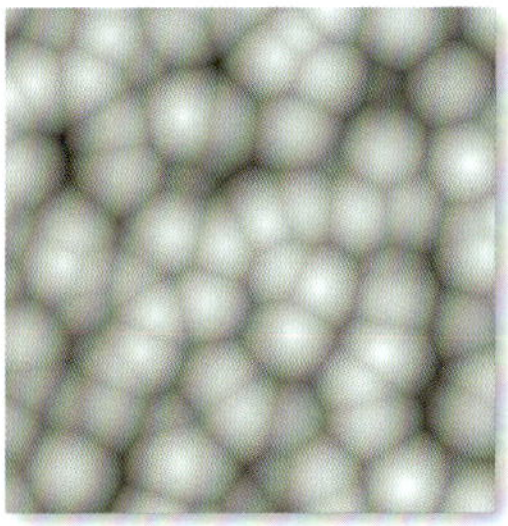

▲ **Abbildung 8.55**
Voronoi

▲ **Abbildung 8.56**
Wood

Schritt für Schritt
Eine prozedurale Textur zuweisen

Lassen Sie uns jetzt endlich ein praktisches Beispiel für das Zuweisen einer Textur ausprobieren.

1 Neues Material anlegen

Öffnen Sie die Datei »08_MagicSuzanne_BI_Start.blend«, und legen Sie auf dem Material-Tab des Properties-Editors ein neues Material für Suzanne an.

Die Datei »08_MagicSuzanne_BI_Start.blend« finden Sie auf der Buch-DVD unter Beispielmaterial • Kapitel_08.

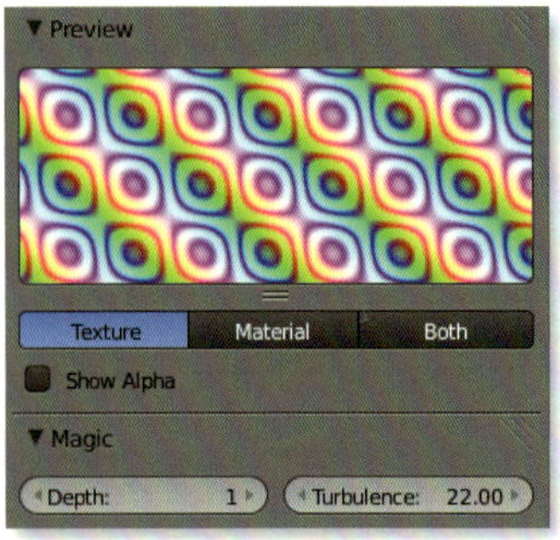

▲ **Abbildung 8.57**
Das Magic-Panel mit den Parametern der Übung

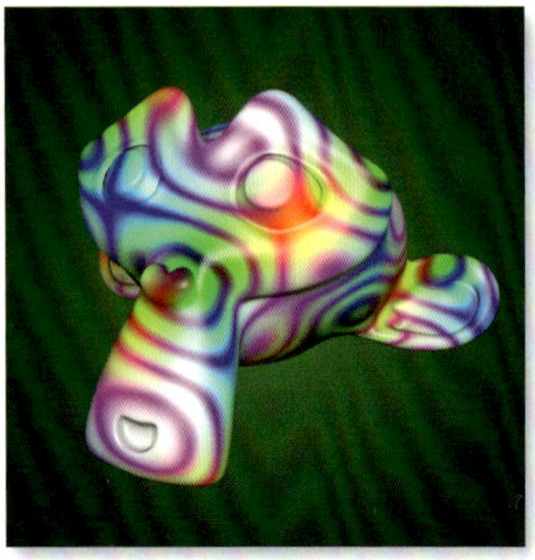

▲ **Abbildung 8.58**
Das Ergebnis der Übung – Suzanne mit einer Magic Textur

Die Datei »08_MagicSuzanne_BI_Final.blend« finden Sie auf der Buch-DVD unter Beispielmaterial • Kapitel_08.

2 Neue Textur anlegen

Wechseln Sie anschließend auf das Texture-Tab rechts neben dem Material-Tab, und legen Sie dort über einen Klick auf New eine neue Textur an. Die Clouds-Textur wird sofort ausgewählt sein.

3 Magic-Textur auswählen und Szene rendern

Klicken Sie auf die Combobox, die aktuell den Eintrag Clouds darstellt, und wählen Sie dort den Eintrag Magic. Rendern Sie jetzt die Szene, wird Suzanne mit einer »magischen« Textur dargestellt.

4 Feineinstellungen im Magic-Panel vornehmen

Alle prozeduralen Texturen besitzen ein Panel, das den Namen der ausgewählten prozeduralen Textur trägt. Auf diesem finden Sie alle Einstellungen, die diese Textur betreffen. Erhöhen Sie den Turbulence-Wert auf dem Magic-Panel jetzt auf einen Wert größer 20, und rendern Sie erneut. Die in Abbildung 8.57 dargestellte Vorschau zeigt Ihnen, wie der Depth-Wert die Textur verändert – er macht sie detailreicher.

Auf diese Art weisen Sie alle prozeduralen Texturen zu. Spielen Sie anschließend noch ein wenig mit den Parametern der Magic-Textur, oder ändern Sie den Texturtyp in einen der vorgestellten prozeduralen Typen ab, bevor wir uns als Nächstes den nichtprozeduralen Texturen widmen. Die Datei »08_MagicSuzanne_BI_Final.blend« enthält das in Abbildung 8.58 gezeigte Ergebnis dieser Übung.

8.7.2 Nichtprozedurale Texturen

Nachdem Sie bereits wissen, wie prozedurale Texturen aussehen und wo Sie ihre Eigenschaften finden, gibt es zu nichtprozeduralen Texturen eigentlich nicht mehr viel zu sagen. Zu diesen Texturen zählen alle Arten von digitalen Bildern oder Bildsequenzen. Dabei ist es zweitrangig, ob Sie die Bilder mit einer Kamera, per Pinsel oder am Computer erstellen – wichtig ist nur, dass die Texturen nicht per Algorithmus erzeugt werden und vor dem Rendern für Blender digital zur Verfügung stehen (also beispielsweise eingescannt wurden). Dies impliziert allerdings auch, dass diese Art von Texturen immer auflösungsabhängig ist und je nach Objektgröße (automatisch von Blender) skaliert werden müssen. Dabei können Qualitätsverluste entstehen, wenn die virtuelle Kamera beispielsweise an das Objekt herangeführt wird, die Textur aber nicht für solche Nahaufnahmen erstellt wurde.

Sie sollten sich also immer am Anfang Ihrer Arbeit überlegen, wofür Ihre Texturen in den späteren Szenen genutzt und wie groß Ihre Objekte zu sehen sein werden. Wird ein Teil Ihres Objekts in Ihrer Szene der Größe 1920 × 1080 Pixel als Nahaufnahme gezeigt werden, sollten Sie diese Auflösung auch bei der Erstellung der Textur mindestens vorsehen. Da meist jedoch viele kleinere Texturen genutzt (und aneinandergereiht) werden, kann die benötigte Größe aber natürlich von Objekt zu Objekt und von Szene zu Szene völlig unterschiedlich sein.

▲ **Abbildung 8.59**
Das von Reynante Martinez gerenderte Zimmer gibt Ihnen ein Beispiel für eine Szene mit vielen nichtprozeduralen Texturen.

8.7.3 Verwendung von Texturen

Bevor wir uns jetzt auf die Texturerzeugung und Texturbearbeitung in Blender stürzen, möchte ich Sie in den nächsten Abschnitten dazu einladen, an einem Beispiel die verschiedenen Anwendungsbereiche einer Textur zu ergründen. Nur wenn Sie wissen, wozu eine Textur genutzt wird, können Sie entscheiden, wie Sie die Textur vorbereiten müssen, um optimale Ergebnisse zu erhalten – denn wie Sie gleich sehen werden: Textur ist nicht gleich Textur. Wir starten mit der zugegebenermaßen recht unspektakulären und von oben beleuchteten Fläche aus Abbildung 8.60.

▲ **Abbildung 8.60**
Die Basis unserer Experimente – eine von oben beleuchtete Plane ohne Texturen

Tapezieren in 3D – Diffuse-/Color-Maps | DIFFUSE- (oder auch COLOR-)Maps sind Texturen, die auf Ihren Objektoberflächen Details per Textur simulieren, ohne dass diese im Modell vorhanden sind (am ehesten können Sie diese Maps mit Fototapeten vergleichen). Abbildung 8.61 zeigt eine solche Map. Sie erhöhen mit diesen Maps den Detailgrad Ihres Modells, das Shading der Objektoberfläche wird durch eine Diffuse-Map allerdings nicht geändert. Riefen oder Erhebungen in der Textur ändern die Oberfläche nicht – Spiegelungen und Reflexionen werden genauso flach dargestellt, wie die Objektoberfläche es vorgibt. Das erkennen Sie in Abbildung 8.62.

▲ **Abbildung 8.61**
COLOR-Map

▲ **Abbildung 8.62**
Plane mit applizierter COLOR-Map

Die Entscheidung, ob in einem konkreten Fall eine Textur die Modellierungsarbeit abkürzt oder ob Sie die Details modellieren müssen, hängt stark von der Szene ab. Fragen Sie sich, ob die Details Ihres Objekts später in einer Großaufnahme zu sehen sind oder ob der Betrachter direkten Blick auf die Details hat. Falls ja, würde das wohl eher für eine Modellierung der Details sprechen. Umgekehrt muss ein weit entfernt stehendes Haus nicht unbedingt ein modelliertes Dach erhalten – dieses Detail kann per Textur aufgebracht werden. Keine Angst – Sie werden mit der Zeit lernen, welche Vorgehensweise wann Sinn macht.

Höhen und Tiefen Part 1 – Bump-Maps | Sowohl die BUMP- als auch die im nächsten Abschnitt besprochene NORMAL-Map simulieren Oberflächenstrukturen, ohne dass die zugrunde liegende Geometrie tatsächlich vorhanden sein muss. Entgegen der vorherigen DIFFUSE-Map ändert eine BUMP-Map die Schattierungen (genauer die Shading-Normalen) der Oberfläche und täuscht somit kleinere Erhebungen oder Vertiefungen in der Oberfläche vor. Abbildung 8.63 und Abbildung 8.64 zeigen die Map und die Auswirkung auf unser Beispiel (ohne Color-Map).

Eine BUMP-Map ist dabei so aufgebaut, dass graue Pixel (50 % Rot, 50 % Grün, 50 % Blau) keine Änderung der Oberfläche hervorrufen. Alle helleren Werte simulieren eine Erhebung, alle dunkleren Werte eine Vertiefung der Oberfläche. Die Helligkeit eines Pixels gibt in dieser Map vor, wie stark die Erhebung oder Vertiefung ist. Ein RGB-Wert von (0, 0, 0) gibt dabei die maximale Vertiefung, ein Wert von (1, 1, 1) die maximale Erhöhung an.

▲ **Abbildung 8.63**
BUMP-Map

▲ **Abbildung 8.64**
Plane mit applizierter BUMP-Map

Die auf diese Art aufgebauten BUMP-Maps lassen sich mit jedem Bildbearbeitungstool (auch mit Blender) erzeugen und können leicht von Hand angepasst werden. Bringen Sie eine solche BUMP-Map auf einem Objekt auf, so lässt es der Shader durch die Änderung der Oberflächen-Normalen so wirken, als würden sich tatsächlich Rillen oder Erhebungen auf dem Objekt befinden. Sehen Sie sich die Silhouette des Objekts allerdings aus der Nähe an (besonders gut sichtbar auf einer Kugel), so erkennen Sie dass es »nur« ein Shading-Trick ist – die Geometrie des Objekts ändert sich nicht wirklich.

Diese Einschränkung erklärt auch, warum Schatten, die auf eine BUMP-Map-Oberfläche fallen oder von Ihr erzeugt werden, nicht verformt sind. Sie verhalten sich exakt so, als würden Sie auf die ursprüngliche Geometrie fallen oder von ihr erzeugt werden (was sie ja auch tun).

Höhen und Tiefen Part 2 – Normal-Maps | NORMAL-Maps ähneln den BUMP-Maps insofern, als dass auch bei diesem Texturtyp das Shading der Oberfläche beeinflusst wird, ohne dass sich die Geometrie des Objekts ändert.

Während in der BUMP-Map allerdings der relative Anstieg zu einem Punkt (50 % Grau) festgehalten wird, wird bei einer NORMAL-Map der Normalen-Winkel durch einen Vektor (drei

▲ **Abbildung 8.65**
NORMAL-Map

▲ **Abbildung 8.66**
Die Plane mit applizierter NORMAL- und COLOR-Map

Farbwerte) pro Pixel definiert. RGB wird also auf XYZ abgebildet – die Winkel der neuen Oberflächennormalen ergeben sich aus der ursprünglichen Oberflächennormale in Relation zu den in der Textur gespeicherten Vektoren. Abbildung 8.65 zeigt Ihnen die typische Farbgebung solcher Maps. Dies erklärt auch, warum NORMAL-Maps nicht einfach in GIMP bearbeitet werden können – sie würden die Vektoren durch die Änderung der Pixelwerte auf völlig abwegige Werte bringen.

NORMAL-Maps werden oftmals dazu eingesetzt, hoch aufgelöste Polygonmodelle durch niedrig aufgelöste Modelle zu ersetzen. Dabei werden die Oberflächennormalen des hoch aufgelösten Objekts (High-Poly-Objekt) in eine NORMAL-Map gespeichert (das sogenannte Baking = Backen) und anschließend auf das niedrig aufgelöste Modell (Low-Poly-Objekt) aufgebracht. Das niedrig aufgelöste Modell sieht anschließend annähernd genauso detailliert aus wie das High-Poly-Objekt. Das Baking geschieht dabei (auch in Blender) automatisch. Gerade bei Videospielen wird diese Technik annähernd immer angewandt. In unserem Beispiel macht eine NORMAL-Map das Ergebnis deutlich realistischer – sehen Sie selbst in Abbildung 8.66.

Zum Nachlesen
Erinnern Sie sich doch einmal kurz an Kapitel 5, »Modifier«, ab Seite 233 zurück: Dort haben Sie bereits den DISPLACE-Modifier kennengelernt. Dieser nutzt den hier beschriebenen Texturtyp dazu, Ihre Objektoberflächen zu verformen. Jetzt endlich wissen Sie, welche Parameter Sie dort verstellen können und wie er funktioniert.

Höhen und Tiefen Part 3 – Displacement-Maps | Kommen wir nun zum letzten Teil dieser Mini-Reihe: den DISPLACEMENT-Maps. Sie nehmen insofern eine Sonderstellung ein, als dass sie die Geometrie der Oberfläche, auf der sie liegen tatsächlich ändern. Dieser Fakt unterscheidet sie grundlegend von den bereits besprochenen Maps.

Helligkeitswerte werden bei diesem Map-Typ folgendermaßen interpretiert: Je heller die Werte, desto weiter wird der korrespondierende Vertex nach außen gedrückt, je dunkler, desto weiter nach innen. Falls Sie sich von der orangenen Seite der Macht einmal verabschieden und Ihr neues Lieblings-3D-Tool keinen Parameter anbietet, mit dem Sie den Verschiebungs-Nullpunkt der Map angeben können, so beginnen Sie am besten wie schon bei der BUMP-Map mit einem mittleren Grauwert (50 % RGB).

Cycles und Displacement
Cycles kann Ihr Mesh zur Render-Zeit dynamisch verformen – sollten Sie es selbst versuchen wollen, so suchen Sie im Netz nach TRUE DISPLACEMENT und dem EXPERIMENTAL-Modus von Cycles, oder folgen Sie diesem Link: *http://goo.gl/M2ZD5e*. Alle weiteren Voraussetzungen für Cycles-Materialien lernen Sie ein wenig später in diesem Kapitel kennen.

Da eine DISPLACEMENT-Map die Oberfläche des Objekts tatsächlich ändert, benötigen Sie eine relativ hoch aufgelöste Objektoberfläche. Nur so haben sie genug Vertices zur Verfügung, um die Verschiebungen akkurat durchführen zu können. Normalerweise werden diese Maps neben anderen Modelliertechniken zum Erstellen eines detaillierten High-Poly-Modells genutzt und anschließend (je nach Einsatzzweck) durch eine gebackene NORMAL-Map oder/und ein Low-Poly-Objekt ersetzt. Neben den Maps, die ausschließlich Erhebungen und Vertiefungen in Ihre

Oberfläche bringen, gibt es noch weitere Spezial-Maps, so beispielsweise die SPECULAR-Maps.

Specular- und Reflection-Maps | Mit SPECULAR-Maps (Spec-Maps) können Sie die Farben und Helligkeitswerte der Glanzpunkte auf Ihren Oberflächen variieren. Eine SPECULAR-Map enthält allerdings selbst keine Glanzpunkte – diese müssen durch die Shader und Lichter von außen gesetzt werden. Die Map bestimmt nur, wie stark und wo die Highlights auftreten. Aufgebaut ist die SPECULAR-Map folgendermaßen: Überall dort, wo die Map helle Bereiche aufweist, werden die Glanzpunkte stärker, dort, wo dunklere Bereiche erscheinen, werden sie schwächer (Schwarz bedeutet: kein Glanz; Weiß bedeutet: voller Glanz).

Ganz ähnlich verhalten sich auch die REFLECTION-Maps. Analog zu den SPECULAR-Maps definieren sie, wie stark eine Reflexion an einer bestimmten Stelle der Map (und damit auch auf dem Objekt) ist. Auch hier bedeuten helle Bereiche wieder eine stärkere Reflexion als dunklere Bereiche. Abbildung 8.67 zeigt Ihnen die SPECULAR-Map, die wir auf unser Beispiel anwenden. Da dort keine sehr dunklen Stellen vorhanden sind, wird das Ergebnis auf der gesamten Fläche mehr oder weniger spiegeln. Abbildung 8.68 zeigt Ihnen das Ergebnis dieser Map in Kombination mit den vorhergehenden.

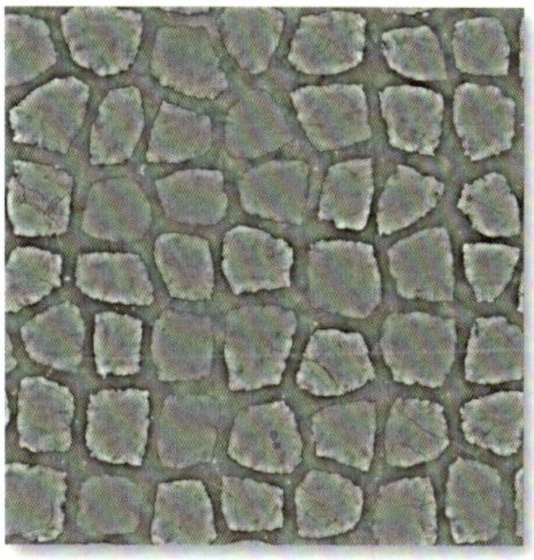

▲ **Abbildung 8.67**
SPECULAR-Map

▲ **Abbildung 8.68**
Die Plane mit applizierter COLOR-, NORMAL- und SPECULAR-Map

Dirt- und Grunge-Maps | Nachdem wir uns im letzten Abschnitt mit hübschen Glanzpunkten beschäftigt haben, sehen Sie hier das komplette Gegenteil dieser Maps: die DIRT- bzw. GRUNGE-Maps. Mit diesen beiden Maps simulieren Sie die Alterung von und den Schmutz auf Materialien. Sie dürfen bei keinem Material fehlen und sind essenziell, wenn Sie realistische Szenen erstellen möchten. Jedes Material um Sie herum altert und verdreckt – seien es Fingertapsen auf einer Arbeitsplatte, Papier, das langsam vergilbt und an den Rändern fleckig wird, oder der Rost auf der Fahrradkette. Alle diese Effekte fügen Sie mit GRUNGE- und DIRT-Maps ein. Dabei werden diese beiden oftmals als DISPLACEMENT- oder SPECULAR-Map eingesetzt, so dass sie nicht nur die Beschaffenheit des Materials ändern, sondern auch die bei der Alterung typischen Oberflächenverformungen und stumpfen Glanzeffekte simulieren. Prozedurale Texturen eignen sich hervorragend, um als DIRT-Map Unregelmäßigkeiten in Ihre Texturen zu bringen.

Abbildung 8.69 zeigt Ihnen einen typischen Vertreter der GRUNGE-Maps, während Sie in Abbildung 8.70 sehen, wie diese Map auf unser Beispiel wirkt.

▲ **Abbildung 8.69**
Grunge-Map

▲ **Abbildung 8.70**
Die Plane mit applizierter Color-, Normal-, Specular- und Grunge-Map

Mask-Maps in Cycles
Um Mask-Maps in Cycles zu nutzen, verbinden Sie den Ausgang einer Image-Textur mit geladener Grunge-Map in den Fac-Eingang eines Mix Shaders. Was diese Begriffe bedeuten, erfahren Sie etwas später in diesem Kapitel.

Partielle Abdeckung – Mask-Maps | Zuletzt möchte ich Ihnen noch die Blender-eigenen Mask-Maps vorstellen. Mit dieser Textur und einer speziellen Checkbox (Stencil) definieren Sie, welche Teile einer Textur maskiert und somit ausgeblendet werden. Haben Sie zwei Texturen übereinandergelegt und nutzen Sie eine Mask-Map, so können Sie auf diese Weise beispielsweise sehr effektvolle Überblendungen zwischen beiden Texturen erzielen.

8.8 Texturierung mit dem BI-Renderer

Non-Prozedurale Texturen werden genau wie prozedurale Texturen auf dem Texture-Tab verwaltet.

Das Tab befindet sich direkt neben dem Material-Tab und ist – wie in Abbildung 8.71 gezeigt – durch ein Schachbrettmuster gekennzeichnet. Die im oberen Bereich angezeigten Kontrollelemente müssten Ihnen bereits bekannt vorkommen – sie sind denen des Material-Tabs nachempfunden. Zu Beginn ❶ erwartet Sie eine Liste, die maximal 18 verschiedene Textur-Slots bereitstellt. Über einen Klick auf den Textur-Datenblock rufen Sie die Texturliste ab. Mit dieser können bereits vorhandene Texturen angezeigt und mit dem aktuell gewählten Textur-Slot verlinkt werden. Um Texturen umzubenennen, einen Fake-User einzurichten oder Texturen zu löschen, gehen Sie genau wie bei den Materialien vor.

Machen Sie sich zuerst noch einmal kurz mit der Bedienung des Panels vertraut: Legen Sie neue Texturen und Textur-Slots an, löschen Sie vorhandene und benennen Sie Texturen um. Sehen Sie sich anschließend die Texturen an, die Sie gerade angelegt haben, und verlinken Sie über die Texturliste die Texturen zweier Objekte miteinander. Ändern Sie jetzt bei einer Textur einen Wert, dann sollte sich auch die zweite Textur ändern.

Neben den bereits bekannten Kontrollelementen gibt es auch einige (noch) nicht bekannte Elemente wie die in der oberen Zeile befindlichen (bis zu) vier verschiedenen Symbole. Blender grenzt mit dieser Auswahl die unterschiedlichen Einsatzgebiete der Texturen voneinander ab:

- Würden Sie gerne eine Textur als Welt-Hintergrund für Ihre Renderings festlegen, so können Sie diese Aufgabe in der Texturen-Ansicht für die WORLD erledigen ❷. Diese wird automatisch gewählt, wenn Sie vom WORLD-Tab zum TEXTURE-Tab wechseln.
- Möchten Sie Texturen auf ein Objekt aufbringen, so hilft Ihnen die Kugel ❸ weiter. Alle objektspezifischen Textureinstellungen finden Sie hier.
- Dem Erstellen von Texturen für den Freestyle-Prozessor dient das Füllfedersymbol ❹. Dieses werden Sie erst sehen, wenn Sie FREESTYLE aktivieren (wie das geht, erfahren Sie in Kapitel 13, »Postproduktion und Compositing«).
- Das Schachbrettmuster-Symbol ganz rechts hilft Ihnen immer dann, wenn Sie Texturen für andere Zwecke als die gerade genannten erstellen möchten ❺. Unter diese Kategorie fallen beispielsweise Texturen für Pinsel oder Partikelsysteme.

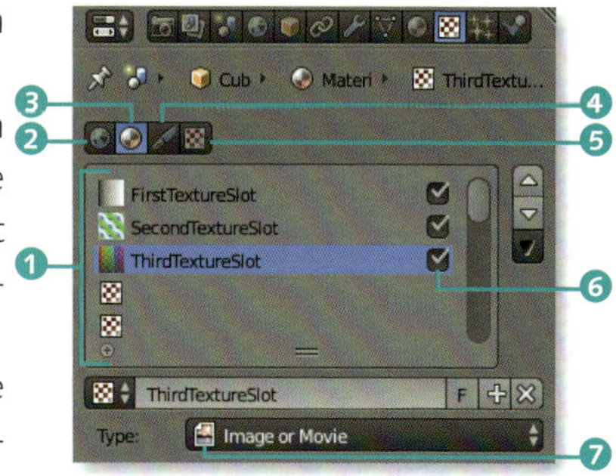

▲ **Abbildung 8.71**
Auf dem TEXTURE-Tab legen Sie fest, welche Texturen Ihr Material besitzt.

Datenblöcke verlinken
Falls Sie vergessen haben, wie Sie Datenblöcke verlinken: Lassen Sie einfach auf dem zweiten Objekt oder Textur-Slot durch einen Klick auf das Textursymbol die Texturliste aufpoppen, und wählen Sie die zu verlinkende Textur durch einen Klick aus.

Rechts neben den Textur-Slots befindet sich eine Ihnen (noch) unbekannte Checkbox ❻ – diese dient dazu, einzelne Texturen temporär zu deaktivieren. Sie können also an einer speziellen Textur arbeiten und diese rendern, während alle anderen für diesen Vorgang unnötige Texturen »stummgeschaltet« sind.

Am Ende dieses Panels finden Sie (falls ein Material und eine Textur angelegt sind) die Schaltzentrale der BI-Texturen – eine Auswahlbox mit der Bezeichnung TYPE ❼. Diese Box ermöglicht es Ihnen, prozedurale und nichtprozedurale Texturtypen auszuwählen, und zeigt Ihnen bei einem Klick das in Abbildung 8.72 gezeigte Popup.

Neben den bereits besprochenen prozeduralen Typen finden Sie hier die folgenden:

- IMAGE OR MOVIE: Mit dieser Option können Sie ein Bild oder einen Film (Bildsequenz) auf Ihre Oberfläche bringen, egal, ob die Textur eine GRUNGE-, SPECULAR-, NORMAL- oder sonstige Map ist. Ausschließlich die Einstellungen der Textur-Panels entscheiden darüber, welche Art von Map aufgebracht werden soll.
- ENVIRONMENT MAP: Diese Texturart simuliert die Spiegelung der Umgebung auf einer Objektoberfläche. Dank der heutigen schnellen Rechner und sehr guter Render-Algorithmen wird

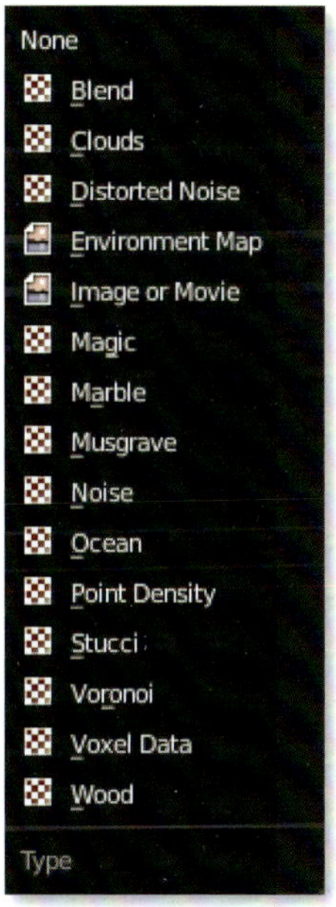

▲ **Abbildung 8.72**
Texturtypen

diese Art der Textur nur noch sehr selten verwendet – sie wird daher in diesem Buch bewusst ausgespart. Bei Interesse lege ich Ihnen die Dokumentation der Blender Foundation unter *http://goo.gl/e67Cg2* ans Herz, dort erfahren Sie alles Wissenswerte.

- VOXEL DATA & POINT DENSITY: Diese beiden Texturtypen sind in Verbindung mit Rauch und Feuersimulationen sinnvoll. In Kapitel 12, »Simulation«, werden Sie diese beiden Typen näher kennenlernen.
- OCEAN: Dies ist eine spezielle Textur, die in Verbindung mit dem OCEAN-Modifier und dem BI-Renderer einen einfachen Zugriff auf die durch den Modifier erzeugten Daten (wie Schaumkronen) bietet.

Wie bereits bei den SHADING-Panels des MATERIAL-Tabs gibt es auch bei den Texturen ein paar Panels, die bei allen Texturen im BI-Renderer vorhanden sind. Dazu gehören das PREVIEW-, MAPPING- und das INFLUENCE-Panel.

8.8.1 Das Preview-Panel

Das PREVIEW-Panel steht, wie der Name schon vermuten lässt, immer dann bereit, wenn Sie einen Eindruck von Ihrer Textur benötigen. Wählen Sie jetzt beispielsweise eine BLEND-Textur oder IMAGE-Textur aus, um es sichtbar zu machen. Innerhalb des Panels können Sie sich die Textur ❶, das zur Textur gehörige Material ❷ oder eine Kombination aus beiden in einer geteilten Ansicht ansehen ❸. Sie sehen auf diese Weise leicht, welche Auswirkungen Ihre Textur auf die Objektoberfläche hat.

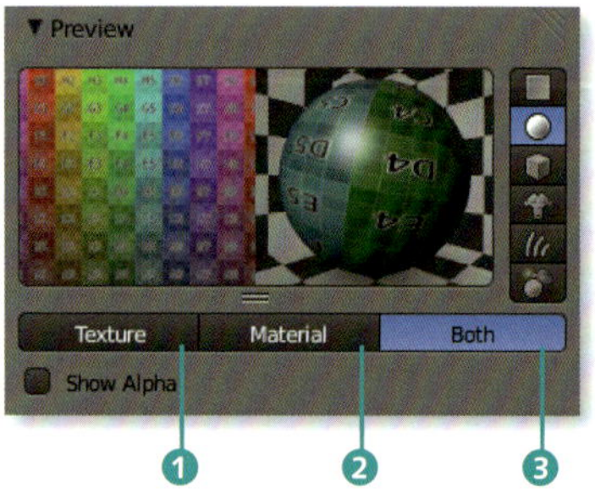

Abbildung 8.73 ▸
Das PREVIEW-Panel bietet Ihnen eine Vorschau auf das spätere Material.

8.8.2 Das Colors-Panel

Mit dem COLORS-Panel können Sie Ihre Textur kolorieren. Ähnlich wie bereits das DIFFUSE- oder SPECULAR-Panel bietet auch dieses Panel die Möglichkeit, Farbverläufe zu definieren, diese wirken allerdings auf die ausgewählte Textur.

Von den Farbverläufen abgesehen, haben Sie auf diesem Panel die Möglichkeit, die Helligkeit (BRIGHTNESS), den Kontrast (CONTRAST) oder die Sättigung (SATURATION) der Textur zu verändern und Ihren Rot-, Grün- oder Blau-Kanal zu akzentuieren und abzuschwächen. Alles in allem keine aufsehenerregenden Features, aber sicherlich sinnvoll, wenn kleinere Änderungen an der Textur durchgeführt werden sollen, ohne eine Grafikbearbeitung starten zu wollen. Da alle diese Werte animierbar sind, können Sie diese sogar während einer Animation ändern.

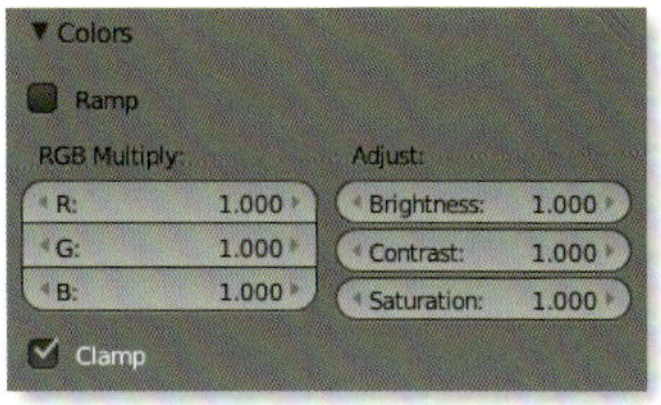

▲ **Abbildung 8.74**
Mit dem COLORS-Panel färben Sie Ihre Textur ein.

8.8.3 Das Mapping-Panel

Das MAPPING-Panel steht Ihnen beim Aufbringen der Textur auf ein Objekt zur Seite. Immer wenn Sie eine Textur aufbringen, durchlaufen Sie mehrere Schritte: Erst legen Sie fest, auf welches Bezugssystem sich die Texturkoordinaten beziehen sollen. Anschließend geben Sie an, wie die Textur auf das Objekt aufgebracht werden soll (das sogenannte Projektionsverfahren). Zu guter Letzt entscheiden Sie, auf welche Art die Textur die Eigenschaften der Oberfläche (des MATERIAL-Tabs) beeinflusst.

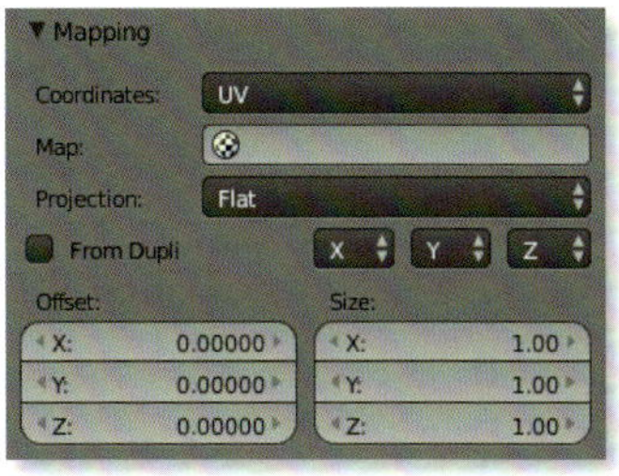

▲ **Abbildung 8.75**
Das MAPPING-Panel definiert die Position der Textur auf dem Objekt.

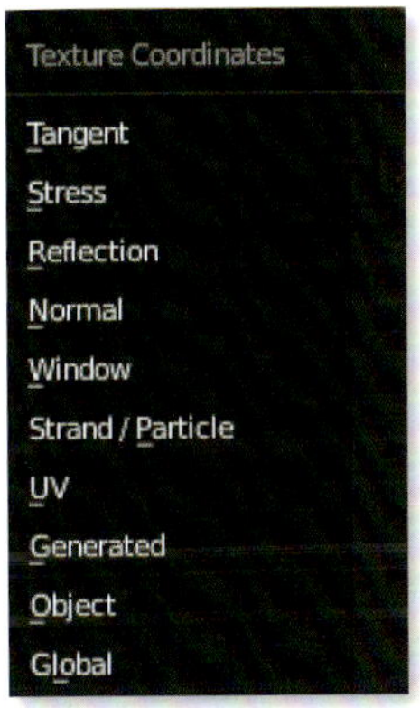

◂ **Abbildung 8.76**
Das TEXTURE-COORDINATES-Popup bestimmt, wie die Texturkoordinaten erzeugt werden.

Texturkoordinaten | Über das in Abbildung 8.76 gezeigte TEXTURE-COORDINATES-Popup lässt Sie Blender auswählen, wie die Texturkoordinaten berechnet werden. Sie legen damit fest, wo die Textur auf dem Objekt beginnt und wo sie platziert wird. Probieren Sie die folgenden Einträge der Combobox am besten mithilfe der Datei »08_TextureMapping.blend« aus. Sie enthält bereits eine Test-Textur auf verschiedenen Körpern und zeigt Ihnen schnell, wie die gewählte Option wirkt. Diese Optionen stehen für Sie bereit:

Die Datei »08_Texture-Mapping.blend« finden Sie auf der Buch-DVD unter BEISPIELMATERIAL • KAPITEL_08.

- GLOBAL: Mit dieser Einstellung werden die globalen Koordinaten der Szene als Texturkoordinaten verwendet. Dies kann besonders bei Animationen nützlich sein: Stellen Sie sich vor,

Sie bewegen ein Objekt und möchten, dass es an einem speziellen Punkt der Szene unsichtbar wird. Über eine Alphatextur (die über ein globales Mapping auf dem Objekt liegt) ist diese Aufgabe schnell gelöst.

- OBJECT: Wählen Sie diese Option, so können Sie über ein zweites Objekt (beispielsweise ein Empty) die Koordinaten und somit die Position der Textur bestimmen. Diese Art des Mappings eignet sich besonders für Aufkleber auf Oberflächen.
- GENERATED: Die originalen, nicht deformierten Koordinaten des Objekts. Möchten Sie sich die Textur-Koordinaten (dargestellt als Box) eines Objekts ansehen, so wechseln Sie auf das OBJECT-Tab und aktivieren die Option TEXTURE SPACE im DISPLAY-Panel. Mit [⇧] + [T] können Sie diese verschieben und mit [Alt] + [⇧] + [T] skalieren. Die Wirkung dieser Verschiebung und Skalierung können Sie im OBJECT-DATA-Tab unter dem TEXTURE-SPACE-Panel sehen.
- UV: UV-Mapping ist eine sehr präzise Mapping-Technik, mit der jedem Vertex Ihres Objekts eine entsprechende UV-Koordinate auf der Textur zugeordnet wird. Haben Sie eine UV-Map erstellt, ist diese nicht ausschließlich nur für eine Textur verfügbar, Sie können sie auch bei anderen Texturen des Objekts problemlos nutzen. Wählen Sie diese Option, so erscheint ein weiteres Feld namens Layer – mit diesem können Sie die zu benutzende UV-Map auswählen (Erklärungen dazu finden Sie in den folgenden Abschnitten).
- STRAND/PARTICLE: Diese Option bietet sich bei Haaren (Gras) und Partikeln an. Sie legen damit fest, dass Blender die Textur-Koordinaten entlang jedes einzelnen Haares berechnet und nicht global auf dem Objekt. Bei Partikeln wird diese Mapping-Art für spezielle Effekte genutzt, die Sie in Kapitel 11, »Partikelsysteme«, kennenlernen werden.
- WINDOW: Die Texturkoordinaten werden ausgehend von der virtuellen Kamera erzeugt. Die Koordinaten reichen vom unteren linken zum oberen rechten Rand der Kamera. Mit dieser Option können Sie beispielsweise zwei Objekte ineinander überblenden, wenn ein Kameraschwenk durchgeführt wird.
- NORMAL: Wenn Sie ein blickwinkelabhängiges Mapping durchführen möchten (beispielsweise um ähnliche Effekte wie den Fresnel-Effekt zu erzeugen), dann sollten Sie sich das Mapping der Texturkoordinaten in dieser Einstellung ansehen.
- REFLECTION: Diese Option nutzt die Richtung der Reflexions-Vektoren, um die Texturkoordinaten festzulegen. Mit ihr können Sie Spiegelungseffekte – besonders sinnvoll bei ENVIRONMENT-Mapping (nicht Bestandteil dieses Buches) – erzeugen.

Generated-Option

Die GENERATED-Option wird in Blender standardmäßig gesetzt, wenn Sie den BI-Renderer nutzen – und das aus gutem Grund. Viele Texturierungsaufgaben lassen sich mit ihr ohne viele Einstellungen lösen. Benötigen Sie jedoch die volle Kontrolle über die Texturkoordinaten (sobald Sie etwas komplexere Modelle erstellen), sollten Sie die UV-Option nutzen.

- STRESS: Dies ist eine sehr hilfreiche Mapping-Option, die es bis heute nicht für Cycles gibt. Sie betrachtet den Unterschied der Edge-Längen zwischen dem verformten Mesh (beispielsweise per Modifier) und dem Original-Mesh. Auf diese Weise können Oberflächen erzeugt werden, deren Eigenschaften wie Farbe, Reflexionen usw. sich bei Dehnung ändern (beispielsweise bei Kaugummi, Glibber usw.).
- TANGENT: Hier wird der TANGENT-Vektor zum Mapping verwendet (anisotropes Shading, gebürstetes Metall). Beachten Sie, dass Sie dazu die Option TANGENT SHADING auf dem SHADING-Panel im MATERIAL-Tab aktivieren müssen.

Zum Nachlesen
Weitere Informationen zu anisotropem Shading finden Sie in Abschnitt 8.6.5, »Das Shading-Panel«, und in Abschnitt 8.6.7, »Das Mirror-Panel«.

▲ **Abbildung 8.77**
Die Auswirkungen der GENERATED-Option in Verbindung mit einer 2D-Textur auf verschiedenen Primitiven

Mapping | Nachdem Sie die Texturkoordinaten festgelegt haben, müssen Sie im nächsten Schritt festlegen, wie die Textur auf das Objekt projiziert wird. Der Vorgang ist vergleichbar mit einer von einem Beamer erzeugten Projektion. Ist die Projektionsfläche allerdings nicht flach (2D), sondern dreidimensional, muss auf unterschiedliche Projektionsverfahren zurückgegriffen werden.

Welches Verfahren gewählt wird, können Sie mit der in Abbildung 8.78 gezeigten MAPPING-Combobox festlegen:

- FLAT: Immer wenn Sie Ihr Objekt flach abwickeln (beispielsweise bei UVs) und wenn Sie flache Objekte texturieren möchten, sollten Sie diese Option wählen. Die Randpixel der Textur werden auf Flächen wiederholt, die nicht in der Projektionsebene liegen. Dies führt zu Streifen auf dreidimensionalen Objekten.
- CUBE: Bei diesem Verfahren können Sie sich Projektoren an allen Seiten eines Würfels vorstellen, so dass die Textur von jeder Seite frontal auf das Objekt geworfen wird.

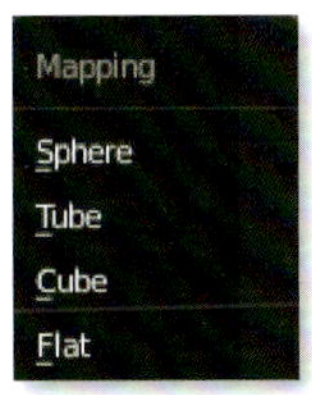

▲ **Abbildung 8.78**
Die Projektionseinstellungen

▲ **Abbildung 8.79**
FLAT

▲ **Abbildung 8.80**
CUBE

- TUBE: Ähnlich wie das Etikett einer Flasche wird die Textur um ein Objekt gelegt. Für röhrenähnliche Objekte ist diese Option daher eine gute Wahl. Da die Enden des Zylinders nicht definiert sind, werden die Randpixel der Textur an den Kopfenden wiederholt.
- SPHERE: Diese Option wirkt am besten bei Kugeln, so ist sie beispielsweise für Planeten sinnvoll.

Direkt unterhalb der PROJECTION-Box befinden sich drei Comboboxen mit den Werten X, Y und Z. Diese geben an, auf welche Objektachsen die Textur gemappt wird. Die Werte in diesen Boxen geben die Koordinatenachsen der Textur an. Dabei stellt die erste Box die x-Achse des Objekts, die zweite die y-Achse des Objekts und die dritte die z-Achse des Objekts dar. In der Standardeinstellung (X, Y, Z) wird bei einer dreidimensionalen Textur also die x-Achse der Textur auf der x-Achse des Objekts liegen, die y-Achse der Textur auf der y-Achse des Objekts und die z-Achse der Textur auf der z-Achse des Objekts. Bei zweidimensionalen Texturen (Bildern beispielsweise) wird die z-Textur-Achse ignoriert. Würden Sie die Belegung Y, X, Z wählen und ein Bild mappen, so würde auf der x-Achse des Objekts die y-Achse der Textur und auf der y-Achse des Objekts die x-Achse der Textur liegen. Z wird bei Bildern ignoriert. Abbildung 8.83 zeigt Ihnen, wie sich unterschiedliche Projektionsachsen auf das Mapping auswirken.

▲ **Abbildung 8.81**
TUBE

▲ **Abbildung 8.82**
SPHERE

▲ **Abbildung 8.83**
Mithilfe der XYZ-Einstellung weisen Sie die Texturachsen unterschiedlichen Objektachsen zu.

Textur-Koordinatensystem | Die nächsten Kontrollelemente ermöglichen Ihnen, das Textur-Koordinatensystem anzupassen:

- OFFSET X, Y, Z: Mit dieser Einstellung legen Sie den Textur-Koordinatenursprung und damit den Startpunkt der Textur fest.

- Size X, Y, Z: Hier legen Sie die Größe der Textur fest. Vergrößern Sie diese Werte, so verkleinert sich die Textur auf dem Objekt – dies scheint zuerst kontraintuitiv zu sein, ist aber das korrekte Verhalten: Wenn sich die Textur vergrößert und sie auf eine gleichgroße Fläche aufgebracht wird, verkleinert sich die Textur-Darstellung auf dieser Fläche.

Als letztes Panel (das Sie in allen BI-Texturen finden) möchte ich Ihnen das Influence-Panel vorstellen.

8.8.4 Das Influence-Panel

Auf dem Influence-Panel legen Sie fest, welche Oberflächeneigenschaften von der Textur beeinflusst werden. Standardmäßig beeinflusst eine Textur die Farbe der Oberfläche, doch es stehen noch viele andere Optionen bereit. So können Sie beispielsweise festlegen, dass an allen hellen Pixeln Ihrer Textur die Oberfläche spiegelt, während dunklere Pixel die Spiegelungen mehr und mehr eindämmen (Reflection-/Specular-Map). Wenn Sie über die Einträge des Influence-Panels schauen, werden Sie sehen, dass Sie die meisten Bezeichnungen bereits kennen. Jede dieser Eigenschaften besitzt eine korrespondierende Eigenschaft im Material-Tab. Warum benötigen Sie diese Werte auf dem Influence-Panel noch einmal?

Um diese Frage zu klären, kommen wir wieder zu den Spiegelungen zurück: Nehmen Sie an, Sie hätten in Ihrem neuesten Projekt eine Badezimmerwand erstellt, die Sie über eine Textur mit Kacheln und Fugen ausstatten. Über den Spec- und den Mirror-Regler im Material-Tab können Sie zwar die Spiegelung Ihrer gesamten Wand definieren, aber nicht getrennt voneinander einstellen, wie viel die Fugen und wie viel die Kacheln spiegeln. Würden Sie eine Textur erstellen, die alle Fugen schwarz und alle Fliesen weiß zeichnet, so könnten Sie mit dieser Textur und den nachfolgend beschriebenen Influence-Optionen genau das erreichen – alle Fugen wären komplett stumpf, während die Kacheln stark spiegeln.

Ob der auf dem Material-Panel für die gesamte Fläche eingestellte Wert dabei durch den neuen Wert ersetzt, mit ihm gemischt oder auf eine andere Art kombiniert wird, legen Sie über die Blend-Modi fest. Sie unterscheiden sich nicht von den Modi, die Sie bereits von GIMP, Photoshop und anderen Bildbearbeitungstools her kennen.

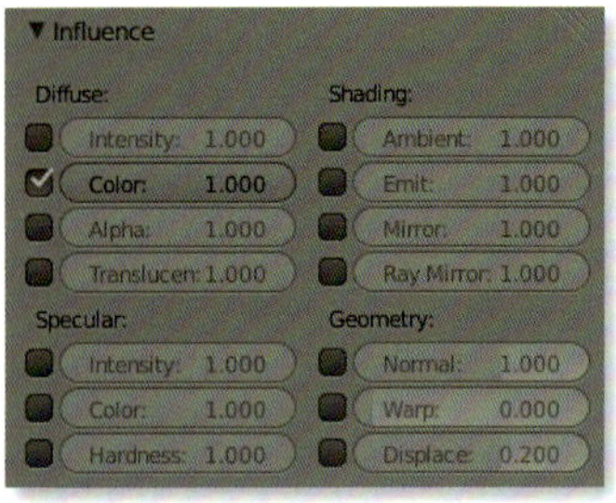

▲ **Abbildung 8.84**
Der obere Teil des INFLUENCE-Panels

Die folgenden Optionen hält das INFLUENCE-Panel für Sie bereit: Unter DIFFUSE finden Sie Einstellungen, die auf den DIFFUSE-Shader wirken:

- INTENSITY: Mit diesem Regler bestimmen Sie, wie viel Licht von der Umgebung reflektiert wird.
- COLOR: Hier bestimmen Sie, wie viel Texturfarbe auf die Oberfläche übertragen wird. Eine 1 bedeutet, dass die Textur komplett auf der Oberfläche abgebildet wird, geringere Werte blenden mehr und mehr auf die DIFFUSE-Color des Materials über. Die vorangestellte Checkbox ermöglicht Ihnen die Applikation von COLOR MAPS.
- ALPHA: Hier beeinflussen Sie die Transparenz des Materials. Denken Sie daran, gleichzeitig eine der Transparenzarten auf dem TRANSPARENCY-Panel des MATERIAL-Tabs auszuwählen.
- TRANSLUCENCY: Hier legen Sie fest, wie durchscheinend das Objekt wird.

Unter SPECULAR finden Sie Einstellungen, die auf den SPECULAR-Shader wirken, hier sollten Sie sich also umschauen, wenn Sie Spec-Maps einsetzen möchten:

- INTENSITY: Hier bestimmen Sie, wie stark der Spec-Wert durch die Textur beeinflusst wird.
- COLOR: Dieser Wert legt fest, wie stark die Farbe des Glanzpunktes durch die Textur beeinflusst wird.
- HARDNESS: Über diesen Slider geben Sie an, wie stark die Textur die Abgrenzung des Glanzpunktes beeinflusst.

Alle Werte, die Sie unter SHADING finden, beeinflussen direkt das Shading der Oberfläche:

- AMBIENT: Mit diesem Regler bestimmen Sie, wie viel des AMBIENT OCCLUSION PASSES auf der Oberfläche landet (korrespondiert mit dem AMBIENT-Slider des SHADING-Panels auf dem MATERIAL-Tab).
- EMIT: Hier legen Sie fest, wie stark die Textur die Oberfläche selbstleuchtend macht. Würden Sie beispielsweise eine BLEND-Textur (von links nach rechts: Schwarz zu Weiß) auf Ihr Objekt mappen und die Checkbox bei EMIT setzen, so würde die Lichtintensität je nach Mapping von links nach rechts immer weiter zunehmen.
- MIRROR: Dieser Wert legt fest, wie stark die Farbe der Reflexion durch die Textur beeinflusst wird.
- RAY MIRROR: Dieser Slider gibt den Einfluss der Textur auf die Stärke der Reflexion an. REFLECTION-Maps sollten Sie mit dieser Option nutzen.

Die Einstellungen von GEOMETRY beeinflussen die Geometrie oder die Texturkoordinaten:

- NORMAL: Hier steuern Sie die Beeinflussung der NORMAL- und der BUMP-Map durch die Textur. Die Oberfläche wird durch diese Einstellung scheinbar verformt.
- WARP: Mit diesem Slider erlauben Sie Texturen, die Texturkoordinaten des nächsten Textur-Slots zu ändern. Die Veränderung bleibt so lange aktiv, bis ein Slot ebenfalls die WARP-Option mit einem Wert von 0 setzt.
- DISPLACE: Hier definieren Sie, wie die Textur das Vertex-Displacement beeinflusst. DISPLACEMENT-Maps würden Sie beispielsweise mit dieser Option nutzen.

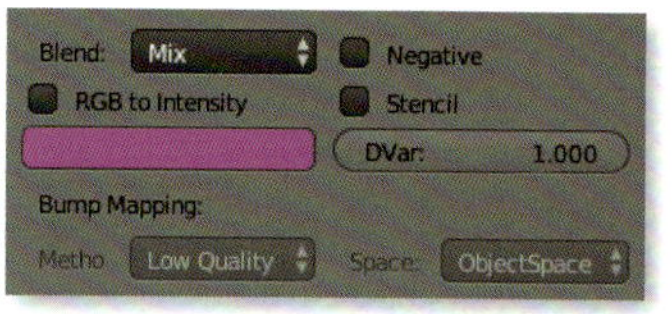

▲ **Abbildung 8.85**
Der untere Teil des INFLUENCE-Panels

Das INFLUENCE-Panel bietet darüber hinaus noch weitere Einstellungsmöglichkeiten:

- Mit BLEND wird definiert, wie Blender die Werte der Textur auf die Werte des MATERIAL-Tabs mappt. Ein Beispiel: Nehmen wir an, wir hätten Z-TRANSPARENCY aktiviert und würden eine BLEND-Textur auf den ALPHA-Wert im INFLUENCE-Panel mappen. Der ALPHA-Wert im TRANSPARENCY-Panel steht auf 1 (keine Transparenz). Unsere BLEND-Textur geht von 0 in einem linearen Verlauf bis 1. Unser BLEND-Mode ist MIX (NORMAL), was bedeutet, der Verlauf wird überall dort, wo Werte vorhanden sind, über die Alphawerte gelegt. Dieses Verhalten führt nicht etwa zu einem halbtransparenten Objekt, sondern zu keinerlei Transparenzen ... alle Werte sind 1.
  Würden wir allerdings den BLEND-Mode auf MULTIPLY setzen, so würden alle Werte der BLEND-Textur mit dem im MATERIAL-Tab eingestellten ALPHA-Wert multipliziert werden. Das führt bei Werten am linken Rand der BLEND-Textur zu sehr kleinen Werten (0, 0.1, 0.2 usw.) und am rechten Rand der BLEND-Textur zu sehr hohen Werten (0.9, 0.99, 1). Unser Objekt würde daher eingeblendet. Sie sehen, dass die Änderung des BLEND-Modus durchaus großen Einfluss auf die Logik der Verknüpfungen haben kann – sehen Sie sich diese also ruhig etwas genauer in den einschlägigen Bildbearbeitungstools an.
- Mit RGB TO INTENSITY können Sie eine RGB-Textur (die eine Farbe beeinflusst) zu einer Graustufentextur (die die Intensität eines Wertes beeinflusst) umwandeln. Möchten Sie die Farbe der Oberfläche ändern, würden Sie diese Checkbox nicht anrühren, bei einer Textur, die beispielsweise die Spiegelung beeinflusst, allerdings schon.
- BLEND COLOR: Haben Sie Ihre Textur auf die Diffuse-Color gemappt, können Sie angeben, zu welcher Farbe überblendet wird.

- NEGATIVE: Hier wird die Textur invertiert – Schwarz wird zu Weiß und umgekehrt.
- STENCIL: Mit dieser Checkbox wird die aktuelle Textur als Maske für den nächsten Textur-Slot definiert. Schwarze Pixel symbolisieren dabei die Positionen, an denen keine Pixel der nächsten Textur genutzt werden, und alle Pixel heller als Schwarz die Positionen, an denen die Pixel des nächsten Textur-Slots genutzt werden.
- DVAR: Schauen wir uns diesen Wert mithilfe eines Beispiels an: Der EMIT-Wert ist auf einer Standardoberfläche normalerweise 0. Würden Sie eine weiße Textur auf den EMIT-Wert mappen, so würden Sie eine stark leuchtende Oberfläche erhalten (mit dem Wert 1). Dies liegt allerdings nicht nur an den Pixelwerten der weißen Textur, sondern am DVAR-Wert, der 1 ist – würden Sie Ihn auf 3 setzen, so würde Ihre Oberfläche mit dem EMIT-Wert 3 strahlen. Sie stellen mit dem DVAR-Wert also den Zielwert ein, den Ihre Intensitätstextur bei maximal ausgelenktem Slider erreichen kann.
- Unter BUMP MAPPING finden Sie Einstellungen für das Bump-Mapping:
  - METHOD: ORIGINAL, COMPATIBLE, LOW, MEDIUM und BEST buhlen hier um Ihre Gunst. Da Sie mit Blender anfangen, sind für Sie nur die drei letzten interessant – ORIGINAL ist nur für Blender-Veteranen mit alten Dateien sinnvoll.
  - SPACE: Hier geben Sie an, wie eine eventuell genutzte BUMP-Map auf ein Objekt aufgebracht werden soll. *http://wiki.polycount.com/NormalMap/* enthält eine ausführliche Erklärung der hier angebotenen Optionen.

Bei volumetrischen Materialien, Halos und Partikeln wird das INFLUENCE-Panel Eigenschaften enthalten, die auf diesen Materialtyp zugeschnitten sind, die generelle Funktionsweise bleibt allerdings identisch.

8.8.5 Das Influence-Panel verstehen

Wie Sie sicherlich bereits gemerkt haben, bin ich bisher nicht auf die einzelnen Parameter von prozeduralen Texturen eingegangen – hier ist ihr Entdeckergeist gefragt. Trotzdem möchte ich Ihnen in diesem Abschnitt ein paar der dort verfügbaren Einstellungen vorstellen und mit Ihnen ein Material herstellen, das mit einer MARBLE-Textur und dem INFLUENCE-Panel zwei prozedurale Texturen mischt.

Schritt für Schritt
Eine Holztextur erstellen

Zuerst werden wir dazu eine Holztextur erstellen und diese anschließend (mithilfe einer als Stencil markierten Marble-Textur) eine Magic-Textur partiell überblenden.

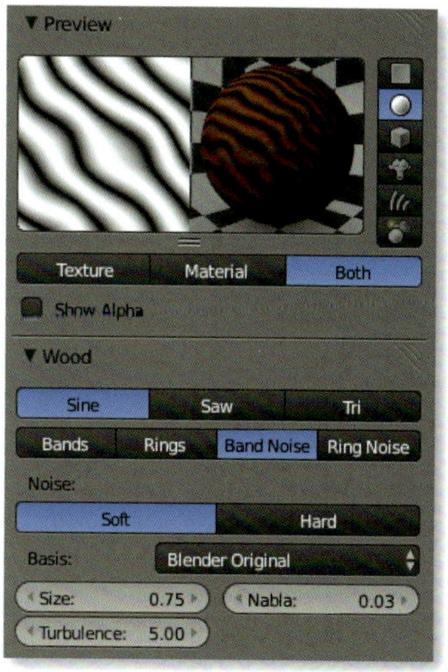

▲ **Abbildung 8.86**
Das Wood- Material

Die Datei »08_ProcWood_Start.blend« finden Sie auf der Buch-DVD unter Beispielmaterial • Kapitel_08.

1 Neue Szene mit Point-Lampen erstellen

Erstellen Sie eine neue Szene, und fügen Sie über Add • Mesh eine UV-Sphere und über Add • Lamp drei Point-Lampen ein, oder laden Sie die Datei »08_ProcWood_Start.blend«. Falls Sie die Datei neu erstellen möchten, richten Sie die Lampen mithilfe der Dreipunktbeleuchtung um das Zentrum der Szene aus.

2 Objekt shaden

Lassen Sie im Object Mode Blender das Objekt mithilfe der Toolbox ([T]) und dem dort vorhandenen Tools-Panel im Shading-Tab Smooth shaden. Schalten Sie anschließend entweder das Viewport Shading auf Rendered, oder rendern Sie von Zeit zu Zeit Ihr Bild mit [F12] – je nachdem, was Ihr Rechner mitmacht.

3 Neues Material anlegen

Legen Sie jetzt ein neues Material an, nennen Sie es »FunMaterial«, und entfernen Sie jeglichen Glanz (Specular Intensity auf 0 – wir möchten keine Glanzpunkte). Anschließend verpassen Sie Ihrem Material einen braunen Basiston (über die Diffuse-Color Hex 382100).

4 Textur anlegen

Legen Sie nun einen ersten Textur-Slot inklusive Textur an, und nennen Sie sie »Wood«. Geben Sie dem Material eine prozedurale Wood-Textur, stellen Sie die Ansicht im Preview-Panel auf Both, und sehen Sie sich die Einstellungen unter dem neu erschienenden Panel Wood an.

5 Jahresringe erzeugen

Aktivieren Sie auf dem Wood-Panel die Einstellung Band Noise, um unregelmäßige Jahresringe zu erzeugen. Stellen Sie anschließend den auf diesem Panel befindlichen Size-Wert auf 0.75 ein. Legen wir jetzt die Farbe der Ringe fest. Wechseln Sie dazu auf das Influence-Panel, und ändern Sie dort die pinke Farbe in einen Braunton (beispielsweise Hex 995600).

▲ **Abbildung 8.87**
Das Zwischenergebnis – eine Holzkugel mit Maserung

6 Size-Einstellungen festlegen

Spielen Sie jetzt mit der auf dem MAPPING-Panel befindlichen SIZE-Einstellung für die x-, y- und z-Achse. Werte um die 3 sollten zu einer von Jahresringen umschlossenen Kugel führen.

Sehen wir uns jetzt an, wie Sie die in dieser Übung erstellte Textur mit der STENCIL-Option auf eine MAGIC-Textur überblenden können. Das grundsätzliche Vorgehen unterscheidet sich dabei nicht von den bisherigen Schritten – erst die STENCIL-Checkbox macht diese Textur zu etwas Besonderem.

Schritt für Schritt
Eine Textur-Maske mithilfe der Stencil-Option erstellen

1 Marble-Textur erstellen

Zuerst benötigen wir dazu eine MARBLE-Textur auf einem neuen Textur-Slot. Wählen Sie dazu den nächsten freien Slot, klicken Sie auf NEW, und nennen Sie die Textur »Mask«.

2 Verlauf anlegen

Ändern Sie den TEXTUR-Type auf MARBLE, aktivieren Sie im COLORS-Panel die RAMP-Option, und schieben Sie den linken Color-Stop in die Mitte.

3 Textur-Wirkung anpassen

Deaktivieren Sie daraufhin im INFLUENCE-Panel die Wirkung der Textur auf die DIFFUSE-COLOR, und aktivieren Sie die STENCIL-Checkbox (Sie legen diese Textur damit als Maske für die nächste Textur fest). Das war schon alles für die Maskentextur. Als Nächstes erzeugen wir die Textur, auf die überblendet wird.

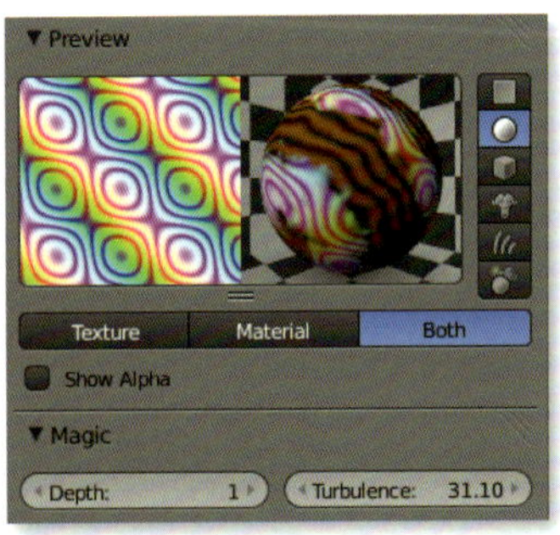

▲ **Abbildung 8.88**
Die MAGIC-Textur zeigt im PREVIEW-Panel die Wirkung der STENCIL Textur.

4 Magic-Textur anlegen

Legen Sie dazu wieder auf einem neuen Textur-Slot eine neue Textur an, nennen Sie sie »Magic«, und ändern Sie den TEXTURE-Typ auf MAGIC. Sie sollten sofort sehen, dass »magische« Flecken auf der Holztextur erscheinen.

5 Textur-Einstellungen anpassen

Erhöhen Sie den DEPTH- und den TURBULENCE-Wert der Textur, um ihr etwas mehr Tiefe und Varianz zu geben.

6 Weitere Einstellungen testen

Deaktivieren Sie im Influence-Panel die Textur »Magic« zeitweise, indem Sie in der Texturauswahlliste das Häkchen hinter der Masken-Textur entfernen. Sie werden sehen, dass die Stencil-Textur nicht mehr wirkt und die komplette Sphere magisch wird.

Glückwunsch – Ihre ersten Schritte mit prozeduralen Texturen haben Sie jetzt erfolgreich hinter sich gebracht. Nehmen Sie sich etwas Zeit, um die verschiedenen Texturen zu erforschen – denn ab dem nächsten Abschnitt geht es mit bildbasierten Texturen weiter. Versuchen Sie beispielsweise, die Wood-Textur gleichzeitig als Normal-Map anzuwenden. Die Datei »08_ProcWood_Final.blend« enthält eine mögliche Lösung dieser Aufgabe, während Abbildung 8.89 das Ergebnis mit einer zusätzlichen schwarz-weißen Color-Ramp auf der Wood-Textur zeigt.

▲ **Abbildung 8.89**
Eine mögliche Lösung dieser Übung (inklusive schwarz-weißer Color-Ramp)

Die Datei »08_ProcWood_Final.blend« finden Sie auf der Buch-DVD unter Beispielmaterial • Kapitel_08.

8.8.6 Bildtexturen

Jetzt sehen wir uns eine sehr wichtige Texturart an: die Image-Textur. Sie dient dem Aufbringen von Bildern (beispielsweise Diffuse-, Specular- oder Bump-Maps) auf Oberflächen, sie kann allerdings auch Filmdateien, Bildsequenzen oder von Blender generierte Grafiken auf Objekte applizieren. Wählen Sie als Texturtyp Image or Movie, stehen Ihnen drei neue Panels zur Verfügung: das Image-, das Image-Sampling- und das Image-Mapping-Panel.

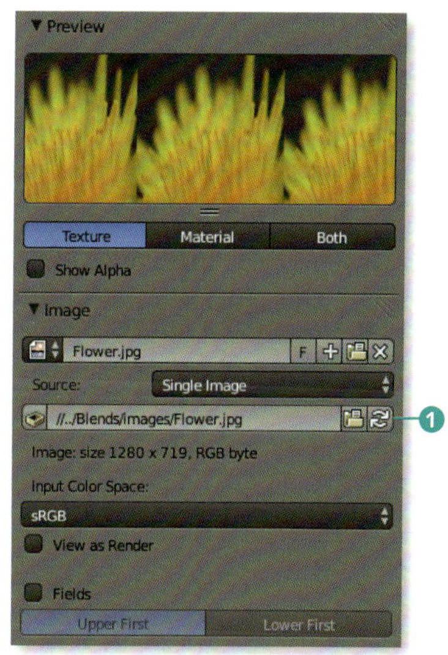

▲ **Abbildung 8.90**
Das Image-Panel mit geöffneter Bilddatei

Das Image-Panel | Das Image-Panel ermöglicht es Ihnen, Bilder und Videos zu erstellen und zu laden. New erstellt ein neues Bild, während Open ein Bild oder Video von der Festplatte lädt. Öffnen Sie per Open das Bild »Flower.jpg«, das Sie auf der Buch-DVD unter Beispielmaterial • Kapitel_08 • Images finden. Im Image-Panel werden Sie hier unter anderem diese Optionen begrüßen:

- Datablock: Wie immer können Sie hier den Namen bestimmen, die Verlinkung auf den Datenblock lösen, ein neues Bild erstellen oder laden und einen Fake-Nutzer anlegen.
- Source: Mit der direkt neben Source befindlichen Checkbox geben Sie an, um welche Art von Grafikdatei es sich handelt. Blender kann einzelne Bilder laden, Bildsequenzen als Animation oder Filmsequenzen (»*.avi«, »*.mpg« usw.).
- Direkt unterhalb dieser Zeile befindet sich eine weitere, die der Datablock-Zeile nicht unähnlich ist (1). Sie ermöglicht Ihnen von links nach rechts: Die geladene Datei zur einfachen Weitergabe in die aktuelle Blender-Datei zu packen, den Dateipfad und Namen anzupassen, eine neue Datei auszuwählen und die

Die Datei »Flower.jpg« finden Sie auf der Buch-DVD unter Beispielmaterial • Kapitel_08 • Images.

aktuell geladene Datei wieder neu zu laden. In der nächsten Zeile finden Sie Informationen über das geladene Bild, wie die Größe, ob es einen Alphakanal besitzt und welche Auflösung pro Farbkanal zur Verfügung steht.

- Use Alpha: Falls die geladene Datei einen Alphakanal (Transparenz) besitzt, können Sie mit dieser Option festlegen, ob dieser von Blender genutzt wird. Im Preview-Panel sollten Sie anschließend Show Alpha aktivieren, um die Transparenz-Informationen des Bildes auch in der Vorschau zu nutzen. Falls Sie beim Rendern ausgefranste Kanten an den Übergängen zu einem transparenten Hintergrund feststellen, sollten Sie den Alpha-Modus von Straight auf Premultiplied wechseln.

Grafiken packen

Möchten Sie Ihre Blender-Dateien weitergeben, müssen Sie sicherstellen, dass der Empfänger alle genutzten Bilddateien erhält. Blender erleichtert Ihnen diese Aufgabe, indem es Ihnen erlaubt, Bilder in die aktuelle Blender-Datei zu packen. Zu diesem Zweck laden Sie Ihre Bilder, wie gerade gesehen, und nutzen anschließend den Befehl File • External Data • Pack All Into .blend (alle Dateien werden gepackt) oder klicken bei jeder Bilddatei in der Source-Zeile auf die Box (nur diese Datei wird gepackt). Darüber hinaus können Sie in diesem Menü auch nach fehlenden Dateien suchen oder bereits gepackte Dateien aus der Datei auf die Festplatte schreiben.

Straight und Premultiplied Alpha | In Grafikdateien, die den Alphakanal als direkten Alphakanal *(straight alpha)* enthalten (beispielsweise PNG), werden die Transparenz-Informationen in einem separaten Kanal gespeichert. Ein Pixel innerhalb der Datei wird also nicht als R-, G-, B-Tripel gespeichert, sondern als R, G, B, A.

Bei einem integrierten Alphakanal *(premultiplied alpha)* wird die Transparenz-Information genau wie beim direkten Alphakanal auch in einem eigenen Kanal gespeichert. Der wesentliche Unterschied zum direkten Alphakanal ist, dass die Farbwerte des Bildes mit einer Hintergrundfarbe im Verhältnis zum Alphakanal abgemischt werden. Wie viel von der Originalfarbe eines Pixels verwendet wird, hängt von seiner Deckkraft ab. Halbtransparente Pixel werden zum Beispiel mit 50 % Schwarz und 50 % Hintergrundfarbe gespeichert. Diese Integration des Alphakanals in die Farbkanäle geschieht nicht anstelle, sondern zusätzlich zur Speicherung des Alphakanals. Dadurch soll die korrekte Anzeige des Bildes auch in Anwendungen ermöglicht werden, die keinen Alphakanal unterstützen.

Die Datei »Suzanne.png« finden Sie auf der Buch-DVD unter Beispielmaterial • Kapitel_08 • Images.

Bevor Sie fortfahren, laden Sie erst einmal ein paar unterschiedliche Grafiken (mit Alphakanal, ohne Alphakanal) auf einen Kubus, eine Kugel oder auf Suzanne, und verändern Sie auf dem Mapping-Panel die Projektion und Größe der Textur. Spielen Sie mit den Einstellungen, und machen Sie sich mit den Auswirkungen der vorhandenen Einstellungen (unter anderem Alpha-Einstellungen) ein wenig mehr vertraut. Eine Grafik mit Alphakanal finden Sie auf der DVD unter Beispielmaterial • Kapitel_08 • Images • Suzanne.png.

Bildsequenzen und Videos laden | Wie bereits angedeutet, können Sie mit dem Image-Texturtyp nicht nur Bilder, sondern auch Bildsequenzen und Videos laden. Bildsequenzen sind aufsteigend nummerierte Grafikdateien (beispielsweise »TestImage001.jpg«, »TestImage002.jpg« usw.), die von Blender ähnlich wie bei einem Video Bild für Bild nacheinander abgespielt werden. Alles, was Blender dazu von Ihnen benötigt, ist das erste Bild und eine Angabe über die Länge der Sequenz.

Sehen wir uns jetzt die Einstellungen an, die zusätzlich zu den bereits bekannten beim Laden einer Videodatei oder einer Bildsequenz erscheinen. Nutzen Sie dazu die Dateien auf der DVD unter Beispielmaterial • Kapitel_08 • Sequence. Klicken Sie im Image-Panel auf Open, und navigieren Sie mit dem File Browser in diesen Ordner. Bewegen Sie die Maus anschließend über die Dateien, und drücken Sie [A], um alle Dateien auszuwählen. Ein anschließender Druck auf [↵] lädt alle Dateien und wählt als Source automatisch den Eintrag Image Sequence aus. Folgende Optionen erwarten Sie anschließend:

- Frames: Hier legen Sie fest, wie viele Frames Ihr Video oder Ihre Bildsequenz besitzt. Über Match Movie Length können Sie ermitteln lassen, wie viele Frames in dem geladenen Video (oder der Bildsequenz) zu finden sind. Diese Anzahl wird dann in das Feld Frames eingetragen.
- Start: Mit Start legen Sie fest, ab welchem Frame Ihrer Animation das Video anfängt. Hätten Sie beispielsweise eine Animation von 250 Frames und würden Start auf 130 setzen, so würde das Video erst bei Frame 130 abgespielt werden.
- Offset: Dieser Wert wird auf den Start-Wert addiert und kann den Anfang des Videos somit erneut verschieben. Sinnvoll ist dieses Feld besonders bei Bildsequenzen, denn Sie können hier angeben, ab welcher Nummer das erste Bild der Sequenz beginnt.
- Auto Refresh: Mit einem Häkchen in diesem Feld bewirken Sie, dass das Video sowohl im Preview-Fenster als auch auf dem Objekt (beim Textured in Viewport Shading) aktuell gehalten wird, wenn Sie unterschiedliche Frames anspringen.
- Cyclic: Hier legen Sie fest, wie Blender reagiert, wenn Ihre Animation länger als das Video ist. Setzen Sie hier ein Häkchen, so wird das Video erneut von vorn beginnen, nachdem das Ende erreicht ist.

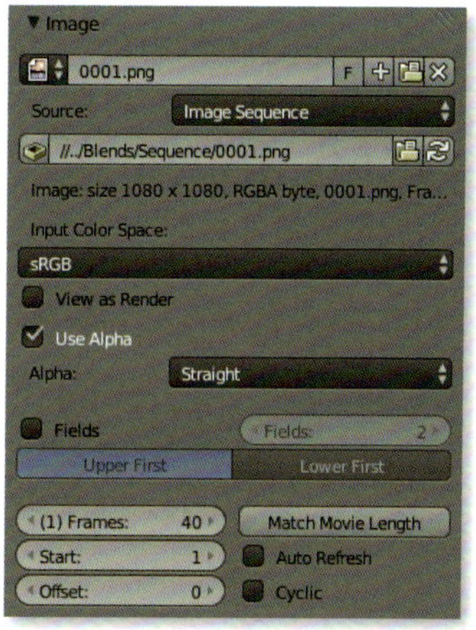

▲ **Abbildung 8.91**
Das Image-Panel kann auch mit Sequenzen umgehen.

Neben diesen zusätzlichen Optionen erscheinen noch zwei weitere Panels, wenn Sie eine Image-Textur auswählen: Das Image-Sampling- und das Image-Mapping-Panel.

Das Image-Sampling-Panel | Unter dem Image-Sampling-Panel finden Sie viele Einstellungen, die Blenders Internal-Renderer mit-

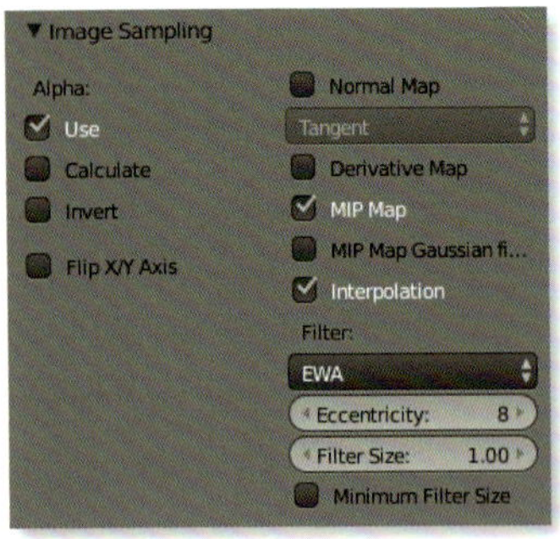

▲ **Abbildung 8.92**
Das IMAGE-SAMPLING-Panel

teilen, wie das geladene Bild (bzw. die Bilddaten) interpretiert werden sollen. Die für Sie interessantesten Optionen sind:

- USE: Setzen Sie dieses Häkchen, so wird der in der Datei vorhandene Alphakanal genutzt. Lassen Sie diese Checkbox immer unverändert, und nutzen Sie stattdessen die bereits vorgestellte USE-ALPHA-Option (Seite 390).
- CALCULATE: Mit dieser Option versucht Blender selbst einen Alphakanal zu berechnen. Die Grafik wird dazu in ein Graustufenbild gewandelt und alle schwarzen Pixel als transparent betrachtet
- INVERT: Mit Setzen dieser Option invertieren Sie den Alphakanal – alle transparenten Bereiche werden opak, alle opaken transparent.
- FLIP X/Y AXIS: Wie der Name bereits andeutet spiegeln Sie die Grafik mit dieser Option an der x- und der y-Achse.
- NORMAL MAP: Haben Sie eine NORMAL-Map geladen, so können Sie Blender mit dieser Checkbox mitteilen, dass es sich um eine solche Map handelt. Die darunter befindliche Combobox lässt Sie die Art der NORMAL-Map angeben (TANGENT, OBJECT, WORLD oder CAMERA). Bei der Erzeugung von NORMAL-Maps können Sie eine dieser Optionen wählen.
- INTERPOLATION: Ist diese Checkbox gesetzt, so wird beim Verkleinern und Vergrößern der Textur (beispielsweise durch Kamerabewegungen) die Textur gefiltert. Die Textur wird dadurch zwar weniger pixelig, aber kann unter Umständen verwaschen wirken. Über die an diese Option anschließenden Kontrollfelder stellen Sie die Qualität des Filters und die Menge an Filterungen ein.

Normal-Maps
Erklärungen zu allen Optionen der NORMAL MAP finden Sie unter *http://wiki.polycount.com/NormalMap*.

Nachdem Sie jetzt fast alle Optionen der IMAGE-Texturen kennen, bleibt nur noch ein letztes Panel übrig: das IMAGE-MAPPING-Panel.

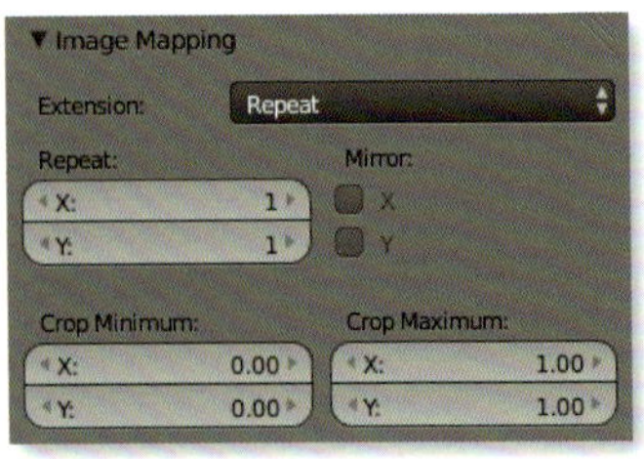

▲ **Abbildung 8.93**
Das IMAGE-MAPPING-Panel

Das Bild/Video mit dem Image-Mapping-Panel kacheln | Auf diesem Panel können Sie festlegen, wie oft das Bild/Video auf der Oberfläche wiederholt wird. Auf diese Art (und mithilfe einer nahtlosen Textur) können Sie beispielsweise eine ganze Wand texturieren, obwohl Ihre Grafik eigentlich nur einen Bruchteil der Wand abdecken würde. Genauso einfach würden Sie eine Videowand mit Hunderten gleichen Videos erzeugen können. Die folgenden Optionen stehen Ihnen für Bilder, Videos und Bildsequenzen zur Verfügung:

- EXTENSION: Dieser Eintrag gibt an, wie die Grafik über ihre Originalabmessungen hinaus extrapoliert wird. Sie definieren damit das Verhalten an ihren Kanten. EXTEND »zieht« die Randpixel nach außen, sie werden also bis zu den Kanten des Objekts wiederholt. CLIP/CLIP CUBE schneidet die Grafik an den Kanten in der Ebene würfelförmig ab und macht alle außenliegenden Pixel transparent. REPEAT wiederholt die gesamte Grafik mehrfach (die Anzahl der Wiederholungen wird durch die Einstellungen unter REPEAT bestimmt), und mit CHECKER erzeugen Sie auf einfache Weise ein Schachbrettmuster mit Ihrer Grafik.

- REPEAT X/Y: Hier geben Sie an, wie häufig die Grafik in x- und y-Richtung wiederholt wird.
- MIRROR X/Y: Mit MIRROR können Sie die wiederholten Grafiken an den jeweiligen Achsen spiegeln.
- CROP MINIMUM X/Y: Mit dieser Einstellung können Sie das Bild in x- und y-Achsenrichtung schneiden. X: 0.5 würde die Hälfte der Grafik in x-Achsenrichtung abschneiden. CROP MINIMUM schneidet immer von der unteren linken Hälfte der Grafik ab.
- CROP MAXIMUM X/Y: Diese Werte verhalten sich exakt wie die letzte Option, nur dass sie von der anderen Seite (also von oben rechts) aus schneiden.

Mit diesen Optionen sollten Sie für alle Aufgaben im Bereich gekachelter Texturen gerüstet sein.

8.9 UV/Image Editor und UV-Maps

Bislang haben Sie bereits die standardmäßigen Projektionsarten CUBE, TUBE und SPHERE kennengelernt. Diese Arten sind zwar bei einfachen Körpern problemlos nutzbar, wenn die 3D-Objekte allerdings komplexer werden, benötigen Sie eine weitere Mapping-Art, bei der Sie festlegen können, wo die Faces Ihres Objekts auf der Textur zu liegen kommen. An diesem Punkt kommt das UV-Mapping in Kombination mit der Projektionsart FLAT ins Spiel. Ob Sie genaue Kontrolle über Ihre Textur-Koordinaten benötigen oder texturierte Objekte zwischen verschiedenen 3D-Anwendungen austauschen möchten – UV-Mapping kann Ihnen Ihr Leben sehr erleichtern. UV-Mapping wird in Blender mithilfe des UV/IMAGE EDITORS durchgeführt.

Zum Nachlesen

Vielleicht erinnern Sie sich noch an Kapitel 6, »Rendering«. Dort haben Sie diesen Editor bereits beim Rendern von Bildern kennengelernt und mit seiner Hilfe unter anderem Ihre Render-Ergebnisse in Slots zwischen- und in Dateien abgespeichert.

Wechseln Sie jetzt zu dem Editor, z. B. indem Sie ⇧ + F10 in einem Fensterbereich drücken. Falls Sie bereits ein Bild gerendert haben, so werden Sie hier das zuletzt gerenderte Bild finden, andernfalls nur ein schachbrettartiges Muster. Entfernen Sie gegebenenfalls diesen Bildlink in der Menüzeile des UV/IMAGE EDITORS über einen Klick auf das X neben dem Bilddatenblock. Anschließend erwartet Sie ein aufgeräumter Editor, der Ihnen neben seinen beiden View- und Image-Menüs zwei weitere Optionen anbietet: eine Grafik per Open zu öffnen und eine neue Grafik per New zu erzeugen. Lassen Sie uns zuerst ansehen, wie Sie Grafiken laden, ändern und wieder abspeichern.

8.9.1 Grafiken neu erzeugen und laden

Das Laden von Grafiken ist im UV/Image Editor sehr einfach: Egal, ob Sie das Image-Menü anklicken und Open Image wählen, ob Sie die Tastenkombination [Alt] + [O] nutzen oder eine Grafik über die Open-Schaltfläche des leeren Editors laden – immer wird Sie der File Browser begrüßen, mit dessen Hilfe Sie ein Bild auswählen und laden können.

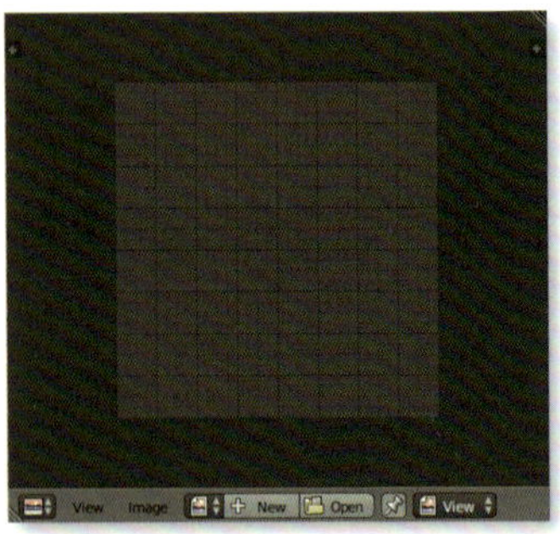

▲ **Abbildung 8.94**
Mit dem UV/Image Editor laden, erzeugen, bearbeiten und speichern Sie Grafiken.

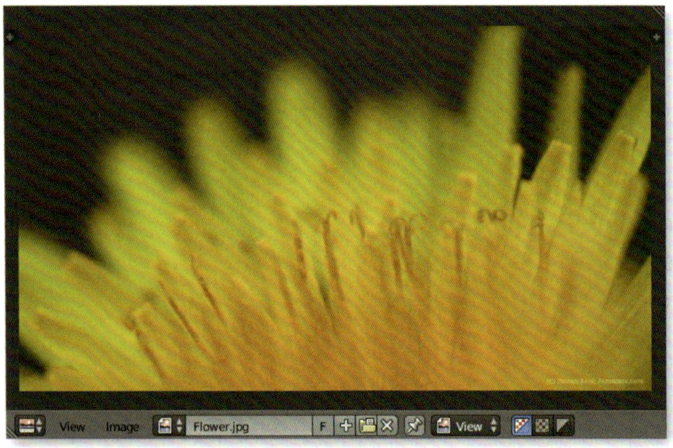

▲ **Abbildung 8.95**
Der UV/Image Editor mit geladener Grafik

Möchten Sie eine neue leere Grafik erzeugen (um beispielsweise darauf zu zeichnen), nutzen Sie die Schaltfläche New bei einem leeren Editor, oder erzeugen Sie ein neues Bild über Image • New Image oder [Alt] + [N]. Blender benötigt von Ihnen dabei die in Abbildung 8.96 gezeigten und über ein Popup abgefragten Informationen. Sie sind später über das mit [N] aufrufbare Eigenschaften-Panel des UV/Image Editors änderbar:

- Name: Der Name Ihres neu erzeugten Bildes
- Width/Height: Die Breite und Höhe des Bildes
- Color: Die Hintergrundfarbe des erzeugten Bildes
- Alpha: Ist diese Checkbox gesetzt, wird ein Bild mit Alphakanal erzeugt, andernfalls nur mit RGB-Kanälen.
- Generated Type: Hier legen Sie fest, welche Art von Grafik Sie erzeugen möchten. Blank zeichnet den Hintergrund mit der gewählten Hintergrundfarbe, UV-Grid ein Schachbrettmuster mit farbigen Kreuzen. Dieses Muster dient dazu, beim späteren

Histogramm

Ist eine Grafik geladen, rufen Sie mit [T] verschiedene Panels zur Bewertung des Bildmaterials auf (wie beispielsweise ein Histogramm, um die Farbverteilung genauer zu untersuchen), mit [N] rufen Sie Panels auf, die die Anpassung des geladenen Bildmaterials analog zu den Einstellungen des Image-Panels bei Bildtexturen erlauben.

UV-Mapping Texturverzerrungen besser zu erkennen. Color-Grid zeichnet ein farbiges Muster mit Zahlen. Es kann beim UV-Mapping zum Identifizieren von Texturstücken auf Faces genutzt werden.

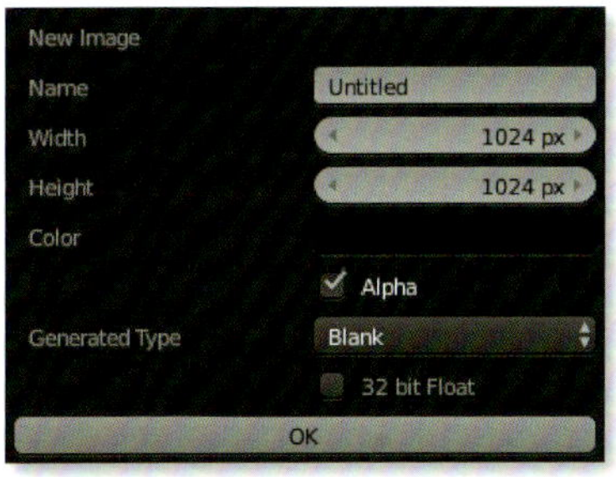

▲ **Abbildung 8.96**
Beim Anlegen von Bildern fragt Sie Blender nach diesen Einstellungen.

Nachdem Sie dieses Popup mit einem Klick auf OK bestätigt haben, wird die Grafik erzeugt und angezeigt. Sollten Sie die Grafik umbenennen oder zwischen den bereits erzeugten Grafiken wechseln wollen, so können Sie die bei Datenblöcken übliche Methode nutzen: Klicken Sie einfach auf das Bildsymbol neben dem Datenblocknamen. Um den Datenblock zu benennen, klicken Sie auf dessen Namen und geben einen neuen Bezeichner ein, um ihn zu löschen klicken Sie auf das X. Alles nichts Neues für Sie als alten Datenblock-Hasen.

Bildergrößen

Grafikkarten besitzen viele Optimierungen für Texturen mit quadratischen Größen (in Zweierpotenzen). Wenn möglich, sollten Sie daher darauf achten, dass Ihre Grafiken 256 × 256, 512 × 512, 1024 × 1024 usw. groß sind. Die Geschwindigkeit der Anzeige dieser Texturen ist dann deutlich größer als bei »krummen« Pixelwerten.

8.9.2 Grafiken ändern und speichern

Haben Sie ein Bild erzeugt (auf welche Art ist dabei egal) oder geladen, so können Sie es direkt in Blender bearbeiten. Laden Sie jetzt ein Bild, und sehen Sie sich das Image-Menü einmal genauer an. Sie werden dort den Menüpunkt Invert finden, der Sie die Kanäle der Grafik oder die komplette Grafik invertieren lässt, über Save A Copy oder Save As Image (F3) das Bild speichern oder über Replace Image das aktuelle Bild gegen eines von der Festplatte austauschen lässt. Darüber hinaus können Sie auf dem aktuell geladenen Bild ähnlich wie in Ihrem bevorzugten Grafikbearbeitungsprogramm malen. Probieren Sie diese Funktion doch einmal aus:

- Entfernen Sie den Link zu eventuell bereits geladenen Bild-Datenblöcken durch einen Klick auf X – erzeugen Sie anschließend ein neues Bild mit Standardeinstellungen per Klick auf New.
- Wechseln Sie jetzt in den Paint-Mode durch einen Klick auf die in Abbildung 8.97 gezeigte Mode-Combobox des UV/Image Editors.

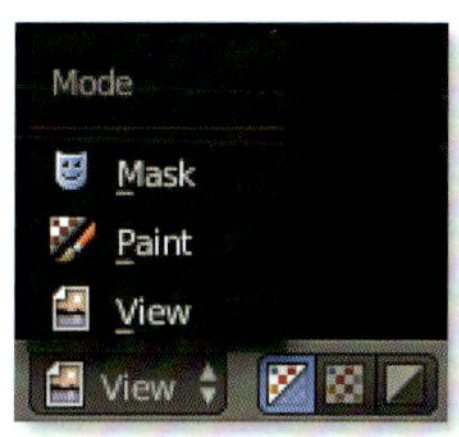

▲ **Abbildung 8.97**
Die Mode-Combobox lässt Sie zwischen Ansichts-, Bearbeitungs- und Maskenmodus umschalten.

- Es erscheint ein dünner Kreis um den Mauszeiger. Wenn Sie jetzt die linke Maustaste gedrückt halten, während Sie die Maus über das Bild bewegen, werden Sie auf dem Bild zeichnen.

Zum Nachlesen

Alles Wissenswerte zum Thema Sculpting finden Sie in Abschnitt 4.7, » Digital Sculpting – werden Sie zum Bildhauer«.

Kommt Ihnen der Kreis um den Mauszeiger bekannt vor? Falls ja – völlig zu Recht! Beim Sculpting in Kapitel 4, »Modelling und Objekttypen«, sind Sie diesem Feature bereits begegnet. Und auch hier zeigt sich wieder die große Konsistenz zwischen Features in Blender: Alle Tastenkombinationen, die Sie in diesem Kapitel erlernt haben, gelten auch im PAINT-Modus. So können Sie auch hier über die TOOLBAR (T) viele verschiedene Pinselparameter verändern, über F die Größe des Pinsels und über ⇧ + F die Deckkraft und (bei entsprechenden Pinsel-Einstellungen) über Strg + F die Rotation des Pinsels.

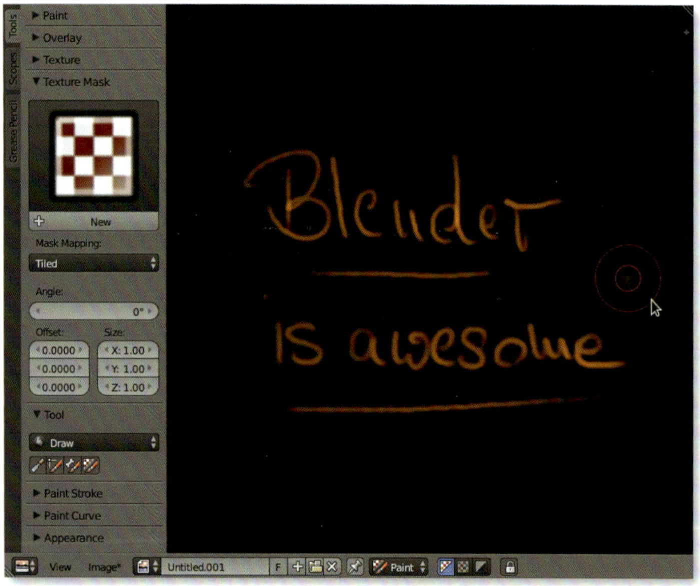

▲ **Abbildung 8.98**
Mit dem PAINT-Modus zeichnen Sie direkt auf die geladene oder erzeugte Grafik. Externe Grafiktools werden nicht benötigt.

Die zur Verfügung stehenden Tabs und Panels der TOOLBAR unterscheiden sich nicht großartig von denen im SCULPT MODE: STROKE heißt jetzt PAINT STROKE, CURVE heißt jetzt PAINT CURVE und das BRUSH-Panel wurde durch das PAINT-Panel ersetzt – nichts Weltbewegendes also.

Zwei interessante (da neue) Panels gibt es aber auch hier: das TOOL- und das TEXTURE-MASK-Panel:

- Im Tool-Panel können Sie festlegen, ob Sie einen Pinselzug mit der aktuellen Farbe durchführen möchten (Draw), oder ob Sie vorhandene Pinselzüge verschmieren (Smear), etwas aufweichen (Soften) oder vorhandene Grafiken in Ihre Grafik übernehmen möchten (Clone).
- Im Texture-Mask-Panel können Sie eine Maske für Ihren Pinsel festlegen. Stellen Sie sich das ähnlich wie beim Airbrush vor: Sie legen ein Negativ der gewünschten Fläche auf die Grafik und fahren mit Ihrem Pinsel über die Oberfläche. Überall dort, wo die Texture Mask ist, wird keine Farbe abgegeben.

Sie sehen: Einmal Gelerntes ist in Blender nicht verloren, wenn Sie andere Modi kennenlernen – für Sie als erfahrene(n) Sculpting-Künstler(in) stellen alle diese Panels kein Problem mehr dar.

8.9.3 UV-Unwrapping

Etwas früher in diesem Kapitel habe ich Ihnen bereits kurz erläutert, was UV-Unwrapping ist: Eine Technik zum Abwickeln einer Objektoberfläche auf eine zweidimensionale Fläche.

▲ **Abbildung 8.99**
Ein UV-Layout

Stellen Sie sich einen Würfel mit sechs Seiten vor, dessen Oberfläche Sie in der Realität bemalen möchten. Nach einigen Versuchen und hoffnungslos verdreckten Fingern werden Sie mir sicherlich zustimmen, wenn ich sage, dass das beste Vorgehen wäre, wenn Sie den Würfel aufklappen könnten, die komplette Fläche auf einer ebenen Fläche bemalen und ihn anschließend wieder zusammenfalten würden. In der 3D-Welt haben Sie ähnliche Probleme, wenn Sie die Oberfläche eines virtuellen Objekts mit Texturen ausstatten möchten. Auch dort wäre es am besten, wenn Sie das Objekt auftrennen könnten, die Oberfläche in der 2D-Ebene bearbeiten und anschließend wieder auf das Objekt applizieren könnten.

Genau das erlaubt Ihnen UV-Mapping: Sie schneiden dazu so an den Kanten des virtuellen Würfels entlang, dass Sie seine Oberfläche in einer Ebene komplett aufklappen und vor sich hinlegen können – Abbildung 8.99 zeigt Ihnen, wie diese Abwicklung in Blender aussehen würde. Das resultierende aufgeklappte Gebilde nennt sich UV-Layout.

Da UV-Unwrapping ein essenzieller Bestandteil des Modelling- und Texturing-Prozesses ist, bietet Ihnen Blender für diese Aufgabe ein spezielles Screen Layout an: das in Abbildung 8.100 gezeigte UV-Editing-Layout. Es legt einen Fensterbereich als UV/Image Editor und einen als 3D-View-Editor fest.

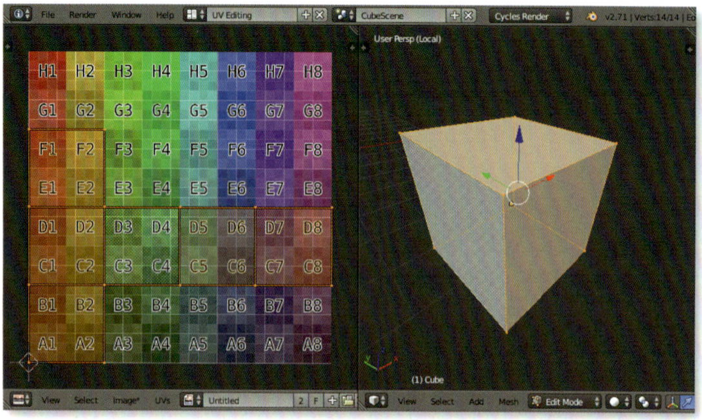

Abbildung 8.100 ▸
Das UV-Editing-Layout hilft Ihnen beim Setzen von Seams und beim Bearbeiten der Textur.

Während Sie in der 3D-Ansicht die Schnittkanten definieren und den Befehl zum Abwickeln ausführen, sehen Sie im UV/Image Editor das Ergebnis der Abwicklung, können die Abwicklung ändern und diese in Grafikdateien zur internen oder externen Weiterverarbeitung speichern. Die Kanten, an denen das Mesh aufgeschnitten werden soll, legen Sie im Edit Mode mit dem Edges-Menü (Strg + E) fest. Dazu wählen Sie zuerst die Edges aus, an denen das Objekt aufgeschnitten werden soll, und kennzeichnen sie anschließend als Schnittkanten mit Strg + E • Mark Seam.

Schlussendlich wählen Sie alle abzuwickelnden Flächen aus und wickeln das Objekt, wie in Abbildung 8.102 gezeigt, im Edit Mode durch einen Druck auf U • Unwrap ab. Blender unterstützt Sie bei der Abwicklung mit einigen (halb-)automatischen Funktionen, die Sie entweder im Unwrap-Menü (U) oder nach dem Abwickeln durch Druck auf F6 auswählen können. Sehen Sie sich das Ergebnis im UV/Image Editor an – dort wird immer die Abwicklung des aktuell gewählten Objekts dargestellt.

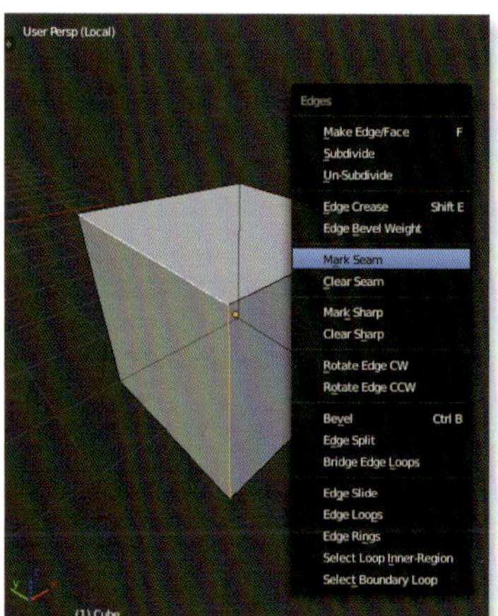

Abbildung 8.101 ▸
Mit Mark Seam aus dem Edges-Menü legen Sie im Edit Mode Schnittkanten fest.

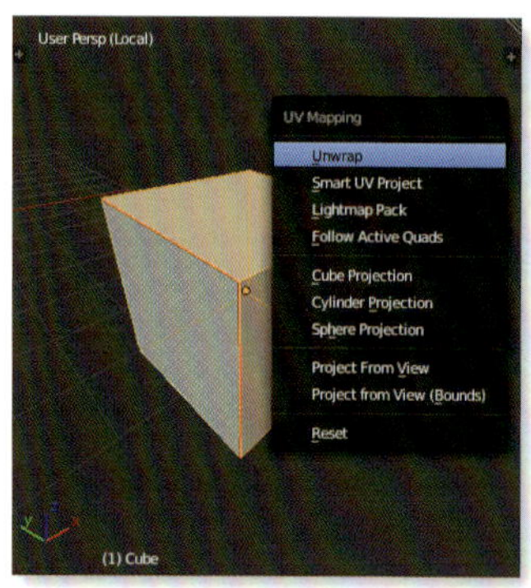

▲ Abbildung 8.102
Blenders Unwrapping-Techniken

Unwrapping-Techniken | Ein Druck auf [U] im EDIT MODE fördert zwei Kategorien von Unwrapping-Arten zutage – diejenigen, die für einfache Körper geeignet sind, und die, die für komplexere Körper genutzt werden. Die einfachste Technik ist allerdings auch hier nicht unbedingt die beste: Auch wenn die automatischen Methoden versuchen, Ihre Objekte bestmöglich abzuwickeln, geht es manchmal einfacher, einige Schnittkanten von Hand zu setzen und das Objekt über [U] • UNWRAP abzuwickeln. Achten Sie dabei immer darauf, in welcher Ansicht Sie auf Ihr Objekt blicken und welche Faces gerade ausgewählt sind – viele Unwrapping-Techniken basieren auf Ihrer aktuellen Ansicht und auf den ausgewählten Faces. Haben Sie keine Faces selektiert, wird auch nichts unwrappt.

Folgende Optionen finden Sie im UV-MAPPING-Menü.

Abwickeln

Edges werden immer gewählt, wenn Schnittkanten zu setzen sind, Faces wenn man abwickelt. Natürlich können Sie aber auch im EDGE-SELECT-Modus abwickeln – beachten Sie bloß, dass Sie die durch die Edges begrenzten Flächen und nicht die Edges abwickeln. UVMaps sind immer Faces-basiert.

Bei einfachen Körpern:

- CUBE/CYLINDER/SPHERE PROJECTION: Die Flächen Ihres Objekts werden auf einen Kubus, einen Zylinder oder eine Kugel projiziert und dann abgewickelt.
- PROJECT FROM VIEW (BOUNDS): Hier wird die aktuelle Ansicht des Objekts auf den UV/IMAGE EDITOR übertragen. Eine Abwicklung findet nicht statt. Die Option BOUNDS gibt an, dass das UV-Layout so weit skaliert wird, dass es die komplette Fläche der Grafik ausfüllt.

Bei komplexen Körpern:

- UNWRAP: Gerade bei organischen Formen ist diese Option sehr sinnvoll. Sie wickelt Ihr Objekt entlang der gesetzten Schnittkanten auf eine zweidimensionale Fläche ab.
- SMART UV PROJECT: Mit dieser Option wird die Objektoberfläche automatisch zerschnitten und Ihr Objekt abgewickelt. Sie geben bei dieser Option den Winkel (ANGLE) an, ab dem eine Fläche vom Rest des Objekts getrennt wird, die Entfernung zwischen diesen Inseln (ISLAND MARGIN) und wie stark der Algorithmus darauf achten soll, zusammenhängende Flächen nicht zu trennen (AREA WEIGHT). Besonders bei Architektur-Objekten ist diese Abwicklung sinnvoll.
- LIGHTMAP PACK: Diese Option ist besonders bei der Erstellung von Objekten für Spiele sinnvoll. Sie trennt alle Flächen voneinander und packt sie so eng wie möglich in die Grafik, um keinen Platz zu vergeuden.
- FOLLOW ACTIVE QUADS: Mit dieser Option wird das Mesh (ausgehend von der aktiven Face) entlang der Face-Loops (zusammengehörige Ringe aus Faces) abgewickelt.

- RESET: Mit dieser Option wird das UV-Layout zurückgesetzt. Anschließend sind die Faces so übereinander angeordnet, dass sie den kompletten Platz der Grafik ausfüllen.

UV-Layouts ändern | Wie Sie bereits in Abbildung 8.99 sehen konnten, stellt das resultierende UV-Layout im UV/IMAGE EDITOR eine zweidimensionale Repräsentation der Mesh-Oberfläche dar. Was Sie allerdings noch nicht wissen, ist, dass die resultierenden Vertices, Edges und Faces auf genau die gleiche Art modifiziert werden können wie Ihre Gegenstücke im Modelling-Bereich von Blender.

So wie Sie auch die Vertices, Edges und Faces Ihres Meshes mit den Kommandos R, S und G rotieren, skalieren und greifen können, reagieren auch die Vertices, Edges und Faces der Map auf diese Befehle. Möchten Sie nur eine der drei Komponenten auswählen, so hilft auch hier ein Moduswechsel, der durch Druck auf Strg + ↹ im UV/IMAGE EDITOR aufgerufen wird – außer einem ISLAND-Modus, der Ihre Auswahl auf zusammenhängende Stücke der Abwicklung begrenzt, finden Sie hier nichts Neues. Selbst die Auswahl von Loops gelingt bei Ihrem UV-Layout mithilfe von Alt + der linken Maustaste.

Auch die Beschränkungen auf spezielle Achsen (beispielsweise G, X) und das proportionale Editing (O), das Snapping (⇧ + S, ⇧ + ↹) oder die Auswahl verlinkter Inseln (L) können genauso genutzt werden wie beim Modelling. Sie sehen also auch hier: Einmal gelernte Tastenkombinationen sind äußerst hilfreich – nicht nur in einem speziellen Modus.

Selection Sync
Oft ist es im UV-Layout hilfreich, zu sehen, welche Punkte, Kanten oder Flächen des Layouts mit den Komponenten des Meshes korrelieren. In der Fußzeile des Editors finden Sie dafür das SELECTION-SYNC-Symbol. Aktivieren Sie es, wird Ihre Auswahl in beiden Editoren synchron gehalten.

UV-Layouts und UV-Maps | Bislang haben wir angenommen, dass immer nur eine Abwicklung (ein UV-Layout) pro Objekt möglich ist. Blender erlaubt Ihnen jedoch, nicht nur eine, sondern bis zu acht verschiedene Abwicklungen pro Objekt zu speichern und auf verschiedenen Ebenen zu organisieren. Diese Ebenen heißen UV-Maps. Wenn Sie die erste Abwicklung für ein Objekt vornehmen, wird Blender automatisch eine neue UV-Map erstellen. Sinnvoll ist das Anlegen verschiedener Abwicklungen insbesondere dann, wenn Sie für eine Textur eine gesamte Abwicklung (z. B. eine Wandtextur) benötigen, wenn für eine zweite Textur (z. B. ein Graffiti) jedoch nur ein Teil der Abwicklung oder eine Abwicklung mit anderen Schnittkanten nötig ist.

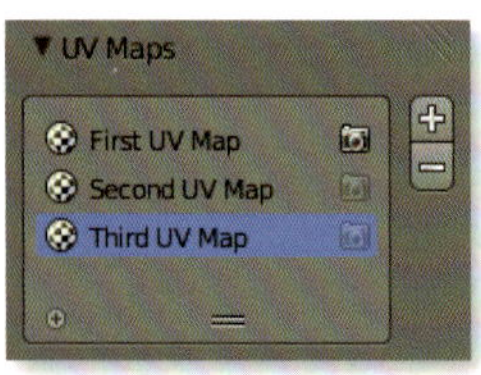

▲ **Abbildung 8.103**
Blender unterstützt bis zu acht UV-MAPS pro Objekt.

Alle vorhandenen UV-Maps finden Sie auf dem in Abbildung 8.103 gezeigten UV-MAPS-Panel des OBJECT-DATA-Tabs. Dort können Sie vorhandene Maps löschen (über einen Klick auf das Minus-Icon) oder neue Map hinzufügen (durch das Plus-Icon).

Möchten Sie ein UV-Layout für eine UV-Map definieren, so müssen Sie (nur bei mehr als einer UV-Map nötig) zuerst die entsprechende UV-Map durch einen Klick anwählen und anschließend Ihr Objekt unwrappen.

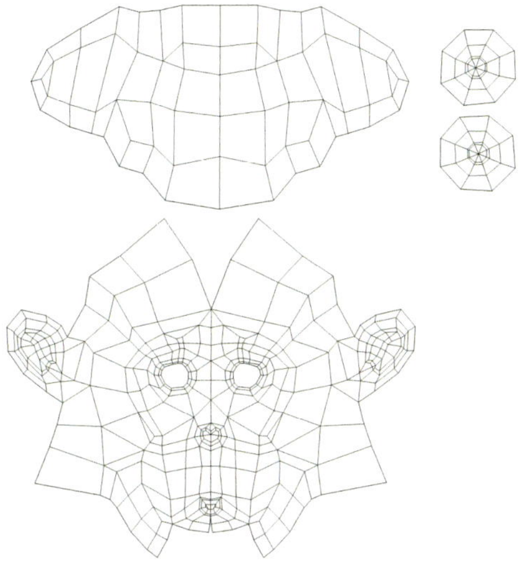

◂ **Abbildung 8.104**
Suzanne als UV-Map, aufgeklappt in der Ebene

Schritt für Schritt
Abwicklungen auf einem Objekt erzeugen

Die folgenden Schritte müssen Sie (mindestens) durchführen, wenn Sie zwei Abwicklungen auf einem Objekt erzeugen möchten.

1 Objekt markieren

Wechseln Sie auf das UV-Editing-Layout, und markieren Sie ein Objekt Ihrer Szene. Wechseln Sie dann in den Edit Mode.

2 Unwrappen

Wählen Sie alle Faces über [A] aus, und wickeln Sie Ihr Objekt mit [U] • Unwrap ab. Sehen Sie das UV-Layout im UV/Image Editor?

3 Map hinzufügen

Fügen Sie jetzt auf dem Object-Data-Tab unter dem UV-Maps-Panel eine neue Map durch Klick auf das Pluszeichen hinzu.

4 Objekt mit anderem Algorithmus abwickeln

Wählen Sie sie durch einen Klick aus, und wickeln Sie Ihr Objekt anschließend erneut mit einem anderen Standardalgorithmus ab, beispielsweise dem Project-From-View-Algorithmus. Klicken Sie

Seams im UV/Image Editor
Blender erlaubt Ihnen, innerhalb des UV/Image Editors Seams zu definieren. Wählen Sie dazu die entsprechenden Kanten im UV/Image Editor aus, und drücken Sie [Strg] + [E]. Nutzen Sie [E], um das Objekt erneut abzuwickeln, ohne den Editor verlassen zu müssen. Möchten Sie die UV-Map innerhalb des UV/Image Editors wechseln, nutzen Sie die Statuszeile am rechten Rand der Combobox.

nun nacheinander erst die erste und anschließend die zweite Map auf dem UV-MAPS-Panel an – Sie werden sehen, dass die UV-Layouts im UV/IMAGE EDITOR ausgetauscht werden.

Die Datei »08_TwoUv-Maps_BI.blend« finden Sie auf der Buch-DVD unter BEISPIELMATERIAL • KAPITEL_08.

Die Datei »08_TwoUvMaps_BI.blend« gibt Ihnen ein Beispiel für zwei verschiedene Abwicklungen. Klicken Sie die UV-Maps an, um die jeweilige Abwicklung im UV/IMAGE EDITOR zu betrachten. Nutzen Sie anschließend die Map mit Namen »UVMap«, um die nächsten Erklärungen nachzuvollziehen.

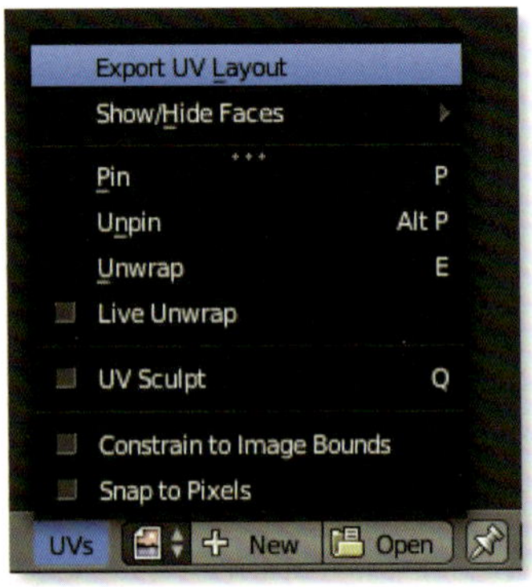

▲ **Abbildung 8.105**
Im UVs-Menü versteckt sich die Option zum Exportieren des UV-Layouts.

UV-Layouts weiterverarbeiten | Nachdem Sie UV-Maps und die dazugehörigen UV-Layouts erzeugt haben, sehen wir uns jetzt an, wie Sie mit diesen Layouts Oberflächentexturen erzeugen. Zwei Wege stehen Ihnen zur Verfügung: Einerseits können Sie das aktuell angezeigte UV-Layout in beliebiger Auflösung exportieren und diese Grafiken mit externen Bildbearbeitungstools bearbeiten, oder Sie zeichnen im PAINT-Modus des UV/IMAGE EDITORS direkt auf die erzeugten UVs. Nutzen Sie die letzte Möglichkeit, so sehen Sie jede Änderung direkt auf der Oberfläche Ihres Objekts, bei ersterer müssen Sie das extern geänderte Bild erst neu einlesen, bevor Änderungen sichtbar werden.

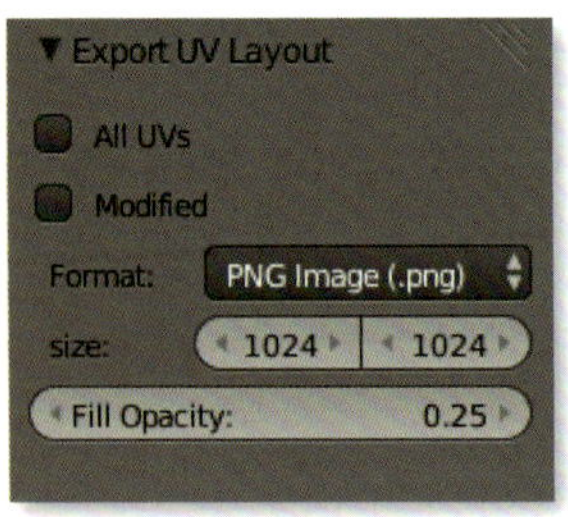

◄ **Abbildung 8.106**
Je nach Exportformat stehen Ihnen verschiedene Optionen zur Verfügung.

Um Ihre UV-Layouts zu exportieren, wählen Sie den Eintrag EXPORT UV LAYOUT aus dem UVs-Menü des UV/IMAGE EDITORS. Der daraufhin erscheinende FILE-BROWSER-Editor präsentiert Ihnen im linken unteren Bereich daraufhin Optionen, mit denen Sie unter anderem die Auflösung der exportierten Datei und das Dateiformat festlegen können. Speichern Sie anschließend die Datei über einen Klick auf die Schaltfläche EXPORT UV LAYOUT am oberen rechten Rand des FILE BROWSERS. Die gespeicherte Datei enthält das UV-Layout (je nach Dateiformat) als skalierbare Grafik oder Pixelgrafik. Laden Sie diese Datei in GIMP, so können Sie dort eine neue Ebene anlegen und anhand des gespeicherten UV-Layouts das Objekt nach Belieben texturieren. Abbildung 8.107 zeigt Ihnen eine exportierte UV-Map von Suzanne, auf die ein wenig Make-up aufgetragen wurde.

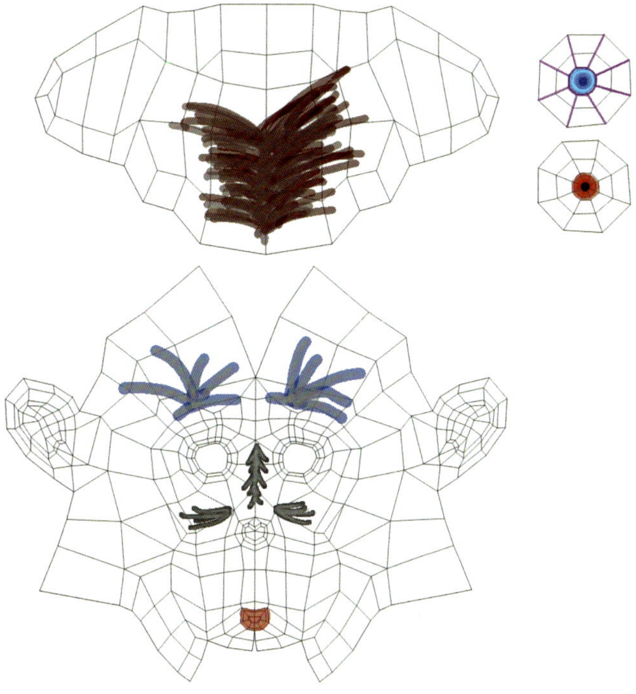

◂ **Abbildung 8.107**
Ein exportiertes UV-Layout von Suzanne mit Kriegsbemalung

Ähnlich gehen Sie vor, wenn Sie die Texturierung mit Blenders eigenen Tools durchführen können. Dort verzichten Sie jedoch auf den Export der Datei und bearbeiten stattdessen eine intern angelegte Grafik. Um eine neue Grafik intern anzulegen, nutzen Sie die NEW-Schaltfläche des UV/IMAGE EDITORS und legen die Abmessungen der Grafik fest. Anschließend schalten Sie den Editor in den PAINT-Modus und zeichnen direkt auf das UV-Layout. Denken Sie daran, die Grafik zwischendurch mit [F3] bzw. [Alt] + [S] abzuspeichern – Blender speichert die Grafik nicht automatisch mit der Blender-Datei ab.

UV-Layouts applizieren | Nachdem Sie das UV-Layout intern oder extern bearbeitet haben, müssen Sie diese Grafik Ihrer Objektoberfläche zuweisen. Je nach gewähltem Renderer erledigen Sie diese Aufgabe auf unterschiedliche Arten. Beide werden Ihnen im Laufe dieses Kapitels anhand einer Übung erklärt:

- Im Blender-Internal-Renderer laden Sie die erstellte Grafik mithilfe einer IMAGE-OR-MOVIE-Textur und öffnen (oder verlinken) sie im IMAGE-Panel der Textur. Anschließend stellen Sie auf dem MAPPING-Panel die COORDINATES-Option auf UV. Um die geladene UV-Textur in der 3D-Ansicht zu sehen und mit internen Tools bearbeiten zu können, sollten Sie zusätzlich bei gewählter UV-Map im Edit-Modus zum UV/IMAGE EDITOR wechseln und

Grafiken packen
Falls Sie das externe Speichern von Grafiken vermeiden müssen, sollten Sie nach dem Anlegen und Ändern der Grafik im IMAGE-Menü PACK AS PNG auswählen. Diese Option ist immer dann verfügbar, wenn Sie die Grafik durch Blenders Zeichentools verändert haben – denken Sie daran, diesen Befehl bei internen Grafiken spätestens dann auszuführen, bevor Sie Blender beenden.

dort den Bilddatenblock durch einen Klick auf das Bilddatenblock-Symbol (neben NEW) wählen. Es erscheint anschließend im Hintergrund des UV-Layouts.

- Im Cycles-Renderer laden oder verlinken Sie die erstellte Textur über einen IMAGE-TEXTURE-Node und verbinden sie mit einem DIFFUSE-BSDF-Node. Cycles nutzt automatisch die UV-Koordinaten, falls Ihr Objekt eine UV-Map enthält. Falls Sie andere Mapping-Arten nutzen möchten, verbinden Sie eine TEXTURE COORDINATE mit dem IMAGE-TEXTURE-Node. Alle Cycles-Nodes lernen Sie in Kürze kennen.

Die Datei »08_TwoUvMaps_*.blend« finden Sie auf der Buch-DVD unter BEISPIELMATERIAL • KAPITEL_08.

Alle oben beschriebenen Arten der UV-Texturierung können Sie sich in den Dateien »08_TwoUvMaps_*.blend« ansehen. Unsere mit Kriegsbemalung versehene Suzanne sehen Sie in Abbildung 8.108.

Abbildung 8.108 ▸
Suzanne mit per UV-Layout applizierter Kriegsbemalung

Dem UV-Unwrapping und der Bearbeitung der entstehenden Maps sind in Blender kaum Grenzen gesetzt. Leider konnte ich Ihnen hier nur eine kleine Auswahl der Möglichkeiten präsentieren. Möchten Sie selbst noch ein wenig diesen Bereich erkunden, so sehen Sie sich an, wie Sie Nähte aneinander automatisch ausrichten (stitchen) oder Vertices festhalten können (Pinning), um sie bei einem erneut durchgeführten Unwrapping nicht mehr zu ändern. Auch wenn Sie Ihre UVs auf Verzerrungen testen oder Verzerrungen entspannen möchten, bietet Blender Ihnen Tools. Abgerundet wird diese Palette durch die Möglichkeit, Ihre UVs zu sculpten – ganz ähnlich wie im 3D-Modelling.

Im nächsten Abschnitt möchte ich Ihnen zeigen, wie Sie mit der UNWRAP-Option und ein paar gut gesetzten Schnitten einen Würfel abwickeln.

Unwrapping an einem konkreten Beispiel | Auch wenn ein Würfel dank seiner Standardoptionen SMART UV PROJECT oder FOLLOW ACTIVE QUADS ein denkbar schlechtes Beispiel dafür ist, wann ein Unwrapping von Hand Sinn macht, möchte ich Ihnen doch an gerade diesem Objekt das UV-Unwrapping verdeutlichen – je einfacher das Übungsobjekt ist, desto besser können Sie sich auf das Unwrapping konzentrieren. Im zweiten Teil dieser Übung möchte ich Ihnen gerne zeigen, wie Sie Ihrem Objekt die UV-Textur zuweisen, mit Blender die Textur bemalen und alle Ihre Änderungen live in der 3D-Ansicht begutachten können.

BI-Nodes
Nutzen Sie die ein wenig später in diesem Kapitel erklärten NODES, um Ihre Oberflächen im BI-Renderer zu definieren, so führen Sie das UV-Mapping über den GEOMETRY-Node durch.

Schritt für Schritt
Einen Würfel unwrappen – UV-Map vorbereiten (Teil 1)

Beginnen wir zuerst mit dem Unwrapping. Laden Sie dazu die Standardszene, und wechseln Sie zum UV EDITING mit einem Klick auf das weiße Layout-Icon in der Menüzeile. Es erwartet Sie neben einem 3D-VIEW-Editor mit einem Würfel ein geöffneter UV/IMAGE EDITOR.

1 Die Schnittkanten des Würfels festlegen

Wählen Sie den Würfel aus, und wechseln Sie in den EDIT MODE über [⇆]. Als Nächstes wählen Sie die Edges, an denen Blender Ihr Objekt zerschneidet: Markieren Sie die vier vertikal verlaufenden Seitenkanten wie in Abbildung 8.109, und drücken Sie [Strg] + [E]. Wählen Sie anschließend in dem erscheinenden Edges-Menü den Eintrag MARK SEAM, so werden alle markierten Edges rot markiert – an diesen Stellen wird Ihr Objekt zerschnitten.

Markierung aufheben
Haben Sie zu viele Edges ausgewählt und möchten manche Markierungen aufheben, so wählen Sie die entsprechenden Edges und wählen im EDGE-Menü CLEAR SEAM.

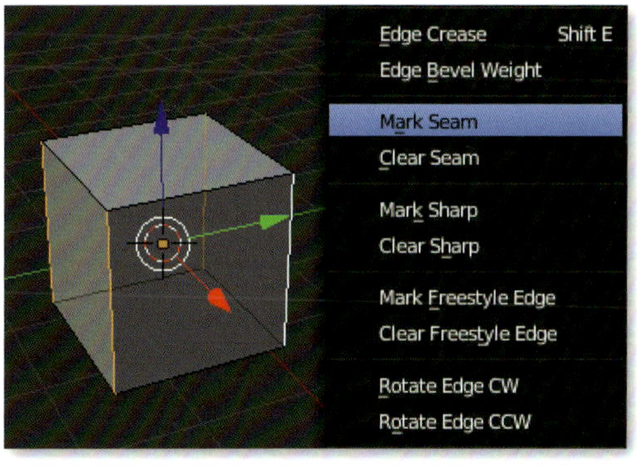

◂ **Abbildung 8.109**
Markieren Sie die Schnittkanten.

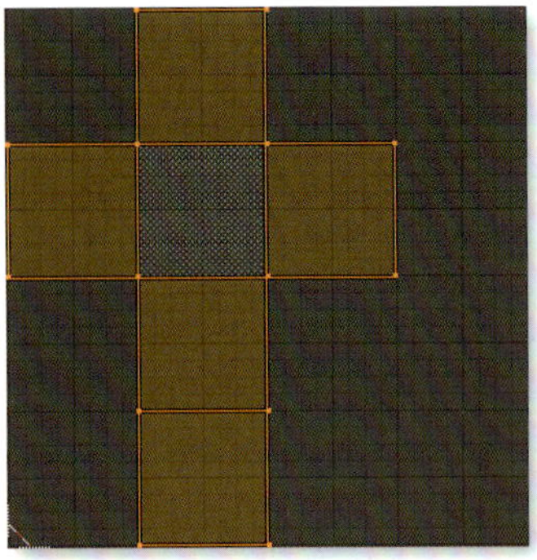

▲ **Abbildung 8.110**
Das UV-Layout des aufgeklappten Würfels

Wählen Sie nun drei zusammenhängende Edges auf der Oberseite des Würfels aus, und markieren Sie auch diese mit Mark Seam als Schnittkante.

2 Würfel unwrappen
Wählen Sie anschließend den kompletten Würfel per [A] aus, und drücken Sie in der 3D-Ansicht [U] • Unwrap. Im UV/Image Editor erscheint daraufhin der in Abbildung 8.110 zu sehende ausgeklappte Würfel.

3 Neues Bild anlegen
Legen Sie jetzt ein neues Bild im UV/Image Editor an, und behalten Sie die Standardeinstellungen bis auf Generated Type bei. Hier wählen Sie UV-Grid aus, um Verzerrungen Ihrer UV-Textur besser sehen zu können. Bestätigen Sie die Erstellung der Grafik mit OK. Geben Sie ihr zum Abschluss dieses Schrittes einen eindeutigen Namen.

Schritt für Schritt
Einen Würfel unwrappen – UV-Map zuweisen (Teil 2)

Ihre UV-Map ist jetzt bereit. Sie müssen Blender allerdings noch mitteilen, dass diese Map auf Ihrem Objekt als Textur genutzt werden soll. Wechseln Sie dazu in der eben bearbeiteten Szene auf das Default-Layout (oder teilen Sie das Fenster, und fügen Sie einen Properties-Editor ein).

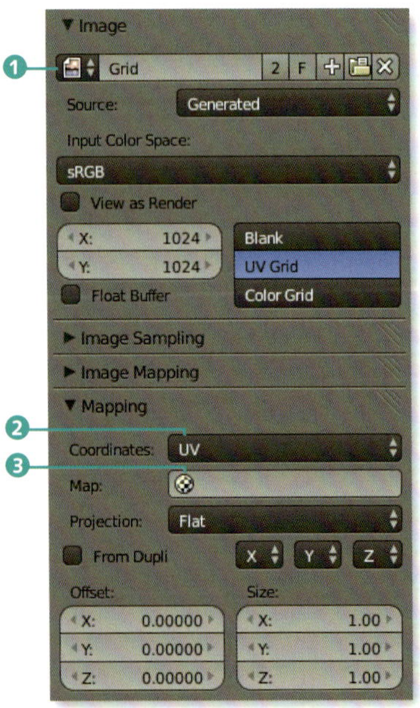

▲ **Abbildung 8.111**
Im Image-Panel wählen Sie den Bilddatenblock aus.

1 Texture einstellen
Wechseln Sie anschließend in den Object Mode, und stellen Sie das Viewport Shading auf Texture. Wechseln Sie auf das Texture-Tab, und setzen Sie dort unter Type den Texturtyp auf Image or Movie. Anschließend wählen Sie den erstellten Bilddatenblock durch einen Klick auf das Bilddatenblock-Symbol ❶ im Image-Panel aus.

2 Mapping-Panel einstellen
Teilen Sie Blender im Mapping-Panel mit, dass diese Textur eine UV-Textur ist. Stellen Sie dazu die Coordinates auf UV ❷. Da die Influence der Textur auf Color steht, wird die Textur den Farbkanal beeinflussen – exakt das, was wir möchten. Sie werden sehen, dass der Würfel bereits die Textur angenommen hat.

Da Sie nur eine UV-Map erzeugt haben, müssen Sie unter ❸ keine weiteren Angaben machen. Wenn Sie den Viewport betrachten, werden Sie sich vielleicht fragen, warum nur manche Teile des Würfels die Textur tragen und manche Seiten schwarz sind. Dies liegt in der Beleuchtung der Szene begründet. Verändern Sie die Position der Lampe (oder fügen Sie weitere ein), werden auch die anderen Seiten sichtbar.

▲ **Abbildung 8.112**
Der Würfel mit UV-Testgrid

3 Optional: Textur bemalen

Wenn Sie möchten, können Sie jetzt wieder in das UV-Editing-Layout wechseln und dort auf Ihrer Textur malen – wechseln Sie dazu den Modus auf Paint, und legen Sie los – das Ergebnis werden Sie sofort auf Ihrem Objekt betrachten können. Vergessen Sie dabei nicht, dass Viewport Shading auf Texture zu setzen.

Toben Sie sich ruhig noch ein wenig mit den Unwrapping- und Zeichnen-Funktionen von Blender aus. Im nächsten Abschnitt werden wir direkt auf das Objekt in der 3D-Ansicht zeichnen.

8.9.4 Texture Painting

Der Paint-Modus des UV/Image Editors ermöglicht es Ihnen, auf vorhandene Texturen zu zeichnen und das Ergebnis im 3D-Viewport direkt zu sehen, falls diese Vorgaben erfüllt wurden:

- Texture muss als Viewport Shading ausgewählt sein.
- Das Objekt muss ein UV-Layout besitzen.
- Die Textur muss der Oberfläche als UV-Map zugewiesen worden sein.

Zeichnen im Edit Mode
Wenn Sie im Edit Mode zeichnen, werden Sie die Faces Ihres Objekts betrachten können, während Sie zeichnen – dies kann sich bei komplexeren Modellen durchaus als nützlich erweisen.

Um bei einem Charakter jedoch beispielsweise die Augenbrauen zeichnen zu können, müssten Sie genau wissen, welche Teile des UV-Layouts die Augenbrauen darstellen. Mit dem Texture-Paint-Modus beheben Sie diesen Nachteil: Sie können in diesem Modus direkt auf das Mesh zeichnen – die Texturen und Farben werden automatisch auf die richtigen Faces Ihrer UV-Map appliziert.

Bevor Sie mit Texture Paint starten können, müssen jedoch ein paar Voraussetzungen erfüllt sein:

- Dem Mesh muss im Edit Mode per [U] ein UV-Layout zugewiesen worden sein.
- Das UV-Layout muss im UV/Image Editor an eine Grafik gebunden worden sein (die Grafik kann eine geladene Grafik oder eine neu erzeugte sein, die UV-Map muss ihr allerdings zugeordnet worden sein).
- Es muss einen Textur-Slot auf dem Objekt geben, dem das Bild als UV-Map zugeordnet wurde.
- Das Viewport Shading der 3D-Ansicht sollte auf Texture stehen.

Grafiken speichern
Speichern Sie die Grafik im UV/Image Editor (auf die indirekt gezeichnet wird) von Zeit zu Zeit. Blender verwirft Grafiken, die nicht gespeichert sind, beim Beenden des Programms – und glauben Sie mir: Die Frustration darüber kann grenzenlos sein!

Die Punkte dieser Aufzählung sind für Sie nichts Neues – alle diese Punkte haben Sie bereits in der letzten Übung erledigt. Falls Sie die Datei noch nicht geschlossen haben, können Sie sie sogar weiterverwenden.

Abbildung 8.113 ▶
Ähnlich wie im Sculpt Mode zeichnen Sie mit Texture Paint direkt auf Ihr Objekt.

Sind all diese Voraussetzungen erfüllt, wechseln Sie aus dem Objekt Mode in den Texture-Paint-Modus in der 3D-Ansicht (klicken Sie auf die Modus-Combobox, in der Sie auch den Object Mode finden). Sofort werden am linken Rand in der Toolbar [T] die Zeichentools erscheinen, mit denen Sie nach Belieben auf das Modell zeichnen können.

Zum Nachlesen
Falls Ihnen der Sculpt Mode nicht mehr präsent ist, finden Sie in Abschnitt 4.7, »Digital Sculpting – werden Sie zum Bildhauer« alle Infos.

Würde ich Ihnen alle Panels dieses Modus aufzählen, wären Sie wahrscheinlich sehr gelangweilt – alle Panels sind Ihnen bereits aus dem Sculpt Mode und dem Paint-Modus im UV/Image Editor gut bekannt. Dazu gehört auch, dass Sie Ihrem Pinsel Texturen verpassen (Texture-Panel) und mit diesem auf das Objekt malen können (Brush Mapping Stencil). Haben Sie gleichzeitig einen UV/Image Editor geöffnet, können Sie das Ergebnis sofort in diesem Editor sehen.

Die Datei »08_TexturePainting.blend« finden Sie auf der Buch-DVD unter Beispielmaterial • Kapitel_08.

Ausprobieren können Sie den Texture-Paint-Modus in der Datei »08_TexturePainting.blend«. Ein Objekt wurde bereits bemalt, das zweite wartet auf Ihren Einsatz. Alle besitzen bereits eine UV-Map und eine UV-Textur – Sie können also direkt anfangen zu zeichnen.

8.10 Erweiterte Materialien

In den folgenden Abschnitten möchte ich Ihnen zeigen, wie Sie erweiterte Materialien erzeugen und Ihnen gleichzeitig eine alternative Herangehensweise beim Definieren von Materialien zeigen.

Diese Art der Materialiendefinition wird auch bei Cycles Materialien genutzt, denn – Sie erinnern sich – die bislang erlernten Methoden gelten leider nur für den Blender-Internal-Renderer.

Bislang haben wir beim Kombinieren von Materialien und Texturen immer in Slots gedacht. Ein Slot beherbergte ein Material, das mit dem nächsten Slot interagieren und über die Influence-Regler an die jeweiligen Bedürfnisse und Objektbesonderheiten (Specular-, Bump-, Normal-Map) angepasst werden konnte.

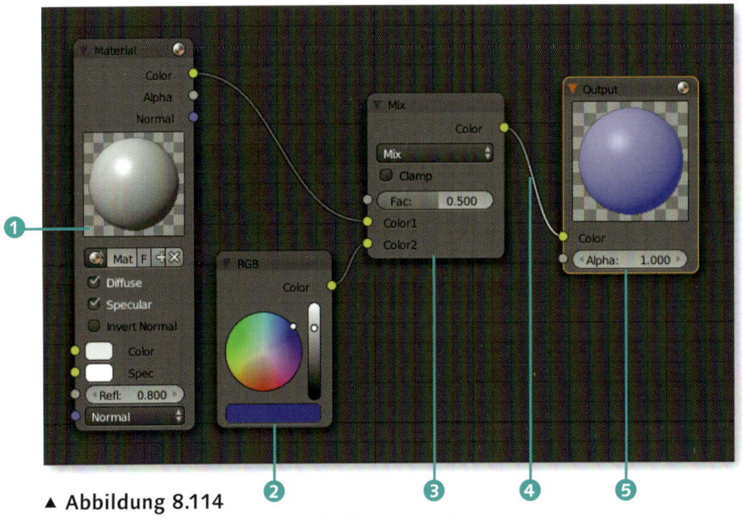

▲ **Abbildung 8.114**
Definition von Materialien mithilfe von Nodes

In Blender (und vielen anderen Softwarepaketen der Kreativsparte) gibt es jedoch darüber hinaus eine gänzlich andere, aber gerade dadurch auch sehr flexible Methode, um das Zusammenwirken von verschiedenen Daten wie Materialien und Texturen festzulegen: Über die in Abbildung 8.114 gezeigten Knoten (*Nodes*). Dabei stehen Ihnen einerseits Eingabe-Knoten zur Verfügung (beispielsweise Materialknoten ❶ oder Farbknoten ❷), Operator-Knoten (mit dem beide Materialien verknüpft werden ❸) und ein Ausgabe-Knoten (der das resultierende Material an das Objekt weitergibt ❺). Die Beziehung zwischen diesen Knoten wird mithilfe von Verbindungen hergestellt, die in Blender mit kurvigen Linien dargestellt werden ❹. Blender besitzt für diese Art von Netzen einen eigenen Editor – den Node Editor.

8.10.1 Der Node Editor

Blenders Node Editor erreichen Sie entweder über die Editor-Combobox, über ⇧ + F3 in einem beliebigen Fensterbereich oder über das vordefinierte Compositing-Layout.

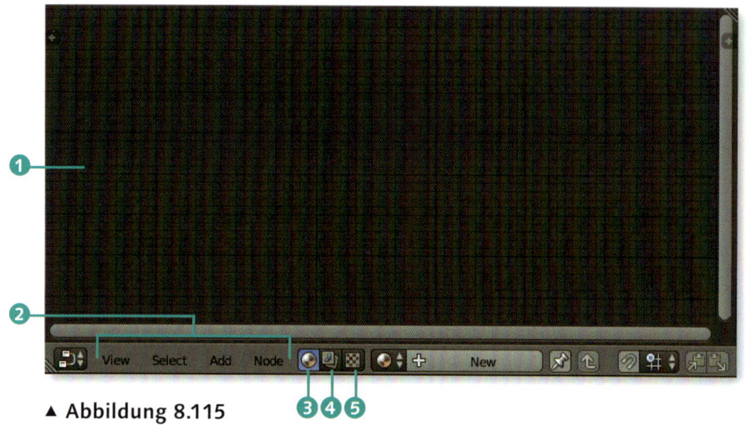

▲ **Abbildung 8.115**
Der Node Editor (noch) ohne Inhalt

Er begrüßt Sie mit einer leeren Gitterfläche ❶ und einer prall gefüllten Menüzeile am unteren Rand ❷. Mit dieser können Sie neue Nodes hinzufügen, vorhandene Nodes anordnen und zwischen verschiedenen Typen von Node-Editoren umschalten, denn Knoten gibt es nicht nur für Materialien. Sie sind ebenso für Blender-Internal-Materialien und Texturen, Cycles-Materialien und für die Bearbeitung von Render-Ergebnissen verfügbar. Welchen Node-Editor Sie nutzen möchten, definieren Sie über einen Klick auf eines der drei unteren Symbole. Von links nach rechts wählen Sie zwischen:

- Shader-Node-Editor (um Materialien zu definieren) ❸
- Compositor-Node-Editor (siehe Abschnitt 13.2.2) ❹
- Texture-Node-Editor (um Texturen zu definieren) ❺

Rechts neben den drei Icons erscheinen bei gewähltem Texture-Node-Editor noch ein paar weitere Icons . So können Sie durch einen Klick auf den Würfel angeben, dass Sie ein Material oder eine Textur für ein Objekt definieren möchten. Ein Klick auf die Weltkugel teilt Blender mit, dass Sie ein Material oder eine Textur für die Umgebung (die »World«) definieren möchten. Möchten Sie eine Textur für einen Pinsel erstellen, so nutzen Sie das Pinsel-Icon rechts daneben. Eine Textur für den Freestyle-Teil von Blender (siehe Kapitel 13, »Postproduktion und Compositing«) können Sie mit dem vierten (Füllfeder-)Icon erstellen.

Egal, in welchem Node-Editor-Typ Sie sich gerade befinden – wie Nodes hinzugefügt, entfernt oder Verbindungen geknüpft werden, verhält sich in allen Editoren gleich. Da wir in den folgenden Abschnitten jedoch Materialien definieren möchten, klicken Sie jetzt trotzdem auf das Shader-Nodes-Icon – so stellen Sie sicher, dass Sie die nachfolgenden Schritte nachvollziehen können.

Noodles
Da bei der Benutzung dieses Editors oftmals viele verschiedene Verbindungen und Knoten über den Bildschirm verteilt werden, wird das entstehende Gebilde in der Blender-Gemeinschaft oft mit »Noodles« (Nudeln) umschrieben. Wenn Ihnen jemand in einem Blender-Forum also rät, dass Sie doch mal Ihre Noodles posten, möchte er nur selten ihr Mittagessen sehen. Die offizielle Variante dieser Bezeichnung lautet *Node-Tree* (Knotenbaum).

Node-Materialien erstellen | Um Nodes zu dem Material-Editor hinzuzufügen, müssen Sie Blender zuerst mitteilen, dass Sie Ihr Material per Nodes erstellen möchten. Klicken Sie dazu auf einem bestehenden (traditionellen) Material im MATERIAL-Panel auf das Node-Icon in der Datenblockzeile oder (falls noch kein Material besteht) im NODE EDITOR auf die Plus-Schaltfläche, und setzen Sie direkt anschließend das Häkchen vor USE NODES.

◂ **Abbildung 8.116**
Das USE-NODES-Icon teilt Blender mit, dass Sie Nodes nutzen möchten.

Ganz gleich, welchen Weg Sie wählen, am Ende werden Sie die in Abbildung 8.117 gezeigten zwei Nodes erzeugt haben – einen MATERIAL-Node und einen OUTPUT-Node. Der MATERIAL-Node legt fest, welches Material Sie nutzen möchten, während der OUTPUT-Node Ihnen eine Voransicht des Materials bietet und es auf die Objektoberfläche appliziert.

Würden Sie jetzt das gerade erstellte Node-Material rendern, wären Sie wohl enttäuscht – außer einem schwarzen Objekt wäre nichts zu sehen. Dies ist der Tatsache geschuldet, dass Sie zwar bereits einen Node-Tree inklusive eines MATERIAL-Nodes erzeugt, Sie allerdings noch nicht festgelegt haben, welches Material (welcher Materialdatenblock) mit dem Material-Node verbunden ist. Jeder MATERIAL-Node stellt genau ein Material dar. Ganz ähnlich wie in Blenders herkömmlicher Materialiendefinition können Sie so auch hier Materialien anlegen und mit einem Fake-Nutzer versehen – solange Sie das Material nicht einem MATERIAL-Node zuweisen, wird es auch nicht genutzt.

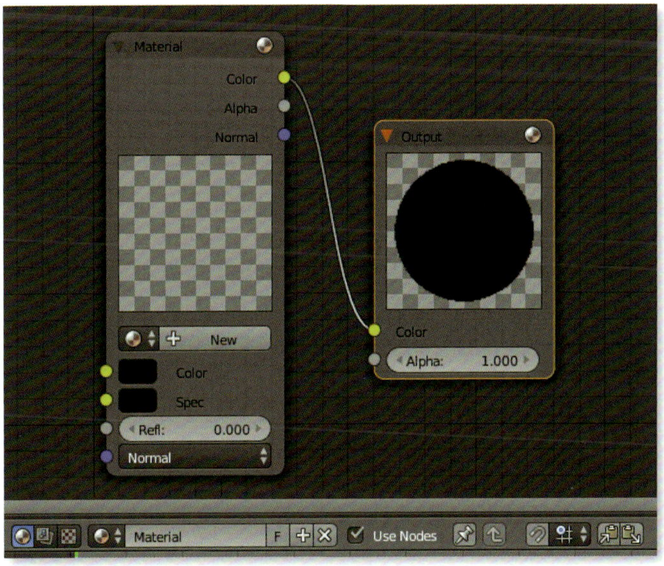

◂ **Abbildung 8.117**
Die erzeugten Nodes

Nehmen Sie jetzt die Material-Zuordnung vor, indem Sie entweder innerhalb des MATERIAL-Nodes auf NEW klicken oder durch Klick auf den Materialdatenblock neben NEW ein vorhandenes Material auswählen. Sie werden bemerken, dass sich sofort nach Erstellung oder Auswahl des Materials die Vorschau des MATERIAL-Nodes aktualisiert und Ihnen einen Vorgeschmack auf das endgültige Aussehen des Materials gewährt.

Alle Eigenschaften des Materials ändern Sie wie gewohnt in den einzelnen Panels des MATERIAL-Tabs. Achten Sie bei mehreren Material-Nodes nur darauf, dass Sie das Material, das Sie ändern möchten, im Voraus durch einen Klick auf den entsprechenden MATERIAL-Node auswählen müssen. Wenn Sie Ihre Szene jetzt rendern, sollten Sie genau das Ergebnis erhalten, wie Sie es auch ohne Nodes erzielt haben – noch gilt der Spruch: »Außer Spesen nichts gewesen.« Gedulden Sie sich noch kurz, Sie werden die Vorteile in Kürze erkennen.

Navigation im Node Editor | Sehen wir uns jedoch vorher noch kurz die Navigationsmöglichkeiten im NODE EDITOR an. Sie orientieren sich stark an der 3D-Ansicht: Das Rollen des Mausrades zoomt die aktuelle Ansicht in definierten Schritten, das Halten von Strg und Mausrad-Taste und gleichzeitiges Bewegen der Maus nach oben und unten zoomt stufenlos in oder aus dem Geschehen. Eine Verschiebung der Ansicht erreichen Sie, indem Sie die Mausrad-Taste gedrückt halten und gleichzeitig die Maus verschieben. Möchten Sie die Ansicht so zoomen, dass alle Nodes zu sehen sind, können Sie dies durch einen einfachen Druck auf die Pos1-Taste erledigen. Und nutzen Sie die ,-Taste des Ziffernblocks, wenn Sie die Ansicht auf den gewählten Node verschieben möchten.

Nodes | Ein Node-Material haben Sie jetzt bereits erstellt, aber Sie fragen sich wahrscheinlich trotzdem noch immer: »Was genau ist denn nun ein Node?!« Ein Node ist ein Bestandteil eines Netzwerkes aus Datenquellen (beispielsweise einem Material), Datenkonvertern (beispielsweise zum Aufhellen von Pixeln des Materials) und Datensenken (beispielsweise zum Ausgeben des Materials). Um die Beziehungen zwischen Nodes darzustellen, werden in Blender Verbindungen zwischen farbigen Ein- und Ausgängen verschiedener Nodes hergestellt.

▲ **Abbildung 8.118**
Jeder Node besitzt ein Label, mit dem Sie den Node nach Belieben benennen können.

Jeder Node besitzt einen Namen, der Ihren Datenblock kennzeichnet. Dieser muss eindeutig sein, darf nur einmal vorkommen. Daneben kann jeder Node auch einen Bezeichner (ein sogenanntes »Label«) haben, der keinen Restriktionen unterliegt und – wie

Abbildung 8.118 beispielhaft zeigt – immer im Kopf des Nodes zu sehen ist.

Ein- und Ausgänge von Nodes | Jeder (Material-/Texture-/Compositor-)Node-Editor besitzt neben einer Handvoll allgemeiner Nodes viele spezifische Nodes, die Sie in keinem anderen Editor finden werden. Was allerdings bei Nodes aller Editoren gleich bleibt, ist die farbliche Kennzeichnung der Ein- und Ausgänge.

Eingänge finden Sie bei Nodes stets auf der linken, Ausgänge auf der rechten Seite. Ein- und Ausgänge können miteinander verbunden werden, sie können allerdings keine zwei Eingänge oder zwei Ausgänge miteinander verbinden. Die Art des jeweiligen Ein- und Ausgangs wird über einen kleinen farbigen Kreis gekennzeichnet – einen sogenannten Socket. Jede Socket-Farbe steht für einen eindeutigen Datentyp. Auf diese Weise können Sie mit einem Blick erkennen, ob der Ausgang von Node A mit einem Eingang von Node B verbunden werden kann. Blender nutzt die folgenden Farbkodierungen:

- Gelb: Farbdaten (gewöhnliche Bilder mit RGB und Alphakanal)
- **Grau**: Graustufendaten (Graustufenbilder)
- **Blau**: Eine Datenstruktur mit meist drei gleichen Datentypen, beispielsweise einem 3D-Vektor (falls Sie ein Entwickler sind: einem Array)
- **Grün**: Shader-Daten für Cycles (diese lernen Sie in Kürze kennen)

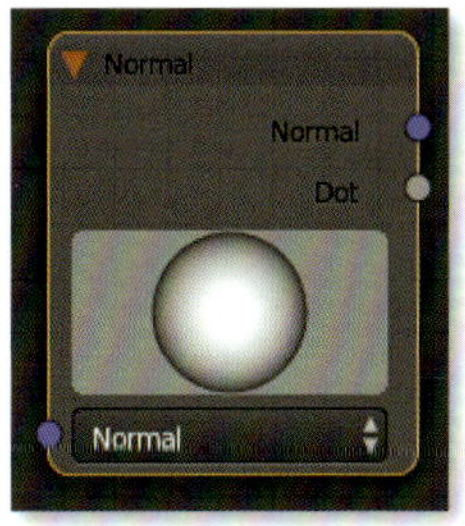

▲ Abbildung 8.119
Je nach Node gibt es unterschiedliche Ein- und Ausgänge.

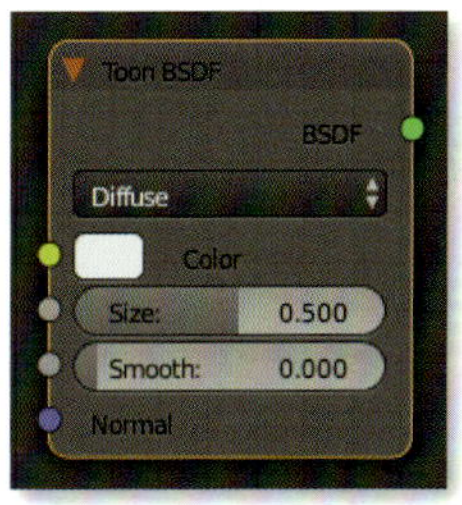

▲ Abbildung 8.120
Farbliche Sockets zeigen an, welche Ein- und Ausgänge miteinander verbunden werden können.

Als Faustregel können Sie sich merken: Gleich und gleich gesellt sich gern – wenn Sie gleichfarbige Sockets miteinander verbinden, kann nichts schiefgehen. Die Möglichkeit, unterschiedliche Sockets miteinander zu verbinden, besteht aber natürlich auch – Sie müssen sich nur im Klaren darüber sein, dass Blender dann unter Umständen nicht alle vorliegenden (Farb-)Informationen nutzen kann oder fehlende Informationen mit Nullwerten ergänzt. Teilweise werden auch automatische Konvertierungen durchgeführt: Verbinden Sie beispielsweise einen gelben Farbausgang mit einem grauen Graustufen-Eingang, so wandelt Blender das Farbbild automatisch in ein Graustufenbild um.

Textur- und Material-Nod-Kategorien | Wie Sie bereits wissen, dienen Nodes primär dazu, auf unterschiedliche Weise erzeugte (RGBA-)Daten in übersichtlicher Form darzustellen, zu bearbeiten und wieder auszugeben. Je nach Aufgabe und Editor-Typ befinden sie sich in unterschiedlichen Kategorien (siehe Add-Menü des Node Editors), die ich Ihnen im Folgenden vorstellen möchte:

▲ **Abbildung 8.121**
Auch im NODE EDITOR hilft Ihnen das ADD-Menü beim Einfügen von Nodes.

- INPUT: Hier liegen Nodes, die ausschließlich als Eingang für andere Nodes dienen und selbst keine Eingänge besitzen. Beispiele für diese Art von Nodes sind der MATERIAL-Node (fügt ein Material in den Node-Tree ein), der IMAGE-Node (macht ein Bild im Node-Tree verfügbar) oder der TEXTURE-Node (fügt eine Textur in den Tree ein).
- OUTPUT: Der Gegenpart zu den INPUT-Nodes. Die hier zu findenden Nodes besitzen ausschließlich einen Eingang und geben die mit diesem Node verbundenen Daten aus (beispielsweise an die Render-Engine).
- COLOR: Diese Kategorie beherbergt Funktionen, die auf die Farbkanäle eines Eingangs wirken. Dazu gehören Nodes, um Helligkeit und Sättigung eines Bildes zu ändern, oder Nodes, um die Intensität von allen oder einzelnen Kanälen zu ändern. Viele dieser Nodes besitzen einen gelben Eingang, um Farbkanäle und Alpha aufzunehmen.
- PATTERN: Diese Kategorie bietet nur der TEXTURE-Node-Editor. Sie beherbergt einen Schachbrettmuster-Node und einen Ziegelsteinmuster-Node, die genau das tun, was ihr Name bereits vermuten lässt – sie erzeugen die entsprechenden Muster.
- TEXTURES: Diese Kategorie beherbergt alle prozeduralen Texturen als Nodes. Sie werden hier unter anderem die NOISE-, WOOD- oder auch die BLEND-Textur finden.
- VECTOR: Diese Kategorie enthält Nodes, um Wertebereiche von Eingangswerten anzupassen, Werte zu normalisieren oder Werte – analog zur Beeinflussung von Farbwerten per Farbkurven – über Kurven anzupassen.
- CONVERTER: Hier finden Sie jede Menge Nodes zur Konvertierung von Daten. So können Sie beispielsweise mit dem Node SEPARATE RGB Farbkanäle eines Bildes auftrennen, einzelne Kanäle bearbeiten und anschließend mit dem Node COMBINE RGB wieder zusammensetzen.
- DISTORT: Mit diesen Nodes können Sie die Eingangsdaten gehörig verformen. Schneiden, drehen, verzerren oder Spiegelungen sind beispielsweise möglich.
- GROUP/LAYOUT: Diese Kategorien dienen der Organisation von Nodes, sie werden im Abschnitt »Node-Trees vereinfachen« ab Seite 419 behandelt.

Nodes hinzufügen, löschen, benennen und wiederfinden | Nachdem Sie jetzt die einzelnen Node-Typen kennen, wird es Zeit, die karge Editor-Fläche mit Leben zu füllen. Um ihr Leben einzuhauchen, bietet Ihnen Blender drei verschiedene Wege an:

- Fügen Sie einen Node über das ADD-Menü in der Fußzeile des Editors ein.
- Blenden Sie mit T die TOOLBAR des NODE EDITORS ein, und fügen Sie den Node von dort hinzu.
- Nutzen Sie die Tastenkombination ⇧ + A und eine Kurzwahl (beispielsweise ⇧ + A, 2, 1), oder wählen Sie einen Eintrag per Maus.

Nachdem ein Node gewählt wurde, »klebt« er an der Maus. Erst ein weiterer Klick mit der linken Maustaste legt ihn auf dem karierten Boden ab. Um den Node zu duplizieren, wählen Sie ihn an und drücken ⇧ + D, wie Sie es bereits beim Duplizieren von Objekten getan haben. Möchten Sie den Node löschen, genügt ein Druck auf X oder Entf – die Verbindungen gehen dabei verloren.

Alle Einstellungen eines Nodes können Sie entweder direkt auf dem Node oder in der rechten Seitenleiste (N) vornehmen – Sie finden dort alle Einstellungen unter dem PROPERTIES-Panel. Im NODE-Panel haben Sie die Möglichkeit, Ihren Node (Node-Datenblock) über das Feld NAME zu benennen (der Name muss eindeutig sein und darf somit nicht mehrmals vorkommen) und einen beliebigen Bezeichner zu vergeben, der im Kopf des Nodes angezeigt wird.

Haben Sie in den Node-Trees den Überblick verloren, und suchen Sie verzweifelt nach einem bestimmten Node, so können Sie mit Strg + F ein Suchfenster anzeigen. Mit dessen Hilfe können Sie nach Namen und Bezeichnern suchen und mit einem Klick auf den angezeigten Node die Ansicht direkt auf den Node verschieben. Kennen Sie den Namen eines Nodes (beispielsweise SEPARATE RGB), und möchten Sie ihn einfügen, ohne über das Menü zu gehen, so wählen Sie SEARCH aus dem ADD-Menü. Mit dieser Kombination öffnen Sie ein weiteres Suchfenster, mit dem Sie nach verfügbaren Nodes suchen und sie mit einem Klick auf den angezeigten Treffer einfügen können.

Benennung von Nodes
Um Nodes später leicht wiederzufinden, sollten Sie Ihren Nodes immer aussagekräftige Labels verpassen. Beabsichtigen Sie einzelne Nodes aus anderen Blender-Dateien zu importieren, so sollten die Node-Namen aussagekräftig sein, denn diese wählen Sie beim Anhängen aus anderen Dateien mithilfe von ⇧ + F1 aus.

Nodes bewegen und anordnen | Mittlerweile sind Sie ja bereits ein alter Hase in Blender: Können Sie sich vorstellen, mit welchen Tastenkombinationen Sie Nodes in Blender bewegen? Richtig – auch in diesem Fall werden uns die Tasten G, R, und S wieder zur Seite stehen. Und auch die Achsenbeschränkungen in x- und y-Richtung warten schon auf ihren Einsatz.

G verhält sich dabei genau, wie Sie es erwarten würden. Alle Nodes, die gewählt sind, werden per G mithilfe der Maus ver-

Achsenbeschränkungen
Nutzen Sie auch beim Skalieren wieder die Achsenbeschränkungen: So können Sie mit einem einfachen S, X, 0 alle gewählten Nodes vertikal und mit S, Y, 0 alle Nodes horizontal ausrichten.

schoben, [G], [X] und [G], [Y] beschränken die Verschiebung auf die gewählte Achse. [S] und [R] dienen dem Anordnen der Nodes auf der Ebene: Während [S] die gewählten Nodes näher aneinander bringt oder weiter voneinander entfernt, rotieren Sie die gewählten Nodes mit [R].

Nodes verbinden | Um Nodes miteinander zu verbinden, haben Sie drei unterschiedliche Möglichkeiten:

- Bewegen Sie Ihre Maus auf den Ausgang eines Nodes. Halten Sie anschließend die linke Maustaste gedrückt, und ziehen Sie die entstehende Verbindung auf den Eingang des zu verbindenden Nodes.
- Selektieren Sie zwei Nodes mit [⇧] und der rechten Maustaste, und drücken Sie [F] – ganz so, als würden Sie eine Face erstellen wollen.
- Ziehen Sie einen Node mit Ihrer Maus auf eine bestehende Verbindung. Sobald die vorhandene Verbindung hervorgehoben wird, können Sie die linke Maustaste loslassen.

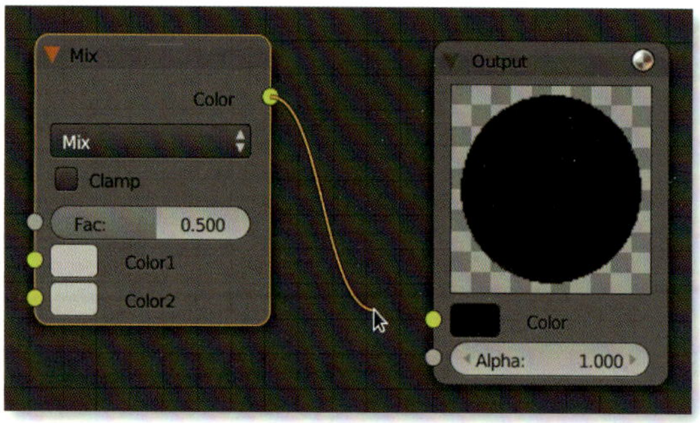

▲ **Abbildung 8.122**
Zwei Nodes werden per Drag & Drop miteinander verbunden.

Möchten Sie den Ausgang einer Verbindung ändern, so ziehen Sie mit gehaltener [Strg] + linker Maustaste die Verbindung von dem aktuellen auf einen anderen Ausgang. Möchten Sie das Ziel der Verbindung ändern, so nutzen Sie dieselbe Technik, halten allerdings ausschließlich die linke Maustaste dabei gedrückt.

Node-Auswahl
Genau wie in der 3D-Ansicht wählen Sie auch im Node Editor gleichzeitig mehrere Nodes aus, indem Sie entweder einen Rahmen oder einen Kreis um Sie ziehen – und genau wie dort starten Sie die Selektion mit [B] oder mit [C].

Nodes trennen oder deaktivieren | Um eine Verbindung zu zerschneiden, kreuzen Sie eine vorhandene Verbindung bei gehaltener [Strg] + linker Maustaste – bewegen Sie dabei Ihre Maus durch die Verbindung. Sobald Sie die linke Maustaste wieder loslassen, ist die Verbindung passé.

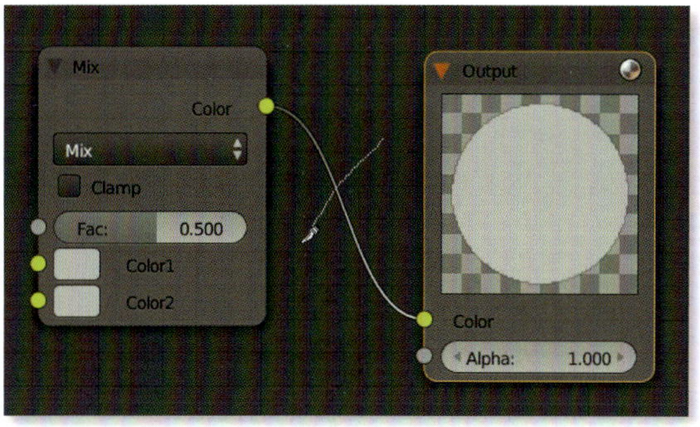

▲ **Abbildung 8.123**
Mit einem beherzten Schnitt trennen Sie eine Verbindung zwischen zwei Nodes auf.

Sind mehrere Nodes miteinander verbunden, und möchten Sie einen der mittleren Nodes aus diesem Verbund entfernen, ohne die Verbindung zwischen den übrig gebliebenen zu beeinflussen, dann wählen Sie den entsprechenden Node aus, und entfernen Sie ihn mit Strg + X. Um ihn zu entfernen, ohne ihn zu löschen, halten Sie die Alt-Taste gedrückt und ziehen den Node mit gedrückter linker Maustaste oder rechter Maustaste aus der Verbindung, oder nutzen Sie die Tastenkombination Alt + F.

Möchten Sie Nodes weder löschen noch die Verbindung zwischen den Nodes entfernen, aber trotzdem festlegen, dass Blender diesen Node temporär nicht beachten soll, so können Sie dies über die Taste M erreichen. Eine rote Verbindung innerhalb des Nodes zeigt Ihnen an, dass dieser Node momentan nicht ausgewertet wird. Ein erneuter Druck auf M aktiviert diesen Node wieder.

▲ **Abbildung 8.124**
Ein stummgeschalteter Node trägt nichts zum Endergebnis bei.

Nodes kopieren | Um Nodes zu kopieren, nutzen Sie die von der 3D-Ansicht bekannte Kombination ⇧ + D. Alle markierten Nodes werden daraufhin dupliziert und an die Maus gehängt. Ein Klick auf die linke Maustaste legt die Nodes anschließend ab. Um die Nodes inklusive der bisherigen Verbindung zu kopieren, nutzen Sie die Tastenkombination Strg + ⇧ + D.

Nodes gruppieren | Blender bietet Ihnen nicht nur Funktionen, um Nodes zu verschieben und zu löschen, sondern auch, um Node-Trees zu erstellen, die Sie in anderen Projekten wiederverwenden können. Sie können Nodes dazu in einer Gruppe zusammenfassen.

Fügen Sie (falls noch nicht vorhanden) einen MATERIAL-, einen MIX-RGB-, einen INVERT- und einen OUTPUT-Node von links nach rechts in den NODE EDITOR ein, und verbinden Sie diese mitein-

Verbinder ändern
Wenn Ihnen die kurvigen Linien der Verbinder nicht gefallen, können Sie die Rundung der Kurven in Blenders Einstellungen ändern. Rufen Sie dazu das Einstellungsfenster auf (Strg + Alt + U), und navigieren Sie zu dem Reiter THEMES. Wählen Sie dort am linken Rand NODE EDITOR aus, und suchen Sie in der Mitte nach NOODLE CURVING. Je höher dieser Wert, desto kurviger werden die Verbindungen. Ändern Sie den Wert auf 0, so werden gerade Linien gezeichnet.

Die Datei »08_GroupNodes_Start.blend« finden Sie auf der Buch-DVD unter BEISPIELMATERIAL • KAPITEL_08.

ander (oder nutzen Sie die Datei »08_GroupNodes_Start.blend«). Wir möchten mit diesen Nodes zwei Farben mischen und anschließend invertieren.

Wählen Sie jetzt den MIX-RGB- und den INVERT-Node gleichzeitig aus, und drücken Sie [Strg] + [G], um sie zu gruppieren. Sofort ändert sich der Bildschirmhintergrund, und Sie erhalten zwei neue Nodes (GROUP INPUT und GROUP OUTPUT), die für die Eingänge in und die Ausgänge aus der Node-Gruppe stehen.

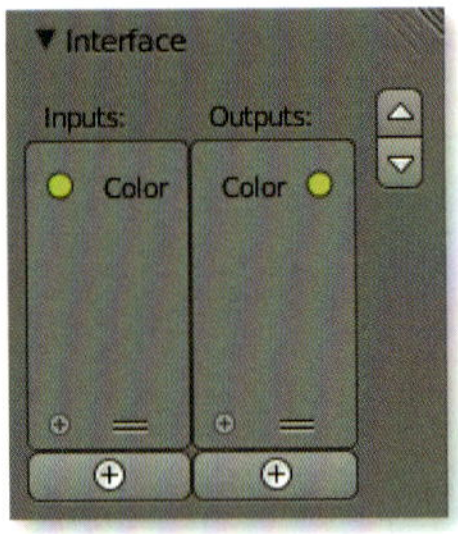

▲ **Abbildung 8.126**
Auf der TOOLBAR der Node-Gruppe legen Sie die Bezeichnungen der Ein- und Ausgänge fest.

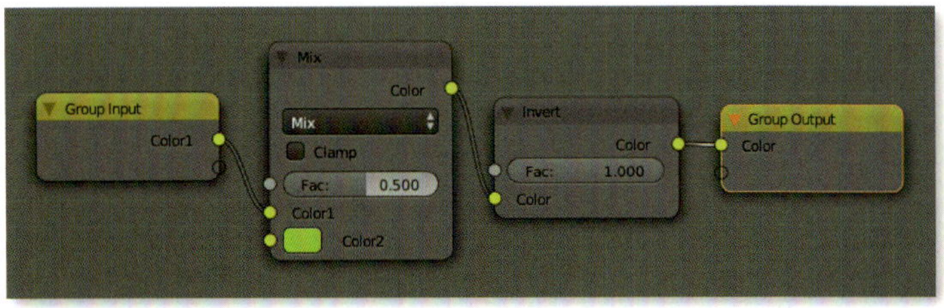

▲ **Abbildung 8.125**
Die geöffnete Node-Gruppe

Möchten Sie Eingänge oder Ausgänge der Gruppe benennen, nutzen Sie die in Abbildung 8.126 gezeigten Kontrollelemente auf der TOOLBAR ([T]), während die Gruppe geöffnet ist. Mit [⇆] verlassen Sie die Gruppenansicht (ein erneutes [⇆] würde Sie wieder in die Gruppe befördern) und können den in Abbildung 8.127 gezeigten Gruppen-Node bewundern.

Verbinden Sie die Ein- und Ausgänge der verbleibenden MATERIAL- und OUTPUT-Nodes mit Aus- und Eingängen der Gruppe, und spielen Sie ein wenig mit den Innereien der Gruppe. Geben Sie ihr zum Abschluss noch einen passenden Namen, und kopieren Sie sie anschließend mit [⇧] + [D]. Zwei Dinge passieren dann sofort: Eine neue Gruppe erscheint, und eine 2 wird hinter dem Gruppennamen sichtbar. Als erfahrener Blender-Nutzer wird es Sie nicht überraschen, dass Sie, wenn Sie die erste Gruppe ändern, gleichzeitig auch die zweite Gruppe ändern (die Links zeigen auf den gleichen Datenblock). Möchten Sie beide unabhängig voneinander ändern, so klicken Sie auf die Zahl 2. Um die Gruppierung rückgängig zu machen, nutzen Sie bei selektierter Gruppe [Alt] + [G].

▲ **Abbildung 8.127**
Die zusammengeklappte Node Gruppe

Wenn Sie sich eine Blender-Datei mit Nodes-Gruppen erstellen, können Sie auf diese wie auf eine Bibliothek von anderen Dateien zugreifen und die Gruppen importieren. Nutzen Sie dazu die APPEND- oder die LINK-Funktion des FILE-Menüs in der oberen Menüzeile, navigieren Sie in die Blender-Datei hinein bis zum Node-Tree-Eintrag, und wählen Sie die Gruppe aus. Die Gruppe wartet anschließend im ADD-Menü des NODE EDITORS unter GROUP auf einen Import.

Ein- und Ausgänge hinzufügen

Ihre Gruppe besitzt momentan nur einen Eingangs-Socket und einen Ausgang. Möchten Sie andere Parameter aus der Gruppe zurückgeben, verbinden Sie innerhalb der Gruppe die entsprechenden Parameter mit den unausgefüllten GROUP-INPUT- bzw. GROUP-OUTPUT-Sockets.

Die Datei »08_GroupNode_Final.blend« steht Ihnen für eigene Experimente zur Verfügung.

Die Datei »08_GroupNode_Final.blend« finden Sie auf der Buch-DVD unter BEISPIELMATERIAL • KAPITEL_08.

Node-Trees vereinfachen | Wenn Ihren Editor mehr und mehr Nodes bevölkern, wird Ihre Portion Nudeln schnell unübersichtlich. Gerade in der Endphase eines Projekts – wenn Sie alles dafür vorbereiten, auch in 6 Monaten noch zu verstehen, was Sie hier getan haben – werden Sie Ihre Nodes häufig noch einmal richtig ordnen wollen. Ein möglicher Weg besteht darin, gleichartige Nodes in Gruppen zusammenzufassen, doch Blender gibt Ihnen noch ein paar weitere Möglichkeiten an die Hand:

- Verpacken Sie Nodes in zusammenhängende Bereiche (FRAMES). Frames dienen der Gruppierung von Nodes, ohne dass die Nodes wie bei »echten« Gruppen in der Gruppe verschwinden. Frames finden Sie im ADD-Menü. Sie können eingefärbt und beschriftet werden, um die Übersicht noch weiter zu steigern. Um Nodes zu einem Frame hinzuzufügen, ziehen Sie die Nodes einfach in einen Frame hinein. Um sie zu entfernen, selektieren Sie den entsprechenden Node und nutzen die Tastenkombination [Alt] + [P].

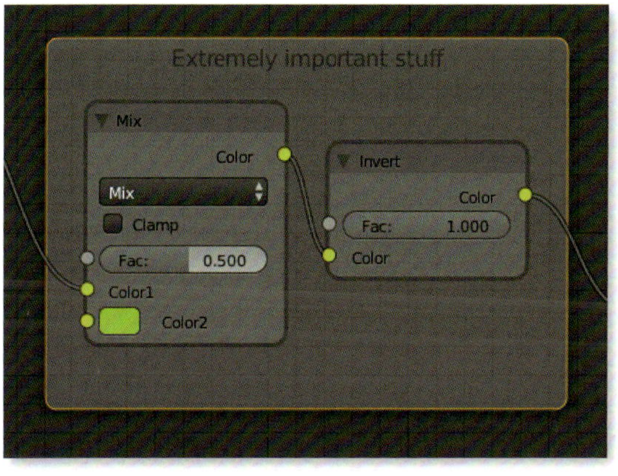

▲ **Abbildung 8.128**
Mit FRAMES gruppieren Sie zusammengehörige Nodes.

- Verstecken Sie ungenutzte Ein- und Ausgänge aller selektierten Nodes mit [Strg] + [H]. Die Nodes werden dadurch kleiner und nehmen weniger Platz ein. Ein erneutes Betätigen dieser Kombination zeigt die versteckten Ein- und Ausgänge wieder an.
- Verstecken Sie die Vorschaubilder mit [⇧] + [H]. Diese nehmen in vielen Fällen Platz weg und sind oftmals nur dann sinnvoll, wenn Sie den Node-Tree entwerfen, nicht mehr wenn alles fertig ist.

▲ **Abbildung 8.129**
Mit [Strg] + [H] verstecken Sie nicht genutzte Einstellungen.

- Klappen Sie selektierte Nodes mit einem Druck auf [H] komplett ein. Nur die Labels sind anschließend sichtbar – was für viele Einsatzbereiche völlig ausreichend ist.
- Nutzen Sie REROUTE-Nodes, um die Verbindungen zwischen Ihren Nodes übersichtlicher darzustellen oder um zwei Verbindungen, die von einem Ausgang stammen, zusammenzufassen. Halten Sie [⇧] und die linke Maustaste gedrückt, und kreuzen Sie dazu die Verbindungslinien.

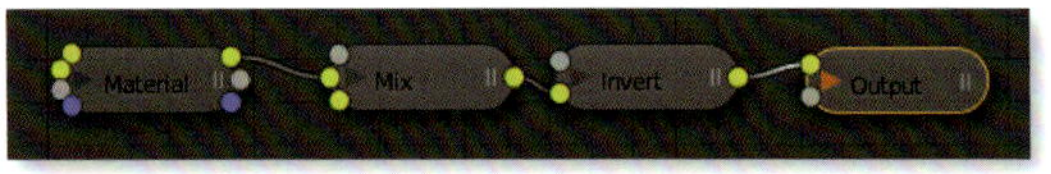

Abbildung 8.130 ▸
Mit [H] werden die Nodes so weit minimiert, dass nur noch Ihre Labels und die (nicht versteckten) Ausgänge sichtbar sind.

Zum Abschluss des Node-Abschnitts erstellen wir gemeinsam ein erweitertes Blender-Internal-Material – das letzte Internal-Material – anschließend lernen Sie die Welt von Cycles kennen.

Schritt für Schritt Erweiterte BI-Materialien erstellen

Die Datei »08_ExtendedMat_BI_start.blend« finden Sie auf der Buch-DVD unter BEISPIELMATERIAL • KAPITEL_08.

In diesem Beispiel möchte ich Ihnen zeigen, wie Sie Nodes so miteinander kombinieren, dass Sie ein komplexes Material erhalten. Die Übung werden wir mithilfe unserer stets geduldigen Suzanne (»08_ExtendedMat_BI_start.blend«) durchführen.

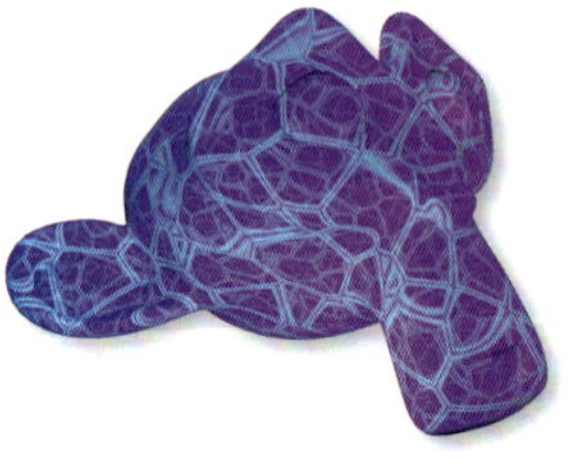

▲ Abbildung 8.131
Das angestrebte Ergebnis dieser Übung

1 Node und Node-Material erzeugen

Wählen Sie zuerst Suzanne aus, und erstellen Sie ein neues Node-Material durch einen Klick auf NEW und ein Häkchen in USE NODES. Erzeugen Sie ein neues Node-Material durch Klick auf NEW innerhalb des Nodes, und geben Sie dem Node auf dem MATERIAL-Tab des PROPERTIES-Editors ein Material mit geringem SPECULAR-INTENSITY-Wert.

2 Clouds-Textur erzeugen

Erstellen Sie für den Node eine CLOUDS-Textur, indem Sie sie anwählen und auf das TEXTURE-Tab des PROPERTIES-Editors wechseln. Fügen Sie dort eine neue CLOUDS-Textur hinzu. Erzeugen Sie im CLOUDS-Panel eine scharf abgegrenzte Cloud-Textur durch die Wahl von VORONOI CRACKLE als BASIS-Wert und der Option HARD als NOISE-Wert. Die Einstellungen ergeben eine Textur, die Ähnlichkeit mit von Mörtel umschlossenen Plättchen hat.

Deaktivieren Sie anschließend diese Textur durch einen Klick auf die Checkbox hinter dem Textur-Slot. Die Textur wird gleich im NODE EDITOR dazu genutzt, zwischen zwei Materialien zu überblenden.

3 Texture- und Material-Node einfügen

Fügen Sie dazu im Node Editor einen Texture-Node ein, und wählen Sie die erstellte Clouds-Textur aus. Fügen Sie einen zusätzlichen Material-Node mit geringem Specular-Wert ein. Geben Sie diesem Material-Node eine Blend-Textur von Blau nach Pink. Nutzen Sie dazu den Ramp-Parameter der Blend-Textur, und stellen Sie die Color-Stops entsprechend ein. Vergessen Sie dabei nicht, den Alpha-Wert der Color-Stops auf 1 zu erhöhen.

Anschließend färben Sie den Mörtel zwischen den Plättchen mit dem ersten Material ein, während Sie das zweite Material als Basismaterial nehmen. Fügen Sie dazu einen Mix-RGB-Node ein (⇧ + A, 1 sucht nach Nodes) und verbinden Sie das erste Material mit dem oberen und das zweite Material mit dem unteren Color-Input-Socket.

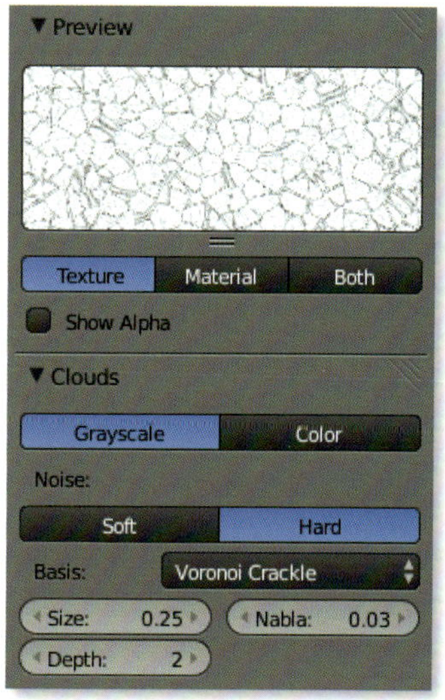

▲ **Abbildung 8.132**
Die Einstellungen der Clouds-Textur

4 Nodes miteinander verbinden

Verbinden Sie anschließend den Textur-Node mit dem Fac-Socket des Mix-RGB-Nodes, und rendern Sie Ihre Szene. Sie werden den Verlauf als Basisfarbe erkennen und können mit der Diffuse Color des zweiten Materials die Mörtelfarbe bestimmen.

5 Weiteren Farbverlauf hinzufügen

Fügen Sie zusätzlich einen Color-Ramp-Node zwischen den Texture-Node und den Mix-RGB-Node ein, so können Sie mit den beiden Color-Stops definieren, wie viel des ersten Materials und wie viel des zweiten Materials in dem Resultat auftaucht.

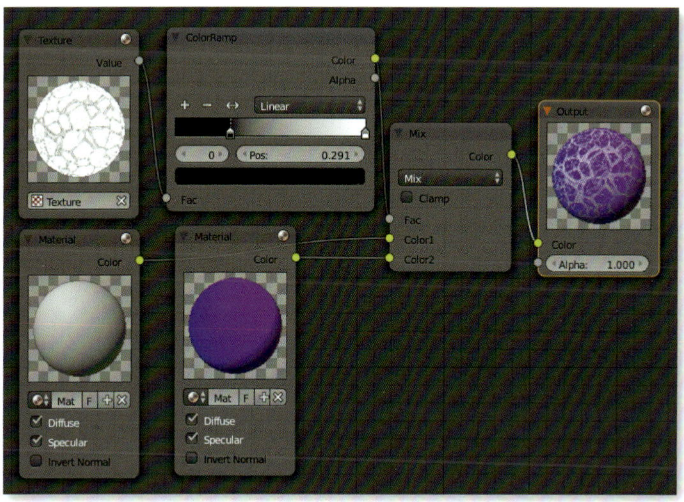

◂ **Abbildung 8.133**
Der Node-Tree dieser Übung. Über die Color-Ramp steuern Sie dynamisch, wie viel des ersten Materials in das Endergebnis eingeht.

Die Datei »08_ExtendedMat_BI_end.blend« zeigt Ihnen ein mögliches Ergebnis dieser Übung.

Die Datei »08_Extended-Mat_BI_end.blend« finden Sie auf der Buch-DVD unter Beispielmaterial • Kapitel_08.

8.11 Cycles-Shading

Bis jetzt haben Sie viele Einstellungen und Fähigkeiten von Blenders Internal-Renderer ausprobieren können – Cycles-Materialien haben Sie noch nicht angelegt. Doch keine Angst, nachdem Sie nun bereits den Node Editor kennen und wissen, wie man Nodes nutzt, wird dieser Abschnitt für Sie ein Klacks. Um die einzelnen Abschnitte nachvollziehen zu können, sollten Sie jetzt die Render-Engine auf Cycles stellen.

8.11.1 Cycles-Materialien – Realismus zählt

Wie Sie bereits in Kapitel 6, »Rendering – ein Bild entsteht«, erfahren haben, sind die Möglichkeiten mit dem BI-Renderer vielfältig, auch physikalisch eigentlich unmögliche Renderings zu erstellen. Viele Effekte dieses Renderers (Reflexion, Refraktion usw.) basieren nicht auf physikalischen Gesetzmäßigkeiten, sondern bedienen sich einiger Rendering-Tricks, um »so zu tun, als ob«. Sie haben daher im BI-Renderer zwar große künstlerische Freiheiten, müssen aber alle wichtigen Kniffe und Einstellungen kennen, um ein Bild realistisch aussehen zu lassen.

Cycles ist physikbasiert
Ziel der Cycles-Engine war von Anfang an, einerseits realistisch anmutende Szenen rendern zu können und andererseits für Animationen geeignete Render-Zeiten zu erreichen. So wurden physikalische Gesetzmäßigkeiten im Entwicklungsprozess zwar betrachtet und wo möglich implementiert. Wenn allerdings die »korrekte« Implementierung eines physikalischen Vorgangs die Render-Zeit in astronomische Höhen katapultiert hätte, wurde auf die Implementierung des Features verzichtet. Cycles ist daher kein 100 % physikalisch korrekter Renderer – die Engine ist viel eher »physikbasiert«.

Cycles geht hier einen völlig anderen Weg – es lehnt sich stark an physikalische Gesetzmäßigkeiten an und betrachtet das Licht immer als Strahlen, die gebrochen, reflektiert und absorbiert werden können. Die Anlehnung an physikalische Gesetze erlaubt es Ihnen, Bilder zu erstellen, die ohne großen Beleuchtungs- und Materialaufwand mit Cycles deutlich realistischer als ihre entsprechenden BI-Renderings wirken. Dabei sind sie (wenn Ihre Grafikkarte genutzt wird) oftmals sogar schneller berechnet als ein BI-Rendering. Auch die Materialien spiegeln diesen unterschiedlichen Ansatz beider Render-Engines wider: Während im BI-Renderer viele Effekte durch kluge Einstellungen erschwindelt sind, liefert der Cycles-Renderer viele Oberflächen(-Effekte) direkt mit – ohne große Einstellungen und ohne große Wartezeiten beim Rendering. Die einzelnen Oberflächen werden in Cycles mithilfe des Node Editors verändert, miteinander kombiniert (gemixt oder addiert) und auf das Objekt appliziert – selbst die Texturen werden über Nodes zugewiesen und geändert.

Da Cycles viele Effekte bereits von Haus aus mitbringt, werden natürlich auch die Menüs und Einstellungen weniger. Tatsächlich werden Ihnen das Material- und das Textur-Panel fast schon verlassen vorkommen – fast alle aus dem BI-Renderer bekannten Panels fehlen. Trotzdem – oder gerade deswegen – ist eine Materialiendefinition in Cycles sehr einfach und eingängig.

8.11.2 Cycles – Faking impossible?

Das Attribut »physikbasiert« lässt es bereits erahnen – auch Cycles bietet Ihnen verschiedene Möglichkeiten, um bei Beleuchtungen und Shadern ein wenig zu »faken« (zu mogeln). So können Sie beispielsweise Objekte zwar für die Kamera unsichtbar machen, diese aber für alle spiegelnden Objekte in der Szene weiterhin sichtbar sein lassen oder ein Meshlight vor der Kamera platzieren und damit die Szene beleuchten, ohne dass die Kamera die Lichtquelle sieht. Diese und viele weitere Tricks sind für jedes Objekt im OBJECT-Tab unter dem RAY-VISIBILITY-Panel möglich. Diese Tricks sind möglich, da Cycles Rendering-Algorithmus zwischen unterschiedlichen Arten von Strahlen unterscheidet:

- CAMERA: Der Strahl kommt direkt von der Kamera.
- REFLECTION: Der Strahl entsteht durch eine Reflexion von einer Oberfläche.
- TRANSMISSION: Der Strahl entsteht durch die Durchdringung einer Oberfläche.
- SHADOW: Der Strahl erreicht die Lichtquelle nach spätestens einer Umlenkung.

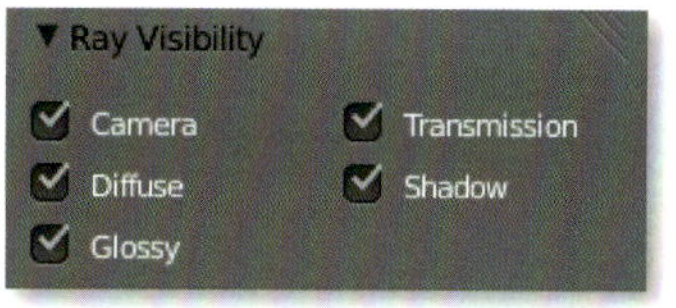

▲ **Abbildung 8.134**
Mit dem RAY-VISIBILITY-Panel können Sie auch unter Cycles »tricksen«.

Ein REFLECTION- und TRANSMISSION-Strahl kann darüber hinaus noch genauer bestimmt werden:

- DIFFUSE: Der Strahl wird durch eine diffuse Reflexion (stumpfe Oberflächen) oder Durchdringung (lichtdurchlässige Materialien) erzeugt.
- GLOSSY: Der Strahl wird durch eine glänzende Reflexion (Eis, Glas usw.) oder Durchdringung erzeugt.
- SINGULAR: Der Strahl wird durch eine perfekt spiegelnde Reflexion (perfekt reflektierender Spiegel) oder Durchdringung erzeugt.

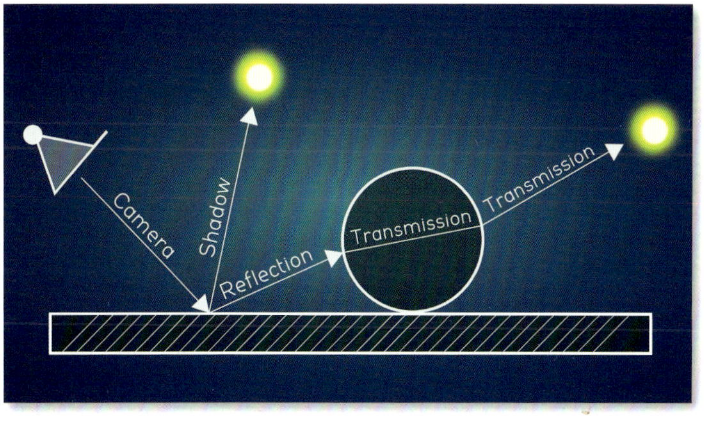

◂ **Abbildung 8.135**
Auf diese Weise »sieht« Cycles die Szene.

Abbildung 8.135 zeigt Ihnen, wie Cycles die in die Szene geschossenen Strahlen »sieht«. Der Ursprungsstrahl ist dabei (beim Rendern aus Kamera-Ansicht) vom Typ Camera. Der nächste Aufprall auf eine Oberfläche entscheidet anschließend, zu welchem Strahl der Camera-Strahl wird. In unserem Fall wird er zu einem Reflection- + Shadow-Strahl. Verfolgen wir ihn weiter, sehen wir, dass er auf eine durchlässige Oberfläche trifft und somit zu einem Transmission-Strahl wird. Schlussendlich erreicht der Strahl ein Licht.

Abbildung 8.136 ▸
In dieser Testszene können Sie mithilfe des Ray-Visibility-Panels sehr einfach Strahlen deaktivieren und die Auswirkungen sofort betrachten.

Die Datei »08_RayVisibilityTest_Cycles.blend« finden Sie auf der Buch-DVD unter Beispielmaterial • Kapitel_08.

Probieren Sie die einzelnen Optionen direkt in der Szene »08_RayVisibilityTest_Cycles.blend« aus, während Sie die nachfolgenden Erklärungen lesen. Achten Sie besonders auf den Spiegel in Abbildung 8.136.

Die in der nachfolgenden Auflistung zu findenden Namen in eckigen Klammern verraten Ihnen, auf welchem Objekt Sie die Option aktivieren oder deaktivieren sollten – vergessen Sie dabei nicht, das Rendered unter Viewport Shading zu aktivieren mit [⇧] + [Z]. Um Ihnen ein möglichst schnelles Rendering-Ergebnis zu ermöglichen, habe ich den zu rendernden Bereich bereits per Border Rendering ([Strg] + [B]) eingegrenzt. Möchten Sie wieder die komplette Szene in der Voransicht rendern, so entfernen Sie diese Begrenzung per [Strg] + [Alt] + [B]. Sehen wir uns jetzt die Optionen des Ray-Visibility-Panels genauer an:

- Camera: Das Objekt ist für die Kamera sichtbar (Häkchen gesetzt) oder unsichtbar (Häkchen nicht gesetzt) [Suzi].
- Diffuse: Das Objekt ist für diffus reflektierende Strahlen sichtbar. Diese Option kann beispielsweise verhindern, dass ein roter Würfel auf seine Umgebung rot abstrahlt [Suzi].
- Glossy: Das Objekt ist für glänzend reflektierende Strahlen sichtbar. Mit dieser Option kann ein Objekt beispielsweise aus Reflexionen entfernt werden [Suzi].

Visibility in Cycles
Natürlich funktioniert auch in Cycles das Aus- und Einblenden von Objekten über einen Klick auf das Augen- bzw. Render-Icon im Outliner. Diese Funktionalität ist von der gewählten Engine unabhängig und kann sogar animiert werden.

- Transmission: Das Objekt ist für Strahlen sichtbar, die eine Oberfläche durchdringen. Mit dieser Option können Sie beispielsweise eine Lichtquelle hinter einem Reispapier-Material platzieren, die, wenn Sie von vorne auf das Material blicken, nicht zu sehen ist, aber trotzdem alle Objekte hinter dem Material erleuchtet [RedEmitter].
- Shadow: Das Objekt ist für Strahlen sichtbar, die Schatten erzeugen [Suzi].

Möchten Sie diese Strahlen-Informationen nutzen, um innerhalb Ihres Materials je nach Strahlentyp unterschiedliche Oberflächen zu erzeugen, dann wird Ihnen der Light-Path-Node des Input-Menüs helfen. Der Light-Path-Node besitzt Sockets, die die gewünschten Informationen als booleschen Wert (wahr/falsch) zur Verfügung stellen. So würde Ihnen der Socket IsCameraRay beispielsweise ein `true` (und damit eine 1) zurückliefern, wenn der betrachtete Strahl direkt von der Kamera stammt (eine 0, falls nicht). Verbinden Sie diesen Socket mit einem Mix Shader (nächster Abschnitt), so können Sie zwei verschiedene Oberflächen definieren, je nachdem, aus welcher Quelle der Strahl stammt.

8.11.3 Oberflächen in Cycles – die Shader

Als ich Ihnen die Erstellung von komplexen Materialien mithilfe des Node Editors vorstellte, ließ ich bereits anklingen, dass der Node Editor nicht nur für den BI-Renderer eine Rolle spielen wird. Tatsächlich ist die Oberflächendefinition mit dem Cycles-Renderer ein Kinderspiel, nach allem, was Sie bisher gelernt haben – denn wo Sie die allermeisten Nodes finden, wissen Sie bereits. Nur die Anzahl der Nodes ist deutlich höher: Da an Cycles seit Jahren mit Hochdruck entwickelt wird, während die Entwicklung des BI-Renderers langsam, aber sicher stoppt, finden ständig neue Nodes Ihren Weg in Cycles Node Editor.

Eine besondere Art von Nodes sind die Shader-Nodes, die Sie in dem in Abbildung 8.137 gezeigten Shader-Eintrag des Add-Menüs (⇧ + A) finden. Jede dieser Shader stellt eine besondere Oberflächenart dar. Mit ihnen definieren Sie beispielsweise, dass eine Oberfläche spiegelt, rau ist, das Licht streut oder durchsichtig ist. Komplexere Materialien werden definiert, indem Sie diese unterschiedlichen Shader auf verschiedene Arten kombinieren (mischen, voneinander abziehen usw.). Da Cycles und BIs Rendering-Algorithmen sehr unterschiedlich sind, können Sie Node-Materialien, die für den BI-Renderer erstellt wurden, nicht im Cycles-Renderer nutzen und umgekehrt – Sie müssen ein neues

▲ **Abbildung 8.137**
Die Cycles-Shader des Add-Menüs

Material anlegen, wenn Sie die Render-Engine wechseln. Um die Verwaltung von Materialien für beide Engines etwas einfacher zu machen, gibt es jedoch einen Weg, wie Sie sowohl Cycles- als auch BI-Materialien in einem Material gleichzeitig definieren können. Wie, das erfahren Sie etwas später in diesem Kapitel im Abschnitt 8.11.7, »BI- und Cycles-Materialien in einem Material«.

8.11.4 Ihr erstes Cycles-Material

Nachdem wir jetzt so viel über Cycles-Materialien gehört haben, möchten Sie sicherlich endlich Ihr erstes Cycles-Material erstellen – also, frisch ans Werk!

Schritt für Schritt
Das erste Cycles-Material erstellen

Wechseln Sie die Render-Engine der Standardszene von BI zu Cycles (falls noch nicht geschehen), löschen Sie den Würfel aus der Standardszene, und fügen Sie Suzanne hinzu.

Abbildung 8.138 ▸
Das angestrebte Ergebnis der Übung

1 Suzanne vorbereiten
Unterteilen Sie Suzanne mit einem SUBDIVISION-SURFACE-Modifier zweimal. Selektieren Sie Suzanne dazu, und drücken Sie [Strg] + [2]. Drehen Sie sie anschließend so, dass Sie einen guten Blick auf Sie erhaschen können, und hübschen Sie Suzannes Oberfläche auf, indem Sie im TOOLS-Panel der TOOLBAR ([T]) unter SHADING einmal auf SMOOTH klicken.

2 Nodes erstellen
Wechseln Sie jetzt in den NODE EDITOR. Erledigen Sie diesen Schritt, ganz wie Sie möchten: Teilen Sie den aktuellen Editor,

und aktivieren Sie den NODE EDITOR per [⇧] + [F3], oder nutzen Sie das COMPOSITING-Layout, und schalten Sie den Typ des NODE EDITORS auf SHADER. Legen Sie (bei bestehenden BI-Materialien) durch einen Klick auf USE NODES fest, dass Sie ein Cycles-Material anlegen möchten, oder nutzen Sie bei neuen Objekten die NEW-Schaltfläche. Es begrüßen Sie anschließend zwei Nodes: DIFFUSE BSDF und MATERIAL OUTPUT. Genau wie in den BI-Material-Nodes sind auch diese beiden Nodes verbunden – ein grüner Socket ist Ihnen dort allerdings nie untergekommen. Grüne Sockets geben an, dass es sich hier um Shader-Daten handelt. Sie sollten diese grünen Sockets immer miteinander kombinieren und nicht auf die Idee kommen, andersfarbige Sockets zu verbinden – denn sonst wird Ihr Objekt mit großer Wahrscheinlichkeit schwarz bleiben.

3 Lampe hinzufügen
Fügen Sie eine Lampe über [⇧] + [A] in Ihre Szene ein, und konvertieren Sie die bereits vorhandene Lampe, indem Sie sie selektieren und einen Klick auf USE NODES im OBJECT-DATA-Tab des PROPERTIES-Editors ausführen. Erhöhen Sie den STRENGTH-Wert im NODE EDITOR oder auf dem gerade genutzten Panel, um die Lichtausbeute zu erhöhen.

4 Farbe des Objekts festlegen
Über einen Klick auf die (momentan weiße) Farbauswahl des DIFFUSE-BSDF-Nodes können Sie die Farbe Ihres Objekts festlegen, der MATERIAL-OUTPUT-Node gibt das Material an die Render-Engine weiter. Legen Sie jetzt ein orangenfarbenes Material fest. Die Oberfläche ist momentan nicht glänzend, sondern diffus.

5 Glanz hinzufügen
Lassen Sie uns Suzanne jetzt »polieren«. Fügen Sie einen MIX SHADER und einen GLOSSY-BDSF-Shader über ADD • SHADER ein. Kombinieren Sie den GLOSSY-BDSF- und den bereits vorhandenen DIFFUSE-Shader mit dem MIX SHADER, und verbinden Sie diesen mit dem SURFACE-Socket des MATERIAL-OUTPUT-Nodes. Der MIX SHADER beschichtet dabei das erste verbundene Material mit dem zweiten Material.

6 Feineinstellungen vornehmen
Verringern Sie den ROUGHNESS-Wert des GLOSSY-BDSF-Shaders auf 0.04 – Sie machen die Glanzpunkte und Spiegelungen auf diese Art weniger verwaschen. Über den FAC-Wert des MIX SHADERS legen Sie fest, zu wie viel Prozent des ersten Shaders und zu wie viel Prozent des zweiten Shaders die Oberfläche des Objekts besteht.

BSDF

Sie werden sich vielleicht bereits gefragt haben, was der Bezeichner BSDF im Namen der Shader zu suchen hat. BSDF ist eine Abkürzung für *Bidirectional Scattering Distribution Function* und beschreibt eine mathematische Funktion, die festlegt, wie sich ein Lichtstrahl beim Auftreffen auf die jeweilige Oberfläche verhält (Absorption, Reflexion, Brechung).

Ein Wert von 0.064 sollte genügend Glanz erzeugen. Abbildung 8.139 zeigt Ihnen den finalen Node-Stand.

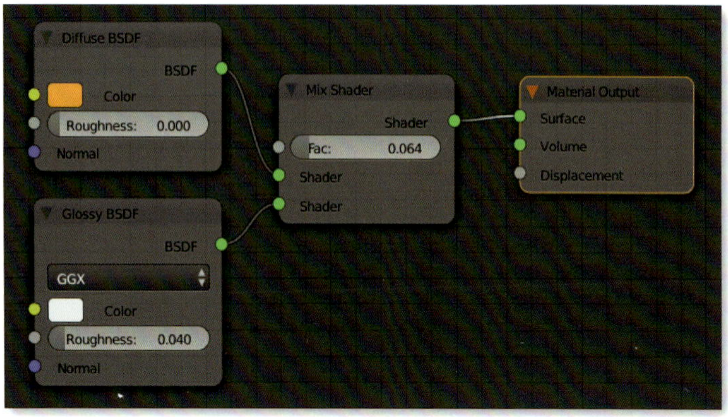

▲ **Abbildung 8.139**
Der Node-Tree dieser Übung

Rendern Sie zum Schluss Ihr Objekt entweder mit einem Druck auf [F12], oder schalten Sie Cycles Echtzeit-Rendering (Viewport Shading • Rendered) über [⇧] + [Z] ein. So können Sie während des Echtzeit-Renderings alle Werte verändern und sich das Ergebnis live ansehen. Erhöhen Sie die Preview- und Render-Samples des Sampling-Panels auf dem Render-Tab, um die Qualität des Renderings zu erhöhen.

Die Datei »08_FirstMaterialCycles.blend« finden Sie auf der Buch-DVD unter Beispielmaterial • Kapitel_08.

Das Ergebnis dieser Übung finden Sie in der Datei »08_FirstMaterialCycles.blend«. Dort habe ich zusätzlich noch ein Hemi-Light eingefügt und Suzannes Oberfläche per Bump-Mapping etwas unregelmäßiger gemacht. Über den Multiply-Node definiere ich dabei, wie stark der Bump-Mapping-Effekt auf die Oberfläche wirkt.

8.11.5 Cycles Shader-Typen

Auch wenn wir jetzt bereits zwei Cycles-Shader genutzt haben – ganz genau wissen Sie noch nicht, welche Oberflächen die einzelnen Shader der Shader-Node-Kategorie darstellen können. Diese beiden und viele weitere Shader lernen Sie in den folgenden Abschnitten kennen.

Cycles Standard-Shader | Fast alle Cycles-Shader im Add-Menü des Node Editors (siehe Abbildung 8.137) geben Ihnen die Möglichkeit, über den Color-Input-Socket bzw. die bei unverbundenen Eingängen eingeblendete Farbauswahl-Box die Farbe des entsprechenden Shaders festzulegen. In den folgenden Erklärungen werde ich diesen Socket daher nicht mehr explizit erwähnen:

- DIFFUSE BSDF: Dieser Shader erzeugt eine Oberfläche, die mit der diffusen Komponente des BI-Renderers übereinstimmt. Er erzeugt Oberflächen, auf denen sich das Licht ohne Glanzpunkt streut.
  - ROUGHNESS: Hier bestimmen Sie, wie rau die Oberfläche ist. Ein Wert von 0.0 führt zu einer Lambert-Reflexion (LAMBERT-Shader), höhere Werte aktivieren den OREN-NAYAR-SHADER.
- GLOSSY BSDF: Dieser Shader erzeugt eine reflektierende Oberfläche. Gerade für Materialien wie die Oberfläche eines Spiegels oder für metallische Oberflächen ist dieser Shader sehr gut geeignet.
  - DISTRIBUTION: Hier geben Sie das Verfahren zur Oberflächenberechnung an. SHARP erzeugt perfekt glatte Oberflächen (wie bei einem Spiegel), während BECKMANN, GGX und (ab Blender 2.72) ASHIKHMIN-SHIRLEY über den ROUGHNESS-Eingang verwaschene Reflexionen erzeugen können. Sie unterscheiden sich in der Art, wie die Oberfläche verwaschen wird – manche akzentuieren die dunklen Bereiche mehr, manche die hellen.
  - ROUGHNESS: Ein Wert von 0 erzeugt perfekt scharfe Reflexionen, ein höherer Wert verwischt die Reflexion.

▲ **Abbildung 8.140**
DIFFUSE BSDF

▲ **Abbildung 8.141**
GLOSSY BSDF

- TRANSPARENT BSDF: Dieser Shader erzeugt eine Oberfläche, bei der die Lichtstrahlen ohne Brechung durch die Oberfläche dringen – genau so, als wäre keinerlei Geometrie vorhanden. Vor allem bei der Benutzung von ALPHA-Maps (beispielsweise Blatt-Texturen) ist dieser Shader sehr sinnvoll.
- TRANSLUCENT BSDF: Wie der vorige Shader beeinflusst auch dieser die Transparenz der Oberfläche. Im Gegensatz zum TRANSPARENT-BSDF-Shader wird die Geometrie hier allerdings beachtet.

Sie können mit diesem Shader Materialien wie Reispapier oder Lampenschirme erzeugen – also bis zu einem gewissen Grad lichtdurchlässige Materialien. Kombinieren Sie diese Shader mit dem vorangegangenen über einen MIX-BSDF-Shader, so können Sie die dargestellte Transparenz dynamisch festlegen.

▲ **Abbildung 8.142**
TRANSPARENT BSDF

▲ **Abbildung 8.143**
TRANSLUCENT BSDF

▲ **Abbildung 8.144**
GLASS BSDF

▲ **Abbildung 8.145**
ANISOTROPIC BSDF

- GLASS BSDF: Dieser Shader ist speziell für Glas entwickelt worden. Mit ihm erzeugen Sie nicht nur Glanzpunkte, sondern brechen das Licht darüber hinaus.
  - DISTRIBUTION: legt fest, welche Art von Glas erzeugt wird (diese Einstellung ist identisch mit der des GLOSSY-Shaders).
  - ROUGHNESS: Mit dieser Einstellung können Sie Ihr Glas perfekt durchsichtig oder trüb werden lassen. Mit ihr können Sie beispielsweise Milchglas oder gefrostetes Glas erzeugen.
  - IOR: Der Brechungsindex definiert, wie gerade die Strahlen durch das Material dringen. Ein Wert von 1.0 zeigt das gleiche Verhalten wieder der TRANSPARENT-BSDF-Shader, höhere Werte führen zu stärkerer Brechung.
- REFRACTION BSDF: Dieser Shader ist dem GLASS-BSDF-Shader sehr ähnlich, allerdings erzeugt er keine Glossy-Anteile (Glanzpunkte) – er sollte daher immer in Kombination mit anderen Shadern genutzt werden. Die ROUGHNESS- und IOR-Werte werden genau wie bei dem GLASS-BSDF-Shader behandelt.
- ANISOTROPIC BSDF: Mit diesem Shader erzeugen Sie eine Oberfläche, die aussieht, als wäre sie gebürstet (anisotropes Shading).
  - ROUGHNESS: Wie auch vorher legen Sie hier fest, wie scharf begrenzt die Reflexion wird.
  - ANISOTROPY: Dieser Parameter bestimmt die Form der Reflexion: Sie erstreckt sich von -1 (kreisförmig) über 0 (keine Anisotropie = normale Reflexion) bis hin zu 1.0 (entlang der Tangente).

- ROTATION: Mit diesem Wert bestimmen Sie, wie stark die Reflexion gekrümmt wird.
- VELVET BSDF: Mit diesem Shader erzeugen Sie Oberflächen wie Seide oder andere feine Stoffe. Er wird oftmals für Kleidung genutzt und sollte wie schon der REFRACTION-BSDF-Shader immer in Kombination mit anderen Shadern genutzt werden.
  - SIGMA: Über diesen Wert legen Sie die Verteilung des Lichts auf dem Material fest. Je höher dieser Wert ist, desto mehr Licht wird von der Mitte (ausgehend von der Kamera) absorbiert.
- TOON BSDF: Mit diesem Shader erzeugen Sie ähnliche Oberflächen wie mit dem TOON-Shader des BI-Renderers. Die Lichtkegel werden scharf abgegrenzt und lassen das Material wie in einem Cartoon-Film aussehen.
  - SIZE INPUT: Hier legen Sie die Größe der Lichtreflexion fest.
  - SMOOTH INPUT: Mit diesem Wert geben Sie an, wie scharf abgegrenzt der Glanzpunkt sein soll. Je höher dieser Wert ist, desto weicher wird der Glanzpunkt.

▲ **Abbildung 8.146**
VELVET BSDF

▲ **Abbildung 8.147**
TOON BSDF

Cycles Spezial-Shader | Neben den Standard-Shadern bietet Ihnen Cycles noch einige weitere Shader, die ein spezielles Oberflächenverhalten verursachen:

- SUBSURFACE SCATTERING (SSS): Dieser Shader erzeugt ein SSS-Material, wie Sie es bei Haut, Milch, Wachs und vielen anderen Materialien finden. Für alle diese Materialien wird das Licht unter der Oberfläche gestreut und erzeugt daher diesen wachsähnlichen Look. Wie weit das Licht gestreut wird, kann pro Kanal konfiguriert werden und sollte pro Material durch Ausprobieren angepasst werden. So streut das Licht beispielsweise in einem Hautmaterial bei Rottönen weiter als bei allen

▲ **Abbildung 8.148**
SUBSURFACE SCATTERING (SSS)

Viewport Color
Alle Cycles-Materialien besitzen auf dem SETTINGS-Panel des MATERIAL-Tabs die VIEWPORT COLOR. Diese gibt an, in welcher Farbe Cycles das Material in der 3D-Ansicht darstellt. Über ALPHA legen Sie in Kombination mit der auf dem DISPLAY-Panel zu findenden TRANSPARENCY-Option des OBJECT-Tabs die Transparenz des Objekts im Viewport an.

anderen Farben. SSS ist bei Cycles nur mit der CPU und nicht mit der GPU möglich.

- FALLOFF: Hier definieren Sie, wie schnell das Licht innerhalb des Materials abnimmt. CUBIC lässt die Verteilung sehr abrupt enden, während GAUSSIAN eine sanftere Abnahme der Intensität ermöglicht.
- SCALE: Mit diesem Faktor legen Sie fest, wie weit das Licht in dem Objekt unterhalb der Oberfläche streut.
- RADIUS: Zusammen mit dem SCALE-Faktor legen Sie mit diesen drei Reglern pro Lichtfarbe fest, wie weit sich das Licht unter der Oberfläche verteilt.
- TEXTURE BLUR: Mit diesem Wert bestimmen Sie, wie verwaschen der SSS-Effekt ist – denn in der Natur verwäscht SSS Ihre Texturen immer (ein weiches Material wie die Oberfläche von Käse ist nie scharf abgegrenzt). Oftmals benötigen Sie daher (wenn Sie eine aus realen Vorlagen erstellte Textur mit dem COLOR-INPUT verbinden) kein BLUR. Bei prozeduralen Texturen kann dies jedoch nötig sein.

▲ **Abbildung 8.149**
EMISSION

- EMISSION: Dieser Shader macht Ihre Oberfläche zu einer Lichtquelle. Falls Sie den Shader nicht für eine der Standardlampen, sondern für ein Mesh festlegen, erzeugen Sie mit der Zuweisung dieses Shaders ein sogenanntes Meshlight. Ab diesem Zeitpunkt wird Ihr Modell von allen Flächen aus Licht emittieren.
  - STRENGTH: Über diesen Parameter legen Sie die Lichtstärke fest. Die Stärke für Punkt-, Spot- und Area-Lampen wird in Watt angegeben. Tragen Sie bei solchen Lampen also 50 ein, würden Sie eine 50-Watt-Lampe in den Händen halten. Sun- und Mesh-Lampen interpretieren den Wert allerdings anders – denn die Angabe in Watt wäre für unsere Sonne nicht sehr zielführend – sie wäre 384.600.000.000.000.000 .000.000.000 Watt. Für diese beiden Typen wird die Lichtstärke in Watt/m^2 angegeben.

Zum Weiterlesen
Genauere Infos zum HAIR-Shader erhalten Sie in Kapitel 11, »Partikelsysteme«.

- HAIR BSDF: Dieser Shader ist bei Haaren sinnvoll. Er erzeugt den für Haare typischen Glanz und kann mit verschiedenen anderen Nodes Haare färben.
- BACKGROUND: Dieser Shader sollte nur beim Erstellen von WORLD-Hintergründen genutzt werden – in allen anderen Fällen wird Blender ihn ignorieren. Über den COLOR-INPUT-Socket und einen damit verbundenen IMAGE-TEXTURE-Node können Sie mit diesem Node HDR-Bilder in den Hintergrund laden und über diesen die Szene beleuchten lassen – ganz einfach und ohne große Einstellungen.
  - STRENGTH: Über diesen Parameter legen Sie die Stärke der Szenenbeleuchtung durch den Hintergrund fest.

- AMBIENT OCCLUSION: Mit diesem Shader können Sie pro Objekt entscheiden, wie viel der AMBIENT OCCLUSION (falls aktiviert im WORLD-Tab) genutzt werden soll.
- HOLDOUT: Der HOLDOUT-Shader verhält sich wie die MASK-Einstellung im TRANSPARENCY-Panel des BI-Renderers. Er macht den Hintergrund sichtbar, egal, was hinter dem Objekt mit diesem Shader liegt und ist dadurch besonders beim Integrieren von digitalen Modellen in reale Umgebungen nützlich.
- VOLUME ABSORPTION: Mit diesem Shader absorbieren Sie Licht, während es durch ein Material dringt. Sie können durch diesen Shader beispielsweise Glasobjekte erzeugen, bei denen das Material in der Mitte dunkler als in den Randbereichen ist. Der DENSITY-Wert gibt dabei die Dichte des Materials an. Je dichter ein Material ist, desto undurchdringlicher wird es. Volumetrische Shader werden in Cycles mit dem VOLUME-Socket des MATERIAL-OUTPUT-Nodes verbunden, nicht mit dem SURFACE-Socket. Es hindert Sie allerdings nichts daran, beide Sockets mit den entsprechenden Nodes zu verbinden, um Spezialmaterialien zu erzeugen.
- VOLUME SCATTER: Dieser Shader erzeugt volumetrische Materialien, wie beispielsweise Rauch und Feuer. Seine Funktionsweise können Sie sich ähnlich wie die des SSS-Shaders vorstellen: Ein Lichtstrahl wird in das Material geschossen und dort von den Partikeln reflektiert. Der Strahl bewegt sich innerhalb des Materials weiter und wird dort immer wieder reflektiert – das Material wird als Wolke, Rauch oder Qualm sichtbar. Neben der bereits im letzten Shader erwähnten DENSITY-Einstellung können Sie mit dem ANISOTROPY-Wert festlegen, ob das Licht von der Kamera entfernt aus dem Material (Werte > 0 resultieren in dunklem Material) oder in Richtung der Kamera austritt.

▲ **Abbildung 8.150**
VOLUME ABSORPTION

▲ **Abbildung 8.151**
VOLUME SCATTER

So weit, so gut! Was tun Sie allerdings, wenn Sie ein Material wie einen Autolack definieren möchten? Denken Sie an die letzte Übung von Seite 426 zurück ... Sie bräuchten hier die Möglichkeit, zwei Shader zu kombinieren. Gerade bei Materialien, die aus mehreren Lagen bestehen sind diese Shader wichtig:

- Mix Shader: Über den Mix-Shader können Sie zwei Shader übereinanderlegen. Der Fac-Wert gibt an, zu welchem Anteil das Material im oberen Slot und zu welchem Anteil das Material im unteren Slot zu dem Endergebnis beiträgt. Das Mischen von Materialien über den Mix Shader ist physikalisch korrekt – es kann nie mehr Licht reflektiert werden, als an den Eingängen bereitsteht.
- Add Shader: Ähnlich wie bei dem Mix Shader werden auch hier zwei Shader miteinander kombiniert. Während bei der oberen Variante allerdings Shader physikalisch korrekt gemischt werden, kann bei einem Add Shader das Material mehr Licht reflektieren als am Eingang vorhanden ist – er wird meist für Spezialeffekte genutzt.

Im Allgemeinen werden Sie BSDF-, SSS- und Holdout-Shader immer per Mix Shader mischen, während bei Background- und Emission-Shadern auch ein Mix per Add Shader in Ordnung geht. Auch volumetrische Komponenten (Scatter und Absorption) kombinieren Sie am besten per Add Shader.

8.11.6 Cycles-Nodes entdecken

In diesem Abschnitt beleuchten wir eine Szene mit Meshlights, definieren neue Materialien und sehen uns an, wie die Erstellung von Nodes mit dem Material-Panel interagiert. Ganz nebenbei lernen Sie, wie Sie die Meshlights dazu bringen, nur auf einer Seite Licht auszusenden.

Schritt für Schritt
Den World-Node-Tree erstellen

Die Datei »08_WorldAndMeshLight_Cycles_Start.blend« finden Sie auf der Buch-DVD unter Beispielmaterial • Kapitel_08.

Die Szene habe ich bereits in der Datei »08_WorldAndMeshLight_Cycles_Start.blend« vorbereitet – öffnen Sie diese jetzt. Da kein Licht in der Szene vorhanden ist, wird sie bei einem Rendering-Versuch komplett schwarz bleiben. Starten Sie, indem Sie den Welthintergrund (und damit auch die Beleuchtung durch die Welt) mithilfe des World-Tabs definieren.

1 Nodes hinzufügen

Stellen Sie zuerst im NODE EDITOR den Editor-Typ auf WORLD (klicken Sie die Weltkugel an, das 5. Icon von links in der NODE-EDITOR-Fußzeile). Wechseln Sie anschließend auf das WORLD-Tab des PROPERTIES-Editors. Klicken Sie dort auf NEW, oder wählen Sie – falls Sie eine BI-Szene anpassen möchten – USE NODES auf dem SURFACE-Panel. Sehen Sie, wie automatisch ein BACKGROUND-Node und ein WORLD-OUTPUT-Node erzeugt werden?

2 Sky-Texture hinzufügen

Rechts neben dem COLOR-Feld im SURFACE-Panel des WORLD-Tabs sehen Sie ein Viereck mit einem kleinen Punkt (Abbildung 8.152) – klicken Sie darauf, und wählen Sie SKY TEXTURE aus. Diese Auswahl fügt Ihrem BACKGROUND-Node einen weiteren Node hinzu, der einen Himmel simuliert. Falls Sie einen Node auf dem Panel entfernen möchten, klicken Sie auf den kleinen Punkt neben SKY TEXTURE, und wählen Sie REMOVE.

3 Umgebungslicht anpassen

Bewegen Sie anschließend Ihre Maus auf die weiß-graue Kugel, und ziehen Sie bei aktiviertem RENDERED VIEWPORT SHADING langsam in verschiedene Richtungen. Sie beeinflussen damit den Sonnenstand und daher auch das Umgebungslicht. Erhöhen Sie die STRENGTH-Einstellung des BACKGROUND-Nodes auf 2, um die Umgebungshelligkeit zu verdoppeln.

Automatische Nodes

Blender erzeugt für all Ihre Aktionen auf dem Panel automatisch die passenden Nodes. So können Materialien wie gewohnt auf den Panels definiert und geändert werden, ohne den NODE EDITOR öffnen zu müssen. Die Panels stellen eine andere Ansicht auf den Node-Tree dar.

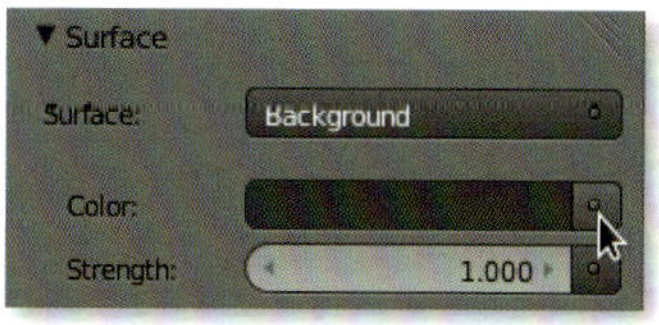

▲ **Abbildung 8.152**
Über diese unscheinbare Box wählen Sie die SKY TEXTURE aus.

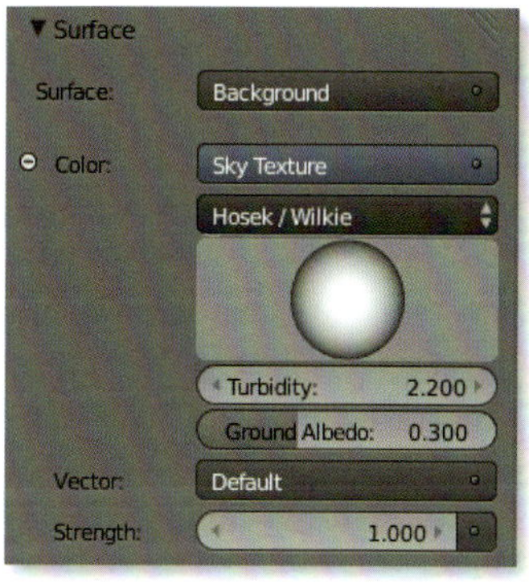

▲ **Abbildung 8.153**
Die Welt mit SKY TEXTURE

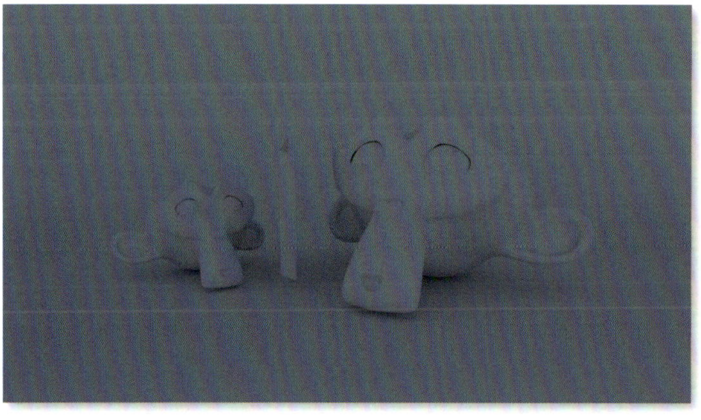

◀ **Abbildung 8.154**
Ihre Szene wird bislang einzig durch den SKY-Shader beleuchtet.

Ihre Szene wird gerade ausschließlich durch das Umgebungslicht beleuchtet – beeindruckend, wenn Sie sich überlegen, wie viel Sie mit dem BI-Renderer kämpfen mussten, um globale Beleuchtung zu nutzen, oder? Haben Sie eine schöne Färbung der Szene erreicht, erstellen Sie im nächsten Schritt zwei Meshlights.

Schritt für Schritt Meshlights erstellen und einrichten

Streng genommen würde es bereits ausreichen, einen Welthintergrund zu definieren, um Ihre Szene zu beleuchten – um einzelne Akzente zu setzen, werden Sie jedoch oftmals auch ein oder zwei Mesh- oder Standard-Lichtquellen in die Szene mit aufnehmen wollen.

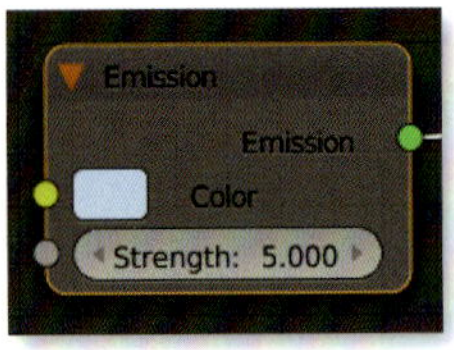

▲ **Abbildung 8.155**
Die Einstellungen des Emission-Nodes

1 Emission-Shader hinzufügen und verbinden

Wählen Sie eine der beiden oberen Mesh-Planes der Beispieldatei aus. Fügen Sie anschließend (entweder über das Material-Panel mit einem Klick auf New und auf Surface oder über den Node Editor) einen Emission-Shader hinzu, und verbinden Sie diesen mit dem Material-Output-Node. Ein Strength-Wert von 5 (Watt/m²) und ein leicht bläuliches Licht sollte für das erste Highlight sorgen.

Farbtemperatur in Blender

Kennen Sie die Farbtemperatur einer realen Lichtquelle in Kelvin, so können Sie diese Information direkt in Cycles nutzen. Fügen Sie dazu einen Blackbody-Node aus dem Converter-Menü ein, geben Sie die Farbtemperatur unter Temperature ein, und verbinden Sie den Ausgang mit dem Color-Input-Socket des Emission-Shaders – sofort wird die gewählte Lichtfarbe ausgegeben. Probieren Sie diese Art der Beleuchtung doch einmal mit dem in der Szene vorhandenen Punktlicht aus.

2 Zweite Plane anpassen und rendern

Geben Sie der zweiten Plane eine etwas geringere Leuchtkraft und ein rötliches Licht. Rendern Sie Ihre Szene, um einen Eindruck von den geänderten Lichtquellen zu erhalten.

3 Optional: Meshlights weiter anpassen

Möchten Sie erreichen, dass ein Meshlight nur entlang der Vorder- oder Rückseite Licht aussendet, so können Sie auch diese Aufgabe leicht mit Nodes erledigen: Fügen Sie dazu einen Mix Shader zwischen den Emission- und den Material-Output-Shader ein. Fügen Sie darüber hinaus einen Geometry-Node aus der Input-Kategorie hinzu, und verbinden Sie den Backfacing-Ausgang mit dem Fac-Eingang des Mix-Nodes.

Abbildung 8.156 ▶
Ein Meshlight mit unterschiedlicher Vorder- und Rückseite

Der Backfacing-Ausgang ist 0, wenn die Vorderseite der Face betrachtet wird, und 1, wenn die Rückseite der Face betrachtet wird. Die Entscheidung, welche Seite Vorder- und welche Seite Rückseite ist, wird durch die Face-Normalen getroffen. Ein W • Flip Normals im Edit Mode dreht die gewählten Faces (und damit die Normalen) um.

Auf diese Art könnten Sie auch eine Vorderseite mit einem völlig anderen Shader belegen als die Rückseite einer Face/eines Modells. »08_WorldAndMeshLight_Cycles_Mid.blend« zeigt Ihnen anhand eines mittig zwischen den beiden Suzannes aufgestellten Vierecks, wie Sie diese Technik nutzen, um die Vorderseite einer Face mit einem anderen Material als die Rückseite zu belegen.

Die Datei »08_WorldAndMeshLight_Cycles_Mid.blend« finden Sie auf der Buch-DVD unter Beispielmaterial • Kapitel_08.

Schritt für Schritt
Das Material des Bodens anlegen

Der Boden wird ein grau-weißes Schachbrettmuster erhalten. Dieses wird prozedural erzeugt und daher nicht auf Bildtexturen basieren.

1 Nodes für Fußboden ergänzen und verbinden

Wählen Sie den Boden aus, fügen Sie einen neuen Material-Node hinzu, und nennen Sie ihn »BottomMat«. Das standardmäßig eingesetzte Diffuse-Material muss am Color-Input-Socket ein Schachbrettmuster empfangen. Fügen Sie dazu über ⇧ + A • Texture einen Checker-Texture-Node ein. Verbinden Sie den Color-Socket dieses Nodes mit dem Color-Socket des Diffuse-BSDF-Shaders. Rendern Sie jetzt, wird Ihr Boden ein Schachbrettmuster aufweisen.

2 Farbe und Größe der Fußbodenkacheln einstellen

Die beiden Color-Inputs des Checker-Texture-Nodes ändern die Farbe, Scale passt die Größe der Kacheln an. Probieren Sie verschiedene Werte aus, und gehen Sie zum nächsten Schritt, wenn Sie mit dem Bodenbelag zufrieden sind.

3 Boden UV-unwrappen

Der Boden sieht jetzt zwar schon ganz prächtig aus, verhält sich aber immer noch etwas seltsam am oberen Rand. Dieser Effekt ist auf ein falsches Textur-Mapping zurückzuführen – wir sollten den Boden am besten UV-unwrappen. Wechseln Sie dazu bei selektiertem Boden in den Edit Mode. Selektieren Sie anschließend alle Vertices, und wählen Sie [U] • UNWRAP. Mehr ist nicht zu tun – wir möchten unsere UV-Map nicht weiter anpassen. Wechseln Sie daher mit [⇆] wieder in den OBJECT MODE.

4 UV-Koordinaten einsetzen

Anschließend teilen Sie Cycles mit, dass Sie die UV-Koordinaten nutzen möchten. Diese Aufgabe erledigen Sie, indem Sie über [⇧] + [A] • INPUT einen TEXTURE-COORDINATE-Node einfügen. Verbinden Sie den UV-Socket des TEXTURE-COORDINATE-Nodes mit dem VECTOR-Socket des CHECKER-TEXTURE-Nodes. Cycles wird jetzt die UV-Koordinaten nutzen. Rendern Sie erneut, werden Sie den Unterschied sofort bemerken.

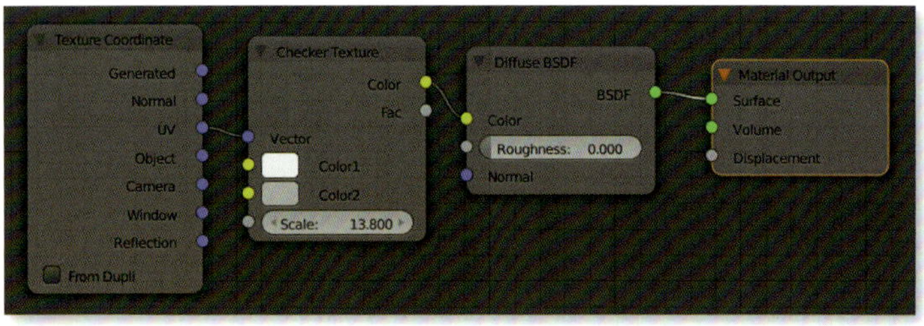

Abbildung 8.157 ▸
Das Schachbrettmuster des Bodens als Node-Tree

Schritt für Schritt
Die Materialien von Suzanne erstellen

Die linke Suzanne wird ein simples pinkes Glasmaterial erhalten, während die rechte Suzanne aus einer Art gefrostetem grünen Glas erstellt wird.

1 Linke Suzanne auswählen

Wählen Sie die linke Suzanne an, fügen Sie einen neuen MATERIAL-Node hinzu, und nennen Sie ihn »LeftSuzanneMat«.

2 Shader bearbeiten

Löschen Sie anschließend den DIFFUSE-BSDF-Shader, und fügen Sie einen GLASS-BSDF-Shader über [⇧] + [A] hinzu. Verbinden Sie ihn mit dem MATERIAL-OUTPUT-Shader.

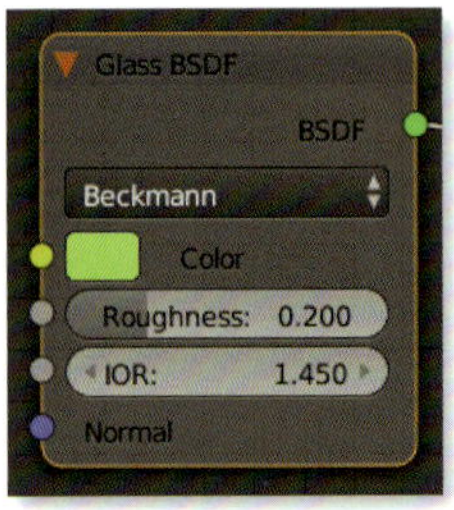

▴ Abbildung 8.158
Die Einstellungen des GLASS-Nodes, um gefrostetes Glas zu erzeugen

3 Die linke Suzanne mit Farbe versehen

Wählen Sie eine pinke Farbe über einen Klick auf den COLOR-INPUT-Socket aus, und rendern Sie Ihre Szene. Spielen Sie etwas mit verschiedenen IOR-Werten, und sehen Sie sich an, wie die Reflexion des Bodens im Glas verzerrt wird (bei IOR-Werten über 1).

4 Die rechte Suzanne auswählen

Das Material für die rechte Suzanne wird ganz ähnlich wie das für die linke erstellt – daher werden wir das Material der linken als Ausgangsmaterial für die rechte nutzen.

Wählen Sie die rechte Suzanne an, und klicken Sie auf das MATERIAL-Symbol links neben der Schaltfläche NEW (oder den Materialnamen, falls noch ein Material besteht) im NODE EDITOR. Wählen Sie in der daraufhin erscheinenden Liste das eben erstellte Material »LeftSuzanneMat«.

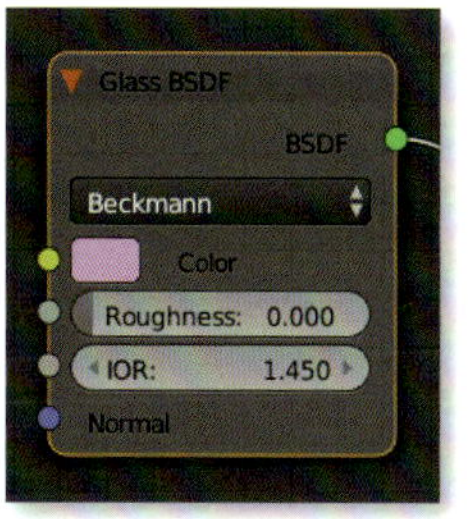

▲ **Abbildung 8.159**
Mit einem ROUGHNESS-Faktor von 0 erzeugen Sie klares Glas.

5 Verlinkung lösen

Klicken Sie anschließend auf die 2, die direkt neben dem Materialnamen angezeigt wird. Sie lösen damit die Verlinkung auf den Originaldatenblock und machen dieses Material eigenständig.

6 Die rechte Suzanne mit Farbe versehen

Passen Sie anschließend die Farbe des Materials wie gewünscht an (in meinem Beispiel Grün), und erhöhen Sie die Roughness auf 0.2. Diese Einstellung macht das Glas rauer, was bereits genügt, um eine Art Frost-Effekt zu verursachen.

Herzlichen Glückwunsch, Ihre Szene ist jetzt vollständig mit Cycles-Node-Materialien ausgestattet. Ein mögliches Ergebnis sehen Sie in Abbildung 8.160.

▲ **Abbildung 8.160**
Ein mögliches Ergebnis dieser Übung – Suzanne, gefrostet, neben einer Suzanne aus Glas

Probieren Sie jetzt einmal aus, was passiert, wenn Sie den Renderer auf den BI-Renderer umstellen und rendern? Kein einziges Ihrer Materialien wird korrekt angezeigt. Im nächsten Abschnitt möchte ich Ihnen einen möglichen Weg aus dieser Misere aufzeigen.

8.11.7 BI- und Cycles-Materialien in einem Material

Der Trick ist hierbei, dass Sie in den Cycles-Node-Tree BI-Nodes einbauen. Genauso wie Cycles die BI-Nodes einfach ignoriert, wenn der Cycles-Renderer ausgewählt ist, wird der BI-Renderer alle Cycles-Nodes ignorieren. Sie halten also einfach beide Node-Typen in einem Node-Tree. Bevor Sie BI-Nodes einem Cycles-Node-Tree hinzufügen können, müssen Sie den BI erst wieder über die Engine-Combobox auswählen. Wählen Sie anschließend den Boden aus, und führen Sie die folgenden Schritte aus:

1. Fügen Sie über ⇧ + A • Input einen Material-Node und über ⇧ + A • Output einen Output-Node ein.
2. Verbinden Sie beide Nodes, und erzeugen Sie ein neues Material über einen Klick auf New innerhalb des Material-Nodes.
3. Ab diesem Zeitpunkt können Sie Ihr Material wie gewohnt über die Panels des Material-Tabs ändern, Texturen hinzufügen und BI-Nodes miteinander verbinden, ganz genau, wie schon etwas früher in diesem Kapitel beschrieben. Fügen Sie beispielsweise mithilfe des Material-Tabs eine neue Magic-Textur ein. Um die Cycles- und BI-Nodes visuell voneinander abzugrenzen, können Sie Frame-Nodes nutzen, funktional wird dies keinen Unterschied machen.

Die Datei »08_WorldAndMeshLight_BIAndCycles.blend« finden Sie auf der Buch-DVD unter Beispielmaterial • Kapitel_08.

Um den Boden auch im BI-Rendering tatsächlich anzeigen zu können, müssen Sie neben den vorangegangenen Schritten noch mindestens eine Standard-Lichtquelle in die Szene einfügen – denn wie Sie bereits wissen, funktionieren Meshlights im BI-Renderer nur mit der Option Approximate Ambient Occlusion des World-Panels.

Auch wenn die hier beschriebene Methode nicht exakt die gleichen Materialien hervorbringt und manche Materialien nicht so einfach in beiden Engines gleichzeitig aufgebaut werden können, ist dieser Weg doch sinnvoll, wenn Sie die Kompatibilität mit beiden Render-Engines aufrechterhalten möchten. Die Datei »08_WorldAndMeshLight_BIAndCycles.blend« enthält auf beiden Suzanne-Objekten Materialien für beide Engines.

Image-Texture-Node
Der Image-Texture-Node bietet Ihnen exakt die gleichen Funktionen, die Ihnen bereits bei der Auswahl des Texture-Tabs mit Image-Texturen angeboten werden. Die einzelnen Optionen erscheinen, wenn Sie die letzte Combobox der Image Texture anklicken. Dort schalten Sie zwischen Sequenzen, Filmen, Einzelbildern oder generierten (von Blender erzeugten) Bildtypen um.

8.11.8 Cycles Texture Paint

Wie Sie Cycles mitteilen, dass Sie UV-Koordinaten nutzen möchten, haben Sie im vorletzten Abschnitt bereits gelernt. In diesem Abschnitt werden wir wieder auf ein Modell im 3D-Viewport zeichnen und gleichzeitig dieses Bild per Cycles-Nodes zum Rendern nutzen.

Schritt für Schritt Texture-Painting mit Cycles

Laden Sie dazu die Szene »08_TexturePainting_Cycles_Start.blend« – sie ist bereits in eine 3D-Ansicht (unten), einen UV/IMAGE EDITOR (oben links) und einen NODE EDITOR (oben rechts) unterteilt, so dass alle Aufgaben ohne Verzögerungen ausgeführt werden können.

Die Vorgehensweise beim TEXTURE PAINTING mit Cycles unterscheidet sich kaum von der des BI-Renderers. Der einzige Unterschied ist, dass wir die Textur per Node-Material auf die Sphere aufbringen:

1 Material-Node erzeugen

Wählen Sie dazu die SPHERE, erzeugen Sie einen neuen MATERIAL-Node durch einen Klick auf NEW, und geben Sie dem Material einen aussagekräftigen Namen (beispielsweise »SphereMat«).

2 Image Texture hinzufügen und verbinden

Fügen Sie daraufhin über [⇧] + [A] • TEXTURE eine IMAGE TEXTURE hinzu, und verbinden Sie den COLOR-Socket dieses Nodes mit dem COLOR-INPUT-Socket des DIFFUSE-Nodes.

3 Texture Coordinates festlegen

Als Nächstes fügen Sie einen TEXTURE-COORDINATES-Node über [⇧] + [A] • INPUT ein und verbinden den UV-Socket dieses Nodes mit dem VECTOR-Socket des IMAGE-TEXTURE-Nodes.

4 Sphere unwrappen

UV-Unwrappen Sie die Sphere anschließend in der Seitenansicht ([3] auf dem Ziffernblock) der 3D-Ansicht, indem Sie im EDIT MODE alles auswählen und beherzt auf [U] drücken. Wählen Sie in dem jetzt erscheinenden Dialog SPHERE PROJECTION.

5 Neues Bild erzeugen und verlinken

Bewegen Sie Ihre Maus anschließend in den UV/IMAGE EDITOR, und erzeugen Sie dort ein neues Bild durch einen Klick auf NEW. Vergeben Sie auch hier im daraufhin erscheinenden Dialog einen eindeutigen Namen (beispielsweise »SphereImage«), und bestätigen Sie den Dialog. Verlassen Sie den EDIT MODE anschließend wieder. Verlinken Sie jetzt das gerade erzeugte Bild mit dem IMAGE-TEXTURE-Node, indem Sie in diesem Node auf das Bild-Icon neben der OPEN-Schaltfläche klicken und dort den Namen des Bildes anklicken.

Die Datei »08_Texture-Painting_Cycles_Start.blend« finden Sie auf der Buch-DVD unter BEISPIELMATERIAL • KAPITEL_08.

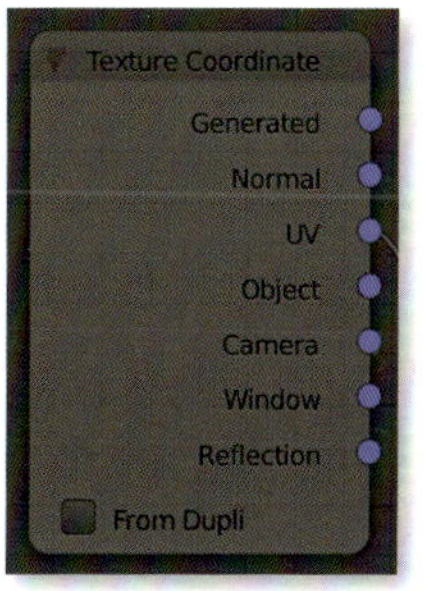

▲ **Abbildung 8.161**
Per TEXTURE-COORDINATES-Node legen Sie die Koordinaten auf UV fest.

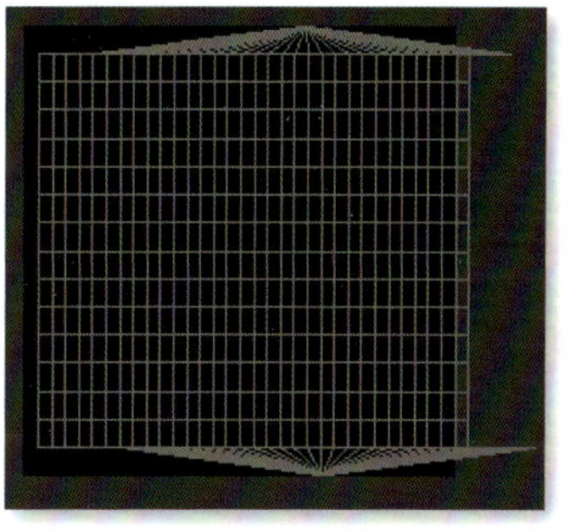

▲ **Abbildung 8.162**
Die per SPHERE PROJECTION abgewickelte Kugel

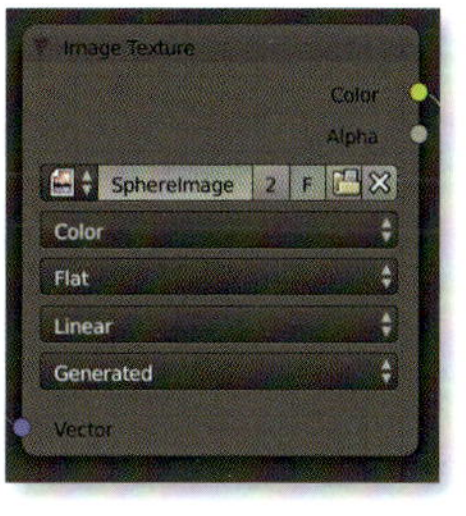

▲ **Abbildung 8.163**
Verlinken Sie den Bilddatenblock mit dem IMAGE-Node, um im 3D-VIEW-Editor auf das Bild zeichnen zu können.

Texture-Mapping

Das Texture-Mapping wird in Cycles immer über den Texture Coordinates-Node umgesetzt. Haben Sie allerdings mehrere UV-Maps im Object-Data-Tab erzeugt, müssen Sie einen anderen Weg wählen: Nutzen Sie in diesem Fall mehrere UV-Map- und Image-Texture-Nodes, die Sie im Add-Menü unter Input finden. Wählen Sie in dem UV-Map-Node die entsprechende UV-Map aus, und verbinden Sie den Vector-Socket dieses Nodes mit dem Vector-Socket des jeweiligen Image-Texture-Nodes.

Die Datei »08_Texture-Painting_Cycles_End.blend« finden Sie auf der Buch-DVD unter Beispielmaterial • Kapitel_08.

6 Texture-Paint-Mode aufrufen

Schlussendlich wechseln Sie in der 3D-Ansicht in den Texture-Paint-Mode über einen Klick auf die Modus-Combobox und starten das Zeichnen direkt auf dem Objekt. Über die Toolbar ([T]) können Sie sich jederzeit alle Einstellungen zu Pinseln, Farben und Pinsel-Texturen anzeigen lassen und nach Belieben ändern.

Möchten Sie sofort mit dem Zeichnen loslegen, ohne die obigen Schritte durchzuführen, so nutzen Sie die Datei »08_TexturePainting_Cycles_End.blend« – sie enthält bereits ein Objekt, das nur darauf wartet, von Ihnen angemalt zu werden.

Wie Sie sehen, unterscheidet sich das Anlegen des Materials zwar von dem Vorgehen bei der Wahl des BI-Renderers, das grundsätzliche Vorgehen und das tatsächliche Zeichnen der Textur ist jedoch exakt gleich geblieben. Natürlich stehen Ihnen auch weiterhin alle Tastenkombinationen beim Zeichnen zur Verfügung, die Ihnen Blender mit dem BI-Renderer bereits angeboten hat.

8.11.9 Cycles und OSL

Zum Abschluss dieses Kapitels möchte ich Ihnen noch eine weitere Möglichkeit vorstellen, um Oberflächen in Cycles zu definieren – über die Shader-Sprache OSL. Cycles ist damit eine der ersten Render-Engines, die ermöglicht, per OSL Oberflächen-Shader zu definieren. OSL richtet sich dabei eher an Shading-Künstler, die programmiertechnisches Know-how mitbringen. Wir werden uns daher damit begnügen, ein OSL-Skript in Blender zu laden und auszuführen.

OSL

Die *Open Shading Language* (OSL) ist eine von Sony Pictures Imageworks (SPI) entwickelte Sprache zur Oberflächendefinition, die die unterschiedlichsten Materialien erzeugen kann. SPI nutzt OSL in vielen aktuellen Produktionen: Ob »Der Zauberer von Oz«, »The Amazing Spiderman 2« oder »Man In Black 3« – immer werden die Shader über OSL definiert.

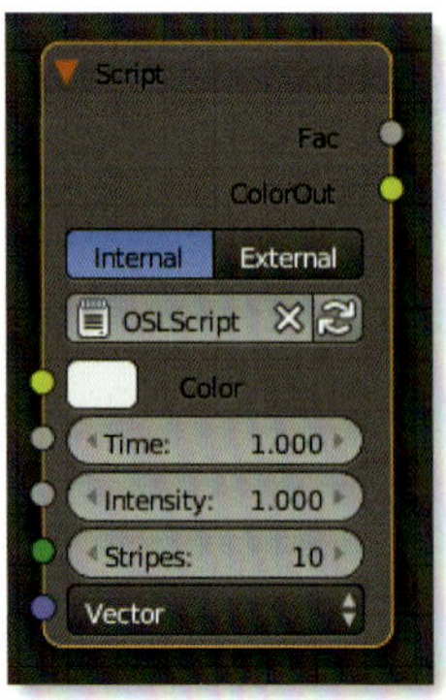

◂ **Abbildung 8.164**
Nach dem Übersetzen stellt ein OSL-Skript genau wie die internen Skripte Ein- und Ausgabe-Sockets bereit.

Die Einbindung von OSL-Shadern läuft in Blender über einen speziellen Node ab – den Script-Node. Mit diesem Node und dem Script-Editor (siehe Kapitel 16, »Blender erweitern«) kann ein OSL-Shader (besteht aus reinem Text) geladen und übersetzt werden. Die Ein- und Ausgänge des Script-Nodes stellen anschließend die Ein- und Ausgangs-Variablen des OSL-Shaders dar – sie erscheinen wie gewohnt an der linken bzw. rechten Seite des Nodes. Da SPI die Sprache und die dazugehörigen Bibliotheken für die CPU und nicht für die GPU entwickelt hat, ist die Nutzung von OSL nur möglich, wenn Cycles mit der CPU genutzt wird. Um OSL zu nutzen, stellen Sie im Render-Tab unter dem Render-Panel die Einstellung Device auf CPU, und setzen Sie ein Häkchen in der daraufhin erscheinenden Checkbox Open Shading Language.

Schritt für Schritt
OSL-Skripte nutzen

Um einen Eindruck der Möglichkeiten mit OSL zu bekommen, laden Sie jetzt ein OSL-Skript in Blender und weisen das resultierende Material einem Boden zu. Öffnen Sie dazu die Datei »08_OslScriptTest.blend«, und führen Sie die folgenden Schritte aus:

Die Datei »08_OslScriptTest.blend« finden Sie auf der Buch-DVD unter Beispielmaterial • Kapitel_08.

1 Script-Node vorbereiten

Wählen Sie den Boden aus. Im Node Editor werden Sie getrennt von den anderen Nodes einen Script-Node finden. Falls Sie einen neuen Script-Node einfügen müssen, können Sie dies über [⇧] + [A] • Script tun.

Im linken Teil sehen Sie einen neuen Editor: den Text Editor. In diesem liegt bereits das zu ladende Skript bereit.

2 Skriptdatei laden und übersetzen

Klicken Sie in dem Script-Node neben das Text-Editor-Icon, und wählen Sie die Skriptdatei aus. Würden Sie eine externe (also nicht eine innerhalb Blender verfügbare, sondern auf der Festplatte befindliche Datei) wählen wollen, so müssten Sie den Script-Node über einen Klick auf External dafür vorbereiten. Unmittelbar nachdem Sie das Skript ausgewählt haben, wird Blender das Skript übersetzen und die Ein- bzw. Ausgänge anzeigen.

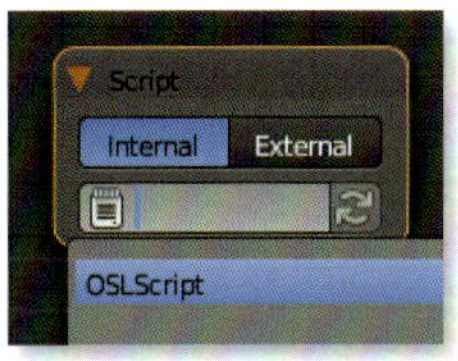

▲ **Abbildung 8.165**
Sobald Sie das Skript auswählen, übersetzt es Blender und erstellt die enthaltenen Sockets neu.

3 Script-Node in den Shading-Prozess einbinden

Aktivieren Sie das Echtzeit-Rendering über [⇧] + [Z], und verbinden Sie den Color-Out-Socket des Script-Nodes mit dem Color-Input-Socket des Diffuse-BSDF-Shaders. Sie werden sofort sehen, dass sich eine Welle mit mehreren Wellenbergen über den Hintergrund erstreckt – und das mit diesem winzigen Skript.

▲ **Abbildung 8.166**
Das Endergebnis des kleinen OSL-Skripts

Weitere Infos
Eine übersichtliche und sehr gute Anlaufstelle für OSL sind einerseits *http://www.openshading.com*, eine von Thomas Dinges gepflegte Webseite, die sich um OSL mit Cycles kümmert, und natürlich *https://github.com/imageworks/OpenShadingLanguage*, die den kompletten Quelltext und einige Erklärungen zu OSL in englischer Sprache bereithält.

Betrachten Sie zum Abschluss dieser kleinen Übung das Skript, und versuchen Sie die Namen der Sockets wiederzufinden. Mit ein wenig programmiertechnischem Geschick wird dies für Sie eine leichte Aufgabe darstellen.

Ich hoffe ich konnte Ihnen mit diesem Beispiel zeigen, wie mächtig OSL in Verbindung mit Cycles und geringen Programmierkenntnissen ist.

8.12 Zum Stöbern

Auch dieser Abschnitt bietet wieder jede Menge Möglichkeiten, selbst aktiv zu werden:

- Sehen Sie sich alle alltäglichen Dinge in Ihrer Umgebung an, und versuchen Sie, die Oberfläche möglichst genau nachzubilden.
- Sehen Sie sich an, welche Sculpting-Möglichkeiten Ihnen Blender in Verbindung mit UV-Unwrapping bietet. So können Sie Ihr UV-Layout über einen Pinsel beispielweise entzerren und vieles andere mehr.
- Versuchen Sie, komplexere Körper zu unwrappen, und texturieren Sie sie.
- Üben Sie Texture Painting in Verbindung mit Sculpting. Modellieren Sie eine Landschaft, und texturieren Sie sie anschließend in der 3D-Ansicht.
- Blender besitzt mit dem VERTEX-PAINT-Modus noch einen weiteren Zeichenmodus, mit dem Sie Farbe direkt auf die Vertices eines Objekts aufbringen. Ihr Objekt muss also viele Vertices besitzen, wenn Sie detailreiche Zeichnungen erstellen möchten. Erkunden Sie diesen Modus und das dazugehörige VERTEX-

COLORS-Panel auf dem OBJECT-DATA-Tab. Die offizielle Dokumentation unter *http://goo.gl/EikZDY* gibt Ihnen alle Infos dazu.

- Erkunden Sie die unterschiedlichen BI- und Cycles-Nodes – kombinieren Sie sie, und sehen sich an, wie Sie im Verbund wirken.
- Sehen Sie sich an, wie andere Künstler ihre Materialien aufbauen (beispielsweise ein Autolack-Material) – laden Sie sich dazu interessante Projekte von *http://www.blendswap.com* herunter, und untersuchen Sie die Modelle und Texturen.
- Sehen Sie sich das Thema Baking in Blender an. Sie finden es sowohl beim BI- als auch beim Cycles-Renderer auf dem RENDER-Tab. Mithilfe der hier verfügbaren Schaltflächen und Optionen können Sie unter anderem die NORMAL-Maps erzeugen, um Details von High-Poly-Objekten auf Low-Poly-Objekte zu übertragen. Darüber hinaus bietet es Ihnen Optionen, um die Beleuchtung »in Texturen« zu rendern. Dabei werden die Schatten, Farben und Spiegelungen auf UV-unwrappte Objekte »gebacken«. Besonders in Spielen werden solche Texturen oft verwendet, um Szenen ohne Rendering realistischer werden zu lassen.

8.13 Auf ins nächste Kapitel

Mit diesen Informationen möchte ich dieses zugegebenermaßen sehr große, aber hoffentlich interessante Kapitel enden lassen. Sie haben jetzt das Wissen und die Werkzeuge an der Hand, um Farbe ins Leben Ihrer fertig ausgeleuchteten und modellierten Szenen zu bringen. Sie kennen die Unterschiede zwischen Cycles und dem BI-Renderer und wissen, wann und wie Sie die beiden Render-Engines dazu überreden, Ihnen die passenden Materialien zu erstellen. Im nächsten Kapitel möchte ich Ihnen einen Einblick in die Entstehungsgeschichte der Animation geben und Ihnen zeigen, dass Animation keineswegs eine Erfindung der Neuzeit ist. Sie werden sehen, wie konsequent Blender das Konzept »Alles ist animierbar« umsetzt und wie einfach es ist, Ihren Szenen neben Farbe auch Leben einzuhauchen.

Kapitel 9
Animation

In diesem Kapitel werden wir unseren Blick auf ein Thema lenken, das Menschen schon seit Jahrtausenden fasziniert und heutzutage in 3D-Kinos seinen bisherigen Höhepunkt feiert: den Animationen. Sie werden erfahren, wie sich Animationen im Laufe der Zeit geändert haben und welche Techniken heute State of the Art sind. Sie lernen verschiedene Animationsarten kennen, sehen, wie sich diese im Laufe der Zeit weiterentwickelt haben und wie Sie mit Blenders Animationssystem und Animations-Editoren arbeiten.

9.1 Die Geschichte der Animation

Animationen sind aus unserer heutigen Welt nicht mehr wegzudenken. Sie begleiten uns in unserem täglichen Leben ständig: Egal, ob Sie auf der Couch einen Film ansehen, eine LED-Leuchttafel mit Werbung betrachten, Smartphones nutzen, auf Webseiten surfen oder Ihr Auto mit integriertem Display starten – immer begleiten Sie dabei mehr oder weniger prominent verschiedene Animationen. Doch das war nicht immer so: Animationen – insbesondere computergenerierte Animationen – haben einen langen Weg hinter sich.

Cycles oder BI
Animationen sind völlig unabhängig von der verwendeten Render-Engine – Sie werden daher keine Unterscheidungen zwischen Cycles und anderen internen oder externen Render-Engines in diesem Kapitel finden.

◂ Abbildung 9.1
Die digitalen Animationen von heute basieren in vielen Punkten auf »althergebrachten« Animationstechniken – einige werden Sie in diesem Kapitel kennenlernen.

9.1.1 Was ist Animation?

Wenn wir uns über Animationen unterhalten, müssen wir uns zuerst fragen, was mit dem Begriff überhaupt gemeint ist: Der Begriff Animation (von lat. *animare*, »zum Leben erwecken«) bezeichnet eine Technik, bei der durch das schnelle Anzeigen von Einzelbildern für den Betrachter ein bewegtes Bild geschaffen wird. Auf welche Art diese Bilder geschaffen werden (im Computer errechnet, gezeichnet, modelliert und fotografiert usw.), legt der Begriff ganz bewusst nicht fest.

Bei der Wiedergabe einer solchen Bildsequenz entsteht für den Betrachter durch die Trägheit der Augen ab 16 Bildern pro Sekunde (Frames per Second = fps) die Illusion einer flüssigen Bewegung. In Kinofilmen werden Ihnen 24 (bzw. 48) fps präsentiert, was bedeutet, dass während eines 90-Minüters 129.600 (bzw. 259.200) Einzelbilder an Ihren Augen vorbeirasen. Einerseits ist dabei beeindruckend, wie schnell ein Gehirn diese Eindrücke verarbeitet, aber anderseits auch wie unglaublich viel Arbeit für die Zeichner und 3D-Animatoren dahintersteckt, wenn ein Zeichentrick- oder Animationsfilm produziert wird!

Der größte Teil der weltweiten Animation wird für den (3D- und Trick-) Filmbereich produziert, für Kino oder Fernsehen, zur Unterhaltung oder Werbung. Doch auch neue Märkte, wie die Animation für integrierte Systeme (Navigationsgeräte, On-Board-Systeme) in Fahrzeugen, stationären Multimediasystemen oder Animationen für Lehre und Infotainment nehmen ständig zu. Übergreifend muss man feststellen, dass der Bedarf an Animationen stetig steigt.

9.1.2 Die Anfänge der klassischen Animation

Anders als Sie vielleicht vermuten, müssen wir, um den Startpunkt unserer Reise zu erreichen, einen sehr großen Sprung in die Vergangenheit machen, denn die wahrscheinlich erste Animation begegnet uns im alten Ägypten.

Ramses heute
Ein ähnlicher Trick wird heutzutage in Großstädten angewandt (z. B. in Hamburg), wenn an U-Bahn-Schächten Bildfolgen angebracht werden. Durch die Bewegung der Bahn entsteht die Illusion, dass ein Werbefilm an der Tunnelwand abläuft.

16. Jahrhundert v. Chr. bis 17. Jahrhundert n. Chr | Genauer gesagt begeben wir uns nach Ägypten ins Jahr 1600 v. Chr. Damals ließ der Pharao Ramses II. einen Tempel für die Göttin Isis errichten, auf dessen 110 Säulen die Göttin höchstselbst abgebildet war. Von Säule zu Säule lies Ramses II. die Zeichner schrittweise Isis Position ändern, so dass für schnell vorbeiziehende Reiter der Eindruck entstand, Isis würde sich bewegen.

Doch nicht nur die Ägypter bedienten sich solch cleverer Tricks. Auch die alten Griechen zeichneten Bewegungsabläufe auf Töpfe und Vasen und erzeugten somit bei einer schnellen Drehung der Gefäße eine scheinbare Bewegung. Diese immer wieder von Neuem startenden Animationen stellen die ersten überlieferten Walkcycles dar – immer wieder von Neuem beginnende, gleiche Bewegungsabläufe.

Im Jahr 1640 projizierte Athanasius Kircher mit der von ihm entwickelten Laterna Magica auf Glas gezeichnete Bilder auf eine Projektionsfläche. Um eine Bewegung zu erzeugen, verwendete er für einzelne Figuren verschiedene Glasstücke, die er dann mithilfe von Schnüren bewegte.

▲ **Abbildung 9.2**
Durch die schnelle Drehung der Vase entstand bei den Griechen eine Animation (genauer ein Walkcycle).

18. Jahrhundert bis heute | Im Jahr 1824 entdeckte Peter Mark Roget die Trägheit des Auges – er fand heraus, dass das menschliche Auge Bilder, die auf der Netzhaut eintreffen, für eine kurze Zeit speichert. Nach diesem physiologischen Prinzip funktionieren Film und Fernsehen auch heute noch – nur so ist es möglich, verschiedene aufeinanderfolgende Bilder als fließende Bewegung und nicht als rasch wechselnde Einzelbilder wahrzunehmen. Dieser Erkenntnis folgten viele Erfindungen, die versuchten, die Illusion von Bewegung zu erzeugen, unter anderem das *Thaumatrop*. Dieses meist runde Stück Karton oder Plastik wird mittig von einem Stab oder einer Schnur durchzogen. Beide Seiten des Kartons werden bemalt, beispielsweise mit einem Vogel auf der einen und einem leeren Käfig auf der anderen Seite. Bei einer schnellen Drehbewegung verschmelzen die Bilder und der Vogel befindet sich in dem Käfig.

◄ **Abbildung 9.3**
Das Thaumatrop

Im Jahr 1868 erblickte eine weitere Erfolgsgeschichte das Licht der Welt: Das *Daumenkino*, erfunden von John Barnes Linnett. Es funktioniert ebenfalls nach dem Gesetz der Trägheit des Auges und hilft auch heute noch vielen Zeichnern bei ihrer täglichen Arbeit (auch wenn die professionelle Nutzung dieser Technik durch digitale Tablets und Programme immer weiter abnimmt).

▲ **Abbildung 9.4**
Das Daumenkino – die vielleicht »reinste« Art der Animation

Nur 10 Jahre später, im Jahr 1896, traf Thomas Edison auf James Stuart, einen Zeitungscartoonisten, der ihm 3000 Zeichnungen von Bewegungsabläufen anfertigte. Edison fotografierte diese und zeigte 1906 den Film »Humorous Phases of Funny Faces« und darf so mit Fug und Recht als Vater des Animationsfilms bezeichnet werden.

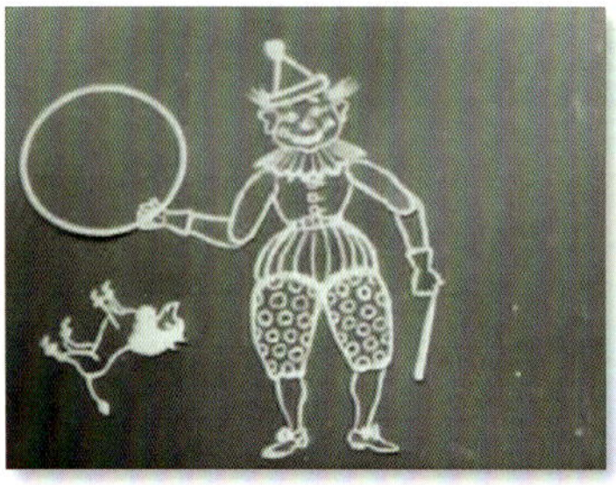

▲ **Abbildung 9.5**
»Humorous Phases of Funny Faces«

▲ **Abbildung 9.6**
»Gertie the Dinosaur«

Knapp 8 Jahre später folgte 1914 dann der nächste wichtige Schritt in der Geschichte der Animation. Winsor McCay – wie Stuart ebenfalls Zeitungscartoonist – führte der Öffentlichkeit seine aus Zehntausenden handgezeichneten und abfotografierten Bildern bestehende Animation »Gertie the Dinosaur« vor. Durch geschicktes Timing interagierte McCay selbst als Realperson mit einem auf eine Leinwand projizierten gezeichneten Dinosaurier, den er beispielsweise mit Früchten fütterte. Gertie besaß als erster Animationscharakter eine eigene Persönlichkeit, denn er verhielt sich schüchtern, dickköpfig und emotional – kritisierte man ihn, so kullerten die Dinosauriertränen.

Walt Disney betritt das Feld | Ab dem Jahr 1923 entwickelte sich *The Walt Disney Company* zu dem Big Player im Animationsgeschäft – sie brachten die Animationsfilme im Laufe der Jahrzehnte in die Kinos und verhalfen dem Genre zu einem unglaublichen Boom.

Als erster Mickey-Mouse-Film und zugleich erster Animationsfilm mit Synchronton erschien »Steamboat Willie« im Jahr 1928 auf der Leinwand. Es folgten Filme wie »Three Little Pigs« und »Schneewittchen und die sieben Zwerge«, der erste abendfüllende Zeichentrickfilm. Dem folgten weitere Großproduktionen wie »Pinocchio«, »Dumbo«, »Bambi«, »Peter Pan«, »Alice in Wonderland« und viele andere.

Leider beendete der Zweite Weltkrieg von 1939 bis 1945 die Innovationen in der Animationsindustrie jäh – Zeichentrickanimationen wurden jetzt als Propagandamedium genutzt – so musste sich Bugs Bunny in »Nips the Nips« beispielsweise hinter das Steuer eines Jagdfliegers setzen.

Nach dem Einschnitt durch die Kriegsjahre nahm die Animationssparte dann ab 1950 mit einer revolutionären Erfindung – dem Fernseher – wieder Fahrt auf und erreichte erstmals in ihrer Geschichte die Zuschauer direkt in ihren Wohnzimmern. Mit dem Erfolg des Fernsehers ergaben sich jedoch auch neue Herausforderungen für die Animationsindustrie: Die Nachfrage nach sehr schneller und kostengünstiger Produktion wurde höher, und statt (hochwertiger, aber auch teurer und aufwendiger) Disney-Animationen wurden Bewegungsabläufe und Formen stark vereinfacht. Zeichner wurden künstlerischer und experimentierfreudiger und zeigten den Charme von visuell einfacheren Umsetzungen wie »Yellow Submarine« von Heinz Edelmann oder Terry Gilliams »Monty Python«-Animationen. Doch auch Disney setzte seinen Weg unbeirrt fort und feierte beispielsweise mit dem »Dschungelbuch«, »Die Schöne und das Biest« oder »König der Löwen« im Kino große Erfolge.

Den Abschluss der Animationen ohne Hilfe von Computern markiert der 1988 erschienene Film »Falsches Spiel mit Roger Rabbit«, der Zeichentrickfiguren mit realen Schauspielern interagieren ließ.

Das Computerzeitalter – Aufstieg der Pixar Animation Studios | Im Jahr 1995 betrat Pixar die Bühne der Animationswelt mit einem weltweit beachteten Kinofilm: Mit »Toyv Story« kam der erste vollständig computergenerierte (*computer generated* = CG) Film in die Kinos. Die Qualität der dargestellten Charaktere und Umgebungen war außergewöhnlich für die damalige Zeit und setzte einen wahren Goldrausch in Gange, bei dem jedes Filmstudio nach Kräften versuchte, mindestens einen computeranimierten Film im Kino zu platzieren – dass dabei nicht nur Gold produziert wurde, können Sie sich sicherlich vorstellen. Mit dem Erfolg der CG-Filme wurde daraufhin auch das Wissen um reale Animationstechniken von Disney wieder sehr gefragt – allerdings in Verbindung mit CG-Animationen.

In den folgenden Jahren erschienen mehr und mehr erstklassige computergenerierte Filme, die dank der gestiegenen Computer-Leistung immer aufwendigere Szenerien neben den Charakteren simulieren können. Haar-, Rauch-, Wasser- und Schnee-Simulationen sind heute beileibe keine Seltenheit mehr und komplettieren die außergewöhnlichen Umgebungen und Charaktere in aktuellen Filmen.

Seit ein paar Jahren befinden wir uns jetzt mit computergenerierten Filmen an einem Punkt, an dem die Bewegungen und die Mimik der Personen äußerst realistisch dargestellt werden können.

Simulationen in Blender
Auch wir werden uns in diesem Buch mit Simulationen beschäftigen, denn Blender besitzt Simulationsmodule für die unterschiedlichsten Einsatzgebiete. Da sie allerdings sehr umfangreich sind, werden sie in einem eigenen Kapitel behandelt (Kapitel 12, »Simulation«).

Filme, die Sie sehen müssen
Einige besonders sehenswerte Beispiele für Simulationen in vollständig computergenerierten Filmen: die Haarsimulation in Pixars »Merida – Legende der Highlands« (im Original »Brave«) oder in Disneys »Rapunzel«, neu verföhnt, die Schnee- und Eis-Simulationen in Disneys »Die Eiskönigin« oder die Wassersimulationen in Pixars (heute Disneys) »Findet Nemo«.

Häufig werden Schauspieler komplett durch computergenerierte Ebenbilder ersetzt oder komplette Welten um Schauspieler errichtet (»Avatar«, »Gravity«).

Animation lernen | Was ein Animator zuerst lernen muss, um gute Animationen zu erstellen, hat sich jedoch über die Zeit nicht wirklich geändert: Wie schon beim Shading müssen Sie auch hier Ihre Umwelt genauestens beobachten: Sehen Sie sich an, wie aus verschiedenen Materialien hergestellte Bälle (Tischtennisball, Tennisball, Bowlingkugel) auf verschiedenen Böden springen. Beobachten Sie Menschen beim Schlendern, Laufen oder Rennen. Achten Sie dabei auch auf Mimik und Gestik – gerade die unbewussten Gesten lassen einen Charakter real werden. Und nicht zuletzt: Stellen Sie einen Spiegel neben Ihren Monitor, und schauspielern Sie (oder filmen Sie sich). Sehen Sie sich an, wie Sie in der vorgestellten Szene agieren, und geben Sie Ihren Animationen ein wenig Ihrer eigenen Persönlichkeit.

Vielleicht kreieren Sie als erste kleine Übung einen schüchternen Würfel, einen forschen Ball oder einen Ball, der Angst vor Farben hat. Experimentieren Sie – nichts bringt Ihre Zuschauer mehr zum Mitfühlen und Lachen als eine interessante Persönlichkeit!

9.1.3 Computeranimation – Gemeinsamkeiten und Unterschiede

So wandlungsfähig die Animation in ihrer Geschichte auch war, als Animator arbeiten Sie auch heute teilweise immer noch mit den gleichen Techniken wie schon die vielen Generationen vor Ihnen. Das Werkzeug mag sich gewandelt haben – statt eines Stiftes und Zeichenbretts nutzen Sie ein Grafiktablett und einen PC –, aber die Art, wie Sie animieren, ist immer noch sehr ähnlich im Vergleich zu »früher«. In der klassischen Animation gibt es zwei Techniken, um Animationen zu erzeugen: die *Pose-to-Pose-* und die *Straight-ahead-*Methode. Beide unterscheiden sich in ihrem Vorgehen und sind in unterschiedlichen Umgebungen sinnvoll, sie führen jedoch zum gleichen Ergebnis – einer Animation.

Versuchen Sie, bei den bald folgenden Übungen nach jeweils einem dieser beiden Schemata vorzugehen, und entscheiden Sie, welche Technik Ihnen mehr entgegenkommt. Selbst wenn Sie nicht beide Arten einsetzen, sollten Sie wissen, wann welche Methode Vorteile bringt.

Animieren lernen

Falls Sie nach weiterer Literatur Ausschau halten, um tiefer in das Thema traditioneller und professioneller Animation einzusteigen, finden Sie im Buchhandel echte Glanzstücke: So beleuchten unter anderem »The Animators Survival Kit« von Richard Williams und »The Illusion of Life« von Frank Thomas und Ollie Johnston alle Facetten des professionellen Animationsbusiness auf unterhaltsame Weise mit Tausenden Tipps, Tricks und Anekdoten aus ihrem Alltag.

Pose-to-Pose-Technik | Bei der Pose-to-Pose-Technik legt der Animator zuerst sogenannte *Extremes* an. Diese stellen die Extremphasen einer Bewegung dar, normalerweise Anfangs- und Endpunkt. Zwischen diesen Extremphasen werden daraufhin *Breakdowns* angelegt, die den Weg von Extreme zu Extreme etwas genauer definieren. Würden Sie diese Extremes + Breakdowns abspielen, wäre Ihre Animation immer noch ruckelig, sie würde allerdings schon sehr gut zeigen, ob das Timing funktioniert und die Position aller Akteure passt.

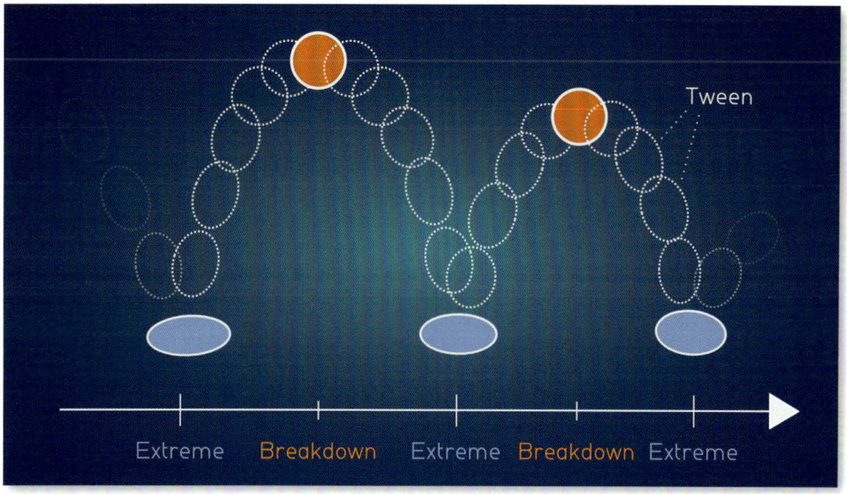

▲ **Abbildung 9.7**
Extremes, Breakdowns und Tweens

Um die Bewegung schließlich flüssig darzustellen, werden zuletzt zwischen den Extremes und Breakdowns Zwischenphasen dieser Bewegung (sogenannte *Inbetweens* oder *Tweens*) eingefügt.

Animieren Sie nicht von Hand auf Papier, sondern auf einem Rechner mit einem Programm (z. B. mit Blender), so erstellen Sie auch hier Extremes und Breakdowns. In der Computeranimation nennt man alle von Hand gesetzten Extremes und Breakdowns *Keyframes* (Schlüsselbilder) – egal, welche Rolle diese Schlüsselpositionen in der späteren Animation übernehmen. Animationsprogramme sind mit diesen Keyframes in der Lage, Inbetweens automatisch aus den von Ihnen gesetzten Keyframes zu erzeugen. So reicht es für eine einfache Bewegungsanimation beispielsweise aus, für die Start- und End-Position einen Keyframe zu setzen, um eine komplette Bewegung inklusive Inbetweens von Blender errechnen zu lassen. Die Feinarbeit (Persönlichkeitsbildung) kann Ihnen ein Computer allerdings nicht abnehmen – hier sind Ihre Erfahrung, ein gutes Auge für Timings und Ihre Beobachtungsgabe gefragt.

Das Ziel der Pose-to-Pose-Methode ist es, den Animatoren größtmögliche Kontrolle über Timing, Bewegung und Details der

Inbetweens
Die Erstellung der Inbetweens wurde in klassischen Zeichentrick-Studios oftmals nicht von einem Animator, sondern von einem ihm unterstellten Assistenten oder Inbetweener erledigt. Da der Inbetweener an diesen Zwischenpositionen wenig »kaputt« machen und gleichzeitig viel Erfahrung sammeln konnte, wurde dieser Job oftmals als Sprungbrett für besser bezahlte und verantwortungsvollere Aufgaben genutzt.

Figuren zu geben. Sie stellt gerade in professionellen Animationsstudios durch die bewusste Aufgabentrennung eine kosteneffiziente Arbeitsweise dar.

Straight ahead | Bei der Straight-ahead-Methode zeichnet der Animator alle Einzelbilder in sequenzieller Reihenfolge – in der letzten Abbildung also von links nach rechts, ohne vorher die Extremes zu zeichnen. Auf diese Art ist es möglich, besonders schnelle Bewegungen mit exzentrischen, aus dem Bewegungsmuster fallenden Einzelbildern zu erstellen, die einen dynamischen Gesamteindruck hervorrufen. Das gesamte Design, die Details und vor allem das Timing der so gezeichneten Bewegungen sind jedoch deutlich schwieriger zu kontrollieren als bei der Pose-to-Pose-Methode. Wenn zu fortgeschrittener Zeit erkannt wird, dass zu Beginn der Animation Fehler gemacht wurden, müssen umfangreiche Korrekturarbeiten ausgeführt werden, da alle vorher gezeichneten Bilder geändert werden müssen. In der Computeranimation wäre die Straight-ahead-Methode gleichzusetzen mit dem chronologischen Setzen aller Keyframes an jedem Frame der Animation – die gerade beschriebenen Probleme sind die exakt die gleichen.

Im Allgemeinen neigen 3D-Animatoren dazu, beide Techniken einzusetzen und teilweise zu vermischen. Die Methoden setzen großes Verständnis von den Bewegungsabläufen sowie vorausschauendes Denken voraus – der Animator muss immer die gesamte Szene inklusive aller Timings im Kopf haben.

Wenn wir von Timings sprechen, müssen wir zwangsläufig auch wissen, wie viele Einzelbilder eine Sekunde in unserer späteren Animation ergeben – denn die Anzahl der Einzelbilder für eine Sekunde Film ist weltweit nicht einheitlich.

9.1.4 Framerates

Nachdem 1967 das analoge Farbfernsehen in Deutschland eingeführt wurde, wurde in Deutschland im sogenannten PAL-(Phase-Alternation-Line-)Format gesendet. Die Spezifikation dieses Formats schreibt vor, dass mit einer Bildwiederholfrequenz von 25 Vollbildern oder 50 Halbbildern pro Sekunde gesendet wird. In den USA und vielen anderen Ländern kam und kommt hingegen das sogenannte NTSC-(National-Television-Systems-Committee-)Format mit 30 (genauer 29,97) Vollbildern bzw. 60 (genauer 59,94) Halbbildern zum Einsatz.

Da mit zwei unterschiedlichen Bildwiederholraten jedoch noch nicht genug Verwirrung gestiftet werden konnte, werden die meisten Kinofilme mit 24 fps (manche heute bereits mit 48 fps)

Für Technikinteressierte

Die unterschiedlichen Bildfrequenzen (Framerates) liegen in den verschiedenen Wechselspannungsfrequenzen der Länder begründet – sie wurden früher als Trigger für den Zeilensprung genutzt (Europa 50 Hz, USA 60 Hz). Auch heute, im Zeitalter von Full HD, 2k und 4k werden immer noch diese Framerates als Bildwiederholraten eingesetzt.

gedreht. Diese Framerate-Divergenz führt bei der Umwandlung nach PAL bzw. nach NTSC zu einigen ungewollten Seiteneffekten wie duplizierten oder weggelassenen Frames oder schnellerer Abspielgeschwindigkeit. Sie sollten Ihre Produktion also am besten immer direkt in dem Format erstellen, in dem es später gesendet wird. Mit diesen Informationen sind Sie bestens vorbereitet, um nun Blenders Animationssystem kennenzulernen.

9.2 Blenders Animationssystem

Als die Weichen für Blenders 2.5er-Serie gestellt wurden, freute die Nutzer einer der Entwicklungsschwerpunkte besonders: das Credo »Everything is animatable« – alles ist animierbar! Und tatsächlich ist Blender heute in der Lage, jeden beliebigen Wert sehr einfach zu animieren oder per Skript automatisiert (siehe Kapitel 16, »Blender erweitern«, ab Seite 731) zu ändern.

Kino-Look
Die verhältnismäßig langsamen 24 fps bei Kinofilmen haben bei vielen Zuschauern dazu geführt, dass diese als »Kino-Look« wahrgenommen und die ruckelnden Schwenks und Bewegungen mit Kinofilmen assoziiert werden.

9.2.1 Die Zeit beherrschen – der Timeline-Editor

Bevor Sie endlich damit beginnen können, Ihr erstes Objekt zu animieren, müssen Sie zuerst lernen, wie Sie sich in der Animationszeit bewegen. Blender bietet Ihnen dazu einen eigenen Editor an: den TIMELINE-Editor.

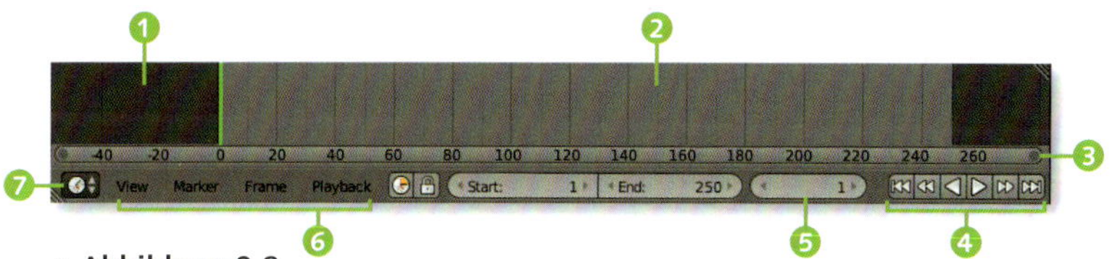

▲ **Abbildung 9.8**
Mit dem TIMELINE-Editor kontrollieren Sie die (Animations-)Zeit.

Er ist im Screenlayout DEFAULT bereits am unteren Rand zu sehen. Falls nicht, teilen Sie einen vorhandenen Editor horizontal, und aktivieren Sie ihn, indem Sie die Editor-Combobox anklicken und das Uhrensymbol 7 auswählen. Sie sehen den TIMELINE-Editor in Abbildung 9.8 – die Timeline befindet sich in der oberen Hälfte 2, während sich die Menüpunkte 6 und Abspielkontrollen 4 im unteren Teil des Editors befinden. Um die nächsten Abschnitte besser nachvollziehen zu können, laden Sie jetzt bitte die Datei »09_AnimationTest_PPR.blend«. Sie werden einen Würfel am linken Rand der Kamera sehen, der sehnsüchtig auf seinen Animationseinsatz wartet.

Die Datei »09_AnimationTest_PPR.blend« finden Sie auf der Buch-DVD unter BEISPIELMATERIAL • KAPITEL_09.

Timeline-Navigation ohne Mausrad

Haben Sie gerade keine Maus mit Mausrad zur Hand, so können Sie auch auf diese Art navigieren: Klicken und halten Sie die linke Maustaste auf dem Frame-Balken unterhalb der Timeline gedrückt, und verschieben Sie die Maus – der Timeline-Ausschnitt wird Ihren Bewegung folgen. Um die Zoomstufe zu ändern, nutzen Sie die grauen Kreise am Anfang und Ende des Frame-Balkens ❸. Halten Sie auch hier wieder die linke Maustaste gedrückt, und bewegen Sie die Maus.

Navigieren | Ähnlich wie bereits im NODE EDITOR navigieren Sie auch im TIMELINE-Editor mithilfe der Mausrad-Taste. Um in bzw. aus der Timeline zu zoomen, rollen Sie Ihre Mausrad-Taste, während sich die Maus über ihr befindet. Die sich unter der Timeline befindenden Frames werden entsprechend dem Zoomlevel angepasst. Möchten Sie sich lieber Sekunden statt Frames anzeigen lassen, so nutzen Sie die Tastenkombination [Strg] + [T] über der Timeline, ein erneutes Betätigen dieser Kombination schaltet die Darstellung wieder auf Frames um. Um den sichtbaren Ausschnitt der Timeline zu verschieben, halten Sie die Mausrad-Taste gedrückt und verschieben die Maus. Um die Timeline über die gesamte Breite des Bildschirms zu erstrecken, nutzen Sie die Taste [Pos1]. Probieren Sie jetzt die Navigation auf der Timeline aus, und verschieben Sie sie anschließend wieder in die Mitte.

Den aktuellen Frame setzen | Auf der Timeline zeigt Ihnen ein grüner vertikaler Balken (der sogenannte Playhead, oder Abspielkopf) ❶ an, an welchem Frame Sie sich gerade befinden. Klicken Sie mit der linken Maustaste auf beliebige Frames innerhalb der Timeline, springen Sie sofort an diesen Frame. Halten Sie die linke Maustaste innerhalb der Timeline fest und bewegen Sie Ihre Maus, so wird der gerade unter der Maus befindliche Frame geladen. In der 3D-Ansicht zeigt Ihnen der in Klammern stehende Wert neben dem Objektnamen am linken unteren Editor-Rand ebenfalls den aktuellen Frame an.

Direkt neben dem END-Feld unterhalb der Timeline finden Sie noch ein weiteres, namenloses Feld ❺. Genauso wie Sie direkt in die Timeline klicken können, um den aktuellen Frame zu setzen, so können Sie auch hier exakt angeben, welcher Frame aktuell aktiv sein soll. Klicken Sie einfach in dieses Feld, und geben Sie die Frame-Nummer an. Doch nicht nur durch direkte Eingaben können Sie den aktuellen Frame ändern: Mit [←] und [→] verringern bzw. erhöhen Sie den aktuellen Frame um 1, während [⇧] + [↑] und [⇧] + [↓] den aktuellen Frame um 10 Frames ändern. Halten Sie [Alt] gedrückt und scrollen gleichzeitig mit Ihrem Mausrad, erhöhen oder verringern Sie den aktuellen Frame ebenfalls. Mit [⇧] + [←] und [⇧] + [→] verschieben Sie den Playhead auf den Anfang bzw. das Ende der Animation.

Alle vorangegangenen Tastenkombinationen wirken in jedem Blender-Editor – Sie können also zu jeder Zeit Frames ändern, ohne in die Animationsansicht wechseln zu müssen. Üben Sie die Navigation in der Timeline mit der geladenen Szene – beobachten Sie dabei den Würfel.

Keyframes anspringen | Vor ein paar Seiten haben Sie bereits erfahren, dass Keyframes Schlüsselpositionen von Objekten darstellen. Sie erkennen Keyframes in Blender unter anderem an gelben vertikalen Linien innerhalb der Timeline, wie Sie sie in der geladenen Szene an Frame 1, 20, 60, 80, 100 und 250 finden. Keyframes werden in der Timeline objektbezogen angezeigt – würden Sie die Lampe auswählen, so würden die gelben Markierungen ausgeblendet. Möchten Sie ausschließlich zu den Keyframes springen, bietet Ihnen Blender auch hier einen einfachen Weg an: Mit [↑] oder [↓] springen Sie zum nächsten bzw. vorherigen Keyframe des ausgewählten Objekts. Probieren Sie auch diese Funktionalität in der geladenen Datei kurz aus.

Animationsgrenzen verschieben | Auf Ihren Streifzügen durch die Timeline ist Ihnen wahrscheinlich schon aufgefallen, dass der Bereich von 0 bis 250 in einem helleren Grau gehalten ist als die außerhalb dieses Bereichs liegenden Areale. Die Farbgebung liegt darin begründet, dass die Timeline standardmäßig auf 250 Frames beschränkt ist. Ein dunkleres Grau gibt an, dass dieser Frame für Ihre Animation nicht zur Verfügung steht. Die Zeitspanne, die Sie mit diesem Frame-Bereich (Frame 1–250) abdecken, hängt natürlich von der Framerate ab. Bei 25 fps würden Ihnen 10 Sekunden für Ihre komplette Animation zur Verfügung stehen, bei 12,5 fps immerhin 20 Sekunden.

Um die Grenzen der Timeline zu verändern, bewegen Sie Ihre Maus auf das START- bzw. END-Feld unterhalb der Timeline und ändern es wie üblich durch Drag & Drop, durch linke Maustaste und direkte Eingabe eines Frames oder durch Rollen der Mausrad-Taste bei gehaltener [Alt]-Taste. Der aktive Bereich der Timeline wird sich entsprechend anpassen.

Neben der Möglichkeit, die Grenzen direkt unterhalb der Timeline zu verändern, bietet Ihnen Blender noch zwei weitere: Einerseits können Sie, sobald sich Ihr Mauszeiger über der Timeline befindet, durch einen Druck auf [S] oder [E] den Start- bzw. End-Frame auf den aktuellen Frame setzen, und andererseits finden Sie die Einstellungen zu Frame-Grenzen auch im DIMENSIONS-Panel des RENDER-Tabs des PROPERTIES-Editors. Im DIMENSIONS-Panel versteckt sich darüber hinaus unter FRAME RATE auch eine Combobox, mit der Sie die Anzahl an Bildern pro Sekunde festlegen können. TIME REMAPPING dient dazu, bereits fertige Animationen zu verlangsamen oder zu beschleunigen (ein NEW-Wert größer OLD führt zu einer Verlangsamung um den Faktor OLD/NEW).

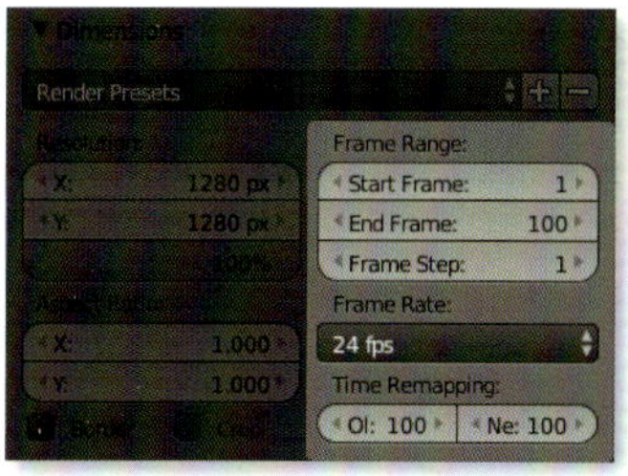

▲ **Abbildung 9.9**
Im DIMENSIONS-Panel verschieben Sie die Grenzen der Animation.

Rendern

Rendern Sie eine Animation (durch [Strg] + [F12] oder durch einen Klick auf ANIMATION im RENDER-Panel des RENDER-Tabs), wird ausschließlich der Bereich gerendert, den Sie durch Start- und End-Frame definiert haben.

▲ **Abbildung 9.10**
Das Sync-Mode-Menü

Playback-Menü
Blender zeichnet aus Performance-Gründen nicht jeden Teil der Benutzeroberfläche neu, wenn die Animationswiedergabe gestartet wird. So kann es vorkommen, dass zwar Einstellungswerte von Ihnen mit Keyframes belegt wurden, Sie aber eine Änderung dieser Werte nur sehen, nachdem die Wiedergabe gestoppt wurde – vorher bleibt der Wert scheinbar unverändert. Intern rechnet Blender allerdings ständig mit dem aktualisierten Wert. Falls Sie eine permanente Aktualisierung dieser Werte benötigen, können Sie über das Playback-Menü der Timeline genau festlegen, welche Editoren neu gezeichnet werden und welche nicht. In diesem Beispiel würden Sie ein Häkchen bei der Option Property Editors setzen.

Animationen steuern | Um eine komplette Animation abzuspielen, nutzen Sie entweder den Play-Knopf am unteren Rand der Timeline, oder betätigen Sie [Alt] + [A]. Sie werden sehen, wie der Würfel von links nach rechts wandert, anschließend die Mitte unsicher macht und sich zum Schluss wieder langsam nach links bewegt. Gleichzeitig können Sie dem grünen Abspielkopf dabei zusehen, wie er sich von links nach rechts und (nach 250 Frames) wieder auf Frame 1 bewegt. Sie brechen die Animation ab, indem Sie erneut [Alt] + [A] betätigen (der Abspielkopf verbleibt in der aktuellen Position), oder indem Sie [Esc] drücken (Abspielkopf wird auf die Position gesetzt, von der das Abspielen gestartet wurde). Möchten Sie die Animation rückwärts abspielen, so betätigen Sie entweder [⇧] + [Alt] + [A] oder nutzen den umgedrehten Play-Knopf.

Erreicht Ihr Rechner beim Abspielen der Animationen nicht die von Ihnen vorgegebene Bildwiederholrate, zeigt Ihnen Blender eine rote fps-Zahl in der linken oberen Ecke des 3D-View-Editors. In der neben den Playback-Kontrollen befindlichen Combobox haben Sie in diesem Fall mehrere Möglichkeiten der Einflussnahme:

- No Sync: Sie möchten jeden Frame sehen und nehmen in Kauf, dass die Animation nicht in Originalgeschwindigkeit abläuft.
- Drop Frames: Sie möchten nicht jeden Frame sehen und nehmen in Kauf, dass Frames verworfen werden, um die Abspielgeschwindigkeit sicherzustellen
- A/V Sync: Sie möchten nicht jeden Frame sehen und gleichzeitig sicherstellen, dass Ihre Animation zu dem im VSE (Video Sequence Editor, siehe Kapitel 15, »Der Video Sequence Editor«) eventuell eingefügten Audio-Track passt.

Diese Einstellung gilt pro Blender-Szene – egal, in welchem Editor Sie sich befinden, erzwingen Sie das hier festgelegte Verhalten.

Vorschaugrenzen setzen | Stellen Sie sich vor, Sie sind gerade dabei, Ihr Animations-Meisterstück zu produzieren und möchten die Bewegungen von Frame 20 bis Frame 60 perfektionieren, obwohl Ihre Animation von Frame 1 bis 250 läuft. In diesem Fall wäre es sehr nervig, immer wieder auf Frame 20 zu wechseln, die Animation zu starten, bei 60 abzubrechen und anschließend wieder neu zu starten. Sie könnten natürlich Ihren Start-Frame auf 20 und Ihren End-Frame auf 60 stellen, aber im stressigen Alltag vergessen Sie diese Einstellung womöglich und rendern später diesen Animationsbereich statt des ursprünglich gesetzten. Um dieses Problem zu lösen, müsste es ein Feature geben, das Ihnen erlaubt, einen Vorschaubereich mitzuteilen, der nur beim Abspielen der Animation gilt – nicht für das spätere Rendering.

Es gibt ein solches Feature tatsächlich, direkt neben dem PLAYBACK-Menüpunkt der Timeline in Form des Uhrsymbols. Klicken Sie auf die Uhr, und setzen Sie anschließend die START- und END-Werte, so wird nur dieser Bereich abgespielt. Beim späteren Rendering zählt diese Einstellung dagegen nicht. Um den Vorschaubereich wieder abzuschalten, klicken Sie erneut auf die Uhr. Direkt neben der Uhr befindet sich ein weiterer Knopf in Form eines Schlosses. Dieses Schloss beschränkt Ihre Auswahlmöglichkeiten, wenn die Vorschau aktiv ist – ist es ausgewählt, können Sie keine Frames außerhalb des Vorschaubereichs anwählen.

Sie kennen sich jetzt so gut mit dem TIMELINE-Editor aus, dass Sie einen Schritt weiter gehen können – es wird Zeit, selbst mit Blender zu animieren.

9.2.2 Keyframe-Animation mit Blender

Triviale Animationen wie das Bewegen, Skalieren oder Rotieren eines Objekts sind mit Blender äußerst einfach – bis auf das Tastenkürzel [I] haben Sie alle dazu nötigen Fähigkeiten bereits im letzten Abschnitt gelernt. [I] (INSERT) fügt einen Keyframe an dem aktuellen Frame ein.

Schritt für Schritt
Die erste eigene Animation (Teil 1)

Sehen wir uns jetzt einmal an, wie Sie einen Würfel dazu bringen, von links nach rechts zu wandern.

1 3D-Ansicht einstellen und Playhead justieren

Laden Sie zuerst eine beliebige Szene (oder die Standardszene). Begeben Sie sich anschließend in der 3D-Ansicht in die Top- ([7] auf dem Ziffernblock) oder Front-Ansicht ([1] auf dem Ziffernblock), und selektieren Sie ein Objekt (Würfel, Suzanne oder Ähnliches). Setzen Sie den Playhead auf Frame 1, indem Sie [⇧] + [←] betätigen.

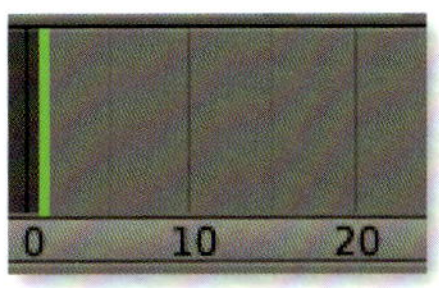

▲ **Abbildung 9.11**
Für diese Übung setzen Sie den grünen PLAYHEAD an Frame 1.

2 Einen ersten Location-Keyframe setzen

Jetzt definieren Sie einen LOCATION-Keyframe. Bewegen Sie dazu Ihre Maus in die 3D-Ansicht, und drücken Sie auf [I]. Blender zeigt Ihnen in einem Popup eine Vorauswahl von Eigenschaften an, deren aktueller Zustand in diesem Frame festgehalten werden

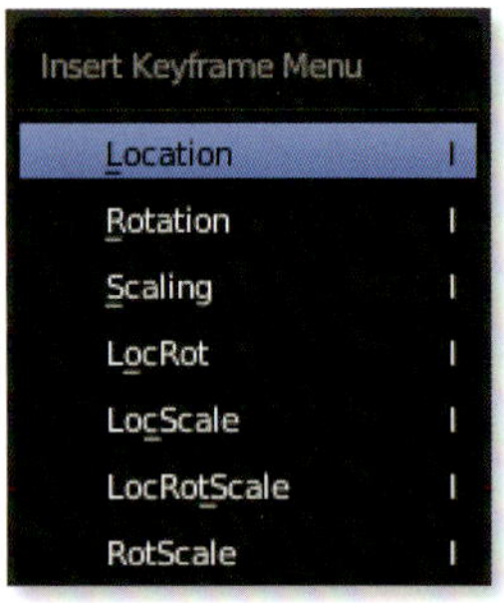

▲ **Abbildung 9.12**
Ein Druck auf [I] fördert das INSERT-KEYFRAME-MENU zutage.

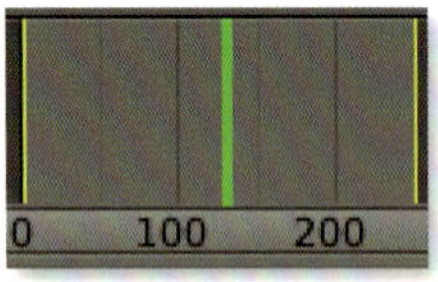

▲ **Abbildung 9.13**
Das erfolgreiche Einfügen beider Keyframes der Übung zeigt Ihnen Blender durch die gelben Markierungen am Rand der Timeline an.

kann. Da wir den Würfel in der Animation von einer Position zur nächsten bewegen und daher die Position an dem aktuellen Frame »einfrieren« möchten, klicken Sie LOCATION an. Ein gelber vertikaler Marker in der Timeline zeigt Ihnen sofort an, dass an diesem Frame Keyframes existieren. Haben Sie versehentlich den falschen Menüeintrag angeklickt, können Sie den Keyframe löschen, indem Sie [Alt] + [I] auf dem entsprechenden Frame drücken.

3 Einen zweiten Location-Keyframe setzen

Setzen Sie den Playhead nun auf den letzten Frame, indem Sie [⇧] + [→] betätigen. Bewegen Sie den Würfel anschließend auf eine andere Position (beispielsweise nach rechts außen), und setzen Sie erneut einen LOCATION-Keyframe mit [I]. Bewegen Sie den Playhead zum Abschluss dieser Übung wieder auf den Anfang ([⇧] + [←]), und spielen Sie die Animation mit [Alt] + [A] ab. Wechseln Sie die Ansicht, sehen Sie sich die Animationen aus unterschiedlichen Perspektiven an.

Möchten Sie noch ein wenig mehr ausprobieren, so fügen Sie noch ein paar weitere Keyframes an verschiedenen Frames ein, und sehen Sie sich an, wie sich die Animation durch die eingefügten Keyframes verändert.

Keyframes und Keying Sets | Nachdem Sie mit dem obigen Beispiel einen Sprung ins kalte Keyframe-Wasser gewagt haben, möchte ich Ihnen jetzt alle nötigen Hintergrundinfos zu Keyframes und Keying Sets geben.

Die Definition eines Keyframes ist grundsätzlich sehr einfach: Ein Keyframe (Schlüsselbild) stellt den Schnappschuss eines beliebigen Wertes an einem beliebigen Frame der Animationszeit dar. Sie können sich Keyframes also wie temporäre Speicher vorstellen, die einen Wert an einen Frame festbinden und dort einfrieren. Würden Sie versuchen, einen mit einem Keyframe eingefrorenen Wert zu ändern, so würde er beim Start der Animation sofort wieder auf den gespeicherten Wert zurückgesetzt. Haben Sie zu unterschiedlichen Zeitpunkten Keyframes gesetzt, dann wird zwischen diesen Keyframes automatisch interpoliert – daher bewegt sich der Würfel wie von Geisterhand, sobald Sie mindestens zwei Keyframes definieren. Wenn Sie sich das vorige Beispiel betrachten, sollten Sie allerdings stutzig werden, denn die Definition von Keyframes (ein Wert wird gespeichert) will dort nicht so ganz passen. Sie haben nur einen LOCATION-Keyframe eingefügt, und trotzdem wurde nicht nur einer, sondern wurden gleichzeitig drei Werte gespeichert – die x-, y-, und z-Koordinaten des Würfels.

Hier treten in Blender die sogenannten Keying Sets in Erscheinung: Sie fassen mehrere Werte zu einer Wertemenge mit eindeutigem Namen zusammen. Setzen Sie einen Keyframe auf ein Keying Set, so speichern Sie also nicht nur für einen Wert den aktuellen Zustand, sondern für alle Werte in diesem Set. In unserem Beispiel bedeutet das, dass der LOCATION-Eintrag tatsächlich ein Keying Set ist, das die x-, y- und z-Koordinate des gewählten Objekts beinhaltet. Fügen Sie auf dieses Set eine INSERT-KEYFRAME-Operation aus, so wird daher für alle diese Werte ein Keyframe angelegt. Sollten Sie ein(e) besonders misstrauische(r) Leser(in) sein, dann können Sie dieses Verhalten leicht nachprüfen: Klappen Sie die PROPERTIES (N) aus, und sehen Sie ganz oben unter dem TRANSFORM-Panel nach, was passiert, wenn Sie einen LOCATION-Keyframe einfügen – sowohl die x-, die y- als auch die z-Achse werden gelb hinterlegt.

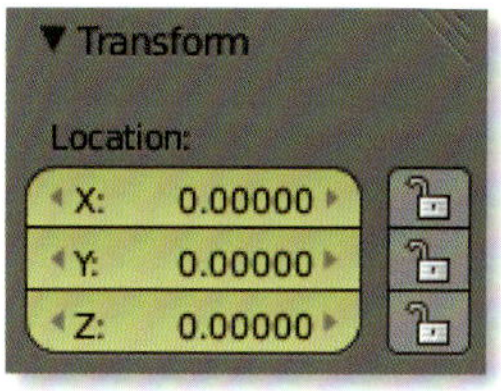

▲ **Abbildung 9.14**
Ein Keying Set fasst verschiedene Einstellungen zusammen und fügt bei Bedarf einen Keyframe gleichzeitig auf alle diese Einstellungen ein.

Keyframes einfügen und löschen | Wie Sie Keyframes auf Keying Sets setzen, wissen Sie jetzt bereits: mittels I in der 3D-Ansicht. Doch nicht nur solche Sets können mit Keyframes belegt werden, auch für die meisten Einstellungswerte können Sie Keyframes setzen. Bewegen Sie Ihre Maus dazu über ein Einstellungsfeld (beispielsweise über das Farbwahlfeld der DIFFUSE-COLOR), und betätigen Sie I. Das Feld signalisiert Ihnen durch eine gelbe Färbung oder Umrandung, dass für den aktuellen Frame ein Keyframe gesetzt wurde.

Springen Sie jetzt 10 Frames weiter, und ändern Sie die Farbe. Sehen Sie, dass das Feld grün geworden ist? Mit dieser Farbe signalisiert es Ihnen kein plötzliches Unwohlsein, sondern dass ein Keyframe auf diesem Feld existiert – jedoch nicht auf diesem Frame. Setzen Sie jetzt erneut einen Keyframe mit einem anderen Farbwert, haben Sie bereits eine Keyframe-Animation erstellt.
Um einen Keyframe wieder zu löschen, bewegen Sie den Cursor auf den zu löschenden Frame, und bewegen Sie Ihre Maus auf das entsprechende Feld (beispielsweise DIFFUSE-COLOR). Nutzen Sie dann die Tastenkombination Alt + I.

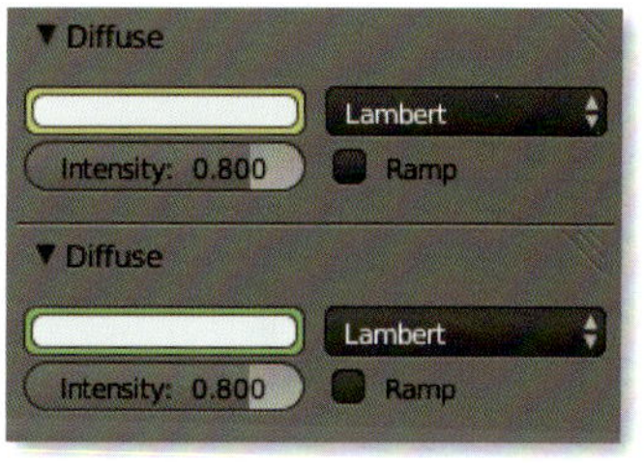

▲ **Abbildung 9.15**
Je nachdem, ob ein Keyframe am aktuellen Frame liegt oder nicht, werden die Eigenschaften unterschiedlich gezeichnet.

Keyframes automatisch erstellen | Auch wenn das Einfügen von Keyframes in Blender wirklich sehr einfach ist, kann es doch sehr nervtötend sein, permanent I an Schlüsselbildern zu betätigen. Eleganter wäre es, wenn Blender automatisch einen Keyframe erstellt, sobald etwas an den Eigenschaften eines Objekts geändert wird (der Würfel beispielsweise verschoben wird). Die Lösung für dieses Problem findet sich in einem kleinen Aufnahme-Icon im TIMELINE-Editor in Verbindung mit dem direkt neben ihm befindlichen Feld mit Schlüsselsymbol.

Rechtsklick statt »I«

Statt mit [I] einen Keyframe einzufügen, können Sie auch die rechte Maustaste über einem Feld nutzen und Insert Keyframe wählen. Befinden Sie sich über Einstellungen, die Blender-intern als zusammengehörig festgelegt wurden, so finden Sie hier zwei Einträge: Insert Single Keyframe (für exakt die Einstellung unter Ihrer Maus) und Insert Keyframes (für alle zusammengehörigen Einstellungen). Falls bereits Keyframes existieren, finden Sie im gleichen Menü auch die Möglichkeit, mit Clear Keyframes alle vorhandenen Keyframes zu löschen.

Aktivieren Sie den Automatikmodus durch einen Klick auf das Aufnahme-Symbol ①. Nutzen Sie anschließend an verschiedenen Frames [G], [S] und [R], um es zu transformieren, oder ändern Sie seine Farbe, werden alle diese Änderungen automatisch in Keyframes gespeichert. Sie können diesen Vorgang leicht daran erkennen, dass immer mehr gelbe Markierungen auf der Timeline erzeugt werden, ohne dass Sie [I] drücken. Gleichzeitig wird Sie der Hinweis Auto Keying On in der rechten oberen Fensterecke auf diesen Modus hinweisen, sobald Sie Eigenschaften eines Objekts ändern.

▲ **Abbildung 9.16**
Wenn Sie viele Keyframes setzen müssen, aktivieren Sie automatische Keyframes, ...

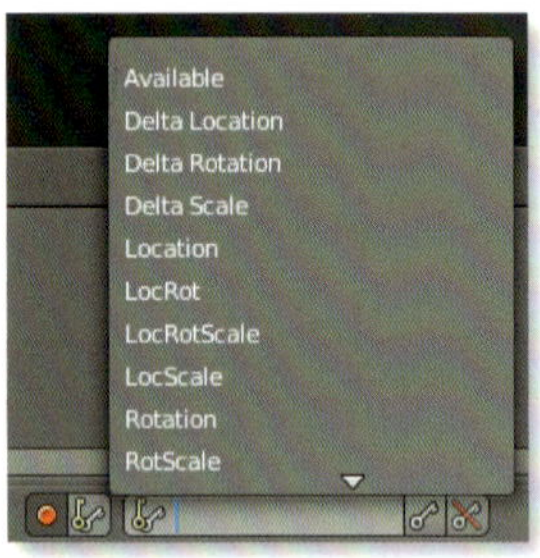

▲ **Abbildung 9.17**
... und wählen Sie das entsprechende Keying Set aus.

Möchten Sie nur für spezielle Eigenschaften des Objekts Keyframes einfügen, können Sie Blender über ein Keying Set mitteilen, welche Werte überwacht werden sollen. Nur für dieses Keying Set legt Blender anschließend automatisch Keyframes an. Wählen Sie das Keying Set, indem Sie in das momentan leere Feld mit dem Schlüsselsymbol klicken und ein Keying Set (beispielsweise Location) durch Klick auswählen. Aktivieren Sie die Überwachung dieses Sets, indem Sie das rechts neben dem Aufnahme-Icon befindliche Schlüsselsymbol anklicken.

Zu guter Letzt können Sie über die beiden rechts neben dem Feld befindlichen Schlüssel-Schaltflächen Keyframes für alle in diesem Keying Set vorhandenen Werte einfügen oder löschen. Beachten Sie, dass Sie im Automatikmodus einmalig von Hand auf all die Werte einen Keyframe setzen sollten, die Sie automatisch überwachen lassen möchten, falls Sie kein Keying Set ausgewählt oder definiert haben. Blender wird diese Werte anschließend ohne Ihre Mithilfe überwachen.

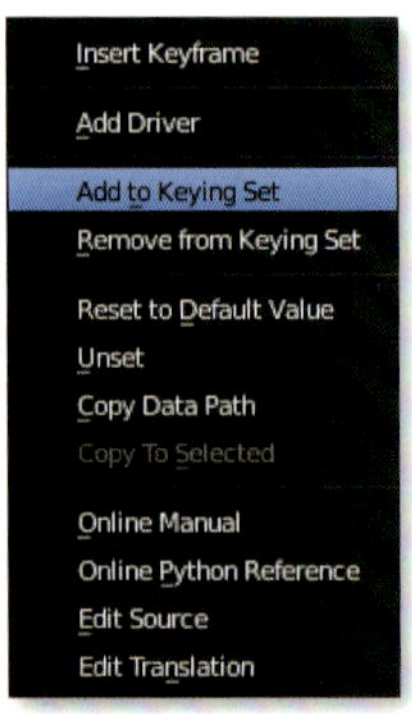

▲ **Abbildung 9.18**
Ein Rechtsklick auf eine Eigenschaft fügt diese bei Bedarf zu einem Keying Set hinzu.

Keying Sets erstellen und verwalten | Bislang haben Sie nur erfahren, wie Sie Keyframes für vorhandene Keying Sets erstellen können. Was Ihnen noch fehlt, ist die Erstellung und Verwaltung von eigenen Keying Sets. Nehmen wir an, dass Sie ein Keying Set erstellen möchten, das die Diffuse-Color und die Specular-Color eines mit dem BI-Renderer erzeugten Objekts enthält. Wechseln Sie dazu auf das Material-Tab, und rufen Sie mit einem Klick der rechten Maustaste auf das Diffuse-Color-Feld das in Abbildung 9.18 gezeigte Popup auf. Klicken Sie dort (ohne dass aktuell ein Keying Set ausgewählt ist) auf ADD TO KEYING SET, oder drücken Sie [K]. Eine Info am oberen Bildschirmrand weist Sie darauf hin, dass diese Eigenschaft gerade zu einem KEYING SETS hinzugefügt wurde. Gleichzeitig wird in der Timeline das Set automatisch ausgewählt. Versehentlich hinzugefügte Eigenschaften entfernen Sie analog zu Keyframes mit [Alt] + [K]. Wechseln Sie dann zur SPECULAR-COLOR, und fügen Sie auch diese zu den KEYING SETS hinzu. Wechseln Sie anschließend auf das SCENE-Tab.

Im SCENE-Tab finden Sie alle von Ihnen definierten Keying Sets unter dem Panel KEYING SETS. Wie bei Listen üblich, können Sie dort ein Element der Liste über [Strg] + linke Maustaste und die Eingabe eines Namens umbenennen. Neben der Möglichkeit, eine Beschreibung des Keying Sets über das Feld DESCRIPTION festzulegen, finden Sie dort drei weitere Einstellungen pro Set:

- ONLY NEEDED: Es werden nur Keyframes von Eigenschaften eingefügt, die sich geändert haben. Ist diese Option deaktiviert, werden immer für alle Eigenschaften des Keying Sets Keyframes eingefügt, wenn sich einer der enthaltenen Eigenschaftswerte ändert.
- VISUAL KEYING: Die tatsächliche Position eines Objekts im Raum wird als Keyframe gespeichert. Wenn beispielsweise Parent-Child-Beziehungen bestehen, wird bei aktiviertem Visual Keying die tatsächliche Position der Childs im 3D-Raum gespeichert, nicht die Position im Bezug zum Parent-Objekt. Normalerweise ist diese Option nicht nötig.
- XYZ=RGB COLORS: Mit dieser Option wird die Farbgebung der erstellten F-Curves festgelegt. Die x-Achse wird Rot, die y-Achse Grün und die z-Achse Blau. Gedulden Sie sich noch ein paar Seiten, Sie werden schon bald erfahren, was F-Curves sind.

Zum Abschluss unseres Ausflugs zu den Keying Sets in Blender können Sie sich noch kurz das Panel ACTIVE KEYING SET ansehen. Haben Sie vergessen, welche Eigenschaften zu einem Keying Set gehören oder möchten Sie bestimmte Eigenschaften aus dem Keying Set entfernen, dann ist dieses Panel Ihre erste Anlaufstelle.

Da Sie die hier automatisch eingetragenen Werte wohl nie von Hand eingeben oder ändern werden, möchte ich hier bewusst auf eine Erklärung aller vorhandenen Optionen verzichten. Stattdessen möchte ich den verbleibenden Platz in diesem Kapitel lieber nutzen, um Ihnen zu zeigen, wie Keyframes in Blender dargestellt und die Interpolation der Werte von Ihnen beeinflusst werden können – denn nicht immer soll eine Animation sanft ablaufen ...

▲ **Abbildung 9.19**
Auf dem KEYING-SETS-Panel verwalten Sie Keying Sets.

Keying Sets exportieren
Ein Keying Set wird immer pro Szene in der Blender-Datei gespeichert, es ist nicht szenenübergreifend vorhanden. Nichtsdestotrotz können Sie über die Schaltfläche EXPORT TO FILE im KEYING-SETS-Panel des SCENE-Tabs eine Export-Datei erzeugen, mit deren Hilfe Sie Ihr gewähltes Set in eine andere Datei übertragen können. Laden Sie das erzeugte Python-Skript dazu in den SCRIPT EDITOR, und führen Sie es, wie in Kapitel 16, »Blender erweitern«, beschrieben, aus.

▲ **Abbildung 9.20**
Falls Sie Eigenschaften in Keying Sets anpassen möchten, nutzen Sie das ACTIVE-KEYING-SET-Panel.

9.2.3 Der Graph Editor

Bisher haben wir uns auf Blenders Mechanismen zum Einfügen und Löschen von Keyframes konzentriert. Wie Blender den Übergang von einem Keyframe zum nächsten anzeigt und beeinflusst, werden Sie jetzt sehen. Blender bietet Ihnen zu diesem Zweck erneut einen auf diese Aufgabe speziell zugeschnittenen Editor an: den GRAPH EDITOR. Die Hauptaufgabe des GRAPH EDITORS ist es, vorhandene Keyframes und den Übergang zwischen den Werten dieser Keyframes übersichtlich darzustellen. Sie finden ihn, indem Sie die Editor-Auswahlbox aufrufen und den GRAPH EDITOR ❷ wählen oder die Tastenkombination [⇧] + [F6] nutzen.

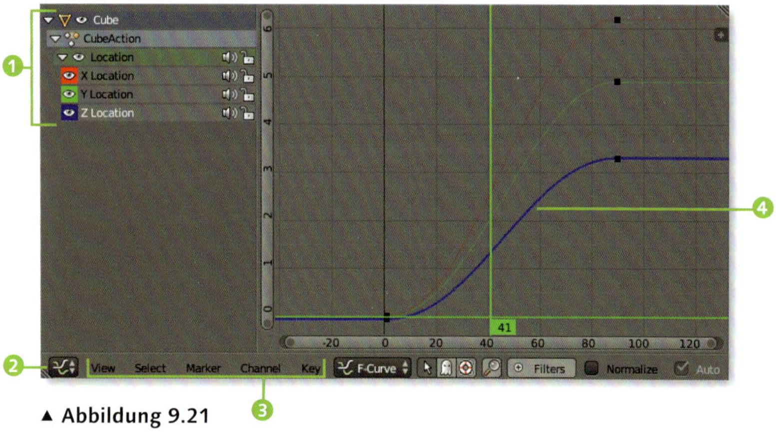

▲ **Abbildung 9.21**
Blenders GRAPH EDITOR definiert, wie Keyframes ineinander überblenden.

Das Interface | Der GRAPH EDITOR besteht wie gewohnt aus drei Teilen: einer Menüzeile mit allen Kommandos ❸, einem Hauptbereich mit verschiedenen Kurven ❹ und einem »Listenbereich«, auf dem Sie die Namen und Kurven ablesen und diese selektieren können ❶. Möchten Sie sich im GRAPH EDITOR bewegen, stehen Ihnen genau die gleichen Tastenkombinationen wie im NODE EDITOR zur Verfügung. Durch das Rollen der Mausrad-Taste zoomen Sie, das Halten der Mausrad-Taste und Bewegen der Maus verschiebt den sichtbaren Ausschnitt.

Halten Sie die [Strg]- und die Mausrad-Taste gedrückt, und bewegen Sie die Maus nach links oder rechts, so zoomen Sie in x-Richtung. Gerade wenn Sie Kleinigkeiten in einer Animation ändern möchten, müssen Sie dazu in der Lage sein. Die gleiche Tastenkombination in Kombination mit einer Mausbewegung nach oben oder unten zoomt in y-Richtung. Wie schon im NODE EDITOR zoomt ein Druck auf die [Pos1]-Taste die Ansicht so, dass alle Kurven zu sehen sind. All das und noch einiges mehr werden wir uns jetzt anhand eines Beispiels ansehen.

Schritt für Schritt
Die erste eigene Animation (Teil 2)

Um dieses Beispiel nachzuvollziehen, laden Sie bitte die Datei »09_GraphEditor_Start.blend«. Sie enthält bereits einen leeren Graph Editor, eine 3D-Ansicht und ein Testobjekt: Suzanne. Wir werden diese Übung im Vergleich zur letzten ein wenig abwandeln.

Die Datei »09_Graph-Editor_Start.blend« finden Sie auf der Buch-DVD unter Beispielmaterial • Kapitel_09.

1 Single Keyframe auf der z-Achse erstellen

Fügen Sie für Suzanne einen Keyframe für die z-Achse auf dem ersten Frame ein. Klappen Sie dazu das Properties Panel [N] des 3D-View-Editors aus, und scrollen Sie ganz zum Transform-Panel. Suchen Sie dort den Abschnitt Location, und klicken Sie mit der rechten Maustaste auf den z-Wert. Wählen Sie in dem daraufhin erscheinenden Menü Insert Single Keyframe. Nur die z-Achse sollte daraufhin gelb hinterlegt sein. Schauen Sie sich jetzt den rechts befindlichen Graph Editor an. Sie werden sehen, dass im rechten Teil eine blaue Linie und am linken Rand des Editors mehrere Felder erschienen sind. Was sie genau bedeuten, lernen Sie gleich.

▲ **Abbildung 9.22**
Mit einem Rechtsklick auf einer Eigenschaft rufen Sie ein Menü auf, mit dem Sie einen einzelnen Keyframe setzen können – auch wenn diese Eigenschaft eigentlich zu einem Keying Set gehört.

2 Einen weiteren Single-Keyframe einfügen

Wechseln Sie jetzt zu Frame 250 mit [⇧] + [→], bewegen Sie Suzanne an den oberen Rand, und fügen Sie auch dort über Insert Single Keyframe einen Keyframe für die z-Location ein. Betrachten Sie jetzt erneut den Graph Editor. Sehen Sie, dass eine abgerundete blaue Kurve von Frame 1 zu Frame 250 gezogen wurde? Diese Kurve heißt F-Curve und gibt sowohl die Beschleunigung als auch den Wert des Keyframes (in unserem Fall die Verschiebung in z-Richtung) an allen Frames an.

3 Zoom anpassen und Playhead justieren

Zoomen Sie jetzt ein wenig im Graph Editor umher. Versuchen Sie, mit den oben beschriebenen Techniken die aktuelle Ansicht zu verschieben, hinein- und wieder herauszuzoomen, und beenden Sie Ihre Experimente mit einem Druck auf die [Pos1]-Taste. Setzen Sie den Playhead auf Frame 125.

4 Lage des End-Keyframes verändern

Wählen Sie den Endpunkt der Kurve im Graph Editor an Frame 250 aus. Klicken Sie dazu mittig mit der rechten Maustaste auf den Endpunkt, und nutzen Sie anschließend [G], [Y], um den Punkt auf der y-Achse zu verschieben. Bemerken Sie, wie sich Suzanne bewegt, sobald Sie die Lage des Punktes ändern? Da Sie die Lage des End-Keyframes ändern, ändert sich auch die damit verbundene Position von Suzanne auf der z-Achse.

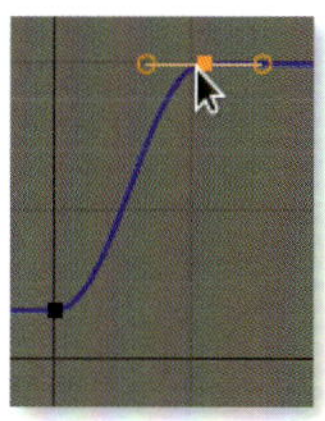

▲ **Abbildung 9.23**
Haben Sie einen Kontrollpunkt mit der rechten Maustaste ausgewählt, können Sie ihn mit [G] verschieben.

In dieser Übung haben Sie sehen können, dass der Graph Editor die über die Keyframes definierten Animationsdaten im Gegensatz zum Timeline-Editor deutlich detaillierter aufschlüsselt. Was die entstandenen Kurven genau darstellen, welche Möglichkeiten sie Ihnen bieten und wie Sie sie bestmöglich einsetzen, werden Sie in den folgenden Abschnitten lernen.

Zum Nachlesen

Alles über Bézier-Kurven, Anfasser und Kontrollpunkte finden Sie in Abschnitt 4.8, »Schöne Kurven – Bézier und NURBS«.

F-Curves | F-Curves stellen den Verlauf eines Wertes über die Zeit dar. Sie sind den Bézier-Kurven aus dem Modelling-Kapitel sehr ähnlich – auch sie besitzen Kontrollpunkte und Anfasser (Control Points und Handles), die definieren, wie die Kurve verläuft. Ein Unterschied zur Modelling-Kurve besteht allerdings darin, dass Sie die Kurve im Graph Editor nicht schließen können, sie verläuft immer von links nach rechts. Abbildung 9.24 zeigt Ihnen eine typische Animationskurve.

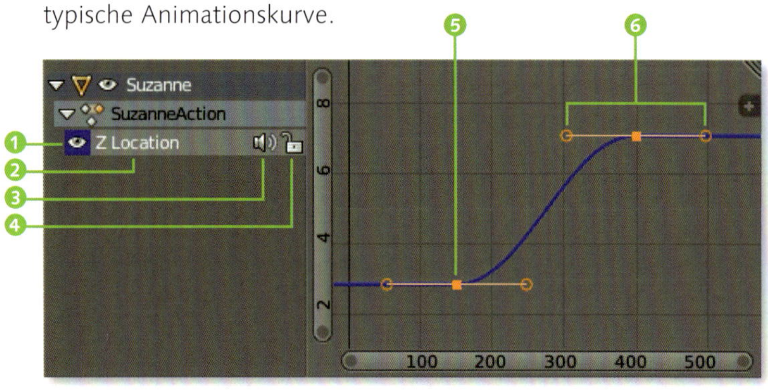

▲ **Abbildung 9.24**
Eine typische F-Curve inklusive der korrespondierenden Action und Eigenschaft (Z Location)

Um F-Curves zu wählen, klicken Sie im Graph Editor am linken Rand auf den Kurvennamen ❷, oder halten Sie die Maus über sie und drücken L. Dem zeitweisen Ausblenden dient das Augensymbol ❶. Wenn Sie den Lautsprecher deaktivieren ❸, wird die Kurve in der aktuellen Animation nicht beachtet, und ein Klick auf das Schlosssymbol ❹ macht die Kurve resistent gegen Änderungen. Die Kontrollpunkte der Kurve werden mit einem orangenfarbenen Rechteck dargestellt ❺, während die Anfasser durch Kreise symbolisiert werden ❻.

F-Curves sind das Herz Ihrer Animation. Mit ihnen bestimmen Sie, wie schnell und auf welche Art zwischen zwei Werten überblendet wird, wie stark Bewegungen beschleunigt werden, und mit Ihnen passen Sie die Werte interaktiv an.

▲ **Abbildung 9.25**
Kaum zu glauben: Auch Koro, der Hauptcharakter des Films »Caminandes 2«, wird mit Hunderten F-Curves zum Leben erweckt.

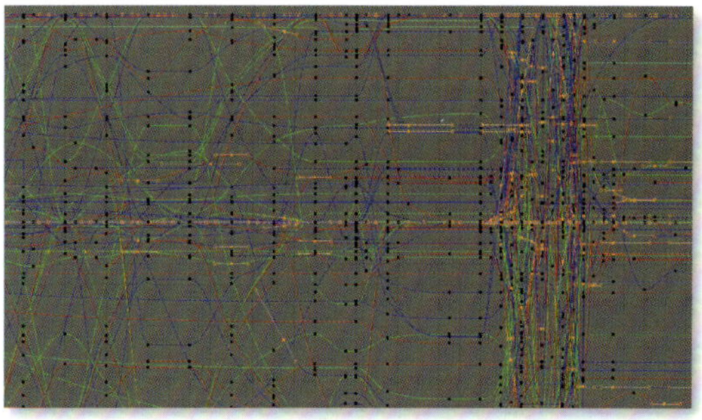

▲ **Abbildung 9.26**
Die F-Curves von 3 Sekunden an Koros Animation – wie Sie sehen, sind Koros Animationskurven sehr komplex.

F-Curves transformieren und sperren | Bevor Sie die Kontrollpunkte oder Anfasser einer Kurve verändern können, müssen Sie sich im Edit Mode (Tab) der Kurve befinden. Auch bei der Auswahl von Kontrollpunkten hält sich Blender an das erlernte Schema: Die rechte Maustaste wählt einen Kontrollpunkt aus, während der Shortcut Alt + rechte Maustaste alle Kontrollpunkte oder Anfasser (und somit Keyframes) eines Frames auswählt.

Befinden Sie sich im Edit-Modus, wird Sie noch viel mehr an Blenders übrigen Workflow erinnern – fast alle Möglichkeiten zur Bearbeitung von Kurven, die Sie in Kapitel 4, »Modelling – und Objekttypen«, kennengelernt haben, können Sie auch hier nutzen. Lassen Sie mich trotzdem die wichtigsten Funktionen zur Auffrischung stichwortartig auflisten:

- A selektiert und deselektiert alle auf dem Bildschirm vorhandenen Punkte, B initiiert den Box-Select-Modus.
- Tab wechselt aus dem Edit-Modus (F-Curve darf editiert werden) in den Object-Modus (Kurve ist nicht editierbar). Eine gestrichelte Linie und ein geschlossenes Schloss-Icon hinter dem Keyframe-Namen im Graph Editor zeigen Ihnen an, dass Sie sich im Object-Modus befinden.
- Strg + linke Maustaste fügt einen neuen Kontrollpunkt (und damit einen neuen Keyframe) im Edit Mode ein. Auf diese Art setzen Sie sehr schnell neue Werte an bestimmten Frames.
- Mit G, R, S bewegen, rotieren und skalieren Sie die gewählten Kontrollpunkte. Das Verschieben von Kontrollpunkten im Graph Editor ist gleichbedeutend mit dem Verschieben von Keyframes. Dieser Fakt ist leicht nachprüfbar, indem Sie die Timeline beobachten, wenn Sie Kontrollpunkte verschieben: Die gelben Keyframe-Markierungen der Timeline werden sich analog zur Bewegung verändern.

Kurven-Schnappschuss
In der Menüzeile des F-Curve-Editors befindet sich ganz rechts ein Geist-Icon. Dieses Icon ermöglicht es Ihnen, einen Schnappschuss der gerade selektierten Kurven anzufertigen. Wenn Sie anschließend Kontrollpunkte und Kurvenverläufe ändern, sehen Sie die ursprüngliche Kurve als gestrichelte Linie – gerade beim Feintuning von Animationen ist diese Funktion sehr hilfreich! Ein erneuter Klick auf den Geist deaktiviert die Funktion wieder.

Zum Nachlesen
Wie man Kurven bearbeitet, können Sie in Abschnitt 4.8.3, »Kurven anpassen«, nachlesen.

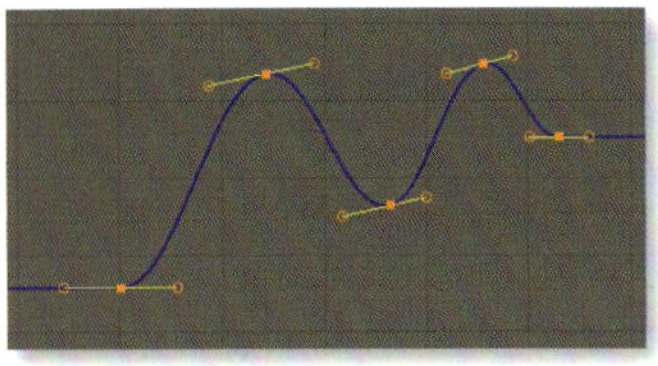

▲ **Abbildung 9.27**
AUTO-Handles

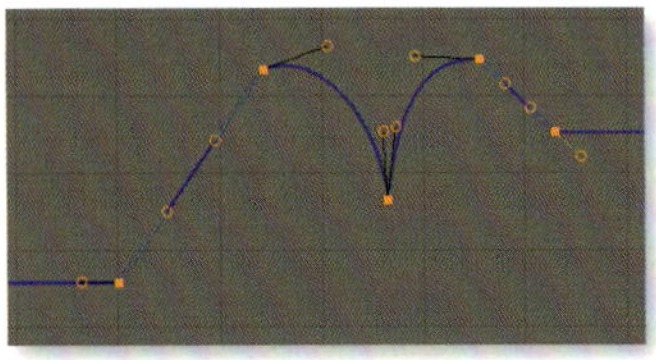

▲ **Abbildung 9.28**
VECTOR-Handles

Die Datei »09_InterpolationMode.blend« finden Sie auf der Buch-DVD unter BEISPIELMATERIAL • KAPITEL_09.

- [V] bestimmt den Anfasser-Typ – FREE, VECTOR, ALIGNED, AUTO und AUTO CLAMPED. Neben den von den Kurven bereits bekannten Typen hat sich hier der AUTO-CLAMPED-Modus eingeschlichen. Er richtet die Anfasser zwar auch aneinander aus, bewahrt die Kurven jedoch vor Überschwingern. An Kontrollpunkten, an denen keine Steigung vorliegt, sind die Anfasser somit parallel zur x-Achse. Abbildung 9.27 und Abbildung 9.28 zeigen Ihnen sowohl die VECTOR- als auch die AUTO-Einstellung von Handles.
- [⇧] + [S] lässt die gewählten Punkte an speziellen Positionen einrasten (an dem aktuellen Keyframe, einer bestimmten Zeit usw.).
- [⇧] + [D] kopiert alle gewählten Punkte und verschiebt sie anschließend.

Keyframe-Interpolation | Wenn Sie eine Animation beginnen, werden Sie oftmals wie ein klassischer Zeichner vorgehen und erst die Extremes und die Breakdowns erstellen (sogenannte Blocking-Phase). Nur so können Sie entscheiden, ob Ihr Timing passt und alle Bewegungen miteinander harmonieren.

Wenn Sie in dieser Animationsphase sind, ist es eher hinderlich, dass Blender zwischen allen gesetzten Keyframes sanft überblendet. Sie benötigen stattdessen einen Modus, der so lange an dem Wert des alten Keyframes festhält, bis der neue Keyframe erreicht wird. Dieses Verhalten erreichen Sie, indem Sie eine (oder alle) Kurven im EDIT-Modus wählen und per [T] den Interpolationsmodus festlegen. Wenn Sie möchten, können Sie die Auswirkungen dieses Modus live mit der Datei »09_InterpolationMode.blend« ausprobieren. Markieren Sie dazu einfach alle Kurven im GRAPH EDITOR ([A]), und öffnen Sie mit [T] das in Abbildung 9.29 gezeigte Popup, mit dessen Hilfe Sie unterschiedliche Interpolationsmodi wählen können. Alle ausgewählten Kontrollpunkte werden anschließend auf den gewählten Modus gesetzt. Spielen Sie die Animation nach Modusänderungen per [Alt] + [A] ab, sehen Sie sofort die Auswirkungen der Modi.

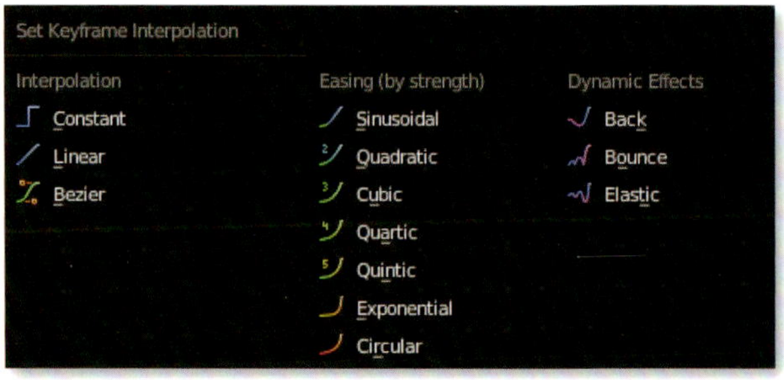

Abbildung 9.29 ▶
Alle Interpolationsmodi im Überblick

Die folgenden Modi stehen Ihnen auf der linken Seite des Popups unter INTERPOLATION zur Verfügung:

- CONSTANT: Dieser Modus hält den Wert des Keyframes so lange fest, bis ein neuer Keyframe erreicht ist – perfekt für Extremes und Breakdowns.
- LINEAR: Dieser Modus blendet zwischen den Keyframes linear über. Das bedeutet einerseits, dass Ihre Animation dadurch mechanisch wirkt, und andererseits, dass kein sanftes Auslaufen einer Bewegung erfolgt.
- BEZIER: Diesen Wert kennen Sie bereits. Er ist Standard bei neu eingefügten F-Curves und blendet Werte sanft ineinander über.

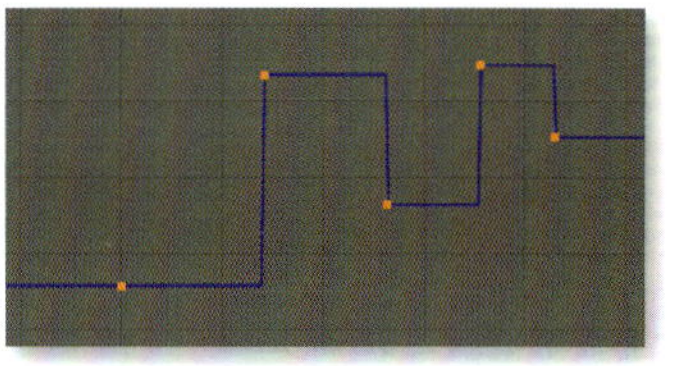

▲ **Abbildung 9.30**
CONSTANT

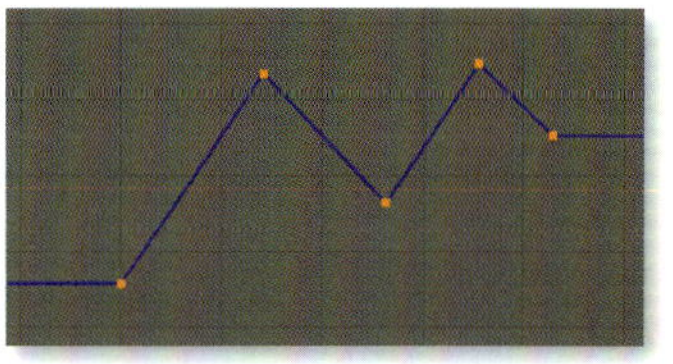

▲ **Abbildung 9.31**
LINEAR

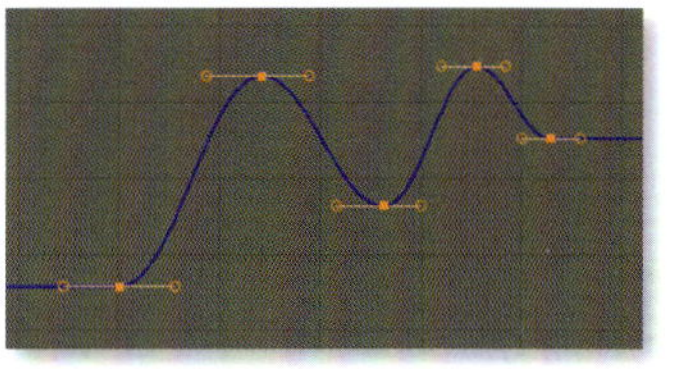

▲ **Abbildung 9.32**
BEZIER

Neben diesen (einfachen) Modi bietet Ihnen Blender besonders für Motion Graphics interessante Interpolationsmodi. Sie finden sie bei einem Druck auf [T] unter EASING. Die Modi bewirken, dass die normalerweise sanft von einem Keyframe zum nächsten überblendenden Animationen länger benötigen, um in Fahrt zu kommen, aber dann sehr schnell auf den Wert des nächsten Keyframes gebracht werden. Die Animation wirkt damit erst sanft, dann sehr schnell. Die EASING-Modi sind in dem Popup von schwachem Einfluss zu starkem Einfluss sortiert. SINUSOIDAL wirkt also am wenigsten stark, während CIRCULAR den stärksten Einfluss besitzt.

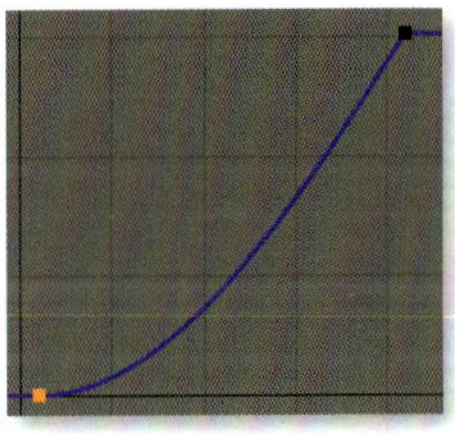

▲ **Abbildung 9.33**
SINUSOIDAL

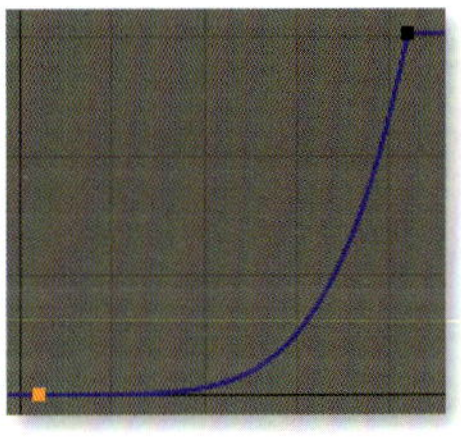

▲ **Abbildung 9.34**
QUINTIC

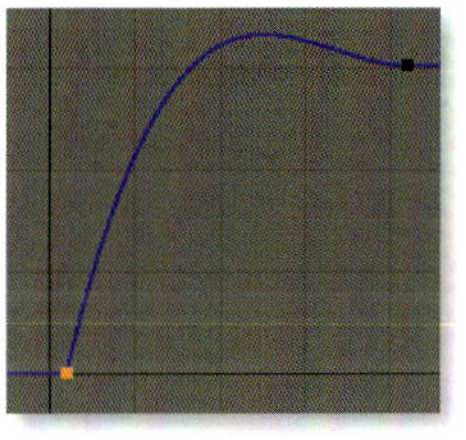

▲ **Abbildung 9.35**
BACK

Zusätzlich zu den EASING-Modi gibt es die DYNAMIC-EFFECTS-Modi, die physikalische Effekte imitieren:

- BACK: Wenn Sie eine Animation mit Überschwinger erstellen möchten, ist BACK der richtige Effekt. Der Wert wird also am Keyframe überschritten und kommt kurze Zeit später wieder auf den ursprünglich zu erreichenden Wert zurück. Mit BACK definieren Sie auf dem PROPERTIES-Panel ([N]), wie stark der Überschwinger ist.
- BOUNCE: Dieser Effekt erinnert an einen springenden Ball. Er führt drei immer kleiner werdende Sprünge aus.

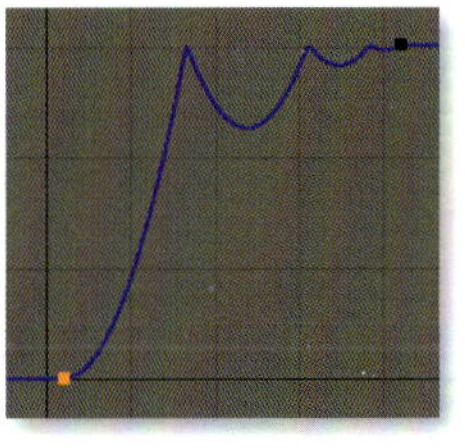

▲ **Abbildung 9.36**
BOUNCE

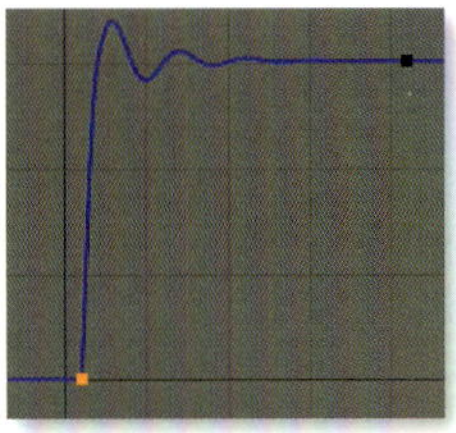

▲ **Abbildung 9.37**
Elastic

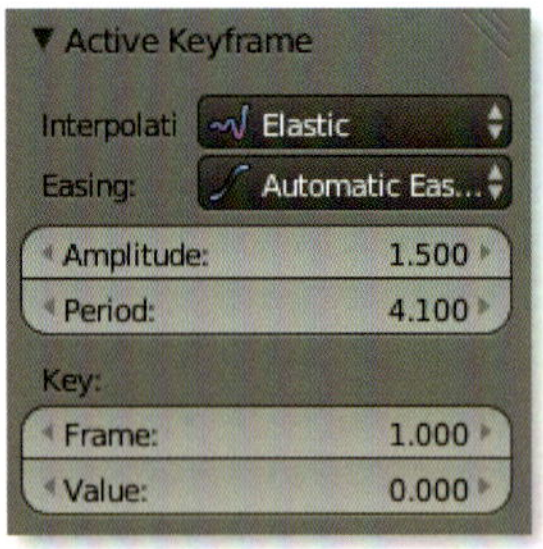

▲ **Abbildung 9.38**
Die Parameter der Dynamic Effects

- Elastic: Wenn Sie ein langes Lineal mit einem Ende am Schreibtisch festhalten und das andere Ende nach unten bewegen und loslassen, werden Sie eine Schwingung um den Nullpunkt feststellen. Diese Option simuliert den Effekt und besitzt die in Abbildung 9.38 zu sehenden Parameter:
  - Amplitude: Mit diesem Wert steuern Sie, wie stark die Schwingung ist. 0 bedeutet keine Schwingung.
  - Period: Hier legen Sie fest, wie viele Schwingungen der Elastic-Effekt ausführen soll.

Die Amplitude-, Period- und Back-Einstellungen finden Sie im Active-Keyframe-Panel der Graph-Editor-Properties ([N]). Daran sehen Sie schon, dass diese Werte pro gewählten Kontrollpunkt gelten – eine Möglichkeit, diese Werte für alle selektierten Kontrollpunkte zu setzen, gibt es (noch) nicht.

Der Easing-Typ | Mit dem Easing-Typ beeinflussen Sie, wo sowohl die Easing-Modi als auch die Effect-Typen wirken – beim Verlassen des ersten Keyframes oder beim Erreichen des neuen Keyframes:

- Ease Out/In: Out beeinflusst das Easing vor dem nächsten Keyframe, In unmittelbar nach dem aktuellen.
- Ease In And Out: Diese Option beeinflusst das Easing-Verhalten auf dem kompletten Segment zwischen dem Easing-Keyframe und dem auf ihn folgenden Keyframe.
- Automatic Easing: Mit dieser Option wählt Blender automatisch den Modus Ease In für die Easing-Modi und Ease Out für alle Dynamic-Effect-Modi.

Um den Easing-Typ für alle ausgewählten Keyframes gleichzeitig zu ändern, nutzen Sie die Tastenkombination [Strg] + [E], einzelne ändern Sie über das beschriebene Panel. Neben den Interpolationsmodi und -typen können Sie in Blender auch definieren, wie vor dem ersten und nach dem letzten Keyframe verfahren wird. Dies erledigen Sie über die Extrapolationsmodi.

Abbildung 9.39 ▶
Ease In

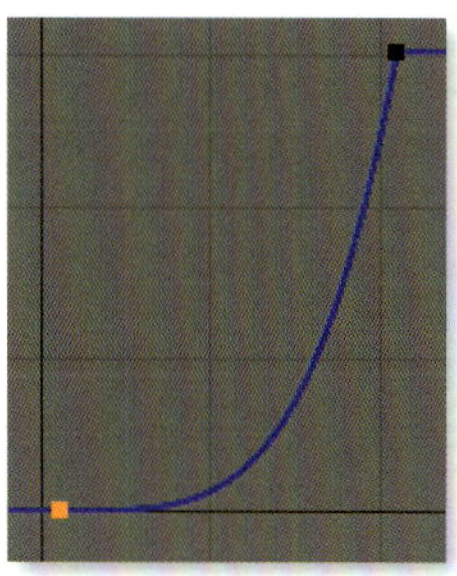

Abbildung 9.40 ▶
Ease Out

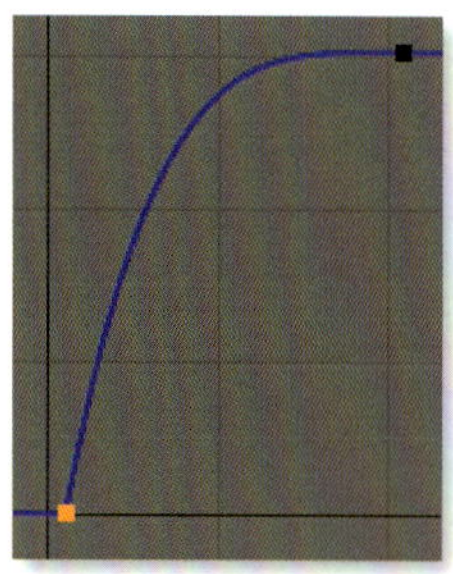

Der Keyframe-Extrapolationsmodus | Über den Extrapolationsmodus (⇧ + E) legen Sie fest, welchen Verlauf Ihre F-Curve außerhalb der durch die Keyframes eingegrenzten Bereiche nimmt. Sie definieren mit diesem Modus, ob beispielsweise eine vor dem letzten Keyframe stattfindende Bewegung nach dem letzten Keyframe andauert oder ob sie zum Stehen kommt.
Zwei Modi stehen zur Auswahl:

- CONSTANT: Dies ist die Standardeinstellung. F-Curves vor dem ersten und nach dem letzten Keyframe bleiben auf dem durch den Keyframe definierten Wert. Der aktuelle Wert wird nicht mehr geändert.
- LINEAR: In diesem Modus definieren die Steigung am letzten (bzw. ersten) Keyframe, wie die Kurve nachher (bzw. vorher) verläuft.

Neben diesen beiden Extrapolationsmodi gibt es noch viele weitere Möglichkeiten, eine F-Curve und die Extrapolation dieser Kurve zu beeinflussen.

F-Curve-Modifier | Die F-Curve-Modifier dienen in erster Linie dazu, bestehende F-Curves in Ihrem Verlauf zu beeinflussen. Sie finden hier allerdings auch Modifier, die eine Kurve generieren können. Bevor Sie einen Modifier anwenden können, benötigen Sie jedoch immer eine bestehende F-Curve (selbst wenn diese später von einem Modifier überlagert wird). Alle Modifier verstecken sich bei angewählter F-Curve in dem PROPERTIES-Panel (N) des GRAPH EDITORS unter dem MODIFIER-Panel.

Wie bei den Modifiern in Kapitel 5, »Modifier«, haben auch die hier verfügbaren Modifier verschiedene gemeinsame Funktionen: RESTRICT FRAME RANGE und USE INFLUENCE am unteren Rand des Modifiers und ein Lautsprechersymbol in der Kopfzeile.

Über RESTRICT FRAME RANGE limitieren Sie den Frame-Bereich, in dem der Modifier wirkt (START/END). Dabei können Sie darüber hinaus angeben, wie viele Frames der Modifier benötigt, um aktiv zu werden (IN/OUT). Mit USE INFLUENCE können Sie einstellen, wie stark der Modifier auf die F-Curve wirkt. Mit dem Lautsprechersymbol deaktivieren oder aktivieren Sie den aktuellen Modifier temporär – gerade um Kontrollpunkte zu bearbeiten, ist diese Funktion sinnvoll.

Ein Klick auf ADD MODIFIER bringt folgende Modifier-Typen zum Vorschein:

- GENERATOR: Über diesen Modifier können Sie Polynome erzeugen. Auf diese Art können Sie leicht Parabeln und viele andere Graphen auf Ihre F-Curves aufprägen.

Interpolationsmodus für alle

Legen Sie in den PROPERTIES N den Interpolationsmodus fest, so gilt dieser Modus nur für den aktiven Kontrollpunkt. Möchten Sie also die Interpolationspunkte für mehrere Kontrollpunkte festlegen, nutzen Sie daher besser T.

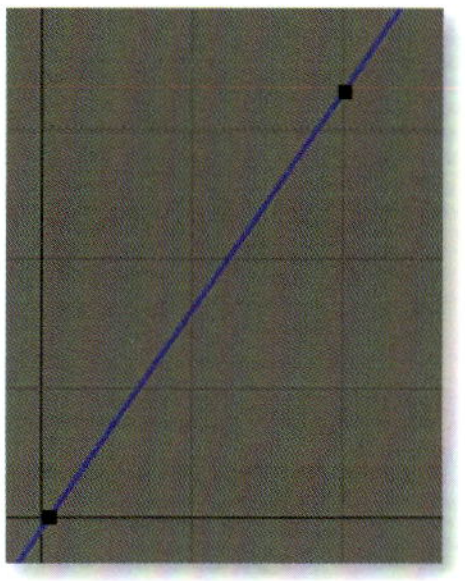

▲ **Abbildung 9.41**
LINEAR-Extrapolation

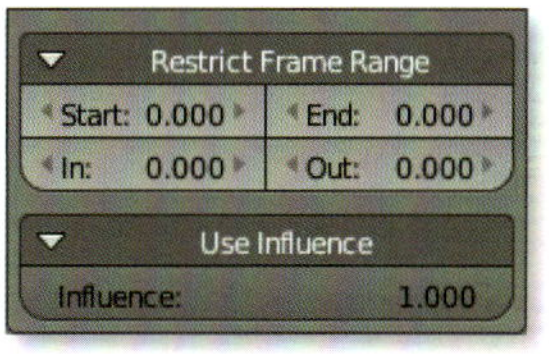

▲ **Abbildung 9.42**
Allgemeine Einstellungen der F-Curve-Modifier

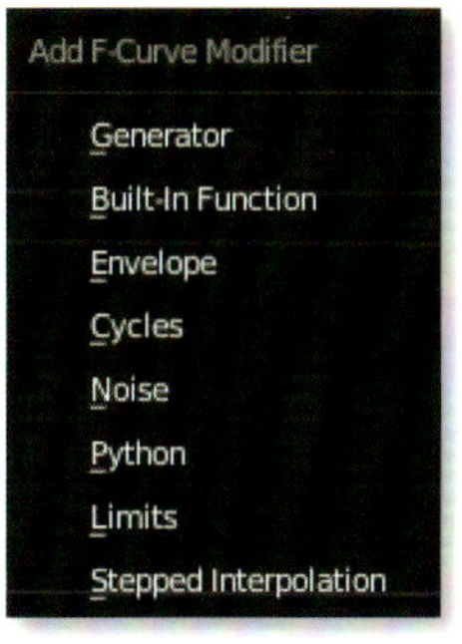

▲ **Abbildung 9.43**
Diese F-Curve-Modifier stehen Ihnen zur Verfügung.

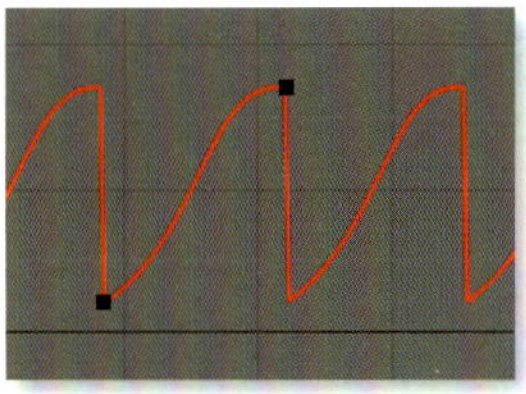

▲ **Abbildung 9.44**
CYCLES-Modifier

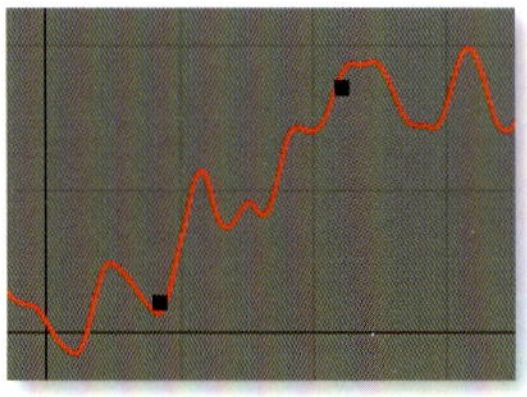

▲ **Abbildung 9.45**
NOISE-Modifier

- BUILT-IN FUNCTION: Mit diesem Modifier haben Sie die Möglichkeit, mathematische Funktionen zu nutzen. Sinus-, Cosinus-Tangens- und Wurzel-Funktionen, natürlicher Logarithmus oder normalisierte Sinusfunktionen sind hier möglich.
- ENVELOPE: Mit diesem Modifier können Sie Kurven in Ihrem Verlauf mithilfe von Kontrollpunkten beeinflussen. So können Sie beispielsweise eine Kurve glätten oder verstärken.
- CYCLES: Dieser Modifier nutzt Ihnen immer dann, wenn Sie eine Animation erstellt haben, die zyklisch ablaufen soll. Er ermöglicht es Ihnen nicht nur, exakte Wiederholungen zu erstellen, sondern kann diese auch versetzt oder gespiegelt darstellen. Ein Beispiel finden Sie in Abbildung 9.44.
- NOISE: Dieser Modifier verursacht ein Rauschen auf der Kurve. Amplitude, Skalierung und Phase des Modifiers sind variabel. Ein Beispiel finden Sie in Abbildung 9.45.
- LIMITS: Mit diesem Modifier können Sie die Werte der F-Kurve auf bestimmte Bereiche beschränken.
- STEPPED: Wenn Sie treppenartige F-Curves erzeugen möchten, ist dieser Modifier das Richtige für Sie – er rundet existierende Werte so ab, dass ein treppenförmiger Verlauf entsteht.

Die Datei »09_FCurve-Modifier_Test.blend« finden Sie auf der Buch-DVD unter BEISPIELMATERIAL • KAPITEL_09.

Möchten Sie die Modifier ausprobieren, so nutzen Sie die Datei »09_FCurveModifier_Test.blend«. Dort gibt es bereits eine Kurve, auf die Sie obenstehende Modifier einfach anwenden können.

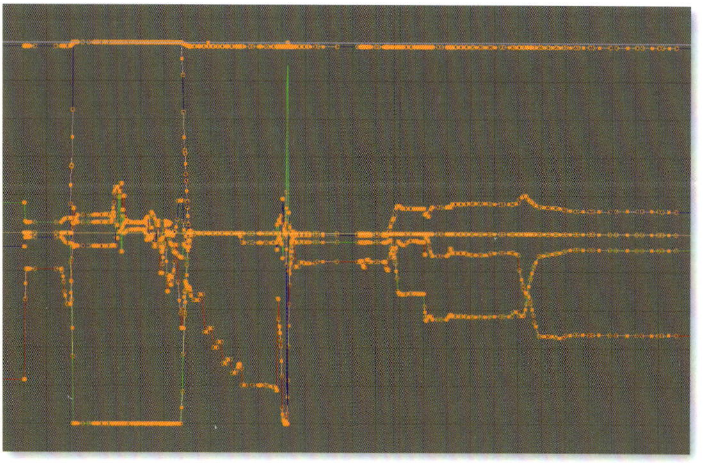

Abbildung 9.46 ▶
Dieser Ausschnitt aus 20 Sekunden einer professionellen Blender-Animation zeigt deutlich, wie schwierig es bei komplexeren Projekten wird, ausschließlich mit F-Curves zu arbeiten.

Dass Sie durch eine Verschiebung von Kontrollpunkten im GRAPH EDITOR gleichzeitig auch die Position der Keyframes in der Timeline verschieben, haben Sie bereits gesehen. In größeren Projekten werden Sie jedoch feststellen müssen, dass durch die oft simultan ablaufenden Animationen sehr viele F-Curves im GRAPH EDITOR dargestellt werden. Entsprechend schwierig wird es, einzelne Keyframes zu selektieren und zu verschieben, um das Timing von Animationen zu ändern. Blender hilft Ihnen bei der Bewältigung dieses Problems mit einem spezialisierten Editor: dem Dope-Sheet-Editor.

9.2.4 Der Dope-Sheet-Editor

Klassische Animationsstudios nutzen – um ihre handgezeichneten Animationen zu organisieren – oft eine Tabelle, die angibt, wann jede Zeichnung, Ton- und Kamerabewegung in der Animation zu sehen ist und für wie lange. Sie verschafft dem Animator damit eine »Vogelperspektive« auf alles, was in einer Szene auftritt. Der Name dieser Tabelle lautet »Dopesheet«.

In Blender wurde dieses Übersichts-Konzept in einen eigenen Editor übernommen, da es auch hier sehr nützlich ist, stets über alle Keyframes einer Animation den Überblick zu behalten. Darüber hinaus können Sie aus dieser Perspektive viel leichter Anpassungen an Timings und einzelnen Keyframe-Positionen vornehmen. Sie finden den Editor wie alle anderen Editoren auch in der Editor-Auswahlbox unter Dope Sheet oder durch die Tastenkombination ⇧ + F12. Um die hier vorgestellten Möglichkeiten auszuprobieren, können Sie wieder die Datei »09_Interpolation-Mode.blend« nutzen. Tauschen Sie dort den Graph Editor gegen den Dope-Sheet-Editor aus.

Die Datei »09_InterpolationMode.blend« finden Sie auf der Buch-DVD unter Beispielmaterial • Kapitel_09.

Dope-Sheet-Modi | Der Editor ermöglicht es Ihnen, zwischen fünf verschiedenen Ansichten Ihrer Animationen umzuschalten, die Sie mit der in Abbildung 9.47 gezeigten Combobox neben dem Menüpunkt Key wählen:

▲ **Abbildung 9.47**
Die fünf Modi des Dope Sheets

- Dope Sheet: Diese Ansicht zeigt Ihnen übersichtlich an, wann Aktionen starten und wie lange sie andauern. Sie ist die Default-Ansicht, wenn Sie in den Dope-Sheet-Editor wechseln, und zeigt alle Keyframes mithilfe von kleinen Rechtecken übersichtlich an.
- Action Editor: Hier können Sie Aktionen definieren, ändern und zuweisen. Eine Aktion fasst einen oder mehrere Keyframes zu einem logischen Gesamtkomplex zusammen. So könnten beispielsweise alle Keyframes, die benötigt werden, um einen Charakter laufen zu lassen, unter der Aktion »Running« zusammengefasst werden.
- Shape Key Editor: Dieser Editor ist dann sinnvoll, wenn Sie für Ihr Mesh Shape Keys festgelegt haben. Er setzt bei Bedarf automatisch Keyframes und listet Ihre Shape-Key-Animationen

auf. Zu diesem Thema werden Sie in Abschnitt 9.2.7, »Shape-Key-Animationen«, noch mehr erfahren.

- GREASE PENCIL: Dieser Editor lässt Sie GREASE-PENCIL-Animationen bearbeiten. Ebenso wie den Shape Keys wird auch diesem Thema später ein eigener Abschnitt gewidmet (Abschnitt 9.3.1).
- MASK: Mit diesem Editor organisieren Sie Masken-Animationen. Diese lernen Sie in Kapitel 14, »Tracking«, kennen.

Interface | Das Interface des DOPE-SHEET-Editors gleicht dem des GRAPH EDITORS wie ein Ei dem anderen. Er unterscheidet sich nur in dem Punkt von dem des GRAPH EDITORS, dass keine Kurven, sondern Keyframes als kleine gelbe Rechtecke zu sehen sind. Alle beschriebenen Selektions-, Transformations- oder Bearbeitungsmethoden des DOPE SHEETS sind mit denen des GRAPH EDITORS identisch. Natürlich zählen dazu auch die verschiedenen Tastenkombinationen.

▼ Abbildung 9.48
Das DOPE SHEET

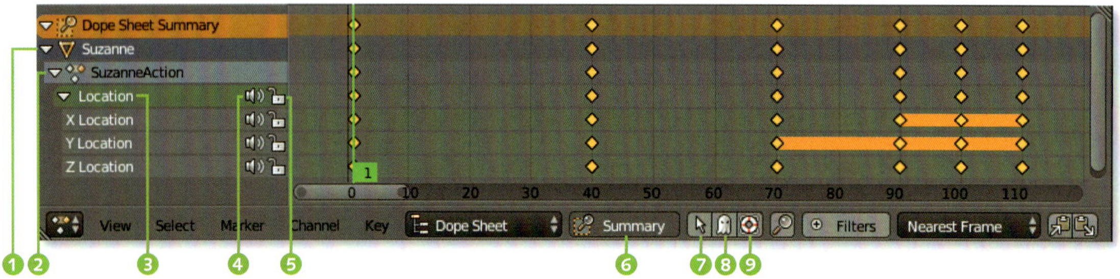

Slider
Im VIEW-Menü des DOPE SHEETS finden Sie unter anderem die nützliche Option SHOW SLIDERS. Diese blendet hinter den einzelnen Eigenschaften die aktuellen Zahlenwerte ein. Falls Sie diese also ständig im Blick haben möchten, sollten Sie diese Option aktivieren.

Der linke Teil des Editors zeigt Ihnen eine hierarchische Auflistung aller Objekte mit Keyframes. In der ersten Zeile zeigt Ihnen ein Symbol an, zu welchem Datenblock die Keyframes gehören ❶. Objekte, Materialien, Shape Keys und viele weitere Datenblöcke können dort aufgelistet sein. Eine Ebene darunter finden Sie (angedeutet durch das Keyframe-Symbol) die Aktion, zu der die gezeigten Keyframes gehören ❷. In der dritten Ebene finden Sie schlussendlich die eigentlichen Keyframes (und Keying Sets). Ein Keying Set lässt sich erneut aufklappen – dann endlich sehen Sie die einzelnen Eigenschaften, die Keyframes besitzen ❸.

Um Aktionen und Keying Sets umzubenennen, klicken Sie mit [Strg] + linker Maustaste auf den jeweiligen Namen. Geben Sie anschließend den neuen Namen ein, und betätigen Sie [↵], um die Bearbeitung abzuschließen.

Wie bereits im GRAPH EDITOR finden Sie auch in diesem Editor wieder Icons, um Keyframes oder Keying Sets stummzuschalten (Lautsprechersymbol ❹) und vor Änderungen zu schützen (Schlosssymbol oder [⇆] ❺). Gerade in komplexeren Projekten erweisen sich die Icons der Menüzeile als sehr nützlich. Zuerst begrüßt uns die bereits bekannte und daher jetzt nicht weiter beachtete Modus-Auswahlbox. Anschließend folgt die Schaltfläche SUMMARY ❻. Sie blendet im Hauptteil des Editors eine orangefarben hinterlegte Zeile ein, die angibt, ob an dem entsprechenden Frame mindestens ein Keyframe existiert. Falls ja, wird ein Rechteck in die Zeile gezeichnet. Wählen Sie ein Rechteck der SUMMARY-Zeile aus, so wird es orangenfarben markiert, und alle Keyframes an diesem Frame werden ausgewählt.

Das Mauszeigersymbol bestimmt, ob nur Keyframes von gerade ausgewählten Objekten oder alle Keyframes im DOPE-SHEET-Editor angezeigt werden ❼. Ein Klick auf den Geist ❽ blendet Keyframes von versteckten »Knochen« (Kapitel 10, »Vertex Weights, Skinning und Rigging«) ein, und ein Klick auf den Rettungsring ❾ zeigt fehlerhafte Driver (siehe unten) an. Mit den direkt daneben liegenden Icons für Suchen und Filtern starten Sie eine Suche nach einem F-Curve-Namen oder filtern das DOPE SHEET nach verschiedenen Animationsdaten. Die aktuell mit NEAREST FRAME betitelte Combobox ermöglicht Ihnen, das Verhalten beim Ablegen von Keyframes (Snapping) zu definieren.

Keyframe-Typen festlegen | Da der DOPE-SHEET-Editor die zeitliche Abfolge von Keyframes darstellt, ist er prädestiniert dafür, das Timing der Breakdowns und Extremes festzulegen. Um die Keyframes leichter voneinander zu unterscheiden, lässt er Sie dazu den Typ von Keyframes festlegen – markieren Sie die entsprechenden Keyframes, und rufen Sie das in Abbildung 9.49 gezeigte Popup mit [R] auf. Abbildung 9.50 zeigt Ihnen ein auf diese Weise präpariertes DOPE SHEET. Funktional ergeben sich durch die Änderung des Keyframe-Typs keine Unterschiede – sie dient ausschließlich als visuelles Hilfsmittel.

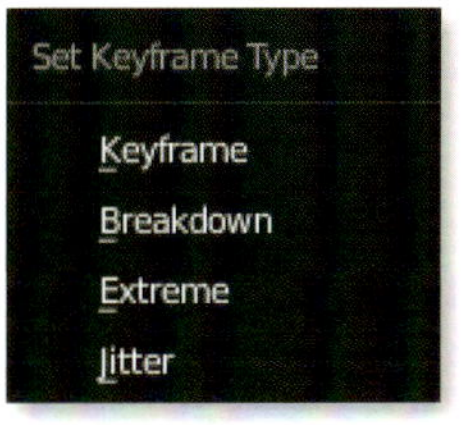

▲ **Abbildung 9.49**
Der Keyframe-Typ kann über [R] eingestellt werden.

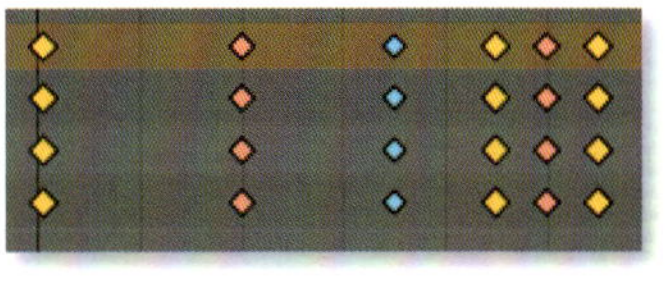

▲ **Abbildung 9.50**
Keyframes mit verschiedenen Typen in der Übersicht.

Verinnerlichen Sie die Verwendung des DOPE SHEETS noch ein wenig, indem Sie mit der Testdatei spielen. Verschieben Sie Keyframes, und ändern Sie damit die Zeit, die für Bewegungen benötigt wird. Schalten Sie Keyframes stumm, und sehen Sie sich die Auswirkungen auf die Animation an. Wenn Sie bereit sind, geht es zum ACTION EDITOR. Er bietet Ihnen eine weitere nützliche Ansicht auf Ihre Animationsdaten und macht Animationen wiederverwendbar.

9.2.5 Der Action Editor

Sie haben bereits erfahren, dass eine Aktion viele Keyframes zu einer logischen Gruppe zusammenfasst und dieser Gruppe einen Namen gibt. So könnten beispielsweise Aktionen wie »laufen«,

»schlendern«, »gehen«, »blinzeln« oder »zucken« vorhanden sein, die alle die für die jeweilige Aktion nötigen Keyframes beinhalten. Um Aktionen zu benennen und Objekten zuzuweisen, nutzen Sie in Blender den ACTION EDITOR, der im DOPE-SHEET-Editor als Ansichtsmodus implementiert wurde.

Aktionen und die dazugehörigen Animationsdaten werden in Blender als eigenständige Datenblöcke abgespeichert. Das bedeutet, dass bei der Erstellung einer Animation alle Keyframes zu einer Aktion gelinkt und diese Aktion wiederum mit einem Objekt verlinkt wird. Was sehr theoretisch klingt, hat für Sie handfeste Vorteile: Wenn Sie eine Animation eines Würfels erstellt haben, der sich von rechts nach links bewegt, so werden Sie höchstwahrscheinlich die x-, eventuell die y- und z-Achse mit Keyframes belegt haben. Da diese Keyframe-Daten eigenständig sind und mit dem Würfel nur verlinkt werden, können Sie diese Daten auch mit beliebigen anderen Objekten verlinken. Möchten Sie diese Animation auf ein anderes Objekt (beispielsweise eine Kurve) übertragen, müssen Sie nur sicherstellen, dass dieses Objekt auch eine x-, y- und z-Position besitzt (wie praktisch jedes Objekt im 3D-Raum) – schon können Sie diese Aktion auch für dieses Objekt nutzen. Durch die Entkopplung von Animations- und Objektdaten wird die Wiederverwendbarkeit von Animationen stark vereinfacht.

Schritt für Schritt
Der Action Editor

Die Datei »09_ActionEditor_Test.blend« finden Sie auf der Buch-DVD unter BEISPIELMATERIAL • KAPITEL_09.

Sehen wir uns diese Entkopplung doch einmal an einem Beispiel an. Laden Sie dazu die Datei »09_ActionEditor_Test.blend«, und sehen Sie sich den ACTION EDITOR an. Er sieht ziemlich verloren und leer aus, oder? Nicht mehr lange.

1 Scaling-Keyframes einfügen

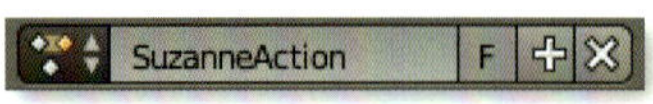

▲ **Abbildung 9.51**
Die automatisch erzeugte Aktion – neben dem Namen sehen Sie die mit »F« betitelte Fake-User-Schaltfläche.

Selektieren Sie Suzanne, und fügen Sie zwei SCALING-Keyframes an Frame 1 (nicht skaliert) und Frame 50 (skaliert um Faktor 2) ein. Beachten Sie dabei die Menüzeile des ACTION EDITORS. Sie enthält plötzlich die in Abbildung 9.51 gezeigte Aktion, die »SuzanneAction«.

2 Fake-User anlegen

Benennen Sie die »SuzanneAction« in »ScaleAction« um, und legen Sie einen Fake-User für diesen Datenblock durch einen Klick auf die Schaltfläche F neben seinem Namen an. Spielen Sie die Animation mit Alt + A ab – Suzanne sollte jetzt größer werden.

3 Animationen tauschen

Jetzt tauschen Sie die Animationen aus: Wählen Sie den Würfel, und klicken Sie auf das Keyframe-Datenblock-Symbol neben dem Action-Datenblock. Wählen Sie dort die »ScaleAction«. Nun spielen Sie die Animation erneut ab. Sehen Sie, dass Sie die Aktion auf den Würfel übertragen haben? Löschen Sie jetzt die »ScaleAction« von Suzanne durch einen Klick auf das X neben dem Keyframe-Datenblock. Weisen Sie Suzanne anschließend die von mir vorbereitete »MoveAction« und dem Konus die »RotateAction« zu. Spielen Sie die Animation wiederum ab.

Tauschen Sie zum Abschluss dieser Übung nach Lust und Laune Aktionen zwischen den Objekten, erstellen Sie neue Aktionen, oder löschen Sie sie. Haben Sie das Konzept von Datenblöcken bereits verinnerlicht, wird Ihnen diese Übung sicherlich keine Probleme gemacht haben. Als Nächstes wartet ein weiterer Editor auf Sie, der Ihr Leben als Animator deutlich erleichtern wird: der NLA Editor.

▲ **Abbildung 9.52**
Wählen Sie den Würfel, und klicken Sie auf das Keyframe-Datenblock-Symbol, dann können Sie bestehende Aktionen mit diesem verlinken.

9.2.6 Der NLA Editor

Mit dem Non-Linear Animation (NLA) Editor bietet Ihnen Blender einen einfachen Weg, um Aktionen zu duplizieren, zu beschleunigen, zu verlangsamen oder ineinander zu überblenden, ohne dass Sie einzelne Keyframes verschieben oder duplizieren müssen.

Er ist besonders dann hilfreich, wenn Sie viele Aktionen einer gesamten Animation einzeln animiert haben, beispielsweise Bein-, Arm- und Handbewegungen. Im NLA Editor können Sie diese vielen Einzelaktionen dann zu einer Gesamtaktion zusammensetzen. Die einzelnen Aktionen bleiben so selbst bei komplexen Animationen stets änderbar und sind leichter wiederzuverwenden.

Interface | Der NLA Editor ist – Sie vermuten es bereits – in der Editor-Combobox zu finden und ähnelt den aus diesem Kapitel bereits bekannten Editoren sehr. Um dieses Kapitel einfacher zu verfolgen, laden Sie am besten die Datei »09_NLAEditor_Test.blend«. Sie enthält bereits einen NLA Editor mit zwei Strips, einen Dope-Sheet-Editor und eine 3D-Ansicht.

Die Datei »09_NLAEditor_Test.blend« finden Sie auf der Buch-DVD unter Beispielmaterial • Kapitel_09.

Der NLA Editor besteht genau wie seine Kollegen aus einer Menüzeile, einem Haupt- und einem Seitenbereich. Im Seitenbereich sehen Sie alle Aktionen (und Tracks, siehe unten), die In der Szene vorhanden sind. Außerdem finden Sie hier (wieder hierarchisch aufbereitet) Objekte mit ihren Aktions-Datenblöcken, ein Lautsprechersymbol zum temporären Deaktivieren der Aktion und einen Doppelpfeil, der uns gleich in Verbindung mit den sogenannten *Tracks* beschäftigen wird. Wie schon im Action Editor können Sie durch die Icons der Menüzeile die Ansicht genauer an Ihre Wünsche anpassen: Das Mauszeiger-Icon beschränkt die angezeigten Aktionen auf das gerade gewählte Objekt, das Geist-Icon zeigt Aktionen aktuell versteckter Objekte an und ein Klick auf FILTERS aktiviert die Aktionsfilterung – alles in allem nichts Neues.

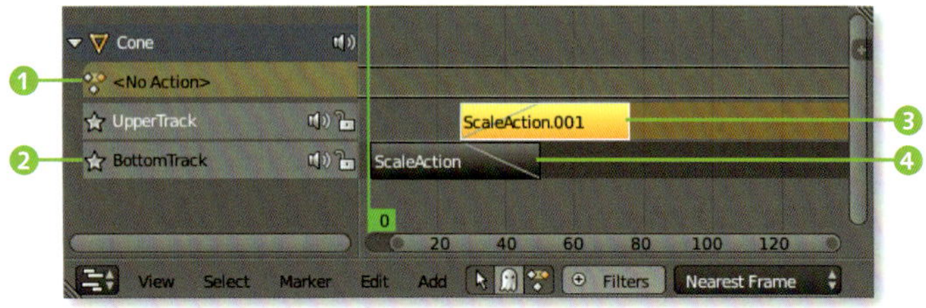

Abbildung 9.53 ▸
Der NLA EDITOR

Bislang sehen Sie allerdings noch nicht alles, was der NLA EDITOR Ihnen zu bieten hat, denn mit den aktuell sichtbaren Features hätten wir gerade einmal einen abgespeckten ACTION EDITOR. Und ein weiterer Editor, um Animationsdaten auf andere Weise darzustellen, ist nicht wirklich nötig. Diese Erkenntnis bringt uns unweigerlich zu Doppelpfeilen, NLA-Tracks und Strips.

NLA-Tracks | Als ein Track wird jeweils eine Zeile des NLA EDITORS bezeichnet ❶. Tracks können Sie sich ähnlich vorstellen wie Ebenen in Ihrem Bildbearbeitungstool. Jeder Track kann beliebig viele Aktionen ❹ aufnehmen, die durch die Platzierung auf einem Track nacheinander ausgeführt werden. Besitzt ein Objekt mehrere Tracks, werden die übereinanderliegenden Aktionen auf einem Track (je nach Einstellung) überblendet oder ersetzt. Tracks fügen Sie durch einen Klick auf ADD TRACKS im ADD-Menü ein. Links neben dem Track-Namen finden Sie außer den bereits bekannten Symbolen noch ein weiteres ❷ – einen Stern. Mit einem Klick auf diesen schalten Sie alle anderen Spuren stumm, ein erneuter Klick aktiviert die übrigen Tracks wieder.

Um Tracks zu verschieben, markieren Sie sie durch einen Klick mit der linken Maustaste auf den Track-Namen (links), und nutzen Sie dann [⇧] + [Bild↑] und [⇧] + [Bild↓], um Sie nach oben bzw. unten zu verschieben. Bewegen Sie Ihre Maus über einen Track, können Sie Ihn durch [X] löschen. Alle auf diesem Track liegenden Elemente werden dadurch gelöscht. Haben Sie mehrere Tracks ausgewählt, wirkt der Löschbefehl auf alle diese Tracks. Um Tracks zu benennen, klicken Sie mit [Strg] + linker Maustaste auf den Track-Namen, und bestätigen Sie die Änderung durch [↵].

Wenn Sie die Demo-Datei genutzt haben, um die vorigen Erklärungen nachzuvollziehen, hatten Sie höchstwahrscheinlich keine Probleme – denn dort gibt es sowohl Tracks als auch gelbe

Schneller Start
Um schnell loslegen zu können, markieren Sie das Konus-Objekt der geladenen Datei – dort sind bereits zwei Tracks vorhanden.

Rechtecke. Wie Sie Tracks selbst erzeugen und was die gelben Rechtecke bedeuten, erfahren Sie, wenn Sie jetzt Suzanne markieren und weiterlesen.

Strips | Die gelben Rechtecke innerhalb der Tracks werden im NLA Editor als Strip ❸ bezeichnet. Strips stellen Container dar, die verschiedene Daten enthalten und Aufgaben übernehmen können. Der NLA Editor kennt drei verschiedene Arten von Strips:

- Action Strip: Ein Action Strip ist ein Container für die Keyframe-Daten einer Aktion. Dieser Container kann mit G verschoben, mit S skaliert und über verschiedene Einstellungen im Panel (N) geändert werden.
- Transition Strip: Ein Transition Strip blendet die neben ihm liegenden Aktionen sanft ineinander über.
- Meta Strip: Mithilfe eines Meta Strips fassen Sie einzelne Strips zusammen. Sie können diese anschließend gemeinsam bewegen und skalieren. Wenn Sie sich dabei ertappen, oft viele einzelne Strips zu markieren und zu verschieben, ist dieser Strip-Typ wahrscheinlich sehr nützlich für Sie.

Um Aktionen frei auf verschiedenen Tracks platzieren zu können, müssen Sie zuerst einen Action Strip erstellen. Sie können dies auf zwei Arten erledigen: Entweder Sie klicken den Doppelpfeil neben einer am linken Rand gelisteten Aktion an (in unserem Beispiel die »MoveAction«), oder Sie benutzen das Add-Menü (⇧ + A) und wählen dort die Aktion aus. In beiden Fällen wird automatisch ein neuer Track angelegt und ein Action Strip erstellt.

Nutzen Sie das Add-Menü, ohne vorher den Doppelpfeil anzuklicken, bleibt die ursprüngliche Aktion bestehen – Ihre Tracks werden dann von Blenders Animationssystem nicht beachtet, können aber von Ihnen bereits platziert werden. Erst wenn Sie die ursprüngliche Aktion von dem Objekt entfernen (die Aktion im Graph Editor per X entfernen), werden die Tracks beachtet.

Mit Strips arbeiten | Haben Sie Strips auf Ihre Tracks eingefügt, so können Sie diese mit einem Druck auf G bewegen, mit ⇧ + D duplizieren, über ⇧ + S andocken und mit X löschen – ganz so, wie Sie es aus anderen Editoren gewöhnt sind. Möchten Sie einen Strip stummschalten, erledigen Sie diese Aufgabe mit H, S skaliert ihn und Alt + S setzt die Skalierung zurück. Ein skalierter Action-Strip ändert die Geschwindigkeit der Animation – skalieren Sie ihn kleiner, wird er schneller abgespielt, eine Vergrößerung führt zu einer Verlangsamung. Beachten Sie, dass dabei die Keyframes der Aktion zu keiner Zeit verändert werden.

Hier sehen Sie bereits den enormen Vorteil des NLA EDITORS gegenüber dem direkten Ändern von Keyframes im DOPE SHEET oder dem GRAPH EDITOR: Dadurch, dass Sie einen Strip skalieren, können Sie, ohne dabei die entsprechenden Keyframes zu ändern, leicht Anpassungen am Timing von Aktionen vornehmen und verschiedene Versionen einer Aktion erstellen. Haben Sie zwei Action-Strips auf demselben Objekt übereinander platziert, wird durch eine Linie auf beiden Strips angedeutet, dass beide ineinander übergehen. Der Einfluss des einen Strips wird dabei so lange verringert, bis er nicht mehr zu sehen ist. Gleichzeitig wird der Einfluss des zweiten erhöht, so dass sich eine sanfte Transition ergibt.

Keyframes von Action-Strips editieren | Auch beim Ändern von Keyframes innerhalb eines Action-Strips greift Blender wieder auf eine altbekannte Methode zurück – Sie wechseln den Strip-Modus. Selektieren Sie den Strip zuerst, und drücken Sie [Tab], um in den Tweak-Modus zu gelangen. Der Action-Strip wechselt sofort die Farbe zu Grün und die zu der Aktion gehörenden Keyframes werden automatisch im DOPE SHEET (oder GRAPH EDITOR) angezeigt. Dort können Sie sie nach Lust und Laune bearbeiten. Sind alle Änderungen erledigt, bringt Sie ein erneuter Druck auf [Tab] wieder aus dem Tweak-Mode heraus.

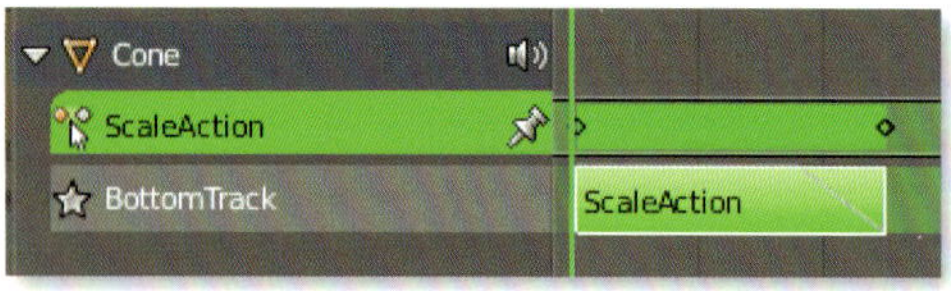

▲ **Abbildung 9.54**
Ein Strip im EDIT-Modus

Strips besitzen – wie jedes Objekt in Blender – Eigenschaften, die Sie über einen Druck auf [N] zum Vorschein bringen. Sie finden hier unter anderem Einstellungen für die Überblendung des aktiven Strips (Panel ACTIVE STRIP, Bereich BLENDING), wie oft die Aktion hintereinander abgespielt wird (Panel ACTION CLIP, Bereich REPEAT) oder wie sich das Objekt nach Abschluss der Aktion verhält (Panel ACTIVE STRIP, Bereich EXTRAPOLATION). Am unteren Ende des Eigenschaften-Panels finden Sie die Schaltfläche ADD MODIFIER. Ein Klick auf diese offenbart exakt die Modifier, die Sie bereits etwas früher in diesem Kapitel kennengelernt haben. Der Vorteil an dieser Stelle ist jedoch, dass Sie Kopien eines Actions-Strips mit verschiedenen Modifiern ausstatten können. So können Sie auch hier nicht destruktive Variationen Ihrer Animation erstellen.

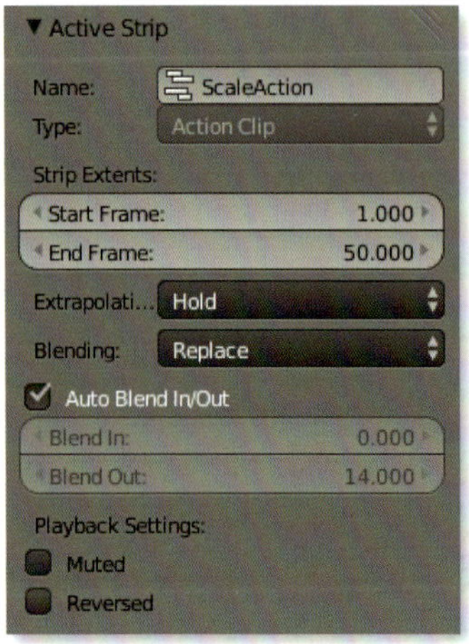

▲ **Abbildung 9.55**
Das ACTIVE-STRIP-Panel

Motion Graphics mit dem NLA Editor | Lassen Sie uns jetzt an einem Motion-Graphics-Beispiel ansehen, wie Sie der NLA EDITOR bei wiederkehrenden Aktionen unterstützt. Motion Graphics mag Ihnen vielleicht noch kein allzu geläufiger Begriff sein, aber ganz sicher haben Sie schon einiges gesehen, was unter diese Kategorie fällt. Viele der Grafiken und Laufleisten, die bei Fernsehsendungen am unteren Rand erscheinen, um weitere Infos zur Sendung zu geben oder auf nachfolgende Sendungen aufmerksam zu machen, fallen unter diese Rubrik. Auch viele Infografiken, die auf anschauliche Weise verschiedene Statistiken aufbereiten, können zu dieser Art von Animation gezählt werden.

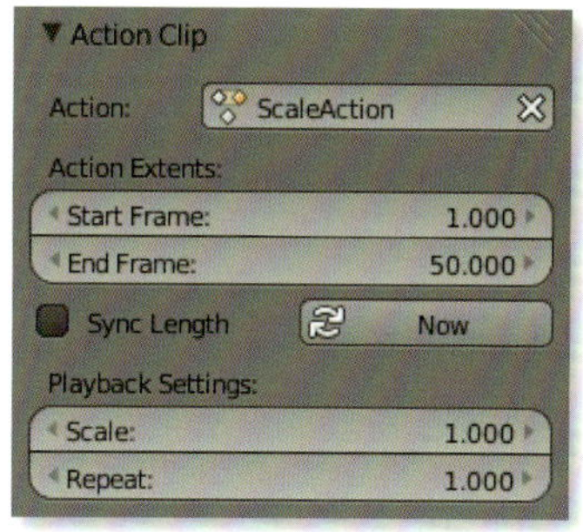

▲ **Abbildung 9.56**
Das ACTION-CLIP-Panel

Schritt für Schritt
Motion Graphics mit dem NLA Editor erstellen

Laden Sie die Datei »09_NLAMotionGraphics_Start.blend«. Dort finden Sie vier Würfel, von denen sich nur der erste bei [Alt] + [A] nach oben bewegt und dreht. Die zugehörige Aktion heißt »M&R_Action«. Folgen Sie den nächsten Schritten.

Die Datei »09_NLA-MotionGraphics_Start.blend« finden Sie auf der Buch-DVD unter BEISPIELMATERIAL • KAPITEL_09.

1 Cube-Würfel verlinken

Verlinken Sie jetzt die Animationsdaten des Cube-Würfels mit den restlichen Würfeln der Szene. Wählen Sie dazu von rechts nach links alle Würfel nacheinander aus, und wählen Sie [Strg] + [L], »Animation Data«. Der aktive Würfel muss dabei »Cube« sein. Wählen Sie jetzt über [A] alles ab und anschließend »Cube.001« aus, wird Ihnen der NLA EDITOR die entstandenen vier Aktionen anzeigen. In Blender Version 2.72 ist dieser Bug bereits behoben (zeigt die neuen Aktionen sofort an), in Version 2.71 leider noch nicht.

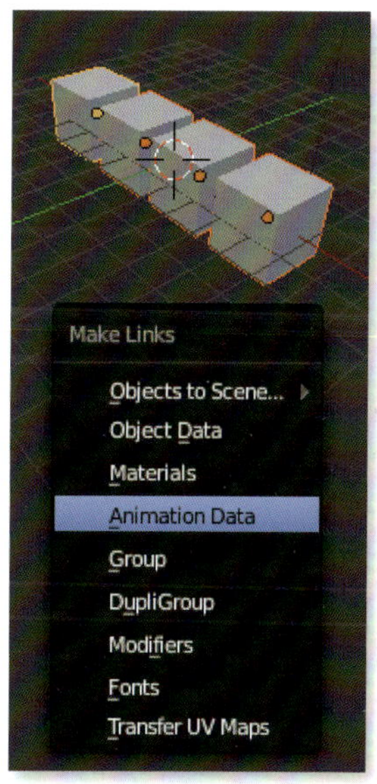

▲ **Abbildung 9.57**
Mithilfe des durch [Strg] + [L] aufgerufenen MAKE-LINKS-Menüs können Sie unter anderem mehreren Objekten dieselben Animationdaten zuweisen.

2 Aktionen in einen Strip umwandeln

Spielen Sie die Animation jetzt mit [Alt] + [A] ab. Sehen Sie, wie alle Würfel die gleiche Aktion durchführen? Machen wir diese Animation jetzt etwas interessanter. Wandeln Sie alle Aktionen durch je einen Klick auf den Doppelpfeil der Aktion im NLA EDITOR in einen Strip um – die gelben Strip-Rechtecke erscheinen.

3 Strips duplizieren und verschieben

Verschieben Sie den zweiten Strip um 3 ([G], [X], [3]), den dritten um 6 und den vierten um 9 Frames. Spielen Sie die Animation erneut ab – sie wird viel dynamischer sein. Wählen Sie alle Strips aus, und duplizieren Sie sie per [⇧] + [D], [↵]. Verschieben Sie sie um 15 Frames mit [G], [X], [1], [5], und spielen Sie sie erneut ab.

4 Properties anpassen

Kehren Sie jetzt die Animation der duplizierten Strips um. Klappen Sie dazu die PROPERTIES mit [N] aus, und aktivieren Sie (bei jedem Strip einzeln) die REVERSED-Option auf dem ACTIVE-STRIP-Panel. Spielen Sie die Animation jetzt erneut ab, kehren die Würfel wieder in die Anfangsposition zurück. Verschieben Sie die duplizierten Strips noch ein wenig weiter nach rechts, werden sich die Würfel kurz beruhigen, bevor sie wieder in die Anfangsposition zurückkehren.

Abbildung 9.58 ▸
Das Ergebnis der Übung

Die Datei »09_NLAMotionGraphics_End.blend« finden Sie auf der Buch-DVD unter BEISPIELMATERIAL • KAPITEL_09.

Wie Sie sehen, können Sie mit einfachsten Animationen und dem NLA EDITOR sehr schnell interessante Animationen erzeugen – experimentieren Sie noch ein wenig mit der Datei »09_NLAMotionGraphics_End.blend«. Mit diesem Abschnitt möchte ich Blenders Welt der Animations-Editoren hinter uns lassen.

Mesh, Kurven, Oberflächen und Lattices

In den folgenden Abschnitten werde ich mich zwar immer nur auf ein Mesh (und die darin enthaltenen Vertices) beziehen, die Angaben gelten allerdings genauso für Kurven, Oberflächen und Lattices.

9.2.7 Shape-Key-Animationen

Der Name Shape Keys deutet es bereits an: Mit diesen Keyframes halten Sie das Aussehen (Shape) von Objekten fest. Sie sind verfügbar für Meshes, Kurven, Surfaces und Lattices und speichern die Position aller Vertices und Kontrollpunkte an dem aktuellen Frame ab. Shape Keys werden oft zu anderen Animationstypen hinzuaddiert – so können Sie beispielsweise mit Shape Keys wunderbar Gesichtszüge, ein Lächeln oder einen Übergang von einer zur nächsten Form animieren. Auch bei Motion-Graphics-Animationen sind Shape Keys hilfreich.

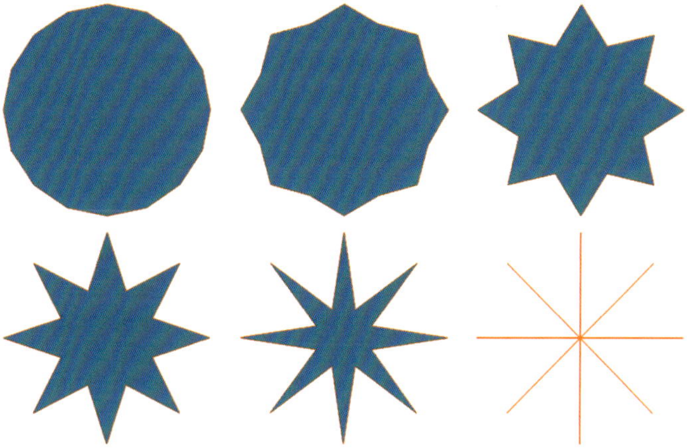

▲ **Abbildung 9.59**
Alle diese Mesh-Variationen wurden mit nur einem Shape Key (unten rechts) durch Überblendung aus der Basisform (oben links) erstellt.

Funktionsweise | Shape Keys stellen immer den gespeicherten Zustand aller Vertices zu einem bestimmten Zeitpunkt dar. Sowohl die Anzahl der Shape Keys als auch ihre Wirkung aufeinander ist variabel – Sie können so viele Shape Keys, wie Sie möchten, erstellen und für jeden Shape Key einzeln festlegen, wie stark er am Gesamtergebnis Teil hat (ähnlich wie bei den Überblendungen des NLA Editors). Ein Basis-Shape-Key, der den Ursprungszustand der Vertices angibt, muss allerdings immer bestehen.

Wie die nachfolgenden Shape Keys abgespeichert werden, legen Sie fest, indem Sie Blender mitteilen, ob Sie einen »absoluten« oder »relativen« Shape Key erstellen möchten.

Ein absolut gespeicherter Shape Key merkt sich die Lage jedes Vertices im 3D-Raum. Dabei nutzt er das lokale Koordinatensystem, Sie können das Objekt also trotzdem problemlos verschieben. Absolute Keyframes werden oft dazu genutzt, Objekte im Laufe einer Animation komplett zu verformen (z. B. bei Motion Graphics). Sie können bei dieser Art von Shape Keys immer nur von dem vorhergehenden oder auf den nachfolgenden Shape Key überblenden.
Ein relativ gespeicherter Shape Key hingegen merkt sich die Lage jedes Vertices im Bezug zu seiner vorherigen Lage. In diesem Fall werden also nur Positionsunterschiede gespeichert. Diese Shape-Key-Art eignet sich daher besonders für Teile von Animationen, die zusammen existieren können sollen (wie z. B. Animationen von Wange, Mund, Brauen usw.).

Das Shape-Keys-Panel | Shape Keys werden nicht wie Keyframes durch einen Druck auf [I], sondern über ein auf diese Aufgabe spezialisiertes Shape-Keys-Panel erzeugt. Sie finden es unter dem Object-Data-Tab. Um einen Shape Key zu erzeugen, genügt es, ein Objekt zu markieren, auf dieses Panel zu wechseln und auf das rechte Plussymbol ❶ zu klicken.

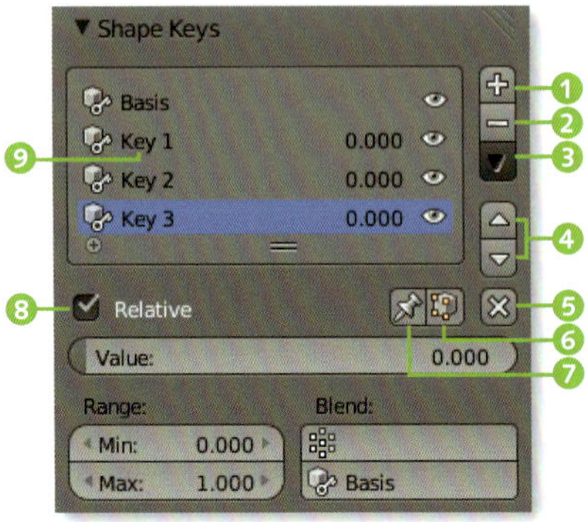

Abbildung 9.60 ▸
Das Shape-Keys-Panel

Wenn Sie mit Shape Keys spielen möchten, sollten Sie die Datei »09_ShapeKeysTest.blend« (Beispielmaterial • Kapitel_09) laden. Die dort vorhandene Suzanne besitzt bereits vier Shape Keys, mit denen Sie nach Herzenslust die nebenstehenden Features ausprobieren können.

Blender erzeugt sofort einen ersten Shape Key – den Basis-Shape-Key mit dem einprägsamen Namen Basis. Wie in Listen üblich, können Sie diesen per [Strg] + linke Maustaste auf den Namen ❾ umbenennen. Über einen Klick auf das Minussymbol ❷ löschen Sie den aktuell markierten Shape Key, ein Klick auf das Dreieck ❸ gibt die Sicht auf weitere Spezialaktionen frei:

- Transfer Shape Key: Mit dieser Option übertragen Sie den aktiven Shape Key von einem anderen Objekt. Wählen Sie zuerst den Sender und anschließend den Empfänger des Shape Keys und dann diese Option.
- Join as Shapes: Mit dieser Aktion übertragen Sie die Form eines Objekts als Shape Key auf das aktive Objekt.
- Mirror Shape Key: Wenn Ihr Mesh symmetrisch ist, können Sie mit dieser Operation Shape Keys, die nur auf einer Seite der x-Achse ablaufen, auf die andere Seite spiegeln. Mit der Modelling-Funktion Symmetrize im Edit Mode oder dem Mirror-Modifier können Sie im Vorfeld dafür sorgen, dass Ihre Vertices symmetrisch sind.
- Mirror Shape Key (Topology): Diese Option ist gleichbedeutend mit der letzten, allerdings versucht sie die gespiegelten Vertices anhand der Mesh-Topologie zu bestimmen. Die Vertices müssen aus diesem Grund nicht zu 100 % symmetrisch sein.
- New Shape From Mix: Mit dieser Operation generieren Sie einen neuen Shape Key aus allen vorherigen (aktivierten) Shape Keys.
- Delete All Shapes: Mit diesem Eintrag löschen Sie alle Shape Keys.

▴ Abbildung 9.61
Durch einen Klick auf das dunkelgraue Dreieck im Shape-Keys-Panel werden diese Spezialaktionen sichtbar.

Beachten Sie, dass für alle Spezialoperationen die gleiche Anzahl an Vertices benötigt wird. Meshes mit einer ungleichen Anzahl werden einen Fehler verursachen.

Die beiden nach oben und unten zeigenden Pfeile ④ verschieben den markierten Shape Key um eine Position nach oben oder unten in der Liste. Dies hat bei relativ gespeicherten Keys nicht nur kosmetischen Charakter: Wenn Sie zwei Shape Keys hinzugefügt haben, die beide denselben Vertex bearbeiten, ist die Reihenfolge, in der die Shape Keys angewendet werden (von oben nach unten), durchaus relevant – sie könnten ansonsten auf unterschiedlichen Positionen landen.

Das direkt unter den Pfeilen liegende X ⑤ dient dazu, alle Shape-Key-Gewichtungen auf 0 zurückzusetzen – dazu gleich mehr. Direkt daneben finden Sie ein Würfel-Icon ⑥ mit angedeuteten Vertices. Ein Klick auf dieses Icon ermöglicht es, die Shapes auch im EDIT-Modus zu sehen. Aktivieren Sie diesen Modus, zeigt Blender alle durch Shape Keys verursachten Änderungen im EDIT-Modus an.

Das Pin-Icon ⑦ aktiviert den Shape-Key-Vorschau-Modus. Klicken Sie bei aktiviertem Pin auf einen Shape Key der Liste, so wird (egal, welche Gewichtung gerade eingestellt ist) dieser Shape Key angezeigt und alle anderen ausgeblendet.

Als letzter noch unbekannter Platz dieses Panels ist jetzt nur noch eine Checkbox mit dem Namen RELATIVE ⑧ zu sehen. Sie gibt an, ob die in der Liste verfügbaren Shape Keys relativer oder absoluter Natur sind. Beide Arten kann es nicht gleichzeitig geben.

Schritt für Schritt
Einen Shape Key erzeugen

Lassen Sie uns jetzt einen (relativen) Shape Key erzeugen. Starten Sie Blender dafür zunächst neu, und selektieren Sie den vorhandenen Würfel. Er besitzt nur acht Vertices und macht es Ihnen somit einfacher, zu sehen, wie Shape Keys auf ein Objekt wirken.

▲ Abbildung 9.62
Ein BASIS-Shape-Key und ein relativer Shape Key wurden eingefügt. Über VALUE ändern Sie den Einfluss des Keys auf das Gesamtergebnis.

1 Shape Key einfügen

Fügen Sie einen BASIS-Shape-Key durch ein Klick auf das Plussymbol des SHAPE-KEYS-Panels hinzu. Klicken Sie erneut auf das Plus, um einen weiteren (relativen) Shape Key einzufügen.

2 Lage zweier Vertices ändern

Wechseln Sie in den EDIT MODE, und ändern Sie mit G die Lage zweier Vertices. Es mag offensichtlich sein, aber ich sage es dennoch: Sie ändern durch diese Aktion nur die Vertexpositionen des aktuell gewählten Shape Keys, die des Basis-Shape-Keys (= Ursprungsobjekts) werden nicht geändert. Verlassen Sie anschließend den Edit Mode wieder durch Betätigung der [⇆]-Taste.

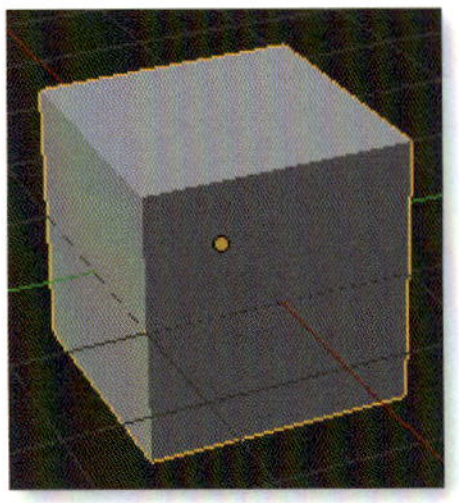

Abbildung 9.63 ▸
Der Basis-Shape-Key ändert die Form des Objekts nicht.

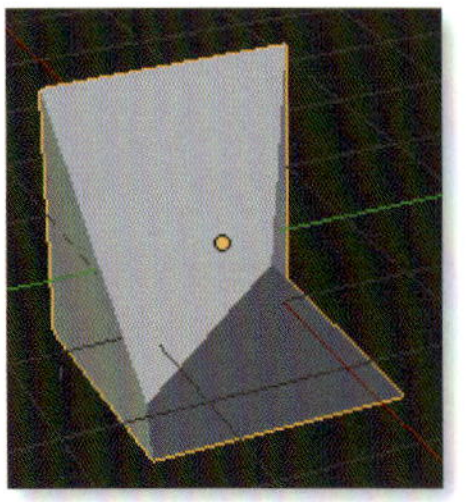

Abbildung 9.64 ▸
Der relative Shape Key ändert (bei einem Value > 0) die Form des Würfels.

3 Shape-Key-Gewichtung anpassen

Markieren Sie jetzt den zuletzt hinzugefügten Shape Key, und verändern Sie den Wert der Gewichtung (Value) im unteren Bereich des Panels. Je höher der Wert, desto mehr Anteil nimmt dieser Shape Key an der resultierenden Form. Fügen Sie noch einen weiteren Shape Key hinzu, und bewegen Sie zwei weitere Vertices.

4 Pin-Tool nutzen und Gewichtungen verändern

Nutzen Sie das Pin-Tool, um sich die einzelnen Keys anschließend anzusehen, und probieren Sie aus, was geschieht, wenn Sie unterschiedliche Gewichtungen für beide Shape Keys festlegen. Stellen Sie zum Abschluss dieser Übung alle Gewichtungen auf 1, und nutzen Sie anschließend das Augensymbol, um einzelne Keys auszublenden.

Shape Keys einfügen
Wenn Sie einen Shape Key einfügen, sollten Sie die Gewichtung (Value) dieses Shape Keys auf 1 setzen und die Anzeige im Edit Mode durch einen Klick auf das Würfel-Icon aktivieren.

Shape Keys besitzen im Dope-Sheet-Editor einen eigenen Bereich – schalten Sie den Editor durch die Moduswahl-Box auf Shape Key Editor um, und Sie sehen alle Shape Keys. Wenn Sie sich bereits sicher genug fühlen, sehen Sie sich mit mir zum Abschluss des Themas noch die Einstellungen an, die Ihnen das Panel neben der Gewichtung bietet.

Einstellungen der relativen Shape Keys | Je nachdem, ob Sie einen relativen oder einen absoluten Shape Key erzeugen, bietet Ihnen das Panel Shape Key andere Schaltflächen an. Jede dieser Schaltflächen bezieht sich immer auf den gerade gewählten Shape Key. Diese Einstellungen finden Sie bei relativen Shape Keys:

- Value: Gibt die Gewichtung des Shape Keys an. Wenn Sie diese Einstellung über einen Druck auf [I] mit Keyframes belegen, können Sie sehr leicht zeitgesteuert zwischen verschiedenen Shape Keys hin und her wechseln. Über die besprochenen Editoren können Sie anschließend Ihre Keyframes verschieben und in der Gewichtung ändern.

- ▶ RANGE: Über diese beiden Werte legen Sie den minimalen und maximalen Einfluss des Shape Keys fest.
- ▶ VERTEX GROUP: Über das EDIT-Feld mit dem Vertex-Gruppen-Symbol legen Sie fest, welche Vertices von dem Shape Key geändert werden. Die Beeinflussung verhält sich exakt wie bei den Modifiern (Kapitel 5, »Modifier«). Vertex-Gruppen lernen Sie im nächsten Kapitel kennen.
- ▶ SHAPE KEY: Über das Shape-Key-Symbol legen Sie den Vater dieses Shape Keys fest. Auf diesem Key basiert die Transformation durch den gerade gewählten Shape Key.

Einstellungen der absoluten Shape Keys | Absolute Shape Keys verhalten sich ein wenig anders als relative. Blender nummeriert absolute Shape Keys von oben nach unten. Dabei erhält der erste Shape Key einen Wert von 10, der zweite 20 usw. Diese Nummerierung teilt Blender mit, wann welcher Shape Key aktiv ist. Die Zeit orientiert sich jedoch nicht an dem aktuellen Frame, sondern kann über den Regler EVALUATION TIME von Ihnen frei bestimmt werden: Setzen Sie den Regler beispielsweise auf 100 an Frame 100 und auf 0 an Frame 1, und halten Sie diese Änderungen per [I] an den entsprechenden Frames fest. Betrachten Sie dann die Animation der letzten Übung.

▲ **Abbildung 9.65**
Das Panel für absolute SHAPE KEYS

Befindet sich die EVALUATION TIME auf dem Weg zwischen 0 und 10, wird der erste Shape Key in den zweiten überblendet, zwischen 10 und 20 wird der zweite auf den dritten überblendet usw. Möchten Sie beispielsweise den ersten Shape Key (nach dem BASIS-Shape-Key) für 20 Frames festhalten, so genügt es also, die EVALUATION TIME bei Frame 1 und Frame 21 auf 10 zu setzen und jeweils einen Keyframe auf dem Regler einzufügen.

Bei absoluten Shape Keys sind die folgenden Einstellungen zu finden:

- ▶ Uhrensymbol: Das Uhrensymbol erneuert die beschriebene Zählung – sinnvoll wenn Sie Einträge der Liste umsortiert haben.
- ▶ INTERPOLATION: Hier geben Sie an, wie abrupt von einem Key zum nächsten überblendet wird.
- ▶ EVALUATION TIME: Mit diesem Wert kontrollieren Sie, wann ein Keyframe aktiv ist und wann er auf den nächsten Keyframe überblendet.

Die Datei »09_ShapeKeys_Absolute.blend« finden Sie auf der Buch-DVD unter BEISPIELMATERIAL • KAPITEL_09.

Sehen Sie sich die Datei »09_ShapeKeys_Absolute.blend« an, um ein wenig mit absoluten Shape Keys zu experimentieren.

9.2.8 Pfadanimationen

Bislang haben wir uns auf Keyframe-Animationen beschränkt, wenn wir ein Objekt von A nach B bewegen wollten. Blender bietet Ihnen mit Pfadanimationen allerdings noch einen weiteren Weg, um Objekte zu animieren. Dabei geben Sie über Animationspfade den Weg vor, den ein Objekt im Laufe der Animation nimmt. Animationspfade können einerseits CURVE-Objekte oder PATH-Objekte sein.

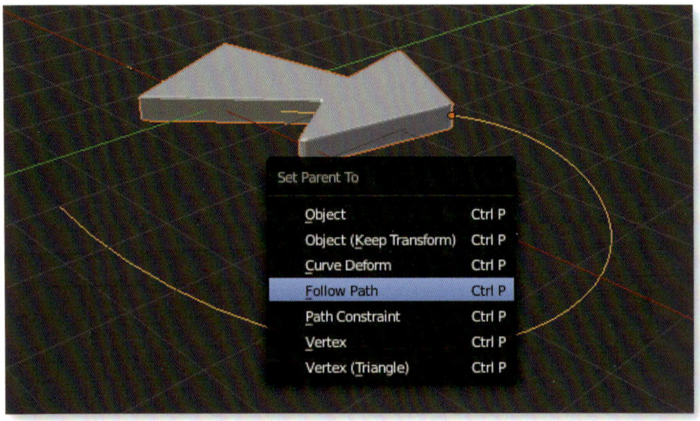

Abbildung 9.66 ▸
Über einen FOLLOW-PATH-Constraint lassen Sie Objekte einem Pfad folgen.

Sie fügen diese wie üblich über das ADD-Menü der 3D-Ansicht ein. Wählen Sie anschließend erst das zu animierende Objekt und anschließend den Pfad, und erzeugen Sie eine Parent-Child-Beziehung mit [Strg] + [P] • FOLLOW PATH. Spielen Sie die Animation jetzt ab, sehen Sie, dass das Objekt dem Pfad folgt.

Objekt zurücksetzen

Möchten Sie das Objekt auf den Anfang des Pfades setzen, nachdem Sie die Parent-Child-Beziehung hergestellt haben, so nutzen Sie die Kombination [Alt] + [O]. Sie setzt das Objekt wieder auf den Ursprung des Parents zurück.

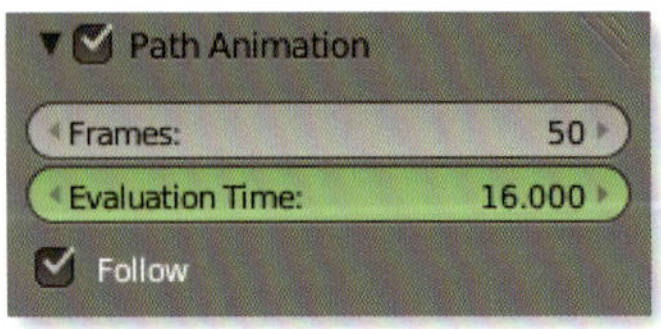

▴ Abbildung 9.67
Die Geschwindigkeit der Animation legt das PATH-ANIMATION-Panel fest.

Wie schnell das Objekt dem Pfad folgt, legen Sie über die FRAMES-Option des in Abbildung 9.66 gezeigten Panels PATH ANIMATION des OBJECT-DATA-Tabs bei selektiertem Pfad-Objekt fest. 10 Frames bedeutet, dass das Objekt den gesamten Pfad in 10 Frames durchlaufen wird. Über FOLLOW richtet sich das Objekt während der Animation an dem Pfad aus. Jede Drehung von Kontrollpunkten ([Strg] + [T]) bewirkt dabei auch eine Drehung des Objekts. Die Datei »09_PathAnimation.blend« zeigt Ihnen eine einfache Pfadanimation.

Die Datei »09_Path-Animation.blend« finden Sie auf der Buch-DVD unter BEISPIELMATERIAL • KAPITEL_09.

◂ Abbildung 9.68
In dieser Animation wurden sowohl Path- (das Auto folgt der Straße), Keyframe- (die Schranke bewegt sich) als auch Shape-Keys-Animationen (die Bäume wiegen sich im Wind) verwendet.

9.3 Animationshelfer

Zu Beginn des Kapitels konnten Sie bereits sehen, wie klassische Zeichner ihre Figuren auf Papier animierten. Sie haben erfahren, welche Techniken auch heute noch bestehen und wie sie vereinfacht wurden – doch ein paar wichtige Werkzeuge fehlen bislang in Ihrer 3D-Welt:

- Ein Zeichner oder Kollege konnte zu beliebigen Frames der Animation kleine Skizzen auf den Zeichnungen hinterlassen, wie beispielsweise »grimmiger Ausdruck hier, Arm etwas höher« oder »das Bein des Gegenspielers mehr heben«. Änderungswünsche wurden so aufbewahrt und konnten nach einem ersten Entwurf leichter bearbeitet werden.
- Er konnte seinen Stapel Blätter beschriften und so bereits vor dem Zeichnen Schlüsselbilder markieren. Gerade wenn ein Zeichner dazu angehalten war, eine Animation mit fixer Anzahl an Frames fertigzustellen, konnten die Schlüsselbilder inklusive Anfangs- und End-Blatt sehr hilfreich sein, um nicht über das Ziel hinauszuschießen.

Sie als Blender-Nutzer müssen den alten Zeiten jedoch nicht nachtrauern – denn genau diese Tools und einen weiteren kleinen Helfer stelle ich ihnen auf den folgenden Seiten vor.

9.3.1 Grease Pencil

Mit dem Grease-Pencil-Tool können Sie Anmerkungen und kleinere Zeichnungen direkt in der 3D-Ansicht, dem Node Editor und dem UV/Image Editor hinterlassen. Ihre Zeichnungen können aus mehreren Ebenen bestehen und sind frameabhängig – wenn Sie eine neue Zeichnung auf einem anderen Frame beginnen, wird die

▲ **Abbildung 9.69**
Ein mit dem GREASE PENCIL bearbeiteter Würfel

▲ **Abbildung 9.70**
Auf dem GREASE-PENCIL-Tab der TOOLBAR finden Sie alle nötigen Werkzeuge.

GP-Datenblöcke
GREASE-PENCIL-Zeichnungen (GP-Datenblöcke) werden bei Erstellung mit dem aktiven Objekt verlinkt. Wählen Sie also ein anderes Objekt aus, nachdem Sie gezeichnet haben, wird Ihre Zeichnung verschwinden. Nur wenn kein aktives Objekt in der Szene vorhanden ist, wird der GREASE-PENCIL-Datenblock mit der Szene verlinkt.

erste Zeichnung ersetzt. Die Nutzung von Farben und verschiedene Zeichenstärken machen den GREASE PENCIL zur ersten Wahl bei Anmerkungen in Blender-Dateien.

Besonders in der Anfangsphase von Animationen, bei der Schlüsselpositionen vorskizziert werden, und bei dem Erstellen von Anmerkungen auf bestehenden Animationen ist das Tool Gold wert. Aber auch bei handschriftlichen Erklärungen zu Node-Setups oder Anmerkungen zu Bildern/UVs ist der GREASE PENCIL eine große Hilfe.

Mit dem Spezialmodus ONION SKINNING sind Sie in der Lage, Ihre Zeichnungen von Frame zu Frame immer mehr verblassen zu lassen und auf diese Weise eine konsistente Animation sicherzustellen. Last but not least besitzt der GREASE PENCIL in den besprochenen Animations-Editoren einen eigenen Modus, in dem Sie Ihre Skizzen an anderen Frames platzieren und nach Belieben umsortieren können.

Zeichnen | Zeichnen ist mit dem GREASE-PENCIL-Tool sehr einfach: Halten Sie [D] gedrückt, und zeichnen Sie bei gleichzeitig gehaltener linker Maustaste. Wenn Sie einen Radiergummi benötigen, nutzen Sie [D], und bewegen Sie Ihre Maus bei gehaltener rechter Maustaste über Ihre Zeichnung. Doch nicht nur »freihändig« können Sie mit dem GREASE PENCIL zeichnen, auch gerade Linien ([Strg] + [D] + linke Maustaste) und polygonale Linien ([Strg] + [D] + rechte Maustaste) sind möglich – [Esc] oder [↵] beenden das polygonale Zeichnen von Linien.

Die einzelnen Modi des GREASE PENCILS (DRAW – freihändig, LINE, POLY und ERASE) finden Sie auch in der TOOLBAR ([T]) unter dem in Abbildung 9.70 gezeigten GREASE-PENCIL-Panel. Dort haben Sie darüber hinaus die Möglichkeit, eine sogenannte SKETCHING SESSION zu aktivieren. In diesem Modus wird automatisch mit der linken Maustaste gezeichnet (ohne dass Sie [D] festhalten), bis Sie mit [Esc] oder [↵] die Session beenden. Um die Session zu starten, klicken Sie auf die Checkbox USE SKETCHING SESSION, und aktivieren Sie anschließend einen der Modi durch einen Klick oder die entsprechende Tastenkombination.

Einstellungen des Tools | Die Einstellungen der GREASE-PENCIL-Layers finden Sie auf den jeweiligen PROPERTIES-Panels ([N]) der Editoren. Sie stellen sich, wie in Abbildung 9.71 gezeigt, dar. Wie in Blender üblich, wird auch das GREASE-PENCIL-Tool intern mithilfe von Datenblöcken gespeichert. Dies sehen Sie an der typischen Gestaltung der ersten Zeile inklusive der Symbole zum Benennen, Austauschen, Löschen und Erneuern von Datenblöcken. Direkt darunter liegt die Schaltfläche zum Anlegen einer neuen Zeichenebene: NEW LAYER. Über DELETE FRAME löschen Sie die Zeichnung des aktuellen Frames, CONVERT konvertiert die aktuelle Zeichnung in einen Pfad, eine Bézier-Kurve oder eine Polygonkurve – diese Funktion ist besonders beim Erzeugen von Handschriften nützlich.

Direkt unter dieser Zeile fasst ein Rahmen mehrere Einstellungen zu einem Block, einer Zeichenebene, zusammen. An der linken Seite erkennen Sie einen schwarzen Punkt. Dieser dient bei mehreren Zeichenebenen dazu, festzulegen, auf welche Ebene Sie zeichnen möchten. Darüber hinaus erwarten Sie bereits bekannte Funktionen, wie das Augen- oder das Schlosssymbol zum Ausblenden bzw. Sperren der Ebene und ein EDIT-Feld, mit dem Sie die Ebene benennen können. Darüber hinaus stehen folgende Einstellungen für Sie bereit:

- COLOR: Die Farbe aller Striche auf der aktuellen Zeichenebene
- OPACITY: Die Deckkraft der Ebene
- THICKNESS: Die Strichstärke aller Striche dieser Ebene
- ONION SKINNING: Zeichnet die Layer benachbarter Frames mit reduzierter Deckkraft. Wie viele benachbarte Frames gezeichnet werden, legen Sie über FRAMES fest.
- FRAMES: Die Anzahl der Frames neben dem aktuellen Frame, auf denen die aktuelle Zeichnung noch zu sehen ist.
- X-RAY: Hierüber legen Sie fest, ob die Zeichnung durch alle Objekte hindurch zu sehen ist (aktiv) oder ob sie von ihnen verdeckt werden kann (inaktiv).

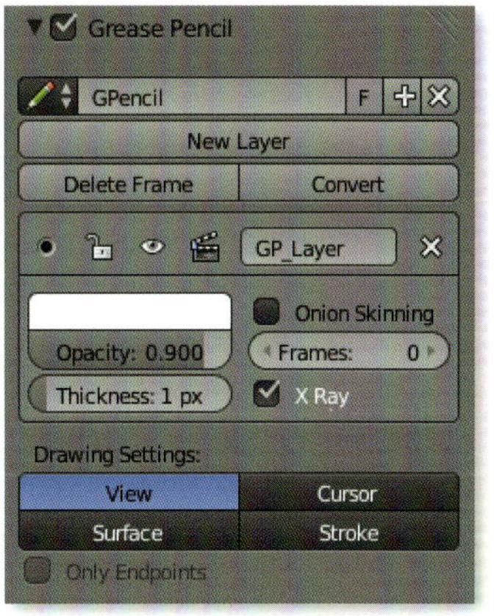

▲ **Abbildung 9.71**
Die GREASE-PENCIL-Einstellungen

Unter den Zeichenebenen-Einstellungen finden sich noch vier weitere Schaltflächen. Sie geben an, an welche Position im 3D-VIEW-Editor jeder Ihrer Striche gesetzt wird:

- VIEW: Hier zeichnen Sie quasi auf den Monitor (drehen Sie die 3D-Ansicht, werden Sie sofort sehen, was ich meine).
- CURSOR: Ihre Zeichnung wird an dem 3D-Cursor ausgerichtet und steht dreidimensional im Raum.
- SURFACE: Mit dieser Einstellung können Sie auf Oberflächen von Objekten zeichnen. Ziehen Sie einen geraden Strich über den Standardwürfel, und drehen Sie die Ansicht.
- STROKE: Hier docken Ihre Striche an bereits vorhandenen Strichen an, mit der Option ONLY ENDPOINTS gilt diese Einstellung nur für die beiden Enden des Pinselzugs.

Weitere Einstellungen des Grease Pencils
Weitere Einstellungen (wie beispielsweise Einstellungen zur Größe des Radiergummis) finden Sie in den USER PREFERENCES ([Strg] + [Alt] + [U]) unter EDITING • GREASE PENCIL.

Daumenkino | Neben der Funktion als Anmerkungstool bietet Ihnen der GREASE PENCIL gerade bei Animationen den Vorteil, an verschiedenen Frames »von Hand« Schlüsselpositionen zu zeichnen. Gehen Sie dabei genauso vor, wie wenn Sie eine normale

Die Datei »09_Grease-Pencil_Animation.blend« finden Sie auf der Buch-DVD unter BEISPIELMATERIAL • KAPITEL_09.

Zeichnung erstellen möchten. Denken Sie nur daran, vor Beginn der Zeichnung den korrekten Frame einzustellen, also beispielsweise: Frame 1, zeichnen, Frame 3, zeichnen, Frame 5, zeichnen. Spielen Sie dann die Animation ab, haben Sie eine einfache Daumenkino-Animation erstellt.

Ein Beispiel finden Sie in der Projektdatei »09_GreasePencil_Animation.blend«.

9.3.2 Marker

Neben dem GREASE PENCIL gibt es noch einen weiteren sinnvollen Helfer: den Marker. Mit ihm können Sie in allen besprochenen Animations-Editoren Schlüsselframes markieren und benennen. Probieren Sie diese Funktion gleich einmal in der Timeline aus:

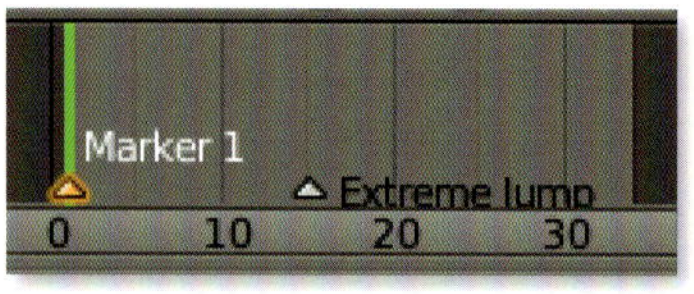

▲ **Abbildung 9.72**
Zwei Marker kennzeichnen wichtige Stellen der Animation.

Setzen Sie Ihren Playhead auf Frame 10, und drücken Sie anschließend, während sich Ihre Maus über der Timeline befindet (M). Ein kleines gelbes Dreieck zeigt Ihnen an, dass ein Marker gesetzt wurde.

Um ihn zu verschieben, selektieren Sie ihn mit der rechten Maustaste und drücken G. Bewegen Sie ihn auf Frame 15. Anschließend benennen Sie den Marker mit Strg + M und der Bestätigung auf OK in »TestMarker« um.

Duplizieren Sie ihn anschließend durch ⇧ + D, verschieben Sie ihn 10 Frames nach hinten, und benennen Sie auch diesen um. Zum Abschluss dieser Übung löschen Sie Ihren ersten Marker jetzt, indem Sie ihn mit der rechten Maustaste auswählen und X drücken.

Nutzen Sie Marker immer dann, wenn Sie den Überblick bei Animationen behalten müssen – sie sind ein sehr hilfreiches Tool, um Ihre Animation zu organisieren und wichtige Frames über alle Editoren hinaus sichtbar zu machen.

9.3.3 Motion Paths

Mit MOTION PATHS machen Sie den Weg Ihrer Objekte in der 3D-Ansicht sichtbar. Blender zeichnet dabei den Weg des animierten

Objekts mit einer gestrichelten Linie nach und zeigt Ihnen dabei auf Wunsch alle Keyframe-Positionen an, die Ihr Objekt abfährt.

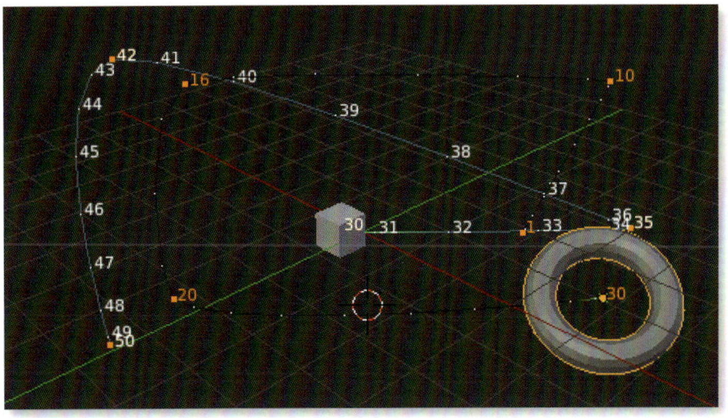

◂ **Abbildung 9.73**
Mithilfe von Motion Paths machen Sie die Bewegung Ihrer Objekte über einen einstellbaren Zeitraum sichtbar.

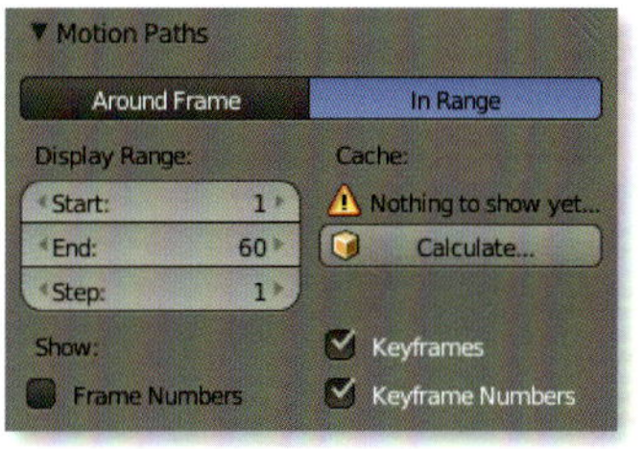

▴ **Abbildung 9.74**
Über das Motion-Paths-Panel passen Sie die Darstellung der Motion Paths an.

Sie finden das in Abbildung 9.74 gezeigte Panel Motion Paths auf dem Object-Tab. Zu Beginn des Panels können Sie auswählen, ob Sie den Pfad um den aktuellen Frame (Around Frame) oder den kompletten Animationspfad innerhalb eines Frame-Bereichs (In Range) anzeigen möchten. Ein Klick auf Calculate erzeugt die entsprechenden Animationspfade. Haben Sie die Animation geändert, nachdem Sie bereits Animationspfade erzeugt haben, so berechnen Sie sie über Update Paths neu (die Funktion ist nur sichtbar, wenn bereits Pfade angelegt wurden).

Die einzelnen Optionen dieser beiden Modi sind weitgehend selbsterklärend – falls Sie sie ausprobieren möchten, nutzen Sie die Datei »09_MotionPaths.blend«. Dort existiert auf der linken Seite bereits ein Objekt mit einem Animationspfad, das rechte Objekt steht zu Ihrer freien Verfügung.

Die Datei »09_Motion-Paths.blend« finden Sie auf der Buch-DVD unter Beispielmaterial • Kapitel_09.

9.4 Animationen rendern

In Kapitel 6, »Rendering – ein Bild entsteht«, haben Sie bereits gesehen, wie Sie Standbilder rendern und abspeichern können. Damals habe ich Ihnen allerdings auch versprochen, Sie ausführlich über alle Panels, die Animationen betreffen, in diesem Kapitel zu informieren. Dieses Versprechen möchte ich jetzt einlösen.

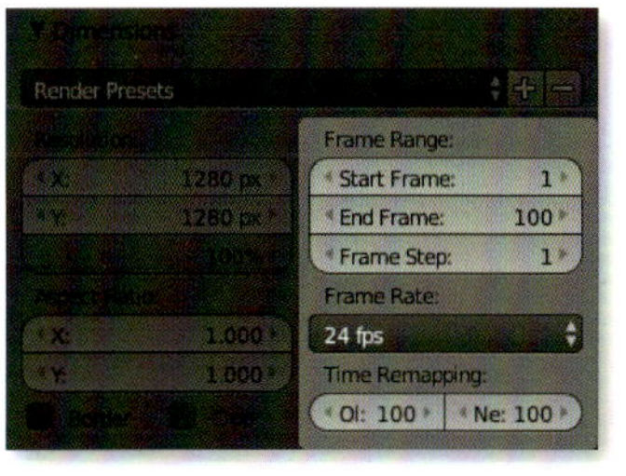

▴ **Abbildung 9.75**
Auf dem Dimensions-Panel passen Sie die Animationsgeschwindigkeit und die Animationsdauer an.

9.4.1 Das Dimensions-Panel

In der rechten Hälfte des Dimensions-Panels im Properties-Editor auf dem Render-Tab legen Sie Einstellungen fest, die das Rendern von Animationen betreffen:

- FRAME RANGE: Hier finden Sie Einstellungen zu Dauer und Länge der Animation.
- START FRAME/END FRAME: Der erste/letzte Frame der Animation. Eine Animation kann an beliebigen Frames der Szene beginnen oder enden.
- FRAME STEP: Hier legen Sie fest, wie viele Bilder pro Animationsschritt addiert werden. Hätten Sie eine Animation, die 100 Frames dauert und einen FRAME STEP von 2, so würden Sie bei 25 fps einen 2 Sekunden dauernden Film erhalten.
- FRAME RATE: Hier stellen Sie die Anzahl der Bilder pro Sekunde Film ein. Die Auswahl CUSTOM ermöglicht Ihnen, auch exotische Bildwiederholraten festzulegen.
- TIME REMAPPING: Über diese Einstellung können Sie eine Verlangsamung oder Beschleunigung der Animation erreichen. Wie bereits bei der ASPECT RATIO ist das Verhältnis der beiden Werte hier zu betrachten. 100:100 bedeutet, die Animation läuft in Echtzeit ab, 100:200 würde die Geschwindigkeit verdoppeln.

9.4.2 Das Output-Panel

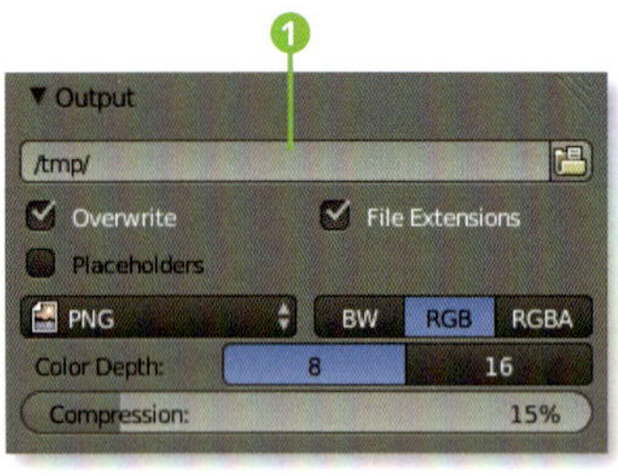

▲ **Abbildung 9.76**
Im OUTPUT-Panel legen Sie fest, wie und wo die Animation gespeichert wird.

Zum Pfad wechseln

Klicken Sie mit [⇧] + linker Maustaste auf ein Ordnersymbol (beispielsweise im OUTPUT-Panel), so öffnet sich ein Explorer-, Nautilus- oder Finder-Fenster, je nachdem, ob Sie sich unter Windows, Linux oder Mac befinden. Auf diese Weise wechseln Sie schnell zu dem angegebenen Pfad.

Das OUTPUT-Panel (ebenfalls auf dem RENDER-Tab) bietet Ihnen die Möglichkeit, zu bestimmen, wo Animationen gespeichert werden und welches Ausgabedateiformat genutzt wird, wenn Sie ein Rendering durchführen:

- FILENAME: In dem oberen EDIT-Feld ❶ wählen Sie einen Pfad und einen Dateinamen für Ihr Animations-Rendering aus. Hier haben Sie verschiedene Formatierungsmöglichkeiten:
  - // zeigt auf den aktuellen Ordner (den Ordner, der die Blender-Datei enthält).
  - //../ zeigt auf den übergeordneten Ordner.
  - # gibt eine sich mit fortschreitenden Frames automatisch erhöhende Zahl an. Ein Dateiname der Art »//../Animation-Rendering/Test_###.jpg« würde daher Dateien in einem Ordner namens ANIMATIONRENDERING über dem aktuellen Projektordner ablegen, die »Test_0001.jpg«, »Test_0002.jpg«, »Test_0003.jpg« usw. heißen.
- OVERWRITE: Aktivieren Sie diese Checkbox, so überschreibt Blender bei einem erneuten Render-Vorgang alle Dateien mit gleichem Namen.
- PLACEHOLDERS: Ist diese Checkbox deaktiviert, so speichert Blender gerenderte Frames erst dann ab, wenn der Render-Vorgang abgeschlossen ist. Bei Aktivierung dieses Features werden die Dateien im Voraus erzeugt. Kombinieren Sie diese Option

mit zwei Blender-Instanzen und deaktiviertem OVERWRITE, so können Sie durch beide Instanzen (eventuell auf verschiedenen Rechnern) die gleiche Animation rendern und auf einem gemeinsamen Laufwerk abspeichern lassen.

- FILE EXTENSIONS: Ist dieser Parameter gewählt, so fügt Blender beim Abspeichern von Dateien die gewählte Dateiendung an den FILENAME an. Ist im FILENAME bereits eine Dateiendung angegeben worden, so ersetzt Blender diese.
- FILETYPE: Hier legen Sie das Ausgabedateiformat fest. Wählen Sie ein Videoformat, wie beispielsweise XVID, so wird ein weiteres Panel namens ENCODING sichtbar. Auf diesem können Sie alle Video-Encodierparameter auswählen oder aus verschiedenen Standard-Voreinstellungen wählen.
- BW/RGB/RGBA: Durch diese Auswahl legen Sie bei Dateitypen, die diese Auswahl unterstützen, fest, ob Sie das gerenderte Bild in Graustufen (BW), farbig (RGB) oder farbig inklusive Alphakanal speichern (RGBA).
- COLOR DEPTH: Hier legen Sie die Farbtiefe fest – 8 oder 16 Bit stehen zur Auswahl.
- COMPRESSION: Mit diesem Slider können Sie die Komprimierung bei unterstützten Dateitypen angeben (beispielsweise JPEG oder PNG).

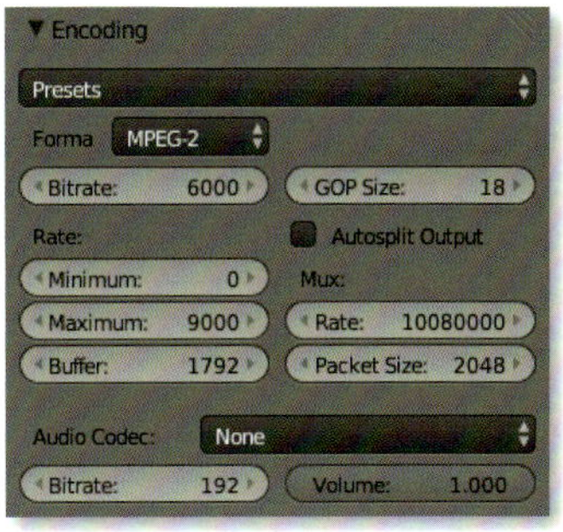

▲ **Abbildung 9.77**
Das ENCODING-Panel bestimmt, in welchem Videoformat die Animation gerendert wird.

9.4.3 Das Sampled-Motion-Blur-Panel

Mit dem in Abbildung 9.78 gezeigten Panel können Sie den Effekt simulieren, der entsteht, wenn schnell bewegte Objekte an einem stehenden oder sich deutlich langsamer bewegenden Betrachter vorbeisausen – die sogenannte Bewegungsunschärfe entsteht. Dieser Effekt ist sowohl im BI- als auch im Cycles-Renderer aktivierbar. Blender nutzt dabei die Animationsinformationen wie Geschwindigkeit oder Rotation, um festzulegen, wie stark das jeweilige Objekt verwaschen werden muss, um »schnell« zu wirken.

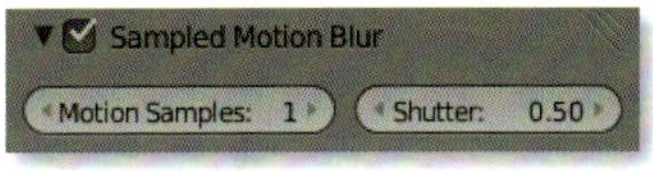

▲ **Abbildung 9.78**
Die MOTION-BLUR-Einstellungen des BI-Renderers

Der BI-Renderer simuliert diese Unschärfe, indem er die sich bewegenden Objekte in der unmittelbaren Zeit vor und in der unmittelbaren Zeit nach dem aktuellen Frame rendert und diese Renderings dann übereinanderlegt. Die Anzahl der Betrachtungen vor und nach dem aktuellen Frame stellen Sie im BI-Renderer über zwei Werte ein:

- MOTION SAMPLES: Hier legen Sie fest, wie viele Renderings durchgeführt werden sollen (macht den Effekt weicher). Da ein Wert von 1 genau ein Rendering durchführt und so keine Unschärfe entstehen kann, machen bei einer Aktivierung der Option nur Werte > 1 einen Sinn.

▲ **Abbildung 9.79**
Die Motion-Blur-Einstellungen des Cycles-Renderers

- Shutter: Hier stellen Sie ein, wie lange die virtuelle Kamera den Verschluss offen lässt. Je länger er offen bleibt, desto verwaschener wird das sich bewegende Objekt. Die Eingabe erfolgt in Frames.

Da in Cycles Unschärfeeffekte realistisch errechnet und nicht simuliert werden, genügt hier die in Abbildung 9.79 dargestellte einzige Einstellung – die Dauer der Verschlussöffnung (Shutter). Haben Sie bereits mit einer Digitalkamera Erfahrung gesammelt (am besten im manuellen Modus), so werden Sie sich mit diesem Wert sicher bereits gut auskennen.

Schritt für Schritt
Squash & Stretch

Die Datei »09_Ball_SquashNStretch.blend« finden Sie auf der Buch-DVD unter Beispielmaterial • Kapitel_09.

Nachdem Sie jetzt so viel über Animationen und das Rendering von Animationen mit Blender erfahren haben, möchte ich Ihnen in dieser Übung zeigen, wie Sie eine komplette Animation erstellen. Sie werden dabei einen Ball von einer Anhöhe rollen lassen. Er wird auf dem Boden auftreffen, sich durch die Wucht verformen (Squash) und beim Absprung wieder in die Länge ziehen (Stretch). Nach ein paar Bodenkontakten wird der Ball zur Ruhe kommen.

Um die Übung zu beginnen, laden Sie die Datei »09_Ball_SquashNStretch.blend«. Sie enthält bereits einen Ball mit einigen Animations-Finessen von *http://www.blendercookie.com* und eine einfache Szene.

1 Die Anfasser

Wie Sie sicherlich bereits gemerkt haben, liegt in der Datei kein gewöhnlicher Ball vor. Vielmehr besitzt er verschiedene blaue Anfasser, mit denen Sie ihn stauchen, drehen, ziehen und bewegen können. Wie Sie selbst solche Anfasser erstellen und wie Sie diese Anfasser nutzen, erfahren Sie im nächsten Kapitel 10, »Vertex Weights, Skinning und Rigging«.

▲ **Abbildung 9.80**
Bei gewählten Anfasser wechseln Sie über die Modus-Combobox in den Pose Mode.

2 Pose Mode

Um den Ball mit Hilfe der Anfasser zu bewegen, nutzen Sie einen speziellen Modus, den Pose Mode. Wechseln Sie in diesen mit Strg+↹ oder über die Modus-Combobox des 3D View Editors (bei selektiertem Anfasser), so werden die Anfasser bläulich dargestellt.

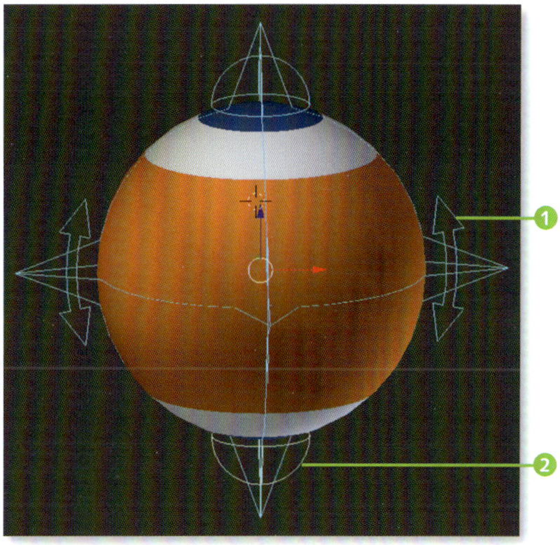

▲ **Abbildung 9.81**
Die blauen Anfasser erlauben Ihnen, das Ball-Mesh zu verformen und zu bewegen.

3 Die Anfasser nutzen

Bewegen Sie den Ball jetzt einmal – nutzen Sie dazu die pfeilförmigen Anfasser ①, die auf der Oberfläche des Balls liegen. Probieren Sie darüber hinaus auch die Anfasser aus, die um den Ball verteilt sind ② – sie bewirken, dass sich der Ball dehnt, dreht und staucht. Laden Sie anschließend die Szene »09_00_Ball_Start.blend«. Sie befinden sich dort im Animations-Layout, so dass Sie direkt anfangen können.

Die Datei »09_00_Ball_Start.blend« finden Sie auf der Buch-DVD unter BEISPIELMATERIAL • KAPITEL_09.

4 Die Extremes

Zuerst interessieren wir uns nur für die extremen Positionen des Balls, also den Startpunkt der Bewegung und die Position kurz vor dem Absprung, das Auftreffen auf dem Boden und die jeweils maximale Höhe der Sprünge. Alle diese Extremes habe ich Ihnen (an den einzelnen Frames) bereits per GREASE PENCIL in rot markiert. Wenn Sie die Animation per [Alt]+[A] abspielen werden Sie sie sehen können. Wozu Extremes dienen, können Sie in diesem Kapitel auf Seite 452 nachlesen.

Der Steuerkreuz-Anfassers des Balls ist schon markiert und Sie befinden sich bereits im POSE MODE [Ctrl]+[⇆]. Bewegen Sie den Ball mit Hilfe des pfeilförmigen Steuerkreuz-Anfassers auf der Oberfläche des Balls in der Front-Ansicht [1] (Ziffernblock) auf die angezeigte GREASE-PENCIL-Position an Frame 1. Fügen Sie anschließend per [I] Keyframes für das LOCATION KEYING SET auf diesem Anfasser ein.

▲ **Abbildung 9.82**
Die Positionen der Extremes wurden mit dem GREASE PENCIL in rot markiert.

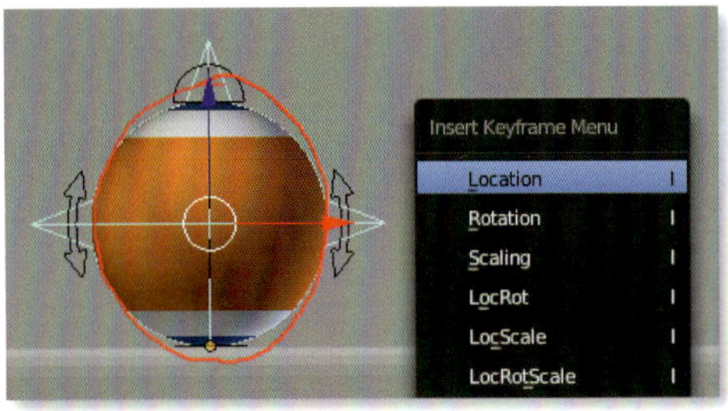

▲ **Abbildung 9.83**
Die Extremes werden im Interpolationsmodus CONSTANT gesetzt.

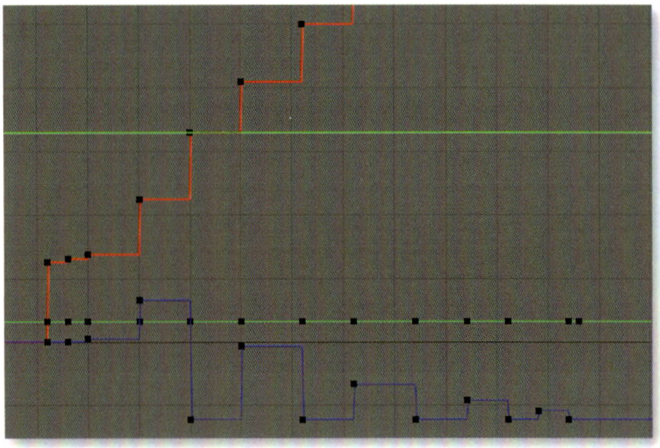

▲ **Abbildung 9.84**
Über das LOCATION KEYING SET fügen Sie Keyframes für den Anfasser ein

Wechseln Sie anschließend in den GRAPH EDITOR und markieren Sie alle dort vorhandenen Keyframes mit [A]. Setzen Sie im GRAPH EDITOR anschließend die KEYFRAME INTERPOLATION per [T] auf CONSTANT (sie wird jetzt für alle weiteren Keyframes automatisch genutzt).

Die Dateien »09_01_Ball_Extremes.blend« und »09_02_Ball_Bezier.blend« finden Sie auf der Buch-DVD unter BEISPIELMATERIAL • KAPITEL_09.

Setzen Sie anschließend alle weiteren Keyframes an den entsprechenden Frames bis zum Ende der Animation. Der GREASE PENCIL zeigt Ihnen, an welchen Frames und wo Sie sie setzen sollten. Spielen Sie die Animation zum Abschluss dieses Schrittes ab. Ihr Ball sollte sich von einer Position zur nächsten beamen. Die Datei »09_01_Ball_Extremes.blend« zeigt Ihnen den bisherigen Stand der Animation und dient Ihnen als Basis für den nächsten Schritt.

5 Bewegung erzeugen

Bislang haben wir uns nur einen Eindruck davon verschafft, wie das Timing der Animation aussieht – jetzt werden wir die Animation selbst anpassen. Markieren Sie dazu erst alle Keyframes im GRAPH EDITOR [A] und setzen Sie den Keyframe Interpolation Modus auf durch einen Druck auf [T] auf BEZIER. Die Animationen werden jetzt weich ineinander überblendet, sehen aber sehr unnatürlich aus – wenn man bei einem sich selbst beschleunigenden Comic-Ball von »natürlich« reden kann... Den aktuellen Stand des Projekts zeigt Ihnen die Datei »09_02_Ball_Bezier.blend«.

6 Bewegung verbessern

Passen Sie jetzt die Punkte der Animation an, an denen der Ball eine abrupte Richtungsänderung vollführt – beispielsweise dann, wenn der Ball erstmals auf dem Boden aufschlägt. Wechseln Sie daher zu Frame 41 und markieren Sie im Graph Editor nur den dazugehörigen Z-Keyframe (in Blau). Betätigen Sie anschließend [V] und wählen Sie Vector. Nutzen Sie die dabei erscheinenden Anfasser, um der Kurve an diesem Keyframe einen spitzen Verlauf zu geben. Spielen Sie die Animation ab, werden Sie sehen, wie sehr diese Änderung die Bewegung des Balls bereits verbessert. Verpassen Sie der F-Curve diese Änderung jetzt an allen Stellen, die mit dem Grease Pencil in Blau markiert wurden.

Neben diesen Änderungen enthält die Datei »09_03_Ball_Refining.blend« noch zwei weitere Änderungen: Einerseits wurden das Timing der Sprünge mit Hilfe des Dope Sheets mehr an die Flugbahn eines realen Balls angepasst und die Anzahl der X-Location-Keyframes verringert. Da die Bewegung entlang der X-Achse mehr oder weniger linear vonstattengeht, konnten die meisten Keyframes entfernt werden. Nutzen Sie diese Datei für den nächsten Schritt.

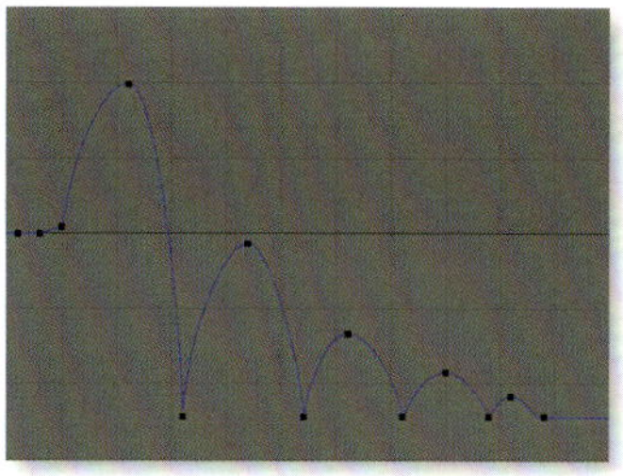

▲ **Abbildung 9.85**
Durch den Handle Type Vector geben Sie den Kurven einen spitzen Verlauf.

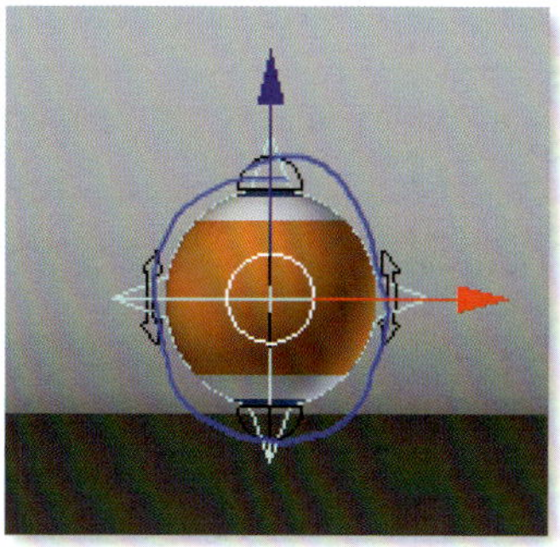

▲ **Abbildung 9.86**
Die blauen Grease-Pencil-Markierungen zeigen Ihnen, wo Sie die Kurven spitz zulaufen lassen sollten.

7 Squash & Stretch

Besonders in comicartigen aber auch (abgeschwächt) in realistischen Animationen wird häufig das Animations-Prinzip des Squash & Stretch eingesetzt. Dabei verformt sich der Körper beim Auftreffen auf den Boden und bei einem freien Fall aus großer Höhe.

Der Ball besitzt zu diesem Zweck bereits zwei Halbkreis-Anfasser oben und unten. Mit diesen können Sie den Ball in alle Richtungen verformen. Wenn Sie die Datei »09_03_Ball_Refining.blend« geladen haben, ist der obere Anfasser bereits selektiert. Mit pinken Grease-Pencil-Zeichnungen habe ich in dieser Datei die Frames, Positionen und die Form markiert, an denen Sie einen Location-Keyframe auf diesen Anfasser setzen sollten.

Die Datei »09_03_Ball_Refining.blend« finden Sie auf der Buch-DVD unter Beispielmaterial • Kapitel_09.

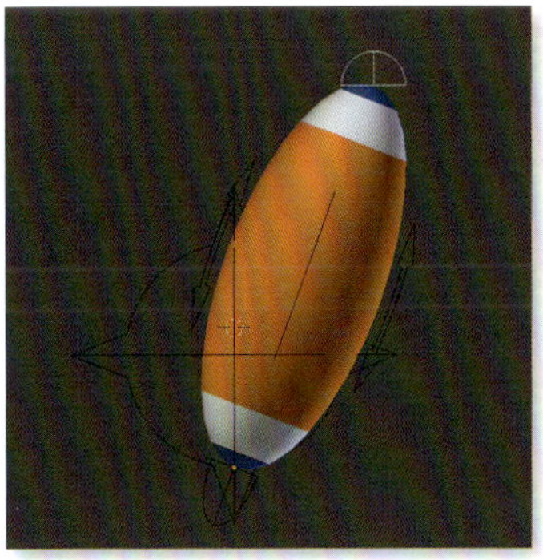

▲ **Abbildung 9.87**
Über die halbkreisförmigen Anfasser ist es ein Leichtes, den Ball zu verformen.

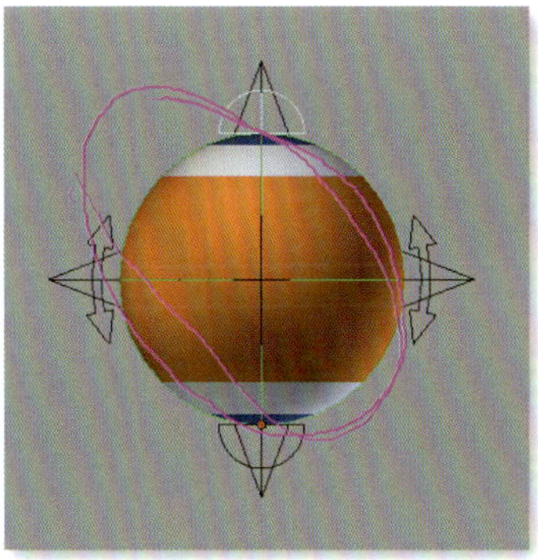

▲ **Abbildung 9.88**
Die pinken Markierungen zeigen Ihnen, wo Sie den Ball verformen können.

Die Datei »09_04_Ball_SquashNStretch.blend« finden Sie auf der Buch-DVD unter Beispielmaterial • Kapitel_09.

Das Ergebnis dieses Schritts finden Sie in der Datei »09_04_Ball_SquashNStretch.blend«. Jetzt fehlt noch die Rotation des Balls.

8 Rotation des Balls festlegen

Natürlich könnten Sie jetzt die beiden Pfeile um den Ball von Hand animieren – wählen Sie dazu einfach die Rotationspfeile aus und setzen Sie Keyframes per [I]. Deutlich vielseitiger ist es allerdings, wenn Sie die Rotation des Balls von der Bewegung auf der X-Achse abhängig machen. Würden Sie sich später entscheiden, den Ball etwas schneller (oder gar nach hinten) hüpfen zu lassen, würde die Rotation automatisch angepasst. Genau diese Möglichkeit geben Ihnen Driver, die ich Ihnen mit Hilfe eines kurzen Videos »09_Driver_Rotation.mp4« als Bonus in diesem Kapitel zeigen möchte.

Als kleines Extra habe ich das kurze Video »09_Driver_Rotation.mp4« produziert, das Ihnen einen kleinen Einblick in das Thema »Driver« mit Blender vermittelt. Sie finden es auf der Buch-DVD im Ordner Lehrfilm.

▲ **Abbildung 9.89**
Ein Frame der abgeschlossenen Animation – der Ball rotiert völlig automatisch per Driver.

Die Dateien »09_05_Ball_Rotation.blend«, »09_06_Ball_Final_Materials.blend«, »09_06_Ball_Final_Materials_Result.mp4« finden Sie auf der Buch-DVD unter Beispielmaterial • Kapitel_09.

Die finale Animation finden Sie in der Datei »09_05_Ball_Rotation.blend«. Die Datei »09_06_Ball_Final_Materials.blend« zeigt Ihnen die gesamte Szene inklusive Texturen. Gerendert steht Ihnen diese Animation in der Datei »09_06_Ball_Final_Materials_Result.mp4« im Ordner Results zur Verfügung.

Charakteranimationen | In diesem Buch habe ich mich bewusst gegen Charakteranimationen entschieden. Sie erfordern großes Wissen über Anatomie, ein sehr gutes Auge für Bewegungsabläufe und dass Sie viele Teile des Meshes gleichzeitig animieren (Gesicht, Extremitäten, usw.) – das wird schnell komplex und steigert das Frustlevel bei missglückten Versuchen enorm.

Selbst in Animationsschulen werden in den ersten Semestern erst einmal viele Bälle, Quader und andere sehr einfache Formen animieren. Erst später folgt die die Animation von Zweibeinern (u.a. Menschen), von Vierbeinern (wie Elefanten usw.) und schlussendlich Fantasiewesen wie Drachen.

Bleiben Sie also dran und animieren Sie erst einmal viele vermeintlich einfache Objekte – mit wachsender Erfahrung werden Sie auch Charakteranimationen meistern – alle dazu nötigen Tools lernen Sie im nächsten Kapitel kennen.

9.5 Zum Stöbern

Natürlich hat auch dieses Kapitel wieder viel zu wenige Seiten für die Menge an Informationen und Tools, die Blender Ihnen bei Animationsaufgaben bietet. Wenn Sie nicht genug von dem Thema Animation haben können, empfehle ich Ihnen, ein paar Standardwerke der Animation zu beschaffen und von den Meistern zu lernen. Die nachfolgenden Bücher sind echte Meisterwerke:

- »The Animators Survival Kit« von Richard Williams
- »The Illusion of Life« von Disney Animation
- »Timing for Animation« von Harold Whitaker

Wenn Sie dann immer noch nicht genug Input haben, sollten Sie sich das Thema »Driver« einmal näher ansehen – nicht den Film, sondern die Blender-eigene Funktion. Sie bietet Ihnen unter anderem die Möglichkeit, bei Änderung eines Wertes bestimmte Aktionen (eine Drehung, Skalierung oder einen Farbwechsel) durchzuführen. Tatsächlich sind Driver gerade bei komplexen Objekten und Animationen extrem hilfreich: Ob Sie einen Arm beugen und Muskeln sichtbar werden lassen wollen oder ein Blumenfeld animieren, bei dem alle Blumen ihre Köpfe zu einer Biene drehen, wenn Sie sich nähert – all dies können Sie relativ einfach über Driver realisieren. Sehen Sie sich Driver nicht unter Zeitdruck an, sondern geben Sie sich ein paar Tage Zeit. Die Möglichkeiten sind enorm, sie erfordern aber auch einen nicht unerheblichen Lernaufwand. Als Hilfestellung sollten Sie sich die offizielle Dokumentation unter *http://wiki.blender.org/index.php/Doc:2.6/Manual/Animation/Basics/Drivers*, aber auch viele Video-Tutorials im Netz zu diesem Thema ansehen.

9.6 Auf ins nächste Kapitel

Animation ist eine sehr große Leidenschaft von mir – für mich ist der Moment immer sehr magisch, wenn Objekte und Charaktere nicht nur digital bewegt werden, sondern durch viele kleine Besonderheiten in Gestik und Mimik plötzlich zu »leben« beginnen. Ich hoffe, ich konnte Ihnen durch dieses Kapitel einen Eindruck von der Magie und den Möglichkeiten der digitalen Animation mit Blender geben. Um einen Eindruck davon zu erhalten, welche aufwendigen Animationen mit Blender erstellt werden können, empfehle ich Ihnen, die bisherigen Filme der Blender Foundation anzusehen. Einen dieser Filme (»Caminandes – Gran Dillama«) finden Sie auf der Buch-DVD.

Zum Nachlesen

Die Titel aller von der Blender Foundation produzierten Filme finden Sie in Abschnitt 1.4, »Blender Foundation Open Movies«.

Im nächsten Kapitel möchte ich Ihnen zeigen, wie Animationen von etwas komplexeren Objekten und Charaktermodellen aufgebaut und durchgeführt werden. Sie werden sehen, wie Objekte mit digitalen Skeletten ausgestattet werden und wie der Beruf des Riggers den Animatoren die Arbeit etwas erleichtert. Die Tools und Editoren des vorliegenden Kapitels sollten Sie daher nicht nach diesem Satz sofort vergessen.

Kapitel 10
Vertex Weights, Skinning und Rigging

Nachdem Sie im letzten Kapitel gelernt haben, wie Sie einfache Objekte animieren, werden Sie in diesem Kapitel Blender-Tools für die Animation von komplexeren Objekten (und Charaktermodellen) kennenlernen. Dabei werden Sie erfahren, was die in der Übung am Ende des letzten Kapitels genutzten Ball-Anfasser tatsächlich sind und wie Sie diese selbst erstellen können. Ganz nebenbei werden Sie die Bedeutung von Rigging, Skinning und dem Festlegen von Vertex Weights kennenlernen und erkennen, wie Ihnen diese Funktionen bei komplexen Animationen helfen.

10.1 Woher kommt Rigging?

Das Wort Rigging hat seinen Ursprung im (Marionetten-)Theater, bei dem Personen oder Marionetten so an einem Gestell (Rig) aufgehängt werden, dass sie wie von Zauberhand bewegt werden können. Im 3D-Bereich erstellen Sie während des Rigging-Prozesses die virtuellen Knochen und Gelenke Ihrer Objekte. Diese binden Sie in der Skinning-Phase an beliebige Teile Ihres Objekts. Bevor Sie diesen Prozess erlernen können, müssen Sie allerdings zuerst eine weitere Technik kennenlernen: das Festlegen von Vertex-Gewichtungen.

◂ **Abbildung 10.1**
Mit den Rigging-Tools von Blender bringen Sie Meshes wie bspw. den von Daniel Martinez Lara erstellten organgenfarbenen Charakter schnell in die von Ihnen gewünschte Pose.

10.2 Vertex Weights

Vertex Weights in Blender
Nicht nur bei Modifiern sind Vertex Weights hilfreich. Auch bei (Partikel-, Kleidungs- oder Softbody-) Simulationen bieten sie Ihnen viele neue Möglichkeiten der Einflussnahme. So steuern die Vertex Weights bei einem Haar-Partikel-System beispielsweise, wie stark der Haarwuchs an verschiedenen Stellen ist.

Über das ganze Buch hinweg und gerade in Kapitel 5, »Modifier«, haben Sie immer wieder etwas von Vertex-Gruppen und Vertex-Gewichtungen (Vertex Groups und Vertex Weights) gelesen. So konnten Sie beispielsweise über eine Vertex-Gruppe und die darin enthaltenen Gewichtungen von Vertices definieren, auf welchen Teilen des Meshes der WAVE-Modifier wirkt.

Aber was genau sind jetzt diese ominösen Gewichtungen – denn anders, als man vermuten möchte, hat der Begriff nichts mit dem Gewicht oder der Masse eines Vertex zu tun? Stellen Sie sich die Gewichtung eines Vertex ganz einfach als einen Wert zwischen 0 und 1 vor. Dieser Wert an sich ist erst einmal nur eine zusätzliche Information zu diesem Vertex – erst wenn Blender diese Information auswertet (beispielsweise in einem Modifier oder einer Simulation), wird sie nützlich.

Um Gewichtungen von Vertices festlegen zu können, müssen Sie Vertices zuerst einer Vertex-Gruppe hinzufügen, denn alle Vertices außerhalb einer Vertex-Gruppe besitzen immer einen Wert von 0. Vertex-Gruppen und die Gewichtung der in dieser Gruppe befindlichen Vertices können Sie dabei auf drei verschiedene Arten festlegen: manuell über das Panel VERTEX GROUPS auf dem OBJECT-DATA-Tab, über eine interaktive Variante (dem »Anmalen« von Vertices in verschiedenen Farben über das WEIGHT PAINTING) und über spezielle Modifier.

10.2.1 Vertex Weights manuell – das Vertex-Groups-Panel

▲ **Abbildung 10.2**
Im VERTEX-GROUPS-Panel vewalten Sie Vertex-Gruppen.

Im OBJECT-DATA-Tab finden Sie im Panel VERTEX GROUPS drei verschiedene Schaltflächen: zum Hinzufügen von Gruppen (+), zum Löschen einer gewählten Gruppe (-) und eine Schaltfläche (Dreieck), um erweiterte Aktionen mit Vertex-Gruppen auszuführen – also die gleichen Schaltflächen, die Sie bereits bei den Shape Keys kennengelernt haben.

Bevor Sie gewählte Vertices einer Vertex-Gruppe hinzufügen, müssen Sie zuerst eine neue Gruppe anlegen – klicken Sie dazu auf das Plus-Icon. Wechseln Sie anschließend in den EDIT MODE. In der daraufhin erscheinenden Reihe aus Schaltflächen finden Sie den Knopf ASSIGN zum Hinzufügen von gewählten Vertices zu der gerade selektierten Gruppe, REMOVE zum Entfernen der gewählten Vertices aus der Gruppe und SELECT oder DESELECT, um die zu der Gruppe gehörigen Vertices aus- oder wieder abzuwählen.

Eine Reihe tiefer befindet sich der Weight-Regler. Mit diesem definieren Sie (vor dem Hinzufügen), welche Gewichtung die gewählten Vertices besitzen. Falls Sie die Gewichtungen aller Vertices, die bereits einer Gruppe hinzugefügt wurden, ändern möchten, wählen Sie die Vertices erst per Select aus und klicken anschließend erneut auf Assign. Wie üblich können Sie den Namen der Gruppe durch Strg + linke Maustaste auf den Listeneintrag festlegen.

Haben Sie Vertices gewählt und möchten Sie diese einer Gruppe hinzufügen, aus einer Gruppe löschen oder eine neue Gruppe erstellen, so können Sie neben den Schaltflächen des Panels auch die Tastenkombination Strg + G im Edit-Modus nutzen. Das daraufhin erscheinende Popup aus Abbildung 10.4 hält die beschriebenen und manche clevere Spezialoption für Sie bereit. Probieren Sie Vertex Weighting jetzt einmal aus:

Fügen Sie eine UV-Sphere in die Standardszene ein, legen Sie eine neue Vertex-Gruppe auf dem Object-Data-Tab im Panel Vertex Groups an, und wechseln Sie in den Edit Mode. Wählen Sie alle Vertices, deren Gewichtung Sie festlegen möchten, mit dem Circle-Select-Tool (C) aus.

Legen Sie anschließend die Gewichtung aller gewählten Vertices über den Weight-Regler im Panel fest, und fügen Sie sie der gerade angelegten Gruppe über einen Klick auf Assign hinzu. Wählen Sie jetzt ein paar weitere Vertices, und legen Sie mit Strg + G eine neue Gruppe für sie an. Betrachten Sie zum Abschluss das Vertex-Weight-Panel, und überprüfen Sie sie mithilfe der Select-Schaltfläche.

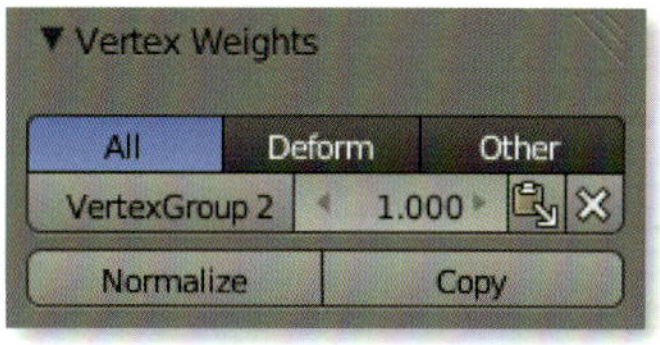

▲ **Abbildung 10.3**
Die aktuelle Gewichtung eines Vertex können Sie im Properties-Panel (N) unter Vertex Weights sehen. Wählen Sie mehrere Vertices gleichzeitig, zeigt Ihnen das Feld die gemittelte Gewichtung aller ausgewählten Vertices. Um einzelne (oder mehrere) Gewichtungen zu ändern, tragen Sie die neue Gewichtung dort ein.

▲ **Abbildung 10.4**
Auch per Tastenkombination können Vertices Gruppen hinzugefügt werden.

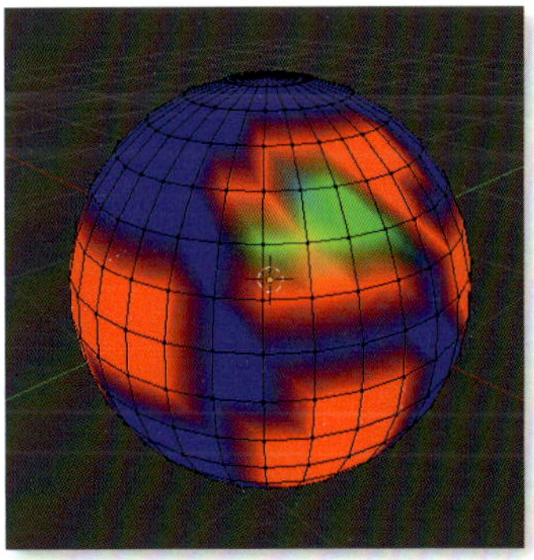

▲ **Abbildung 10.5**
Eine Kugel mit unterschiedlichen Vertex-Gewichtungen

Möchten Sie die Gewichtung der Vertices in der 3D-Ansicht betrachten, dann suchen Sie im Properties-Panel (N) des Edit Modes das Panel Mesh Display. Dort finden Sie die Option Show Weights, die eine Gewichtung von 1 mit roter und eine Gewich-

Vertex-Gruppen übertragen

Um Vertex-Gruppen von einem Mesh auf ein anderes Mesh zu übertragen (beide müssen gleich viele Vertices besitzen) oder Gewichtungen zu spiegeln, können Sie die Funktionen nutzen, die Blender Ihnen bei einem Klick auf das Dreieck unter dem Minussymbol des Vertex-Groups-Panels anbietet.

tung von 0 mit blauer Farbe darstellt. Alle dazwischenliegenden Gewichtungen werden, wie in Abbildung 10.5 gezeigt, über Variationen dieser beiden Farben dargestellt.

10.2.2 Vertex Groups und Wave-Modifier

Die Datei »10_Weights_First_Start.blend« finden Sie auf der Buch-DVD unter BEISPIELMATERIAL • KAPITEL_10.

Sehen wir uns die Wirkung von Vertex Weights an einem Beispiel an. Laden Sie dazu die Datei »10_Weights_First_Start.blend«. Sie enthält einen mehrfach unterteilten Würfel inklusive eines WAVE-Modifiers und ist so eingestellt, dass Sie die Gewichtungen und die Auswirkungen des Modifiers im EDIT MODE sehen. Sehen Sie sich kurz an, was geschieht, wenn Sie die Animation starten (Alt + A). Sie sehen, wie sich der Würfel durch den WAVE-Modifier an allen Vertices ausdehnt und wieder zusammenzieht. Brechen Sie die Animation anschließend mit Esc ab.

Schritt für Schritt
Wave-Modifier auf festgelegte Vertices wirken lassen

Sie werden in dieser Übung den WAVE-Modifier nur noch auf von Ihnen festgelegten Vertices wirken lassen. Diese Aufgabe lösen Sie durch eine Vertex-Gruppe.

1 Vertex-Gruppe hinzufügen

Fügen Sie eine neue Gruppe durch einen Klick auf das Pluszeichen auf dem Panel VERTEX GROUPS hinzu, und benennen Sie diese per Strg + linke Maustaste auf den entstandenen Eintrag in »MyGroup« um.

▲ **Abbildung 10.6**
Zu Beginn dieser Übung fügen Sie alle Vertices mit der Gewichtung 0 der neuen Vertex-Gruppe »MyGroup« hinzu.

2 Gewichtung einstellen und Vertex-Gruppe hinzufügen

Selektieren Sie jetzt alle Vertices in der 3D-Ansicht mit A, stellen Sie im Panel VERTEX GROUPS einen WEIGHT-Wert von 0 ein, und fügen Sie die Vertices mit ASSIGN der neu erzeugten Gruppe hinzu. Wählen Sie dann die Vertices über einen erneuten Druck auf A wieder ab. Wählen Sie diese Gruppe anschließend im WAVE-Modifier unter VERTEX GROUP aus. Starten Sie nun die Animation, und lassen Sie sie für die nächsten Schritte laufen. Momentan sollten Sie keine Bewegung feststellen können – die Gewichtung von 0 verhindert, dass sich die Vertices bewegen.

3 Gewichtung ausgesuchter Vertices erhöhen

Deselektieren Sie jetzt alle Vertices per A, und wählen Sie über das CIRCLE-SELECT-Tool (C) ein paar Vertices aus. Wechseln Sie anschließend zum Vertex-Groups-Panel. Erhöhen Sie dort den Weight-Wert auf 1, und klicken Sie erneut auf Assign. Haben Sie die Animation nicht unterbrochen, werden sich jetzt genau die Teile Ihres Meshes bewegen, die die Gewichtung 1 besitzen.

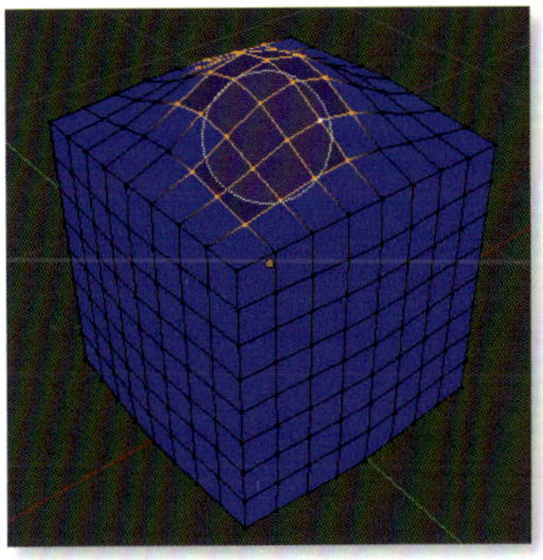

▲ **Abbildung 10.7**
Nachdem Sie die Vertex-Gruppe im Wave-Modifier ausgewählt haben, erhöhen Sie die Gewichtungen einiger Vertices durch das Circle-Select-Tool ([C]) und das Vertex-Group-Panel.

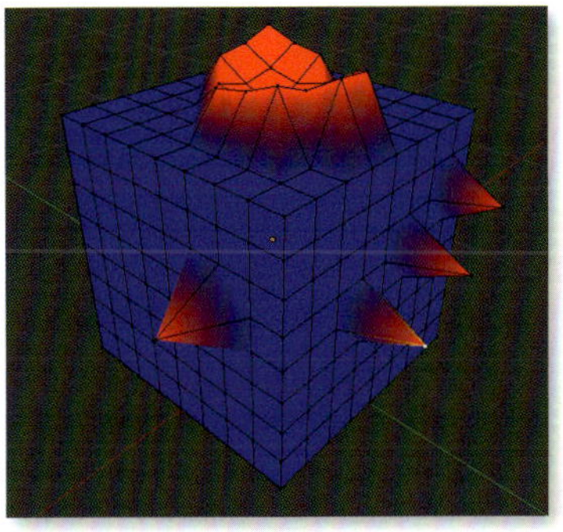

▲ **Abbildung 10.8**
Der Wave-Modifier wirkt anschließend nur dort, wo Vertices mit hoher Gewichtung vorhanden sind.

Probieren Sie zum Abschluss noch aus, die Gewichtung einzelner Vertices zu setzen: Selektieren Sie dazu einen Vertex mit der Gewichtung 0, und öffnen Sie das Properties-Panel ([N]). Scrollen Sie zum Vertex-Weights-Panel, und ändern Sie neben der »MyGroup«-Schaltfläche den Wert auf einen anderen Wert als 0. Ist die Animation immer noch aktiv, wird dieser Vertex sofort seinen Kollegen folgen. Die Datei »10_Weights_First_Final.blend« und Abbildung 10.8 zeigen Ihnen das Ergebnis dieser Übung.

Die Datei »10_Weights_First_Final.blend« finden Sie auf der Buch-DVD unter Beispielmaterial • Kapitel_10.

Wie Sie sicherlich bemerkt haben, ist der Weg, die Gewichtungen ausschließlich über Assign und das Properties-Panel ([N]) festzulegen, nicht sehr interaktiv – Sie müssen eine Menge klicken. Doch Blender wäre nicht Blender, wenn es für diese Aufgabe nicht auch einen speziellen Modus anbieten würde, mit dem sie einfach von der Hand geht: den Weight-Paint-Modus.

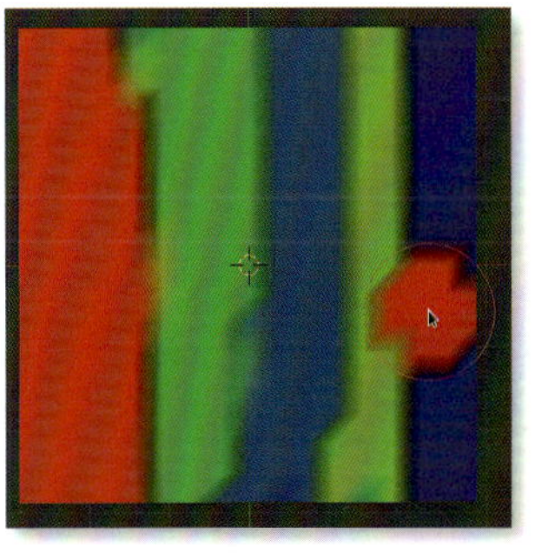

▲ **Abbildung 10.9**
Im Weight-Paint-Modus malen Sie die Gewichtungen live auf das Objekt.

10.2.3 Vertex Weights interaktiv – das Weight Painting

Auch der Weight-Paint-Modus dient der Gewichtung von Vertices. Im Gegensatz zu dem gerade erklärten Prozess bedient er sich allerdings einer anderen Vorgehensweise: Sie malen Ihre

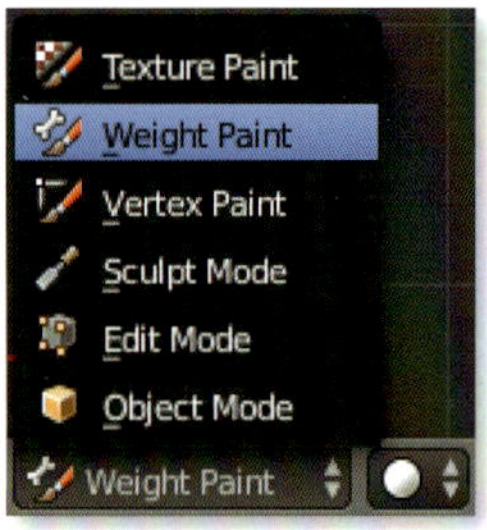

▲ **Abbildung 10.10**
Der WEIGHT-PAINT-Modus

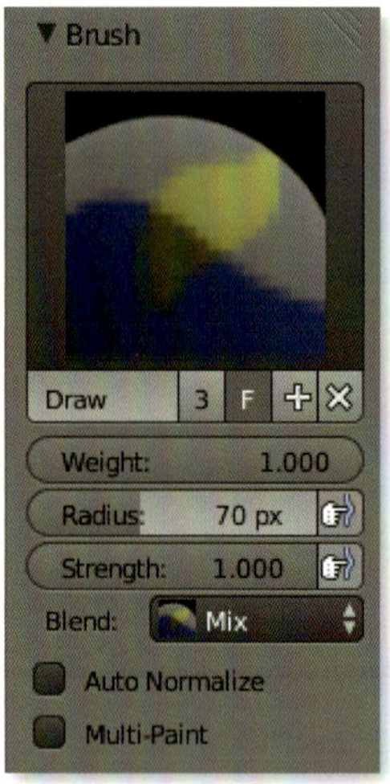

▲ **Abbildung 10.11**
Das BRUSH-Panel kennen Sie schon aus anderen Modi.

Die Datei »10_Weights_Second.blend« finden Sie auf der Buch-DVD unter BEISPIELMATERIAL • KAPITEL_10.

Gewichtungen »live« auf das Mesh. Da das Weight Painting die Gewichtung von Vertices ändert, müssen Sie dafür sorgen, dass genügend Vertices auf Ihrem Mesh vorhanden sind. Malen Sie mittig auf einer aus vier Vertices bestehenden Fläche, so werden Sie keine Gewichtungsänderung feststellen können – an den Vertices natürlich schon.

Den WEIGHT-PAINT-Modus finden Sie wie alle anderen Modi auch in der Modus-Auswahlbox der 3D-Ansicht oder indem Sie im OBJECT MODE die Tastenkombination [Strg] + [Tab] drücken. Wählen Sie ihn aus, so wird sich einerseits Ihr Objekt blau färben (alle Vertices haben die Gewichtung 0), und so werden Sie sich andererseits gleichzeitig ganz heimisch fühlen – denn die meisten Tools der TOOLBAR ([T]) haben Sie bereits im SCULPT MODE und im TEXTURE-PAINT-Modus kennengelernt. Das einzige neue Panel finden Sie im TOOLS-Tab unter WEIGHT TOOLS. Dort verstecken sich unter anderem Tools, um Gewichtungen zu invertieren (INVERT), zu spiegeln (MIRROR) oder einen Gewichtungsverlauf zu zeichnen (WEIGHT GRADIENT).

Das Hauptpanel dieses Modus ist natürlich wieder das in Abbildung 10.11 dargestellte BRUSH-Panel. Auf diesem legen Sie die Art des Pinsels fest (Gewichtungen erhöhen, verringern, mit vorhandenen mischen oder Ähnliches), die Stärke des Pinsels und die Gewichtung, mit der vom Pinsel berührte Vertices ausgestattet werden. Die Tastenkombinationen zum Ändern der Pinselgröße ([F]) oder -stärke ([⇧] + [F]) sind mit denen der anderen PAINT-Modi identisch – zusätzlich legen Sie über [W] die Stärke der Gewichtung fest. Probieren Sie den aktuellen Pinsel einmal kurz aus, indem Sie über die Vertices Ihres Objekts malen. Sie werden sehen, wie die übermalten Vertices immer mehr Rot aufnehmen (und damit näher an die Gewichtung 1 gebracht werden).

10.2.4 Weight Painting in Aktion

Wir werden jetzt interaktiv genau das umsetzen, was wir eben durch das VERTEX-GROUPS-Panel erledigt haben. Laden Sie dazu die Datei »10_Weights_Second.blend«.

Schritt für Schritt
Den Weight-Paint-Modus erkunden

Die Datei ist genau wie die vorige Datei aufgebaut, Sie befinden sich allerdings bereits im OBJECT MODE. Auch hier gibt es zu Beginn keine Vertex-Gruppe. Führen Sie jetzt folgende Schritte aus:

1 Weight-Paint-Modus aktivieren und aufs Mesh malen

Wechseln Sie in den WEIGHT-PAINT-Modus durch Auswahl in der Moduswahl-Combobox oder durch [Strg] + [⇆]. Klicken Sie nun mit der linken Maustaste auf einen Teil des Meshes, und Sie sehen, dass Blender automatisch eine Vertex-Gruppe für Sie angelegt hat und dass sich die Gewichtung der Vertices in dieser Gruppe geändert hat (der angeklickte Teil hat sich rötlich verfärbt).

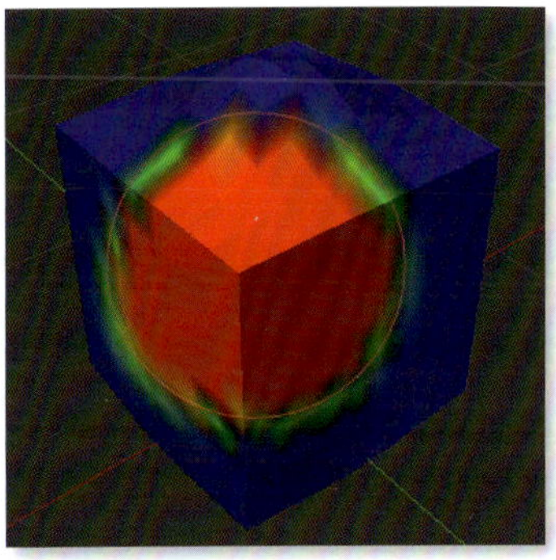

▲ **Abbildung 10.12**
Mit dem WEIGHT-PAINT-Modus zeichnen Sie Gewichtungen interaktiv auf Ihr Mesh.

▲ **Abbildung 10.13**
Haben Sie die automatisch erstellte Vertex-Gruppe im WAVE-Modifier ausgewählt, werden auch hier nur die Teile des Meshes beeinflusst, die nicht blau sind (die eine Gewichtung > 0 besitzen).

2 Vertex-Gruppe auswählen und Weight und Strength ändern

Wählen Sie jetzt im WAVE-Modifier die gerade erstellte Vertex-Gruppe aus, und starten Sie die Animation mit [Alt] + [A]. Ändern Sie die WEIGHT- und STRENGTH-Parameter im BRUSH-Panel der TOOLBAR ([T]) oder durch [W] und [⇧] + [F], und färben Sie weitere Teile des Meshes ein. Sie werden sehen, dass sich die Animation nur auf die rötlich gefärbten Teile des Meshes auswirkt – alle blauen Teile (Gewichtung 0) bleiben starr.

3 Neue Vertex-Gruppe anlegen und weitermalen

Stoppen Sie jetzt die Animation, und legen Sie eine neue Gruppe über das Panel VERTEX GROUPS an. Sehen Sie, dass alle vorherigen Gewichtungen verschwunden sind? Da Gewichtungen pro Gruppe gelten, werden sie beim Anlegen einer neuen Gruppe mit 0 initialisiert. Malen Sie jetzt erneut auf das Mesh, und wechseln Sie zwischen den Gruppen hin und her. Sie können immer nur auf einer Gruppe malen, nie auf mehreren gleichzeitig.

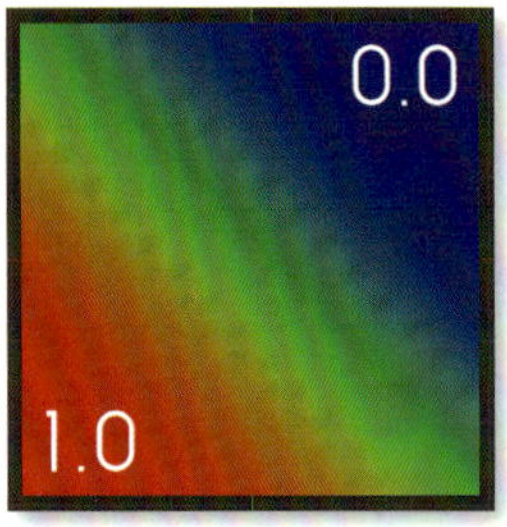

▲ **Abbildung 10.14**
Ein Vertex-Gewichtungsverlauf

Gewichtungsverlauf
Möchten Sie einen Gewichtungsverlauf (siehe Abbildung 10.14) zeichnen, so halten Sie die [Alt]-Taste gedrückt, bevor Sie mit der linken Maustaste zu zeichnen beginnen. Eine gestrichelte Linie und eine Gewichtungsvorschau zeigen Ihnen an, wie der Verlauf auf das Objekt aufgetragen wird.

Wie Sie sehen, bietet Ihnen Blender mit dem Modus WEIGHT PAINT eine interaktive und einfache Art, um Gewichtungen von Vertices für unterschiedliche Gruppen festzulegen.

10.2.5 Vertex Weights dynamisch – die Modifier

Die beiden gerade beschriebenen Vorgehensweisen haben immer vorausgesetzt, dass Sie die Gewichtung persönlich im Voraus übernehmen – wenn Sie keine Gewichtungen festgelegt haben, blieben alle Gewichtungen auf 0. Mit den VERTEX-WEIGHT-EDIT-, VERTEX-WEIGHT-MIX-, VERTEX-WEIGHT-PROXIMITY- und DYNAMIC-PAINT-Modifiern können Sie jedoch noch zur Animationszeit die Gewichtungen von Vertices ändern. Da die Erklärungen zu den erstgenannten Modifiern bereits in Kapitel 5, »Modifier«, zu finden sind und der DYNAMIC-PAINT-Modifier in Kapitel 12, »Simulation«, behandelt wird, möchte ich hier nur auf die beiden Dateien »10_Weights_Proximity.blend« und »10_Weights_DynamicPaint.blend« verweisen. Diese zeigen Ihnen bei einem beherzten Druck auf [Alt] + [A] lauffähige Beispiele für diese Art der dynamischen VERTEX-WEIGHT-Vergabe.

Die beiden Dateien »10_Weights_Proximity.blend« und »10_Weights_DynamicPaint.blend« finden Sie auf der Buch-DVD unter BEISPIELMATERIAL • KAPITEL_10.

10.3 Rigging und Skinning

Wie Sie in der Einleitung des Kapitels bereits erfahren haben, wird Objekten beim Riggen ein »Skelett« verpasst – doch warum ist das für Animatoren nötig?

Stellen Sie sich vor, Sie hätten einen Charakter mit drei Fingern an jeder Hand erschaffen. Würde Ihre Animation voraussetzen, dass Ihre Figur die Finger krümmt, so könnten Sie für jede Fingerkrümmung einen Shape Key anlegen. Problematisch ist dabei jedoch unter anderem, dass die Krümmung der Finger in einem Gelenk ablaufen sollte – Übergänge zwischen Shape Keys sind aber immer linear. Kurzum: Sie hätten einen sehr großen Aufwand bei einem sehr bescheidenen Ergebnis! Mit einem innerhalb des Meshes befindlichen Skelett inklusive Knochen und Gelenken ist diese Aufgabe deutlich einfacher lösbar – und genau diese Möglichkeit bietet Ihnen Blender.

Zum Nachlesen
Die verschiedenen Vertex-Weight-Modifier finden Sie in Kapitel 5, beginnend mit Abschnitt 5.7.4, »Allgemeine Einführung in die Vertex-Weight-Modifier«. Alles über Dynamic Paint lesen Sie in Abschnitt 12.5, »Malerarbeiten – Dynamic Paint«, ab Seite 586.

10.3.1 Der typische Rigging- und Skinning-Prozess

Immer wenn Sie komplexere Objekte animieren möchten, werden Sie mindestens diese Schritte durchführen:

- Sie erstellen ein digitales Skelett inklusive aller nötigen Knochen und legen fest, welchen Beschränkungen die Knochen in dem Skelett unterliegen. So kann sich ein Armknochen beispielsweise nicht (jedenfalls nicht ohne Schmerzen) um 360 Grad drehen.
- Sie weisen das Skelett dem zu animierenden Objekt zu.
- Sie legen fest, durch welche Knochen die Vertices des Objekts beeinflusst werden. Dieser Schritt wird Skinning genannt – ein Prozess der mithilfe von Weight Painting festlegt, welche Vertices zu welchen Knochen gehören. Um mit dem Skinning zu starten, muss Ihr digitales Skelett nicht vollständig fertiggestellt sein – Sie können beliebig zwischen Rigging und Skinning wechseln.
- Sie testen, ob Ihr Skelett auch dann noch mit dem Mesh harmoniert, wenn Sie die Knochen bewegen, skalieren oder rotieren. Dieses »Posing« führen Sie im gleichnamigen POSE MODE durch. Bei Problemen passen Sie das Skinning oder unter Umständen dem Rig an und testen erneut.
- Sind alle Rigging- und Skinning-Arbeiten abgeschlossen, wird das Skelett animiert – ebenfalls im POSE MODE. Da das Mesh an das Skelett gebunden ist, animieren Sie die Knochen, wie im letzen Kapitel erlernt (Sie setzen mit [I] Keyframes auf Knochen).

Fangen wir jetzt zunächst mit der Erstellung eines Skeletts an.

10.3.2 Armatures und Bones

Blender hält für Rigging- und Skinning-Aufgaben einen ganzen Satz an Werkzeugen bereit, allen voran die sogenannte *Armature* – ein spezieller Objekttyp, der Ihnen ein Skelett inklusive eines ersten Basisknochens bereitstellt. Eine Armature besteht aus miteinander verbundenen oder voneinander getrennten Knochen (den *Bones*). Bewegen Sie die Armature, werden sich alle Knochen der Armature mit bewegen.

Ein Armature-Objekt bietet Ihnen noch weit mehr Möglichkeiten, als »nur« das Abbilden eines realen Skeletts im 3D-Raum: Es ermöglicht Ihnen unter anderem das Mapping von komplizierten Bewegungsabläufen auf die Bewegung eines einzelnen Spezialknochens: Wie wäre es beispielsweise, wenn Ihr Charakter die Möglichkeit hätte, ein Schwert aus der Scheide zu ziehen, und Sie dazu nur einen Spezialknochen bewegen müssten? Die Automatisierung dieser Bewegung spart Ihnen als Animator Zeit, verringert Frust und lässt Sie das Feintuning von Animationen intensiver betreiben.

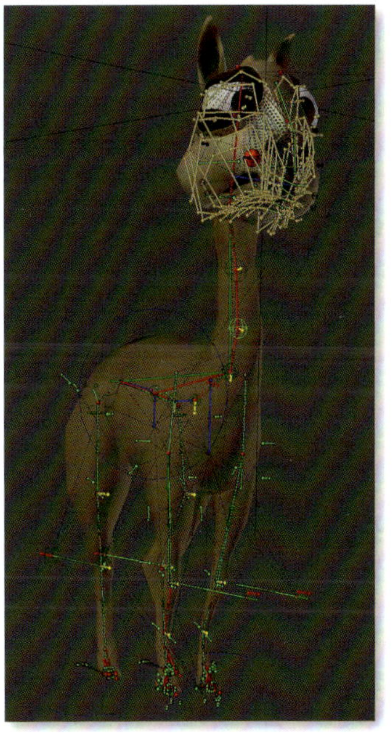

▲ **Abbildung 10.15**
Koros Armature besteht aus stolzen 1618 Knochen – eine sehr flexible aber auch komplexe Animation ist die Folge.

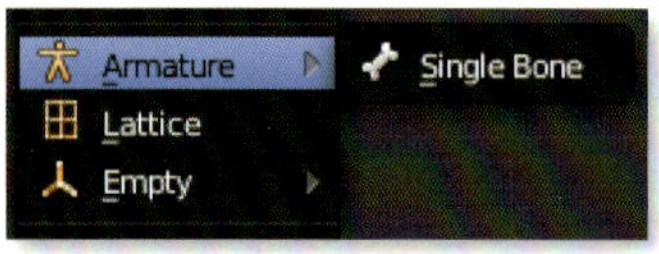

▲ **Abbildung 10.16**
Über das ADD-Menü fügen Sie eine neue Armature ein.

Armatures und Bones einfügen | Das Ziel beim Einfügen von digitalen Knochen ist es immer, eine für die spätere Animation des Meshes optimale Ausgangslage zu schaffen. Ziel ist es in dieser Phase noch nicht, das Mesh mithilfe des Skeletts zu positionieren oder zu verformen. Wie alle anderen Objekte auch finden Sie das Armature-Objekt in Blenders ADD-Menü (⇧ + A). Wählen Sie dort den Eintrag ARMATURE • SINGLE BONE, so wird ein neues Armature-Objekt erstellt und ein neuer Knochen am 3D-Cursor eingefügt.

Knochen nach Bedarf
Es ist nicht nötig (und auch nicht sinnvoll), jeden einzelnen real existierenden Knochen in einer Armature unterzubringen – fügen Sie nur die Knochen ein, die Ihnen bei Ihrer späteren Animation helfen.

Armatures und Bones bearbeiten und löschen | Wie bei vielen anderen Objekttypen gibt es auch bei der Armature einen EDIT MODE (⇆). In diesem können Sie über G die Knochen verschieben, über S skalieren und über R drehen – ähnlich wie schon die Vertices im EDIT MODE eines Meshes.

Jeder Knochen einer Armature besteht aus einem Kopf (Head), einem Rumpf (Body) und einem Fuß (Tail). Abbildung 10.17 zeigt Ihnen die einzelnen Teile eines Knochens. Und ja, sie sind tatsächlich anders, als man erwarten würde: Der Tail befindet sich am (erwarteten) Kopf, während der Head am unteren Knochenende zu finden ist. Um den gesamten Knochen auszuwählen, klicken Sie auf seinen Body, ein Klick auf seinen Head oder Tail wählt ebendiese Teile im EDIT-Modus aus. Die Selektion wird (wie bei Objekten) durch eine orangefarbene Umrandung dargestellt. Möchten Sie neue Knochen in der Armature erzeugen, bietet Ihnen Blender die in Abbildung 10.19 gezeigten Möglichkeiten:

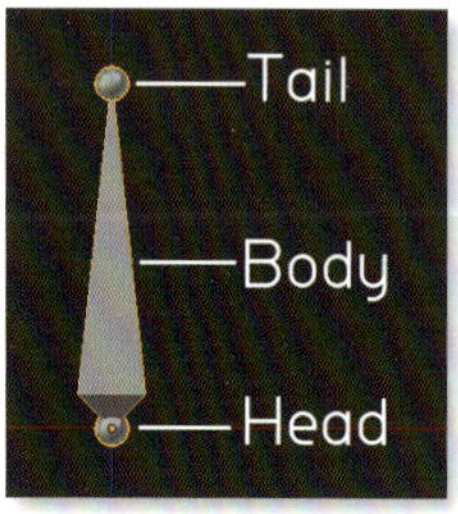

▲ **Abbildung 10.17**
Die verschiedenen Teile eines Knochens

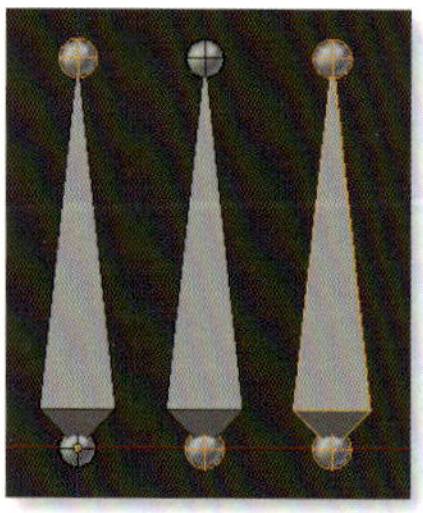

▲ **Abbildung 10.18**
Je nach ausgewähltem Teil wird ein Knochen unterschiedlich hervorgehoben.

Knochen rotieren
Beim Exportieren von Knochen wird es häufig vorkommen, dass Knochen nicht parallel zu anderen Knochen oder den Weltkoordinaten ausgerichtet sind. Um Knochen um die Drehachse zu rotieren, nutzen Sie die Tastenkombination Strg + R. Blenden Sie die Knochenachsen auf dem OBJECT-DATA-Panel der Armature ein, um die Auswirkungen besser zu sehen.

- Unterteilen Sie einen bereits vorhandenen Knochen mit W • SUBDIVIDE.
- Setzen Sie den 3D-Cursor an die neue Position, und nutzen Sie im EDIT MODE ⇧ + A. Der neue Knochen ist nicht mit den anderen Knochen dieser Armature verbunden.

- Duplizieren Sie einen bestehenden Knochen mit ⇧ + D. Dabei wird der Knochen exakt wie ein Mesh dupliziert. Er deutet mit einer gestrichelten Linie an, von welchem Knochen er abstammt.
- Extrudieren Sie einen neuen Knochen bei gewähltem Tail mit E oder durch Strg + linke Maustaste, so erzeugen Sie einen mit dem ausgewählten Knochen verbundenen Knochen. Sie verhalten sich ähnlich wie zwei Meshes, die eine Parent-Child-Beziehung besitzen (und tatsächlich ist es intern genau das): Bewegen Sie solch einen Knochen, so bewegt sich der Head oder Tail des »alten« Knochens mit (und umgekehrt). Extrudieren Sie einen Knochen bei gewähltem Head, erzeugen Sie einen unverbundenen Knochen.
- Mit ⇧ + E führen Sie eine gespiegelte Extrusion eines Knochens aus. Falls Sie ein Mesh mit zwei gleichen Seiten riggen möchten, ist diese Option sehr nützlich. Bevor diese Operation funktioniert, müssen Sie die Option X-Axis Mirror auf der Toolbar (T) im Edit Mode der Armature aktivieren.

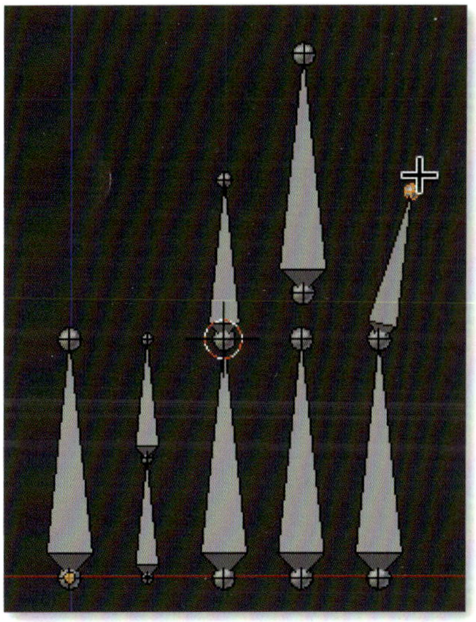

▲ **Abbildung 10.19**
Die verschiedenen Möglichkeiten, Knochen zu erstellen

Haben Sie zu viele Knochen eingefügt, so entfernen Sie diese wieder mit X oder Entf.

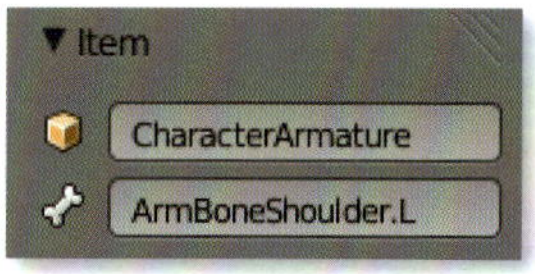

▲ **Abbildung 10.20**
In den Properties benennen Sie schnell einzelne Bones und Armatures.

Benennung von Bones | Geben Sie Ihren Knochen so früh wie möglich aussagekräftige Namen über das Item-Panel der Properties (N). Falls Ihr Mesh an der y-Achse gespiegelt wurde und Sie es sich bei dem später anstehenden Skinning etwas einfacher

Mirroring
Auf dem OPTIONS-Tab der TOOLBAR ([T]) finden Sie im EDIT MODE die Option X-AXIS MIRROR. Diese Option spiegelt alle Bewegungen und Knochen-Extrusionen entlang der x-Achse. Gerade wenn Sie symmetrische Armatures erzeugen, ist diese Option viel wert und halbiert die benötigte Zeit.

machen möchten, benennen Sie Ihre Knochen mit dem Suffix »L« oder »R« (also beispielsweise »Armbone.L« oder »KneeBone.R«). Halten Sie dieses Schema durch, so wird Blender Ihre Skinning-Arbeit später halbieren.

Parenting von Bones | Wie Sie bereits beim Einfügen von Knochen gesehen haben, können Knochen an anderen Knochen haften. Dies wird über genau denselben Mechanismus wie bei Blenders bisherigen Objekten realisiert: Parent-Child-Beziehungen. Da Sie nur im EDIT-Modus auf die einzelnen Bones Zugriff haben, definieren Sie diese Beziehungen genau dort.

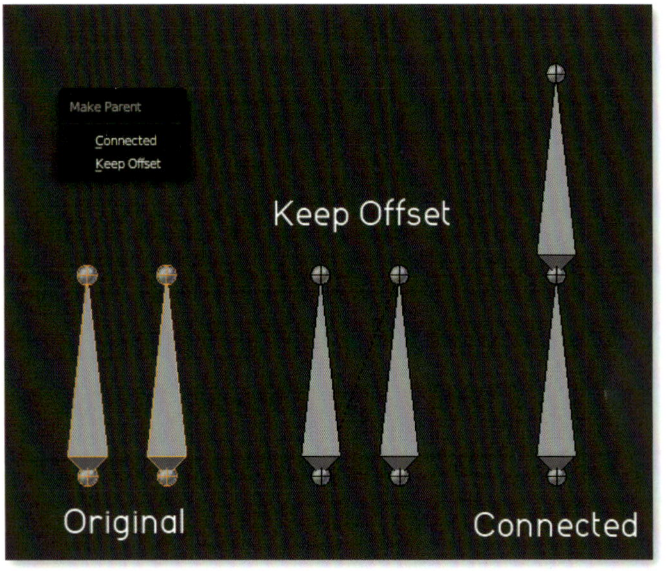

Abbildung 10.21 ▸
Beim Parenting von Knochen unterscheiden sich ORIGINAL und CONNECTED deutlich voneinander.

Der Vorgang selbst wird Ihnen sehr bekannt vorkommen: Wählen Sie zuerst einen oder mehrere Child-Knochen und anschließend den Parent-Knochen aus. Drücken Sie nun [Strg] + [P]. Das daraufhin erscheinende MAKE-PARENT-Popup bietet Ihnen zwei Auswahlmöglichkeiten an:

- CONNECTED: Verbindet den Head der Childs mit dem Tail des Parent-Knochens und verschmilzt die Knochen gleichzeitig. Diese Option verschiebt die Childs.
- KEEP OFFSET: Verbindet den Head der Childs mit dem Tail des Parents, aber belässt die Childs an der ursprünglichen Position.

Das Parenting dient auch beim Riggen dazu, alle Childs der Bewegung, Skalierung und Rotation des Parents folgen zu lassen. So können Sie beispielsweise einen Schulterknochen drehen, und der komplette Arm dreht sich mit ihm.

Der Pose Mode | Während Sie riggen, werden Sie oft das Bedürfnis haben, zu betrachten, welche Auswirkungen die Rotation ([R]), Skalierung ([S]) oder Verschiebung ([G]) mancher Knochen auf das ganze Skelett hat – dazu dient der sogenannte POSE MODE. In diesem Modus können Sie Ihr Skelett in alle Positionen bringen, die Ihre Animation später benötigt, oder nach Herzenslust herumspielen. Während Sie im EDIT MODE also festlegen, wie das Skelett in der sogenannten REST POSE (Ruheposition) aussieht, testen und animieren Sie das Skelett im POSE MODE.

Sie gelangen in den POSE MODE, indem Sie ihn entweder über die Modus-Combobox des 3D-VIEW-Editors auswählen oder bei selektiertem Armature-Objekt [Strg] + [⇆] betätigen. Die Armature färbt sich daraufhin hellblau.

Sind Ihre Knochen nach einigen Bewegungen, Skalierungen und Rotationen in einem Zustand, in dem Sie unmöglich händisch wieder in die Ruheposition zurückkehren könnten, helfen Ihnen die Tastenkombinationen [Alt] + [G], [Alt] + [R] und [Alt] + [S] im POSE MODE weiter – sie nehmen die Transformationen aller gewählten Knochen zurück. Die Knochen werden anschließend wieder deckungsgleich mit denen aus dem EDIT MODE (der sogenannten REST POSE) sein. Noch schneller können Sie in die REST POSE durch das SPECIALS-Menü des POSE MODES ([W]) gelangen. Neben vielen anderen hilfreichen Einträgen finden Sie dort den Eintrag CLEAR USER TRANSFORMS (ALL).

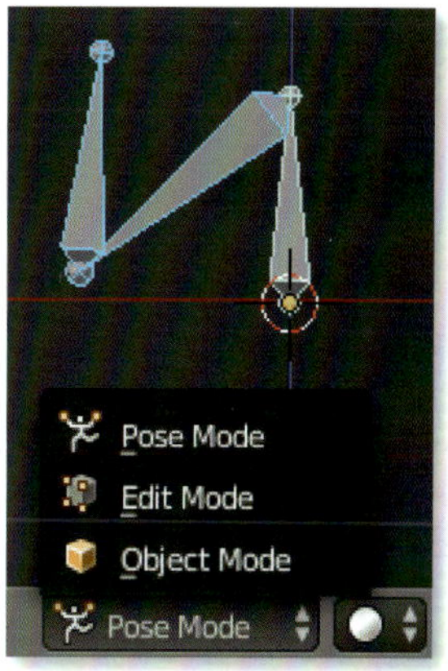

▲ **Abbildung 10.22**
Die Armature im POSE MODE

Wozu gibt es den Pose Mode?
Im POSE MODE testen Sie einerseits die Funktion Ihres Rigs und legen andererseits Beschränkungen für Knochen fest (später in diesem Kapitel). Auch während der Animationsphase werden Sie Rigs ausschließlich im POSE MODE animieren.

Schritt für Schritt
Einen Rig erstellen (Teil 1)

Lassen Sie uns jetzt einmal mit einem primitiven Rig und einem sehr primitiven Kaktus spielen. Laden Sie zuerst die Datei »10_Cactus.blend«. Auf Layer 1 ([1]) dieser Datei finden Sie einen vollständig geriggten Kaktus, dessen beide Arme schlaff herunterhängen und den Sie im POSE MODE nach Belieben verformen können. Auf Layer 2 ([2]) finden Sie den Kaktus erneut, allerdings noch ohne Armature. Spielen Sie zuerst ein wenig mit der bereits vorhandenen Armature auf Layer 1.

Die Datei »10_Cactus.blend« finden Sie auf der Buch-DVD unter BEISPIELMATERIAL • KAPITEL_10.

1 Armature des Kaktus in Rest Pose bringen

Zuerst machen wir den Kaktus wieder fit – wählen Sie die Armature per rechter Maustaste aus, wechseln Sie in den POSE MODE über [Strg] + [⇆], und wählen Sie dort alle Knochen per [A] aus. Drücken Sie jetzt nacheinander [Alt] + [G], [Alt] + [R] und [Alt] + [S]. Die Armature befindet sich nun wieder in der REST POSE.

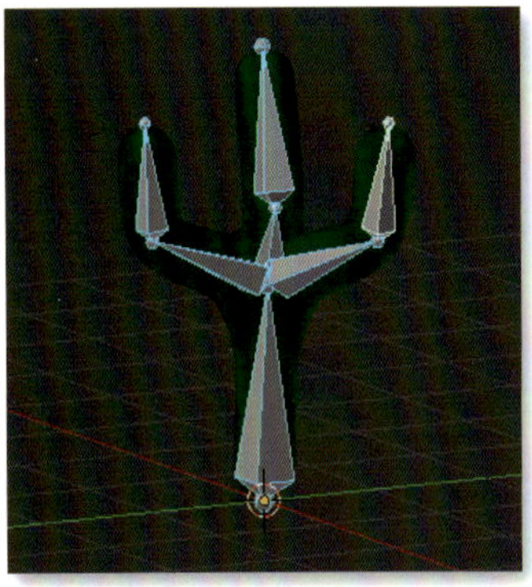

▲ **Abbildung 10.23**
Durch das Zurücksetzen von Skalierung, Rotation und Translation der Knochen wird die Form des Kaktus wieder erkennbar.

2 Knochen-Eigenschaften ändern
Wählen Sie jetzt beliebige Knochen aus, und ändern Sie ihre Eigenschaften per [G], [S] und [R]. Spielen Sie ein wenig mit den einzelnen Knochen herum, und ergründen Sie, was bei Drehungen des untersten Knochens passiert, so dass Sie ein Gefühl für die Armature bekommen. Zuletzt probieren Sie aus, was passiert, wenn Sie das Kaktus-Mesh selektieren und verschieben. Die wilden Verformungen geben bereits einen Hinweis darauf: Wenn Sie mit Armatures arbeiten, sollten Sie Operationen auf Meshes immer über diese Armatures abwickeln – verschieben, skalieren oder rotieren Sie die Meshes nicht direkt!

3 Rig animieren
Um einen Rig zu animieren, nutzen Sie einfach die aus dem letzten Kapitel bekannten Prozesse: Wählen Sie einen oder mehrere Bones aus, und betätigen Sie [I]. Wählen Sie anschließend die Eigenschaft oder Eigenschaftsgruppen, für die Sie Keyframes erstellen möchten.

Gerade beim Animieren von Bones ist das automatische Setzen von Keyframes (über das rote Aufnahme-Icon der Timeline) und das Keying Set WHOLE CHARACTER sehr nützlich. Dieses Set überwacht alle Knochen der Armature. Probieren Sie auch dieses Feature kurz aus.

▲ **Abbildung 10.24**
Das Ergebnis dieser Übung – die komplette Armature

Schritt für Schritt
Einen Rig erstellen (Teil 2)

Wenn Sie sich sicher genug fühlen, wechseln Sie nun auf Layer 2 ([2]) – dort werden wir jetzt unsere eigene Armature einfügen.

1 Neue Armature einfügen
Aktivieren Sie zuerst die Frontansicht ([1] auf dem Ziffernblock), und stellen Sie das VIEWPORT SHADING auf WIREFRAME [Z]. Fügen Sie anschließend eine neue Armature ein, und nennen Sie sie mithilfe der PROPERTIES ([N]) und dem dort befindlichen ITEM-Panel »CactusArmature«.

2 Kaktus-Arme verschieben
Wechseln Sie mit [⇆] in den EDIT MODE der Armature, und markieren Sie den Tail des Knochens. Verschieben Sie ihn an den Punkt, an dem sich die Kaktus-Arme treffen.

3 Knochen extrahieren

Extrahieren Sie jetzt über [E] zuerst einen Knochen aus dem selektierten Tail bis zur Beuge eines Arms, und extrahieren Sie anschließend einen weiteren Knochen bis zum Ende des Kaktus-Arms. Kontrollieren Sie aus verschiedenen Ansichten, ob die Knochen mittig in den Kaktus-Armen verlaufen, und passen Sie sie entsprechend an. Wiederholen Sie diesen Vorgang für die anderen beiden Arme: Markieren Sie dazu wieder den Tail des ersten Knochens, und extrahieren Sie den nächsten Knochen. Abbildung 10.24 zeigt Ihnen den fertiggestellten Rig.

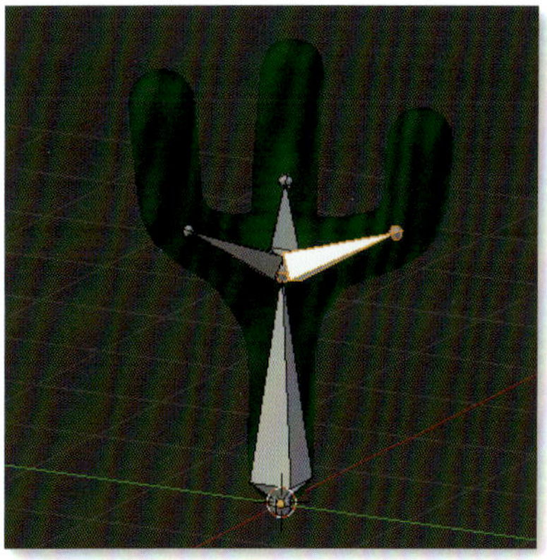

▲ **Abbildung 10.25**
Aus dem Tail des ersten Knochens extrahieren Sie nach und nach die Knochen für die Arme des Kaktus.

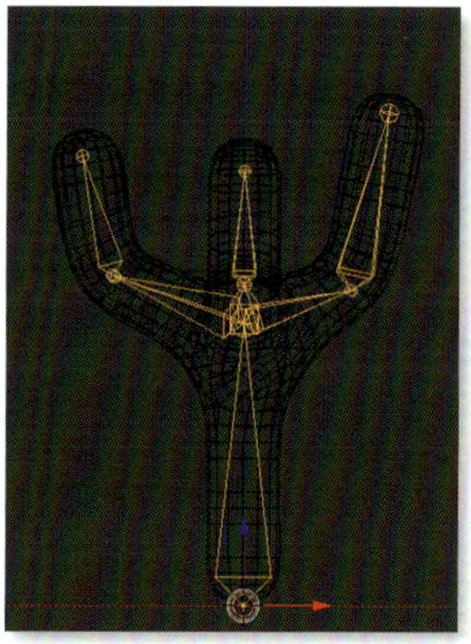

▲ **Abbildung 10.26**
Die Armature innerhalb des Kaktus-Meshes

4 Armature bewegen

Wechseln Sie anschließend in den Pose Mode über [Strg] + [⇆], und bewegen Sie Ihre Armature. Das Mesh wird Ihnen (noch) nicht folgen, denn noch wissen beide Objekte (Kaktus-Mesh und Armature) nicht, dass sie zueinandergehören. Wie Sie beide miteinander verknüpfen, werden Sie in Abschnitt 10.3.6, »Skinning«, erfahren.

Wenn Sie Abbildung 10.26 betrachten, sehen Sie, dass Ihr Rig (gerade wenn er nicht selektiert ist) innerhalb des Kaktus-Meshes nur schwer zu sehen ist. Ist Ihr Viewport Shading nicht auf Wireframe eingestellt, wird Ihr Rig sogar komplett verdeckt. Dies ist äußerst unpraktisch beim Riggen und blieb natürlich auch den Blender-Entwicklern nicht verborgen. Sehen Sie sich daher als Nächstes an, welche Einstellungen es bei Armatures und Knochen gibt, um solchen Unschönheiten aus dem Weg gehen.

10.3.3 Einstellungen von Armatures

Alle Einstellungen für Armatures finden Sie im OBJECT-DATA-Tab (symbolisiert durch eine Figur). Je nach ausgewähltem Modus (POSE MODE oder EDIT MODE) finden Sie dort die in den folgenden Abschnitten erläuterten Einstellungen und Features.

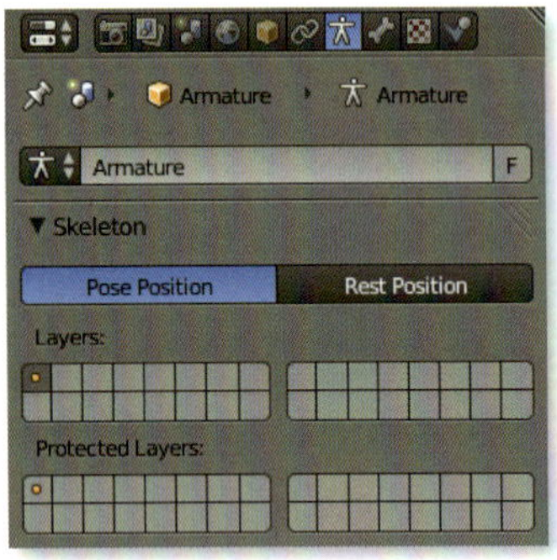

▲ **Abbildung 10.27**
Das SKELETON-Panel

Das Skeleton-Panel | Im SKELETON-Panel legen Sie unter anderem die Sichtbarkeit von Knochen fest:

- POSE/REST POSITION: Mit diesem Schalter versetzen Sie die Armature in die REST- oder in die POSE POSITION. Die REST POSITION ist die Position, die Sie im EDIT MODE festlegen. In der REST POSITION können Sie die Armature nicht ändern.
- LAYERS: Knochen einer Armature können – genau wie Objekte in der 3D Ansicht – auf verschiedenen Ebenen liegen. Mithilfe dieses Panels legen Sie fest, welche Ebenen Sie sehen möchten (max. 32 Stück). Möchten Sie die Sichtbarkeit von Knochen-Ebenen umschalten, ohne dieses Panel zu nutzen, genügt ein Druck auf [⇧] + [M]. Um Knochen von einem Layer auf einen anderen Layer zu verschieben, drücken Sie [M] und wählen anschließend die Ebene in dem erscheinenden Popup aus – analog zu Ihrem Vorgehen in der 3D-Ansicht.
- PROTECTED LAYERS: Diese Einstellung hilft Ihnen dann, wenn Sie Proxy-Armatures in Ihren Projekten einsetzen. Alle Änderungen an Knochen auf diesen Layern werden beim Neuladen der Datei und bei Undo-Operationen auf die Originalpositionen zurückgesetzt, selbst wenn die Datei mit geänderten Knochen abgespeichert wurde.

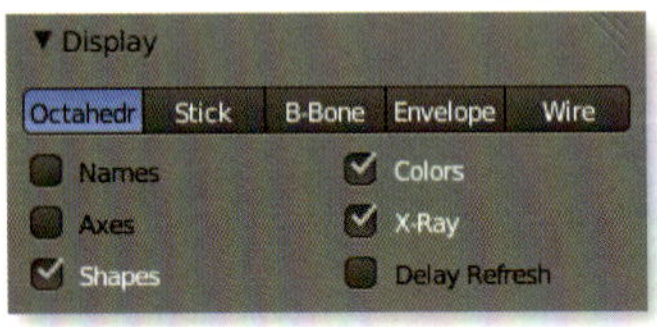

▲ **Abbildung 10.28**
Das DISPLAY-Panel

Das Display-Panel | Das DISPLAY-Panel kontrolliert die Darstellung der Armature und all ihrer Knochen in der 3D-Ansicht. Mit den TYPE-Schaltern schalten Sie die Darstellung der in der Armature vorhandenen Knochen um. Fünf Darstellungsmodi gibt es:

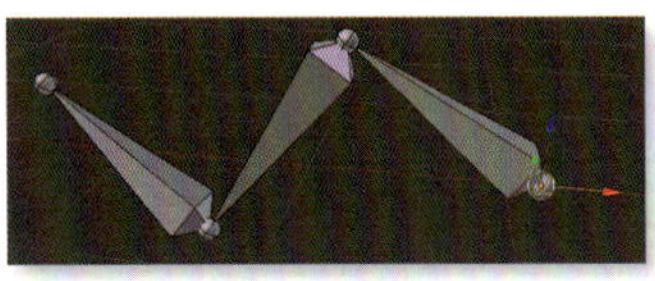

▲ **Abbildung 10.29**
OCTAHEDRAL

▲ **Abbildung 10.30**
STICK

- OCTAHEDRAL: Jeder Knochen wird als Pyramide dargestellt.
- STICK: Jeder Knochen wird als 2D-Linie mit Endpunkten dargestellt.

- B-Bone: Jeder Knochen wird als Rechteck dargestellt. Er kann automatisch unterteilt werden und so beispielsweise die Form eines Rückgrats annehmen.
- Envelope: Jeder Knochen wird als extrudierte Kugel dargestellt. Diese Darstellungsform ermöglicht Ihnen vollautomatisches Skinning. Alle Vertices im Einflussbereich des jeweiligen Knochens werden ihm automatisch zugeordnet. Der Einflussbereich des Knochens wird halbtransparent dargestellt.
- Wire: Jeder Knochen wird als sehr dünne Linie dargestellt.

▲ **Abbildung 10.31**
B-Bone

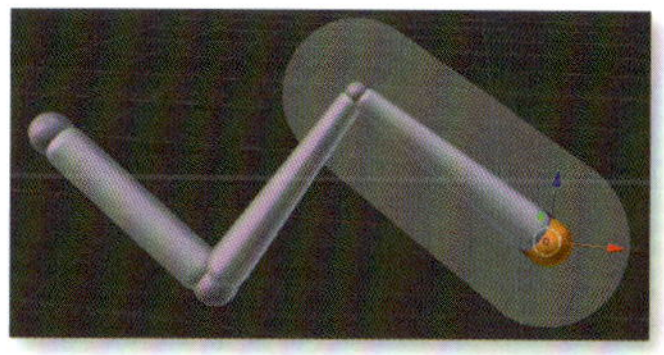

▲ **Abbildung 10.32**
Envelope

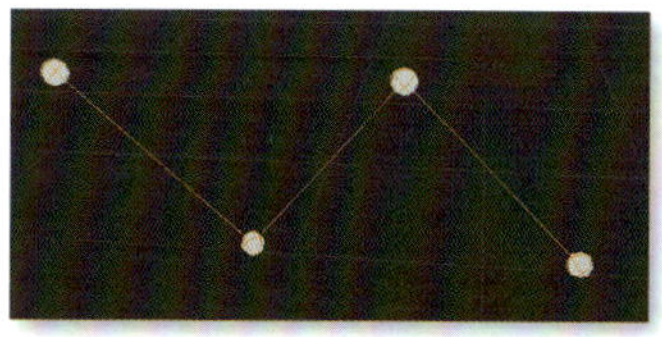

▲ **Abbildung 10.33**
Wire

Unterhalb der Type-Schalter findet sich im Display-Panel darüber hinaus eine Reihe an Checkboxen:

- Names: Die Namen der Knochen werden angezeigt.
- Axes: Die lokalen Knochenachsen werden angezeigt.
- Shapes: Falls in Ihrer Armature Knochen vorhanden sind, die durch ein Mesh ersetzt wurden, können Sie mit einem hier fehlenden Häkchen dafür sorgen, dass wieder die Originalknochen zu sehen sind (mehr dazu im Bones-Tab ab Seite 522).
- Colors: Wenn Sie Bone-Groups definieren, haben Sie die Möglichkeit, Farben für Knochen festzulegen. Mit dieser Checkbox werden Farben für alle Knochen innerhalb der Armature aktiviert.
- X-Ray: Diese Checkbox hätten Sie in der letzen Übung benötigt – Sie macht die Armature auch durch Meshes hindurch sichtbar. Diese Option ist dann sinnvoll, wenn Sie das Viewport Shading auf Shaded oder Textured belassen möchten, während Sie riggen.
- Delay Refresh: Mit dieser Checkbox deaktivieren Sie die durchgehende Aktualisierung des Meshes, wenn Sie Knochen im Pose Mode verändern. Dies kann besonders bei sehr fein unterteilten Meshes sinnvoll sein.

Das Bone-Groups-Panel | Dieses Panel gibt eine Übersicht über Knochengruppen. Sie funktionieren ähnlich wie Gruppen mit Objekten. Alle Schaltflächen und die komplette Bedienung sind analog zum Zuweisen von Vertices zu Materialien oder Vertex-Gruppen: Erstellen Sie Gruppen durch das + im Pose Mode, wählen Sie die Bones aus, und weisen Sie sie der aktiven Gruppe per Assign zu. Auch die Tastenkombination [Strg] + [G] wird im Pose Mode funktionieren. Die einzige Unbekannte ist das Color Set, mit dem Sie die Farbe der in dieser Gruppe enthaltenen Bones festlegen können. Abbildung 10.35 zeigt die Auswirkung dieser Farbwahl auf den Rig.

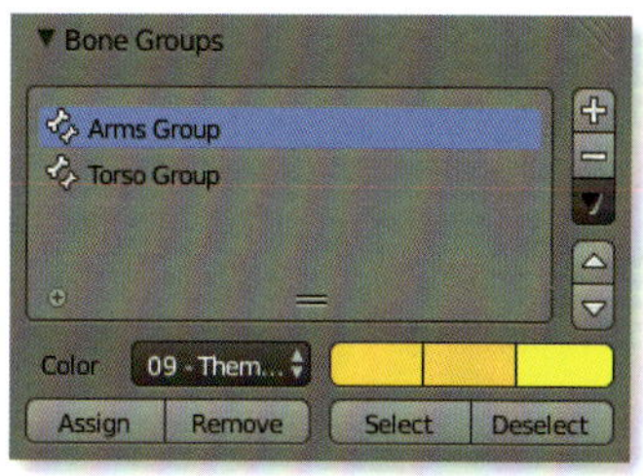

▲ **Abbildung 10.34**
Auf dem Bone-Groups-Panel verwalten Sie Knochengruppen.

▲ **Abbildung 10.35**
Die durch BONE GROUPS gefärbte Armature

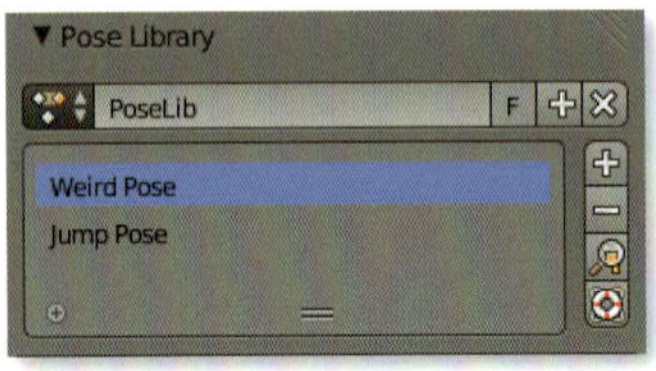

▲ **Abbildung 10.36**
Mit der POSE LIBRARY speichern Sie komplette Posen ab.

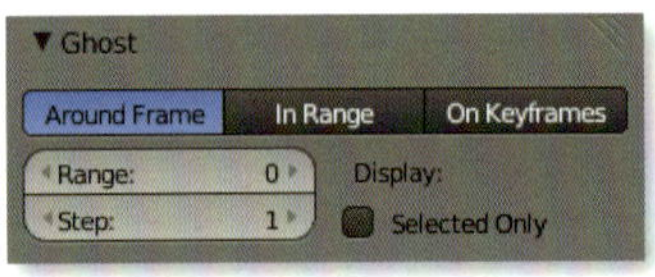

▲ **Abbildung 10.37**
Das GHOST-Panel

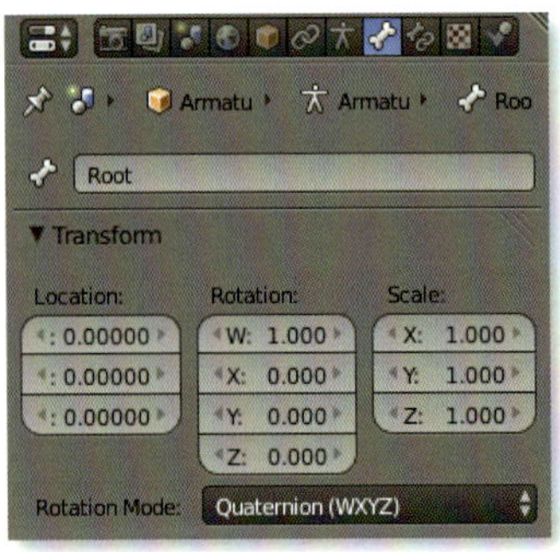

▲ **Abbildung 10.38**
Das BONE-Tab und das TRANFORM-Panel

Das Pose-Library-Panel | Mit diesem Panel können Sie verschiedene Posen Ihres Meshes abspeichern und bei Bedarf aufrufen. Die Bedienung ist ähnlich wie bei den bereits besprochenen BONE GROUPS: Bringen Sie Ihre Knochen in die gewünschte Pose, und klicken Sie auf das Plussymbol. Um die Pose zu entfernen, klicken Sie das Minussymbol an, um gespeicherte Posen auf die Armature anzuwenden, nutzen Sie das Vergrößerungsglas.

Die übrigen Panels | Mit dem GHOST-Panel können Sie ähnlich wie mit der ONION-SKIN-Option des GREASE PENCILS die Bewegungen von animierten Knochen über eine festgelegte Anzahl an Frames sichtbar machen. AROUND FRAME macht die Bewegungen um den aktuellen Frame sichtbar, IN RANGE zeigt die Bewegungen innerhalb eines festgelegten Bereichs an, und ON KEYFRAMES zeigt sie nur an bestehenden Keyframes an.

Das INVERSE-KINEMATICS-Panel erlaubt Ihnen, festzulegen, welcher Lösungsalgorithmus für Inverse Kinematiken genutzt wird (Weiteres dazu erfahren Sie auf Seite 525).

Den Abschluss des OBJECT-DATA-Tabs macht das MOTION-PATHS-Panel, das exakt die gleiche Funktionalität bereitstellt wie das MOTION-PATHS-Panel des letzten Kapitels ab Seite 492. Sie können hier die Bewegungen der Bones mithilfe von Animationspfaden visualisieren. Neben diesen Einstellungen für die Armature gibt es direkt neben dem OBJECT-Tab noch ein weiteres Einstellungs-Tab, das spezielle Einstellungen für die Knochen anbietet: das BONE-Tab.

10.3.4 Die Einstellungen von Bones

Das BONE-Tab wird durch einen Knochen symbolisiert und enthält Einstellungen, die den gerade ausgewählten (aktiven) Knochen betreffen.

Transformationen und Beschränkungen festlegen | Zu Beginn des Panels begrüßt Sie ein langgezogenes Eingabefeld. Es ermöglicht Ihnen wie das ITEM-Feld der PROPERTIES (N), den Knochen zu benennen. Direkt darunter befindet sich das TRANSFORM-Panel, das Ihnen die gleichen Einstellungen wie das TRANSFORM-Panel des OBJECT-Tabs bei allen anderen Objekttypen bietet. Sie können den Knochen mit diesen Feldern bewegen, rotieren, skalieren und den Rotationstyp festlegen. Auch das TRANSFORM-LOCKS-Panel kennen Sie bereits von anderen Objekttypen. Durch einen Klick auf das entsprechende Feld können Sie die Knochenbewegung, -skalierung und -rotation in jeder beliebigen Achse sperren.

Das Relations-Panel | Im RELATIONS-Panel legen Sie fest, in welcher Beziehung der gewählte Knochen zu anderen Knochen steht und auf welcher Ebene er sich befindet:

- LAYERS: Hier legen Sie fest, auf welcher Ebene sich der Knochen befindet. Kürzer ist es, den Knochen auszuwählen und [M] zu nutzen.
- BONE GROUP: Mit dieser Box legen Sie fest, zu welcher BONE GROUP dieser Knochen gehört. Haben Sie mit den Armature-Einstellungen bereits BONE GROUPS festgelegt und diesen Knochen zugewiesen, so werden Sie hier den Namen der Gruppe finden.
- PARENT: Mit einem Klick in diese Combobox können Sie einen Knochen auswählen, der anschließend als Parent dieses Knochens agiert. Der Child-Knochen übernimmt anschließend die Rotation, Skalierung und Lage – je nachdem, welche der folgenden Optionen gewählt wurde.
- CONNECTED: Diese Checkbox lässt den Head des Child-Knochens mit dem Tail des Parent-Knochens verschmelzen – ganz so, wie es schon beim Extrudieren von Knochen mit [E] der Fall war.
- INHERIT ROTATION/SCALE: Falls Sie diese Checkboxen aktivieren, wird die Rotation oder Skalierung des Parent-Knochens auf den Child-Knochen übertragen.
- LOCAL LOCATION: Mit dieser Checkbox schalten Sie zwischen dem lokalen Koordinatensystem des Knochens und dem globalen Koordinatensystem um. Diese Option ist nur dann verfügbar, wenn der Knochen keinen Parent besitzt, und ist dann sinnvoll, wenn Sie die Position des Knochens absolut angeben möchten.
- RELATIVE PARENTING: Diese Checkbox ist nur dann sinnvoll, wenn Sie ein Objekt an einen Knochen per Parent-Child-Beziehung gebunden haben. Sie können anschließend hiermit festlegen, ob die Parenting-Operation relativ oder absolut ausgeführt wird. Das Parenting von Knochen werden Sie im Abschnitt »Parenting – die Armature mit dem Mesh verbinden« kennenlernen.

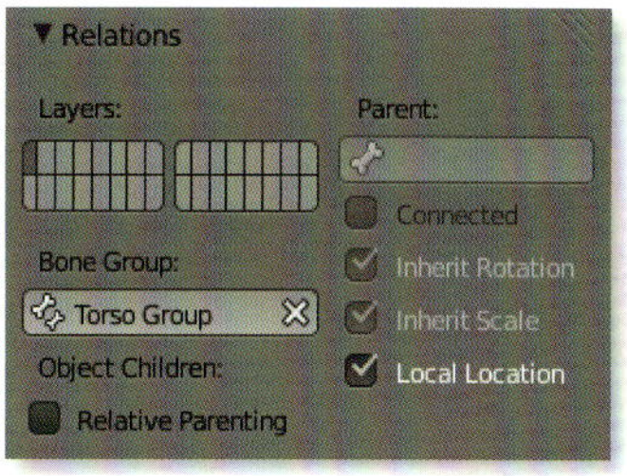

▲ **Abbildung 10.39**
Im RELATIONS-Panel legen Sie Beziehungen zwischen Knochen fest.

Das Display-Panel | Hier finden Sie Eigenschaften, die sich auf die Darstellung von Knochen beziehen. Unter anderem können Sie hier das Aussehen von Knochen festlegen:

- HIDE: Bei aktiver Checkbox verstecken Sie den gewählten Knochen.
- CUSTOM SHAPE: Mit einem Klick in diese Box können Sie den aktuell gewählten Knochen durch ein anderes Objekt Ihrer Szene ersetzen. Gerade wenn Knochen spezielle Aufgaben ha-

Custom Shapes
Tatsächlich sind Ihnen CUSTOM SHAPES bereits begegnet. Erinnern Sie sich an die Übung am Ende des letzten Kapitels (ab Seite 498)? Dort haben Sie mit Anfassern gearbeitet, um den Ball zu verformen, zu drehen und zu stauchen – alle diese Anfasser waren Knochen, die per CUSTOM SHAPE Funktion in ihrem Aussehen an die jeweilige Funktion angepasst wurden.

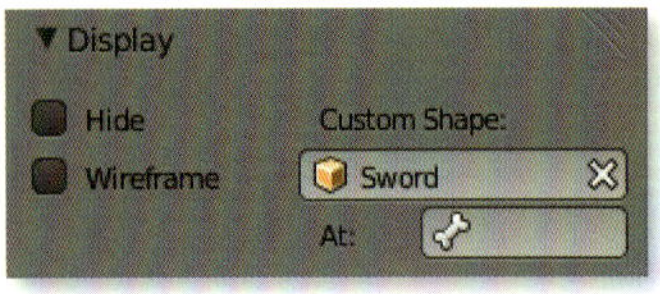

▲ **Abbildung 10.40**
Das DISPLAY-Panel

ben (wie beispielsweise das Verschieben eines Charakters oder das Ziehen eines Schwertes), können Sie so für Nutzer Ihres Rigs klar erkennbar machen, welcher Knochen welche Aufgaben besitzt. In Abbildung 10.41 wurde auf diese Weise der rechte Knochen durch ein simples Schwert ersetzt. Sie sehen, dass dort die durch die Gruppe definierte Knochenfarbe (Umrandung) selbst bei eigenen Knochen beibehalten wird.

Abbildung 10.41 ▶
Ein Mesh wird über die CUSTOM-SHAPE-Funktion als Knochen genutzt.

- WIREFRAME: Haben Sie in der vorherigen Combobox ein Objekt angegeben, so können Sie mit dieser Checkbox die Darstellung des Objekts auf WIREFRAME festlegen.

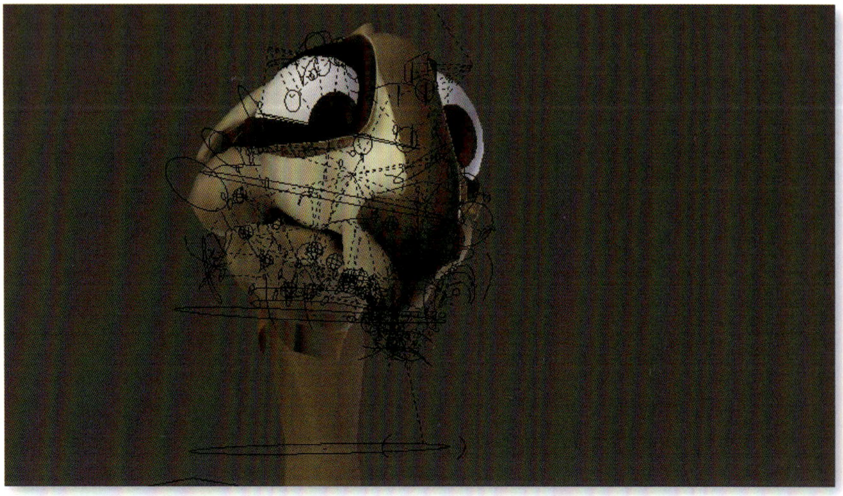

▲ **Abbildung 10.42**
Auch bei Koros Rig nutzen die Rigger CUSTOM SHAPES für Knochen – in diesem Fall bis zu 100 verschiedene.

Das Inverse-Kinematics-Panel | Auf diesem Panel legen Sie das Verhalten des gewählten Knochens fest, wenn er Teil einer inversen Kinematik-(IK-)Kette ist. Machen Sie sich keine Gedanken, wenn Sie die nachfolgenden Erklärungen (noch) nicht verstehen – der Abschnitt »Tracking-Constraints« ab Seite 526 widmet sich diesem Thema. Diese Optionen stehen zur Verfügung:

- Lock X, Y, Z: Mit dem Schlosssymbol sperren Sie die Bewegung des Knochens um die jeweilige Achse – analog zu den Location-Transform-Locks (die bei der Nutzung von inversen Kinematiken nicht zur Verfügung stehen).
- Stiffness: Über diese Einstellung legen Sie fest, wie starr sich der Knochen in einer IK-Kette um die jeweilige Achse verhält.
- Limit: Über Limit können Sie die Bewegung um die jeweilige Achse einschränken.

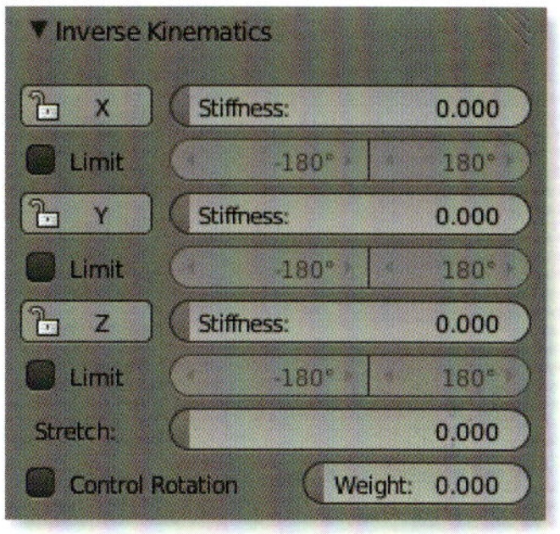

▲ **Abbildung 10.43**
Das Inverse-Kinematics-Panel

Das Deform-Panel | Mit einem Häkchen im Deform-Panel legen Sie fest, dass dieser Knochen zum Deformieren eines Meshes genutzt wird (er bindet damit Teile des Meshes automatisch an sich). Wie genau diese Bindung abläuft, erfahren Sie in Abschnitt 10.3.6, »Skinning«. Die Optionen dieses Panels gelten dann, wenn Knochen in einer Armature mit dem Draw-Modus B-Bones oder Envelope verwendet werden:

- Envelope: Diese Einstellungen gelten für den Draw-Modus Envelope.
- Distance: Hier stellen Sie ein, wie groß der Einflussbereich des Knochens ist.
- Weight: Mit diesem Wert legen Sie fest, wie stark die Vertices innerhalb des Einflussbereichs an dem Knochen haften.
- Multiply: Wenn Sie in dieser Checkbox einen Haken setzen, werden die Vertex-Gewichtungen mit dem Einflussbereich des Knochens multipliziert. Sie können auf diese Art Bereiche festlegen, die nicht von dem Knochen verformt werden.
- Radius Head/Tail: Diese Einstellungen bestimmen den Radius des Knochenfußes und des Knochenkopfes.
- Curved Bones: Diese Einstellungen gelten für B-Bones.
- Segments: Gibt an, in wie viele Segmente der Knochen unterteilt wird.
- Ease in/out: Hier legen Sie die Stärke der Krümmung des Knochens fest, wenn er unterteilt ist.

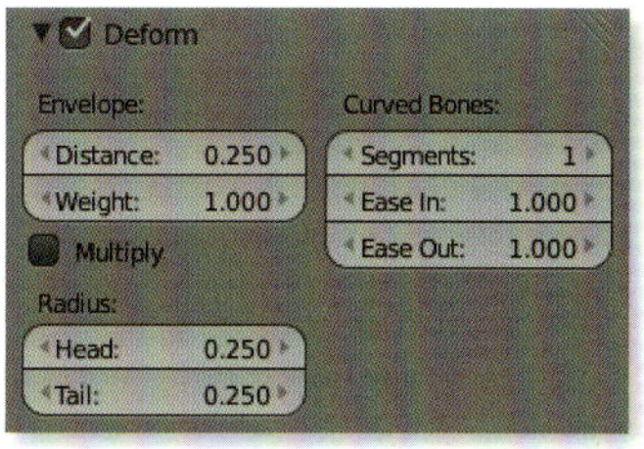

▲ **Abbildung 10.44**
Das Deform-Panel

Mit dieser Übersicht wissen Sie jetzt alles, was es über einzelne Knochen oder über Armatures zu wissen gibt. Bevor wir dieses Wissen jetzt zu einem richtigen Rig zusammensetzen können, fehlt nur noch ein wichtiges Puzzleteil: die Constraints.

10.3.5 Constraints – Beschränkungen festlegen

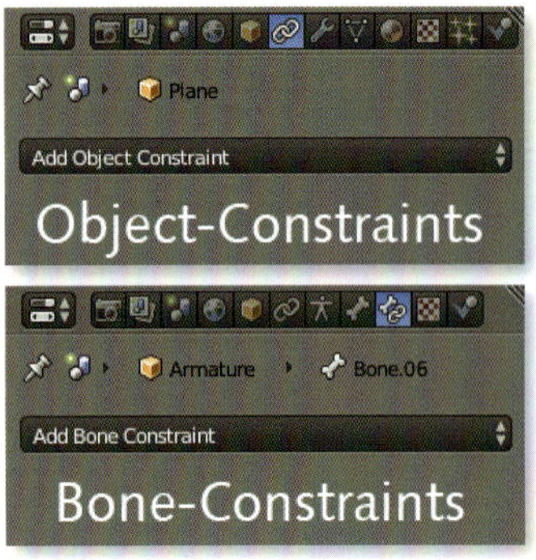

▲ **Abbildung 10.45**
Constraints stehen nicht nur bei Knochen, sondern auch bei Objekten zur Verfügung.

Die Datei »10_Constraints.blend« finden Sie auf der Buch-DVD unter Beispielmaterial • Kapitel_10.

Constraints dienen – wie ihr Name bereits andeutet – zunächst einmal dazu, Objekt-Transformationen auf unterschiedliche Weise einzuschränken. Doch Constraints können zu so viel mehr eingesetzt werden ... Es würde ein ganzes Buch füllen, alle Einsatzgebiete von ihnen zu erläutern. Daher beschränke ich mich hier auf die wichtigsten Einsatzgebiete von Constraints und zeige Ihnen, in welchen Kategorien Sie welche Constraints finden.

Constraints sind nicht nur im Armature-Umfeld nützlich, sie sind auch bei allen anderen Objekten in Blender vorhanden und sinnvoll. Bei »normalen« Objekten sind sie in einem eigenen Constraints-Tab zu finden, bei den Knochen findet man sie unter dem Bone-Constraints-Tab. Bone-Constraints können Sie nur im Pose Mode setzen – in allen anderen Modi ist entweder dieses Tab nicht verfügbar oder kein Constraint auswählbar.

Um Ihnen den Einstieg in Constraints so einfach wie möglich zu machen, habe ich eine Datei für Sie vorbereitet, an der Sie die nachfolgenden Beschreibungen einfach ausprobieren können. Öffnen Sie jetzt daher am besten die Datei »10_Constraints.blend«.

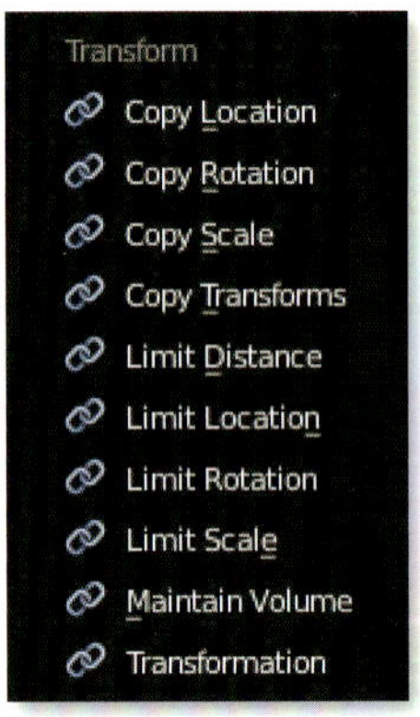

▲ **Abbildung 10.46**
Die Transform-Constraints

Transform-Constraints | Transform-Constraints finden Sie im Properties-Editor im Bone-/Object-Constraints-Tab unter der Transform-Kategorie. Sie dienen Ihnen dazu, Transformationen, wie beispielsweise Platzierung, Rotation oder Skalierung, eines Quellobjekts auf ein Zielobjekt zu übertragen. Etwas tiefer finden Sie in dieser Kategorie allerdings auch Constraints, die ihrem Namen alle Ehre machen – die Limit-...-Constraints. Sie beschränken verschiedene Parameter des mit dem Constraint belegten Objekts. So können Sie mit den Constraints Limit Location, Limit Rotation oder Limit Scale beispielsweise die Bewegung, Rotation oder Skalierung eines Objekts einschränken.

Um einen Transform-Constraint einem Objekt hinzuzufügen, wählen Sie das Objekt aus, auf das die Daten kopiert bzw. dessen Transformation begrenzt werden soll. Klicken Sie anschließend auf die Add-Bone-/Object-Constraint-Schaltfläche im Bone- bzw. Constraints-Tab des Property-Editors, und wählen Sie den entsprechenden Constraint an.

In der bereits geladenen Datei finden Sie (auf Layer 1) einen Kontrollknochen auf der rechten Seite und drei Knochen mit jeweils einem Copy-...-Constraint. Versuchen Sie, den Kontrollknochen (»ControlBone«) zu bewegen, zu skalieren und zu rotieren, oder drücken Sie einfach [Alt] + [A]. Je nach aktivem Constraint wird einer der drei Kochen auf Ihre Bemühungen reagieren. Sehen Sie sich die einzelnen Constraints durch einen

Klick auf die Knochen an, werden Sie schnell feststellen, dass diese sehr einfach und oftmals gleich aufgebaut sind. Betrachten wir die Optionen anhand des in Abbildung 10.47 gezeigten Copy-Location-Constraints:

- ▶ Target: Hier legen Sie fest, welcher Knochen als Quelle genutzt werden soll.
- ▶ Bone: Haben Sie eine Armature als Target gewählt, können Sie hier den Knochen auswählen, von dem die Eigenschaften beobachtet werden.
- ▶ Head/Tail: Mit diesem Schieberegler können Sie stufenlos festlegen, ob der Constraint die Transformation des Kopfes oder Fußes des Targets (bei Knochen) überwachen soll.
- ▶ X, Y, Z: Mit diesen drei Checkboxen legen Sie fest, welche der Achsen kopiert werden soll. Mit Invert invertieren Sie den Wert der Achse.
- ▶ Offset: Haben Sie das Zielobjekt (den Zielknochen) bereits transformiert, bevor Sie den Constraint hinzugefügt haben, so können Sie die vorhandene Transformation mit dieser Checkbox als Offset auf die Originaltransformation addieren.
- ▶ Space: Normalerweise finden die Constraint-Operationen immer im Welt-Koordinatensystem statt. Möchten Sie ein anderes Koordinatensystem nutzen, so stehen Ihnen hier drei weitere Systeme zur Verfügung.
- ▶ Influence: Dieser Regler legt den Einfluss des Constraints fest. Geben Sie hier kleinere Werte als 1 an, wird sich der Einfluss des Constraints prozentual immer mehr verringern.

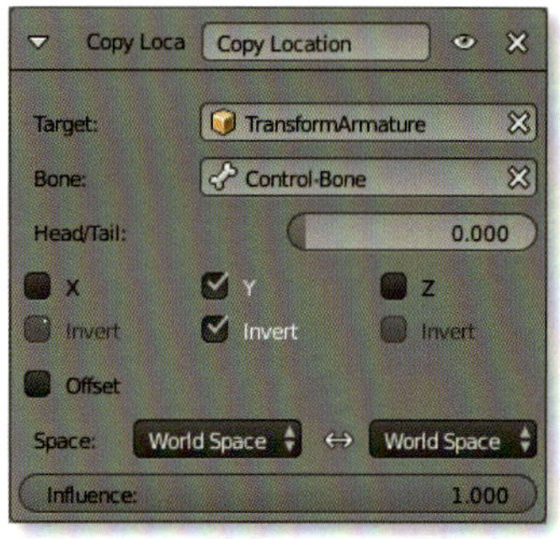

▲ **Abbildung 10.47**
Der Copy-Location-Constraint

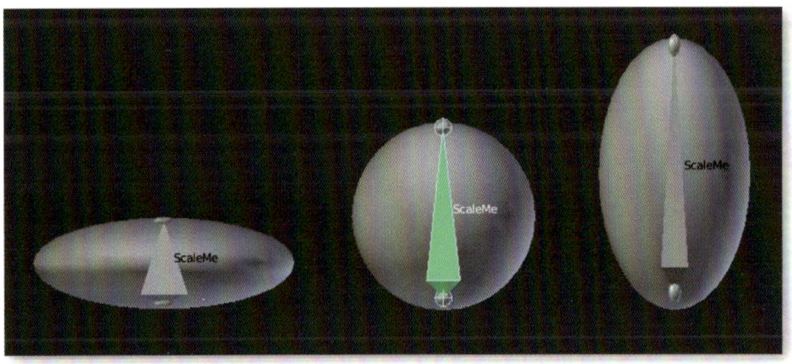

▲ **Abbildung 10.48**
Der Maintain-Volume-Constraint versucht, das Volumen des Körpers in allen Transformationen beizubehalten.

Constraints per Tastenkombination

Noch schneller fügen Sie Constraints über eine Tastenkombination hinzu: Wählen Sie erst das Objekt, von dem Sie die Eigenschaften übernehmen möchten, und dann mit [⇧] das Objekt, das den Constraint erhalten soll. Drücken Sie anschließend [Strg] + [⇧] + [C], und wählen Sie einen Constraint. Falls der Constraint nur auf ein Objekt wirken soll und kein weiteres beteiligt ist, wählen Sie das Objekt und drücken sofort [Strg] + [⇧] + [C].

Den Abschluss der Transform-Gruppe bilden zwei Spezial-Constraints. Mit dem Maintain-Volume-Constraint können Sie ein Objekt anweisen, bei einer Skalierung immer das Volumen zu behalten (skalieren Sie den Knochen am linken Rand der Demo-Datei), während mit dem Tranformation-Constraint ein Cons-

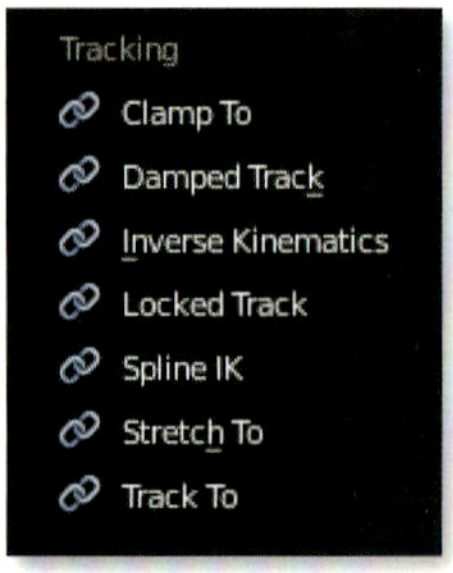

▲ **Abbildung 10.49**
Die TRACKING-Constraints

▲ **Abbildung 10.50**
Mit diesem Constraint auf einem Kamera-Objekt fokussieren Sie die Kamera auf ein Objekt (Suzanne).

Die Datei »10_TrackToConstraint.blend« finden Sie auf der Buch-DVD unter BEISPIELMATERIAL • KAPITEL_10.

traint zur Verfügung steht, der alle Funktionen der LIMIT-...- und COPY-...-Constraints zusammenfasst. Abbildung 10.48 zeigt Ihnen die Wirkung des MAINTAIN-VOLUME-Constraints auf einer Kugel.

Tracking-Constraints | Während sich die TRANSFORM-Constraints um die Übertragung und Limitierung von Transformationen kümmern, werden TRACKING-Constraints immer dann eingesetzt, wenn Sie ein Objekt auf ein Zielobjekt ausrichten oder dieses verfolgen möchten. Ein typisches Beispiel für einen TRACKING-Constraint kennen Sie aus dem Fernsehen: In Rennsituationen fängt die Kamera einen Akteur ein und fixiert ihn – egal, wohin er sich bewegt. Mittels eines TRACK-TO-Constraints auf der virtuellen Kamera und eines Emptys als Ziel können Sie diese Situation ganz leicht in Blender nachstellen. Abbildung 10.50 zeigt einen typischen TRACK-TO-Constraint für diese Situation auf einem Kamera-Objekt.

Neben den üblichen Einstellungen wie der Festlegung des TARGET-Objekts und der Stärke des Effekts geben Ihnen die TRACKING-Constraints meist über das To-Feld ❶ die Möglichkeit, eine Achse auszuwählen, die auf das Ziel zeigt. Darüber hinaus können Sie durch die Einstellung UP ❷ bestimmen, welche Achse nach oben ausgerichtet wird. Sehen Sie sich die Datei »10_TrackToConstraint.blend« an, und spielen Sie die Animation ab, um einen Eindruck von diesem Constraint zu erhalten.

Ein spezieller Tracking-Constraint – IK | Neben den »gewöhnlichen« TRACK-TO-Constraints finden Sie in diesem Constraints-Bereich einen weiteren wichtigen Constraints-Typ: den INVERSE-KINEMATICS-Constraint. Um zu verstehen, was den INVERSE-KINEMATICS-(IK-)Constraint so besonders macht, müssen wir uns erst das Gegenstück der IKs ansehen – die FORWARD KINEMATICS (FK). Erinnern Sie sich noch an den rudimentären Kaktus-Rig zu Beginn dieses Kapitels (ab Seite 515)? Als Sie den Kaktus in eine Pose brachten, bewegten Sie nacheinander von Hand jeden Knochen, der zum Erreichen der entsprechenden Pose nötig war. Sie begannen am ersten Knochen und arbeiteten sich nach vorn (forward) durch.

IKs arbeiten genau andersherum: Sie bewegen den letzten Knochen auf die gewünschte Position, und Blender errechnet automatisch alle dazu nötigen Knochen-Transformationen. So reicht es beispielsweise, einen Fuß auf die gewünschte Position zu bewegen – die Position und Drehung des Oberschenkelknochens und des Schienbeins würde von Blender automatisch berechnet.

IKs besitzen jedoch auch ihre Tücken: Gerade dann, wenn organische Bewegungen gefordert sind, wirken IKs oft seltsam ungelenk und puppenartig. In der professionellen Animation nutzt man daher meist Rigs, bei denen zwischen IK und FK umgeschaltet werden kann.

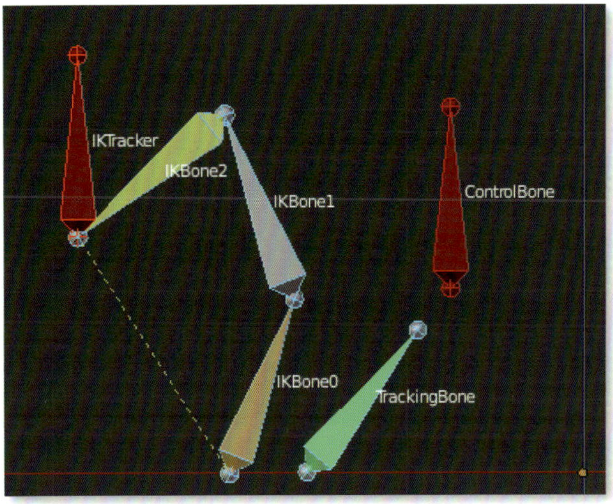

◂ **Abbildung 10.51**
Probieren Sie IKs in der Beispieldatei aus – sowohl der »IKTracker« als auch der »ControlBone« werden von den übrigen Bones verfolgt.

Wie Sie selbst eine IK-Kette und einen Track-To-Constraint erstellen, erfahren Sie in der Schritt-für-Schritt-Anleitung »IKs in der Praxis – der Roboter-Arm« ab Seite 531. Fertige Beispiele für einen Track-To-Constraint und eine IK-Kette erwarten Sie auf Layer 2 der Datei »10_Constraints.blend« – betätigen Sie dort einfach Alt + A, oder wechseln Sie in den Pose Mode, und experimentieren Sie selbst mit dem »ControlBone« und dem »IKTracker« aus Abbildung 10.51.

Die Datei »10_Constraints.blend« finden Sie auf der Buch-DVD unter Beispielmaterial • Kapitel_10.

Relationship-Constraints | Ähnlich wie bei einer Parent-Child-Beziehung können Sie mit Relationship-Constraints Beziehungen zwischen zwei Objekten herstellen. Als prominentes Beispiel möchte ich Ihnen den Child-Of-Constraint ❸ näherbringen.

Mit ihm können Sie ein Objekt bestimmen, dass die Bewegung, Rotation oder Skalierung (wählbar je Achse) für das mit dem Constraint belegte Objekt vorgibt. Diese Funktion unterscheidet sich zugegebenermaßen nicht sonderlich von der einer regulären Parent-Child-Beziehung. Spannend wird es aber, wenn der Influence-Regler ins Spiel kommt, denn mit diesem Regler können Sie zeitabhängig definieren, wann die Beziehung wirksam wirkt. Animatoren benötigen diese Funktion besonders dann, wenn beispielsweise ein (Roboter-)Arm ein Objekt greifen möchte. Bevor sich Arm und Objekt berühren, darf die Beziehung nicht aktiv sein (Influence 0), wurde allerdings danach gegriffen, so muss das Objekt an dem Arm »hängen« (Influence 1.0). Genauso könnten

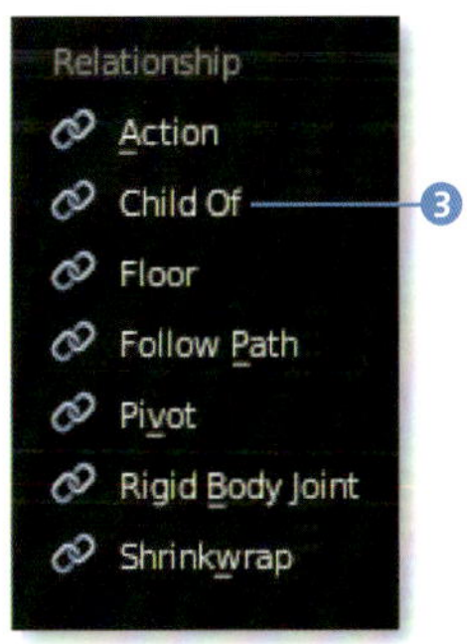

▴ **Abbildung 10.52**
Die Relationship-Constraints

Sie beispielsweise eine magnetische Kraft simulieren: Sobald der Arm ausgestreckt wird, animieren Sie den INFLUENCE-Regler von 0 auf 1.

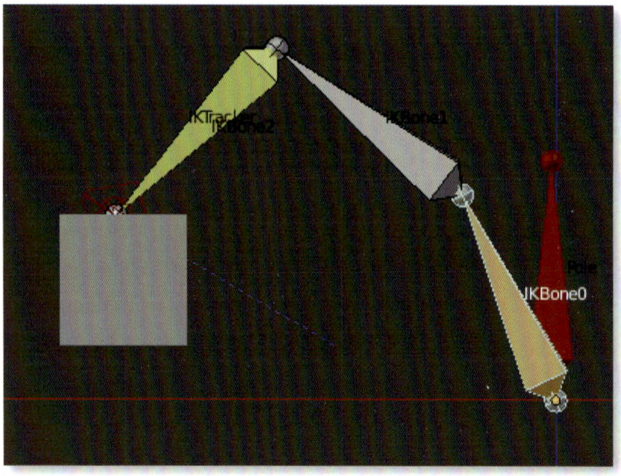

Abbildung 10.53 ▸
Der CHILD-OF-Constraint hilft Ihnen beim Aufnehmen von Objekten.

Auf Layer 3 der Datei »10_Constraints.blend« finden Sie einen Roboter-Arm, der einen Würfel berührt und anschließend an einer anderen Position wieder absetzt – natürlich alles per CHILD-OF-Constraint und vollautomatisch per [Alt] + [A]. Darüber hinaus finden Sie in dieser Datei einen Knochen, der mit der CUSTOM-SHAPE-Funktion des DISPLAY-Panels durch ein Mesh ersetzt wurde (der »IKTracker«). Neben dem CHILD-OF-Constraint gibt es noch eine ganze Reihe sehr interessanter Constraints in der RELATIONSHIP-Kategorie:

- ACTION: Dieser Constraint ist sehr mächtig – mit ihm können Sie eine Animation (ACTION-Datenblock) abspielen, wenn Sie ein Objekt oder einen Knochen bewegen. So könnten Sie beispielsweise eine Aktion erstellen, die einen Schwertkämpfer sein Schwert aus der Scheide ziehen lässt. Diese Aktion könnten Sie anschließend über einen ACTION-Constraint an einen Knochen binden – je nachdem, welche Einstellungen Sie in dem Constraint vornehmen, wie weit und in welche Richtung Sie den Knochen bewegen, wird die Aktion vorwärts, rückwärts, teilweise oder komplett abgespielt.
- FLOOR: Dieser Constraint erzeugt eine gedachte Wand in der Szene, die das mit dem Constraint bedachte Objekt nicht durchdringen kann. Der Ursprung des Objekts gibt an, durch welchen Punkt die Wand läuft.
- FOLLOW PATH: Diesen Constraint haben Sie indirekt schon bei den Pfadanimationen kennengelernt. Er zurrt ein Objekt auf einem Pfad fest und bietet Ihnen verschiedene Optionen, um es automatisch zu animieren.

- Pivot: Mit diesem Constraint können Sie Objekte um einen beliebigen Punkt rotieren lassen. Der Effekt wirkt ähnlich wie eine Drehung um den 3D-Cursor mit dem Unterschied, dass Sie die Wirkung des Constraints auf verschiedene Weise einschränken und den Einfluss des Constraints dynamisch ändern können.
- Shrinkwrap: Dieser Constraint lässt das Objekt auf die Oberfläche eines Ziel-Objekts herab und hält es dort. Ein auf dem Meer schwimmender Rettungsreifen ist mit diesem Constraint beispielsweise problemlos möglich.

Übrig sind jetzt nur noch Constraints der Motion-Tracking-Gruppe – diese sind für Knochen eher uninteressant und werden Ihnen in Kapitel 14, »Tracking«, über den Weg laufen.

Schritt für Schritt
IKs in der Praxis – der Roboter-Arm

Auch wenn es auf den ersten Blick womöglich schwierig erscheint, einen Roboter-Arm zu erstellen, der einem Knochen folgt, so ist die Umsetzung dieser Aufgabe doch in wenigen Schritten erledigt.

1 Armature einfügen

Fügen Sie eine Armature in der orthografischen Frontansicht mit [1], [5] (Ziffernblock) ein, und wechseln Sie in den Edit-Modus.

2 Drei Knochen extrahieren

Extrahieren Sie dort nacheinander drei Knochen in Richtung der positiven z-Achse durch das Drücken der Taste [E], und nennen Sie alle vorhandenen Knochen nach der Erstellungsreihenfolge »K1«, »K2«, »K3« und »K4«.

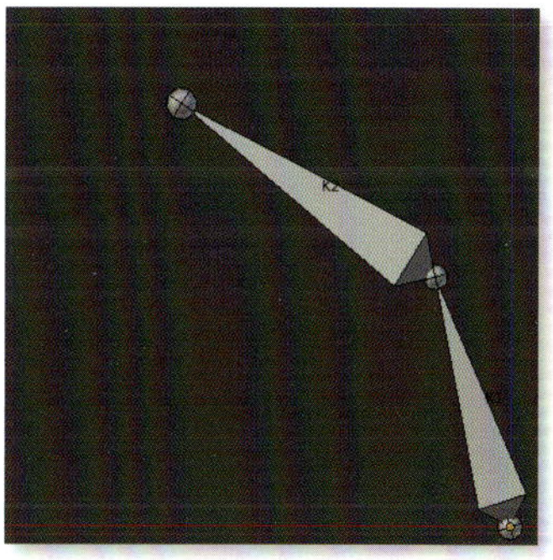

▲ **Abbildung 10.54**
Die Knochen »K1« und »K2« sind bereits per Extrusion eingefügt, zwei weitere fehlen noch in der Kette.

3 Einen Knochen duplizieren und verschieben

Wählen Sie anschließend den ersten Knochen der Armature (»K1«) aus, und duplizieren Sie ihn per [⇧] + [D]. Verschieben Sie den duplizierten Knochen anschließend um eine Blender-Einheit nach links, und nennen Sie ihn »Target«.

4 In Pose Mode wechseln

Da wir »K4« dazu bringen möchten, unserem »Target« zu folgen und dabei die Kette aus Knochen anzupassen, müssen wir »K4« jetzt einen IK-Constraint im Pose Mode hinzufügen. Wechseln Sie daher mit [Strg] + [⇆] in den Pose Mode, oder nutzen Sie die Modus-Combobox.

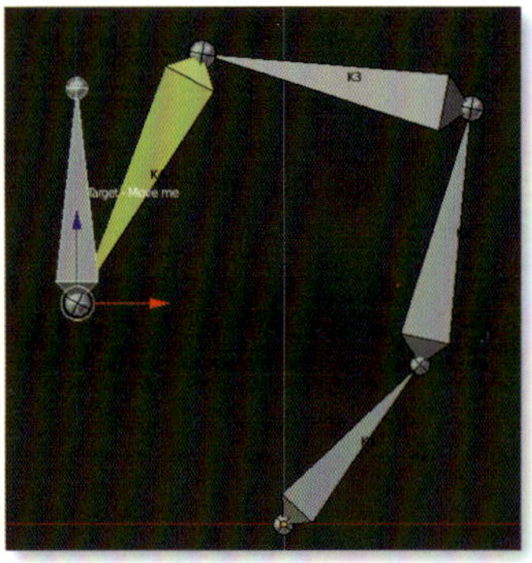

▲ **Abbildung 10.55**
Wurden alle Knochen in die Kette eingefügt, sie als IK-Kette festgelegt und der Target-Knochen erstellt, folgt die Kette ganz automatisch den Bewegungen des Targets, wenn Sie es bewegen.

5 Knochen dem Target folgen lassen
Wählen Sie nun zuerst den Target-Knochen und anschließend mit gehaltener [⇧]-Taste den Knochen »K4«. Drücken Sie jetzt [Strg] + [⇧] + [C], und wählen Sie in dem erscheinenden Popup den Eintrag INVERSE KINEMATICS aus. »K4« wird sofort ein Constraint hinzugefügt, dessen Target-Eigenschaft bereits mit unserem »Target«-Knochen belegt ist.

Bewegen Sie den Target-Knochen ein wenig durch den Raum, und bringen Sie ihn bewusst von einer Seite der Knochenkette auf die andere. Sehen Sie, wie sich die Armature verhält? Dies ist einer der Gründe, warum IKs nicht das »Allheilmittel« für faule Animatoren ist.

6 Elemente der Glieder definieren
Um die Elemente der Glieder zu definieren, die über den IK-Constraint bewegt werden, nutzen Sie die Option CHAIN LENGTH des Constraints. Geben Sie hier einen Wert 1, 2 oder 3 ein, und sehen Sie, wie sich die Kette jetzt verhält.

Die Datei »10_IKChain.blend« finden Sie auf der Buch-DVD unter BEISPIELMATERIAL • KAPITEL_10.

Die Datei »10_IKChain.blend« zeigt Ihnen die Lösung dieser Übung. Sehen wir uns als Nächstes an, wie Sie die Armature und Knochen mit Meshes verbinden.

Auto IK
Im POSE MODE steht für Sie die Option AUTO IK auf diesem Panel bereit. Sie versetzt jeden gewählten Knochen temporär in einen IK-Modus, Sie können ihn also so bewegen, als wäre er der Kopf einer IK-Kette.

10.3.6 Skinning

Auf zum letzten Akt – in diesem Abschnitt werde ich Ihnen zeigen, wie Sie in Blender die im letzten Abschnitt erzeugten Knochen an ein Mesh binden. Auch das im ersten Abschnitt erlernte Weight Painting wird Ihnen hier wieder begegnen, denn mithilfe des Weight Paintings legen Sie fest, welche Vertices Sie an welche Knochen binden möchten.

Parenting – die Armature mit dem Mesh verbinden | Während Sie bei »gewöhnlichem« Parenting mehrere Objekte miteinander koppeln können, werden beim Parenting eines Objekts an eine Armature die Vertices des Meshes an die Knochen einer Armature gebunden.

Das Parenting wird genau wie bei zwei normalen Objekten durchgeführt. Wählen Sie erst das Mesh und danach mit [⇧] die Armature, und drücken Sie anschließend [Strg] + [P]. Wählen Sie im daraufhin erscheinenden Menü den Eintrag WITH AUTOMATIC WEIGHTS. Mit der Wahl dieses Menüpunktes bindet Blender alle Vertices, die sich um einen Knochen befinden, automatisch an diesen Knochen. Sie können Ihre Armature jetzt mit Strg + ↹ in den Pose Mode bringen und posieren. Folgende Optionen bietet Ihnen Blender im Set-Parent-Menü an:

- Object/Object (Keep Transform): Mit diesen und den nächsten beiden Optionen würden Sie eine ganz normale Parent-Child-Beziehung aufbauen. Die Armature verformt das Objekt nicht. Die Keep-Transform-Option behält alle bisherigen Transformationen bei.
- Bone/Bone Relative: Mit dieser Option können Sie das Objekt an den im Pose Mode zuletzt selektierten Knochen der Armature binden. Ein Bewegen des Knochens im Pose Mode würde das ganze Objekt bewegen, andere Knochen haben keinen Einfluss auf das Objekt. Die Option Relative ermöglicht es Ihnen, den Parent im Edit Mode zu verschieben, ohne dass sich das verbundene Objekt (wenn aus dem Edit Mode wieder in den Pose Mode gewechselt wird) auf die neue Position bewegt.
- Armature Deform bietet drei Optionen:
  - With Empty Groups: Diese Option erzeugt leere Vertex-Gruppen (falls noch nicht vorhanden) – eine Gruppe für jeden Knochen der Armature. Die Option ist dann sinnvoll, wenn Sie später manuell durch Weight Painting festlegen möchten, welche Vertices zu den einzelnen Gruppen gehören.
  - With Envelope Weights: Genau wie die nachfolgende Option wird auch diese die benötigten Vertex-Gruppen automatisch erstellen. Sie analysiert dazu den Einflussbereich jedes Knochens – je weiter ein Vertex vom Zentrum des Knochens entfernt ist, desto weniger wird er der Bewegung des Knochens folgen. Wechseln Sie bei der Armature die Darstellungsart auf Envelope im Edit Mode, um die Einflussbereiche zu sehen, Strg + Alt + S skaliert den Einflussbereich.
  - With Automatic Weights: Diese Option generiert genau wie die beiden Vorgänger die entsprechenden Vertex-Gruppen, dies allerdings nicht anhand von Einflussbereichen, sondern anhand eines cleveren Algorithmus namens Bone Heat. Dieser Algorithmus bestimmt anhand der Größe und der Lage des Knochens die Zugehörigkeit der Vertices – das Ergebnis ist in den meisten Fällen besser als mit (unbearbeiteten) Envelopes.

Neben dem Weg über eine Parent-Child-Beziehung können Sie eine Armature auch über einen Modifier an ein Objekt binden –

Falls Sie zu Beginn des Kapitels die Kaktus-Übung (Schritt-für-Schritt-Anleitungen »Einen Rig erstellen« Teile I und II, ab Seite 517) mitgemacht haben, können Sie den Kaktus und die erstellte Armature auf Layer 2 Ihrer Datei nutzen, um die nachfolgenden Beschreibungen nachzuvollziehen. Falls nicht, finden Sie alle benötigten Objekte auf Layer 3 der Datei »10_Cactus.blend«.

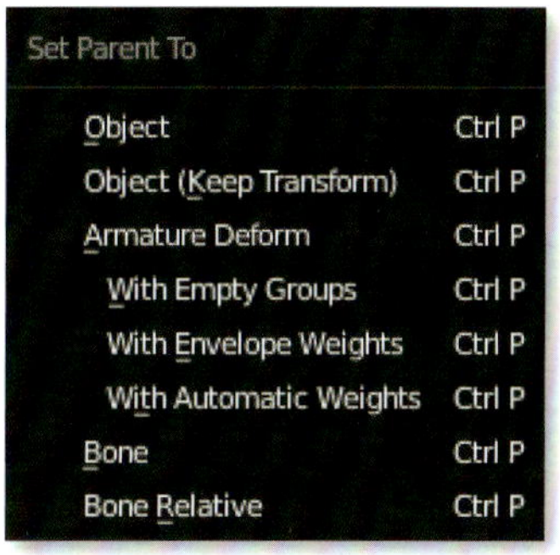

▲ **Abbildung 10.56**
Das Set-Parent-Popup

Wenn Sie möchten, können Sie die nachfolgenden Erklärungen direkt ausprobieren. Nutzen Sie dazu Layer 4 der Datei »10_Cactus.blend« – dort ist die Armature bereits mit dem Mesh verbunden. Falls Sie selbst aktiv werden und das Skinning ausprobieren möchten, beachten Sie die nächste Übung »Skinning des Kaktus« auf der nächsten Seite – dort lernen Sie darüber hinaus die Animation von Rigs.

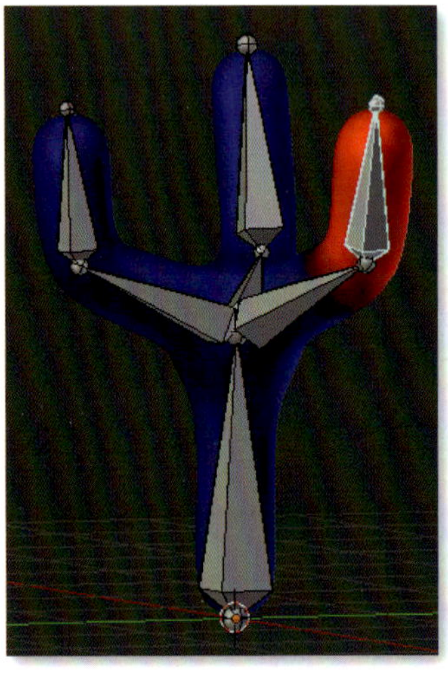

▲ **Abbildung 10.57**
Mithilfe eines speziellen POSE MODES können Sie die Gewichtungen einer Vertex-Gruppe des Meshes sehen.

Vertex-Selektion im Weight-Paint-Modus
Um im WEIGHT-PAINT-Modus einzelne Vertices auszuwählen (beispielsweise um die Gewichtung von ihnen zu kontrollieren), genügt ein Druck auf [V]. Ein erneuter Druck auf [V] beendet den Spezial-Selektionsmodus wieder.

den ARMATURE-Modifier. Hinter den Kulissen wird von Blender bei der Nutzung von [Strg] + [P] automatisch ein neuer ARMATURE-Modifier auf den Modifier-Stapel des Objekts gelegt und initialisiert. Alle Optionen dieses Modifiers finden Sie in Kapitel 5, »Modifier«.

Automatisches Skinning anpassen | Zu Beginn des letzten Abschnitts haben wir voll und ganz auf die automatische Generierung der Vertex-Gruppen vertraut. Jetzt lernen Sie, wie Sie per Weight Painting die Zugehörigkeit der Vertices zu den einzelnen Knochen anpassen, falls die Ergebnisse nicht Ihren Vorstellungen entsprechen. Um zu sehen, welche Vertices zu welchen Knochen gehören, müssen Sie den nachfolgenden Prozess exakt so durchführen, wie hier beschrieben:

1. Wählen Sie zuerst die Armature, und wechseln Sie in den POSE MODE.
2. Wählen Sie anschließend mit [⇧] das Mesh aus, das an die Armature gebunden wurde.
3. Wechseln Sie schließlich per [Strg] + [⇆] in den WEIGHT-PAINT-Modus.

In diesem speziellen WEIGHT-PAINT-Mode können Sie einerseits über die bekannten WEIGHT-PAINT-Tools die Gewichtung und damit die Zugehörigkeit der Vertices zu dem gerade gewählten Knochen anpassen und andererseits durch das Selektieren von anderen Knochen sehen, welche Teile des Meshes zu diesen Knochen gehören. Je nach ausgewähltem Knochen werden andere Bereiche des Meshes in Rottönen aufleuchten und Ihnen damit ihre Zugehörigkeit signalisieren. Natürlich können Sie auch über die Selektion einer Vertex-Gruppe sehen, welche Gewichtungen einzelne Vertices besitzen.

Manuelles Skinning durchführen | Um den Skinning-Vorgang manuell durchzuführen, müssen Sie nichts Neues mehr lernen. Legen Sie entweder die Vertex-Gruppen im Voraus an (beachten Sie dabei, dass die Vertex-Gruppen genauso heißen müssen wie die ihnen zugeordneten Knochen), oder erstellen Sie eine Parent-Child-Beziehung zwischen Armature und Mesh, indem Sie die Option WITH EMPTY GROUPS wählen.

Bringen Sie Ihr Mesh anschließend, wie oben beschrieben, in den WEIGHT-PAINT-Modus, und »malen« Sie die Gewichtungen auf, oder setzen Sie die Gewichtungen durch die direkte Auswahl der entsprechenden Vertex-Gruppen. Da Sie im WEIGHT-PAINT-Modus sowohl das Mesh anmalen als auch die Bones wählen und posieren können, wird es Ihnen nach ein paar Versuchen leichtfallen, die gerade aufgebrachten Gewichtungen mit ein paar Posen zu überprüfen.

Schritt für Schritt
Skinning des Kaktus

Nachdem Sie jetzt alles über das Binden von Skeletten an Meshes in der Theorie erfahren haben möchte ich mit Ihnen in dieser Übung den Kaktus-Rig an das Kaktus Mesh binden. Laden Sie zu diesem Zweck die Datei »10_Cactus.blend« und wechseln Sie durch einen Druck auf [3] auf Layer 3. Dort finden Sie das Kaktus Mesh und den in den vorherigen Übungen fertiggestellten Rig.

Die Datei »10_Cactus.blend« finden Sie auf der Buch-DVD unter Beispielmaterial • Kapitel_10.

1 Mesh und Rig wählen

Wählen Sie jetzt zuerst das Kaktus-Mesh und anschließend (mit [⇧]) den Rig aus.

2 Mesh und Rig verbinden

Betätigen Sie anschließend [Strg] + [P]. Mit dieser Tastenkombination binden Sie das Mesh an den Rig. Da unsere Bones bereits (völlig zufällig) so angeordnet sind, dass die automatische Bindung problemlos funktionieren sollte, wählen Sie in diesem Popup With Automatic Weights. Blender erstellt jetzt automatisch die benötigten Vertexgruppen.

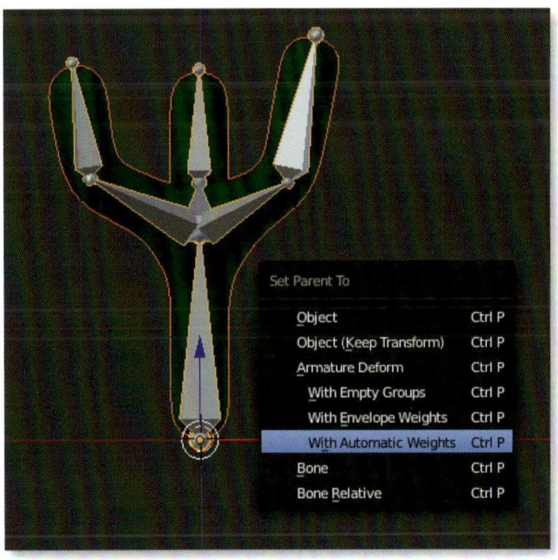

▲ **Abbildung 10.58**
Der Kaktus wird per [Strg]+[P] und der Option With Automatic Weights an die Armature gebunden.

Rigging-Tipp
Oftmals legen sich Rigger mehrere Posen für eine Armature an, setzen Keyframes auf diese und lassen Blender per [Alt] + [A] zwischen diesen Animationen überblenden. Während dieser Animation »malen« sie die Gewichtungen auf das Mesh und sehen so in Echtzeit, welche Vertices nicht und welche besonders gut funktionieren.

3 Rig testen

Probieren Sie jetzt den Rig aus. Wählen Sie dazu die Armature und wechseln Sie per [Ctrl]+[⇆] in den POSE MODE. Transformieren Sie anschließend die einzelnen Arme oder den Hauptknochen des Kaktus per [G], [R] oder [S]. Die Knochen sollten das Mesh jetzt beeinflussen – wenn Sie einen Kaktus-Arm des Rigs rotieren sollte sich auch der Arm des Kaktus-Meshs rotieren.

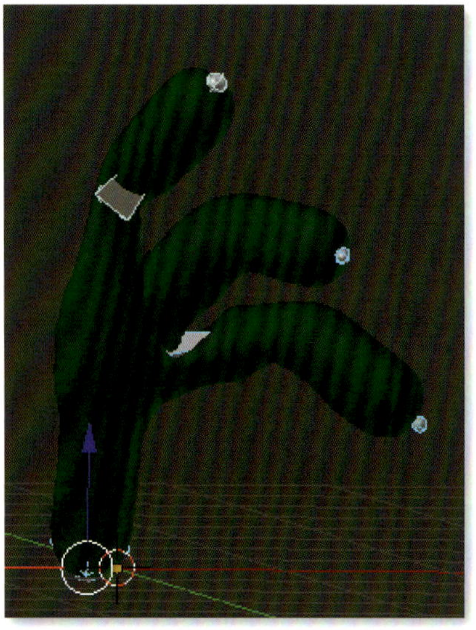

▲ **Abbildung 10.59**
Nach einem erfolgreichen Bindungsprozess haften die Vertices des Meshes an den Knochen – eine Bewegung der Knochen bewegt daher auch die Vertices.

Da der unterste Knochen des Rigs der Parent aller Armknochen ist können Sie über eine Bewegung dieses Knochens sowohl den gesamten Rig als auch das Mesh verschieben, drehen und skalieren.

4 Rig animieren

Lassen Sie uns den Rig jetzt animieren. Bewegen, skalieren und rotieren Sie dazu die Arme des Rigs im Pose Mode beliebig und setzen Sie per [I] Keyframes an verschiedenen Frames – tatsächlich ist das bereits das ganze Geheimnis von Rig-Animationen.

Besonders hilfreich ist bei vielen Knochen auf die AUTOMATIC KEYFRAME INSERTION Option, die Sie in der Timeline durch die rote Aufnahme-Schaltfläche aktivieren. Sie fügt automatisch Keyframes ein, wenn Sie die Knochen bewegen und sich an einem neuen Frame befinden. Meine Animation finden Sie auf Layer 5 der aktuellen Datei durch einen Druck auf [5] und anschließendem [Alt]+[A].

10.4 Zum Stöbern

Schon wieder befinden wir uns am Ende eines Kapitels ... und doch gibt es so viele spannende Themen mehr, die auf Ihre Entdeckung warten! Hier finden Sie eine Liste für Neugierige:

- **Rigs auf Blendswap**: Um Rigging zu verstehen, gibt es nur eins – riggen Sie so viel wie möglich! Wenn Sie allerdings ein wenig Inspiration brauchen, bieten Ihnen *www.blendswap.com* oder die Open Movies der Blender Foundation eine schier unerschöpfliche Quelle an Blender-Dateien inklusive Rigs. Studieren Sie sie!
- **Driver**: Gerade beim Thema Rigging sind Driver wieder eine fantastische Sache. Mit Drivern können Sie beispielsweise die Kontraktion von Muskeln simulieren, die Sie beim Beugen eines Arms beobachten können.
- **Armature-/Pose-Menü**: Sehen Sie sich die Einträge des ARMATURE-Menüs im 3D-VIEW-Editor bei einer gewählten Armature im EDIT MODE an. Inspizieren Sie auch das POSE-Menü im POSE MODE.
- **Specials-Menü**: Das SPECIALS-Menü (W) hält sowohl im POSE- als auch im ARMATURE-EDIT-MODE sehr viele hilfreiche Befehle für Sie bereit, unter anderem für das automatische Benennen von *.L- und *.R-Knochen. Sehen Sie sich die Tools an.
- **Constraints**: Auch wenn ich Ihnen Constraints in fünf Abschnitten näherbringen durfte, gibt es hier so viel mehr zu entdecken. Wenn Sie andere Rigs ansehen, werden Sie sicherlich auf viele interessante Constraint-Kombinationen stoßen.
- **Skeleton Sketching**: Über Skeleton Sketching können Sie ein Skelett »malen«. Fügen Sie dazu eine Armature ein, löschen Sie alle Knochen, und aktivieren Sie SKELETON SKETCHING auf dem PROPERTIES-Panel (N). Anschließend können Sie per gedrückte linke Maustaste Knochen »malen«, die Sie per rechte Maustaste bestätigen oder per Esc verwerfen. Sehen Sie sich die Optionen des Panels an (unter anderem SUBDIVISIONS).

Weitere Video-Informationen zum Thema Rigging finden Sie unter anderem in Sebastian Königs sehr guter DVD »Das Blender-Training, Charakter Design« (ISBN 978-3-8362-2919-7) ebenfalls erschienen bei Galileo Press, und – wenn Sie tief in dieses Thema einsteigen möchten – in der englischsprachigen Blender-DVD von Nathan Vegdahl »Humane Rigging, Rigging for human beings« (zu finden über den Blender-Store unter *www.blender3d.org*).

10.5 Auf ins nächste Kapitel

Mit diesem kleinen Einblick in die Welt des Riggings möchte ich Sie aus diesem Kapitel entlassen. Natürlich kann ich Ihnen auf diesen paar Seiten nicht all die viele Erfahrung, die Kniffe und Tricks vermitteln, die Sie durch jahrelanges Riggen erlernen können – ich hoffe aber, Ihre Neugier und Ihr Interesse an diesem spannenden Thema geweckt zu haben.

Im nächsten Kapitel werden wir uns langsam, aber sicher an das Thema Simulationen wagen. Sie werden unter anderem lernen, wie Partikel-Effekte wie Konfetti, Gras und Haare in Blender erstellt und nach Ihren Wünschen angepasst werden können.

Kapitel 11
Partikelsysteme

Willkommen in der Welt der Partikelsysteme. In diesem Kapitel gehen wir zuerst der Frage nach, was Partikel eigentlich sind, wie sie Ihnen in Ihrem täglichen Leben begegnen und wie Sie diese hochkomplexen und teilweise chaotischen Naturphänomene mit Blender nachbilden. Anschließend werden Sie erfahren, wie Sie Partikelsystemen Materialien zuweisen und auf welche Arten Sie Partikel rendern können.

11.1 Partikel- und Bezugssysteme

Das Wort Partikel stammt von dem lateinischen Wort *particulum* (Teilchen) ab und beschreibt damit genau, worum sich das gesamte Kapitel dreht: um alle Arten von Kleinstteilchen in Ihrer Szene. Wenn Sie dabei an natürliche Partikelvorkommen wie den Funkenflug bei einem Lagerfeuer, Rauchpartikel, Asche oder Schnee denken, liegen Sie sehr richtig. Ebenso sind es die Wassertröpfchen eines Rasensprengers, der Funkenregen eines Feuerwerkskörpers oder Konfettipartikel.

◂ **Abbildung 11.1**
Haare, Gräser, Borsten oder viele Duplikate eines Objekts sind ein Fall für Blenders Partikelsystem.

Was Sie als Partikel ansehen und was nicht, kommt immer auf das Bezugssystem an. Wenn wir unseren Standort ein paar Kilometer weiter nach oben verändern, wirken Blätter, Steine und Bäume plötzlich wie Kleinstteilchen – und sind damit Partikel. Blender beschränkt Sie hier ebenso wenig, jedes Objekt Ihrer Szene kann als Partikel auftreten.

11.2 Blenders Partikelsystem

Blenders Partikelsystem bietet Ihnen eine Unmenge an Einstellmöglichkeiten. Es ist damit perfekt für jede Art von Partikelsystem geeignet – gleichgültig, ob Sie die gerade beschriebenen Naturphänomene nachstellen, einer Figur Haare verpassen oder eine Wiese anlegen möchten. Jedes Partikelsystem beginnt dabei immer gleich: Erst wählen Sie das Objekt aus, das das Partikelsystem beherbergen soll. Dann erzeugen Sie ein neues Partikelsystem und passen die Einstellungen so lange an, bis das System Ihren Vorstellungen entspricht.

▲ **Abbildung 11.2**
Auf dem PARTICLES-Tab starten Sie alle Haar- und Partikelsysteme.

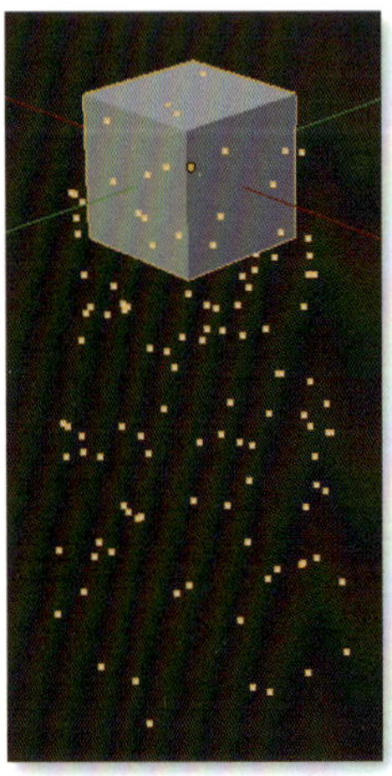

▲ **Abbildung 11.3**
Ein Partikelsystem lässt kleine Partikel aus einem Emitter regnen.

11.2.1 Ihr erstes Partikelsystem

Die Partikelsystem-Einstellungen finden Sie auf dem mit Sternen symbolisierten PARTICLES-Tab. Haben Sie noch kein Partikelsystem erzeugt, ist dieses Tab noch weitgehend leer – bis auf eine Liste und eine Schaltfläche mit der Aufschrift NEW. Betätigen Sie diese Schaltfläche, wird ein neuer Partikel-Datenblock angelegt und mit dem gewählten Mesh (beispielsweise dem Standardwürfel) verknüpft. Betätigen Sie jetzt mutig [Alt] + [A] – die Partikel werden sofort aus dem Mesh emittiert, fallen nach unten und verschwinden nach einer gewissen Zeit. Mit [Esc] brechen Sie die Animation ab, mit einem erneuten Druck auf [Alt] + [A] halten Sie die Animation an – ganz so, wie Sie es im vorletzten Kapitel verinnerlicht haben.

Starten Sie jetzt die Animation erneut, und bewegen Sie, während die Animation läuft, Ihr Partikel-Objekt. Wie Sie feststellen können, werden die Partikel dort erzeugt, wo sich das Objekt gerade befindet – Partikelsysteme beachten die Position des emittierenden Meshes.

11.2.2 Caching von Partikeln

Partikelsysteme werden in Blender automatisch zwischengespeichert (in einen Cache gelegt) – Blender nutzt diesen Mechanismus, um Ihnen Partikelsysteme ohne lange Wartezeit zeigen zu können. Das Caching kann dabei automatisch oder manuell durchgeführt werden und unterscheidet sich sowohl in der Dauer als auch im Resultat. Automatisches Caching haben Sie bereits kennengelernt: Als Sie mit [Alt] + [A] die Animation starteten, hat Blender am unteren Rand der Timeline die in Abbildung 11.4 dargestellte rote Markierung eingefügt – jede dieser Markierungen enthält alle Partikelpositionen und Rotationen an diesem Frame.

Durch die Kopplung des automatischen Cache-Systems mit der Animation sehen Sie jeden Frame des Partikelsystems just in time. Einen Abbruch der Simulation können Sie jederzeit über [Esc] vornehmen, die Berechnung mit [Alt] + [A] anhalten und Änderungen an einem Partikelsystem live durchführen. Da bei automatischem Caching die vorher errechneten Partikel-Frames genutzt werden, um die Bewegung am aktuellen Frame zu berechnen, können Sie bei dieser Cache-Art nicht einfach an Frames springen, die noch keine Partikelinformationen besitzen. Lassen Sie die Animation einmal komplett durchlaufen, erst dann sind überall Partikeldaten vorhanden.

Leider legen automatisch gecachte Partikelsysteme oftmals ein merkwürdiges Partikelverhalten an den Tag (sich wild drehende oder bewegende Partikel beispielsweise) – besonders wenn Sie eine Simulation per [Esc] abbrechen. Nehmen Sie daher so oft wie möglich den Weg des manuellen Cachings (des sogenannten Bakings) von Partikeln auf sich, auch wenn es hier zwei Nachteile gibt: Einerseits wird Blender während der kompletten Bake-Operation gesperrt, und andererseits können Sie Ihr Partikelsystem nach erfolgtem Caching nicht ohne Weiteres ändern. Die Sperre der Partikelsystem-Einstellungen wird erst dann wieder aufgehoben, wenn Sie den Cache löschen. Bei der Bake-Operation werden alle Partikel im Voraus mit den aktuellen Einstellungen berechnet – Sie können dadurch nach Abschluss der Berechnung an jeden beliebigen Frame der Simulation springen und die Partikel ansehen.

Um einen Bake zu starten, wechseln Sie auf das PARTICLES-Tab in das CACHE-Panel. Auf diesem Panel können Sie definieren, wie oft Blender die Position jedes Partikels speichert (CACHE STEP), einen Speicherort auf der Festplatte für den Cache angeben (DISK CACHE), von diesem Ort einen vorher gespeicherten Cache laden (EXTERNAL-Checkbox) und die Kompression der Cachedaten festlegen. Je häufiger Sie zulassen, dass Blender die Position der Partikel aktualisiert, desto genauer wird die Simulation. Mit den darunterliegenden sechs Schaltflächen steuern Sie die Erzeugung des Caches:

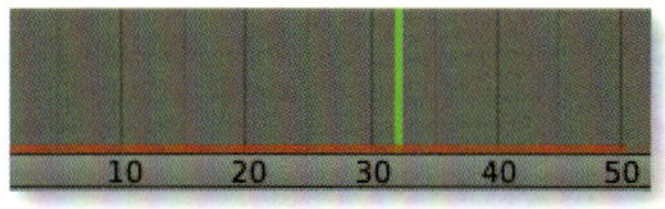

▲ **Abbildung 11.4**
Eine rote Linie zeigt Frames an, die das Physiksystem bereits berechnet hat.

Cache aktualisieren
Um den automatischen Cache (bei fehlerhaftem Verhalten) zu aktualisieren, wechseln Sie an den Anfang der Simulation über [⇧] + [←], und ändern Sie die Partikelanzahl auf dem EMISSION-Panel des Partikelsystems kurz auf einen anderen Wert. Alle roten Markierungen sollten anschließend verschwinden, und das automatische Caching sollte wieder funktionieren

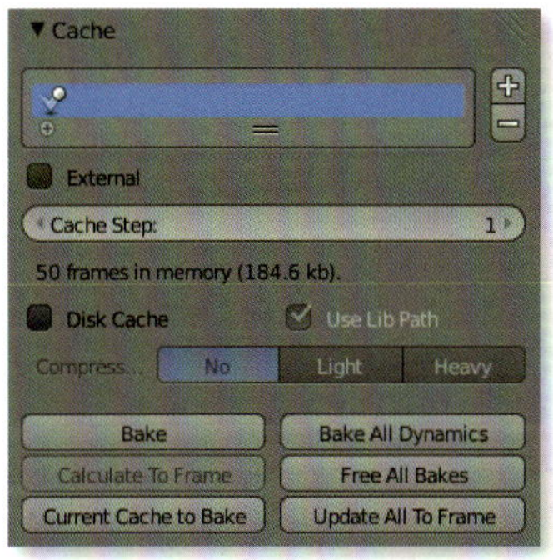

▲ **Abbildung 11.5**
Auf dem CACHE-Panel starten Sie den manuellen Baking-Prozess.

Cache-Wartezeiten
Tatsächlich sind durch Caching verursachte Wartezeiten nicht die Ausnahme, sondern industrieweit die Regel – so benötigte ein einziger Frame in PIXARs »Brave« ganze 20 Sekunden, bevor ein Frame der Haarsimulation angesehen werden konnte.

- BAKE/BAKE ALL DYNAMICS: Mit BAKE starten Sie den Berechnungsprozess des gerade gewählten Partikel- oder Simulationsobjekts. [Esc] bricht ihn zu jeder Zeit ab. BAKE ALL DYNAMICS berechnet alle Partikel- oder Simulationssysteme neu, nicht nur das gerade gewählte. Nach Abschluss der Berechnungsarbeiten sind viele Einstellungen des Partikelsystems gesperrt. Sie können erst durch das Löschen des Caches wieder aktiviert werden.
- FREE ALL BAKES: Mit dieser Schaltfläche löschen Sie alle gespeicherten Daten. Die vormals gesperrten Panels werden anschließend wieder freigegeben.
- CURRENT CACHE TO BAKE: Haben Sie bereits einen automatischen Cache erzeugt, so können Sie diese Daten »baken« und damit unveränderlich machen.
- UPDATE ALL TO FRAME: Mit dieser Schaltfläche werden alle Partikelsysteme bis zu dem Frame berechnet, an dem sich der Abspielkopf gerade befindet.

Die erzeugten Partikel-Simulationsdaten werden beim Speichern der Datei mit gesichert (falls Sie nicht die Option DISK CACHE nutzen). Ein späteres Laden der Datei befördert also exakt die Partikeldaten zutage, die Sie vorab erzeugt haben.

Partikelsysteme sind Modifier

Partikelsysteme werden zwar auf dem PARTICLE-Tab erstellt und konfiguriert, sie befinden sich allerdings wie andere Modifier auch auf dem Modifier-Stack. Das bedeutet, dass es nicht gleichgültig ist, welche Modifier sich vor oder nach dem PARTICLE-Modifier befinden, da diese das Partikelsystem und das zugrunde liegende Mesh entsprechend beeinflussen.

11.2.3 Partikelsystem-Typen

In den folgenden Abschnitten möchte ich Ihnen zeigen, welche Partikelsystem-Typen es gibt und wie Sie Partikelsysteme an Ihre Bedürfnisse anpassen. Bei weit über 250 verschiedenen Einstellungen und Reglern kann ich Ihnen aber natürlich nicht jeden einzelnen Regler bis ins Detail erklären – hier ist erneut Ihr Entdeckergeist gefragt. Sie sollten nach diesem Kapitel allerdings eine fundierte Wissensbasis für Blenders Partikelsystem besitzen, die es Ihnen ermöglicht, sich viele der nicht besprochenen Einstellungen selbst herzuleiten. Beginnen möchte ich dazu mit den beiden Grundtypen von Partikelsystemen: den EMITTER- und den HAIR-Systemen.

Emitter-Systeme | EMITTER-Systeme können Sie sich wie den Urknall vorstellen (nichts leichter als das). Grundsätzlich haben alle EMITTER-Systeme einen Start-Frame und einen End-Frame. Erreicht eine Animation den Start-Frame, werden Partikel aus dem Emitter-Mesh ausgesandt. Jedes einzelne Partikel hat eine Lebensdauer, die dann beginnt, wenn es emittiert wird. Erreicht ein Partikelsystem den End-Frame, werden keine neuen Partikel mehr erzeugt. Wie schnell und wo die Partikel emittiert werden, wie sie sich Zeit ihres Lebens verhalten, wie sie aussehen und viele weitere Eigenschaften mehr definieren Sie in den verschiedenen Panels des PARTICLES-Tabs.

▲ **Abbildung 11.6**
Ein EMITTER-System, das farbige Bälle aus einer Plane emittiert

▲ **Abbildung 11.7**
Ein HAIR-System simuliert unter anderem Haare.

Hair-Systeme | HAIR-Systeme nutzen Sie immer dann, wenn Sie alle Arten von Haaren, Gräsern oder Borsten erzeugen möchten. Egal, ob ausgedörrtes Gras, eine Blumenwiese, ein alter Teppich oder lange Haare – Blenders HAIR-System ist äußerst flexibel. Bei dieser Partikelsystem-Art legen Sie nicht fest, wann Partikel ausgesendet werden, sondern wie lang die Haarpartikel werden, in welche Richtung sie wachsen und wie dick die einzelnen Strähnen sind. HAIR- und EMITTER-Systeme können Sie darüber hinaus mit speziellen Werkzeugen bearbeiten – unter anderem mit Schere, Fön und Glätteisen.

Weil Sie beispielsweise auch für Gräser HAIR-Systeme verwenden, werde ich in den folgenden Kapiteln immer von »Haaren« reden. Falls Sie mit Ihrem HAIR-Partikelsystem eine Wiese erstellen möchten, gelten die Aussagen natürlich ebenfalls.

▲ **Abbildung 11.8**
Welches Partikelsystem Sie erstellen, legen Sie im PARTICLES-Tab fest.

11.2.4 Partikelsysteme erzeugen

Eine Entscheidung über den genutzten Partikelsystem-Typ treffen Sie direkt im obersten Panel des PARTICLES-Tabs: Nachdem Sie dort dem gerade gewählten Mesh über NEW ein Partikelsystem hinzugefügt haben, können Sie über die Combobox TYPE eine der beiden Arten EMITTER oder HAIR auswählen. Ganz nebenbei wird

Blender einen Partikelsystem-Datenblock anlegen und diesen mit dem ersten Slot verknüpfen – ganz so, wie Sie es von Materialien her gewöhnt sind. Das Wort Slot lässt es bereits erahnen – Sie sind nicht auf ein Partikelsystem pro Objekt beschränkt, sondern können beliebig viele Systeme über Blenders Slot-System hinzufügen.

Das direkt neben der TYPE-Box liegende SEED-Feld dient dazu, den Zufallszahlgenerator für die Partikel zu initialisieren. Mit diesem Wert können Sie die zufällige Anordnung von Partikeln erneut anstoßen und stellen bei zwei gleichen Partikelsystemen über unterschiedliche Werte in diesem Feld sicher, dass keine Partikel an den gleichen Positionen erscheinen.

Haben Sie Ihr Partikelsystem als HAIR-System definiert, so erscheinen noch drei weitere Einstellmöglichkeiten: SEGMENTS gibt an, wie oft Blender die Haare unterteilt, ADVANCED schaltet erweiterte Einstellungen auf dem im nächsten Abschnitt beschriebenen Panel frei und REGROW lässt Sie die Haarlänge animieren.

11.2.5 Partikel aussenden – das Emission-Panel

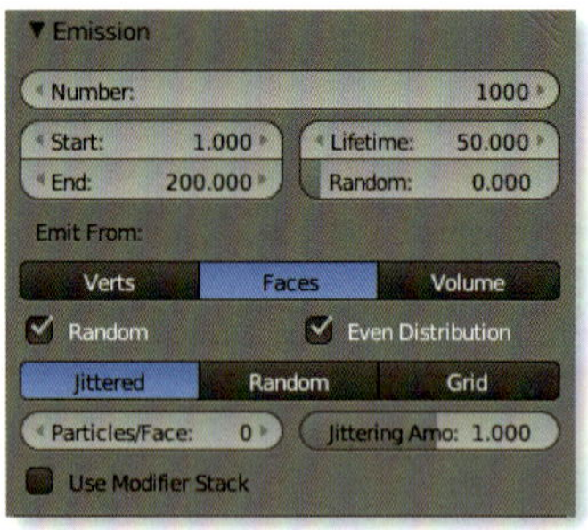

▲ **Abbildung 11.9**
Das Herz der Partikel – das EMISSION-Panel

Direkt unter dem gerade besprochenen Panel befindet sich das EMISSION-Panel. Im oberen Bereich erwarten Sie (je nach gewähltem Partikeltyp) Einstellungen, um die Anzahl, den Start-Frame, den End-Frame, die Lebensdauer der Partikel oder die Haarlänge einzustellen:

- NUMBER: Bei einem HAIR-System gibt dieser Wert die Anzahl der Haare an. Bei einem EMITTER-System legen Sie hier fest, wie viele Partikel über die durch START und END beschriebene Partikelsystem-Dauer ausgesandt werden.
- HAIR LENGTH: Hier legen Sie bei Haar-Partikelsystemen fest, wie lang die Haare eines HAIR-Systems sein sollen. Bei EMITTER-Systemen wird dieses Feld nicht angezeigt.
- START: Ab diesem Frame werden Partikel emittiert.
- END: Bis zu diesem Frame werden Partikel emittiert.
- LIFETIME: Einmal emittierte Partikel leben die hier angegebene Frame-Anzahl und verschwinden anschließend.
- RANDOM: Hier können Sie einstellen, ob die LIFETIME der Partikel zufällig festgelegt wird (1.0 = alle Partikellebenszeiten sind zufällig) oder ob Sie die bei LIFETIME eingestellte Zeit nutzen (0).

Darunter finden Sie Einstellungen, die festlegen, wo die Partikel emittiert werden:

- VERTS/FACES/VOLUME: VERTS emittiert Partikel aus allen Vertices, FACES aus allen Flächen und VOLUME aus dem Inneren des Meshes.

- Random: Haben Sie diese Checkbox deaktiviert, so werden die Partikel nacheinander aus den vorhandenen Verts, Faces oder Volumes emittiert. Ist das Häkchen gesetzt, so werden Sie gleichzeitig und zufällig emittiert.
- Even Distribution: Mit dieser Einstellung werden Partikel gleichmäßig über die Faces oder im Volume verteilt, Punkte mit überproportional vielen Partikeln werden dadurch vermieden.
- Jittered/Random/Grid: Diese Einstellung legt die Verteilung der Partikel auf dem Mesh fest. Über Jittered und die dazugehörige Option Particles/Face geben Sie an, wie viele Partikel maximal pro Fläche emittiert werden. Ein Wert von 0 begrenzt die Anzahl nicht. Random emittiert die Partikel zufällig, und Grid ordnet sie in einem Gitter an. Über den Resolution-Wert legen Sie fest, wie viele Partikel Sie auf Ihrem Gitter platzieren möchten.

Zu guter Letzt legen Sie über Use Modifier Stack fest, ob Sie die anderen Modifier auf dem Stack in die Partikelberechnung und Erzeugung miteinbeziehen möchten. Deaktivieren Sie diese Checkbox, werden die übrigen Modifier zwar das Mesh ändern können, aber die Erzeugung der Partikel nicht beeinflussen.

Bevor Sie jetzt in den nächsten Abschnitt wechseln, empfehle ich Ihnen, ein wenig mit den bisherigen Einstellungen zu experimentieren und (mehrere) Partikelsysteme neu anzulegen. Falls Sie sich die Mühe sparen möchten, können Sie auch die Datei »11_Particle_Types.blend« öffnen und die dort vorhandenen Systeme ausprobieren. Nutzen Sie die Datei auch bei den nachfolgenden Erklärungen, und probieren Sie die Einstellungen an dem jeweils passenden Partikelsystem aus.

Die Datei »11_Particle_Types.blend« finden Sie auf der Buch-DVD unter Beispielmaterial • Kapitel_11.

11.2.6 Haarbewegungen – die Hair dynamics

Dieses Panel erlaubt Ihnen bei Hair-Systemen, Haare automatisch zu animieren. Aktivieren Sie das Panel einfach durch ein Häkchen, und drücken Sie [Alt] + [A] – alles Weitere erledigt Blender für Sie. Falls Sie doch einmal selbst Hand an die Haaranimation legen möchten, finden Sie alle dazu nötigen Einstellungen, wenn Sie das Panel aufklappen:

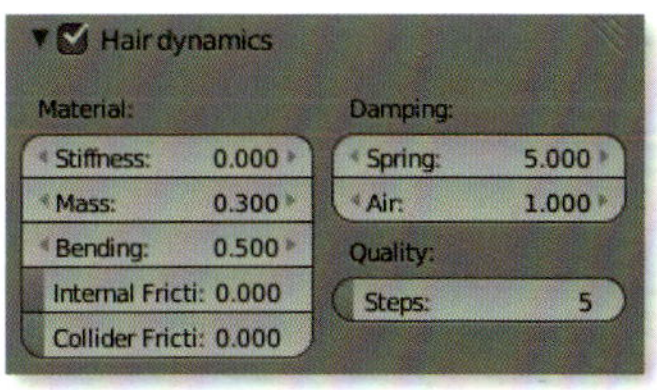

▲ **Abbildung 11.10**
Das Hair-dynamics-Panel

- Stiffness: Hier legen Sie die Biegsamkeit der Haare fest. Je höher der Wert, desto steifer ist die Strähne.
- Mass: Die Masse der Haare. Je schwerer ein Haar, desto stärker wird es während einer Animation nach unten gezogen. Je leichter ein Haar, desto beweglicher ist es.

- BENDING: Je höher dieser Wert ist, desto weniger knicken die Haare während der Animation ab.
- INTERNAL FRICTION: Mit diesem Wert legen Sie die Stärke der Reibung der Haare fest. Je höher dieser Wert ist, desto weniger stark schwingen die Haare umher.
- COLLIDER FRICTION: Dieser Wert bestimmt die Reibung von miteinander kollidierenden Haaren. Auch mit diesem Wert verhindern Sie zu starkes Schwingen.
- SPRING: Hier legen Sie die Dämpfung der Haarbewegung fest. Je höher dieser Wert, desto stärker wird die Schwingung gedämpft.
- AIR: Mit diesem Wert können Sie der die Haare umgebenden Luft eine »Dicke« geben. Sie bewegen sich dadurch weniger schnell.
- STEPS: Die Anzahl der Dynamik-Berechnungen. Je höher dieser Wert ist, desto genauer fällt die Simulation aus.

Blenders HAIR-Systeme sind (noch) nicht ohne Tricks in der Lage, mit anderen Körpern zu kollidieren. Sie durchdringen die Körper ohne Widerstand. Über Kraftfelder oder die im nächsten Kapitel erläuterte Softbody-Simulation können Sie das Kollisionsverhalten von Haaren jedoch bis zu einem gewissen Grad simulieren. Eine Lösung dieses Problems erwarte ich allerdings erst in einer der folgenden Blender-Versionen – wenn das HAIR-Partikelsystem eine Überarbeitung erhält.

▲ **Abbildung 11.11**
Auch in dem vollständig mit Blender erstellten Film »Sintel« der Blender Foundation werden die Haare der Hauptprotagonistin mit Blenders Haarsystem erzeugt.

11.2.7 Geschwindigkeiten – das Velocity-Panel

Im Velocity-Panel finden Sie Einstellungen, um die Beschleunigung und die Geschwindigkeiten der Partikel zu beeinflussen. Bei Hair-Systemen (im Advanced-Modus, siehe Seite 542) bestimmt dieses Panel die grobe Ausrichtung und Länge der Haare:

- Normal: Über diese Einstellung legen Sie fest, wie schnell die Partikel aus dem Mesh emittiert werden. Bei Hair-Systemen bestimmt dieser Wert die Länge der Haare.
- Tangent: Mit diesem Wert erreichen Sie eine Emittierung entlang der Objektoberfläche (der Tangente). Auch bei Haaren wirkt diese Einstellung.
- Rot: Mit diesem Wert drehen Sie die Oberflächen-Tangente – dies ist gleichbedeutend mit der Drehung des Punktes, aus der die Partikel emittiert werden – das Haar wächst.
- Emitter Object: Über diese Einstellungen legen Sie fest, wie schnell die Partikel entlang der x-, y- und z-Achse des Emitter-Objekts emittiert werden. Auch negative Werte sind möglich – diese drehen die Richtung des Partikelflugs um. In Hair-Systemen bestimmen Sie mit diesen Werten die Richtung des Haarwuchses – in Abschnitt 11.2.18, »Ein Haarschnitt für Suzanne«, werden Sie jedoch weitaus bessere Möglichkeiten kennenlernen, um Haare zu frisieren.
- Object: Falls Sie ein animiertes Objekt als Partikel-Emitter nutzen, können Sie über diesen Wert festlegen, ob die Geschwindigkeit des Objekts auf die Partikel übertragen wird. Mit einem Wert von 1 wird die Geschwindigkeit 1:1 übertragen, mit einem Wert von -1 wird die Geschwindigkeit invertiert übertragen. Für Hair-Systeme hat dieser Wert keine Relevanz.
- Random: Mit diesem Slider bestimmen Sie, ob die Partikel alle gleich schnell oder mit zufälliger Geschwindigkeit emittiert werden. Ein Wert von 1 bedeutet, dass alle emittierten Partikel unterschiedliche Werte besitzen, bei einer 0 nutzen Sie exakt die unter Normal und Emitter Object eingestellte Geschwindigkeit. Bei Hair-Systemen erzeugen Sie mit dieser Einstellung etwas unregelmäßigere und damit deutlich realistischere Haare.

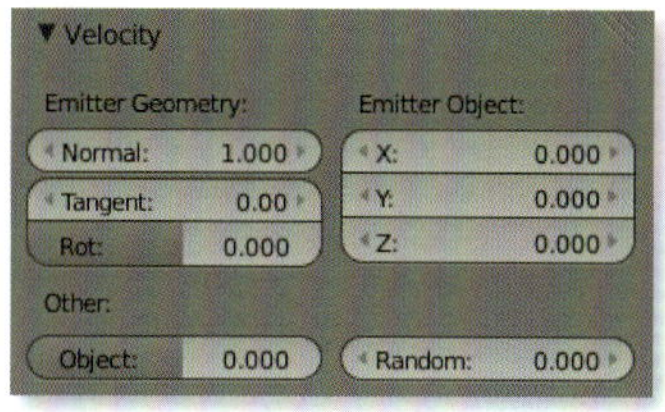

▲ **Abbildung 11.12**
Das Velocity-Panel

Abbildung 11.13 zeigt Ihnen zwei verschiedene Partikelgeschwindigkeiten – bei gleicher Animationsdauer werden die linken Partikel deutlich schneller bewegt als die des rechten Systems.

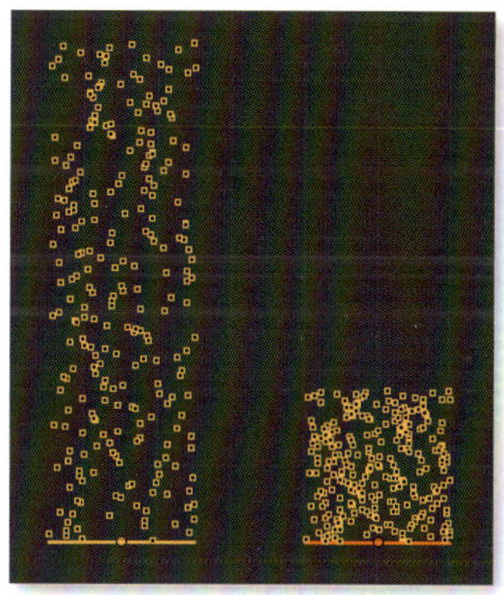

▲ **Abbildung 11.13**
Verschiedene Partikelgeschwindigkeiten führen zu dichteren oder gestreckten Partikeln.

11.2.8 Rotationen – das Rotation-Panel

Wenn Sie Ihren erzeugten Partikeln eine bestimmte Rotationsrichtung und Rotationsbewegung mit auf den Weg geben möchten,

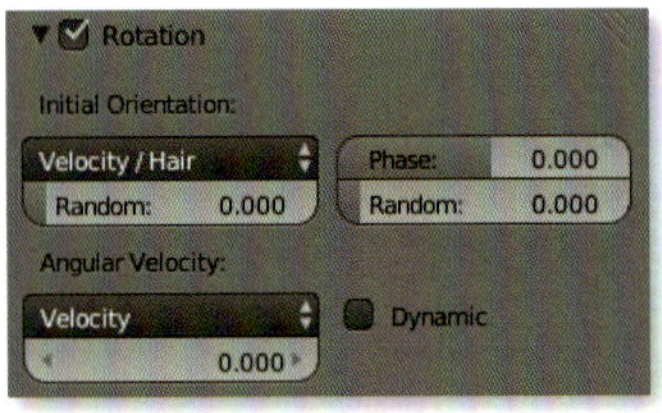

▲ **Abbildung 11.14**
Das ROTATION-Panel

finden Sie hier alle nötigen Kontrollen. Mit einem Häkchen im Kopf des Panels aktivieren Sie Partikelrotationen – ohne dieses Häkchen bleiben alle hier getätigten Einstellungen wirkungslos. Gerne würde ich Ihnen die einzelnen Einstellungen vorstellen, aber es hat keinen Sinn: Blender ist bei Partikelrotationen äußerst fragil und unberechenbar. Rotationen können funktionieren, müssen aber nicht. Da der Partikelcode über die Jahre hinweg immer weniger pflegbar geworden ist, werden jetzt alle Anstrengungen in Richtung eines kompletten Re-Starts des Partikelsystem-Teils von Blender verlagert – Bugs werden in diesem System und insbesondere in diesem Panel kaum noch behoben.

11.2.9 Physik – das Physics-Panel

Jetzt wird es spannend – hier bestimmen Sie, inwiefern physikalische Zusammenhänge für das aktuelle Partikelsystem relevant sind. Sie haben dabei die Wahl zwischen fünf verschiedenen Physik-Einstellungen:

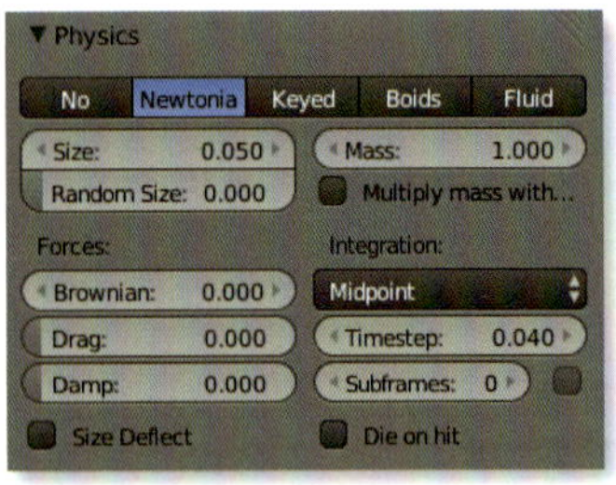

▲ **Abbildung 11.15**
Das PHYSICS-Panel

- NO: Wie Sie wahrscheinlich bereits vermuten, heißt diese Einstellung, dass sich Partikel nicht nach physikalischen Gesetzmäßigkeiten verhalten. In diesem Modus erscheinen Partikel auf der Oberfläche des Emitters und verbleiben dort so lange, bis ihre Lebensdauer erreicht ist.
- NEWTONIAN: Auf Newtons Spuren. Mit dieser Einstellung haben Partikel eine Masse, sie werden genau wie in der realen Welt aufgrund der Schwerkraft zu Boden fallen.
- KEYED: Mit dieser Einstellung können Sie andere Partikelsysteme zum Ziel des aktuellen Systems machen. Die Partikel versuchen während ihrer Lebensdauer, alle Ziele zu erreichen. Auf diese Art können Sie schaffen, dass Partikel Formen annehmen (Schriften, Objekte usw.).
- BOIDS: Mit BOID-Systemen können Sie Verfolger und Gejagte erstellen. Wie die Namen schon vermuten lassen, werden die Verfolgerpartikel die »gejagten« Partikel verfolgen. Dabei können Sie verschiedene Regeln festlegen, die das Verhalten beider Parteien ändern.
- FLUID: FLUID-Partikel verhalten sich ganz so, wie sich eine Flüssigkeit (Wasser, Honig, Quecksilber und viele andere) verhält. Sie können mit dieser Einstellung unter anderem Sand erzeugen.

Die folgenden Möglichkeiten erwarten Sie in der NEWTONIAN-Einstellung:

- SIZE: Über diesen Wert legen Sie die Größe der Partikel fest, wenn Sie auf dem RENDER-Panel OBJECT oder GROUP wählen.

- RANDOM SIZE: Über diesen Regler legen Sie fest, ob alle Partikel die gleiche Größe haben und – falls nein – wie viele Partikel in der Größe abweichen.
- MASS: Die Masse der Partikel
- FORCES: Unter dieser Sektion finden Sie Einstellungen, die die auf die Partikel wirkenden physikalischen Kräfte beeinflussen:
  - BROWNIAN: Hier legen Sie die Menge der brownschen Partikelbewegung fest. Je höher dieser Wert, desto wilder bewegen sich die Partikel durcheinander.
  - DRAG: Mit dieser Kraft verringern Sie die Partikelgeschwindigkeit in Relation zur Größe der Partikel.
  - DAMP: Mit diesem Slider verringern Sie die Geschwindigkeit der Partikel, nachdem sie das Emitter-Objekt verlassen haben.
- SIZE DEFLECT: Klicken Sie diese Checkbox an, wird die Größe der Partikel bei Kollisionen miteinbezogen.
- DIE ON HIT: Lässt die Partikel sterben, also verschwinden, sobald sie auf eine Kollisionsfläche stoßen.

▲ **Abbildung 11.16**
FLUID-Partikel verhalten sich wie Flüssigkeiten (links). Partikel können über KEYED auch Formen annehmen (rechts)

- Im Bereich INTEGRATION finden Sie folgende Optionen:
  - INTEGRATOR: Mit dem INTEGRATOR legen Sie fest, wie schnell und genau Blender die Partikel berechnet. Von schnell zu langsam (ungenau zu sehr genau) – Euler, Verlet, Midpoint, RK4.
  - TIMESTEP: Hier legen Sie fest, wie viel Zeit bei jedem Simulationsschritt vergeht.
  - SUBFRAMES: Mit Subframes können Sie – besonders bei schnellen Partikeln – die Stabilität der Simulation erhöhen. Sie legen damit die Anzahl an Frames fest, die Blender zwischen »normalen« Simulations-Frames berechnet.

Die Datei »11_Physic_Systems.blend« finden Sie auf der Buch-DVD unter BEISPIELMATERIAL • KAPITEL_11.

Leider kann ich Ihnen in diesem Abschnitt aus Platzgründen nur die NEWTONIAN-Einstellungen des PHYSICS-Panels zeigen – die Datei »11_Physic_Systems.blend« stellt Ihnen in verschiedenen Szenen (am oberen Rand der 3D-Ansicht) alle Physiksysteme (unter anderem die in Abbildung 11.16 gezeigten FLUID-Partikel) vor.

11.2.10 Das Render-Panel

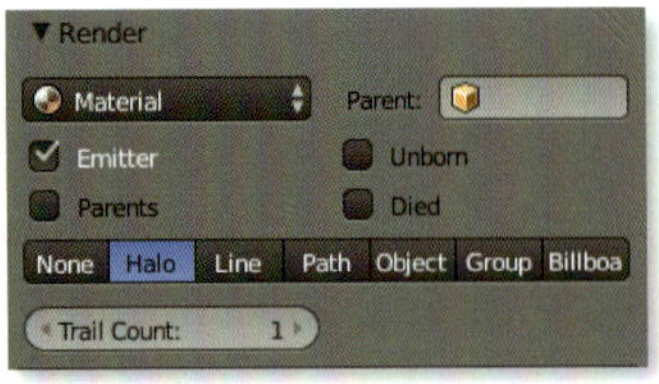

▲ **Abbildung 11.17**
Das RENDER-Panel

▲ **Abbildung 11.18**
Partikel mit einem TRAIL-Count von 50

Im RENDER-Panel können Sie festlegen, wie die Partikel des aktuellen Partikelsystems gerendert werden. Die hier getroffenen Einstellungen beeinflussen die Darstellung der Partikel in der 3D-Ansicht nicht – diese legen Sie im DISPLAY-Panel (nächster Abschnitt) separat fest. Die folgenden Einstellungen stehen Ihnen im RENDER-Panel zur Verfügung:

- MATERIAL: Das Material für die Partikel. Es kann von dem Material des Emitters abweichen und hier ausgewählt werden.
- EMITTER: Falls Sie diese Checkbox deaktivieren, werden ausschließlich die Partikel gerendert, falls nicht, wird zusätzlich der Emitter gerendert.
- PARENT: Geben Sie hier ein Objekt an, so werden das Koordinatensystem und der Mittelpunkt dieses Objekts als Emitter-Mittelpunkt genutzt.
- PARENTS: Haben Sie das CHILDREN-Panel aktiviert, so können Sie hier die Parent-Partikel explizit einblenden. Da diese Partikel oft stark von den Children-Partikeln abweichen, ist diese Option standardmäßig deaktiviert. Näheres zu Children erfahren Sie in Abschnitt 11.2.12, »Wundersame Vermehrung – das Children-Panel«.
- UNBORN: Aktivieren Sie dieses Häkchen, so werden nicht nur die Partikel gerendert, die gerade »leben«, sondern zusätzlich alle ungeborenen Partikel.
- DIED: Analog zur UNBORN-Einstellung werden bei dieser Checkbox »gestorbene« Partikel nicht ausgeblendet, sondern weiter gerendert. Sie werden in der weiteren Simulation allerdings nicht mehr berücksichtigt, sondern verharren an der Position, an der ihre Lebenszeit zu Ende ging.

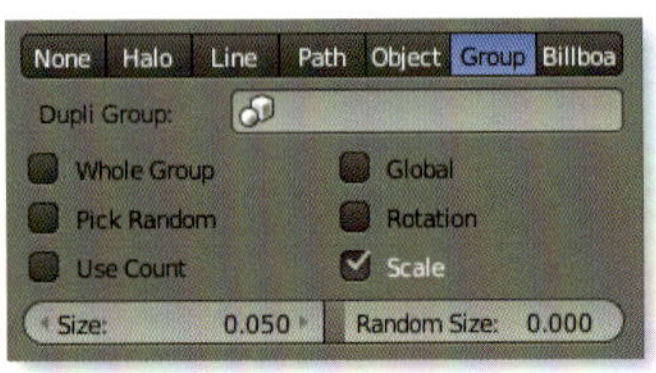

▲ **Abbildung 11.19**
Die GROUP-Einstellungen

Zu guter Letzt finden Sie am unteren Rand dieses Panels eine langgezogene Reihe aus Schaltflächen, die – bei Aktivierung – neue Einstellungen aufdecken (beispielhaft gezeigt anhand der GROUP-Option in Abbildung 11.19). Mit den hier vorhandenen Schaltflächen geben Sie Ihren Partikeln zur Render-Zeit ein anderes Aussehen:

Ist NONE aktiviert, werden die Partikel überhaupt nicht gerendert.

Bei HALO werden die Partikel mit einem HALO-Material gerendert (nur im BI, in Cycles nicht möglich). Über den TRAIL COUNT können Sie die Halos eine Spur erzeugen lassen. Näheres zu diesem Render-Typ erfahren Sie in Abschnitt 11.4, »Rendering von Partikeln«.

◀ **Abbildung 11.20**
HALO-Partikel

Ist die Schaltfläche LINE aktiviert, werden die Partikel als Linie gerendert. Auch bei diesem Typ finden Sie Einstellungen, um Spuren zu erzeugen und die Länge der Linien festzulegen.

Mit PATH (und »gebackenen« Partikeln) werden die Wege der Partikel durch Strähnen nachgezeichnet. Sie erzeugen durch diese Einstellung ein HAIR-System mit folgenden Möglichkeiten:

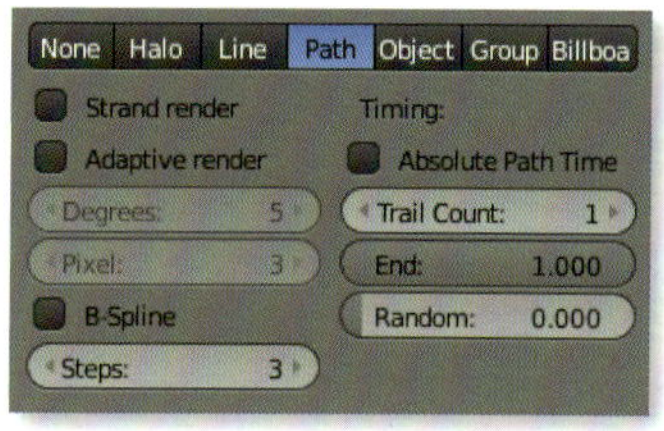

▲ **Abbildung 11.21**
Die Einstellungen der PATH-Option mögen anfangs komplex erscheinen – sie sind jedoch sehr nützlich, um qualitativ hochwertige STRAND-Renderings zu erzeugen.

- STRAND RENDER: Mit dieser Einstellung wird jede BI-Strähne mit einem speziellen Geometrietyp – den Strands – gerendert. Sie rendern zwar deutlich schneller als polygonale Haare, werden jedoch vom Raytracer ignoriert – Transparenzen lassen sich hier also nicht darstellen. Bei Cycles bewirkt diese Option nichts.
- ADAPTIVE RENDER: Mit dieser Option versucht Blender, nur dann eine detaillierte Haar-Geometrie für den Rendering-Prozess zu erstellen, wenn es unbedingt nötig ist. Gerade bei nur leicht gekrümmten und weit entfernten Haaren kann dies von Vorteil sein. Über DEGREES und PIXEL legen Sie dabei fest, wie stark ein Haar gekrümmt sein darf und wie viele Pixel es bedecken muss, bevor ein neues Pfadsegment erstellt wird.
- B-SPLINE: Mit dieser Option machen Sie die Kurvenverläufe von Haaren sanfter.
- STEPS: Der STEPS-Wert definiert, wie oft ein Pfad vor dem Rendering-Prozess unterteilt wird. Sie geben diesen Wert in Zweierpotenzen an, ein Wert von 10 würde den Pfad also 1024-mal unterteilen. Je mehr Unterteilungen, desto runder werden die Pfadverläufe – je weniger, desto spitzer laufen die einzelnen Pfadabschnitte zu.

- Child Simplification: Diese Checkbox hilft beim dynamischen Verringern der Haardichte abhängig von der Entfernung zur Kamera. Reference Size legt dabei fest, ab welcher Haar-Partikelsystem-Größe die Verringerung einsetzt, Rate, mit welcher Geschwindigkeit sie einsetzt, und Transition, wie schnell die Haare ausgeblendet werden. Da diese Option auf die Child-Partikel wirkt, ist sie natürlich nur dann sinnvoll (und wird auch nur dann angezeigt), wenn auch Child-Partikel eingesetzt werden.
- Absolute Path Time: Mit dieser Option können Sie Ihre Haare an definierten Frames über Start und End wachsen lassen. Setzen Sie diese Option nicht, so können Sie das Wachstum prozentual über eben diese Felder festlegen. Über Random legen Sie zufällig unterschiedliche Haarlängen fest.

Neben den bereits genannten Schaltflächen finden Sie im Panel Render noch drei weitere: Geben Sie unter Object ein Objekt an, so wird an jedes Partikel ein Duplikat dieses Objekts gesetzt. Über Rotation und Scale übernehmen Sie die Rotation und Skalierung des Objekts auf alle Klone, über Size und Random Size legen Sie die Größe dieser Klone fest. Die Global Checkbox lässt alle Klone an der Position des geklonten Objekts erscheinen, nicht an der Position des Emitters.

▲ **Abbildung 11.22**
Mit der Object-Option erzeugte Partikel

Die Group-Schaltfläche verfügt über Optionen für Gruppen. Haben Sie mehrere Objekte mit [Strg] + [G] in einer Gruppe zusammengefügt, so können Sie mit der Angabe ebendieser Gruppe jedem Partikel ein Duplikat der ganzen Gruppe (Whole Group), zufällig ein Objekt dieser Gruppe (Pick Random) oder definierte Mengen von Objekten aus dieser Gruppe zuweisen. Daneben gibt es die aus der Object-Option bekannten Size-Einstellungen.

Ein BILLBOARD ist eine zweidimensionale Fläche, die immer der Kamera zugewandt ist – auch wenn Sie die Kamera bewegen. Billboards werden besonders bei Spielen für einfachen Rauch, Feuer, Wolken usw. genutzt. Mit dieser Einstellung ersetzen Sie jedes Partikel durch jeweils ein BILLBOARD-Objekt.

Während Sie im RENDER-Panel ausschließlich Optionen gesetzt haben, die auf das Rendering-Ergebnis wirken, finden Sie im DISPLAY-Panel alle Optionen, um die Darstellung der Partikel in der 3D-Ansicht anzupassen.

11.2.11 Das Display-Panel

Doch warum gibt es überhaupt die Möglichkeit, getrennt festzulegen, wie die Anzeige und das Rendering-Ergebnis dargestellt werden? Möchte man nicht immer genau das sehen, was man rendert? Die Antwort ist einfach: Wenn Sie mehrere Partikelsysteme auf einem Emitter anlegen, möchten Sie die verschiedene Systeme auch unterscheiden (oder den Detailgrad der Partikelsysteme verringern) können.

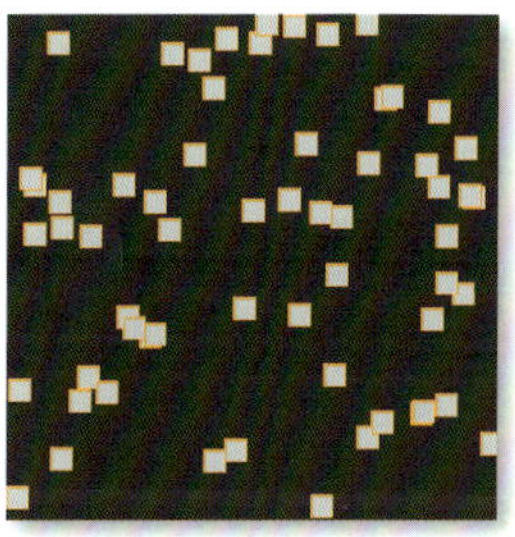

▲ **Abbildung 11.24**
POINT

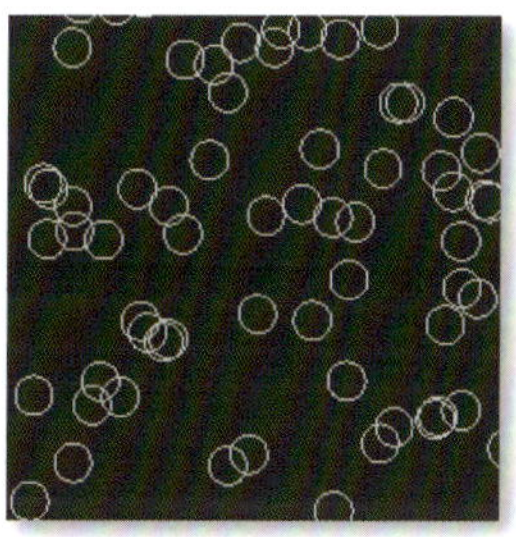

▲ **Abbildung 11.25**
CIRCLE

▲ **Abbildung 11.26**
CROSS

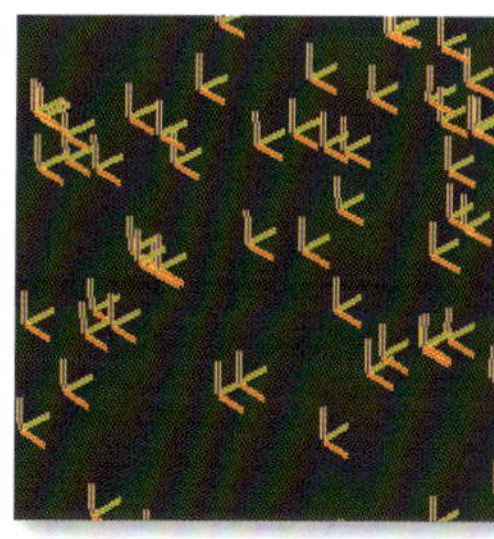

▲ **Abbildung 11.27**
AXIS

Die folgenden Einstellungen helfen Ihnen dabei:

- DRAW METHOD: Über diese Schaltflächen legen Sie die Darstellung des aktuellen Partikelsystems fest. NONE zeigt die Partikel nicht an, RENDERED nutzt die im RENDER-Panel eingestellte Darstellung. POINT, CIRCLE oder CROSS zeichnen die Partikel als Punkte, Kreise oder aus drei Achsen bestehende Kreuze, während AXIS an jedem Partikel eine Achse inklusive der Achsenbeschriftungen anzeigt.
- DISPLAY: Über diese Einstellung können Sie angeben, wie viel Prozent der dargestellten Partikel Sie in der 3D-Ansicht sehen möchten. Falls Sie zwar im finalen Rendering sehr viele Partikel benötigen, diese aber die 3D-Ansicht sehr verlangsamen, ist dieser Regler für Sie.

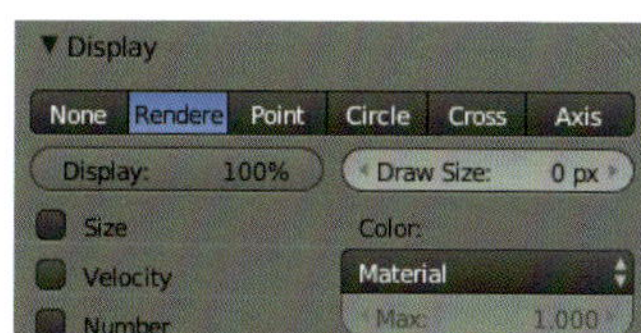

▲ **Abbildung 11.23**
Mit dem DISPLAY-Panel passen Sie die Darstellung der Partikel im 3D-VIEW-Editor an.

- Draw Size: Dieser Wert legt fest, wie groß die Punkte, Kreise, Kreuze oder Achsen gezeichnet werden sollen (nicht bei Draw Method Rendered).
- Size: Ein Häkchen in dieser Box heftet an jedes Partikel eine Größenangabe in Form eines Kreises um die Partikelmitte. Die Size-Einstellungen des Physik-Panels ändern diesen Kreis.
- Velocity: Mit einem Häkchen in dieser Checkbox aktivieren Sie die Geschwindigkeitsanzeige der Partikel. Ein weißer Strich in Richtung der Partikelbewegung zeigt Ihnen die Geschwindigkeit anschließend an.
- Number: Diese Option heftet die Partikelnummer an das entsprechende Partikel. Über diese Option können Sie die Reihenfolge der Partikelemission erkennen.
- Color: Mit diesen Einstellungen ändern Sie die Partikeldarstellung in der 3D-Ansicht je nach Höhe der Geschwindigkeit, Beschleunigung oder je nach Material automatisch. Am besten sehen Sie den Effekt dieser Einstellung wenn Sie als Darstellungsform Point wählen und die Draw Size erhöhen. Draw Color lässt Sie auf diesem Panel zwischen keiner Farbe (None), einer Farbe je nach Geschwindigkeit Velocity, einer Farbe je nach Beschleunigung und einer Farbe je nach Material wählen. Grün steht immer für einen Wert von 0, Rot für den Max-Wert.
- Steps: Analog zum Render-Panel gibt dieser Wert für die 3D-Ansicht in Zweierpotenzen an, wie oft ein Pfad unterteilt wird (die Option wird nur bei Hair-Systemen angezeigt).

Bislang haben Sie über die Anzahl an Partikeln definiert, wie viele Partikel Sie sehen möchten. Blender kennt noch einen weiteren Weg, um die Partikelanzahl zu erhöhen – über Child-Partikel.

11.2.12 Wundersame Vermehrung – das Children-Panel

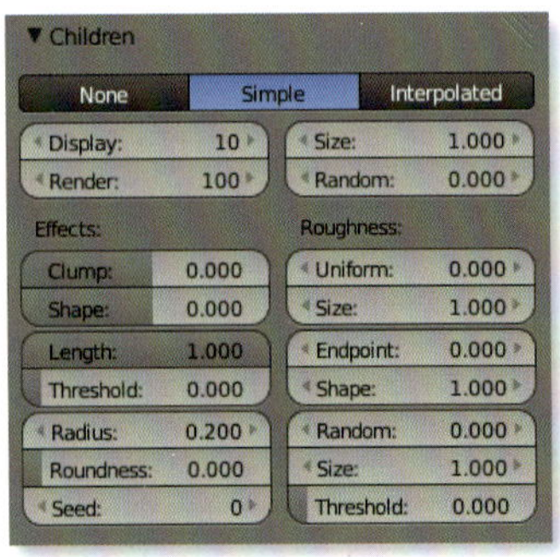

▲ **Abbildung 11.28**
Das Children-Panel

Über das Children-Panel können Sie die Anzahl an Partikeln mit wenigen Klicks deutlich erhöhen. Der große Vorteil bezüglich der simplen Erhöhung des Number-Wertes im Emission-Panel liegt darin, dass die über das Children-Panel hinzugefügten Partikel keine Neuberechnung des Partikelsystems benötigen und sehr schnell für Partikelfülle sorgen. Die physikalischen Partikel-Gegebenheiten werden anhand der Parent-Partikel ermittelt und die Child-Partikel anschließend an den ursprünglichen Partikeln ausgerichtet – Abbildung 11.29 zeigt Ihnen diesen Effekt anhand eines einfachen Point-Partikelsystems.

Über drei grundlegende Einstellungen bestimmen Sie, wie und ob Child-Partikel emittiert werden:

- None: In dieser Einstellung werden keine Child-Partikel erzeugt.
- Simple: Diese Einstellung emittiert die Child-Partikel aus den Parent-Haaren oder Parent-Partikeln und ordnet sie um die Parents an.
- Interpolated: In dieser Einstellung werden die Child-Partikel zwischen den Parent-Partikeln und den Faces des Meshes emittiert. Zwischen nebeneinanderliegenden Parent-Partikeln wird zusätzlich interpoliert. Dieses Verhalten ist besonders nützlich für Partikelfell, denn gerade dort benötigen Sie eine gleichmäßige Haarverteilung.

▲ **Abbildung 11.29**
Partikel mit Children (links) und ohne (rechts)

In den Modi Simple und Interpolated stehen Ihnen die folgenden Basis-Einstellungen zur Verfügung:

- Display: Die Anzahl der dargestellten Child-Partikel pro Parent-Partikel in der 3D-Ansicht
- Render: Die Anzahl der zu rendernden Child-Partikel pro Parent-Partikel (bis zu 10.000)
- Size: Analog zum Physics-Panel stellen Sie hier im Simple-Modus ein, wie groß die Child-Partikel sind.
- Random: Mit diesem Wert geben Sie im Simple-Modus Ihren Child-Partikeln eine zufällige Größe.

Parent-Partikel werden nicht gerendert

Beachten Sie, dass die Parent-Partikel standardmäßig nicht gerendert werden, wenn Child-Partikel eingesetzt werden. Benötigen Sie sie, so können sie über den Punkt Parents des Render-Panels eingeblendet werden.

Diese Optionen stehen Ihnen ausschließlich im Interpolated-Modus zur Verfügung:

- Seed: Der Initialwert für den Zufallszahlengenerator. Wenn Sie diesen Wert ändern, wird die Anordnung der Child-Partikel im Interpolated-Modus verändert.
- Virtual Parents: Mit diesem Regler legen Sie fest, wie viel Prozent der Child-Partikel zu virtuellen Parent-Partikeln werden und ihrerseits die Bildung der Childs beeinflussen.
- Long Hair: Diese Option verlangsamt die Haar-Berechnung minimal, führt aber zu einem besseren Ergebnis bei langen Haaren.

Etwas unterhalb der gerade beschriebenen Optionen finden Sie links die Effects-Einstellungen, die die Form der Haarbüschel festlegen. So können Sie z. B. über Clump bestimmen, ob sich die Haare an den Spitzen berühren, und über Shape festlegen, ob sie eher rund oder spitz zulaufen. Length bestimmt die Länge der Child-Partikel in Relation zu den Parent-Partikeln. Mit den Optionen rechts im Roughness-Bereich können Sie beispielsweise über den Uniform- in Kombination mit dem Endpoint-Regler wunderbar zerzauselte Haare darstellen.

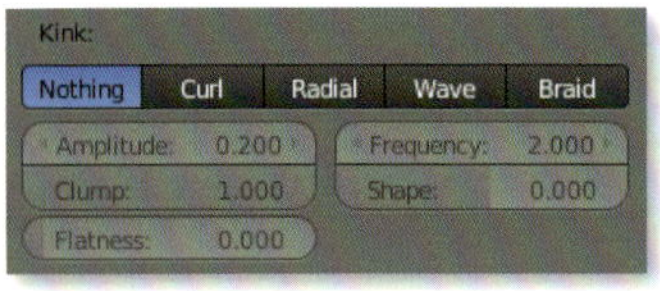

▲ **Abbildung 11.30**
Mit dem KINK-Panel legen Sie Haar-Spezialeffekte fest.

Noch ein wenig tiefer finden Sie Einstellungen, um die Ordnung der Haarpartikel noch mehr zu stören – die Kräusel-Einstellungen (KINK):

- NOTHING: Mit dieser Einstellung werden die Haare nicht gekräuselt.
- CURL: Über einen Klick auf diese Schaltfläche erzeugen Sie Locken.
- RADIAL: Nutzen Sie diese Einstellung, um kreisförmige Partikelverläufe zu erzeugen.
- WAVE: Über diese Option erhalten die Haarpartikel einen wellenartigen Versatz.
- BRAID: Mit dieser Einstellung erzeugen Sie ein geflochtenes Muster.

Direkt unter diesen Optionen finden Sie unter anderem Einstellungen, um die Stärke des Effekts (AMPLITUDE), die Häufigkeit des Effekts (FREQUENCY) und das generelle Aussehen des Effekts (SHAPE, CLUMP, FLATNESS) festzulegen.

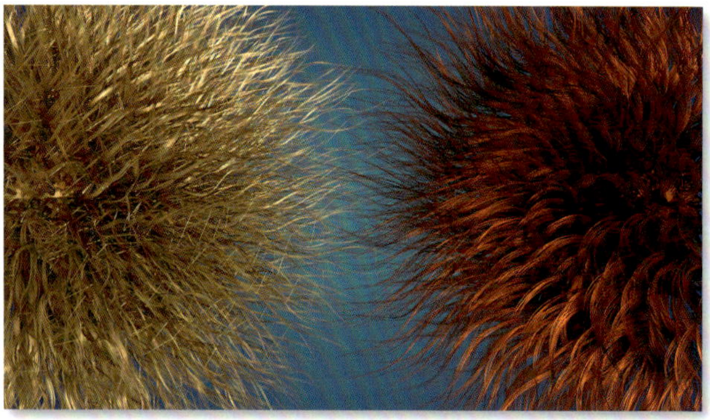

Abbildung 11.31 ►
Beispiele für HAIR-Systeme und CHILD-Partikel mit CURL- (links) bzw. BRAID-Einstellungen (rechts)

Die Datei »11_BrownHair.blend« finden Sie auf der Buch-DVD unter BEISPIELMATERIAL • KAPITEL_11.

Falls Ihr Wissensdurst noch nicht gestillt ist und Sie sich noch mehr Informationen über Haarpartikel und die Einstellungen des CHILDREN-Panels ansehen möchten, besuchen Sie doch einmal die englischsprachige Dokumentation unter *http://goo.gl/SMhEpC*. Sehen Sie sich darüber hinaus die Datei »11_BrownHair.blend« an – sie enthält einen für den BI-Renderer vorbereiteten Fellball.

11.2.13 Zu schwer? Field Weights!

Bislang haben Sie nur die Schwerkraft als physikalische Größe in Blender kennengelernt. Etwas später in diesem Kapitel werden Sie allerdings auch von Kraftfeldern erfahren, mit denen das Haarwachstum und die Flugbahn von Partikeln beeinflusst werden kann. Die Einstellungen des Panels FIELD WEIGHTS dienen in diesem Zusammenhang dazu, die Stärke der physikalischen Felder und Effekte anzupassen, die von außen auf das Partikelsystem wirken.

Alle Regler unterhalb des GRAVITY- und des ALL-Reglers sind dabei den in Blender verfügbaren Kraftfeldern zugeordnet. Mit Werten zwischen 0 und 1 legen Sie hier fest, wie viel Einfluss das jeweilige Feld auf das Partikelsystem hat. Möchten Sie die Schwerkraft beispielsweise ausschalten, genügt es, den GRAVITY-Regler auf 0 zu ziehen. Den Einfluss aller Kraftfelder zugleich beeinflussen Sie mit ALL. Die letzten drei Optionen machen es möglich, Kraftfelder auch bei wachsenden Haaren einzusetzen (USE FOR GROWING HAIR), diese auch auf Child-Partikel wirken zu lassen (EFFECT CHILDREN) und zu bestimmen, ob der Effekt nur nahe der Haarwurzel oder auf das gesamte Haar wirkt (STIFFNESS).

Beachten Sie, dass Sie in diesem Panel nur den generellen Einfluss der Schwerkraft regulieren können. Möchten Sie die Schwerkraft umkehren oder seitlich wirken lassen, so finden Sie alle dazu nötigen Einstellungen im SCENE-Tab des PROPERTIES-Editors unter GRAVITY.

▲ **Abbildung 11.32**
Das FIELD-WEIGHTS-Panel legt den Einfluss der Physik auf die Partikel fest.

11.2.14 Vertex Groups und Partikel

Über die im Panel VERTEX GROUPS verfügbaren Felder können Sie das Wachstum, die Dichte, das Verklumpen der Partikelhaare und viele weitere Settings durch Vertex-Gruppen und somit durch Vertex-Gewichtungen beeinflussen. Darüber hinaus haben Sie mit diesen die Möglichkeit, über Weight Painting die Teile des Meshes »anzumalen«, die später Partikel emittieren sollen, und das Resultat live zu sehen.

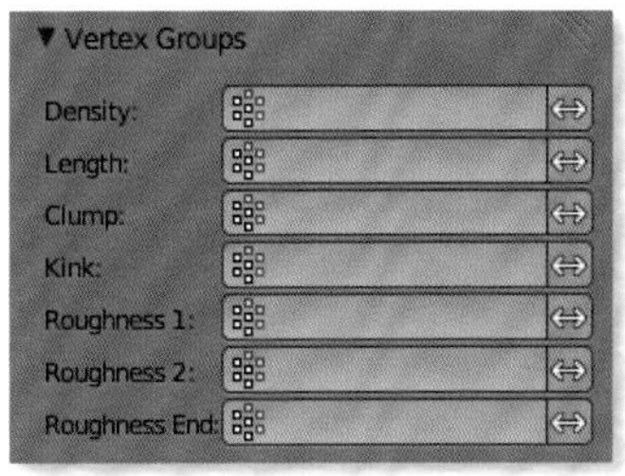

▲ **Abbildung 11.33**
Das VERTEX-GROUPS-Panel

Da sich Vertex-Gewichtungen zusätzlich von Modifiern beeinflussen lassen, können Sie Haare beispielsweise dynamisch wachsen oder Gras kürzen lassen. Technisch wird diese Beeinflussung so gelöst, dass der Wert der Gewichtung mit dem entsprechenden Eigenschaftswert multipliziert wird. Eine Gewichtung von 1 bedeutet daher volle Auswirkung auf die Eigenschaft, eine Gewichtung von 0 keine. Die folgenden Eigenschaften von Partikeln können Sie per Vertex-Gruppe ändern:

- DENSITY: Diese Box bestimmt die Dichte der Partikel.
- LENGTH: Diese Box legt die Länge der Haarpartikel fest.
- CLUMP: Definiert, welche Teile der Meshes verklumpen (CHILDREN-Panel).
- KINK: Hier definieren Sie, welche Teile des Meshes von den KINK-Einstellungen des CHILDREN-Panels betroffen sind.
- ROUGHNESS 1: Hier bestimmen Sie, auf welche Teile des Meshes die Einstellungen UNIFORM und SIZE des CHILDREN-Panels wirken.

- Roughness 2: Mit dieser Box legen Sie fest, auf welche Teile des Meshes die Einstellungen Random, Size und Threshold des Children-Panels wirken.
- Roughness End: Diese Box kümmert sich um die beiden noch verbleibenden Einstellungen Endpoint und Shape.

Über das Pfeilsymbol am rechten Rand der Boxen können Sie die Gewichtung der ausgewählten Vertex-Gruppen umkehren.

11.2.15 Cycles Hair Rendering

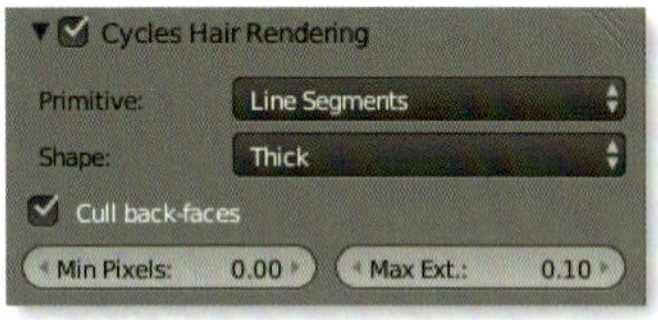

▲ **Abbildung 11.34**
Hair-Rendering mit dem Cycles-Renderer

Während alle bis zu diesem Zeitpunkt vorgestellten Panels sowohl beim BI- als auch beim Cycles-Renderer zur Verfügung stehen, sind die beiden nächsten Panels rein auf den Cycles-Renderer bezogen. In allen anderen Engines werden Sie diese Panels vergeblich suchen. Mit einem Haken im Kopf des Panels aktivieren Sie das Cycles Hair Rendering – ohne diesen Haken werden Sie im späteren Rendering mit Cycles kein einziges Haar finden.

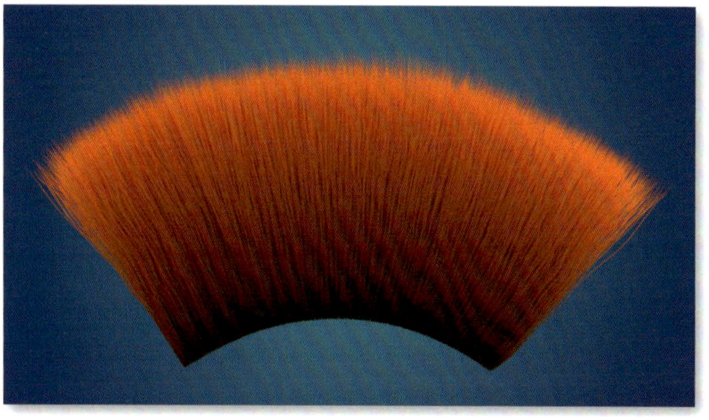

Abbildung 11.35 ▶
Nicht nur mit dem BI-Renderer, auch mit Cycles erzeugen Sie im Handumdrehen künstliche Haare.

Alle im Panel Cycles Hair Rendering vorhandenen Einstellmöglichkeiten gelten global für alle Haar-Partikelsysteme – selbst wenn Sie auf unterschiedlichen Meshes verteilt sind. Da sich das Rendering von Haaren mit Cycles noch in der Entwicklung befindet, erwarte ich, dass diese Optionen in näherer Zukunft auf das Scene-Panel ausgelagert werden – bis es soweit ist, schauen wir uns hier die wichtigsten Optionen genauer an.

Unter Primitive legen Sie die Geometrie fest, die Cycles für jedes Haar vor dem Rendern erzeugt. Welche Geometrie Sie wählen, hängt stark von der Nähe zum Objekt und der gewünschten Qualität des Haar-Renderings ab:

- Line Segments: Ein Haar besteht aus aneinandergereihten Liniensegmenten – zwischen den Segmenten können bei gebogenen Haaren Lücken auftreten.

- TRIANGLES: Ein Haar wird aus Dreiecken aufgebaut. Die Render-Zeit sinkt dadurch einerseits, es können jedoch dünne Stellen innerhalb von gebogenen Haaren auftreten.
- CURVE SEGMENTS: Ein Haar wird aus Kurvensegmenten aufgebaut. Dies erhöht die Render-Zeit, führt aber zu einer deutlich besseren Haardarstellung.

◂ **Abbildung 11.36**
Von links nach rechts – LINE SEGMENTS, TRIANGLES und CURVE SEGMENTS. Die TRIANGLES wurden mit der Einstellung RIBBONS gerendert.

Unter SHAPE finden Sie zwei Einstellungen, mit denen Sie definieren, ob die Haare wie zweidimensionale Bänder oder als dreidimensionale Körper mit Tiefe dargestellt werden:

- THICK: Diese Einstellung generiert dreidimensionale Haare. Sie rendern länger, sehen aber auch deutlich realistischer aus.
- RIBBONS: Gerade wenn Sie Haare aus einiger Entfernung betrachten oder Bänder darstellen möchten, sollten Sie diese Option nutzen – jedes Haar wird durch diese Option als Band gerendert.

Neben der Einstellung CULL BACK-FACES (die automatisch alle Haarteile entfernt, die nicht zu sehen sind) stehen Ihnen die vier folgenden Optionen zur Verfügung:

- RESOLUTION/CURVE SUBDIVISIONS: Diese Einstellung bestimmt bei PRIMITIVE eingestellten TRIANGLES oder CURVE SEGMENTS, wie stark das erzeugte Mesh vor dem Rendering unterteilt ist.
- MIN PIXELS: Falls Sie diesen Wert > 0 setzen, geben Sie Cycles damit vor, dass eine einzelne Strähne nicht kleiner als die hier eingestellte Größe an Pixeln gerendert werden darf.

11.2.16 Cycles Hair Settings

Während die vorangegangen Optionen global auf alle Haarsysteme der Szene wirken, sind die nachfolgenden Optionen ausschließlich für das aktuell gewählte System gültig:

- SHAPE: Über die SHAPE-Option legen Sie fest, wie sich der Durchmesser des Haares von der Wurzel bis zur Spitze hin verändert. Ein Wert von -1 ändert die Dicke der Haare nicht – der Durchmesser der Haarwurzel wird über das komplette Haar

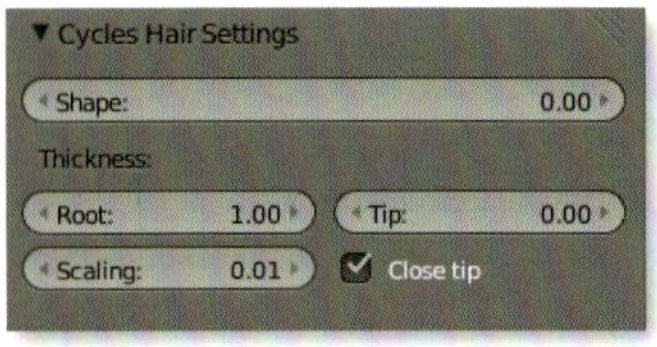

▲ **Abbildung 11.37**
Das Cycles-Hair-Settings-Panel gilt nur für das aktuelle Partikelsystem.

beibehalten. Bei einem Wert von 0 nimmt der Durchmesser kontinuierlich von der Wurzel bis zur Spitze hin ab, während ein Wert von 1 Blender anweist, den Durchmesser der Haare unmittelbar nach der Wurzel an den Durchmesser der Spitze anzupassen.

Mit den Parametern bei Thickness passen Sie den Durchmesser der Haare an:

- Root: Der Durchmesser der Haarwurzel
- Tip: Der Durchmesser der Haarspitze
- Scaling: Mit diesem Faktor können Sie die vorigen beiden Einstellungen skalieren.
- Close tip: Aktivieren Sie diese Checkbox, so werden die Haarspitzen geschlossen.

Bevor wir uns ansehen, welche Kraftfelder Blender für Sie bereithält, möchte ich Ihnen noch ein letztes Partikel-Feature vorstellen: den Particle-Edit-Modus.

▲ **Abbildung 11.38**
Den Particle-Edit-Modus aktivieren Sie in der Mode-Combobox.

▲ **Abbildung 11.39**
Diese Tools helfen Ihnen beim Frisieren von Blender-Haaren.

11.2.17 Partikel frisieren

Wie üblich greifen Sie auf den Particle-Edit-Modus (bei selektiertem Mesh mit Partikelsystem) über die Modus-Combobox des 3D-View-Editors zu. Wählen Sie dort Particle Edit, steht Ihrer Karriere als Friseurin oder Friseur nichts mehr im Weg – denn in diesem Modus frisieren Sie Hair-Partikel. Der Modus ist jedoch nicht nur bei Haarpartikeln verfügbar – auch bei normalen Partikelsystemen ist er vorhanden und sinnvoll.

Während Sie sich eine Frisur bei Hair-Partikelsystemen wahrscheinlich bildlich vorstellen können, wird es bei normalen Partikelsystemen schon etwas schwieriger. Lassen Sie es uns trotzdem versuchen: Stellen Sie sich vor, dass ein Partikel auf seinem Weg eine Spur hinterlässt. Über die nachfolgenden Tools können Sie diese Spur beeinflussen. Um Blender diese Spur bekannt zu machen, müssen Sie normale Partikel im Cache-Panel des Particle-Tabs allerdings »backen«, bevor Sie in den Modus Particle Edit wechseln. Haarsysteme benötigen diese Vorbereitung nicht.

Wechseln Sie in den Particle-Edit-Modus, so finden Sie in der Toolbar (T) auf der linken Seite ein Werkzeug-Set, das jede gestandene Friseuse neidisch machen würde:

- None: Hier halten Sie nichts in der virtuellen Hand. Kein Werkzeug ist ausgewählt.

- COMB: Mit dieser Auswahl nehmen Sie einen Kamm und Haargel in die Hand. Fahren Sie bei gedrückter linker Maustaste über die Haare, kämmen und stylen Sie sie in alle Richtungen.
- SMOOTH: Mit dem SMOOTH-Werkzeug glätten Sie die Haare.
- ADD: Über dieses Tool fügen Sie dem Mesh neue Haare hinzu.
- LENGTH: Hier verlängern oder mit ⇧ verkürzen Sie die Haare.
- PUFF: Mit dieser Option können Sie die Haare aufstellen oder ablassen. ⇧ kehrt die Wirkung um.
- CUT: Hier nehmen Sie eine Schere in die Hand und schneiden unbarmherzig alle Haare unter der Maus mit einem beherzten Druck auf die linke Maustaste ab.
- WEIGHT: Mit diesem Tool können Sie Haarpartikeln eine Gewichtung geben.

▲ **Abbildung 11.40**
Suzanne benötigt einen Haarschnitt – mit den PARTICLE-EDIT-Tools kein Problem.

Haben Sie mindestens eines dieser Werkzeuge auf Ihrem Haar-Partikelsystem eingesetzt, wird das Partikelsystem automatisch in einen Status versetzt, in dem Sie die Haaranzahl, Haarlänge und viele weitere Optionen nicht mehr einstellen können. Um alle Haaränderungen zu verwerfen, nutzen Sie die Schaltfläche FREE EDIT im ersten Panel des PARTICLES-Tabs.

Nachdem Sie jetzt so viele haarige Angelegenheiten kennengelernt haben, möchte ich Ihnen zeigen, wie Sie mit Cycles und einigen wenigen Einstellungen Haare erzeugen können.

Haarunterteilung erhöhen
Viele dieser Werkzeuge machen nur dann richtig Sinn, wenn Sie die Unterteilung der Haare im Viewport erhöhen – nutzen Sie dazu entweder den unter dem DISPLAY-Panel befindlichen STEPS-Wert oder den auf der linken Seite befindlichen PATH-STEPS-Wert.

11.2.18 Ein Haarschnitt für Suzanne

In dieser kleinen Übung verpassen wir Suzanne einen Haarschnitt und stylen ihr die Haare. Um die Haare nicht aus allen Poren, sondern nur aus dem oberen Kopfbereich sprießen zu lassen, werden wir mittels Vertex-Gruppen zuerst den Wachstumsbereich beschränken.

Schritt für Schritt
Ein Haarschnitt für Suzanne

Laden Sie zu Beginn die Datei »11_Haircut_Cycles_Start.blend« – sie enthält bereits eine ins rechte Licht gerückte Suzanne. Folgen Sie anschließend diesen Schritten:

Die Datei »11_Haircut_Cycles_Start.blend« finden Sie auf der Buch-DVD unter BEISPIELMATERIAL • KAPITEL_11.

1 Vertices auf der Kopfhaut auswählen und gruppieren
Wählen Sie Suzanne aus, und wechseln Sie in den EDIT MODE. Wählen Sie dort einen Vertex mittig auf der Kopfhaut aus, und nutzen Sie Strg + + (Ziffernblock) mehrfach. Erweitern Sie die

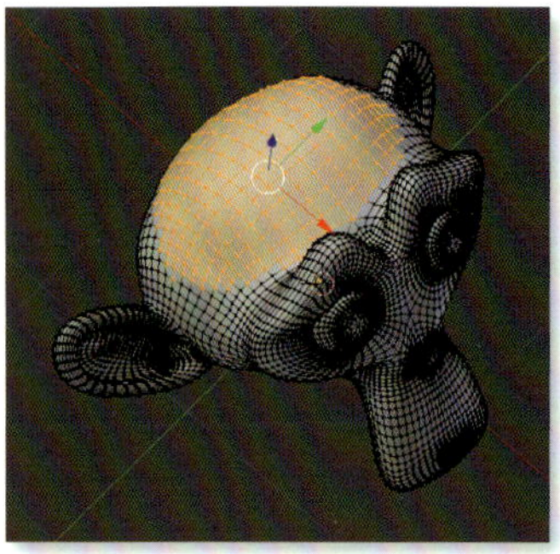

▲ **Abbildung 11.41**
Wählen Sie zuerst die Punkte der Kopfhaut aus, die Haare emittieren sollen.

Auswahl über [C] so, dass viele Vertices der Kopfhaut ausgewählt sind. Nutzen Sie anschließend [Strg] + [G], um eine neue Vertex-Gruppe zu erstellen.

2 Hair-Partikelsystem anlegen
Verlassen Sie den EDIT MODE, und legen Sie ein neues Partikelsystem vom Typ HAIR auf dem PARTICLES-Tab an.

3 Haarlänge verringern
Verringern Sie im EMISSION-Panel die Haarlänge (HAIR-LENGTH-Wert) auf 0.7, und scrollen Sie nach unten zum VERTEX-GROUPS-Panel.

4 Vertex-Gruppe auswählen
Wählen Sie in der DENSITY-Box die erzeugte Vertex-Gruppe aus (falls Sie sie nicht umbenannt haben, heißt Sie »Group«). Die Haare werden jetzt nur noch aus den von Ihnen gewählten Vertices wachsen.

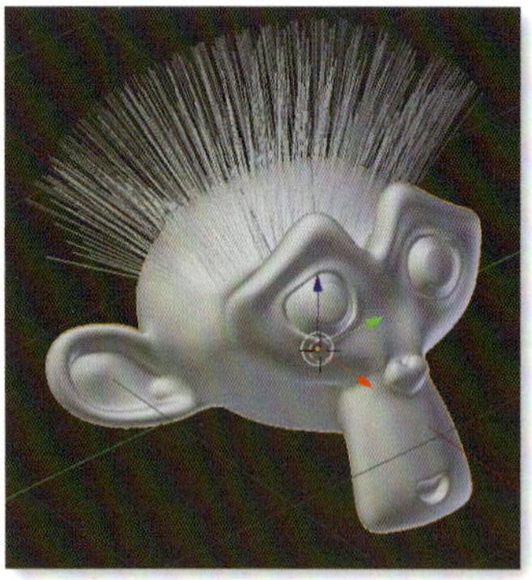

▲ **Abbildung 11.42**
Durch die DENSITY-Option wachsen Haare nur an durch die Vertex-Gruppe definierten Stellen.

5 Weight-Paint-Modus aktivieren und Datei laden
Speichern Sie Ihre Arbeit, und wechseln Sie in den WEIGHT-PAINT-Modus. Zeichnen Sie auf Ihrem Mesh mit verschiedenen Gewichtungen und Stärken, um zu sehen, wie Blender dynamisch die Haarpartikel anpasst. Laden Sie anschließend die gerade gespeicherte Datei, und wechseln Sie in den PARTICLE-EDIT-Modus.

6 Suzanne frisieren
Setzen Sie dort zuerst die PATH STEPS der TOOLBAR ([T]) auf 4. Sie erzeugen auf diese Weise mehr Unterteilungen in den Haarsträhnen und können sie so leichter bearbeiten. Stylen Sie anschließend die Haare ganz nach Ihren Wünschen. Verlängern Sie manche Haare per LENGTH, halten Sie [⇧] dabei gedrückt, um sie zu verkürzen. Probieren Sie die verschiedenen Tools aus, und lassen Sie den Haarkünstler heraus.

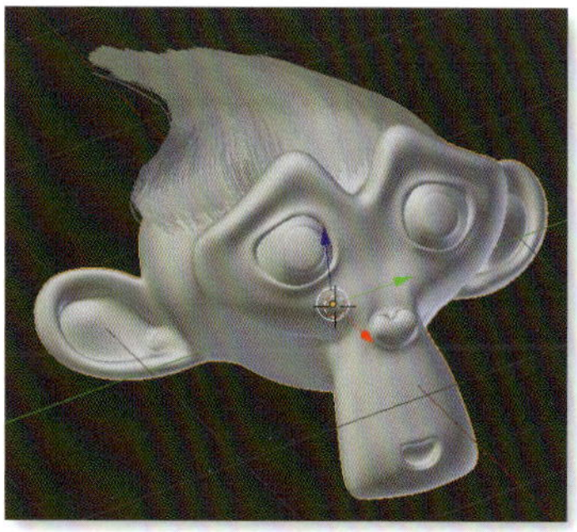

Abbildung 11.43 ▶
Mit den Friseurtools und CHILDREN ist Suzanne schnell gestylt.

7 Haarfarbe zuweisen

Wechseln Sie anschließend wieder aus dem Particle-Edit-Modus in den Object Mode, und geben Sie Suzannes Haaren ein einfaches Diffuse-Material mithilfe des Surface-Panels auf dem Material-Tab (BI) oder einem Diffuse-Bsdf-Shader (Cycles) in einer kräftigen Farbe. Rendern Sie die Szene jetzt, werden Sie feststellen, dass Suzanne inklusive ihrer Haare in der Farbe erstrahlt, die Sie gerade festgelegt haben. Legen Sie daher noch einen zweiten Slot (inklusive Material) an, und ändern Sie bei ihm erneut die Farbe. Nennen Sie es »HairMat«, und geben Sie dem ersten Material wieder das ursprüngliche Weiß zurück. »Richtige« Haarmaterialien lernen Sie etwas später in diesem Kapitel kennen. Wechseln Sie jetzt auf das Render-Panel des Particle-Tabs, und wählen Sie dort das »HairMat« aus. Setzen Sie dort gleichzeitig die Steps auf 4, und scrollen Sie zum Children-Panel.

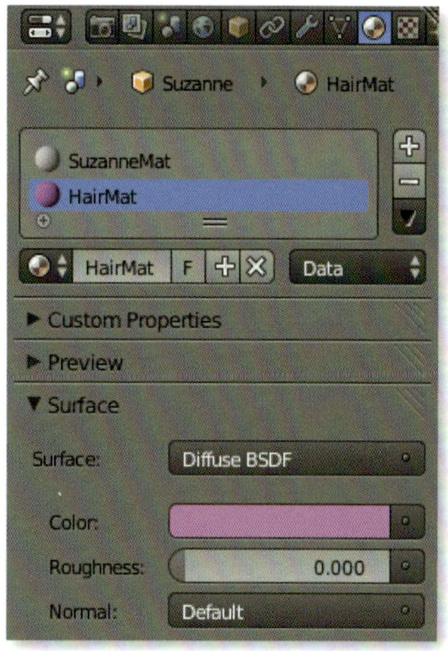

▲ **Abbildung 11.44**
Suzannes Haarmaterial – in diesem Fall mit Cycles erstellt

8 Children erzeugen

Erzeugen Sie hier über die Einstellung Simple einige Child-Partikel, und verringern Sie die zu hohen Render- und Display-Werte auf für Sie annehmbare Werte. In meinem Fall war 6 prima.

9 Suzanne rendern

Rendern Sie Ihre Suzanne, und – falls Sie sich noch weiter mit Suzannes Haaren beschäftigen möchten – passen Sie die Einstellungen der Child-Partikel an. Ändern Sie dabei auf jeden Fall die Clump-, Shape- und die Roughness-Werte, und erzeugen Sie verrückte Haarkreationen.

Suzanne-Friseure gesucht

Wenn Sie besonders originelle Haarkreationen erschaffen haben, senden Sie mir diese doch zu – wenn eine neue Auflage dieses Buchs erscheint, werde ich die drei besten Einsendungen in diesem Kapitel veröffentlichen. Mein Ergebnis finden Sie unter Beispielmaterial • Kapitel_11 in der Datei »11_Haircut_Cycles_Final.blend«. Wie Sie selbst solche Haare rendern, lernen Sie etwas später in diesem Kapitel.

◀ **Abbildung 11.45**
Frisur-Inspiration: Mögliche Ergebnisse dieser Übung – Suzanne z. B. mit pinken Haaren.

11.3 Naturkräfte entfesseln – die Kraftfelder

Kraftfelder sind Felder, die auf jedes Objekt innerhalb ihrer Grenzen eine Kraft wirken lassen. Ein einfaches reales Beispiel für eine Kraft, wie sie in einem Kraftfeld wirken kann, ist der Wind – das Spiel der Blätter im Wind, Bäume, die sich im Wind wiegen, oder Westernfilme, bei denen abgestorbene Büsche durch das Bild rollen – immer ist der Wind eine Kraft, die die Akteure in dieser »Animation« umherwirbelt.

In Blender fügen Kraftfelder Partikelsystemen dynamische Bewegungen hinzu – je nach Kraftfeld werden Partikel innerhalb dieser Felder angezogen, abgestoßen, verwirbelt oder auf andere Arten bewegt. Dabei wirken Kraftfelder jedoch nicht nur auf Partikelsysteme, sie wirken genauso auf simulierte Körper, sogenannte Rigid Bodys, Soft Bodys und Kleidungssimulationen (all diese Objekte werden Sie im nächsten Kapitel kennenlernen).

11.3.1 Kraftfelder hinzufügen

Kraftfelder fügen Sie – wie die meisten Objekte in Blender – über das ADD-Menü (⇧ + A) der 3D-Ansicht hinzu. Bewegen Sie Ihre Maus dort auf den zweitletzten Eintrag FORCE FIELD, und wählen Sie ein beliebiges Kraftfeld aus.

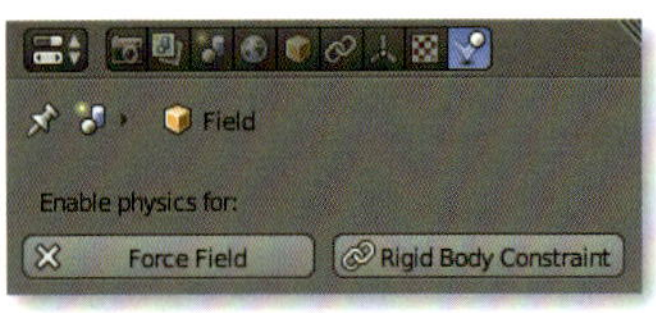

▲ **Abbildung 11.46**
Das PHYSICS-Panel

▲ **Abbildung 11.47**
Ein punktuell wirkendes Kraftfeld

Alle Einstellungen zu Kraftfeldern finden Sie auf dem in Abbildung 11.46 zu sehenden PHYSICS-Tab. Da Kraftfelder in Blender durch Emptys dargestellt werden (die den Vorteil besitzen, nicht im Rendering aufzutauchen) können Sie die Größe der Kraftfeld-Darstellung auf dem OBJECT-DATA-Tab anpassen. Mit dieser Einstellung beeinflussen Sie jedoch nicht die Wirkung des Kraftfeldes. Kraftfelder wirken in Blender nur dann auf Objekte und Partikelsysteme, wenn die Kraftfelder auf demselben Layer wie die zu beeinflussenden Objekte liegen und Sie die FIELD WEIGHTS nicht auf 0 reduziert haben.

11.3.2 Gemeinsame Einstellungen und Wirkungskreise

Blender bietet Ihnen Kraftfelder für jeden nur denkbaren Einsatzzweck. Sie alle haben gemeinsame Optionen, die unter anderem die Stärke und den Wirkungskreis der Kraftfelder bestimmen:

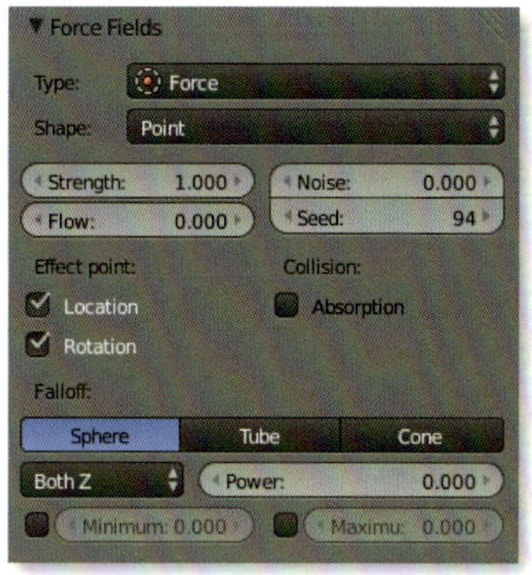

▲ **Abbildung 11.48**
Die Einstellungen der verschiedenen Kraftfelder unterscheiden sich nicht sehr stark voneinander.

- SHAPE: Mit dieser Option geben Sie an, wie sich das Kraftfeld aufbaut. Es kann um einen Punkt herum in alle Richtungen wirken (POINT), um eine zweidimensionale Ebene, die nur in Richtung der z-Achse wirkt; es kann von der Mesh-Oberfläche ausgeübt werden (SURFACE, nur verfügbar, wenn ein Kraftfeld einem Mesh hinzugefügt wurde) oder von jedem Vertex eines Meshes ausgehen (EVERY POINT).
- STRENGTH: Die Stärke des Kraftfeldes. Sie können positive oder negative Werte eingeben und ändern mit dem Vorzeichen die Richtung der Kraft. Wenn Sie ein Kraftfeld-Objekt skalieren, wird mit dem Objekt auch die Stärke skaliert. Auf diese Weise können Sie Ihre Szene kleiner und größer skalieren, ohne dass sich die Kraft des Feldes in Bezug zu anderen Objekten in dieser Szene ändert.
- FLOW: Über diesen Wert können Sie das Kraftfeld in einen Luftstrom umwandeln. Dies wird in vielen Kraftfeldtypen dazu führen, dass Sie eine langsamere Bewegung der Teilchen bewirken.
- NOISE: Über diesen Wert können Sie die Kraft der Felder unregelmäßig wirken lassen. Je höher dieser Wert ist, desto größer werden die Störungen in dem gewählten Feld.
- SEED: Der Initialwert des Zufallszahlengenerators
- EFFECT POINT: Mit dieser Option können Sie festlegen, ob Partikel durch das Kraftfeld bewegt (LOCATION) und rotiert (ROTATION) werden können.
- COLLISION ABSORPTION: Über diese Einstellung legen Sie fest, dass das Kraftfeld bei einer Kollision mit einem Collider-Objekt (nächstes Kapitel) absorbiert wird und hinter diesem somit nicht mehr wirkt.

Kraftfelder müssen nicht immer an allen Punkten gleich stark wirken – sie können auch mit zunehmender Entfernung zur Kraftfeldmitte schwächer werden. Möchten Sie ein Kraftfeld mit diesem Verhalten ausstatten, nutzen Sie dazu die Falloff-Optionen:

- Falloff Type: Mithilfe der ersten drei Einstellungen legen Sie fest, wie die Abnahme der Kraft an den Rändern das Kraftfeld formt:
  - Sphere: Die Abnahme geschieht gleichmäßig in allen Richtungen und verursacht dadurch ein kugelförmiges Kraftfeld.
  - Tube: Die Abnahme führt zu einem tubusartigen Kraftfeld.
  - Cone: Die Abnahme führt zu einem konischen Kraftfeld.
- Z Direction: Mit dieser Combobox legen Sie fest, ob Sie die Kraft nur entlang der negativen z-Achse, der positiven z-Achse oder in beiden Richtungen abnehmen lassen möchten.
- Power: Mit diesem Wert legen Sie die Stärke der Abnahme an sich fest.
- Max/Min Distance: Hier legen Sie fest, in welchen Bereichen das Kraftfeld anfängt zu wirken und wann es seinen Einfluss verliert. Eine gestrichelte Linie zeigt Ihnen an, wie die aktuellen Einflussbereiche festgelegt wurden.

11.3.3 Arten von Kraftfeldern

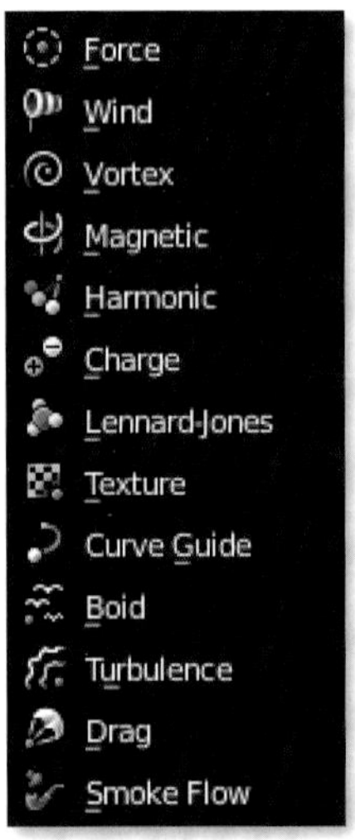

▲ **Abbildung 11.49**
Alle in Blender verfügbaren Kraftfelder

Neben den in den beiden letzten Abschnitten beschriebenen Optionen gibt es noch eine weitere sehr wichtige Combobox – die Type-Combobox. Mit dieser Box wählen Sie die unterschiedlichen Kraftfeldtypen aus:

- Force: Dies ist der am einfachsten zu nutzende Typ. Er generiert eine bezüglich des Kraftfeldzentrums nach außen (Strength > 0) oder nach innen (Strength < 0) gerichtete Kraft.
- Wind: Dieser Kraftfeldtyp »weht« in Richtung der lokalen z-Achse.
- Vortex: Ein Vortex-Feld verursacht eine spiralförmige Kraft um die lokale z-Achse. Gerade bei Abflüssen oder Tornados können Sie solch ein Kraftfeld gebrauchen.
- Magnetic: Dieses Feld simuliert den Einfluss von Magnetismus auf die Partikel. Sie ordnen Partikel und Objekte dabei oftmals wellenförmig an und formen abstrakt animierte Gebilde. Wählen Sie die Kraft dieses Feldes nicht zu stark, sonst werden alle Ihre Partikel in alle Richtungen davonschießen.
- Harmonic: Dieses Kraftfeld übt eine ähnliche Anziehungskraft wie bereits der Force-Typ auf Objekte aus. Der Unterschied liegt allerdings darin, dass dieses Kraftfeld in der Einstellung Surface über die gesamte Mesh-Oberfläche harmonisch wirkt.

Auf diese Art können Objektformen mit Partikeln nachgebildet werden.

- CHARGE: Dieses Force Field funktioniert nur, indem Sie Ihren Partikeln eine Ladung geben (wählen Sie auf dem FORCE-FIELD-SETTINGS-Panel des PARTICLES-Tabs das CHARGE-Kraftfeld, und geben Sie ihm einen positiven STRENGTH-Wert) und anschließend ein zweites CHARGE-Kraftfeld in Ihrer Szene platzieren. Die Partikel werden anschließend von dem zweiten Kraftfeld angezogen, neu geladen und dadurch abgestoßen. Anschließend fliegen sie wieder auf das Ursprungsobjekt zu, wo sie erneut gegensätzlich geladen werden und erneut abgestoßen werden. Dieser Vorgang wiederholt sich über die komplette Animationszeit.
- LENNARD-JONES: Mit diesem Kraftfeld wird versucht, Partikel auf gleichen Abstand zu halten. Ist dies nicht möglich, möchten die Partikel explosionsartig expandieren. Da diese Kraft pro Partikel wirkt, sollte dieses Feld – ähnlich wie das zuletzt beschriebene – auf dem Panel FORCE FIELD SETTINGS des Partikelsystems eingestellt und die Checkbox SELF EFFECT aktiviert werden.
- TEXTURE: Mit diesem Kraftfeldtyp erhalten Sie die Möglichkeit, die Stärke des Kraftfeldes über eine Textur zu definieren. Jeder Wert der drei Farbkanäle Rot, Grün und Blau steht dabei für einen Kraftvektor in x-, y- und z-Richtung, falls Sie die Option RGB gewählt haben.
- CURVE-GUIDE: Diesen Kraftfeldtyp nutzen Sie dann, wenn Sie eine Kraft entlang einer Kurve wirken lassen möchten. Fügen Sie eine Kurve in die Szene ein, und aktivieren Sie mithilfe des PHYSICS-Tabs das CURVE-GUIDE-Kraftfeld. Bringen Sie die Kurve anschließend in die Nähe der zu beeinflussenden Partikel.
- BOID: Dieser Typ bewirkt im Zusammenspiel mit einem Mesh eine Verfolgungsjagd. Stellen Sie die Verfolgerpartikel im PHYSICS-Panel dazu auf BOIDS ein, und geben Sie einem Mesh ein BOID-Feld. Fügen Sie anschließend auf dem BOID-BRAIN-Panel des PARTICLES-Tabs dieses Mesh als GOAL hinzu.
- TURBULENCE: Diesen Kraftfeldtyp hasse ich insbesondere auf Flügen. Er erzeugt starke und weniger starke Turbulenzen.
- DRAG: Alle Objekte innerhalb eines DRAG-Feldes werden abgebremst (positiver LINEAR-Wert) oder beschleunigt (negativer LINEAR-Wert).
- SMOKE FLOW: In Rauch- und Feuersimulationen können Sie mit diesem Typ eine Kraft erzeugen, die in Richtung des aufsteigenden oder sinkenden Rauchs wirkt. Besonders nützlich ist diese Kraft beispielsweise dann, wenn Sie Funken eines Feuers simulieren möchten, die von der Hitze des Feuers aufsteigen.

▲ **Abbildung 11.50**
Partikel werden durch ein Kraftfeld beeinflusst.

Weitere Informationen
Erklärungen zu jeder einzelnen Kraftfeld-Einstellung finden Sie in der offiziellen Blender-Dokumentation unter *http://goo.gl/IRNAQQ*.

Die Datei »11_ForceFields.blend« finden Sie auf der Buch-DVD unter Beispielmaterial • Kapitel_11.

Leider kann ich Ihnen aus Platzgründen hier nicht alle Kraftfeldoptionen beschreiben. Um Ihnen die Auswirkungen von Kraftfeldern und die einzelnen Einstellungen trotzdem auf anschauliche Weise näherzubringen, habe ich daher die Datei »11_ForceFields.blend« vorbereitet. In ihr finden Sie auf jedem Layer einen der obigen Kraftfeldtypen und ein »gebackenes« Partikelsystem, die Sie nach Herzenslust manipulieren und ansehen können. Wechseln Sie einfach auf einen der 13 vorhandenen Layer, und starten Sie die Partikelanimation mit [Alt] + [A]. Haben Sie sich mit den Systemen angefreundet, sehen Sie sich im nächsten Kapitel an, wie Sie Kraftfelder von einzelnen Partikeln ausgehen lassen.

11.3.4 Kraftfelder für einzelne Partikel

Bei den Erklärungen der einzelnen Partikel-Panels habe ich bewusst auf die Erklärung des Panels Force Field Settings verzichtet. Da Sie mithilfe dieses Panels Kraftfelder für das Partikelsystem anlegen können und Ihnen alle im vorigen Abschnitt beschriebenen Felder zur Verfügung stehen, möchte ich die Erklärung jetzt nachholen. Weisen Sie auf diesem Panel Ihrem Partikelsystem ein Kraftfeld zu, so beeinflussen die Partikel dieses Systems andere Partikelsysteme und alle Objekte, die von Blenders Physiksimulator beachtet werden, besonders die im nächsten Kapitel angesprochenen Rigid-Bodies (Seite 609). Standardmäßig besitzen Partikel kein Kraftfeld, maximal sind zwei möglich.

Kraftfelder, die Sie mithilfe dieses Panels auf Partikel anwenden, bilden sich um jedes einzelne Partikel. Diese Optionen stehen Ihnen zur Verfügung:

- Self Effect: Normalerweise wirken die hier eingestellten Kraftfelder auf alle umliegenden Objekte und Partikelsysteme, aber nicht auf die Partikel selbst. Über diese Option legen Sie fest, dass die Partikel sich auch selbst beeinflussen.
- Amount: Hier stellen Sie ein, wie viele Partikel als Kraftfeld agieren. Bei einem Wert von 0 wirken alle emittierten Partikel als Kraftfelder.
- Type 1/2: Über diese beiden Comboboxen weisen Sie den Partikeln bis zu zwei Kraftfelder zu. Wenn Sie einen Kraftfeldtyp auswählen, erscheinen alle zu diesem Feld gehörigen Einstellungen.

Mit diesem kleinen Querverweis auf das Particles-Tab möchte ich jetzt zum letzten Teil dieses Kapitels übergehen. Dort werden Sie erfahren, wie Sie mit Blenders Internal- und Cycles-Renderer die hier vorgestellten Systeme rendern.

11.4 Rendering von Partikeln

Nachdem Sie in diesem Kapitel bereits gelernt haben, wie Sie Partikelsysteme erzeugen, Haare frisieren und Kraftfelder erstellen, kommen wir in diesem Abschnitt noch einmal auf das Thema Rendering zurück.

Wie bereits in Kapitel 6, »Rendering – Ein Bild entsteht«, werde ich auch diesen Abschnitt wieder zweiteilen: Zuerst zeige ich Ihnen die kleinen Kniffe und Tricks der Partikelmaterialien mit dem BI-Renderer, und anschließend erläutere ich Ihnen, was es bei dem Rendering von Partikelsystemen mit Cycles zu beachten gilt.

11.4.1 BI-Renderer

Haben Sie im BI-Renderer ein Partikelsystem erstellt, so weist Blender diesem System standardmäßig ein Material zu. Je nach gewähltem System wird entweder ein HALO-Material (EMITTER-System) oder ein normales SURFACE-Material (HAIR-System) mit speziellen Optionen genutzt. Blender zeigt Ihnen diese Materialzuweisung jedoch nicht an, sondern nutzt es ausschließlich intern, um Ihnen überhaupt etwas bei einem Druck auf F12 anzeigen zu können. Möchten Sie also Änderungen an einem Material vornehmen, so sollten Sie ein neues Material anlegen und entsprechend der Einstellung des RENDER-Panels anpassen. Wie genau, lernen Sie jetzt.

Das Halo-Panel | Während alle bisherigen Materialien immer auf Faces angewandt wurden, wirkt der HALO-Materialtyp auf Vertices und Partikel – Faces werden bei diesem Materialtyp nicht beachtet. Nutzen Sie HALO-Materialien für ein Partikelsystem, so wird ein HALO (Lichthof) an der Position jedes Partikels gerendert. Voraussetzung dafür ist, dass Sie auf dem RENDER-Panel des PARTICLE-Tabs die Optionen HALO oder LINE angeklickt haben oder (ohne Partikelsystem) ein neues Material vom Typ HALO anlegen.

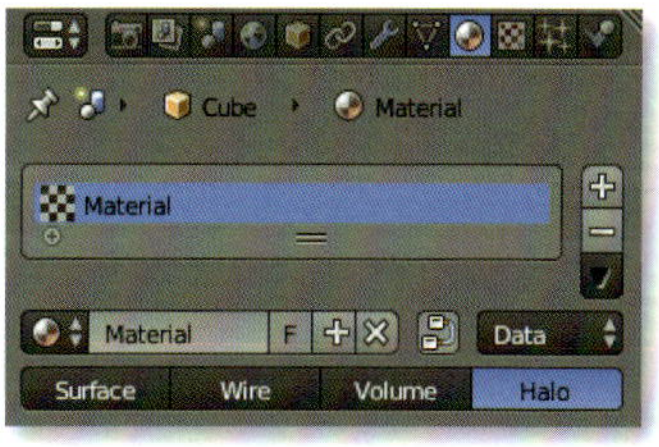

▲ **Abbildung 11.51**
Mit der HALO-Option definieren Sie HALO-Materialien.

Nutzen Sie dazu die Typauswahl des MATERIAL-Tabs, und klicken Sie dort auf HALO. Würden Sie dem Standardwürfel dieses Material ohne Partikelsystem zuweisen, so würden Sie acht helle Punkte im anschließenden Rendering sehen, und in der 3D-Ansicht würden alle Faces entfernt. Da Sie dieses Material jedoch als Partikelmaterial nutzen möchten, wählen Sie ein Partikelsystem aus und weisen diesem das HALO-Material zu.

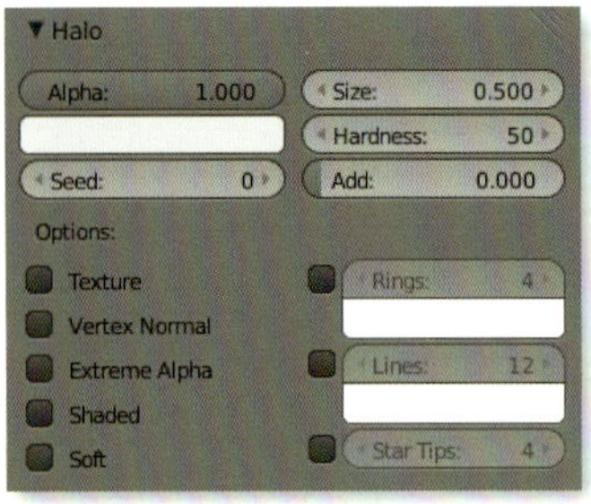

▲ **Abbildung 11.52**
Das HALO-Panel

Unmittelbar nach Auswahl des HALO-Materialtyps werden die normalerweise verfügbaren Panels wie DIFFUSE- oder SPECULAR-Panel durch halospezifische Panels ersetzt. Als erstes Panel erwartet Sie das HALO-Panel, das generelle Einstellungen des Halos festlegt:

- ALPHA: Dieser Slider gibt die Transparenz jedes einzelnen Halos an.
- COLOR: Ein Klick auf das farbige Rechteck öffnet die bekannte Farbauswahl – mit dieser können Sie eine Farbe für das HALO-Material festlegen.
- SEED: Bei Werten ungleich 0 und gleichzeitig gewählter RINGS- oder LINES-Option können Sie hier eine Neuberechnung der Ringe oder Linien anstoßen.
- SIZE: Mit diesem Regler setzen Sie die Größe eines Halos fest.
- HARDNESS: Dieser Regler legt fest, wie scharf das HALO-Material nach allen Seiten begrenzt ist. Je niedriger dieser Wert ist, desto weicher blendet das Halo in den Hintergrund über.
- ADD: Mit diesem Slider legen Sie fest, ob Sie die Farben des Halos mit Farben von durch ihn überlagerten Objekten mischen (ADD = 0) oder aufaddieren (ADD = 1) möchten. Durch eine Erhöhung dieses Wertes erwecken Sie den Anschein, dass Objekte, die durch ein HALO-Feld fliegen, von diesen beleuchtet werden.
- TEXTURE: Über diese Einstellung geben Sie jedem einzelnen Halo eine Textur. Normalerweise würde eine auf dem Objekt aufgebrachte Textur einem Halo die Farbe der Textur an dem Vertex geben, von dem es emittiert wird. Über diese Checkbox wird das Objekt auf jedes einzelne Halo appliziert.
- VERTEX NORMAL: Bei aktivierter Checkbox wird die Größe der Vertex-Normalen mit der SIZE des Halos multipliziert.
- EXTREME ALPHA: Mit dieser Checkbox lassen Sie übereinanderliegende Halos noch stärker glühen als üblich.
- SHADED: Über einen Klick in diese Checkbox empfängt jedes Halo Licht und Schatten anderer Objekte.
- SOFT: Mit dieser Checkbox werden die Kanten des Halos an Schnittpunkten mit anderen Objekten weichgezeichnet.

▲ **Abbildung 11.53**
Halos mit STAR-TIPS-Option und einer MAGIC-Textur

Zusätzlich zu diesen Einstellungen können Sie Halos drei einfache Effekte hinzufügen. Über RINGS erzeugen Sie kreisförmige Ringe um jedes Halo, während Sie über LINES Linien durch die Mitte des Halos erzeugen. Durch die Option STAR TIPS werden die Halos nicht kreisrund, sondern sternförmig.

Wenn Sie sehen möchten, wie ein Partikelsystem mit Halos aussieht, öffnen Sie die Datei »11_ParticleHalos.blend«. Dort werden Partikel ohne Gravitation in den Raum emittiert und nach 50

Frames ausgeblendet. Sehen Sie sich in dieser Datei besonders das Texture-Panel des Halo-Materials an, denn auf diesem Panel erwartet Sie ein besonderer Partikel-Trick: Über eine Blend-Textur und die Mapping-Auswahl Strand/Particle werden Partikel mit schwindender Lebenszeit ausgeblendet. Kehren Sie die Blend-Textur um, werden die Partikel zu Beginn eingeblendet. Alle Partikel dieser Datei werden beim Rendering durch Halos ersetzt.

Die Datei »11_Particle-Halos.blend« finden Sie auf der Buch-DVD unter Beispielmaterial • Kapitel_11.

Das Flare-Panel | Blenders Internal-Renderer bietet Ihnen mit dem Flare-Panel eine einfache Möglichkeit, die Reflexion von starken Punktlichtern in einer Kameralinse zu simulieren. Diese spezielle Art von Linsenreflexion (*Lens Flares*) tritt oftmals auf, wenn Sie an einem hellen Sommertag mit Ihrer Kamera unterwegs sind und die Sonne sich im sichtbaren Ausschnitt des Bildes befindet.

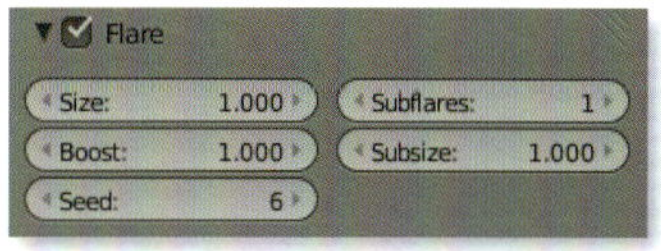

▲ **Abbildung 11.54**
Das Flare-Panel

▲ **Abbildung 11.55**
Die von Daniel Beck erstellte Aufnahme zeigt den Lens-Flare-Effekt und die dabei entstehenden sekundären und tertiären Reflexionen.

Da viele Bildbearbeitungsprogramme bereits Tools mitbringen, die Ihnen das nachträgliche Hinzufügen dieses Effekts erlauben, wurde der Lens-Flare-Effekt gerade von Amateurfotografen in den letzten Jahren häufig übertrieben eingesetzt und erlangte in der Folgezeit zu Unrecht einen sehr schlechten Ruf. Dezent eingesetzt, ist er jedoch ein echter Gewinn für Ihre Szene und trägt zu einem erhöhten Realismus und erhöhter Glaubwürdigkeit bei. Folgende Optionen stehen in Blender für diesen Effekt bereit:

- Size: Die Size des Halos multipliziert mit diesem Wert ergibt die Größe des Lens Flares.
- Boost: Mit diesem Slider können Sie diesem Effekt extra Power verleihen – er wird dadurch noch heller.
- Seed: Unterschiedliche Werte lassen Ihren Flare unterschiedlich aussehen.

▲ **Abbildung 11.56**
Ein von Blender erzeugter Lens-Flare-Effekt

- SUBFLARES: Mit diesem Wert bestimmen Sie, wie viele Flare-Ringe erzeugt werden, die sich je nach Kamerabewegung ändern.
- SUBSIZE: Die Größe der Flare-Ringe

Die Datei »11_Halo-Flare_BI.blend« finden Sie auf der Buch-DVD unter BEISPIELMATERIAL • KAPITEL_11.

Möchten Sie die Einstellungen live begutachten und abändern, so öffnen Sie die Datei »11_HaloFlare_BI.blend«, und rendern Sie eine Animation mit [Strg] + [F12]. Ändern Sie insbesondere den SEED-Wert des Halos, und sehen Sie sich die unterschiedlichen Variationen des Lens-Flare-Effekts an – eine sehen Sie in Abbildung 11.56. Haben Sie genug gesehen, verabschieden wir uns aus der Welt der Halos und sehen uns an, wie Sie mit dem BI-Renderer Haare rendern.

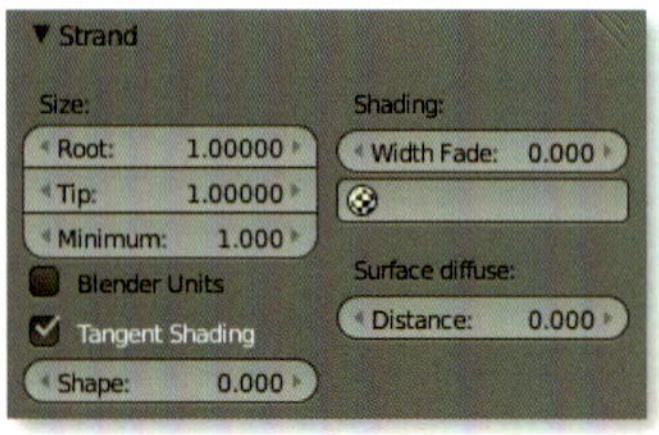

▲ **Abbildung 11.57**
Das STRAND-Panel

Das Strand-Panel | Haare oder Grasflächen werden im Blender-Internal-Renderer immer dann gerendert, wenn Sie ein HAIR-Partikelsystem erzeugen. Alle Materialeinstellungen nehmen Sie – wie bereits bei den Halos – im MATERIAL-Tab vor. Dort finden Sie jedoch keinen neuen Materialtyp, sondern ein zusätzliches Panel unterhalb des SUBSURFACE-SCATTERING-Panels: das in Abbildung 11.57 gezeigte STRAND-Panel. Manche Eigenschaften auf diesem Panel werden Ihnen höchstwahrscheinlich schon bekannt vorkommen, denn ähnliche Einstellungen haben Sie bereits im Panel CYCLES HAIR SETTINGS des PARTICLES-Tabs kennengelernt. Die nachfolgenden Einstellungen bestimmen wie schon bei Cycles daher maßgeblich, wie die Strands Ihrer Szene aussehen:

- SIZE: Hier legen Sie fest, wie dick ein einzelnes Haar/ein Grashalm ist.
- ROOT: Die Dicke der Strands am Ursprung in Pixeln oder in Blender-Einheiten (BE)
- TIP: Die Dicke der Strands an der Spitze in Pixeln oder in BE
- MINIMUM: Die minimale Dicke der Strands in Pixeln oder in BE
- BLENDER UNITS: Hier können Sie wählen, ob Sie die obigen Werte in Pixeln oder in BE angeben. Meines Erachtens sollten Sie die Werte immer in BE eingeben, da sich mit dieser Option die Haardicke nicht ändert, wenn Sie den Abstand Ihrer Kamera zu dem Strandobjekt verändern.
- TANGENT SHADING: Bei gesetzter Option weisen Sie Blender an, das Licht auf den einzelnen Strands so zu berechnen, als ob sie sehr dünn und rund wären. Dieser Trick macht Haare heller und lässt sie mehr glänzen. Deaktivieren Sie diese Option, so wird das Aussehen der Strands eher dem von Borsten ähneln.

◂ **Abbildung 11.58**
Über die TANGENT-SHADING-Option gelingen mit dem BI-Renderer reflektierende Haarsimulationen.

▴ **Abbildung 11.59**
Ein mit dem BI-Renderer erzeugtes Grasfeld ohne das bei Haaren übliche TANGENT SHADING

- SHAPE: Mit diesem Wert bestimmen Sie, ob die Strands eher rund (Werte größer 0) oder spitzer aussehen sollen (Werte kleiner 0). Besonders gut können Sie diese Option sehen, wenn Sie nur wenige Haare emittieren und große Werte für ROOT (beispielsweise 20) und TIP (beispielsweise 5) eingeben.
- SHADING: Mit diesen Einstellungen beeinflussen Sie das Shading der Strands.
- WIDTH FADE: Mit diesem Regler bestimmen Sie, ob Sie die Strands von innen nach außen entlang ihrer Breite transparent werden lassen möchten (Werte > 0) oder nicht (Wert = 0). Die Option STRAND RENDER auf dem PARTICLE-Tab unter dem RENDER-Panel muss dazu aktiviert und Transparenzen müssen eingeschaltet werden.
- UV MAP: Über dieses Feld können Sie eine UV-Image-Map angeben, die entlang der Strands gemappt wird. Alles, was Sie dazu tun müssen, ist, das Emitter-Objekt zu unwrappen und eine Bildtextur auf dem TEXTURE-Tab für dieses Objekt zu laden. Stellen Sie dort die MAPPING COORDINATES auf UV. Beachten Sie, dass diese Option nicht funktioniert, wenn Sie die vorangegangene Einstellung auf dem RENDER-Panel aktiviert haben.
- SURFACE DIFFUSE DISTANCE: Bei meinen Recherchen zu diesem Buch ist es mir leider nicht gelungen, diese Option zur Mitarbeit zu bewegen – falls es Ihnen gelingt oder Sie die Dokumentation an dieser Stelle entschlüsseln können, freue ich mich sehr über eine E-Mail ...

Die Datei »11_Grass_BI.blend« finden Sie auf der Buch-DVD unter BEISPIELMATERIAL • KAPITEL_11.

Um ohne wildes Herumprobieren in die Welt der Haare und Wiesen zu starten, öffnen Sie die Datei »11_Grass_BI.blend«. Dort finden Sie das in Abbildung 11.59 gezeigte Grasfeld auf Layer 1, ein Strands-Feld mit UV-gemappten Strands auf Layer 2 und einen Haarball auf Layer 3. Sehen Sie sich besonders die Beleuchtungseinstellungen und die Materialeigenschaften an – sie sind der Schlüssel zu glaubhaften Haaren, Gräsern und sonstigen Strands. Wenn Sie sich genug mit dem Rendering von Strands im BI-Renderer beschäftigt haben, können Sie eine neue Datei öffnen und die Render-Engine auf Cycles stellen – denn im nachfolgenden Abschnitt möchte ich Ihnen zum Abschluss dieses Kapitels zeigen, wie Sie Partikeleffekte und Haare mit Cycles rendern.

11.4.2 Cycles-Renderer

Cycles macht Ihnen das Rendering von Strand-Partikeln mindestens so einfach wie der BI-Renderer. Bei Halos sieht die Sache allerdings schon wieder anders aus, denn dieser Materialtyp wird von Cycles nicht unterstützt.

Child-Partikel
Während Sie die Materialien von BI-Partikeln immer zu dem jeweiligen Partikelsystem hinzufügen, müssen Sie immer dann, wenn Sie die OBJECT- oder die GROUP-Option nutzen, das Material dem genutzten Objekt hinzufügen. Beachten Sie außerdem, dass der PARTICLE-INFO-Node nur bei »normalen« Partikeln korrekt arbeitet – Child-Partikel können durch ihn nicht eingefärbt oder ausgeblendet werden.

Partikel rendern | Um trotzdem einzelne Partikel rendern zu können, wird in Cycles auf einen Trick zurückgegriffen: Sie nutzen einfach die Einstellung OBJECT oder GROUP des RENDER-Panels auf dem PARTICLES-Tab. Da diese beiden Einstellungen auf die Duplizierung von gewöhnlichen Objekten bzw. Gruppen inklusive der entsprechenden Cycles-Node-Materialien setzen, können sie von Cycles problemlos gerendert werden.

Neben diesem »Trick« bietet Ihnen Cycles gerade für Partikeleffekte noch einen speziellen Node unter INPUT an – den PARTICLE-INFO-Node. Mithilfe dieses Nodes können Sie Informationen über jedes Partikel auslesen:

- INDEX: Die Nummer des ausgesandten Partikels. Das erste Partikel trägt die Nummer 0.
- AGE: Das Alter des Partikels
- LIFETIME: Die Lebenszeit des Partikels
- LOCATION: Wo sich das Partikel im 3D-Raum befindet
- SIZE: Die Größe des Partikels
- VELOCITY: Die Geschwindigkeit des Partikels
- ANGULAR VELOCITY: Die Winkelgeschwindigkeit des Partikels

Alle diese Informationen können Sie in Ihrem Node-Material nutzen, um verschiedene Eigenschaften des Materials zu verändern. So könnten Sie beispielsweise mithilfe von LIFETIME und AGE ausrechnen, ob das entsprechende Partikel schon am Ende seines Lebens angekommen ist.

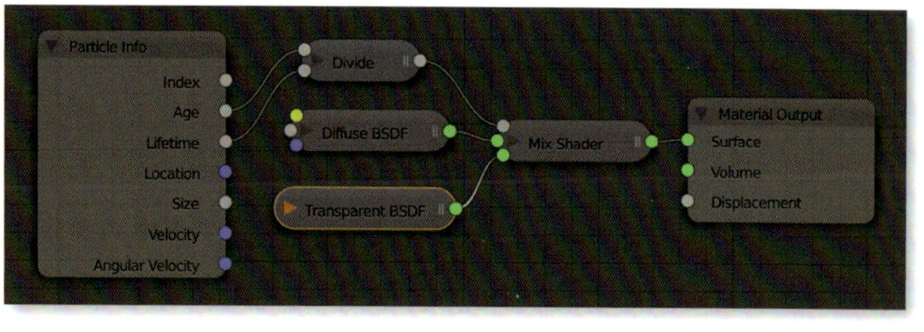

Abbildung 11.60 ▸
Ein Node-Material, um Partikel gegen Ende des Partikellebens auszublenden

Abbildung 11.60 zeigt Ihnen ein Material, das Partikel mithilfe des Particle-Info-Nodes gegen Ende ihrer Lebensdauer ausblendet. In der Datei »11_Strands_Cycles.blend« finden Sie auf Layer 4 exakt dieses Beispiel.

Die Datei »11_Strands_Cycles.blend« finden Sie auf der Buch-DVD unter Beispielmaterial • Kapitel_11.

Strands-Materialien | Wie in Cycles üblich, legen Sie auch bei Hair-Partikelsystemen das Haarmaterial über den Material-Node-Editor fest. Das Herz der Strand-Materialien bilden dabei zwei spezielle Nodes – der Hair-Info-Node und der Hair-BSDF-Node. Mit dem Hair-Info-Node können Sie unter anderem herausfinden, ob der von Cycles ausgesandte Strahl auf eine Haarsträhne gefeuert wurde (Is Strand) oder den Intercept-Ausgang dazu nutzen, um ein Material entlang der Strähnen aufzubringen.

Der Hair-BSDF-Node dient einerseits dazu, Haarreflexionen zu berechnen (Reflection), und andererseits dazu, die Transparenz der Haare zu berechnen (Transmission). Sie können beide Nodes einfach per Mix-Shader zusammenmischen.

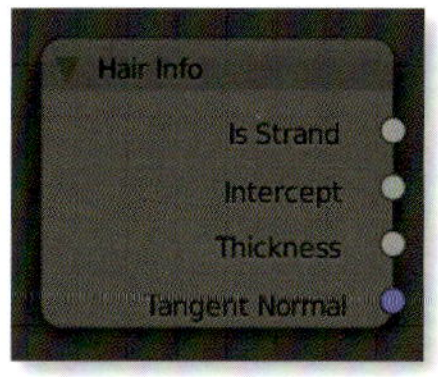

▲ **Abbildung 11.61**
Der Hair-Info-Node gibt Ihnen Informationen über das auf dem Objekt vorhandene Partikelsystem.

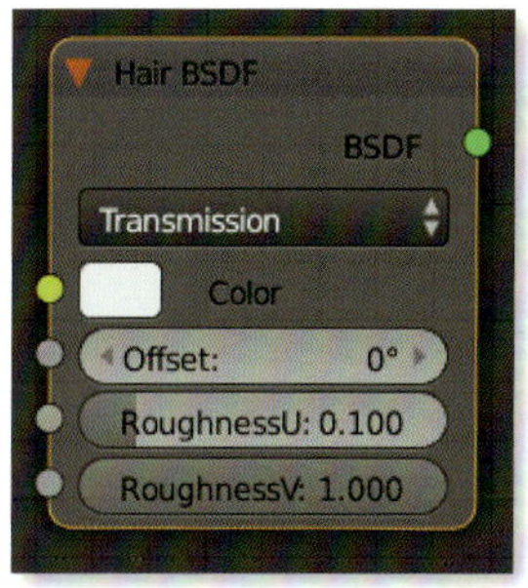

▲ **Abbildung 11.62**
Mit dem Hair-BSDF-Shader erzeugen Sie schnell und einfach Haarmaterialien.

▲ **Abbildung 11.63**
Ein mit Cycles gerenderter Fellball

▲ **Abbildung 11.64**
Ein mit Cycles gerendertes Büschel Pampas-Gras

Um die beiden Nodes in Aktion zu erleben, betrachten Sie am besten die Beispieldatei »11_Strands_Cycles.blend«. Dort erwartet Sie auf Layer 1 ein Farbband, das entlang der Strands Farben aufträgt (mittels des Intercept-Nodes), auf Layer 2 der in Abbildung 11.63 gezeigten Haarball und auf Layer 4 das in Abbildung 11.64 dargestellte Pampas-Gras. An diesem Beispiel sehen Sie, wie einfach Gräser mit Cycles und einem Hair-System erzeugt werden können.

Die Datei »11_Strands_Cycles.blend« finden Sie auf der Buch-DVD unter Beispielmaterial • Kapitel_11.

11.5 Zum Stöbern

In dem nun hinter Ihnen liegenden Kapitel haben Sie schon sehr viel über Partikelsysteme gelernt. Und doch gibt es immer noch manche Punkte, die ich leider nicht abhandeln konnte. Wenn Sie möchten, können Sie daher die folgenden Features gerne selbst nachschlagen oder auf den gängigen Videoplattformen ansehen:

- **Boids**: Mit Boid-Systemen können Sie Verfolger und Gejagte erstellen: Vögel, Fischschwärme oder Menschenmassen sind beispielsweise mit diesem Typ möglich.
- **Billboards**: Sehen Sie sich Blenders Billboard-Option genauer an. Gerade wenn Sie weiter entfernte Rauch- und Partikeleffekte benötigen, sind Billboards eine sehr überzeugende und schnell zu rendernde Wahl.
- **Fluid-Partikel**: Über Fluid-Partikel können Sie Partikel dazu anstiften, sich wie Flüssigkeiten zu verhalten. Sehen Sie sich Blenders Fluid-Partikel genauer an.
- **Partikeleigenschaften beeinflussen**: In Blender können Sie viele Partikeleigenschaften über Texturen beeinflussen. Alles, was dazu nötig ist, finden Sie auf dem Texture-Tab, wenn Sie den Textur-Type auf Particle einstellen (BI) oder wenn Sie das Texture-Panel im Particle-Tab nutzen (Cycles). Über die Textur können Sie beispielsweise kontrollieren, wann Partikel ausgesandt werden, wie lange sie leben, welche Geschwindigkeit sie besitzen usw. Sehen Sie sich die in diesem Buch mitgelieferten Partikelbeispiele und die entsprechenden Einstellungen auf dem Texture-Tab an (»11_Physic_Systems.blend«).
- **Lattices**: Mithilfe von Lattice-Objekten können Sie in Blender den Partikelflug kontrollieren. Fügen Sie ein Lattice in die Szene ein, verformen Sie es, und machen Sie es zum Vater des Partikelsystems – die Partikel werden anschließend der Form des Lattices folgen. Ein Beispiel für dieses und das vorangegangene Feature finden Sie in der Datei »11_ParticleTex.blend«.

Die Dateien »11_ParticleTex.blend« und »11_Physic_Systems.blend« finden Sie auf der Buch-DVD unter Beispielmaterial • Kapitel_11.

11.6 Auf ins nächste Kapitel

Gräser, Haare, Kraftfelder – dieses Kapitel hat Ihnen viele Möglichkeiten gezeigt, wie Sie Ihre Szenen realistischer werden lassen und verschiedene Vorgänge in der Natur simulieren können. Im nächsten Kapitel werden wir noch tiefer in die Simulationsmöglichkeiten von Blender eintauchen. Sie werden sehen, wie Sie Flüssigkeiten, Feuer, Kleidung und Festkörper simulieren und welche künstlerischen Möglichkeiten Blender Ihnen bei all diesen Simulationen einräumt.

Kapitel 12

Simulation

Herzlich willkommen zu den physikbasierten Simulationen. Sie bieten Ihnen die Möglichkeit, physikalisch nahezu korrekte Wasser-, Rauch-, Feuer-, Kleidungs-, Weichkörper- und Festkörpersimulationen mit wenigen Handgriffen aufzusetzen und den Rechner die Animationsarbeit übernehmen zu lassen. Nahezu korrekt deshalb, da Sie mit Blenders Simulationsmodulen beispielsweise keine Strömungssimulation von industriell gefertigten Teilen wie Tragflächen, Schiffsschrauben usw. berechnen können – in Blender kommt es darauf an, glaubhafte Ergebnisse bei moderaten Berechnungszeiten zu erreichen.

12.1 Blenders Simulationsmodule

Blender vereint alle Simulationsmodule unter dem PHYSICS-Tab des PROPERTIES-Editors – genau dort, wo Sie bereits die Kraftfelder kennenlernen durften. Sie aktivieren Sie für das aktive Objekt durch einen Klick auf die Schaltfläche, die den entsprechenden Simulationsnamen trägt. In Abbildung 12.1 sehen Sie anhand der SMOKE-Simulation beispielhaft, wie Blender Ihnen mitteilt, ob die Simulation Einfluss auf die 3D-Ansicht (Auge) und das Rendering-Ergebnis hat (Kamera).

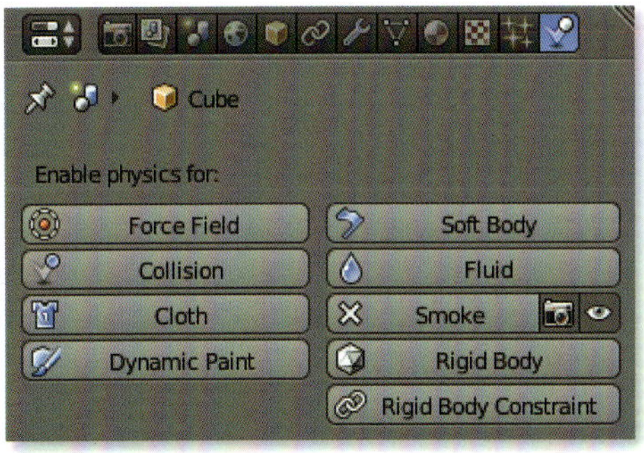

▲ **Abbildung 12.1**
Auf dem PHYSICS-Tab finden Sie alle Physikmodule. Hier bestimmen Sie darüber hinaus, ob die Simulation zur Render-Zeit und im 3D-VIEW-Editor angezeigt wird.

12.1.1 Simulationsarten

Je nachdem, welchen physikalischen Effekt Sie simulieren möchten, stehen Ihnen auf dem PHYSICS-Tab neun verschiedene Physikmodule (und damit auch Schaltflächen) zur Verfügung. Zwischen den folgenden Arten können Sie sich entscheiden:

- FORCE FIELD: Die Kraftfelder haben Sie bereits in Kapitel 11, »Partikelsysteme«, kennengelernt. Sie werden daher in diesem Kapitel nicht mehr gesondert beschrieben.
- COLLISION: Dieses Modul ist nur in Kombination mit anderen Systemen sinnvoll. Alle COLLISION-Objekte dienen als Kollisionsobjekte für Kleidungs-, Partikel-, Rauch- und Feuersimulationen, diese Simulationen sehen sie also als Hindernis.
- CLOTH: Mithilfe dieses Moduls können Sie das Verhalten von Stoff simulieren lassen. Auch hier sind COLLISION-Objekte wieder im Einsatz.
- DYNAMIC PAINT: Mit diesem Modul können Sie die unterschiedlichsten Dinge simulieren, angefangen bei dem Auftragen von Farbe auf andere Körper über Fußstapfen im Schnee bis hin zur Erzeugung von Wellen auf Objekten.
- SOFT BODY: Dieses Modul nutzen Sie immer dann, wenn Sie Objekte wie Wackelpudding, Radiergummi oder andere weiche Körper animieren möchten.
- FLUID: Über Fluid-Simulationen bilden Sie das Verhalten von Flüssigkeiten nach, unter anderem sind Honig, Wasser oder flüssige Schokolade mit diesem Modul möglich.
- SMOKE: Mithilfe dieses Moduls simulieren Sie Rauch und Feuer. Es werden sowohl Kollisionsobjekte unterstützt als auch die Vermischung von unterschiedlichen Rauchsimulationen.
- RIGID BODY: Mit Rigid Bodys simulieren Sie das Verhalten von Körpern in der Welt inklusive Schwerkraft. Sie können mit diesem Modul beispielsweise eine Kugel von einer Rampe rollen lassen, ohne einen einzigen Keyframe zu setzen.
- RIGID BODY CONSTRAINT: Dieses System wirkt in Verbindung mit den vorangegangenen Rigid Bodys. Sie können damit die Bewegungsmöglichkeiten der simulierten Objekte einschränken – ganz so, wie Sie es mit Object-Constraints oder Bone-Constraints schon in zurückliegenden Kapiteln konnten.

Zum Nachlesen

Alles zu Bone- und Object-Constraints finden Sie in Kapitel 10, »Vertex Weights, Skinning und Rigging«. Lesen Sie dort in Abschnitt 10.3.5, »Constraints – Beschränkungen festlegen«, ab Seite 524 nach.

Haben Sie eine Schaltfläche aktiviert, so werden im unteren Teil des Tabs Einstellungen zu dem aktivierten Simulationsmodul angezeigt. Falls auf einem Objekt mehrere Simulationsmodule gleichzeitig aktiv sind, erscheinen alle Einstellungen untereinander. Entgegen Ihren Erfahrungen auf dem MODIFIER-Tab sagt dies jedoch nichts über die Interaktion der Systeme miteinander aus, denn diese ist nicht bei allen Simulationsmodulen vorhanden. Welche Module miteinander reden und welche sich rein gar nichts zu sagen haben, werde ich Ihnen in den nachfolgenden Abschnitten zeigen. Es gibt jedoch noch ein weiteres wichtiges Detail, dass Sie zuerst kennenlernen müssen – die Verknüpfung der Physikmodule mit dem Modifier-Stack.

12.1.2 Simulationsmodule und das Modifier-Tab

Sobald Sie einem Objekt ein Physikmodul durch einen Klick auf die entsprechende Schaltfläche zuweisen, legt Blender dieses Modul – wie in Abbildung 12.2 gezeigt – automatisch auf den Modifier-Stack. Da dort keinerlei Einstellungen zur Verfügung stehen, könnten Sie jetzt auf die Idee kommen, dass der Stack nur anzeigt, dass dieses Objekt ein Physikmodul besitzt – doch weit gefehlt. Durch die Lage des Moduls auf dem Modifier-Stack zeigt Blender Ihnen die Auswertungsreihenfolge an. Liegt eine Stoffsimulation beispielsweise vor einem SUBDIVISION-SURFACE-Modifier, so wird zuerst die Stoffsimulation auf dem Originalobjekt ausgewertet und anschließend der simulierte Stoff unterteilt. Wäre es umgekehrt, so würde das Objekt zuerst unterteilt und dann mit diesem unterteilten Objekt die Stoffsimulation durchgeführt (was zu genaueren Ergebnissen, aber auch größerer Berechnungsdauer führt). Gerade wenn Sie mehrere Physikmodule auf einem Objekt aktivieren, sollten Sie immer auf die Lage der Module im Modifier-Stack achten – viele Probleme lassen sich durch ein einfaches Verschieben der Module im Stack lösen.

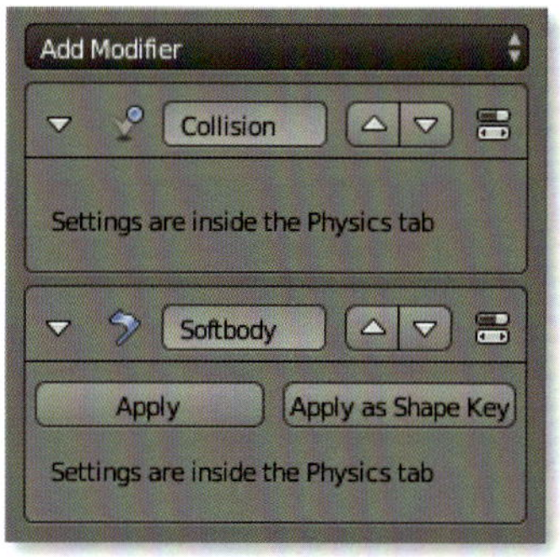

▲ **Abbildung 12.2**
Nicht nur Modifier werden im MODIFIER-Tab verwaltet, auch Physiksimulationen sind dort zu Hause.

Falls Sie im Laufe dieses Kapitels selbstständig mit den hier vorgestellten Physiksystemen hantieren, vergessen Sie bitte nicht, dass diese extrem lange berechnet werden, sobald Sie eine sehr hohe Qualität benötigen. Es ist keine Seltenheit, dass selbst sehr gut ausgestattete Rechner eine komplette Nacht, einen Tag oder je nach Größe der Szene sogar Wochen an einer Simulation rechnen. Stellen Sie zum Ausprobieren also am besten nicht direkt die höchste Qualitätsstufe ein, oder brechen Sie die Simulation frühzeitig ab, wenn Sie merken, dass die Berechnung Ihren Zeitrahmen sprengen würde.

BI oder Cycles
Die Wahl der Render-Engine schränkt Ihre Physiksystemauswahl nicht ein, daher bleibt es Ihnen überlassen, welche Render-Engine Sie für dieses Kapitel verwenden.

12.2 Auf Kollisionskurs – Collision

Objekte mit einem Kollisionsmodul dienen Ihnen dazu, andere Physiksimulationen und Partikelsysteme mehr oder weniger stark zu blockieren. Die Berechnung dieser Kollisionen ist besonders bei komplexen Objekten nicht trivial. Merken Sie sich daher schon jetzt: Wenn Ihr Kollisionsobjekt sehr verwinkelt und detailreich ist, sollten Sie eine vereinfachte Version des Objekts erstellen, das als Kollisionsobjekt fungiert. Platzieren Sie es deckungsgleich über dem Originalobjekt, und parenten Sie es an das Original.

▲ **Abbildung 12.3**
Mit Collision-Objekten lassen Sie Meshes untereinander kollidieren.

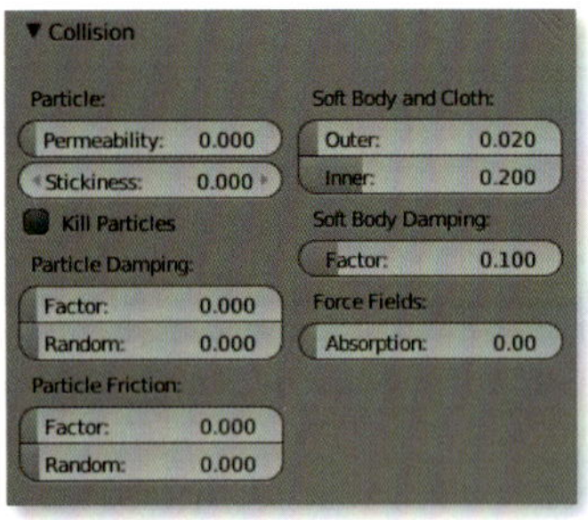

▲ **Abbildung 12.4**
Die Einstellungen der Collision-Objekte

Um festzulegen, wie sich die auftreffenden Objekte oder Partikel verhalten, bietet Ihnen das Modul nach der Aktivierung durch einen Klick auf Collision mehrere Einstellmöglichkeiten (alle Einstellungen aus der Particle-Sektion gelten für Partikel):

- Permeability: Erhöhen Sie diesen Wert, um Partikel durch Ihr Kollisionsobjekt dringen zu lassen.
- Stickiness: Durch eine Erhöhung dieses Werts lassen Sie Ihre an der Oberfläche des Kollisionsobjekts mehr und mehr haften. Bei einem Wert von 0 springen sie ungebremst weiter.
- Kill Particles: Diese Checkbox beendet die Lebenszeit jedes die Oberfläche berührenden Partikels.

Die Einstellungen im Bereich Particle Damping kümmern sich um die Dämpfung der Partikel:

- Factor: Ein Wert von 0 entspricht keiner, ein Wert von 1 einer vollständigen Dämpfung (Partikel springen nicht mehr ab).
- Random: Über diesen Wert gestalten Sie die Dämpfung variabel.

Mit den Reglern im Bereich Particle Friction legen Sie die Reibung der Partikel fest:

- Factor: Ein Wert von 0 entspricht keiner, ein Wert von 1 der maximalen Reibung (die Partikel bewegen sich nicht mehr auf der Oberfläche weiter, nachdem sie diese berührt haben).

- Random: Mit diesem Regler sorgen Sie für eine variable Reibung.

Die beiden Optionen, die Sie im Bereich Soft Body and Cloth finden, gelten für Weichkörpersimulationen. Mit ihnen legen Sie fest, wie groß der Abstand zwischen der Kleidung und den äußeren (Outer) Faces und den inneren Faces (Inner) des Kollisionsobjekts ist. Sie verhindern mit diesen Optionen, dass die Kleidung das Kollisionsobjekt durchdringt. Der unter Soft Body Damping angegebene Factor bestimmt, wie stark die Bewegung eines Kleidungsobjekts bei der Kollision mit diesem Objekt gedämpft wird.

Im Bereich Force Fields finden Sie Optionen, die die Kollision mit Kraftfeldern beeinflussen:

- Absorption: Wenn ein Kraftfeld mit diesem Objekt kollidiert, bestimmen Sie hier die Menge an Energie, die von dem Kollisionsobjekt geschluckt wird. Je höher der Wert, desto weniger Energie besitzt das Kraftfeld nach der Kollision.

Sehen Sie sich jetzt einmal an, wie Kollisionsobjekte auf Partikelsysteme wirken: Öffnen Sie dazu die Datei »12_CollisionParticle.blend«. Sie enthält ein Partikelsystem, dessen Partikel nacheinander mit zwei schrägen Platten kollidieren und schließlich auf einem Boden zur Ruhe kommen. All diese Kollisionen werden durch das Aktivieren des Collision-Moduls auf der jeweiligen Platte aktiviert – eine Umstellung des Partikelsystems ist nicht nötig. Schauen Sie sich die Parameter der Platten an (unter anderem Permeability und Friction), und probieren Sie die vorhandenen Einstellungen in aller Ruhe aus. Sehen Sie anschließend im Modifier-Tab nach, dass Blender einen Collision-Modifier bei allen Platten hinzugefügt hat. Haben Sie Ihre Erkundungstour beendet, sehen wir uns das nächste Physikmodul an: die Stoffsimulation.

Die Datei »12_CollisionParticle.blend« finden Sie auf der Buch-DVD unter Beispielmaterial • Kapitel_12.

12.3 Kleider machen Leute – Cloth-Simulation

Mit Stoffsimulationen können Sie ein Mesh-Objekt dazu bringen, sich wie ein Stück Stoff zu verhalten. Vorhänge aus Seide, Lederstücke und viele andere Stoffmaterialien können Sie über mitgelieferte Voreinstellungen auswählen, ohne die dafür nötigen Einstellungen im Detail kennen zu müssen. Da Stoffsimulationen mit Kollisionsobjekten zusammenarbeiten, sind Aufgaben, wie ein Tischtuch (Cloth) über einen Tisch (Collision) zu decken, einfach und schnell erledigt.

Mesh-Auflösung
Stoffsimulationen und Kollisionen werden mithilfe der in einem Objekt vorhandenen Faces berechnet. Sorgen Sie daher immer dafür, dass eine genügend hohe Anzahl an Dreiecken in Ihrem Mesh verfügbar sind (Subdivision-Subsurf-Modifier).

Abbildung 12.5 ▸
Das CLOTH-Modul erstellt in Windeseile Stoffsimulationen.

12.3.1 Die Cloth-Panels

Weisen Sie einem Objekt einen CLOTH-Modifier zu, so erscheinen sechs Panels, mit deren Hilfe Sie die Stoffsimulation Ihren Wünschen anpassen können.

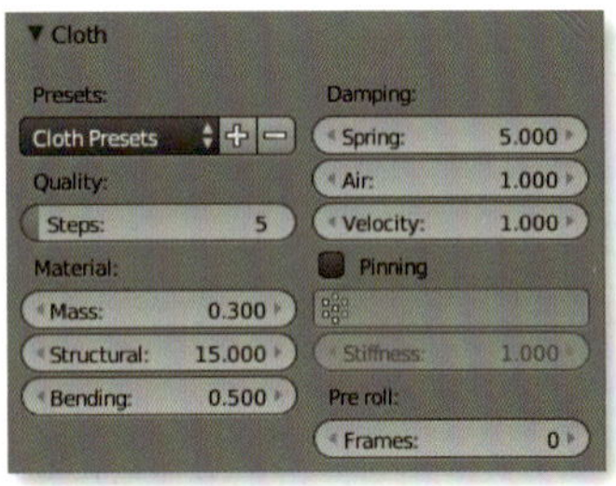

▴ Abbildung 12.6
Einstellungen des CLOTH-Panels

Das Panel »Cloth« | Das CLOTH-Panel hilft Ihnen dabei, das Material zu beeinflussen, aus dem der Stoff besteht. Dazu stehen Ihnen Baumwolle (COTTON), Jeans (DENIM), Leder (LEATHER), Gummi (RUBBER) und Seide (SILK) zur Verfügung. Durch die Wahl eines dieser Presets ändern Sie die auf diesem Panel befindlichen Parameter wie die Dämpfung (DAMPING) oder die Masse (MASS) und Dehnbarkeit (STRUCTURAL) des Materials.

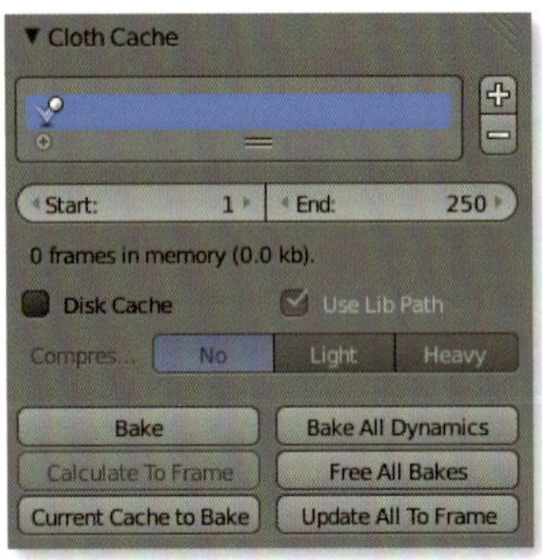

▴ Abbildung 12.7
Das CLOTH-CACHE-Panel kennen Sie bereits.

Das Panel »Cloth Cache« | Das Panel CLOTH CACHE haben Sie in ähnlicher Form bereits im letzten Kapitel kennengelernt. Es »backt« die Stoffsimulation in einen Cache, hält sie fest und sperrt die Parameter – genau wie das CACHE-Panel der Partikelsysteme. Beachten Sie auch hier wieder, dass Sie auf diesem Panel den Start- und End-Frame der Simulation angeben. Alle außerhalb dieses Bereichs befindlichen Frames werden in der Simulation nicht beachtet.

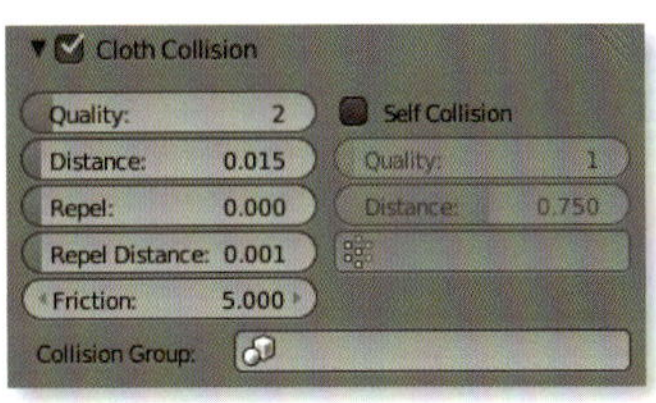

▴ Abbildung 12.8
Das CLOTH-COLLISION-Panel

Das Panel »Cloth Collision« | Mit dem Panel CLOTH COLLISION bestimmen Sie, wie sich die Stoffsimulation verhält, wenn Stoff auf Kollisionsobjekte oder auf Teile von eigenem deformiertem Stoff trifft. Über die Checkbox im Kopf des Panels schalten Sie die Funktion ein oder aus. Über den QUALITY-Regler bestimmen Sie, wie genau die Kollisionsberechnung ist – je höher dieser Wert, desto länger benötigt die Berechnung. Über SELF COLLISION und den dort befindlichen QUALITY-Regler ermöglichen Sie es Blender, Stoffkollisionen mit sich selbst zu erkennen und präzise zu berechnen.

Das Panel »Cloth Stiffness Scaling« | Dieses Panel ermöglicht Ihnen, die Dehnbarkeit und Steifigkeit des Stoffs über Vertex-Gruppen festzulegen. Fügen Sie zu diesem Zweck Vertices einer Vertex-Gruppe hinzu, legen Sie über den Max-Wert denjenigen Steifigkeitswert fest, der in Ihrer Vertex-Gruppe dem Wert 1 entspricht, und weisen Sie die Vertex-Gruppe durch einen Klick in das entsprechende Feld zu. Ein Beispiel finden Sie in der Datei »12_ClothStiffnessScaling.blend«.

Die Datei »12_Cloth-StiffnessScaling.blend« finden Sie auf der Buch-DVD unter Beispielmaterial • Kapitel_12.

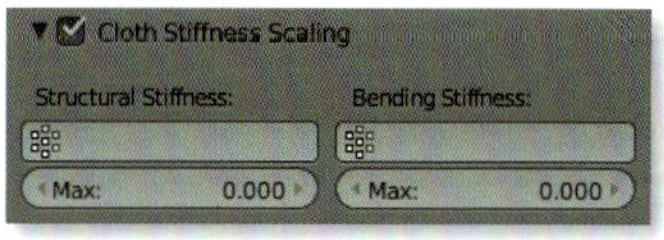

◂ **Abbildung 12.9**
Das Cloth-Stiffness-Scaling-Panel

Das Panel »Cloth Sewing Springs« | Mit diesem Panel können Sie zwei Stoffteile »zusammennähen«. Erstellen Sie dazu ein Objekt mit zwei miteinander nur durch Edges verbundenen Teilen, und aktivieren Sie die Option über die Checkbox im Kopf des Panels. Am besten funktioniert das »Nähen«, wenn Sie die Gravity-Einstellung auf dem nächsten Panel auf 0 setzen. Ein Beispiel finden Sie in der Datei »12_ClothSewing.blend«.

Die Datei »12_Cloth-Sewing.blend« finden Sie auf der Buch-DVD unter Beispielmaterial • Kapitel_12.

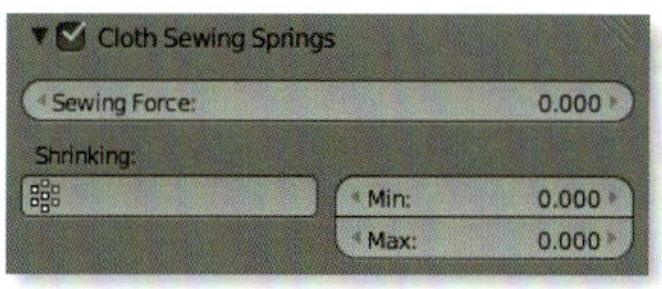

◂ **Abbildung 12.10**
Das Cloth-Sewing-Springs-Panel

Das Panel »Cloth Field Weights« | Dieses Panel wird Ihnen wahrscheinlich ebenso wie das Cache-Panel bereits aus dem letzten Kapitel bekannt vorkommen. Mit ihm legen Sie fest, welche Kraftfelder und physikalischen Gesetzmäßigkeiten die Stoffsimulation beeinflussen können.

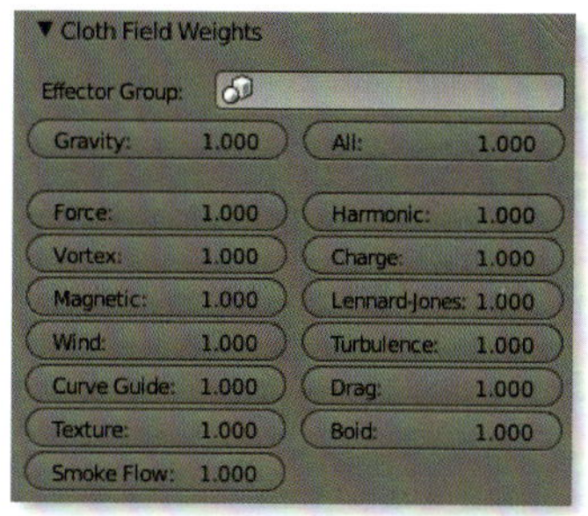

▴ **Abbildung 12.11**
Das Cloth-Field-Weights-Panel ist Ihnen bereits bekannt.

12.3.2 Die Tischdecke

Sehen wir uns jetzt einmal gemeinsam an, wie das in der Einleitung beschriebene Tischtuch-Beispiel in Blender umzusetzen wäre.

Schritt für Schritt
Eine fallende Tischdecke kreieren

Die Datei »12_Cloth-Table_Start.blend« finden Sie auf der Buch-DVD unter Beispielmaterial • Kapitel_12.

In der Datei »12_ClothTable_Start.blend« befinden sich bereits ein »Tuch« und ein Tisch-Modell mit aktiviertem Kollisionsmodul.

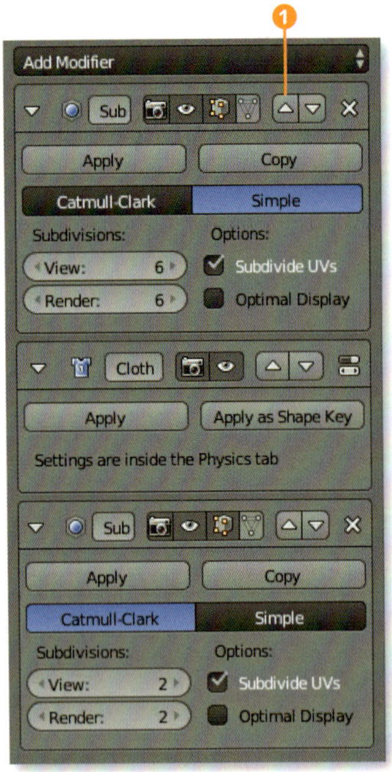

▲ **Abbildung 12.12**
Das resultierende Modifier-»Sandwich« der Übung

1 »Cloth« für Tischtuch aktivieren

Starten Sie, indem Sie das Tuch über dem Tisch auswählen und die CLOTH-Schaltfläche des PHYSICS-Tabs betätigen. Spielen Sie jetzt die Animation mit [Alt] + [A] ab. Das Tuch wird auf den Tisch fallen, sich wild drehen (eventuell zusammenklappen) und schließlich vom Tisch fallen. Nicht wirklich stoffähnlich ...

2 Subdivision-Surface-Modifier hinzufügen

Fügen Sie dem Tuch anschließend einen SUBDIVISION-SURFACE-Modifier auf dem MODIFIER-Panel hinzu, stellen Sie den VIEW- und den RENDER-Wert auf »4« und den Typ der Unterteilung auf SIMPLE. Spielen Sie jetzt erneut die Animation ab, werden Sie keinen Unterschied zur vorherigen Animation bemerken, denn der Modifier wird erst nach dem CLOTH-Modul angewandt.

3 Subdivision-Surface-Modifier verschieben

Verschieben Sie daher den SUBDIVISION-SURFACE-Modifier durch einen Klick auf die im Kopf des Modifiers befindliche Pfeil-Schaltfläche 1 ganz nach oben. Spielen Sie anschließend die Animation erneut ab, werden Sie endlich das gewünschte Ergebnis erhalten – Sie haben ein Tuch erstellt.

4 Weiteren Modifier hinzufügen und anpassen

Möchten Sie die Simulation realistischer gestalten, sollten Sie auf jeden Fall die Unterteilungen erhöhen, eventuell einen weiteren SUBDIVISION-SURFACE-Modifier am Ende des Stacks hinzufügen und die Oberfläche über die TOOLBAR und die Shading-Option SMOOTH weich erscheinen lassen. Abbildung 12.12 zeigt Ihnen das entstandene Modifier-»Sandwich«.

Wenn Sie möchten, können Sie der Tischdecke als abschließende Übung noch ein blau-weißes Muster geben. Nutzen Sie dazu Cycles und eine CHECKER TEXTURE. Eine mögliche Lösung dieser Aufgabe können Sie in der Datei »12_ClothTable_Finish.blend« begutachten.

Die Datei »12_ClothTable_Finish.blend« finden Sie auf der Buch-DVD unter BEISPIELMATERIAL • KAPITEL_12.

Abbildung 12.13 ▸
Das Ergebnis dieser Übung – ein Tisch mit per CLOTH-Simulation gedecktem Tischtuch

12.4 Wackelpudding – Soft-Body-Simulation

Als nächste Simulation möchte ich Ihnen das Soft-Body-Modul vorstellen. Dieses Modul hilft Ihnen immer dann, wenn Sie weiche, verformbare Objekte simulieren möchten – ähnlich wie mit dem vorangegangenen Stoffmodul. Standardmäßig wird sich das mit diesem Modul bedachte Objekt jedoch nicht von alleine bewegen – es reagiert vielmehr auf eine bereits vorhandene Animationen und übernimmt damit oft den Part der (automatischen) Sekundär-Animation. Typische Beispiele für diese Art von Animation sind die Fühler eines Charakters, die beim Gehen wippen, sich auf dem Boden verformende Strandbälle oder Wackelpudding in einer abrupt gestoppten Schüssel.

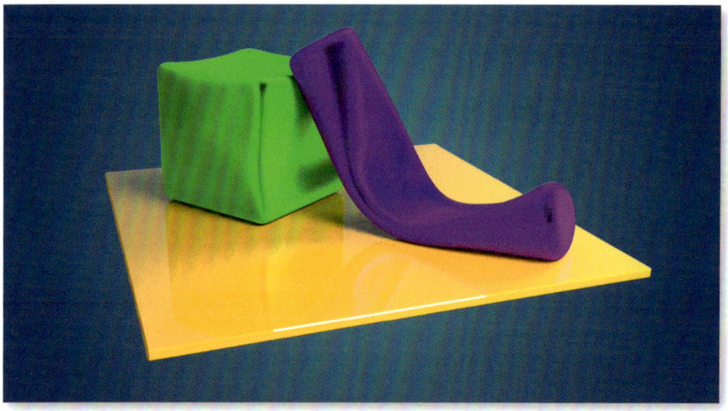

▲ **Abbildung 12.14**
Mit einer Soft-Body-Simulation erzeugen Sie weiche Körper.

Wie gewohnt aktivieren Sie Soft-Body-Simulationen auf dem Physics-Panel oder über das Einfügen eines Soft-Body-Modifiers auf dem Modifier-Tab.

Zum Nachlesen
Möchten Sie sich noch einmal ins Gedächtnis rufen, wie Caches in Blender funktionieren, sehen Sie in Abschnitt 11.2.2, »Caching von Partikeln«, ab Seite 538 nach.

12.4.1 Die Soft-Body-Panels

Neben dem bereits aus dem letzten Kapitel bekannten Cache-Panel (hier Soft-Body-Cache-Panel genannt), das wie schon dort dem Vorberechnen Ihrer Simulation dient, stehen Ihnen unmittelbar nach der Aktivierung des Soft-Body-Moduls die nachfolgenden Panels im unteren Bereich zur Verfügung.

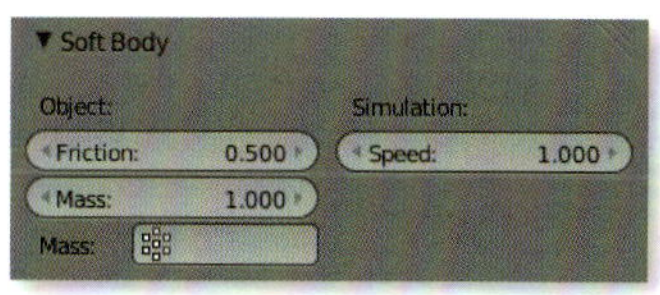

▲ **Abbildung 12.15**
Das Soft-Body-Panel

Das Panel »Soft Body« | Auf diesem Panel legen Sie die Simulationsgeschwindigkeit fest (Speed), die Reibung des Objekts an Kollisionsflächen (Friction) und die Masse (Mass) des Objekts.

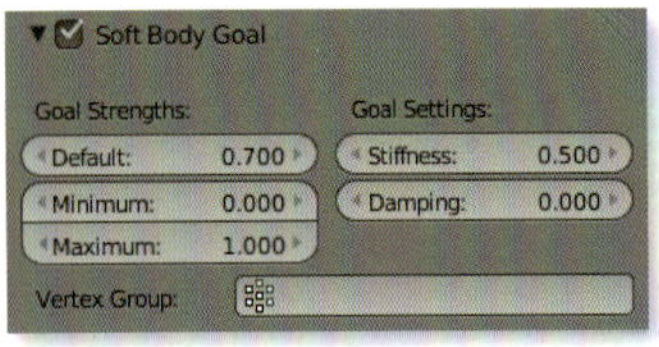

▲ **Abbildung 12.16**
Das Soft-Body-Goal-Panel

Das Panel »Soft Body Goal« | Das Soft-Body-Goal-Panel hält das Soft-Body-Objekt an seinem ursprünglichen Platz fest und lässt es schwingen. Diese Funktion ist besonders dann sinnvoll, wenn Sie ein Objekt bereits animiert haben und das Soft-Body-Modul die Sekundär-Animation erledigen lassen möchten. Über die Goal Settings definieren Sie, wie steif Ihr Objekt ist und wie schnell es wieder in die Ruhelage zurückkehrt, während Sie unter der Überschrift Goal Strengths die Stärke des Effekts festlegen. Soll Ihr Objekt selbstständig fallen, so deaktivieren Sie dieses Panel.

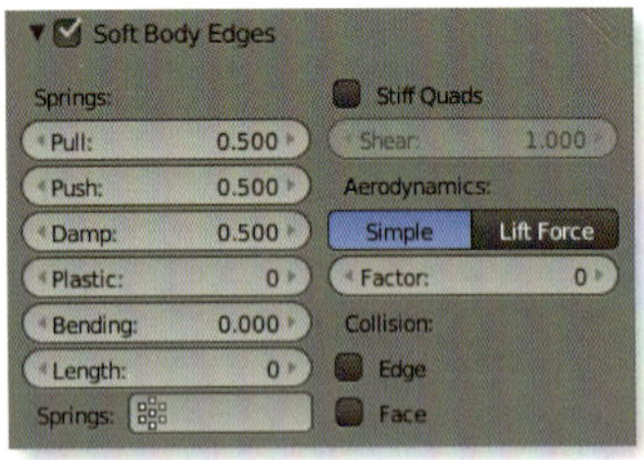

▲ **Abbildung 12.17**
Das Soft-Body-Edges-Panel

Das Panel »Soft Body Edges« | Soft-Body-Simulationen werden technisch so gehandhabt, als wären statt der Edges oder Kurvensegmente eines Objekts Spiralfedern eingebaut. Mit diesem Panel beeinflussen Sie die Härte dieser Federn. Beispielsweise legen Sie mit Pull fest, wie schnell sich die Federn nach einer Dehnung zusammenziehen, und mit Push, wie schnell sie sich wieder auf die ursprüngliche Länge ausdehnen können. Mit dem Plastic-Regler können Sie die Deformationen während der Simulation irreparabel machen. Die Aktivierung dieses Panels und gleichzeitige Deaktivierung des Soft-Body-Goal-Panels führt zu einem Beachball-Effekt – das Objekt wird bei einem Kontakt mit Kollisionsflächen zwar kurz eingedellt, bringt sich aber dank der virtuellen Federn selbstständig wieder in seine Ursprungsform zurück.

Das Panel »Soft Body Self Collision« | Dieses Panel wirkt genau wie die Checkbox Self Collision des Cloth-Moduls. Soll Ihr Soft-Body-Objekt also mit sich selbst kollidieren, so aktivieren Sie dieses Panel.

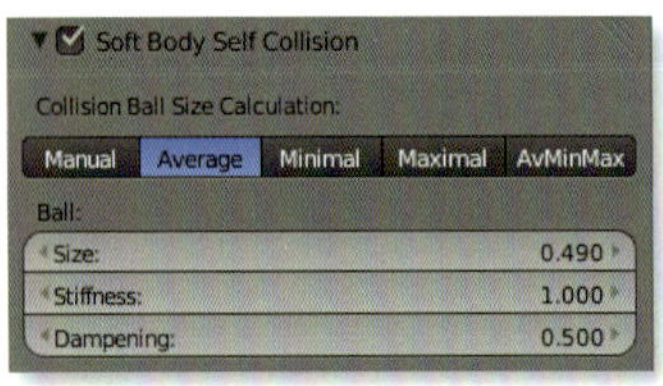

▲ **Abbildung 12.18**
Das Soft-Body-Self-Collision-Panel

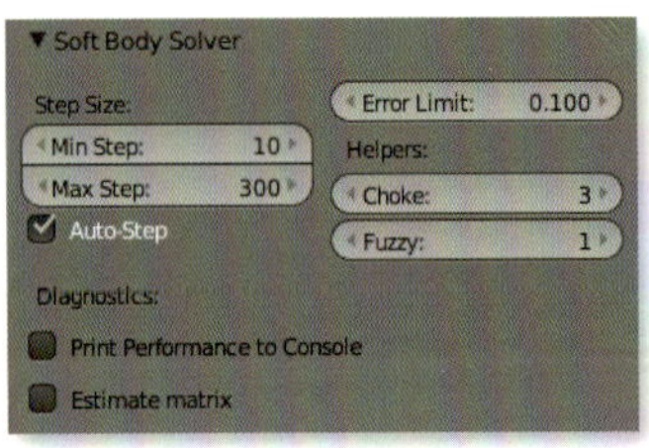

▲ **Abbildung 12.19**
Das Soft-Body-Solver-Panel

Das Panel »Soft Body Solver« | Über die Einstellungen dieses Panels definieren Sie, wie präzise die Simulation berechnet wird. Die Step-Werte geben dabei an, wie viele Schritte der Simulationsalgorithmus pro Frame berechnet – je mehr desto genauer. Über den Error-Limit-Wert können Sie darüber hinaus einstellen, ab wann der Algorithmus einen Fehler erkennt – auch dieser Wert macht die Simulation genauer.

Das Panel »Soft Body Field Weights« | Auch dieses Panel kennen Sie bereits aus der CLOTH-Simulation. Mit ihm legen Sie fest, welche Kraftfelder und physikalischen Gesetzmäßigkeiten die SOFT-BODY-Simulation beeinflussen können. Möchten Sie die SOFT-BODY-Simulation in Aktion sehen, empfehle ich Ihnen einen Blick in die Datei »12_Softbody.blend«. Dort finden Sie sowohl einen fallenden Soft-Body-Würfel als auch ein Soft-Body-Laken, das sich um ein Kollisionsobjekt wickelt. Falls Sie selbst aktiv werden möchten, folgen Sie einfach dem nächsten Tutorial.

Die Datei »12_Softbody.blend« finden Sie auf der Buch-DVD unter BEISPIELMATERIAL • KAPITEL_12.

Schritt für Schritt
Tutorial Beachball

In diesem Tutorial werden Sie eine gewöhnliche Kugel in einen verformbaren Beachball verwandeln, der ohne Ihr Zutun auf den Boden fällt und springt. Öffnen Sie dazu die Datei »12_Softbody-Beach_Start.blend«, und folgen Sie diesen Schritten:

Die Datei »12_Softbody-Beach_Start.blend« finden Sie auf der Buch-DVD unter BEISPIELMATERIAL • KAPITEL_12.

1 Boden und Kugel vorbereiten

Aktivieren Sie zuerst das COLLISION-Modul für den Boden. Nutzen Sie dazu das PHYSICS- oder das MODIFIER-Tab. Wählen Sie anschließend den über dem Boden schwebenden Ball aus, und aktivieren Sie für ihn die Soft-Body-Berechnung über einen Klick auf SOFT BODY oder den entsprechenden Modifier.

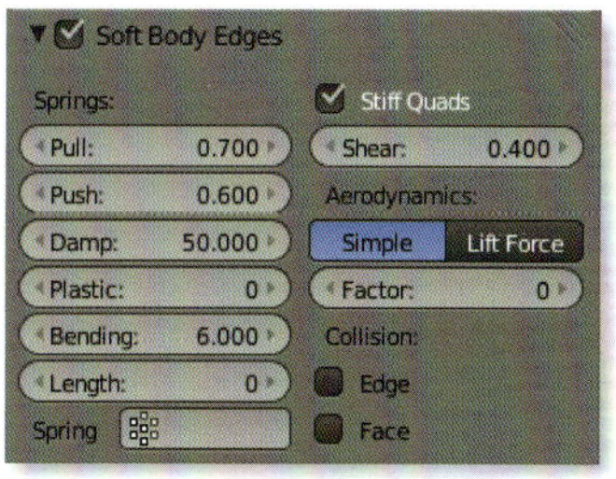

▲ **Abbildung 12.20**
Die Settings des SOFT-BODY-EDGES-Panels

2 »Soft Body Goal« deaktivieren

Starten Sie nun die Animation durch `Alt` + `A`. Sehen Sie, wie der Ball in der Luft schwebt? Dies verursacht das Panel SOFT BODY GOAL. Die dortigen Einstellungen lassen den Ball um seine Ursprungsposition schweben. Deaktivieren Sie daher dieses Panel durch einen Klick auf die Checkbox im Kopf des Panels.

3 Dem Ball zu mehr Sprungkraft verhelfen

Lassen Sie den Ball jetzt wiederum per `Alt` + `A` auf die Fläche fallen. Sehen Sie, wie instabil der Ball ist? Dieses Verhalten liegt in den sehr schwachen (virtuellen) Spiralfedern des Balls begründet, die wir jetzt stärken werden. Erhöhen Sie den PUSH-Wert auf 0.6, den PULL-Wert auf 0.7 und den BENDING-Wert des Panels SOFT BODY EDGES auf 6. Aktivieren Sie darüber hinaus die STIFF-QUADS-Option dieses Panels, und legen Sie SHEAR auf 0.4 fest. Sehen Sie sich anschließend die Animation erneut an. Der Ball sollte jetzt bereits wie ein Beachball springen.

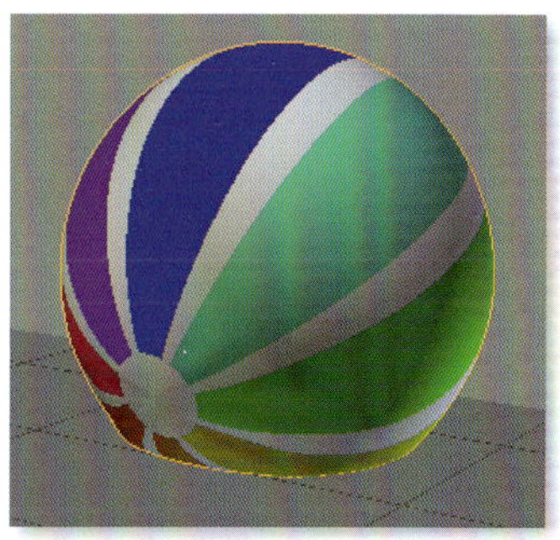

▲ **Abbildung 12.21**
Mit den richtigen Einstellungen wird der Ball beim Auftreffen auf den Boden verformt.

Die Datei »12_SoftbodyBeach_End.blend« finden Sie auf der Buch-DVD unter BEISPIELMATERIAL • KAPITEL_12.

4 Reibung des Balls erhöhen

Um dem Ball etwas weniger Reibung zu geben und ihn somit stärker zu bremsen, verringern Sie jetzt den FRICTION-Wert des Panels SOFT BODY. Setzen Sie diesen Wert auf 1.0, um den Ball in Kameranähe stoppen zu lassen. Das Ergebnis dieser Übung finden Sie in der Datei »12_SoftbodyBeach_End.blend«.

12.5 Malerarbeiten – Dynamic Paint

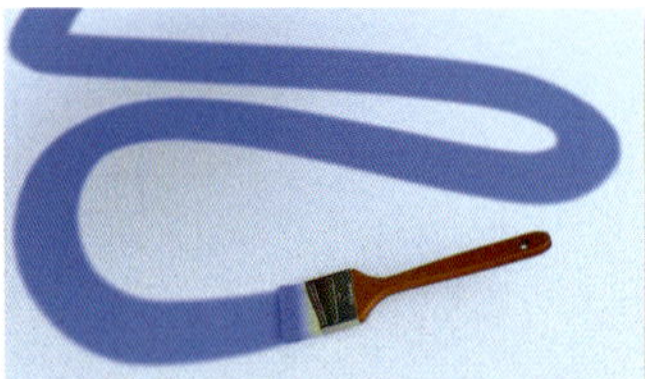

▲ **Abbildung 12.22**
Mit DYNAMIC PAINT können Sie, wie hier gezeigt, sehr einfach Farbe auf eine Leinwand aufbringen – legen Sie einen Pinsel und eine Leinwand fest, und los geht es.

Mit dem DYNAMIC-PAINT-Modul bietet Ihnen Blender ein besonders mächtiges Physikmodul an, denn seine Einsatzgebiete sind sehr vielfältig. Mit der Hilfe dieses Moduls können Sie Objekte in Pinsel und Leinwände verwandeln, mit ihnen Vertex-Gewichtungen dynamisch ändern, Vertices anmalen, Wellen erzeugen oder Meshes dynamisch verformen. Sie werden mit diesem Modifier Effekte erstellen können, die ohne ihn nur schwer oder überhaupt nicht möglich wären: Fußspuren im Schnee, Regen, der den Boden nass werden lässt, einen Pinsel, der auf eine Leinwand zeichnet, oder ein Objekt, das nach und nach einfriert – die Möglichkeiten sind immens.

Gleichgültig, welchen Effekt Sie erstellen möchten, starten Sie immer gleich: Sie legen eine Leinwand (CANVAS) und einen Pinsel (BRUSH) an. Wie auch im realen Leben berühren Sie in Blender mit dem Pinsel die Leinwand – was dabei geschieht, legt allerdings die Art der Leinwand und die des Pinsels fest.

Die Datei »12_DynamicPaintStarter.blend« finden Sie auf der Buch-DVD unter BEISPIELMATERIAL • KAPITEL_12.

Um die folgenden Erklärungen nachvollziehen zu können, sollten Sie jetzt die Datei »12_DynamicPaintStarter.blend« laden. Sie enthält bereits eine Leinwand mit Namen »Canvas« und einen animierten Pinsel mit Namen »Brush«. Für beide Objekte ist das DYNAMIC-PAINT-Modul bereits aktiviert, ihre Funktion wurde dem Modul allerdings noch nicht mitgeteilt. Markieren Sie daher erst das »Brush«-Objekt, und wandeln Sie es per Schaltfläche ADD BRUSH auf dem Panel DYNAMIC PAINT in einen Pinsel um. Selektieren Sie anschließend das »Canvas«-Objekt, und wandeln Sie dieses per Schaltfläche ADD CANVAS in eine Leinwand um. Mit [Alt] + [A] sollte der Pinsel jetzt bereits auf die (im Vorfeld mehrfach unterteilte) Leinwand zeichnen.

12.5.1 Dynamic-Paint-Leinwand – der Canvas

Durch die CANVAS-Einstellung und einen Klick auf ADD CANVAS teilen Sie Blender mit, dass dieses Objekt von einem Pinsel angestrichen werden kann – sowohl tatsächlich (sie können über ein

Pinsel-Objekt Farbe auftragen) als auch im übertragenen Sinne. Wie genau die Leinwand reagiert, welche Farbe sie ohne Bemalung besitzt und viele weitere Eigenschaften legen Sie in den nachfolgenden Panels fest.

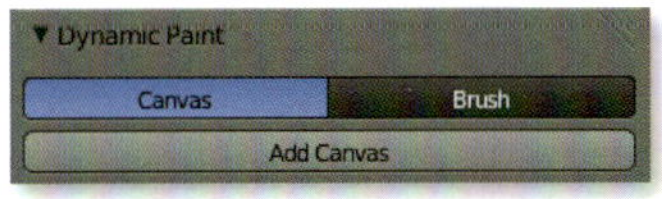

▲ **Abbildung 12.23**
Auf dem Panel Dynamic Paint legen Sie fest, ob das Mesh eine Leinwand oder ein Pinsel ist.

Das Panel »Dynamic Paint« | Dieses Panel beherbergt die folgenden allgemeinen Dynamic-Paint-Einstellungen:

- Format: Hier definieren Sie, wie die Zeichnungen auf der Leinwand ausgegeben werden sollen. Sie können sie entweder als Bildsequenz (Image) oder als Vertex-Farben (Vertex) ausgeben. Wählen Sie eine Bildsequenz, so legen Sie mit Resolution die Kantenlänge in Pixeln fest, die die Bilder erhalten.
- Anti-Aliasing: Diese Checkbox zeichnet das durch den Pinsel erstellte Bild weich.
- Start/End: Über diese beiden Werte legen Sie den Start- und End-Frame der Simulation fest. Alle Frames außerhalb dieses Bereichs werden nicht von dem Dynamic-Paint-Modul berücksichtigt.
- Sub-Steps: Mit einer Erhöhung dieses Wertes erhöhen Sie die Genauigkeit, mit der die Bewegung des Pinsels beim Zeichnen verfolgt wird. Gerade bei schnell bewegten Pinseln ist diese Option wichtig.

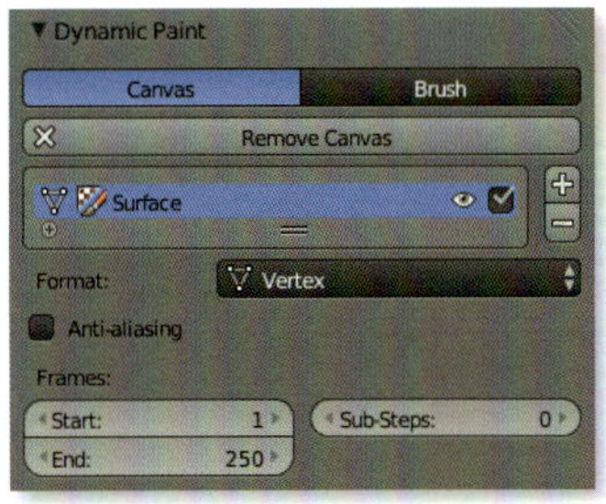

▲ **Abbildung 12.24**
Das Dynamic-Paint-Panel im Canvas-Modus

Das Panel »Dynamic Paint Advanced« | In diesem Panel legen Sie erweiterte Optionen für die Leinwand fest – eine der wichtigsten erwartet Sie direkt zu Beginn des Panels: der Surface Type. Er legt fest, wie die Oberfläche der Leinwand beschaffen ist und welche Effekte mit ihr möglich sind. Vier unterschiedliche Surface-Typen (siehe Abbildung 12.26) stehen Ihnen dabei zur Verfügung.

Bei allen Typen lassen Sie über die Einstellung Brush Group ausschließlich Pinselobjekte der hier angegebenen Pinselgruppe zu. Die Regler Influence Scale und Radius Scale bestimmen die maximale Gewichtung bzw. den Einfluss, den die Größe der Partikel eines als Pinsel agierenden Partikelsystems auf die Simulation hat. Alle vier Oberflächentypen, die ich im Folgenden beschreibe, können Sie sich in der Datei »12_DynamicPaint_Example.blend« auf Layer 1 bis 4 ansehen, wenn Sie [Alt] + [A] betätigen.

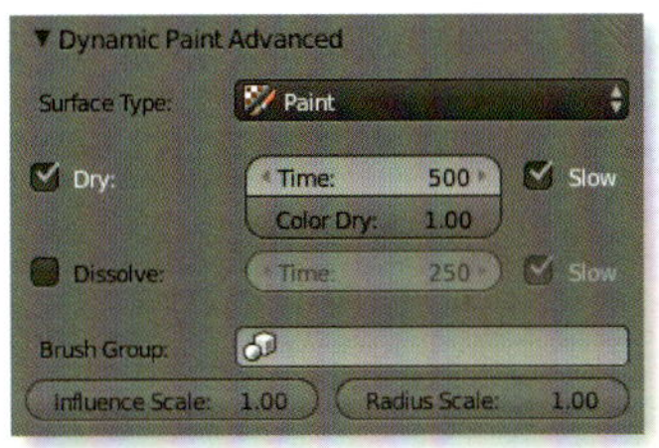

▲ **Abbildung 12.25**
Das Dynamic-Paint-Advanced-Panel

Surface Type »Paint« | Diese Option weist Blender an, sowohl die Farbe als auch die Nässe der Leinwand auszugeben. Haben Sie das Format der Oberfläche im Panel Dynamic Paint auf Vertex gestellt, werden die Farben der Oberfläche als Vertex-Farben und die Nässe als Schwarz-Weiß-Sequenz (Weiß = nass, Schwarz =

Die Datei »12_DynamicPaint_Example.blend« finden Sie auf der Buch-DVD unter Beispielmaterial • Kapitel_12.

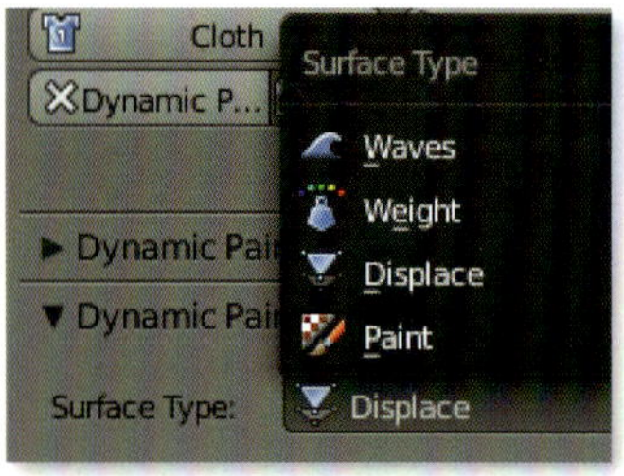

▲ **Abbildung 12.26**
Vier Auswahlmöglichkeiten stehen Ihnen unter Surface Type zur Verfügung.

trocken) ausgegeben. Sie können hier die Trocknungszeit der Farbe (Dry) beeinflussen oder auch festlegen, ob die Farbe verblassen (Dissolve) soll und wie viel Zeit sie dafür benötigt.

Surface Type »Displace« | Bei dieser Einstellung lässt sich die Leinwand durch den Pinsel verformen, analog zu einem Displace-Modifier in Kombination mit einer Textur. Unter anderen können Sie stellen Sie hier einstellen, ob sich die Verformungen mit der Zeit zurückbilden (Dissolve), wie stark das Mesh verformt wird (Displace Factor) und ob sich mehrere Verformungen an der gleichen Stelle addieren (Incremental).

▲ **Abbildung 12.27**
Mit der Einstellung Wave erzeugen Sie die für Bugwellen typischen Wellenformen.

Surface Type »Waves« | Mithilfe dieser Option verwandeln Sie Ihre Leinwand in eine Wellenoberfläche – sobald ein Pinsel diese Oberfläche berührt, bilden sich Wellen. Bei diesem Typ erscheinen unter anderem Optionen zur Einstellung der Dämpfung (Damping), Rauheit (Smoothness) und der Geschwindigkeit (Speed), mit der die Wellen erzeugt werden. Über die Checkbox Open Borders legen Sie fest, dass Wellen nicht am Rand des Meshes reflektiert werden, sondern eine unbegrenzte Fläche simuliert werden soll.

Surface Type »Weight« | Falls Sie Vertex als Formatoption für die Leinwand gewählt haben, können Sie mit dieser Einstellung dynamische Vertex-Gruppen-Gewichtungen erzeugen. Dieser Typ besitzt die wenigsten Optionen. Sie legen hier fest, ob die Gewichtungen nach und nach verblassen sollen (Fade), welche Zeit dafür nötig ist (Time) und ob hohe Gewichtungen schneller verblassen sollen als geringe Gewichtungen (Slow).

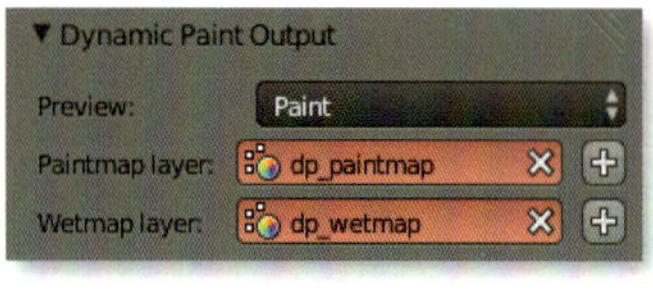

▲ **Abbildung 12.28**
Das Dynamic-Paint-Output-Panel

Das Panel »Dynamic Paint Output« | Das Dynamic-Paint-Output-Panel regelt, wie die auf der Leinwand erzeugten Daten von Blender ausgegeben werden. Bei der Formateinstellung Vertex können Sie hier die folgenden Einstellungen vornehmen:

- Preview: Mit dieser Auswahlbox ändern Sie die Darstellung der Dynamic-Paint-Oberfläche in der 3D-Ansicht. Paint zeigt Ihnen die Farben an, die der Pinsel auf die Leinwand aufträgt, während Wetmap die Nässe der auf die Leinwand aufgetragenen Farben anzeigt.
- Paintmap layer: Hier legen Sie fest, auf welcher Vertex-Color-Ebene die erzeugten Farbdaten gespeichert werden. Falls die Ebene noch nicht existiert (das Feld ist rot hinterlegt) und Sie sich den Umweg zum Anlegen der Vertex-Color-Ebene über das Object-Data-Tab sparen möchten, betätigen Sie das Plus-

symbol hinter dem Ebenennamen – Sie erzeugen dadurch direkt eine Ebene mit diesem Namen.

- WETMAP LAYER: Hier legen Sie fest, auf welcher Vertex-Color-Ebene die erzeugten Nässedaten gespeichert werden. Die Nässedaten geben an, wie frisch die Farbe aufgetragen wurde.

Im Gegensatz zu der Formateinstellung VERTEX sind alle vorangegangenen Optionen bei der Einstellung IMAGE nicht vorhanden. Da Sie alle Ausgabedaten in diesem Fall in Bilddateien speichern möchten, finden Sie hier stattdessen Einstellungen wie den Typ der Ausgabedatei (PNG, OpenEXR), den Speicherort für die erzeugten Dateien und welche Daten gespeichert werden sollen (Paintmaps, Wetmaps). Weisen Sie schlussendlich eine UV-Map-Ebene über das Feld UV-MAP zu, und starten Sie dann den Speichervorgang über einen Klick auf BAKE IMAGE SEQUENCE.

Die Vertex Color rendern

Achten Sie darauf, die Option VERTEX COLOR PAINT in Ihrem BI-Material unter OPTIONS zu aktivieren, wenn Sie VERTEX COLOR als Ausgabe aktiviert haben.

Mit Cycles rendern Sie die VERTEX COLOR, indem Sie einen ATTRIBUTE-Node in Ihren Materialbaum aufnehmen und dort den Namen der VERTEX-COLOR-Ebene eingeben.

Das Panel »Dynamic Paint Initial Color« | Auf diesem Panel legen Sie fest, welche Farbe Ihre Leinwand im unbemalten Zustand besitzt. Vier Auswahlmöglichkeiten stehen Ihnen hier zur Verfügung:

- NONE: Die Leinwand ist schwarz.
- COLOR: Die Leinwand besitzt die mithilfe der Farbauswahl gewählte Farbe.
- UV TEXTURE: Die Farbe wird durch eine Textur definiert.
- VERTEX COLOR: Die Farbe wird durch eine Vertex-Color-Ebene definiert.

▲ **Abbildung 12.29**
Das DYNAMIC-PAINT-INITIAL-COLOR-Panel

Das Panel »Dynamic Paint Effects« | Dieses Panel finden Sie nur bei PAINT-Leinwänden. Mit ihm haben Sie die Möglichkeit, die aufgetragenen Farben zu animieren:

- SPREAD: Mit dieser Option veranlassen Sie die Farben, sich selbstständig zu verteilen. Warten Sie lange genug, werden sie die komplette Leinwand füllen.
- DRIP: Mit dieser Option und einer aufgerichteten Leinwand bewegt sich die Farbe langsam auf den unteren Rand der Leinwand zu. Die Richtung der Bewegung kann durch Kraftfelder und die Gravitationseinstellungen auf diesem Panel von Ihnen beeinflusst werden.
- SHRINK: Diese Option bringt die Farben dazu, von den Rändern ausgehend nach innen zu schrumpfen, bis keine Farbe mehr existiert.

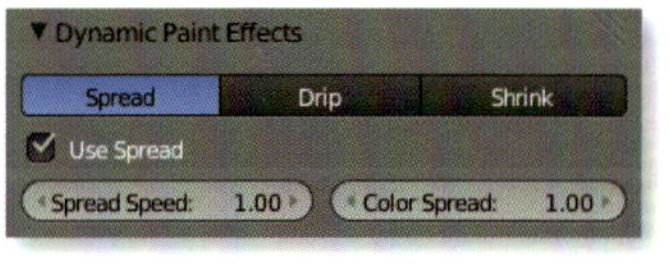

▲ **Abbildung 12.30**
Die SPREAD-Einstellungen des DYNAMIC-PAINT-EFFECTS-Panels

Zu guter Letzt finden Sie nach diesem Panel noch das Panel DYNAMIC PAINT CACHE. Dieses Panel erfüllt exakt die gleichen Aufgaben wie das der bereits besprochenen Panels – es »backt« die

Simulation und sperrt die Einstellungen. Nachdem Sie jetzt alle Einstellmöglichkeiten der Leinwand kennengelernt haben, sehen wir uns in den nächsten Abschnitten die Möglichkeiten von Dynamic-Paint-Pinseln an.

12.5.2 Dynamic-Paint-Pinsel – der Brush

Ein Dynamic-Paint-Pinsel wird in Blender dazu genutzt, auf Leinwände zu zeichnen. Analog zu Ihrem Vorgehen beim Hinzufügen einer Leinwand fügen Sie einen Pinsel in das Dynamic-Paint-Modul ein, indem Sie zuerst ein Objekt auswählen, dann auf Dynamic Paint und anschließend auf Add Brush klicken.

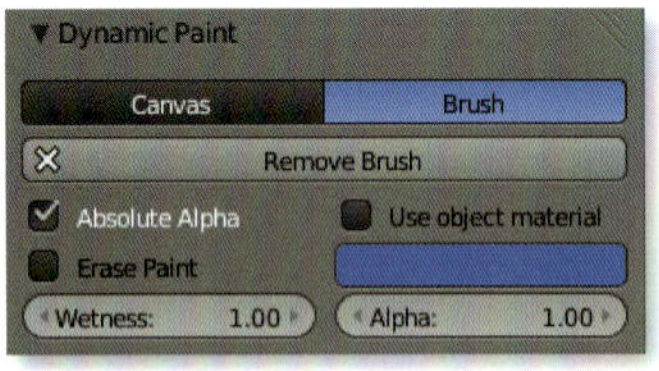

▲ **Abbildung 12.31**
Das Dynamic-Paint-Panel im Brush-Modus

Das Panel »Dynamic Paint« | Pinsel besitzen dabei genau wie Leinwände spezielle Eigenschaften:

- Absolute Alpha: Wenn Sie diese Checkbox aktivieren, wird die Farbe des Pinsels immer vollständig deckend aufgetragen. Ohne diese Einstellung wird die Farbe erst schwach und bei weiteren Pinselstrichen immer stärker deckend aufgetragen.
- Erase Paint: Anstatt Farbe aufzutragen, entfernen Sie mit dieser Option die Farbe.
- Wetness: Dieser Wert gibt an, wie nass die Farbe direkt nach dem Auftragen ist.
- Use object material: Mit dieser Einstellungen können Sie dem Pinsel eine Textur geben. Erstellen Sie dazu wie gewohnt eine Textur auf dem Pinselobjekt, oder weisen Sie ein bereits vorhandenes Material über die nach der Aktivierung dieser Option erscheinende Box zu.
- Color: Haben Sie die vorangegangene Checkbox nicht aktiviert, können Sie dem Pinsel über einen Klick auf die Farbwahlbox eine Farbe geben.
- Alpha: Mit diesem Wert legen Sie die Deckkraft des Pinsels fest.

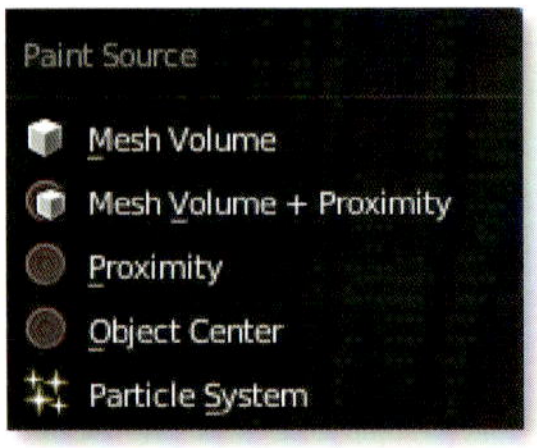

▲ **Abbildung 12.32**
Unter Paint Source können Sie zwischen verschiedenen Optionen wählen.

Das Panel »Dynamic Paint Source« | Mit diesem Panel und dem dazugehörigen Popup legen Sie fest, welche Teile des Pinsels mit der Leinwand interagieren. Sie können unter Paint Source zwischen verschiedenen Optionen wählen:

- Mesh Volume: Alle Punkte innerhalb des Pinselobjekts zeichnen auf die Leinwand.
- Proximity: Alle Punkte auf der Leinwand, die einen einstellbaren Abstand zur Pinseloberfläche nicht überschreiten, werden mit dieser Option bemalt. Über die Paint Distance können Sie bestimmen, bis zu welcher Entfernung die Pinseloberfläche auf die Leinwand wirkt.

- Mesh Volume + Proximity: Diese Option kombiniert die beiden vorangegangenen Optionen.
- Object Center: Diese Option ist der Proximity-Einstellung ähnlich, sie betrachtet jedoch den Abstand zum Objektmittelpunkt, nicht den Abstand zu den Faces.
- Particle System: Auch die Partikel eines Partikelsystems können als Pinsel dienen. Die Size der Partikel bestimmen die Größe der Tropfen auf der Leinwand.
- Project: Diese Option ermöglicht es Ihnen (bei Wahl der Proximity-Einstellung), das Pinselobjekt auf die Oberfläche zu projizieren und diese Projektion als Pinsel zu nutzen.
- Falloff: Mit diesem Wert bestimmen Sie, wie abrupt der jeweilige Effekt zu den Rändern hin endet. Die Option steht Ihnen zur Verfügung, wenn Sie die Option Mesh Volume oder Particle System gewählt haben.
- Inner Proximity: Über diese Checkbox lassen Sie den Brush in der Mesh-Volume- und Proximity-Einstellung nicht die Distanz zu den äußeren Faces, sondern zu den inneren Faces messen.
- Negate Volume: Auch diese Checkbox gilt für die Mesh-Volume- und die Proximity-Einstellung. Sie bewirkt, dass alle Punkte innerhalb des Pinselobjekts keine Farbe auf die Leinwand aufbringen.

Das Panel »Dynamic Paint Velocity« | Sie bestimmen nicht nur durch die Eigenschaften des Pinsels, wie die Farbe aufgetragen wird, sondern auch durch die Geschwindigkeit, mit der der Pinsel bewegt wird. Folgende Optionen finden Sie hier:

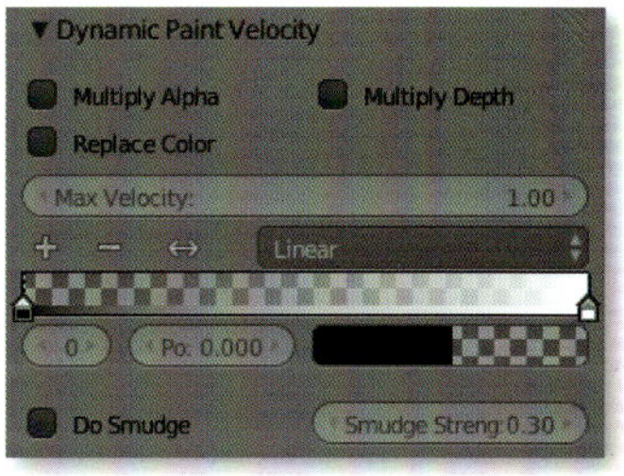

▲ **Abbildung 12.33**
Das Dynamic-Paint-Velocity-Panel

- Multiply Alpha: Mit dieser Checkbox beeinflussen Sie die Deckkraft des Pinsels je nach Geschwindigkeit. Der Alpha-Wert der am unteren Rand des Panels angebrachten Color-Ramp wird dabei mit dem Influence-Wert des Pinsels multipliziert. Hat Ihre Color-Ramp also zu Beginn einen Alpha-Wert von 0, so bedeutet das, dass Ihr Pinsel keinen Einfluss auf die Leinwand nimmt, wenn er sich nicht bewegt.
- Multiply Depth: Analog zu der vorherigen Einstellung beeinflussen Sie mit dieser Checkbox die Stärke, mit der der Pinsel das Mesh verformt (im Displace-Modus der Leinwand).
- Replace Color: Falls Sie bei unterschiedlichen Geschwindigkeiten unterschiedliche Farben zeichnen möchten, sollten Sie diese Checkbox nutzen. Sie trägt die Farben der Color-Ramp je nach Geschwindigkeit auf die Leinwand auf.
- Do Smudge: Der Pinsel verschmiert bereits vorhandene Farbe auf der Leinwand (zusätzlich zu der neuen Farbe, die er aufträgt). Die Stärke legen Sie über Smudge Strength fest.

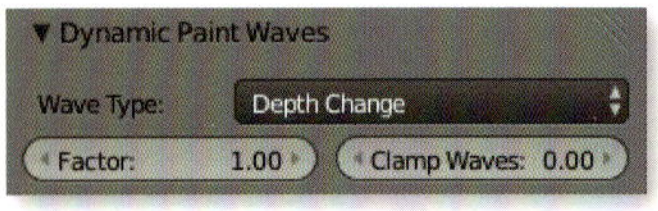

▲ **Abbildung 12.34**
Das Dynamic-Paint-Waves-Panel

Das Panel »Dynamic Paint Waves« | Zu guter Letzt finden Sie auf dem Panel Dynamic Paint Waves Einstellungen, die den Effekt des Pinsels auf die Wellendarstellung der Leinwand (im Wave-Modus der Leinwand) festlegen. Diese Einstellungen erwarten Sie:

- Factor: Mit diesem Wert stellen Sie die Höhe der durch den Pinsel verursachten Wellentäler ein. Bei negativen Werten erzeugen Sie Wellenberge.
- Clamp Waves: Falls Ihre Simulation seltsam tiefe/hohe Wellenberge erzeugt, können Sie mit diesem Wert die maximale Wellenhöhe und Wellentiefe begrenzen.
- Wave Type: Ein Pinsel kann vier verschiedene Effekte auf die Wellen der Leinwand nehmen. Bei Depth Change werden Wellen erzeugt, wenn Sie den Pinsel auf der Leinwand bewegen. Obstacle erzeugt ein Hindernis. Es reflektiert Wellen, sobald es mit der Leinwand in Berührung kommt. Wird es bewegt, erzeugt es seinerseits Wellen. Der Force-Typ stellt ein Kraftfeld dar. Der Pinsel kann die Oberfläche dadurch anziehen oder abweisen. Der Wave Type Reflect Only ist dem Obstacle-Typ sehr ähnlich – er reflektiert Wellen. Allerdings erzeugt er keine Wellen, wenn er selbst bewegt wird.

Die Datei »12_DynamicPaint_Example.blend« finden Sie auf der Buch-DVD unter Beispielmaterial • Kapitel_12.

Sehen Sie sich zum Abschluss dieser Dynamic-Paint-Betrachtung die Datei »12_DynamicPaint_Example.blend« noch einmal etwas genauer an. Ergründen Sie, wie Partikelsysteme mit dem Dynamic-Paint-Modul interagieren und welchen Einfluss die Pinsel auf die jeweilige Leinwand haben. Sehen Sie sich nacheinander jeden der vier Layer an – Sie werden schnell erkennen, wie vielseitig dieses Modul ist.

12.6 Alles fließt – Fluid-Simulation in Blender

Zum Nachlesen
Die Beschreibung des Ocean-Modifiers finden Sie in Abschnitt 5.6.2, »Der Ocean-Modifier«, ab Seite 251.

Blenders Flüssigkeits-Simulationsmodul ist mittlerweile sehr ausgereift – es gibt wohl kaum Anforderungen, denen Sie mit diesem Modul nicht gewachsen sind, völlig gleichgültig, ob Sie Wasser, Honig, Öl oder andere Fluide simulieren möchten. Falls Sie allerdings in Ihrer Szene das Meer oder Ozeane darstellen müssen, so möchte ich Ihnen von diesem Modul abraten – zu groß sind die nötigen Berechnungszeiten. Um bestmöglich zum Ziel zu kommen, sollten Sie in diesem Fall einen erneuten Blick auf den Ocean-Modifier (Kapitel 5, »Modifier«) werfen, dieser bietet Ihnen alle dafür nötigen Funktionen.

▲ **Abbildung 12.35**
Zwei Wasserstrahlen treffen aufeinander – das Fluid-Simulationsmodul in Aktion.

Genau wie das Kollisionsmodul finden Sie auch das Fluid-Modul auf dem Physics-Tab. Betätigen Sie die Fluid-Schaltfläche jedoch erst einmal nicht – wir werden im folgenden Abschnitt einen besonders schnellen Weg zu Ihrem ersten Fluid nehmen.

12.6.1 Fluid-Simulationen mit den Quick-Tools

Blenders Fluid- und Rauch- Simulationen sind zwar grundsätzlich mit wenigen Klicks in der 3D-Ansicht eingerichtet, wenn es jedoch ans Rendering geht, müssen einige Einstellungen vorgenommen werden. Um diese Einstellungsarbeit zu verringern, bringt Blender die sogenannten Quick-Tools mit – kleine Helfer, die ein funktionierendes Simulationssystem unterschiedlicher Art erstellen. Eins dieser Quick-Tools soll nun direkt im folgenden Workshop eingesetzt werden.

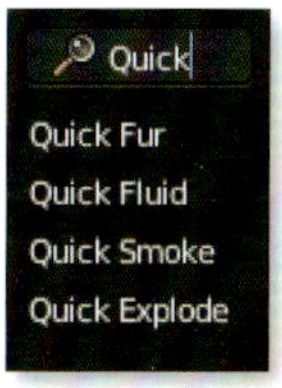

▲ **Abbildung 12.36**
Die Quick-Tools

Schritt für Schritt
Eine erste schnelle Fluid-Simulation

Erzeugen Sie jetzt einmal eine Fluid-Simulation über den entsprechenden Quick-Tools Befehl.

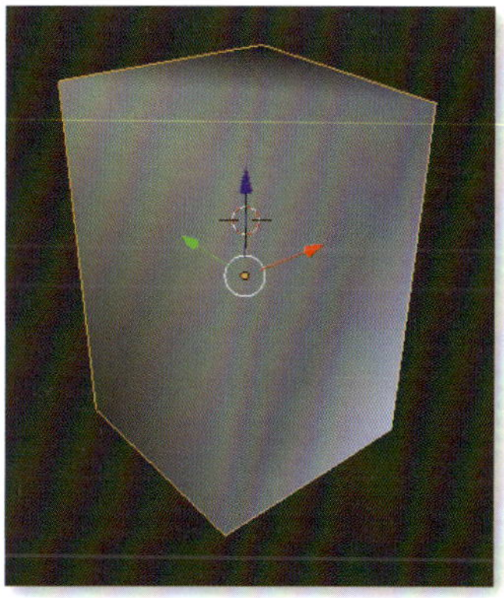

▲ **Abbildung 12.37**
Ein Frame der Fluid-Animation vor dem »Backen«

1 Quick-Tools aktivieren und »Quick Fluid« aktivieren
Markieren Sie dazu ein Mesh-Objekt, drücken Sie die Leertaste auf der Tastatur, und geben Sie »Quick« ein – die in Abbildung 12.36 gezeigten Auswahlmöglichkeiten werden erscheinen. Wählen Sie Quick Fluid, werden Sie von dem in Abbildung 12.37 gezeigten und nicht sonderlich ansehnlichen rechteckigen Objekt begrüßt.

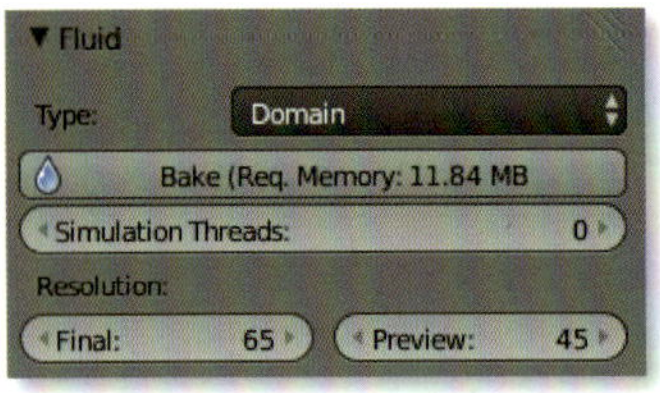

▲ **Abbildung 12.38**
Auf dem FLUID-Panel finden Sie unter anderem die BAKE-Schaltfläche.

2 Die Fluid-Simulation vorberechnen lassen

Wechseln Sie jetzt auf das PHYSICS-Tab, und klicken Sie im FLUID-Panel auf BAKE. Genehmigen Sie sich einen Kaffee, während Sie auf den Abschluss der Berechnung warten – das kann etwas länger dauern. In der Menüzeile am oberen Bildschirmrand zeigt Ihnen ein Fortschrittsbalken, wie weit der Prozess fortgeschritten ist. [Esc] bricht die Berechnung ab.

3 Fluid-Simulation abspielen

Ist alles berechnet, drücken Sie [Alt] + [A] – Ihre Fluid-Simulation sollte jetzt ablaufen. Abbildung 12.39 zeigt Ihnen einen Frame der erzeugten FLUID-Animation.

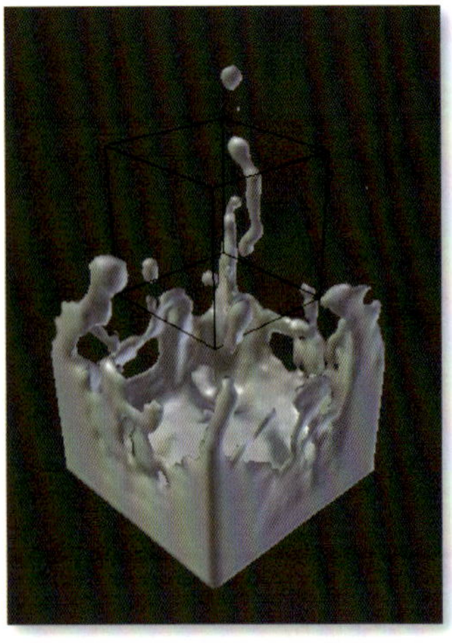

▲ **Abbildung 12.39**
Der »gebackene« Frame zeigt das Fluid.

Einfach, oder? QUICK-Tools existieren für vier verschiedene Anwendungsszenarien:

- QUICK FUR: Mit diesem Tool erzeugen Sie schnell ein Hair-Partikelsystem auf dem gewählten Objekt.
- QUICK EXPLODE: Dieses Tool fügt einen EXPLODE-Modifier und ein Partikelsystem dem gewählten Objekt hinzu. Es ist immer dann sinnvoll, wenn Sie Ihr Objekt zerfallen lassen möchten.
- QUICK SMOKE: Mithilfe dieses Tools machen Sie das gewählte Objekt zu einem Rauch-Emitter und erzeugen alle weiteren dafür nötigen Objekte.
- QUICK FLUID: Genau wie der vorangegangene Effekt wird mit diesem Tool sowohl das gewählte Objekt in eine Flüssigkeit verwandelt als auch alle weiteren Objekte angelegt, um eine Fluid-Simulation durchführen zu können.

Nach dem kleinen Workshop verstehen Sie sicherlich, warum viele Künstler die QUICK-Tools als Basis für alle weiteren Bearbeitungen nutzen – sie sparen Ihnen im stressigen 3D-Studio-Alltag eine Menge Zeit. Wenn Sie erfahren möchten, was genau beim Ausführen der QUICK-Tools erstellt wurde und gleichzeitig eine Übersicht über viele Einstellungen des FLUID-Moduls erhalten möchten, lesen Sie jetzt weiter.

12.6.2 Aufbau von Fluid- und Rauchsimulationen

Mit Blenders Fluid-Simulationen können Sie jede nur erdenkliche Szene simulieren. Wie immer bei Simulationen gibt es nur ein Problem – die Rechenzeit. Je größer die Szene und je detailreicher die Simulation, desto länger dauert die Berechnung und desto größer wird der Platzbedarf der Simulation auf der Festplatte. Da Szenen in Blender theoretisch unendlich groß sind, muss also eine

Möglichkeit existieren, die Simulationen räumlich zu begrenzen – dies geschieht über sogenannte Domain-Objekte. Domain-Objekte sind Quader, die die komplette Simulation umschließen und begrenzen. Im letzten Beispiel haben Sie diese Domain sofort bemerkt: Obwohl Sie keine Collision-Objekte oder sonstige Grenzen in Ihrer Simulation definiert hatten, bewegte sich das Fluid nur innerhalb eines Quaders – der Domain.

Alle Fluid-Objekte innerhalb einer Domain wirken auf die Simulation. Welche genaue Funktion die Objekte übernehmen (Flüssigkeiten in die Domain pumpen, aus der Domain ablassen usw.) legen Sie über die spezifischen Eigenschaften des Fluid-Objekts fest.

Möchten Sie allerdings definieren, wie realistisch die Simulation dargestellt und berechnet wird, finden Sie diese Einstellungen, wenn Sie die Domain anklicken und auf das Physics-Tab wechseln. Auch Einstellungen, die das Rendering der Flüssigkeiten betreffen, nehmen Sie auf der Domain vor, denn die Domain wird zum Fluid (bzw. Rauch) umgewandelt, nachdem die Berechnung abgeschlossen wurde. Möchten Sie die Grenzen der Domain sehen, nachdem die Domain als Fluid dargestellt wird, genügt es, in den Edit-Modus des Fluids zu wechseln – dort sehen Sie die Abmessungen der Domain, das Fluid wird ausgeblendet.

Um die nachfolgenden Erklärungen an einem Beispiel nachvollziehen zu können, sollten Sie die Datei »12_FluidExample_Start.blend« laden. Dort finden Sie am oberen Rand der Szene einen Ball (der später Wasser in die Szene fließen lassen wird), ein Hindernis (das das Wasser umlenkt) und ganz unten ein Becken (um das Wasser aufzufangen). Um die Fluid-Szene wurde bereits ein Quader platziert, den Sie im nächsten Abschnitt mit wenigen Handgriffen in ein Domain-Objekt verwandeln werden.

Die Datei »12_Fluid-Example_Start.blend« finden Sie auf der Buch-DVD unter Beispielmaterial • Kapitel_12.

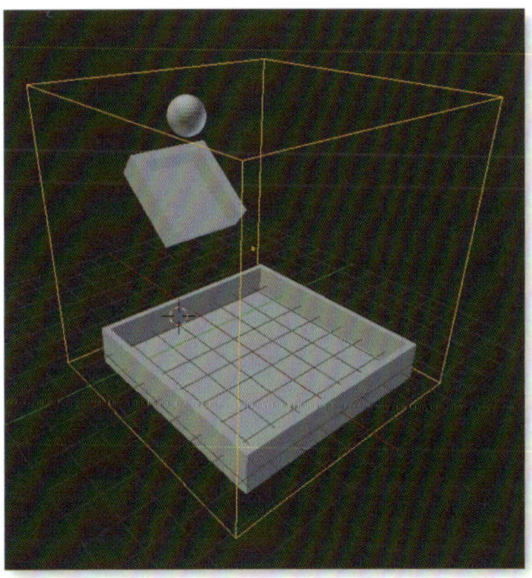

◂ **Abbildung 12.40**
Die Domain im Wireframe-Shading Modus (einstellbar über das Object-Tab im Display-Panel, Option Maximum Draw Type) – auf diese Weise sind alle Objekte innerhalb der Domain sichtbar.

12.6.3 Die Fluid-Domain

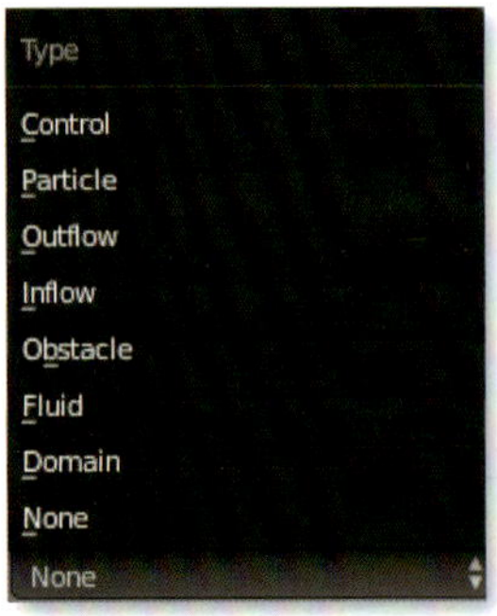

▲ **Abbildung 12.41**
Die Fluid-Typen

Die Fluid-Domain bestimmt die Grenzen der Fluid-Simulation. Da dieses Objekt unsere Szene komplett umgibt, werden Sie als Erstes dafür sorgen, dass Sie alle von ihm eingeschlossenen Objekte sehen. Dazu können Sie einerseits das VIEWPORT SHADING auf WIREFRAME setzen ([Z]), oder (wenigstens im Moment) nur das Domain-Objekt als Wireframe anzeigen. Wechseln Sie dazu bei gewähltem Domain-Objekt auf das OBJECT-Tab, und stellen Sie den MAXIMUM DRAW TYPE des DISPLAY-Panels auf WIRE – jetzt wird die Domain (und damit später auch das Fluid) in der 3D-Ansicht immer maximal als Wireframe angezeigt. Aktivieren Sie anschließend bei gewählter Domain auf dem PHYSICS-Panel das FLUID-Modul, und ändern Sie den TYPE auf dem erscheinenden FLUID-Panel zu DOMAIN. Neben diesem Typ existieren noch sechs weitere Fluid-Typen:

- FLUID: Dieser Typ wandelt Ihr Objekt zu einer Flüssigkeit um. Die Menge der Flüssigkeit ist von der Größe und Form des Objekts abhängig. Neben der Richtung, in die das Fluid sich am Anfang bewegt (INITIAL VELOCITY), können Sie bei diesem Typ angeben, ob das Fluid innerhalb des Meshes (VOLUME), außerhalb des Meshes (SHELL) oder an beiden Positionen erzeugt wird.
- OBSTACLE: Wenn Ihr Fluid erzeugt wurde und innerhalb der Domain simuliert wird, können Sie ihm mit diesem Typ Objekte in den Weg stellen, die seine Bewegung hindern. Auch hier finden Sie wieder Optionen, um zu definieren wie Ihr Hindernis mit dem Fluid interagiert. Möchten Sie Ihr Fluid durch eine Röhre fließen lassen, stellen Sie diese Option auf SHELL, bei Becken und anderen ähnlichen Gefäßen nutzen Sie die Option VOLUME.
- INFLOW/OUTFLOW: Diese Typen können am besten mit einem Wasserhahn und einem Badewannenabfluss erklärt werden. INFLOW lässt das INFLOW-Objekt unbegrenzt Fluid produzieren, das in die durch die Option INFLOW VELOCITY festgelegte Richtung emittiert wird, während OUTFLOW das Fluid wieder aus der Domain entfernt.
- PARTICLE: Mithilfe dieses Objekts können Sie Partikel in Ihr Fluid einfügen. Die Partikel werden automatisch erzeugt und schwimmen auf dem Fluid (FLOATS), ahmen Gischt nach (DROPS) oder zeigen die vorherige Fluid-Höhe an (TRACER). In meinen Versuchen hat dieser FLUID-Typ sehr unzuverlässig funktioniert – standardmäßig ist er nicht aktiviert.
- CONTROL: Dieser FLUID-Typ ist den Kraftfeldern nicht unähnlich – er ermöglicht es Ihnen, das gewählte Objekt zu einem Fluid-Kontrollobjekt umzuwandeln. Wenn die über den RADIUS-Wert

festgelegte Distanz des Kontrollobjekts zu dem Fluid unterschritten wird, wird das Kontrollobjekt mit aller Kraft (Strength) versuchen, das Fluid anzuziehen oder wegzustoßen (negative Strength-Werte). Das Fluid wird dabei versuchen, sich um das Kontrollobjekt zu sammeln und seine Form einzunehmen.

Schritt für Schritt
Die Fluid-Simulation vorbereiten

Mit dem gerade erworbenen Wissen können Sie die in der Datei »12_FluidExample_Start.blend« vorbereiteten Objekte jetzt in Ihre Fluid-Simulation einbinden.

Die Datei »12_FluidExample_Start.blend« finden Sie auf der Buch-DVD unter Beispielmaterial • Kapitel_12.

1 Den Fluid-Type »Inflow« dem Ball zuweisen
Markieren Sie den oberen Ball »FluidInflow«, aktivieren Sie das Fluid-Modul auf dem Physics-Tab, und legen Sie den Fluid-Typ Inflow für ihn fest. Geben Sie dem Fluid des Inflow-Objekts eine Beschleunigung (Inflow Velocity, auf der z-Achse) in negativer z-Richtung (-3.0).

2 Den Fluid-Type »Obstacle« der Rampe zuweisen
Markieren Sie als Nächstes die Rampe »FluidDeflector«, aktivieren Sie auch dort das Fluid-Modul, und legen Sie sie als Obstacle mit Standardeinstellungen an.

3 Den Fluid-Type »Obstacle« dem Becken zuweisen
Zuletzt wählen Sie das Becken »FluidPool« aus und binden auch dieses über den Obstacle-Typ in die Fluid-Simulation ein. Da Sie die Domain bereits ein wenig früher definiert haben, sind alle Vorbereitungen für eine erfolgreiche Fluid-Simulation damit abgeschlossen.

12.6.4 Das Fluid-Panel

Nachdem Sie eine Domain erstellt (oder die in der Beispieldatei befindliche Domain übernehmen) und selektiert haben, befinden Sie sich im Herz des Fluid-Systems – auf dem Fluid-Panel. Die zentrale Schaltfläche dieses Panels finden Sie ganz zu Beginn – die Bake-Schaltfläche. Sie startet die Berechnung der Simulation. Die darunterliegenden Einstellungen legen unter anderem fest, wie hoch die Auflösung des Fluids ist, wie viel Zeit die Fluid-Simulation abdeckt und wo die berechneten Daten abgelegt werden:

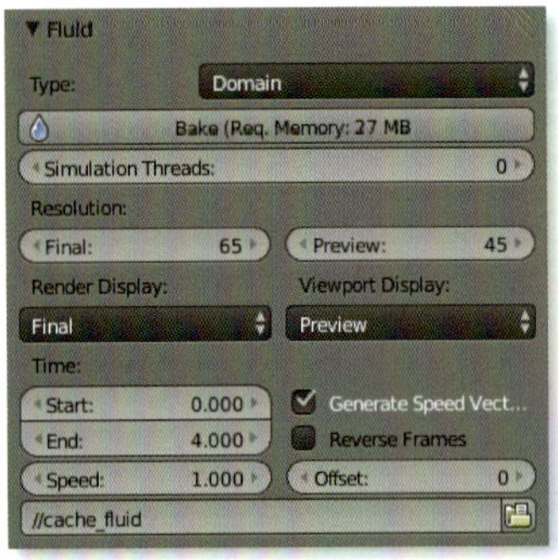

▲ **Abbildung 12.42**
Das Fluid-Panel der Domain

Zum Weiterlesen
Mehr zum Vector Pass erfahren Sie im nächsten Kapitel auf Seite 643.

- Resolution: Mit diesen beiden Comboboxen legen Sie die Auflösung des Fluids fest. Ein Wert von 120 bedeutet, dass Ihre Domain sowohl in x-, y- als auch in z-Richtung 120 Unterteilungen erhält.
- Final/Preview: Die Auflösung des Fluids können Sie für die 3D-Ansicht und für den Rendering-Prozess unabhängig voneinander festlegen. Je nach gewählter Domain-Auflösung ändert sich die Bezeichnung der Bake-Schaltfläche – sie gibt an, wie viel Speicher der Rechner für die Simulation bei dieser Auflösung benötigt.
- Display: Über die beiden Comboboxen Render und Viewport geben Sie an, ob Sie die finale oder die Preview-Auflösung in der 3D-Ansicht und während des Renderings nutzen möchten.
- Time: Mit diesen Einstellungen legen Sie zeitbezogene Einstellungen der Simulation fest.
- Start/End: Mit diesen beiden Werten legen Sie den Start, das Ende und die Dauer der Simulation in Sekunden fest. Lassen Sie Start beispielsweise bei 2 beginnen, so werden an Frame 0 bereits 2 Sekunden der Fluid-Simulation vergangen sein.
- Speed: Über diesen Wert können Sie die Fluid-Simulation verlangsamen oder beschleunigen. Da er animierbar ist, können Sie über Keyframes dynamische Geschwindigkeitseffekte erzeugen.
- Generate Speed Vectors: Wenn Sie Ihrem Fluid mithilfe des im nächsten Kapitel vorgestellten Vector Pass Bewegungsunschärfe verpassen möchten, sollten Sie diese Option aktivieren.
- Reverse Frames: Bei Aktivierung dieser Checkbox wird die Fluid-Simulation rückwärts abgespielt.
- Offset: Mithilfe dieses Wertes können Sie den Anfangs-Frame einer gebackenen Fluid-Simulation verschieben.

Neben dem Fluid-Panel stehen Ihnen drei weitere Panels zur Verfügung.

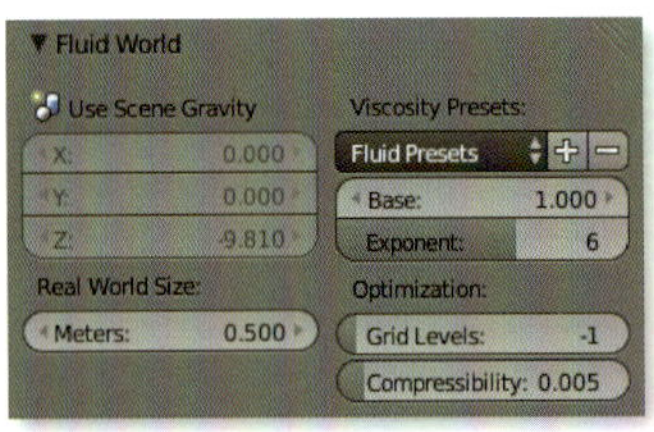

▲ **Abbildung 12.43**
Das Fluid-World-Panel legt unter anderem die Größe der Domain fest.

Das Panel »Fluid World« | Dieses Panel definiert die Fluid-Welt. Sie können dort beispielsweise die Schwerkraft der Welt definieren (wenn Sie auf dem Scene-Tab das Gravity-Panel deaktivieren) und die Größe der Domain festlegen. Über die Viscosity Presets können Sie die Viskosität des Fluids festlegen – so wird aus Wasser schnell Öl, Honig oder Schokosoße.

Das Panel »Fluid Boundary« | Mithilfe dieses Panels legen Sie unter anderem fest, wie sich das Fluid an den Grenzen der Domain verhält. So können Sie über Slip Type beispielsweise definieren, dass das Fluid ungebremst an den Wänden der Domain entlangschlittert oder dass eine starke Reibung existiert. Über SMOOTHING machen Sie das Fluid weniger rau, während der SUBDIVISIONS-Wert das Fluid unterteilt – diesen Wert sollten Sie erhöhen, wenn Sie Fluid-Partikel nutzen möchten.

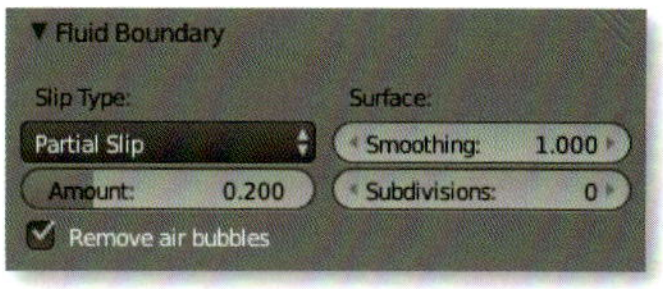

▲ **Abbildung 12.44**
Das FLUID-BOUNDARY-Panel

Das Panel »Fluid Particles« | Mit den Werten dieses Panels erzeugen Sie Partikel (falls ein Fluid-Partikelobjekt in Ihrem Fluid existiert). GENERATE legt die gesamte Menge an Partikeln fest, während TRACER bestimmt, wie viele Tracer-Partikel erzeugt werden.

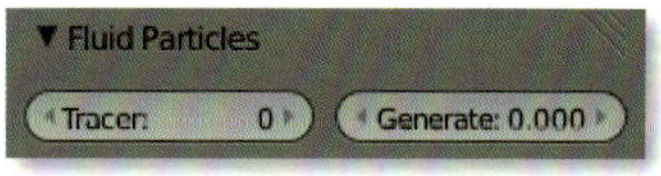

▲ **Abbildung 12.45**
Das FLUID-PARTICLES-Panel

Schritt für Schritt Fluid-Simulation berechnen

Lassen Sie uns zum Ende dieses Abschnitts noch die Fluid-Simulation Ihrer Datei berechnen:

Falls Sie die letzten Übungsschritte nicht ausgeführt haben, können Sie die Datei »12_FluidExample_Med.blend« nutzen. Sie finden diese Datei unter BEISPIELMATERIAL • KAPITEL_12.

1 Auflösung anpassen

Wählen Sie die Domain aus, und setzen Sie im FLUID-Panel sowohl die PREVIEW- als auch die FINAL-Auflösung auf 80.

2 Real World Size einstellen

Stellen Sie im Panel FLUID WORLD die REAL WORLD SIZE auf 9 Meter. Eine Kante der Domain hat dadurch die Länge 9 Meter.

3 Fluid-Simulation baken

Klicken Sie zum Schluss im FLUID-Panel der Domain auf BAKE. Blender berechnet nun die Simulation. Anschließend können Sie die Simulation mit `Alt` + `A` abspielen.

▲ **Abbildung 12.46**
Ein Frame der erstellten Fluid-Animation mit Wasser-Material (GLASS BSDF) und orangefarbenem DIFFUSE-BSDF-Material für das Becken

Achtung!
Da Simulationsdaten schnell mehrere Gigabyte groß werden, sind die in diesem Kapitel erstellten Übungsdateien nicht »gebacken«. Bevor Sie diese Dateien also ausprobieren können, müssen Sie einmalig auf BAKE klicken. Kopieren Sie die Blender-Dateien dazu auf die Festplatte. Beachten Sie darüber hinaus, dass Sie eine neu erstellte Datei nur dann backen können, wenn Sie mindestens einmal abgespeichert wurde.

4 Optional: Wasser-Material hinzufügen
Wenn Sie möchten, können Sie Ihrem Fluid als Übung noch ein Wasser-Material geben. Mit dem BI-Renderer sollten Sie ein Material mit Transparenz (IOR 1.333) und Reflexion erstellen, während Sie mit Cycles einen GLASS-Node mit gleichem IOR einfügen sollten. Experimentieren Sie ausgehend von diesen beiden Grundmaterialien mit Transparenz, Farben und unterschiedlichen Lampen. Die Datei »12_FluidExample_End.blend« und Abbildung 12.46 zeigen Ihnen das Endergebnis dieser Übung.

Die Datei »12_Fluid-Example_End.blend« finden Sie auf der Buch-DVD unter BEISPIELMATERIAL • KAPITEL_12.

12.7 Rauchzeichen – Rauch- und Feuersimulation

Neben dem gerade umfassend besprochenen FLUID-Modul hält Blenders Physikabteilung noch ein weiteres großartiges Modul für Sie bereit, das mit wenig Aufwand tolle Ergebnisse liefert: das SMOKE-Modul. Mit diesem Modul simulieren Sie alle Arten von Rauch und Feuer. Genau wie das FLUID-Modul erwartet Sie auch das SMOKE-Modul auf dem PHYSICS-Tab. Sehen Sie sich allerdings erneut vor einem eventuellen Klick auf die SMOKE-Schaltfläche zunächst mit mir an, wie Sie auf einfache Art Rauch erzeugen können: Sie ahnen es schon – über den Befehl QUICK SMOKE.

Prof. Dr. Nils Thürey
Den Grundstein der in Blender vorhandenen Methoden zur Berechnung der FLUID- und SMOKE-Simulationen wurden von Prof. Dr. Nils Thürey gelegt. Er erhielt im Jahr 2012 den Oscar für seine Mitarbeit an einer Publikation im Rahmen von Fluid-Simulationen *http://goo.gl/dezLkA* und arbeitet heute an der TU München.

▲ **Abbildung 12.47**
Das SMOKE-Modul in Aktion

12.7.1 Ihre erste Rauchsimulation

Wir starten auch hier wieder sehr einfach – dieses Mal mit der Standardszene. Zum ersten eigenem Rauch braucht es nur zwei Schritte:

Smoke und Kraftfelder
Auch SMOKE-Objekte reagieren auf Kraftfelder – gerade NOISE- oder VORTEX-Felder verursachen eindrucksvolle Smoke-Simulationen mit sehr wenig Aufwand.

1. Wählen Sie den dort vorhandenen Würfel aus, und betätigen Sie die Leertaste. Geben Sie anschließend »Quick Smoke« ein. Bestätigen Sie die Eingabe mit [↵]. Unmittelbar nach dieser Eingabe wird ein großer Würfel im Wireframe-Modus erzeugt, der den kleineren großzügig umschließt.
2. Spielen Sie jetzt die Animation mit [Alt] + [A] ab, so werden Sie Rauch aus dem Standardwürfel aufsteigen sehen. Abbildung 12.48 zeigt Ihnen einen Frame der Animation.

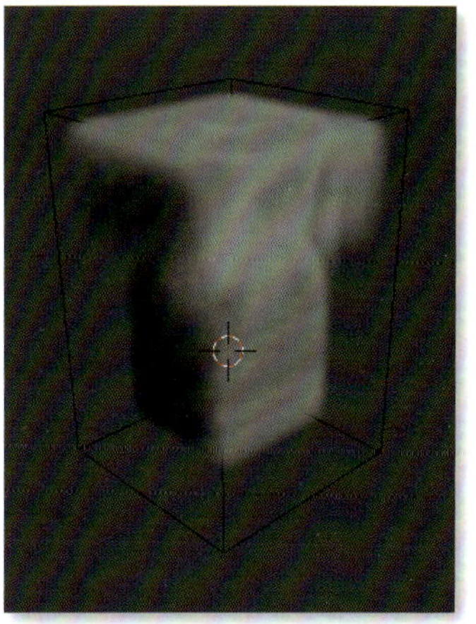

▲ **Abbildung 12.48**
Ein Frame der erstellten Smoke-Simulation

Wie Sie sich sicher bereits denken können, ist dieser größere Würfel – analog zum Fluid-Modul – die Smoke-Domain. Auch hier findet die Simulation wieder ausschließlich innerhalb dieser Domain statt. Ob sich die Domain allerdings so verhält, als wäre sie nach allen Seiten offen, oder ob der Rauch im Inneren der Domain gefangen bleibt, bestimmen Sie über die verschiedenen Einstellungs-Panels der Domain.

Die Einstellungsmöglichkeiten sind dabei so vielfältig, dass ich ihnen ein ganzes Kapitel widmen könnte. Ich werde Ihnen daher im Anschluss nur die wichtigsten Einstellungen des Smoke-Moduls zeigen.

12.7.2 Smoke-Typen

Betrachten wir zuerst, welche Smoke-Typen existieren und welche Rolle sie in der Smoke-Simulation übernehmen:

▲ **Abbildung 12.49**
Die verschiedenen Smoke-Typen

- None: Objekte mit diesem Typ werden von dem Smoke-Modul nicht beachtet.
- Domain: Wie im Fluid-Modul dienen Domains dazu, die maximale Größe der Simulation festzulegen. Alle Smoke-Objekte innerhalb der Domain werden in die Simulation miteinbezogen, alle Objekte außerhalb tragen nicht zum Simulationsergebnis bei.
- Flow: Blender bezeichnet sowohl Feuer als auf Rauch als Flow. Die hier verfügbaren Auswahlmöglichkeiten statten Objekte mit der Fähigkeit aus, Feuer (Fire), Rauch (Smoke) und Feuer und Rauch gleichzeitig (Fire + Smoke) zu emittieren oder lassen sie als Rauchabzug (Outflow) dienen.
- Collision: All diese Smoke-Objekte stellen Kollisionsobjekte dar. Es existieren spezielle Typen, um statische (Static), animierte (Animated) oder durch das Rigid-Body-Modul bewegte Körperkollisionen zu erzeugen (Rigid Body). Rigid Bodys lernen Sie im letzten Themenkomplex dieses Kapitels in Abschnitt 12.8 näher kennen.

12.7.3 Die Flow-Panels

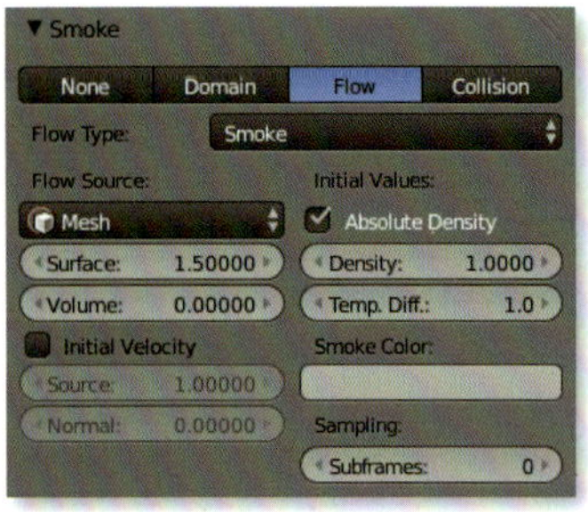

▲ **Abbildung 12.50**
Das Smoke-Flow-Panel

Lassen Sie uns jetzt zuerst die Einstellungen der Flow-Objekte ergründen. Alle diesbezüglichen Einstellungen finden Sie auf dem Smoke-Panel – sie regeln, welche Art von Simulation Sie erstellen möchten und wie sie sich verhält:

- Flow Type: Mit dieser Einstellung legen Sie fest, ob Sie Rauch (Smoke), Feuer (Fire) oder Feuer und Rauch in Kombination erstellen möchten. Outflow lässt wie schon bei den gerade erklärten Fluiden den Rauch wieder aus der Domain ausströmen. Ausgeströmter Rauch verlässt die Domain, ist allerdings nicht außerhalb sichtbar.
- Flow Source: All diese Einstellungen beeinflussen, wie und wo Rauch und Feuer emittiert werden. Wählen Sie Mesh, wenn Ihr Objekt Rauch emittieren soll, und Particle System, wenn Sie jedem Partikel eines Partikelsystems diese Aufgabe zukommen lassen möchten. Haben Sie die letztgenannte Option gewählt, geben Sie das Partikelsystem in der erscheinenden Box an, und legen Sie anschließend über Set Size fest, wie groß die Rauchwolke pro Partikel ist.
- Surface: Falls Sie in der vorigen Option Mesh als Flow Source gewählt haben, können Sie mit diesem Regler bestimmen, wie weit der Rauch von den Faces des Objekts entfernt emittiert wird. Ein Wert von 0 unterbindet die Rauchentwicklung an den Faces.
- Volume: Analog zur letzten Option können Sie mit dieser festlegen, dass Rauch aus dem Inneren des Meshes emittiert wird.
- Initial Velocity: Diese Einstellungen kümmern sich um die Richtung, in die der Rauch emittiert wird.
- Source: Animieren Sie Ihr Smoke-Objekt, können Sie hier über einen Faktor bestimmen, wie stark die Auswirkungen der Bewegung des Flow-Objekts auf den Rauch zum Emittier-Zeitpunkt sind.
- Normal: Erhöhen Sie diesen Wert, so wird Ihr Flow-Objekt den Rauch entlang der Face-Normalen emittieren.

Rechts finden Sie im Panel einen weiteren Bereich Initial Values. Hier stehen Ihnen folgende Optionen zur Verfügung:

- Absolute Density: Über diese Checkbox wird der nachfolgende Wert als absoluter Wert genutzt. Ohne diese Option wird der Rauch immer dicker mit der Zeit, falls Sie ihn nicht graduell ausblenden.
- Density: Hier stellen Sie ein, wie blickdicht der Rauch ist.
- Temp. Diff.: Mit diesem Wert legen Sie fest, wie schnell der Rauch aufsteigt.

- Flame Rate: Ist Ihr Flow-Objekt vom Typ Fire, stellen Sie hier ein, wie hoch und stark die Flamme lodert.
- Smoke Color: Über diese Auswahl färben Sie Ihren Rauch ein. Sie ist animierbar und ermöglicht Ihnen somit einen dynamischen Farbwechsel.
- Sampling Subframes: Da Flow-Objekte normalerweise nur an ganzen Frames Rauch erzeugen, kann es bei sehr schnell bewegten Objekten passieren, dass Sie Unterbrechungen in dem erzeugten Rauch feststellen. Um das Objekt durchgängig Rauch emittieren zu lassen, können Sie hier die Anzahl an Zwischen-Frames angeben, an denen Blender zwischen zwei aufeinanderfolgenden Frames Rauch berechnet.

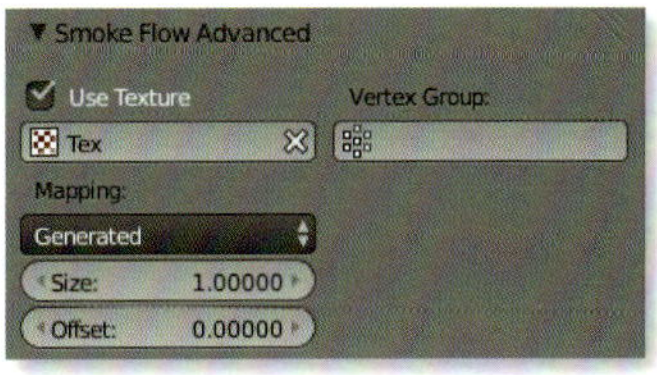

▲ **Abbildung 12.51**
Das Smoke-Flow-Advanced-Panel

Neben diesem Panel existiert für Flow-Objekte noch ein weiteres Panel, das Smoke-Flow-Advanced-Panel. Es ermöglicht Ihnen, Rauch anhand einer Textur (Use Texture) oder nur an speziellen Vertices zu emittieren (Vertex Group).

12.7.4 Die Domain-Panels

Genau wie bei der Fluid-Domain liegt mit diesem Panel wieder das Herz des Simulationsmoduls vor Ihnen. Es ermöglicht Ihnen unter anderem, die Auflösung der Simulation festzulegen, die Simulation zu baken oder die Reaktionszeit der Flammen zu definieren:

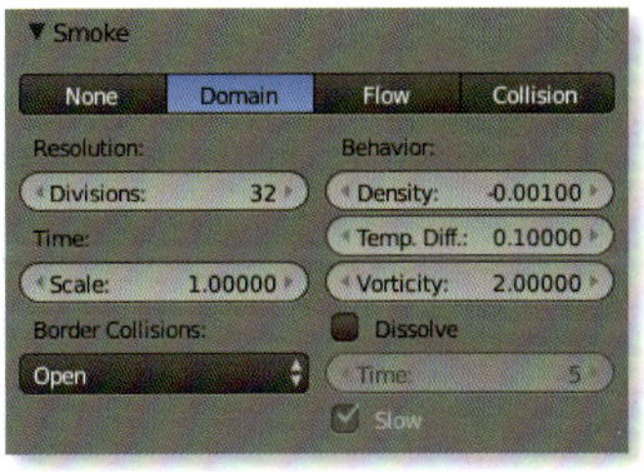

▲ **Abbildung 12.52**
Das Smoke-Panel

Das Panel »Smoke« | Neben den bereits aus dem Fluid-Modul bekannten Einstellungen wie Auflösung (Resolution) und Geschwindigkeit (Scale) der Simulation legen Sie hier fest, wie sich der Rauch an den Grenzen der Domain verhalten soll (Border Collisions) und wie schnell Rauch und Feuer aufsteigen oder fallen (Density und Temp. Diff.). Über Vorticity wirbeln Sie den Rauch ein wenig durcheinander – ganz ohne Kraftfeld. Die Dissolve-Option lässt den Rauch nach einer definierten Zeit wieder verschwinden.

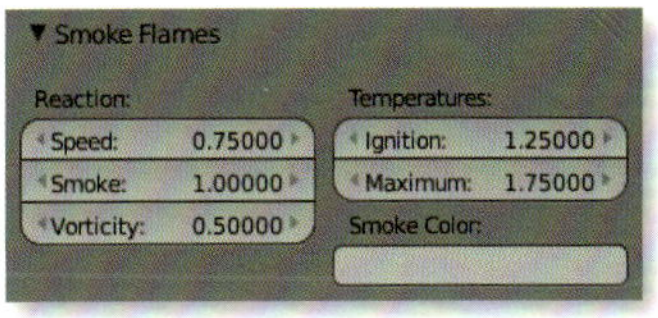

▲ **Abbildung 12.53**
Das Smoke-Flames-Panel

Das Panel »Smoke Flames« | Dieses Panel gilt für alle Flow-Objekte, die Feuer darstellen (Fire, Fire + Smoke). Um die Objekte unterschiedlich aussehendes Feuer emittieren zu lassen, dienen die Einstellungen der Flow-Objekte selbst – mit dem hier besprochenen Panel regeln Sie das Aussehen aller in der Domain befindlichen Feuerobjekte. Der Speed-Wert gibt dabei an, wie hoch die Flamme ist, Smoke, wie viel Rauch beim Verbrennen entsteht, und Vorticity, wie unruhig die Flamme ist.

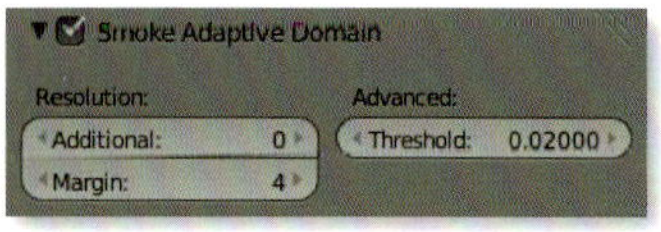

▲ **Abbildung 12.54**
Smoke-Adaptive-Domain-Panel

Das Panel »Smoke Adaptive Domain« | Ein Häkchen in dieser Box passt die Domain an die tatsächlich benötigte Größe der Rauchsimulation an. Haben Sie beispielsweise eine sehr große Domain, aber nur eine kleine Flamme, würde Blender ohne dieses Häkchen immer die gesamte Domain auswerten. Mit dieser Einstellung wird die Domain automatisch auf die Bereiche angepasst, in denen Rauch entsteht – dies spart Rechenzeit.

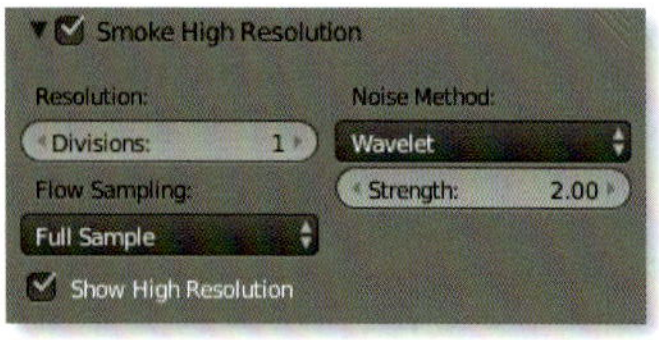

▲ **Abbildung 12.55**
Das Smoke-High-Resolution-Panel

Das Panel »Smoke High Resolution« | Im Fluid-Modul hatten Sie nur eine Wahl, wenn Sie die Auflösung des Fluids erhöhen wollten: Sie mussten die Auflösung der gesamten Domain erhöhen. Bei dem Smoke- Modul können Sie neben diesem Weg auch einen anderen wählen: Sie lassen Blender den niedrig aufgelösten Rauch mehrfach unterteilen (die Auflösung erhöhen) und belassen die Auflösung der Domain weiterhin auf einem niedrigen Wert. Über die Divisions legen Sie fest, wie oft der Rauch unterteilt wird, Flow Sampling bestimmt die Genauigkeit der Berechnung und über die Noise Method bestimmen Sie, nach welchem Verfahren der Rauch unterteilt wird. Ist Ihnen die Darstellung des hoch aufgelösten Rauchs in der 3D-Ansicht zu langsam, können Sie diese über Show High Resolution unterbinden. Das Rendering wird von dieser Einstellung nicht beeinflusst.

Das Panel »Smoke Groups« | Mit der Flow Group lassen Sie ausschließlich Flow-Objekte innerhalb dieser Gruppe Feuer und Rauch emittieren, während die Collision Group ausschließlich Kollisionsobjekte innerhalb dieser Gruppe mit der Simulation interagieren lässt.

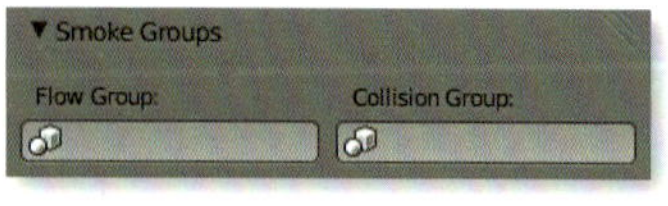

▲ **Abbildung 12.56**
Das Smoke-Groups-Panel

Die Panels »Smoke Cache« und »Smoke Filed Weights« | Die beiden letzten Panels Smoke Cache und Smoke Field Weights sind Ihnen bereits aus den vorigen Abschnitten bekannt. Smoke Cache dient dem Backen des Caches, und mit den Smoke Field Weights legen Sie den Einfluss von Kraftfeldern und Gravitation auf die Simulation fest. Testen Sie unbedingt die Wirkung von Kraftfeldern auf die Rauch- und Feuersimulation – diese erzeugen besonders bei höher aufgelösten Simulationen sehr ansehnliche Verwirbelungseffekte.

12.7.5 Rauch und Feuer rendern

Erinnern Sie sich noch an Kapitel 8, »Shading«? Dort habe ich Ihnen versprochen, Ihnen in diesem Kapitel zu erklären, was das VOLUME-Material ist und wie Sie es einsetzen. Dieses Versprechen möchte ich jetzt einlösen – erst für den BI- und anschließend für den Cycles-Renderer.

Rauch- und Feuer-Materialien fügen Sie in Blender nicht den Flow-Objekten, sondern der Domain hinzu. Ähnlich wie die Fluid-Domain, die nach dem Backen zum Fluid selbst wurde, stellt die Smoke-Domain Rauch und Feuer dar. Die Daten, die dabei erzeugt werden, heißen Voxel-Daten. Während ein Pixel einen Punkt eines zweidimensionalen Bildes kennzeichnet, bezeichnet ein Voxel ein Kästchen eines dreidimensionalen Feldes (der Domain). Je höher die Auflösung der Domain ist, desto kleiner werden die Voxel und desto genauer kann die Simulation dargestellt werden. Die Position jedes Voxels wird relativ zueinander gespeichert – daher können Sie die Domain (ohne aktive ADAPTIVE DOMAIN) auch nach dem Backen verschieben, ohne die Simulation zu zerstören.

Schritt für Schritt
Volume-Rendering mit der BI-Engine

Um ein einfaches Beispiel zum Testen zur Verfügung zu haben, sollten Sie jetzt die Datei »12_SmokeSimple_Start.blend« laden. Dort existieren bereits eine Domain und jeweils ein Emitter mit blauem und ein Emitter mit rotem Rauch in einer gering aufgelösten Smoke-Domain.

Die Datei »12_Smoke-Simple_Start.blend« finden Sie auf der Buch-DVD unter BEISPIELMATERIAL • KAPITEL_12.

1 Szene »backen«

Wählen Sie zuerst Ihre Domain, backen Sie die Simulation (Domain-Objekt wählen und auf dem SMOKE-CACHE-Panel BAKE betätigen), und wechseln Sie auf das MATERIAL-Tab. Ein Druck auf [Alt] + [A] sollte jetzt bereits die in Abbildung 12.57 dargestellte Simulation zeigen – das Rendern der Szene an einem beliebigen Frame der Simulation wird jedoch nur zu einem schwarz-weißen Würfel (der Domain) führen.

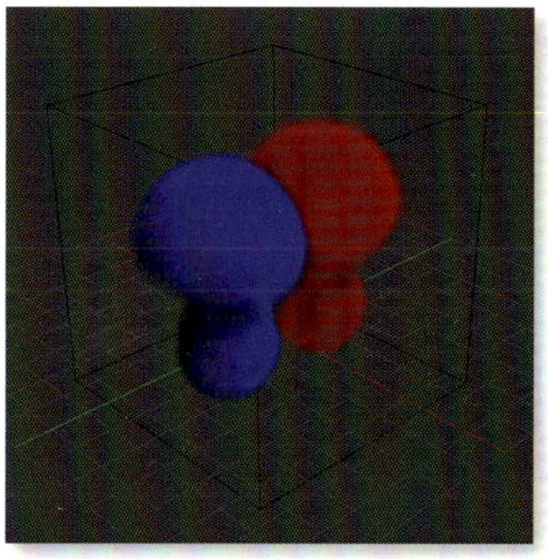

▲ **Abbildung 12.57**
Die Rauchsimulation der Demo

2 Neues Material anlegen

Legen Sie daher jetzt auf der Domain ein neues Material an, und wählen Sie den Typ VOLUME aus. Rendern Sie Ihre Szene mit [F12]. Momentan sollte noch recht wenig an das Feuer in der 3D-Ansicht erinnern. Sie sehen einen grauen undurchdringbaren Würfel aus dichtem Rauch – Ihre Domain und zwei Bälle darin.

Rendern mit Adaptive Domain

Falls Sie per Smoke-Adaptive-Domain-Panel eingestellt haben, dass sich Ihre Domain der Größe des Rauchs dynamisch anpasst, sollten Sie die Option Map To Bounds auf dem Mapping-Panel der Textur anklicken. Mit dieser Option passt sich die Voxeltextur der sich verändernden Größe der Domain an.

3 Die Voxel-Daten nutzen

Im nächsten Schritt müssen Sie Blender mitteilen, dass Sie die Voxel-Daten der Simulation nutzen möchten, um die Dichte der Domain festzulegen. Verringern Sie dazu die Dichte (Density) der Domain im Density-Panel auf 0 – Ihre Domain ist bei einem Rendering mit F12 jetzt transparent. Abbildung 12.58 zeigt Ihnen das Material des Rauchs.

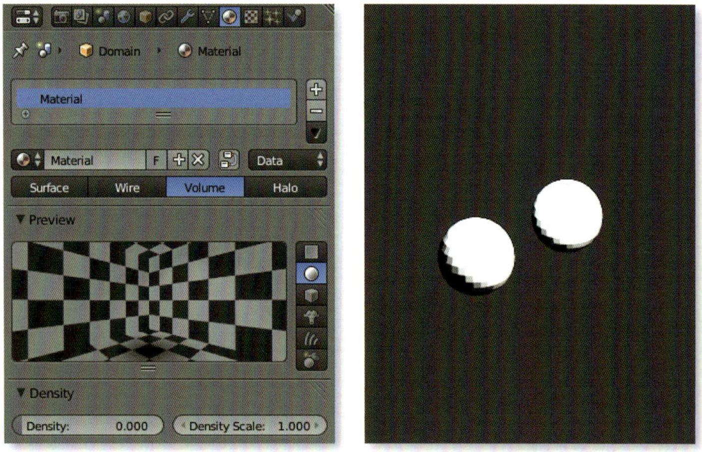

Abbildung 12.58 ►
Das Material des Rauchs im BI-Renderer und das bisherige Rendering-Ergebnis

4 Textur anlegen

Wechseln Sie jetzt auf das Texture-Tab, und erzeugen Sie eine neue Textur. Dies wird unsere Voxeltextur, wählen Sie daher als Typ Voxel Data aus.

Das Panel Voxel Data enthält die nächsten wichtigen Einstellungen. Da das Dateiformat bereits korrekterweise auf Smoke steht, bleibt Ihnen nur die Angabe des Domain Objects. Wählen Sie dort Domain aus, so werden Sie – wie in Abbildung 12.59 zu sehen – im Preview-Panel bereits eine Vorschau des Materials sehen. Ein erneuter Druck auf F12 wird Sie allerdings erneut ernüchtern – noch immer ist nichts von Ihrer Simulation zu sehen.

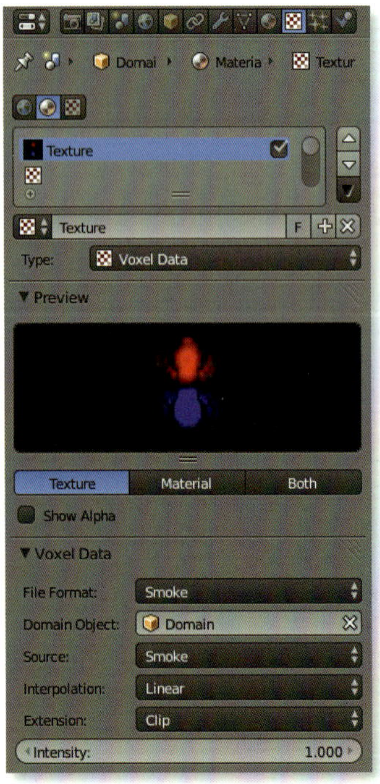

▲ Abbildung 12.59
Die Einstellungen der Voxeltextur

5 Rauch sichtbar machen

Jetzt teilen Sie Blender mit, dass Sie die Dichte der Voxeldaten für die Domain nutzen möchten. Scrollen Sie daher zum Influence-Panel, setzen Sie ein Häkchen bei Density, und rendern Sie erneut – schon erscheint Rauch. Allerdings fehlt immer noch ein wenig Farbe.

6 Rauch einfärben

Diese Aufgabe erledigen wir im selben Panel. Entfernen Sie das Häkchen bei Emission Color (sie legt die Farbe des aus dem

Rauch ausgesandten Lichts fest), und setzen Sie dafür ein Häkchen bei REFLECTION COLOR. Abbildung 12.60 zeigt Ihnen auch diese Einstellungen. Ein erneutes Rendering mit F12 wird Ihnen das farbige Ergebnis präsentieren.

Als Abschluss dieser Übung können Sie Ihrem Welthintergrund noch eine schwarze Farbe geben (WORLD-Tab • HORIZON COLOR) und Ihre Emitter im OUTLINER während des Renderings ausblenden (klicken Sie auf das Fotokamera-Icon hinter dem Namen des Objekts).

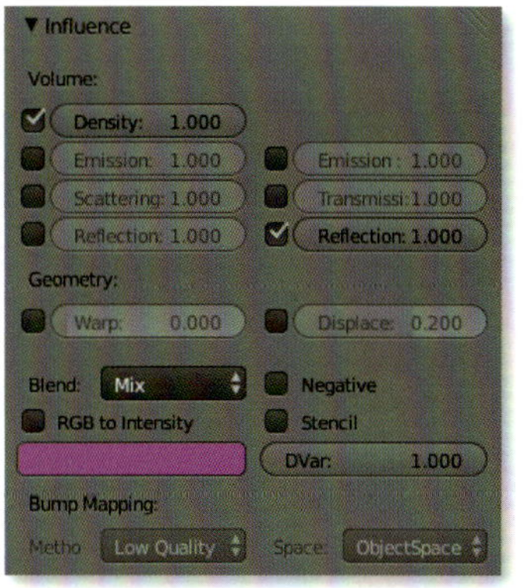

▲ **Abbildung 12.60**
Die Einstellungen des INFLUENCE-Panels

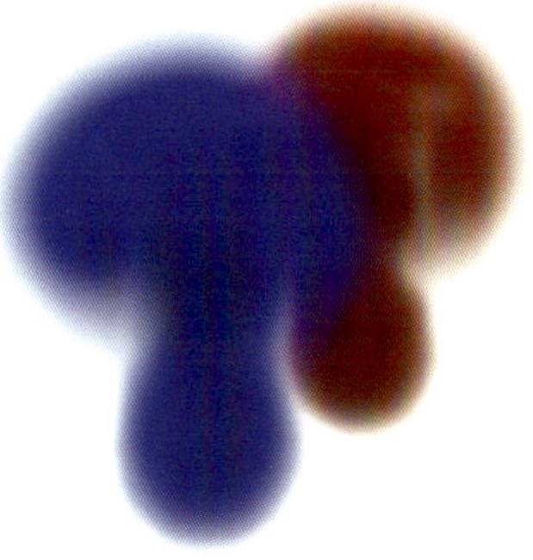

▲ **Abbildung 12.61**
Das Ergebnis der Übung: blauer und roter Rauch mit dem BI-Renderer

Möchten Sie sich das Ergebnis der obigen Schritte ansehen, so laden Sie die Datei »12_SmokeSimple_End_BI.blend«, backen und rendern Sie die Szene.

Wie Sie Rauch und Feuer in Cycles rendern, lesen Sie jetzt.

Die Datei »12_Smoke-Simple_End_BI.blend« finden Sie auf der Buch-DVD unter BEISPIELMATERIAL • KAPITEL_12.

Volume-Rendering mit der Cycles-Engine | Da erst seit Version 2.71 von Blender die Möglichkeit besteht, volumetrische Materialien mit Cycles zu rendern, wird sich die Art, wie Sie in Cycles volumetrische Materialien anlegen, sicherlich über kurz oder lang noch ändern. Aber: Nichts hält so lange wie ein Provisorium – schauen Sie sich daher trotzdem schon einmal die folgenden Erklärungen an.

Volumetrics auf CPU/GPU

Beachten Sie, dass Sie bis einschließlich Blender 2.71 volumetrische Materialien nur auf der CPU und nicht mithilfe der GPU rendern können. Stellen Sie daher das DEVICE des RENDER-Panels auf dem RENDER-Tab auf CPU. Ab Blender 2.72 können volumetrische Körper zwar auch auf der GPU berechnet werden, doch Materialien, die auf Voxeln basieren (wie beispielsweise Rauch), sind allerdings weiterhin nur auf der CPU möglich.

Die Datei »12_Smoke-Simple_Start.blend« finden Sie auf der Buch-DVD unter Beispielmaterial • Kapitel_12.

Schritt für Schritt
Rauch mit Cycles simulieren

Nutzen Sie auch in dieser Übung wieder die »12_SmokeSimple_Start.blend«-Datei, um schnell loszulegen. Folgen Sie dann diesen Schritten:

1 Für die richtige Beleuchtung sorgen

Stellen Sie die Render-Engine auf Cycles, und machen Sie die in der Szene vorhandene Lampe über Use Nodes auf dem Object-Data-Tab für Cycles verfügbar. Ändern Sie den Typ der Lampe anschließend in Sun, und geben Sie ihr eine Stärke von 15.

2 Volume-Nodes einfügen

Wählen Sie jetzt die Domain, und ändern Sie das Screen Layout zu Compositing. Legen Sie dort ein neues Material für die Domain an (achten Sie darauf, den richtigen Node-Editor-Typ [Shader-Nodes] auszuwählen), und klicken Sie auf dem Material-Tab auf New).

Löschen Sie anschließend den Diffuse-BSDF-Node, und fügen Sie einen Attribute-, Volume-Scatter- und Volume-Absorption-Node ein.

3 Add-Shader-Node mit Volume-Nodes verbinden

Verbinden Sie die beiden Volume-Nodes mit einem Add-Shader-Node und den Add-Shader-Node mit dem Volume-Input-Node des Material-Output-Nodes.

4 Voxeldaten in Nodes nutzen

Geben Sie in dem Attribute-Node jetzt Density ein (mit diesem Namen greifen Sie auf das interne Voxelfeld zu), und verbinden Sie den Fac-Ausgang dieses Nodes mit den beiden Density-Eingängen der Volume-Nodes. Ihr Rauch sollte jetzt bereits zu sehen sein, er ist allerdings (noch) farblos.

5 Farbdaten in Nodes nutzen

Fügen Sie daher noch einen zweiten Attribute-Node ein, und tragen Sie dort den Wert Color ein. Verbinden Sie anschließend den Color-Ausgang dieses Nodes mit den beiden Color-Eingängen des Volume-Nodes. Abbildung 12.62 zeigt Ihnen den daraus resultierenden Node-Tree.

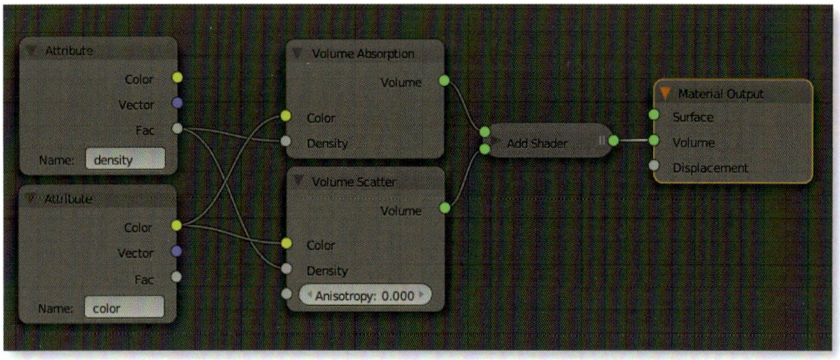

◂ **Abbildung 12.62**
Um Rauch in Cycles zu rendern, ist dieser Node-Tree nötig.

6 Welthintergrund anpassen und Emitter ausblenden

Ändern Sie jetzt den Welthintergrund auf Schwarz, und schon werden Sie ein wenig mehr von Ihrem Rauch in Cycles sehen. Zu guter Letzt blenden Sie Ihre Rauch emittierenden Objekte über einen Klick auf das Kamerasymbol im OUTLINER für den Rendering-Vorgang aus. Der Rauch bleibt natürlich für den Renderer sichtbar – nur das Objekt selbst wird ausgeblendet.

Die Datei »12_Smoke-Simple_End_Cycles.blend« finden Sie auf der Buch-DVD unter BEISPIELMATERIAL • KAPITEL_12.

Das Ergebnis dieser Übung finden Sie in der Datei »12_SmokeSimple_End_Cycles.blend« und in Abbildung 12.63. Backen Sie die Datei, bevor Sie sich das Ergebnis ansehen.

Falls Sie nicht nur Rauch, sondern auch zusätzlich Flammen mit Cycles rendern möchten, fügen Sie noch einen dritten ATTRIBUTE-Node ein, und geben Sie ihm den Wert FLAME. Verbinden Sie den FAC-Ausgang dieses Nodes mit einem COLOR-RAMP-Node und diesen mit einem EMISSION-Shader. Verbinden Sie diesen über einen MIX SHADER mit dem ADD SHADER. Die Color-Ramp bestimmt die Farben der Flamme. Die geladene Datei enthält bereits alle dafür nötigen Nodes als unverbundenen Node-Tree innerhalb des Domain-Materials.

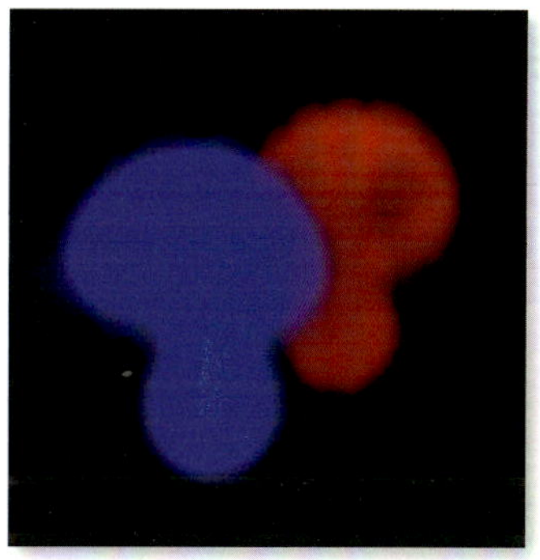

▴ **Abbildung 12.63**
Das gerenderte Ergebnis der Übung

Mit dem Abschluss dieser Übung möchte ich mich von der Smoke-Simulation verabschieden und Sie zu dem letzten Simulationsmodul mitnehmen – den Rigid-Body-Simulationen.

12.8 Festkörperphysik – Rigid Bodys und Rigid-Body-Constraints

Mit Rigid Bodys können Sie beliebige Mesh-Objekte als Festkörper (Körper, die sich nicht verformen) festlegen. Die Bewegungen dieser Körper werden anschließend von Blender mithilfe des Physiksystems automatisch simuliert.

Abbildung 12.64 ▸
Mit dem Rigid-Body-Modul reißen Sie bei Bedarf, ohne einen einzigen Keyframe zu setzen, eine komplette Mauer ein.

Egal, ob Sie eine Mauer aus vielen einzelnen Steinen erstellen und von einer Abrissbirne durchschlagen lassen oder ob Sie Tausende unterschiedliche Objekte in Ihre Szene setzen und sie mit Kraftfeldern beeinflussen – Keyframes sind für diese Beispiele nicht nötig, denn das Rigid-Body-Modul simuliert die Bewegungen nach allen Regeln der Physik. Selbst Kraftfelder werden unterstützt. Über sogenannte Rigid-Body-Constraints können Sie die Bewegung der Rigid Bodys einschränken – analog zu den Bone- und Object-Constraints, die Sie bereits kennengelernt haben.

12.8.1 Rigid Bodys

In Blender existieren zwei Arten von Rigid Bodys: passive und aktive. Passive Rigid Bodys werden zwar in der Simulation berücksichtigt, bewegen sich allerdings nicht von allein. Sie dienen in erster Linie als Kollisionsobjekt und müssen – falls nötig – von Hand animiert werden. Aktive Rigid Bodys werden von Kraftfeldern und der Schwerkraft beeinflusst, sobald eine Animation mit [Alt] + [A] gestartet wird. Alle Einstellungen für Rigid Bodys finden Sie wie immer auf dem Physics-Tab, nachdem Sie die Schaltfläche Rigid Body angeklickt haben. Laden Sie jetzt die Datei »12_RigidBodyExample.blend«, und starten Sie die Animation – dort bekommen Sie einen guten Eindruck davon, was mit Rigid Bodys möglich ist. Stellen Sie sich vor, Sie hätten diese Animation inklusive aller Kollisionen von Hand erstellen müssen – eine überaus komplexe und zeitraubende Aufgabe.

Die Datei »12_RigidBodyExample.blend« finden Sie auf der Buch-DVD unter Beispielmaterial • Kapitel_12.

Rigid Bodys hinzufügen | Wie alle vorherigen Simulationsmodule aktivieren Sie auch das Rigid-Body-Modul über einen Klick auf die Rigid-Body-Schaltfläche des Physics-Tabs für das gewählte Objekt. Möchten Sie mehrere Objekte gleichzeitig einer Rigid-Body-Simulation hinzufügen, sollten Sie jedoch nicht diesen Weg, sondern den Weg über die Toolbar (T) und das in Abbildung 12.65 dargestellte Physics-Tab nehmen. Dort existieren mit Add Active und Add Passive zwei Schaltflächen, die die gewählten Objekte einer Rigid-Body-Simulation hinzufügen und sie automatisch einer Rigid-Body-Gruppe hinzufügen.

Active und Passive bezieht sich in diesem Zusammenhang auf die Rolle, die die Objekte in der Simulation spielen. Aktive Objekte werden von dem Simulationsmodul bewegt, kollidieren mit anderen Objekten und nehmen allgemein aktiv an der Simulation teil. Passive Objekte nehmen zwar auch an der Simulation teil (sie kollidieren mit anderen Rigid Bodys), werden allerdings nicht von dem Simulationsmodul aktiv bewegt – eine Animation von Hand oder per Keyframes ist aber natürlich trotzdem möglich.

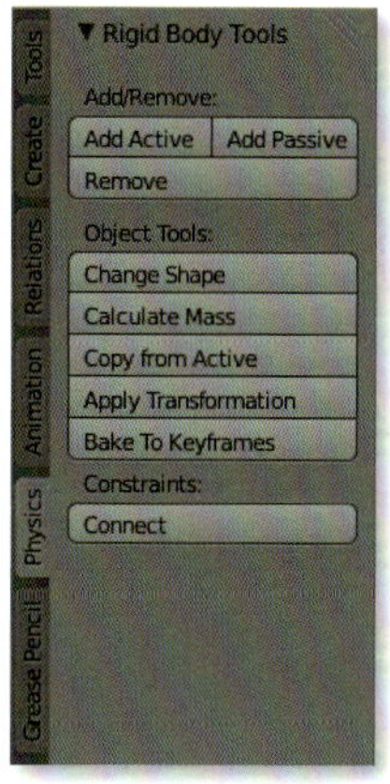

▲ **Abbildung 12.65**
Das Rigid-Body-Tools-Panel hilft Ihnen bei der Erstellung von Rigid Bodys.

Die Rigid Body World | Genau wie alle Fluide eine Domain besitzen, mit deren Hilfe Sie Auflösung und Geschwindigkeit der Simulation festlegen, definieren Sie mithilfe der Rigid Body World, wie die Simulationsumgebung von Rigid Bodys aussieht. Sie gilt für alle Rigid Bodys und ist daher das Gegenstück zur Domain der letzten beiden Module. Die Rigid Body World legt entgegen der vorigen Domains jedoch keine räumlichen Grenzen fest, in denen die Simulation abläuft – Rigid-Body-Simulationen können sich auf die komplette 3D-Szene erstrecken. Alle Einstellungen der Rigid-Body-Welt sind im Scene-Tab auf dem Panel Rigid Body World zu finden.

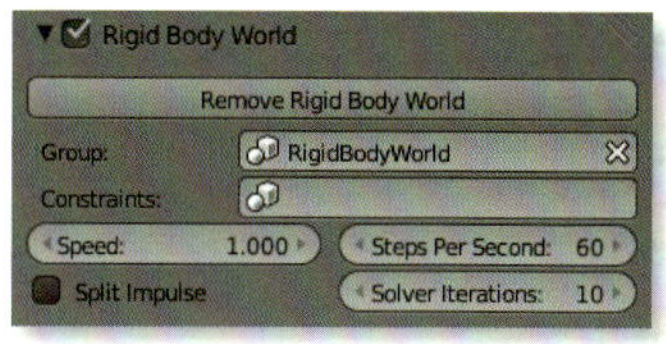

▲ **Abbildung 12.66**
Das Rigid-Body-World-Panel

Ob ein Objekt zu einer Rigid-Body-Simulation gehört oder nicht, wird im Rigid-Body-Modul über die Zugehörigkeit zu der bereits erwähnten Rigid-Body-Gruppe erledigt. Fügen Sie der Szene Rigid-Body-Objekte über das Physics-Tab oder die Toolbar hinzu, werden diese in die Gruppe »RigidBodyWorld« aufgenommen. Möchten Sie eine eigene Gruppe verwenden, so genügt es, mehrere Objekte per Strg + G in einer Gruppe zusammenzufassen und diese Gruppe im Panel Rigid Body World als zu betrachtende Gruppe unter Group anzugeben. Gleiches gilt für die Rigid-Body-Constraints, die Sie etwas später kennenlernen werden.

Weitere wichtige Simulationseinstellungen sind:

- Speed: Mit diesem (animierbaren) Wert können Sie die Simulation verlangsamen oder beschleunigen – auch während die Simulation läuft. Den aus dem Film »Matrix« bekannten »Bullet-Time«-Effekt, bei dem die Zeit plötzlich stillzustehen scheint, können Sie mit dieser Einstellung leicht nachbilden.
- Split Impulse: Diese Checkbox kann den Effekt von bei einer Kollision explosionsartig auseinanderfliegenden Objekten minimieren, indem sie die Kraft beschränkt, mit der solche Objekte

Rigid Bodys und Szenen
Die Rigid-Body-World-Einstellungen gelten immer pro Szene – wenn Sie verschiedene Simulationen mit unterschiedlichen Einstellungen durchführen möchten, sollten Sie daher mehrere Szenen erstellen.

auseinandergerissen werden. Sie kann allerdings gleichzeitig zu instabileren Simulationen führen.

- Steps Per Second: Dieser Wert gibt die Anzahl der Simulationsschritte pro Sekunde an. Sie verändern mit diesem Wert ausschließlich die Genauigkeit, nicht die Geschwindigkeit der Simulation.
- Solver Iterations: Hier legen Sie fest, wie viele Durchläufe der Lösungsalgorithmus pro Simulationsschritt unternimmt, um die Simulation zu berechnen. Jeder erneute Durchlauf macht die Simulation genauer und stabiler.

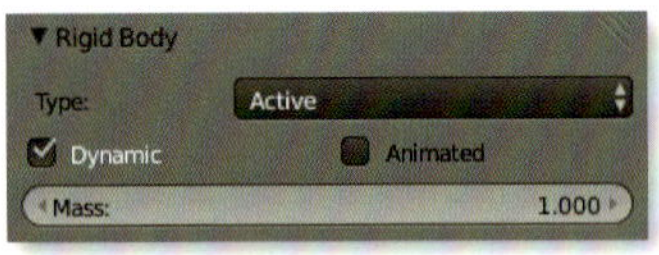

▲ **Abbildung 12.67**
Das Rigid-Body-Panel

Das Rigid-Body-Panel | Haben Sie die Rigid-Body-Simulation für ein Objekt aktiviert, erwarten Sie in dem ersten Panel ganz allgemeine Einstellungen:

- Type: Hier stellen Sie den Typ des Rigid Bodys ein (Active oder Passive).
- Dynamic: Mit diesem Wert aktivieren oder deaktivieren Sie das Objekt. Ist es deaktiviert, nimmt es nicht an der Simulation teil.
- Animated: Wenn Objekte über das Rigid-Body-Modul simuliert werden, wird jede Art von anderweitiger Animation (Keyframe, Follow-Path oder Ähnliches) ignoriert. Über diese Checkbox können Sie diesen Mechanismus beeinflussen: Ist sie aktiv, wird die manuelle Animation genutzt, deaktivieren Sie sie, übernimmt das Rigid-Body-Modul die Animation. Da diese Checkbox animierbar ist, können Sie damit beispielsweise eine Kugel erst von Hand in eine Richtung schleudern und anschließend das Modul die Flugbahn und den Aufprall simulieren lassen.
- Mass: Die Masse des Objekts. Je schwerer das Objekt, desto einfacher werden leichtere Objekte verdrängt.

Die Datei »12_RigidBodyEasy.blend« finden Sie auf der Buch-DVD unter Beispielmaterial • Kapitel_12.

Haben Sie mehrere Rigid Bodys in Ihre Szene eingefügt, genügt ein Druck auf Alt + A, um das Rigid-Body-System an die Arbeit gehen zu lassen. Testen Sie es mit der Datei »12_RigidBodyEasy.blend« – sie enthält eine einfache Szene mit einem (passiven) Rigid-Body-Boden und drei (aktiven) Rigid-Body-Würfeln. Diese werden komplett durch die Rigid-Body-Simulation bewegt – keine Keyframes wurden dafür genutzt.

Das Rigid-Body-Collisions-Panel | Haben Sie die allgemeinen Einstellungen hinter sich gelassen, finden Sie auf diesem Panel Einstellungen, um beispielsweise die Kollisionserkennung zu verändern oder die Reibung der Rigid-Body-Oberfläche zu definieren:

- Shape: Diese Einstellung legt die Form des Kollisionsobjekts fest. Da komplexe Objekte sehr viele Vertices haben und jeder Vertex in einer Simulation auf Kollisionen geprüft werden müsste, versucht man dieses Problem über einen Kollisionskörper zu lösen – virtuelle Objekte um das Rigid-Body-Objekt, die sich der Form des Objekts annähern. Neben den Kollisionsobjekten für Standardkörper wie eine Kugel, eine Box, ein Zylinder oder ein Konus existieren auch Objekte, die versuchen, die Form des Objekts genauer nachzubilden, wie die Convex Hull (funktioniert ähnlich wie ein Shrinkwrap-Modifier) oder das Mesh (baut ein vereinfachtes Objekt neu auf, das nur aus Dreiecken besteht).
- Source: Über diese Combobox können Sie wählen, ob das ursprüngliche Objekt (Base) für die Simulation gewählt wird oder ein durch Deform-Modifier oder Shape Keys verändertes (Deform). Möchten Sie alle Modifier wirken lassen, sollten Sie Final wählen.
- Deforming: Falls sich Ihr Rigid-Body-Objekt während der Simulation verformt, sollten Sie diesen Haken setzen (nur möglich bei Kollisionsobjekten vom Typ Mesh).
- Surface Response: Hier bestimmen Sie, wie die Oberfläche des Rigid Bodys beschaffen ist und wie sie mit anderen Oberflächen interagiert.
- Friction: Dieser Wert gibt die Reibung der Oberfläche an.
- Bounciness: Gibt an, wie stark das Objekt dazu neigt, bei Kollisionen zu springen.
- Sensitivity: Hier legen Sie fest, wie weit der virtuelle Kollisionskörper von dem Originalobjekt entfernt ist.
- Collision Margin: Ohne dieses Häkchen nutzen Sie den Standardabstand, der eventuell zu sichtbaren Lücken zwischen beeinflussten Objekten und Originalkörper führt.
- Margin: Bei gesetztem Häkchen können Sie hier den Abstand zwischen Kollisionskörper und Originalobjekt einstellen. Seien Sie vorsichtig – ein zu kleiner Abstand kann zu instabilen Simulationen mit explosionsartig davonfliegenden Objekten führen.
- Collision Groups: Über diese Gruppen können Sie verhindern, dass alle Rigid Bodys der Szene miteinander kollidieren. Setzen Sie alle Objekte, die miteinander kollidieren sollen, durch einen Klick auf diese Auswahl in die entsprechende Kollisionsgruppe. Die Szene »Collision Scene« der Datei »12_RigidBodyExample.blend« hält hierzu ein Beispiel bereit.

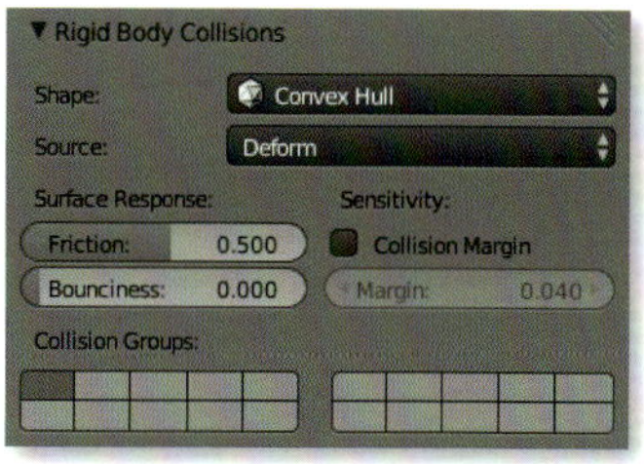

▲ **Abbildung 12.68**
Das Rigid-Body-Collisions-Panel

Die Datei »12_RigidBodyExample.blend« finden Sie auf der Buch-DVD unter Beispielmaterial • Kapitel_12.

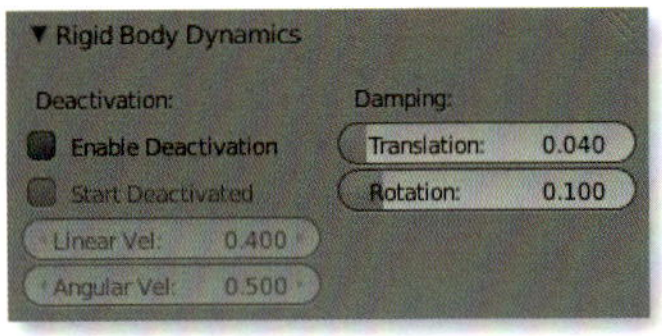

▲ **Abbildung 12.69**
Das RIGID-BODY-DYNAMICS-Panel

Das Rigid-Body-Dynamics-Panel | Dieses Panel ermöglicht es Ihnen unter anderem, das Rigid-Body-Objekt nach einer bestimmten Zeit von der Simulation auszuschließen oder es erst nach einem kleinen Stups an der Simulation teilhaben zu lassen.

- DEACTIVATION: Alle hier zu findenden Einstellungen kümmern sich um die Deaktivierung von Rigid Bodys:
- ENABLE DEACTIVATION: Über diese Checkbox teilen Sie Blender mit, dass das Rigid-Body-Objekt nach der Erfüllung nachfolgender Voraussetzungen inaktiv wird.
- START DEACTIVATED: Diese Checkbox lässt das Objekt inaktiv starten. Sie können es mit einer Kollision eines anderen Rigid Bodys wieder aktivieren.
- LINEAR/ANGULAR VEL: Diese beiden Werte legen fest, unter welcher Objekt- und Winkelgeschwindigkeit das Rigid-Body-Objekt deaktiviert wird.
- DAMPING: Alle hier zu findenden Einstellungen betreffen die Dämpfung des Objekts. Bei TRANSLATION stellen Sie die Menge der Bewegungsdämpfung über die Zeit ein. Mit ROTATION die Menge der Rotationsdämpfung über die Zeit.

Mit dieser Übersicht kennen Sie jetzt alle wichtigen Einstellungen im Bezug auf Rigid Bodys. Nehmen Sie sich jetzt ein wenig Zeit, und spielen Sie mit Rigid Bodys. Erforschen Sie die Demo-Datei, und fügen Sie Kraftfelder ein.

Haben Sie sich ausgetobt, wartet ein weiteres interessantes Feature im Bezug auf Rigid Bodys auf Sie: die Rigid-Body-Constraints.

Zum Nachlesen
Alles über Constraints finden Sie in Abschnitt 10.3.5, »Constraints – Beschränkungen festlegen«.

12.8.2 Rigid Body Contstraints

Die Rigid-Body-Constraints erfüllen genau die gleichen Aufgaben wie die bereits früher besprochenen Constraints – sie begrenzen die Bewegungs- und Rotationsfreiheit von Objekten. Im Gegensatz zu ihren Verwandten werden sie jedoch nicht auf die Rigid Bodys aufgebracht, sondern auf einem extra zu diesem Zweck erstellten Objekt aktiviert (meist ein Empty) und mit den Rigid Bodys verknüpft. Auch in diesem Fall hilft Ihnen wieder die TOOLBAR (T) weiter: Wählen Sie zwei Objekte, und klicken Sie auf die CONNECT-Schaltfläche des PHYSICS-Tabs in der TOOLBAR. Sofort im Anschluss wird ein Empty als Constraint erstellt und mit beiden Objekten über eine gestrichelte Linie verbunden. Ein Druck auf F6 oder der Wechsel zu den Simulationsmodulen des PHYSICS-Tabs lässt Sie anschließend den gewünschten Constraint-Typ auswählen.

Constraint-Typen | Die in Abbildung 12.70 zu sehenden Typen stehen Ihnen als Constraint zur Verfügung:

- FIXED: Dieser Typ richtet die Rotation des ersten exakt nach dem zweiten Objekt aus.
- POINT: Bei diesem Typ bewegen sich die Rigid Bodys um einen gemeinsamen Punkt.
- HINGE: Dieser Typ erlaubt den Rigid Bodys Bewegungen wie mit einem Gelenk.
- SLIDER: Dieser Typ begrenzt die Bewegung auf die x-Achse des Constraint-Objekts.
- PISTON: Dieser Typ ist identisch mit dem vorangegangenen, er erlaubt jedoch zusätzlich die Drehung um die x-Achse des Constraint-Objekts.
- GENERIC: Bei diesem Typ haben Sie die volle Auswahl. Sie können hier sowohl Bewegungen als auch Rotationen beschränken.
- GENERIC SPRING: Dieser Typ ist identisch mit dem vorangegangenen, er federt jedoch bis zu einem gewissen Grad, wenn der Constraint zuschlägt.
- MOTOR: Mit diesem Typ erzeugen Sie einen sich bewegenden oder drehenden Motor, der mit ihm verbundene Objekte aufeinander zu- oder wegbewegt. Beachten Sie, dass dieser Constraint in X-Richtung wirkt – drehen Sie also das entstehende Empty so, dass die X-Achse auf das zu drehende Objekt zeigt.

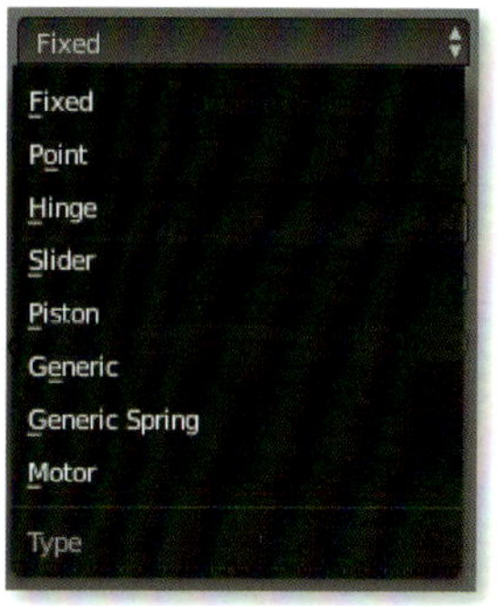

▲ **Abbildung 12.70**
Diese Rigid-Body-Constraints beschränken die Freiheit von Rigid Bodys.

Constraint-Optionen | Egal, welchen Constraint-Typ Sie wählen – Sie werden immer mindestens die folgenden Einstellungen auf dem Panel RIGID BODY CONSTRAINT vorfinden:

- ENABLED: Mit dieser Box schalten Sie den Constraint während der Simulation an oder aus.
- DISABLE COLLISIONS: Durch ein Häkchen schalten Sie die Kollisionserkennung für die durch den Constraint verbundenen Objekte aus.
- OBJECT 1/2: Das erste und zweite durch einen Constraint betroffene Objekt
- BREAKABLE: Mit dieser Option können Sie den Constraint bei starker Belastung aufheben lassen. Auf diese Weise können Sie beispielsweise einen Ball, der aus einzelnen Splittern besteht, so lange als Einheit simulieren, bis er auf den Boden aufschlägt. BREAKING THRESHOLD gibt in diesem Zusammenhang an, wie stark der Impuls sein muss, bevor der Constraint deaktiviert wird.
- OVERRIDE ITERATIONS: Ein großer Wert macht die Constraints stärker, während ein kleiner die Constraints schwächer werden lässt. Sie überschreiben dadurch die Einstellungen der RIGID BODY WORLD für diesen Constraint.

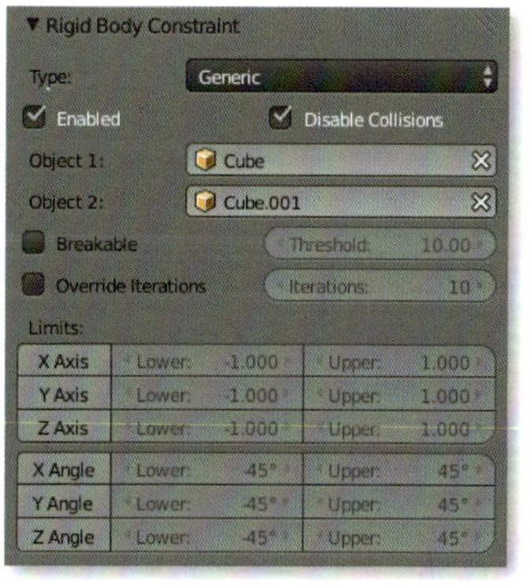

▲ **Abbildung 12.71**
Den GENERIC-Constraint können Sie ganz nach Ihren Wünschen anpassen.

- Iterations: Mit diesem Wert legen Sie fest, wie genau Blender die Constraints berechnet. Je höher, desto genauer und länger wird die Simulation berechnet.
- Limits: Diese Felder beschränken die Drehung und/oder Bewegung der mit diesen Constraints belegten Rigid-Body-Objekte. Je nach Constraint-Typ sehen Sie hier unterschiedliche Einstellungen.

Die Datei »12_RigidBody_Constraints.blend« finden Sie auf der Buch-DVD unter Beispielmaterial • Kapitel_12.

Leider werden Rigid-Body-Constraints in Blender aktuell noch nicht so präsentiert, dass sich Anfänger leicht zurechtfinden. Rigid Bodys über Emptys zu bestimmen hat zwar Vorteile (die freie Wahl eines Rotationspunktes beispielsweise) es kompliziert den Vorgang jedoch auch. Schauen Sie sich daher auf jeden Fall die Datei »12_RigidBody_Constraints.blend« an. Dort finden Sie alle Constraints zum leichten Ausprobieren und Nachsehen. Lassen Sie Suzanne in dieser Datei mit [Alt] + [A] ihren Weg durch die Szene starten und alle Constraints nacheinander streifen – das Verhalten des jeweiligen Constraints wird Ihnen dann bereits Aufschluss darüber geben, welchen Constraint Sie vor sich haben.

12.9 Zum Stöbern

Mit dieser kleinen Übersicht über die Rigid Bodys muss ich dieses Kapitel leider schon wieder schließen – jedoch nicht, ohne Ihnen ein paar Themen zum Selbststudium vorzuschlagen:

- **Cloth Pinning**: Kleidungsstücke können Sie mithilfe von Vertex-Gruppen pinnen – die festgezurrten Vertices des Kleidungsstücks bleiben dabei in der fixierten Position. Gerade bei Flaggen, Gardinen oder ähnlichen Objekten ist diese Möglichkeit sehr nützlich.
- **Lattice als Softbody**: Soft-Body-Simulationen müssen sehr viel rechnen, wenn Sie das Modul auf ein detailliertes Mesh anwenden. Um diesen Berechnungsaufwand zu verkürzen, können Sie Ihre Soft-Body-Simulation auf ein Lattice anwenden, dieses an das detaillierte Objekt parenten und auf diese Art indirekt das Objekt verformen.
- **Heat/Flame/Velocity**: Die Voxel-Data-Textur bietet Ihnen noch viel mehr als »nur« die Farb- und Dichtedaten einer Domain. Sie können über die Source-Combobox unter anderem auf Hitzedaten zugreifen und den Rauch dementsprechend einfärben. Ein guter Weg, um mehr über diesen Texturtyp zu lernen, bietet sich Ihnen, wenn Sie sich die durch Quick-Smoke erstellten Materialien genau ansehen.

- **Rigid-Body-Constraints**: Sehen Sie sich die Constraints in verschiedenen Videos auf den einschlägigen Videoportalen an. Constraints sind ein komplexes, aber gleichzeitig extrem mächtiges Feature von Rigid Bodys. Mithilfe der Constraints und eines im Internet erhältlichen Add-ons (den Bullet Constraints Tools) können Sie beispielsweise lose Steine so aneinander haften lassen, dass bei einem Zusammenstoß nicht sofort alle Steine zerbrechen, sondern nur diejenigen, die die Abrissbirne trifft.

12.10 Auf ins nächste Kapitel

In diesem Kapitel haben Sie alle Helfer kennengelernt, die Blender Ihnen im Bereich Simulation momentan anbietet. Wenn Ihre nächste Szene eine Bootsfahrt mit rauchendem Schornstein in der Badewanne und umherpurzelnder Ladung werden soll, haben Sie jetzt alle Werkzeuge zur Hand, um sie perfekt aussehen zu lassen. Im nächsten Kapitel werden wir uns noch einmal die Render-Engines und die beim Rendern anfallenden Daten ansehen. Sie werden einerseits sehen, welche Aufgabe diese Daten nach dem Rendern haben und andererseits verstehen, welche großen Vorteile Ihnen diese Daten bringen.

Kapitel 13
Postproduktion und Compositing

In diesem Kapitel dreht sich alles darum, Ihre Rendering-Ergebnisse und bereits vorhandene Bilder zu verbessern. So werden Sie erfahren, welche Möglichkeiten und Werkzeuge Blender bereithält, um diese finale Phase in der Produktion von digitalen Inhalten qualitativ hochwertig und schnell abzuschließen.

13.1 Die Geschichte der Postproduktion

Postproduktion (Nachproduktion) ist – wie der Name bereits andeutet – eine Technik zur Nachbearbeitung von realen oder virtuellen Materialien. Sie stellt die letzte Phase der Produktion und daher Ihre letzte Möglichkeit dar, um dem produzierten Werk (digitalen Daten) den finalen Schliff zu geben. Postproduktion existiert schon – auch wenn sie nicht immer sichtbar ist –, seit Menschen an der Verbesserung ihrer Arbeit und ihren Arbeitsprozessen interessiert sind. In den nachfolgenden Abschnitten möchte ich Ihnen einige Arten der Postproduktionen vorstellen und Ihnen zeigen, wie sich die Postproduktion im Vergleich zu den Anfängen entwickelt hat.

13.1.1 Die Anfänge – Fotografie

Im Sommer 1857 wagte sich der schwedische Fotograf Oscar Gustave Rejlander an ein Fotografie-Projekt, das das mit Abstand aufwendigste und ambitionierteste Fotografie-Projekt seiner Zeit werden sollte. Er produzierte in seinem Studio 32 Fotonegative auf Glas, die Frauen und Männer in kleinen Gruppen mit wenigen Objekten zeigten. Alle diese Glas-Negative arrangierte er so geschickt neben- und hintereinander, dass bei dem anschließenden Belichten der Negative weder Übergänge noch Kanten oder andere unnatürliche Vorkommnisse erkennbar waren und ein

Composite Print
Rejlander erstellte mit diesem Bild den ersten »Composite Print« – eine Kunstform, die ihm zur damaligen Zeit nicht nur keine Anerkennung, sondern vielmehr Missbilligung einbrachte. Die Fotografie etablierte sich gerade als Kunstform – seine Technik war als Betrügerei verschrien.

breitwandiges Bild entstand. Das Resultat »The Two Ways Of Life« (Abbildung 13.1) wirkt so, als hätte Rejlander die Szene in einem riesigen Studio abgelichtet (was einerseits damals aus Platzgründen überhaupt nicht möglich gewesen wäre und andererseits einen enormen organisatorischen Aufwand bedeutet hätte).

▲ **Abbildung 13.1**
»The Two Ways Of Life« von Oscar Gustave Reijlander

13.1.2 Evolution – TV und Kino

Trotz der anfänglichen Ablehnung war die Idee des Zusammenfügens von einzelnen Bildteilen zu einem kompletten Bild und dem damit einhergehenden Sinken von Produktionskosten nicht mehr aus den Köpfen von Fotografen und schlussendlich auch Filmschaffenden zu verbannen – zu faszinierend war die Idee, real nicht existierende Welten zu erschaffen und sich künstlerisch völlig frei auszuleben. Viele Fotokünstler eiferten Oscar G. Rejlander nach, bis Ende des 19. Jahrhunderts die Filmindustrie, begünstigt durch die Entwicklung von optischen Printern, auf den Plan trat. Optische Printer sind Geräte, die ausgewählte Teile unterschiedlicher Filme über halbdurchlässige Spiegel kombinieren konnten. Sie ermöglichten es, unterschiedliche Filmquellen und Filmtechniken zu verbinden – sogar Fotos konnten als statischer Hintergrund eingefügt werden.

Mit der Erfindung dieses Geräts war *optisches Compositing* geboren, und eine neue Filmära begann mit dem 1933 erschienenen Film »King Kong«. In diesem Film wurde zuerst der Affe durch die Stop-Motion-Technik (eine 41 cm große Puppe wird Bild für Bild ein wenig bewegt) animiert und entwickelt. Anschließend wurden die Darsteller inklusive der Requisiten im Vordergrund platziert und der Affe (als Film) vergrößert durch einen Projektor auf den Hintergrund projiziert.

Nachdem die digitalen Produktionsmethoden und nicht zuletzt erschwingliche Computer immer mehr in den Produktionsstudios Einzug hielten, sind heutzutage alle Bearbeitungsschritte digitalisiert. Kein aktueller Kinofilm und keine TV-Produktion werden ohne Nachbearbeitung auf den Zuschauer losgelassen: Farben werden korrigiert, einzeln gefilmte Elemente und Hintergründe kombiniert, ganze Filmteile ersetzt oder komplett computergenerierte Objekte und Charaktere in Filme eingefügt. Die Möglichkeiten der digitalen Nachbearbeitung sind heutzutage bereits erschreckend vielfältig – einem Bild- oder Videobeweis können Sie schon lange nicht mehr trauen ...

In-Camera-Effekt
Alle Effekte, die zum Zeitpunkt der Aufnahme durch optische Tricks und nicht in der späteren Nachbearbeitung erzeugt werden heißen In-Camera-Effekte. Wann immer es möglich ist, sollten Sie sie nutzen – Nachbearbeitungen sind sehr zeitaufwendig und daher teuer.

13.1.3 Postproduktion heute

Bislang haben wir die Postproduktion sehr eng gefasst: Alle vorhergehenden Beispiele haben Compositing (also die Kombination unterschiedlichen Film- oder Fotomaterials) zum Thema gehabt. Die Postproduktions-Phase leistet heutzutage jedoch in den unterschiedlichsten Branchen einen wichtigen Beitrag zur finalen Anpassung des Ausgangsmaterials und ist daher viel weiter gefasst. Das Ziel dieser Phase ist es immer, die Produktaussage zu betonen und hervorzuheben.

Bildbearbeitung | Die Fotografie kennt schon seit der analogen Zeit die Technik des Nachbearbeitens – selbst wenn damals oft bereits zum Zeitpunkt der Aufnahme (In-Camera) die gewünschten Effekte eingefügt wurden, über Masken, Farbfilter oder Film-Doppelbelichtungen. Doch auch bei der Fotografie existierten Nachbearbeitungstechniken: Bei der Filmentwicklung konnten unterschiedliche Chemikalien genutzt werden, um das Bild teilweise zu verfremden oder einzufärben. Auch das nachträgliche bewusste Überdecken von Bildbereichen bei der Entwicklung gehört in diese Reihe.

Heutzutage sind die Möglichkeiten der digitalen Bearbeitung von Bildern überwältigend. Softwareprodukte wie GIMP oder Photoshop bieten Ihnen eine schier unendliche Anzahl an Einstellungen und vorgefertigten Effekten an, um Ihr Bild mit wenigen Klicks in jede nur erdenkliche Stimmung zu bringen und zu verändern. Egal, ob Sie die Farben anpassen, Unschärfe-Effekte einzufügen oder Beleuchtungseffekte nachträglich einfügen möchten – alles ist möglich und nicht destruktiv.

Alle gängigen Bildbearbeitungstools setzen dabei auf die an Overhead-Projektoren angelehnten Ebenen und Masken, mit denen Sie die Effekte auf spezielle Bereiche begrenzen und die

Reihenfolge der Effekte festlegen können. Blender bietet Ihnen mit dem integrierten *Compositor* ein mächtiges Werkzeug an, mit dem Sie alle Rendering-Ergebnisse automatisch bearbeiten und mit Effekten versehen lassen können. Wie genau, erfahren Sie ein wenig später.

Digitale Effekte und Schnitt | Auch im Bereich der Animation und Filmproduktion werden neben den bereits beschriebenen Compositing-Techniken (digitaler Natur) auch die im letzten Abschnitt erläuterten Bildbearbeitungstechniken in der Postproduktion eingesetzt. Dies ist möglich, da Filme aus vielen Einzelbildern bestehen, die in hoher Geschwindigkeit nacheinander angezeigt werden. Meist wird die Bearbeitung jedoch mit auf die Postproduktion spezialisierten Programmen (wie Adobe After Effects) durchgeführt, die eine unglaubliche Vielzahl an Tools und Effekten bereithalten, um jede Idee eines Filmschaffenden in der Postproduktion Wirklichkeit werden zu lassen.

Vertonung | Nach dem Schnitt stehen bei Filmproduktionen zusätzlich die Komposition der Filmmusik und das Sounddesign an – beide sind unverzichtbare Mittel, um die Aussage des Films, der Szene und der (animierten) Charaktere zu unterstreichen. Gerade wenn die im vorigen Abschnitt beschriebenen digitalen Effekte nachträglich in einen Film eingefügt wurden, müssen diese im Sounddesign berücksichtigt werden – was wäre eine riesige Explosion ohne eine brachiale Klanguntermalung …

Sounddesign im Alltag

Selbst im realen Leben spielt Sounddesign eine immer bedeutendere Rolle. Alle großen Autohersteller optimieren beispielsweise das Motorengeräusch, das Geräusch des Auspuffs oder zufallender Türen. Selbst Würstchenhersteller haben das Sounddesign für sich entdeckt und optimieren die Haut von ihren Produkten so, dass der Knack beim Zubeißen möglichst viel Lust auf ein zweites (und drittes) Würstchen macht.

13.2 Postproduktion mit Blender

Da Blender schon immer als Allzwecktool für digitale Inhaltserstellung konzipiert wurde, ist es nur logisch, dass auch im Bereich Postproduktion entsprechende Editoren bereitgestellt werden. Sie ermöglichen es Ihnen, Render- und reale Bilddaten schnell und ohne Änderung des Interfaces zu verarbeiten, zu kombinieren, zu ändern und wieder auszugeben. Den Schnitt und das Sounddesign erledigen Sie mit dem integrierten VIDEO SEQUENCE EDITOR (siehe

Kapitel 15), während die Nachbearbeitung von gerenderten oder vorhandenen Bildern über Blenders Compositor abgewickelt wird.

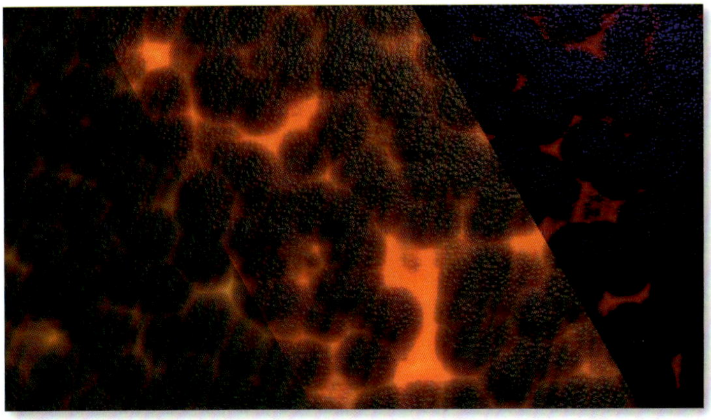

◂ **Abbildung 13.2**
Mit Blenders Render Layer und dem internen Compositor geben Sie Ihren Szenen den letzten Schliff – unabhängig davon, ob Sie nur bestimmte Teile oder die komplette Szene ändern möchten.

Bevor ich Ihnen in den folgenden Abschnitten jedoch zeige, wie diese Nachbearbeitung mit dem integrierten Compositor vonstattengeht, möchte ich Ihnen zuerst erklären, wie Sie einzelne Bestandteile Ihrer Szene rendern, aus welchen Render-Durchgängen Blender ein Bild im Rendering-Prozess zusammenbaut und wie Sie diese Durchgänge für eine spätere Bearbeitung sichern.

13.2.1 Render Layer

Sie fragen sich vielleicht, warum Sie einzelne Bestandteile und nicht sofort die komplette Szene rendern sollten? Die Antwort ist einfach: Um spezielle Anpassungen oder Effekte ausschließlich auf diese Teile der Szene anzuwenden, etwa auf einen Lavastrom, der gefährlich glühen soll – die restliche Szene aber nicht, auf einen etwas zu dunkel geratenen Umhang, der aufgehellt werden muss, ohne die Umgebung zu verändern, oder auf einen virtuellen Charakter, der in eine reale Umgebung integriert werden soll. All das sind Aufgaben, für die Render-Ebenen (Render Layer) unabdingbar sind. Der Schlüssel zu diesen Effekten ist Isolation – über Render Layer isolieren Sie Objekte voneinander.

Rechenzeiten und Render-Layer
Da jeder Render Layer einzeln berechnet wird, steigt die Render-Zeit für das finale Bild an. Die Vorteile (inklusive des einfachen Veränderns von Beleuchtungssituationen ohne erneutes Rendering) wiegen diesen Nachteil allerdings schnell auf.

Alle Render Layer werden in Blender nacheinander und unabhängig voneinander gerendert. Wurde ein Objekt dem ersten Render Layer zugeordnet, aber nicht dem zweiten, so wird es nur im Rendering des ersten Layers auftauchen. Um trotzdem beide Objekte im finalen Bild zu sehen, müssen Sie beide Renderings zusammenfügen – dies geschieht in dem etwas später erläuterten Compositor von Blender (to compose = zusammensetzen) mithilfe von verschiedenen Nodes.

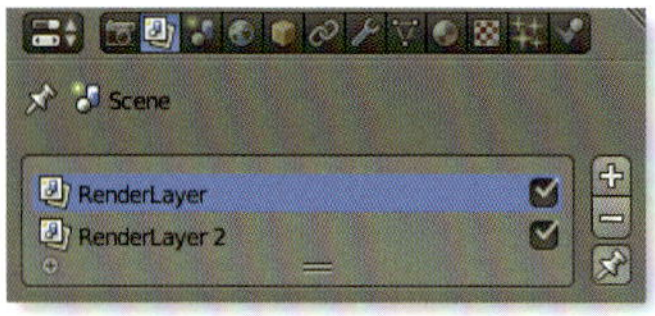

▲ **Abbildung 13.3**
Zwei aktive Render Layer warten auf ihren Einsatz.

Render Layer anlegen, benennen und löschen | Wechseln Sie jetzt auf das Render-Layers-Tab des Properties-Editors, und sehen Sie sich dort das Layer-Panel an. Standardmäßig ist dort ein Render Layer mit dem Namen »RenderLayer« aktiv (Häkchen).

Wie in allen vorherigen Listboxen können Sie auch in dieser Liste vorhandene Einträge über `Strg` + linke Maustaste auf den Listeneintrag oder einen Doppelklick benennen. Ein Klick auf das Plussymbol erzeugt eine neue Render-Ebene, während ein Klick auf das Minussymbol die aktuell ausgewählte Ebene löscht. Über das Stecknadelsymbol weisen Sie Blender dazu an, bei einem Klick auf `F12` nur die gewählte Ebene zu rendern – andernfalls rendert Blender alle angelegten Ebenen nacheinander.

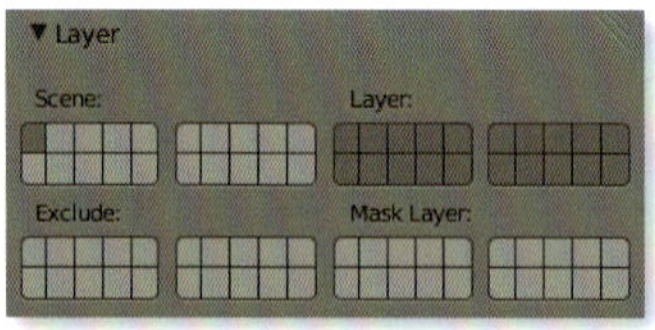

▲ **Abbildung 13.4**
Das Layer-Panel

Das Layer-Panel | Auf dem direkt unterhalb der Liste befindlichen Layer-Panel legen Sie fest, welche Layer (und damit gleichzeitig welche Objekte) bei dem anstehenden Rendering-Prozess berücksichtigt werden.

▲ **Abbildung 13.5**
Die Beispielszene (mit Cycles gerendert)

Es erwarten Sie dort je nach gewähltem Renderer drei (BI) oder vier (Cycles) Render-Layer-Blöcke: der Scene-Layer-, der nur unter Cycles anzutreffende Exclude-Layer- und der Mask-Layer-Block. Wie bereits bei den Ebenen der 3D-Ansicht gibt es auch hier jeweils 20 Ebenen-Kontrollelemente, von denen jedes einzelne eine Ebene symbolisiert.

Um die Auswirkungen der nachfolgenden Erklärungen einfach sichtbar zu machen, habe ich die in Abbildung 13.5 dargestellte Szene in der Datei »13_RenderLayers.blend« für Sie vorbereitet. Sie finden dort mehrere Szenen in der Szenen-Auswahlbox, die Ihnen je ein Beispiel für die vier Ebenenblöcke bieten.

Die Datei »13_RenderLayers.blend« finden Sie auf der Buch-DVD unter Beispielmaterial • Kapitel_13.

Die sichtbaren Ebenen – Scene | Unter SCENE erwarten Sie wieder die üblichen 20 Ebenen-Kontrollelemente, die festlegen, welche Ebenen (und damit gleichzeitig welche Objekte) in dieser Ebene sowohl für den Renderer als auch im 3D-VIEW-Editor sichtbar sind. Die hier getroffenen Einstellungen gelten für alle Render Layer, ändern Sie also in einem Layer die Sichtbarkeit, werden in allen anderen Layern diese Sichtbarkeiten gleichzeitig geändert!

▲ **Abbildung 13.7**
Die Auswirkungen der Scene-Layer aus Abbildung 13.6

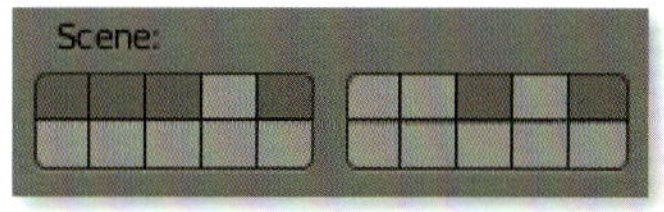

▲ **Abbildung 13.6**
Die zugehörigen SCENE-Einstellungen

Testen Sie jetzt den Einfluss der SCENE-Einstellungen auf die 3D-Ansicht mithilfe der »SceneTest«-Szene der Demo-Datei:

- Zeigen Sie die einzelnen Ebenen durch über einen Druck der Tasten 0 bis 9 oder über einen Klick in das entsprechende Kästchen des SCENE-Layers an. Alt + 1 ergibt Layer 11, ⇧ wählt gleichzeitig mehrere Ebenen.
- Wechseln Sie anschließend auf Ebene 10 (0), und markieren Sie den Boden. Erinnern Sie sich noch, wie Sie ein Objekt gleichzeitig auf mehrere Ebenen setzen?
- Betätigen Sie bei markiertem Boden-Objekt M. Klicken Sie in dem erscheinenden Popup mit gehaltener ⇧-Taste die Ebene 1, 2 und 3, an oder betätigen Sie bei gehaltener ⇧-Taste die Tasten 1, 2 und 3. Wenn Sie jetzt auf dem LAYER-Panel oder in der 3D-Ansicht durch diese Ebenen wechseln, werden Sie den Boden immer sehen.
- Rendern Sie die Szene, wenn Sie verschiedene Layer aktiviert haben – Sie werden sehen, dass immer nur das Objekt gerendert wird, dessen Layer Sie gerade eingeschaltet haben. Ist auf dem gewählten Layer keine Lampe vorhanden, bleiben die Objekte im Dunkeln.

Kopplung der Kontrollfelder
Standardmäßig sind die SCENE-Kontrollfelder gekoppelt mit der Ebeneneinstellung der 3D-Ansicht. Möchten Sie dieses Verhalten unterbinden, sollten Sie das Kettensymbol in der Menüzeile des 3D-VIEW-Editors deaktivieren – Sie werden Änderungen an den SCENE-Kontrollfeldern anschließend allerdings nicht mehr sofort in der 3D-Ansicht sehen. Ich empfehle Ihnen daher, die Standardeinstellung beizubehalten.

Zum Nachlesen
Falls Sie Ihre Ebenen-Kenntnisse auffrischen möchten, sehen Sie in Kapitel 3, »Arbeiten mit Objekten«, im Abschnitt »Scene Layer – mit Ebenen arbeiten« auf Seite 87 nach.

Ebenen zuordnen – die Layer | Mit den Kontrollfeldern der Überschrift LAYER legen Sie fest, welche SCENE-Layer dem aktuellen Render Layer zugeordnet und damit indirekt welche Objekte sichtbar sind. Denn auch wenn Sie alle Ebenen in der 3D-Ansicht sehen, heißt das noch nicht, dass der Renderer die Objekte dieser Ebenen bei einem Druck auf F12 anzeigt. Abbildung 13.9 zeigt Ihnen das Ergebnis des Renderings, sobald Sie die in Abbildung 13.8 gezeigten Ebenen aktivieren und gleichzeitig alle SCENE-Layer aktiviert haben – warum Sie dort die Schatten und die Bodenfärbung der nicht angezeigten Würfel sehen, erfahren Sie im Info-Kasten.

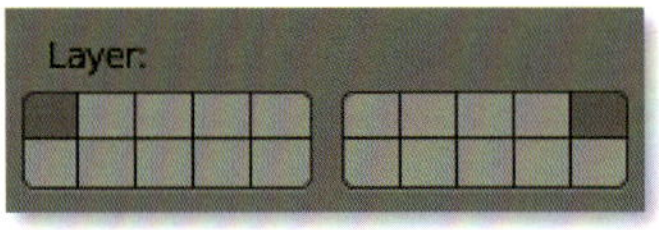

▲ **Abbildung 13.8**
Die zu Abbildung 13.9 gehörende Layer-Einstellung

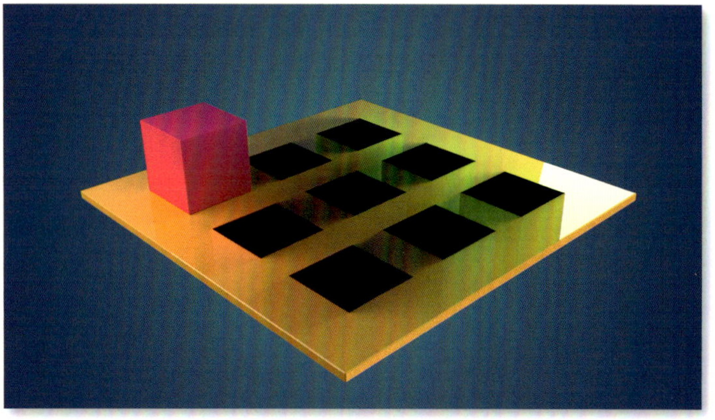

▲ **Abbildung 13.9**
Die Auswirkungen der SCENE-Layer

Nicht sichtbare Objekte
Obwohl Sie viele Objekte mit den entsprechenden LAYER-Einstellungen von der Anzeige ausgeschlossen haben, tragen diese trotzdem ihren Teil zu dem Rendering-Ergebnis bei. Auch wenn der Renderer das Objekt selbst nicht rendert, beachtet er trotzdem den Einfluss der Objekte auf die Szene. Möchten Sie die Objekte völlig von dem Rendering-Prozess ausschließen, nutzen Sie die Kontrollelemente der SCENE-Layer.

Die Szene »LayerTest« der Demo-Datei zeigt Ihnen diesen Fakt anschaulich:

1. Wählen Sie die Szene in der Szenenauswahl am oberen Rand des Blender-Fensters aus, und führen Sie ein Rendering mit F12 durch.
2. Sie werden (obwohl alle Objekte in der 3D-Ansicht angezeigt werden) nur die Objekte auf Ebene 1 und 10 im finalen Bild sehen. Dies liegt an der LAYER-Einstellung des LAYER-Panels – sie beschränkt das Rendering auf die erste und zehnte Ebene.
3. Aktivieren Sie jetzt neben der ersten auch die zweite Ebene der LAYER-Kontrollfelder. Nutzen Sie dazu ⇧, und rendern Sie die Szene erneut.
4. Aktivieren Sie anschließend alle oberen Ebenen, indem Sie bei gedrückt gehaltener ⇧- und linker Maustaste auf dem ersten nicht aktiven Kästchen die Maus von links bis zu dem letzten Kästchen bewegen – alle von der Maus berührten Kästchen werden anschließend aktiv sein. Rendern Sie jetzt erneut, sind alle Objekte zu sehen.

Ausstanzen – die Mask Layer | Die Kontrollfelder der MASK LAYER dienen dazu, Objekte aus dem finalen Rendering-Ergebnis auszuschneiden. Anstelle des Objekts kommt dabei der Hintergrund oder ein transparenter Ausschnitt zum Vorschein.

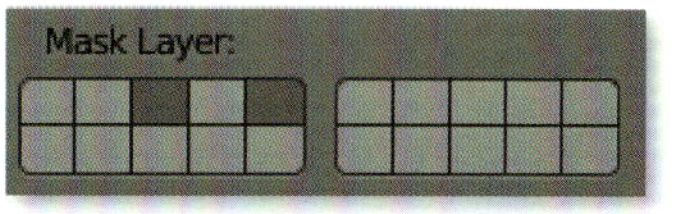

▲ **Abbildung 13.10**
Die zu Abbildung 13.11 gehörende Layer-Einstellung

▲ **Abbildung 13.11**
Die Auswirkungen der MASK LAYER

Sehen Sie sich dazu die »MaskLayer«-Szene der Demo-Datei an:

- Aktivieren Sie den ersten Mask Layer durch einen Klick in das erste Kontrollfeld der MASK LAYER. Sie maskieren jetzt zwar bereits den ersten Würfel, möchten Ihn allerdings immer noch rendern (das erste Render LAYER-Kästchen ist aktiv).
- Deaktivieren Sie daher den ersten Render Layer durch einen Klick auf das erste Kästchen. Bei einem Rendering werden Sie feststellen, dass das Bild komplett dunkel ist. Dies rührt daher, dass Sie jetzt auch die Lampen von dem Rendering-Prozess ausschließen – sie befinden sich auf Layer 1.
- Verschieben Sie die Lampen daher auf Layer 2 – markieren Sie sie mit der rechten Maustaste und drücken Sie [M], [2]. Rendern Sie anschließend erneut, sind bereits zwei Würfel ausgeschnitten und die Szene erleuchtet. Natürlich hätten Sie die Lampen auch auf eine unbenutzte Ebene verschieben können und diese unter SCENE und LAYER aktivieren können, der Effekt wäre identisch.

Mask-Funktion
Ob Sie bei Nutzung der MASK-Funktion den Hintergrund oder einen transparenten Ausschnitt des Objekts sehen, hängt (mit dem BI-Renderer) von der Einstellung ALPHA des SHADING-Panels auf dem RENDER-Tab bzw. von der TRANSPARENT-Einstellung des FILM-Panels auf dem gleichen Tab ab. Beide finden Sie im PROPERTIES-Editor.

Ausschlussverfahren – die Exclude Layer | Diese Kontrollfelder bekommen Sie nur dann zu Gesicht, wenn Sie Cycles ausgewählt haben. Mit ihrer Hilfe schließen Sie alle Objekte auf den hier gewählten Ebenen vom Rendering-Prozess aus – sie erscheinen nicht auf dem gerenderten Bild und haben keinen Einfluss auf Objekte anderer Layer. Alles in allem klingt dieses Feature sehr nach dem

Scene Layer. Und tatsächlich ist die Funktionalität bis auf einen wichtigen Fakt exakt gleich: Während die Einstellungen des Scene-Layers auf alle Render Layer innerhalb der Szene wirken, gelten die Einstellungen des Exclude-Layers nur für den aktuellen Render Layer. Auf verschiedenen Render Layern können Sie also ohne Probleme unterschiedliche Scene-Ebenen ausschließen. Die Szene »ExcludeTest« der Demo-Datei lädt zum Experimentieren ein.

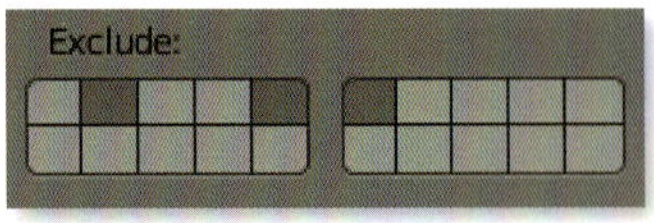

▲ **Abbildung 13.12**
Die zu Abbildung 13.13 gehörende Layer-Einstellung

Abbildung 13.13 ►
Die Auswirkungen der Exclude-Layer

Layer-Optionen | Neben den bereits beschriebenen Kontrollfeldern existieren je nach gewählter Render-Engine noch einige weitere Einstellungen auf dem Layer-Panel. Mit diesen können Sie Features der Render-Engine für diesen Render Layer aktivieren und deaktivieren und verschiedene Einstellungen des gewählten Render Layers überschreiben. Durch das gezielte Deaktivieren von bestimmten Funktionalitäten können Sie hier den Rendering-Prozess beschleunigen.

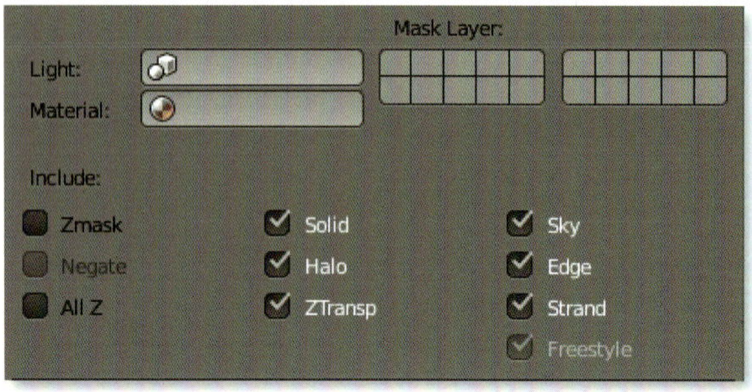

▲ **Abbildung 13.14**
Die Optionen des BI-Renderers

Der BI-Renderer bietet Ihnen die folgenden Kontrollelemente:

- Light: Über dieses Feld können Sie alle Lichter dieses Render Layers durch die hier gesetzte Lichtgruppe überschreiben. Um eine Lichtgruppe zu erstellen, gehen Sie wie üblich vor: Wählen

Sie ein oder mehrere Lichter aus, und betätigen Sie [Strg] + [G]. Gerade wenn Sie einen Render Layer temporär mit einer Standardbeleuchtung ausstatten möchten, ist dieses Feld eine große Hilfe – möchten Sie zur finalen Beleuchtung zurückkehren, genügt es, dieses Feld zu leeren.

- MATERIAL: Mithilfe dieses Feldes bekommen alle Objekte dieses Render Layers das gleiche (hier ausgewählte) Material. Gerade wenn Sie vollständig texturierte Objekte erstellt haben, können Sie mit diesem Feld schnell ein Rohmaterial auf den Render Layer applizieren, um beispielsweise in Foren Kritik zu Ihren Modelling-Fähigkeiten (ohne Bewertung der Texturierungsarbeit) zu erfragen.
- INCLUDE: Mit diesen Checkboxen legen Sie fest, welche Features der BI-Renderer in diesem Render Layer berechnen soll. So können Sie beispielsweise das Berechnen von Haaren, Halos, des Himmels oder transparenten Flächen ausschalten.

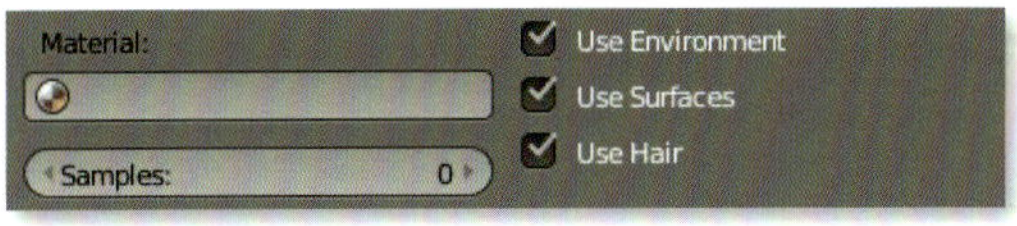

▲ **Abbildung 13.15**
Die Layer-Optionen des Cycles-Renderers

Bei Cycles sieht das Ganze recht ähnlich aus:

- MATERIAL: Auch hier finden Sie eine Materialbox, die es Ihnen ermöglicht, allen Objekten auf diesem Render Layer das gleiche Material zuzuweisen.
- SAMPLES: Ist dieser Wert von null verschieden, so wird Cycles für diesen Render Layer die hier angegebene Anzahl an Samples nutzen. Dies ist besonders dann sinnvoll, wenn Ihr Hintergrund beispielsweise eine sehr geringe Anzahl an Samples benötigt. Anstatt alle mit der gleichen Anzahl an Samples zu berechnen, können Sie für den Hintergrund einige wenige Samples einstellen und so schneller zu den aufwendigeren Ebenen gelangen
- USE: Über diese Einstellungen schalten Sie erneut Features des Renderers ab – ENVIRONMENT schaltet das Rendering des Himmels, SURFACES das von Oberflächen und HAIR das Rendering von Haaren zu bzw. ab. Auch hier dient das Abschalten von Features wieder dazu, höhere Render-Geschwindigkeiten zu erreichen.

Bevor wir gleich zum letzten Panel – den PASSES – kommen möchte ich Ihnen erst das Tool vorstellen, ohne das dieses Panel beinahe nutzlos ist – den Node-Compositor.

13.2.2 Node-Compositing

Zu Beginn dieses Kapitel haben Sie bereits erfahren, in welchen Bereichen Postproduktionstechniken und Compositing-Methoden eingesetzt werden. In Blenders Compositor beschränken Sie sich auf die Nachbearbeitung von gerenderten und bereits vorhandenen Bilddaten (zur Erinnerung: auch Videos bestehen aus Einzelbildern).

Der große Vorteil des integrierten Compositors im Gegensatz zu einem externen Tool wird in folgendem Beispiel deutlich: Stellen Sie sich vor, Sie hätten ein Bild gerendert, das Sie im Nachhinein mit verschiedenen Effekten versehen möchten. Sie rendern das Bild, exportieren es als PNG, öffnen es in einem externen Bildbearbeitungstool wie GIMP oder Photoshop, wenden die gewünschten Effekte an und speichern es erneut.

Was bei einem Bild eventuell noch relativ überschaubar ist wird bei Animationen schon deutlich aufwendiger. In diesem Fall rendern Sie die Einzelbilder, importieren jedes einzelne in ein Bildbearbeitungstool, wenden (unter Umständen automatisch) Filter an, speichern jedes Bild ab, fügen alle Einzelbilder über ein weiteres Tool zu einer Animation zusammen und bearbeiten das Ergebnis erneut ... viel Zeit geht dabei verloren.

Blenders interner Node-Compositor macht Ihnen diese Aufgabe so einfach wie möglich: Direkt nach der Berechnung des Bildes wird das Rendering-Ergebnis mit den gewünschten Effekten versehen und abgespeichert – alle Einzelbilder einer Animation werden genauso behandelt.

Tastenkombinationen im Compositor

Alle in Kapitel 8, »Shading«, erlernten Tastenkombinationen und gezeigten Features sind natürlich auch für den Compositor gültig. Dies gilt nicht nur für das Hinzufügen, Trennen, Löschen und alle weiteren Operationen, sondern sogar für Gruppierungen von Nodes. Alles funktioniert wie gehabt.

Der Compositor von Blender | Die Hauptaufgabe des Blender-internen Compositors steht damit fest: Er ermöglicht Ihnen die einfache Bearbeitung und Kombination beliebiger Bilddaten. Da Blenders Compositor nodebasiert arbeitet, vermuten Sie sicher schon, wo Sie ihn finden: Im Node Editor, der Ihnen bereits in Kapitel 8, »Shading«, gute Dienste geleistet hat. Während Sie dort jedoch ausschließlich die Node-Editor-Typen Material und Texture nutzten, um das Shading Ihrer Objekte auf intuitive Art festzulegen, nutzen Sie in diesem Kapitel den Compositing-Typ.

Bewegen Sie jetzt Ihre Maus über einen Editor, und betätigen Sie [⇧] + [F3]. Falls Sie lieber den grafischen Weg gehen, selektieren Sie den Editor über die Editor-Auswahlbox. Schalten Sie anschließend den Editor-Typ auf Compositing, und aktivieren Sie die am unteren Editor-Rand liegende Checkbox Use Nodes. Wie schon bei den Material-Nodes legen Sie mit diesem Klick fest, dass Sie den Node Editor (genauer gesagt die Compositing Nodes) für diese Szene aktivieren möchten. Da Blender standardmäßig die Checkbox COMPOSITING auf dem RENDER-Tab des PROPERTIES-Editors im Panel POST PROCESSING aktiviert, wird Blender nach dem Rendering die hier angelegten Nodes zur Nachbearbeitung des Rendering-Ergebnisses nutzen.

Schritt für Schritt Ihr erstes Node-Compositing

Lassen Sie uns jetzt mit einer kleinen Übung in die Compositing-Welt abtauchen. In diesem Beispiel werden wir keine Rendering-Ergebnisse nachbearbeiten, sondern von mir fotografierte Bilder. Öffnen Sie zu diesem Zweck die Datei »13_Compositing_Image_Start.blend«. In dieser Blender-Datei befindet sich bereits (gepackt) ein Bild, das Sie für die Bearbeitung nutzen können – es zeigt einen kleinen Holzigel.

Die Datei »13_Compositing_Image_Start.blend« finden Sie auf der Buch-DVD unter BEISPIELMATERIAL • KAPITEL_13.

▲ **Abbildung 13.16**
Das in dieser Übung zu bearbeitende Bild

1 Image-Node hinzufügen

Aktivieren Sie den Compositor über einen Klick auf USE NODES. Da wir in diesem Beispiel kein Rendering-Ergebnis verarbeiten möchten, löschen Sie den RENDER-LAYERS-Node und fügen stattdessen einen IMAGE-Node aus der INPUT-Kategorie hinzu.

2 Bild verknüpfen

Klicken Sie auf das Bilddatenblock-Symbol des Nodes, und wählen Sie das in der Datei integrierte Bild »Hedgehog.jpg« aus. Verbinden Sie anschließend den IMAGE-Node mit dem COMPOSITE-Node, und rendern Sie die Szene mit [F12]. Im unteren linken UV/IMAGE EDITOR erscheint anschließend der Igel (zoomen Sie mit dem Mausrad oder per [Pos1] aus dem Bild, falls es zu groß sein sollte).

▲ **Abbildung 13.17**
Mit einem Hue-Wert von 0.164 verändern Sie die Farbe des Igels.

▲ **Abbildung 13.18**
Mit dem Glare-Node lassen Sie die hellen Stellen des Bildes glühen.

▲ **Abbildung 13.19**
Der Lens-Distortion-Node verzerrt Ihr Bild auf Wunsch.

3 Farbton des Bildes ändern

Als Nächstes verändern Sie den Farbton des Bildes. Verschieben Sie dazu den Image-Node ganz nach links, und fügen Sie einen Hue-Saturation-Value-Node aus der Color-Kategorie hinzu. Platzieren Sie ihn auf der vorhandenen Verbindungslinie, so dass er zwischen den beiden vorhandenen Nodes liegt, und ändern Sie den Farbton (Hue), die Sättigung (Saturation) und die Leuchtkraft (Value) auf Werte, die Ihnen zusagen.

4 Den Igel glühen lassen

Um den Igel glühen zu lassen, fügen Sie einen Glare-Node aus der Filter-Kategorie zwischen den Hue-Saturation-Value- und den Composite-Node ein. Verringern Sie anschließend den Grenzwert, ab dem dieser Filter wirkt (Threshold) – ein Wert von 0,2 sollte bereits Wirkung zeigen.

5 Das Bild verzerren

Jetzt verzerren wir das Bild noch ein wenig mit dem Lens-Distortion-Node der Distort-Kategorie. Er verformt das Bild wie mit einer Lupe bei positiven und drückt das Bild nach innen bei negativen Werten. Fügen Sie ihn zwischen dem Glare-Node und dem Composite-Node ein, und geben Sie ihm einen Distortion-Wert von –0,5 und einen Dispersion-Wert von 0,2.

Hübsch sieht der Igel jetzt vielleicht nicht mehr aus, aber den Vorteil des Compositors konnten Sie in diesem Beispiel sicherlich erkennen: Sie sehen einerseits auf einen Blick jeden Bearbeitungsvorgang und können andererseits beliebige Bearbeitungsschritte durch das Stummschalten per M-Taste oder das Entfernen des Nodes per X-Taste temporär oder permanent widerrufen.

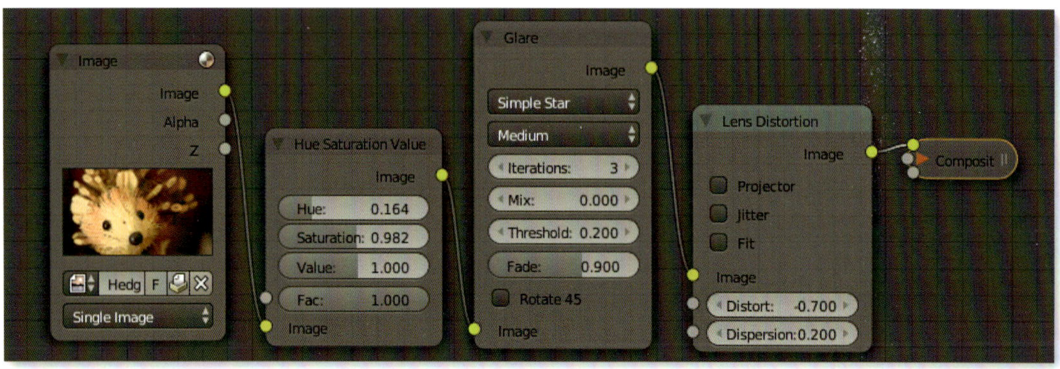

▲ **Abbildung 13.20**
Der Compositor-Node-Tree der Übung

Viewer-Nodes | Im letzten Beispiel habe ich völlig selbstverständlich angenommen, dass Sie den in der linken unteren Ecke befindlichen UV/IMAGE EDITOR zur Kontrolle des Compositings nach einem Druck auf F12 nutzen. Dieser hat Ihnen allerdings immer nur das Ergebnis des kompletten Node-Trees angezeigt – Sie konnten nicht sehen, welche Auswirkungen alle Nodes bis zu einer gewünschten Stelle im Node-Tree auf das Ergebnis hatten. Diese Möglichkeit bieten Ihnen die VIEWER-Nodes. VIEWER-Nodes können Sie mit beliebigen Ausgängen eines Nodes verknüpfen und sich damit das Ergebnis der Node-Operationen bis zu diesem Punkt anzeigen lassen. Platzieren Sie mehrere VIEWER-Nodes in Ihrem Node-Tree, zeigt Ihnen Blender das Ergebnis des aktuell gewählten VIEWER-Nodes im UV/IMAGE EDITOR an, allerdings erst, nachdem Sie die Anzeige des UV/IMAGE EDITORS, wie in Abbildung 13.22 zu sehen, auf den VIEWER-Node umgestellt haben. Wenn Sie anschließend im RENDER-Tab des PROPERTIES-Editors unter dem RENDER-Panel die DISPLAY-Option auf KEEP UI setzen, werden Sie während des Renderings mit F12 auch keinen zweiten IMAGE EDITOR mehr aufpoppen sehen.

VIEWER-Nodes fügen Sie entweder über das ADD-Menü des Compositors aus der Kategorie OUTPUT hinzu, oder Sie klicken mit Strg + ⇧ + linker Maustaste auf einen vorhandenen Node – ein VIEWER-Node wird dabei automatisch hinzugefügt (falls noch nicht vorhanden) und mit dem angeklickten Node verbunden. Klicken Sie mehrmals mit dieser Tastenkombination auf einen bereits verbundenen Node, so werden die Ausgänge des Nodes nacheinander mit dem aktuellen VIEWER-Node verbunden.

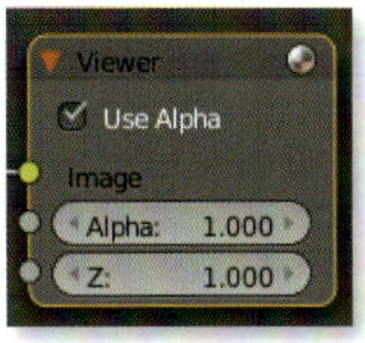

▲ **Abbildung 13.21**
Ein VIEWER-Node

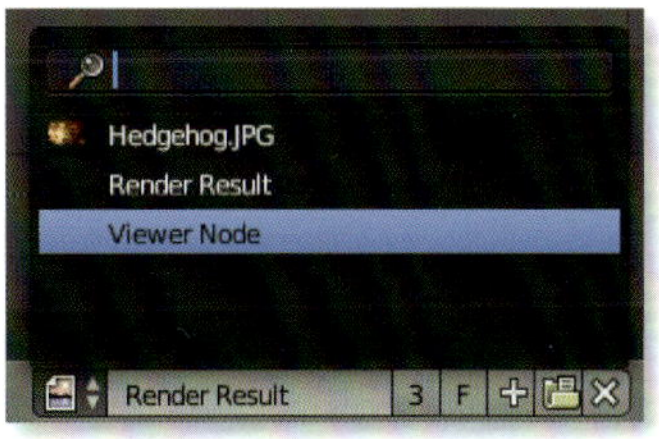

▲ **Abbildung 13.22**
Im UV/IMAGE EDITOR stellen Sie die Ausgabe auf den VIEWER-Node um.

Backdrops | Ist Ihr Node-Tree sehr groß, möchten Sie sich eventuell den Platz sparen, den das permanente Einblenden des UV/IMAGE EDITORS Ihnen stiehlt. Über die BACKDROP-Option in der Menüzeile des Compositors bietet Ihnen Blender genau diese Möglichkeit

▲ **Abbildung 13.23**
Mit der BACKDROP-Option aktivieren Sie die Anzeige des Compositing-Ergebnisses innerhalb des NODE EDITORS.

Bei aktiver BACKDROP-Option zeigt der NODE EDITOR mittig im Compositor hinter den Nodes das Compositing-Ergebnis an, sobald Sie einen VIEWER-Node in Ihren Node-Tree einbinden. Dies ist besonders dann sinnvoll, wenn Sie den NODE EDITOR maxi-

Split-Viewer-Node
Alle beschriebenen Features können Sie in der Datei »13_Compositing_Image_Final.blend« ausprobieren, die Sie auf der DVD unter BEISPIELMATERIAL • KAPITEL_13 finden. Hier finden Sie unter anderem den SPLIT-VIEWER-Node, der es Ihnen erlaubt, Vergleiche zwischen zwei Bearbeitungsschritten durchzuführen – er wirkt sich nicht auf das Rendering-Ergebnis, sondern nur auf die Anzeige per Backdrop oder per VIEWER-Node im UV/IMAGE EDITOR aus. Falls nach dem Laden der Datei kein Bild zu sehen ist, verändern Sie einen Parameter des Node-Trees, oder drücken Sie F12. Der Node-Tree wird dann neu ausgewertet.

miert haben (Strg + Bild↑) und gleichzeitig das Ergebnis der Compositing-Schritte (an verschiedenen Nodes in Ihrem Node-Tree) sehen möchten.

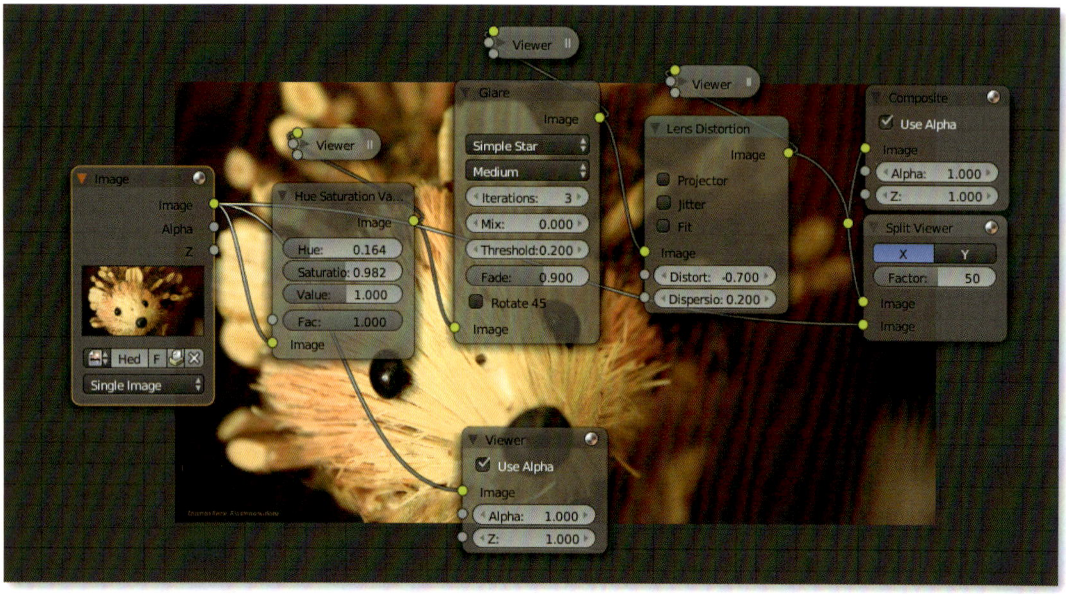

▲ **Abbildung 13.24**
Das Compositing-Ergebnis wird im Hintergrund per BACKDROP angezeigt.

Möchten Sie das durch die BACKDROP-Option erzeugte Bild verschieben, halten Sie Alt + Mausrad-Taste im Compositor gedrückt, und bewegen Sie die Maus. Mit V oder Alt + V verkleinern und vergrößern Sie den Hintergrund. Möchten Sie ihn pixelgenau positionieren, werden Sie auf dem Eigenschaften-Panel (N) des Compositors unter der Überschrift BACKDROP fündig.

▲ **Abbildung 13.25**
Blenders Node-Kategorien

Node-Kategorien | Neben den im obigen Beispiel vorgestellten Nodes existieren in Blenders Compositor noch jede Menge andere Nodes, die wie die bereits besprochenen Node-Typen in verschiedenen Kategorien des ADD-Menüs (⇧ + A) zusammengefasst sind. Die folgende Aufzählung gibt Ihnen einen kleinen Einblick in die Vielzahl der vorhandenen Nodes und Node-Kategorien:

- INPUT: In dieser Kategorie finden Sie ausschließlich Nodes, die keinen Eingang, sondern nur Ausgänge besitzen. Dazu gehören Nodes, mit denen Bilder oder Videos in den Compositor eingefügt werden können (IMAGE/MOVIE CLIP), aber auch einfachere Nodes wie Nodes, die Farben (RGB) oder einen Wert (VALUE) repräsentieren. Auch einen Textur-Node finden Sie innerhalb dieser Kategorie.

- OUTPUT: Diese Kategorie enthält Nodes, die das Ergebnis des Node-Trees ausgeben. Dazu gehören sowohl Nodes, die Daten in verschiedenen Formaten auf einem Datenträger speichern (wie der in Abbildung 13.26 gezeigte FILE-OUTPUT-Node), als auch die in der letzten Übung bereits vorgestellten SPLIT- und VIEWER-Nodes. Mit Abstand der wichtigste Node stellt in dieser Kategorie der COMPOSITE-Node dar: Erst wenn Ihr Node-Tree mit diesem Node verbunden ist, wird er ausgewertet und die Bearbeitung durchgeführt.
- COLOR: Alle Nodes in dieser Kategorie ändern die Farben der Bilddaten. Sie können Bilder mithilfe von 18 unterschiedlichen Blendeneffekten miteinander kombinieren (unter anderem MIX, ADD, SUBTRACT, MULTIPLY und viele mehr), die Farben und Kontraste der Bilder erhöhen (BRIGHT/CONTRAST) oder Farbkurven ändern (RGB CURVES). Um zwei teilweise transparente Bilder zu kombinieren, nutzen Sie den ALPHA-OVER-Node.
- CONVERTER: Alle hier vorhandenen Nodes konvertieren die Bilddaten auf die eine oder andere Weise. So können Sie beispielsweise mit einem Node Bilddaten in ihre einzelnen Farbkanäle aufspalten und sie mit einem anderen wieder zusammenführen oder Farbverläufe erstellen.
- FILTER: Diese Nodes verfremden das ganze Bild mit verschiedenen Effekten. So können Sie Ihr Bild beispielsweise weichzeichnen oder glühen lassen.
- VECTOR: Diese Kategorie enthält Nodes, um Wertebereiche von Eingangswerten anzupassen, Werte zu normalisieren oder Werte – analog zur Beeinflussung von Farbwerten per Farbkurven – über Kurven anzupassen.
- MATTE: Diese Kategorie stellt Ihnen Nodes zur Verfügung, mit denen eine sogenannte Matte (ein Graustufenbild das später den Alphakanal definiert) erstellt und unter anderem Green oder Blue Screens entfernt werden können.
- DISTORT: Mit diesen Nodes verändern Sie die Abmessungen Ihrer Bilddaten. Sie können mit den Nodes dieser Kategorie Bilder beispielsweise beschneiden, drehen, verzerren oder spiegeln.
- GROUP/LAYOUT: Diese Nodes helfen Ihnen bei der Organisation der Node-Trees. Sie wurden bereits ausgiebig in Kapitel 8, »Shading«, beschrieben.

Der erste Eintrag des ADD-Menüs bietet Ihnen eine Volltextsuche nach Nodes an. Meist genügt es daher, [⇧] + [A] • [1] zu betätigen und Teile des Node-Namens einzugeben, um einen neuen Node einzufügen.

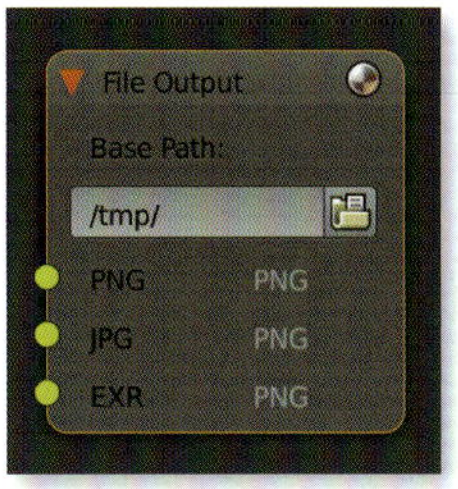

▲ **Abbildung 13.26**
Der FILE-OUTPUT-Node

Zum Nachlesen

Auf die Nodes GROUP/LAYOUT wurde bereits in Kapitel 8, »Shading«, ab Seite 414 eingegangen – schauen Sie dort kurz nach, wenn Sie sich nicht mehr sicher sind, wie sie funktionieren.

Toolbar

Alle Nodes finden Sie auch in der TOOLBAR ([T]) des NODE EDITORS. Gerade wenn Sie viele Nodes einfügen müssen, ist dieser Weg effektiver.

Auflösungen | Ein Compositor-Thema haben ich bislang noch ausgelassen: in welcher Auflösung Blender das Material verarbeitet und ausgibt. Die Frage hat sich bislang aber auch noch gar nicht stellen können – sie ergibt sich erst, wenn Bilder mit unterschiedlichen Auflösungen per Image-Node importiert und eventuell noch zusätzlich mit einem Render-Layer-Node in einer dritten Auflösung kombiniert werden.

Grundsätzlich arbeitet Blenders Compositor immer mit der Szenenauflösung, d. h., jedes Compositing-Ergebnis wird nach einem Druck auf F12 immer mit der eingestellten Auflösung gerendert. Anstatt die Szenenauflösung jedoch immer auch als »Leinwand« zu nutzen und alle Daten mit dieser Auflösung zu verarbeiten, wertet Blender aus, welche Bildgrößen verarbeitet werden sollen – und passt die Leinwandgröße dynamisch an. Dabei kommt es darauf an, in welcher Reihenfolge die Bilder in Ihrem Node-Tree miteinander kombiniert werden. Wird ein Bild von 1024 × 768 px mit einem Bild von 64 × 64 px beispielsweise per Mix-Node miteinander verbunden, so setzt Blender die Leinwandgröße auf diejenige Bildgröße, die mit dem oberen Input des Mix-Nodes (Alpha-Over-Node oder jeder weitere Node, der Bilddaten kombiniert) verbunden ist. Dieses Verhalten hat bereits viele Diskussionen und Unstimmigkeiten ausgelöst – alle Entwickler und Nutzer sind sich einig, dass dieses Verhalten geändert werden muss. Sie werden in zukünftigen Blender-Versionen in diesem Punkt sicherlich eine Änderung feststellen.

Ausprobieren können Sie dieses seltsame Verhalten in der Datei »13_Compositing_Resolution.blend«, die Sie unter Beispielmaterial • Kapitel_13 finden. Verändern Sie die Reihenfolge der Bilder in den beiden Mix-Nodes, und rendern Sie das Ergebnis ... optimal ist das nicht.

Das Performance-Panel | Wie viele Bereiche in Blender besitzt auch der Compositor einige Einstellungen, die die Berechnung des Compositing-Ergebnisses beeinflussen. Sie finden Sie auf dem Eigenschaften-Panel (N) des Compositors unter dem Performance-Panel:

- Quality: Render und Edit bestimmen die Qualität, mit der der Compositor die Voransicht und das finale Rendering berechnet. Drei Qualitätsstufen stehen Ihnen dabei zur Verfügung – High (hoch), Medium (Mittel) und Low (niedrig).
- Chunksize: Blenders Compositor berechnet alle Bearbeitungsschritte mithilfe von kleinen Kacheln. Dieses Vorgehen erlaubt die simultane Berechnung von Effekten und ermöglicht es, auch Effekte für sehr hoch aufgelöste Bilder (4k und größer) schnell zu berechnen. Über diese Combobox legen Sie fest, wie groß jede berechnete Kachel ist.
- OpenCL: Diese Checkbox aktiviert die Berechnung der Compositor-Nodes auf Grafikkarten, was die Berechnungszeiten deutlich verkürzt. Momentan unterstützten die Nodes Bokeh Blur,

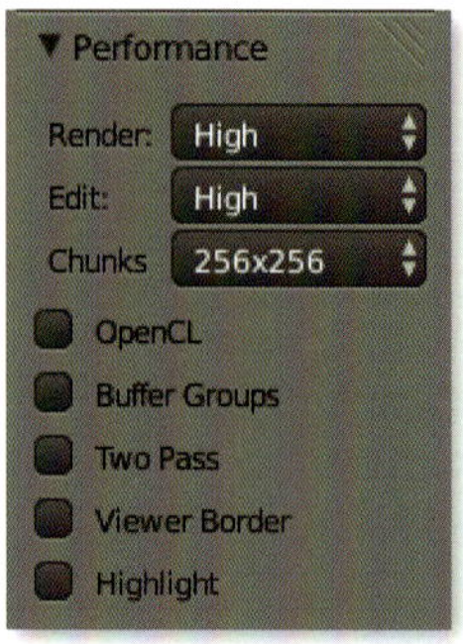

▲ **Abbildung 13.27**
Mit dem Performance-Panel tunen Sie den Compositor.

DEFOCUS, DILATE/ERODE und DIRECTIONAL BLUR dieses Feature, weitere werden in Kürze folgen.

- BUFFER GROUPS: Wenn Sie Nodes in Gruppen verpackt haben, können Sie mit dieser Option die Ergebnisse der internen Gruppen-Berechnungen zwischenspeichern und in späteren Schritten ohne Neuberechnung nutzen (natürlich nur dann, wenn sich in den Nodes vor diesen Gruppen nichts geändert hat). Die Berechnung des gesamten Baums kann dadurch besonders in komplexen Node-Trees schneller vonstattengehen.
- TWO PASS: Diese Option berechnet zuerst alle schnell zu berechnenden Nodes (um ein schnelles Feedback bei der Änderung von Werten zu ermöglichen) und führt erst anschließend die komplexen Berechnungen durch.
- VIEWER BORDER: Über Strg + B können Sie bei Aktivierung dieser Checkbox Teile eines im Compositing-Tree vorhandenen VIEWER-Nodes berechnen lassen – genau wie Sie in der 3D-Ansicht über die gleiche Tastenkombination den Rendering-Ausschnitt beschränken. Auf diese Weise kann die Berechnung der Voransichten beschleunigt werden.
- HIGHLIGHT: Bei Aktivierung dieser Checkbox zeigt Ihnen Blenders Compositor an, welcher Node gerade berechnet wird. Der aktive Node wird dabei farblich hervorgehoben.

Schritt für Schritt
Compositing von Render-Ebenen

Nachdem Sie jetzt bereits erste Erfahrungen mit Blenders nodebasiertem Compositing-Ansatz sammeln konnten, möchte ich Ihnen in dem nachfolgenden Beispiel zeigen, wie mächtig der Compositor ist, wenn Sie Objekte auf verschiedene Render Layer auslagern und diese mit seiner Hilfe wieder zusammenfügen. Laden Sie dazu die Datei »13_Compositing_RenderLayer_Start.blend«, und führen Sie die folgenden Schritte aus.

Die Datei »13_Compositing_RenderLayer_Start.blend« finden Sie auf der Buch-DVD unter BEISPIELMATERIAL • KAPITEL_13.

◂ **Abbildung 13.28**
Das Resultat dieser Übung

1 Compositor aktiveren

Rendern Sie zuerst die Szene mit F12. Nach einer kurzen Wartezeit sollte Sie nur ein grüner Würfel begrüßen, obwohl Sie in der 3D-Ansicht einen Würfel, Suzanne und einen Boden sehen können. Nach den vorigen Abschnitten über Render Layer wissen Sie allerdings bereits Bescheid – nur der erste Render Layer ist zu sehen. Aktivieren Sie den Compositor, indem Sie die Checkbox USE NODES aktivieren. Es erscheinen sofort zwei miteinander verbundene Nodes – ein Render Layer und ein Composite-Node.

2 Node duplizieren

Duplizieren Sie den RENDER-LAYERS-Node, indem Sie ihn selektieren und ⇧ + D betätigen. Platzieren Sie ihn unterhalb des ersten mit der linken Maustaste, und wählen Sie statt »CubeLayer« den »SuzanneLayer« aus.

3 Ebenen über einen Node verbinden

Fügen Sie jetzt einen Node hinzu, mit dem Sie beide Ebenen kombinieren. Betätigen Sie dazu ⇧ + A, und wählen Sie COLOR, ALPHA OVER. Legen Sie ihn auf der Verbindungslinie zwischen dem ersten Render Layer und dem COMPOSITE-Node ab, sollten sich alle drei Nodes miteinander verbinden. Falls nicht, verbinden Sie sie – wie in Kapitel 8, »Shading«, auf Seite 416 besprochen – von Hand.

4 Nodes verbinden

Verbinden Sie anschließend den IMAGE-Ausgang des »SuzanneLayer« mit dem unteren IMAGE-Eingang des ALPHA-OVER-Nodes. Der IMAGE EDITOR unten links sollte Ihnen anschließend Suzanne neben einem Würfel anzeigen.

Einfaches Kombinieren

Beachten Sie, dass Sie die einzelnen Objekte nur deshalb per ALPHA-OVER-Node so einfach kombinieren können, da der Welt-Hintergrund Ihrer Datei im FILM-Panel auf TRANSPARENT gestellt wurde.

5 Boden mit einem Alpha-Over-Node hinzufügen

Den Boden fügen Sie jetzt auf die gleiche Weise hinzu. Verschieben Sie den COMPOSITE-Node etwas weiter nach rechts, duplizieren Sie einen RENDER-LAYERS-Node, und wählen Sie im duplizierten Node den »FloorLayer« aus. Duplizieren Sie den ALPHA-OVER-Node, und fügen Sie ihn zwischen dem ersten ALPHA-OVER- und dem COMPOSITE-Node ein. Achten Sie darauf, dass der erste IMAGE-Eingang des neuen ALPHA-OVER-Nodes unbenutzt bleibt – nur der zweite sollte mit dem ALPHA-OVER-Node verbunden sein.

6 »FloorLayer« mit Image-Input verbinden

Zu guter Letzt verbinden Sie den »FloorLayer« mit dem noch freien IMAGE-Input, so dass sich Abbildung 13.29 ergibt. Rendern Sie anschließend erneut mit F12 – alle Elemente der Szene wurden im Compositor kombiniert und sind in Abbildung 13.30 zu sehen.

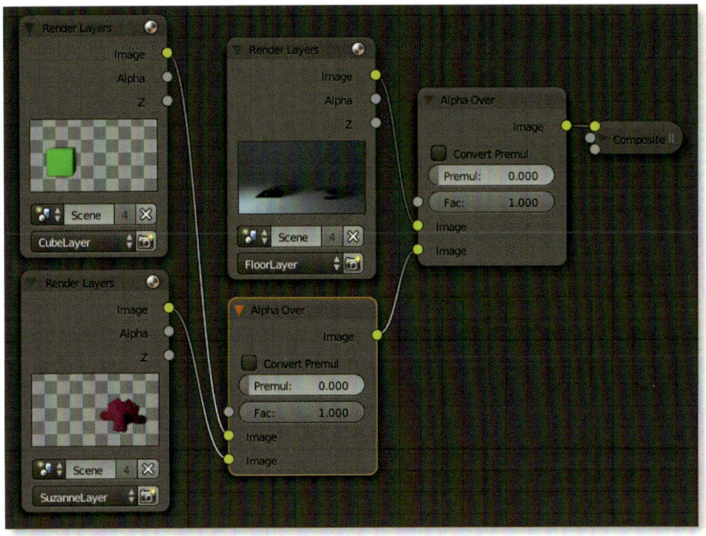

◂ **Abbildung 13.29**
Der resultierende Render-Layer-Tree

Eine Frage bleibt jedoch: Warum die ganze Mühe? Haben wir durch diesen Aufwand irgendetwas gewonnen? Die Antwort auf diese Frage ist einfach: Flexibilität. Nehmen wir einmal an, die Szene würde einen halben Tag Render-Zeit benötigen und Sie stellen nach unzähligen Stunden des Wartens fest, dass das Rot von Suzanne so gar nicht Ihrer Vorstellung entspricht. Sie ergeben sich in Ihr Schicksal, ändern das Material und rendern erneut – nur um nach weiteren 12 Stunden festzustellen, dass es immer noch nicht das ist, was Sie sich vorgestellt haben.

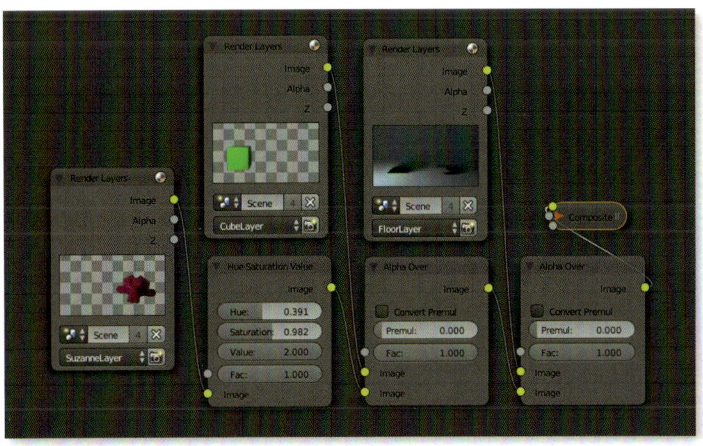

▴ **Abbildung 13.30**
Das geänderte Compositing-Setup

Die Datei »13_Compositing_RenderLayer_Mid.blend« finden Sie auf der Buch-DVD unter BEISPIELMATERIAL • KAPITEL_13.

Wie Sie anhand der Datei »13_Compositing_RenderLayer_Mid.blend« leicht feststellen werden, erspart Ihnen der Compositor diese Quälerei:

- Rendern Sie die Szene.
- Fügen Sie über [⇧] + [A] einen HUE-SATURATION-VALUE-Node aus der COLOR-Kategorie zwischen den RENDER-LAYERS-Node mit Suzanne und den ersten ALPHA-OVER-Node ein.
- Ändern Sie den HUE-, SATURATION- und VALUE-Wert des Nodes, und staunen Sie über diese einfache und effiziente Lösung – Suzanne ändert die Farbe, ohne dass Sie neu rendern müssen.

▲ **Abbildung 13.31**
Die geänderte Farbe von Suzanne (ohne neues Rendering)

13.2.3 Render-Passes

Wie zu Beginn dieses Kapitels bereits erläutert, wurden die ersten Compositing-Effekte tatsächlich entweder In-Camera, also schon bei der Aufnahme, oder an dem fertig entwickelten Bildmaterial durchgeführt. Alle Compositing-Künstler damaliger Zeit hatten immer das Problem, dass Informationen, die zur Aufnahmezeit verfügbar waren, in dem Endprodukt nicht mehr zur Verfügung standen. Sie mussten sich mühsam Masken von Hand erstellen, um nur die Bereiche des Bildes auszuwählen, die von den Compositing-Arbeiten geändert werden durften – und das für jedes einzelne Bild. Wie Sie sich sicherlich denken können, war dies ein langwieriger und sehr aufwendiger Prozess. Im 3D-Bereich können wir diesen Prozess teilweise deutlich vereinfachen.

Vorteile von Render Passes | Um ein Bild zu berechnen, generiert ein Renderer aus der zu rendernden Szene verschiedene Daten, die später im Rendering-Prozess zu einem Endergebnis zusammengesetzt werden. Dies können etwa Informationen wie die Position aller Objekte in der Szene sein, die Basisfarben der Objekte, wo Glanzeffekte und Lichtbrechungen auftreten oder wo der Hintergrund der Szene zu sehen ist.

Alle diese Daten stehen der Render-Engine zwar zur Verfügung, sie werden aber anschließend automatisch verworfen – denn für die Anzeige des Rendering-Ergebnisses macht die Speicherung dieser Daten keinen Sinn. Ganz anders sieht es jedoch aus, wenn Sie Ihr Ergebnis (und insbesondere bestimmte Teile des Ergebnisses) bearbeiten möchten – in diesem Fall sind die Daten äußerst hilfreich. Blender bietet Ihnen daher eine Möglichkeit, die während des Render-Prozesses berechneten Daten in sogenannten *Passes* zu speichern.

Warum diese Daten so hilfreich sind, möchte ich Ihnen an einem kleinen Beispiel zeigen: Stellen Sie sich vor, Ihr Auftraggeber hätte Sie für ein Projekt gebucht, das Sie ihm gerade präsentiert haben. Ihm gefiel alles prima, er hatte jedoch noch eine Anmerkung: Die Schatten der Szene waren ihm einfach zu dunkel. Sie setzen sich also wieder vor Blender, erhöhen die Lichtintensität, setzen ein paar Lampen um und rendern erneut. Bei der nächsten Präsentation gefallen ihm zwar die Schatten, die gesamte Lichtstimmung ist aber nicht mehr akzeptabel – Sie sehen schon, worauf dieses Beispiel abzielt. Sie vergeuden enorm viel Zeit damit, kleinere Anpassungen an der Szene vorzunehmen und diese immer wieder zu präsentieren.

Und ja, ich gebe es zu – eines ähnlichen Beispiels habe ich mich bereits bei den Render Layern bedient. Tatsächlich sind beide Themen eng miteinander verknüpft. Während Sie mit Render Layern die Objekte Ihrer Szene voneinander separieren und somit eine gezielte Bearbeitung einzelner Objekte ermöglichen, können Sie mithilfe von Render Passes die einzelnen Render-Durchgänge (Passes) einer Szene (unter anderem Schatten, Farben, Lichter) getrennt voneinander bearbeiten.

Zugriff auf Passes | Auf Passes in Render Layern wird in Blender mithilfe des Compositors zugegriffen. Sie erscheinen dort als Ausgänge des Render-Layers-Nodes (Abbildung 13.32). Um sich Passes anzusehen, genügt es meist, einen Viewer-Node mit dem Socket dieses Passes zu koppeln und die Option Backdrop zu aktivieren.

We'll fix it in post

Besonders als Compositing-Künstler am Film-Set werden Sie diesen Satz 1000-fach hören: »No problem, we'll fix it in post!« (Kein Problem, wir biegen das in der Nachbearbeitung hin). Wenn Sie diesen Satz hören, sehen Sie mit dem Regisseur noch einmal genauer auf die Szene, und helfen Sie dem Verursacher des Satzes. Vieles kann einfacher beim Dreh erledigt werden als später am Rechner – Sie ersparen sich unmögliche Compositing-Situationen. Meist wird er von unerfahrenen Regisseuren geäußert, die noch keine Rechnung eines freiberuflichen Compositing-Artists erhalten haben.

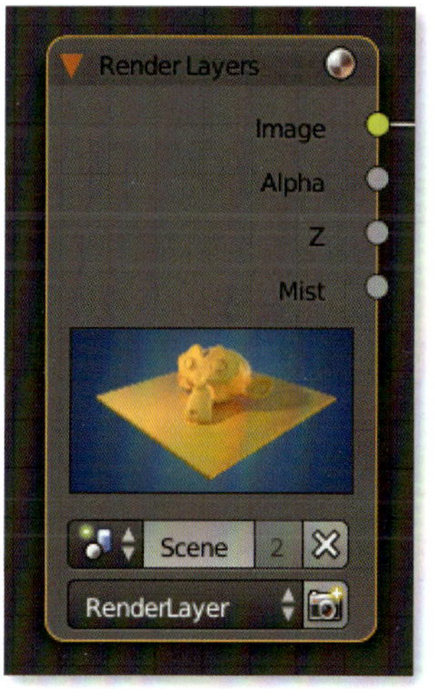

▲ **Abbildung 13.32**
Die Render-Layers-Nodes bieten Ihnen Zugriff auf Passes.

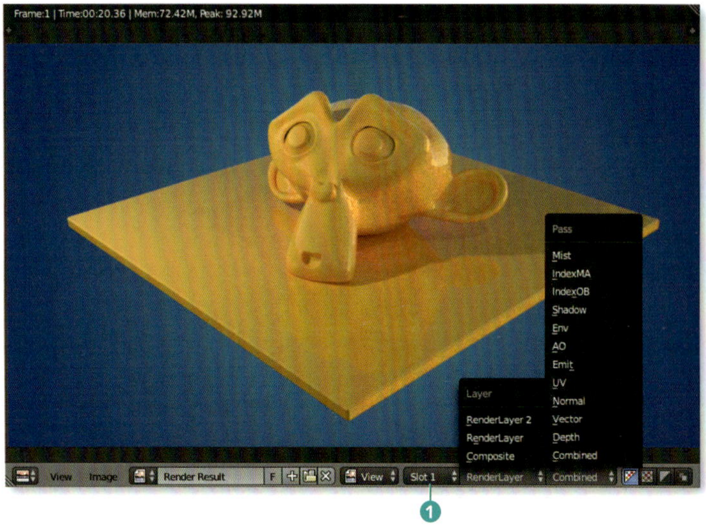

Abbildung 13.33 ▸
Am unteren Rand des UV/IMAGE EDITORS greifen Sie auf die Passes und Render Layer zu.

Passes und Rendern

Blender zeigt neue Passes zwar direkt als Ausgang des RENDER-LAYERS-Nodes an, die Daten der Passes werden allerdings erst bei einem erneuten Rendering erzeugt. Blender weiß erst dann, welche Passes nach Ende des Rendering-Prozesses nicht verworfen werden dürfen.

Würden Sie lieber den UV/IMAGE EDITOR ohne VIEWER-Node nutzen, bietet Ihnen Blender auch diese Möglichkeit: Wenn der RENDER RESULT in dem UV/IMAGE EDITOR angezeigt wird, können Sie durch einen Klick auf die Box 1 neben Slot 1 den anzuzeigenden Render Layer wählen (standardmäßig »RenderLayer«). Wählen Sie dort den Layer, der den anzuzeigenden Pass enthält, und anschließend in der nebenstehenden Box (standardmäßig auf COMBINE) den Pass aus. Der UV/IMAGE EDITOR wird Ihnen anschließend den entsprechenden Pass präsentieren – falls nicht, haben Sie Ihre Szene wahrscheinlich noch nicht gerendert (F12), nachdem Sie einen Pass hinzugefügt haben.

▴ Abbildung 13.34
COMBINED

Passes für BI und Cycles | Welche Passes Sie auf dem aktuellen Render Layer verwenden möchten, legen Sie auf dem in Abbildung 13.37 dargestellten PASSES-Panel des SCENE-Tabs fest. Je nachdem, ob Sie Cycles oder den Blender-Internal-Renderer nutzen, können Sie hier unterschiedliche Passes auswählen. Beiden Render-Engines gemeinsam sind die folgenden Passes:

- COMBINED: Dieser Pass stellt das »übliche« Rendering-Ergebnis inklusive aller aktivierten Passes dar.
- Z: Dieser Pass (oft auch DEPTH-Pass genannt) zeigt Ihnen die Entfernung aller Objekte zur Kamera an. Um ihn (beispielsweise als BACKDROP) anzuzeigen, verbinden Sie einen VIEWER-Node mit diesem Pass, und schalten Sie einen NORMALIZE- oder MAP-VALUE-Node vor den Viewer. Dies ist nötig, da die Werte in Blenders DEPTH-Pass von 0 bis CAMERA CLIPPING END reichen – er enthält also Werte weit über 1 (die Sie mit Ihrem Monitor nicht anzeigen können). Um sinnvolle Ergebnisse mit dem MAPTO-Node zu erhalten, sollten Sie folgende Parameter set-

Z-Pass

Standardmäßig sind in Blender dunklere Bestandteile des DEPTH-Passes näher an der Kamera als helle (was im Gegensatz zu allen üblichen Pixelbewertungen steht) – oft wird daher ein INVERT-Node an diesen Pass gehängt.

zen: OFFSET = – (CAMERA CLIPPING START), SIZE = 1 / (CAMERA CLIPPING END – CAMERA CLIPPING START). Die FAR CLIPPING PLANE sollte kurz hinter dem am weitesten von der Kamera entfernten Objekt enden.

- NORMAL: Dieser Pass gibt die Richtung der Oberflächen-Normalen wieder. Diese werden in RGB kodiert und angezeigt. Mit NORMAL-Passes können Sie unter anderem die Lichtverhältnisse in Szenen ändern.
- VECTOR: In diesem Pass hält Blender fest, in welche Richtung und mit welcher Geschwindigkeit sich Objekte in dem jeweiligen Frame bewegen. Diese Information können Sie nutzen, um Bewegungsunschärfe im Compositor zu erzeugen. Die Datei »13_Compositing_MotionBlur.blend« zeigt Ihnen ein Beispiel für diesen Pass.
- UV: Mit diesem Pass können Sie nach dem Rendern UV-Texturen ändern! Nutzen Sie dafür den MAP-UV-Node in Kombination mit dem SHADOW-Pass.
- MIST: Dieser Pass beinhaltet den NEBEL-Pass (wenn Sie ihn im WORLD-Tab aktiviert haben).
- OBJECT INDEX: Dieser Pass ermöglicht es Ihnen, eine Maske für einzelne Objekte zu generieren, ohne Render Layer zu nutzen. Zu diesem Zweck müssen Sie Ihrem Objekt einen PASS INDEX jenseits null auf dem OBJECT-Tab unter dem RELATIONS-Panel zugewiesen haben. Der Pass gibt Ihnen dann in Kombination mit einem ID-MASK-Node die Maske zurück (das Objekt ist weiß).
- MATERIAL INDEX: Genau wie der OBJECT INDEX können Sie mit diesem Pass Masken aus Materialien erstellen. Zu diesem Zweck existiert eine PASS-INDEX-Option auf dem OPTIONS-Panel des BI-Renderers und auf dem SETTINGS-Panel des Cycles-Renderers (MATERIAL-Tab). Auf diese Weise können Sie schnell Masken von allen Objekten erstellen, die das gleiche Material nutzen.
- SHADOW: Dieser Pass zeigt Ihnen an, wo sich Schatten innerhalb Ihrer Szene befinden und wo nicht.
- AO: Mit diesem Pass können Sie sich die ambiente Abschattung anzeigen lassen – also an welchen Stellen zwei aufeinanderstoßende Kanten eine Verdunklung erfahren haben.
- EMISSION/EMIT: In diesem Pass befinden sich alle Objekte, die Licht emittieren. Der Pass enthält keine Maske, sondern die tatsächlichen Farbwerte.
- ENVIRONMENT: In diesem Pass wird die Farbe des Hintergrunds (der Welt) gespeichert. Wenn Sie den Film auf TRANSPARENT gestellt haben und erst später den Hintergrund im Rendering einfügen möchten, ermöglicht Ihnen dieser Pass genau das.

Die Datei »13_Compositing_MotionBlur.blend« finden Sie auf der Buch-DVD unter BEISPIELMATERIAL • KAPITEL_13.

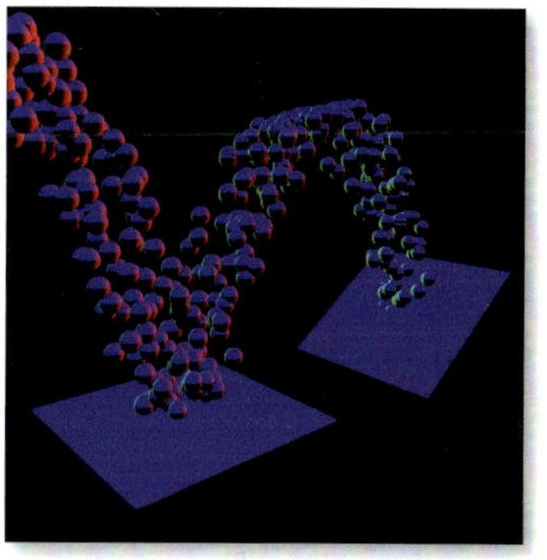

▲ **Abbildung 13.35**
NORMAL

Depth-Pass
Beachten Sie, dass der DEPTH-Pass ausschließlich Polygone betrachtet – ist in Ihrer Szene also ein Polygon mit teiltransparenter Textur enthalten, wird der DEPTH-Pass das komplette Polygon verarbeiten, nicht nur die Umrisse der sichtbaren Textur.

▲ **Abbildung 13.36**
AO

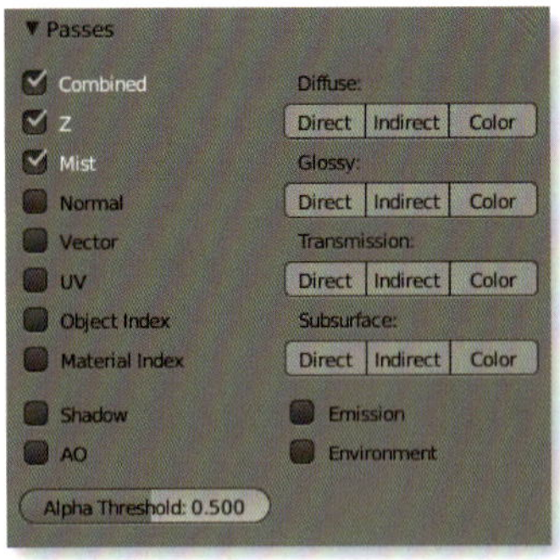

▲ **Abbildung 13.37**
Über das PASSES-Panel legen Sie fest, welche Passes Sie berechnen und behalten werden. – hier die Cycles-Variante.

Spezielle Passes für Cycles | Neben den gerade beschriebenen Passes enthält das Panel bei der Wahl von Cycles als Render-Engine auch vier Passes, die speziell für den Cycles-Renderer gelten – den DIFFUSE-, den GLOSSY-, den TRANSMISSION- und den SUBSURFACE-Pass. Alle diese Passes sind in drei verschiedenen Ausprägungen verfügbar. Lassen Sie mich Ihnen anhand des DIFFUSE-Passes zeigen, wie sie sich voneinander unterscheiden.

Der DIFFUSE-Pass liefert Ihnen alle durch diffuse Oberflächen erzeugten Pixelwerte. Mit den drei Auswahlmöglichkeiten DIRECT, INDIRECT und COLOR haben Sie die Wahl zwischen einem Pass, der nur die durch direkte Beleuchtung entstehenden Pixel enthält (DIRECT), einem Pass, der nur die durch indirekte Beleuchtung entstehenden Pixel beinhaltet (INDIRECT), oder einem Pass, der ausschließlich die Farben der Objekte ohne Schattierungen beinhaltet (COLOR).

▲ **Abbildung 13.38**
DIFFUSE DIRECT

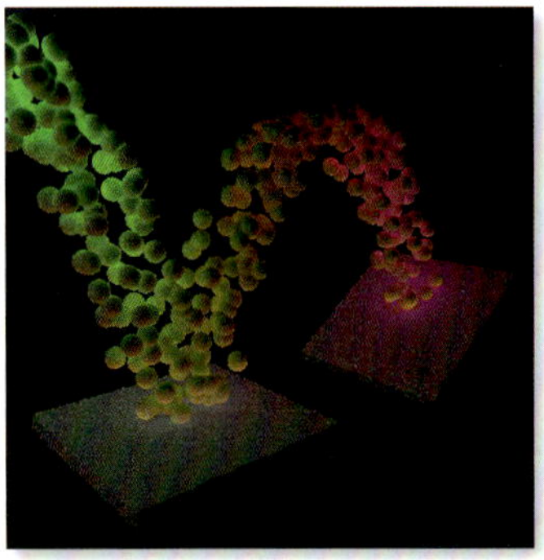

▲ **Abbildung 13.39**
DIFFUSE INDIRECT

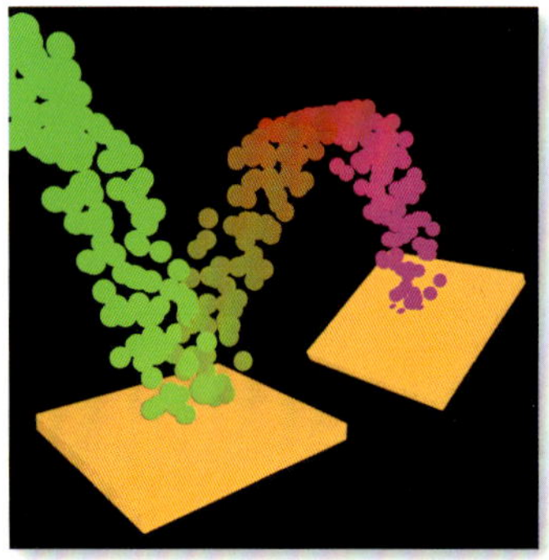

▲ **Abbildung 13.40**
DIFFUSE COLOR

Während der DIFFUSE-Pass nur diejenigen Pixel beinhaltet, die durch diffuse Oberflächen erzeugt wurden, enthält der GLOSSY-Pass diejenigen, die durch glänzende Oberflächen erzeugt werden. TRANSMISSION liefert Ihnen die Pixel, die dabei entstehen, wenn Strahlen durch Objekte dringen (beispielsweise bei Transparenzen), und SUBSURFACE liefert Ihnen die Pixel, die durch den SUBSURFACE-SCATTERING-Algorithmus erzeugt werden.

Spezielle Passes für BI | Ist die Render-Engine Ihrer Szene auf Blender Internal eingestellt, erwarten Sie fünf weitere Passes auf der rechten Seite des Panels. Die meisten Passes auf dieser Seite besitzen eine Kamera-Schaltfläche. Ist die Kamera zu sehen, so werden diese Passes im COMBINED-Pass berücksichtigt. Möchten Sie manche Passes von dem COMBINED-Pass ausschließen, aber die Passes trotzdem als Socket in dem RENDER-LAYERS-Node zur Verfügung haben, ist nichts weiter zu tun, als einmal auf die Kamera des auszuschließenden Passes zu klicken.

Die folgenden Passes stehen Ihnen beim BI-Renderer zur Verfügung:

- DIFFUSE: Wie schon beim Cycles-Renderer enthält dieser Pass nur Pixel, die zu diffusen Oberflächen gehören.
- SPECULAR: Dieser Pass beinhaltet Pixel, die durch glänzende Objekte erzeugt werden – die Highlights der Szene.
- INDIRECT: Haben Sie Materialien mit einem EMIT-Wert 0 angelegt und gleichzeitig INDIRECT LIGHTING auf dem WORLD-Panel aktiviert, wird Ihnen dieser Pass alle Pixel liefern, die durch indirekte Beleuchtung erzeugt werden.
- REFLECTION: Dieser Pass enthält alle Pixel von Oberflächen, die reflektieren (MIRROR-Einstellung des MATERIAL-Tabs).
- REFRACTION: Dieser Pass liefert Ihnen alle Pixel, die durch Brechungen in Glasoberflächen entstehen (RAYTRACING-Option des TRANSPARENCY-Panels auf dem MATERIAL-Tab).

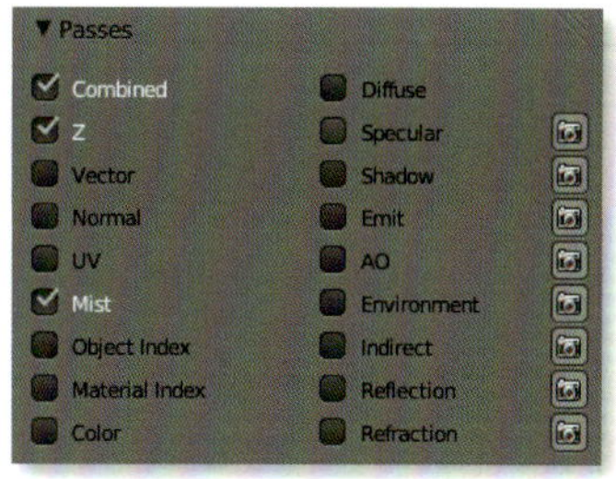

▲ **Abbildung 13.41**
Das PASSES-Panel des BI-Renderers

Passes aufbewahren | Nachdem Sie jetzt genau über Render Layer und Render Passes Bescheid wissen, gibt es nur noch ein Thema, das ich Ihnen nicht vorenthalten möchte: wie Sie Passes speichern und bei Bedarf wieder laden.

Bislang haben wir die Postproduktion unmittelbar nach dem Rendern durchgeführt. Wenn Sie allerdings davon ausgehen, dass ein Rendering Stunden, eine Animation Wochen oder Monate gerendert wird und die Postproduktion sinnvollerweise an dem fertig gerenderten Material durchgeführt wird, ist es natürlich nützlich, die beim Rendern anfallenden Passes mit dem gerenderten Bild abzuspeichern. Dies erlaubt Ihnen Blender durch das Abspeichern als OpenEXR-Datei – ein offenes Dateiformat, erfunden von Industrial Light & Magic, einem der größten und erfolgreichsten Unternehmen für virtuelle Effekte in Kinofilmen. Der Vorgang selbst ist wunderbar einfach:

- Erst wählen Sie auf dem RENDER-Tab unter dem OUTPUT-Panel das Dateiformat OPENEXR MULTILAYER aus.
- Anschließend rendern Sie Ihr Bild und speichern es wie gewohnt mit F3 im UV/IMAGE EDITOR ab.
- Löschen Sie jetzt im Compositor den RENDER-LAYERS-Node, und fügen Sie einen IMAGE Node aus der INPUT-Kategorie hinzu.
- Laden Sie mithilfe von OPEN die mit der Endung »*.exr« abgespeicherte Datei, so zeigt der Node eine neue Combobox mit Namen LAYER an, die Ihnen Zugriff auf alle Render Layer und damit auch gleichzeitig auf die Passes gibt.

Die Datei »Test.exr« finden Sie auf der Buch-DVD unter BEISPIELMATERIAL • KAPITEL_13.

▲ **Abbildung 13.42**
Ein OpenEXR-Bild enthält alle Pass-Informationen.

Da bei Animationen alle EXR-Dateien automatisch abgespeichert werden, gehen Sie bei Animationen exakt wie in diesem Beispiel vor – Blender wird beim Öffnen der ersten Animationsdatei den Typ der Sequenz automatisch von SINGLE IMAGE auf IMAGE SEQUENCE ändern und bei einem Frame-Wechsel automatisch das richtige Bild der Animation laden. Möchten Sie jetzt eine EXR-Datei laden, so nutzen Sie die Datei »Test.exr« unter BEISPIELMATERIAL • KAPITEL_13. Sobald sie geladen wird, werden Ihnen alle ursprünglichen Ebenen – wie Abbildung 13.42 zeigt – zur Verfügung stehen.

Schritt für Schritt Cycles-Passes kombinieren

In dieser Übung möchte ich Ihnen zeigen, wie Sie die beim Rendern mit Cycles entstehenden Passes so kombinieren, dass Sie exakt das Ergebnis erhalten, das Ihnen der COMBINED-Pass liefert. In Cycles müssen Sie dazu die einzelnen Passes auf eine ganz bestimmte Art zusammenfügen – wie genau, zeigt Ihnen Abbildung 13.43.

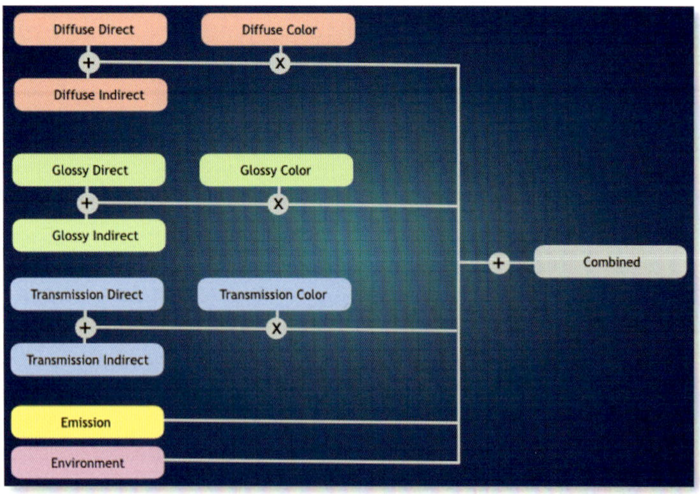

▲ **Abbildung 13.43**
Auf diese Art sollten Sie Passes in Cycles miteinander kombinieren.

Die Datei »13_Compositing_CombinedPass_Start.blend« finden Sie auf der Buch-DVD unter BEISPIELMATERIAL • KAPITEL_13.

Laden Sie dazu die Datei »13_Compositing_CombinedPass_Start.blend«, sie enthält bereits alle nötigen Nodes und das Schaubild, um ein wenig zu spicken.

1 Die Passes »Diffuse Direct« und »Diffuse Indirect« verbinden

Verbinden Sie den DIFFUSE-DIRECT- mit dem DIFFUSE-INDIRECT-Pass über den vorhandenen ADD-Node.

2 Den Pass »Diffuse Color« hinzufügen

Wie in Abbildung 13.43 zu erkennen ist, müssen Sie jetzt das Ergebnis der vorherigen Operation mit dem DIFFUSE-COLOR-Pass über einen MULTIPLY-Node verbinden. Da der MULTIPLY-Node schon mit dem ADD-Node verbunden wurde, genügt es, wenn Sie jetzt den DIFFUSE-COLOR- mit dem MULTIPLY-Node verbinden.

3 Die Passes »Glossy Direct« und »Glossy Indirect« verbinden

Verbinden Sie anschließend den GLOSSY-DIRECT- mit dem GLOSSY-INDIRECT-Pass über den vorhandenen ADD-Node auf gleicher Höhe.

4 Den Pass »Glossy Color« hinzufügen

Genau wie den DIFFUSE-COLOR-Pass müssen Sie den GLOSSY-COLOR-Pass jetzt mit dem Ergebnis der vorherigen Operation über einen MULTIPLY-Node verbinden. Nutzen Sie auch hier wieder den vorhandenen Node.

5 Ergebnis rendern

Rendern Sie jetzt das Ergebnis mit [F12]. Mithilfe eines SPLIT-VIEWER-Nodes können Sie überprüfen, ob das manuelle Ergebnis dem Combined-Pass entspricht – es sollte identisch sein. Die Datei »13_Compositing_CombinedPass_Mid.blend« und Abbildung 13.44 zeigen Ihnen die abgeschlossene Pass-Kombination.

Die Datei »13_Compositing_CombinedPass_Mid.blend« finden Sie auf der Buch-DVD unter BEISPIELMATERIAL • KAPITEL_13.

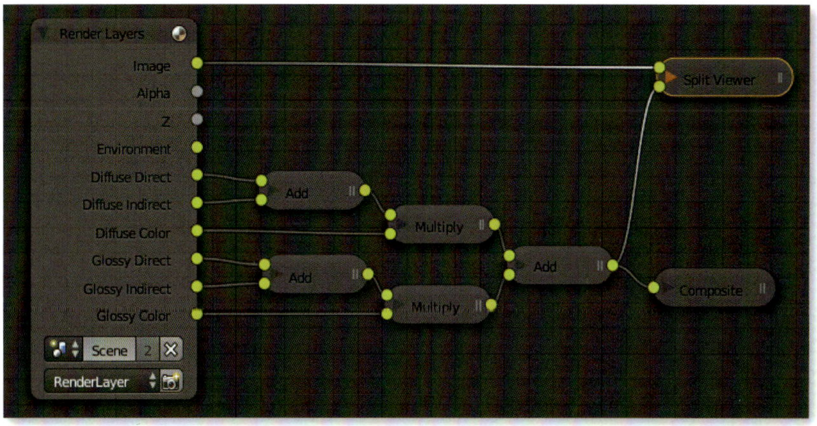

◂ **Abbildung 13.44**
Alle Passes wurden über die entsprechenden Nodes kombiniert.

Schritt für Schritt
Manuelle Passes in der Praxis nutzen

Lassen Sie uns jetzt die Vorteile von manuell kombinierten Passes nutzen.

1 Den erstellten Node-Tree erweitern

Fügen Sie einen MATH-Node aus der Kategorie CONVERTER ein. Fügen Sie ihn zwischen dem GLOSSY-COLOR-Pass und dem MULTIPLY-Node ein, und ändern Sie den Typ des Nodes von ADD auf MULTIPLY. Alle Eingangswerte werden jetzt mit dem untenstehenden Wert multipliziert. Falls Sie die Szene noch nicht gerendert haben, holen Sie das jetzt nach.

2 Reflexionsmenge festlegen mit dem Multiply-Node

Mit diesem Setup können Sie regeln, wie prominent die Reflexionen sind. Setzen Sie den VALUE-Regler auf 0, werden Sie keine Reflexionen mehr finden können – Sie multiplizieren alle Pixelwerte mit null. Dementsprechend repräsentiert ein Multiplikationsw-Wert von 1 oder 2 die Original- bzw. doppelte Reflexionsstärke.

3 Die Farben dynamisch ändern

Fügen Sie anschließend noch einen HUE-SATURATION-VALUE-Node zwischen den DIFFUSE-COLOR- und den MULTIPLY-Node ein – er ermöglicht es, die Farbe der diffusen Oberflächen zu ändern, ohne die Reflexionsfarbe zu beeinflussen oder neu rendern zu müssen.

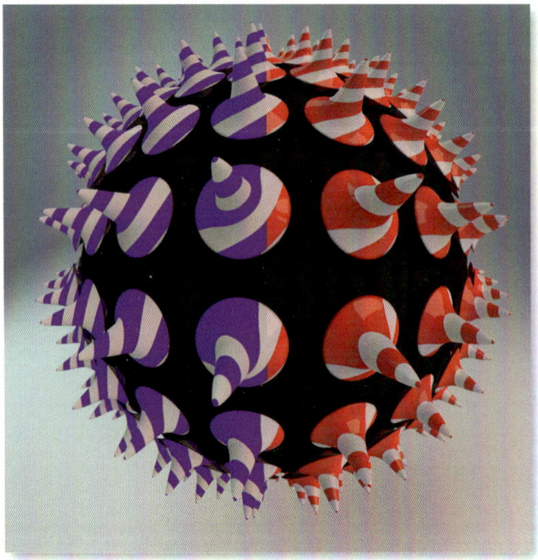

▲ **Abbildung 13.45**
Reflexionen per Compositor entfernen und gleichzeitig die Farbe ändern? Kein Problem!

Abbildung 13.45 zeigt Ihnen einen Vorher-Nachher-Vergleich dieser Übung. Achten Sie auf die Reflexionen – sie sind im linken Teil des Bildes kaum noch vorhanden. Möchten Sie die Datei selbst studieren, steht sie Ihnen unter »13_Compositing_CombinedPass_Final.blend« zur Verfügung.

Mit dieser Übung möchte ich das Passes- und Compositing-Thema abschließen. Sie haben jetzt ein solides Grundwissen über Render Layer und Render Passes erworben, das Sie in all Ihren Projekten einsetzen können. Im letzten Themenkomplex stelle ich Ihnen den Begriff *NPR* vor und zeige Ihnen, dass es mit Blender nicht immer fotorealistisch zugehen muss.

Die Datei »13_Compositing_CombinedPass_Final.blend« finden Sie auf der Buch-DVD unter BEISPIELMATERIAL • KAPITEL_13.

13.3 NPR mit Freestyle

Der Term NPR (*Non Photorealistic Rendering*) bedeutet, dass ein Rendering nicht auf Fotorealismus abzielt, sondern bewusst unrealistisch – oft comicartig – gerendert werden soll. Abbildung 13.46 zeigt Ihnen zwei typische Beispiele dieser Gattung – gestaltet und gerendert von Robert Harris mit Blenders Cycles-Renderer.

▲ Abbildung 13.46
Ein typisches Beispiel für NPR: Die von Robert Harris erstellten Charakter Lajos und Talib.

In diesem Abschnitt werden wir uns jedoch wieder mit dem Blender-Internal-Renderer beschäftigen – er nähert sich physikalischen Gesetzmäßigkeiten durch Tricks an und ist daher optimal für NPR geeignet. Vielleicht erinnern Sie sich noch an die TOON-Shader des MATERIAL-Tabs. Sie konnten mit ihrer Hilfe bereits Shader erstellen, die zu einem comicartigen Look führten. Um die Illusion eines handgezeichneten Bildes perfekt zu machen, ermöglicht Blender Ihnen darüber hinaus das Nachzeichnen von Objekt-Kanten über die EDGE-Option des POST-PROCESSING-Panels auf dem RENDERING-Tab im PROPERTIES-Editor. So gut diese Option für einfache Objekte funktioniert, so unflexibel und unbefriedigend ist sie bei komplexeren Szenen oder höheren Ansprüchen: Sie können gerade einmal die Farbe der Kanten einstellen – keine Linienstärke, keine Linieneffekte oder etwa die Linienart.

Alle diese Unzulänglichkeiten haben dazu geführt, dass schon frühzeitig nach neuen Möglichkeiten gesucht wurde, um NPR-Rendering in Blender zu integrieren. Die Lösung fand sich in einem externen Projekt mit Namen *Freestyle*, das bereits seit 2005 Methoden erforscht, um Kanten von 3D-Objekten auf Basis von Computermodellen automatisiert in verschiedenen Styles (beispielsweise Kalligrafie) darzustellen. Im Jahr 2008 wurden die ersten Anstrengungen unternommen, um Freestyle inklusive eines nutzerfreundlichen User Interfaces in Blender zu integrieren, doch viele Probleme machten die Integration mühsam. Dem sehr motivierten Entwicklerteam um Tamito Kajiyama ist es zu verdanken, dass im April 2013 die Integration endlich erfolgreich abgeschlossen wurde und bis heute stetig verbessert wird.

▲ **Abbildung 13.47**
Hätten Sie vermutet, dass dieser Abbildung ein 3D-Modell zugrunde liegt? Blenders Freestyle-Modul macht unter anderem diese Art des Renderings möglich.

Schon an der Dauer der Integration können Sie erkennen, wie vielfältig Freestyle ist – daher werde ich Ihnen in den nächsten Abschnitten einen guten Überblick darüber verschaffen, was mit Freestyle möglich ist – eine ausführliche Beschreibung jeder Option ist aus Platzgründen leider nicht möglich.

13.3.1 Freestyle-Modi

Freestyle kann in zwei verschiedenen Modi arbeiten: dem PYTHON-SCRIPTING-Modus und dem PARAMETER-EDITOR-Modus. PYTHON SCRIPTING dient den erfahrenen Programmierern unter Ihnen als Schweizer Taschenmesser: In diesem Modus legen Sie durch die Programmiersprache Python fest, wie und wo Linienzüge entstehen. Er ist zwar vielseitig, aber für Einsteiger und Nicht-Programmierer schwer zu durchblicken.

Interessanter ist für diejenigen unter Ihnen daher der PARAMETER-EDITOR-Modus. Er stellt mithilfe von Blenders Benutzerschnittstelle alle wichtigen Einstellungen dar und ermöglicht es Ihnen daher, sich visuell an Freestyle heranzutasten.

Viewmaps und Line Style | Um die Optionen von Freestyle einordnen zu können und die Aufteilung der FREESTYLE-Panels zu verstehen, müssen Sie zuerst wissen, wie Freestyle zu zeichnende Kanten auswählt und nach welchen Regeln Linienzüge gezeichnet werden:

Freestyle arbeitet mit sogenannten *Viewmaps*. Eine Viewmap sammelt alle für eine spätere Kantenzeichnung interessanten Edges ein und stellt sie den nächsten Freestyle-Phasen zur Verfügung. Jedem Render Layer ist genau eine Viewmap zugeordnet. Eine Viewmap kann ein oder mehrere LINE SETS enthalten. LINE SETS geben vor, welche der in der Viewmap vorhandenen Kantentypen (beispielsweise Kanten, die die Silhouette oder Konturen der Objekte definieren) genutzt werden. Um Kanten zu zeichnen, nutzt Freestyle einen LINE STYLE, der genau wie Materialien verlinkt und in verschiedenen Render Layern wiederverwendet werden kann. Ein LINE STYLE gibt Freestyle vor, wie jede Linie zu zeichnen ist. Hier legen Sie beispielsweise fest, in welcher Farbe, welcher Transparenz, Dicke oder wie genau eine Kante nachgezogen wird.

13.3.2 Freestyle aktivieren

Freestyle ist bis Version 2.71 nur für den BI-Renderer verfügbar, daher müssen Sie bei dieser Version als Render-Engine BLENDER RENDER wählen, bevor die Kontrollelemente erscheinen. Anschließend wird das FREESTYLE-Panel auf dem RENDER-Tab sichtbar. Ab Version 2.72 können Sie auch mit Blenders Cycles-Renderer Freestyle nutzen, die Aktivierung läuft dabei genauso ab.

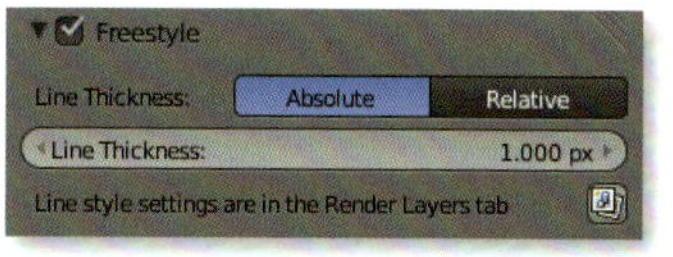

▲ **Abbildung 13.48**
Das FREESTYLE-Panel

Die Checkbox im Kopf des Panels aktiviert Freestyle und legt zwei Optionen frei – ABSOLUTE und RELATIVE. Mit ABSOLUTE geben Sie an, dass Sie die Linienstärke LINE THICKNESS in Pixeln angeben. RELATIVE skaliert die Linienstärke im Bezug zur Y-Auflösung von 480 Pixeln. Hat Ihre Szene also eine Auflösung von 1280 × 960 px, wird die Linienstärke doppelt so dick sein. In der letzten Zeile finden Sie eine unscheinbare Schaltfläche, bei deren Betätigung Sie sich im RENDER-LAYERS-Tab wiederfinden werden. Dort warten viele weitere Freestyle-Optionen, die Sie für einen kurzen Moment ignorieren können – erst rendern wir jetzt das erste Freestyle-Bild:

▲ **Abbildung 13.49**
Mit wenigen Einstellungen imitieren Sie mit Freestyle die EDGE-Funktion des BI-Renderers – doch Freestyle ist zu deutlich mehr in der Lage.

- Stellen Sie die Render-Engine auf BLENDER RENDER.
- Aktivieren Sie anschließend das Freestyle-Modul im RENDER-Tab des PROPERTIES-Editors durch aktivieren der FREESTYLE-Checkbox.
- Legen Sie jetzt die Linienstärke auf ABSOLUT und 2 Pixel fest.
- Rendern Sie mit Freestyle, indem Sie F12 betätigen.

Ihr Objekt sollte jetzt schwarze Linienzüge aufweisen. Herzlichen Glückwunsch, Sie haben die EDGE-Funktion imitiert. Schauen wir uns jetzt an, was Freestyle Ihnen darüber hinaus bietet. Klicken dazu auf die Schaltfläche der letzten Zeile des FREESTYLE-Panels, oder wechseln Sie auf das RENDER-LAYERS-Tab.

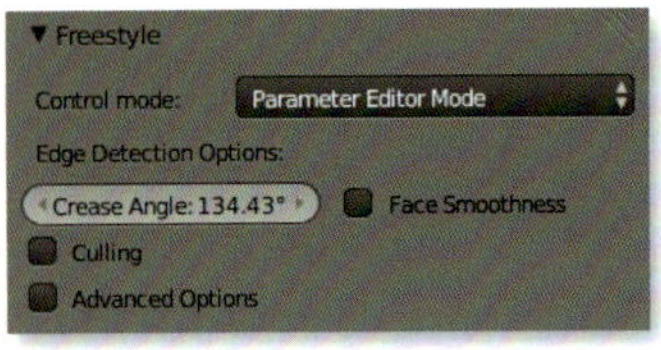

▲ **Abbildung 13.50**
Das FREESTYLE-Panel auf dem RENDER-LAYERS-Tab

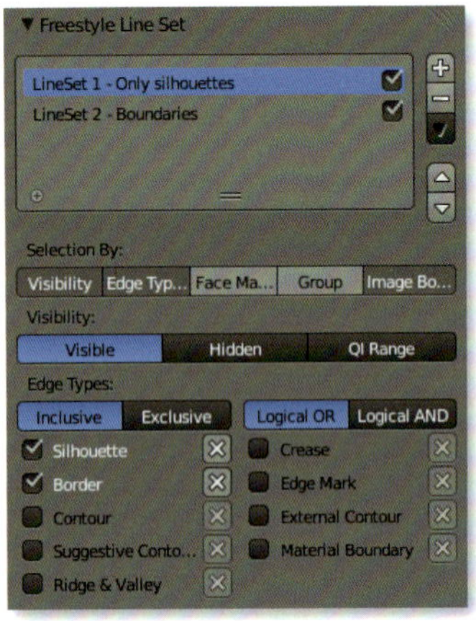

▲ **Abbildung 13.51**
Das FREESTYLE-LINE-SET-Panel

13.3.3 Die Viewmap

Direkt unter dem PASSES-Panel finden Sie im RENDER-LAYERS-Tab das FREESTYLE-Panel. Dieses Panel enthält sowohl die eben besprochenen Modi als auch viele Regler, über die Sie die Erstellung der Viewmap anpassen können. So geben Sie mit CREASE ANGLE beispielsweise an, bis zu welchem Winkelmaß zweier aneinandergrenzender Faces die gemeinsame Verbindungslinie in die Viewmap aufgenommen wird. Je höher dieser Wert, desto mehr Linien werden erzeugt.

13.3.4 Die Kantenauswahl

Mithilfe des Panels FREESTYLE LINE SET und der dort definierbaren Line Sets wählen Sie Kanten aus der Viewmap aus. So könnten Sie hier beispielsweise ein Line Set für die Objektkontur, ein Line Set für alle Linien auf Oberflächen und ein Line Set für speziell markierte Edges anlegen.

Die Schaltflächen unter SELECTION BY stellen Auswahlgruppen von Kanten dar. Mit Ihnen können Sie unter anderem festlegen, dass nur Kanten von verdeckten Objekten gezeichnet werden (VISIBILITY = HIDDEN), dass Objekt-Konturen (EDGE TYPES = CONTOUR) oder speziell für Freestyle markierte Kanten von Objekten nachgezogen werden (EDGE TYPES = EDGE MARK).

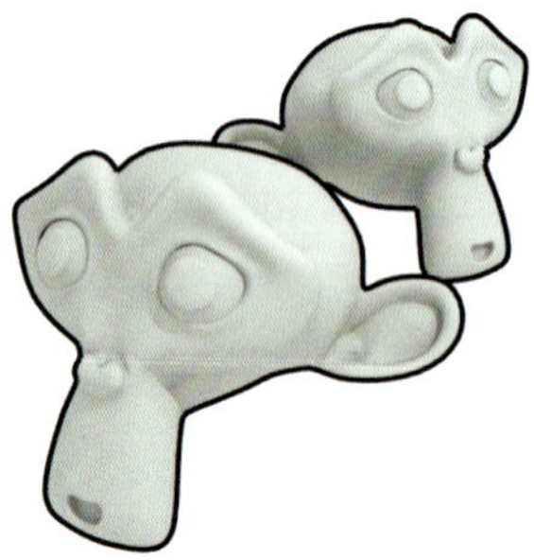

▲ **Abbildung 13.52**
CONTOUR

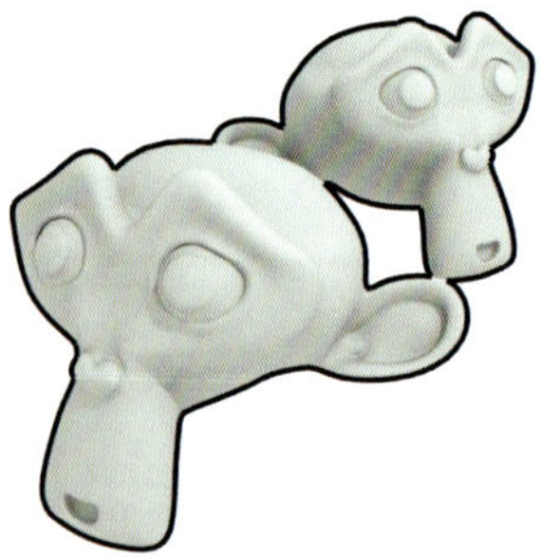

▲ **Abbildung 13.53**
EXTERNAL CONTOUR

▲ **Abbildung 13.54**
SILHOUETTE

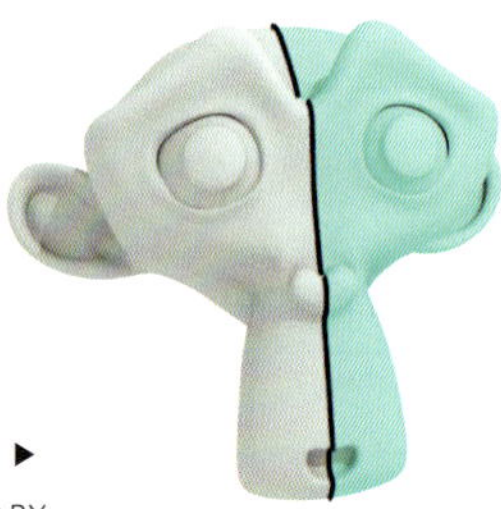

Abbildung 13.55 ▶
MATERIAL BOUNDARY

Abbildung 13.56 ▶
FREESTYLE EDGES

13.3.5 Den Linienstil festlegen

Haben Sie festgelegt, welche Linien nachgezogen werden, dann können Sie mit dem FREESTYLE-LINE-STYLE-Panel festlegen, wie die Linien auszusehen haben. Freestyle unterteilt zu diesem Zweck das FREESTYLE-LINE-STYLE-Panel in sechs verschiedene Style-Bereiche, die Sie über einen Klick auf die entsprechende Schaltfläche zum Vorschein bringen.

Mark Freestyle Edge
Um Kanten als Freestyle-Kante zu markieren, wechseln Sie in der 3D-Ansicht in den EDIT MODE und betätigen [Strg] + [E]. Wählen Sie anschließend MARK FREESTYLE EDGE aus.

Strokes | In diesem Bereich legen Sie fest wie sich ein Linienzug zusammensetzt, denn Linien müssen in Freestyle nicht immer durchgängig sein oder aneinander anknüpfen – sie können auch punktiert, gestrichelt oder wie bei einer hastig ausgeführten Strichzeichnung dargestellt werden. Darüber hinaus legen Sie über CHAINING und SPLITTING fest, ob alle Linienzüge aneinanderhängen oder ob sie voneinander separiert werden. Standardmäßig setzt Freestyle den virtuellen Zeichenstift nicht aus der Hand, wenn verbundene Kanten nachgezeichnet werden sollen.

Zwei grundlegende Zeichenarten stehen Ihnen zu Beginn des Panels zur Verfügung: PLAIN und SKETCHY. Die erste Methode fügt Linien starr aneinander, während die zweite die Linien wie auf einer Skizze aussehen lässt (nur in Verbindung mit den richtigen Einstellungen im GEOMETRY-Bereich). Falls Sie CHAINING ausschalten, wird jeder Linienzug für sich gezeichnet.

Möchten Sie die Linie zusätzlich stricheln, so erledigen Sie dies in der Zeile DASHED LINE. Dort können Sie über die mit »D« bezeichneten Werte festlegen, wie lang ein Strich, und über die mit »G« bezeichneten Werte festlegen, wie lang eine Lücke ist. Das Aussehen der Linienenden können Sie über die CAPS-Option festlegen: Flach (BUTT), rund (ROUND) und quadratisch (SQUARE) stehen zur Auswahl.

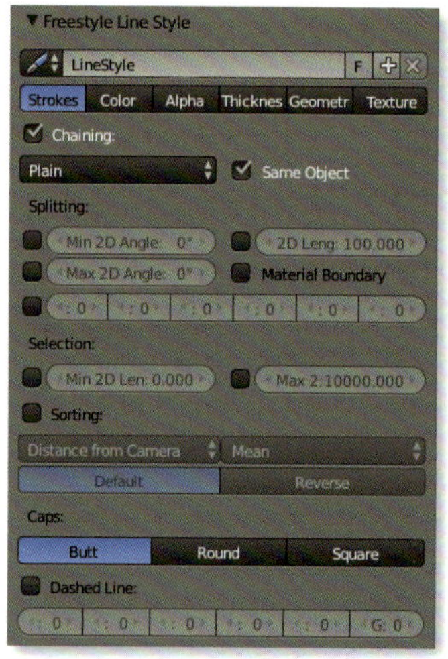

▲ **Abbildung 13.57**
Die STROKES-Einstellungen

▲ **Abbildung 13.58**
Mit Freestyle und dem vorangegangenen Panel sind auch gepunktete Linen möglich.

Color | Dieser Bereich gibt Ihnen die Möglichkeit, die Farbe jeder Linie festzulegen. Dies kann auf unterschiedliche Arten geschehen: Über eine Basisfarbe (BASE COLOR), die über die gesamte Linie beibehalten wird, oder über verschiedene Modifier, die Sie durch einen Klick auf ADD MODIFIER auswählen können:

- ALONG STROKE: Mit diesem Modifier können Sie die Farbe entlang des Linienzugs ändern. Zu diesem Zweck bietet Ihnen der Modifier eine Color-Ramp an, die Sie über die gewohnten Kontrollfelder nach Belieben anpassen können. Die Transparenz der Linie legen Sie erst im nächsten Bereich fest – lassen Sie den Alpha-Regler der Color-Ramp also am besten außen vor.
- DISTANCE FROM CAMERA: Mit diesem Modifier färben Sie Linien je nach Ihrem Abstand zur Kamera. Auch hier steht Ihnen

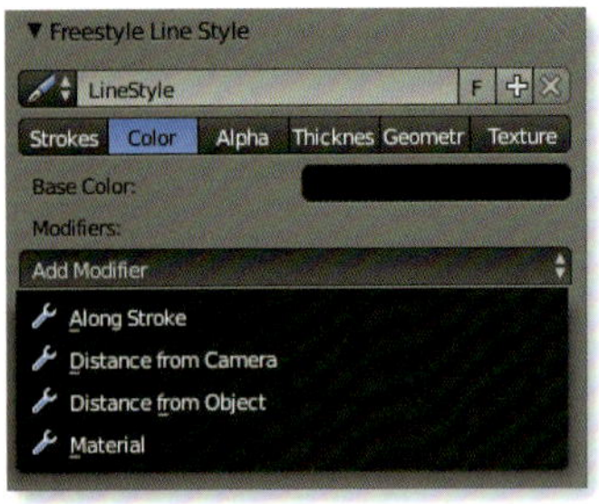

▲ **Abbildung 13.59**
Die Color-Einstellungen

▲ **Abbildung 13.60**
Mit dem Color-Panel bringen Sie Farbe in die Linienzüge.

wieder eine Color-Ramp zur Verfügung. Deren linker Rand definiert die Farbe, die Linien erhalten sollen, die der Kamera am nächsten sind. Der Bereich, in dem Freestyle nach den Objekten sucht, kann von Hand in den Feldern Range Min/Max eingegeben werden, einfacher ist es allerdings, die zu betrachtenden Objekte zu wählen und Fill Range by Selection anzuklicken. Auf diese Weise werden automatisch die korrekten Werte eingefügt.

- Distance from Object: Genau wie die obige Option wird hier die Farbe anhand der Entfernung zu einem angegebenen Objekt geändert. Das Feld Target enthält das Objekt, zu dem die Entfernung ermittelt wird.
- Material: Dieser Modifier erlaubt Ihnen, die Farbe der Linie durch verschiedene Materialeigenschaften des Objekts wie Diffuse- oder Specular-Shader zu beeinflussen.

Alpha | In diesem Bereich ändern Sie die Transparenz der Linie. Auch hier ist es über die Base Transparency möglich, einen Transparenzwert ohne Modifier festzulegen. Möchten Sie den Wert allerdings dynamisch ändern, helfen Ihnen exakt die gleichen Modifier wie schon im Color-Bereich.

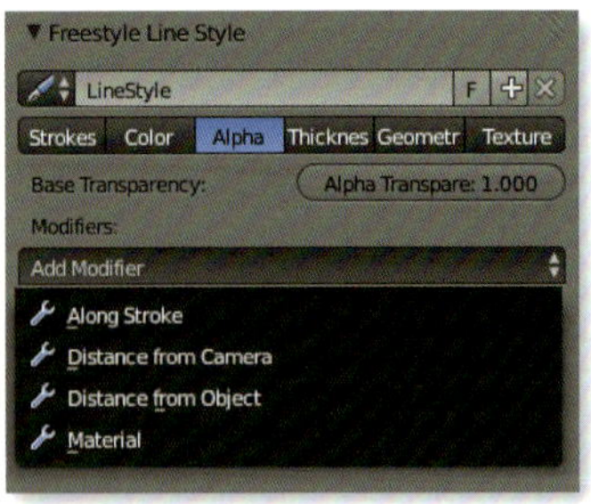

▲ **Abbildung 13.61**
Die Alpha-Einstellungen

▲ **Abbildung 13.62**
Mit den richtigen Einstellungen lassen Sie die Farbe entlang eines Linienzugs verblassen.

Thickness | Der Thickness-Bereich lässt Sie festlegen, wie dick eine Linie ist. Neben dem obligatorischen Wert Base Thickness und den vier bereits beschriebenen Modifiern steht Ihnen zusätzlich der Calligraphy-Modifier zur Verfügung, der die Linie anfänglich dicker zeichnet als zum Ende des Zugs. Über den Blend- und den Influence-Modus bestimmen Sie den Einfluss des Modifiers auf die Basisdicke, mithilfe des Orientation-Wertes können Sie die Ausrichtung der Spitze festlegen, und Min/Max Thickness definiert die minimale bzw. maximale Dicke der Linie.

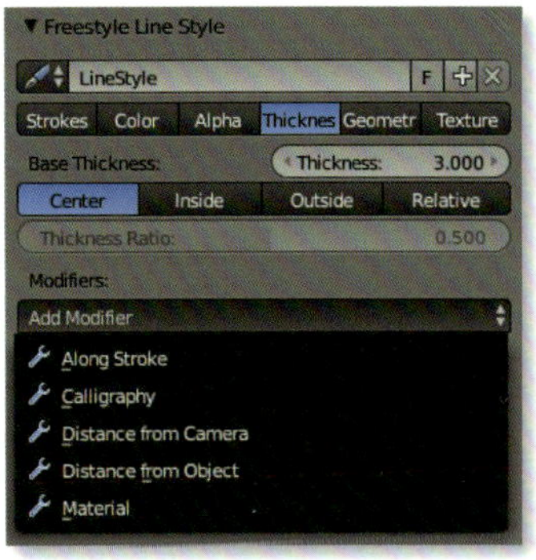

▲ **Abbildung 13.63**
Die Thickness-Einstellungen

▲ **Abbildung 13.64**
Die Dicke der Linien ändert sich mit der Länge des Linienzugs.

Geometry | Im Geometry-Bereich bestimmen Sie, wie gleichförmig die Linie der Geometrie aller Objekte folgt. 13 verschiedene Modifier stehen hier zur Verfügung, die ich Ihnen wenigstens kurz mit einem Satz beschreiben möchte:

- Sampling: Dieser Modifier gibt an, wie genau die Geometrie für alle nachfolgenden Modifier untersucht wird. Je geringer dieser Wert, desto genauer können die nachfolgenden Modifier arbeiten.
- 2D Offset: Mit diesem Modifier verschieben Sie die Linie um X in x- und Y in y-Richtung. Über Start und End können Sie angeben, ab welcher Position auf der Linie die Verschiebung beginnt und endet.
- 2D Transform: Dieser Modifier ermöglicht es Ihnen, die Linie zu skalieren und zu rotieren.
- Backbone Stretcher: Über diesen Modifier können Sie einen Strich auf beiden Seiten verlängern. An Kreuzungspunkten von Linien erzeugen Sie dadurch Sterne.
- Bezier Curve: Dieser Modifier macht Ihren Linienzug kurviger. Er führt zu Linienzügen und Zeichnungen, die weniger künstlich aussehen.
- Blueprint: Dieser Modifier erzeugt Kreise, Ellipsen und Quadrate um die betrachteten Geometrien. Die Anzahl der erzeugten Linien regeln Sie über Rounds.
- Guiding Lines: Mit diesem Modifier zeichnen Sie Hilfslinien. Er ist erst in Kombination mit anderen Modifiern sinnvoll – alleine haut Sie das Resultat sicherlich nicht vom Hocker.
- Perlin Noise 1D/2D: Diese beiden Modifier verformen die Linie in jedem Frame. Parameter wie Frequency oder Amplitude machen es möglich, die Häufigkeit und die Stärke der Verformung zu beeinflussen.

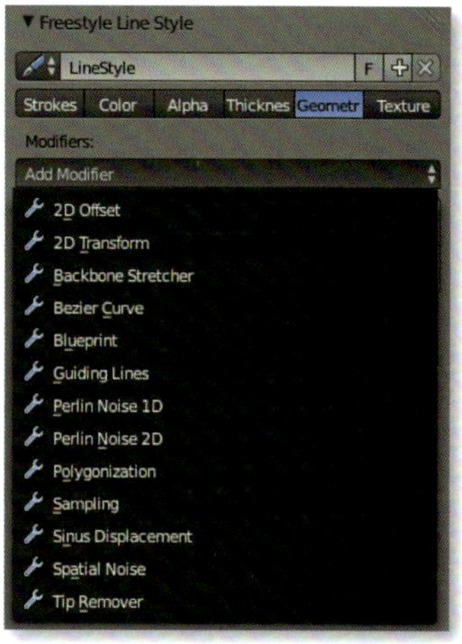

▲ **Abbildung 13.65**
Die Geometry-Einstellungen

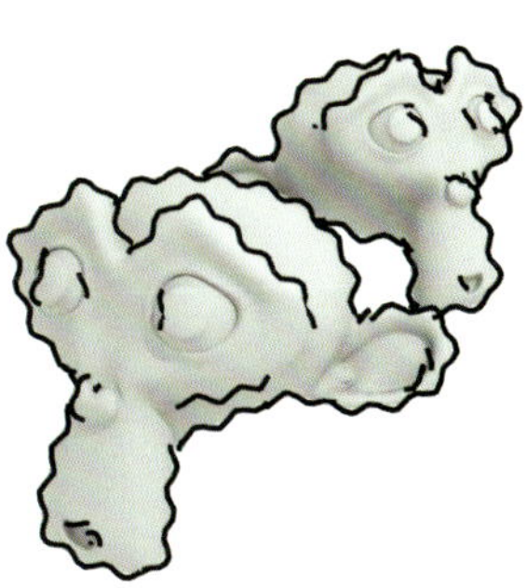

▲ **Abbildung 13.66**
Über den Sinus-Displace-Modifier verformen Sie die gezogenen Linien.

- POLYGONIZATION: Mithilfe dieses Modifiers wandeln Sie eine (eventuell) gerundete Linie in eine polygonale (und daher kantige) Linie um.
- SINUS DISPLACEMENT: Mit diesem Modifier verformen Sie die gezeichnete Linie sinusartig. Sie erzeugen dadurch die in Abbildung 13.66 zu sehenden wellenförmigen Pinselstriche.
- SPATIAL NOISE: Auch dieser Modifier bricht die Regelmäßigkeit der Linie, indem er sie wellenartig verformt. Er ist jedoch weniger regelmäßig als der vorangegangene Modifier.
- TIP REMOVER: Mit diesem Modifier entfernen Sie die Enden eines Linienzugs.

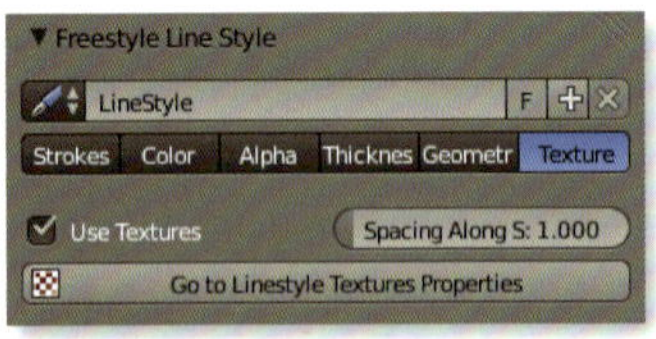

▲ **Abbildung 13.67**
Die TEXTURE-Einstellungen

Texture | Der letzte Bereich des Panels FREESTYLE-LINE-STYLE gibt Ihnen die Möglichkeit, Texturen als Pinsel zu nutzen. Möchten Sie diese Möglichkeit nutzen, so müssen Sie über USE TEXTURES diese Funktion aktivieren und über SPACING ALONG STROKE festlegen, mit welchem Abstand die Textur auf die Linie getupft werden soll.

Abbildung 13.68 ►
Mit der TEXTURE-Option können Sie beispielsweise Kreidestriche oder Kohlezeichnungen simulieren.

Klicken Sie anschließend auf die Schaltfläche GO TO LINESTYLE TEXTURES PROPERTIES, um direkt in das TEXTURES-Tab zu springen. Dort ist bereits der Texturkontext LINE STYLE ausgewählt, so dass Sie sofort mit dem Erstellen von Texturen loslegen können. Als Texturen kommen alle Typen in Frage, die der Blender-Internal-Renderer unterstützt – sowohl die prozedural erzeugten als auch bildbasierte Texturen.

Die Einstellungen der Texturen ändern sich im TEXTURE-Tab des PROPERTIES-Editors nicht, es kommen allerdings zwei Optionen auf dem MAPPING-Panel hinzu: Während die COORDINATES-Option ALONG STROKE die Textur entlang des Linienzugs tupft, können Sie die Option USE TIPS dazu benutzen, die untere Hälfte der Textur für den Anfangs- und Endpunkt der Linie zu verwenden.

Experimentieren Sie mit der Datei »13_NPR_TexturedLines.blend«, um texturierte Pinselzüge in Aktion zu erleben. Die Datei

»13_NPR_LineStyles.blend« zeigt Ihnen die verschiedenen LINE STYLES in Aktion. Mit dieser kurzen Übersicht über die vielfältigen Möglichkeiten von Freestyle möchte ich das Thema NPR auch schon wieder beenden.

Die Dateien »13_NPR_TexturedLines.blend« und »13_NPR_LineStyles.blend« finden Sie auf der Buch-DVD unter BEISPIELMATERIAL • KAPITEL_13.

13.4 Zum Stöbern

Natürlich musste auch in diesem Kapitel wieder manches ausgelassen werden, was Sie sich – wenn Sie mochten – selbst ansehen können. Dazu gehören unter anderem:

- Cycles- und BI-Lampen: Sehen Sie sich an, wie in Cycles und im Blender-Internal-Renderer Lampen auf verschiedenen Render Layern in das Rendering-Ergebnis miteinbezogen werden. Sie werden feststellen, dass Lampen im BI-Renderer nur dann auf einen Render Layer Einfluss haben, wenn Sie auf dem entsprechenden Layer liegen. In Cycles werden alle Lampen auf jedem Layer so lange beachtet, bis Sie sie von dem Rendering-Prozess per EXCLUDE LAYER ausschließen.
- Sehen Sie sich an wie Sie COLOR GRADING mit Blender durchführen. Besonders die COLOR BALANCE und die RGB-CURVE-Nodes werden Ihnen hier gute Dienste leisten.
- Auch um Bluescreens oder Greenscreens zu entfernen, bietet Blender entsprechende Nodes. Sehen Sie sich besonders die KEYING-, CHANNEL- und LUMINANCE-KEYING-Nodes der MATTE-Kategorie an.
- Versuchen Sie einen Lens-Flare-Effekt über Blenders NODE EDITOR und den GLARE-Node zu erzeugen.
- Lesen Sie im Netz nach, wie Sie über den NORMAL-Pass Ihre Szene nach dem Rendering im Compositor neu beleuchten können.
- Versuchen Sie, mit dem BI-Renderer und mit Freestyle comicartige Kanten zu erstellen.

Als Letztes möchte ich Ihnen noch ein paar weiterführende Werke mit auf den Weg geben, wenn Sie im Compositing tiefer einsteigen möchten:

- Die Pflichtlektüre »The Art and Science of Digital Compositing« von Ron Brinkmann. Alles was Sie je über Compositing wissen wollen, werden Sie in diesem Buch finden. Das für mich äußerst beeindruckende an diesem Werk ist, dass Ron es einerseits versteht, die Anwendungsgebiete plastisch zu beschreiben und andererseits die dahinterliegende Technik anschaulich darzulegen. Ein großartiges (englisches) Buch!

- Die sieben (englischen) DVDs »Hollywood Camera Work – Visual Effects For Directors« von Per Holmes sind ebenfalls eine fantastische Aufbereitung des wichtigsten Compositing-Wissens mit viel Liebe zum Detail.
- Gibt's da auch was von Galileo Press? Klar: Die DVD »Das Blender-Training: Compositing & Rendering«. In dieser DVD erhalten Sie einen umfassenden und kompetenten Einstieg in das Compositing für Anfänger und Fortgeschrittene von meinem werten Kollegen Sebastian König. Ein Beispiel finden Sie auch auf der beiliegenden Buch-DVD.

Bevor Sie jetzt zur nächsten Bücherei wetzen, sollten Sie jedoch mindestens noch das nächste Kapitel lesen – denn dort vertiefen wir das Compositing noch einmal.

13.5 Auf ins nächste Kapitel

Das vorliegende Kapitel hat Ihnen gezeigt, dass ein Projekt nicht unbedingt mit dem Rendering abgeschlossen ist. Sie haben erfahren, warum Compositing gerade im 3D-Bereich sehr sinnvoll ist, und gesehen, wie Sie mit einfachen Node-Setups Ihr Rendering-Ergebnis bearbeiten und ändern können. Zum Abschluss des Kapitels konnten Sie noch einen kleinen Einblick in das Thema NPR erhaschen. Das nächste Kapitel führt die erlernten Compositing-Techniken fort und kombiniert sie mit Realfilmen. Sie werden lernen, auf welche Weise Kino-Blockbuster wie »Iron Man« oder »Superman« computergenerierte Elemente in reale Umgebungen bringen, und dabei erfahren, wie Sie diese Techniken in Blender nutzen.

Kapitel 14
Tracking

In diesem Kapitel lernen Sie, wie Sie computergenerierte Grafiken und Animationen mit realen Clips kombinieren. Sie lernen, was Tracking, Masking und Rotoscoping ist und werden ganz nebenbei sehen, mit welchen Techniken Schauspieler in aktuellen Blockbustern mit virtuellen Objekten interagieren. Eines kann ich Ihnen versprechen: Sie werden nach diesem Kapitel Filme nie mehr einfach nur ansehen, sondern vielmehr die großartige Arbeit erkennen und wertschätzen können, die die Künstler in diesen Filmen vollbringen.

14.1 Integration von CG in Film

In den nachfolgenden Abschnitten werde ich Ihnen zeigen, welche Aufgaben beim Kombinieren von zwei verschiedenen Filmaufnahmen auftauchen und welche Lösungsansätze für diese Aufgaben im Laufe der Zeit gefunden wurden. Darüber hinaus erfahren Sie, wie heutige digitale Compositing-Systeme Ihnen bei der Kombination von computergenerierten Inhalten mit real aufgenommenen helfen und welche Möglichkeiten Sie durch diese Systeme erhalten.

14.1.1 Arretierte Kameras

Wenn Sie sich den Großteil der frühen Kinofilme ansehen, in denen Compositing eingesetzt wurde, um zwei Aufnahmen zu kombinieren – beispielsweise die Aufnahme einer Stop-Motion-Charakter-Szene und die Aufnahme von Hintergründen –, so werden Sie feststellen, dass alle diese Szenen weder Kamerabewegungen noch Kamerazooms beinhalteten. Zur Kamera-Arretierung wurde gegriffen, da auf diese Weise beide Aufnahmen keine unterschiedlichen (und dadurch schwer zu synchronisierenden) Kamerabewegungen enthielten. Wenn Sie einmal versucht haben, zwei identische Kameraschwenks durchzuführen, werden Sie wissen, wie schwierig dieses Unterfangen ist. Besonders wenn diese beiden Aufnahmen kombiniert werden, ist sofort jede Abweichung zu sehen.

Die Arretierung der Kameras in den Anfängen des analogen Compositings erlaubte zwar das einfachere Compositing zweier Filme, führte allerdings zu statischen Szenen, die Dynamik vermissen ließen.

14.1.2 Manuelles Nachverfolgen

In Filmprojekten begegnen Compositing-Künstlern oftmals ähnliche Situationen wie die folgende: Der Regisseur wünscht sich, dass die Fee nicht nur mit ihrem Zauberstab auf den Frosch tippt, sondern dass gleichzeitig Feenstaub herunterrieselt und der Stab einen Sternenschweif hinter sich herzieht.

Solche Aufgaben erforderten früher das manuelle Nachverfolgen des Zauberstabs. Erst wenn alle Positionen des Stabs von Hand ermittelt wurden, konnte die zweite Aufnahme des Feenstaubs Bild für Bild an den Zauberstab geheftet werden. Da diese Aufgabe sowieso eine manuelle Bearbeitung jedes Bildes nach sich zog, konnte diese Technik auch für Kameraschwenks eingesetzt werden. Dabei wurden markante Positionen der ersten Aufnahme mit den identischen Positionen der zweiten Aufnahme synchronisiert und die zweite Aufnahme von Hand Bild für Bild so verschoben, dass die beiden Bewegungen möglichst deckungsgleich abliefen. Bei 24 Frames pro Sekunde Animation ist diese Technik aber natürlich alles andere als effizient, so dass nach neuen Möglichkeiten gesucht wurde, um auf einfache Weise mehrere bewegte Aufnahmen zu synchronisieren.

14.1.3 Motion-Control-Rigs

Die Rettung fand sich in Motion-Control-Kameras, die bis heute in Kinoproduktionen eingesetzt werden. Mit diesen Kamera-Kränen kann eine Kamerabewegung vorher programmiert (oder aufgenommen) und anschließend beliebig oft wiederholt werden. Auf diese Weise kann erst die erste Aufnahme ohne störende Elemente gefilmt und können anschließend die einzufügenden Objekte, Personen oder Effekte mit der exakt gleichen Kamerabewegung (und beispielsweise einem Greenscreen als Hintergrund) gefilmt werden. Im Compositing wird anschließend durch verschiedene Techniken der grüne Hintergrund entfernt und die Objekte wie in einem Overhead-Projektor über den Hintergrund gelegt. Mehrere Nachteile trüben die Technik jedoch bis heute: Sie ist sehr teuer, benötigt viel Platz, einen erfahrenen Benutzer und macht viel Lärm im Betrieb (was es nötig macht, die Shots nachzuvertonen).

14.2 Tracking

Um heutzutage computergenerierte (CG-)Objekte, Charaktere oder Effekte in reale Umgebungen zu integrieren, ist es glücklicherweise nicht mehr nötig, jedes Bild eines Films zu betrachten und die computergenerierten Objekte an die Bewegungen der im Film vorkommenden Objekte anzupassen. Heute helfen uns sogenannte *Tracking-Algorithmen* dabei. Tracking bezeichnet in seiner einfachsten Form eine automatisierte Technik zur Nachverfolgung von Pixeln (Pixelregionen) in aufeinanderfolgenden Bildern eines Videos.

14.2.1 Der Tracking-Algorithmus

Zu Beginn des Verfahrens teilen Sie dem Tracker mit, welche Pixelregion (ein Feature) er in allen nachfolgenden Bildern suchen soll. Der Tracking-Algorithmus ermittelt anschließend Bild für Bild, wie weit sich das gemerkte Feature aus dem ersten Bild zwischen den einzelnen Bildern bewegt hat. Abbildung 14.1 zeigt Ihnen ein Beispiel für dieses Vorgehen.

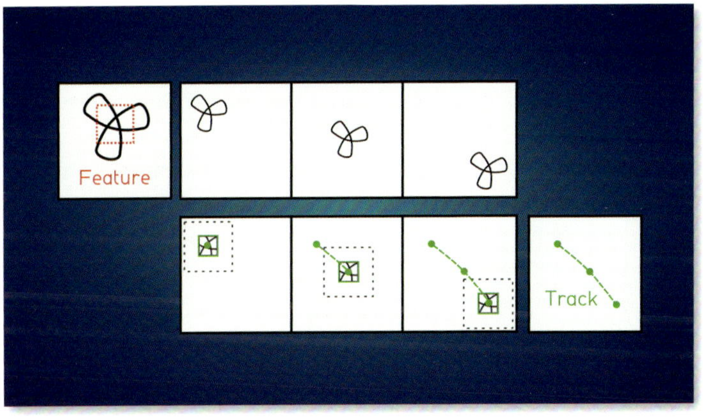

▲ Abbildung 14.1
Ein (rot umrandetes) Feature wird über drei Frames verfolgt und ergibt einen (grünen) Track.

Gerade bei einer beschleunigten Kamerabewegung oder beschleunigenden Features wird es jedoch häufig so sein, dass die Form des Features am Anfang der Aufnahme nicht mehr mit der Form an späteren Frames übereinstimmt. Um dieses Problem zu lösen, existiert neben dem gerade beschriebenen Modus noch ein zweiter: In diesem Modus legt der Tracker immer dann, wenn er ein Feature erkannt hat, dieses Feature als neues Feature für das nächste Bild fest.

Features bestimmen
Achten Sie bei der Feature-Definition darauf, einerseits Regionen festzulegen, die leicht nachzuverfolgen sind (Regionen mit hohem Kontrast oder einem eindeutig zu unterscheidenden Muster), und stellen Sie andererseits nach Möglichkeit sicher, dass die Region über die gesamte Sequenz hinweg zu sehen ist.

Wenn der Tracking-Algorithmus versucht, Ihr Feature zu verfolgen, existiert neben der zu findenden Region immer noch eine weitere Größe, die Sie festlegen müssen: der Suchradius. Er ist in der vorangegangenen Abbildung als gestricheltes Rechteck um das Feature zu sehen. Der Suchradius gibt das Umfeld an, in dem im nächsten Bild nach dem Feature gesucht wird. Ein kleiner Suchradius beschleunigt die Suche enorm – er sollte daher immer nur so groß wie unbedingt nötig gewählt werden (bei schnellen Bewegungen größer als bei langsamen).

Heutige Tracking-Verfahren (inklusive des Blender-internen Trackers) beherrschen neben dem simplen Vergleichen zweier Pixelregionen auf Bildern noch viele Funktionen mehr: Sie transformieren die betrachteten Features (durch Skalierung oder Rotation) und sind somit trotz sich änderndem Feature in der Lage, beispielsweise einen sich drehenden Fußball oder ein sich auf die Kamera zubewegendes (und sich damit vergrößerndes) Objekt zu verfolgen.

Neben der einfachen Translation sind die Algorithmen in der Lage, auch perspektivische Korrekturen an dem Feature durchzuführen. Auf diese Weise können beispielsweise Schilder oder Autokennzeichnen eines sich bewegenden Fahrzeugs verfolgt werden, die bei einem reinen Pixel-Vergleich nie zu einer Übereinstimmung führen würden.

Nachdem die Bewegungs-Daten von mehreren solcher Features über das gesamte Bildmaterial ermittelt wurden, können sie im Nachhinein auf verschiedene Weise verwendet werden. Entweder Sie nutzen die ermittelten Koordinaten und Bewegungsvektoren direkt (Abbildung 14.1, unten rechts) oder Sie übergeben diese Daten an einen Algorithmus und lassen Ihn die Szene »lösen« – er berechnet dabei eine virtuelle Szene und Kamera, die die Gegebenheiten der realen Szene widerspiegelt.

Die Lösungsalgorithmen werden unter dem Begriff *Solver* zusammengefasst und benötigen unter Umständen zusätzliche Informationen, wie beispielsweise die zum Zeitpunkt der Aufnahme verwendete Linse (35 mm, 70 mm) und die Größe des Kamera-Sensors. Je nach Verwendung der Bewegungsdaten werden einige Tracking-Varianten unterschieden, die ich Ihnen in den folgenden fünf Abschnitten kurz vorstellen möchte.

Point-Tracking | Bei dieser Tracking-Variante werden die ermittelten Bewegungsinformationen der Features direkt ohne weitere Verarbeitung genutzt. Hier ist kein nachträgliches Lösen der Szene nötig. Nützlich ist diese Art insbesondere dann, wenn Sie keine Tiefeninformationen der Szene verwenden müssen. Möchten Sie einem Tischtennisball einen Feuerschweif verpassen, der sich in der Totalen bei arretierter Kamera von links nach rechts bewegt, ist dies beispielsweise ein möglicher Anwendungsfall.

Corner-Pin-Tracking | Diese Tracking-Art bietet sich immer dann an, wenn Sie viereckige Flächen (Poster/Bilderrahmen oder Ähnliches) Ihres Ausgangsmaterials durch ein Bild oder Video ersetzen möchten. Die vier Ecken der zu ersetzenden Fläche werden dazu getrackt und anschließend auf das einzufügende Bild übertragen. Da die Bewegungen und die Koordinaten der realen Ecken bekannt sind, kann ein Algorithmus das neue Bild automatisch so wie das Originalbild verformen. Auch für diese Verwendung der Tracking-Daten ist kein nachträgliches Lösen der Szene nötig

Camera-Tracking | Diese Art wird immer dann genutzt, wenn Sie Tiefeninformationen der realen Szene benötigen. Der Solver berechnet hierbei aus den Tracking- und Aufnahmeinformationen, wie sich die reale Kamera bewegt hat und wo sich die Features zum Zeitpunkt der Aufnahme im 3D-Raum befanden. Im optimalen Fall erstellt Ihnen dieser Lösungsalgorithmus ein digitales Abbild der realen Gegebenheiten zum Zeitpunkt des Filmdrehs in das Sie virtuelle Objekte nach Belieben einfügen können.

Object-Tracking | Haben Sie ein erfolgreiches Camera-Tracking durchgeführt, so existiert mit dieser Variante eine zusätzliche Möglichkeit, die vorhandenen Tracking-Daten zu nutzen. Über diesen Solver können Sie dabei reale Objekte so nachverfolgen, dass Sie diese im Anschluss durch digitale Objekte ersetzen oder ändern können. Ein menschlicher Schauspieler mit einer kybernetischen Armprothese wird beispielsweise auf diese Art möglich.

Motion und Performance Capturing | Dieses Tracking-Verfahren ist immer dann sinnvoll, wenn Sie Bewegungen, Gestik und Mimik von Schauspielen auf digitale Modelle übertragen möchten – es läuft komplett außerhalb von Blender ab. Ein Schauspieler wird dazu in einen Anzug mit aufgeklebten weißen oder farbigen Bällen gesteckt, die Bewegung der Bälle von Kameras aufgezeichnet, von speziellen Computerprogrammen in Bewegungsdaten übersetzt und auf 3D-Modelle übertragen. Anschließend werden die Modelle inklusive der Bewegungen als Motion-Capturing-Daten exportiert. Erst an diesem Punkt kommt Blender ins Spiel, denn Blender kann diese Daten laden und verarbeiten.

Blender unterstützt alle Varianten der letzten Abschnitte. Auf Motion Capturing wird in diesem Kapitel jedoch nicht weiter eingegangen.

14.3 Tracking in Blender

Seit Februar 2012 besitzt Blender einen eigenen Tracker und ist damit nicht mehr auf fremde Programme und Import-Export-Pipelines angewiesen. Der genutzte Tracker wurde im Rahmen des Blender Foundation Open Movies »Tears of Steel« von Keir Mierle geschrieben und von Sergey Sharybin in Blender integriert.

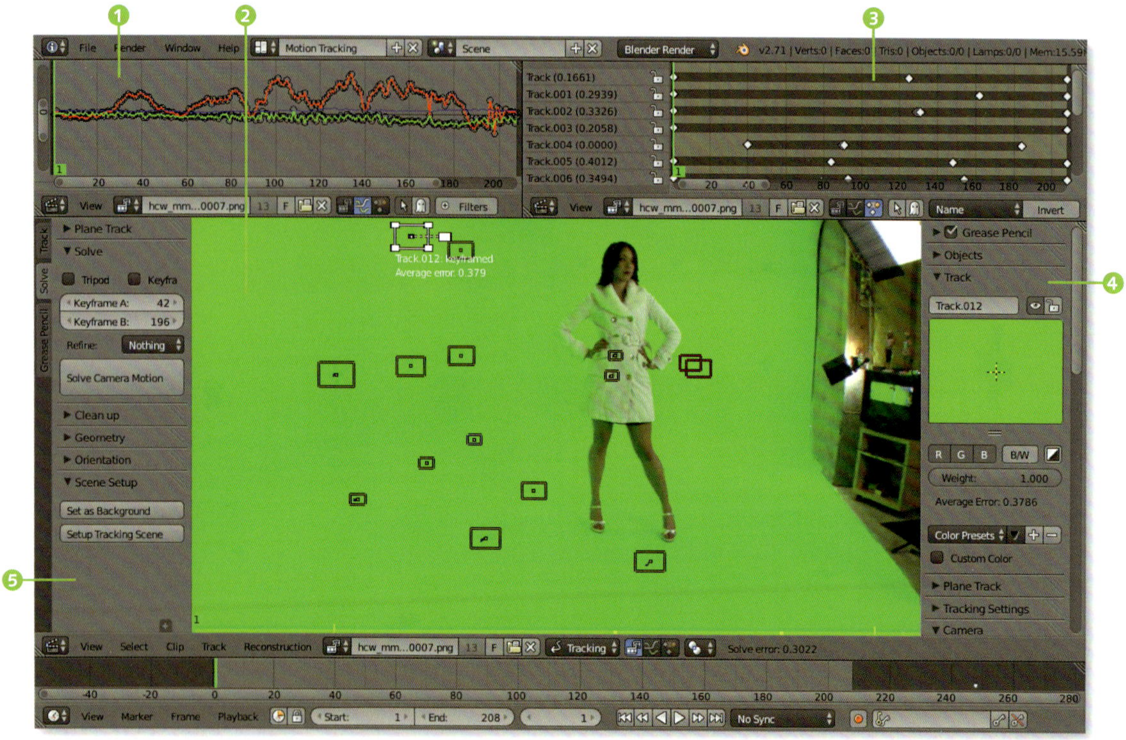

▲ **Abbildung 14.2**
Das Tracking-Layout in Blender teilt den zur Verfügung stehenden Platz in fünf verschiedene Bereiche und Editoren auf.

Wie jede andere Aufgabe wird auch das Tracking in Blender mithilfe eines spezialisierten Editors durchgeführt: dem Movie Clip Editor. Sie finden ihn in der Editor-Auswahlbox und darüber hinaus als vordefiniertes Screen-Layout unter der Bezeichnung Motion Tracking. Da in dem vordefinierten Layout bereits alle für das Tracking interessanten Editoren geöffnet sind, sollten Sie mit diesem Layout starten.

Im mittleren Bereich finden Sie den Movie Clip Editor ❷ in der Tracking-Ansicht, rechts oben den Editor Dope Sheet ❸ und links daneben eine dem Graph Editor ähnliche Ansicht ❶. Flankiert wird die Tracking-Ansicht von dem mittlerweile obligatorischen Duo aus Toolbar ❺ und Properties ❹. Wozu all diese Editoren nützlich sind, werden Sie im Laufe der nächsten Abschnitte erfahren.

14.3.1 Der Tracking-Ablauf

Tracking läuft in allen Tools immer mehr oder weniger identisch ab – in Blender in den folgenden Schritten:

1. Zuerst wird die zu trackende Filmdatei geladen. Sie sollte in einem Format vorliegen, das so wenig wie möglich komprimiert wurde oder – noch besser – als Bildsequenz. Je höher die Kompression einer Videodatei, desto höher ist die Wahrscheinlichkeit, dass Kompressionsartefakte das Tracking erschweren.
2. Anschließend werden unterschiedliche Features (mithilfe von sogenannten *Markern*) festgelegt, die in einem folgenden Schritt getrackt werden. Ein Marker ist ein virtueller Container, der genau ein Feature und eine Reihe von Einstellungen (beispielsweise den Suchradius) zu diesem Feature zusammenfasst. Die Positionen der Marker können dabei entweder automatisch oder von Hand festgelegt werden, wobei das manuelle Setzen meist deutlich bessere Ergebnisse liefert.
3. Jetzt können die Features von dem Tracking-Algorithmus getrackt werden. Der Algorithmus verfolgt dabei jedes Feature bis zu dem Punkt, an dem eine zu große Abweichung von dem zu vergleichenden Muster festgestellt wird.
4. Alle Features, die nicht erfolgreich getrackt werden können, müssen jetzt mithilfe des Markers von Ihnen so bewegt werden, dass sie sich wieder auf der zu trackenden Region befinden. Anschließend kann der Algorithmus für diese Features von dem fehlgeschlagenen Frame erneut gestartet werden.
5. Wurden alle Features erfolgreich getrackt, kommt es auf die weitere Nutzung der Tracking-Daten an. Benötigen Sie keine Tiefeninformationen, können Sie die getrackten Punkte an Emptys in der 3D-Ansicht binden lassen und direkt die Bewegungsinformationen nutzen. Möchten Sie Camera- oder Object-Tracking durchführen, so sollten Sie Blender jetzt die Aufnahmedaten mitteilen. Dazu gehören beispielsweise Informationen über die verwendete Linse und Kamera (inklusive Sensorgröße).
6. Jetzt endlich wird die Szene durch den Solver-Algorithmus gelöst. Der bei diesem Prozess ausgegebene Fehlerwert gibt Ihnen in diesem Schritt einen Anhaltspunkt dafür, wie genau die errechnete 3D-Szene ist – je geringer dieser Wert, desto besser.
7. Durch verschiedene Möglichkeiten (die Sie schon bald kennenlernen werden) und erneutes Lösen bringen Sie den Fehlerwert in akzeptable Regionen und legen die Ausrichtung und Größe der Szene fest.
8. Zuletzt lassen Sie Blender eine Szene erzeugen, die die Kamera- oder Objektbewegung entsprechend der berechneten

Kompressionsartefakte

Kompressionsartefakte sind erkennbare Störungen in digitalen Bildern oder Videos. Sie entstehen durch die verlustbehaftete Kompression (beispielsweise in den Dateiformaten JPG, DIVX) des Ausgangsmaterials und zerstören damit Teile der für das Tracking wichtigen Bilddaten.

Lösung enthält. In dieser Szene können jetzt alle 3D-Elemente einfügen, die Sie später mit dem Ausgangsmaterial kombinieren möchten.

9. Schlussendlich kombinieren Sie die 3D-Objekte mit dem Filmmaterial im Compositor.

Blender unterstützt den gerade beschriebenen Workflow über die mit [T] erreichbare Toolbar des Movie Clip Editors. Sobald Sie einen Clip geladen haben, stellt diese Ihnen Tabs zur Verfügung, um alle obigen Aufgaben zu erledigen.

So finden Sie dort neben dem Track-Tab, das Sie beim Tracking des Ausgangsmaterials unterstützt, auch das Solve-Tab, mit dem Sie im Anschluss die Szene mit dem Solve-Algorithmus bearbeiten und die Größenverhältnisse festlegen. Alle Befehle stehen natürlich wie gewohnt auch in den Menüs des Movie Clip Editors zur Verfügung.

Die Dateien dieses Kapitels finden Sie auf der Buch-DVD unter Beispielmaterial • Kapitel_14. Die angesprochenen Filmdateien finden Sie im Ordner Footage.

Abgesehen von der Toolbar stehen Ihnen am rechten Rand des Editors mit dem Eigenschaften-Panel ([N]) weitere wichtige Helfer zur Verfügung. Am besten klappen Sie sowohl die Toolbar als auch das Properties-Panel für Tracking aus. Möchten Sie die nachfolgenden Beispiele und Beschreibungen nachvollziehen, sollten Sie jetzt alle Dateien dieses Kapitels von dem beiliegenden Datenträger auf die Festplatte kopieren. Sie finden dort im Ordner Footage drei Filme, die Ihnen das Tracking erlauben, und alle Projektdateien dieses Kapitels.

14.3.2 Filmmaterial tracken – das Track-Tab

Alle in den nächsten Abschnitten beschriebenen Werkzeuge dienen dazu, das Tracking des Ausgangsmaterials erfolgreich abzuschließen. Sie finden alle dazu nötigen Tools auf dem Track-Tab des Toolbar-Panels ([T]).

Einen Clip laden | In Blenders Movie Clip Editor werden alle trackbaren Elemente *Clip* genannt – egal, ob Bildsequenzen oder Filmdateien. Bevor Sie einen Marker setzen können, müssen Sie Blenders Tracker mitteilen, auf welchem Clip Sie Marker platzieren möchten.

Abbildung 14.3 ▸
Die Open-Schaltfläche lädt einen Clip in den Movie Clip Editor.

Am unteren Rand des Editors finden Sie dazu die in Abbildung 14.3 zu sehende Open-Schaltfläche. Ein Klick darauf lässt Sie das Ausgangsmaterial auswählen. Laden Sie jetzt eine der Dateien aus dem Footage-Ordner – beispielsweise die Datei »Ball.MP4«. Würden Sie eine Bildsequenz laden wollen, so würde es genügen, wenn Sie eine Bilddatei der Serie anklicken – genau wie bei Bildtexturen ermittelt Blender aus dem Dateinamen, wie viele Bilder zu der Sequenz gehören.

Nachdem Blender Ihre Datei geladen hat, symbolisiert eine grün eingerahmte Zahl (Abbildung 14.4) am unteren Rand des Editors, dass der erste Frame angezeigt wird. Gleichzeitig zeigt Ihnen in derselben Zeile eine hellblaue Linie an, ob der an dieser Stelle liegende Frame bereits in den Speicher geladen wurde und somit ein Abspielen ohne Ruckeln ermöglicht wird.

Blender lädt jedes Bild des Clips automatisch in den Speicher, sobald Sie an einen noch nicht geladenen Frame gelangen. Jeden Frame einzeln anklicken oder die Animation mindestens einmal langsam abspielen zu müssen, wäre allerdings zugegebenermaßen sehr mühselig, daher gibt Ihnen Blender über das Toolbar-Panel (T) im Clip-Panel die Möglichkeit, den kompletten Clip über einen Klick auf Prefetch in den Speicher (RAM) zu laden. Spielen Sie ihn anschließend mit Alt + A ab, oder nutzen Sie die am unteren Rand befindlichen Abspielelemente.

Sollten Sie einen Clip außerhalb von Blender bearbeitet haben, und möchten Sie ihn aktualisieren, ohne Blender neu zu starten, hilft Ihnen die Reload-Schaltfläche weiter – sie liest den Clip neu ein.

Als letzte Schaltfläche des Clip-Panels setzt Set Scene Frames die Start- und End-Frames der Szene so, dass der komplette Clip angezeigt und gerendert wird – andernfalls könnte es sein, dass Sie nur einen Teil des Clips abspielen könnten, denn auch der Movie Clip Editor hält sich an die Frame-Vorgaben der Szene.

Neben den Schaltflächen der Toolbar gibt es auf dem Properties-Panel (N) mit Footage Settings und Footage Information zwei weitere Panels, die Sie den Startzeitpunkt des Clips wie bei Bildtexturen anpassen bzw. Informationen über ihn ansehen lassen.

Marker hinzufügen, transformieren und löschen | Das Videomaterial haben Sie jetzt erfolgreich geladen – lassen Sie uns nun einen ersten Marker einfügen. Mit diesem werden Sie festlegen, welche Region Blender verfolgen soll. Erinnern Sie sich noch daran, wie Sie mit Strg + linker Maustaste in der 3D-Ansicht Vertices hinzufügen und sie mit X oder Entf löschen konnten? Exakt mit diesen Kombinationen fügen Sie auch Marker ein und löschen sie. Beide Features stehen Ihnen darüber hinaus auf der Toolbar (T) im Marker-Panel zur Verfügung.

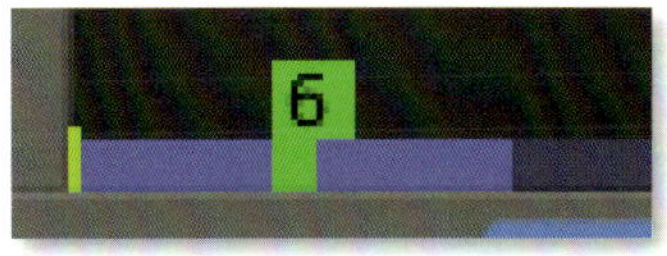

▲ **Abbildung 14.4**
Der Indicator zeigt die gecachten und den aktuellen Frame an.

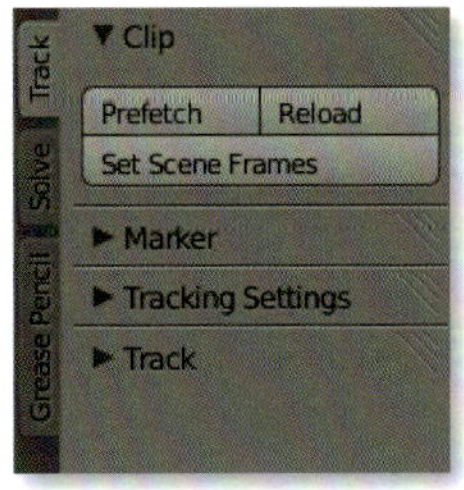

▲ **Abbildung 14.5**
Das Clip-Panel hilft beim Cachen des Clips.

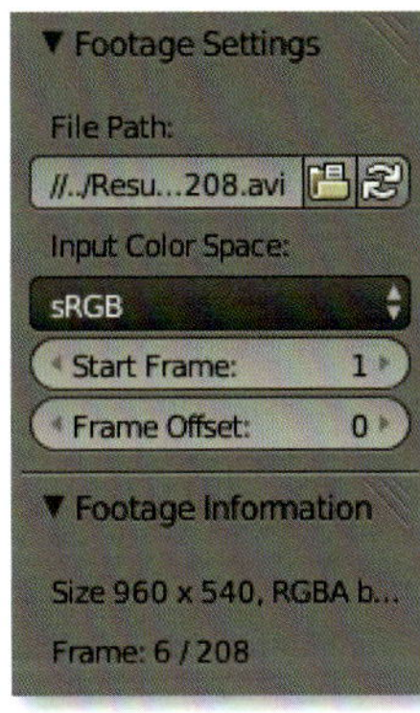

▲ **Abbildung 14.6**
Informationen über den geladenen Clip finden Sie im Footage-Settings-Panel.

Tastenkombinationen
Wie schon im UV/Image oder Node Editor können Sie durch Rollen und durch Gedrückthalten der Mausrad-Taste den Clip zoomen und verschieben, Pos1 passt ihn im Fenster ein und 1 (Ziffernblock) stellt ihn in Originalgröße dar. Alt + Mausrad ändert den aktuellen Frame.

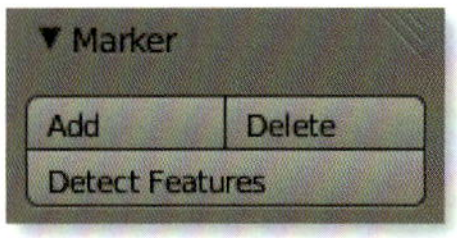

▲ **Abbildung 14.7**
Über das MARKER-Panel fügen Sie Marker manuell oder automatisch ein. ADD heftet dabei den Marker sofort an die Maus – ein Klick mit der linken Maustaste legt ihn auf dem Clip ab.

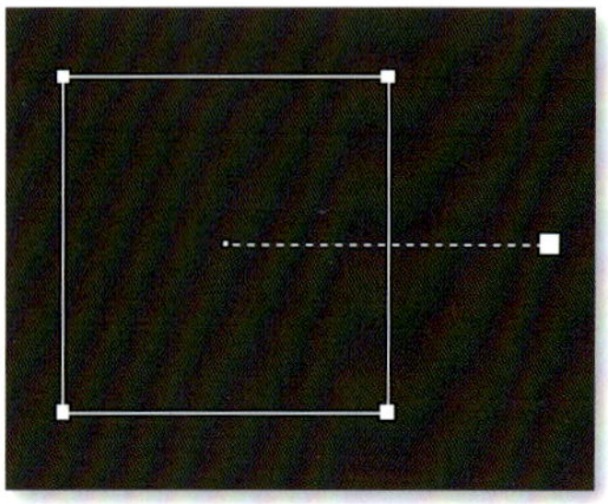

▲ **Abbildung 14.8**
Ein Marker

Platzierung von Markern
Um ein hochwertiges Tracking-Ergebnis zu erhalten, sollten Sie immer darauf achten, dass Sie Marker an Punkten setzen, die der Tracker möglichst einfach verfolgen kann. Ein Marker auf einem Seil ist beispielsweise äußerst schlecht – die Position des Features auf diesem Seil ist meist nicht von einer anderen Position auf demselben Seil zu unterscheiden. Die Ecke eines Fensters eignet sich hingegen prima.

Wenn Sie einen Marker einfügen, zeigt Ihnen Blender durch ein Viereck an, welche Region Sie zum Tracking ausgewählt haben. Alle in diesem Viereck liegenden Pixel bestimmen das Feature. In der Mitte des Vierecks zeichnet Blender einen Punkt – die Mitte des Markers. Sie sollte durch den gesamten Track-Vorgang immer an demselben Punkt verbleiben und keinesfalls aus der Mitte des gesuchten Features gleiten oder springen.

An jeder Ecke des Vierecks finden Sie jeweils ein Rechteck, das Sie durch Ziehen der linken Maustaste verschieben können – auf diese Weise können Sie Features definieren, die perspektivisch verzerrt sind. Zu guter Letzt führt eine gestrichelte Linie zu einem weiteren Viereck, mit dem Sie den Marker drehen und skalieren können – halten Sie dazu auf dem Viereck die linke Maustaste gedrückt, und bewegen Sie die Maus.

Um einen Marker zu verschieben, halten Sie entweder die rechte Maustaste gedrückt und verschieben die Maus oder nutzen [G] bei ausgewähltem Marker. Und auch die übrigen Verdächtigen stehen bereit: [S] skaliert und [R] rotiert den Marker, während [A] alle Marker aus- oder abwählt – wie üblich.

Möchten Sie Blender anweisen, Features automatisch festzulegen, steht Ihnen auf dem MARKER-Panel die Schaltfläche DETECT FEATURES zur Verfügung. Sie analysiert das aktuelle Bild und setzt auf dem kompletten Bild Marker mit möglichst gleichmäßigem Abstand – vorwiegend an Punkten mit hohen Helligkeitsunterschieden. Da der Algorithmus jedoch nicht erkennen kann, wie sich die Features im weiteren Verlauf der Bildsequenz verhalten, macht es häufig Sinn diese Funktion zu ignorieren, das Videomaterial einmal durchzusehen und die Marker anschließend von Hand auf eindeutige Features zu setzen.

Falls Sie bislang noch keinen Marker eingefügt haben, sollten Sie das jetzt nachholen. Er muss nicht sinnvoll platziert sein und dient nur dazu, die Einstellungen der nächsten Panels anschaulich zu machen. In Kürze werden Sie selbst ein komplettes Tracking durchführen.

Tracking Settings | Der Marker, den Sie gerade eingefügt haben, ist jetzt bereit, ein Feature zu verfolgen – und das, obwohl Sie ihm keinerlei Vorgaben über Suchradius oder Größe des Features mitgegeben haben. Das legt die Vermutung nahe, dass Voreinstellungen existieren, die jeder neu eingefügte Marker übernimmt. Ansehen und ändern können Sie diese Einstellungen in dem Panel TRACKING SETTINGS der TOOLBAR ([T]).

Zu Beginn des Panels erwartet Sie eine Combobox, die Voreinstellungen für verschiedene Tracking-Situationen für Sie bereithält.

Es gibt einen Eintrag für Standard-Clips (DEFAULT), verwaschene Clips (BLURRY FOOTAGE), Clips mit schnellen Bewegungen und Schwenks (FAST MOTION) und Clips, bei denen die Features auf einer Ebene liegen (PLANAR). Die letzte Option kann daher auch Features tracken, deren Perspektive sich im Laufe der Bildsequenz ändert. Folgende Einstellungen beeinflussen die Voreinstellungen:

- R/G/B: Hier geben Sie an, welche Farbkanäle der Tracking-Algorithmus beim Analysieren und Verfolgen des Features beachten soll. Meist hat ein Farbkanal eines Features einen höheren Kontrast im Bezug zur Umgebung als andere Kanäle.
- PATTERN/SEARCH SIZE: Hier geben Sie an, wie groß das zu suchende Feature und der Suchradius um das Feature sind.
- MOTION MODEL: Hier wählen Sie aus wie der Tracker die Features finden soll. Wenn sich Features bewegen, aber weder drehen noch skalieren, ist LOC die richtige Einstellung. Analog dazu ist LOCROT oder LOCROTSCALE dann sinnvoll, wenn sich Features bewegen und drehen bzw. zusätzlich in der Größe ändern. Alle diese Bewegungen spielen sich allerdings in der 2D-Ebene ab. Möchten Sie beispielsweise einen Bilderrahmen tracken, um den die Kamera herumgeht, würde sich die Perspektive des Rahmens während der Bildsequenz ändern – für diesen Fall sind die beiden Optionen AFFINE und PERSPECTIVE gedacht.
- MATCH: Über MATCH legen Sie fest, nach welchem Feature der Tracking-Algorithmus suchen soll. KEYFRAME speichert immer dann das Vergleichs-Feature ab, wenn Sie einen Marker von Hand platzieren (bestenfalls nur einmal pro Track). PREVIOUS FRAME ersetzt das gespeicherte Feature nach jedem erfolgreich getrackten Frame. Gerade bei Clips, die sehr verwaschen sind und bei denen sich das Aussehen des Features während des Clips stark ändert, ist die letzte Option nützlich.
- PREPASS: Mit dieser Option sucht der Tracking-Algorithmus in zwei Durchgängen. Im ersten Durchgang versucht er, das Feature durch Verschiebung zu finden, im zweiten beachtet er zusätzlich die unter MOTION MODEL eingestellte Tracking-Art.
- NORMALIZE: Wenn Sie ein Feature tracken möchten, das während der Sequenz die Helligkeit ändert, sollten Sie dieses Häkchen setzen. Ein typischer Einsatzzweck ergibt sich dann, wenn ein Schauspieler den Arm hebt und das Feature durch den Schattenwurf seines angeleuchteten Arms abdunkelt.

Mit einem Klick auf COPY FROM ACTIVE TRACK kopieren Sie die Einstellungen des aktuell gewählten Markers auf die obigen Einstellungen. Auf diese Weise können Sie zuerst an einem Marker die für den geladenen Clip am besten passenden Einstellungen

▲ **Abbildung 14.9**
Die Tracking-Voreinstellungen

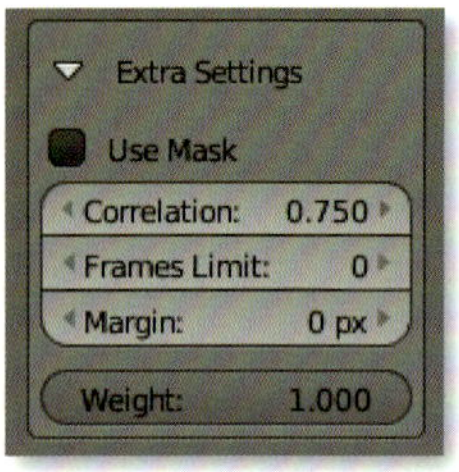

▲ **Abbildung 14.10**
Die zusätzlichen Tracking-Voreinstellungen

herausfinden und diese anschließend als Voreinstellung für alle neu erzeugten Marker auf diesem Clip festlegen.

Neben den gerade erläuterten Standardeinstellungen können Sie mit einem Klick auf Extra Settings die folgenden zusätzlichen Einstellungen ausklappen:

- Use Mask: Mit diesem Häkchen können Sie den Suchradius durch den Grease Pencil (GP) begrenzen. Zu diesem Zweck bietet Ihnen das unter [N] erreichbare Panel Grease Pencil die Option Track an. Features werden anschließend nur innerhalb des gezeichneten Grease-Pencil-Tracks gefunden.
- Correlation: Dieser Wert gibt an, wie genau das gemerkte Feature mit dem gefundenen übereinstimmen muss, bevor das Tracking des Frames als erfolgreich bewertet wird.
- Frames Limit: Normalerweise trackt Blender ein Feature über alle Frames der Bildsequenz. Mit diesem Wert können Sie den Tracker nach der eingestellten Anzahl an Frames stoppen.
- Margin: Über diesen Wert können Sie den Tracker stoppen, sobald ein Feature in die Nähe des Bildrandes gerät. Ein Wert von 10 stoppt das Tracking also, sobald das Feature weniger als 10 Pixel vom linken, rechten, oberen oder unteren Rand entfernt ist.
- Weight: Mithilfe dieses Sliders legen Sie fest, wie stark der Marker von dem Solving-Algorithmus beachtet wird. Standardmäßig werden alle Marker zu 100 % beachtet. Haben Sie allerdings Features getrackt, die zwar für die spätere 3D-Szene sinnvoll sind, aber das Solving negativ beeinflussen würden, können Sie über diesen Parameter ihren Einfluss einschränken oder aufheben (Weight = 0).

Haben Sie bereits einen Marker eingefügt, können Sie alle beschriebenen Einstellungen natürlich auch im Nachhinein ändern – im Tracking-Settings-Panel der Properties ([N]).

Lassen Sie uns jetzt von der linken Seite des Editors auf die rechte Seite wechseln ([N]). Dort erwarten Sie viele hilfreiche Panels mit Informationen und Einstellungen zu dem aktuell gewählten Marker.

Marker Display | Sehen wir uns zuerst die Einstellungen des Panels Marker Display an. Mit diesem Panel legen Sie fest, ob bestimmte Anzeigeelemente von Markern im Hauptteil des Movie Clip Editors angezeigt werden oder nicht – die nachfolgenden Einstellungen gelten also für alle Marker. Folgende Checkboxen erwarten Sie hier:

- Pattern: Blendet die Feature-Umrandung ein oder aus.
- Path: Wenn Sie einen Marker getrackt haben, erscheint ein Pfad, der die Bewegung des Markers angibt. Mit dieser Option blenden Sie den Pfad aus. Length gibt an, wie viele Frames des Pfades vor und nach dem aktuellen Frame gezeichnet werden.
- Disabled: Wenn der Tracking-Algorithmus das Feature nicht mehr finden kann, stoppt er das Tracking dieses Markers und setzt ihn auf Disabled. Marker, die Disabled sind, werden üblicherweise nicht mehr angezeigt. Ein Häkchen in dieser Box zeigt auch die deaktivierten Marker an.
- 3D Markers: Haben Sie einen Clip getrackt und die Szene gelöst, können Sie mit dieser Option überprüfen, wie erfolgreich der Algorithmus dabei war. Im Zentrum jedes Markers wird anschließend an der Stelle ein Punkt gezeichnet, an dem der Marker in der virtuellen Szene sitzen müsste. Entgleitet er beim Abspielen des Videos dem Zentrum des Markers ist die Lösung dieses Markers nicht besonders gut.
- Search: Diese Checkbox macht den Suchradius des Markers sichtbar. Über diesen Radius bestimmen Sie, wie weit der Tracking-Algorithmus um das Feature herum nach der neuen Position sucht, bevor er den Marker auf Disabled setzt.
- Info: Hier blenden Sie Informationen über den Marker ein. Ist er bereits getrackt worden? Welchen Namen besitzt er? Welchen Fehlerwert besitzt er aktuell?
- Thin: Diese Option zeichnet die Marker etwas dünner und ist besonders bei vielen Markern sinnvoll – denn diese versperren manchmal die Sicht auf den Clip.

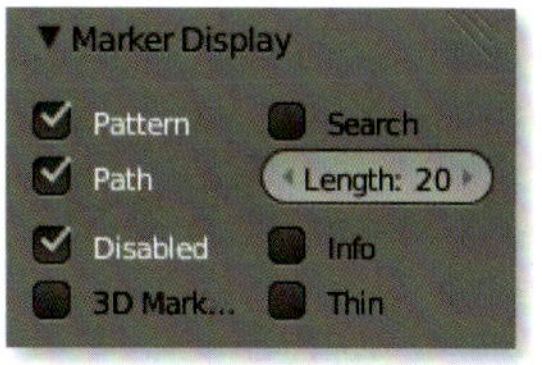

▲ **Abbildung 14.11**
Mit dem Marker-Display-Panel passen Sie die Anzeige der Marker an.

Direkt unterhalb des Panels Marker Display finden Sie das Marker-Panel. Es zeigt Ihnen die aktuellen Werte des aktiven Markers – unter anderem, ob der Marker an diesem Frame aktiv ist (Enabled), die x- und y-Position des Markers auf dem Clip, die Breite und Höhe des Features (Pattern Area) und die des Suchradius (Search Area). Normalerweise sollten Sie diese Werte nicht von Hand anpassen müssen – nutzen Sie dazu die Anfasser des Markers oder die erwähnten Tastenkombinationen.

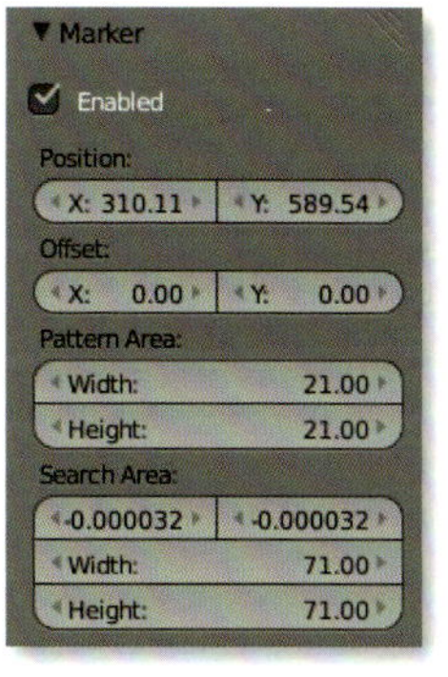

▲ **Abbildung 14.12**
Das Marker-Panel werden Sie üblicherweise nicht nutzen müssen.

Das Track-Panel der Toolbar | Mit diesem Panel kommen wir jetzt endlich dazu, ein Feature zu tracken. Zu diesem Zweck müssen Sie bereits einen Marker auf einem Feature platziert und diesen oder mehrere Marker markiert haben. Schauen Sie anschließend auf das Track-Panel der Toolbar ([T]), finden Sie vier Reihen mit insgesamt neun Schaltflächen:

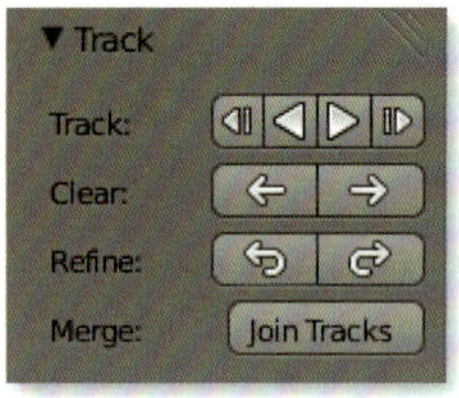

▲ **Abbildung 14.13**
Das Track-Panel

- Track: Die erste Reihe dient dem Tracken der ausgewählten Features. Falls Features während des Trackings nicht mehr gefunden werden können, werden diese Features deaktiviert und die verbleibenden Features getrackt. Ist kein Feature mehr aktiv oder das Ende des Clips erreicht, wird das Tracking beendet. Die Schaltflächen (von links nach rechts) tracken vom aktuellen Frame:
  - einen Frame rückwärts (Alt + ←)
  - rückwärts bis zum Anfang des Clips (Strg + ⇧ + T)
  - vorwärts bis zum Anfang des Clips (Strg + T)
  - einen Frame vorwärts (Alt + →)
- Clear: Falls der Marker bereits Tracking-Daten besitzt, können Sie mit diesen beiden Schaltflächen die Daten vor oder nach dem aktuellen Frame löschen.
- Refine: Der Refine-Algorithmus sieht sich die Position eines Markers auf einem Feature im letzten getrackten Frame an und verbessert die Position des Markers im aktuellen Frame anhand dieser Information.
- Merge: Falls ein Feature von einem Hindernis verdeckt wird und Sie einen Marker vor und nach der Verdeckung getrackt haben, können Sie mit der Schaltfläche Join Tracks beide Marker zu einem Marker zusammenfassen. Sie teilen Blender dadurch mit, dass diese beiden Marker ein und dasselbe Feature tracken.

Mit diesem Panel besitzen Sie jetzt das Rüstzeug, um Ihren ersten Tracking-Versuch zu starten – sehen wir uns das Tracking in der Praxis an.

Schritt für Schritt Point-Tracking (Teil 1)

Die Datei »14_Point-Tracking_Start.blend« finden Sie auf der Buch-DVD unter Beispielmaterial • Kapitel_14. Der Videoclip »BallWhite.MP4« liegt im Ordner Footage.

In dieser Übung tracken Sie einen weißen Ball und kombinieren ihn mit einem Partikelsystem. Laden Sie zuerst die Datei »14_Point-Tracking_Start.blend« – hier befinden Sie sich bereits im Motion-Tracking-Layout. Folgen Sie anschließend diesen Schritten:

1 Clip laden

Laden Sie den Clip »BallWhite.MP4« über die Schaltfläche Open am unteren Rand des Movie Clip Editors.

2 Auflösung einstellen

Da der Clip mit HDV 1080p in 1440 × 1080 mit 29,97 Frames pro Sekunde aufgenommen wurde und die Pixel der Aufnahme im Bildformat 1.333:1 vorliegen, müssen Sie sowohl im Render-Tab des Properties-Editors im Dimensions-Panel die Auflösung (Resolution) auf »1920 × 1080« bei 29,97 fps einstellen, als auch den x-Wert der Pixel Aspect Ratio im Camera-Panel (N) des Movie Clip Editors auf »1.33« setzen.

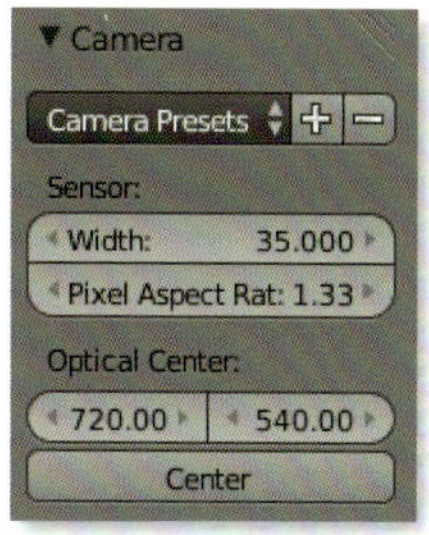

▲ **Abbildung 14.14**
Auf dem Camera-Panel setzen Sie die Pixel Aspect Ratio.

3 Start- und End-Frame festlegen

Legen Sie den Start- und End-Frame der Szene durch einen Klick auf Set Scene Frames im Clip-Panel der Toolbar (T) fest. Der End-Frame der Szene wird anschließend auf 372 stehen. Laden Sie jetzt den Clip über einen Klick auf Prefetch in den Speicher, und bewegen Sie den Abspielkopf auf Frame 98. Dort ist der weiße Ball erstmals soweit zu sehen, dass Sie einen Marker auf dem Pfeifenputzer platzieren können.

4 Marker-Einstellungen anpassen und Marker einfügen

Ändern Sie jetzt die Voreinstellung für neu eingefügte Marker. Da sich das Feature nicht nur bewegt, sondern zusätzlich rotiert, wählen Sie als Motion Model im Panel Tracking Settings der Toolbar die Einstellung LocRot.

Platzieren Sie anschließend einen Marker mittig auf der Verbindungslinie zwischen dem Pfeifenputzer und dem weißen Ball, indem Sie mit Strg + linker Maustaste auf sie klicken. Abbildung 14.16 zeigt Ihnen den platzierten Marker.

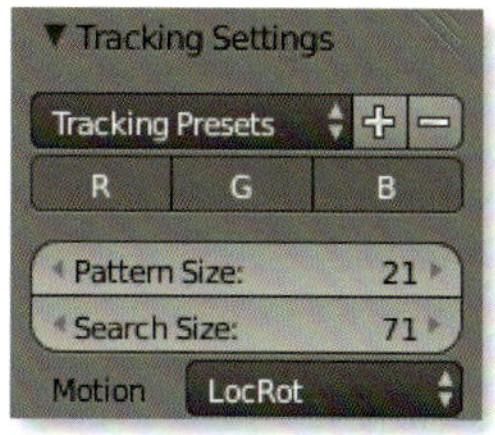

▲ **Abbildung 14.15**
Bevor Sie einen Marker einfügen, legen Sie das Motion Model auf LocRot fest.

5 Tracking starten

Starten Sie nun das Tracking für den selektierten Marker mithilfe von Strg + T oder der entsprechenden Schaltfläche des Track-Panels der Toolbar. Sollte es der Tracking-Algorithmus nicht schaffen, das Feature über den gesamten Clip hinweg zu verfolgen, so setzen Sie den Marker an dem fehlgeschlagenen Frame mit G erneut auf das Feature (den Verbindungspunkt) und tracken weiter mit Strg + T.

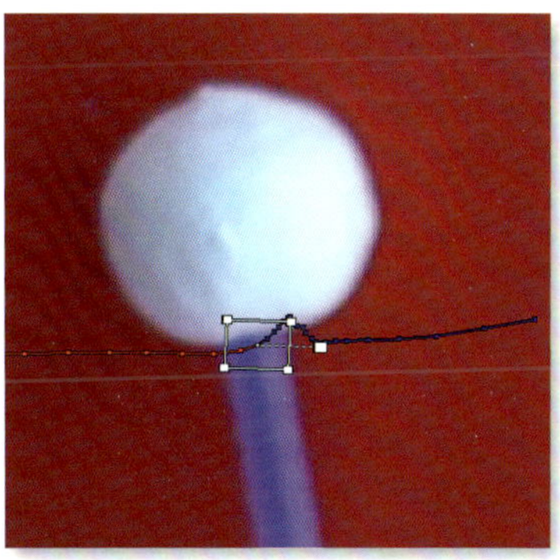

◀ **Abbildung 14.16**
Ein Marker in Aktion – die Linien geben an, welche Bewegungen der Marker im Clip durchführt.

Die Datei »14_PointTracking_Mid.blend« finden Sie auf der Buch-DVD unter Beispielmaterial • Kapitel_14.

Achten Sie bei dem letzten Schritt besonders auf die obere rechte Hälfte des Motion-Tracking-Layouts. Dort finden Sie das Dope Sheet – einen Editor, der analog zum Dope Sheet in Kapitel 9, »Animation«, die Frames anzeigt, an denen Sie den Marker von Hand gesetzt haben (quasi die Keyframes eines Tracks), und der zeigt, über welchen Bereich sich der Track erstreckt.

Im Ergebnis sollte der Marker durchgängig von Frame 98 bis ca. Frame 270 an dem Ball haften. Bislang sollte das Ergebnis Ihrer Bemühungen wie in der Datei »14_PointTracking_Mid.blend« aussehen. Bevor ich Ihnen zeige, wie Sie die Bewegungsdaten des Markers in die 3D-Ansicht übertragen, sehen wir uns erst den Track-Bereich des Properties-Panels (N) an.

▲ **Abbildung 14.17**
Das Track-Panel hilft unter anderem beim genauen Positionieren des Markers.

Das Track-Panel der Properties | Bislang haben Sie Features und Marker kennengelernt. Haben Sie ein Feature mithilfe eines Markers positioniert und mit dem Tracker getrackt, dann wird das Ergebnis dieser Operation in Blender ein *Track* genannt. Jeder Track enthält die Bewegungsdaten eines Markers (und damit implizit die eines Features). Zu Beginn des Panels erwartet Sie zuerst ein Namensfeld, mit dem Sie dem Track (und damit auch dem Marker) einen Namen geben können. Direkt darunter befindet sich eine vergrößerte Darstellung des Features, so dass Sie Ihren Marker besser positionieren können. Eine Positionierung ist auch innerhalb dieses Vorschaubereichs möglich – ziehen Sie den Marker dazu innerhalb der Vorschau bei gehaltener linker Maustaste an die gewünschte Position.

Direkt unter der Vorschau finden Sie Schaltflächen, die mit R, G, B und B/W beschriftet sind. Sie ermöglichen es Ihnen, zu beeinflussen, wie Blenders Tracking-Algorithmus den Clip »sieht«. R, G und B stehen dabei für die den roten, grünen und blauen Farbkanal, die Sie einzeln und zusammen aktivieren können. Je nach gewähltem Kanal ist es für den Tracker einfacher, ein Feature in diesem Kanal zu verfolgen, denn Features heben sich oft in bestimmten Farbkanälen deutlicher von ihrer Umgebung ab als dann, wenn alle Kanäle aktiv sind. Nutzen Sie diese Möglichkeit auf jeden Fall, bevor Sie auf Biegen und Brechen versuchen, einen Clip zu tracken der wenig Kontraste bei einer Aktivierung aller Farbkanäle besitzt. B/W übergibt den Clip an den Tracker als Schwarzweißversion. Die letzte Schaltfläche dieser Reihe zeigt Ihnen eine eventuell vorhandene Grease-Pencil-Maske in der Vorschau an.

Über Custom Color und die darüber befindliche Combobox legen Sie eine Farbe für den aktiven Track fest. Sie färbt den Track im Dope Sheet oben rechts ein. Den Weight-Wert haben Sie bereits im Tracking-Settings-Panel kennengelernt.

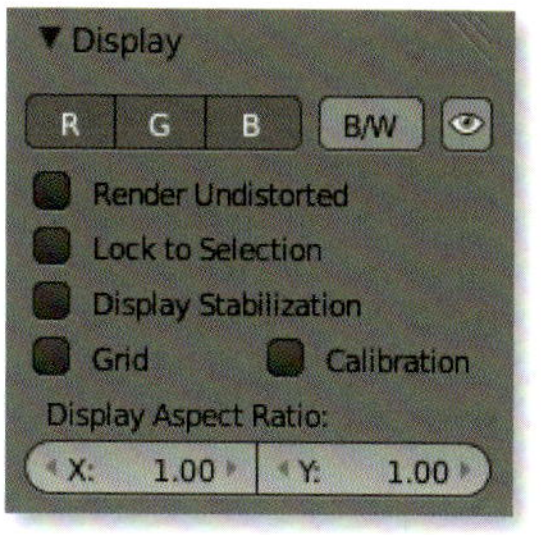

▲ **Abbildung 14.18**
Auf dem Display-Panel passen Sie die Darstellung des Clips an.

Das Display-Panel | Auf dem Display-Panel finden Sie ausschließlich Einstellungen, mit denen Sie die Anzeige des Clips anpassen können – sie wirken sich nicht auf den Tracking-Algorithmus aus. Die ersten Einstellungen knüpfen dabei nahtlos an das zuletzt beschriebene Panel an:

- R, G, B/BW: Diese beiden Optionen schalten die Anzeige des Clips auf den roten, grünen, blauen Kanal oder eine Schwarzweißanzeige um.
- Mute: Mit dieser Einstellung (Augensymbol) schalten Sie die Anzeige des Clips aus. Da anschließend nur noch die Marker zu sehen sind, eignet sich diese Option besonders dann, wenn Sie überprüfen möchten, wie sich die Marker beim Abspielen des Clips verhalten. Sprünge sind in dieser Option besonders gut zu sehen.
- Render Undistorted: Jedes Bildmaterial, das durch eine Linse aufgenommen wird, ist an den Bildrändern mehr oder weniger stark verzerrt. Diese Option zeigt den Clip entzerrt an – sie entzerrt ihn allerdings nicht automatisch. Weiteres zu diesem Thema finden Sie im Abschnitt »Das Lens-Panel – Clips entzerren, Teil 1« ab Seite 684.
- Lock to Selection: Bei Aktivierung dieser Option und Auswahl eines Markers wird die Anzeige des Clips sich auf diesen Marker (und damit auch gleichzeitig auf das ihm zugewiesene Feature) fokussieren. Auf diese Weise ist es leicht zu erkennen, ob der Marker ein Feature trackt, ohne sich aus der Feature-Mitte zu entfernen, oder ob er plötzliche Sprünge vollführt.
- Display Stabilization: Haben Sie einen Track erstellt, können die in ihm enthaltenen Bewegungsinformationen dazu genutzt werden, den Clip zu stabilisieren. Mit dieser Option können Sie die Auswirkung der Stabilisierung sichtbar machen. Weitere Infos finden Sie im nächsten Abschnitt.
- Grid: Diese Option blendet ein Gitter ein, mit dem Sie den Clip von Hand entzerren können. Alles Weitere dazu folgt später in Abschnitt »Das Lens-Panel – Clips entzerren, Teil 1«, ab Seite 684.
- Calibration: Mit dieser Checkbox stellen Sie ein, ob Blender Grease-Pencil-Zeichnungen anhand der Entzerr-Einstellungen verformt.
- Display Aspect Ratio: Genau wie im Dimensions-Panel des Render-Tabs können Sie hier das Anzeige-Bildformat des Clips festlegen. Normalerweise benötigen Sie den hier einstellbaren Parameter nicht – Sie legen ihn üblicherweise mit dem eingestellten Wert Pixel Aspect Ratio des Camera-Panels fest.

14.3.3 Stabilisierung von Filmmaterial

Haben Sie mindestens einen Track erstellt (also einen Marker erfolgreich getrackt), so können Sie anhand dieser Daten den Clip stabilisieren. Im Grunde genommen geben Sie Blender die Information, dass der ausgewählte Marker keine Bewegung haben sollte. Da Blender weiß, wie sich der Marker in x- und y-Richtung bewegt, kann ein Stabilisierungsalgorithmus diese Daten umkehren und das Bildmaterial an jedem Frame um die Bewegung des Markers in negativer x- und y-Richtung verschieben. Bei dieser Verschiebung entsteht allerdings an den Rändern ein Leerraum. Diesen kann Blender automatisch abschneiden.

Die Datei »14_StabilizedFootage.blend« finden Sie auf der Buch-DVD unter BEISPIELMATERIAL • KAPITEL_14.

Um die nachfolgenden Optionen in Aktion zu sehen, können Sie jetzt die Datei »14_StabilizedFootage.blend« öffnen. Sie enthält bereits einen getrackten und stabilisierten Clip, alle gesetzten Werte haben jedoch (noch) keinen Einfluss auf die Stabilisierung.

Haben Sie die Datei geöffnet, finden Sie die Stabilisierungs-Einstellungen auf dem Panel 2D STABILIZATION des MOVIE CLIP EDITORS ([N]):

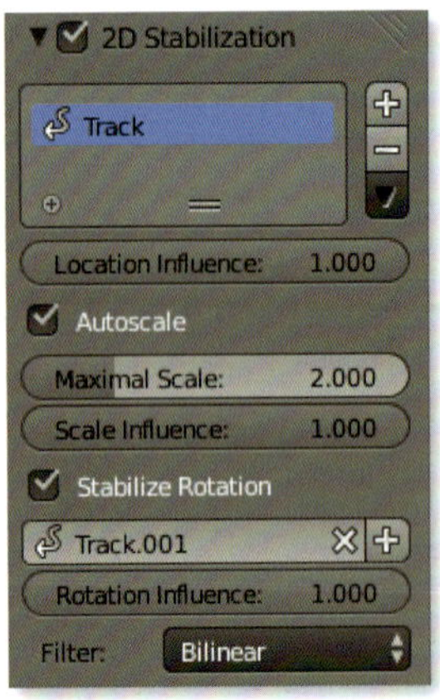

▲ **Abbildung 14.19**
Die Stabilisierung von Clips erledigen Sie auf dem 2D-STABILIZATION-Panel.

- ACTIVE TRACK: Diese Liste nimmt all die Tracks auf, die zur Stabilisierung beitragen sollen. Um der Liste einen Track hinzuzufügen, wählen Sie einen Track aus und betätigen anschließend das Plussymbol.
- LOCATION INFLUENCE: Über diesen Regler legen Sie fest, wie viel Einfluss die oberen Tracks auf die Stabilisierung haben. Ziehen Sie diesen Regler (und die nachfolgenden INFLUENCE-Regler) in der Demo-Datei auf 1, werden Sie den Unterschied bei der Wiedergabe des Clips sofort sehen.
- AUTOSCALE: Da Blender berechnen kann, wie weit der Clip in x- und y-Richtung verschoben wird, kann Blender den Clip automatisch so zuschneiden (und heranzoomen), dass keine Leerräume zu sehen sind. AUTOSCALE aktiviert dieses Feature.
- MAXIMAL SCALE: Dieser Wert legt die maximale Zoomstufe fest. Je höher dieser Wert ist, desto stärker kann das Video gezoomt werden.
- SCALE INFLUENCE: Hier bestimmen Sie, wie viel Einfluss der Beschnitt auf den Clip hat. Je geringer dieser Wert, desto mehr Leerräume werden auftreten.
- STABILIZE ROTATION: Genauso wie ein Algorithmus aus einem Track schließen kann, wie sich der Clip bewegt, kann der Algorithmus aus zwei Tracks schließen, welche Rotation ein Clip an beliebigen Frames ausführt. Diese Checkbox ermöglicht es Ihnen, Rotationen zu stabilisieren.

- ROTATION TRACK: Hier geben Sie den zur Stabilisierung der Rotation verwendeten zweiten Marker an (mindestens ein Marker muss in der Liste ACTIVE TRACK bereits vorhanden sein.
- ROTATION INFLUENCE: Genau wie oben legt dieser Regler den Einfluss der Rotations-Stabilisierung auf den Clip fest.
- FILTER: Diese Combobox ermöglicht es Ihnen, die Qualität der Zoom- und Rotationsvorgänge einzustellen. Sie reicht von NEAREST (schlecht) bis zu BICUBIC (hochwertig).

Die Stabilisierung des Clips erfolgt momentan nur in der Anzeige (DISPLAY STABILIZATION im DISPLAY-Panel ist aktiv). Um den stabilisierten Clip zu rendern, müssen Sie auf ein Node-Setup zurückgreifen, das ich in der geladenen Datei bereits im COMPOSITING-Layout für Sie vorbereitet habe. Der Schlüssel zum Erfolg ist dabei der STABILIZE-2D-Node, der alle Stabilisierungsinformationen enthält. Die fertig stabilisierte Datei finden Sie im Ordner RESULTS unter dem Namen »14_StabilizedFootage_Result.m4v«.

Die Datei »14_StabilizedFootage_Result.m4v« finden Sie auf der Buch-DVD unter BEISPIELMATERIAL • KAPITEL_14 • RESULTS.

14.3.4 Tracking-Daten nutzen – das Solve-Tab

Bislang haben Sie Marker getrackt und damit Bewegungsinformationen erzeugt, die Sie bis auf die Stabilisierung des Clips im letzten Abschnitt jedoch noch nicht weiter genutzt haben. In den folgenden Abschnitten möchte ich Ihnen daher die zu Beginn des Kapitels beschrieben Tracking-Varianten vorstellen und Ihnen zeigen, wie Sie diese mithilfe des SOLVE-Tabs der TOOLBAR (T) mit Bewegungsdaten füttern können.

Schritt für Schritt
Point-Tracking (Teil 2)

Die Datei »14_PointTracking_Mid.blend« finden Sie auf der Buch-DVD unter BEISPIELMATERIAL • KAPITEL_14.

Da die auf Point-Tracking basierenden Effekte ausschließlich in der Kamera-Ebene arbeiten und somit zweidimensional sind, muss Blender bei dieser Art von Effekten nur die Bewegungsdaten in der 3D-Ansicht bereitstellen. Wir werden diesen Effekt am Beispiel des bereits getrackten weißen Balls durchführen, laden Sie daher zuerst die Datei »14_PointTracking_Mid.blend«. Anschließend folgen Sie diesen Schritten:

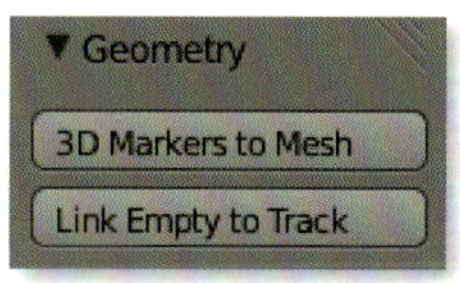

▲ **Abbildung 14.20**
Mit dem GEOMETRY-Panel bringen Sie die Bewegungsdaten des Markers in den 3D-VIEW-Editor.

1 Bewegungsdaten im Viewport nutzen
Wechseln Sie auf das SOLVE-Tab der TOOLBAR (T), und klappen Sie dort das GEOMETRY-Panel auf. Da Sie die Bewegungsdaten im 3D VIEWPORT als Emptys bereitstellen möchten, klicken Sie auf

Link Empty to Track. Blender erstellt daraufhin automatisch ein Empty in der 3D-Ansicht, das sich exakt so wie der Marker im Movie Clip Editor bewegt.

▲ **Abbildung 14.21**
In den Background Images kontrollieren Sie bei Problemen mit der Anzeige den File Path des Videos.

2 Film und Marker in Kombination

Wechseln Sie jetzt in die Compositing-Ansicht, löschen Sie den Würfel in der 3D-Ansicht, und spielen Sie die Animation über Alt + A ab. Dabei werden Sie einerseits bemerken, dass sich das Empty nach wenigen Sekunden in Bewegung setzt und dass das Video im Hintergrund der Kameraansicht abläuft. Das Hintergrundvideo wurde von mir bereits im Voraus festgelegt. Falls Sie es nicht sehen können, kontrollieren Sie bitte, ob die File-Path-Einstellung im Properties-Panel (N) der 3D-Ansicht unter dem Punkt Background Images korrekt ist.

3 Einen Schriftzug einbinden

Um einen Schriftzug an das Empty zu heften, müssen Sie jetzt zuerst in der 3D-Ansicht ein Text-Objekt einfügen mit ⇧ + A und es mithilfe von F6 und Align to View in Richtung der Kamera ausrichten. Geben Sie ihm ein Shadeless-Material. Bewegen Sie den aktuellen Framecounter mit ⇧ + ← an den Anfang der Szene, und markieren Sie anschließend das Empty. Drücken Sie dann ⇧ + S • 4 – der 3D-Cursor wird auf das Empty springen. Markieren Sie nun den Text, und drücken Sie ⇧ + S • 3 – jetzt springt das Textobjekt an den Ursprung des Emptys.

4 Textobjekt an das Empty parenten

Parenten Sie dann das Textobjekt an das Empty, indem Sie erst das Textobjekt und anschließend das Empty wählen und Strg + P • 1 betätigen. Spielen Sie jetzt die Animation ab, wird Ihr Textobekt an dem Empty haften. Abbildung 14.23 zeigt Ihnen das bisherige Ergebnis.

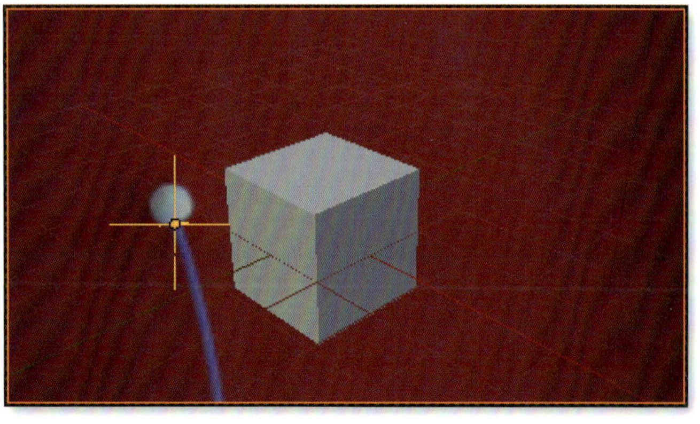

Abbildung 14.22 ▶
Das Empty bleibt durch die Bewegungsdaten an dem Pfeifenputzer haften.

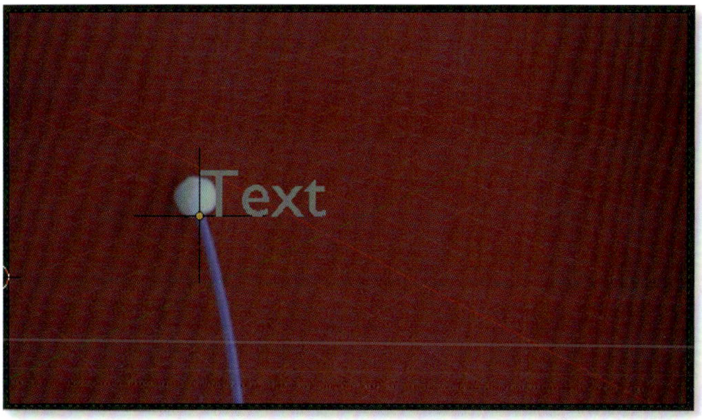

◂ **Abbildung 14.23**
Der Text wurde an das Empty geheftet – und folgt dem getrackten Marker.

Herzlichen Glückwunsch, Sie haben jetzt das erste virtuelle Objekt mit einem realen Clip kombiniert! Die Freude wird allerdings nach einem Druck auf F12 gedämpft: Sie sehen nur den Text und keinen Clip.

Schritt für Schritt
Point-Tracking (Teil 3)

Um den Clip mit dem 3D-Objekt zu verheiraten, nutzen Sie den Compositor. Bearbeiten Sie dazu die gerade genutzte Datei weiter.

1 Hintergrund transparent setzen
Stellen Sie zuerst auf dem SHADING-Panel des RENDER-Tabs den ALPHA-Wert auf TRANSPARENT, und wechseln Sie dann in das COMPOSITING-Layout mithilfe der Layout-Auswahlbox.

2 Movie-Clip-Node hinzufügen
Klicken Sie anschließend auf USE NODES, und fügen Sie einen MOVIE-CLIP-Node aus der INPUT-Kategorie ein. Wählen Sie als Clip den Datenblock »BallWhite.MP4« aus.

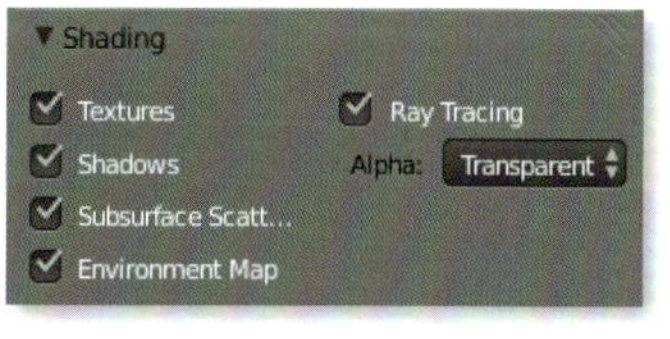

▴ **Abbildung 14.24**
Um die 3D-Szene mit dem Filmmaterial zu kombinieren, müssen Sie den Hintergrund auf TRANSPARENT setzen.

3 Movie-Clip- und Render-Layers-Node kombinieren
Kombinieren Sie den RENDER-LAYERS- und den MOVIE-CLIP-Node anschließend durch einen ALPHA-OVER-Node aus der COLOR-Kategorie – den RENDER-LAYERS-Node verbinden Sie mit dem unteren Socket.

4 Das Ergebnis rendern und die Auflösung anpassen
Ein beherzter Druck auf F12 wird Ihnen jetzt endlich ein Ergebnis zeigen, allerdings wird der Clip noch nicht korrekt dargestellt – er ist nur als Ausschnitt zu sehen. Dies rührt daher, dass Ihre Rende-

ring-Auflösung auf 50 % steht, Ihre Clip-Auflösung allerdings immer noch 100 % ist. Fügen Sie also einen SCALE-Node direkt nach dem MOVIE-CLIP-Node ein, und stellen Sie den Modus auf RENDER SIZE. Jetzt wird der Clip entsprechend der Render-Auflösung skaliert, und Sie können Ihr Endergebnis rendern. Vergessen Sie dabei nicht, das gewünschte Ausgabeformat zu wählen. Abbildung 14.25 zeigt Ihnen den Aufbau des Node-Trees.

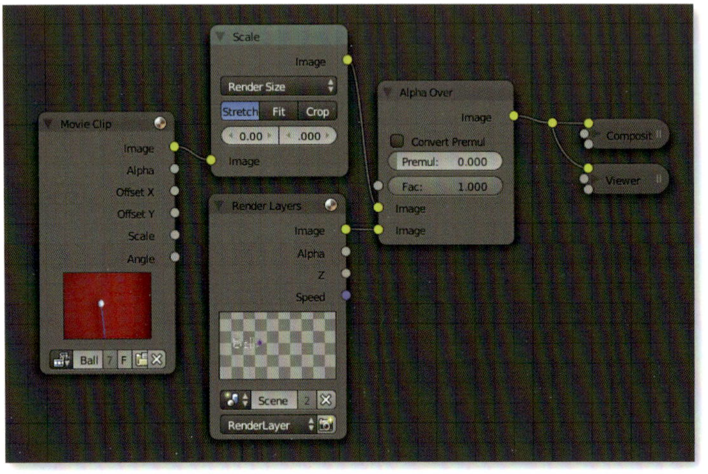

▲ **Abbildung 14.25**
Der für das Rendering nötige Compositing-Node-Tree

Die Datei »14_Point-Tracking_End.blend« finden Sie auf der Buch-DVD unter BEISPIELMATERIAL • KAPITEL_14. Das fertig getrackte Video »14_Pointtracking_Result.m4v« liegt dort im Ordner RESULTS.

Die Datei »14_PointTracking_End.blend« und die Abbildung 14.26 präsentieren Ihnen das Ergebnis dieser Übung. In dieser Datei werden Sie zusätzlich den VECTOR-BLUR-Node vorfinden, der den Schriftzug bei schnellen Bewegungen verwischen lässt. Darüber hinaus wird eine NOISE-Textur auf das gerenderte Ergebnis angewendet, um das natürliche Sensorbildrauschen zu imitieren – ich verschlechtere mein Rendering-Ergebnis dadurch künstlich.

▲ **Abbildung 14.26**
Ein Frame des finalen Renderings

Im nächsten Abschnitt möchte ich Ihnen einen weiteren Effekt vorstellen, der keinerlei Nachbearbeitung der Bewegungsdaten oder weitere Informationen von Ihnen benötigt.

Four-Corner-Pin-Tracking | Das Four-Corner-Pin-Tracking knüpft in seiner Funktion nahtlos an das Point-Tracking an. Tatsächlich ist es eine Spezialart des Point-Trackings, bei der Sie vier Ecken eines flachen realen Objekts tracken (Plakat, Bilderrahmen oder Ähnliches) und diese getrackte Fläche anschließend durch ein eigenes Bild ersetzen. Das Bild ändert dann automatisch die Perspektive genauso wie das Originalobjekt.

Schritt für Schritt
Four-Corner-Pin-Tracking (Teil 1)

Einen Four-Corner-Pin-Track führen Sie genau wie das Tracking der letzten Übung aus. Der einzige Unterschied ist, dass Sie vier Features tracken. Um Ihnen diese Arbeit zu ersparen, habe ich bereits eine Datei »14_FourCornerPin_Start.blend« mit getracktem Bilderrahmen für Sie vorbereitet. Wenn Sie Ihre Tracking-Fähigkeiten verbessern möchten, können Sie aber auch gerne selbst den im Ordner FOOTAGE mitgelieferten Clip »Image.MP4« tracken und anschließend diese Schritte ausführen.

Die Datei »14_FourCornerPin_Start.blend« finden Sie auf der Buch-DVD unter BEISPIELMATERIAL • KAPITEL_14. Den Clip »Image.MP4« finden Sie dort im Ordner FOOTAGE.

◂ **Abbildung 14.27**
Das hier gezeigte Bild von Venedig möchten wir in dieser Übung durch ein eigenes ersetzen – allerdings nicht in einem einzelnen Bild, sondern in einem Videoclip.

1 Marker sperren

Da Sie im Folgenden die einzelnen Marker nicht mehr ändern möchten (das Tracking wurde bereits erfolgreich beendet), sollten Sie alle getrackten Marker (die Tracks) über [A] anwählen und sie mit [Strg] + [L] sperren.

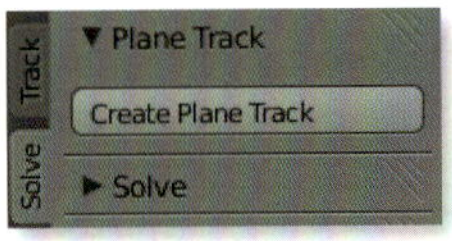

▲ **Abbildung 14.28**
Mit dieser Schaltfläche auf der Toolbar erstellen Sie den Four Corner Pin.

▲ **Abbildung 14.29**
Platzieren Sie das Four-Corner-Pin-Rechteck so, dass es das zu ersetzende Bild umschließt.

▲ **Abbildung 14.30**
Das hier ausgewählte Bild wird im Movie Clip Editor als Vorschau angezeigt.

2 Plane Track erzeugen
Behalten Sie die Auswahl aller Tracks bei, und klicken Sie im Panel Plane Track auf dem Solve-Tab der Toolbar (T) des Movie Clip Editors auf Create Plane Track. Ein weißes Viereck erscheint, dass alle Marker umfasst.

3 Pins an Bildrahmen einpassen
Passen Sie jetzt das durch den Four Corner Pin erzeugte Rechteck in den Bilderrahmen ein. Bewegen Sie dazu die Anfasser des Vierecks mit der linken Maustaste so, dass Sie das vorhandene Bild abdecken. Falls Sie die Ecken nicht genau erkennen können, nutzen Sie das Mausrad, um in den Clip hineinzuzoomen. Lassen Sie den Clip jetzt einmal mit Alt + A ablaufen. Sehen Sie, dass das gerade platzierte Rechteck alle perspektivischen Änderungen genau wie das Original mitmacht?

4 Ein Vorschaubild einfügen
Lassen Sie uns jetzt ein Vorschaubild anstelle des Originals einfügen. Blender lässt Sie dazu beliebige Bildtexturen aus dem Material-Editor auswählen. In der vorliegenden Datei finden Sie bereits ein Bild mit Namen »Plasmasolutions«, das mein Firmenlogo zeigt. Wählen Sie dieses Bild in dem in Abbildung 14.30 gezeigten Panel Plane Track der Properties (N) unter Image aus. Opacity lässt Sie den Alpha-Wert des Vorschaubildes anpassen. Falls Sie die Position der Anfasser über die Dauer der Animation anpassen möchten, steht Ihnen auf dem Plane-Track-Panel die Schaltfläche Auto Keyframe zur Verfügung.

Wie im vorigen Abschnitt müssen Sie jetzt dafür sorgen, dass das Rendering-Ergebnis Ihre Bemühungen widerspiegelt. Auch hier sorgt wieder ein Node-Setup für den Erfolg.

Schritt für Schritt Four-Corner-Pin-Tracking (Teil 2)

1 Nodes aktivieren
Wechseln Sie in das Compositing-Layout mithilfe der Layout-Auswahlbox, und aktivieren Sie über Use Nodes die Compositing-Nodes.

2 Movie-Clip-Node im Node Editor verfügbar machen
Löschen Sie den Render-Layers-Node, und fügen Sie einen Movie-Clip-Node ein. Wählen Sie dort den »Image.mp4«-Clip aus, und verbinden Sie ihn mit einem neu eingefügten Scale-Node.

3 Bewegungsdaten mit eigenem Bild nutzen

Jetzt warten weitere Nodes auf ihren Einsatz: ein IMAGE-Node aus der INPUT-Kategorie, ein ALPHA-OVER-Node aus der COLOR-Kategorie, ein weiterer SCALE-Node und ein PLANE-TRACK-DEFORM-Node aus der DISTORT-Kategorie.

Weisen Sie dem IMAGE-Node den Datenblock »Plasmasolutions« zu, und verbinden Sie diesen Node mit dem PLANE-TRACK-DEFORM-Node. Weisen Sie dem Node PLANE TRACK DEFORM den getrackten Clip-Datenblock zu. Anschließend sollten Sie in der ersten Box CAMERA und in der zweiten PLANE TRACK auswählen. Verbinden Sie danach den SCALE-Node mit dem vorigen Node, und stellen Sie den Modus bei allen SCALE-Nodes auf RENDER SIZE.

4 Node-Tree abschließen und das Ergebnis rendern

Verbinden Sie nun die beiden SCALE-Nodes über den ALPHA-OVER-Node miteinander (den mit dem PLANE-TRACK-DEFORM-Node verbundenen SCALE-Node mit dem unteren Socket) und zu guter Letzt den ALPHA-OVER-Node mit dem COMPOSITE-Node. Testen Sie Ihr Setup jetzt über einen beherzten Druck auf F12 – das Bild des Logos sollte jetzt das Originalbild ersetzen. Abbildung 14.31 zeigt Ihnen den kompletten Node-Tree dieser Übung.

▼ Abbildung 14.31
Der Node-Tree dieser Übung fügt ein beliebiges Bild in den getrackten Rahmen ein.

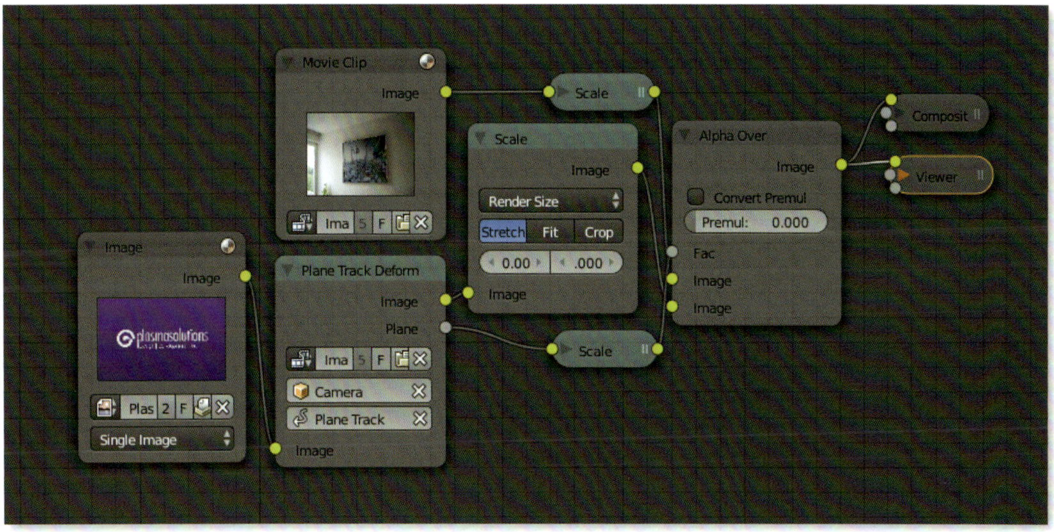

Das Ergebnis dieser Übung finden Sie in der Datei »14_FourCornerPin_End.blend«. Dort dunkle ich zusätzlich die der Lichtquelle abgeneigte Seite des Bildes etwas ab und verwische die Ränder des eingefügten Bildes. Beides erhöht den Realismus und integriert das Objekt besser in die Szene.

Die Datei »14_FourCornerPin_End.blend« finden Sie auf der Buch-DVD unter BEISPIELMATERIAL • KAPITEL_14.

Abbildung 14.32 ▶
Das Resultat der Übung – das Originalbild wurde (in der kompletten Animation) ersetzt.

Abbildung 14.32 zeigt Ihnen einen Frame des im Ordner RESULTS zu findenden Ergebnisses (»FourCornerPinEnd.m4v«).

Das Lens-Panel – Clips entzerren, Teil 1 | Vielleicht ist Ihnen während der vorigen Übung beim Platzieren des Rechtecks aufgefallen, dass die Ränder des Bilderrahmens in manchen Frame-Bereichen nicht gerade, sondern gekrümmt sind – besonders dann, wenn sie sich nahe am Rand des Bildes befinden. Diese Verzerrung ist typisch für alle Aufnahmemethoden, bei denen eine Linse beteiligt ist – sie ist je nach Linse mehr oder weniger stark ausgeprägt. Zu Problemen führt diese Krümmung immer dann, wenn computergeneriertes Material (das keine Krümmung aufweist) in reales Filmmaterial integriert werden soll. In diesem Fall haben Sie zwei Möglichkeiten, um solch ein Problem zu lösen:

1. Sie verzerren Ihr 3D-Material exakt so wie der Clip verzerrt ist.
2. Sie entzerren den Clip, führen unverzerrte 3D-Renderings und entzerrten Clip zusammen und verzerren die Komposition wieder.

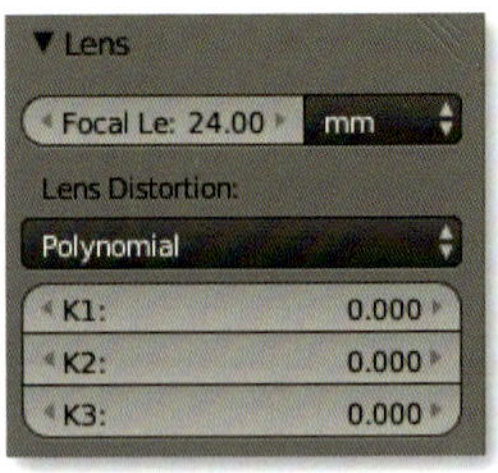

▲ **Abbildung 14.33**
Auf dem LENS-Panel legen Sie die Parameter der verwendeten Linse fest.

In Blender sind beide Wege über den Compositor möglich, in diesem Kapitel zeige ich Ihnen jedoch nur den zweiten, da er alle für den ersten Fall notwendigen Nodes enthält. Bevor es an das Entzerren des Materials geht, müssen wir unserem Tracker erst mitteilen, wie genau unsere Linse das Bildmaterial verzerrt. Blender trotzt uns im Panel LENS der PROPERTIES (N) drei Einstellungen ab:

- FOCAL LENGTH: Hier geben Sie die Brennweite der Linse in Millimetern ein. Bei ambitionierten Hobbyfotografen oder Videografen mit DSLRs wird das kein Problem sein, bei Handykameras wohl eher. Ziehen Sie in diesem Fall technische Datenblätter der Hersteller zurate.
- LENS DISTORTION: Blenders Tracker kennt zwei verschiedene Verzerrungs-Modi: einen DIVISIONS-Modus, der besonders für

weitwinklige Aufnahmen geeignet ist (GoPro, Fisheye-Linsen usw.), und einen POLYNOMINAL-Modus für alle weiteren Linsen.

- K1, K2, K3: Da Blender (noch) keine automatische Funktion zum Ermitteln der Entzerr-Koeffizienten mitbringt, müssen Sie hier von Hand ran. Aktivieren Sie vorher in den PROPERTIES (N) auf dem DISPLAY-Panel die GRID-, CALIBRATION- und RENDER-UNDISTORTED-Option. Versuchen Sie dann anhand des Grids Werte zu finden, die das Ausgangsmaterial bestmöglich entzerren. Suchen Sie sich dazu am besten einen Frame aus, an dem Sie in der Realität gerade Kanten sehen würden, die aber auf dem Video gerundet wirken. Meist müssen Sie Werte in K1 und K2 eingeben, nur selten sollte zusätzlich K3 geändert werden müssen.

Optische Zooms
Vermeiden Sie optische Zooms, wenn Sie einen Camera-Track erfolgreich abschließen möchten. Blenders Tracker wird von Zooms (momentan noch) aus der Bahn geworfen. Ein Indiz dafür gibt die Einstellung FOCAL LENGTH – sie akzeptiert keine Keyframes.

Falls Sie zu diesem Zeitpunkt bereits Tracks erstellt haben, werden Sie sehen, dass Blender die Positionen der Marker bei allen Änderungen an K1, K2 und K3 anpasst. Daran können Sie erkennen, dass der Tracking-Algorithmus keinen entzerrten Clip benötigt, um seine Ergebnisse zu liefern. Erst beim Solving der Szene (siehe Abschnitt »Camera-Tracking«) werden Sie deutlich bessere Ergebnisse mit diesen Informationen erhalten.

Zum Nachlesen
Mehr zum Thema Camera-Tracking erfahren Sie im gleichnamigen Abschnitt dieses Kapitels ab Seite 687.

Bislang haben wir Blender alle Entzerrungen in Echtzeit berechnen lassen. Bei hoch aufgelösten Videos (5k steht vor der Tür) ist dieser Luxus nicht immer möglich, wenn Sie gleichzeitig stabile Frameraten erwarten. Aus diesem Grund existiert das PROXY/TIMECODE-Panel.

Proxy/Timecode – Clips entzerren, Teil 2 | Blenders Tracker gibt Ihnen im PROXY/TIMECODE-Panel der PROPERTIES (N) die Möglichkeit, sogenannte *Proxys* zu erstellen.

Proxys sind kleinere Versionen Ihrer Clips, die von Blender automatisch in 25 %, 50 %, 75 % und 100 % der Originalgröße erstellt werden können. Dabei wird nicht nur die Größe des Clips angepasst, sondern gleichzeitig auch das Dateiformat des Clips geändert. Blender kann daraufhin sehr schnell auf die in den Proxys enthaltenen Daten zugreifen und sie abspielen. Hat Ihr Rechner also Probleme bei der flüssigen Darstellung der Clips, können Sie ihm durch Proxys Beine machen. Doch nicht nur bei der beschleunigten Darstellung sind Proxys eine große Hilfe, auch beim Erzeugen von entzerrten Clips leisten sie ganze Arbeit. Sie verarbeiten dabei die unter LENS eingegebenen Linsen-Informationen und erzeugen im selben Ordner, in dem die Original-Proxys liegen, die entzerrten Versionen.

Problematische Zeitstempel
Besitzen Sie eine Videodatei, die sich trotz korrekter Framerate von der Länge der gleichzeitig importieren Audiodatei unterscheidet, so ist höchstwahrscheinlich der Zeitstempel (Timecode) des Videos defekt. Auch für diesen Fall bietet Blender Hilfe an. Erzeugen Sie einen Proxy, erneuert Blender automatisch den Timecode des Videos – nutzen Sie danach die beschriebene TIMECODE-Option, um ihn neu zu berechnen.

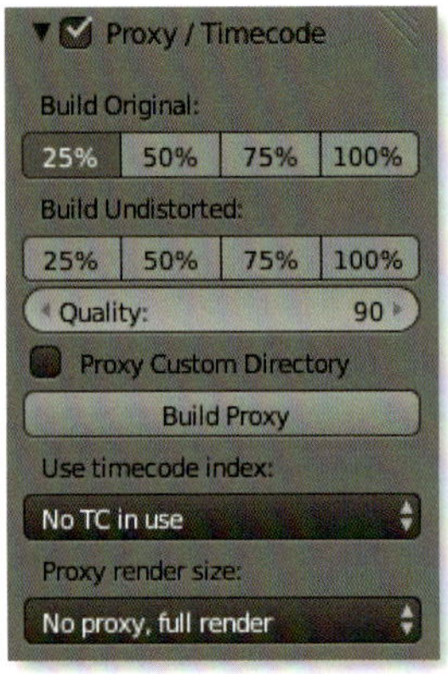

▲ **Abbildung 14.34**
Das Proxy/Timecode-Panel

Auflösung
Blenders Tracker nutzt immer die Originaldateien und die Originalauflösung, auch wenn Sie Proxys erstellen. Dies ist sehr wichtig, da beim Erstellen der Proxys meist qualitativ minderwertige Dateien erstellt werden, die sich zwar wunderbar für eine schnelle Anzeige eignen, die aber nur schlecht getrackt werden können.

Folgende Optionen existieren auf diesem Panel:

- Build Original: Diese Eigenschaft bestimmt, in welcher Größe die Proxys für den Clip erzeugt werden. Die Prozentangaben beziehen sich dabei auf die Auflösung der Originaldateien. 50 % eines Full-HD-Videos würde also eine Proxy-Datei mit 960 x 540 Pixeln erzeugen.
- Build Undistorted: Diese Prozentangaben bestimmen, in welcher Größe die Proxys für den entzerrten Clip erzeugt werden. Beachten Sie, dass Proxys nur dann entzerrt angezeigt werden, wenn Sie auf dem Display-Panel die Option Render Undistorted gewählt und die Anzeige von Proxys im Movie Clip Editor aktiviert haben.
- Proxy Custom Directory: Standardmäßig erzeugt Blender ein Verzeichnis mit dem Namen »BL_Proxy« in dem Ordner, in dem das Originalvideo liegt. Unterhalb dieses Ordners wird ein weiterer Ordner angelegt, der den Namen des Originalvideos trägt und alle Proxys enthält. Durch das Setzen der Eigenschaft Proxy Custom Directory kann dieses Verhalten geändert und somit bestimmt werden, wo die Proxy-Dateien erzeugt werden.
- Quality: Diese Einstellung gibt an, in welcher Qualität die Proxys erstellt werden. 0 bedeutet hierbei eine unterirdische Qualität bei sehr geringem Speicherplatzbedarf, während der Wert 100 einen hohen Speicherplatzbedarf bei gleichzeitig sehr hoher Qualität darstellt.
- Use timecode index: Mit dieser nur bei Videodateien verfügbaren Option bestimmen Sie, ob Blender den bei der Proxy-Erzeugung gleichzeitig generierten neuen oder den vorhandenen Timecode nutzt. Probieren Sie die vier verschiedenen Einstellungen bei Problemen mit Ihrem Video aus. Da diese Einstellung von Video zu Video unterschiedlich ist, kann ich Ihnen hier leider keine Empfehlung geben.
- Proxy render size: Mit dieser Combobox legen Sie fest, welche Proxy-Auflösung Ihnen im Movie Clip Editor angezeigt wird. Wählen Sie Proxy-Auflösungen, die Sie nicht erzeugt haben, oder möchten Sie entzerrte Proxys anzeigen, ohne dass Sie sie erstellt haben, wird Ihnen keine Vorschau angezeigt.

Um die Proxy-Dateien zu erzeugen, setzen Sie alle benötigten Linsen-Einstellungen (unter anderem K1 und K2), und starten Sie den Vorgang schließlich über die in dem Panel vorhandene Build-Proxy-Schaltfläche. Ein Fortschrittsbalken wird Ihnen anschließend Auskunft darüber geben, wie weit die Erstellung fortgeschritten und wann sie beendet ist. Sehen wir uns jetzt noch eine weitere Tracking-Technik namens *Camera-Tracking* an.

Camera-Tracking | Mit Camera Tracking ist es möglich, aus einem Clip mit mindestens acht Tracks die Kamerabewegung in einer 3D-Szene zu errechnen. In der Szene können Sie anschließend Objekte platzieren, die sich dank der berechneten Kamerabewegung exakt so verhalten, als wären Sie schon immer in Ihrem Clip vorhanden gewesen.

Bei der Errechnung der 3D-Szene versucht der Lösungsalgorithmus aus allen Tracks und allen bereits besprochenen Linsen- und den jetzt folgenden Kamerainformationen die 3D-Szene zu rekonstruieren – diese Informationen müssen daher so genau wie möglich sein. Die Kamera-Informationen des CAMERA-Panels sind dabei meist sehr einfach zu ermitteln:

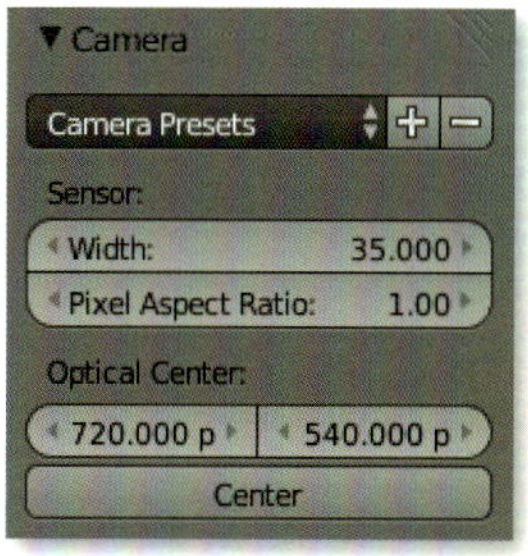

▲ **Abbildung 14.35**
Das CAMERA-Panel legt fest, welche Kamera Sie genutzt haben.

- PRESETS: In dieser Combobox finden Sie die Namen vieler verschiedener Kameramodelle. Jede Kamera besitzt spezifische Aufnahmemerkmale wie die Breite des Bildsensors in Millimetern (SENSOR WIDTH) oder den Formfaktor eines Sensor-Pixels (PIXEL ASPECT RATIO). Beide Informationen finden Sie entweder auf der Herstellerseite oder der Anleitung unter dem Stichwort *Aufnahmemodi* Ihrer Kamera.
- OPTICAL CENTER: Das Zentrum der Linse. Normalerweise müssen Sie hier nichts ändern, denn Blender nimmt (richtigerweise) an, dass sich das Zentrum in der Mitte des Clips befindet.
- CENTER: Falls Sie die vorige Option doch geändert haben, können Sie mit dieser Schaltfläche das Zentrum wieder in die Mitte des Clips setzen.

Haben Sie diese und die Linsen-Informationen eingegeben, können wir uns gemeinsam auf das SOLVE-Panel der TOOLBAR (T) stürzen – die Schaltzentrale für das Berechnen von Kamera- und Objektbewegungen aus Tracks.

Szenen lösen – das Solve-Panel | Auf dem SOLVE-Panel des SOLVE-Tabs der TOOLBAR (T) des MOVIE CLIP EDITORS finden Sie alle Schaltflächen zur Berechnung der 3D-Szene. Blender nutzt dabei die Parallaxe-Informationen der einzelnen Tracks, um Rückschlusse auf die reale Szene zu ziehen. Dabei wertet der Algorithmus aus, wie sich die Lage der getrackten Punkte verändert, wenn sich der Betrachter (die reale Kamera) bewegt. Diese Vorgehensweise impliziert gleichzeitig, dass Sie (wenigstens kleine) Bewegungen in Ihren Clip einbauen müssen. Möchten Sie einen annähernd still stehenden Clip tracken, sollten Sie eine Bewegung zu Beginn des Clips einbauen, den gesamten Clip tracken und nur die letzten (still stehenden) Momente des Clips nutzen.

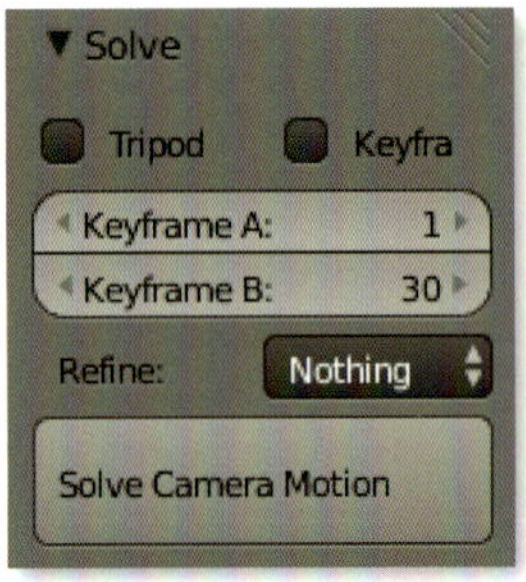

▲ **Abbildung 14.36**
Das SOLVE-Panel

Das SOLVE-Panel lässt Sie mit diesen Optionen den Lösungsalgorithmus anpassen:

- TRIPOD: Mit dieser Option teilen Sie dem Lösungsalgorithmus mit, dass sich Ihre Kamera auf einem Stativ (Dreibein) befand, als Sie den Clip erstellten. Blender weiß dann, dass in diesem Clip keine Parallaxe-Verschiebung vorhanden ist und nutzt einen anderen Algorithmus zur Lösung der Szene.
- KEYFRAME: Ein Häkchen in dieser Box lässt Blender automatisch auswählen, welche Keyframes der Lösungsalgorithmus zur Ermittlung der Parallaxe-Verschiebung nutzt.
- KEYFRAME A/B: Falls die obere Option nicht genutzt wurde, geben Sie hier zwei Keyframes an, die Tracks mit möglichst großer Parallaxe-Verschiebung besitzen.
- REFINE: Wenn Blender die Szene löst, kann der Algorithmus versuchen, verschiedene Entzerr-Parameter und Linsen-Informationen zu ermitteln. Nach der Lösung finden Sie die ermittelten Werte in den entsprechenden Feldern.

Parallaxe
Als Parallaxe bezeichnet man die scheinbare Änderung der Position eines Objekts, wenn der Beobachter seine eigene Position verschiebt. Besonders gut können Sie diesen Effekt sehen, wenn Sie einen Finger vor Ihr Gesicht halten und abwechselnd das linke und das rechte Auge schließen. Der Finger scheint (verursacht durch den Augenabstand zueinander) zu springen.

Über die Schaltfläche SOLVE CAMERA MOTION übergeben Sie alle Tracks, Linsen- und Kamera-Einstellungen an Blenders Lösungsalgorithmus – und erhalten im besten Fall eine 3D-Szene und einen SOLVE ERROR als Belohnung. Der SOLVE ERROR wird berechnet, indem Blender die Szene löst und anschließend die im 3D-Raum entstehenden Marker über die getrackten Marker legt. Die Abweichung jedes erzeugten Markers von der getrackten Position ergibt den Fehlerwert. Werte zwischen unter 3 und 1 sind ganz passabel (können aber zu Rucklern in der gelösten Szene führen), zwischen 1 und 0,3 gut (meist keine Probleme, eine leichte Bewegung (Sliding) der eingefügten Objekte ist möglich), und alle Werte kleiner 0,3 weisen auf eine sehr akkurate Lösung hin.

Greenscreen-Tracking | Lassen Sie uns jetzt an einem Beispiel ausprobieren, wie Sie die in Abbildung 14.37 dargestellte Szene lösen. Wir möchten aus den in dem Video platzierten Markierungen (den X) Informationen über die Größe des Raums und die Bewegung der Kamera um die Schauspielerin gewinnen. Diese Informationen können dann dazu genutzt werden, den Raum digital nachzubauen und die (freigestellte) Schauspielerin in die digitale Szene zu setzen.

Der zu lösende Clip wurde mir freundlicherweise von Per Holmes zur Verfügung gestellt. Er stellt Ihnen auf seiner Seite *http://www.hollywoodcamerawork.us* unzählige Tracking- und Greenscreen-Clips zum Download und zu Ihrer freien Verfügung bereit.

▲ **Abbildung 14.37**
Ein typischer, professioneller Greenscreen-Clip

Schritt für Schritt
3D und Realität verschmelzen

Der in diesem Beispiel betrachtete Clip und viele weitere Clips der Seite sind mit kreuzförmigen Markierungen ausgestattet, so dass es der Tracker bei der Verfolgung der Features möglichst einfach hat. Die Datei »14_CameraSolve_Start.blend« enthält bereits 13 getrackte Marker – einer Lösung der Szene steht also nichts mehr im Weg.

Die Datei »14_Camera-Solve_Start.blend« finden Sie auf der Buch-DVD unter Beispielmaterial • Kapitel_14.

1 Kameraparameter und Szeneninformation berechnen

Stellen Sie auf dem Solve-Panel den Refine-Modus auf Focal Length, K1, setzen Sie ein Häkchen bei Keyframe, und klicken Sie auf Solve Camera Motion. Blender berechnet jetzt die virtuelle Szene, Brennweite und den Verzerrungskoeffizienten K1. Wenn alles erledigt ist, wird Ihnen Blender den Solve Error in der Kopf- und Fußzeile des Editors mitteilen.

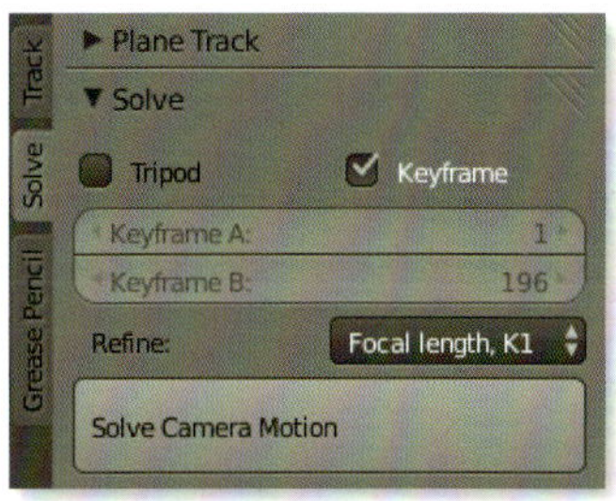

▲ **Abbildung 14.38**
Mit dem auf dem Solve-Tab vorhandenen Solve-Panel wandeln Sie die Tracks in Szeneninformationen um.

2 Tracking-Szene im 3D-View-Editor erzeugen

Klicken Sie anschließend auf Setup Tracking Scene im Panel Scene Setup der Toolbar ([T]). Blender erstellt anschließend sowohl eine 3D-Szene mit Hintergrund und Vordergrund als auch das Compositor-Setup, um diese Szene zu rendern.

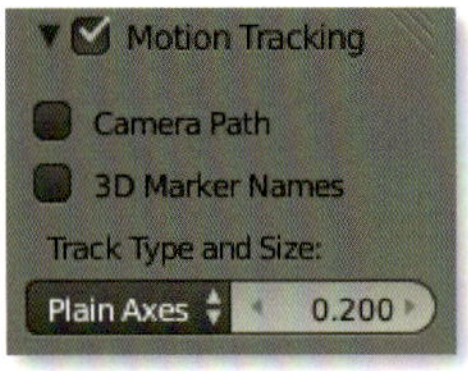

▲ **Abbildung 14.39**
Auf dem MOTION-TRACKING-Panel passen Sie die Darstellung der Emptys im Viewport an.

3 Komposition überprüfen

Wechseln Sie jetzt in das COMPOSITING-Layout. Dort finden Sie alle nötigen Nodes und im unteren rechten Teil die getrackte Szene, [0] (Ziffernblock) lässt Sie die Kamera-Ansicht einnehmen. Bei einem Druck auf [Alt] + [A] werden Sie sehen, wie sich die Kamera um den Würfel genau in der Art bewegt, wie sich die reale Kamera des Clips um die Dame bewegt. Alle Marker werden als Emptys in der 3D-Ansicht dargestellt und haften an den Features (wenn Sie den Clip als Hintergrundvideo gesetzt haben).

4 Darstellung der Emptys anpassen

Um den Emptys eine andere Ansicht und Größe zu geben, nutzen Sie die PROPERTIES ([N]) der 3D-Ansicht. Scrollen Sie dort bis zum Panel MOTION TRACKING, und ändern Sie die TRACK TYPE AND SIZE. Falls Sie Ihre Tracks benannt haben und diese Namen auch in der 3D-Ansicht sehen möchten, hilft Ihnen die Checkbox 3D MARKER NAMES auf demselben Panel weiter.

Die Datei »14_Camera-Solve_Mid.blend« finden Sie auf der Buch-DVD unter BEISPIELMATERIAL • KAPITEL_14.

Die Datei »14_CameraSolve_Mid.blend« und Abbildung 14.40 zeigen den aktuellen Stand dieses Projekts. Dort ist Ihre Szene jetzt zwar in der 3D-Ansicht zu sehen, allerdings stimmen die Proportionen der Szene im Bezug auf den getrackten Clip nicht – der Würfel ist sehr groß. Auch die Ausrichtung der errechneten Szene ist seltsam – während die reale Kamera annähernd frontal auf das Model blickt, sehen wir von oben auf den Würfel.

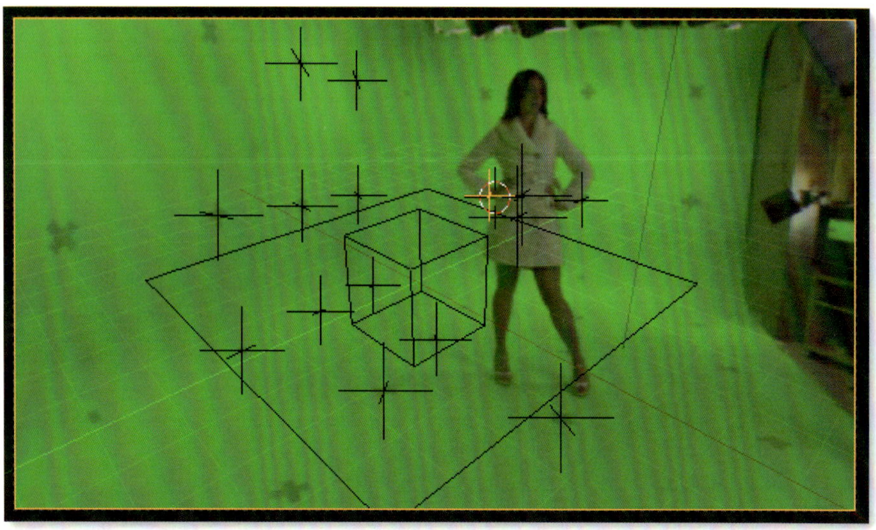

▲ **Abbildung 14.40**
Die Objekt-Proportionen und die Ausrichtung der Kamera in der gelösten Szene sind (noch) nicht korrekt.

Besonders deutlich wird das Problem, wenn Sie aus der Kamera-Ansicht in eine Seitenansicht wechseln. Dort sehen Sie, dass die Emptys in der 3D-Ansicht nicht auf den Tracks des Bodens oder der Wand liegen, sondern sich alle relativ nah an der Kamera befinden. Um die virtuelle Szene zu drehen und gleichzeitig die Dimensionen der Szene festzulegen, könnten wir jetzt die bekannten Shortcuts [G], [R] und [S] einsetzen.

In Blender gibt es jedoch in der TOOLBAR ([T]) des MOVIE CLIP EDITORS auf dem SOLVE-Tab eine viel einfachere Möglichkeit dafür: das ORIENTATION-Panel.

Kamera-Constraint
Die Bewegung der virtuellen Kamera erreicht Blender durch das Setzen eines Kamera-Constraints. Da dieser CAMERA-SOLVER-Constraint auf dem Constraint-Stapel liegt, können Sie die Kamerabewegung durch weitere Constraints ändern oder einschränken. Je nach Szene kann das äußerst hilfreich sein.

Die Ausrichtung der Szene festlegen – das Orientation-Panel | Dieses Panel richtet mithilfe von getrackten Markern die 3D-Szene aus und legt die Dimension der Szene fest:

- FLOOR: Wählen Sie drei Tracks aus, die sich auf dem Boden befinden, und klicken Sie auf diese Schaltfläche – sofort wird Blender die Szene so ausrichten, dass sie identisch zu dem realen Boden ist.
- WALL: Genauso, wie Sie den Boden mit der vorigen Schaltfläche festgelegt haben, ist diese Schaltfläche dafür zuständig, die Wand mithilfe von drei Tracks zu definieren.
- SET ORIGIN: Mit dieser Schaltfläche legen Sie den Ursprung der 3D-Szene fest. Hierfür ist nur ein ausgewählter Marker nötig.
- SET X/Y AXIS: Über diese beiden Schaltflächen legen Sie mithilfe von jeweils einem Track fest, in welche Richtung die x-Achse und in welche die y-Achse zeigt.
- SET SCALE: SET SCALE skaliert die (Kamera der) 3D-Szene so, dass zwei im MOVIE CLIP EDITOR ausgewählte Tracks (bzw. Emptys in der 3D-Szene) den unter DISTANCE angegebenen Abstand erhalten. Bestenfalls wählen Sie hier zwei Tracks, deren Abstand Sie kennen, und geben die Distanz zwischen beiden in der Einheit Meter an.
- APPLY SCALE: Diese Schaltfläche passt nicht die Skalierung der Kamera, sondern die der Marker so an, dass die eingestellte Distanz zwischen den markierten Markern erreicht wird. Sie benötigen diese Schaltfläche nur dann, wenn Sie Ihre Szene (bzw. Marker) von Hand skaliert haben.

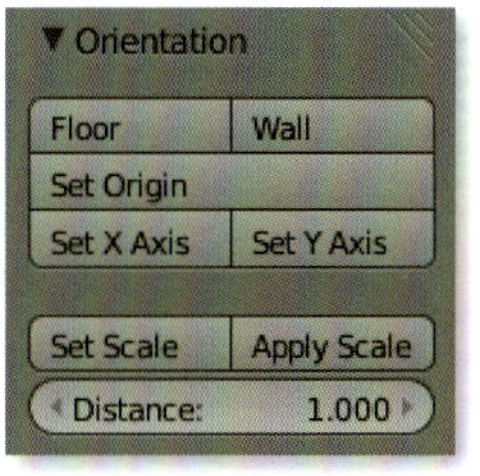

▲ **Abbildung 14.41**
Mit dem ORIENTATION-Panel passen Sie die Skalierung und Ausrichtung der Szene an.

Wenn Sie die obigen Optionen ausprobieren möchten, nehmen Sie die Datei »14_CameraSolve_Mid.blend« als Vorlage, und legen Sie die Wand, den Boden und den Koordinatenursprung fest. Die Datei »14_CameraSolve_End.blend« und die Abbildung 14.42 zeigen Ihnen das ausgerichtete Endergebnis.

Die Dateien »14_CameraSolve_Mid.blend« und »14_CameraSolve_End.blend« finden Sie auf der Buch-DVD unter BEISPIELMATERIAL • KAPITEL_14.

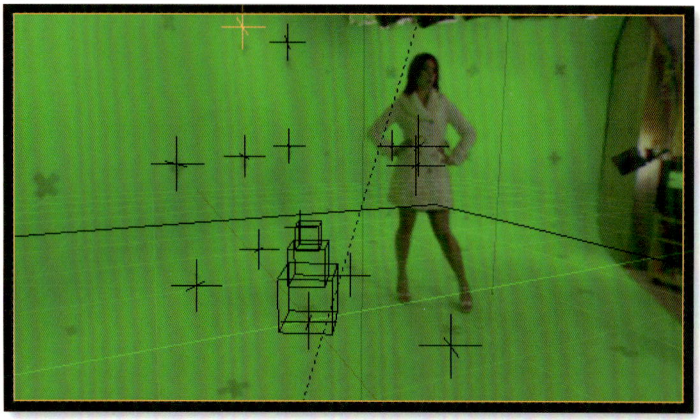

Abbildung 14.42 ▸
Die mit dem Orientation-Panel korrekt ausgerichtete Szene fügt sich nahtlos in die Originalszene ein.

14.3.5 Clean up

Sie erinnern sich sicherlich noch daran, dass der in der letzten Übung berechnete Solve Error relativ gering war. Wenn Sie andere Projekte mit Blenders Tracker durchführen, werden Sie wohl nicht immer solche geringen Werte beim ersten Versuch erreichen. In den nächsten beiden Abschnitten möchte ich Ihnen daher zeigen, wie Sie diesen Fehlerwert verbessern können.

Fehlerhafte Tracks entfernen | Bevor Sie fehlerhafte Tracks entfernen können, müssen Sie diese fehlerhaften Tracks zuerst lokalisieren. Blender bietet Ihnen dazu mehrere Möglichkeiten:

- Nutzen Sie das in Abbildung 14.43 gezeigte Dope Sheet des Movie Clip Editors in der oberen rechten Hälfte des Motion Tracking-Layouts. Sortieren Sie dort die Tracks nach Average Error durch einen Klick auf Name und Invert, und klicken Sie den obersten Track (den Track mit dem höchsten Fehlerwert) an.

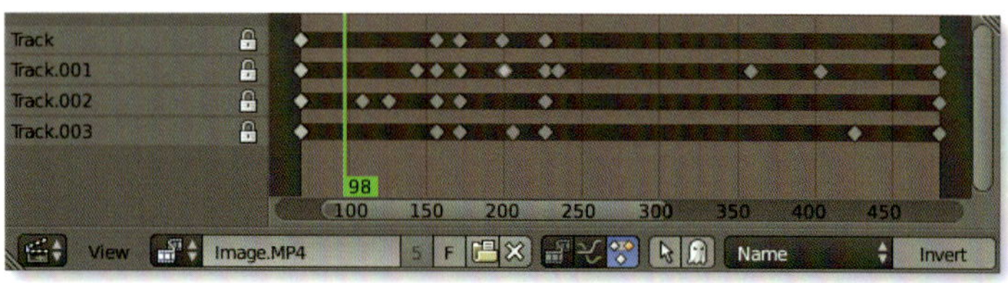

Abbildung 14.43 ▸
Das Dope Sheet des Movie Clip Editors

- Betrachten Sie die linke obere Hälfte des Motion-Tracking-Layouts. Dort zeigt Ihnen der in Abbildung 14.44 dargestellte Graph Editor Graphen für die Beschleunigung der Marker in x- (rot) und y-Richtung (grün). Wenn Sie dort hohe Ausschläge sehen können, die nur ein Track vollführt, während sich alle anderen mehr oder weniger synchron bewegen, sollten Sie sich diesen Track näher ansehen. Auch hier klicken Sie einfach auf den Graph – der entsprechende Track wird dann selektiert.

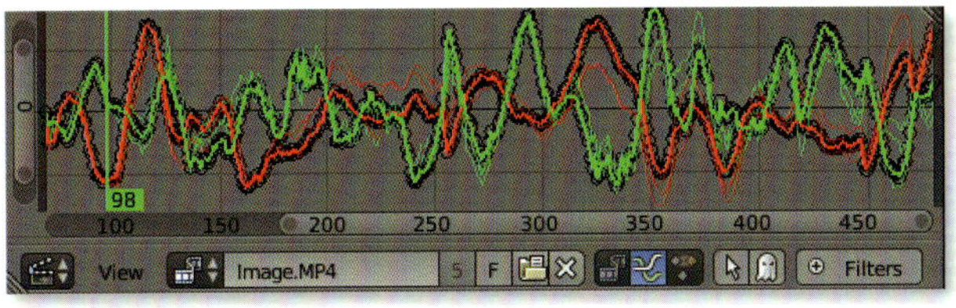

◀ **Abbildung 14.44**
Der Graph Editor des Movie Clip Editors

- Setzen Sie ein Häkchen bei der Info-Einstellung des Panels Marker Display– so erkennen Sie leicht, welcher Track welchen Solve Error aufweist.
- Nutzen Sie das Clean-Up-Panel der Toolbar.

Das Clean-up-Panel | Das Panel Clean up nimmt Ihnen die manuelle Suche nach schlechten Tracks ab. Deselektieren Sie dazu zuerst alle markierten Tracks (A), und erkunden Sie anschließend die Einstellungen:

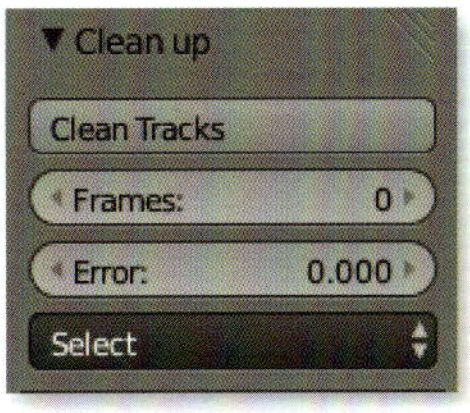

▲ **Abbildung 14.45**
Das Clean-up-Panel

- Clean Action: Die im unteren Teil des Panels befindliche Combobox enthält die Einträge Select, Delete Track und Delete Segments, die angeben, welche Aktion beim Klick auf die am Anfang stehende Schaltfläche Clean Tracks ausgeführt wird. Select wählt die entsprechenden Tracks nur aus, Delete Track löscht sie, und Delete Segments löscht nur die als schlecht befundenen Teilstücke der Tracks. Welche Tracks als schlecht befunden werden, legen Sie über die beiden nachfolgenden Einstellungen fest.
- Frames: Findet Tracks, die nicht mindestens die hier eingegebene Anzahl an aufeinanderfolgenden Frames getrackt wurden.
- Error: Findet Tracks, deren Solve Error höher als der hier eingegebene Wert ist.

Mit diesem Überblick über die Feintuning-Tools können wir das Kapitel »Tracking« jetzt fast abschließen. Doch eine Kleinigkeit fehlt noch: das Masking.

14.4 Masking und Rotoscoping

Gerade im VFX-Bereich (Bereich der virtuellen Effekte = Virtual Effects) sind Maskierungen und insbesondere Rotoscoping permanent präsent. Ursprünglich wurde Rotoscoping dazu genutzt, Filmszenen von hinten auf eine Glasscheibe zu werfen und Künstlern damit zu ermöglichen, sie abzuzeichnen (und mit Effekten zu versehen). Im Compositing-Bereich bezeichnet es eine Technik, bei der Sie eine Maske um interessante Bildbereiche zeichnen (beispielsweise um den Schauspieler aus einem unserer Projekte in Abbildung 14.46) und damit eine Alpha-Maske anlegen. Sie schneiden auf diese Weise die maskierten Bereiche frei.

Abbildung 14.46 ►
Über Masken trennen Sie Vorder- von Hintergrund und maskieren Objekte aus.

Nützlich sind diese Masken in vielerlei Hinsicht: Stellen Sie sich vor, Sie hätten einen Bilderrahmen getrackt, der Ornamente besitzt, die das Bild an einigen Stellen verdecken. Würden Sie jetzt über einen Four Corner Pin das ursprüngliche Bild ersetzen, so würden die Ornamente durch das neue Bild überdeckt – und die Integration ruiniert. Mit einer Maske um die Ornamente können Sie diese freistellen und im Nachhinein über das eingefügte Bild setzen. Auf diese Weise würde die Illusion aufrechterhalten und niemand vermuten, dass Sie das Bild ersetzt haben.

In Blender können Sie sowohl im UV/Image Editor als auch im Movie Clip Editor Masken erstellen – das grundsätzliche Handling von Masken ist aber überall gleich. Masken werden immer in dem sogenannten Mask-Modus angelegt. Während Sie diesen Modus innerhalb des Movie Clip Editors durch einen Druck auf [Tab] oder einen Klick auf die Modusauswahlbox des Movie Clip Editors aktivieren können, müssen Sie im UV/Image Editor immer den Weg über die Modusauswahlbox nehmen. Neben View und Paint erwartet Sie dort auch die Auswahl Mask, in der Sie durch einen Druck auf [T] und [N] die in den nachfolgenden Abschnitten beschriebenen Panels zum Vorschein kommen lassen können. Da Sie Masken jedoch meistens im Movie Clip Editor benötigen, werde ich sie Ihnen in diesem Editor zeigen – wechseln Sie dazu jetzt wieder in das Motion-Tracking-Layout, und laden Sie einen Clip, den Sie mit einer Maske ausstatten möchten.

14.4.1 Masken anlegen, auswählen und ändern

Wechseln Sie im MOVIE CLIP EDITOR per [⇆] in den MASK-Modus, und klicken Sie im Fuß des Editors neben dem blauen Maskensymbol auf NEW. Wie üblich legen Sie in Blender dadurch einen neuen Datenblock an – in diesem Fall einen Masken-Datenblock, dem Sie beliebige Namen, wie beispielsweise »Ornamentmaske« geben können. Jede Maske setzt sich – ähnlich wie ein Bild in Grafikprogrammen – aus beliebig vielen Ebenen zusammen, die Sie miteinander auf unterschiedliche Arten kombinieren und in den PROPERTIES ([N]) unter MASK LAYERS hinzufügen, benennen oder löschen können. Jede Ebene kann wiederum beliebig viele Kurven enthalten (sogenannte *Splines*), die zusammen die Maske bilden und nicht unbedingt miteinander verbunden sein müssen.

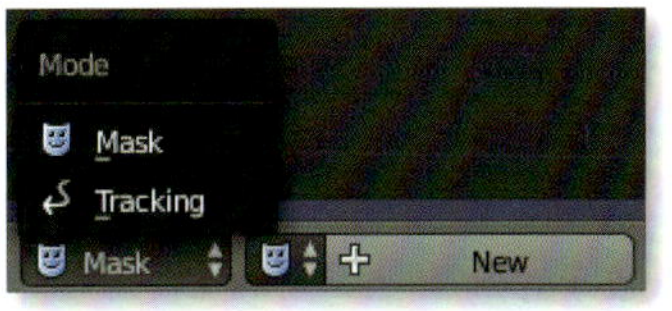

▲ **Abbildung 14.47**
Mit der Modusauswahlbox wechseln Sie in den MASK MODE.

Bei allen Maskenoperationen hält sich Blender erneut sehr stark an die bereits aus anderen Editoren bekannten Tastenkombinationen:

- Um Blender automatisch eine Maskenebene für Sie anlegen zu lassen, klicken Sie mit [Strg] + linke Maustaste in den MOVIE CLIP EDITOR – analog dem Hinzufügen von Vertices in der 3D-Ansicht erstellt Blender bei dieser Tastenkombination eine neue Ebene, auf der die gerade erzeugten Spline-Kontrollpunkte verankert werden.
- Bislang ist Ihr Spline nicht geschlossen, sondern an zwei Punkten offen. Möchten Sie diese Punkte verbinden und die Maske somit schließen, genügt ein Druck auf [Alt] + [C] – genau wie bei Kurven in der 3D-Ansicht.
- Das Auswählen von Kontrollpunkten geschieht per rechte Maustaste, [A] wählt alle Punkte aus oder ab, [C] initiiert eine kreisförmige Auswahl und [Strg] + [B] die Box-Selektion.
- Um die gewählten Punkte zu bewegen, verwenden Sie [G] – ein Druck auf [R] und [S] rotiert und skaliert mehrere Punkte um einen in der Fußzeile einstellbaren Drehpunkt (PIVOT POINT).
- Möchten Sie Ihre Maske stärker unterteilen, klicken Sie auf den Rand der Maske mit [Strg] und linker Maustaste – ein neuer Anfasser wird unter Ihrer Maus erscheinen.
- Von den CURVE-Objekten der 3D-Ansicht und den F-Curves aus Kapitel 9, »Animation«, wissen Sie, dass Sie die Art der Anfasser von Kontrollpunkten über [V] festlegen können – auch die Kontrollpunkte von Splines sind auf diese Art veränderbar.
- Möchten Sie Masken synchron zu dem aktuellen Geschehen im Clip halten, sollten Sie die Kontrollpunkte animieren. Wählen Sie dazu mindestens einen Kontrollpunkt aus, und fügen Sie an den entsprechenden Frames mit [I] einen Keyframe ein. Im DOPE SHEET aus Kapitel 9 (nicht das DOPE SHEET im MOVIE CLIP

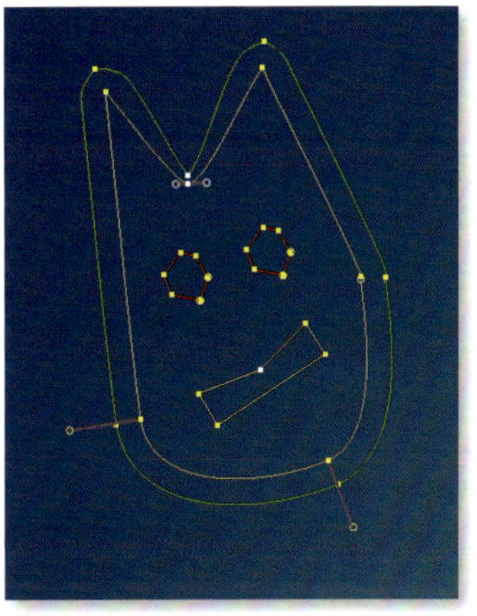

▲ **Abbildung 14.48**
Mehrere Splines können zu einer Maske kombiniert werden.

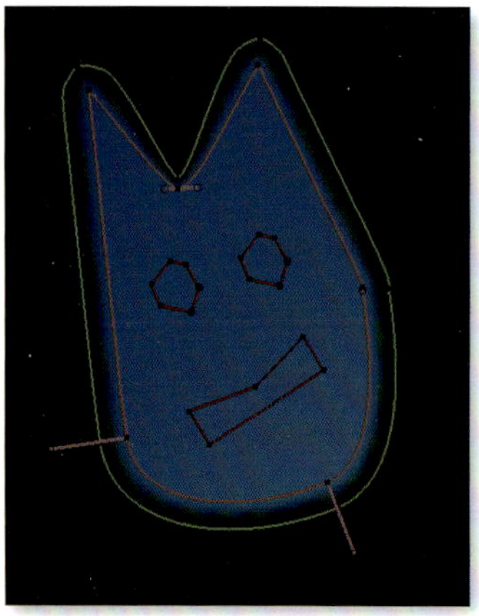

▲ **Abbildung 14.49**
Die Ränder der Maske werden über die Feathering-Funktion ausgeblendet.

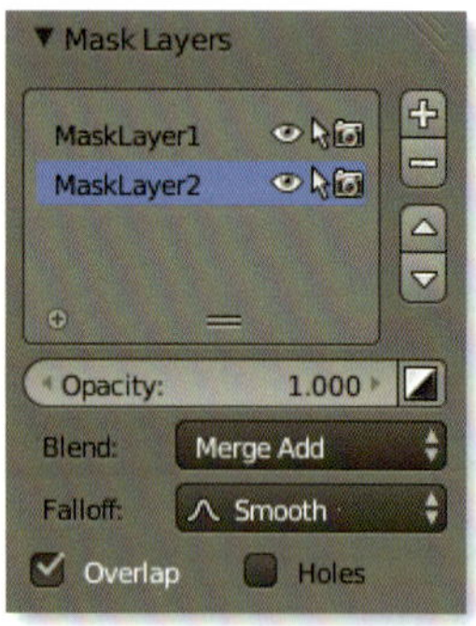

▲ **Abbildung 14.50**
Das Mask-Layers-Panel

Editor) finden Sie diese Keyframes, sobald Sie den Modus des Sheets auf Mask ändern.

- Zum Löschen von Kontrollpunkten nutzen Sie [X] oder [Entf].

Neben den besprochenen Eigenschaften haben Splines gerade im Compositing-Bereich eine weitere unverzichtbare Eigenschaft – das *Feathering*. Es lässt Sie festlegen, wie hart die Grenze zwischen einer Spline-Kurve und seiner Umgebung gezogen wird. Klicken Sie auf eine Kurve mit gehaltener [⇧] + linker Maustaste, und bewegen Sie anschließend Ihre Maus nach außen, wird sich eine grüne Umrandung um das Spline bilden. Dieser Rand gibt an, wie sanft der Hintergrund mit den Randbereichen der Kurve überblendet wird. Wenn Sie die Anzeige der Masken im übernächsten Abschnitt anpassen, wird der Effekt des Featherings schnell klarer – werfen Sie bis dahin einen Blick auf die Ränder der Maske in Abbildung 14.49.

14.4.2 Splines mithilfe von Ebenen kombinieren

Masken werden – besonders im Rotoscoping – oftmals nicht aus nur einer Kurve erstellt, sondern aus vielen zusammengesetzten Splines. So kann die Maske für eine Hand beispielsweise aus jeweils einem Spline für die fünf Finger und einem Spline für den Handballen bestehen. Blender gibt Ihnen im Panel Mask Layers der Properties ([N]) die Möglichkeit, diese Splines auf Ebenen zu organisieren.

Wie auch sonst in solchen Fällen erwartet Sie zu Beginn des Panels eine Liste, in der Sie mit den üblichen Verdächtigen (Plus-/Minussymbol) neue Ebenen hinzufügen, vorhandene verschieben oder löschen können. Auch die Icons innerhalb eines Listenelements werden Ihnen bekannt vorkommen: Das Auge blendet ein Spline temporär aus, der Mauszeiger verhindert ein versehentliches Selektieren der Maske, und das Kamerasymbol schließt die Maske vom Rendering-Prozess aus.

Direkt unterhalb der Ebenenliste erwarten Sie Einstellungen, die auf die gerade ausgewählte Ebene wirken. Bevor Sie diese ausprobieren, sollten Sie zwei Masken erstellen (mit dem Add-Panel der Toolbar des Mask-Tabs) die sich überlappen. Anschließend sollten Sie den Overlay-Parameter des Mask-Display-Panels aktivieren und auf Alpha Channel setzen – auf diese Weise erhalten Sie eine schwarz-weiße Darstellung der maskierten und unmaskierten Bereiche.

- Opacity: Über diesen Regler stellen Sie ein, wie opak die Masken dargestellt werden. Null bedeutet völlige Transparenz, das schwarz-weiße Icon hinter dem Regler invertiert die Farben.

- Blend: Über diese Combobox stellen Sie ein, wie die Splines dieser Ebene auf die der tiefer liegenden Ebenen wirken. So können sich Ebenen ergänzen (Modus Add) oder beschneiden (Subtract).
- Falloff: Mit dieser Box setzen Sie fest, wie abrupt in den Feathering-Bereichen auf den Hintergrund überblendet wird. Die hier auswählbaren Modi sind mit den bekannten Falloff-Typen aus beispielsweise dem Texture-Paint- oder Sculpting-Bereich identisch.
- Overlap: Mit dieser Box schneiden Sie sich selbst überlappende Teile der Maske weg.
- Holes: Diese Checkbox lässt die Masken genau wie überlappende geschlossene 2D-Kurven in der 3D-Ansicht miteinander reagieren – die überlappenden Stellen beider Masken werden entfernt.

Ich empfehle Ihnen, die letzten beiden Optionen über verschiedene Layer-Ebenen und die entsprechenden Blend-Modi zu umgehen. Overlap und Holes sind äußerst instabil und zu unflexibel für aufwendigere Jobs.

14.4.3 Die Anzeige der Masken anpassen

Entgegen den im letzten Abschnitt erläuterten Einstellungen ändern alle Einstellungen des hier beschriebenen Panels Mask Display der Properties ([N]), wie die gesamte Maske angezeigt wird, nicht nur für einzelne Splines. Es ist daher gleichgültig, welche Ebene Sie gerade gewählt haben, wenn Sie diese Optionen ändern. Beachten Sie, dass die hier getroffenen Einstellungen rein auf die Anzeige im Movie Clip Editor wirken, nicht auf das spätere Rendering:

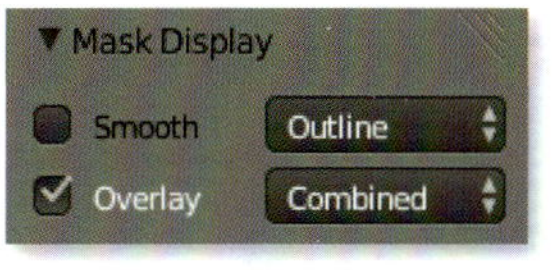

▲ **Abbildung 14.51**
Das Mask-Display-Panel regelt, wie die Maske dargestellt wird.

- Smooth: Über diese Checkbox schalten Sie die Kantenglättung für die Maske ein oder aus. Eine eingeschaltete Kantenglättung führt zu weicheren Maskenumrandungen.
- Draw Type: Über diese Combobox können Sie die Umrandung der Maske genauer festlegen. Möchten Sie Ihre Maske mit einer Kontur anzeigen, so wählen Sie Outline, Schwarz oder Weiß erreichen Sie mit Black bzw. White, und Dash strichelt die Umrandung.
- Overlay: Jetzt wird es spannend. Während Sie bislang nur erahnen konnten, wie eine Maske auf Ihren geladenen Clip wirkt, können Sie die Wirkung mit diesem Häkchen sichtbar machen. Der nachfolgend beschriebene Overlay-Mode definiert, auf welche Art Ihnen die Wirkung der Maske präsentiert wird.

- Overlay mode: Der standardmäßig aktive Modus Alpha Channel zeichnet Ihnen die Maske wie einen Alpha-Kanal. Alle von der Maske betroffenen Bereiche werden dabei wie üblich weiß, alle von der Maske ignorierten Bereiche schwarz gezeichnet. Combined bezieht den Clip direkt mit in das Ergebnis ein. Er erzeugt aus der Maske einen Alpha-Kanal und kombiniert diesen mit dem geladenen Clip – dadurch sehen Sie in Echtzeit, wie sich eine Änderung der Maske (inklusive Feathering) auf das Endergebnis auswirkt.

14.4.4 Masken und Compositing

Um Masken nicht nur anzuzeigen, sondern tatsächlich zum Ändern von Rendering-Ergebnissen einzusetzen, wechseln Sie – Sie vermuten es bereits – in den Node Editor. Dort finden Sie in der Input-Kategorie den Mask-Node. Er stellt Ihnen den Zugriff auf Mask-Datenblöcke und die dazugehörigen Graustufendaten bereit, die Sie beispielsweise als Eingang für Fac-Sockets nutzen können. Neben der Maskenauswahl sind Sie mit dem Mask-Node in der Lage, Feathering ein- und auszuschalten (Feather, spart Ressourcen), die Kanten der Masken über den Punkt Anti-Alias weichzuzeichnen und bewegten Masken über den Punkt Motion Blur eine Bewegungsunschärfe mit auf den Weg zu geben.

▲ Abbildung 14.52
Durch den Mask-Node nutzen Sie Masken im Compositing.

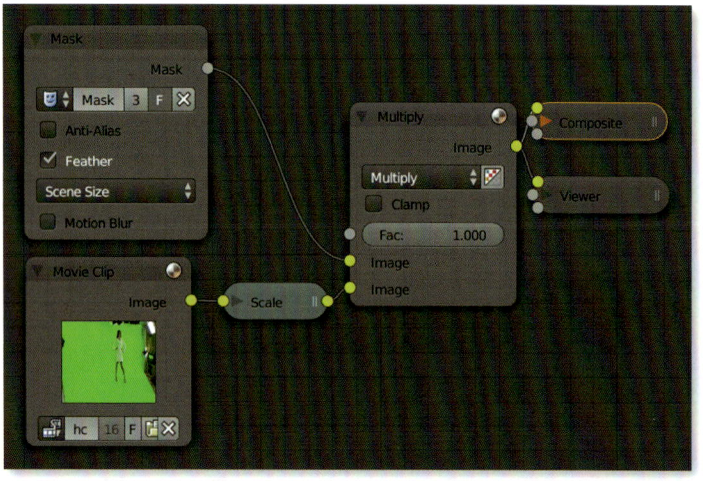

▲ Abbildung 14.53
Ein typischer Compositing-Node-Tree bei der Verwendung von Masken

Jetzt bleibt eigentlich nur noch eine Frage zu klären: Wie groß wird die Maske gezeichnet? Auch bei dieser Frage lässt Sie Blenders Node Editor nicht im Stich: Sie legen über eine in dem Node vorhandene Combobox fest, welches Verhalten Ihnen am liebsten ist. Um die Maske an die Szenengröße anzupassen, nutzen Sie Szene Size, eine feste Größe stellen Sie mit Fixed ein. Da Masken im Node Editor als Vektordaten vorliegen, können sie ohne Auflösungsverluste skaliert werden.

Möchten Sie sich ein Live-Beispiel für eine animierte Maske inklusive Compositor-Setup ansehen, empfehle ich Ihnen die Datei »14_AnimatedMask.blend«. Das Motion-Tracking-und das Compositing-Layout stehen Ihnen dort für Tests zur Verfügung und werden Ihnen bei einem Druck auf [Alt] + [A] zeigen, wie animierte Masken aussehen. Mit dieser Datei schließen Sie erneut ein Kapitel dieses Buches ab ... fast – denn wie immer gibt es noch einiges, das es zu entdecken gilt.

Die Datei »14_AnimatedMask.blend« finden Sie auf der Buch-DVD unter Beispielmaterial • Kapitel_14.

14.5 Zum Stöbern

Viele der nachfolgenden Informationen finden Sie in DVDs, Büchern und natürlich im Internet. Besonders ans Herz legen möchte ich Ihnen die frei verfügbare DVD »Track Match Blend« der Blender Foundation in Kooperation mit Sebastian König und die überarbeitete Version in der Blender Cloud. Sie vermittelt Ihnen per Video viele Kniffe und Tricks im Umgang mit Blenders Tracker und hilft Ihnen bei vielen der unten stehenden Aufgaben:

- **Entzerrung via Grease Pencil**: Sie haben zu Beginn des Kapitels gelernt, wie Sie Clips über ein Gitter und die K1-, K2- und K3-Werte entzerren. Doch nicht nur über ein Gitter können Sie Clips entzerren, auch der Grease Pencil kann zum Ermitteln der korrekten Parameter genutzt werden.
- **Object Tracking**: In diesem Kapitel haben Sie unter anderem gelernt, wie Sie die Bewegung einer Kamera ermitteln können. Blenders Tracker kann jedoch noch mehr: Er kann ermitteln, wie sich ein Objekt im Raum bewegt. Dazu müssen Sie zuerst ein Camera-Tracking durchführen und anschließend in den Tracking-Properties ([N]) im Objects-Tab ein neues Objekt hinzufügen. Alles Weitere verraten Ihnen das Netz und die oben angegebene DVD.
- **Four-Corner-Pin-Integration**: Sehen Sie sich an, wie Sie im Compositor Spiegelungen von Glasoberflächen auf das durch Sie ersetzte Bild transferieren. Weichen Sie die Kanten des Four Corner Pins etwas auf, um die Übergänge weicher zu gestalten.
- **Grease-Pencil-Tracking**: Blenders Tracker ist in der Lage, mithilfe des Grease Pencils Masken für Features zu definieren, die der Tracking-Algorithmus beachtet.

- **Parenting von Masken**: Masken können an einen Track geparentet werden – analog zu Objekten in der 3D-Ansicht. Bei Masken erledigen Sie diese Aufgabe per Active-Point-Panel – geben Sie dort einfach einen Track an.

Auch über den Movie Clip und UV/Image Editor hinaus können Masken zum Freistellen oder Maskieren von Bildmaterial genutzt werden – beispielsweise bei der Phase des Videoschnitts.

14.6 Auf ins nächste Kapitel

Mittlerweile wissen Sie ja bereits, dass Blender ein echter Tausendsassa ist. Modelling, Sculpting, Texturing, Rigging, Animation, Simulation, Rendering, Compositing – es gibt kaum einen Bereich der digitalen Erstellungskette, der nicht von Blender abgedeckt wird. Doch ein Bereich fehlt uns noch: der Schnitt und die Vertonung von Animationen und Renderings, nachdem sie den Compositor verlassen haben.

Daher lernen Sie im nächsten Kapitel noch einen sehr wichtigen Bereich der Produktionskette kennen, der mir sehr viel Freude macht und der in vielen Blender-Publikationen leider nur am Rande behandelt wird – die Video- und Bildsequenz-Bearbeitung mit dem Video Sequence Editor (VSE).

Kapitel 15
Der Video Sequence Editor

In diesem Kapitel möchte ich Sie aus der spannenden dreidimensionalen Welt entführen und zu einer Reise in das zweidimensionale Reich des VIDEO SEQUENCE EDITORS *(VSE) mitnehmen. Sie werden lernen, wozu der VSE in Ihren Projekten genutzt werden kann, welche Stärken und Schwächen er besitzt und warum er ein essenzieller Bestandteil vieler größerer Projekte ist.*

15.1 Der Herzschlag Ihrer Animation

Sie haben stundenlang Ihrem PC beim Berechnen zugesehen, haben jede Kameraeinstellung genau geplant, und jetzt sollen Sie Ihre Animation (be)schneiden?! Lassen Sie uns, um diese Frage zu beantworten, ein wenig tiefer in das interessante Thema Film einsteigen.

Blenders Stiefkind
Der VSE ist wohl der mit Abstand am wenigsten beachtete Teil von Blender und das völlig zu Unrecht. Daher freut es mich ganz besonders, Ihnen mit dem aktuellen Kapitel diesen grundsoliden Videoschnitt-Editor vorzustellen.

15.1.1 Film-Editing

Wenn Sie sich Ihren Lieblingsfilm ansehen, werden Sie immer von dem Gesamtkunstwerk begeistert. Sie nehmen weder die Titelmusik, noch die Kameraeinstellungen, oder eine besonders gute schauspielerische Leistung einzeln wahr – auf Sie wirkt immer das gesamte Werk. Dies gilt gleichfalls auch für Animationsfilme, Dokumentationen und Kurzfilme.

Um diesen Gesamteindruck zu erzeugen, werden aktuelle Blockbuster wochen- und monatelang geschnitten – obwohl sich der Regisseur im Voraus viele Gedanken zu Kameraeinstellungen, Timing und Ablauf des Films gemacht hat. Der Filmschnitt wird somit zum Herzschlag des Films. Er beschleunigt und verlangsamt den Film zum richtigen Zeitpunkt, er erzeugt Spannung und Drama – kurz: Er haucht ihm Leben ein.

15.1.2 Color Grading

Um die Stimmung des Films noch stärker im Unterbewusstsein des Zuschauers zu verankern, folgt nach dem eigentlichen Schnitt meist die Farbkorrektur (das *Color Grading*) – sie dient dazu, den Film auch farblich an die Orte zu transportieren, an denen er spielt. Dazu werden die Schatten/Mitten und Glanzlichter der Szene mit einem ganz leichten Farbstich versehen. Dies ist meist der letzte Schritt in der langen Bearbeitung einer Sequenz, jedoch kann er über Erfolg und Misserfolg einer Szene entscheiden.

Lassen Sie mich Ihnen auch zum Color Grading zwei Beispiele geben: Stellen Sie sich einen Film vor, der in der Wüste spielt. Sie sehen Kamele, Beduinen, eine Sonne die mit jeder Minute näherkommt und den Sand unter Ihren Sandalen unerträglich heiß werden lässt ... Sind Sie schon durstig? Welche Farbe würden Sie als die dominante Farbe in dieser Sequenz erwarten? Blau/Grün/Violett? Wenn es ihnen so geht wie mir, haben Sie instinktiv gefühlt, dass diese Farben niemals die Hitze dieser Szene transportieren würden. Hier passt tatsächlich nur eine Farbe: Gelb (inklusive diverser Rot- und Orangefärbungen).

Stellen Sie sich im Gegensatz dazu eine Fertigungsstraße vor: Eine Vielzahl technischer Geräte wartet links, Roboter gehen auf der rechten Seite ihrer Arbeit nach, die Neonlichter erleuchten die Szene mit einem künstlichen, unwirklichen Licht. Die blitzblank geputzten Maschinen spiegeln die Deckenlichter wider, und ein Angestellter bearbeitet gerade unter einem Funkenregen ein Stück Eisen. Fühlen Sie die Szene? Würde auch hier eine gelbe/rote Färbung dazu beitragen, Sie in die Szene zu ziehen? Eher nicht! Technische Szenen werden heutzutage meist blau/grün eingefärbt – dies unterstützt den kühlen Eindruck, den eine Techniklandschaft auf uns sowieso schon ausübt.

Wie Sie anhand der obigen Beispiele leicht einsehen werden, sind die Bearbeitungsschritte nach dem Drehen eines Films oder Rendern einer Animation mindestens genauso wichtig, wie das Erstellen des Films selbst. Sie schenken Ihren Szenen Leben und einen ganz eigenen Charakter. Bevor wir uns jetzt auf Ihre erste Sequenz stürzen, gilt es noch, eine weitere wichtige Größe im Bereich der Videoclips zu erklären – die Bildwiederholrate.

15.1.3 Bildwiederholraten

In den letzten Kapiteln haben wir immer wieder das Thema der Bildwiederholrate (Frames per Second = fps) gestreift. Sie gibt an, wie viele Bilder der Videoplayer pro Sekunde aus dem Videofilm ausliest und anzeigt. Um die Bedeutung dieses Wertes für den

Videoschnitt zu verdeutlichen, nehmen Sie einmal an, Sie wären gerade aus dem Urlaub zurückgekehrt. Ihr Mitbringsel besteht aus einem kleinen, 2-sekündigen Clip mit Tante Klara in der Hauptrolle, der mit Ihrer brandneuen Videokamera mit 100 Bildern pro Sekunde aufgezeichnet wurde. Mal davon abgesehen, dass die Urlaubseindrücke bei 2 Sekunden Laufzeit wohl etwas zu kurz kommen werden, würden Sie wohl keine Besonderheit feststellen, wenn Sie diesen Clip in dem Videoplayer Ihres Vertrauens abspielten.

Ihr Windows-Media-Player, VLC, Totem und all die anderen Player würden in den Eigenschaften des Films nachschauen, mit wie vielen FPS der Film aufgenommen wurde, und daher den Film mit 100 fps – 2 Sekunden in normaler Geschwindigkeit – anzeigen. Spannend würde es allerdings, wenn Sie diesen Film mit der Bildwiederholrate abspielten, die in der europäischen Fernsehnorm (PAL) festgelegt wurde (25 fps): Tante Klara würde mit ¼ der ursprünglichen Geschwindigkeit über den Bildschirm tanzen – statt 2 Sekunden plötzlich ganze 8 Sekunden lang. Analog dazu würde sie bei einer Abspielgeschwindigkeit von 200 fps nur 1 Sekunde benötigen und sich mit doppelter Geschwindigkeit bewegen.

Betrachten wir nun Blender in diesem Kontext, so folgt die Software einem einfachen Muster: Die im RENDER-Tab im DIMENSIONS-Panel bei FRAME RATE eingestellten Bilder pro Sekunde werden beim Importieren in den VIDEO SEQUENCE EDITOR als die von Ihnen gewünschte Anzahl Bilder je Sekunde angenommen und die importierten Clips daraufhin angepasst. Alle Clips orientieren sich also immer an der zum Zeitpunkt des Importierens eingestellten (Animations-)Framerate.

Die Framerate bestimmen

Um in den folgenden Abschnitten keine bösen Überraschungen zu erleben, sollten Sie – falls Sie Ihre eigenen Filme importieren und diese ansehen möchten – wissen, mit wie vielen Bildern pro Sekunde (fps) Ihre Videos erstellt wurden. Dies finden Sie entweder im Dateimanager Ihres Systems über einen rechten Mausklick auf die Datei (EIGENSCHAFTEN) heraus, oder Sie nutzen einen Videoplayer, wie beispielsweise VLC (in diesem spielen Sie das Video ab und drücken `Strg` + `I`). Tragen Sie die so ermittelten FPS in Blenders RENDER-Tab im DIMENSIONS-Panel unter FRAME RATE ein.

15.2 Oberfläche und Terminologie des VSEs

Bevor Sie Ihre erste Sequenz importieren, möchte ich Sie mit den gängigen Begriffen und Abläufen in Blenders VSE bekannt machen und Ihnen die Oberfläche etwas näherbringen.

15.2.1 Von Strips, Kanälen und dem Playhead

Alle Videos, Bilder, Audiodateien, Szenen und Masken werden im VSE als farbige Balken importiert – als sogenannte *Strips* (Sequenzen). Strips werden beim Import auf dem *Sequenzbereich* abgelegt und können verschoben, geschnitten und bearbeitet werden. Sie ermöglichen es Ihnen, schnell eine Übersicht über die einzelnen

Nutzen Sie die Menüzeile

Sie werden es sich wahrscheinlich bereits denken: Auch im VSE finden Sie wieder alle Tools und Funktionalitäten in der Menüzeile des Editors. Lernen Sie trotzdem auch in diesem Teil von Blender die in diesem Kapitel angegebenen Tastenkombinationen – Sie werden um ein Vielfaches schneller im Videoschnitt, wenn Sie sie verinnerlichen und so oft wie möglich nutzen.

Bestandteile Ihres kompletten Films zu erhalten. Die am linken Rand des Sequenzbereichs durchnummerierten Zeilen nennen sich in Blenders VSE *Kanäle* und wirken wie Ebenen in Photoshop oder GIMP. Oben liegende Ebenen verdecken die jeweils tiefer liegenden; mithilfe von unterschiedlichen Ebenenmodi können Sie steuern, wie Ebenen miteinander interagieren.

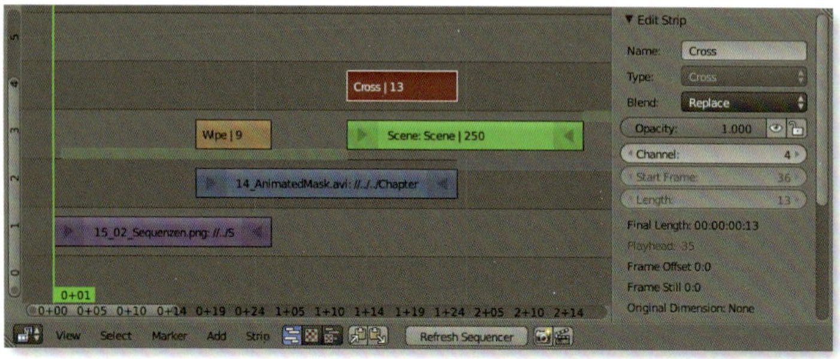

▲ **Abbildung 15.1**
Der VSE organisiert alle Videos, Bilder, Masken und Szenen als farbige Strips auf dem Sequenzbereich.

Wiedergabe
Als alter Blender-Hase wird es für Sie kein Problem darstellen, die im VSE angezeigten Clips abzuspielen. Alle Abspielmöglichkeiten aus Kapitel 9, »Animation«, (inklusive Bedienung über die Timeline oder die Tastenkombination [Alt] + [A]) stehen Ihnen auch beim VSE wieder zur Verfügung.

Einen Strip wählen Sie mit der rechten Maustaste aus. Mit einem Klick der linken Maustaste im VSE-Bereich legen Sie fest, von welchem Frame mit dem Abspielen Ihrer Strips begonnen wird. Wie auch schon bei der Animation Ihrer Objekte im GRAPH EDITOR wird auch hier der Abspielkopf (Playhead) durch eine vertikale grüne Linie signalisiert, an dessen Ende der aktuelle Frame zu sehen ist. Möchten Sie statt der angezeigten Frames lieber eine Ansicht in Sekunden, Minuten und Stunden einstellen, so erledigen Sie dies per [Strg] + [T].

15.2.2 Zu schnell unterwegs?

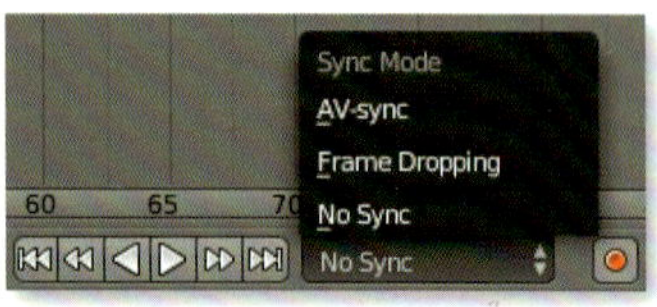

▲ **Abbildung 15.2**
Per SYNC MODE passen Sie die Darstellung der Strips an.

Sollten Sie beim Abspielen Ihrer Strips bemerken, dass Blender die eingestellte Framerate nicht erreicht, gibt es mehrere Möglichkeiten, dieses Verhalten so anzupassen, dass Sie trotzdem zu einer flüssigen Voransicht kommen. Nutzen Sie (die im letzten Kapitel kennengelernten) Proxys, um den Rechenaufwand zu verringern, oder stellen Sie in der Timeline (neben den Abspielknöpfen) ein, dass Blender überschüssige Frames verwirft (FRAME DROPPING). Folgende Möglichkeiten erwarten Sie dort:

- NO SYNC: Alle Frames werden abgespielt, auch wenn die Framerate leidet.
- FRAME DROPPING: Es werden immer dann Frames verworfen, wenn bemerkt wird, dass die Framerate nicht gehalten werden kann.

- AV-SYNC: Das Verhalten ist identisch zu dem von FRAME DROPPING, es wird jedoch zusätzlich darauf geachtet, dass der Abspielvorgang synchron zu den im Projekt vorhandenen Audiodateien ist.

15.2.3 Die drei Hauptbereiche des VSEs

Falls Sie sich noch nicht in der Video-Editor-Ansicht befinden, wechseln Sie jetzt hinein, und wählen Sie unter Screen-Layout den VIDEO SEQUENCE EDITOR aus. Hier erwarten Sie mehrere Bereiche: Der Sequenz-Bereich, der GRAPH EDITOR und der Voransichtsbereich.

Mauszeiger über Bereich
Auch hier gilt: Halten Sie den Mauszeiger über den gewünschten Bereich, wenn Sie Aktionen durchführen möchten. [⇧] + [A] und alle VSE-Tastenkombinationen haben nur dann den gewünschten Effekt, wenn Sie sich über dem VSE-Fenster befinden.

Der Sequenzbereich | Der mit Sicherheit meistgenutzte dieser drei Bereiche ist der Sequenzbereich ①. Er beherbergt jeden Ihrer Strips, ermöglicht es Ihnen, sie zu verschieben und zu schneiden, und zeigt Ihnen auf einen Blick, in welcher Reihenfolge Ihre Strips angeordnet sind.

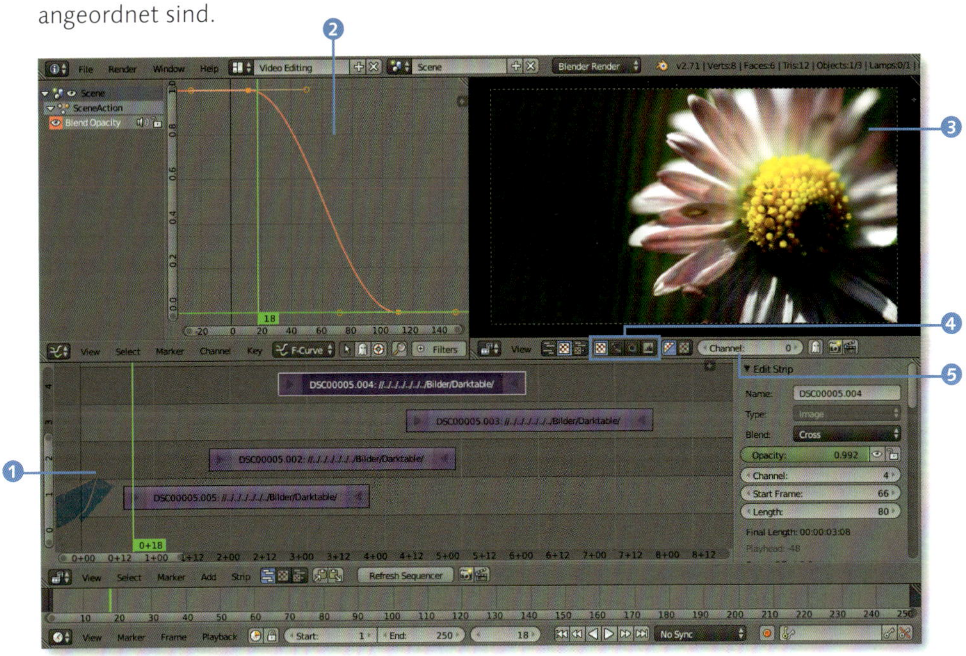

▲ **Abbildung 15.3**
Die Hauptbereiche des VSEs – der Sequenzbereich, der GRAPH EDITOR und die Voransicht

Ergänzt wird er im unteren Teil dieses Fensters durch das SEQUENCER-Menü. In diesem finden Sie alle Aktionen, die Sie bei der Arbeit mit aktiven Strips und zur Navigation im VIDEO SEQUENCE EDITOR benötigen werden.

Wie schon im NLA Editor gilt auch im VSE, dass die Strips immer von links nach rechts abgespielt und von unten nach oben ausgewertet werden. Die Auswertungsreihenfolge spielt etwa dann eine Rolle, wenn Sie teilweise transparente Grafiken über Ihre Strips legen möchten. Ein oben liegender Strip hat immer Vorrang vor allen tiefer liegenden Strips – stellen Sie sich Strips wie übereinanderliegende Folien auf einem Overhead-Projektor vor.

Zum Nachlesen
Alle Tastenkombinationen und die Möglichkeiten des Graph Editors finden Sie in Kapitel 9.2.3, »Der Graph Editor«.

Der Graph Editor | Der Graph Editor ❷ kommt Ihnen mit Sicherheit bereits bekannt vor, falls Sie das Buch nicht – wie ich es oftmals tue – von hinten nach vorne lesen oder als Nachschlagewerk nutzen. Dieser Bereich ist ein exaktes Duplikat desjenigen Graph Editors, den Sie bereits bei der Animation Ihrer Objekte kennengelernt haben. Es wird Sie freuen, zu hören, dass alle bereits bekannten Funktionen und vor allem Tastenkombinationen exakt identisch sind – Sie müssen keinerlei neue Funktion lernen.

Die Voransicht | Der Bereich unter ❸ gibt Ihnen eine Voransicht Ihrer Strips. Dabei können Sie mithilfe der bei ❹ angezeigten Symbole schnell wählen, ob Sie die Farbverteilung Ihrer Clips ansehen, oder einen speziellen Kanal ❺ sehen möchten.

15.2.4 Strips importieren

Wenn wir bislang von Strips redeten, so haben wir implizit angenommen, dass es sich um Videos handelt, doch Blender kennt noch eine ganze Reihe weiterer Strip-Typen, wie beispielsweise Bild-, Masken-, Clip-, Audio- oder Effekt-Strips. Alle Strips, egal, um welchen Typ es sich handelt, werden entweder über den Menüpunkt Add • Movie/Image/Clip oder über das Tastenkürzel ⇧ + A importiert. Beachten Sie hierbei, dass Blender den importierten Strip an der Stelle einfügt, an der sich Ihr Playhead zum Zeitpunkt des Imports befindet.

15.2.5 Strip-Typen

Wenn Sie Ihrem Projekt einen Strip hinzugefügt haben, erscheint er im Hauptbereich des VSEs als farbiger Balken. Sehen Sie sich mit mir jetzt die unterschiedlichen Strips und die daraus resultierenden Strip-Farben etwas genauer an.

▲ **Abbildung 15.4**
Ein Image Strip

Image – Bilder und Bildsequenzen | Alle pixelbasierten Bildformate (völlig egal, ob JPG oder TIFF, PNG oder BMP) werden problemlos von Blender importiert. Dabei ist es egal, ob Sie einzelne

Bilder oder eine Animation bestehend aus mehreren Bildern importieren möchten – alle Importvorgänge, an denen Bilder beteiligt sind, regelt dieser Typ.

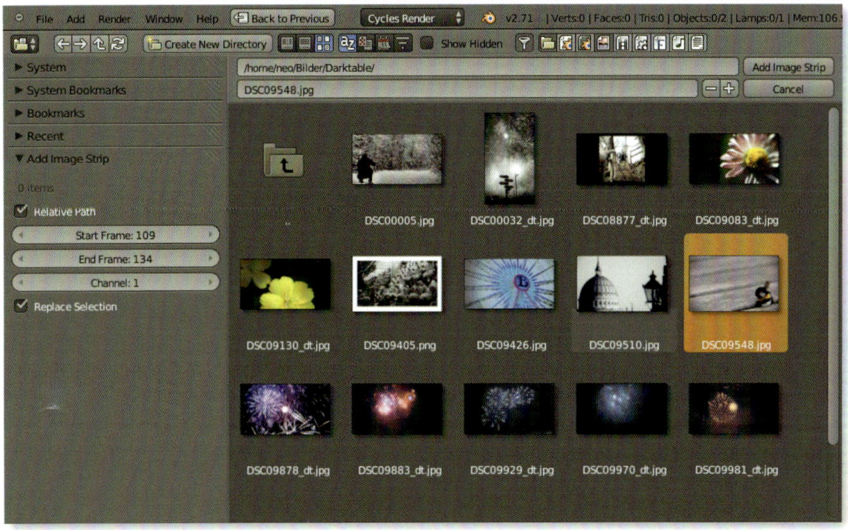

◂ **Abbildung 15.5**
Der Importdialog hilft Ihnen beim Auswählen von geeigneten Bildern und Filmen.

Um eine Bildsequenz hinzuzufügen, nutzen Sie ⇧ + A • IMAGE. Blender wird Ihnen daraufhin den FILE BROWSER präsentieren, den Sie bereits bei der Auswahl von Bildtexturen kennengelernt haben. Über die bereits bekannten Optionen hinaus besitzt dieser ein paar an die Bedürfnisse des VSEs angepasste Optionen:

- RELATIVE PATH: Legt fest, ob der relative Pfad zum Bild abgespeichert wird. Liegt Ihr Projekt im Ordner PROJECT und das Bild unterhalb dieses Ordners in IMAGES, so würde Blender sich nur merken, dass das Bild unter IMAGES zu finden ist. Sie können Ihr Projekt inklusive Ordner auf diese Art problemlos im Nachhinein verschieben, ohne dass Sie die Pfade Ihrer Strips anpassen müssten.
- START FRAME: Gibt den Frame an, an dem der neu importierte Strip eingefügt wird.
- END FRAME: Gibt den End-Frame des neu importierten Strips an (End-Frame – Start-Frame = Dauer).
- CHANNEL: Gibt die Zeile an, auf der der neu eingefügte Strip liegt.
- REPLACE SELECTION: Gibt an, ob der neu eingefügte Strip nach dem Einfügen ausgewählt ist.

Movie – Filme (Farbe: Blau) | Alle gängigen Videodateien können von Blender importiert und verarbeitet werden. Achten Sie hierbei, wie bereits beschrieben, auf die korrekte Bildwiederholrate, ein

▴ **Abbildung 15.6**
Ein MOVIE STRIP

Videoformate

Falls Sie es ganz genau wissen möchten: Blender nutzt die FFMPEG-Bibliothek zum Importieren von Multimediadateien. Sie unterstützt ein riesiges Spektrum an Multimediadateien sowohl lesend als auch schreibend und wird ständig um neue Formate erweitert. Alle unterstützten Formate können Sie unter *http://www.ffmpeg.org/* einsehen.

einmal falsch importierter Strip kann im Nachhinein nur durch erneutes Importieren richtig dargestellt werden.

Den Movie-Import stoßen Sie mit ⇧ + A • Movie an. Auch hier gibt es neben den bereits bekannten Optionen (Relative Path, Start/End Frame, Channel und Replace Selection) nur eine weitere:

- Sound: Diese Option bestimmt, ob beim Import Ihres Films auch eine eventuell vorhandene Tonspur importiert werden soll.

Sollten Sie eine Tonspur importiert haben, die augenscheinlich nicht zu Ihrem Video passt, kann es dafür mehrere Gründe geben:

- Die eingestellte Framerate passt nicht zu der Framerate Ihres Films. Löschen Sie den Film mit X oder Entf, ändern Sie die Frame Rate, und importieren Sie den Film erneut.
- Die Metadaten Ihrer Datei sind beschädigt. Kein Grund zur Panik, auch dafür bringt Blender Lösungen mit. Sehen Sie sich Abschnitt 15.3.4, »Proxys und Timecodes«, für eine genauere Analyse und Lösungsmöglichkeiten an.

▲ **Abbildung 15.7**
Ein Audio Strip

Audio – Sounds (Farbe: Aquamarin) | Blender unterstützt alle möglichen Audiodateien – MP3, WAV, FLAC, OGG, M4A; es gibt kaum Audioformate, die Sie hier nicht importieren können.

Der über ⇧ + A • Sound initiierte Sound-Import präsentiert Ihnen nur eine weitere Import-Option neben den bereits bekannten Relative Path, Start/End Frame, Channel und Replace Selection:

- Cache: Mit Cache legen Sie fest, dass die Audiodatei nicht von der Festplatte, sondern aus dem RAM abgespielt wird. Sie sollten diese Option nach Möglichkeit immer setzen – Sie erreichen dadurch eine deutlich direktere Wiedergabe bei einer gleichzeitigen Minimierung von Störgeräuschen.

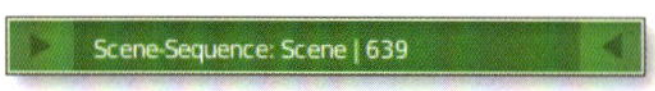

▲ **Abbildung 15.8**
Ein Scene Strip

Scene – Szenen (Farbe: Grün) | Über ⇧ + A • Scene können Sie eine vorher in Blender erstellte Szene Ihrer Komposition hinzufügen. Der daraus resultierende Strip kann genauso wie ihre bereits vorgestellten Kollegen geschnitten und arrangiert werden, Sie erhalten jedoch durch dieses Vorgehen zwei besondere Vorteile gegenüber vorab gerenderten und eingefügten Video- oder Image-Strips:

1. Sie bewahren sich die Möglichkeit, Ihre 3D-Szene im Nachhinein zu ändern, ohne die Animation neu erstellen und neu importieren zu müssen.
2. Sie können durch die in Kapitel 13, »Postproduktion und Compositing«, erlernten Effekte Ihre Renderings verändern und

an die komplette Komposition anpassen. Da der Compositor deutlich mehr Effekte als der VSE ermöglicht, sind Sie in Ihrer Entscheidung, welchen Effekt Sie einsetzen möchten, sehr viel freier und können das Ergebnis im VSE-Vorschaubereich abschließend bewerten.

Nachteil des Ganzen ist allerdings, dass jedes Vorschaubild einer eingefügten Szene (mit dem OpenGL-Renderer) gerendert werden muss, wenn Sie Ihren Playhead verschieben. Die Vorschau wird also nicht mehr in Echtzeit aktualisiert. Das finale Rendering der Szenen geschieht erst, wenn Sie das komplette VSE-Projekt rendern lassen.

▲ **Abbildung 15.9**
Ein Clips Strip

Clips (Farbe: Dunkelblau) | Gibt es in Ihrem Projekt eine Motion-Tracking-Szene (und damit einen getrackten Clip), so können Sie dem Sequenzbereich durch einen Import des Clip-Strips genau das Video hinzufügen, das Sie bereits für das Motion-Tracking genutzt haben. Sehen Sie sich für weitere Informationen zu Clips bitte das vorige Kapitel erneut an.

▲ **Abbildung 15.10**
Ein Mask Strip

Mask – Masken (Farbe: Rotbraun) | Wie schon im letzten Kapitel angedeutet, können Sie Masken dazu nutzen, um nur Teile Ihres Videos anzuzeigen oder Effekte nur auf speziellen Teilen Ihres Videos wirken zu lassen. Sie werden wie die vorher beschriebenen Strips behandelt und können somit gleichfalls arrangiert und geschnitten oder überblendet werden.

Importiert werden Masken über [⇧] + [A] • Mask. Sie besitzen keine speziellen Optionen.

▲ **Abbildung 15.11**
Ein Effect Strip

Effect – Effekte (Farben: unterschiedlich) | Unter das Stichwort Effekte fällt unter Blender jeder vordefinierte Effekt, mit dem Sie einen Original-Strip bearbeiten können. Darunter finden sich unter anderem Effekte zum Verlangsamen und Beschleunigen eines Strips oder zum sanften Überblenden zwischen zwei unterschiedlichen Strips.

Über [⇧] + [A] • Effects können unterschiedliche Effekte einem oder mehreren Clips hinzugefügt werden. Die Möglichkeiten dieser Effekte sind so vielseitig, dass ich ihnen einen eigenen Abschnitt in diesem Kapitel gewidmet habe.

Zuerst möchte ich Sie allerdings einladen, mit mir die üblichen Eigenschaften von Strips zu erforschen. Wenn Sie die Eigenschaften live betrachten möchten, fügen Sie jetzt über [⇧] + [A] einen Bild- oder Movie-Strip ein und betrachten Sie den rechten Rand.

15.3 Eigenschaften von Strips

Wie alle anderen Editoren besitzt auch der VSE stripabhängige PROPERTIES, die Sie durch einen Druck auf N anzeigen und ausblenden können. Nachfolgend finden Sie alle gängigen Clipeigenschaften und ihre Bedeutung. Spezielle Eigenschaften der Effekt-Strips werden in Abschnitt 15.5, »Effekthascherei – die FX-Toolbox«, ab Seite 719 erklärt.

15.3.1 Edit Strip-Panel

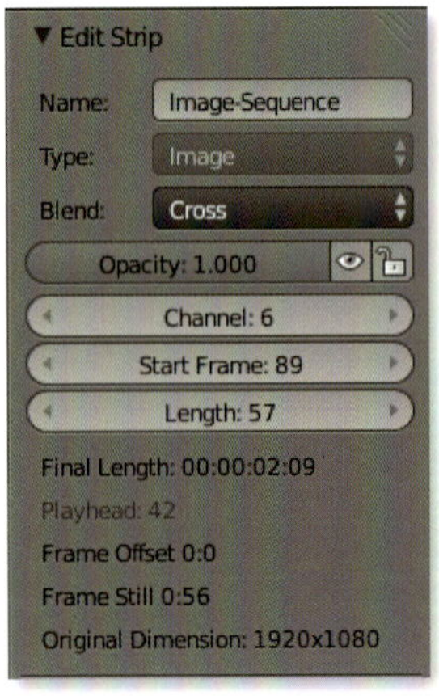

▲ **Abbildung 15.12**
Das EDIT-STRIP-Panel

Im Panel EDIT STRIP finden Sie alle Informationen zu dem aktuell ausgewählten Strip. Diese dienen dazu, die Anzeige von Strips zu beeinflussen. Der Inhalt der Strips kann über das Panel INPUT STRIP geändert werden. Diese Einstellungen erwarten Sie:

- NAME: Der Name dient ausschließlich der leichteren Identifikation des Strips unter vielen weiteren Strips und kann somit beliebig festgelegt werden.
- TYPE: Der Strip-Typ. Er wird automatisch durch die Import-Auswahl (Bild/Movie/Szene etc.) festgelegt und kann im Nachhinein nicht mehr geändert werden.
- BLEND: Der BLEND-Mode gibt an, auf welche Art der gewählte Strip auf den nächsten (tiefer liegenden) Strip überblendet. Blenders übliche Ebenenmodi stehen hier wieder für Sie bereit.
- OPACITY: Die Deckkraft des Strips. Volle Deckkraft wird mit 1.0 erreicht, 0 bedeutet volle Transparenz (und Durchscheinen des darunterliegenden Strips). Rechts neben OPACITY existieren darüber hinaus zwei Spezialknöpfe, die Sie bereits aus anderen Blender-Bereichen kennen: das *Auge* und das *Schloss*. Das Auge dient dazu, den gewählten Strip aus- und einzublenden, das Schloss dazu, jegliche Veränderungen an einem Strip zu sperren und wieder freizugeben.
- CHANNEL: Der aktuelle Kanal. Signalisiert, auf welchem Kanal (in welcher Zeile des VSEs) der Strip liegt.
- START FRAME: Gibt an, ab welchem Frame der Strip startet.
- LENGTH: Die Länge. Stellt die Dauer des Strips beginnend bei START FRAME dar.

Am unteren Rand dieses Panels finden Sie neben den vorangegangenen Informationen weitere (automatisch aktualisierte) Informationen, die unter Umständen für Sie hilfreich sind. Dazu gehört beispielsweise die Information, wie lange der Strip bei der gewählten Framerate angezeigt würde (FINAL LENGTH) oder wie groß die Originalauflösung des Strips ist (ORIGINAL DIMENSION).

Besitzt Ihr Strip eine andere Auflösung als die der Szene, wird Blender ihn automatisch skalieren. Diese Skalierung können Sie über die Panels IMAGE OFFSET und IMAGE CROP des STRIP INPUT beeinflussen.

15.3.2 Strip-Input-Panel

Unter STRIP INPUT finden sich alle Einstellungen des aktuellen Strips und ermöglichen beispielsweise framegenaues Schneiden. Dabei ändern Sie jedoch nur den importierten Strip in Blender, nie die Originaldatei – es kann also nichts passieren, wenn Sie diese Einstellungen ein wenig testen:

- PATH: Der Pfad zur importierten Datei
- FILE: Der Dateiname der importierten Datei. Wird dieser geändert, ändert sich auch der Inhalt des Strips.
- INPUT COLOR SPACE: Der Farbraum, in dem die importierte Datei abgespeichert ist
- ALPHA MODE: Diese Eigenschaft gibt an, wie der Alpha-Kanal der Bilddatei genutzt wird – wie üblich stehen STRAIGHT und PREMULTIPLIED zur Verfügung. Die Option findet sich ausschließlich bei Bild-Strips mit Alpha-Kanal.
- CHANGE DATA/FILES: Mit einem Klick auf diese Schaltfläche kann eine neue Datei für den gerade aktiven Strip ausgewählt werden.
- IMAGE OFFSET X/Y: Wenn Sie diese Option aktivieren, können Sie den aktuellen Strip frei platzieren. Die automatische Skalierung wird durch diese Option aufgehoben. X/Y können dabei auch negativ gewählt und wie bereits in anderen Blender-Teilen per [I] oder Rechtsklick auf X/Y animiert werden.
- IMAGE CROP TOP/LEFT/BOTTOM/RIGHT: Durch die Aktivierung dieser Option kann der aktuelle Strip beschnitten werden – auch sie hebt die automatische Skalierung des Strips auf. TOP/LEFT/BOTTOM/RIGHT gibt hierbei die Seite an, von der aus beschnitten wird.
- TRIM DURATION (HARD): Über diese Eigenschaft können Sie Ihren Strip von vorne (START) und hinten (END) schneiden. Möchten Sie Ihren Strip im Nachhinein wieder verlängern, so wird Blender den letzten Frame über die gesamte zusätzliche Länge anzeigen. Diese Option bietet sich dann an, wenn Standbilder aus Videos extrahiert und über einen definierten Zeitraum angezeigt werden sollen.
- TRIM DURATION (SOFT): Genau wie die vorige Eigenschaft ist es hier mit START und END möglich, den Strip auf eine gewünschte Länge zu beschneiden. Der Unterschied ist jedoch, dass bei dieser Option die beschnittenen Frames nur ausgeblendet werden.

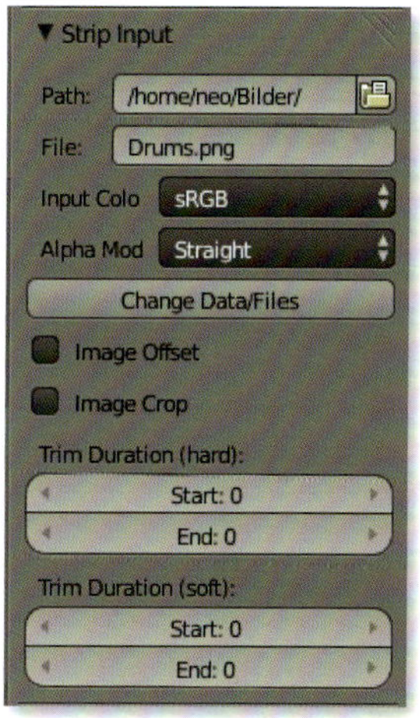

▲ **Abbildung 15.13**
Das STRIP-INPUT-Panel

Clips ein- und ausblenden

So wie Sie in der 3D-Ansicht Teile Ihres Meshes mit [H] verstecken und mit [Alt] + [H] wieder erscheinen lassen, können Sie Strips aus- und einblenden. Um Strips per Hotkey zu sperren, nutzen Sie [⇧] + [L], um sie wieder freizugeben [⇧] + [Alt] + [L].

Sie haben dadurch die Möglichkeit, den Strip zu einem späteren Zeitpunkt wieder zu erweitern, ohne auf Ihr ursprüngliches Bildmaterial verzichten zu müssen. Sie können aber auf diese Art kein Standbild extrahieren.

15.3.3 Scene

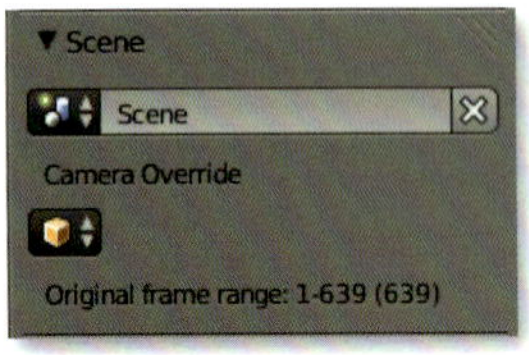

▲ **Abbildung 15.14**
Das SCENE-Panel

Dieser Bereich ist ausschließlich für 3D-Szenen verfügbar. Sie können hier einerseits festlegen, welche Blender-Szene sich hinter diesem Strip verbirgt, und können anderseits einstellen, aus welcher Kamera die Szene betrachtet wird:

- SCENE: Gibt die aktuelle Blender-Szene an, die dieser Strip anzeigt. Klicken Sie auf das Szenensymbol, um die Szene zu ändern.
- CAMERA OVERRIDE: Gibt die aktuelle Kamera der Szene an – ist sie leer, wird die aktuelle Kamera genommen. Haben Sie mehrere Kameras in Ihrer Szene, so können Sie durch Klick auf den Würfel festlegen, welche für Ihren Strip genutzt werden soll.

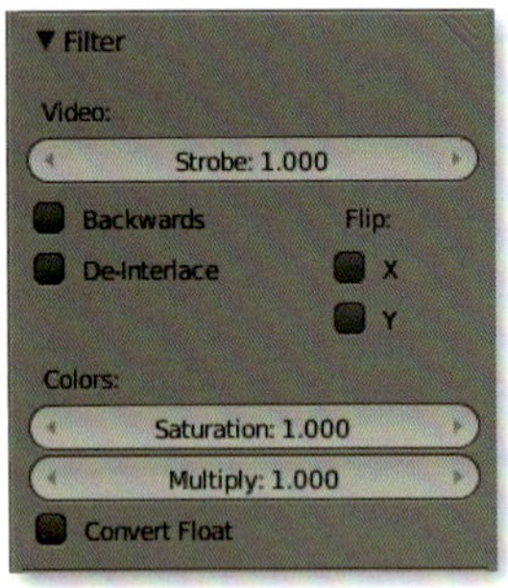

▲ **Abbildung 15.15**
Das FILTER-Panel

Filter | Die Filtereigenschaften finden sich bei allen Strips außer den Audio-Strips. Sie ermöglichen es ohne viel Aufwand, einen Strip mit Filtern zu versehen:

- STROBE: Über diese Eigenschaft können Sie Blender mitteilen, mit welcher Schrittweite der Strip abgespielt wird. Der Wert 1.0 gibt dabei an, dass jeder Frame abgespielt wird. Dementsprechend würde 2.0 jeden zweiten Frame abspielen etc.
- BACKWARDS: Ein Klick in diese Checkbox, und Blender spielt den Strip rückwärts ab. Dies ist besonders dann sinnvoll, wenn eine Sequenz die Zerstörung eines Objekts zeigt – ein Häkchen, und das Objekt wird wieder zusammengesetzt.
- DE-INTERLACE: Wenn Ihr Strip in einem Interlaced-Format (Halbbilder-Format) vorliegt, können Sie den Strip mit dieser Auswahl wieder de-interlacen (zu Vollbildern zusammensetzen).
- FLIP X/Y: Diese Eigenschaft spiegelt den Strip vertikal bzw. horizontal.
- SATURATION: Über diese Eigenschaft können Sie die Farbsättigung des Strips ändern. Höhere Werte ergeben kräftigere Farben (höhere Sättigung), kleinere Werte entsättigen den Strip.
- MULTIPLY: Diese Eigenschaft hebt oder senkt die Helligkeit des Strips. Höhere Werte hellen das Material auf, kleinere dunkeln es ab.
- CONVERT FLOAT: Mit dem Setzen dieses Häkchens wandeln Sie den Strip in den linearen Farbraum um. Dies ist besonders bei Color-Grading-Operationen wichtig, um keine Qualitätsverluste hinnehmen zu müssen.

15.3.4 Proxys und Timecodes

Dieses Panel kennen Sie bereits aus Kapitel 14, »Tracking«. Wie dort erzeugen Sie auch hier optimierte (auf Wunsch verkleinerte) Kopien Ihrer hochauflösenden Videos oder Bild-Strips und ermöglichen es Blender auf diese Weise, Ihnen eine flüssige Vorschau des Videos zu liefern.

Möchten Sie die erzeugten Proxys nicht nur sinnlos Platz auf der Platte verbrauchen lassen, sondern Sie auch nutzen, so können Sie sie in den Eigenschaften der Voransicht im rechten oberen Bereich des VIDEO-EDITING-Layouts mithilfe von [N] und der Option PROXY RENDER SIZE aktivieren. Bitte beachten Sie, dass diese Einstellung auch für das spätere Rendering gilt, Sie es also kurz vor dem finalen Rendering wieder auf volle Auflösung stellen sollten. Um die Proxy-Dateien zu erzeugen, setzen Sie alle Einstellungen, genau wie von Ihnen gewünscht, und führen schließlich im Menü des VSEs STRIP • REBUILD PROXY AND TIMECODE INDICES aus. Ein Fortschrittsbalken wird Ihnen anschließend Auskunft darüber geben, wie weit die Erstellung fortgeschritten ist.

▲ **Abbildung 15.16**
Das PROXY-Panel

Fehlerhafte Videos
Besitzen Sie eine Videodatei, die sich trotz korrekter Framerate von der Länge der gleichzeitig importierten Audiodatei unterscheidet, so ist höchstwahrscheinlich der Zeitstempel (Timecode) des Videos defekt. Erzeugen Sie dann auf jeden Fall einen Proxy – denn dabei erneuert Blender automatisch den Timecode des Videos.

15.3.5 Modifier

Last but not least finden Sie einige alte Bekannte in den mit [N] aufgerufenen PROPERTIES, sobald Sie einen Strip gewählt haben: die Modifier. Sie ermöglichen es Ihnen, die Darstellung von Strips auf nicht destruktive Weise zu verändern.

Einstellungen | Lassen Sie uns am Beispiel des HUE-CORRECT-Modifiers die Einstellungen ergründen, die allen Modifiern gemeinsam sind. Sehen Sie sich zuerst den Namen ❷ an. Er kann völlig frei gewählt werden und dient ausschließlich der leichteren Identifizierung im Projekt.

Um den Modifier auf einen speziellen Bildbereich zu beschränken, kann ein im Projekt vorhandener Strip (Auswahl STRIP) ❶ oder eine Maske (Auswahl MASK) ❻ genutzt werden. Zum schnellen Ein- und Ausschalten eines Modifiers sehen Sie neben seinem Namen das bereits bekannte Augensymbol ❸. Auch hier können Sie es dazu nutzen, den Modifier zeitweise zu deaktivieren und bei Bedarf wieder zu aktivieren.

Die Reihenfolge der Modifier gibt an, welche Operationen Blender nacheinander berechnet. Blender wertet Modifier immer von oben nach unten aus. Um die Reihenfolge der Modifier zu ändern, genügt ein Klick auf die neben dem Augensymbol anzutreffenden Auf- und Ab-Pfeile ❹. Durch einen Klick auf ❺ wird der Modifier wieder gelöscht und der Original-Strip wiederhergestellt.

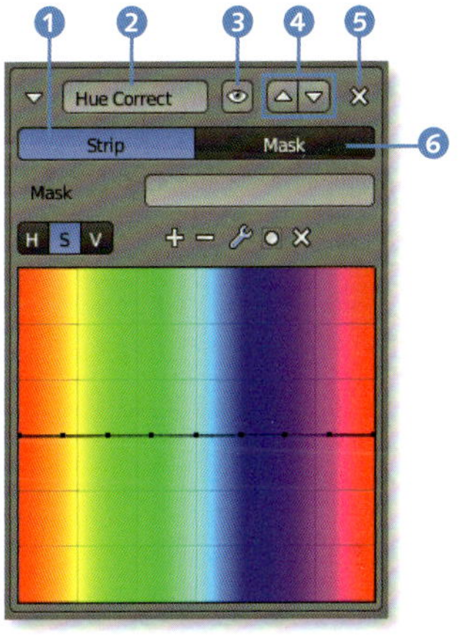

▲ **Abbildung 15.17**
Der HUE-CORRECT-Modifier

Sehen wir uns jetzt an, welche Modifier Sie durch einen Klick auf Add Strip Modifier auf Ihren Strips anwenden können.

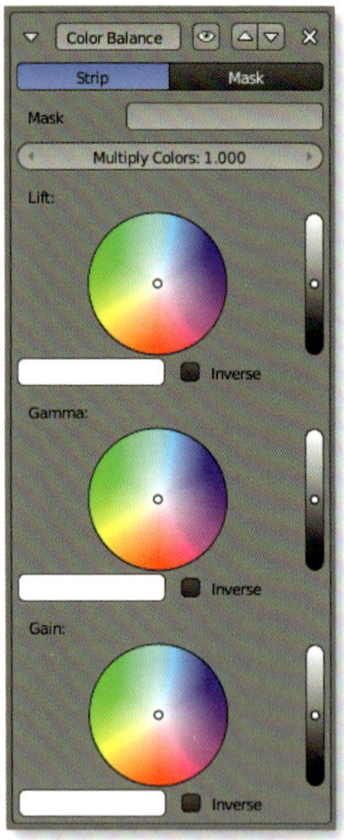

▲ **Abbildung 15.18**
Der Color-Balance-Modifier

Color Balance | Über den Color-Balance-Modifier können Sie das bereits besprochene Color Grading effektiv durchführen. Sie finden Regler für die Schatten (Lift), Mitten (Gamma) und Highlights (Gain) Ihres Strips und können die Farbstimmungen individuell durch Klick auf die Farbwahlräder setzen. Per Klick auf Inverse kann der gewählte Bereich invertiert werden und per Multiply Colors – wie bereits in den Filtereigenschaften – das komplette Bild aufgehellt und abgedunkelt werden.

Use Linear Modifiers

Diese Einstellung ermöglicht es Ihnen, die Strips im linearen Farbraum zu bearbeiten – also ohne Gamma-Korrektur. Als Einsteiger wird Sie diese Option allerdings aller Voraussicht nach nicht berühren. Wenn Sie im linearen Farbraum arbeiten (möchten), so denken Sie an diese und die entsprechenden Einstellungen unter Scene-Buttons • Color Management.

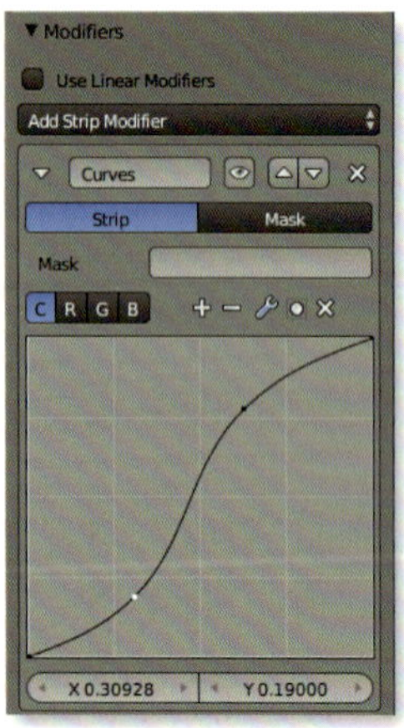

▲ **Abbildung 15.19**
Der Curves-Modifier

Curves | Über den Curves-Modifier können die Gradationskurven des kompletten Strips und die Gradationskurven des Rot-, Grün- und Blau-Kanals justiert werden. Auch dieser Modifier dient somit dazu, die Farben Ihres Strips anzupassen. Die Kontrollelemente unterscheiden sich dabei nicht von denen, die Sie in den vielen vorigen Kapiteln kennengelernt haben.

Hue Correct | Mithilfe des eingangs erwähnten Hue-Correct-Modifiers können Sie die Farbe (Hue, H), Sättigung (Saturation, S) und Helligkeit (Value, V) des Strips unabhängig voneinander anpassen. Ziehen Sie, um eine Farbe zu verstärken, den Regler einfach etwas nach oben, um eine Farbe abzuschwächen etwas nach unten. Die Umschaltung zwischen Farbe, Sättigung und Helligkeit erfolgt über die drei Schalter H, S, V oberhalb der Farbskala.

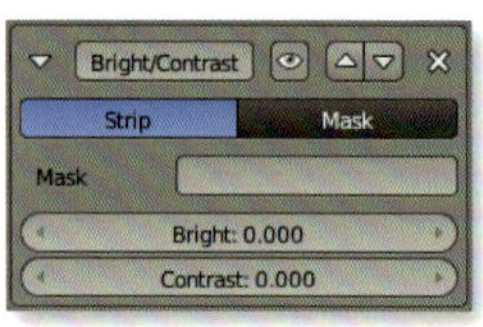

▲ **Abbildung 15.20**
Der Brightness/Contrast-Modifier

Brightness/Contrast | Über den Brightness/Contrast-Modifier können Sie die Helligkeit (Brightness) und den Kontrast (Contrast) des gesamten Strips anpassen. Dieser Modifier ersetzt teilweise die Einstellmöglichkeiten unter Strip Input – er ermöglicht es Ihnen, durch das Augensymbol etwas schneller, einen Vorher-Nachher-Vergleich anzustellen.

Mit diesem Modifier haben Sie es geschafft – der theoretische Teil dieses Kapitels liegt jetzt hinter Ihnen. Lassen Sie uns nun gemeinsam zum praktischen Teil übergehen.

15.4 Mit Strips arbeiten

Um dieses Kapitel und die zugehörigen Tastenkombinationen zu verinnerlichen, empfehle ich, die einzelnen Schritte direkt auszuprobieren. Spielen Sie bei jedem Schritt ein wenig herum, Sie können per [Strg] + [Z] den jeweils letzten Schritt problemlos rückgängig machen.

Zu Beginn importieren Sie einen Film per [⇧] + [A] • Movie. Achten Sie dabei darauf, dass die korrekte Framerate in den Render-Settings eingestellt wurde, bevor Sie einen Strip importieren. Sehen Sie sich dazu auch noch einmal den Tipp auf Seite 703 an.

Tastenkombinationen im VSE
Sie erinnern sich sicherlich noch daran, wie Sie in Blender über Tastenkombinationen Objekte bewegen, Vertices extrudieren, Flächen mit einem Cutter-Messer bearbeiten und Translationen auf spezielle Achsen beschränken können?! Auch hier können Sie sich wieder freuen – genau diese Befehle nutzt Blender auch im VSE. Falls Sie sie nicht mehr kennen, finden Sie alle diese Informationen in den beiden Kapiteln 3, »Arbeiten mit Objekten«, und 4, »Modelling und Objekttypen«, dieses Buches.

▲ **Abbildung 15.21**
Der komplette Strip ist ausgewählt.

15.4.1 Einzelne Strips auswählen

Bei der Auswahl eines 3D-Objekts war es völlig egal, an welcher Position Sie das Objekt mit der rechten Maustaste wählten, im VSE gilt dies so nicht. Je nachdem, ob Sie auf den Anfang des Strips, das Ende des Strips oder in den Raum zwischen diesen beiden Teilen klicken, wählen Sie unterschiedliche Teile des Strips aus – mal den Anfang, mal das Ende, mal den kompletten Strip.

▲ **Abbildung 15.22**
Der Anfang des Strips ist ausgewählt.

▲ **Abbildung 15.23**
Das Ende des Strips ist ausgewählt.

Die erfolgreiche Auswahl eines Strips wird durch eine Umrandung mit weißem Rahmen verdeutlicht. Wurde der Beginn oder das Ende des Strips ausgewählt, leuchten zusätzlich zur Umrandung die Dreiecke an der jeweiligen Seite weiß auf. Darüber hinaus erscheinen unterhalb des Anfangs- oder Endpunktes Zahlen in Weiß. Diese geben an, ab welchem Frame der Strip startet beziehungsweise endet – in absoluten Frames. Haben Sie Ihren Strip an Frame 40 platziert und markieren Sie den Anfang, so würde die Zahl 40 angezeigt. Bei einer Länge von 20 Frames würde am Ende 60 angezeigt.

15.4.2 Mehrere Strips auswählen

Möchten Sie gleichzeitig mehrere Strips auswählen, so nutzen Sie den aus der 3D-Ansicht bekannten Modus Box SELECT – drücken Sie hierzu [B], und halten Sie die linken Maustaste gedrückt, während Sie eine eckige Auswahl über die gewünschten Strips aufziehen. Beachten Sie, dass nur vollständig durch die Auswahlbox umfasste Strips komplett markiert werden, bei teilweise in der Auswahl liegenden Strips wird nur entweder der Start- oder der Endpunkt markiert. Um zusammenhängende Strips (also Strips, die sich in ihrem Start- oder Endpunkt berühren) auszuwählen, nutzen Sie [L], während sich Ihr Mauszeiger über einem Strip aus dieser Reihe befindet.

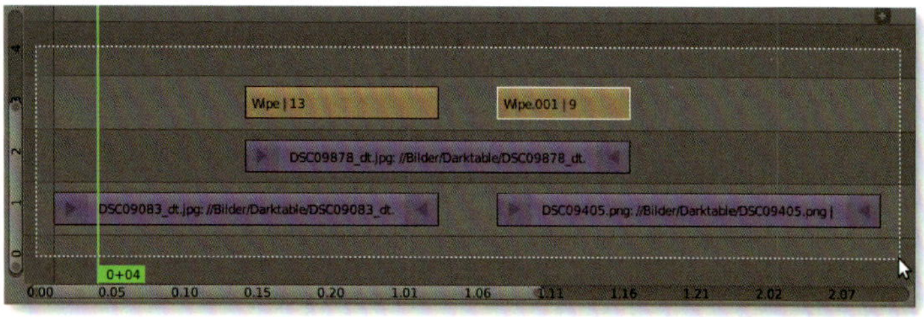

Abbildung 15.24 ▸
Über die Box-Selektion mit [B] wählen Sie mehrere Clips gleichzeitig aus.

Egal, auf welche Art auch immer Sie Ihre Strips wählen, wichtig ist, dass sich nachfolgende Aktionen wie Schneiden oder Verschieben immer auf diese Auswahl beziehen. Sie können also nur dann einen Strip komplett verschieben, wenn Sie ihn vollständig gewählt haben.

15.4.3 Strips verschieben und schneiden

Haben Sie den Anfang des Strips gewählt, so können Sie den Strip vom Beginn aus schneiden, also den Startpunkt des Strips ändern. Analog dazu ändern Sie den Endpunkt, wenn Sie das Ende des Strips auswählen und verschieben. Das genaue Schneiden wird dadurch erleichtert, dass Sie den aktuellen Frame jederzeit unterhalb des Strips sehen.

Sind bereits mehrere Strips in Ihrem Projekt vorhanden und verschieben Sie einen Strip, so werden unter allen Strips die Frames angezeigt, an denen sie beginnen und enden.

Strips tauschen

Um zwei Strips zu tauschen, nutzen Sie die Tastenkombination [Alt] + [←] oder [Alt] + [→], sobald Sie einen Strip gewählt haben. Er tauscht anschließend den Platz mit seinem linken oder rechten Nachbarn.

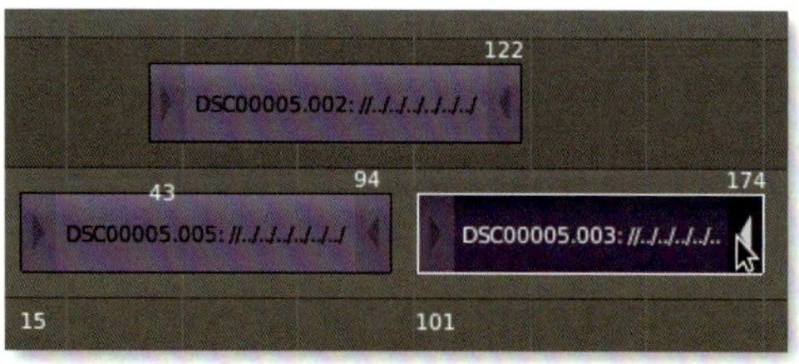

Abbildung 15.25 ▸
Wenn Sie Strips oder Teile von Strips verschieben, zeigt Ihnen Blender die Start- und End-Frames an.

Um das Teilstück (oder komplette) Strips zu verschieben/zu schneiden haben Sie – wie beim Verschieben von Objekten im 3D-Raum – zwei Möglichkeiten: Entweder Sie wählen die Strips mit der rechten Maustaste und bewegen die Maus ohne loszulassen, bis Sie eine Bewegung feststellen, oder Sie wählen sie zuerst mit der rechten Maustaste aus und benutzen G, um sie an ihren Bestimmungsort zu verschieben. Dabei können Sie die bekannten Tastenkombinationen nutzen, um die Verschiebung auf eine Achse G, X/Y/Z oder die Verschiebung auf eine definierte Anzahl an Frames zu beschränken. So verschiebt oder verlängert G, X, 10 den Strip um 10 Frames entlang der x-Achse, während G, Y, 1 den Strip eine Zeile (Kanal) nach oben verschiebt – nichts Neues für Sie als erfahrenen Blender-Nutzer! Bestätigen Sie die Verschiebung mit der linken Maustaste, nutzen Sie die rechte, um die Translation abzubrechen.

Um den Strip an der Stelle zu schneiden, an der momentan der Playhead steht, wählen Sie den Strip aus, und nutzen Sie das Knife-Tool. Dabei führt K einen Soft-Cut und ⇧ + K einen Hard-Cut durch (Unterschiede zwischen Hard- und Soft-Cut siehe »Trim-Duration« in Abschnitt 15.3.2, »Strip-Input-Panel«, ab Seite 711).

Strips verdrängen

Möchten Sie einen Strip in eine Reihe von Strips einfügen, die bereits aneinander ausgerichtet wurden (und dabei die vorhandenen Strips nach rechts schieben), gibt es auch dafür eine Tastenkombination. Wählen Sie den einzufügenden Strip aus, und starten Sie eine Verschiebung mit G. Lassen Sie die Verschiebung anschließend auf einem bestehenden Strip enden, indem Sie Ihre Maus an die Stelle bewegen, an dem Sie den Clip einfügen möchten, Alt halten und die linke Maustaste betätigen.

15.4.4 Strips ausrichten

Möchten Sie einen Strip bündig an einem bereits vorhandenen ausrichten, so geht dies besonders einfach: Verschieben Sie den auszurichtenden Strip über den ersten Strip (er färbt sich rot), und bestätigen Sie die Verschiebung mit der linken Maustaste. Haben Sie ihn über den linken Teil des vorhandenen Strips fallen gelassen, so wird er an den Anfang, über dem rechten Teil ans Ende des ersten Strips springen. Beachten Sie, dass neben dem ersten Strip genug Platz sein muss, um den auszurichtenden Strip einfügen zu können.

Haben Sie Strips bereits aneinander ausgerichtet und möchten Sie gleichzeitig den Startpunkt von Strip 1 mit dem Endpunkt von Strip 2 verschieben, so hält Blender auch hierfür eine einfache Tastenkombination bereit: Benutzen Sie Alt + rechte Maustaste auf dem Start von Strip 1 oder dem Ende von Strip 2. Mit G können dann beide Strip-Teile gleichzeitig verschoben werden.

Um gewählte Strips am aktuellen Playhead auszurichten, bringt Blender die aus der 3D-Ansicht bekannte Tastenkombination ⇧ + S (Snap) mit. Wählen Sie einen oder mehrere Strips aus, verschieben Sie den Playhead per Linksklick auf die gewünschte Position, und drücken Sie ⇧ + S – alle gewählten Strips und Strip-Teile werden sofort am Playhead andocken.

Möchten Sie alle Lücken zwischen Strips bis zum aktuellen Playhead schließen, betätigen Sie [⇧] + [←]. Betätigen Sie [←] allein, um den dem Playhead am nächsten stehenden Strip und alle nachfolgenden Strips an den Playhead zu verschieben.

15.4.5 Strips zusammenfassen

Blender bietet mit dem in Abbildung 15.26 gezeigten Metastrip eine Möglichkeit, gewählte Strips zu einer Strip-Gruppe zusammenzufassen. Dabei werden alle gewählten Strips als ein neuer Strip dargestellt. Metastrips dienen einerseits dazu, thematisch zusammengehörige Teile der Komposition zusammenzufassen und andererseits den VSE-Bereich etwas übersichtlicher zu machen. Um einen Metastrip zu erzeugen, nutzen Sie die Tastenkombination [Strg] + [G], um ihn aufzulösen und die ursprünglichen Strips wieder im VSE-Bereich sichtbar zu machen, nutzen Sie [Alt] + [G].

▲ **Abbildung 15.26**
Ein Metastrip fasst mehrere Strips zu einem Strip zusammen.

Möchten Sie nur einen Blick auf die Strips innerhalb des Metastrips riskieren, so markieren Sie den Metastrip, und drücken Sie [⇆]. Ein erneutes Drücken auf [⇆] stellt die vorherige Ansicht wieder her – genau wie schon bei den Node-Gruppen.

▲ **Abbildung 15.27**
Ein MARKER hilft Ihnen, die Übersicht zu behalten.

Zum Nachlesen
Falls Ihnen die Marker bekannt vorkommen, denken Sie an Abschnitt 9.3.2, »Marker«, ab Seite 492 zurück. Auch dort konnten Sie über Marker Frames markieren, die besondere Bedeutung in Ihrem Projekt haben. Alle dort definierten Frames werden Sie auch im VSE wiederfinden – die Marker der Editoren sind miteinander verlinkt.

15.4.6 Die Übersicht behalten – Marker

Stellen Sie sich vor, Sie hätten ein Musikstück in Ihrem VSE-Projekt und würden Ihre Videos gerne an definierten Punkten dieses Stücks überblenden. Um all die Stellen zu markieren, an denen Sie überblenden möchten, existieren im VSE Positionsmarken, vertikale Linien, an deren Ende ein kleines gelbes Dreieck sitzt – die sogenannten Marker.

Um einen Marker einzufügen, positionieren Sie den Playhead, und drücken Sie [M], während sich Ihr Mauszeiger über dem Sequenzbereich befindet.

Um einen Marker zu verschieben oder zu löschen, wählen Sie ihn mit der rechten Maustaste an und nutzen die aus der 3D-Ansicht bekannten Kombinationen: [G] zum Verschieben und [X] zum Löschen. Möchten Sie Ihrem Marker einen aussagekräftigeren Namen als den ihm standardmäßig zugewiesenen geben, so benutzen Sie Strg + M bei gewähltem Marker. Benennen Sie ihn im anschließend aufpoppenden Dialog ganz, wie Sie es möchten.

15.5 Effekthascherei – die FX-Toolbox

Wie in Abschnitt 15.2.4, »Strips importieren«, versprochen, möchte ich Ihnen hier alle Effekte vorstellen, die Blender Ihnen über ⇧ + A • Effect Strip zur Verfügung stellt.

Bei Effekten, die zwei Strips benötigen, müssen Sie die beiden davon betroffenen Strips zuerst wählen und anschließend den Effekt hinzufügen. Halten Sie sich nicht an dieses Vorgehen, wird Blender Sie darauf aufmerksam machen, dass zwei unterschiedliche Eingabe-Strips benötigt werden. Die Reihenfolge der Auswahl ist hierbei entscheidend: Möchten Sie von Strip A zu Strip B überblenden, so müssen Sie zuerst A, dann B wählen und schlussendlich per ⇧ + A • Effect Strip den gewünschten Effekt hinzufügen. Haben Sie einen Effekt eingefügt, erscheint am rechten Rand ein neuer Bereich namens Effect Strip. Dieser Bereich enthält alle zur Konfiguration des Effekts nötigen Einstellungen. Alle verfügbaren Effekte werde ich Ihnen anhand der in Abbildung 15.28 dargestellten Fotografie einer Hummel zeigen.

▲ **Abbildung 15.28**
Anhand dieses Bildes werden wir uns die nachfolgenden Effekte ansehen.

▲ **Abbildung 15.29**
Alle Effekte werden mit diesem orangefarbenen Color-Strip kombiniert.

Color | Dies ist wohl der einfachste Effect Strip. Er fügt einen Strip hinzu, der eine durchgehende Färbung besitzt. Die Farbe kann im Panel Effect Strip in den VSE-Properties (N) gesetzt werden.

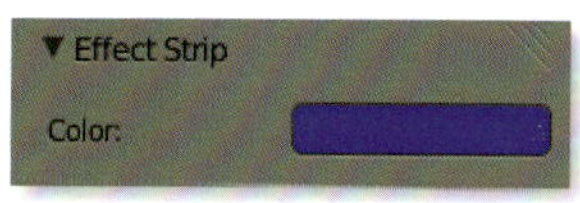

▲ **Abbildung 15.30**
Die Optionen des Color-Effekts

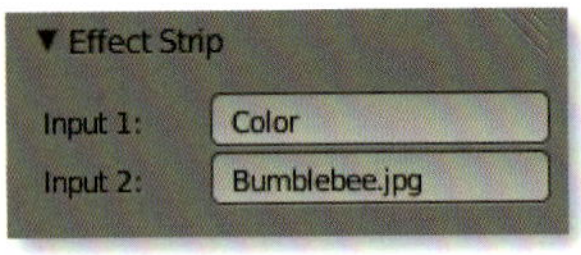

▲ **Abbildung 15.31**
Die Optionen der Add-, Subtract- und Multiply-Effekte.

Add/Subtract/Multiply | Diese drei Effekte riechen förmlich nach Matheunterricht – sie sind jedoch deutlich einfacher in einer grafischen Umgebung zu verstehen als früher mit schlotternden Knien an der Tafel. Stellen Sie sich einen Bildpunkt von Bild A und Bild B vor. Jeder dieser beiden Bildpunkte besteht aus den drei Grundfarben (Rot, Grün, Blau) in einer bestimmten Intensität (0 für keine, 1 für volle Intensität).

Add addiert jetzt zu jeder Intensität der Grundfarben von A die Intensität der Grundfarben von B. Subtract subtrahiert analog dazu die Intensitäten. Hätten Sie einen fast weißen Bildpunkt P1 (R: 0.9, G: 0.9, B: 0.9) und einen fast schwarzen Bildpunkt P2 (R: 0.1, G: 0.1, B: 0.1), so ergäbe sich bei einer Addition ein komplett weißer Bildpunkt P3 (R: 1.0, G: 1.0, B: 1.0), bei einer Subtraktion ein etwas grauerer Bildpunkt P4 (R: 0.8, G: 0.8, B: 0.8). Die Multiplikation würde einen noch schwärzeren Bildpunkt ergeben als P1: P5 (R: 0.09, G: 0.09, B: 0.09). Add kann somit immer dann genutzt werden, wenn ein Strip aufzuhellen ist, Subtract dagegen, um einen Strip abzudunkeln oder ein Negativ zu erzeugen.

▲ **Abbildung 15.32**
Der Multiply-Effekt

▲ **Abbildung 15.33**
Der Add-Effekt

▲ **Abbildung 15.34**
Der Subtract-Effekt

Multiply besitzt zwei Funktionalitäten: Das Maskieren und das Tönen von Strips. Überall dort, wo ein schwarzer Bildpunkt ist (mit 0 multipliziert wird), ist auch im Ergebnis nichts zu sehen, dort, wo ein weißer Bildpunkt ist (mit 1 multipliziert wird), besteht der ursprüngliche Inhalt weiterhin. Wenn ein Strip also aus Grautönen besteht, kann dieser als einfache Maske genutzt werden. Die Tönung von Strips realisieren Sie, indem Sie einen Color-Effekt-Strip mit dem Original-Strip multiplizieren. Letzteres kann allerdings mittlerweile über die Modifier eleganter gelöst werden.

Alpha Over/Over Drop | Diese beiden Effekte dienen dazu, einen Strip mit Alpha-Kanal (transparenten Bereichen) über oder unter einen anderen Strip zu legen. Fügen Sie zwei Strips ein (Hintergrund ohne und Vordergrund mit Alpha-Kanal), und markieren Sie beide Strips. Welchen Effekt Sie nutzen sollten, hängt von der Reihenfolge Ihrer Strip-Auswahl ab.

Haben Sie den Strip mit Alpha-Kanal zuletzt gewählt, sollten Sie einen ALPHA-OVER-Effekt einfügen, im umgekehrten Fall einen ALPHA-UNDER-Effekt. In der Voransicht können Sie die Überlagerung sofort sehen und sie über IMAGE OFFSET im Panel STRIP INPUT entsprechend verschieben. Die Einstellungen dieses Effekts sind mit vorher beschriebenen identisch.

▲ **Abbildung 15.35**
Mit dem ALPHA-OVER-Effekt fügen Sie zwei Grafiken über- oder untereinander.

Cross/Gamma Cross | Wenn Sie Strips sanft überblenden möchten, sind diese beiden Effekte das Mittel der Wahl. Sie unterscheiden sich nur darin, dass GAMMA CROSS die Überblendung etwas sanfter wirken lässt. Die Überblendung selbst geschieht immer über die komplette Länge der Überlappung zweier Strips. Möchten Sie die Überblendung kürzer gestalten, so verringern Sie die Überlappung beider Strips – der CROSS- und der GAMMA-CROSS-Strip werden dabei automatisch angepasst.

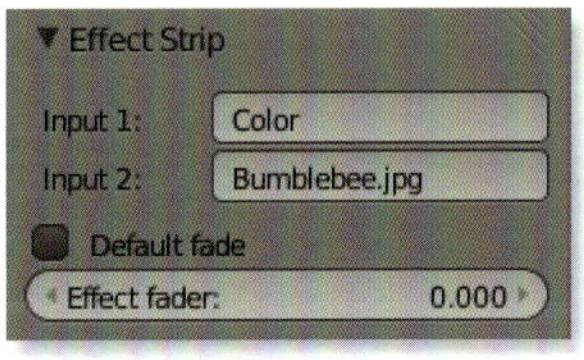

▲ **Abbildung 15.36**
Die Optionen des CROSS-Effekts

▲ **Abbildung 15.37**
Der CROSS-Effekt bewirkt eine Überblendung von zwei Clips.

Die Überblendung geschieht standardmäßig immer linear – auf der Hälfte der Überlappungslänge besitzt der zu überblendende Strip 50 % Deckkraft. Möchten Sie diese Linearität ausschalten, so können Sie in den Strip-Eigenschaften unter EFFECT STRIP den Haken bei DEFAULT FADE entfernen. Es erscheint ein Wert mit der Bezeichnung EFFECT FADER, den Sie per Keyframe-Animation beeinflussen können. Ein Wert von 0 ergibt hierbei eine Deckkraft von 0 %, ein Wert von 1 eine Deckkraft von 100 %. Sehen Sie sich die Schritt-für-Schritt-Anleitung »Zum Donnerwetter« ab Seite 724 an, um mit mir gemeinsam eine Keyframe-Animation im VSE durchzuspielen.

▲ **Abbildung 15.38**
Die Optionen des Wipe-Effekts

Wipe | Wipe gehört genau wie Cross und Gamma Cross zur Gruppe der Übergänge. Anders als die beiden Vorgänger blendet dieser Effekt jedoch nicht durch eine Erhöhung der Deckkraft über, sondern durch einen mit der Einstellung Transition festgelegten Übergangseffekt. Im Modus Iris wird die Überblendung kreisförmig von innen nach außen durchgeführt, im Modus Single blendet Blender mit einer Überblendungskante von einem Clip zum nächsten. Dabei geben Sie mit Angle die Richtung an, in die die Überblendung durchgeführt wird. Die Kante wird standardmäßig nicht weichgezeichnet, dies kann über Blur Width jedoch nach Belieben geändert werden.

Die Transition-Einstellung Single bewirkt dabei einen geraden Übergang von einer Kante zur nächsten, Double bewirkt einen simultanen Übergang von zwei Seiten und Iris einen Übergang, der der Iris im Auge gleicht. Als letzter Übergang steht Clock zur Verfügung, der einen Übergang im (Direction: In) oder gegen (Direction: Out) den Uhrzeigersinn ermöglicht.

▲ **Abbildung 15.39**
Der Wipe-Effekt im Modus Iris

▲ **Abbildung 15.40**
Der Glow-Effekt

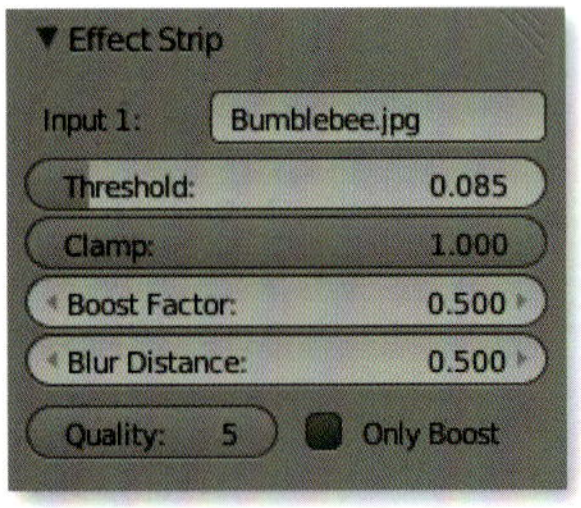

▲ **Abbildung 15.41**
Die Optionen des Glow-Effekts

Glow | Mithilfe des Glow-Effekts können Sie ein warmes Glühen um helle Bildbereiche legen. Die dazu nötigen Einstellungen nehmen Sie wieder in den Properties ([N]) auf dem Panel Effect Strip vor. Threshold gibt dabei an, ab welcher Helligkeitsintensität ein Pixel zum »Glühen« gebracht wird, während Clamp definiert, wie hell das Glühen maximal sein soll. Verringern Sie den Wert, um das Glühen über das gesamte Bild abzuschwächen. Der Boost Factor bestimmt, wie stark das Glühen verstärkt wird. Blur Distance setzt den Glüh-Radius fest, während Quality festlegt, mit welcher Qualität das Glühen berechnet wird. Only Boost zeigt Ihnen ausschließlich das Glühen. Ist diese Checkbox abgewählt, so wird der Strip inklusive Glühen dargestellt.

Transform | Wenn Sie Ihren Strip-Inhalt drehen, verschieben oder skalieren möchten, ist dieser Effekt-Strip genau der, den Sie benötigen. Die INTERPOLATION-Einstellung legt fest, mit welchem Filter der Strip-Inhalt skaliert wird. NONE nutzt zwar keinen Filter und ist damit für eine Echtzeitvorschau besonders geeignet, stellt aber qualitativ das absolute Minimum dar. BILINEAR erhöht bereits den Rechenaufwand und die Qualität, während BICUBIC die höchste Qualität bei maximalem Rechenaufwand liefert.

TRANSLATION definiert, ob Sie eine Verschiebung absolut (PIXELS) oder prozentual (PERCENT) durchführen möchten. POSITION, SCALE und ROTATION verschieben, skalieren und rotieren den Strip.

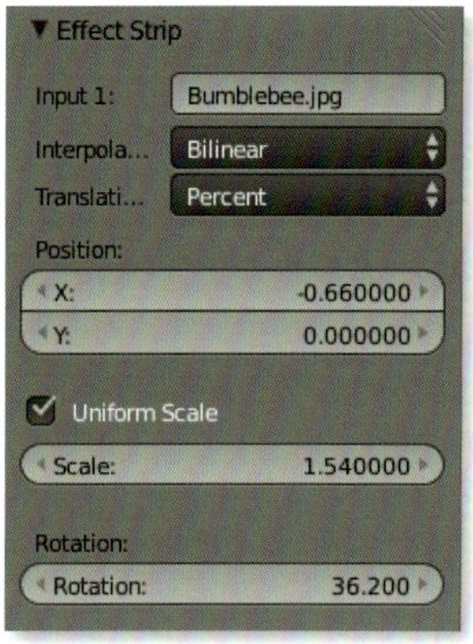

▲ **Abbildung 15.42**
Die Optionen des TRANSFORM-Effekts

▲ **Abbildung 15.43**
Eine gedrehte und skalierte Hummel zeigt den TRANSFORM-Effekt.

Speed Control | Zeitlupeneffekte oder die Beschleunigung auf Lichtgeschwindigkeit von Superhelden – die Zeit spielt im Videoschnitt eine entscheidende Rolle. Mit diesem Effekt haben Sie sie fest im Griff. STRETCH TO INPUT STRIP LENGTH gibt an, dass der Geschwindigkeits-Effekt auf die komplette Strip-Länge wirkt. Das Setzen dieser Option hat zur Folge, dass die Abspielgeschwindigkeit verdoppelt wird, wenn Sie den Strip, um die Hälfte verkleinern. Über den MULTIPLY-SPEED-Wert haben Sie dabei die Möglichkeit, die Geschwindigkeit zusätzlich über einen Faktor zu beeinflussen. Ein Wert von 1 bedeutet (bei unveränderter Strip-Länge), dass der Strip in 100% Geschwindigkeit abläuft. 2 verdoppelt und 0.5 halbiert die Geschwindigkeit. Um deutlich erweiterte Einstellungen zu erhalten, deaktivieren Sie die erstgenannte Checkbox. Die Dokumentation unter *http://goo.gl/i9NnSb* erklärt diese erweiterten Funktionalitäten.

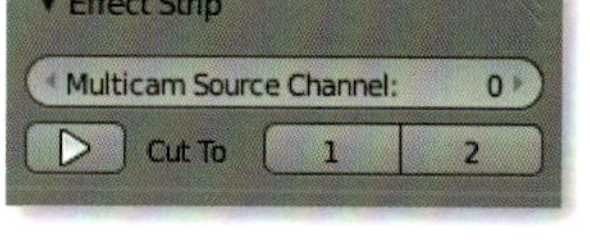

▲ **Abbildung 15.44**
Die Optionen des MULTICAM-SELECTOR-Effekts

Multicam Selector | Wie der Name bereits verrät, können Sie mit diesem Effekt zwischen verschiedenen Szenen und Kameras umschalten. Beachten Sie, dass der Effekt über all Ihren Szene-Strips liegen muss, zu denen Sie wechseln möchten. Die Funktionsweise mag kompliziert wirken, ist jedoch zunächst einfach:

- PLAY spielt das aktuelle VSE-Projekt ab. Er hat exakt die gleiche Funktion wie [Alt] + [A] oder der Play-Knopf in der Timeline.
- CUT TO gibt an, welcher Kanal (welche Zeile im Sequenzbereich) an der Stelle des Playheads genutzt werden soll. Ein Klick auf eine der Zahlen schneidet den Effekt-Strip und legt den Kanal somit fest.

Die Datei »15_Multicam-Selector.blend« finden Sie auf der Buch-DVD unter BEISPIELMATERIAL • KAPITEL_15.

Um den Effekt in Aktion zu sehen, öffnen Sie die Datei »15_MulticamSelector.blend«. Achten Sie besonders auf die unterschiedlichen Kameras der SCENE-Panels und die geschnittenen MULTICAM-SELECTOR-Strips.

Adjustment Layer | Dieser Effekt-Strip dient dem gleichzeitigen Bearbeiten mehrerer VSE-Strips. Bildlich gesprochen, fasst dieser Effekt alle unter diesem Effekt liegenden Strips in einem neuen Strip zusammen. Um die Funktionsweise und Möglichkeiten zu verdeutlichen, stellen Sie sich bitte vor, dass Sie einen virtuellen Bilderrahmen mit Ihrem Video füllen möchten. Sie haben den Hintergrund, das Video und den Rahmen übereinandergelegt und all diese Strips farbkorrigiert. Doch irgendwie haben Sie das Gefühl, dass die komplette Komposition etwas bläulicher sein sollte. Sie könnten jetzt natürlich jeden Ihrer drei Strips aufwendig einzeln farbkorrigieren. Sie könnten aber auch einfach eine ADJUSTMENT-LAYER-Sequenz nutzen, sie über Ihren drei bisher vorhandenen Strips anordnen und die Farbkorrektur auf diese anwenden. Immer dann, wenn Sie mehrere Strips gleichzeitig bearbeiten möchten, ist dieser Effekt das Mittel der Wahl.

Schritt für Schritt
Zum Donnerwetter (Teil 1)

Nachdem Sie den VSE jetzt in- und auswendig kennen, werden wir zum Abschluss dieses Kapitels einen Video-Effekt erstellen, den Sie sicherlich schon oft in der Natur gesehen haben – das Erhellen der Umgebung beim Einschlag eines Blitzes.

Die Datei »ItaliaFerris_CC0.jpeg« finden Sie auf der Buch-DVD unter BEISPIELMATERIAL • KAPITEL_15 • IMAGES.

1 Video- oder Image-Strip einfügen

Fügen Sie dazu einen beliebigen Video- oder Image-Strip per [⇧] + [A] • MOVIE/IMAGE und einen Color-Effekt per [⇧] + [A] • EFFECT STRIP • COLOR darüber ein. Falls Sie kein Bild zur Hand haben, nutzen Sie die Datei »ItaliaFerris_CC0.jpeg«, die Sie unter BEISPIELMATERIAL • KAPITEL_15 • IMAGES finden.

2 Strips erweitern

Erweitern Sie beide Strips auf 30 Frames, indem Sie die Enden der Strips markieren und per [G] auf Frame 30 verschieben.

3 Den Ebenenmodus festlegen

Setzen Sie den Ebenenmodus (BLEND) auf dem Panel EDIT STRIP des Color-Strips auf ADD, und ändern Sie die Farbe im Panel EFFECT STRIP auf Weiß.

4 Deckkraft kurzfristig erhöhen

Wenn Sie jetzt die Deckkraft der COLOR-Effekt-Ebene ruckartig ändern, werden Sie bemerken, dass der Effekt schon fast fertig ist. Alles, was noch zu tun ist, ist die Deckkraft der Ebene für eine kurze Zeit auf 100 % zu setzen und sie für den Rest der Zeit auf 0 % zu belassen. Die Datei »15_Flash_Mid.blend« lässt Sie diesen Effekt ausprobieren.

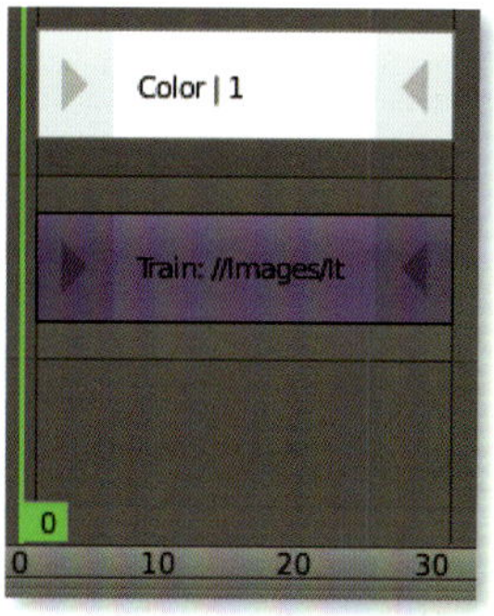

▲ **Abbildung 15.45**
Der COLOR- und IMAGE-Strip wird im Sequenzbereich kombiniert.

Die Datei »15_Flash_Mid.blend« finden Sie auf der Buch-DVD unter BEISPIELMATERIAL • KAPITEL_15.

Schritt für Schritt
Zum Donnerwetter (Teil 2)

Die Umsetzung dieser Animation kann natürlich auf unterschiedlichste Arten geschehen, wir werden uns in dieser Übung einer Keyframe-Animation und des GRAPH EDITORS bedienen.

1 Deckkraft der Ebene anpassen

Bewegen Sie die Maus auf die Deckkraft der Ebene (OPACITY), ändern Sie die Deckkraft auf 0 %, und drücken Sie anschließend [I]. Der Wert färbt sich gelb und zeigt somit an, dass auf diesem Frame die Deckkraft der Ebene festgelegt wurde.

2 Einen Noise-Modifier hinzufügen

Wechseln Sie nun in den GRAPH EDITOR oben links, und betrachten Sie die Kurve für die Deckkraft. Bislang ist hier wenig Bewegung zu sehen – das werden Sie jetzt über die die Kurve überlagernden NOISE-Modifier ganz einfach ändern. Zeigen Sie die Eigenschaften der Kurve am rechten Rand an, indem Sie innerhalb des GRAPH EDITORS [N] drücken. Scrollen Sie ganz nach unten, fügen Sie einen NOISE-Modifier per Klick auf ADD MODIFIER ein, und nutzen Sie die RESTRICT-FRAME-RANGE-Option, um die Änderung der Deckkraft auf 6 Frames um Frame 20 zu beschränken.

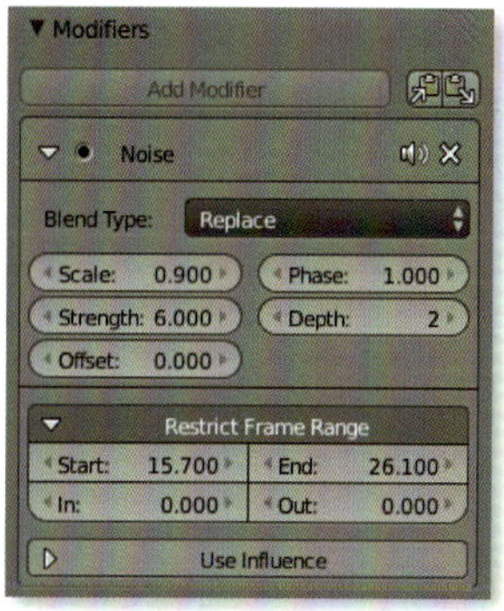

▲ **Abbildung 15.46**
Die Einstellungen des NOISE-Modifiers

3 Noise-Modifier anpassen

Setzen Sie jetzt den Scale-Wert des Modifiers auf 0.9 und die Strength auf 6. Testen Sie ein wenig, bis Sie mit den Werten zufrieden sind – da die Kurven zufällig erzeugt werden, kann ich hier nur Anhaltspunkte geben. Spielen Sie die Komposition mit Alt + A ab. Sie werden sehen, wie die Szene durch diese drei einfachen Schritte wie durch einen Blitzeinschlag beleuchtet wird. Möchten Sie noch ein wenig mehr üben, so blenden sie – kurz bevor der Blitz die Szene erleuchtet – einen freigestellten Blitz (ebenfalls im Images- Ordner zu finden) ein.

Den freigestellten Blitz »lightning.png« finden Sie unter Beispielmaterial • Kapitel_15 • Images.

Um Ihre VSE-Komposition weitergeben zu können, müssen Sie sie noch rendern. Folgen Sie den bereits erlernten Schritten beim Rendern von Animationen, achten Sie aber auf diese Punkte:

- Sehen Sie im Render-Tab nach, ob Ihr Start- und End-Frame auf die gewünschten Frames gesetzt wurde.
- Vergewissern Sie sich, dass in den Eigenschaften im Vorschaufenster des VSEs keine Proxys eingestellt sind (N im Vorschaubereich falls sie nicht zu sehen sind). Sie möchten die volle Auflösung – stellen Sie daher No proxy, full render ein.
- Stellen Sie sicher, dass im Render-Tab unter Post Processing ein Häkchen bei Sequencer gesetzt ist. Ist dies nicht gesetzt, wird ausschließlich Ihre 3D-Szene ohne VSE gerendert.

Zum Nachlesen

In Abschnitt 9.4, »Animationen rendern«, ab Seite 493 finden Sie alle nötigen Informationen, um VSE-Projekte in eine Videodatei zu rendern.

Sind alle diese Schritte überprüft, sind nur noch das Ausgabeformat und der Dateiname festzulegen und der Rendering-Vorgang mit Strg + F12 zu starten. Die Einstellungen sind deckungsgleich mit denen des »normalen« Renderings von Animationen und wurden bereits in den Kapiteln 6, »Rendering«, und 9, »Animation«, dieses Buches besprochen – bei eventuell auftretenden Fragen finden Sie dort ausführliche Hilfe. Die Datei »15_Flash.blend« und die Datei »15_Flash_Result.mp4« aus dem Results-Ordner zeigen Ihnen das Ergebnis dieser Übung.

15.6 Auf ins nächste Kapitel

Die Datei »15_Flash.blend« finden Sie unter Beispielmaterial • Kapitel_15. Im Ordner Results finden Sie das fertige Beispiel als mp4-Datei: »15_Flash_Result.mp4«.

Ich hoffe, ich konnte Ihnen in diesem Kapitel etwas näherbringen, wie Blender auch das Thema Videoschnitt in das Gesamtkonzept einbettet. Sculpting, Animation, Texturierung, Motion-Tracking und Videoschnitt – es existiert kaum ein Softwarepaket, das Ihre Kreativität so umfassend unterstützt.

Jetzt fehlt nur noch ein Thema, um Blender noch nützlicher und vielseitiger zu machen: Das Fernsteuern und Erweitern von Blender durch Skripte. Und genau das lernen Sie im nächsten Kapitel.

Kapitel 16

Blender erweitern

In diesem Kapitel werden Sie Blenders eingebaute Tools und Funktionalitäten durch kleine Helfer erweitern – durch die sogenannten Skripte und Add-ons. Nützlich sind diese in der Programmiersprache Python erstellten Helfer unter anderem dann, wenn Blender Funktionalitäten fehlen und wenn Sie Eigenschaften von vielen Objekten gleichzeitig ändern müssen. So könnten Sie sich beispielsweise ein Skript schreiben, das die Form aller markierten Objekte ändert und sie gleichzeitig so dreht, dass sie auf einen gemeinsamen Punkt zeigen. Bevor wir jedoch gleich gemeinsam einfache Skripte für Blender erstellen, möchte ich Ihnen Blenders Add-on-System und die bereits standardmäßig mitgelieferten Skripte vorstellen.

16.1 Add-ons – Werkzeuge für jeden Zweck

Blenders Standardinstallation liefert Ihnen bereits eine Vielzahl an hilfreichen Skripten mit, die Sie beim Einfügen neuer Objekte, beim Import und Export von Modellen und vielen weiteren Aufgaben unterstützen.

16.1.1 Add-ons suchen und filtern

Add-ons werden in Blender in den User Preferences (`Strg` + `Alt` + `U`) auf dem Reiter Addons in einer Übersicht dargestellt, gefiltert, aktiviert und deaktiviert. Die Suchbox am oberen linken Rand erlaubt Ihnen, nach einem Add-on zu suchen ❷. Geben Sie dort einen Teil des Namens ein, erscheinen im Hauptteil des Fensters alle passenden Add-ons ❸.

Skript oder Add-on?

Während Sie Add-ons über den Add-on-Manager installieren, aktivieren und deaktivieren können, liegen Skripte meist als Text in Blenders internem Skript-Editor vor und müssen von dort gestartet werden. Der einzige Unterschied ist also, dass die speziellen Funktionen zum Registrieren und Entfernen des Skripts im Add-on-Manager fehlen und die Ausführung dieser Skripte daher weniger komfortabel ist. Meist können Skripte mit wenigen Zeilen Code zu einem Add-on umgebaut werden.

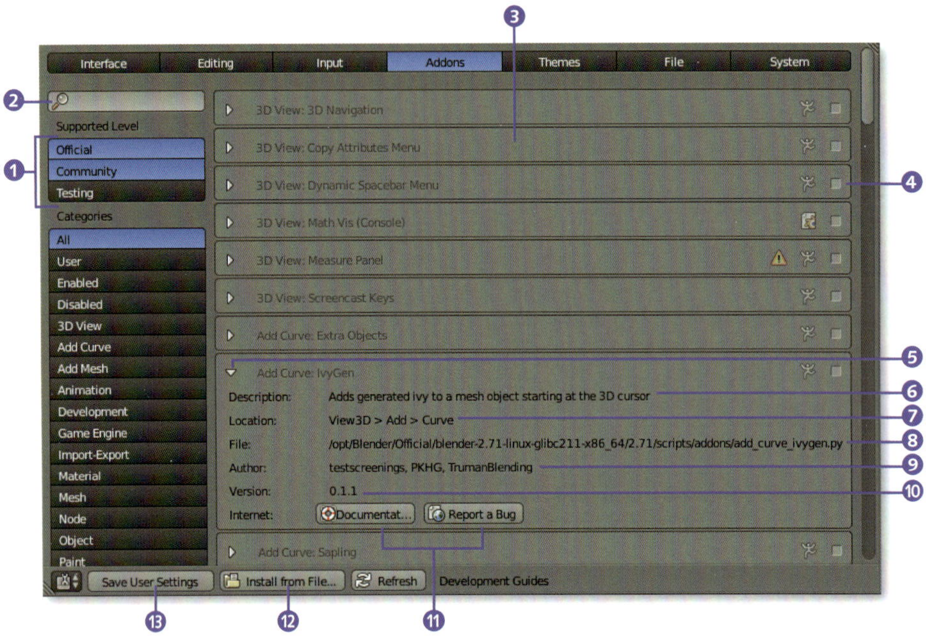

▲ **Abbildung 16.1**
Add-ons finden und aktivieren Sie in den User Preferences.

Supportlevel-Symbolik

Die Zugehörigkeit zu verschiedenen Support-Levels kann auch aus der Namenszeile des Add-ons abgelesen werden: Rechter Hand befindet sich ein Symbol, das eindeutig angibt, welchen Unterstützungsgrad das Add-on genießt. Offiziell unterstützte Add-ons bekommen ein Blender-Symbol , durch die Community entwickelte Add-ons ein springendes Männchen  und experimentelle Add-ons eine Stange TNT  mit brennender Lunte – seien Sie bei letzteren also vorsichtig.

Unterstützungsgrad | Direkt unter der Suchbox filtern Sie Add-ons nach dem ihnen zuteilwerdenden Unterstützungsgrad ❶:

- Official: Diese Add-ons werden von Blenders Kernentwicklerteam gehegt und gepflegt. Fällt Ihnen ein Fehler auf oder möchten Sie ein neues Feature implementieren lassen, können Sie sich direkt an das Kernteam wenden. Bei jeder neuen Blender-Version wird das Add-on auf Funktionalität und Kompatibilität geprüft und, falls nötig, entsprechend angepasst. Dieser Level stellt die höchste Auszeichnung für ein Add-on dar.
- Community: Diese Skripte werden von Entwicklern aus der Gemeinschaft rund um Blender entwickelt und gepflegt. Sie werden weniger häufig geprüft und können durchaus erst einige Wochen oder Monate nach einem Blender-Release gefixt werden – je nach persönlichen Umständen des Entwicklers (der seine Freizeit dafür opfert).
- Testing: Hier liegen Add-ons, die noch nicht den Reifegrad erreicht haben, den ein stabiles Add-on für den Endbenutzer haben sollte. Sie können Fehler haben und sind generell eher für abenteuerlustige Nutzer zu empfehlen.

Um mehrere Levels gleichzeitig anzuzeigen, halten Sie ⇧ während der Auswahl gedrückt. Die rechte Seite wird sich bei jedem Klick ändern und je nach Auswahl mehr oder weniger Add-ons anzeigen.

Kategorien | Unterhalb von SUPPORTED LEVEL können Sie nach Kategorien filtern. Hier legen Sie fest, welche Art von Skripte Sie sich anzeigen lassen möchten:

- ALL/USER: Alle Plug-ins/nur durch Sie installierte Plug-ins
- ENABLED/DISABLED: Nur Plug-ins anzeigen, die aktiviert/deaktiviert sind.
- 3D VIEW, ADD CURVE, ...: All diese Kategorien filtern die Plug-ins nach Zugehörigkeit zu einem Blender-Bereich. ANIMATION zeigt beispielsweise nur Plug-ins, die für die Animation sinnvoll sind, während COMPOSITING nur Plug-ins zeigt, die Sie beim Compositing unterstützen.

16.1.2 Add-on-Details anzeigen – der Info-Bereich

Möchten Sie sich über ein Add-on näher informieren, klicken Sie auf das Dreieck links neben seinem Namen ❺. Eine Informationsbox erscheint, in der Sie unter anderem eine kurze Beschreibung für dieses Add-on finden ❻, sehen, wo es nach der Aktivierung zu finden ist ❼, wo die entsprechende Add-on-Datei im Dateisystem liegt ❽ und wer das Skript geschrieben hat ❾. Zuletzt verrät die Box, in welcher Version das Add-on vorliegt ❿, und gibt eventuelle Warnungen aus. Möchten Sie sich über das Plug-in informieren, die Dokumentation einsehen oder einen Fehler melden, helfen Ihnen die letzten beiden Schaltflächen weiter ⓫.

16.1.3 Add-ons aktivieren und deaktivieren

Nachdem Sie bereits gelernt haben, wie Sie Ihr Add-on finden, ist die Aktivierung des Plug-ins jetzt eine der leichtesten Übungen: Suchen Sie dazu die Namenszeile des Plug-ins auf, und klicken Sie auf die graue Box am Ende der Zeile ❹. Ein Häkchen wird Ihnen anzeigen, ob die Aktivierung des Add-ons erfolgreich war. Analog dazu deaktivieren Sie das Add-on, indem Sie erneut auf das Kästchen klicken – der Haken verschwindet, und das Plug-in ist deaktiviert.

Ein Problem ergibt sich allerdings: Starten Sie Blender neu, so sind alle in dieser Session aktivierten Skripte wieder deaktiviert. Dies liegt an Blenders Add-on-Handling: Alle aktuell geladenen Add-ons gehören zu Blenders Nutzer-Einstellungen, und diese werden erst durch einen Klick auf SAVE USER SETTINGS ⓭ gespeichert. Wann immer Sie also Skripte finden, die Sie unbedingt bei jedem Neustart von Blender benötigen, klicken Sie einmal auf diese Schaltfläche.

16.1.4 Add-ons installieren und löschen

Was passiert, wenn Sie trotz all der Möglichkeiten zur Filterung und Kategoriewahl kein passendes Add-on finden können? Sie machen sich auf den Weg ins Netz und suchen dort. Meistens werden Sie in den digitalen Weiten auch fündig – nur wie installieren Sie diese Add-ons?

Automatische Installation | Add-ons werden von Entwicklern meist auf drei verschiedene Arten geliefert: Als gepackte ZIP-Datei, einzelne Skriptdatei mit »*.py«-Endung oder mit eigener Installationsanleitung.

Die gepackte ZIP-Datei und die Datei mit Endung »*.py« stellen den für Sie einfachsten Fall dar: Klicken Sie auf Install from File… ⓬, wählen Sie die Datei aus, und bestätigen Sie mit ↵ oder Klick auf Install from File… Das Add-on wird installiert und erscheint sofort in der Auswahl.

Die Datei »GrassLab.py« finden Sie auf der Buch-DVD im Ordner Add-ons.

Probieren Sie die Installation mit dem im Ordner Add-ons mitgelieferten Add-on »GrassLab.py« aus. Mit seiner Hilfe erzeugen Sie sehr einfach Haare und Gras für den Blender-Internal-Renderer – eine Aufgabe, die ohne dieses Add-on durchaus eine halbe Stunde Ihrer Zeit in Anspruch nimmt. Über die Schaltflächen der Toolbar (T) erstellen Sie dabei eine speziell für Haare geeignete Szene und erzeugen Haare und Gras mit zwei Klicks.

▲ **Abbildung 16.2**
Das Add-on GrassLab erstellt mit wenigen Klicks Haare und Gräser.

Manuelle Installation | Die Installation von Hand ist deutlich weniger komfortabel als die vorangegangene Lösung, trotzdem ist auch diese Aufgabe mit ein wenig Hintergrundwissen leicht zu bewältigen. Alles, was Sie wissen müssen, ist, dass Blender seine Skripte in fest definierten Verzeichnissen ablegt. Sie sind je nach Betriebssystem verschieden:

- Windows 7:
  C:\Users\%username%\AppData\Roaming\Blender Foundation\Blender\$version\scripts\addons
- Windows XP:
  C:\Documents and Settings\%username%\Application Data\Blender Foundation\Blender\$version\scripts\addons
- Linux:
  /home/$user/.config/blender/$version/scripts/addons

Müssen Sie ein Add-on von Hand installieren, so reicht es meist aus, dieses in einen der oben genannten Pfade zu kopieren. Es sollte nach einem Neustart von Blender oder einem Klick auf die Schaltfläche Refresh unter dem Addon-Tab auftauchen.

Add-ons löschen | Haben Sie sich an einem (selbst installierten) Skript sattgesehen oder erfüllt es nicht Ihre Erwartungen, können Sie es natürlich auch wieder löschen. Zu diesem Zweck stellt Blender, wie in Abbildung 16.3 zu sehen, eine Schaltfläche im Infobereich des Skripts unter INTERNET mit dem Namen REMOVE bereit. Ein Klick auf diesen Knopf präsentiert Ihnen eine letzte Rückfrage, die Sie mit einem Klick auf OK bestätigen. Ihr Skript wird daraufhin inklusive eventuell erzeugter Ordner restlos gelöscht und verschwindet aus der Add-on-Liste.

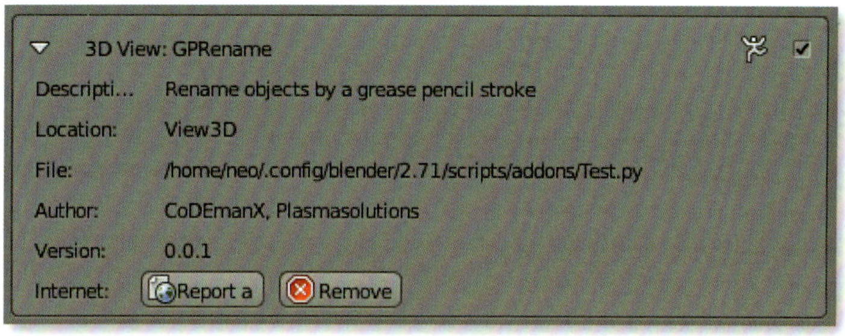

▲ **Abbildung 16.3**
Selbst installierte Plug-ins können einfach über die REMOVE-Schaltfläche gelöscht werden.

16.1.5 Add-on-Beispiele

In diesem Abschnitt möchte ich Ihnen an zwei mitgelieferten Add-ons zeigen, wie diese Blender erweitern. Starten möchte ich mit dem Add-on »Screencast Keys«.

Screencast Keys | Nachdem Sie jetzt in einem der letzten Kapitel dieses Buches angekommen sind, wäre es an der Zeit, Ihr neu erworbenes Wissen an wissbegierige Blender-Anfänger weiterzugeben. Und wie könnten Sie mehr Menschen erreichen, als über ein Videotutorial im Netz der Netze?! Dabei stellt sich jedoch immer wieder eine Frage: Wie können Sie den Zuschauern vor ihren Bildschirmen die gerade genutzte Tastenkombination in der 3D-Ansicht vermitteln, ohne jeden Tastendruck permanent synchron zu übersetzen? Genau diese Arbeit übernimmt das hier vorgestellte Add-on.

Aktivieren Sie zuerst das Add-on über `Strg` + `Alt` + `U` im Reiter ADDONS. Filtern Sie unter SUPPORTED LEVEL nach COMMUNITY, und geben Sie »screen« ein. Das Add-on sollte bereits nach den ersten paar Buchstaben erscheinen. Aktivieren Sie es, und sehen Sie im Infobereich unter LOCATION nach, wo Sie das Add-on finden können. Der Text »VIEW 3D>Properties Panel>Screencast

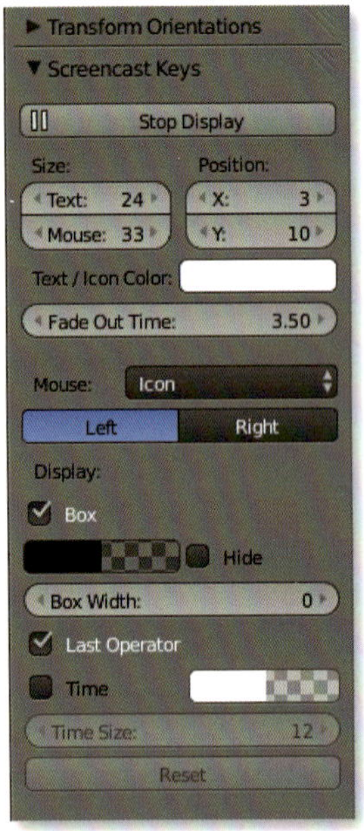

▲ **Abbildung 16.4**
Das durch das Add-on erstellte Screencast-Keys-Panel

Keys« gibt uns den entscheidenden Hinweis – es ist in dem 3D-View-Editor auf dem Properties-Panel zu finden. Schließen Sie daher jetzt das Fenster User Preferences, und wechseln Sie in die 3D-Ansicht.

Rufen Sie das Properties-Panel mit N auf, und suchen Sie nach einem Panel Screencast Keys. Aktivieren Sie die Screencast Keys durch einen Klick auf Start Display. Ein Symbol zeigt Ihnen daraufhin im unteren Rand der 3D-Ansicht an, welche Tasten gerade gedrückt werden. Über die Einstellungen im Panel Screencast Keys können Sie die Anzeige weiter konfigurieren: einen größeren Text oder ein größeres Symbol, Farbdefinitionen oder die Position der Anzeige, alles lässt sich interaktiv anpassen.

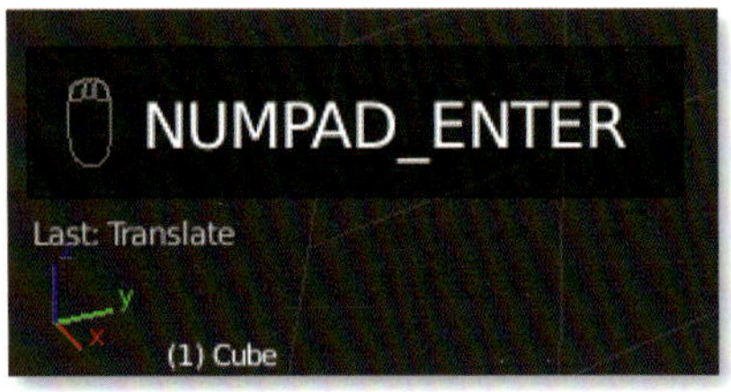

▲ **Abbildung 16.5**
Das Add-on überwacht jede Ihrer Tasten und zeigt sie an.

An diesem Beispiel sehen Sie bereits, wie nahtlos sich Add-ons in Blender integrieren lassen. Wie ein Add-on bedient wird, hat dabei allein der Entwickler des Add-ons in der Hand. Er entscheidet, ob er sein Add-on wie das gerade gesehene Add-on in ein spezielles Panel eintragen oder wie das jetzt vorgestellte Add-on zu einem Menü hinzufügen möchte.

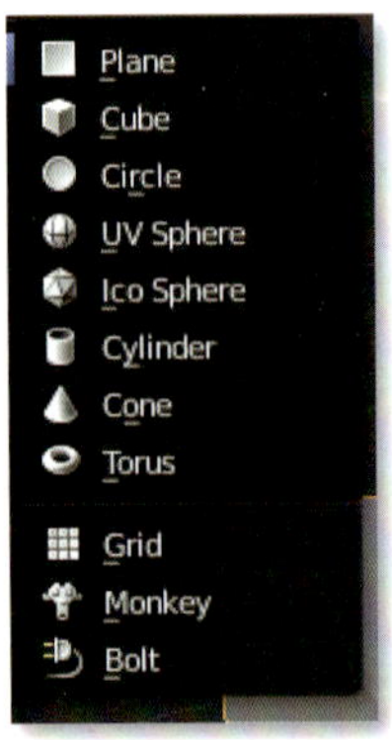

▲ **Abbildung 16.6**
Add-ons sind in der Lage, neue Menüpunkte hinzuzufügen – wie hier das Bolt-Factory-Add-on im Add-Menü.

Bolt Factory | Dieses Add-on wird das Herz jedes bauhausverzückten Hobby-Handwerkers höher schlagen lassen. Mit ihm lassen sich Schrauben und Muttern jedweder Größe und Länge sehr einfach erzeugen. Aktivieren Sie das Add-on Bolt Factory wieder über die beim Screencast-Keys-Add-on auf Seite 731 beschriebene Methode. Schauen Sie anschließend im Info-Bereich des Add-ons nach, wo sich das Add-on versteckt: unter »View 3D>Add>Mesh«.

Dies ist eine kleine Überraschung – denn aus den vielen Kapiteln vorher wissen Sie nur allzu gut, dass unter »Add>Mesh« keine Schrauben zu finden sind. Schauen Sie trotzdem nach Aktivierung des Add-ons dort nach – und tatsächlich findet sich dort das in Abbildung 16.6 gezeigte neue Icon inklusive Eintrag mit Namen Bolt. Klicken Sie auf diesen Eintrag, erzeugen Sie die in Abbildung 16.7 dargestellte Schraube in Ihrer 3D-Ansicht.

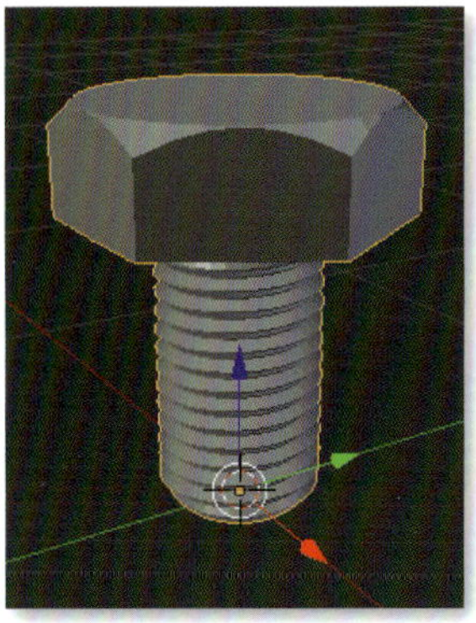

▲ **Abbildung 16.7**
Eine durch das Add-on Bolt Factory erstellte Schraube

Eine Schraube in weniger als 1 Sekunde zu erzeugen, ist zwar beeindruckend, ein wenig mehr Auswahlmöglichkeiten, wie beispielsweise Kopfdicke, Schraubenlänge oder Windungsanzahl, hätten Sie sich sicherlich trotzdem gewünscht, oder? Glücklicherweise sind all diese Einstellungen und noch einige mehr wie bei so vielen anderen Gelegenheiten auch in der Toolbar (T) oder bei einem Druck auf F6 zu finden. Hier legen Sie fest, welches Modell (Mutter oder Schraube) Sie benötigen, welche Länge und welche Größe der Kopf haben soll. Wie üblich stehen die Einstellungen der Bolt Factory für die gerade erzeugte Schraube nur so lange bereit, bis sie eine neue Aktion (Menübefehl, Transformation oder Ähnliches) ausführen.

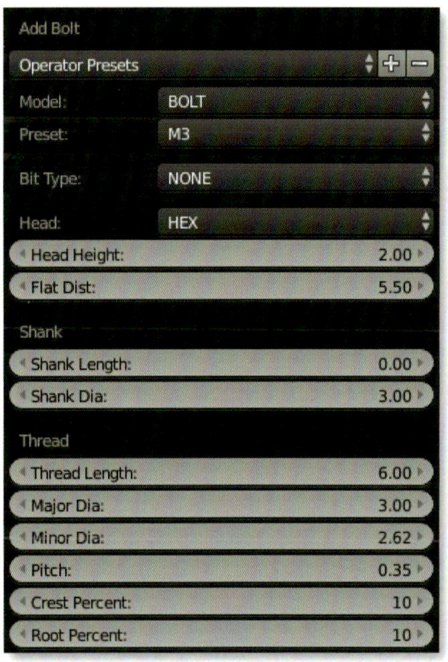

◂ **Abbildung 16.8**
Die per F6 aufgerufenen Optionen der Schraube

Python
Python erblickte 1991 das Licht der Welt, unterstützt verschiedene fortschrittliche Programmierparadigmen, wie beispielsweise die Objektorientierung, und wird bei der Ausführung üblicherweise interpretiert (d. h., zum Ausführungszeitpunkt Zeile für Zeile übersetzt und ausgeführt). Python gilt als einfach zu erlernende Sprache und wird als Skriptsprache immer beliebter.

Stöbern Sie jetzt noch ein wenig durch die Add-on-Liste, Sie werden sicherlich unzählige interessante und nützliche Add-ons entdecken! Falls Sie sich jedoch dafür interessieren, wie Sie selbst ein Add-on für eine spezielle Aufgabe schreiben, dann lesen Sie jetzt weiter – wir gehen die ersten Schritte gemeinsam …

16.2 Eigene Skripte entwickeln

Da Blender bereits einen Texteditor mitbringt und die in diesem Kapitel behandelten Beispiele eher einfacher Natur sind, können wir problemlos den integrierten Editor nutzen. Für aufwendigere Beispiele würde ich persönlich immer auf vollwertige Editoren umsteigen, wie beispielsweise Sublime, Notepad++, PsPad, Gedit, Vi(m).

Die nachfolgenden Abschnitte setzen zwar nicht unbedingt Wissen über die Programmiersprache Python voraus, die grundlegenden Konzepte einer Programmiersprache zu kennen, ist jedoch keinesfalls von Nachteil. Ich kann zwar keine komplette Programmiersprache in einem Kapitel erklären, werde mich aber bemühen, die Beispiele so einfach und nachvollziehbar zu gestalten, dass Sie auch bei fehlender Programmiererfahrung folgen können. Falls Sie kompletter Programmierneuling sind, stellen Sie sich eine Programmiersprache exakt wie eine Fremdsprache vor. Mit den Worten (Befehlen) dieser Fremdsprache (Python) sind Sie in der Lage, mit dem Rechner und Blender zu kommunizieren.

Blender setzt seit vielen Jahren auf Python und stellt seit Blender 2.5 eine konsistente Schnittstelle zur Verfügung, mit der auf interne Datenstrukturen zugegriffen und Blender voll automatisiert werden kann.

▲ **Abbildung 16.9**
Mit der Programmiersprache Python automatisieren Sie Blender und entwickeln neue Funktionen.

16.2.1 Der Python-Interpreter

Um Objekte und Datenstrukturen einfach in Blender inspizieren zu können, liefern die Entwickler einen Editor mit Namen PYTHON CONSOLE mit.

Die Python-Konsole ist ein vollintegrierter Python-Interpreter (er kann also Ihre Eingaben interpretieren und ausführen), der wie alle anderen Editoren über das entsprechende Python Console ausgewählt werden kann. Da zu diesem Interpreter oftmals auch ein Texteditor und die 3D-Szene benötigt werden, gibt es bereits ein Screen-Layout namens SCRIPTING.

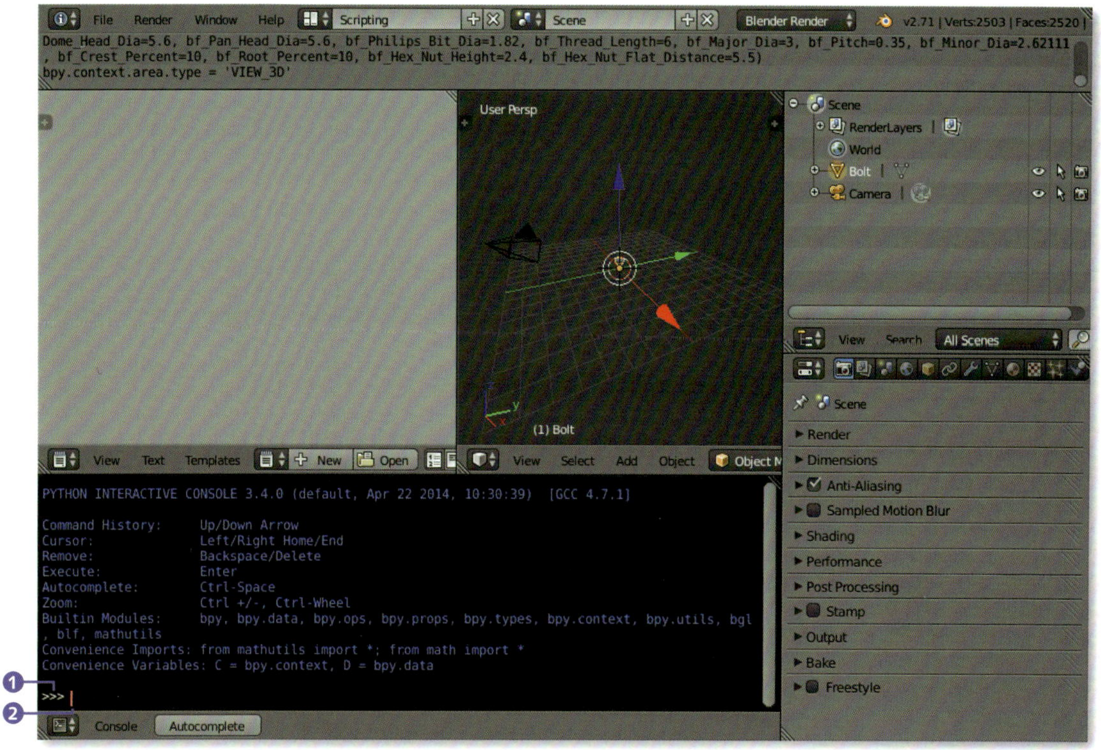

▲ **Abbildung 16.10**
Die Scripting-Ansicht mit eingeblendetem Python-Interpreter

Bei unseren ersten Gehversuchen im Blender-Skripten werden wir uns fast ausschließlich mit dem schwarz hinterlegten Interpreter befassen. Wechseln Sie dazu jetzt in das Scripting-Screen-Layout. Sehen Sie die drei »>>>« ❶? Diese drei Zeichen werden Eingabeprompt genannt und erscheinen immer dann, wenn Python bereit ist, Eingaben von Ihnen entgegenzunehmen.

Bedienung des Interpreters | Jede Eingabe in den Python-Interpreter schließen Sie mit einem Druck auf ↵ ab. Geben Sie jetzt `10+5` ein, und drücken Sie ↵. Python interpretiert Ihre Eingaben und gibt Ihnen sofort das Ergebnis `15` zurück. Möchten Sie die letzte Eingabe noch einmal aufrufen, so drücken Sie ↑. Sind Sie ein wenig zu weit zurückgegangen, nutzen Sie ↓, um zu den neueren Eingaben zu gelangen.

Den durch einen vertikalen roten Strich symbolisierten Cursor ❷ können Sie wie gewohnt über die Pfeiltasten und über Pos1 und End bewegen. Ist Ihnen die Schrift zu klein oder zu groß, können Sie sie über Strg + + (Ziffernblock) und Strg + - (Ziffernblock) ändern. Bitte beachten Sie auch hier wieder, dass sich Ihre Maus über dem Python-Interpreter befinden muss, wenn Sie Befehle eingeben.

16.2.2 Blenders interner Texteditor

Anweisungen
Jede Zeile, die Sie in den Interpreter eingeben, ist für Python eine Anweisung. Eine Anweisung wird von dem Interpreter auf Fehler überprüft und – falls sie als korrekt bewertet wird – ausgeführt.

Ihren letzten Befehl haben Sie direkt in den Interpreter eingegeben. Dies ist einerseits sehr praktisch (bei falschen Anweisungen werden Sie sofort gestoppt), aber anderseits auch sehr mühselig (wenn ein Programm aus vielen Befehlen besteht). Neben dem Interpreter bietet Ihnen Blender daher einen integrierten Texteditor. Er funktioniert wie jeder normale Texteditor und befindet sich im SCRIPTING-Screen-Layout im linken oberen Bereich.

Ein neues Textdokument legen Sie durch einen Klick auf NEW an. Blender wird daraufhin einen neuen Text-Datenblock anlegen, den Sie wie üblich löschen, umbenennen oder verlinken können. In der mit `Strg` + `T` einblendbaren Seitenleiste können Sie unter anderem die Zeilennummerierung, den automatischen Wortumbruch und die Syntaxhervorhebung ein- oder ausschalten. Per Syntaxhervorhebung färbt Blender die eingegebenen Befehle so ein, dass Sie Python-Befehle und normalen Text besser voneinander unterscheiden können.

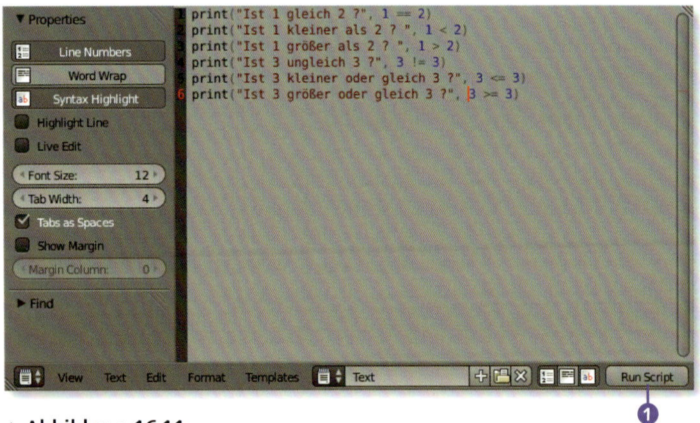

▲ **Abbildung 16.11**
Blenders interner Texteditor unterstützt Sie bei der Erstellung von Python-Skripten.

Legen Sie jetzt eine neue Textdatei an, und geben Sie die bereits aus dem Interpreter teilweise bekannte Anweisung `print(10+5)` ein. Was `print()` bedeutet, erfahren Sie in Kürze. Führen Sie anschließend die Anweisung mit einem Klick auf die Schaltfläche RUN SCRIPT ❶ in der Menüzeile des Editors aus. Das Ergebnis des Skripts wird auf der Konsole ausgegeben. Hier ist allerdings nicht die Blender-interne Python-Konsole gemeint, sondern die Systemkonsole. Ist sie bei Ihnen nicht vorhanden (kommt auf das Betriebssystem und den Aufruf von Blender an), so lassen Sie sie über WINDOW • TOGGLE SYSTEM CONSOLE (unter Windows) erscheinen, oder führen Sie Blender aus einem Terminal aus (Linux, Mac).

Kontrollieren Sie, ob darauf nach einem Klick auf RUN SCRIPT die entsprechenden Ausgabe (Name Ihres Objekts) zu finden ist. Falls nicht, lesen Sie unter *http://goo.gl/PQDMuW* nach, ob Sie für Ihr System eventuell weitere Voraussetzungen schaffen müssen, um die Konsole anzeigen zu können.

16.2.3 Debugging

Falls Sie dort keine Ausgabe oder sogar eine Fehlermeldung auf der Konsole vorfinden, obwohl Sie Ihr Skript per RUN SCRIPT ausgeführt haben, sehen Sie sich noch einmal an, was Sie geschrieben haben. Sind alle Befehle genau wie im Buch angegeben umgesetzt? Diese und viele weitere Fragen beschäftigen Programmierer oftmals mindestens so lange, wie es gedauert hat, ein Programm zu schreiben. Diesen Vorgang nennt man *Debuggen*.

Debuggen
Üben Sie das Debuggen einmal, indem Sie einen Fehler in Ihren Quellcode einbauen und das Skript ausführen. Mit der Zeit werden Sie lernen, die Ausgaben von Python zu interpretieren und die richtigen Schlüsse daraus zu ziehen.

16.2.4 Python und Blender

In den nachfolgenden Abschnitten lernen Sie Blender nach und nach in Kombination mit der Programmiersprache Python kennen. Alle Befehle können Sie sowohl im Interpreter als auch im internen Texteditor ausführen. Bei mehreren Zeilen empfehle ich den Texteditor, für einzelne Zeilen leistet Ihnen der Interpreter direktere Hilfe. Unsere Programmierreise beginnen wir mit einem Beispiel, das in annähernd jedem Programmierhandbuch zu Beginn auftaucht – das Beispiel »Hallo Welt«. Dabei wird die Programmiersprache dazu aufgefordert, »Hallo Welt« auszugeben.

»Hallo Welt« mit Blender | Geben Sie in dem Interpreter die folgende Zeile ein, und bestätigen Sie mit Enter:

```
print("Hallo Blender")
```

Blender bestätigt Ihnen die erfolgreiche Ausführung des Befehls mit der Ausgabe »Hallo Blender«. Was Sie Python über die obige Zeile mitgeteilt haben, ist Folgendes: Gib die folgenden Zeichen vom ersten Anführungszeichen bis zum nächsten Anführungszeichen aus. `Print()` ist eine sogenannte *Funktion* – ein von Python bereits mitgelieferter Programmteil, der eine bestimmte Aufgabe übernimmt. In unserem Fall übernimmt er die Aufgabe, Werte oder Text auf dem Bildschirm auszugeben. Die Funktion erhält in unserem Fall einen Text (im Fachjargon *String* genannt), den Sie mit Anführungszeichen umschließen müssen.

Anführungszeichen
Falls Sie Probleme bei der Ausführung von Befehlen mit Anführungszeichen haben, stellen Sie bitte sicher, dass Sie nicht die »falschen« Anführungszeichen nutzen – gerade beim Kopieren von Quelltext kann das schnell passieren. Geben Sie die Anführungszeichen neu ein, wenn sich Python beschwert.

Autocomplete | Woher wissen Sie jetzt als geneigter Entwickler, welche Werte (Parameter) die `print()` Funktion als Eingaben akzeptiert, ohne dass ich Ihnen die gültigen Werte verrate? Hier können Sie die Autocomplete-Funktion von Blender nutzen. Sie wird entweder über einen Druck auf AUTOCOMPLETE in der Fußzeile des Interpreters oder durch die Eingabe der gewünschten Funktion (oder eines Funktionsteils) und das betätigen der Tastenkombination `Strg` + Leertaste aufgerufen.
Geben Sie jetzt `print(` ein, und benutzen Sie die Tastenkombination. Die nachfolgende Ausgabe erscheint:

```
print(value, ..., sep=' ', end='\n',\
   file=sys.stdout, flush=False)
Prints the values to a stream, or to sys.stdout by
   default.
Optional keyword arguments:
file:  a file-like object (stream); defaults to the
   current sys.stdout.
sep:   string inserted between values, default a
   space.
end:   string appended after the last value, default
   a newline.
flush: whether to forcibly flush the stream.
```

Die Ausgabe teilt Ihnen unter anderem folgende Informationen über die Funktion mit:

- Die Funktion erwartet einen oder mehrere Werte (`value, ..., ..., ..., ...`).
- Nachdem der letzte Wert auf der Konsole ausgegeben wurde, fügt sie das Steuerzeichen `\n` und somit einen Zeilenumbruch ein (`\t` ist ein weiteres Steuerzeichen das einen Tab einfügt).
- Normalerweise gibt die Funktion alles auf der Konsole aus, Sie können aber auch eine Datei oder Ähnliches über `file` angeben.
- Sie können über `sep` festlegen, dass zwischen den Werten ein eigener Text eingefügt wird

Überall dort, wo ein »=« zu finden ist, teilt Python Ihnen mit, dass dieser Parameter bereits vorbesetzt ist. Er muss daher von Ihnen nicht explizit gesetzt werden. Als Nächstes lernen Sie Variablen kennen. Sie erfahren, wozu sie gut sind und welche Vorteile sich durch die Benutzung von Variablen ergeben.

Benennung von Variablen
Variablen dürfen zwar beliebig heißen, ihre Benennung unterliegt allerdings speziellen Regeln. So dürfen Sie beispielsweise nicht mit einer Zahl oder einem Sonderzeichen beginnen. Näheres dazu lesen Sie bitte in der Python-Dokumentation unter *https://www.python.org* nach.

Variablen und Kommentare | Variablen finden Sie in jeder Programmiersprache. Stellen Sie sich eine Variable wie einen Container vor, in den Sie beliebige Dinge hineinlegen können. Sie möchten eine Zahl oder einen Text für später aufheben? Sie möchten das Ergebnis einer Rechenoperation abspeichern? All dies und noch viel mehr können Sie mit der Zuweisung beliebiger Daten an Variablen erledigen. Probieren Sie nachfolgende Zeilen nacheinander (bis zur Raute #) aus:

```
var1 = 10                  # Var1 den Wert 10 zuweisen
var2 = "Hallo"             # Var2 den String "Hallo"
                             zuweisen
var3 = var1 + 15           # Var3 das Ergebnis von 10 +
                             15 zuweisen
var3 = var3 + 1            # Var3 um eins erhöhen ->
                             Var3 ist jetzt 26
print(var1, var2, var3)    # Alle Variablen ausgeben
```

◂ **Listing 16.1**
Die ersten Gehversuche mit Variablen

Die Raute dient in den vorangegangenen Zeilen als Kommentar. Alle Zeichen nach der Raute interessieren den Python-Interpreter nicht mehr – erst bei der Anweisung in der nächsten Zeile wird sein Interesse wieder geweckt.

In den drei Zeilen werden drei verschiedene Daten an drei verschiedene Variablen zugewiesen. Sehen Sie sich den dazugehörigen Kommentar an, er erklärt, was die Zeilen bewirken. Interessant und neu dürfte die vorletzte Zeile für Sie sein: `var3 = var1 + 15`. Hier können Sie sehen, wie einfach sich mit Variablen rechnen und das Ergebnis speichern lässt. Zusammenfassend können wir festhalten:

- Daten werden Variablen mithilfe des Gleichheitszeichens zugewiesen.
- Variablen können jedwede Daten (wie Zahlen oder Zeichenketten oder die etwas später vorgestellten Objekte) aufnehmen.
- Variablen können betrachtet werden, als wären Sie die Daten selbst. Sie können mit Ihnen rechnen, ihnen aber auch neue Daten zuweisen. Dabei gehen die alten Daten verloren.

Strings, Zahlen und boolesche Typen | Strings speichern eine Reihe von Zeichen ab, kümmern sich aber nicht um den Inhalt der Zeichenkette. Der Zeichenkette (dem String) ist es herzlich egal, ob »Hallo« oder »12« darin zu finden ist. Für den String sind alle diese Daten einfach nur Text.

Aus diesem Grund können Sie auch nicht `print("12"+23)` schreiben. Python weiß in diesem Fall nicht, wie es den Text mit der Zahl verknüpfen soll. Würden Sie Python mit `print(int("12")+23)` jedoch mitteilen, dass sich eine ganze Zahl (in Python *Integer*

Int und str

`int(variable)` weist den Interpreter an, die zwischen den Klammern stehende Variable in einen Integer (eine Ganzzahl) umzuwandeln. Der Befehl `str(variable)` verwandelt die Variable in einen String. Sie glauben mir nicht? Befragen Sie den Interpreter mit der AUTOCOMPLETE-Funktion.

Weitere Funktionen

Python bietet Ihnen viele sinnvolle Funktionen: Hätten sie beispielsweise gedacht, dass Python, wenn Sie `print(8 * "Hallo ")` eingeben, sofort weiß, dass Sie den Text »Hallo« achtmal ausgeben möchten? Oder dass das Ergebnis der letzten Operation immer in der Variable »_« (Unterstrich) zwischengespeichert wird? Probieren Sie es aus, geben Sie »9+9« [↵] in dem Interpreter und anschließend _ [↵] ein.

genannt) in dem Text befindet, so könnten Sie die Funktion ausführen und das Ergebnis 35 in Empfang nehmen.

Neben den Ganzzahlen (Integern) existieren noch weitere numerische Typen:

- `Int`: Wie erwähnt, steht ein Integer für eine ganze Zahl.
- `Float`: Steht für eine Zahl mit Nachkommastellen (Fließkommazahl).
- `Long`: Steht für eine Fließkommazahl mit unbegrenzter Länge.
- `Complex`: Steht für eine Zahl mit Real- und Imaginär-Teil.

Wandeln Sie einen `Float`-Wert in einen Integer-Wert um, so werden die Nachkommastellen einfach abgeschnitten. Als letzter (für Sie in diesem Kapitel) wichtiger Datentyp gibt es den Wahrheitswert (oder Boolean-Typ). Er kann zwei Zustände annehmen: Wahr (`True`) oder Falsch (`False`).

Lassen Sie uns boolesche Werte testen. Geben Sie dazu die folgenden Anweisungen nacheinander in den Interpreter ein:

```
1 == 2    # Ist 1 gleich 2 ? [False]
1 < 2     # Ist 1 kleiner als 2 ? [True]
1 > 2     # Ist 1 größer als 2 ? [False]
3 != 3    # Ist 3 ungleich 3 ? [False]
3 <= 3    # Ist 3 kleiner oder gleich 3 ? [True]
3 >= 3    # Ist 3 größer oder gleich 3 ? [True]
```

Listing 16.2 ▸
Vergleiche in Python geben boolesche Werte zurück.

Die Datei »16_Comparisons.blend« finden Sie auf der Buch-DVD unter BEISPIELMATERIAL • KAPITEL_16.

Einen booleschen Wert können Sie wie jeden anderen Wert auch einer Variablen zuweisen. Besonders sinnvoll sind diese Typen, wenn sie den Programmablauf steuern (später in diesem Kapitel). Alle Vergleiche finden Sie in der Datei »16_Comparisons.blend«.

Funktionen | Mit Funktionen gibt Ihnen Python die Möglichkeit, Ihren Code zu strukturieren. Sie können mit ihnen mehrere Anweisungen zu einem Block zusammenfassen und bei Bedarf gemeinsam ausführen lassen. Die in Python eingebaute Funktion `print()` fasst beispielsweise Anweisungen zusammen, die es ermöglichen, Text auf der Konsole auszugeben.

Code

Als Code oder Quellcode bezeichnet man im Programmierjargon eine oder mehrere Anweisungen in einer Programmiersprache, die – nacheinander ausgeführt – das zu programmierende Gerät die ihm zugedachte Aufgabe erledigen lassen.

Mit Parametern bieten Ihnen Funktionen die Möglichkeit, Variablen von außen in die Funktion zu übergeben (beispielsweise den auszugebenden Text bei `print()`), während Sie über einen Rückgabewert einen Wert aus der Funktion nach außen zurückgeben können. Eine Funktion kann beliebig viele Parameter erhalten, aber immer nur einen Rückgabewert zurückgeben. Der Befehl `print()` gibt keinen Rückgabewert zurück – Funktionen müssen weder einen Rückgabewert zurückgeben, noch Parameter aufnehmen.

Eigene Funktionen schreiben Sie immer nach demselben Muster. Sie leiten die Funktion mit einem `def` ein und geben anschließend den Namen der Funktion an. Daraufhin stehen die Parameter der Funktion in Klammern. Ein Doppelpunkt beschließt die Definition einer Funktion. Alle Zeilen innerhalb der Funktion werden mit einem Tab eingerückt. Sehen Sie sich als einfaches Beispiel die folgenden Zeilen an:

```
def BlenderUsage(UserName, Years):
    complete = UserName + " nutzt Blender "\
    + str(Years) + " Jahre."
    return complete

print(BlenderUsage("Marie",12))
```

▲ **Listing 16.3**
Eine erste Funktion

Die Funktion gibt »Marie nutzt Blender 12 Jahre.« aus. Können Sie sich erklären warum? `UserName` nimmt den Namen als String auf, `Years` die Dauer der Nutzung in Jahren. Das Schlüsselwort `return` gibt den kompletten String als Rückgabewert zurück (bestehend aus den beiden Parametern und etwas Text).

Schreiben Sie selbst eine Funktion, die zwei Werte aufnimmt, addiert und zurückgibt. Eine mögliche Lösung der Aufgabe:

```
def add(a, b):
    return a+b

print( "5 plus 2 ist gleich ", add(5,2) )
```

▲ **Listing 16.4**
Ihre erste eigene Funktion

Beide Codeschnipsel finden Sie zum Ausprobieren in der Datei »16_Functions.blend«.

Die for-Schleife | Ein weiteres essenzielles Thema jeder Programmiersprache sind Kontrollstrukturen und Schleifen. Da Programmierer im Grunde ihres Herzens »Arbeitsvermeider« sind (ja, ich bin selbst Entwickler), lag es in allen Programmiersprachen nahe, ein Konstrukt zu erschaffen, das das lästige Tippen von gleichen Anweisungen minimiert. Python macht hier keine Ausnahme und unterstützt den geneigten Entwickler dabei durch verschiedene Schleifen. Wir werden uns in diesem Abschnitt die `for`-Schleife ansehen.

Einrückung
Beachten Sie, dass eine identische Einrückung der Zeilen einer Funktion unbedingt erforderlich ist. Python erkennt anhand der Einrückung, welche Teile zu der Funktion gehören und welche nicht. Möchten Sie eine Funktion im Interpreter eingeben, so geben Sie sie Zeile für Zeile ein. Sie werden bemerken, dass der Python-Interpreter von sich aus die nachfolgenden Zeilen einrückt, wenn er erkennt, dass Sie eine Funktion eingeben möchten. Möchten Sie wieder eine nicht eingerückte Zeile eingeben, so drücken Sie einmal auf [↵] ohne Text einzugeben.

Tabs und Leerzeichen
Beachten Sie, dass Python allergisch darauf reagiert, wenn Sie in einer Skriptdatei sowohl mit Tabs als auch mit Leerzeichen einrücken. Rücken Sie Zeilen daher pro Datei (und am besten pro Projekt) immer nur mit einer Einrückungsart ein – entweder Tabs oder Leerzeichen). Python selbst empfiehlt Leerzeichen, daher konvertiert Blender Tabs automatisch zu Leerzeichen.

Die Datei »16_Functions.blend« finden Sie auf der Buch-DVD unter Beispielmaterial • Kapitel_16.

Eine einfache for-Schleife sieht in Python wie folgt aus:

Listing 16.5 ▸
Eine for-Schleife in Python

```
for i in range(5):
    print(str(i+1)+".Mal Hallo")
```

Können Sie sich erklären, was hier vor sich geht? Die Funktion range(5) erzeugt in diesem Beispiel eine Zahlenreihe von 0 bis 4. Die for-Schleife führt so lange die eingerückten Zeilen aus, bis alle Zahlen aus der Zahlenreihe einmal »erwischt« wurden – also insgesamt fünfmal. In jedem Schleifendurchgang steht in »i« die aktuelle Zahl, so dass sie innerhalb der Schleife dazu genutzt werden kann, einen String auszugeben. Da »i« von 0 bis 4 läuft, wir aber lieber eine Ausgabe von 1 bis 5 hätten, addieren wir eine 1 zu jedem Durchlauf.

Die if-Bedingung | Möchten Sie im vorigen Beispiel bei den ersten drei Durchläufen etwas anderes tun, als in den letzten zwei, so kommt eine weitere Neuerung ins Spiel: Die if-Bedingung. Mit dieser Kontrollstruktur können Sie (wie der Name bereits andeutet) den Ablauf Ihres Programms kontrollieren. Sie definieren, was passiert, wenn eine Bedingung erfüllt wird (if), oder was passiert, wenn sie nicht erfüllt wird (else). Möchten Sie innerhalb der if-Bedingung noch eine weitere if-Bedingung ansetzen, so können Sie dies über elif erledigen. Erweitern wir den vorangegangenen Code mit einer if-Bedingung:

Listing 16.6 ▸
Eine if-Bedingung, eingebettet in eine for-Schleife

```
for i in range(5):
    if (i <=2):
        print(str(i+1)+".Mal Hallo")
    elif (i == 3):
        print(str(i+1)+". Durchgang")
    else:
        print("Noch " + str(4-i))
```

Die Datei »16_If.blend« finden Sie auf der Buch-DVD unter Beispielmaterial • Kapitel_16.

Die erste Bedingung prüft, ob die Zählvariable kleiner oder gleich 2 ist. Ist das der Fall, so wird die erste eingerückte Codezeile ausgeführt und die nachfolgenden Bedingungen (elif, else) einfach übersprungen.

Trifft die erste Bedingung nicht zu, so wird der elif-Zweig angesprungen und die Zählvariable dort verglichen. Falls dieser Fall zutrifft, wird die zweite eingerückte Zeile ausgeführt und der nächste Schleifendurchlauf durchgeführt.

Falls sowohl die erste als auch die zweite Bedingung einen booleschen Wert von False ergeben (sie erinnern sich an boolesche

Typen), wird die letzte eingerückte Zeile (`else`) ausgeführt. Hier wird nicht mehr geprüft, ob eine spezielle Bedingung erfüllt wird. Sehen Sie sich die Datei »16_If.blend« an, um einen Eindruck vom Ablauf der `if`-Bedingung zu bekommen. Soviel zu unserem kleinen Ausflug zu Kontrollstrukturen und Schleifen. Der nächste Abschnitt wird ihnen erklären, was die Begriffe *Objekt* und *Klasse* in Python bedeuten.

Kontrollstrukturen und Schleifen
Natürlich existieren auch bei Kontrollstrukturen und Schleifen viele weitere interessante Möglichkeiten. Gerade als Softwareentwickler blutet mir daher das Herz, wenn ich Ihnen in diesem Kapitel aus Platzgründen nicht alles Wissenswerte dazu präsentieren kann.

Klassen und Objekte in Blender | Neben den einfachen Datentypen existieren in Python auch komplexere Datenstrukturen. Eine dieser Strukturen ist die Klasse. Stellen Sie sich einen Container vor, der Fächer für alle möglichen Daten, Variablen und Funktionen besitzt. Den Bauplan dieses Containers nennt man Klasse. Ist Ihnen der Bauplan (d. h. eine Klasse) bekannt, können Sie beliebig viele gleichartige Container herstellen – die sogenannten Objekte.

Ein Objekt enthält alle Daten, Variablen und Funktionen einer Klasse (den Bauplan). Das Erstellen eines Objekts wird Instanziieren genannt, daher wird ein Objekt auch oft als die Instanz einer Klasse bezeichnet.

Auf Variablen und Funktionen, die sich innerhalb von Objekten befinden, greift man in Python über den Punktoperator zu. Wäre unsere `print()`-Funktion also in einem Objekt mit Namen »Object« enthalten, würden wir über `Object.print()` auf die Funktion zugreifen. Sie ahnen wahrscheinlich schon, warum ich Ihnen diese Datenstrukturen näherbringe?! Richtig – Blender legt sehr viele Daten und Funktionen in genau diesen Datenstrukturen ab.

Sandkasten
Falls Sie ein anderes Bild von Klassen und Objekten benötigen, stellen sich einen Sandkasten vor: Das Förmchen selbst ist die Klasse, jedes der erstellten Sandgebilde mit gleicher Form ein Objekt.

Klassen, Objekte und die damit zusammenhängende Objektorientierung sind ein relativ großes Thema – bitte sehen Sie mir nach, wenn ich mit den hier angegebenen Analogien eventuell zu wenige Details preisgebe oder zu weit abstrahiere. Wenn Sie dieses spannende Thema interessiert, finden Sie unzählige Dokumente zu Python und Objektorientierung mit einer einfachen Google-Suche.

Module | Wie Sie bereits eben bei Funktionen und Klassen gesehen haben, können Skripte über solche Konstrukte sehr gut organisiert werden. Neben diesen beiden Organisationsformen existiert aber noch eine weitere: das Modul. Module fassen die unterschiedlichen Bestandteile eines Quellcodes (Variablen, Funktionen, Klassen, ...) unter einem eindeutigen Namen zusammen.

Stellen Sie sich vor, Sie hätten einige Klassen, Funktionen und Variablen erstellt, die alle dem Ziel dienen, Dateien zu verschlüsseln. Wenn Sie dieses Sammelsurium aus Codefragmenten jetzt Ihren

Modul-Infos abrufen

Möchten Sie wissen, welche Daten ein Modul enthält, so nutzen Sie die mit Python mitgelieferte Funktion `dir()`. Ohne Parameter gibt sie an, welche Module aktuell importiert sind, übergeben Sie den Modulnamen, zeigt sie an, welche Daten in dem jeweiligen Modul vorhanden sind. Probieren Sie es doch einmal mit dem `math`-Modul aus: `dir(); import math; dir(math)`.

Kollegen oder Freunden weitergeben möchten, wäre es doch sinnvoll, all diese Einzelstücke zu einem Paket zusammenzuschnüren und dieses unter dem Namen »Encryption« zu verteilen – genau ein solches Paket stellt in Python ein Modul dar. Da Sie in diesem Kapitel keine Module erstellen, sondern nur Module einbinden, werden wir die Erstellung außen vor lassen – möchten Sie lernen, wie Sie selbst Module erstellen, finden Sie unter *http://docs.python.org/2/tutorial/modules.html* eine erste Anlaufstelle zu diesem Thema.

Um Module einzubinden (die Pakete zu öffnen), gibt es mehrere Möglichkeiten (hier am Beispiel des Mathe-Moduls `math`) – alle sind denkbar einfach:

- `import math`
- `from math import pi, sin`
- `from math import *`

Im ersten Fall teilen Sie Python mit, dass Sie das Modul `math` importieren möchten. Da Python das Modul `math` bereits mitliefert, müssen Sie sich keine Gedanken darüber machen, wo es zu finden ist. Möchten Sie nach dieser Import-Anweisung Funktionen oder Variablen aus dem Modul nutzen, so müssen Sie ähnlich wie bei Objekten über den Punktoperator auf die Daten zugreifen:

Listing 16.7 ▶
Das Mathe-Modul bekannt machen

```
import math
print(math.pi) # math enthält pi (3.1415)
```

Im zweiten Fall teilen Sie Python mit, dass Sie aus dem `math`-Modul spezielle Methoden und Variablen importieren möchten. Sie müssen in diesem Fall nicht mehr mit dem Punktoperator auf die einzelnen Daten zugreifen. Die Daten stehen sofort zur Verfügung:

Listing 16.8 ▶
Spezielle Methoden und Variablen importieren

```
from math import pi, sin
print(sin(pi))
```

Natürlich ist diese Option deutlich bequemer als mit dem Punktoperator. Allerdings leidet die Nachvollziehbarkeit meiner Meinung nach deutlich, da nicht mehr erkennbar ist, welches Modul welche Funktionalität bereitstellt.

Der dritte und letzte Fall besteht aus einer Abwandlung des zweiten: Hier greifen Sie genauso auf die importieren Daten zu, sparen sich aber die Angabe spezieller Funktionen, Variablen oder Klassen. Es werden einfach alle Daten importiert:

Listing 16.9 ▶
Alle Inhalte aus dem Mathe-Modul importieren

```
from math import *
print(sin(pi))
```

Das Modul »bpy« | Nachdem Sie jetzt das Rüstzeug besitzen, um Module zu importieren, können wir uns weiter in die Automatisierungswelt von Blender vorwagen. Wie Sie sich sicherlich bereits denken, liefert auch Blender mehrere Python-Module mit, um Ihnen alle Funktionen und Daten bereitzustellen. Das wichtigste Modul trägt den Namen `bpy`. Ein beherztes `import bpy` ist also immer dann nötig, wenn Sie auf Blender-Funktionalitäten zugreifen möchten.

Arbeiten Sie in Blenders PYTHON CONSOLE (im Interpreter), so importiert Blender zum Start bereits `math` und `mathutils`. Sie müssen daher nicht erst ein `import math` durchführen, um auf mathematische Funktionen zugreifen zu können. Auch das Modul `bpy` ist bereits importiert. Um auf Funktionalitäten innerhalb dieses Moduls zugreifen zu können, reicht also ein einfaches `bpy.Inhaltsname`. So gelangen Sie durch `bpy.data` zu den internen Datenstrukturen von Blender und über `bpy.context.object` an das aktuell gewählte Objekt. `bpy.data` und `bpy.context` werden dabei so häufig im Interpreter benötigt, dass Blender im Interpreter automatisch jeweils eine Variable für diese beiden Zugriffe anlegt:

```
C = bpy.context
D = bpy.data
```

Da Sie anschließend in dem Interpreter mit `C.object` auf das aktuelle Objekt zugreifen können, verringert sich auf diese Weise Ihre Schreibarbeit deutlich.
Falls Sie sich im Blender-internen Texteditor bewegen, werden die Module `bpy`, `math` und `mathutils` nicht automatisch importiert. Denken Sie daher daran, die ersten Zeilen mit den folgenden beiden Zeilen auszustatten:

```
import bpy        # Nötig, da wir nicht mehr im
                    Interpreter arbeiten
C=bpy.context     # Wir definieren die Variable C als
                    Shortcut
```

◂ **Listing 16.10**
bpy muss im Texteditor explizit importiert werden.

»Hallo Welt« 2.0 | Nutzen wir jetzt die von Blender bereitgestellten Funktionen und Daten, indem wir uns den Namen des aktuell gewählten Objekts anzeigen lassen. Wählen Sie dazu jetzt ein Objekt aus, und geben Sie die folgenden Zeilen ein:

```
print(C.object)          # Das gewählte Objekt
print(C.object.name)     # Der Name des Objekts
```

◂ **Listing 16.11**
Blender den Objektnamen ausgeben lassen

Die Anweisung wird Ihnen den Namen des aktuell gewählten Objekts zurückgeben. Innerhalb des Moduls bpy befindet sich eine Datenstruktur mit Namen »context«. Innerhalb dieser eine Datenstruktur mit Namen »object« und innerhalb dieser wiederum eine Variable vom Datentyp String mit Namen »name«. Sie navigieren also ähnlich wie in einem Baum von der Wurzel bis zu den Blättern. AUTOCOMPLETE hilft Ihnen beim Erkunden der Äste und Blätter.

16.2.5 Übung »AxisMover«

In dieser Übung werden wir alle unsere Objekte durch ein Skript um drei Blender-Einheiten auf der X-Achse verschieben. Wechseln Sie zu Beginn in das Scripting-Layout, und legen Sie ein neues Textdokument an. Nennen Sie es »AxisMover«. Duplizieren Sie Ihr Standardobjekt mit [Strg] + [D] mehrfach in der 3D-Ansicht, und verschieben Sie die Klone im Raum mit [G]. Wählen Sie danach alle Klone aus.

Vorüberlegungen | Als Nächstes teilen wir das komplexe Komplettpaket in vier lösbare Einzelaufgaben:

- Was benötigen wir, um starten zu können? Wir benötigen Zugriff auf alle Objekte.
- Was möchten wir mit jedem der Objekte machen? Jedes der Objekte möchten wir um einen gewissen Betrag auf der x-Achse verschieben.
- Was benötigen wir zur Verschiebung? Wir benötigen die Variable des Objekts, die die Position auf der x-Achse angibt.
- Was tun wir, wenn wir die Position haben? Wir addieren einen festen Betrag hinzu.

Abbildung 16.12 ▸ Ein Informations-Popup zeigt Ihnen, wie die Eigenschaft in Python angesprochen wird.

Wie Sie wissen, gibt das PROPERTIES-Panel ([N]) die Positionsinformation als Zahlenwert preis. Was passiert nun, wenn Sie Ihren Mauszeiger über dem Feld LOCATION:X platzieren und still halten? Der in Abbildung 16.12 gezeigte Tooltip erscheint, der uns neben der Hilfe LOCATION OF THE OBJECT Folgendes mitteilt:

Listing 16.12 ▸ Blenders Tooltips geben Ihnen Informationen über das Objekt und seine in Python verfügbaren Variablen.

```
Python: Object.location
bpy.data.objects['Cube'].location
```

Und tatsächlich sind diese beiden Informationen genau die, die wir benötigen. Sie weisen uns darauf hin, dass jedes Objekt eine Variable `location` besitzt. Da Sie bereits wissen, dass im Python-Interpreter mit `C.object` auf das aktuelle Objekt verwiesen wird, sollten Sie unbedingt einmal testen, was für `C.object.location` ausgegeben wird. Also schreiben Sie im Interpreter:

```
print(C.object.location)
```

Und tatsächlich: Als Ergebnis erhalten Sie: `Vector(0.0, 0.0, 0.0)`. Damit teilt Ihnen Python mit, dass drei Werte hinter dieser Variablen versteckt sind. Wir können vermuten, dass der erste für die x-Achse, der zweite für die y-Achse und der dritte für die z-Achse steht. Tatsächlich ist diese Datenstruktur ein Array – ein Container mit mehreren gleichen Datentypen.
Um auf die einzelnen Komponenten dieses Vektors zugreifen zu können, reicht es, den bei 0 beginnenden Index der Komponente mit einer eckigen Klammer hinter das Array zu setzen, in unserem Fall also 0 für die x-, 1 für die y- und 2 für die z-Achse:

```
C.object.location[1] #Position auf der y-Achse
```

◂ **Listing 16.13**
Die Position eines Objekts ausgeben

Wie Sie bereits im Abschnitt »Module« dieses Kapitels auf Seite 743 erfahren haben, können Sie über die Python-Funktion `dir()` herausfinden, welche Daten in einer Variablen, einem Modul oder generell in einem Python-Konstrukt zu finden sind. Probieren Sie `dir(C.object.location)` einmal im Interpreter aus, und sehen Sie sich die verschiedenen Möglichkeiten an, mit denen Sie auf die Komponenten dieses Datentyps zugreifen können. Sie werden überrascht sein, wie viele unterschiedliche Möglichkeiten Ihnen Blender hier anbietet (beispielsweise per `C.object.location.x` die x-Komponente zu erhalten).

Ein Objekt verschieben | Mit Ihrem im letzten Abschnitt erlangten Vorwissen ist die Verschiebung eines Objekts jetzt nicht mehr weit (die beiden nächsten Zeilen sind gleichwertig):

```
C.object.location[0] = C.object.location[0] + 2
C.object.location.x = C.object.location.x + 2
```

◂ **Listing 16.14**
Das Objekt wird um 2 Einheiten in x-Richtung verschoben.

Geben Sie diese Zeile im Interpreter ein und haben Sie mindestens ein Objekt gewählt, so wird sich das aktive Objekt um 2 Blender-Einheiten in X-Richtung verschieben.

Ausgewählte Objekte ermitteln | Wie Sie Zugriff auf alle gewählten Objekte erlangen, können Sie nicht erraten, daher verrate ich es Ihnen:

Listing 16.15 ►
Alle gewählten Objekte ermitteln

```
C.selected_objects # Alle gewählten Objekte
```

`selected_objects` enthält eine Liste aller gewählten Objekte. Möchten Sie jetzt auf jedes dieser Objekte nacheinander zugreifen, klingt das schon sehr nach der bereits betrachteten `for`-Schleife. Und tatsächlich wird Ihnen diese Kontrollstruktur hier gute Dienste erweisen. Sie müssen nur die Zählvariable `i` durch einen Variablennamen und die Liste aus Integer-Werten `(range(5))` durch die Liste der gewählten Objekte ersetzen. Python wird dann bei jedem Schleifendurchlauf das nächste Objekt der Liste in die Variable schreiben:

Listing 16.16 ►
Mit for-Schleifen können Sie nach und nach alle Elemente einer Liste durchgehen.

```
for Variable in Liste:
   print(Variable)
```

Im konkreten Fall also (wählen Sie vorher ein paar Objekte aus):

Listing 16.17 ►
Alle gewählten Objekte werden ausgegeben.

```
for MyObject in C.selected_objects:
   print(MyObject.name)
```

Die obigen Anweisungen teilen Ihnen Zeile für Zeile mit, welche Objekte Sie ausgewählt haben. Bennen Sie die Objekte um, werden die geänderten Namen bei erneuter Ausführung angezeigt.

Das Komplettpaket schnüren | Mit den beiden gelösten Teilaufgaben in der Hinterhand wird es ein Leichtes, alle gewählten Objekte zu verschieben (kompletter Quelltext für den integrierten Texteditor):

Listing 16.18 ►
Der Quelltext zum Verschieben aller markierten Objekte um 2 Einheiten

```
import bpy        # Modul bpy importieren
C=bpy.context     # Variable C anlegen

# Alle Objekte durchgehen
for MyObject in C.selected_objects:
   print("Name: ", MyObject.name)   # Objektname
   print("Pos:", MyObject.location[0])
                                    # Objektposition
   MyObject.location[0] = MyObject.location[0] + 2
                                    # x-Location + 2
print("Gewählte Objekte wurden um 2 verschoben")
```

Dieser Quelltext dürfte für Sie nichts Neues mehr darstellen. Wir importieren das Modul bpy, greifen nacheinander auf die Objekte zu und geben zur leichteren Nachvollziehbarkeit noch einige Statusmeldungen aus. Danach verschieben wir das aktuell in MyObjekt befindliche Objekt um zwei Blender-Einheiten und beenden die Abarbeitung. Großartig! Sie haben Ihr erstes Skript geschrieben und Blender automatisiert.

Speichern des Skripts | Damit das Skript für die Nachwelt erhalten bleibt, müssen Sie dafür sorgen, dass es gespeichert wird. Entweder Sie speichern es mit der Blender-Datei, indem Sie wie gewohnt die Projektdatei speichern, oder Sie nutzen die Funktionen, die Ihnen der Texteditor zur Verfügung stellt. Die dazu nötigen Funktionen befinden sich im TEXT-Menü des TEXT-Editors. SAVE AS lässt Sie die aktuelle Datei speichern, OPEN TEXT BLOCK eine auf einem Datenträger liegende Datei öffnen und CREATE TEXT BLOCK eine neue Datei erstellen.

16.3 Zum Stöbern

Zum Abschluss dieses Kapitels möchte ich Ihnen noch ein paar Ideen für Ihr weiteres Erkunden der Skripting-Funktionalität von Blender mit auf den Weg geben:

- **Templates**: Blender liefert standardmäßig schon viele Vorlagen (so genannte *Templates*) für viele verschiedene Erweiterungen in Blender mit. Sie finden Sie im internen Texteditor unter TEMPLATES. Sehen Sie sich die Beispiele an, verändern Sie den mitgelieferten Code – Sie werden spielend lernen.
- **Add-ons**: Wandeln Sie das Skript der letzten Übung in ein installierbares Add-on um. Da auch für Add-ons ein Template existiert, sollten Sie mit dem ADDON-ADD-OBJECT-Template starten. Sie finden es dort, wo auch die anderen Templates zu finden sind. Scrollen Sie in der Template-Liste ganz nach oben, falls Sie es nicht sofort entdecken.
- **Das UI ansehen oder erweitern**: Blenders komplettes User Interface basiert auf Python-Dateien. Sie liegen alle im Quelltext vor und können von Ihnen nach Belieben inspiziert und geändert werden. Blender erleichtert diesen Vorgang, indem es Ihnen bei einem Rechtsklick auf ein beliebiges Einstellungsfeld in Blender die Option EDIT SOURCE anbietet. Diese öffnet die entsprechende Datei sofort im internen Texteditor.
- **Die Dokumentation lesen**: Neben dem Punkt EDIT SOURCE existiert noch ein weiterer nützlicher Eintrag: ONLINE PYTHON

DOCUMENTATION. Dieser öffnet sofort die Dokumentation des aktuell gewählten Feldes. Gerade um nachzusehen, welche Werte erlaubt und wie die Wertebereiche sind, ist dieser Eintrag Gold wert.

- **Austauschen**: Chatten Sie mit anderen Entwicklern auf *http://www.blenderartists.com* oder im IRC auf #blenderpython – dort tummeln sich viele freundliche und hilfsbereite Entwickler

Leider muss ich Sie bereits jetzt aus diesem Kapitel über das Skripten entlassen. Gerade dieses Thema hat unglaublich viel Potenzial, da Blenders Infrastruktur sehr offen designt wurde. Es gibt kaum Parameter oder interne Daten, auf die Sie nicht von außen zugreifen und sie ändern können.

16.4 Auf ins nächste Kapitel

Ich hoffe, dass es mir mit diesem Kapitel gelungen ist, Ihnen zu zeigen, dass Programmieren gar nicht so schwer ist, wie Informatiker Sie meist glauben machen möchten.

Ich kann mir vorstellen, dass vieles neu und ungewohnt ist, wenn Sie in ein fremdes Thema wie die Programmierung einsteigen. Trotzdem glaube ich, dass Sie einen großen Nutzen davontragen, wenn Sie neben der Bedienung und Bedeutung von Parametern und Einstellungen auch die Interna von Blender durch die Skriptentwicklung besser kennenlernen. Nutzen Sie Ihre hier erworbenen Kenntnisse, und bauen Sie sie aus – es wird Ihnen den entscheidenden Vorteil bringen, um Ihre Projekte just in time abzuliefern.

Im nächsten Kapitel möchte ich Ihnen einen Ausblick geben, welche Blender-Features gerade entwickelt werden, wo die Blender-Entwicklung in den nächsten Monaten hinführt und welche Möglichkeiten neben diesem Buch bestehen, sich weiterzubilden.

Kapitel 17
Anhang

In diesem Kapitel werde ich Ihnen zeigen, welche Möglichkeiten in der Blender-Gemeinschaft existieren, um sich weiterzubilden, einen regen Austausch über die eigenen Projekte anzustoßen oder sich in die Blender-Entwicklung einzubringen. Darüber hinaus erfahren Sie, welche Blender-Features wir gerade entwickeln, um Ihr Leben als Modeller, Rigger, Animator oder ganz allgemein als 3D-Künstler noch bunter und aufregender zu machen.

17.1 Die Blender-Community

Blender besitzt eine sehr aktive und freundliche Community mit offenen Ohren für all Ihre Fragen und Hunderten freien und kommerziellen Angeboten zur Weiterbildung. In den nächsten Abschnitten stelle ich Ihnen einige davon vor.

17.1.1 Foren und FAQs

Falls Sie auf einen kontinuierlichen Austausch mit anderen Blender-Nutzern aus sind, empfehle ich Ihnen, sich in dem deutschsprachigen Blender-Forum Blendpolis (*http://www.blendpolis.de*) oder dem englischsprachigen Blenderartists (*http://blenderartists.org*) anzumelden.

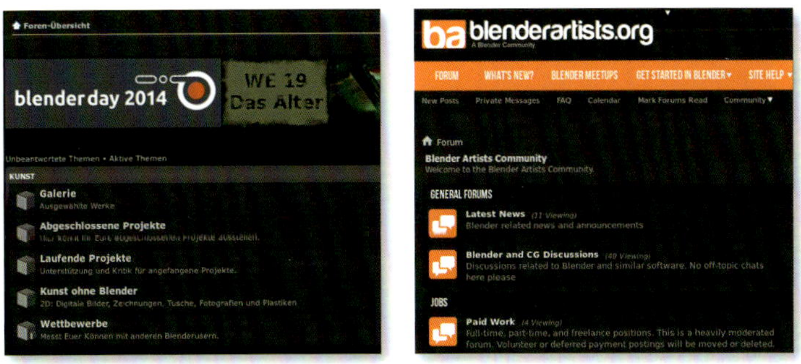

◂ **Abbildung 17.1**
Blender-Foren »Blendpolis« (links) und »Blenderartists« (rechts)

Möchten Sie auf eine spezielle Frage eine Antwort, könnte Ihnen Blenders StackExchange-Service weiterhelfen. Unter *http://blender.stackexchange.com* finden Sie Tausende Fragen und Antworten zu typischen, aber auch exotischen Blender-Problemen. Nehmen Sie sich Zeit beim Durchsehen – Sie werden in die Seite förmlich hineingesogen und lernen sehr viel beim Durchsehen und Ausprobieren möglicher Lösungen.

17.1.2 Blender-Support

Wenn Sie Blender mithilfe von Videos lernen möchten, finden Sie im Netz und bei Galileo Press viele erstklassige DVDs und Tutorials. Auch wenn die meisten Tutorial-Serien und Angebote in englischer Sprache verfasst wurden, sind Qualität und Umfang der Tutorials beeindruckend hoch.

Deutsch | In deutscher Sprache helfen Ihnen diese Angebote weiter:

- **Galileo Press**: Einen umfassenden Einblick und viele Kniffe geben die bei Galileo Press erhältlichen Video-DVDs in der Themenreihe »Blender«, zu finden unter *https://www.galileo-press.de/grafik-design/3d/blender/thema*.
- **Agenzasbrothers**: Der YouTube-Kanal der in Salzwedel ansässigen Filmschmiede Agenzasbrothers. (*https://www.youtube.com/user/AgenZasBrothers*)
- **Blender-Diplom**: Der von Gottfried Hoffmann und Frederik Steinmetz betriebene Kanal *https://www.youtube.com/user/BlenderDiplom*
- **Plasmasolutions**: Mein eigener YouTube-Kanal bietet Ihnen Neuigkeiten und Tutorials zu gerade entwickelten Blender-Features unter *http://goo.gl/UBDJc4*.

Noch mehr Input
Neben den vorgestellten Seiten finden Sie Hunderte weiterer Tutorials auf YouTube und Vimeo. Auch die sozialen Netzwerke wie Google+, Twitter und Facebook versorgen Sie mit einer steten Flut an neuen Video-Tutorials. Suchen Sie mit dem offiziellen Hashtag #b3d in diesen Netzwerken, da #blender Ihnen meistens Rezepte für Ihren Standmixer liefern wird.

Englisch | In englischer Sprache ist die Auswahl von kostenlosen und kostenpflichtigen Tutorials naturgemäß deutlich größer:

- **Blendercookie**: *http://cgcookie.com/blender*. Jonathan Williamson und seine Kollegen produzieren auf dieser Seite hochwertig und erstklassig aufbereitete Tutorials über jedes erdenkliche Blender-Thema (unter anderem Modelling, Rigging, VFX).
- **Blenderguru**: *http://blenderguru.com*. Andrew Price bietet hier ebenfalls viele beeindruckende kostenlose Tutorials neben kostenpflichtigen Online-Kursen an, die sich speziellen Themen widmen (Architektur und Natur).
- **CG Masters**: *http://cgmasters.net*. Lee Salvemini fokussiert sich auf die Erstellung eines Ninja-Charakters in drei DVDs, vom

Modellieren über das Rigging bis hin zur Texturierung und Animation – ein anspruchsvoller und sehr guter kostenpflichtiger Kurs für erfahrene Blenderer.

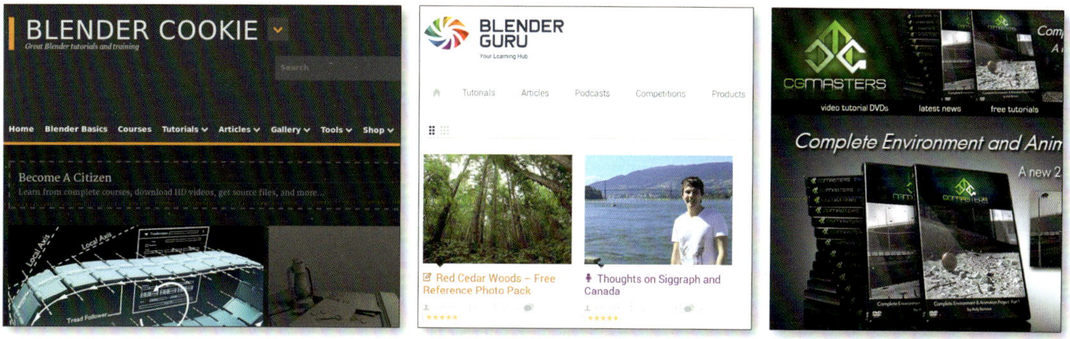

▲ **Abbildung 17.2**
Erstklassige englische Tutorial-Seiten

Schulungen und Jobs | Falls Sie Blender lieber in persönlichen Schulungen und ungern per Forum oder DVDs lernen, bieten Ihnen mittlerweile professionelle Schulungspartner Blender-Schulungen an. Achten Sie dabei immer darauf, einen Trainer zu engagieren, der von der Blender Foundation geprüft wurde und damit das Zertifikat »Blender Foundation Certified Trainer (BFCT)« vorweisen kann. Seit ich im Jahr 2010 mit Plasmasolutions den Schulungssektor betreten habe, verzeichne ich in jedem Jahr mehr Anfragen – mittlerweile bieten wir mehrmals im Jahr mehrtägige Blender-Workshops zu allen Blender-Themen an. Falls auch Sie private Schulungen über Google+, Skype, In-House-Schulungen oder Blender-Support benötigen, helfen Ihnen meine Mitarbeiter und ich gerne unter *contact@plasmasolutions.de* weiter.

Schauen Sie in die offizielle Blender-Dokumentation

Zögern Sie nicht, ab und zu einen Blick in Blenders offizielles Wiki zu werfen. Unter *http://wiki.blender.org* stehen Hunderte Hilfe-Seiten zu Blender-Funktionalitäten und der Technik hinter Blender für Sie bereit.

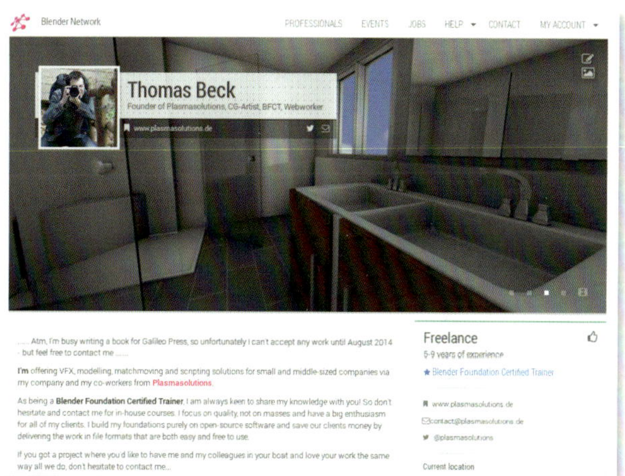

◀ **Abbildung 17.3**
Im Blender-Netzwerk finden Sie Kontakt zu professionellen Blender-Nutzern und finden Jobs in der Branche.

Falls Sie Jobs im Blender-Bereich suchen oder anbieten möchten, lohnt sich ein Blick auf das Blender-Netzwerk unter *http://blendernetwork.org* – hier tummeln sich Freiberufler und Firmen, die professionell mit Blender arbeiten.

17.2 Quo vadis, Blender?

Bleiben Sie informiert mit Plasmasolutions

Da ich als Blender-Entwickler und BFCT-geprüfter Blender-Trainer permanent sehr stark in Blenders Entwicklung involviert bin, habe ich Anfang 2014 mit meiner Firma Plasmasolutions damit begonnen, jedes in Entwicklung befindliche Feature schon während der Entwicklungsphase vorzustellen und Ihnen in Tutorial-Form aufzubereiten. In den offiziellen Release Logs oder unter *http://goo.gl/UBDJc4* können Sie diese Videos betrachten.

Zu Beginn des Buches habe ich Ihnen bereits einen kurzen Abriss der turbulenten Geschichte von Blender gegeben. In den nächsten Abschnitten werde ich Ihnen zeigen, wo die Reise von Blender in näherer Zukunft hingeht.

Da Blenders Entwicklung komplett offen abläuft, können Sie sich über den Stand der Entwicklung jederzeit informieren und Entwicklungsversionen von Blender testen. Die Blender Foundation stellt unter *http://builder.blender.org/download/* einen eigenen Build-Service bereit, der täglich eine Entwicklungsversion erstellt und zum Download anbietet. Diese Version führt nach ca. 3 Monaten zur nächsten Blender-Version. Möchten Sie also schon vorab einen Eindruck gewinnen, was in der nächsten Version vorhanden sein wird, so sollten Sie diesen Service nutzen.

Möchten Sie Features testen, die außerhalb des Blender-Kerns von enthusiastischen Entwicklern implementiert werden und nicht unbedingt später in der offiziellen Blender-Version integriert werden, besuchen Sie die Plattform *http://www.graphicall.org*. Dort werden von Freiwilligen aus der ganzen Welt solche experimentellen Blender-Versionen erstellt und hochgeladen.

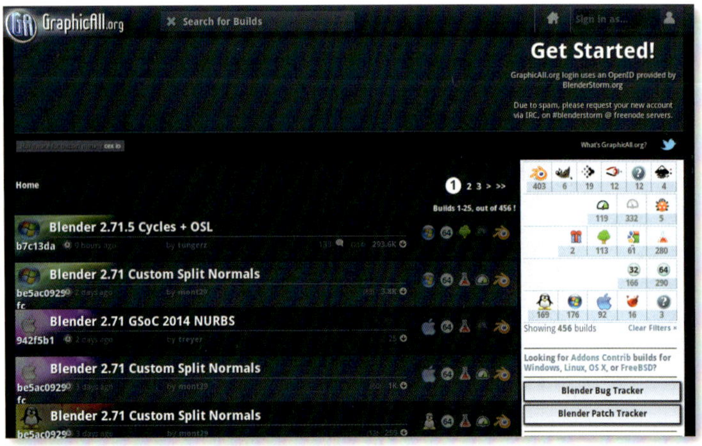

Abbildung 17.4 ▸ Bei Graphicall erwarten Sie experimentelle Blender-Versionen schon lange vor einer eventuellen Veröffentlichung

Wenn Sie sich bei Erscheinen eines neuen Blender-Releases darüber informieren möchten, was sich alles im Bezug auf die vorherige Version geändert hat, nutzen Sie die offiziellen Release Logs. Blenders Willkommensbildschirm führt Sie durch einen Klick auf den Eintrag RELEASE LOG genau dorthin.

17.2.1 Pie-Menüs

Mit den *Pie-Menüs* ist schon in Blender Version 2.72 ein alternatives System integriert, das die Auswahl von Menüpunkten in Blender vereinfacht. Das Konzept sieht vor, dass Sie über das Halten bestimmter Tasten ein kreisförmiges Menü um den Mauszeiger öffnen. Bewegen Sie Ihre Maus in die Richtung eines Menüpunktes und lassen Sie die Taste los, wählen Sie den Menüpunkt aus.

Blender 2.72

Obwohl dieses Buch auf Blender 2.71 beruht, sind die meisten der Änderungen in Blender 2.72 bereits in die jeweiligen Kapitel dieses Buches eingeflossen. Meine Tätigkeit als Blender-Entwickler hat es mir möglich gemacht, immer mit den aktuellsten Entwicklungen Schritt zu halten und Ihnen im Ergebnis ein topaktuelles Buch zu liefern.

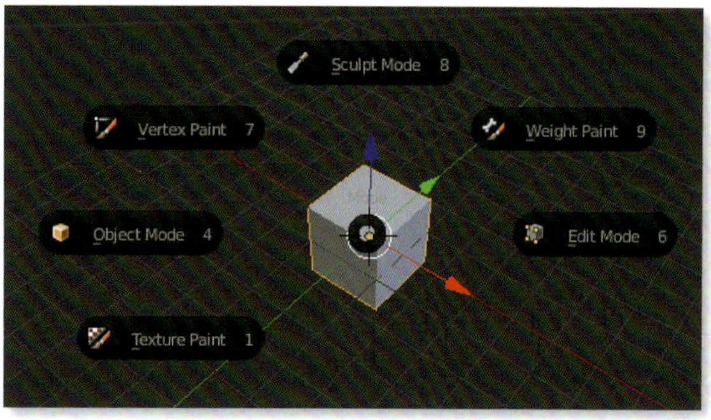

◂ Abbildung 17.5
Mit Blenders Pie-Menüs können Sie sehr schnell zwischen unterschiedlichen Modi umschalten.

Auf diese Weise müssen Sie sich nur noch merken, in welche Richtung Sie die Maus bewegen müssen, um z. B. einen Modus zu wechseln – eine riesige Erleichterung, die Sie erst wertschätzen können, wenn Sie mit Pie-Menüs ein paar Stunden gearbeitet haben.

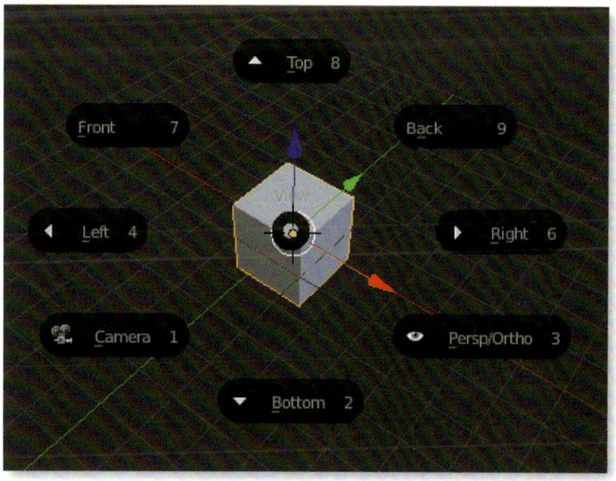

◂ Abbildung 17.6
Das Pie-Menü »Q«, mit dem die Ansicht ohne das Num-Pad umgeschaltet werden kann

Abbildung 17.5 und Abbildung 17.6 zeigen Ihnen, wie das Feature aussehen wird. Aktiviert wird es nicht automatisch, sondern über ein offizielles Add-on: das PIE MENUS OFFICIAL, zu finden in den USER PREFERENCES ab Blender 2.72.

Möchten Sie die Pie-Menüs nach der Aktivierung ausprobieren, so nutzen Sie unter anderem:

- [Q], um ein Navigationsmenü zu öffnen (jetzt benötigen Sie den Ziffernblock nicht mehr, um die 3D-Ansicht zu ändern)
- [⇆], um die Modusauswahl zu öffnen (WEIGHT PAINT, OBJECT, EDIT, ...).
- [Z], um das VIEWPORT-SHADING-Menü zu öffnen
- [Alt] + Leertaste, um das TRANSFORM-MANIPULATOR-Menü zu öffnen

17.2.2 Viewport FX und OpenSubdiv Integration

Freestyle in Cycles
Neben den hier beschriebenen »großen« Features wird Freestyle ab Version 2.72 auch für Cycles verfügbar sein. Die Bedienung wird exakt wie bei dem BI-Renderer funktionieren, Sie sollten sich also nicht umgewöhnen müssen.

Während kleinere Projekte mit wenigen tausend Vertices kein Problem für die 3D-Ansicht darstellen, ist Blenders 3D-Ansicht bei großen Projekten mit Millionen Vertices quälend langsam. Während des Modelling-Prozesses ist dies zwar schon problematisch, richtig schlimm wird es allerdings erst, wenn Sie animieren.

Gerade bei Animationen muss der Künstler sich darauf verlassen können, dass die Vorschau mit der Geschwindigkeit abläuft, in der der spätere Film abläuft. Nur so kann er abschätzen, wie schnell beispielsweise ein Arm gehoben oder ein Ball geworfen werden muss. Um die Probleme bei der Darstellung von extrem vielen Vertices zu umgehen, bauen sich Animatoren oft ein niedrig aufgelöstes Platzhalter-Objekt (ein sogenanntes PROXY-Objekt) und animieren dieses statt des hoch aufgelösten Originals.

Das PROXY-Objekt wird dabei mit den gleichen Knochen ausgestattet wie das hoch aufgelöste Objekt – und hier fangen die Probleme schon wieder an. Wenn Sie ein Objekt mit den Fingern eines Charakters greifen möchten, treffen die Finger durch die gröbere Auflösung etwas früher auf das zu greifende Objekt, als es bei dem hoch aufgelösten Objekt der Fall ist. Der Animator muss also eine grobe Animation mit Proxys durchführen und sie anschließend mit dem hoch aufgelösten Objekt überarbeiten und verfeinern.

Um diese Probleme einzudämmen und neue Features, wie beispielsweise die Vorschau von prozeduralen Texturen, in Blenders 3D-Ansicht zu unterstützen, wird Blender in nächster Zukunft zwei Projekte implementieren:

- Die komplette Überarbeitung und Modernisierung aller Funktionen zum Anzeigen und Darstellen von Polygonen inklusive der Unterstützung von Features moderner Grafikkarten. Uralte

Grafikkarten werden damit nicht mehr funktionieren – aber irgendwann muss dieser Cut gemacht werden, um weiterzukommen. Codename dieser Entwicklung ist *Viewport FX*.

- Implementierung der OpenSubdiv-Bibliothek für den SUBDIVISION-SURFACE-Modifier. Dieser von Pixar als Open-Source-Bibliothek zur Verfügung gestellte Helfer unterteilt Ihr Mesh dynamisch unter anderem mithilfe der GPU, CPU und OpenCL. Für Sie als Anwender heißt das: Während ein Modell mit 1,5 Millionen Polygonen bei `Alt` + `A` in der Vorschau momentan 2 Frames pro Sekunde (fps) erreicht, wird dieser Wert (je nach GPU) auf 30 fps und mehr steigen .

Während ich mit einer Implementation von OpenSubdiv bereits in Blender 2.73 rechne, wird die Implementierung von Viewport FX noch mindestens bis Anfang 2015 benötigen. Doch ist das kein Grund, traurig zu sein: Viele weitere Features werden parallel entwickelt.

17.2.3 Stereoskopes »3D«-Blender

Blender zeigt Ihnen zwar alle Szenen dreidimensional an, die errechneten Clips sind am Ende jedoch immer zweidimensional. Dalai Felinto sorgt bis Ende 2014 dafür, dass das nicht so bleibt. Mit seinem Projekt »Multiview« bringt er Blender auf 3D-Bildschirme (inklusive des User Interfaces und der 3D-Ansicht) und ermöglicht es Ihnen, neben anaglyphen (rot-grünen) auch stereoskope 3D-Animationen zu erstellen, die auf entsprechenden 3D-fähigen Endgeräten angezeigt und bearbeitet werden können. Erste Eindrücke von diesem Projekt gibt Dalai auf seiner Webseite, die Sie unter *http://www.dalaifelinto.com/?cat=89* erreichen können.

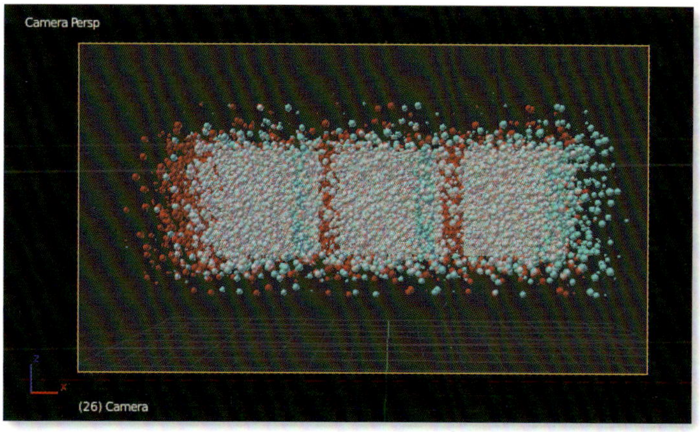

◂ **Abbildung 17.7**
Blender wird 3D-fähig – ab Ende 2014 werden Sie in der Lage sein, Ihre Szenen für 3D-Monitore aufzubereiten und 3D-Renderings zu erzeugen.

17.2.4 Komplette Überarbeitung der Paint-Tools

Blender-Entwickler Antony Riakiotakis hat ein Herz für Texture-Artists. Bereits 2012 und 2013 arbeitete er als Google-Summer-of-Code-(GSOC-)Student mit großem Erfolg an der Verbesserung der Zeichen-Tools von Blender, und mit Blender 2.72 ist es jetzt endlich soweit: Blender erhält neue Pinsel, Zeichenebenen und neue Zeichentools (beispielsweise ein Fill-Tool zum Füllen von Flächen). Gerade die Erstellung von Zeichenebenen (um verschiedene Materialschichten auf ein Objekt aufzubringen) vereinfacht Blender sehr mit den in Abbildung 17.8 gezeigten Zeichenebenen auf dem SLOTS-Panel der TOOLBAR.

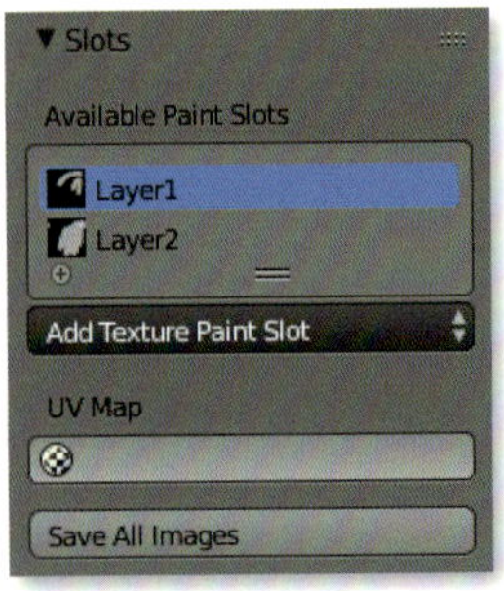

▲ Abbildung 17.8
Zeichenebenen begrüßen Sie in Blender 2.72 beim TEXTURE PAINTING.

17.2.5 Überarbeitung und Vereinheitlichung der Physiksysteme

Blenders Physiksysteme sind sehr mächtig, das haben Sie bereits in Kapitel 12, »Simulation«, erfahren können. Verbesserungen sind allerdings auch hier erforderlich, denn die Interaktion der Systeme untereinander lässt zu wünschen übrig. Ziel dieses Projekts ist es daher, ein konsistentes Physiksystem zu schaffen, das es Künstlern ermöglicht, alle Physiksysteme miteinander interagieren und sich gegenseitig beeinflussen zu lassen.

Auch die Speicherung von Simulationsdaten muss modernisiert werden. Aussagen wie »Baken Sie immer Ihre Szene, bevor Sie rendern, sonst können seltsame Dinge passieren« gehören damit der Vergangenheit an.

Darüber hinaus steht eine Erweiterung des Fluid-Moduls an. Roman Pogribnyl, ein Student von Nils Thürey (unserem Fluid-Mastermind), wird voraussichtlich noch 2014 das Open-Source-Framework »Mantaflow« integrieren. Für Sie als Anwender bedeutet das: bessere Fluid- und Smoke-Simulationen, mehrere Domains in einer Szene und die Möglichkeit, die Gravitation in Fluid-Szenen auf 0 zu setzen.

17.2.6 Nodifizierung von Blender

Die Vorteile von Nodes haben wir ja bereits in Kapitel 13, »Postproduktion und Compositing«, und Kapitel 8, »Shading«, besprochen. Doch nicht nur diese beiden Bereiche profitieren von Nodes. Nodes sind immer dann sinnvoll, wenn Sie komplexe Zusammenhänge übersichtlich darstellen und dynamisch verarbeiten möchten. In näherer Zukunft ist daher eine regelrechte »Nodifizierung« von Blender geplant.

Nodebasierte Partikelsysteme | Die Partikelsysteme sind zwar mächtig, aber codetechnisch hoffnungslos veraltet. Auch die vielfältigen, sich gegenseitig beeinflussenden und fehlerhaften Einstellungen (deren Beschreibung mir nicht nur eine schlaflose Nacht verursacht hat), passen nicht so recht zu einem modernen Partikelsystem. Lukas Tönne schreibt daher seit geraumer Zeit an einem mächtigen neuen nodebasierten Partikelsystem, das voraussichtlich Mitte 2015 einsatzbereit ist und neben Blenders bisherigen Partikeln platziert wird.

Nodebasierte Constraints | Auch Blenders Constraints-System profitiert von der Nodifizierung – denn genau wie bei Partikeln müssen hier oftmals Abhängigkeiten dargestellt, verstanden und leicht geändert werden können. Nodes bieten Ihnen genau das. Wann dieses Projekt fertiggestellt wird, ist noch nicht bekannt, ich gehe aber von Anfang 2016 aus. Wenn die Grundlagen durch die Partikel-Nodes gelegt und getestet wurden, wird dieses Projekt gestartet.

Nodebasierte Modifier | Und auch das Modifier-System bekommt einen neuen Anstrich. Kein Verschieben von Modifiern auf dem Stack, kein Eingeben von Target- und Source-Objekten mehr. Alles wird einfach und überschaubar über Nodes geregelt, die Ihnen mit verschiedenen Effekt-Nodes viel mehr Auswahl und Möglichkeiten geben werden. Nodebasierte Modifier werden ebenfalls von Lukas Tönne entwickelt und wurden in einer Machbarkeitsstudie bereits implementiert. Auch hier gilt allerdings: Erst wenn die Partikelsysteme abgeschlossen sind, geht es weiter.

17.2.7 Runderneuertes Bibliothekssystem

Das LINK- und APPEND-System ist dank Blenders Datenblöcke eine der großen Stärken von Blender. Wenige Programme bieten Ihnen so umfassende Funktionalitäten zur Wiederverwendung von Projektbestandteilen (sogenannten ASSETS). Trotzdem fehlt Blender eine Art Bibliotheksverwaltung, in der Sie alle Objekte, Texturen, Animationen, Rigs usw. ablegen können und auf die Sie bei Bedarf grafisch zugreifen können. Zu diesem Zweck wird mit dem aktuellen Open Movie Project GOOSEBERRY ein neues Asset-System unter Produktionsbedingungen entworfen, implementiert und getestet. Von einer Veröffentlichung vor Mitte 2015 gehe ich momentan nicht aus – der Prozess kostet viel Zeit, wenn eine universelle Lösung geschaffen werden soll.

17.3 Wie kann ich helfen?

Wie Sie sehen, gibt es bei Blender viel zu tun – es existieren viel mehr Aufgaben, als Programmierer vorhanden sind. Sie als Nutzer haben dabei viele Möglichkeiten, uns zu helfen:

- Sind Sie programmiertechnisch begabt und haben Lust an einem großartigen Open-Source-Projekt mitzuwirken? Laden Sie sich den Quelltext von Blender herunter, und reichen Sie Patches auf *http://www.developer.blender.org* ein. Wir freuen uns über jeden Beitrag.
- Melden Sie Fehler, die Ihnen auffallen, über Blenders interne Funktion HELP • REPORT A BUG. Helfen Sie uns dabei, Ihnen zu helfen: Geben Sie so genau wie möglich an, welche Schritte wir unternehmen können, um Ihren Bug nachzuvollziehen, und liefern Sie eine möglichst einfache Datei mit, die den Fehler zeigt.
- Unterstützen Sie die Entwicklungsarbeit, indem Sie einmalig an die Blender Foundation oder monatlich an den Blender Development Fund spenden. Der Dev-Fund bedient fleißige Entwickler, die monatelang an Features arbeiten, und zahlt für eine gewisse Zeit diese Entwicklung. Weitere Informationen finden Sie unter *http://www.blender.org/foundation/donation-payment*.
- Werden Sie Mitglied der Blender Cloud. Sie bietet Ihnen alle Tutorial-DVDs zum Download, alle aktuellen Produktionsdateien des »Gooseberry«-Projekts und der vorherigen Open Movies und stellt damit eine großartige Ressource dar, um von anderen Künstlern zu lernen. Die Adresse *https://cloud.blender.org* erklärt Ihnen alles Weitere.
- Beteiligen Sie sich in Foren und FAQs, erstellen Sie Videotutorials und Blender-Objekte. Laden Sie sie auf *http://www.blendswap.com* hoch, und machen Sie anderen Blender-Künstlern eine Freude.

Und vor allem: Erzählen Sie Ihren Freunden und Kollegen von Blender, und führen Sie Ihnen die für Sie spannendsten Features vor – mehr Nutzer mit Ideen und mehr Entwickler führen zu einer konsistenten Verbesserung von Blender.

17.4 Zu guter Letzt

Ein wenig traurig über das Ende unserer gemeinsamen Reise, aber gleichzeitig sehr glücklich über dieses meines Erachtens nach tatsächlich »umfassende« Handbuch schaue ich auf die letzten 19 Monate ununterbrochener Schreibarbeit zurück. Ich hoffe, Sie hatten mindestens so viel Spaß beim Lesen, Stöbern und Ausprobieren wie ich beim Schreiben dieses Buches.

Ich wollte mit diesem Buch ein Standardwerk für all jene schaffen, die sich ernsthaft mit Blender und 3D im Allgemeinen auseinandersetzen möchten. Ich hoffe sehr, dass Sie alle relevanten Themen in diesem Buch gefunden haben, dass mein Buch Ihre Ansprüche übertroffen und Sie sich weder über- noch unterfordert gefühlt haben. Für mich ist jetzt der Zeitpunkt gekommen, Sie einerseits aus dem behüteten Hort zu schubsen und Sie andererseits zu ermutigen, sich auf eine Erkundungstour durch Blender zu begeben. Ich bin mir sicher, dass Sie alle nötigen Informationen und das Wissen erlangt haben, um Blenders Features bestmöglich für Ihre Projekte zu nutzen.

Wenn Sie dieses Buch als Nachschlagewerk und nicht nur als Briefbeschwerer nutzen, würde ich mich sehr über Feedback jedweder Art freuen. Egal, ob Sie Hinweise, Kritik oder auch Lob loswerden möchten – Sie erreichen mich stets unter der E-Mail-Adresse *Blenderhandbook@plasmasolutions.de*.

Auch bei Bedarf an Schulungen, an professioneller Blender-Hilfe oder bei der Suche nach einem professionellen Projektpartner freue ich mich sehr über eine Kontaktaufnahme Ihrerseits.

Ich wünsche Ihnen weiterhin viel Spaß mit Blender und – wie in der Blender-Welt üblich – allseits »Happy Blending«!

Ihr Thomas Beck

Die DVD zum Buch

Die DVD zum Buch ist eine wahre Fundgrube, die Ihnen viel Freude bei der Arbeit mit Blender bereiten wird. Sie setzt sich aus folgenden Verzeichnissen zusammen:

- Beispielmaterial
- Blender
- Add-ons
- Zusatzmaterial
- Video-Training
- Lehrfilm
- Open Movie

Damit Sie einen Überblick über die einzelnen Ordner bekommen, möchte ich Ihnen die Inhalte kurz vorstellen.

Beispielmaterial | In diesem Ordner finden Sie, sortiert nach den Kapiteln, alle Beispiel- und Übungsdateien des Buchs. Meist handelt es sich dabei um die typischen Blender-Dateien ».blend«. In einigen Ordnern finden Sie darüber hinaus auch Bild-Dateien und Videoclips. Im Buch wird in der Randspalte darauf hingewiesen, wenn es einen passenden Beispielfilm auf der DVD gibt. Um mit den Bildern von der DVD zu arbeiten, empfiehlt es sich, Kopien anzulegen, mit denen Sie sorglos experimentieren können.

Dieses Icon in der Randspalte des Buches nennt die Beispieldatei der Schritt-für-Schritt-Anleitung und den entsprechenden Unterordner auf der Buch-DVD.

Blender | Das Verzeichnis beherbergt die Version 2.71 von Blender in für Windows, Mac und Linux. Um das Programm zu installieren, kopieren Sie bitte zunächst den entsprechenden Ordner Windows, Mac bzw. Linux auf Ihren Computer. Wie Sie Blender installieren, erfahren Sie in Abschnitt 1.5, »Blender installieren« ab Seite 29.

Zusatzmaterial | In diesem Ordner finden Sie eine hilfreiche grafische Übersicht über die Belegung des Ziffernblocks in der Datei »Rotation_per_Ziffernblock.svg«.

Add-ons | In diesem Ordner finden Sie drei Add-ons, die Sie bei der Arbeit mit Blender unterstützen:

- Das »Grass.Lab.py« wurde Ihnen bereits in Kapitel 16, »Blender erweitern«, vorgestellt. Mithilfe dieses Add-ons können Sie im Handumdrehen Haare, Fell oder Gras erstellen.
- Mit dem Add-on »space_view3d_simple_align.py« können Objekte an einem gewählten Objekt ausgerichtet werden.

Besonders bei vielen Objekten, die gleichzeitig ausgerichtet werden sollen, ist dieses Add-on Gold wert.

- Wenn eine Szene Blender-Internal-Materialien besitzt, werden diese bei einer Umschaltung zu Cycles nicht korrekt gerendert. Das Add-on »materials_cycles_converter.py« konvertiert die BI-Materialien nach Möglichkeit zu Cycles-Materialien. Auch Texturen werden dabei umgewandelt. Gerade um bei der Materialiendefinition nicht bei Null anfangen zu müssen, wenn der Renderer gewechselt wurde, ist dieses Add-on sehr sinnvoll.

Wie Sie Add-ons in Blender einbinden, erfahren Sie in Abschnitt 16.1, »Add-ons – Werkzeuge für jeden Zweck«, ab Seite 727.

Video-Training | In diesem Ordner finden Sie ein attraktives Special: Als Ergänzung zum Buch möchten wir Ihnen relevante Lehrfilme zur Verfügung stellen. So haben Sie die Möglichkeit, dieses neue Lernmedium kennenzulernen und gleichzeitig Ihr Wissen um Blender zu vertiefen. Sie schauen einem Trainer bei der Arbeit zu und verstehen intuitiv, wie man die erklärten Funktionen anwendet.

Um das gewünschte Video-Training zu starten, legen Sie bitte die DVD-ROM in das DVD-Laufwerk Ihres Rechners ein. Führen Sie dann im jeweiligen Ordner die Anwendungsdatei »Start.exe« (Windows) bzw. »Start.app« (Mac) mit einem Doppelklick aus. Das Video-Training sollte nun starten. Bitte vergessen Sie nicht, die Lautsprecher zu aktivieren oder gegebenenfalls die Lautstärke zu erhöhen. Sollten Sie Probleme mit der Leistung Ihres Rechners feststellen, können Sie alternativ die Datei »start.html« aufrufen.

Video-Training 1: Compositing & Rendering

Die folgenden Video-Lektionen stammen aus dem Video-Training »Das Blender-Training: Compositing & Rendering« (ISBN 978-3-8362-2392-8) von Sebastian König:

Kapitel 1: Tracking und Compositing für visuelle Effekte
1.1 Linsenverkrümmungen korrigieren (10:41 Min.)
1.2 Bewegungsunschärfe simulieren (11:01 Min.)
1.3 Den finalen Filmlook gestalten (09:55 Min.)

Kapitel 2: Rotoscoping und Keying
2.1 Grundlagen des Rotoscopings (09:30 Min.)
2.2 Keying mit Farbkanälen (11:31 Min.)
2.3 Greenscreen-Aufnahmen freistellen (06:45 Min.)

Video-Training 2: Charakter-Design

Die folgenden Video-Lektionen stammen aus dem Video-Training »Das Blender-Training: Charakter-Design« (ISBN 978-3-8362-2785-8) von Sebastian König:

Kapitel 1: 3D-Charaktere planen und skizzieren
1.2 Vorüberlegungen zum Charakter-Design (12:36 Min.)
1.5 Der Skin-Modifier (08:41 Min.)
1.6 Das Grundgerüst des Charakters erstellen (13:48 Min.)

Kapitel 2: Mit Sculpting-Brushes arbeiten
2.1 Der Clay-Brush und alternative Pinsel (08:00 Min.)
2.2 Brushes für Falten, Knicke und Kanten (05:56 Min.)
2.3 Vertiefungen, Füllungen und Plateaus erzeugen (07:56 Min.)

Lehrfilm | Als weiteres Bonbon habe ich für Sie darüber hinaus ein kurzes Video produziert, das Ihnen einen kleinen Einblick in das Thema »Driver« mit Blender vermittelt. Es steht Ihnen im Ordner Lehrfilm zur Verfügung.

Open Movie | Zu guter Letzt finden Sie in dem Ordner Open Movie noch ein Beispiel für einen Film, der ausschließlich mit Open Source Software (Blender, Gimp und Krita) erstellt wurde: »Caminandes – Gran Dillama«. Er wurde von Pablo Vazques, Hjalti Hjalmarsson, Andy Goralczyk und vielen weiteren Künstlern mit der Blender Foundation realisiert und zeigt eindrucksvoll, zu welchen Leistungen der Renderer Cycles auch im NPR (*nicht photorealistischen Bereich*) imstande ist.

Ich wünsche Ihnen viel Spaß mit diesem zusätzlichen Lernmaterial und danke Galileo Press für die freundliche Unterstützung bei der Auswahl des Materials.

Index

Symbole

A

B

C

D

E

F

G

H

I

J

K

L

M

N

O

S

T

- Die Schulung mit dem beliebten Blender Foundation Certified Trainer
- 3D-Modelle erstellen, texturieren und perfekt ausgeben
- Charakter-Design, Animation, Simulation, Camera-Tracking
- Alle Neuheiten zu Blender 2.7 im Praxiseinsatz

Sebastian König

Blender 2.7

Das umfassende Training

Holen Sie sich das Komplettpaket aus umfassender 3D-Schulung und Blender 2.7 auf einer DVD! Ihr Trainer ist der zertifizierte Blender-Experte Sebastian König. Mit viel Know-how führt er Sie in die Welt der 3D-Grafiken und Animationsfilme ein. Sie lernen die Oberfläche von Blender kennen, erstellen 3D-Objekte und erfahren alles über Material, Texturing und Rendering. Darüber hinaus erfahren Sie, wie Sie 3D-Charaktere erstellen und animieren. Der perfekte Einstieg für alle Blender-Enthusiasten!

DVD, Windows, Mac und Linux, 15 Stunden Spielzeit, 39,90 Euro
ISBN 978-3-8362-2919-7
erscheint 12/2014

www.galileo-press.de/3629

Alle Video-Trainings jetzt auch zum Download!

- Alle Werkzeuge, Funktionen und Techniken
- Digitale Fotografie, Webdesign, Bildkorrektur und -gestaltung
- Mit Praxis-Workshops und Profi-Tipps
- Auch zu Scheme

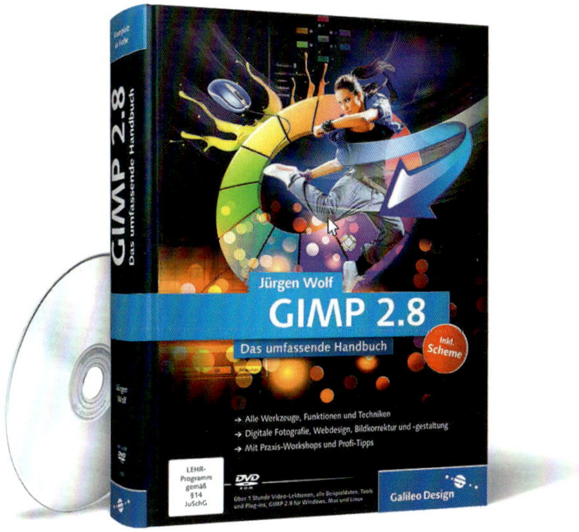

Jürgen Wolf

GIMP 2.8

Das umfassende Handbuch

Mit diesem umfassenden Handbuch bleiben keine Fragen offen: Sie lernen GIMP von A bis Z kennen und erfahren, was wirklich in der Software steckt. Egal, ob Sie Ihre Fotos bearbeiten, Montagen erstellen oder Grafiken für die eigene Website gestalten wollen, hier finden Sie schnell und zuverlässig Antwort auf Ihre Fragen. Mit Einführung in Scheme!

947 Seiten, gebunden, in Farbe, mit DVD, 39,90 Euro
ISBN 978-3-8362-1721-7
erschienen Juli 2012
www.galileo-press.de/2548

»Fazit: Für Neueinsteiger aller erste Sahne und für Fortgeschrittene ein unverzichtbares Nachschlagewerk. Das Buch ist eine absolute Kaufempfehlung.« Hermann Stanzel, Bildbearbeitung kostenlos

Galileo Press

- Alle Werkzeuge, Funktionen und Techniken
- Mit zahlreichen Workshops, Praxis-Tipps und Insider-Infos
- Großer Infoteil mit Tastenkürzeln, Troubleshooting u.v.m.

Sibylle Mühlke

Adobe Photoshop CS6 und CC

Das umfassende Handbuch

Sie wollen das komplette Photoshop CC-Wissen stets griffbereit? Dann sind Sie hier richtig, denn mit diesem Buch halten Sie das deutsche Standardwerk zu Photoshop in Ihren Händen: Bewährt, praxisnah und randvoll mit Informationen finden Sie hier immer, was Sie brauchen. Inkl. DVD, Tastenkürzel-Übersicht, Infoteil, Zusatzinfos im Web u.v.m.

1.220 Seiten, gebunden, in Farbe, mit DVD, 59,90 Euro
ISBN 978-3-8362-2466-6
erschienen November 2013
www.galileo-press.de/3396

»Alles, was es zu Photoshop CC und CS6 zu wissen gibt!«
Publisher

Leseprobe im Web!

- Schritt für Schritt eigene Programme entwickeln
- Mit vielen Beispielen und Übungsaufgaben
- Inkl. Benutzeroberflächen, objektorientierte Programmierung, Datenbank- und Internetanwendungen u.v.m.

Thomas Theis

Einstieg in Python

Ideal für Programmieranfänger geeignet

Python lernen leicht gemacht! Schritt für Schritt entwickeln Sie ein eigenes Spiel und lernen dabei alles, was Sie wissen müssen: von den Grundlagen der Programmierung bis zur Oberflächen-, Datenbank- und Internetentwicklung. Gut verständliche Erklärungen sorgen dafür, dass Ihnen der Einstieg sicher gelingt!

478 Seiten, broschiert, mit DVD, 24,90 Euro
ISBN 978-3-8362-2861-9
4. Auflage 2014
www.galileo-press.de/3594

»Umfassendes und lehrreiches Einsteigerbuch in die Python-Welt! Dieses Standardwerk gibt einem die geballte Ladung an Wissen, die man zum Entwickeln von eigenen Programmen benötigt.« Testmania

Galileo Press

Wir hoffen sehr, dass Ihnen dieses Buch gefallen hat. Bitte teilen Sie uns doch Ihre Meinung mit. Eine E-Mail mit Ihrem Lob oder Tadel senden Sie direkt an die Lektorin des Buches: *ariane.boerder@galileo-press.de*. Im Falle einer Reklamation steht Ihnen gerne unser Leserservice zur Verfügung: *service@galileo-press.de*. Informationen über Rezensions- und Schulungsexemplare erhalten sie von: *ralf.kaulisch@galileo-press.de*.

Informationen zum Verlag und weitere Kontaktmöglichkeiten finden Sie auf unserer Verlags-website *www.galileo-press.de*. Dort können Sie sich auch umfassend und aus erster Hand über unser aktuelles Verlagsprogramm informieren und alle unsere Bücher versandkostenfrei bestellen.

An diesem Buch haben viele mitgewirkt, insbesondere:

Lektorat Ariane Börder
Korrektorat Annette Lennartz, Bonn
Herstellung Norbert Englert
Layout Vera Brauner
Einbandgestaltung Eva Schmücker
Coverfoto Caminandes: Gran Dillama – Blender Foundation's new Open Movie
Satz Reemers Publishing Services, Krefeld
Druck Himmer, Augsburg

Dieses Buch wurde gesetzt aus der Linotype Syntax (9,25 pt/13 pt) in Adobe InDesign CC 2014. Gedruckt wurde es auf mattgestrichenem Bilderdruckpapier (115 g/m²).

Der Name Galileo Press geht auf den italienischen Mathematiker und Philosophen Galileo Galilei (1564–1642) zurück. Er gilt als Gründungsfigur der neuzeitlichen Wissenschaft und wurde berühmt als Verfechter des modernen, heliozentrischen Weltbilds. Legendär ist sein Ausspruch *Eppur si muove* (Und sie bewegt sich doch). Das Emblem von Galileo Press ist der Jupiter, umkreist von den vier Galileischen Monden. Galilei entdeckte die nach ihm benannten Monde 1610.

Bibliografische Information der Deutschen Nationalbibliothek:
Die Deutsche Nationalbibliothek verzeichnet diese Publikation in der Deutschen National-bibliografie; detaillierte bibliografische Daten sind im Internet über *http://dnb.d-nb.de* abrufbar.

ISBN 978-3-8362-2496-3

1. Auflage 2015